第八版
Eighth Edition
中译校订本

Before the Law

法律之门

[美] 博西格诺 (John J. Bonsignore) 等 著

邓子滨 译

华夏出版社

目　　录

为中文版序 …………………………………… 彼得·德恩里科 (1)
第六版序 ……………………………………………… 陈兴良 (6)
第八版译序 …………………………………………… 邓子滨 (9)

前　言 ……………………………………………………………… (1)
导　言 ……………………………………………………………… (5)

引　言
　一、法的门前 ………………………………………………… (1)
　二、教士与K的对话 ………………………………………… (4)
　三、我们的法律的问题 ……………………………………… (8)
　四、弄臣 …………………………………………………… (10)

第一篇　理论和实践中的法律

第一章　法律制定与先例：法官和律师如何由先例开始推理 … (17)
　第一节　布满荆棘的丛林 …………………………………… (18)
　第二节　北卡罗来纳州诉潘德格拉丝案 …………………… (20)
　第三节　乔伊纳诉乔伊纳案 ………………………………… (23)
　第四节　北卡罗来纳州诉布莱克案 ………………………… (26)
　第五节　北卡罗来纳州诉罗兹案 …………………………… (27)
　第六节　北卡罗来纳州诉梅布瑞案 ………………………… (31)
　第七节　布满荆棘的丛林（续前）…………………………… (33)
　第八节　北卡罗来纳州诉奥利弗案 ………………………… (35)

第二章　法律与法官的自由裁量权 …………………………………（41）
第一节　判决的过程和法官的个性 …………………………（42）
第二节　一起伪造案 …………………………………………（51）
第三节　女王诉达德利和斯蒂芬斯案 ………………………（58）
第四节　被监禁的美国 ………………………………………（67）

第三章　法律与价值 ……………………………………………（75）
第一节　巫师和他的巫术 ……………………………………（78）
第二节　简朴的生活与艰难的选择 …………………………（83）
第三节　库克诉俄勒冈州案 …………………………………（91）
第四节　弗曼诉佐治亚州案 …………………………………（98）
第五节　死刑判官 ……………………………………………（108）
第六节　死刑执行的终结？反死刑运动正在积蓄力量 …（111）
第七节　一次绞刑 ……………………………………………（117）

第四章　法律与相互冲突的利益 ………………………………（123）
第一节　为什么富人优先：
　　　　　关于法律变化限制因素的思索 ………………（125）
第二节　损坏的辣椒案 ………………………………………（136）
第三节　瑟斯奎汉纳化肥公司诉马隆案 ……………………（138）
第四节　麦迪逊诉达克镇硫铜铁公司案 ……………………（140）
第五节　俄亥俄州诉怀安多特化学品公司案 ………………（148）
第六节　生活是属于每个人的 ………………………………（157）

第五章　法律 身份 财富 权力 …………………………………（165）
第一节　资本论："工作日" …………………………………（168）
第二节　美国纺织品加工者协会诉多诺万案 ………………（169）
第三节　国　家 ………………………………………………（176）
第四节　从白天到黑夜 ………………………………………（179）
第五节　桑顿夫妇诉萨福克加工公司案 ……………………（185）
第六节　斯特雷克诉通用汽车公司案 ………………………（189）
第七节　约翰·哈吉贝的证词 ………………………………（194）
第八节　纤维板纸制品公司诉全国劳工关系局案 …………（197）
第九节　威廉·拜沃特的证词 ………………………………（204）
第十节　新自由贸易的铁蹄 …………………………………（209）
第十一节　服务经济 …………………………………………（213）

第六章　法律与公意 (217)
- 第一节　夏安人的方式 (220)
- 第二节　法律与权威 (226)
- 第三节　守门人 (237)
- 第四节　波士顿第一国家银行诉贝洛蒂案 (237)
- 第五节　215号建议案：1996年《大麻怜悯使用法》 (244)
- 第六节　罗默尔诉埃文斯案 (246)
- 第七节　古德里奇诉公共健康部 (253)

第七章　关于法律和法律秩序的女权主义及种族观点 (263)
- 第一节　均等就业机会委员会诉希尔斯雄獐公司案 (270)
- 第二节　国际工联和美国汽车、飞机、农业机械工人联合会诉约翰逊控股公司案 (281)
- 第三节　哈丽丝诉福克利夫特系统公司案 (286)
- 第四节　让种族与性别的交会处不再成为法律的边缘 (295)
- 第五节　"我们的宪法是色盲"批判 (300)
- 结论 (303)

第二篇　法律实施

第八章　法律强制 (311)
- 第一节　法律行为的暴力 (312)
- 第二节　对库克县监狱囚犯的讲演 (316)
- 第三节　法律统治与习惯秩序 (326)

第九章　法律权利 (345)
- 第一节　"法律是形诸文字的恐怖" (346)
- 第二节　"来自伯明翰监狱的信"节选 (353)
- 第三节　女权主义与色情文艺：同道与伴侣 (358)

第十章　法律技巧 (372)
- 第一节　面对警察职能的复杂性 (373)
- 第二节　单独巡逻：一个非洲裔美国警官对"次种族隔离政策"的观点 (391)
- 第三节　特里诉俄亥俄州案 (398)
- 第四节　布朗诉德克萨斯州案 (407)

第五节　佛罗里达州诉布斯迪克案……………………(413)
　　第六节　州际旅行：对要求出示身份证和
　　　　　　其他运输安全规则的宪法性质疑…………(423)
　结　论………………………………………………………(436)

第三篇　律师

第十一章　法律职业……………………………………(444)
　第一节　美国法律职业者的品格…………………………(447)
　第二节　友军炮火…………………………………………(451)
　第三节　大赌场……………………………………………(458)
　第四节　法律的代价………………………………………(469)

第十二章　律师的教育…………………………………(482)
　第一节　范式挤压下的法学院……………………………(483)
　第二节　法律教育和等级制的再生产……………………(493)
　第三节　法律教授的日记…………………………………(507)

第十三章　律师与对抗制过程…………………………(517)
　第一节　辩护的伦理………………………………………(518)
　第二节　"争斗"理论与"真相"理论…………………(528)
　第三节　"我与正义无关"………………………………(537)
　第四节　法律的终结………………………………………(558)

第四篇　陪审团

第十四章　历史和文化背景中的陪审团………………(574)
　第一节　美国宪法及其修正案的部分条款………………(579)

第十五章　作为一种政治机构的陪审团………………(581)
　第一节　邓肯诉路易斯安那州案…………………………(582)
　第二节　布莱克利诉华盛顿州案…………………………(586)
　第三节　美国的陪审团审判………………………………(588)
　第四节　陪审团否决——说不的权利……………………(591)
　第五节　仁慈的陪审员：陪审团否决的复活……………(595)
　第六节　对陪审团的指导词………………………………(601)
　第七节　美国诉多尔蒂等人案……………………………(602)

第十六章　多元社会的陪审团遴选：性别歧视和种族排除 …（610）
 第一节　平等、法律和归属：一篇导言 …………（612）
 第二节　她的同阶陪审团 ………………………（616）
 第三节　我们的陪审团，我们自己：
    民事陪审团的权力、观念和政治 ………（634）
 第四节　强制剔除和扶持行动：
    对同阶陪审团的宪法保护………………（638）
 第五节　拜特森诉肯塔基州案 …………………（640）
 第六节　身份、自我和平等保护：
    认真对待无意识的种族主义……………（647）
 第七节　米勒－埃尔诉科克瑞尔案 ……………（654）

第十七章　陪审团的式微：民主处于危急中吗 …（661）
 第一节　美国法的转型 …………………………（666）
 第二节　侵权法改革及其对陪审团
    审判之存活的影响导言…………………（668）
 第三节　不太平静的革命 ………………………（671）
 第四节　实证研究与民事陪审团改革 …………（675）
 第五节　约翰逊诉路易斯安那州案 ……………（682）
 第六节　阿珀达卡等人诉俄勒冈州案 …………（684）
 第七节　一致裁决 ………………………………（685）

第五篇　冲突的解决

第十八章　纠纷解决的法律语境……………………（700）
 第一节　通过律师的纠纷转型：
    纠纷范式告诉和没有告诉我们什么？…（700）
 第二节　女权主义视野中的调解：希望与问题 …（703）
 第三节　殴妻文化和调解在家庭暴力案件中的作用 …（707）
 第四节　废弃辩诉交易 …………………………（718）

第十九章　纠纷解决与共同体司法…………………（723）
 第一节　非工业社会的调解组织：
    美国非正式的共同体司法的实质………（723）
 第二节　美国的被害人与加害者调解的发展和影响 …（734）
 第三节　与敌人谈判 ……………………………（743）

第二十章 公众纠纷与纠纷解决 (751)
 第一节 大家的纠纷：解决冲突与寻觅共同体 (751)
 第二节 冲突解决、文化差异和种族主义文化 (752)
 第三节 计算器：肯尼思·费因伯格
     如何确定3千人的生命价值 (755)
 结 论 (765)
 以正义换和谐 (765)

第六篇 网络空间与法律未来

第二十一章 网络空间与法律未来 (773)
 第一节 伪造：互联网革命与纳斯达克无关 (773)
 第二节 法律与边界 (790)
第二十二章 在网络空间里解决纠纷 (802)
 第一节 网络空间对纠纷和纠纷解决的影响 (803)
第二十三章 保护网络空间中的权利 (819)
 第一节 计划生育协会诉美国生命行动者联盟案 (821)
第二十四章 保护网络空间中的财产权 (830)
 第一节 索尼公司诉环球城市工作室有限公司案 (831)
 第二节 米高梅诉格罗克斯特案 (836)

中译本索引 (845)

第六版译后记 (875)
第八版译后记 (876)

为中文版序

彼得·德恩里科

(Peter d'Errico)

1973年,《法律之门》的出版标志着美国法律教育的一个历史性时刻。编著者们在一所美国大学,位于阿默斯特的马萨诸塞大学,开创了文科法律研究系。

我们都是从事法律工作的,在当时称为"工商管理学院"的地方教书。我们一直努力超越课程设置的限制,希望给整个大学的学生而不仅是学工商管理的学生授课。

我们深知法律对于美国工商业的重要性,我们也深知这只是更宏大的法律叙事的一部分。法律权利、先例论点、课本阐释、辩护、管辖和司法独立都与美国的法律过程有着整体的相关性。我们的兴趣也不仅在于法律实践,而且在于法律哲理。

我们意识到有范围极为广大的、与法律相关的文学和社会科学研究,我们深信它们的研究视角对于进一步理解法律是至关重要的。我们对于美国20世纪早期的一批法律现实主义学者的作品非常熟悉,这些学者主张,法律与其说以正式的规则为基础,不如说以社会利益和公共政策为底蕴。像这些学者一样,我们有意运用法律之外的观点和资料,以便更清晰地阐释法律。

在《法律之门》诞生前,几乎所有与法律有关的教学资料都是为律师的职业训导而设计的,都是有关合同、侵权、刑法、财产等的书籍。人们认为,在法学院之外讲授法律是不适当的;人们还认为,在法学院之内讲授非法律的内容也是不合宜的。导致的结果,只能是法律观点的狭陋。

我们深信,法律教育的狭隘对于法律和社会都是有害的。律师学习了案例和规则,却没有得益于不断成长的对行动中的法律的社会学研究。律师的职业准备是针对迅速变迁的世界中的法律现实的。不仅如此,法律几百年来一向是大文学的学科之一,但法学院的课程却从未将这一文学包括在内。

进而，法科以外的学生所得到的，只不过是些粗浅的法律观点。他们并不被期望理解法律的理论或实践，即使他们作为公民的生活是与法律制度息息相关的。他们在文学或社会科学中学习法律，但却不准备让他们将其对法律的理解用于法律的实际运作。

我们力图在法律研究、社会科学和文学之间架起沟通的桥梁，为每个研习美国法律过程的人提供多种机会。我们希望改变法律的研习方法。因此，进入《法律之门》的作品超越了传统的学术边界：超越了与工商相关的法律领域，超越了职业法律教育的传统课程，也超越了决定谁研习法律以及如何研习的狭窄分类。

我们得益于在大学里一起工作，而这所大学的管理又对教育革新持开放态度。我们的工作有时不免招惹一些比较传统的同事，不过，许多渴望新资料的学生以及其他学院的教师，却鼓励我们继续推进我们的课程。从某种程度上说，这种鼓励反映了那一时期的社会动荡，当时，有利穷人的平民政府计划和一场不受欢迎的战争，都刺激了人们了解法律的愿望。

我还记得我们分享全新教学体验时的兴奋。我们每个人都带着一堆阅读资料进入课堂。我们将不同的文章和案例杂糅、匹配在一起，寻找将传统的法律资料与文学、社会科学结合起来的方法，以展示法律过程的本质。当我们发现材料结合很有效果时，就在另一批学生中尝试这种结合。我们每个人都试验不同的阅读安排，以探索不同的可能性。

几个学期之后，我们逐渐整合了最能引起学生兴趣的资料，这些资料显然将法律与其他学科沟通起来。我们深信，我们正在建立一套资料，形成一种教学法，它们对于其他师生也是有效的。我们开发出一门课程，最终成就了《法律之门》。

我们将本书建立在这样一个预设的教育前提之上：法律，只有透过跨学科的镜片，才能得到最好的理解。我们不认为任何一种社会科学具有揭示法律真理的特权，我们坚持每一种社会科学都与法律密切相关。我们也没有忽视通常的法律资源，比如判例和制定法，我们一贯将其视为法律研究的原材料。

《法律之门》反映了一种教育信念和一种教学方法，它将法律现实主义与关键方法论结合起来。我们的美国法律研究先哲包括卡尔·卢埃林这样的法律现实主义伟人，他借鉴人类学，发现了"法律方法"是如何被植入社会习惯当中的；还有杰罗姆·弗兰克，他对于法官如何工作的洞见则是以心理学研究为基础的。

我从我们的译者邓子滨博士那里得知，中文版有一个不同的书名，意思是"通向法的大门"，而你们知道，我们的英文书名，直译为"法的门前"，则是来自捷克律师和作家弗兰茨·卡夫卡，他以其小说中的法律批判而著称。作为一名律师，他是从内部理解法律的；而作为一位文学家，他能够从外部描摹普通公民所遇到的法律，其梦幻般的喻世笔法，捕捉了生动的现实，其存在论的视点，有助于评价法律对人生和社会的影响。我们采纳了他未完成的小说《审判》中一则故事作为开头文字，并且将这个故事完整选入，以示我们对人文批判的推崇，因为这种批判是从社会影响和意义方面评价法律的。

由于我们的法律研究方法是跨学科的，并且有赖于一种提问法——苏格拉底教学法，因而《法律之门》不是一本通常意义的学术教科书。我们不要求，也不指望读者从头至尾阅读全书，而是鼓励读者依其兴趣和教学需要尝试各种阅读次序。初读本书的人可以从前言、导言和引言中获益，理解本书在哲学和教学上的前提预设，不过，每一位教师或学生都会很快找到独特的阅读路径，这在跨学科的阅读框架中是必然的。

书的"目录"体现了本书对主题的一种组织形式，但这种组织却仅是材料安排的多种方式之一。"索引"按照字母顺序帮助查找主题，不过中文索引有自己的顺序安排。贯穿全书的"提示与问题"则意在提供指导和建议。我们认识到，不一定每个教师都熟悉我们的方法，他们不一定喜欢通过问题来提出和串联主题的想法。

苏格拉底教学法实际是一套提问策略。我们相信，每一文本都需要解释和说明，而法律文本，像宗教文本一样，可以同时被看成是"神圣的"和学术的。任何权威的文本都有一种神圣气息，它被接受为社会关系的基础之一。但是，社会不是停滞的，如果社会要存在下去，每一权威文本都不得不是灵活的。一种关键的方法可以将法律化为提问，并且提供各种发展和变革的可能性。我们同样相信，我们的教学方法反映了美国法律过程的真实运作。

美国法律过程的公开秘密在于，它是一个充满论争的领域。没有硬性的答案，虽说在任何给定的时刻都有法律统辖着许多特定的事项。不仅没有答案，毋宁说美国的法律过程是一套由问题、对峙和困难构成的体系。规则和原则是存在的——从宪法到地方法院的实务规则，但是，它们既不是静态的，也不能免于争论和解释。法律不是作为冲突的答案而存在，而是作为疏导冲突的手段而存在。

在美国法中，当两个或更多的人在行为、财产、合同或其他关系、利益方面发生分歧时，一个案件或者争议就开始了。每一方都搜集有利于自己的法律素材。在通向判决或调解的路上，布满了更多的有关纠纷实质和处置纠纷的程序的素材和论点。一个案件的初始步骤是建立在一系列论点之上的，它们事关管辖，也事关这一分歧究竟是否堪称一个案件。

在历史的和技术的独特语境下，比如普通法、制定法和宪法，美国的法律过程可以被理解为一个多层的重叠体系，在一个论证框架内展示并解决冲突。争讼者须提出基于判例法、制定法和一般衡平原则的论点。法官则须在争讼者提供的论点范畴内，基于先例作出判决。这些不只是法律，而且是社会期待，它们使法律过程具备了可预测性。换言之，一个冲突将在法律中得到解决，而独立于外来的政治和经济动机。

美国法系的运作受制于一些重要的制度性因素，包括获得辩护的难易，辩护律师的能力大小。这些甚至可以成为争论的基础，比如，辩护律师的无能和司法的偏见都可能成为法律争点，需要在先例的意义上加以解决。

《法律之门》旨在展示美国的法律过程，不只通过描述，而且通过让读者置身于你来我往的争辩之中，而强调法律讲论的重要意义，则只在部分意义上是规则的一种功能。本书的资料安排意在让每一观点都能与其他观点相比对。我们鼓励读者纵览各种论点和立场，以发现具有支配意义的过程，其间，各种论点和立场被提出、评价、解决或者决定。每一文章和案例都提供了探索人的紧张关系的机会。正是以这种教学法，《法律之门》模拟了美国法律过程的实际运作，打开了进入法律和社会的大门。

《法律之门》所提供的法律规则、原则和案例，都是社会科学、历史和文学等知识语境中的论辩和讨论素材。本书信奉的哲学是，法律判决应当经由询问而生成，而一个纠纷的所有方面都应当被检视，以便获取最广博、最特别的观点。不仅如此，本书的设计是为了达到这样一个效果：某一阅读材料中知识要点的解决都扩展了思想范畴，以便更好地研究其他阅读材料；正如法庭就某一案件的判决都潜在地扩大了未来的论证范围，因为该判决已经成为整体法律讲论的一部分。

《法律之门》是来自同一所大学的一个教师团队的教育创新之作，

它的出版成功地实现了我们的意图：鼓励其他院校师生的创新。法律的跨学科研习不再是某个院校的实验，而是许多院校的一个共同做法。法律研究的方法已经推广到整个美国的教育之中。我们感觉非常欣慰的是，这本书在中国也起到了有益的作用，并且成为美国法律过程研究的一个组成部分。

彼得·德恩里科
荣誉退休教授
于美国马萨诸塞州阿默斯特
2006年7月

第六版序

陈兴良

《法律之门》一书终于译完了，当译者邓子滨将洋洋80万言打印整齐的译稿放在我面前时，一直关注着译事进展的我由衷地为之高兴。本书的书名，英文为"Before the Law"，直译应为《法的门前》，是卡夫卡的小说《审判》中的一则寓言。寓言的内容是讲一个人站在法的门前，这个人带着对法以及对公民与法的交往能力的厚望而来，他本以为法应该是任何人在任何时候都可以接近的。然而，守门人挡在了入口，阻碍了这个公民实现求见法的愿望。结合本书的副标题《法律过程导论》（An Introduction to the Legal Process），我想，作者的寓意是，本书不是像那个守门人一样把人挡在法的门前，而是要把这扇法律之门打开，带领我们进入法律适用过程中去。因此，我建议把本书的书名意译为《法律之门》。

《法律之门》是美国各大学法学院比较通用的一本法律教科书。在学习法律教科书过程中成长起来的中国学生，面对这样一本书，一定会感到十分新奇。确实，新奇感是我在阅读这本教科书之后的第一印象。也许，这也是英美法系法律教科书与大陆法系法律教科书的重大差别。大陆法系，包括中国，实行的是成文法典，因而法律教科书主要是围绕法条阐述法理，具有体系性；英美法系实行的是判例法，因而法律教科书主要是通过判例阐述法理，没有明显的体系。由于中国传统法律文化以及现行成文法制度，我们对于大陆法系的制度、理念和教学方法有着某种天然的亲和力，十分容易接受。相对而言，对于英美法系的制度、理念和教学方法较为生疏。在这种背景下，《法律之门》一书的翻译和出版，为我们亲近英美法开了一扇大门。

《法律之门》可以看作是一部英美法的微型百科全书。读后感到本书内容具有以下三个特点：一是广泛性。本书全面介绍了英美法，它不是局限在刑事法或者民事法的某个方面，而是类似于我们的法学概念。不同的是，它不是浅显地陈述关于英美法的一般常识，而是深入浅出地描述了英美法的整个适用过程。以我这个刑法学者的眼光看来，涉及刑法的专门问题就为数不少。对于问题的探讨，可以说是十分专业的，有相当的理论深度。比如，对于死刑是否属于美国宪法第八修正案所禁止的残酷而非常的刑罚，因而应予废除，本书通过数个死刑判例，十分生动地叙述了死刑在美国的演变过程，给人留下深刻的印象。二是生动性。中国的法律教科书——由它的法条注释性所决定——往往是枯燥的，有着一副冷冰冰的面孔。习惯了阅读中国法律教科书的我，乍一接近本书，有着一种全然不同的阅读感。本书将法理、判例、资料甚至文学素材有机地结合起来，在一种轻松的氛围中学习法律，让人对法律油然而生亲近感。其实，法律并不仅仅表现为法条，在生活中处处都有法律如影随形。法的理念也并不仅仅存在于法学家的书斋里，在文学、宗教以及其他文本中都有法理。生动可读，辅以丰富、翔实、新近的资料，使我相信本书会在中国读者中引起良好反响。三是开放性。本书采取一种讨论式的方法陈述法理，作者与读者之间是平等而没有疏离的。作者更多的是在提出问题，但并不直接回答问题，而是启发读者自己去思考。一本好的教科书，决不是机械地回答所提出的每一法律问题。实际上，法律问题是形形色色难以穷尽的，重要的是教授分析法律问题的方法。掌握了分析问题的方法，就能够自己来回答这些问题。由此可见，本书这种开放式的、不给答案的教学方法，确实反映了英美法系法律教学方法上的特点，值得我们借鉴。

法律教科书的功能是引导法科学生进入法律之门，它在法律教学中占有重要地位。法律教科书的内容与形式在很大程度上取决于法律制度。就此而言，大陆法系与英美法系的法律教科书具有截然不同的风格。大陆法系的法律教科书是一些高头讲章，严肃有余而活泼不足。英美法系的法律教科书则是信手拈来，浑然天成，虽然有时不免散漫。面对两种风格迥异的法律教科书，我对于思想与文化的多样性有了更深一层的体味。相比之下，中国的法律教科书之不足是极为明显的，以至于某些学者把教科书这种文体称为最陈腐材料的代名词，这不能不说是一种悲哀。本书的翻译和出版，也为我们熟悉英美法教科书打开了一扇便捷之门。

《法律之门》是一本鸿篇巨制，内容广博，翻译这样一部著作，其艰辛是可想而知的。邓子滨以一人之力倾两年之功将译事进行到底，这种毅力确实值得嘉许，而其翻译的质量和认真精神相信也会得到读者的首肯。邓子滨师从我研习刑法，这本书的翻译就是他在北京大学攻读博士学位期间完成的。对于部门法的研习者，我向来主张突破法部门的围限，从法的总体精神上去理解法。只有这样，才能使部门法的研究推陈出新。其实，学习的方法是多种多样的，正如对于学诗者来说，功夫在诗外，对于学习法者来说，又何尝不是功夫在法外呢？在攻读刑法专业博士期间翻译这样一部法理学著作，在我看来，恰恰是一条走近法、进而走近刑法的捷径，为师者感到非常欣慰。

在《法律之门》一书即将出版之际，应邀写下自己的一些感受，是为中译本序。

陈兴良
谨识于北京海淀蓝旗营寓所
2001 年 9 月 23 日

第八版译序

邓子滨

"法的门前"是卡夫卡的小说《审判》中一篇古奥而富于悲剧性的寓言，它也是《法律之门》第一至第八版不变的序曲。虽然卡夫卡托名"教士与K的对话"讨论了守门人与乡下人的关系，但我们不必认为那就是卡夫卡本人的内心问答和意义阐释，大可放心地提出我们自己的问题，进行我们自己的思考，给出我们自己的答案。

在乡下人出发去找法之前，就有一系列令我们感兴趣的问题。首先，这个乡下人有了难处，何以想到要求助于法？是听了别人的建议，还是依乡下的惯例？是乡下没有定纷止争的公信长者，还是这位长者已经无力化解乡人的不平？其次，提议去找法的人，或者自己曾去找过法的人，有没有讲过求见法的好处？有没有议论过法有何德能给予他们想要的好处？再次，有没有人提醒乡下人在见到法的时候提出什么主张？为什么这样提出主张？用什么来证明这些主张？最后，有没有人提到会有一个守门人？他会把求见者挡在法门之外，使其终生不得晋见？

法的门前也是一个设定了诸多难题的场景。当乡下人与守门人的对峙进入稳定状态后，可以认为法的门前形成了一种秩序。如果经年累月的哀恳不足以撼动这种秩序，那么乡下人要不要打倒守门人，冲进门去？不冲进去就见不到法，冲进去就是"违法"，可否用违法的方式求见法？这是第一个难题；对求见法的人来说，不能得到满意的答复，就会认为自己没有得到公正，进而就会认为法是非正义的，再进而就会把非正义之法拉下宝座打个鼻青脸肿。如果可以在法门之内动用如此暴力，为何不在乡下直接实现"铁拳的正义"？这是第二个难题。

在守门人告诉弥留之际的乡下人，这道门是专为他开的之后，我们可以推定，以前根本没有人见过法，甚至没有人来求见法，乡下人只是被一个关于法的谎言所欺骗，虽心有不平，但毕竟和平地死在法的门前，并且始终不知道人世间法为何物。被不为人知的法所统治，已然是一件痛苦的事，然而，悲剧还在于，竟然有人不顾一切，在痛苦的煎熬中，终其一生徘徊在法的门前。这是人的悲剧，还是法的悲剧？

守门人及其职责，作为一种程序障碍，作为一种日程安排，是由法设定的，还是自然生成的？法是定期巡游，还是深居简出？甚至可以设想，法本身就是被守门人幽禁在深官之内的傀儡，法不仅不知道还有一个守门人，甚至根本没有意识到自己的处境。看似位阶低下的守门人，当道而立，背靠权威，决定谁人可入法门，实际上也就决定了法的日程——能否见到求见者，见到哪个求见者。在法的门前，守门人既可以是秩序的维护者，也可能是民怨的激发者。法最终被送上断头台，完全是守门人横征暴敛的结果。

卡夫卡的守门人是妨碍人们接近法的各种力量的比喻，但在实际生活中，守门人的作用多半是双重的：挡住一些人，放进另一些人。可以设想，守门人一定不乏引导"乡下人"进入法门并且指点迷津的善举。随着时间的推移，一些守门人离职、下岗或者升迁，一些守门人则新近就位。守门人的职责会有所变动，乡下人的对策也会有所调整，以至于他们之间的力量对比会不断变化。如果有一天乡下人强大到足以赶走守门人，接下来的问题必然是，要不要赶走守门人？赶走守门人以后怎么办？这一切的问题，可以在《法律之门》中找寻一些线索。

邓子滨
北京市东城区沙滩北街 15 号
2006 年 6 月

前 言

《法律之门》①（第八版）为法律的文科社会科学研究提供了一个批判的基础。本书包括来源多样范围广泛的阅读内容：法庭意见，社会学、心理学和人类学的分析，历史学和哲学的研究方法，以及文学中的观点。

对《法律之门》编著者最善意的褒扬，莫过于说很难分辨我们来自何种学科。事实上，我们都受过法律训练，不过，因为我们与相关学科的诸多师生共事多年，所以，我们的法律训练以及我们的法律研究方法，都受到其他见解的影响。

《法律之门》包含内容充实的编者按语和章节评论，为的是鼓励读者去分析这些阅读材料，比较异彩纷呈的观点，反思贯穿本书的要点问题。我们的意图是保持一种广博的、文科的、社会科学的、结构开放的并且决不墨守律法的研究方法。

第八版的主要变化

为了反映法律和法律文化的发展和新近要点，所有各章都进行了修订、更新和内容重组。

第一篇"理论与实践中的法律"不仅提供了对法律功能及其功能失常的分析，而且提供了有时是敌对的、关于理论与实践中的法律的解释。新增的阅读材料涉及量刑的司法裁量权、世界范围的环境污染和公司的产品外购。马萨诸塞州判决的有关同性婚姻的重要案件，也是这一版新加的内容。这一篇的深度和广度，可以由作者的身份显现

---

① 本书的英文书名是 *Before the Law: An Introduction to the Legal Process*，直译应为《法的门前——法律过程导论》。其中，主标题"Before the Law"是由弗兰茨·卡夫卡的寓言"法的门前"引申并展开的；"Legal Process"也没有译为"法律程序"，而是译为"法律过程"，因为"process"与"procedure"有所不同。前者主要指自然的历时与演进；后者主要指人为的顺序和步骤。当然，本书中有多处将"process"用于"procedure"之意，且"Due Process"约定俗成地译为"正当程序"，但两者仍有区别，比如本书原文就有"formalistic procedures of due process"的用法。——译注

出来：弗兰茨·卡夫卡（Franz Kafka）、卡尔·卢埃林（Karl Llewellyn）、杰罗姆·弗兰克（Jerome Frank）、马克·加兰特尔（Marc Galanter）、罗斯科·庞德（Roscoe Pound）、亚当森·霍贝尔（E. Adamson Hoebel）、劳拉·内德尔（Laura Nader）、克劳德·列维－斯特劳斯（Claude Levi－Strauss）、卡尔·马克思（Karl Marx）、列宁（V. I. Lenin）和彼得·克鲁泡特金（Peter Kropotkin）。

第二篇"法律的实施"做了实质性的修订，目的是显现法律实施，尤其是政府的统辖权和警察权，在制度上和法理上的复杂性。阅读材料选自政治学、经济学、哲学、人类学和历史学的著述。第八章探索了法律实施的"强制力"何以牵涉暴力的使用，这样一种暴力又如何反映和塑造了不同社会和历史时期的社会制度和社会关系。第九章探讨了民权以及各种宪法权利的发展语境，尤其是涉及妇女、少数群体和言论自由的宪法权利。第十章聚焦法律实施的技术和专业方面，特别关注警察的自由裁量权和调查程序，所采用的新资料包括电击手枪、人种犯罪学、DNA测试以及身份证等一系列有争议的话题。

第三篇"律师"最新采用了两篇颇具启发性的论文，内容是关于法律职业群体日渐增长的对法人与自然人之间法律争点的关切，此外还分析了法律服务市场和私下谈判和解的共同作用如何最终威胁到法律的本身。第十一章添加了对一个军方辩护律师的采访，这位律师起诉联邦政府，反对它在当前的"反恐战"中随意处置所谓"敌方作战人员"。第十二章是关于法律教育的，我们也以注释的形式对其内容予以补充。

第四篇"陪审团"的内容被压缩和修订。第十四章现在只有编者的提示而没有选读的正文，它与第十五章一起，研讨了文化和政治背景下的陪审团。第十六章对陪审团遴选的探讨，集中在两个当前的热点问题上：陪审团成员遴选和陪审团权力确定过程中的性别歧视，以及如何将种族主义逐出陪审团。苏珊·基汀·格莱丝贝尔（Susan Keating Glaspell）的短篇小说依然收录进来，还有一个诉至最高法院的案子，内容涉及种族理由推动的对陪审团成员的强制剔除，它提出了联邦下级法院遵守最高法院裁决的意愿问题。第十七章谈到了陪审团的式微，其中对侵权法改革的讨论实际是对陪审团审判的攻击，而一项社会科学研究对陪审的实际功能和侵权法改革者声称的功能做了比较。这些都是我们在这一篇中所更新的内容。

第五篇"冲突的解决"探究了调解和其他非正式的纠纷解决方式

所提出的一些关键问题,这些问题涉及公正及其与法律的关系。新资料详尽说明了一位作为第三方的纠纷解决者在参与解决现代史上最复杂、最有争议并且最令人痛苦的冲突——"9.11被害人基金"——过程中的体验,同时探讨了纠纷解决在文化和种族差异呈现为基本问题的那些公众纠纷中的含义。新收录的文章包括:罗伯特·阿克曼(Robert Ackerman)的"大家的纠纷:解决冲突与寻觅共同体";霍华德·盖德林(Howard Gadlin)的"冲突解决、文化差异和种族主义文化";伊丽莎白·科尔伯特(Elizabeth Kolbert)的"计算器"。

第六篇"虚拟空间与法律未来"聚焦于互联网所产生的法律、商业、政治和教育问题,而这个互联网是一种机构(institution)和一些实践(practices)。除一篇而外,所有的文章都更新了,内容涉及网上调查、金融交易、在线纠纷解决、虚拟空间的个人和财产权利保护。每一个这样的问题都与一些疑难问题的聚讼发生共鸣,这些疑难问题涉及如何在一个"无边界的"、"虚拟的"空间里创制和实施法律。

特 色

《法律之门》教学上的特色在于,阅读材料和提示的安排是为了激发提问和讨论,也是为了排除对难点问题简单化的结论。尽管法律权威有着确定的性质,我们的意图仍然是展现法律和法律过程开放的品质。我们从未试图将任何领域的法律归结为"字面上的"答案。法律作为一个论争的场地不断变化着,面孔多样,对社会、政治和经济力量做出反应,在不同的文化和历史阶段以不同的方式发展进化着。

本书编著结构所具有的启发思想的品质,通过问题和提示得到加强。问题是对思考和讨论方向的建议;提示是对特别要点的阐明。本书还提供了参考阅读的书目。

本书的内容编排倾向于制度性结构和功能,但阅读材料本身却有助于许多其他学科和教学方法。编著者鼓励教师们实验性地运用书中的内容,利用个人兴趣和专长,索引的使用也有助于这种实验。最佳的阅读安排应当是由教师确定的、适合他们自己的观点和学生的需要的。

致 谢

我们感谢那些曾经使用过本书以前版本的师生们所提出的评论和建议,这些评论和建议帮助我们形成了现在的版本。我们特别感谢下列评论人在以前版本中所做的精当评论：内布拉斯加－卡尼大学（University of Nebraska – Kearney）的约翰·安德森（John L. Anderson）；芝加哥劳尤拉大学（Loyola University Chicago）的马克斯·卡普罗尼（Max A. Caproni）；阿尔伯克基（Albuquerque）职业技术研究所（Technical Vocational Institute）的利·安妮·查维兹（Leigh Anne Chavez）；密歇根大学（University of Michigan）的劳伦斯·格林（Lawrence R. Greene）；巴弗洛纽约州立大学（SUNY – Buffalo）的斯蒂芬·哈本（Stephen C. Halpern）和佛罗里达大学（University of Florida）的约瑟夫·斯贝兰（Joseph F. Spillane）。

我们还要感谢阿默斯特（Amherst）的马萨诸塞大学法律系和社会行为学院（College of Social and Behavioral Sciences）不断的大力支持。最后，我们感谢霍顿·梅福林出版社（Houghton Mifflin）的编辑们为我们的书稿所倾注的精力。

导　言

　　《法律之门》是一本不同凡响的书，它不是在本书的主题上故作"权威定论"，而是提出许多开放性的话题留待进一步讨论。《法律之门》不是用线性贯穿的方式写成的，而是提出一系列观点，每一观点都可作为讨论的开端，并导出其他的阅读材料。

　　《法律之门》意在鼓励读者独立思考。为此，阅读材料及其编排都是启发式的，它们批判已被接受的思想，提出有关价值的问题，使人窥见法律体系日常运作和历史发展中的艰难选择。某位学者或某个案例的论断与另一位学者或另一个案例所持的不同论断相并列，使本书读起来像一次多层面的对话，而不是一种传统教科书式的独白。每一选材都是讨论的一部分。

　　《法律之门》的编著者将法律视为社会的一种连续过程。法律本身可以用国家权威表述，但其含义和内容却像政治、社会和经济力量一样是可变的。任何读者，如果期望从《法律之门》获得具体法律问题的法律答案，比如"警察什么时候可以逮捕我？"或者"某个产品伤害了我，制造商应负什么责任？"他可能会扫兴失望，尽管许多选材都涉及这些问题和答案。不过，希望通过《法律之门》来理解社会当中法律的性质和作用的读者却会如愿以偿，因为这是一本研究法律的书，是为了给那些对法律有总体兴趣的人因材施教而设计的，他们可能有也可能没有直接的法律难题，他们走近法律，却不一定有从业意图。

　　因此，《法律之门》不是一本法律教科书，不是一本法律的书，而是一本关于法律的书。它的设计鼓励以多种方法研究法律：政治学的、社会学的、人类学的、历史学的、文学的和哲学的。所有这些学科的观点在本书之中都有所体现。一些著名学者亲自撰写了一些选题，而许多阅读材料来自该领域公认的专家，还有一些读物选自流行的杂志。特定的法律资料包括法庭判决和法律评论文章。无论其来源如何，这些材料的编排总是为了在文化和历史的广阔背景下启发对法律的思考和讨论。每一法律要点问题都被作为运作于社会中的法律过程的一部分。

为了帮助读者了解这些广博的观点，编著者在每一"篇"、"章"之中都做了评论，以描述该阅读材料的主题。此外，我们安插了许多与选材有特殊关联的"提示与问题"，这些提示和问题是对讨论主题的建议，也是与其他阅读材料的连接和过渡，其中还有对某些特别要点的简短探讨。我们的方法是提供许多的起点和相关的主题，让读者的兴趣和才智引导进一步的探讨。

建议阅读的其他参考书目，意在引导那些希望进一步探求选材中主要观点的读者。我们欢迎读者运用目录和索引查找某一主题的更多信息，并在选材中寻找更多的联系。

在"引言"中，你会发现本书的题目源自弗兰茨·卡夫卡的一个小说人物所讲的寓言。这个寓言作为一种教诲出现在小说中——关于法，关于似乎存在于法的内部和周围的混乱与矛盾。我们没有被告知折磨故事主人公的是什么具体的法律问题，但是我们被迫目睹他在寻求解决问题过程中所遭遇的折磨。

"引言"所揭示的寓言含义，以某种方式展示出本书是如何为读者效力的：提出问题，建议答案，并探索其他选择，最后将答案留给进一步的讨论。读罢寓言，你可能像卡夫卡小说的主人公一样有着忧愤的心情，也许你情愿有一些关于法的问题的简单答案。另一方面，你对这个故事的反应可能像对一场梦一样：它的逻辑意义让你不解，但它的形象力量却启发更多的思考，激励更深入的对目标的追寻。

引 言

一、法的门前[*]

弗兰茨·卡夫卡

法的门前有一位守门人在站岗。一个从乡下来的人走到守门人跟前,请求进门去见法,但守门人说现在不能放他进去。乡下人想了想,问过一会儿是否允许他进去。"可能吧,"守门人答道,"但现在不行。"由于通向法的门像往常一样敞开着,守门人又走到门的一旁去了,于是乡下人探身向门内窥望。守门人看到了,笑着说:"如果你这样感兴趣,就努力进去,不必得到我的允许。不过,你要注意,我是有权力的,而且我只是守门人中最卑微的一个。里面的每一座大厅门前都有守门人站岗,一个比一个更有权力。就说那第三个守门人吧,他的模样连我都不敢去看。"这些困难是乡下人不曾料到的。他以为,任何人在任何时候都是可以晋见法的,但是,当他更切近地看着这位身穿皮外套、鼻子尖耸、留着长而稀疏的鞑靼胡须的守门人时,他决定最好还是等得到许可后再进去。守门人给了他一条凳子,让他坐在门边。他就坐在那里等,一天又一天,一年又一年。为了能够获准进去,他做了多次尝试,用烦人的乞求纠缠着守门人。守门人时常和他进行简短的谈话,问他家里的情况和其他一些事情,不过,像大人物们一样,所提的问题都很没有人情味儿,而且结论总是乡下人还是不能进去。乡下人曾为自己的旅程准备了很多东西,他倾其所有,即使是很贵重的东西,希望能够买通守门人。守门人接受了所有的东西,然而每次

---

[*] 选自弗兰茨·卡夫卡所著《审判》(*The Trial*)。弗兰茨·卡夫卡(1883 – 1924)生于捷克首都布拉格(时为奥匈帝国统治——译注),他在那里生活并从事法律工作,直到他因肺结核而逝世。像他的日记所反映的,他有时发觉自己的律师工作与他的文学不相称,但毫无疑问,法律渗透在他所有的作品中,从它壮观的结构到它对普通人的有时是不可抗拒的影响。《法的门前》是一则寓言,作者生前没有发表,它是卡夫卡未完成的小说《审判》中的一部分。

收礼时都说:"我收下这个只是为了不让你觉得还有什么事情该做而没做。"在那段漫长的日子里,乡下人几乎是不间断地观察着守门人。他忘却了其他守门人,对他而言,这个人似乎是他与法之间的唯一障碍。开始几年,他大声诅咒自己的厄运;后来,因为衰老,他只能喃喃自语了。他变得孩子气起来,由于长年累月的观察,他甚至连守门人皮领上的跳蚤都熟悉了。他请求这些跳蚤帮忙说服守门人改变心意。最后,他的眼睛变得模糊不清了,他不知道周围的世界真的变黑暗了,还是自己的眼睛在欺骗他。但在黑暗中,他现在能够看到一束光线不断从法的大门里射出来。现在他的生命正接近终点,弥留之际,他将整个等待过程中的所有体会凝聚成一个问题,这个问题他还从未向守门人提出过。他招呼守门人到跟前来,因为他已不能抬起自己正在僵硬的身体。守门人不得不把身子俯得很低才能听清他的话,因为他们之间的身高差别增加了很多,乡下人越发处于劣势。"你现在还想知道什么?"守门人问道,"你没有满足的时候。""每个人都极力要到达法的面前,"乡下人回答,"可这么多年来,除了我,竟没有一个人来求见法,怎么会是这样呢?"守门人看出乡下人已筋疲力尽,听力也正在衰竭,于是在他耳边喊道:"除了你,没有人能获准进入这道门,因为它是专为你开的,我现在要去关上它了。"

提示与问题

1. 寓言是一种古老而古怪的教育形式。在《圣经》旧约和新约当中,寓言被广泛用于教育目的,在中东和远东的宗教中更是如此。我们没有能力将寓言归结为一个论点、一条信息或一句口号,这使寓言成为意味深长的教学工具。师生们即使对寓言有所研究,仍然可能迷惑不解。

寓言还有其他独特的面貌,它不能被诋毁为不知所云的纯粹抽象或者极端模糊。到我们想要诋毁寓言的时候,我们已经被它吸引住了。我们的心智拼命去发现它似乎尽在掌握同时又无法捕捉的含义,寓言的每一行,分开来看是可以理解的,但它的整体意思却无从把握。我们原以为再读一次就够了,不,不是这样,也许要三次或更多次。不过,我们能够胜任反复的阅读,因为寓言一般都很短,并且每读一次我们都有新的收获。关于法,卡夫卡告诉你什么?他勾画的图景是令人愉快的还是令人烦恼的?卡夫卡的教诲在什么场合——法律的或者其他的——可以被运用呢?

2. 理查德·迪尔戈多是一个叫做"种族批判理论家"(Critical Race Theorists)的组织的主要学者,他争辩说,讲故事以及其他叙事体,可以具有革命的潜能:

故事、寓言、编年史和叙事体是强有力的摧毁思想定式的工具。所谓思想定式就是一组预设观点、公认至理和共享知性，也正是在这个背景下，法律和政治理论产生了。它们像一副我们佩戴已久的眼镜，近在眼前却视而不见，只被用来扫描和诠释世界，而其自身却几乎从未受到检视。意识形态作为一种公认至理，使当下的社会安排似乎显得公正而自然。那些当权者夜里也睡得非常安稳，他们的举止似乎不像是这个世界上还存在压迫。①

　　这就是为大家所接受的论述形式，也就是可靠的学术资料中的论述，它们属于权威人士和未来的权威人士。什么样的魔力使叙事文学能够削弱权威人士的权力，并给非权威人士一个较为有利的防守阵地，可以有一点儿发言权？迪尔戈多主张，被压迫者所讲的故事

　　　　通常是冷嘲热讽……贴近底层，不加渲染的……讲故事有巩固共同体的作用：故事，建立一致性，建立共享知性的共同文化，从而建立更深厚、更重大的道德规范。但是，故事与反故事（counterstories）②有着同等重要的摧毁作用。它们能够显示，我们过去的信仰是荒谬可笑、自私自利或者残暴冷酷的；它们还能显示，我们怎样可以躲避非正义的排斥；它们能够帮助我们知道什么时候应当重新分配权力；它们是有创造力的雄辩的另一半——有摧毁力的一半。③

　　在进一步阅读之前，思考一下迪尔戈多对叙事文学的看法：它们是强有力的、被压迫者的冷嘲热讽，它们兼具建设性和毁灭性。这些看法适合卡夫卡的"法的门前"吗？比如说，卡夫卡的寓言具有革命的潜能吗？

　　3. 卡夫卡的寓言对你有什么影响？你觉得沮丧、愤懑，还是烦恼不安？如果有这些感受，那么这些不良感受的背后又是什么呢？

　　4. 你可能想亲自尝试一下叙事文体，比如写一篇简短的报道，叙述自己感受过的一次非正义。想到一次非正义的事件，总是比想到一段正义的情节更加容易。当然，这个事件或情节不见得非要牵涉警察、法庭或者与法律机构的遭遇不可，因为我们绝大多数人只可能在偶然的情况下冲撞正式的法律；相反，

---

　　① Richard Delgado, "Storytelling for Oppositionists and Others: A Plea for Narrative," in *Critical Race Theory*, 2nd ed., 61.

　　② 故事，作为一种主叙事（master narratives），被认为是社会共识的文化总结，它经常被用来支持权力机构的压迫行为；反故事，作为与主叙事相反的叙事，被认为是独立解放的自由表达，它的目的是改变被压迫者集体或个人的观念，比如亚瑟王的传奇、梁山好汉的小说，都可以视为反故事。——译注

　　③ Richard Delgado, "Storytelling for Oppositionists and Others: A Plea for Narrative," in *Critical Race Theory*, 2nd ed., 61.

在家庭、学校、运动队、社交俱乐部和工作场所，我们经历了更多的不公正。

♣ 在乡下人与守门人的寓言之后，卡夫卡接续了一位教士和一个简称 K 的人关于这则寓言的讨论。在此过程中，卡夫卡让我们思考了许多他本人也在努力思考的问题，虽不乏顽皮，但他却像一位伟大的教师，在帮助我们的同时提出新的问题。

二、教士与 K 的对话

弗兰茨·卡夫卡

"就这样，守门人欺骗了乡下人，"K 马上说，深深地被故事吸引住了。

"不要太匆忙了，"教士说，"不能不加验证就接受一种意见。我是逐字逐句给你讲这个故事的，里面可没有提到欺骗。"

"但这足够清楚了，"K 说，"你对它的第一个解释是非常正确的，守门人只是在拯救的消息对乡下人已经毫无帮助时才把这个消息告诉他。"

"守门人在此之前并没有被问到这个问题，"教士说，"并且你还必须考虑到，他只是一个守门人，他也是在尽自己的职责。"

"什么使你认为他尽了自己的职责？"K 问，"他没有尽到职责，他的职责应该是将所有的陌生人拒之门外，但却应当让这个人进去，因为门就是为这个人开的。"

"你没有充分尊重原文，在篡改故事情节，"教士说。"关于进门去见法，故事里有守门人的两句重要的话，一句在开头，一句在末尾。第一句话是：现在不能放他进去；另一句话是：这道门是专为你开的。但这并不矛盾，相反，第一句话甚至暗示了第二句话。人们几乎可以说，守门人暗示将来可能让乡下人进门，就是在超越自己的职责。当时，他的职责显然只是拒绝让人进去，而许多评论家对竟然有这样的暗示感到惊讶，因为守门人看起来是一个对职责一丝不苟的人。在那么多年里，他从未离开过自己的岗位，并且直到最后一分钟才把门关上；他意识到自己职责的重要性，因为他说'我是有权力的'他尊重上级，因为他说'我只是守门人中最卑微的一个'；他不多嘴，因为那么多年里他只提一些'很没有人情味儿的问题'；他没有被贿赂，因为他在收礼时说'我收下这个只是为了不让你觉得还有什么事情该做而没做'；只要与他的职责相关，哀求与暴怒，他都不为所动，因为我们知道，乡下人'用烦人的乞求纠缠着守门人'；最后，甚至他的外貌都暗示他是一个因循守旧的人，鼻子大而尖耸、留着长而稀疏的鞑靼人的黑胡须。谁能想象一个更忠诚的守门人呢？然而，守门人性格中还有其他因素，这些因素似乎有利于任何求见法的人，也使人很容易理解他竟然超越职责去暗示将来可能让乡下人进入法的大门。不能否认，他有点头脑简单，必然有点自负。想想他说过的几句话，提到自己和其他守门人的权力以及那些连他也不敢看的可怕模样——我敢说这些话是真实的，但他的表达方式却说明头脑简单和自负扰乱了他的理解力。评论家们指出：'对同一事情的正确理解和错误理解，不完全是相互排斥的。'不管怎样，人们必须承认，这种简单与自负虽然不很强烈，却很可能削弱了他对大门的守卫；它们是守门人性格中的缺陷。还必须加上一个事实：守门人似乎是一位天生和蔼可亲的人，他并没有一直摆出盛气凌人的官架子。最初，他还开玩笑似的邀请乡下人在严格禁入的情况下自己进去；后来他也没有把乡下人赶走，而是像故事所讲的，给乡下人一个凳子，让他坐在门边。这许多年来，他忍耐乡下人的出现，做些简短的交谈，接受馈赠，礼貌地允许乡下人当着他的面大声责骂应由乡下人自己负责的命运——所有这些都使我们推断出他具有一定的同情心。并非每个守门人都会这样做。最后，乡下人对他做了个手势，他就低低俯下身去让乡下人有机会提最后一个问题。守门人知道一切就此结束了，他的那句话'你没有满足的时候'只不过是一种温和的不耐烦。有些人甚至把这种解释再推进一步，认为这句话表达的是一种友好的钦仰之情，虽然其中也有某种俯就。无论如何，守门人的形象都可以说与你所想象的很不相同。"

"你比我研究这个故事更仔细，时间也更长，"K说。他们沉默了一会儿，然后K说："这么说，你认为乡下人没有受骗？"

"不要误解我，"教士说，"我只是向你介绍了关于那个论点的各种不同见解。你不必太在意。书面的东西是无法篡改的，而评论通常只是表达了评论家的困惑。在这件事中，甚至有一种解释声称真正受骗的是守门人。"

"这种说法太牵强了，"K说，"它有什么根据？"

"根据在于这样一个论点，"教士回答，"守门人的头脑简单，他不了解法的内部，他只知道通向法的道路，他在这路上巡逻。他对法的内部的想法是幼稚的，而且据估计他自己也害怕其他守门人，认为他们是挡在乡下人面前的妖怪。实际上,他比乡下人更怕他们,因为乡下人听说里面有可怕的守门人后还是要进去,而守门人却没有进去的愿望,至少不是我们所知道的那样。还有人说,他一定到过里面,因为毕竟他已受雇为法服务,其任命只能来自里面。这种说法遭到了反驳,理由是他可能由里面传出的一个声音任命。无论如何,他不可能进去很深,因为第三个守门人的相貌是他不敢去看的。此外,这么多年来,除了有一次提到那些守门人外,没有任何迹象表明,他讲过的什么话能说明他了解里面的情况。他也许被禁止这么做,但是关于这一点也没有提及。根据以上种种,结论是他对里面的情况和重要性一无所知,因此,他处于一种受骗的状态。在和乡下人的关系上,他也是受骗的,因为他从属于乡下人,而自己却不知道。他反把乡下人当成自己的下属,许多细节可以说明这一点,你一定记忆犹新。根据对故事的这种见解,十分明显,他的确从属于乡下人。首先,奴隶总是从属于自由人。乡下人确实是自由的,能够去他想去的地方,只有法的大门对他关着,只有一个人——守门人——禁止他走近法。当他接过凳子,坐在门边,待在那里一直到死,他这么做完全出于自愿;故事里从来没有提到任何强制。可是守门人却被职责固定在岗位上,他不敢走到乡下去,显然也不能走进法的大门,即使他想进去。另外,虽然他为法服务,但他服务的只是这道门;也就是说,他只为这个乡下人服务,因为这道门是专为乡下人而开的。从这方面讲,他也从属于乡下人。可以设想,乡下人长大成人的那些年里,守门人的工作某种意义上只是一种空洞的形式,因为他必须长期等待乡下人的到来,以便实现自己的工作目的。此外,他还得等乡下人高兴,因为乡下人是出于自愿而来。守门人职责的期限也取决于乡下人的寿命,所以,归根结底,他是从属于乡下人的。故事里始终强调,守门人对所有这些显然一无所知。这不足为奇,因为根据这种解释,守门人在一件重要得多的、影响他职责本身的事情上,同样也是受骗的。例如在故事末尾,他提到法的大门时说:'现在我要去把它关上了,'但是,故事的开头告诉我们,通向法的大门一直敞开着,如果它一直是开着的,就意味着不管乡下人是死是活,守门人都不能把它关上。至于守门人说这话的动机,有几种不同意见:他说要去关门,或者只是为了回答乡下人而已;或者他是在强调自己忠于职守;或者是为了使乡下人在弥留之际感到沮丧和懊悔。不过,也不乏这样的观点:守门人没有能力去关门。很多人声称发现守门人在智力上也不如乡下人,至少在故事结尾是如此,因为乡下人看见法的大门里射出了光线,而守门人的岗位使他必须背对着门,也没有他所讲的什么话可以证明他发现了这种变化。"

"说得有理,"K低声向自己复述了教士所讲的几个论点以后说道,"说得有理,我倾向于受骗的是守门人。不过,这不能使我抛弃原先的看法,因为这两个结论在某种程度上是并行不悖的。守门人精明也罢,受骗也罢,都无关大局。我说过,乡下人受骗了。如果守门人头脑精明,其实一直有人怀疑这一点,但如果守门人自己受了骗,那么他的受骗必然会传达给乡下人。这就使守门人实际上不可能成为骗子,不过是一个应被立即解除职务的头脑简单的家伙。你不应该忘记,守门人的受骗对他自己无害,但却会给乡下人带来无穷的危害。"

"对这种看法也有反对意见,"教士说,"许多人断言,故事本身没有赋予任何人评论守门人的权利。不管他对我们怎样,他终究是法的仆人;这就是说,他属于法,因此超出了人们所能评论的范围。在这种情况下,真不敢相信他从属于乡下人。虽然他受职守的制约,必须守在法的门前,但他却比世界上任何人都要自由,别人无法和他相比。乡下人只能求见法,守门人却已经被安置在法的身边。是法把他放在守门人的岗位上;怀疑他的尊严就等于怀疑法本身。"

"我不同意这种看法,"K摇摇头说,"因为如果接受这种看法,那就必须把守门人讲的每一句话都作为真的来接受。可是,你自己也已经充分证明,这样做是多么不可能。"

"不,"教士说,"不必把他的每句话都作为真的来接受,而只须当成必然的东西来接受。"

"一个令人忧郁的结论,"K说,"这会把谎言变成普遍准则。"

提示与问题

1. 将你对寓言的最初感触与教士和K的评论加以比较,哪一个更接近你的想法?
2. 教士与K争论的是什么?谁赢得了这场争论?赢得争论与正确之间有没有区别?
3. K的论点似可归结为:正义抛弃了乡下人。依你的判断,正义实现了没有?
4. 在对话中,教士主宰了谈话而K却说得很少。交谈中的这种失衡告诉了你什么?作者卡夫卡是通过教士还是通过K在说话?
5. 教士似乎专业而自信,K却显得业余而胆怯。这些特征对于赢得争论和说服读者的能力有何影响？

6. 在寓言中，守门人被描绘成一位低层次的法的权威，乡下人则是一个无权者。在争论中，教士则更像一位权威，而 K 则像一个外行。乡下人或者 K 是聘请一位律师有所帮助，还是他们自学法律更有帮助？

7. 教士的立场似乎随着 K 所提出的每个新问题而转变。随着争论的进行，教士的论点是更强有力了，还是更软弱了？K 的论点又怎样呢？

8. 教士的最后论点是："不必承认他讲的每句话都是真的，只须当成必然的东西来接受。"这话的蕴涵是什么？K 对这话的反应是什么？你赞成哪种立场？

9. 时常有这样的说法：坏的秩序比根本没有秩序要好。是什么使坏秩序有强制力？你怎样认为？乡下人会怎样认为？

10. 在守门人与乡下人相处的过程中，规则似乎发生着变化：开始时，法的大门不让乡下人进入，因为他被认为没有权利进入；但是后来，他被告知法的大门是专为他开的——他一直有权进入，并且，事实上是他的独有权利。规则不断变化的地方，还可能有"秩序"吗？

然而，还是可以说，尽管存在表面的不一致性，但却有一个更深层次的一致性贯穿整个故事。规则可能不同，但结果是一样的——乡下人一直未能进入法的领域。如果法从未为他服务，那么法又为谁服务呢？

11. 哪一个人物——乡下人、守门人、教士或者 K——是读者最认同的？最想认同的？这些人物代表了什么社会作用和地位？

♣ 在下面的阅读材料中，卡夫卡为一位善良的律师提出了一些难题，这位律师选择法律作为职业，是将法律作为服务他人或者使世界更加公正的手段。卡夫卡对法律秩序的简单勾勒留给我们一个深刻的矛盾：法律是为少数人或与之有关者服务的，但是，多数人却不反抗。

三、我们的法律的问题

弗兰茨·卡夫卡

我们的法律不是广为人知的，它们被贵族小团体隐藏和把持。他们要让我们相信，这些古老的法律被一丝不苟地实施着；然而，被那些我们不知道的法律所统治是一件非常痛苦的事。我想到的不是法律解释过程中可能出现的差异，也不是只有一小撮人而不是全体人民有权解释法律所导致的损害。这些损害也许不是特别重要，因为法律是非常古老的，对法律的解释是许多世纪以来的工作，这种解释本身也毫无疑问地取得了法律的地位，尽管还可能有对法律的自由解释，但法律解释现在已经变得非常严格了。尤其是，贵族们在解释法律时虽然没有理由受个人利益——与我们的利益相对立——的影响和左右，因为法律从一开始就是为了贵族们的利益制定的。他们高居法律之上，这似乎就是为什么法律全部执掌在他们手中。当然，法律之中是有智慧的——谁会怀疑古老法律的智慧呢？——但对我们来说也有困苦，也许是不可避免的困苦。

然而，法律的存在本身至多是一种推定。传统上认为，它们存在并且是属于贵族阶层的秘密，但却不能，也不可能超出世代相延的传统，因为一个秘密法典的实质就在于它必须保持一种神秘性。我们一些人很早以前就开始专心致志地审视贵族阶层的所作所为，保留着我们父辈留下的我们诚心实意延续的记录，而且还声称在无数的事实中确认了一些主要倾向，这些倾向可以有这样或那样的历史表达方式；但是，一旦我们依照这些精心验证、合乎逻辑的结论寻求适应现在和未来，一切都变得不确定了。我们的工作似乎仅仅是一种智力游戏，因为也许我们正努力揭示的那些法律根本就不存在。有一小批人的确持这种观点并且努力去说明，如果真有法律存在，那它只能是这样：法就是贵族们的所作所为。在这一小批人眼里，到处都是贵族阶层的专横与擅断，他们拒斥公众传统。依他们的见解，传统仅具有一些琐屑而偶然的优点，不足以弥补其重大的缺陷，因为在人们面临事变时，它给人们一种错误的、骗人的和过分自信的安全感。这一点无可否定，但是，我们绝大多数人都用这样一个事实来做出解释：传统远不是完善的，必须进行更为深刻的探究，所提供的材料看似数量庞大，实则太过贫乏，并且要用几个世纪才能使它变得充足。就现在而言，这一观点是令人不快的，但却因为这样一个信念而变得轻松：终有一天，传统及我们对传统的研究会一起达成结论，可以说，得到一个考虑的时间。那时，一切都会变得明确，法律将属于人民，贵族阶层将消逝。这不是在维持任何的反贵族阶层的仇恨情绪，根本不是。我们更应该痛恨自己，因为我们还没有显示出自己有能力被委任以法律。这也就是那一小批人相信法律不会如此渺小——尽管其原理在某种程度上是如此有吸引力——的真正原因，因为它明确地认可贵族阶层的存在和它存在的权利。

事实上，可以只用一种悖论来表达这个问题：任何小团体，如果它不仅要抛弃所有对法的信仰，还要抛弃贵族阶层，就应当有全体人民作为后盾；然而，这样的团体是不可能诞生的，因为没有人胆敢抛弃贵族。我们生活在这一刀锋之上。一位作家这样总结道：强加在我们身上的、唯一可见而又明确的法律，就是贵族阶层本身。难道我们一定要剥夺自己的这一法律吗？

提示与问题

1. 依卡夫卡之见，什么是法的核心问题，什么是其解决的障碍？
2. 在卡夫卡所勾勒的法律结构中，守门人和律师应处于什么位置？
3. 如果人民知道，法律为贵族享有，受贵族治理，为贵族服务，人民必须反抗吗？
4. 卡夫卡说："我们更应该痛恨自己……"这是不是说问题在于人民内部以及他们的过分谦卑，或者在于他们所面临的、阻碍其自治主张的制度？换言之，问题在于乡下人是作为体制象征的守门人？或者在于他们两者？
5. 什么使法律人士，如守门人、教士、法官和律师，感觉有充分的资格可以被委之以法律？如果他们感觉更像普通人，那么法律的问题还能解决吗？
6. 卡夫卡似乎在兜圈子。尽量"直截了当"表述他的中心论点，想象有一位没有读过卡夫卡著作的同学，向他解释一下卡夫卡的论点，如果这样做有帮助的话。

♣ 最后选自卡夫卡的是一篇短小而精悍的作品。

四、弄臣

弗兰茨·卡夫卡

他们被要求选择成为国王还是国王的弄臣？依孩子们的方式，他们都希望去做弄臣。这样，因为没有国王，所以只有弄臣四处躜突叫嚣。他们想要结束这种悲惨的生活，但又不敢这样做，因为他们有效忠国王的誓言。

提示与问题

1. 可以这样说：这则寓言是在呼吁强有力的领袖，因为领袖可以使弄臣们的躜突叫嚣也变得有意义。但是，如何将强有力的领袖与萌芽阶段的贵族（今天的领袖，明天的贵族）加以区分呢？据说，这是"我们法律的问题"的组成部分。有什么可以替代强有力的领袖的选择吗？
2. 有时也会有人说：人们做弄臣是"快乐"的，即使给他们机会也不愿意放弃,但卡夫卡说,弄臣的生活是悲惨的。弄臣生活悲惨的原因是什么?有什么可以替代愤懑的逆来顺受吗?

市井智慧可以有下列表现:"随波逐流"、"适应环境",尤其是在找工作的时候,要"推销自己"。这些策略最初是很便利——所以被认为是市井智慧——但是,如果采用它的代价是毁灭性的,原本为确保生存而提出的建议却导致了死亡,那又该怎么办呢?理查德·赖特在其所著的《黑男孩》中定义了一个他不敢违背的、不妥协的核心问题:什么使白人对黑人的仇恨如此恒久,并好似深入肌理?

> 被仇恨所摆布的生活可能是怎样的呢?这种仇恨是如何产生的?没有任何关于黑人的问题在学校里被讲授过;每当我向孩子们提出这些问题时,他们或者保持沉默,或者转换话题开个玩笑。关于个人所遭受的些许不幸,他们侃侃而谈,但却不想了解其全貌。那么我为什么而忧虑呢?……
>
> 提出疑问为什么被视为错误?……不可想象,一个人会向看来是错误的东西投降,而我所见到的多数人似乎都是错误的。即使一个人相信当权者是错误的,他就应当向当权者投降吗?如果答案是肯定的,那么我知道我将永远是错误的,因为我永远无法那么做。那么,一个人如何生活在一个理智和知觉毫无意义、权威和传统却意味着一切的世界里呢?①

3. 守门人和律师在何种意义上属于弄臣?又在何种意义上属于国王?他们对谁、对什么事情承担"效忠的誓言"?他们能够撤回誓言吗?

4. 你已经思考了多篇卡夫卡关于法的论述。卡夫卡关于法、法律秩序及其影响的立场是什么?

♣ 哲学家阿尔弗雷德·诺思·怀特海德(Alfred North Whitehead)曾经说过:所有西方哲学只不过是柏拉图的注脚;同样可以说,所有西方法律的论述都不过是弗兰茨·卡夫卡的注脚。果真如此,卡夫卡的指导和精湛论述就可以给予学生们所需要的、对现代法律秩序的全部理解。

---

① Richard Wright, *Black Boy* (New York, Harper, 1966 ed., first published 1937), pp. 181, 182.

一位学者在书斋里,注视着一块魔盘。

Rembrant van Rijn: Faust, c. 1652; (National Gallery of Art, Washington. Gift of R. Horace Gallatin.)

第一篇　理论和实践中的法律

在法学院里，他们告诉你，法律是一门了不起的科学，是尽善尽美的理性。事实上，它是罗马法、圣经、教会法、迷信、封建残余、狂乱的虚构和冗长死板的制定法的大杂烩。教授们努力从混乱中得到秩序，在鬼都找不到的地方寻求意义。

——伊弗雷姆·图特（Ephraim Tutt），
《美国佬律师》（*Yankee Lawyer*），1944 年

政治哲学是知识和道义的创造物，它们包含高远的理想、松散的口号、可疑的事实、粗糙的宣传和复杂的理论。它们的追随者选取一些事实，却忽略另一些事实，力劝人们接受理想和事件的不可避免性，与一种理论进行争辩后，又去诋毁另一种理论。

——赖特·密尔斯（C. Wright Mills），
《马克思主义者》（*The Marxists*），1962 年

所有的逻辑体系，无论东方的还是西方的，科学的还是宗教的，循环的还是直线的，都发端于对实存的结构方式的分析。

——约瑟夫·皮尔斯（Joseph Pearce），
《宇宙蛋壳的裂缝》（*Crack in the Cosmic Egg*），1982 年

♣ 法律的定义是对政治哲学信仰的表述，又是关于宗教信仰或者科学直觉的论文。定义者天才的火花，使整个法律时空顷刻间井井有条。一旦定义形成，事件将被重塑，以适合定义；起初的心理真实一变而为某种"活生生"的现实。正是这一现象使定义如此重要而又如此危险，它们提供了对法律世界集中的解释，但又事先排除了瓦解这一定义的可能性。

法律作为一种思想体系仅仅是现实的多种可能结构之一。就其他思想体系而言，模型领先而不是追随数据——地图通常既先于又取代了地域本身。例如，一位非洲的水上商贩看到儿子从学校带回的一张

地图，他反对地图把不同的东西搞得看起来都是一个样子。在地图上，所有的一切都是均匀的，几英寸就代表了一英里。他的儿子回忆说：

> 用英里来表示距离对他来说是没有意义的，"地图是骗子"，他斩钉截铁地对我说。从他的语调里，我能感觉到已经惹他生气了……一方水土的真实性就在于这个地方生成的喜怒哀乐。他忠告我，最好不要相信任何像地图一样浅薄的东西……现在我明白了——尽管当时我没明白——我的装腔作势的距离跨越，贬低了他疲惫的双脚所丈量过的路程。我的关于地图的妄谈，抹蚀了他酷热中负重跋涉的重大意义。①

地图好比告诉我们怎样去看的传统智慧。经商的父亲给传统智慧贴上了价格标签，被称之为聪明的，不仅可能是头脑简单的，而且可能将非常重要的东西挤出界外。这位父亲知道那忠实于地图的人所不知道的事情：对待地图比对待地形本身更认真的旅行者，有更大的可能遭受灭顶之灾。

非传统智慧认为，我们仅看到那些我们被教导去看或者我们指示自己去看的东西。上述观点在一般人的学习观念面前可能失去效力。我们可能认为自己是好学的，乐于接受新的观点，无论这些观点如何令人震惊。学生们上大学还会为什么呢？人们在大学里的教学还会为什么呢？但是，如果情况正相反，也就是，尽管我们想赞誉自己有持久的学习渴望，我们还是想仰仗已经知道的事情得过且过，那又如何是好呢？我们进行越来越多的学习，真正的效果却越来越小。我们希望、祈求手里的地图会使我们走过这片地域，因为它已经让我们走了这么远。这是可能的，但是如果它没有这样做呢？

开始学习法律的人经常觉得他们对法律所知甚少，而法律知识的缺乏正是他们学习法律导读课程的原因。事实上，每个人心目中都有法律的模型和期待，它们来自电视、报纸、个人经验、家庭历史和其他来源。这种先入知识的地图可能既干扰又促进新的学习。听到"法律"这个词，最初进入脑海的几个词能够揭示这张地图的一部分。写下一些句子，描述法律涉及什么，法律行为最常发生在哪里，以及法律值得称道和令人生厌的方面。你可能惊讶于这些知识储备揭示的内容如此丰富，它就是你有关法律的初始地图（它可能适合，也可能不

---

① Marshall McLuhan, *Understanding Media* (New York Signet, 1964), pp. 145–146.

适合这块法律领地）。

　　法律学习的复杂性要求我们具备人性的勇气，即卡夫卡寓言所加于我们的那种人性和足够的勇气，去摒弃那不足以解释我们所要理解的事情的世界观。一本导读性质的法律教科书，目的之一是为感知法律提供新的指南，以使现行法律秩序的强点和弱点得到充分的评价。教与学的行为应当打破陈规成见，从而提供新的可能性。

　　通观一系列法律定义，你可以获得更有批判力的见解。每一定义都饱含了提出者智慧的火花，每一定义又都排除了无法解释的东西，因而成为视域有限的要素。比如，法律可被定义为规则的体系，官方肆意胡为的遮掩，价值探究的论坛，冲突解决的机制，精英的权力把戏，对公意的反映或压制，或者保持不平等、否定自由的政体。这些简短的解释为研习法律提供了有前途的线索。跨越多种解释的思考，有助于更加清晰的洞察，因为对立的思想观点造成紧张状态，但也为法律提供了生气与活力。这些紧张状态在法律学习者中产生相似的冲突，这些学习者都热衷于寻找解释法律的最佳方式。然而，这些紧张状态也使法律学习成为一种独特的教育经历。

　　下面各章探究了对理论和实践中的法律的一些主要解释。因为如果没有对规则的讨论，关于法律的对话都不可能持久，所以，第一章描述了律师和法官如何对待法律先例；第二章讨论在发现事实、选择规则和做出决定过程中官方的自由裁量权。第三章和第四章通过法律和法律秩序在"平衡相互冲突的利益"过程中的作用，使法律的价值得以清晰表述。所有各章都能够适合传统的法律训练：学习规则，理解法律官员的选择和局限，通过相矛盾的案例进行价值探究，确认在所有法律体系中找到的相互抵消的压力和影响。

　　正如人们所料，不是每个人都对法律的制定和实施方式感到满意，也不是所有的组织都对法律秩序在分配政治权力或经济回报时的整体效果感到满意。马克思主义者（见第五章）一直争辩说，法律规定并维护特权，削弱广泛的政治参与和经济平等。无政府主义者（见第六章）在历史上对法律提出了甚至比马克思主义者更具根本性的挑战，他们主张，通过法律或其他国家力量，价值的制度化将"不可避免地"使价值误入歧途。在他们看来，国家所破坏的宗旨正是国家所需要的。

　　第三种理论，也是更为新近的法律批评，来自女权主义法学家和种族批判理论家，他们对职业法律教育的场所和风格提出质疑，实质性地重新检视了书面和适用的法律的全部领域，在消除不平等或者对自由的限制过程中,挑战了整个法律秩序的价值(见第七章)。

另一种造法模式是人类学者所指称的"非国家状态"——非正式的公众组织、家庭、学校和工厂等——这方面的内容将通过问题和评论被有机地编入各章之中。毫无疑问,绝大多数的规则适用都是不明显地、非正式地发生在这样的状态下。在我们通常生活的地方,规则的创制以其强度和数量弥补了它在公开性方面的不足。

第一章　法律制定与先例：
法官和律师如何由先例开始推理

> 伟大的王啊，高贵的人所宣称的理解力的精华是什么呢？伟大的王，这样的理解力有四种：对词义的理解力；对义理、语法和对注释的理解力，以及流畅的口头表达能力。尊敬而伟大的王啊，一位僧人具备了这四种能力，无论他面对的人们的态度如何，无论他面对的是一群武士或者一群婆罗门，还是一群百姓或者一群出家人，他都可以满怀信心地走近他们，他会平和、无畏、镇静地，而不是毛骨悚然、浑身发抖地面对他们。
>
> ——佛教寓言

♣ 一位律师如何确定委托人的案子是"好"是"坏"？典型情况下，律师们由委托人告诉他们的事实开始，经过一番询问，将法律"运用"到那些事实上，并预测出一个结果。律师们假定，法官们会以相同的方式裁决相同的案件，也就是，当案件涉及可比事实时，先前的结果将被重复。在日常的法律工作中，模糊性有两个来源：事实的模糊性（发生了什么？）和法律的模糊性（对所发生的事件运用什么法律？）。

律师们如何知道法律是什么？美国著名大法官奥利弗·温德尔·霍姆斯认为：

> 有一个基本问题：什么构成了法律？你会发现一些教科书作者告诉你，法律是某种不同于马萨诸塞或英格兰法院裁决的东西，是一个推理体系，是来自原则、道德或公理的推论……它与裁决可能相符，也可能不相符。不过，如果站在我们坏蛋朋友的立场，我们就会发现他毫不在乎什么公理或推论；他只想知道，马萨诸塞或英格兰的法院事实上会做什么。我和他的想法绝大部分是一样的。我们所指的法律，就是对法院事实上将做什么的预测，而不是其他的虚伪矫饰。[①]

---

① Oliver Wendell Holmes, "The Path of the Law," *Harvard Law Review*, 10 (1897), 457.

有关法律的预测,部分地有赖于正被讨论的案件与先前案件的比较。发现案件之间相同点和不同点的技巧,即案例分析法,是专业法律学习的基础部分。本章中,卡尔·卢埃林(1893-1962)的文章和一套出自北卡罗来纳州的判例,显示了法官和律师如何处理案件。

第一节 布满荆棘的丛林[*]

卡尔·卢埃林

首先,何谓先例?总体而言,暂不考虑我们的法律和法律原则的特点,先例存在于一位官员再次做实质相似情境下他或他的前人曾经做过的事情。因而,先例的基础就是对我们所知的整个社会的习俗或制度与我们所知的个人的习惯做出的官方类比。从广义上说,导致先例的那些事情与导致习惯和制度的事情是相同的。解决难题要耗费时间和精力,一旦你解决了一个难题,重新解决一遍就显得愚蠢了。的确,你可能对重新解决的想法很不耐烦。懒惰与方便使你在自己既有的建设上继续建设,将曾经做过的决定和**曾经做出的答案**,引入你正在运用的技巧,**而不重新检视**哪些东西**先前加功助力于**答案的形成。从这一方面你会看到,寻求先例的冲动存在于任何官员的行为之中,不论他是否想要,也不管他是否认为先例已经存在。从这一角度说,先例只不过是官员或官方**实践**的尊称。很明显,除非有这些实践,否则很难知道还有官方或官员;更为明显的是,由于有记录先例的制度,官员们实践的背景范围可能大幅度地扩展了,其可能的外向范围,即被外界模仿的可能性,更是进一步扩大了。最后,很明显,如果有先例记录并且被仔细而不断地征询讨教,那么,不声不响地改变实践的可能性就极大地减小了。就法律方面而论,律师制度在此上升到重要位置。尽管法院可能制作并保存了判例记录,但却很少注意它们或者可能随意对待它们;甚或有意忽略一个不便运用的记录,如果法院后来改变了对该类型案件看法的话。这种情况下,律师就会寻找支持其观点的方便的判例记录,用法院自己以前的判例向法院施加压力。通过寻找、阐释和极力主张先前案件,充分利用人类重复以前行为的冲动……

继续过去的实践,就是为没有经验的新官员提供前人积累的经

---

[*] From Karl N. Llewellyn, *The Bramble Bush*, pp. 64-69.

验。如果他无知，他可以向他们学习，从先行者的知识中获益；如果他慵懒，他可以注意前人的行为，并从他们的勤奋中获益；如果他愚蠢，他可以从他们的智慧中获益；如果他有偏见或腐败，则过去存在的实践在与他的行为进行比较时，对其偏见或腐败进行了公开的监督，限制了他可以肆意胡为的空间。最后，即使前人进行实践时也曾慵懒、无知、愚蠢而有偏见，不过，知道他将继续前人所为，也会提供一个基点，使人们能够由此预测法院的行为，事先调整自己的预期和事态。知法有益，即使法为恶法。因此，很容易理解，在我们的体系中首先形成遵循先例的习惯，然后才是先例应被遵循的法规范。我们已经看过这一原则所采用的主要形式：每一个案件都必须在一个一般规则之下作为一个特例来加以裁决。这是一条基本准则，几乎所有的法系在这一点上都是共同的。其他的基本准则应当被认为是辅助性的，确立它们是为了更好地利用既往的判决，并从既往的判决开始推理。

提示与问题

1. 遵循先例（stare decisis）的原则意味着，法院将对同样的案件做同样的判决，或者过去的判例将被遵循。在这一原则之中，是否蕴涵着一种关于正义的理论？在这样的体系中，非正义的根源是什么？

2. 将卢埃林的文章与已故的奥尔德斯·赫胥黎的著作节录相比较：

> 为使生物的生存成为可能，无拘无束的心智必须被导入大脑和神经系统的压缩阀中……为了表达和阐释这一被压缩的意识的内容，人类发明了并永无休止地装潢着那些我们称之为语言的符号系统和内在哲理。每个人都同时是他生长其中的语言传统的受益人和受害者——受益，在于语言使他能够接近其他人的经验积累记录；受害，在于语言使他坚信被压缩的意识仅仅是意识，使他对现实的感知混沌不清，以至于他轻易将概念当成数据，将言词当成实物。在语言的宗教里，被称为"这个世界"的，是被压缩的意识所表达的领域，换言之，是被语言所僵化了的领域。①

3. 卢埃林说，知法有益，即使法为恶法。知法何以有益？

4. 判例法因被记录在案而变得更有可能性。这样，当我们将先例体系视为一种对"过去"的总体参照时，不应忘记我们最常在生活中参照的对"过去"的记录。你生活的记录是什么？这些记载足以包括你的过去吗？

---

① Aldous Huxley, *The Doors of Perception* (New York: Harper & Row, 1954), pp. 22-23.

5. 在做个人决定时，你运用过先例吗？先例在你的家庭、课堂、工作、社会团体中是否起作用？

6. 我们每个人，是随身携带一个塞满过去经历的先例机制，——不管它是否适合——还是敞开我们的胸怀，面对新的体验？

♣ 本章下面所有的案例都来自北卡罗来纳州最高法院，这些案例生动说明了遵循先例的原则。

第二节 北卡罗来纳州诉潘德格拉丝案

State v. Pendergrass
2 Dev. & B., N. C. 365（1837）①

被控袭击罪（assault）和殴击罪（battery）。②

被告是一名小学女教师，她用鞭子抽打自己一名年幼的学生。孩子的身上不仅留有鞭打的痕迹，而且还发现了显然是鞭打以外的钝器所致的伤痕。当然，所有这些伤痕都在几天之内消失了。向陪审团提出的指控的性质可以从法庭意见中看出。裁决被告有罪，被告随即上诉……

大法官加斯顿（Gaston）：

很难精确叙明法律赋予小学教师们管教学生的权力，它类似属于家长的那种权力，并且，教师的权威被认为是家长权威的代理。家长最神圣的义务之一是培养孩子成为有用的、品行良好的社会成员。这种义务不可能有效履行，除非具有要求服从、控制顽劣、激励勤勉、纠正恶习的能力。为了让他能够行使这种有益的支配权，所以赋予他在认为正当而必要的时候实施适度管教的权力。教师是家长的代理人，在某种程度上被赋予了家长的权力，以便履行这些代理义务。

法律并不保证为每一特定的不当行为规定明示的惩罚，它只满足于一般性地授予适度管教权，并且，在授权范围内，将惩罚的强弱等级交予教师自由裁量。区分适度管教与不适度惩罚的界线，只能诉诸一般原则加以确定。孩子的幸福和利益，是允许对其施加痛苦的主要目的。因此，任何可能严重危及生命、肢体、健康的惩罚，任何将会

---

① 北卡罗来纳州最高法院报告的卷数和页数。
② Assault 是 Battery 的未遂形式，不需要有实际的损害。——译注

毁损孩子形貌或者引起任何其他永久损伤的惩罚,都可以被宣布为不适度,因为对于管教权的授予目的而言,这样的惩罚不仅是不必要的,而且是不相符的。但是,任何管教,无论如何严厉,如果只是产生了暂时的疼痛而没有永久的伤害,就不能被宣布为不适度,因为它可能是矫正孩子所必须的,并且不会对孩子的未来幸福和利益造成损害。由此,我们主张建立一条一般性的规则,即,如果造成了持续的伤害,教师们就是超越了权限,但如果只是引起了暂时的痛苦,他们就是在权限范围内行事。

实施管教本身不意味着不适度,因而超越了教师的权限,我们认为,其合法与非法,必须完全取决于实施管教的意图(*qui animo*)。在权限范围内,教师就是法官,他有权判断何时需要管教和必要的管教强度,并且,像其他所有被授予自由裁量权的人一样,他不应为自己的判断错误而只应为其邪恶目的而承担刑事责任。最优秀、最聪慧的凡人,也是有弱点、易犯错的动物,他在实现自己的作用过程中,其判断受到这种作用的引导,因而,不应当超越其诚实的目的和勤勉的努力来要求其判断的正确性。他的判断必须被推定是正确的,这不仅因为他在此就是法官,而且因为难于证明存在需要管教的不当行为及其积累,难于展现被管教者特殊的脾气、禀性和习惯,也难于在诉诸管教前展示各种更温和的但却曾徒劳的手段。

但是,如果教师严重滥用被授予的权力,即使没有超越它们,也是可受刑事处罚的。如果他用手中的权威遮盖恶意,在管教权的伪装下满足自己邪恶的激情,那么,他的法官面具应被剥去,将作为一个没有被授予司法权的人接受正义的审判。

我们相信这些规则适合用于裁决我们面前的案件。如果是这样,那么,曾经给予陪审团的下述指导是错误的:如果被告鞭打孩子,导致公诉人所描述的伤痕,那么被告就已经超越了她的权限,成立所指控的罪名。伤痕都是暂时的,在很短的时间内都消失了,对孩子没有造成永久的伤害。唯一可能让人相信或怀疑管教具有永久伤害危险的表面证据,是孩子颈部和双臂上的青肿痕迹。从最坏的方面说,这些青肿痕迹也太模棱两可,不足以令法庭正当地主张它们的确有造成永久伤害的危险。我们认为,在这一点上,对陪审团的指导本应是这样的:除非陪审团从证据之中清晰地推断出,所实施的管教已经造成或者本质上是有意造成对孩子的永久伤害,否则,被告就没有超越被授予的权限。我们还认为,陪审团本应得到这样的进一步指导:无论施加的皮肉之苦多么严重,无论依陪审团的判断,这种痛苦对于如此年幼而柔弱的孩子的所谓过失或不当行为而言是多么不相称,只要没有造成永久伤害,也不具有这样的危险,陪审团就有义务判定被告无罪,除非质证的事实在他们心中引起这样一种确信:即使依照被告自己的正义感,她也不是在诚实地履行义务,而是在履行义务的掩护下正在满足着恶意。

我们认为,这些规则对教师们而言,如果缺乏较自由的解释,除非以破坏必不可少的维护纪律和获得尊敬的权威为代价,否则就不可能加以适用。我们还认为,尽管这些规则使他们有机会在用权时实施草率的严厉行为,并且还能获得法律上的豁免,然而家长的情感、公众的舆论都可以制约或矫正这些不够审慎的行为。如果不能做到这一点,那么就必须将其作为瑕疵与不便的一部分而加以容忍,而瑕疵与不便是人的法律无法完全消除或彻底纠正的。

本庭推翻原判。

提示与问题

1. "潘德格拉丝案"遵循了所有法庭意见的写作模式:讨论事实,提出法律问题,并适用一项或一组规则。通常,法庭要对规则适用做一些说明,以使人们确信案件的结论是适当的。分析案件的事实、争点、规则和推理是律师教育的核心特征。通过朴素的实践,任何人都能掌握这一技巧并且看到案例分析法的强点和弱点。

2. "潘德格拉丝案"以后数十年,北卡罗来纳州一位妇女诉请离婚,理由是她的丈夫"使她的生活不堪忍受"。这位丈夫有一次用马鞭打她,还有一次用树条抽她,并留下青肿的伤痕。这位丈夫的律师试图运用"潘德格拉丝案"作为典据,努力反对离婚。"潘德格拉丝案"适用于本案吗?

3. 法庭承认,人的法律无法"完全消除或彻底救济"某些"瑕疵与不便"。这样的说法支持了法院拒绝承担维护学校纪律的责任,而是授予教师、家长及他人管控孩子日常生活的权力。你同意法院不情愿介入本案吗?

4. 法庭认为,"最优秀、最聪慧的凡人,也是有弱点、易犯错的动物",因此,拥有权威的人需要犯错误的空间。这种观点对于孩子的行为比对于成年人更适用吗?

5. 家长的影响或公众的舆论对于教师权力制约的效果如何?如果法院选择介入本案,会不会削弱家长的行动或公众的义愤?

6. 如果你是"潘德格拉丝案"那个年代的一位教师或学生,对有关体罚的法律感兴趣,那么本案告诉你什么呢?如果你是为本案提供法律意见的律师，你发现本案有益于预测相似案件的结果吗？

7. 法庭判决的主要理由似乎是保护已经建立的权威或者维持等级关系。非等级制的教育是可想象的吗？一位毫无权力的教师是可想象的吗？法律能够要求非等级制吗？法律本身天生是等级制的吗？如果学校和法律秩序是等级制的，那么在民主统治下的教育机构又是怎样的呢？

8. 本案至今已经许多年了，这期间我们不断遇到儿童遭受心理、身体和性侵犯的案件，这些案件几乎出现在任何可想象的情境中。在判决本案的年代，法院听凭其他权威体系支配本案，无论当时是多么的大智大慧，那样的立场已不再被坚持了，现在，人们期待法院、社会机构、警察等介入这类案件。

然而，问题的关键尚未解决。孩子们易受侵犯的一些场所，也是被认为最隐私和神圣的场所。即使所有的人都承认隐私必须让位于孩子的利益，但谁应介入？在何种情况下介入？怎样补救？在这些问题上，将会有不断的紧张局面。

第三节　乔伊纳诉乔伊纳案

Joyner v. Joyer
59 N. C. 332（1862）

请求离婚。

上诉缘于一项在诉讼期间（*pendente lite*）给予赡养费的中期命令（interlocutory order）。① 请求人（petitioner）② 这样叙述她与被告的婚姻状况：她生长于体面的家庭，本人有良好教养；丈夫与她也算般配；她丈夫有一次用马鞭打她，还有一次用树条抽她，在她身上留下了几处青肿的伤痕；有几次，他曾用侮辱性的语言骂她。该诉求的结论在如下法庭意见中加以阐明。

本庭，首席法官皮尔森（Pearson）：

立法机关认为扩充离婚的理由是有益的，但是，作为对离婚申请的限制和制约，防止离婚理由的滥用，离婚理由必须在离婚请求中"详尽而特别地"列明。

根据普通法的诉讼规则，每一事实的主张必须辅之以具体的"时间和地点"。这一规则的采用是为了确保诉求的适当的确定性，但是主张（*allegata*）和证明（*probata*）之间的不一致，比如在诉求中没有成

---

① 非终局性的裁决，只有离婚的判决最终生效后才具有完全的效力。——译注
② 有时也指"上诉人"。——译注

功地证明确切的时间和地点,并不是致命的,除非时间和地点在诉求中涉及本质问题并构成所依赖的事实的实质部分。

从表面判断,本诉求中没有什么表明时间是实质性的或者是所称离婚原因的本质部分,譬如,抽打是在妻子怀孕状态下实施的,意图在于引发流产,并置她的生命于危险之中;也没有什么表明地点是离婚原因的本质部分,譬如,抽打是在公共场合实施的,意图在于羞辱她,使她的生活不堪忍受。因此,我们倾向于这样的意见:叙明时间和地点在此不是绝对必要的,或者,如果叙明的时间和地点与要证明的事项不一致,将不会被认为是致命的。

但是,我们的意见是,必须叙明用马鞭和树条抽打的情境,比如,离婚请求人的举止怎样,她都做了什么或者说了什么,以致引出丈夫的如此暴力?我们从离婚申请人那里得知,她是一个"生长于体面家庭,本人有良好教养"的妇女,丈夫与她也算般配;没有说他喝醉了酒,也没有任何一方有不忠的行为(这是请求离婚最常见的原因)。因此,显然需要一些解释,如果不叙明所称不幸产生的具体情境,离婚的理由就没有被"详尽而特别地"列明。

据说有这样的论点:丈夫有一次"用马鞭打她,还有一次用树条抽她,在她身上留下了几处青肿的伤痕",这一事实本身即构成离婚的充分原因,因而伴随这些伤害实施的具体情境并非实质性的,不必在此列明。这就提出了本案的问题。

妻子必须服从丈夫。每个男人都必须统治他的家庭,如果妻子因其不羁的性情和放肆的言辞而不断辱没丈夫,而他竟然容忍屈服,那么他不仅失去了所有的自尊感,而且丧失了家庭其他成员的尊敬;没有这种尊敬,他就不可能指望统治他们,并且会在邻里中名誉扫地。从人类的原初开始,这种状态就一直是婚姻关系的应有之义。上帝对女人说:"你必恋慕你丈夫;你丈夫必管辖你。"(Gen. iii. 16.)因而,法律授权丈夫使用必要的强力使妻子安分守己。为什么依据普通法的原则,如果妻子辱骂或袭击、殴打一位邻居,丈夫要负责赔偿?或者,如果妻子当着丈夫的面实施了重罪(felony)以外的不法行为(offense),她就不承担责任?为什么妻子不能遗嘱处分其土地,她不能出卖其土地,除非有与其丈夫"分离的"利害关系人的审查,以确保妻子是在自愿的、无来自丈夫方面压力的情况下这样做的呢?这是因为,法律赋予丈夫对妻子的人身管辖权,因而要采取适当的措施以防止这一权力的滥用。

我们不再深入讨论了，这不是一个令人愉快的话题，我们也不愿招致不必要的、缺乏对弱性适当尊重的指责。就我们的目的而言，这样的阐明已经足够：可能存在这样的具体情境，它将减轻、宽宥丈夫，乃至认为丈夫"用马鞭打她，还有一次用树条抽她，在她身上留下了几处青肿的伤痕"是正当的，因而不给她声请离婚、丢弃丈夫的权利。举例来说，假如丈夫回家后妻子对他恶言相向——叫他流氓，不断表示希望他死掉并受尽折磨。他因这种挑衅刺激而暴怒（*furor brevis*），举起恰好在手中的鞭子打了她，但随后愿意道歉，表示后悔打了她；或者假设夫妻二人争论某事，因意见不一，她怒火中烧，大发脾气，以至于骂他撒谎。在丈夫告诫她不要再说那个字眼儿后，她还是骂声不断。丈夫拿起一根树条，告诉她如果再不闭嘴就要揍她；而她对这个告知置若罔闻，一再重复那个侮辱人的字眼儿，于是他就打了她几下。——依我们的意见，这些情况就是附随于丈夫行为的具体情境，并且也是他行为的诱因，它给予丈夫的行为以如此的正当性，以至于剥夺了妻子就这一原因诉求离婚的任何理由，而且授予法庭驳回她的请求的权力，还要奉以这样的劝诫："如果你改善自己的一言一行，你就能指望更好的待遇。"《谢福德论离婚》（*Shelford on Divorce*）由此，在许多具体情境下，一位丈夫可以用马鞭打她的妻子或用树条抽她几下，乃至重到留下伤痕，这些行为不构成离婚的充足理由。结论是，当这样的行为被作为离婚的原因时，为了遵循制定法的规定，必须叙明附随于行为并引起这些行为的具体情境……

提示与问题

皮尔森法官对夫妻关系的一本正经的叙述，可能使当代的读者感到震惊。除了《圣经》，皮尔森还可以引证一些令人尊敬的权威，以支持某些关系是"传统的"和"自然的"思想。亚里士多德在《政治学》中说：

> 第一个家庭是从妇人和奴隶这两种人的联合中脱胎而来的，诗人赫西俄德（Hesiod）说得好："首先得到一座房子、一个妻子和一头牵犁的耕牛。"（牛是穷人的奴隶。）这种按照自然法建立而又日复一日延续下来的人的联合就是家庭。[1]

---

[1] Aristotle, *The Politics*, tr. T. Sinclair (Harmondsworth: Penguin, 1962), p. 27.

第四节　北卡罗来纳州诉布莱克案

State v. Black
60 N. C. 262（1864）

本庭，首席法官皮尔森：

丈夫要为妻子的行为负责，他要统治其家庭，为此目的，法律许可他对妻子施用必要的强力，以克制她的暴躁脾气，并使她安分守己。除非造成了永久的伤害，或者有过分的暴力，或者其残忍程度说明了暴力的实施是为了满足丈夫自己邪恶的激情，否则法律将不会介入家庭或者走入幕后。法律更愿意让争讼双方自行解决，这是引导他们夫妻重修旧好的最佳方式。

像本案这样暴露家庭内幕，肯定是毫无益处的。对当事双方而言，在法庭上将夫妻之间的争吵和打斗公之于众，扩大了感情裂痕，使和好几乎不可能，并且鼓励了桀骜不驯；对公众而言，这是个危险的趋势；因此，为了公众的利益（pro bono publico），这类事情应被排除出法庭，除非造成了永久的伤害，或者存在过分的暴力，或者其残忍程度昭示恶意与报复。

本案中，妻子挑起了争端。在极端的羞辱导致的激情支配下，丈夫拽着她的头发，把她拖倒在地板上，但他克制住自己，没有动手打她。她承认他并没有卡她的脖子，而她在站起来以后继续辱骂他。在这种事实状态下，陪审团应当做有利于被告的裁决，像"北卡罗来纳州诉潘德格拉丝案"和"乔伊纳诉乔伊纳案"所做的那样……

温斯顿（Winston）先生坚持认为：当夫妻同居时，上述原则即为法律，但像本案这样夫妻分居时则不适用。对正式离婚者可以不适用，因为法律在此承认并准许分离，但法律可以不理会私下的分居协议。丈夫仍然为她的行为负责，婚姻关系及其附属内容都未受影响。

提示与问题

1. 法庭援引"潘德格拉丝案"与"乔伊纳案"作为先例。这两案和"布莱克案"的事实有何相似之处？有何不同之处？

2. 作为"布莱克案"指导的两个先例，其明确程度如何？"布莱克案"的结果是否已由这两个先例所注定？

3. 在"乔伊纳案"中，没有证据显示是谁挑起了争斗，而在"布莱克案"

中则有证据显示妻子挑起了事端。因而，本案对法庭而言是否比"乔伊纳案"容易裁决？就丈夫对妻子的责打"权利"而言，哪一个先例更强有力？

4. 在"潘德格拉丝案"中，法庭说介入学校事务要考虑教师管教的意图，只有具备邪恶的目的，法庭才认为构成袭击罪。在"布莱克案"中，法庭又说到残忍的程度或者强力的使用"是为了满足丈夫自己邪恶的激情"。教师或丈夫们的内心状态如何证明？

5. 法庭在"布莱克案"中指出：如果当事夫妻双方立有私下分居协议，它将不必得到承认。为什么作为公共利益来维护这一协议没有维护家庭内部事务的隐私重要？

6. 阅读这些案例时，对于"教师打学生或丈夫打妻子是不是好主意"之外的问题，你理解起来有困难吗？以当代人的眼光，你能够看出家庭中的权力失衡问题被回避了。

法庭没有触及更大的问题，而是径行过渡到"责打如何发生，何时何地发生"这类问题上。后面这些问题比先行进入脑海的那些问题更容易驾驭，能够在"较少感情用事"的情况下加以处理。

关于法律分析和法治，这种方法能够做怎样的说明？像法律这样的职业，能够以感情为基础吗？感情用事的法治会是什么样子？"闭嘴"、"住口"之类可能是法治吗？

第五节　北卡罗来纳州诉罗兹案

State v. Rhodes

61 N. C. 453（1868）

被控袭击罪和殴击罪。

本案中，丈夫用一根他的手指粗细的树条打了妻子三下，其他事实在法庭意见中陈述。

本庭，法官里德（Reade）：

如果被打者不是被告人的妻子，那么，所指控的暴力毫无疑问已经构成殴击罪。问题在于，被打者是打人者的妻子，这一事实在多大程度上影响本案。

法庭一向不愿关注由内部关系引起的琐细指控，比如师徒、师生、夫妻以及父母与孩子之间的关系。不是因为这些关系不受制于法律，而是因为将他们的纷争公之于众的害处将大于这些琐细指控内容本身的坏处，还因为这些纷争应该留给内部管辖。从民事方面说，依我们有关离婚的法律，本庭认为这些案件是不可避免的，也是经常发生的；

从刑事方面说，仅有两个案例记录：其中一案提出的问题是，妻子是不是一个有足够资格的证人去证明丈夫对她的殴打，殴打并未造成严重的、永久性的伤害。法庭裁决她没有这种资格。讨论中，法庭认为，丈夫有权鞭打妻子这一抽象问题，并没有在"北卡罗来纳州诉休西案"（State v. Hussy）中提出。另一案件涉及丈夫受到挑衅刺激后对妻子的一次轻微殴打。他被认为在刑事上是不可罚的。法庭对该案的看法是，除非造成了永久的伤害，或者有过分的暴力，或者其残忍程度昭示殴打是为了满足丈夫自己邪恶的激情，否则法律将不会介入家庭或走入幕后。这就是"北卡罗来纳州诉布莱克案"的结论。以上两案都不同于我们眼前的案件，第一个案件取决于妻子的作证资格；第二个案件涉及强烈挑衅刺激下的轻微殴打。

本案中没有值得证明的挑衅刺激，所发现的事实是"除了证人也想不起来的几句话外，没有任何挑衅刺激"。这几句话肯定是最不重要的，以至于没有留下任何记忆，因而我们必须认为该暴力是没有来由的。所提的问题也因而仅仅是，法庭是否同意给丈夫定罪，因为他在没有起因的情况下给妻子以适度的管教。

我们有关离婚的法律并不强迫夫妻分居，除非丈夫的举止粗暴残忍到使妻子忍无可忍或者不堪重负。丈夫的何种举止可以产生这样的结果，这是一个曾被反复考虑的问题。我们发现很难就这一问题制定任何铁的规则，在有些案件中，实际而一再的针对人身的暴力还不充分；而在另一些案件中，没有任何实际暴力的谩骂、侮辱和漠视就足够了。可见，每一案件的处理是多么有赖于特定的情境。

我们曾经从其他年代和国家的经验和智慧中寻求帮助。

布莱克斯通①说："依照古老的法律，丈夫可以给妻子以适度的管教，因为既然他要对她的不良行为负责，他就应当有权力控制她。但是，在查理二世的温和统治时期，这种管教权力开始受到怀疑。" 1 Bla. Com. 444. 沃顿②说，依照古代的普通法，丈夫有责打妻子的权力，但今天的刑事法庭则倾向于认为，婚姻关系不能构成殴击罪的抗辩事

---

① Sir William Blackstone（1723－1780），曾在牛津大学讲授英格兰法，先后任王室法律顾问、王座法院法官等职，经典著作是《英格兰法释义》（*Commentaries on the Laws of England*）。——译注

② Francis Wharton（1820－1889），马萨诸塞州的坎布里奇神学院教授，主要著作有《论法律冲突》（*Treatise on the Conflict of Law*）和《论杀人罪法》（*Treatise on the Law of homicide*）。——译注

由。Crim. Law, secs. 1259, 1260. 大法官（Chancellor）① 沃尔沃司（Walworth）说，任何文明国家的法律都没有认可这种管教权；其实这倒不意味着英格兰不文明，而是源于野蛮风尚的古怪遗物，它附丽于英格兰的法律制度。Bishop on Marriage and Divorce, 446, note. 有关适度管教的古老法律，即使在英格兰也受到质疑，而在爱尔兰和苏格兰已经被废止。这种古老规则在密西西比州被认可，但在美利坚合众国的其他地方却很少得到青睐……通过研究其他国家（state）关于这一问题的论述，我们发现它们之间的一致性很小。

从已有的论述可以看出，这一问题是多么令人迷惑。或许它将永远如此，因为它总是受到每个社会共同体的习惯、生活方式和条件的影响。不过，我们有必要设立符合事物本质的精确而实用的规则，用以指导我们的法庭。

我们的结论是：家庭治理（family government）是作为像国家统治（state government）一样自身完整的东西而被法律认可的，并且是从属于国家统治的；不论是对丈夫有利，还是对妻子有利，我们都不愿干涉或者试图控制它，除非造成了永久或恶意伤害，或者有这样的危险，或者当事人的状况已经不堪忍受。这是因为，无论暴躁、争吵乃至造成短暂痛楚的个人冲突有多么大的恶害，它们也无法与揭开家庭帷幕，将家庭生活暴露于公众的好奇和品评之下所导致的恶害相提并论。每个家庭都有也必须有其自我治理，其治理方式适合其成员的脾气、禀性和状况。仅仅是爆发的激情、冲动的暴力和短暂的痛楚，很快会被情感遗忘和原谅，每个成员都会宽宥他人的弱点。但是，一旦家务琐事被公众所关注，当事各方被曝光进而丧失尊严，并且每个人都不遗余力地归罪对方，而为自己寻找正当根据，那么，本应一天忘却的事情将被终生牢记。

在本案中有人极力主张：既然没有挑衅刺激，则暴力当然是过度而充满恶意的；每个人，不论其在生活中与他人的关系如何，在服从权威、恪尽职守的前提下，都应当能够免于痛苦和伤害。并且强调，"北卡罗来纳州诉潘德格拉丝案"，关于一位小学女教师鞭打孩子的案件，已经确立了这一规则。的确，该规则阐明，如果教师极大地滥用权力，将权力的运用作为其恶意的遮掩，即使没有超越授权，即便没

---

① 在英格兰，Chancellor 是大法官法院和后来整个司法系统的首脑，也是上议院的议长。——译注

有造成永久的伤害，他在刑事上仍然是可罚的。但请注意，这里的用语是如果教师极大地滥用权力，所以每个人都立刻说，本案没有任何原因，纯粹是出于恶意与残忍。如果不是这条规则的存在，那么任何针对陌生人的堪称袭击的暴力都将被调查，看有没有挑衅刺激，那将与我们曾说的"不罚琐细之事"相矛盾。如果在每个这样的案件中都要寻找挑衅刺激，那又如何举证呢？以本案为例，证人说除了一些不重要的话以外，根本没有什么挑衅刺激。但是，谁能说清这些无关紧要的话对于丈夫的意义？谁能告诉我们此前一小时发生了什么，一周来每个小时都发生了什么？对丈夫而言，这些话可能比宝剑更加锋利。因此，当每一案件中都存在挑衅刺激这样一个完全的正当辩护时，法庭不可能去评价什么可以作为一种可宥理由，或者根本没有出现可宥理由。或者，假定能够知道每一案件的挑衅刺激，则法庭将费尽气力去称量每一家庭争吵作为挑衅刺激的分量，用以称量的砝码又是什么呢？假定一个案件来自陋屋茅舍，住在那里的人，对于细腻的情感、优雅的举止既不欣赏也不了解，如果让他们为鲁莽行为或琐碎暴力负责，当事人自己会惊诧不已。他们在乎什么样的侮辱和玷污呢？在这类案件中，调查或惩罚又能达到什么目的呢？再假定一个案件来自中产阶级，那里是温情与纯真的栖息地，不过仍然难免脆弱的本性，有时也会被神秘的激情所驱动。有什么能比把事情闹得满城风雨，对他们来说更为懊恼，对社会来说更为有害呢？或者，考虑一个来自上层社会的案件，在那里，教育和文化如此高雅，以至于眼神亦如刀割，言辞宛若锤击；在那里，最精致的关怀给人快乐，最轻微的忽视带来痛苦；在那里，不敬即为屈辱，曝光就是毁灭。将这些案件一并呈上法庭，指控的罪名和所做的证明也都相同，那么，适合于所有这些案件的、可以想象的、法庭对陪审团的指导只能是这样：它们都有自我形成的、适合各自特定情况的家庭治理，除了某些极端重要的案件要求法律伸出强有力的臂膀而外，那些治理是终局性的、不能上诉的，并且它们都必须服从这些治理。

必须注意，我们这样裁决的依据，不是丈夫有权或轻或重地鞭打妻子，而是我们不愿干涉对琐细事务的家庭治理。我们对丈夫鞭打妻子和妻子鞭打丈夫同样不愿干涉，当然，不要认为我们在主张妻子有鞭打丈夫的权利。我们不愿去处罚琐碎暴力这个较小的恶害，从而使社会蒙受揭开家庭隐私帷幕这个更大的恶害。两个不满14周岁的男孩在操场上打架，法院将不予理会。这不是因为孩子们有权打架，而是因为社会利益要求课堂或家庭给他们更适宜的管束。孩子们无权打架,而丈夫也无权鞭打妻子。假如他有这样的权利,就像一些古老权威所说,很难看出拇指是如何成为打人工具的尺寸标准的,而尊重古老的权威是他荣耀的责任。一次或几次轻微的责打,即便用一根比拇指还粗的木棍,也可能不会产生伤害,但是,用一根只有拇指一半粗细的树条进行责打,也可能致人死亡。标准只能是实际产生的效果,而不是产生效果的方式或者所用的工具。

因为我们的意见与一些兄弟州的判决不一致,也不符合一些令人尊敬的法学家的观点,又由于他们的见解本身就存在着对立性,所以不可能与其完全一致。对他人意见合乎礼仪的尊重,促使我们非常详尽地陈述我们所做结论的理由。原判正确。[丈夫胜诉。——编者。]

提示与问题

1. 就北卡罗来纳州以前的判例看,法庭认为案件所涉及的问题"令人困惑",也就是尚未解决,这样认为合理吗?

2. 如果法院不介入低于一定标准的家庭纠纷,那么丈夫很容易成为家庭暴力袭击的发动者,法院难道不是通过承诺不作为而认可了丈夫直逼标准的惩罚权利吗?

3. 如果家庭是一种治理,它是怎样的一种治理?家庭的治理和国家的统治有怎样的关系?将家庭类比为国家统治,有助于法庭得出眼前问题的结论吗?法庭运用的类比对你有说服力吗?

4. 本案以后,"拇指规则"(打人工具的周长不得大于拇指的周长)的身份怎样?

5. 为什么法庭引证其他国家和州的似乎与本裁决不相同的案例?这些援引是加强了还是削弱了作为先例所确立的、丈夫可以责打妻子的规则?

第六节 北卡罗来纳州诉梅布瑞案

State v. Mabrey
64 N. C. 592(1870)

被控袭击罪;大法官沃斯(Walls)主审;1870 年春,哈利法克斯(Halifax)。

通过一项特别裁决,陪审团查明:1869 年 6 月 7 日,在被告人的房子里,被告人和妻子拌了几句嘴,他威胁要离开她;在他说了一些很不得体的话后,妻子要动身离去;这时,他抓住她的左臂,说要杀死她,并抽出一把匕首向她挥去,但没有刺到她;他抽回匕首,好像要再次挥去,他的胳膊被一位旁观者拉住,妻子趁机挣脱,跑出大约15步;被告没有追赶,但警告她别再回来,否则就杀了她;他没有刺到她,也没有造成任何个人伤害;他是一个性情暴戾的人,等等。

法官阁下的意见是被告人无罪,并依此意见形成了判决。代表州政府的起诉律师提出了上诉。

大法官里德:

本案的事实说明了被告人野蛮而又危险狂躁,在一个信仰法律和基督的国家里不能容忍这一切。我们严格依照"罗兹案"以及其他先例所确定的原则,即,法院不愿侵入家庭内部,受理家庭治理过程中的琐碎暴力案件。但是,人与人的任何关系都不能作为一方当事人实施或威胁实施恶意而危险的狂躁暴行的挡箭牌。在"罗兹案"中,陪审团得到的指导是:"丈夫有权用不粗于他的拇指的树条鞭打妻子。"为平衡这一错误,法庭又说:"一次或几次轻微的责打,即便用一根比拇指还粗的木棍,也可能不会产生伤害,但是,用一根只有拇指一半粗细的树条进行责打,也可能致人死亡。标准只能是实际产生的效果,而不是产生效果的方式或者所用的工具。"这些话对于该案的事实是适用的,但在本案的法庭辩论中,它们被曲解为在任何情形下,无论使用什么工具,出于何种动机或意图,除非造成永久伤害,法院不会干预;因此,在这里,尽管生命受到了威胁,使用了致命的刀具,但被旁观者拨转了方向,法院依然不愿干预。我们拒绝接受如此这般的对"罗兹案"的解释。原特别裁决本应做被告有罪的判决。

一份尚未签署的法庭意见(*Per Curiam*)。

原裁决是错误的。

提示与问题

1. 里德法官在"罗兹案"和"梅布瑞案"中都写了法庭意见。在先前的法庭意见里,有没有什么话是他希望自己不曾说过的?又有哪些话是他希望自己早该说的?

2. "罗兹案"与"梅布瑞案"相结合,会有什么样的作用和影响?

♣ 记住上面这些案例,继续阅读卢埃林有关先例的论述。

第七节　布满荆棘的丛林（续前）

卡尔·卢埃林

我们首先转向所谓先例的正统原则，它的实质你已经熟悉了。每一案件都设定一个规则，这个案例的规则。直接的判决理由（*the express ratio decidendi*），表面看来似乎就是这个案例的规则，因为它是法庭赖以裁决的基础。但是后来的法庭可以重新审视这个案例，能够援引"法官无权决定无先例者"这一准则，能够通过重新检视事实或程序要点来缩小法庭实际面对的事物的图画，并且能够认定，既定规则需要这样的严格理解。在极端的形式下，这便导致我们所知道的明白地"将案件局限于特定的事实"。这一规则就像暗红色别克车里红头发的沃波尔斯一样特定。当你发现人们这样谈论过去的某个案件时，你就会知道它实际上已经被人们认为是无效的先例了；仅仅因为惯例、一种不可思议的惯例，才避免了这种情况下直截了当的否决。说法庭在审理前案时是错误的，绝对会让人感觉不合适，如果该案就是现在说的这同一个法庭审理的，就尤其不合适，似乎让人觉得这将损害"法院不会犯错误"的信条。因此，人们一边为这一信条高唱赞歌，一边将前任法庭设定的规则开膛破肚。只不过该规则的死刑是在庄严的司法礼仪程式中进行的。

关于先例权威性的正统观点——我称之为**严格**观点——只是完全相互矛盾的**两种观点之一**。实践中，这一信条被用于**不受欢迎**的先例。它是公认的、合法的、可敬的删削先例的技术，以便使律师在辩论中、法庭在裁决时不受先例的束缚。它就是一把手术刀……

……当你转向法庭的实际运作或者律师的争辩时，你将发现与上述观点并列的还有一个完全不同的先例观点在起作用，我将其命名为**宽松**观点。这种观点就是，法庭已经权威性地确定了赖以停止案件举证或者径行宣判的**任一**要点或全部要点。无论陈述多么广泛，无论事实或程序问题多么无关紧要，如果那是一项法庭设立的规则，那么该法庭就已经坚持了它……在极端的形式下，这便导致完全以过去法庭意见以外的语言来思考和争论，在完全不参照先前语言所表述的案件事实的情况下，援引并运用一种新的**语言**。

很明显，这就是一种工具，它不是为了从法官脚下抽去以前的法庭意见，而是在认为方便的时候，用它作为跳板。这种工具专为利用受欢迎的先例。律师和法官都是这样利用它的。以最受尊敬的法院以及普通法院的**实践**来判断，这种先例原则像另一原则一样，是公认的、合法的和可敬的。

因而，关于先例原则，我想让你们铭记它是双面的（Janus-faced）。① 它不是一个原则，也不是一列原则，而是两个、两列原则，**它们同时运用于同一先例时，相互之间是矛盾的**。其中一个原则是为了剔除注定要造成麻烦的先例，另一个原则是为了利用似乎是有所助益的先例。两个原则肩并肩地存在着。同一律师在同一辩护词中，同一法官在同一法庭意见中，可能运用严格原则将过去的案件删削一半，而运用宽松原则去重建另一半。如果不认识到这一点，就无法懂得法律何以能够变化和发展，而又立足于过去……

……严格观点——删削过去的案件——是**难以**运用的。一个无知而笨拙的法官会发现它难以运用：过去将束缚他；但老练的法官却因此而得心应手。他手握尖刀，能够让自己自由。直到你看清处于静态的原则的这种两面性，你不会理解：从细节上，**单从规则本身**，能够预测的东西多么有限；而为了预测的目的，你多么有必要转向探求法官对事实和周围生活的反应……

……第一个问题是，如果先例是受欢迎的，这个案例中会有多少内容被后来的法庭所明确主张？……第二个问题是，即使后来的法庭希望回避，这个案件中又有多少内容是无法绕过的？

你现在有了来源于过去案件的争论工具，它可以作为新案中**双方**的参考。现在转向法律预测问题。对一个事实稍有不同的后来案件，同一法庭将采用的观点是严格的还是宽松的？已经形成法庭意见的另一些法院，对于本案将采用哪一种观点？这里，你将从我探讨过的态度问题上寻求帮助。援用你所知道所有法官或者特定法庭的各种态度，或者法官们从业、在职或卸任等任何时候的态度，只要它们对于法庭裁决本案具有明显而重要的意义。但你总要牢记，每一先例都不只一个价值，而是两个价值。这两个价值是各自独立的。无论后来的法庭指定哪一种价值，这种指定都是受尊重的、传统上殷实可靠的、信条上正确无误的。最重要的是，当你将这一知识用于法律学习中时，我希望你会发现，在最具争议的案件里，直到法庭认定它们中的哪一个受欢迎或者不受欢迎，先例**必然**是模棱两可的。落在你肩上的说服责

---

① Janus 是一位古罗马的神，有两张脸，能够同时看到两个相反方向。

任因而要求，不仅提供达到为之奋斗的权威层次的技术阶梯，而且更重要的是，如果你想要依照自己的计划利用先例，这个说服责任就要求你去说服法庭相信，你对案件事实的看法是可靠的。

人们——奇怪的是有那么多人——认为，先例产生或者过去的确产生过不涉及判断与说服的确定性，或者他们认为，我所描述的只是法庭不当的含混或者与黄金岁月一贯作风的背离——这些人一点儿也不了解我们生活其中的先例体系。

提示与问题

1. 卢埃林给出了两种先例观点：严格的和宽松的。他的解说中令人混淆的一点，源于他所用的"严格"一词不同于在宪法中的习惯用法。在宪法中，严格解释（strict construction）是指找寻宪法制定者的意图并在当前的案件里**遵循**该意图。依卢埃林对这一术语的运用，法官或律师所持的严格的先例观点是指**拒绝**先例的全部或部分。因此，依卢埃林的看法，严格的观点有时与先例中法官的意图相矛盾。

2. 运用卢埃林的解释，"梅布瑞案"中丈夫的律师发现先前的"潘德格拉丝案"、"乔伊纳案"、"布莱克案"和"罗兹案"是否受欢迎？是否部分受欢迎，部分不受欢迎？律师如何提供事实和先例，以利用其受欢迎的方面，而尽量减少不受欢迎方面的影响？

而对方会怎样解读、诠释先例呢？

3. "梅布瑞案"的法官能够运用现成的先例做有利于梅布瑞的判决吗？法官事实上做了不利于梅布瑞的判决。该案的法庭意见是否公正地适用了先例规则？

4. 前述有关法官和律师如何处理案件的资料中，有没有他们不诚实的痕迹？

5. 假定下述事实发生在1873年的北卡罗来纳州：一个男人凌晨才醉醺醺地回到家中。他先是抱怨妻子端上来的早餐不好吃，继而走到院子里，折了一些树条，并用树条打了妻子几下，直到被在场的人劝阻为止。抽打留下的青肿伤痕两个星期后才消退，但没有妨碍她的日常劳动。她去检察官那里询问怎么办。依先例的观点，他应当向她提出怎样的建议？

第八节　北卡罗来纳州诉奥利弗案

State v. Oliver

70 N. C. 60（1874）

被控袭击罪和殴击罪；米切尔（Mitchell）法官主审；1873年秋，

亚历山大高级法院。

听审过程中，陪审团认定以下事实：

某天早上，被告在早饭过后才醉醺醺地回到家中；他拿了一些咸猪肉，说上面有酪蛆，妻子不愿意去清洗。他坐下来吃了一点儿，突然，他将装咖啡的杯和壶摔到屋角，走出屋去折了两根树条，拿回屋中掷在地板上，告诉妻子如果他抽打她，她将离去（原文如此——译者）；他要揍她，因为她和她那该死的妈妈气得他要死。然后，他用两根树条狠狠抽打了她5下。两根树条大约4英尺长，有半截儿带有枝杈和叶子。其中一根有男人的小指一半粗细；另外一根要小一些。他用两手握着树条，在她的手臂上留下青肿的伤痕，两个星期才痊愈，但没有影响她的日常劳作。

一个证人发誓说，丈夫使尽了全力；其他证人作证说，在他打了4下后，大家让他停手。被告停了下来，声言如果不看在大家的份上，就打她个皮开肉绽。

基于这些事实，法庭认定被告有罪，罚金10美元。被告上诉。

阿姆菲尔德（Armfield）为被告辩护。

总检察长哈格罗夫（Hargrove）代表州政府执行控诉，他提请法庭注意"布莱克案"、"梅布瑞案"、"罗兹案"、"休西案"和"潘德格拉丝案"。

法官塞特尔（Settle）：

"只要树条没有他的拇指那么粗，丈夫就有权用它责打妻子。"我们可以假定这一古老原则在北卡罗来纳州不是法律。的确，法庭已经脱离了野蛮，直至进步到这样的立场：在任何情况下，丈夫都无权责打妻子。

但是，出于公共政策的动机，为保持家庭生活圈的神圣，法院将不理会琐细的控告。

如果没有造成永久的伤害，丈夫也没有表现出恶意、残忍或危险的暴力，那么最好还是放下帷幕，挡开公众视线，让当事各方自行忘却和宽宥。

没有什么总的规则可以适用，任何案件必然有赖于具体的情境。

在本案中，虽然没有详尽提及特别裁决所确立的事实，我们仍然认为这些事实表明了恶意与残忍。

事实上，一个男人在神圣的殿堂里向一个女人承诺了爱、安慰、体面和抚养，竟然对她施以粗暴的双手，还说他没有满怀恶意与残忍，这简直是难以想象的。

州法院的判决是正确的，本庭维持原判。

一份尚未签署的法庭意见。

提示与问题

1. 法庭有多个先例值得注意，但它都没有引证。这如何解释？本案的结果用先例的观点能够被预测出来吗？

2. 如果奥利弗在审判前见到他的律师并直截了当问他："我的结局如何？"律师能怎样答复？

3. 法庭对奥利弗不公正吗？他能说自己是基于对本州判例法的信赖才精心策划了这一事件吗？

4. 法庭最终解决了家庭纠纷问题吗？未来的案件可预测吗？

5. 思考判决制作者对时间观念的陈述：

过去（历史的或先例［一般意义上］的倾向）：什么是涉及相同或相似事实、争点等过去的判决？

现在（存在的）：在何种程度上本案（事务、事件）提供了先例所无法回答的问题？在何种程度上过去的"答案"无法满足现时的"迫切需要"？

未来（影响倾向）：案件的结果对于法律为之服务的目的而言，是有所增益还是有所贬损？结果将导致进步吗？导致一个更好的社会吗？

这些倾向中的某一个，出现在北卡罗来纳州每一不同案例中。带着下面的问题重读这些案例：

> 这些案例中值得特殊注意的是，法庭竟然在没有明确承认的情况下，就似乎转变了态度。思考这一不正常的做法，在稳定性的幌子下，变化不断发生着，人们不禁想到那个故事：一把被用了几百年的斧子——有两个新头和六只新柄！

6. 通过对北卡罗来纳州这些案例的研究，与那些没有研究过这些案例的人相比，你对先例和法律推理的理解有何不同？

这里有一个测试你法律推理能力的简单方法。把自己想象为一位1875年在北卡罗来纳州执业的律师，其时，"奥利弗案"的判决已有1年。假定下述案件中的丈夫或妻子向你征询专业意见：

> 夫妻在家发生了争吵。两个8岁的孩子在玩耍的地方能够看到和听到发生的一切。其中一个孩子是这对夫妻的，另一个是邻居的。争吵缘于拮据的家庭支出和丈夫的零工，妻子说，丈夫的酗酒使情况变得更加糟糕。丈夫则坚持说自己没有喝酒，并且当时警告过妻子，如果再不闭嘴就揍她。可她还是不断朝他嚷嚷，于是他走到炉边一堆木柴处，绰起一根直径

两英寸的引火棒,高举着冲到妻子面前。但当她大声尖叫时,他扔下木棒,打了她一个嘴巴。她的鼻子开始流血,一只眼睛随后也变得黑紫,但5天之后伤痕消失了。

7. 律师对于上面假设案例的剖析与外行人的剖析会有何不同?在提供建议时,法律规则的作用是什么?

8. 现在你所看到的法律推理的强点和弱点各是什么?何时法律推理优于非法律推理?如果要像律师那样思考,需用3年时间进行案例研读和法律推理,那么你还愿意像律师那样思考吗?

9. 在法院之外,比如在家庭及其成员或者学校当中,先例的观念是可行的吗?在这些场合运用先例吗?对先例的解释是严格的还是宽松的?在这些人群中谁来"确定"先例?

♣ 尽管北卡罗来纳州这些判例被本书用来说明"遵循先例"原则以及法官和律师如何由这些判例形成论点,但针对妇女的暴力问题却迫切要求一次对其近期恶性发展的讨论。1994年,美国国会通过了一部《反针对妇女暴力法》(Violence Against Women Act)。该法试图保护妇女不受"基于性别的暴力犯罪"的侵害,并且为暴力犯罪的被害人提供损害赔偿。"布瑞佐卡拉诉莫里森等人案"(Brzonkala v. Morrison et al.)的原告诉称,她在弗吉尼亚工艺学院(Virginia Polytechnic Institute)上学时,被校橄榄球队的两名队员强奸。她的起诉被驳回,美国最高法院维持了这一裁定。首席大法官兰奎斯特(Rehuquist)陈述了最高法院的意见:依宪法的"贸易条款"(Commerce Clause)① 或者"第十四修正案"(XIV Amendment),国会没有权力通过这一法律。大法官索特尔(Souter)却在反对意见(dissent)中说,② 国会发现了广泛存在的针对妇女的暴力,并进而得出结论认为,依照"贸易条款",国会有充分的权力制定并通过该法。索特尔的依据是国会通过听证所取得的下述证据:③

---

① Article I, Section 8, Clause 3 of the United States Constitution. 该条款授权美国国会"调整与外国的,各州之间的,以及与印第安部落的贸易"。国会援用这一条款来证明其针对公民的立法权的正当性,这种做法多年来一直引起政治争议;对该条款中"各州之间贸易"的解释,一直决定着联邦政府与各州的权力分配,并直接影响着美国公民的个人生活。这是因为,根据宪法"第十修正案","宪法未授予合众国,也未禁止各州行使的权力,保留给各州行使,或者保留给人民行使"。——译注

② 68 U. S. L. W. 4360, 4361 (2000).

③ 国会报告中的注释和其他研究被删去,但可以在索特尔大法官的意见中找到。

3/4 的妇女在她们一生当中的某个时候将成为暴力犯罪的被害人……

暴力是导致 15 至 44 岁的妇女人身伤害的主要原因……

无家可归的妇女和儿童有 50% 是为了躲避家庭暴力……

自 1974 年,针对妇女的袭击至少两倍于对同一年龄段的男人的袭击……

在美国,殴打是妇女人身伤害最大的单一原因……

有大约 400 万妇女每年遭到丈夫和伙伴的殴打……

在美国,每年有超过 100 万的妇女因来自丈夫或其他伙伴的人身伤害而寻求医疗救治……

每年有 2 千到 4 千的妇女死于家庭虐待……

家庭内部的袭击只有 1% 受到逮捕……

据不完全估计,针对妇女的暴力犯罪一年耗费这个国家至少 30 亿美元……

据估计,我们在健康保护、刑事司法和家庭暴力方面每年花掉 50 亿至 100 亿美元……

索特尔继续谈到强奸的发生和影响以及对强奸的恐惧:

证据显示,强奸同样是广泛存在的……

过去 10 年里,强奸的发生率是全国其他犯罪率的 4 倍……

一项研究显示,现在读高中的女孩,有近 50 万在毕业前会遭到强奸……

有 12 万 5 千名大学女生将在这一年或者以后的某一年被强奸……

有 3/4 的妇女因为害怕被强奸,天黑后从不单独去看电影;而近 50% 的妇女由于同样的原因天黑后不敢单独乘坐公共交通工具……

41% 的法官经过分析相信,陪审团认为遭受性袭击的被害人没有其他犯罪被害人那样可信……

有不到 1% 的强奸罪的被害人得到了赔偿……

一个实施强奸的人只有 4% 的可能被逮捕、起诉和定罪……

近 1/4 的被定罪的强奸者从未进过监狱,另外 1/4 在当地监狱接受平均 11 个月的刑期……

近 50% 的强奸被害人因这一犯罪的严重性而失去了工作,或者被迫辞职……

基于数据显示,国会认为:

由性别引发的暴力犯罪,对于州与州之间的贸易有着实质性的负面影响,因为这种犯罪使潜在的被害人不敢进行州际旅行,也不敢受雇于跨州企业,不愿意与跨州的企业或在跨州的地方进行贸易。这种犯罪还减少了全国的生产，增加了医疗和其他的开支，减少了跨州的供给和需求。

大法官索特尔进而得出结论：

> 国会由此明确肯定了贸易权的行使。依照搜集的数据的观点，这种结论是非理性的吗？的确，从方法论上说，某些特定的研究是可以质疑的，一些得出的数据也可能是有争议的。但是，摆在国会面前的证据的充分性，足以提供一个理性的基础，使人们不应当怀疑国会的判断。

侵犯儿童在20世纪90年代末期受到更多的公众关注，尤其是随着天主教堂丑闻案的广为人知，一些成年人起诉说遭到神父的性侵犯。波士顿主教区有80个教堂被关闭，劳（Law）主教由于未能对风闻的神父的不当行为行使控制权，被召回到罗马。当然，侵犯儿童的不限于天主教堂的神职人员，也不限于性侵犯。从过度的约束、被父母或看护者遗弃在家，到性侵犯以致谋杀，范围广泛。"潘德格拉丝案"就涉及了早年发生在学校的体罚小学生的问题（一些人直到现在还认为，在学校体罚是适宜的）。

法律不是唯一的侵犯儿童问题的交汇点。从事社会工作或者专业精神病治疗的人也遇到这些问题及其后果。这类侵犯一般都是隐秘的，所以才有天主教堂几十年的龌龊。关于侵犯类型的统计是困难的，有许多统计又被低估了；也很难知道侵犯是否增加了或者是否还像以前一样。[1] 目前对这个问题更加敏感，也说明了为什么在1986年有140万这样的案子，而到了1993年就有了280万。[2]

基于各州的统计，联邦政府2002年有一个报告显示，在180万这样的案件中，有89万6千个是可诉的。在这个总数里，被遗弃案有60.5%，其中包括有病不予医治，18.6%是身体侵犯，9.9%是性侵犯，6.5%是情绪和精神虐待，另有18.9%是其他各种虐待，包括遗弃、伤害的威胁以及先天的毒瘾。

---

[1] See generally J. Hopper, "Child Abuse – Statistics, Research, and Resources."

[2] J. Hopper, "Child Abuse – Statistics, Research, and Resources." 7.

第二章　法律与法官的自由裁量权

在既没有对比，又无人知道差异时，公鸡也能冒充孔雀或夜莺。
　　　　　　　　　　　　——特里温（B. Traven），
　　　　　　　　　　《政府》（*Government*），1971 年

法律是读出来的，不是写出来的。
　　　　　　——唐纳德·金斯贝利（Donald Kingsbury），
　　　　　　《求爱的仪式》（*Courtship Rite*），1981 年

　　从前，当好莱坞为一部电影或电视连续剧物色一位法官角色的扮演者时，它会找一个什么样的人呢？可能是一位白人，50 多岁，平滑的灰白头发——或者至少鬓边是灰白的——有角质架的眼镜，略带傲慢但又不乏同情，冷静，深邃，孤高，等等。现在的法官形象更多样，但法官应当是什么样子，应当如何行为，依然是老的一套。这样的形象在大众文化中盛久不衰，以至于它有了自身的生命，从而掩盖了判决过程的现实。普通人在法庭上面对法官时，会觉得自己非常渺小。流行的神话又大大有利于法律职业者，比如，律师们无需直接诋毁司法的智慧与权威或者自己处理案件的无能，就可以向不满的委托人解释说，法官在某种程度上是"被迫"判决的。

　　对混杂的先例原则的研究已经提示你，法律职业者有一系列的行动，他们不必受判例法的约束。法官们同样能够且必须选择自己的行动路线，他们不是一台简单的自动售货机，奴隶般地追随法律先人们所做的判断。在司法意见的表面之下，潜藏了怎样一些因素？

　　杰罗姆·弗兰克（1889 - 1957），一位教师，一位律师，后来是一位法官，他在《法律和现代精神》（*Law and the Modern Mind*）一书中揭示了审判过程的现实，该书或许是关于美国法的最出色的著作之一。他在书中揭穿了有关法律及其过程的、占统治地位的大众及职业神话，对它们进行了心理分析，并且建议进行他认为有益的变革。法官、警

察、检察官和其他的裁决制造者行使着自由裁量权，因而过滤着相互竞逐的有关法律、正义和程序的概念，并且操控着日复一日的法律结果。弗兰克的著作在法律理论和法律实践之间增添了一条关键的纽带。

第一节　判决的过程和法官的个性

杰罗姆·弗兰克

顾名思义，法官达成裁断的过程就是在判决。如果我们想要了解什么东西参与了判决的制作，我们必须观察普通人在面对日常事务时是如何达成判断的。①

心理学家告诉我们，判断的过程很少是从前提出发，随后得出结论的；与此相反，判断始于一个粗略形成的结论。一个人通常是从这一结论开始，然后努力找到能够导出该结论的前提。② 如果他不能如愿以偿地找到适当的论点，以衔接他的结论与他认为可接受的前提，那么，除非他是一个武断而疯狂的人，他将摈弃这一结论而去寻求另一结论。

律师的情况是将案件提交法庭，在他的思想中，结论优于前提而占统治地位，这是比较明显的。他为委托人工作，因而有所偏袒。这样一来，除了很小的范围，结论不再是选择的结果。如果他想要取得成功的话，就必须从确保委托人胜诉的结论出发。他组织事实的方式，能够使他从所渴求的结论倒推出他认为法庭乐于接受的某个大前提。他提请法庭注意的先例、规则、原则和标准构成了这一前提。

"结论占统治地位"虽然对律师而言是明显的，但对法官而言却不那么明显，因为对司法判断过程可敬而传统的描述，不承认这种倒推的解释。在理论上，法官以某种规则或法律原则作为前提，将这一前提运用于事实，并由此达成判决。

既然法官是人，既然任何人的正常思维过程都不是通过这种三段论式的推理达成判断的（有限的简单情况除外），那么就有理由假定，法官不会仅因身披司法的貂皮就采用这样一种人工的推理方法。司法判断，像其他判断一样，无疑在多数情况下是从暂时形成的结论倒推

---

①　这篇文章选自《法律和现代精神》。弗兰克于1931年写作时，表示"每个人"的语言性别歧视尚未肃清，因此，他在任何场合都使用"他"；但这一用法也不无道理，因为当时律师的绝大多数是男性。

②　一个贴切的类比就是侦探故事的作者所运用的技巧。

出来的。

正如加斯特罗（Jastrow）所说："尽管书中的答案碰巧是错误的，但课堂上相当一部分学生却成功地得出这一答案……年轻的数学家们会努力并最终获得书上所要求的答案，甚至不惜诉诸非数学的过程。"法庭的推理过程通常与加斯特罗的年轻数学家们异常相似。图林（Tulin）教授所做的一项研究也绝妙地说明了这一事实。某人轻率地超速驾驶，撞翻了另一个人，引起后者的重伤。驾车人当时喝了酒。他被控制定法规定的"怀有杀人意图的袭击罪"。问题在于，他的行为是构成该罪，还是仅构成制定法规定的较轻的"轻率驾驶罪"。一些州的法院持一种立场，而另一些州的法院则持另一立场。

第一组法院坚持认为，如果不能证明确有致人死亡的目的，就不能认定怀有杀人意图的袭击罪；而第二组法院则声称，如果存在漠视他人生命的轻率，就足以构成怀有杀人意图的袭击罪，这里所说的轻率，就等同于实际的意图。

于是，面对相同的事实，两组法院似乎在推理及结论上有了尖锐的分歧。但是，图林教授在仔细研究后发现，事实上，所有这些州的法院得出的结论都是一样的。佐治亚州的法院，作为第二组的代表，其制定法为轻率驾驶设置的刑罚，远远轻于作为第一组代表的衣阿华州的规定。因此，一个人在佐治亚州被控酒后轻率驾驶，法院只能对他施以较轻的刑罚；而在衣阿华州，法官依据相同的指控能够给出较重的量刑。对于一个轻率驾驶者，佐治亚州的法院为了能与衣阿华州的法官施用实质上相同的刑罚，就有必要在解释佐治亚州制定法所规定的"怀有杀人意图的袭击罪"时，将酒后轻率驾驶包括进来。佐治亚州的法院只有这样解释制定法，才能基于相同的事实施加与衣阿华州法院根据其制定法施加的相同的刑罚。另一方面，如果衣阿华州的法院解释本州的制定法也采用佐治亚州法院的解释方式，那么在衣阿华州对轻率驾驶者所处的刑罚就会过于严厉。

换言之，这些案件中的法院都是从它们希望实现的结论出发的：它们要对酒后驾驶者处以它们认为足够的刑罚，它们的结论决定了它们的推理。

但是，法官从结论倒推出原则的想法是如此异端，以至于很少发现这样的表达。① 法官每天都与判决打交道，他们要发表所谓法庭意见，以便陈述他们结论的根据。然而，你无法通过研究这些法庭意见去发现任何起码相似于真实判决过程的表述。它们是按照由来已久的理论写成的，描述法官将规则和原则运用于事实，也就是，将某个规则或原则（通常来源于先例中的法庭意见）作为大前提，将案件事实作为小前提，然后通过纯粹的推理过程得出他的结论。

时而，某个心智敏锐、开诚布公的法官（离任后）用更朴实的语言描述他的方法。不久前，法官哈奇逊（Hutcheson）写出了这样一篇诚实的有关司法过程的报告。他告诉我们，在分析了所有掌握的资料并深思熟虑之后，他驰骋自己的想象，

> 沉思着原因，等待着感觉、预感——那关于理解的直觉闪电在疑问与判决之间擦出的火花，照亮了司法双脚所跋涉的最黑暗的道路……在感觉或"预感"自己的判决时，法官的行为精确地与律师对案件的处理相一致，只有这样一个例外：律师已经在其观点中预设了目标——为委托人赢得诉讼——他仅搜寻和考虑确保他走已选之路的那些预感；而法官仅肩负找出公正判决的一般使命，他沿着预感引导的道路前行，而不计较会被引到哪里……

哈奇逊法官补充说：

> 我必须假定，我现在说的判决或决定是解决的本身，而不是对该决定的辩白；是判决的本身，而不是法官玩弄的辞藻和对判决的解释或辩解……法官的确是通过感觉而不是判断，通过预感而不是逻辑推理来判决的，这种逻辑推理只出现在法庭意见中。判决的关键冲动是个案中对于什么是正确、什么是错误的直觉；精明的法官，在已有定论后，劳其筋骨，苦其心智，不仅为了向自己证明直觉是合理的，而且还要使之经得起批评。因而，他检视所有有用的规则、原则、法律范畴和概念，从中直接或类比地选出可用于法庭意见者，以证明他所期望的结果是正当合理的。

---

① 多年前，作者刚刚进入律师行业，曾震惊于格雷戈里（S. S. Gregory）的劝告，他是美国律师协会的前主席，是一位对法律现实有着更多体察的人。他说："打赢官司的法门在于使法官乐于做有利于你的判决，为此，必须只援用那些证明这样一个判决是正当合理的先例。你几乎总能找到大量有利于你的先例来引用。"所有成功的律师都或多或少地意识到这一技巧，但是他们很少承认，即使是对他们自己。

我们可以认为，上述关于法官如何思维的描述是基本正确的。① 但要考虑一下后果：如果法律是由法官的判决构成的，并且如果这些判决是基于法官预感的，那么，法官获得其预感的方式，就成为司法过程的关键。产生法官预感的东西缔造了法律。

那么，什么产生预感呢？什么刺激使法官觉得应该努力证明某个结论而不是另一结论正当合理呢？

法律的规则和原则就是一组这样的刺激。② 但是，还有另外一些刺激被掩盖或者未被揭示，在讨论法律的特征或本质时也很少被考虑。不过，在很少的程度上，这些另外的刺激毕竟还是被考虑到了，它们通常称为法官"政治的、经济的和道德的偏见"。③ 的确，稍加思索就会使任何坦率的人承认，这样一些因素必定在法官心目中起着作用。

法官的经济和社会背景影响着判决，我们对这个问题的认识，要感谢经济决定论者和"社会法学派"的学者。尽管应当受到感谢，但他们的工作也许做过了头……他们过分强调了一些下意识因素的作用，同时又过分简化了问题本身。

同样应当感谢"历史法学派"的习惯影响司法判决的观点。"习惯是否会被法院认可，毕竟取决于法院本身，"迪金森（Dickinson）说，"无论什么力量要影响法律的增长，最终都只能通过影响法官来施加它们的影响……"

但是，这些范畴——政治的、经济的和道德的偏见——是否太笼统、太粗糙、太广泛？……一般人的推论和意见背后隐藏的因素是什么？答案肯定是：这些因素是大量的、复杂的，经常取决于其推论和

---

① 一个世纪前，一位伟大的美国法官肯特（Chancellor Kent），在一封私人信件里解释了他形成判决的方法。他首先使自己"掌握事实"，然后（他写道）："我看到公正之所在，道义感在一半的时间里决定了法官的活动；然后我坐下来寻找权威……时而我可能受困于某个技术规则，**但我几乎总能找到符合我的案件观点的原则**"……

② 如果完全按照哈奇逊的表述，那么似乎这些法律规则、原则等仅仅是摆设，是窗帘，是文过饰非的工具。它们也确实如此。然而，尽管厌倦了正统的观点，过分强调这些工具的重要性，可能不时导致对这些工具实际价值的否定，必须承认这些工具——即便哈奇逊也承认——比我们认为的重要得多。在某种程度上，它们帮助法官审查其预感的适当性，它们还启发预感……

③ 法律有隐含法官态度的功能，大部分这样的提法强调，法官的"教育、种族、阶层"、"经济、政治和社会的影响"一并"构成了一个复杂的环境"，法官虽未完全意识到这一环境，但它通过影响法官对"公共政策、社会优势"的看法，通过影响他们的"经济和社会观点"或者"他们有关公平游戏或善与恶的观念"，来最终影响法官的判决。

意见需做解释的那些人的个性。这些独特的个人因素通常是比所谓政治的、经济的或者道德的偏见更为重要的判决原因。

……一个人的政治或经济偏见经常被他对某个特定的人或组织的好恶所左右，这种好恶缘于他的某个独特体验；或者，他会在一个特殊案件中转变态度，不再欣赏种族对抗，目的只在于赢得某个不赞成这种对抗的人的尊敬。

其次（在此法官更为重要）要考虑到，在了解事实的过程中……法官的同情和冷漠都很容易被证人、律师和诉讼当事人的形貌举止所激活。他过去的经历也能增减对下列各色人等的反应——女人、金发碧眼的女人、有胡须的男人、南方人、意大利人、英格兰人、管道工、部长、大学毕业生或者民主党人。某种特定的口音、咳嗽或手势就能勾起痛苦或愉快的记忆。法官的这些记忆，在听取一位有此等口音、咳嗽或手势的证人作证时，就可以影响法官对证词及其分量或可信度的最初听取或随后回忆。

证人作证也受其经验和性格的影响，这一点经常可以看到……

> 人们倾向于看那些他们想看的东西……
>
> 即使证人是率直而诚实的，他们的内心确信也或多或少因其对当事人的偏爱或偏见而受到歪曲。我们很容易通过推理说服自己相信，我们所希望是真实的事情确实存在，由此，被证事实，也就是证人推出结论所依据的那些事实，必将在其他人的心中产生非常不同的印象。
>
> 通常的情形是，一个长时间沉浸在某个问题上的人，认为一件事可能已经发生过，并且最终形成确信：那件事的确发生了。

法庭已经注意到这些错误的巨大可能性，因此一再声明，主审法官最为重要的作用之一就是在确定证据价值和分量的时候考虑证人的品行。

法庭提请注意下列至关重要的事实：证人陈述时的语调，回答提问时是踌躇犹疑还是迫不及待，证人的神色，他的仪态，他的惊讶迹象，他的手势，他的热情，他的沮丧，他的表情，他的呵欠，他的眼神运用，他的诡秘或意味深长的一瞥，或者他耸耸肩，他的音高，他的沉着或窘迫，他的坦诚或轻浮的神态。由于这些情形只能彰显给确实听到和看到证人的人，因而上级法院一再声明，他们在推翻主审法官建立在言词证据之上的判决时颇感迟疑；上级法院认识到，摆在它们面前的仅仅是一份速记的或者打印的作证报告,这样一份白纸黑字的记录并不足以重现任何事情,而只能记载证人的冰冷词句……

非常奇怪,很少有人认识到,证人在这一意义上是一位法官,而法官在同一意义上也是一名证人。他是法庭上所发生的一切的证人,他必须从自己的所看所听,即,从证人的用语、手势和其他举止中,确定什么是案件的事实。像那些在他面前作证的人一样,法官对事实的确定也不是机械的。如果证人不免记忆的失误或者对事件富于想象的重构,那么法官同样不免对证词的理解缺陷,因此,远在他必须以案件整体事实作为参考来决定正确与错误、公正与偏私之前,主审法官就已经随着证词的渗入而进行了诸多的判断或推论。他对证人所言及其真实程度的确信,将决定什么是他所认为的"案件事实"。如果他的最后判决是基于预感的,并且该预感是"事实"的一种作用,那么,自然而然,作为一个易犯错误的、看到了庭上所发生的一切的证人,他所确信的那些"事实"通常将处于支配地位。因而,法官不计其数的独特品格、禀性和习惯,经常在形成判决的整个过程中起着作用——不仅在他基于给定的一系列事实,决定何为公平或公正时,而且在他开始确信那些事实是什么的过程中……

……下面这段话出自一个人的回忆,他曾经做过检察官,也做过法官:

> 为了获得对自己有利的判决,运用一定的手段选择法官有时几乎是幽默十足的。律师们认识到特定案件中某个特定法官的个性、以前的法庭意见、倾向、短长与好恶。一些年前,芝加哥最精明的律师之一,就案件主审法官的选择问题与作为州助理检察官的我交换意见。我们开始仔细查看名单。作为州检察官,我只对 28 名库克县(Cook County)法官中的一位提出反对,我一边审视名单,一边征询他对这些法官的意见:"这一位如何?"针对我提到的第一位法官,他说:"不,几周前他判决一个案件,用了一种我不喜欢的方式……"针对另一位法官,他说:"不,他头脑不够清醒;很可能读了某篇社论,作者把他列入党派候选人名单,他对法律昏头昏脑。"他针对又一位法官的意见是:"不,他会嘲笑我的证人,我可不想把嘲笑记录在案。"对下一位法官他的反对意见是:"如果我的委托人被认定有罪,这位法官会判他最重的刑。"……

这里有一份关于法官之间差异的统计资料：一份调查分析是关于纽约市地方法院的几名法官自 1914 年至 1916 年对几千个微罪案件的处理，直接目的是发现"个人差异"影响司法运作的程度。调查揭示："地方法院的法官们在处理相似案件时，的确存在令人瞠目的区别"。一位法官仅对 546 名被控醉态（intoxication）者中的一人无罪开释，而认定其他（约 97%）的人有罪；与此相对，另一位法官却认定其聆讯的 673 人中的 531 人（或者说 79%）无罪。在扰乱治安的案件中，一位法官仅开释了 18%，而另一位法官则开释了 54%。"换言之，一个人在西蒙斯法官面前只有 1/5 的机会逃脱；而如果他被带到沃尔什法官面前，就有超过 1/2 的机会逃脱。"……就量刑而言，同样存在着差异。一位法官对 84% 的被定罪者判处罚金，对 7% 的人暂缓量刑（suspended sentences）；而他的同事却对 34% 的人判处罚金，对 59% 的人暂缓量刑……

但是，我们确定了法官的个性和法律的创制有密切的关系，这就足够了吗？我们能够仅仅满足于这一认识吗？我们能够满足于空洞地说，我们的司法过程至多是建立在"法官训练有素的直觉"之上，建立在经验丰富的人们的预感之上吗？……

……我们希望有朝一日可以从法官那里得到详尽的自传，包括类似自传体小说之类的素材；或者法官对其法庭意见所做的注解，详细阐释背景因素中支配他的结论的个人经验。法官的判决归根结底是他整个生活历程的产物。安纳托·弗朗斯（Anatole France）曾忠告进行写作的法官，希望他们予以重视：

> 所有那些欺骗自己相信，除了他们的个性，任何因素都介入其工作者，是被最虚伪的假象所迷惑。真实的情况是，我们永远不可能超脱自己……我们被束缚在自己的个性之中，就像被关在永恒的牢笼里。对我而言，最好是体面地承认这一可怕的现状，承认每当我们没有足够的勇气保持沉默时，我们只能陈说我们自己……

……法官的判决取决于一种预感，这种预感的到来大大滞后于他对难免有误的作证的反应。这就是所谓"事后溯及"（*ex post facto*）。因此，说人们通常因信赖"既定之法"而有保障地去行为，这样说是很荒谬的。他们没有能力这么做，这可能是令人沮丧的，但成熟的人必须直面现实，无论它多么令人不快。

为什么对现实有如此的抵触？……

皮埃盖特（Piaget）写道：小孩子的一个显著特点就是他很少思考自己的思想。如果要求他描述自己的心理过程是"怎样的"，他便遇到了极大的困难，他无法反思自己的推理过程。如果你要他说清楚是如何得出结论的，他不可能想起自己推理的过程，但却发明一种人工的说明，从而似乎莫名其妙地导出结果。他无法正确解释怎样找到了这一结果。"他不是在回顾过去，而是从好似事先已知的既有结果出发，然后给出一个或多或少有些精确的方法，来重新发现这一结果……他从结论出发来论证前提，好似从开始就知道那些前提会引导他到达何处。"

孩子的自我意识相对缺乏，没有能力将自己的思想作为主观的东西对待，这再一次解释了诸多难题，因为这种模糊使孩子对自己的想法产生过度的自信，缺乏对自己主观信仰的置疑。其结果是，孩子绝对没有内省。依皮埃盖特之见，孩子对引导其思想的动机不感兴趣，他对自己思想所持的态度，与任何监督自己思想的内省的习惯，与对促成结论的动机的觉察，都是南辕北辙的。换言之，孩子不考虑自己的动机，动机被忽略，从未被视为思想的组成部分。

……皮埃盖特在谈到孩子时有句名言：

> 心灵越是缺乏内省，就越是成为"对心灵有彻底了解"这一幻象的牺牲品。

提示与问题

1. 卢埃林——前一章有其关于先例的论述——认为杰罗姆·弗兰克夸大了心理因素和法律的不确定性，贬低了法律及其可预测性：

> 法律……事实上比他所指出的更可预测，从而也更加确定。他对绝妙幻象的彻底热忱，使其对幻象的描绘比幻象本身更加虚幻……我们……必须认识到，判断的方式、思想的方式以及"用法律实用术语"权衡事实的方式，在我们的法院是如此别具一格，以至于我们从一个人的判断反应，就可以将法律人与外行人区别开来。[①]

杰罗姆·弗兰克有可能怎样回答卢埃林呢？

[①] Karl N. Llewellyn, *Jurisprudence* (Chicago: University of Chicago Press, 1962), p.107; Karl N. Llewellyn, *The Common Law Tradition* (Boston: Little, Brown, 1960), pp. 17, 18.

2. 判决是在律师和当事各方的参与下公开制作的，记录在案，公布结果并且可以上诉，这些事实是否为自由流动的心理力量和直觉提供了额外的限制？学生们可以通过旁听法庭审判来验证这些思想。

3. 弗兰克本人注意到，心理决定因素之外还有其他的力量影响着判决——政治的、经济的和道德的偏见。他认为这些"外在力量"不那么重要，你同意吗？

4. 运用弗兰克的思路，重新评价第一章中有关侵害儿童和配偶的案件。法律规则之外的决定因素能够被确认吗？

5. 对某些人而言，法官在判决制作过程中会尽量避免直觉和预感，并且"严格依照法律和事实"。哈奇逊法官——弗兰克引用了他的话——发现直觉和预感对于制作好的判决是不可或缺的。直觉应当起什么作用？

直觉可以培养和改进吗？或者直觉"就在那里"吗？直觉与职业和"客观"能够和平共处吗？或者它们是势不两立的吗？如果规则或直觉、客观或主观这些因素中有可以控制者，那么应当是哪一个呢？

6. 与卢埃林不同，弗兰克相信，虽然法官受过专业训练，进行过案例学习，但他们依然像普通人一样进行判断，尽管他们用更多的花样来粉饰其判决。你看出视法官为普通人的政治用意吗？比如，"民众法官"（folk judges）或者轮任法官（rotating judges）能够取代受过法律训练的法官吗？

7. 弗兰克的幻象有多么根深蒂固？他是完全贬斥职业主义的正统地位，还是仅仅提倡职业法官要更多地内省，在不排斥专业的情况下，去改进他们的职业表现？

8. 你是如何达成判断的？你是否先抓住直觉或者预感的火花，然后再使之合理化？或者你是在综合所有正反意见后才达成结论？你认为形成判决的源泉或方法中，哪些是合理合法的？哪些是难以立足的？

你日常所见的人们以何种标准进行判断？实际的判断形成过程能够与官方规定的判决方式相比吗？如果所有进行判断的人都被称为法官，都披上法官的长袍，那么判决的过程会有所不同吗？

你的老师如何决定你的分数？在你的家中是如何进行判断的？你工作在哪里？在社交俱乐部？在运动团队？弗兰克的观点能帮你更好地了解这些场合，并且找到改进这些场合的判断过程的方法吗？

♣ 20 世纪 60 年代晚期，法官们因刑事量刑中显著的同罪异罚而窘迫不安。一个人在这一法院被判处的刑罚，可能极大地有别于另一法院就相同犯罪所判处的刑罚。

刑事法律文本尤其敏感，因为判决的制定者们不乏相互矛盾的声明。它们本应提供"法律面前人人平等"，这一口号似乎要求可比案件的可比处理。然而，自由裁量权这一因素使每个人所得到的正义，部分地取决于他自身的独特生活和案件的特殊性。

有一个史无前例的进步——可惜不是普遍的做法，加利福尼亚以及其他一些州的法官们每年都召集一次会议，公开讨论他们的审判实践。下面的案例是提交给1968年加州量刑学会（California Sentencing Institute）讨论的。

第二节　一起伪造案

1968 California Sentencing Institute
77 Cal. Rptr. （Appendix）

罪名：伪造

被告在一家百货公司兑现了一张145美元的伪造支票。空白支票是他从以前受雇的公司拿的。还涉及其他一些支票，但都没有被指控。被告认罪。

案件的历史信息

被告，男，24岁，生于墨西哥裔的美国工人家庭，是5个孩子中的第3个。被告6岁时父亲去世，其后全家靠公共救济度日。他说自己与母亲及家庭成员相处很好，但又说他们视他为"败家子"，因为他少年时和成人后都困境重重。

亚利桑那州的缓刑执行官指出：被告幼时患风湿病，母亲对他过分溺爱。他现已脱离家庭。

被告声称高中毕业，但据证明，他只上学到9年级。他的受雇记录也有污点，在一座仓库做了一年帮工，因债权人扣押了他的工资而辞职。他还在公共汽车上做过售票员。

过去的一年半中，被告结了婚并有了一个孩子。妻子说，尽管经济拮据，时有摩擦，但婚姻还是令人满意的。夫妻二人还为家具和其他家庭用品的大额分期付款而焦头烂额。妻子一直在工作，直到3个月前孩子出生时为止。

被告的酗酒引起家庭经济困难，并且近年来境况更加糟糕。

犯罪记录表 (2.2 – A)[①]

	盗窃机动车与二级夜盗罪	送少年感化院
5 年以后	醉酒驾车罪	1 年缓刑
6 年以后	夜盗罪	县拘役所 6 个月监禁，1 年缓刑
6 年半以后	现罪	

案件评估

这是一个 24 岁、中等智商、不成熟的男人。他外表友好和善，但显然没有能力承担责任。共有 8 张未兑现的支票，在各种营业处所总计约 1 千美元的采购。他说自己希望得到缓刑，以便有所返还。他因夜盗罪（burglary）被处缓刑期间的表现差强人意，因而作为特例受到缓刑执行官的严格监督。他妻子说缓刑只能使他烦恼并且促成了现在的犯罪。他似乎靠妻子供养，妻子承担了维护家庭的主要责任。近来孩子的出生增加了被告的忧虑，他说这已经影响了他与妻子的关系。

提示与问题

1. 准备一篇关于将要采取措施的书面意见。面对本案和其他案件，法官一般都有多种选择：监禁、县拘役所关押（一般认为轻于监禁）、缓刑或者有条件缓刑，比如心理治疗。

2. 现在继续阅读加利福尼亚州法官们就本案的意见，并与你的意见相比较。

法官舒内格（Schoenig）：

我将对此人适用 3 年缓刑，条件是他必须在迪维特（DeWitt）州立医院接受酗酒和情绪方面的治疗。一旦出院，他将被置于缓刑执行部门的严密控制之下，他的全家将作为心理健康诊所或者家庭服务机构的门诊病人。应确保他在食品加工厂的工作，为返还之目的，应从其工资中扣除一部分。

当然，还有其他的体现量刑背后所蕴涵的思想的替代措施，即如

[①] 本书表格皆有编号。

果某人被判在县拘役所服刑，则暂停工作，强制休假（a work furlough program）。县行政司法长官办公室负责监督和工资扣除，但在强制休假之外还应有一段持续的时间由缓刑执行部门负责监督和门诊就医。

被告拒绝缓刑适用的权利也应考虑在内。既然缓刑在过去干扰了被告，他便可能向法庭指出缓刑期间过于繁重而拒绝缓刑。如果是这样，我将判处他在州监狱服刑。

这一量刑的理由如下：通过对本案的研究，似乎这个 24 岁的墨西哥裔美国人没有长期的被捕记录和暴力历史。他初犯二级夜盗罪时年仅 16 岁，被送进少年感化院，我猜想这不是一个州立改造机构。6 年以后他又因夜盗而被捕，被判在县拘役所服刑 6 个月以及 1 年缓刑。他犯本罪时并非在缓刑期间。

就本次犯罪而言，这个年轻人尚不属于一个"伪造惯犯"（paper hanger），他仅仅用伪造支票的手段来购买一些显然是供家庭之用的物品。这些支票是为了全额支付他所购买的物品的。就我们所知，他有酗酒问题，这毫无疑问是降低其意志力的一个因素，以至于他破坏了社会所确立的规则和规定。

他的案件历史显示了他是一个不健全的人，影响了他的就业和管理家庭收支的能力。还应注意，他的妻子也在某种程度上意识到了他的问题。然而我们不同意她关于不施用缓刑的意见，她丈夫此次被捕发生在缓刑期满以后。妻子是家庭的支柱，因为丈夫似乎拒绝面对或者承担责任。我将这看成是心理帮助的进一步理由，并且所有资料显示，被告乐于接受这种咨询帮助。为了使被告在酗酒问题上获得专业帮助，使他们夫妻获得咨询，被告似乎还需要缓刑执行部门的严格监督。

如果直接判处被告在县拘役所或者州监狱服刑，则与应当采取的帮助他复归社会和家庭的措施背道而驰。

我注意到被告以前的改造差强人意，但在心中有了确定目标的时候，我不反对为被告冒一次险。如果被告住在我的司法管辖区，我将在该地区某农业公司的食品加工厂为他谋得一份 1 年左右的工作。这一工作类型将使被告无法经手其工资以外的任何金钱。同时，通过缓刑执行部门，被告将得到理财方面的帮助，因为我将判令他返还其未兑现的支票。

我将建议被告在心理健康机构接受门诊治疗，因为被告有被家庭拒绝的经历并且没有能力面对困难。

法官考克利（Coakley）：

我已经处理了多起票据诈骗案，被告人的类型总是一样的。对一个不断充当这种顾客而在其他方面又没有前科的家伙，你该怎样处置呢？

法官罗斯·卡基特（Ross A. Carkeet）：

……我赞成监禁……这个家伙需要真正的震慑。收监服刑对他有益并促其反省，然后看一看你是否愿意把他弄出来。

法官斯德利·法根（D. Sterry Fagan）：

……我直接判处被告在拘役所服刑。我的感觉是，他尝试过缓刑却效果不佳。我想到适用缓刑的唯一理由是他可以做些返还补偿。现在提供的背景资料是不能令人满意的，因此我觉得无论在监狱或者拘役所服刑都无可厚非。我选择县拘役所是因为他不属于暴力犯罪……

法官伦纳德·金斯伯格（Leonard M. Ginsburg）：

我将判这个人进监狱，因为他太离谱了。从少年感化院到对醉酒驾车通常适用的缓刑，再到县拘役所，直至因夜盗罪而被严密地缓刑监督，他真是无所不在。对我来说，他已经到了不可救药的地步……

法官考克利：

奥利维尔（Olivier）医生，您有何见解？

奥利维尔医生：

……我感觉此人没有暴力倾向，对他从未尝试过心理治疗。我还觉得他是一个相当无能而又有依赖性的家伙……我认为这家伙会与心理医生建立良好的关系。我认为监狱对他根本无能为力，还会增加他的依赖性和无能。我还认为这个人易受诱导，如果他长时间呆在监狱里，会更多地认同反社会的因素。我想他在男性性别认同方面有很多问题，如果他继续工作并有所返还，这将是他力所能及的最好的自强方式。我认为在获得心理治疗的条件下，值得适用缓刑。

法官海登（Hayden）：

您认为这需要多少治疗？假定他由您治疗，那么需要多少次？多长时间？

奥利维尔医生：

我们没有任何治疗时间上的标准，如果我们觉得某人需要很多的治疗，我们就首先签订一份治疗合同，然后我们通常建议白天进行治疗，按照这种疗程，患者能够每天来 8 小时，每周来 5 天，约 2－6 周时间，然后我们以门诊形式每周一次跟踪治疗。像这样一个非暴力的、最近犯了有关伪造罪的人，我认为从每周治疗一次开始是很合理的，并且我有理由预期在 6 个月到 1 年时间里会有很好的结果。

法官加德纳（Gardiner）：

我看到这里有各种治疗方式，但我不知道您如何得出结论说这个人没得到任何治疗呢？

奥利维尔医生：

在定期去见缓刑执行官和每周用半小时到 1 小时去看心理医生之间，我做了严格区分。

法官加德纳：

不同的人之间显然有着巨大的品质差异，难道我们没有认识到这样一个事实：缓刑执行官们所做的与心理治疗没有什么不同吗？这难道不是他们的目标吗？

奥利维尔医生：

他们中的绝大多数没有受过专业训练。当然他们在与个人建立温暖的人际关系方面能够做很多有益的事情。这是任何专业治疗用以传达感情的工具，但是……我认为在帮助他改变不良生活模式方面，我们能够比缓刑执行官做更多的事情……

法官凯利·斯蒂尔（J. Kelly Steele）：

……您多次提到这位当事人是非暴力的……我的问题是：暴力与否对他而言有何区别？

奥利维尔医生：

……我的意思是，这种人根本不具有攻击性并且有被动倾向，我觉得他不太可能实施暴力的、有攻击性的行为……

法官舒尔（Schauer）：

……我不准备放弃这个人，无论如何，他都需要再有一次机会，尽管我想我会给他一个长时间的拘押，比如县拘役所，作为缓刑的条件。我也许会通过暂缓执行州监狱的徒刑来对他施加重罪①之刑，但我想我会尝试缓刑监督，条件可能是他参加匿名戒酒协会。我从他的经历中闻到了酒精的味道……

奥利维尔医生：

我认为那能够成为心理治疗的非常有益的辅助手段……我认为有

---

① 在美国大部分司法区，通常根据犯罪所受的刑罚来区分重罪与轻罪，重罪一般指应处至少 1 年监禁的犯罪。——译注

趣的是，最近我参加圣地亚哥市的地方自治与正义法院法官学会（Municipal & Justice Court Judges Institute）时，有一位法官指出，法官们对于指向财产的犯罪比针对人身的犯罪，倾向于更严厉的处罚。某人从超市上偷了价值50美分的生肉，将比一个用刀威胁女友甚至伤害她又有袭击前科的人受到更严厉的刑罚。我认为这是对于社会如何看待财产犯罪的一个有趣的间接说明。

法官海登：

您也许抓取了一个扭曲的例证……我宁愿一个家伙从我这里用假支票骗去1千美元，也不愿意他持枪劫走我10美元。人身和金钱的价值不在同一层次上。

西恩（Shain）先生：

……奥利维尔医生在讨论中引述的资料涉及夫妻间的冲突。我想我们大家都同意，夫妻冲突中出现的暴力与袭击一个不相识的人所使用的暴力有着天壤之别。前者在案件中属于减轻情节。

奥利维尔医生：

是的，我忘了这重要的一点。

法官迪尔（Dell）：

我就不认为我们的职能是把每个危害财产的人都关起来。就本案而论，我也许会适用重罪之刑，但作为缓刑的条件，我会判处这个人最长的拘役期限，附带我们洛杉矶县规定的强制休假。有些犯罪是可以贴上价格标签的，我很不情愿将一个用假票据骗钱的人送进州监狱。这样做，除了把州监狱填满不相干的人外，别无是处……还有夜盗罪和侵占罪……总而言之，我不认为财产犯罪应当判处在州监狱服刑。另一方面，我认为暴力犯罪属于另一回事，因为这涉及到保护生命和人身安全……

法官爱德华·福格（Edward P. Fogg）：

……这个人过去的受雇记录很有问题……州监狱和矫正部门难道不能给执行部门一个机会，为他提供某种职业培训，最终有助于他回归社会吗？

法官舒内格：

……令我不安的是，你们一边给他一个重罪名，一边又说正在使他回归社会找到工作。当他被放出来时，他已经有了重罪的污点。谁还会雇一个有重罪污点的墨西哥裔美国人呢？……

法官海登：

如果在你们县里有能干的缓刑执行官——我们那里没有,那么在缓刑期间给他以职业培训,会比将他投入监狱取得更令人满意的结果……

问 题

课前找少部分学生准备一些意见,讨论每个人的决定及其理由。

A、将个人的结论与集体的议论相比较。他们有人改变了主意?还是坚持自己的不同看法?

B、如果必须有一个集体的决定,正如法官集体责任制,那么集体的决定是否会更有道理?

西恩先生:

本案表决情况如下:2/3 的人将会适用拘役缓刑;1/4 略强的人将会判其入监狱服刑;1/14 的人适用无缓刑的拘役;约 3% 的人将被准予缓刑并将已服之拘役刑期折抵缓刑期限。

提示与问题

1. 以杰罗姆·弗兰克作为标准,比较各位法官的评论。他们之间有何差异?你如何划分法官的宽和与严厉?

2. 作为公众的一员,你希望哪位法官来决定本案?你的倾向说明你是怎样一个人?说明一下专业观点与公众观点有何异同?

3. 如果你或你的家人被控伪造罪,你倾向选择哪一个法官?

4. 评议中包括心理医生奥利维尔的意见。比较法官和心理医生的处置方法,你建议在量刑时多一些心理医生而不是法官吗?

心理医生是否遵循弗兰克所说的法官的判断顺序,即,他们是否先给出结论,然后再提出心理学的解释?

5. 一位法官区别了家庭中发生的案件与陌生人之间发生的案件。这是否说明北卡罗来纳州的那些先例中所包含的思想依然流行?

♣ 下面这个著名案例是法学院一年级学生经常研习的,它提出了刑法中的各种问题,从责任的确定,到被认定有罪后裁量适当的刑罚。这一案例也可作为一个判决来研习,它处在先例、司法自由裁量和优先选择某一规则的价值两难的交叉点上。

第三节　女王诉达德利和斯蒂芬斯案

The Queen v. Dudley and Stephens
L. R. 14 Q. B. D. 273（1884）

被控谋杀理查德·帕克（Richard Parker）；在公海上；海事法院有管辖权。

理财法院法官（B.）①赫德莱斯顿（Huddleston）主审，……在这位博学的法官建议下，陪审团在一项特别裁决中认定了以下案件事实："在押人（prisoners）托马斯·达德利、爱德华·斯蒂芬斯和布鲁克斯（Brooks），他们都是健壮的英国海员。死者是一个十七八岁的英国男孩，他在一艘英国邮船上做事。该邮船在英国注册。1884年7月5日，在离好望角1600英里的公海上，邮船因风暴而失事，他们4人被迫爬上邮船所携带的一只无蓬小船。小船上除了各装一磅萝卜的两个小桶以外，没有淡水和食物，因而3天时间里，他们没有任何其他可以维系生命的东西。第4天，他们捉到一只小海龟，靠了它又坚持了几天，直到第20天，即案件发生那一天，这只小海龟是他们仅有的食物。第12天，海龟的残体被彻底吃光，以后的8天他们没有任何东西可吃了。他们没有淡水，只是偶尔用油布斗篷接一点儿雨水。小船在海上漂流，离海岸大约1千多英里。第18天，他们已经7天没有进食，5天没有喝水。在押人对布鲁克斯谈及如果救援未到该如何是好，并建议应当牺牲某个人以拯救其他人，但布鲁克斯不同意；那个男孩——大家心照不宣地知道在押人要牺牲的是他——没有被征求意见。7月24日，案件发生前一天，在押人达德利向斯蒂芬斯和布鲁克斯提议，抽签决定谁将被处死，以挽救其他人的生命，但布鲁克斯仍不同意，男孩也没有被告知，事实上也没有进行抽签。那一天，在押人说到他们都是有家口的人，建议说最好还是杀了男孩以保全他们自己的性命。达德利提议说，如果到次日早上仍看不见船只，就杀死男孩。次日，7月25日，没有船只出现。达德利告诉布鲁克斯最好走开去睡一觉，并对斯蒂芬斯和布鲁克斯示意还是杀死男孩为好。在押人斯蒂芬斯同意下手，

---

① 1357年英格兰设立了理财法院，审理财政部的违法行为。该法院逐渐发展成为所有法官和高级律师开会决定疑难问题的机构，其决定享有特殊的声望。至17世纪，其判决成为有拘束力的先例。——译注

而布鲁克斯仍然反对。当时男孩无助地躺在船尾，因饥饿和饮用海水而极度虚弱，无法进行任何反抗，也从未同意被杀。在押人达德利做了祷告，祈求他们都能得到宽恕，如果他们中的一个被诱惑实施这一鲁莽行为的话，他们的灵魂能够得到拯救。达德利在取得斯蒂芬斯同意后，走向男孩，告诉他死期到了，将匕首插入他的喉部，当即杀死了他。他们靠男孩的血和肉生存了4天，在本案发生后第4天，这条小船被一艘经过的船发现，在押人获救，但身体已极度衰竭。他们被运送到福尔茅思（Falmouth）港，并在埃克塞特（Exeter）受审。如果这些人没有吃男孩的话，他们可能活不到被救的时候，而是将在4天之内死于饥饿。那个男孩，因其更为虚弱，非常可能死在他们前面。行为当时，看不到任何船只，也没有任何获救的合理展望。在此情境下，对在押人而言，似乎除了当即食用或尽快食用男孩或他们中的某个人，他们将死于饥饿。除非杀死某人以供他人食用，没有可知的挽救生命的机会。假定具备任何杀人的紧急状态（necessity），① 则杀死男孩并不比杀死其他3个男人要求更紧急的状态。"但是，综合全部事实……陪审员们并不知晓达德利和斯蒂芬斯杀死理查德·帕克是否构成重罪和谋杀，因此需要法庭的建议；而如果根据全部事实，法庭的意见是杀死理查德·帕克构成重罪和谋杀，则陪审团一致认为，达德利和斯蒂芬斯都构成被指控的重罪和谋杀……

首席法官科尔里奇勋爵：②

……进一步的反对理由是，依照"弗兰肯尼亚案"（Franconia Case）中多数法官的裁决，埃克塞特的法院没有审理在押人的司法管辖权。但是，该案的在押人是一个德国人，是作为一艘德国船的船长实施了被指称的罪行；而本案在押人都是英国海员，是一艘英国邮船上的船员，该船在公海上因风暴而失事，他们乘该船携带的一艘无蓬小船逃离；"弗兰肯尼亚案"中的少数意见是，既然议会制定、宣布的都是法律；……"犯罪时或者此前3个月内受雇于任何大不列颠船只的任何正式海员或学徒，在女王陛下领土之外的海岸上或漂流中的任何地方，所实施的所有侵犯财产或人身的犯罪，都将受到询问、听证、审理、决定和判决，这一审判的地点、法院和方式，与英格兰海事法

---

① Necessity，在中国大陆刑法中的用语是"紧急避险"。——译注
② Lord Coleridge，又译柯勒律治勋爵（1820－1894），时为英格兰高等法院首席大法官。——译注

院司法管辖范围内发生的犯罪是一样的。"因此,我们的意见是,这一反对理由……必须被驳回。

本案的真正问题仍然有待思考——在特别裁决所叙述的情境下,杀人是否构成谋杀。认为不构成谋杀的论点,对我们所有人而言,是新颖而奇特的,我们打断总检察官对该论点的反驳,为的是可以听清楚,什么样的说辞能够支持这种对我们来说似乎既危险、无道,又有悖于所有法律原则和类推的主张……首先,据说这种主张来自权威著作中关于谋杀的各种定义,称这些定义暗示了——即使没有明说——这样的原理:为了挽救自己的生命,你可以合法地剥夺另一个人的生命,而这另一个人当时既没有企图也没有实际威胁你的生命,并且没有针对你或任何其他人实施任何非法行为。不过,如果看一下这些定义,就会发现它们并不支持这一论点。向我们引证的最古老的一段文字出自布拉克顿,① 他生活在亨利三世统治的时代。历史上曾有段时间人们诋毁布拉克顿……现在没有这种情感了……罪孽(sin)和罪行(crime)被说成显然是同等不法的……很清楚,就在那段有关紧急状态的文字里——不构成谋杀的论点仰赖这段文字——布拉克顿是在通常意义上论述紧急状态的:用暴力来反抗,只要该暴力是抗制针对自己的任何不法暴力所必须的,它就是正当的。布拉克顿说,如果该紧急状态是"可回避的,他能够不受伤害地逃避,则构成杀人罪"(*evitabilis, et evadere posset absque occisione, tunc erit reus homicidii*)。——用语清晰地表明,他认为可能**逃避**的危险是有形的,而他所说的使杀人成为正当的"无可回避的紧急状态"(*inevitabilis necessitas*),就是同一性质的紧急状态。

更为清楚的是,所争辩的原理,并没有从伟大的权威黑尔勋爵②那里得到支持。他的明确观点是,使杀人成为正当的理由只有紧急状态一种,过去直至现在都被视为正当(justification)。他说:"在所有的紧急状态杀人案中,像追捕重罪犯,杀死为抢劫而袭击者或者就要烧毁房屋或破门而入者,等等,本身都不构成重罪。"……他又说:"使杀人正当的紧急状态有两种:(1)紧急状态属于私人性质;(2)紧急状态与公共正义

---

① Henry de Bracton,生于英格兰的德文郡,卒于1268年,曾任巡回法官和王座法院法官。——译注

② Matthew Hale(1609 – 1676),曾任理财法院首席法官和王座法院首席法官,是裁决伦敦大火案的特别法院的成员。他的 *History of the Common Law* 可能是英格兰普通法史上第一部成文著作。——译注

和安全相关。前者所谓紧急状态迫使人防卫（defence）和防护（safeguard），这包括下述问题：为防护人的生命安全可以做什么；"然后是三个不必追究的要点。接下来黑尔勋爵说："触及这些要点中的第一个，即为防卫自我生命安全而杀人，通常称为正当防卫（se defendendo）。"再明确不过的是，黑尔勋爵认为，为防护自己生命而剥夺另一个人生命，使之成为正当行为的紧急状态，通常称之为"正当防卫"……

但是，假如对黑尔勋爵的话竟然还有所怀疑，那么，黑尔勋爵自己已经阐释清楚了。他在讨论因胁迫或紧急状态而免罪的一章中这样表述了自己的思想："如果一个人受到致命攻击，生死一线，除非为了平息攻击者的愤怒而杀死一名在场的无辜者，否则就无法逃避时，恐惧和真实的暴力并不足以开脱其谋杀的罪与罚，因为他应当宁可牺牲自己，也不应当杀死一名无辜者；但如果他为挽救自己的生命而别无选择，法律允许他在防卫中杀死攻击者，因为基于袭击者的暴力及其所实施的罪行，自然法以及紧急状态已经使他成为自己的保卫者……"

不过，黑尔勋爵在下一章中进一步讨论了这样一种立场……即，在极度缺食少衣的紧急状态下，"偷窃不再是偷窃，或者至少不作为窃贼来惩罚，我们的一些律师甚至也持同样的立场。""但是，"黑尔勋爵说，"我认为在英格兰，至少依英格兰的法律，该规则是错误的；因此，如果一个人在缺食少衣的紧急状态下，怀有偷窃的意图，秘密地取得另一个人的财物，这是重罪，一种依英格兰的法律要处以死刑的犯罪。"……因而，如果黑尔勋爵是明确的——这一点毋庸置疑——则饥饿的极端紧急状态不能使盗窃变得正当，那么对于饥饿能够使谋杀正当的所谓原理，黑尔勋爵又会做何评说呢？

我们满意地发现另一位伟大的权威，也许仅逊于黑尔勋爵的迈克尔·福斯特爵士，① 在谈到这一话题时同样果断而明确。他在"论杀人"（Discourse on Homicide）一文的第三章论述了"基于紧急状态的杀人"；整章的内容都暗指——除非就要这样暗指，否则显得毫无意义——在迈克尔·福斯特爵士看来，"紧急状态和正当防卫"（他定义为"以暴力反对暴力，直至杀死对方"）是可以互换的两个术语。没有任何现在所争辩的原理的暗示和迹象；该章的整体推理也与该原理全无相合之处。

---

① Sir Michael Foster (1689－1763)，曾任英格兰王座法院法官，被公认为有学识而公正独立的法官。——译注

伊斯特①在《刑事诉讼》一书关于紧急状态杀人的一整章里，仔细探讨了迈克尔·福斯特爵士所说的自卫意义上的紧急状态的限度，在这个限度内，杀人是正当的或者可宥的。该章简短的结尾非常概括而犹疑，其中讨论的唯一案例是人所共知的：两个翻船落水者只有一块仅能浮起一人的木板。爱德华·伊斯特爵士没有给出确定的结论。

萨金特·霍金斯（Sarjeant Hawkins）与爱德华·伊斯特的观点相同。他关于正当杀人的整章内容都在主张：唯一正当的私人性质的杀人，只能是为了防卫一个人的人身、房屋或财产免受暴力侵害。在第26段，我们又发现两个落水者和一块木板的故事，加上一位谨慎的作者意味深长的表述："**据说**是正当的。"多尔顿②也同样认为紧急状态和正当防卫是可以互换的术语，这与迈克尔·福斯特爵士所表述的意思相同，尽管他没有对所引用的培根勋爵③的两个落水者和一块木板的事例加以评论，也没有增加任何自己的东西。在339页的一个引人注目的段落中，他又说，即使在某人受到致命攻击的情况下，在其正当防卫杀死攻击者之前，必须尝试拖延（cuncta prius tentanda）……

那么，有无权威观点支持提交给我们的无罪主张呢？判例是没有的。由格老秀斯④和普芬道夫⑤的评论者提到过的7个英国水手的案件，被辩护律师中的一位先生发现了，这位先生与我的同事赫德莱斯顿通信，转达圣基茨（St. Kitts）岛一位法官的权威意见（如果它转达的内容足够权威的话）。该岛在1641年前后分属法国和我国。在阿姆斯特丹出版的一篇医学论文中，提到了这位法官的意见，但若将其作为权威意见供一个英国法院参考，是不可能令人满意的。我的同事斯蒂芬⑥

---

① Sir Edward East (1764–1847)，曾于1813年任英属加尔各达首席法官，后在枢密院司法委员会任职，他因 Pleas of the Crown 一书而闻名。——译注

② Thomas Dalton (1682–1730)，1725年至1730年任爱尔兰理财法院首席法官。——译注

③ Francis Bacon (1561–1626)，曾任总检察长、掌玺大臣和大法官，1621年成为圣奥尔本斯子爵（Viscount St. Albans），同年被控受贿罪。他以其《论说文集》（Essays）和《新工具》（Novum Organum）著称。——译注

④ Hugo Grotius (1583–1645)，荷兰著名法学家，著作有《战争与和平法》等。——译注

⑤ Samuel von Puffendorf (1632–1694)，德国法学家，较早发现并论述普通法体系的人。他丰富和发展了格老秀斯的理论，建立了基于自然法的公法、私法和国际法的完整体系。——译注

⑥ Sir James Fitzjames Stephen (1829–1894)，英格兰法官和作家，著有 Digest of the Criminal Law 等。——译注

在他的《摘要》中引用了沃顿《论杀人罪法》中的一个美国案例。的确，该案判决认为，水手们虽然没有权利为了保全自己而将乘客扔到船外，但基于某种奇怪的理由却又认为，决定谁将作为牺牲品的适当方式是抽签，正如我的同事斯蒂芬所说，这一判例无法成为令我国法院满意的权威意见。曼斯菲尔德勋爵①在"雷克斯诉斯特拉顿等人案"（Rex. v. Stratton and Others）中所陈述的观点虽然卓尔不群，但这一观点是在一次政治审判中发表的，该案的争点在于是否出现了必须废黜印度马德拉斯（Madras）总督的紧急状态，但这些观点对我们眼前的案件却助益甚微，因为本案的裁决必须基于极为不同的一些考虑。

过去的一个真正权威是培根勋爵，他创制的下述法则："紧急状态有其自身的特权。紧急状态有三种：维持生命，服从命令，上帝或陌生人的行为。第一是维持生命，如果一个人为了满足他当时的饥饿而偷窃食物，那既不是重罪，也不是盗窃；因此，如果某条小船或驳船倾覆而使落水者面临溺毙的危险，一个落水者爬上一块木板或抓住一条小船的船帮儿，使自己不至于沉到水里，而另一个人为了保住自己的生命，将第一个人推离，使之溺水而亡，这既非自卫亦非意外事件，但却是正当的。"在这一点上要注意的是，培根勋爵所谓为解除饥饿而偷窃不构成盗窃罪的主张，几乎没有得到他所引证的斯坦福②的支持，也与我们引证的黑尔勋爵的观点有着明显的矛盾。据说，关于木板或小船的这种假设，来源于教会法学者。在任何程度上，培根勋爵都没有引证权威的观点，这一定是他自己的观点。甚至作为一名法律人，培根勋爵也是伟大的，但也得允许没有他那么伟大的人，依据原则和其他与培根勋爵作为一个法律人同等乃至更高的权威，来质疑他的法律格言的可靠性。在许多可想象的情况下，这一法律格言或许是正确的，但如果培根勋爵意图将这一宽泛的主张确立为规则，即，一个人在必要时可以通过杀死一个无辜者或一位未挑衅的邻居来保全自己的生命，那它在今天肯定不会成为法律。

……在这一问题上，我们与刑法典筹备委员会博学的成员们已发表的任何见解都没有矛盾。他们认为：

---

① Lord Mansfield，又称威廉·默里爵士（Sir William Murray，1705－1793），曾任总检察长、王座法院首席法官，他坚持按照案件的是非曲直而不是诉状要点来定案，因对普通法的杰出贡献而获得崇高威望。——译注

② Sir William Staundforde（1509－1558），1554年任高等民事法院的法官，是一位著名的律师。——译注

"我们肯定不准备建议在任何案件中都将紧急状态视为正当,我们同样不准备建议在任何案件中都不能将紧急状态作为辩护。依我们的判断,这些问题,最好是当它们在实践中出现时,通过将法律原则适用于特定案件的具体情境来加以解决。"

如果这些杰出的人已经告诉我们,合法紧急状态的定义在他们的判断中是否正确而详尽,如果不是,应当做怎样的修正,那将是令我们心满意足的;但我们现在得到的答案却是"将法律原则适用于特定案件的具体情境"。

现在,除非为了检验在多大程度上保护自身生命在任何情况下都是一种绝对的、无条件的和至高无上的义务,否则我们将不考虑战争中情形。我们讨论的是个人性质的杀人,不是效忠王室、保卫国家所必须的那种杀人。必须承认,深思熟虑地杀死这个既未挑衅又无反抗的男孩是不折不扣的谋杀,除非这一杀人行为能有法律承认的可宥理由来使之正当。还必须承认,本案中没有这样的可宥理由,除非以所谓"紧急状态"来使之正当。但是,本案杀人行为的诱因并不是法律所称的紧急状态,也不应当为此而遗憾。虽然法律和道德不同,且许多不道德的事情不一定是非法的,然而,法律与道德绝对分离,后果将是致命的;如果本案的谋杀诱因被法律认定为一种绝对的辩护理由,则法律与道德的分离将随之而至。事实并非如此。保存一个人的生命,总的来说是一种义务,但牺牲生命,也可能是最朴素、最高尚的义务。战争期间到处是这样的事例:一个人的义务不是去生,而是去死。在海难中,船长对其船员应尽的义务、船员对旅客应尽的义务、战士对妇女儿童应尽的义务,就像高尚的"伯肯海德案"(Birkenhead)所体现的,这些义务赋予他们的道义必然,不是保全自己的生命,而是为他人做出牺牲。我们希望,他们这些人在任何国家,至少在英格兰,都不会逃避自己的义务,事实上他们从未逃避过。因此,存在绝对的、无条件的保全个人生命的紧急状态,这样的说法是不正确的……从希腊和拉丁的先贤那里,从贺拉斯、① 尤维纳利斯、② 西塞罗、③ 欧里庇得斯④那里引经据典,是对人所共知的学说的简便展示。在许多篇章中,先贤们用闪光而铿锵的语言,从世俗的伦理中确立出为他人献身

---

① Horace,古罗马诗人。——译注
② Juvenal,古罗马讽刺作家。——译注
③ Cicero,古罗马政治家、雄辩家和哲学家。——译注
④ Euripides,古希腊悲剧作家。——译注

的义务；而在我们这个信奉基督的国度，则只须提及我们誓言追随的耶稣的伟大榜样就足够了。没有必要指出承认所论争的原则的可怕危险：谁来判断这种紧急状态？以什么标准来比较人与人的生命价值？体力、智力或者什么别的东西？显而易见，这一原则使那个为保全自己而深思熟虑地杀死他人的人受益，由他自己来确定正当杀人的紧急状态。在本案中，最弱小、最年轻、最无反抗能力的人被选中了。难道杀死他比杀死成年人中的一个更为紧急而必要吗？答案肯定是"不"——

> 因此魔鬼说，紧急状态下，暴君的要求，成为他邪恶行径的借口。

这并不是说，这一特定案件中的行为是"恶魔般的"，但非常明显的是，一旦这样的原则被承认，就会成为肆意激情和残暴犯罪的烟幕。除了倾力坚持法律并依自己的判断伸张法律，法官的脚下没有安全的道路可走。如果在任何一个案件中，法律对个人显得太过严厉，那么，宽恕之权由宪法授予了最适于行使该权力的女王陛下之手。

不必假设，拒绝承认诱因是犯罪的借口，就是忘却了本案的诱因有多么骇人听闻，磨难是多么忍无可忍；在这样的考验中，保持判断的正直和举止的纯洁是多么艰难。我们经常被迫确立自己无法达到的标准，定下自己无法遵循的规则。但是，一个人没有权利宣称诱因是一种犯罪的借口，尽管他可能屈从于这种诱因；也不允许为了同情犯罪人而以任何方式改变或削弱犯罪的定义。因此，我们的义务是，宣布本案在押人的行为是肆意的谋杀；裁决中叙明的事实不是法律承认的杀人的正当理由，所以一致同意，依这一特殊裁决而在押的人，构成谋杀罪。

法院进而判处在押人死刑。①

提示与问题

1. 科尔里奇勋爵实现了正义吗？如何判断判决的质量？本案中的什么价值处于危险中？本判决产生的益处和弊端各是什么？

2. 许多学生阅读了本案后，同意科尔里奇的判决，也同意女王将量刑减到6个月。一个两者都同意的人，还是内在一致的吗？

3. 什么迫使科尔里奇几乎是在做了不利于被告判决的同时，又为女王的减

---

① 这一量刑后来被女王陛下改为6个月监禁。

刑创造了条件?

4. 科尔里奇似乎心有所惧，因为他说："没有必要指出承认所论争的原则的可怕危险。"如果判决的基础不是手边的案件，而是未来可能出现的案件，那是否能够实现正义？

回到本书第一章第八节的"提示5"，该处对时间观念的分类能够适用于本案吗？

5. 科尔里奇的价值观如何影响了他对先例或其他权威的态度？提供给他的是怎样的先前资料？他能否基于提供给他的权威意见写出一份有说服力的相反的法庭意见？准备一份基于紧急状态而无罪的意见书，但只能运用科尔里奇意见中提到的资料。

6. 法官科尔里奇说："我们经常被迫确立自己无法达到的标准，定下自己无法遵循的规则。"将其与奥利弗·温德尔·霍姆斯的意见相比较：

> 人的社会本能应当增长到绝对控制其行为的地步，即使是在反社会的场合。这可能是人类的命运，但它们还没有达到这种程度。既然法律的规则是或者应当是以普遍接受的道德为基础的，以绝对大公无私的理论为基础的法律规则就站不住脚，除非以破坏法律和信仰为代价。①

哪一种论点应当是法律中占优势的价值？

7. 本章伊始，杰罗姆·弗兰克描述了判决过程中心理因素的重要性。在科尔里奇的意见中能否发现他的个人好恶？

8. 应当期望代表达德利和斯蒂芬斯的律师，或者代表女王的律师对案件形成确信吗？或者他们能很好地完成工作就足够了？

9. 一些法学家说，程序是法律的核心——判决的方式比判决的内容更为重要。对此加以评价。如果科尔里奇以一种审慎明智的方式形成判决，我们就应当满意了吗？

♣ 上文那些来自于杰罗姆·弗兰克、"加利福尼亚量刑学会"的资料以及科尔里奇勋爵的意见，显示了自由裁量与严格限制之间、法定选择和规则限制选择之间持久的紧张关系。这种紧张关系的部分原因在于，这两种立场如果走到极端都不会令人满意。公平的结果和一致的结果可能是不一致的。

过去几十年里，由于相信严格的法律实施就能遏制犯罪，所以法定刑和量刑指南都被用来限制司法的自由裁量权。纽约州开始将刑法和法定刑用于对付毒品的战役。联邦法官们受到量刑指南的限制，而

---

① Oliver Wendell Holmes, *The Common Law* (Boston: Little, Brown, 1886), p.44.

加利福尼亚州又引入了"三击出局"（three strikes and you're out）的法律，对再犯采用更重的量刑。下面是"人权观察"的报告，它评价了这些量刑措施的影响。

第四节 被监禁的美国

Human Rights Watch Backgrounder，April，2003

依据美国司法部的最新数据，目前在美国有超过 200 万的人被监禁，这个自诩为"自由的土地"的国家，所监禁的人口的百分比却超过了任何其他国家。人的成本付出——被浪费的生命，被破坏的家庭，处在困境中的孩子——是不可计数的，同样不可计数的还有被削弱的共同体所产生的不利的社会、经济和政治后果，以及削弱的经济活力和广泛的权利剥夺。

与公众的观念相反，暴力犯罪并不是造成 1980 年至今美国监禁人口 4 倍增长的原因。事实上，暴力犯罪的比率在过去 20 年中一直是相对稳定或者趋于下降的。监狱人口膨胀一直缘于公共政策的变化，即，增加监禁刑的使用并且延长服刑期限，也就是，适用法定最低刑、"三击出局"的法律以及减少假释或提前释放。

尽管这些政策都标榜自己是保护公众免受暴力侵害，实际上却产生了对非暴力犯罪人很高的监禁率。新入州立监狱服刑的人，近 3/4 被认定为非暴力犯罪。州监狱服刑的囚犯中，只有 49% 是因为暴力犯罪才被关进来的。

监狱人口增长的最大一个独立力量是全国范围的"毒品战"。被监禁的毒品犯罪人已经是 1980 年的 12 倍；在 2000 年，联邦监狱和州监狱中有 22% 的人被判毒品犯罪。

比拘役所或监狱的绝对人数更令人不安的，还是这些人当中非洲裔美国人的高比例。尽管黑人只占美国总人口的 12%，但美国全体囚犯的 44% 是黑人。

表一：种族、人口和监禁

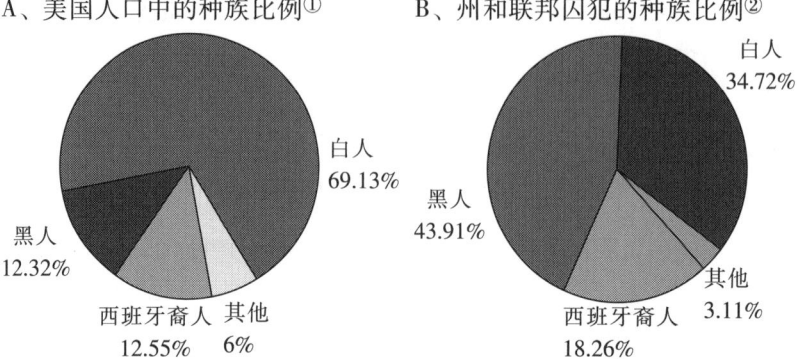

A、美国人口中的种族比例①

B、州和联邦囚犯的种族比例②

2000年的人口数据包括了对美国全部被监禁者的数量和种族的统计，它显示了每一州中被监禁人口的种族比例都是严重失衡的：监狱人口中黑人的比例，超过了每一州黑人在居住者中的比例。在20个州中，被监禁者中黑人的百分比至少6倍于黑人在居民人口中的百分比。

表二：黑人在居住人口中的百分比（A）与黑人在被监禁人口中的百分比（B）

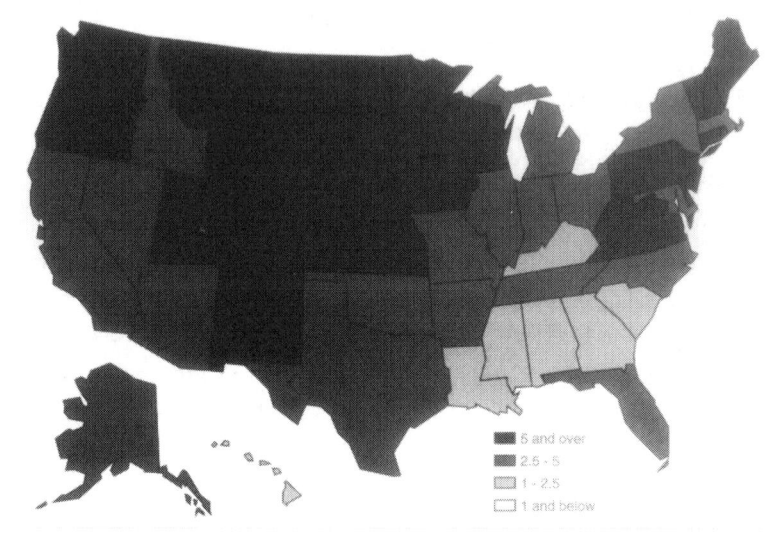

---

① 美国2000年的人口统计。白人和黑人的统计中不包括西班牙裔人。

② Table 13, Department of Justice, Bureau of Justice Statistics, "Prison and Jail Inmates at Midyear 2002," April 6, 2003. 白人和黑人的统计中不包括西班牙裔人。

州	A	B	B/A
阿拉巴马	26%	61.9%	2.4
阿拉斯加	3.5%	10.6%	3.0
亚利桑那	3.1%	13.3%	4.3
阿肯色	15.7%	44.4%	2.8
加利福尼亚	6.7%	28.7%	4.3
科罗拉多	3.8%	22.1%	5.7
康涅狄格	9.1%	46.1%	5.1
特拉华	19.2%	63.1%	3.3
哥伦比亚特区	60.0%	92.8%	1.5
佛罗里达	14.6%	48.1%	3.3
佐治亚	28.7%	61.7%	2.2
夏威夷	1.8%	3.9%	2.2
爱达荷	0.4%	1.7%	3.9
伊利诺斯	15.1%	62.9%	4.2
印第安纳	8.4%	37.8%	4.5
依阿华	2.1%	19.7%	9.3
堪萨斯	5.7%	34.0%	5.9
肯塔基	7.3%	35.3%	2.2
路易斯安那	32.5%	72.1%	2.2
缅因	0.5%	4.1%	7.7
马里兰	27.9%	72.3%	2.6
马萨诸塞	5.4%	26.3%	4.9
密歇根	14.2%	48.9%	3.4
明尼苏达	3.5%	28.5%	8.2
密西西比	36.3%	70.5%	1.9
密苏里	11.2%	41.2%	3.7
蒙达拿	0.3%	2.0%	6.6

续

州	A	B	B/A
内布拉斯加	4.0%	25.5%	6.4
内华达	6.8%	27.3%	4.0
新罕布什尔	0.7%	6.5%	8.9
新泽西	13.6%	59.7%	4.4
新墨西哥	1.9%	10.0%	5.3
纽约	15.9%	54.3%	3.4
北卡罗来纳	21.6%	61.1%	2.8
北达科他	0.6%	3.3%	5.4
俄亥俄	11.5%	50.2%	4.4
俄克拉何马	7.6%	31.3%	4.1
俄勒冈	1.6%	11.1%	6.8
宾夕法尼亚	10.0%	49.7%	5.0
罗德岛	4.5%	35.9%	8.0
南卡罗来纳	29.5%	67.2%	2.3
南达科他	0.6%	6.9%	11.1
田纳西	16.4%	49.0%	3.0
德克萨斯	11.5%	36.8%	3.2
犹他	0.8%	5.9%	7.4
佛蒙特	0.5%	5.2%	10.3
弗吉尼亚	19.6%	61.7%	3.1
华盛顿	3.2%	18.1%	5.6
西弗吉尼亚	3.2%	34.9%	11.0
威斯康星	5.7%	38.8%	6.8
怀俄明	0.8%	5.9%	7.8
全国	12.3%	43.7%	3.5

官方数据证实，生活在非洲裔美国人社会共同体的人都知道，有

太多的黑人尤其是黑人中的男性被监禁。的确,黑人男性中有近5%的人被监禁,而白人男性被监禁者只有0.6%。在许多州,这个比率相差更大。"人权观察"根据2000年美国人口统计计算出,在12个州中,有超过10%的18-64岁的黑人男性被监禁。司法部的报告说,在全国范围内,有同样百分比的20-29岁的黑人男性被监禁。

黑人被监禁者的绝对人数引起了全国的关注,而他们与白人被监禁者惊人的比例失衡也同样令人关注。在全国范围内,所有年龄的黑人男性监禁率,都是白人男性监禁率的7倍以上,这是来自司法部的统计。另外,全国平均比例的令人震惊,又极大地掩盖了各州更严重的种族比例失衡。在13个州中,黑人男性的监禁率都是白人男性监禁率的10倍以上。没有哪个州不存在这种显著的比例失衡。

全国范围的毒品战也许是黑人极高监禁率的主要原因。几乎2/5被送进州监狱的黑人都是由于毒品犯罪。因毒品犯罪被送进州监狱的黑人(38%)超过了因暴力犯罪而被送监的黑人(27%)。与此对照,白人因毒品犯罪被送进监狱的只占24%,而暴力犯罪占27%。

表三:因毒品犯罪而被送入州监狱的种族百分比①

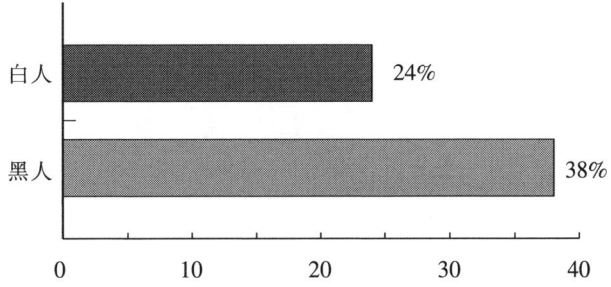

非洲裔美国人因毒品犯罪而被逮捕、起诉和监禁的比例率远远高于白人,种族比例失衡与毒品犯罪中的种族差异没有太多关系。比如,尽管所有的毒品使用者中黑人一般占13%-15%,但却有36%的黑人因持有毒品而被逮捕。黑人占所有因毒品犯罪而被送入州监狱者的63%。在至少15个州里,黑人男性因毒品指控被投入监狱的比率是白人男性的20-37倍。

---

① National Corrections Reporting Program, 1996 data.

表四：被收监的男性毒品犯罪人的种族百分比[1]

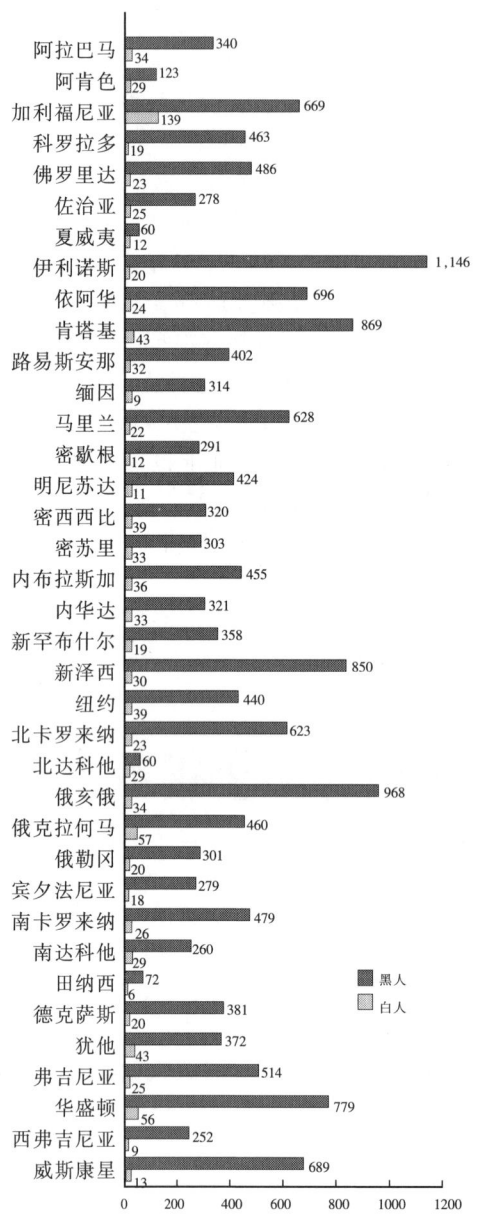

---

[1] National Corrections Reporting Program, 1996, and Bureau of Census, 2000 data.

少数族群的监禁率高而失衡,尤其是在毒品战中,这构成了对这个国家最严峻的挑战。它暴露并深化了削弱国家的种族隔阂,使正义的原则和平等保护的法律受到冲击,也损害了所有种族对刑事司法制度的公正和效率的信任。

许多州希望借助一些措施,提高社会福利,保护公共安全,遏制毒品交易。过去 20 年中,这种措施就是监禁。当然,监禁是合法的刑事制裁,但它应当是最后手段,也就是仅用于严重的犯罪;而刑期的长短应当与犯罪人的行为和罪过相适应。不幸的是,有太多的州却选择这样的量刑政策:甚至对于非暴力的或低水平的毒品犯罪人,也规定长期的监禁刑。

膨胀的监狱人口要求极大的预算开支,在年度财政危机的时候,迫使各州重新反省它们的量刑政策。我们相信它们将考虑有效、公正和明智的做法,即,选择更短的刑期,废除法定最低刑,增加监禁的替代刑。尽管财政压力迫使人们重新评价量刑政策,但官员们应当利用这个机会来考虑那些由不必要的和广泛的监禁所引起的损害,考虑那些被关进监狱的人中极大的种族失衡所导致的后果。

提示与问题

1. 仅仅运作了 10 年以后,加利福尼亚州就开始感觉到"三击出局"政策所产生的巨大负担。尽管这一政策最初是为了对付危险的重罪犯罪人的,结果却是另外一个样子。非暴力犯罪人更经常地受制于这一政策,从而使监狱的开支直线增长。在美国,加利福尼亚州的监禁人口最多,有 16 万囚犯,耗费 53 亿美元。

2004 年投票时提出的"第 66 号建议",试图将重罪犯限于暴力犯罪,其中建议给骚扰儿童者更长的刑期。开始时有迹象显示这项建议将会高票通过,但到后来,有一大笔钱涌入来反对这项建议,加之施瓦辛格(Schwarzenegger)州长的反对,终于告吹了。①

2. 已经有许多减少法定量刑重要性的努力。来自加利福尼亚州的美国众议员马柯辛·沃特斯(Maxine Waters)希望废除轻微毒品犯罪的法定刑。她指出:55% 的毒品犯罪被告是毒品运输者和街头贩卖人,另有 33% 的人是中等水平的毒犯,更高层次的毒品犯罪人是不出头露面的。这些犯罪人中的少数族群

---

① Proposition 66, prepared by the staff of the Institute of Governmental Studies, University of California, 2004.

比例超常。① 她用略带嘲讽的口吻说，许多法人机构倒是应当接受法定的刑事量刑。②

3. 在纽约，"人权观察"发现 80% 的毒品犯罪人在 1997 年被定罪时从未犯过暴力重罪，几乎有一半的人从未因暴力犯罪而被定罪。③

4. 法定刑并不能消除自由裁量权，它只不过是将自由裁量权转移给了刑事司法体系中的其他人，比如检察官。

5. 2005 年 1 月，美国最高法院裁决认为，《联邦量刑指南》（Federal Sentencing Guidelines）不再是法定的，而只是参考性的。④ 依据大法官布莱耶（Breyer）的观点："国会寻求提供确定和公正，以满足量刑的目的要求，同时，回避不应有的量刑失衡并保持足够的灵活性，允许在有担保的情况下进行个别化量刑。"⑤

6. 研究你所在的州的监狱系统，用这一节的资料作为开始。谁在狱中？为何犯罪？刑期多长？适用假释了吗？好的表现可以减刑吗？监狱系统的整体开支是多少？维持每个囚犯的开支是多少？将你所得的数字与上大学所需的开支做个比较。

---

① Press Release, May 25, 2001.
② Press Release, July 12, 2002. 她讽刺挖苦的法人机构有：Enron, World Com, Arthur Anderson, Tyco, Adelphia, Rite Aide, Global Crossing, and Xerox.
③ Human Rights Watch, Official Data, July 1, 1999.
④ U. S. Booker U. S. Supreme Court Slip Decisions 04-104 (2005).
⑤ U. S. Booker U. S. Supreme Court Slip Decisions 21 (2005).

第三章　法律与价值

> 我本想冷静而客观地写作，但我做不到；愤慨与同情不断渗透进来。或许这并不奇怪，因为死刑不仅是一种统计与权便，也是一种道德与感受。
>
> ——阿瑟·凯斯特勒（Arthur Koestler）：
> 《反思绞刑》（*Reflections on Hanging*），1956 年

> 即使一个童话故事——一个单一的童话故事——也有关于老鼠和南瓜、仙姑和公主正确举止的一般规范……
>
> ——卡尔·卢埃林："规范的、合法的与法律的工作"
> （The Normative, the Legal and the Law Jobs），1941 年

♣ 对于任何事物，包括法律，研究它的价值关系，一般都是不受恩宠的。在羽翼未丰的学科里，研究者们不愿涉足这一课题，以免从事自然科学的同事们认为他们"尚未受过科学启蒙"或者缺乏起码的判断力。这种对尊敬的渴望，导致他们选择"可驾驭"的问题进行教学和研究。

不愿意考虑价值问题，部分地归因于相对主义，它有粗疏与复杂两种形式。粗疏的相对主义在这样的对话中可以捕捉到，一个人打断对方说："这个吗，要看你的观点如何了。"有时，拒绝讨论有争议的观点，非常相似于一个小镇上的外交家虔诚的声明："有两个问题我从不讨论——政治和宗教。"强调这一论点，可能是深恐将自己暴露于伴随价值探究过程的心理危险。

复杂的相对主义的典型是院士们的论点：所有的价值都是有情境的，换言之，都有赖于时间和地点。既然有了这样的结论，一些院士不再苦苦细究各种情境、时间、地点及与之相应的道德，而是放弃所有的探询，因而排除了广泛领域的必要思考。不仅如此，院士们通常主张，研究（好的研究）是（应当是）价值无涉的（value-free）。除

了没有认识到这一主张本身就包含着价值判断——像括号里的内容所显示的那样,这一信条导致"学者们"在其工作中心理投资不足,从而加剧了已经广泛存在的、作为学院派研究特征的反伦理和反政治的偏见。

律师们也不能幸免于相对主义和价值无涉的压力。法科学生所受的混杂的先例原则教育教导他们说,案件的任何一个方面都是有意义的,都能进行有效的论争。如果他们忘记技术性的论争不一定是**好的**论争,那么他们就不会做好准备以满足公众改进法律的要求。作为执业律师,他们积极地在任何地方为任何委托人的任何事业去论争,这样做有时会极大地使社会受益,但在最坏情况下也能使法律执业中的价值范畴被忽视。由于缺乏自己的价值判断,律师作为一个群体通常是简单地采纳其委托人的价值观。

总体地背离个人的观点和期待其推进的事业,会腐蚀律师的自我价值感并助长令人烦恼的幻灭感,这是许多执业者一离开法学院开始从事法律实务就会感觉到的。白天为污染环境者辩护,夜间阅读《塞拉俱乐部》(*Sierra Club*)① 杂志,这样做并不容易。

在司法过程中,一旦技巧和工艺占了统治地位,就会导致文牍主义的结果。对于所有遭遇这一结果的人来说,这都是一件可悲的事情。法国法理学家加奎·埃吕尔认为:

> 司法要素(主要组织机构)已不再承担寻求正义或者以任何方式创制法律的责任,它承担适用法律的责任。这种作用可以纯粹是机械的,它不需要哲人或者有正义感的人,它需要的是一位优秀的技师,他明了技术原理、解释规则、法律术语,以及推演结论和发现答案的方法。②

埃吕尔进一步解释了专业人士为何不愿过分富于哲理性:"正义不是一件可以抓取或者固定的东西。如果一个人寻求真正的正义……他从来都不知道哪里是正义的尽头。作为具有正义功能的东西而被创制的法律,其中总有一些不可预测的东西使法学家感到窘迫。"③ 然而他

---

① 1892 年成立于美国加州的环保组织,其座右铭是"探索、欣赏并保护地球"。
② Jacques Ellul, *The Technological Society* (New York: Random House, 1964). P. 294.
③ Jacques Ellul, *The Technological Society* (New York: Random House, 1964). P. 292.

后来补充说:"法律人有着某种顾虑,无法完全从法律之中剔除正义而又不使良知受到折磨。"①

因为绝大多数有争议的案件是有情境的,并且充斥着价值问题,所以有关相对主义或者价值无涉的表述都是文不对题的。价值问题在可能的情况下必须得到解释和论证,或者必须得到充分的讨论,如果法律和法律过程不仅仅是单纯技巧的话。随着有关价值问题辩论的展开,一个社会所需要的紧张状态出现在规则与价值之间,迫使判决者为了预见未来而将现在与过去结合起来。或许,前一章中的"女王诉达德利和斯蒂芬斯案"最好地论证了这种紧张状态。卢埃林透彻地描述了某些有争议案件的作用:

> 麻烦的案件……就是疑难的案件,或者是学科训练无用武之地,或者是不羁的个性开辟着新的行动或领导之路,或者是一项古老的制度受到新生力量的拷问。有争议的案件创制、打破、扭曲或径行建立了一条规则、一项制度、一个权威。当然,也并非所有有争议的案件都是如此,它们之中也有微不足道者,也有远古与现代都存在着的平庸法律货色。尽管如此,如果在一部分社会生活之中,文化的紧张状态得以表现,各种冲动所起的作用能够感到和看到,新生成的权力模式、古老的安全需要所产生的动力、信仰、政治、个性、自相矛盾的目的和有关正义的各种观点,都公然纠缠在一起,那么,这一部分社会生活将集中体现于有争议的、纷乱复杂的案件中。不仅是新法的创制和旧法的影响,而且包括文化的所有其他关键的方面,都在冲突的熔炉中熠熠生辉。②

卢埃林为法律的社会学研究提供的指导,可以应用于法院、会议室等正式场所,也可以应用于家庭、教室等非正式场合。如果你想研究某个团体是如何锤炼出自己的价值观的——使抽象变为具体——那么,该团体被迫涉足的冲突的场合最能说明你要研究的问题。

要认真对待那一直困扰价值追寻的众多困难,及其与任何领域包括法律在内的联系,这一话题如何简要地开场而又避免完全的浮华或者满足于"己所不欲,勿施于人"和"爱邻里如爱自己"的训诫?

---

① Jacques Ellul, *The Technological Society* (New York: Random House, 1964). P. 295.

② From *The Cheyenne Way: Conflict and Case Law in Primitive Jurisprudence*, by Karl N. Llewellyn and E. Adamson Hoebel. Copyright © 1941 by the University of Oklahoma Press.

在此，可以采取两种方法：首先，关注职业主义与价值是如何相互联系的——从旁观者到知情人，再到职业者的转变，是否就要失去生活的某些关键方面；其次，关注法律体系是如何处理那些提出深刻价值问题的案件的。

当人们决定从事某种职业时，他们通常都想同时做两件相互不合的事情：第一，他们希望被改变，以获得职业特征——法律的、医药的乃至巫术的；第二，他们希望保持以前自我的完整，希望他们的职业仅仅是他们生活的附属，而不是代替他们和他们所代表的原则。简言之，他们希望能够选择职业改变他们的方式。下面的选文从不同的细节显示了成为一个职业人士如何导致希望的和不希望的两种后果。

第一节　巫师和他的巫术 *

克劳德·列维－斯特劳斯

奎斯莱德（Quesalid）成为巫师以后起了这个名字。他曾经不相信巫师（sorcerer）们的力量，或者更精确地说，他不相信巫医（shamans）的力量，因为"巫医"这个词更适合世界上一些地区存在的这种特殊类型活动。对巫医们骗人伎俩的好奇心以及揭露他们的欲望，驱使他开始与他们接触，直到有一天一位巫医邀他入伙。奎斯莱德迫不及待地答应下来，他口述了自己上的第一课的细节：那是一个哑剧、魔术和实验知识的奇特混合体，包括模仿昏厥和发神经的技艺，圣歌的习唱，引发呕吐的技巧，相当精确的听诊和助产术，以及"梦人"的使用，也就是刺探他人谈话并且将有关病因、病状的信息密报给巫医的人。最重要的是，他学到了西北海岸一所巫医学校的绝技（ars magna）：巫医在嘴角藏了一小束绒毛，在适当的时候带血吐出来——咬破舌头或者使口香糖染上血迹——然后郑重其事地交给患者和旁观者，作为他的吸吮和法术作用下排出体外的病理异物。

奎斯莱德最大的怀疑被证实了，他想继续追寻下去，但已经身不由己了，他向巫医学艺的事已经张扬出去。一天，他被一个病人的家属唤至家中，这位病人梦见奎斯莱德是他的医者。首次行医（他未获报酬，比以后任何一次都要卖力，因为他尚未完成规定的 4 年学业）

---

*　Excerpt from "The Sorcerer and his Magic" from *Structural Anthropology*, Volume I by Claude Levi-Strauss.

大获成功。虽然从那时起奎斯莱德成为有名的"伟大的巫医",但他并未丧失其批判的能力。他用心理学的术语解释自己的成功,"因为患者坚信我能够治愈他的那个梦"。一次更复杂的经历,用他自己的话说,使他"犹疑不决,思绪万千"。他遇到了各种各样"虚假的超自然的"法术,并且得出结论:某些形式——当然,他在这些形式里有着切身利益——比另一些形式更少虚假,与此同时,这种较少虚假的方式方法在他心目中不知不觉地建立起来。这一次经历简述如下:

访问邻近的库斯基莫(Koskimo)印第安人时,奎斯莱德参加了另一部落的著名同行举行的治疗仪式。令他大吃一惊的是,他观察到一种不同的技巧:不是以"血虫"(隐藏的绒毛)形式从口中吐出疾病,库斯基莫的巫医们仅仅向手中吐了一点儿唾沫,竟敢声称那就是"疾病"。这种方法的价值是什么?背后有什么理论支撑?为了查明"巫医们的力量是真是假,或者他们仅仅自称是巫医",就像他自己部落中的某些人那样,奎斯莱德要求并获准在库斯基莫方法失败了的一个病例中试试他的方法。有病的女人随即宣布自己被治好了。

我们的主人公首次动摇了。尽管他对自己的技巧没有多少幻想,但他现在发现了一种更虚假、更神秘、更不诚实的技巧。至少,他交给患者某种东西:他以可见的有形的方式把他们的疾病交给他们,而他的异族同事根本没有出示任何东西,仅仅是声称捕获了疾病。更为重要的是,在别人的方法都不灵光的时候,他奎斯莱德的方法奏效了。于是,我们的主人公绞尽脑汁要解决一个问题,或许在现代科学发展中也有类似的问题。我们所知道的机能不全的两种方式方法,同时从逻辑和经验两个角度提供了一种差异有效性(differential validity)。我们应以哪一个框架作为参考系来判断它们?是在它们相遇的事实层面,还是在它们自身接受推理和经验两种不同价值的层面?

在族人面前"丢脸"的库斯基莫巫医们,在此期间也陷入了疑惑。他们的同事以实物的形式吐出了疾病,而他们却一直认为疾病在本质上是精神的,做梦也想不到把它变成有形的东西。他们派人去请奎斯莱德参加一个在山洞中举行的秘密会议。奎斯莱德到场了,他的异族同事们向他详细阐释了他们的方式方法:"每一种疾病都是一个人:疖子和肿胀,疥疮和痂块,丘疹与咳嗽,结核与瘰疬,以及膀胱狭窄和腹部疼痛……一旦我们取走了疾病'这个人的灵魂',他就死掉了,他的躯体在我们的体内就消失了。"如果这种理论是正确的,那么还有什么可出示的呢?为什么奎斯莱德在治病的时候,"疾病会粘在他的手上呢"？但是，奎斯莱德以4年学业中被灌输的职业规则作为掩护而拒绝回答。他始终保持沉默，即使在库斯基莫的巫师将他们自称是处女的女儿们送给他，试图引诱他并发现他的秘密的时候。

就这样，奎斯莱德回到了他在福特·鲁博特（Fort Rupert）的村子里。他得知，邻近族人中最有名望的巫医正为奎斯莱德日渐隆盛而忧心忡忡，这位巫医已经向所有同事提出挑战，邀请他们在治疗几个患者的过程中与他一比高下。奎斯莱德也被邀请参加了比赛，借机仔细观察了前辈的治疗方法。像库斯基莫人一样，这位巫医并不出示疾病，而只是将一种看不见的东西，"他所谓疾病"，搋和到他用树皮做的头环中或者他举行仪式用的鸟形拨浪鼓中。这些玩意儿能够悬在空中，力量来自"咬住"巫医手触的屋柱的疾病。好戏又开场了，奎斯莱德被要求治愈那些他的前辈认为无望施救的病人，他以自己的"血虫"技巧取得了胜利。

现在到了我们故事中最动人的部分。这位年老的巫医，因为名望一落千丈，医术一败涂地而羞愧绝望，他派自己的女儿去请奎斯莱德来见上一面。奎斯莱德发现他的同事坐在一棵树下，老巫医开言道："朋友，我们彼此谈谈没什么不好，我只希望您尽量挽救我的生活，使我不至于羞愧而死，因为您昨晚的绝技使我沦为人们嘲弄的对象。我乞求您发发慈悲，告诉我昨晚粘在您手上的是什么。那真是疾病，还是弄虚作假？请发发慈悲告诉我您的绝技，让我也能模仿您。可怜我吧，朋友！"

奎斯莱德起初一言不发，继而他开始问起头环和拨浪鼓的秘密。他的同事给他看了藏在头环里的钉子，能够成直角压进屋柱中；还展示了他如何将拨浪鼓的头塞在指关节间，使鸟儿看起来像是靠他手中的嘴而悬浮。他本人除了撒谎和欺骗也许没做任何事情，冒充巫医是为了物质所得，因为他承认"贪图病人的财物"。他知道巫医不能捕捉灵魂，"因为……我们都有一个灵魂"，因此，他求助于一块油脂，假称它就是灵魂……"就是我手上那个白色的东西"。这位女儿也附加了自己的请求："请务必行好，让他活下去吧！"但是，奎斯莱德仍然保持沉默。当晚，这次可悲的谈话之后，这位巫医离开了，带着全家，也带着心脏病和对周围人的恐惧。人们认为他可能要采取报复措施，不过，恐惧是不必要的，1年以后，他回来了，但他和女儿都已经疯了。3年以后，他去世了。

而奎斯莱德，不知不觉富了起来，继续从事他的事业，揭露骗子们，对他们充满了鄙夷。"我只见到一位巫医吮吸病人，我从未看出他真是巫医还是一个冒牌货。仅仅因为这个原因，我相信他是一位巫医；他不允许被医好的人给他报酬，我也从未见他笑过。"这样，他的最初态度发生了很大的变化，自由思想者激进的怀疑主义让位于更为温和的情感。他认为真正的巫医确实存在。至于他本人怎样，直到这段故事的最后，我们也无从说清，但很明显，他真诚地继续运用着他的技艺，因自己的成就而自豪，并且积极捍卫带血绒毛的技巧，反对所有其他的对立门派。对于这种他起初如此轻蔑的技巧的虚伪，他似乎已经完全看不到了。

提示与问题

1. 奎斯莱德是怎样一步步成为巫医的？在此过程中，什么进入了他的价值观？随着他对这一职业真实性的新发现，他的境况变得好了还是坏了？他和他生活的共同体因其新价值观而受益吗？如果他坚持自己最初的揭露巫医的计划，大家是否会受益？

2. 如果奎斯莱德决定不再继续这种"把戏"，那么他会做什么呢？

3. 奎斯莱德和他的族人们需要什么？这些需要如何能被满足？

4. 成为一名律师与成为一名巫师一样吗？一个没有学过法律的人，如果仅仅增加了法律的职业知识，还能否保持其引入的价值观的完整？或者，在成为律师的过程中，其价值观是否会有天翻地覆的变化？

♣ 像《追猎游戏》（*The Paper Chase*）这样的电影或者司各特·图罗（Scott Turow）的《大写的L》（*One L*）这样的书籍，都认为学习法律的人被卷入了一个无法完全控制的转型过程。思考下面的选文，它是本书作者之一约翰·博西格诺教授基于自己在法学院的感想而写的：

> 许多律师在某些时候觉得自己处在法律的边缘。以我来说，因为我进入法学院更多地是一种偶然而不是精心的设计，我在法学院的经历也有某种异常，所以我时常疑惑自己是真的进入了法的王国，还是临时做客。作为法学院的新生，我不情愿臣服于法律的思维方式——尽管这种不情愿充其量也只是朦胧的感觉。我能够回想起最初几个案例给我的第一印象：好像大多都做了不公正的判决；法律似乎过于技术化，忽视了实质内容。最重要的是，法律之中的思维方式和思想内容，对我进入法学院前的思想似乎是一种毁灭性的打击，而且，我经常怀疑"法学院经验"的价值。

> 但是，法学院的拉力在被家庭、朋友和同学强化后变得异常强大，因而，我现在看来是一种健康的对法律方式的怀疑，在法学院那种海军陆战队新兵训练营式的气氛中萎缩了。我继续学习，将自己的疑惑解释为一种个人的精神错乱，受此力量的驱动，我继续对私人和政府的实践进行抽样调查……①

比较同一作者的下述文章：

> 一位圣徒之言应予谨记：没有任何其他东西能被理解为一个极度痛苦的、非自然的关闭与职业无关的知觉、直觉、情感等生命表象的过程。尽管有时据说法科学生过分倾向于确定性，但更深层的需求可能正相反；更确切地说，学生们凭直觉感到，在法律的理论与实践中，完全忽视了正义、良好的政策以及公平等基本问题。但正因为关闭了洞察力，职业的范例才得以发展，社会共享的洞察力才变成持久的现实。②

自从进入法学院的女性增多以来，对法学院和法律总体的某些主要批评就来自于她们。帕特丽夏·威廉斯写出了她在法学院的体验：

> 我作为哈佛法学院学生的恒久回忆是那种被视而不见的感觉。我在非现实的迷雾中游荡了3年。我看到高大的、大多是男性的身躯，它们一个个相互抵触着，就像薄雾中拍摄的橄榄球员的慢动作一样。我立足于他们之中，看着他们下意识地、礼貌地绕开我，似乎我是拥挤过道里的一根柱子。法学院对我来说好似另一个星球，满是异类的生物，我与它们少有接触。法学院产生一种沉重的气氛，使我喑哑无声。所有我能做的传达我的存在的事情，就是小心翼翼地将文字信息装入密封的、真空包装的蓝皮书中，将其放在遥远的海浪之上，祈求某个好奇的探索者能够捡到它们、理解它们。
>
> 也许其他人与我有着同样的感受，也许我们都是异类，都被禁声……③

---

① John Bonsignore, "At the Edge of Law," © 1973 by The American Business Law Journal.

② John Bonsignore, "Law as a Hard Science," 2 *ALSA Fornm* (1977).

③ *The Alchemy of Race and Rights* by Patricia J. Williams, p. 52, Cambridge, Mass.: Harvard University Press.

♣ 下一段选文是一个医生的故事,她在美国肯塔基州的贫困农村工作。作为一个职业工作者,她所受的教育是行医开药;作为一个人,她发现自己的"专业领域"处处让步于一种需要——小心翼翼地生活。

第二节　简朴的生活与艰难的选择*

莫琳·弗兰妮丽

作为阿巴拉契亚乡村的一位家庭医师,我不常遇到各种文章中充斥的当代医学伦理问题。在我居住的县里,我们不讨论哪个诊所应该有计算机X射线轴向分层造影扫描仪(CAT),而只是千方百计去淘汰一台过时的X光机,以便获得更清晰的胸透照片,而又能让我们的患者少受散射的危害。

羊水诊断在我行医过程中不是一个重大的问题。如果我建议患者驱车3个小时到大学医疗中心去生孩子,理由仅仅是她们怀孕时超过了35岁或40岁,她们对这样的建议一定非常惊讶,因为这个年龄生孩子在阿巴拉契亚是稀松平常的事儿。在一个大家庭中,一两个孩子有点"迟钝"或"奇异",并不是什么出乎意料的事。多数妇女拒绝内翻(invasive)检查,这种检查是为了预测要出生的孩子有没有异状。

对多数阿巴拉契亚妇女而言,堕胎不是一种选择,即使怀孕是意外的甚至是决不希望发生的。部分原因是牢固的家庭纽带以及孩子在一个大的山区家庭中的价值;也许还因为阿巴拉契亚的妇女听命于这样一个事实:为人之母是她们在家庭中为数不多的潜在作用之一。如果说在这个地区无法进行人为的、省钱的流产,那不是事实,一些与众不同的妇女也会选择堕胎解决不愿发生的身孕,但更愿意到远离家庭周围闲言碎语的地方去采取措施,并且不让当地的"福利机构"知晓。

我不认为妇女在怀孕期间服用了二乙基固醇(DES),① 她们的孩子就有患一种罕见癌症的危险。我的大多数患者,他们的母亲在怀孕期间很少接受保胎医疗,因而就避免了这种药物所引起的悲剧。围绕着"奇特的挽救生命的医术"和"贫乏的挽救生命的医疗资源"——

＊ *Simple Living and Hard Choices* by Maureen A. Flannery from *Hastings Center Report* (1982).

① 这种药曾用来治疗月经失调,但后被认为可能导致阴道癌,并引起了集团诉讼。参见本书第二十章第三节。——译注

专业术语叫生物伦理学——所做的判断，对于乡村居民来说，总体上是无法接近且无法获得的，这也使我免于做如何分配使用这些科技成果的艰难判断……当一位城里的朋友问我，医疗团体有没有批评过我这种家庭接生的方式时，我反问道："什么医疗团体呢？"

我所遇到的伦理问题，没有诸如身患绝症的新生儿、器官移植以及脑死亡这类判断那样引人注目，但这些问题解决起来并不容易。其中有些只有在乡村和贫困地区行医才能遇到，有些在城市贫民窟也能碰到，许多则是所有初级医护工作者都要面对的。随着当前医疗预算的减少，围绕医疗资源分配的伦理问题成为所有医务工作者关注的对象。

我为医学伦理下的定义很简单：它是应用于医疗实践的普通伦理。医学伦理就是：当我在诊所中忙碌着，突然停下手中的工作，以免逾越雷池；或者，在接听急救室凌晨打来的电话后，因为扪心自问而难以入睡："我该如何处置这个病例？"或者"什么是这个难题的正确解决？"——在这里，我的问题从《医疗手册》（*Medical Letter*）中或者拨打新生儿专家热线都是得不到答案的。

有时出现新的情况，比如家中一位患有骨质疏松症（*osteogenesis imperfecta*）的成员，尽管采取了避孕措施，做过基因方面的咨询，可还是有了身孕。虽然更常见的是患者提出的熟悉的问题，但是，有些关于患者及其家庭状况的问题让我头疼，使我的主张发生疑问，令我煞费苦心。

伦理上两难的情形，其性质对于家庭医师和专家是迥然不同的。它们是私人的、不可预料的。就像北卡罗来纳州一位家庭医生所描述的行医经历："除了对人及其随之而来的问题，我从没有在任何方面成为专家。"麦克惠妮（I. R. McWhinney）对家庭医疗所做的描述颇为有益：

> 家庭医师有一个共同之处，他们获得的成就更多地来自于私人关系而不是医术。他们是对一群人负有职责而不是对一种知识……一个医生很难在对某个人负有职责的同时又将这种职责局限于某些疾病或某些类型的问题上……我所说的这种职责是，医师应当处理好与人的关系，无论他的问题是什么。他这样做是因为要对人而不是对知识或技巧负责。对这样的医师来说，问题之所以有趣而重要，不仅因为问题本身，而且因为它们是史密斯先生或者琼斯夫人的问题。通常在这种关系中没有一个明确的医务与

非医务的界限。这要由患者去定义。

通常对一个乡村家庭医师来说,他行医的唯一局限是地理上的,他可能要对1-2小时车程范围内的每个人负责。该地区的其他资源情况,还可能使这位医生的职责扩展到病"人"以外⋯⋯

除了乡村家庭医师对周围人们的一般性职责,附近人们的生活现实也极大地决定着行医过程中出现的问题。要在美国乡村生存下去,需进行一系列特有的奋斗,其中有许多会损害人的健康。

一个主要的因素就是**低收入**。这个国家的穷人大多生活在乡村。大约25%的美国人生活在非城市地区,然而生活在贫困线以下的人有40%在乡村;而且这40%当中,少数族群和老年人占相当大的比例,50%在乡村土生土长的美国人、27%的乡村西班牙裔人和41%的乡村黑人,收入在贫困线以下,相比之下,这样的白人只占11%。贫困恶化了健康问题,因为贫困与营养不良、居住拥挤、危险的生活环境以及无力承担保健医疗如影随形。

如果工资是从事**极端危险的职业**赚来的,那么低收入就变成了更为不利的条件。据劳工部(Department of Labor)1976年的统计,乡村美国人占因工死亡率数一数二的行业(采矿和农业)工人的大多数。尽管这些职业危害健康和安全是尽人皆知的,但它们是乡村美国人仅有的或者是收入最高的工作。

乡村中的职业不仅报酬更低、工作环境更危险有害,而且这些行业为员工提供总体上**更少的健康福利**,许多乡村工人根本得不到补贴,也很少有医疗保险。在德克萨斯州,除了农业工人,所有工人的补贴都是强制性的,而农业工人是该州乡村人口的大多数。农业工人很少有医疗保险。乡村居民中在低福利行业工作的人,通常无力支付健康医疗费用,使提供这种服务的诊所入不敷出。

一个相关的不利条件是,乡村居民所受的教育**低于一般水平**,这一特征与不能很好利用健康服务有着密切联系。受教育少的人一般都没有机会了解保健、卫生和预防措施。通常他们甚至不知道自己有资格得到政府的某些福利,这些福利可能提供某些费用或者为急需的医疗服务扫除障碍。

乡村居民比城市居民有**更紧密的家庭纽带**,既由于保存下来的传统价值观,也由于一个家庭所赖以生存的社会结构被局限在乡村地区。离婚比城里少见,传统的核心家庭及大家庭是一般情况,因为70%的乡村家庭都是子女与父母同住,而在城里只有39%的家庭是这样。乡村的穷人经常无法达到政府为城市穷人制定的保险项目的标准，比如为依靠父母抚养的孩子设立的医疗资助。

乡村美国人**独特的年龄结构**也影响到他们的保健。老人与10岁以下的儿童占很高的比例。由于妇女不仅是健康保健主要的服务对象，而且她们比男人长寿，还要生孩子，因而她们在乡村人口中更多地需要保健医疗。为社会上不能自理的人设立的机构，比如育幼之家、日间托儿所，在乡村地区并不流行，也不被接受，因为传统的乡村家庭都是"自己看孩子"。

除这些影响保健医疗的流行特征外，许多乡村地区还有**低水准保健医疗**的历史。在阿巴拉契亚，最富有戏剧性的例子莫过于煤矿公司医生。在很多地区，最初的"专业"医疗提供者是当地煤矿公司带来为全体雇员及其家属看病的医生。这里没有别的选择，他是家长式垄断的一部分，就像公司开的小商店。工人们虽然得不到健康保险，却得到公司医生的免费治疗或者仅付极少的钱。因为矿工们报酬很低，又缺乏其他的医务人员，所以基本上没有别的健康医疗选择。由于多种多样的原因，煤矿公司无法吸引特别合格的医生，而患者们也看得非常明白，他们的医生效忠的是公司的管理部门，而不是他们的健康。直到20世纪50年代后期，矿工联合会（United Mine Workers）发展了它不切实际的医院和诊所体系，合格的医师才陆续进入山区。……

今年秋天，当我和搭档在我们的诊所讲授自我护理，修订在肯塔基州几个城市讲授的课程时，我尤其意识到所有这些特点对乡村居民健康的影响。在与我们课堂上20位医学外行的相处中，我们碰到许多阻碍门诊患者自我保健的因素——贫困、环境的危害、危险的职业、教育的缺乏、失业、社会化导致的对"专家"的依赖，以及在一个纵容自我毁灭生活方式的社会里所缺乏的对健康行为的支持。努力将城市中产阶级的课程修订为适合我们的乡村学习者，这使我认识到大部分的自我保健和整体论的（holistic）健康运动不适合那些对许多基本生存条件都无力控制的人。

比如，自我负责是整体论的健康运动的一个基本概念。人们为自己的健康负责的观念，推而广之就是假定人们也要为自己的疾病负责。尽管这种观念对于那些寻求理解他们疾病——尤其是某些具有明显心理因素的疾病——含义的人有所帮助，但流行的保健书籍、文章大多没有提及：生活中的一些因素是我们可以控制的，而另一些因素（已知的和未知的）则是我们很少或者无法控制的。对我们课堂里的人而言，很明显，后者通常占统治地位。比如，黑肺病（肺尘埃沉着病）的受害者并不是自己造成了健康问题（除非他们还大量吸烟），而是不健康的工作条件造成的。建议受害者为了生存必须自我改变是没有道理的，必须改变的是工作环境。问题及其根治不在于个人而在于社会。

课程的许多方面，就像其强调的生活态度一样，对我们的学生是不适宜的。比如，当你生活在一个小的河床地带，附近没有路肩的公路上到处是运煤的大卡车，装得满满的，又没有遮盖，你怎样开始一种慢跑的养生之道呢？当你的大部分时间都在勉强度日，闲暇的时间所剩无几时，无论慢跑多么有益于健康，也是难于做到的。并且，慢跑本身即是一个外来的概念，山区的任何人，如果不是为了赶着到什么地方或者逃离什么东西而奔跑，那他准是个傻瓜……

许多女性患者告诉我，她们到我的诊所来是因为"神经衰弱"（bad nerves），或者她们将其作为来访目的的标签——"差点儿忘了，大夫，我得了神经衰弱……"。几年前，附近地区的一位医生记录了她与"神经衰弱"患者的一系列谈话，其中，她揭示了这一诊断的由来和患者对这种病症的看法。她发现"神经衰弱"多半是一种医生制造的抱怨。当患者被问及何时意识到自己神经衰弱时，她们一般都说自己曾因身体上的疾病去看医生，比如说头疼或腹痛，而医生告诉她们："不，你不是患脑瘤"或者"没有引起腹痛的溃疡"，"你只是**神经衰弱**"。治疗多半是开出一份"神经药物"的处方。患者非常认真地接受了这一诊断和药物治疗，视"神经衰弱"为一种像肿瘤或溃疡一样有形而具体的疾病。一位妇女活灵活现地描述，穿过她全身的神经已经"被磨损得暗淡无光"，而不是像 5 年级健康课本图画中那么"水银般光滑"。另一位妇女这样理解给她做子宫切除手术的医生，说他看到她的神经在手术台上"乱动"，那显然是他见过的最严重的"神经衰弱"……

我在行医中所常遇到的两难是，当一位妇女进来要求（要求得不到满足很快会升级为索要）为她的"神经衰弱"提供药物治疗，我该如何是好？通览患者的病历便会确证"神经衰弱"是医生人为的症状标签，不仅如此，还能揭示一个困难而复杂的使该症状经久不衰的社会状况。假设一个繁忙的职业，一位工作骨干，再加上该地区贫乏的服务资源；假设患者在连续 4 个月有规律地服用苯类止痛药，有了对其过量服用的生理和心理依赖后，突然停止服用该药；再假设在合理的车程内，没有先验冥想的功课、瑜伽或其他训练班，甚至没有有能力的个人或有组织的治疗专家。在这些情形下，拒绝用安定药片满足患者，终止她对生活难题的迟钝反应，我这样做是否正确？我去支持她的习惯是否正确？在乡村，一位家庭医生是否必须同时发挥咨询家、社会工作者、消遣疗法专家以及童子军领袖的作用？一个人，无论其职责如何，是否都要充当如此多样而苛刻的角色？

另一种称为"胸闷"（smothering）的多发病如此常见，以至于很难让患者加以证实。在山区，"胸闷"可以用来描述各种情况，从敏感性哮喘导致的突发性气滞，到因身体虚弱引发的呼吸困难，再到慢性肺梗阻引起的气短。我想，这一症状的频繁出现与黑肺病的流行有关，黑肺病在我们这样一个工业区是非常典型的职业病。几乎每个人都会认识这样一位邻居或亲属：他在矿场工作多年，退休后与家用"呼吸器"须臾不离，整天坐在电视机前向一个曾经盛装牛奶的一次性纸杯里咳痰不止。这一病状太让人熟悉了，连小孩子都了解它：前几天，一个得了哮喘病的5岁男孩把自己的疾病说成是"胸闷"。我不禁想到：这一病状是对一群受压抑的、习惯于由外界控制自己的生活、金钱和土地的阿巴拉契亚人的借喻。一位医生仅仅用肾上腺素或者氨茶碱治疗这种"胸闷"，而不去触及这种病状的根源，这样做是否正确？一位优秀的乡村家庭医生是否必须同时是一个政治活动家？

当人们备受压抑，丧失信心，以至于不愿为自己所受的治疗承担任何义务时，他们作为患者的权利又有什么意义呢？这些乡亲们久已签字让与了自己的许多权利，就像他们的先辈们签字让与了自己生活的土地上的矿产权一样，要使他们重新主张这些权利，必须进行艰苦的工作，花费漫长的时间。在繁忙的行医过程中，非常容易堕入患者们习以为常的家长式的统治模式。有良知的乡村医生是否必须同时是一位社团业余组织者呢？

前些天，一位患者来我这里，看我是否能解决她父母家的灰尘积聚问题。他们生活在一种与世隔绝的无奈之中，他们简陋的小屋曾是一条肮脏的大路的尽头，而现在这条路继续延伸通向一处新开的露天煤矿。大型运煤卡车没日没夜地隆隆驶过——她数了一下，1小时5辆车。他们请求煤矿公司每天为道路喷几次水，以减少灰尘，但因为她的父母是路边唯一的住户，所以煤矿公司没有理睬他们的请求。我的这位患者非常担心，空气中的尘埃颗粒恶化了她父亲业已严重的黑肺病，那是35年井下大量吸入煤尘的结果。她父母的生活质量无疑受到严重影响：她的老母亲，一位非常挑剔讲究的家庭妇女，患上了早期器质性脑综合症，正在无望中衰竭着自己。

　　向一位家庭医生提出这样的问题并无不可，但我能做些什么呢？给煤矿公司的主人写封信？如果得不到答复，就向露天矿业管理部门报告？当下层官员与本地的煤矿巨头沆瀣一气时，是否要穷追不舍直到州乃至联邦一级？为使麻木的官僚为一个家庭做点儿好事，我又能投入多少时间和精力？我什么都不做行不行？

　　……乡村医生必须不断地发问：个人能做多少？一位医生必须深深卷入对患者病原的探究中吗？如果一位医生因卷入政治而忽视医学方面的继续教育和自我提高，或者因过度操劳而身心衰竭，患者和社会共同体最终是否会受益呢？

村里最精明的老妇

　　在绞尽脑汁设定职责范围的同时，一位乡村医疗工作者必须处理这样一个相关的问题：在乡村的个人生存。对一位乡村医生来说，职业活动和个人生活是没有界线的。生活在我所服务的人们组成的关系紧密的共同体中，我没有城市医生下班后享受的悠闲。我是我们县仅有的几个医生之一，每个人都知道我住在哪里，知道我每天怎样度过，知道第一次霜降前我是否挖了土豆……

　　从传统上说，医生们认为他们的个人生活应免受公众的窥视。尽管他们几乎是无限制地接近患者的心灵与肉体，但有一条不成文的道德规范：不让患者介入他们的医生的个人生活。然而，患者们要求我将公共生活与私人生活联系起来难道不明智吗？要求我在诊所和家里维持一致的价值观难道不明智吗？我如何花费时间和金钱，我的政治信仰如何——难道不会影响我的行医吗？

　　许多城里的医生截然区分了社交时间相处的人与作为患者相处的人。我住校学习期间的导师坚决主张，医生不应将患者接受为朋友。他认为，混淆朋友之间关系与医生患者之间关系对医生和患者都是不利的：这种模糊使得医生难于进行医学上的判断，贬低医生扮演的"权威人物"的作用。他还相信朋友与医生个人关系的价值，朋友可以帮助医生在下班后超脱于医药之外……

　　在一个小的社会共同体中，医生的生活可谓一览无余，想匿名是不可能的。他的收入远远高于辛苦工作的邻居们，就连排队理发时也享受优待，"医生阶层数之不尽又难于觉察的特权"在乡村共同体中极为引人注目。我是否应该接受这些优惠作为我紧张而要求苛刻的工作的补偿？或者我应当将这些优惠作为高人一等和奢侈的象征而加以拒绝？公共生活和私人生活缺乏界线，使乡村医生很难有城区同事那样完满的生活……玛丽·豪厄尔（Mary Howell）描绘了对我很有益处的生活模式：

> 对于自己如何工作以及如何与我为之服务的人相处，我的看法不同于人们通常理解的职业医生的作用。我发现了一种迥然不同的"作用模式"——村里最精明的老妇的模式，这位女巫医有幸从其先辈那里学习并与几代村民分享他们作为家庭成员的经验，她将自己汲取的精华传递给他人，使他们也能够运用这种智慧。

对乡村的主要医护人员来说，发现这种专门应付"人和随之而来的问题"的智慧通常是压倒一切的任务。发现这种智慧，解决我们每天工作中出现的伦理问题，在这些方面我们做得好不好，最终影响到我们为那些与我们共处、接受我们服务的人提供帮助的效果。

提示与问题

1. 第一章中有关配偶虐待的案例显示，律师和法官运用法律的规则，将大的问题转化为小的、可驾驭的和可解答的问题。那些案件的判决依据是恒久的伤害、有或没有致命的工具或者醉酒，而不是无从估量的婚姻，或者一个男人曾经承诺了永恒的爱，后来又成为一个虐待者。

弗兰妮丽医生似乎违背了所有职业工作者的主要信条——一个问题，除非最不开明的执业者也能轻易回答，就不要提出这个问题。对她来说，问题变得更复杂而不是更简单了。如果她将问题局限在医学症状方面，再从自己的黑包（Black Bag）① 中找出答案，这样行为是否符合伦理道德？（这个"黑包"是男性的吗？）

在配偶虐待的案件中，律师和法官坚持法律和与法律相关的事实，这是否符合伦理道德？他们的职责是改变法律本身，还是仅仅在不公正的规则之内做一些富于想象力的法律注脚？当时的律师应该超越法律的范围去帮助根除配偶虐待的根源吗？这种行动主义类似于弗兰妮丽医生超越对病人的治疗去追究病因。

2. 当医生被问题牵着鼻子走时，他们又会遇到什么问题呢？例如：

---

① 又称"黑包工作"（Black Bag Job）或者"黑包行动"（Black Bag Operation），是一种由警察或谍报机关实施的秘密进入行动。不能被目标知道，还要避免暴力或者当面冲突。这一术语来自装间谍器材的黑色包裹。美国最高法院于1972年6月宣布"联邦调查局"使用的这种手段违宪（Plamondon Case, 407 U. S. 297.）。——译注

（1）弗兰妮丽医生是只应治疗黑肺病或其他与其职业相关的疾病，还是必须积极进行预防性工作——加强矿场安全措施和创造有利健康的环境？

（2）在患者"神经衰弱"的病案中，她应续开使人成瘾的镇静药（像她的同事那样），还是应采取更费时费力的措施，比如解决成瘾问题或追究"神经衰弱"的真正病因？

（3）弗兰妮丽医生是否应该联合律师中的激进主义者、家庭问题专家或小学教师，他们与她一样认识到，阿巴拉契亚的问题不仅限于某个专业领域？

（4）如果阿巴拉契亚的问题是贫穷的派生物——从技术上说处在任何个人的领域之外——那么，有关经济方面的专业问题的适例是什么？

（5）医生、律师、教师在处理患者、客户、学生的问题时，是否必须使自己不局限于各自的职业角色？

3. 有什么是"精明的老妇"模式能做到而弗兰妮丽医生的职业模式做不到的？她的伦理道德的行动主义"药方"能否用到其他的场合？

4. 弗兰妮丽医生不像是乡村俱乐部的成员。如果她要与穷人共处，是否必须比自己的同行接受更少的报酬？

♣ 上面的阅读材料显示，职业工作者经常要自己回答伦理道德的问题。在下面的案例中，涉及绝育、法律、医药和精神病学，法庭将它们综合起来加以考虑。

第三节　库克诉俄勒冈州案

Cook v. State

495 P. 2d 768 Or.（1972）

法官弗利（Foley）：

这是针对巡回法院审理后所做裁定的上诉案，该裁定维持了"州社会保护委员会"（State Board of Social Protection）的一项命令。

1971年5月21日，"州社会保护委员会"发出了为原告人（plaintiff）做绝育手术的命令：

（2）……依委员会多数人的判断，被审查人的情况将使其生育的一个或几个孩子：……（b）孩子将受到忽视，无依无靠，因为他们的父母有精神疾病或者弱智，没有能力提供足够的照顾。

（3）依委员会多数人的判断，被审查人的情况不可能好转到足以避免（2）中所指出的后果……

原告人主张，她请求州政府从精神疾病和弱智中择一作为绝育的根据，庭审法院驳回她的这一请求是错误的；该法院维持委员会的命令也是错误的。余下的主张是：《俄勒冈州修订制定法》（Oregon Revised Statutes）中的一条［ORS 436.070（1）（b）］是违宪的，因为它歧视穷人，违反了州和联邦宪法有关平等保护的条款。65 ORS 436.070规定：

> （1）委员会的调查、裁决和命令……应以避免此类生育为目的：
> ……（b）孩子将受到忽视，无依无靠，因为他们的父母有精神疾病或者弱智，没有能力提供足够的照顾……

原告人是一名17岁的女孩，她有严重情绪紊乱的病史。13岁时，她被法院宣布为被保护人，并被带离家庭，因为证据显示，她在一段时间内曾受家人的身体侵害和性侵害。在过去4年中，她被先后寄养于两个家庭、少年寄宿所、大马什（Dammasch）的州立医院和俄勒冈州的希尔奎斯特（Hillcrest）学校，其中时间最长的是在大马什的1年半。她的表现波动很大，从持续3个月的稳定期到富于攻击性的敌意——表现为用语言和行动对他人进行威胁，以及自伤和逃跑。当她在医院涉及了杂乱而冲动的一系列性交后，有人向社会保护委员会提出了一份请求书。①

从原告人成为法院的被保护人起，就有一位专门负责指导儿童的心理学家对她进行跟踪治疗。他前后一致的证词显示，即使她可能掌握照顾自己和孩子身体的必要技能，也永远不会有能力提供孩子所需的家长般的指导和判断。他这一结论的根据是：女孩缺乏控制情绪的能力，她在心理测试中判断力的分数一直很低，并且她有虐待孩子的倾向。他说，由于有脑损伤，即使进行不间断的医疗，她的未来状况还是一直不会稳定，因此，痊愈的可能性极小。他进一步作证说，精神疾病和弱智都是作用因素，并且相互交织在一起。

因为两种病状交织在一起，所以如果不同时提及精神疾病和弱智，就无法明智地考虑原告人的问题。制定法为原告人提供了公费律师帮助，原告人也获得了充分告知和听证机会。因此，该制定法符合正当

---

① ORS 436.025规定："州医疗委员会授权行医和检查的任何一人或两人可以向社会保护委员会提出请求，主张该州内的其他任何人，依ORS 436.070（1）之规定，处于该委员会的管辖范围内。"

程序条款的要求。① 庭审法院驳回她择一病症作为绝育根据的请求是适当的……

现在有必要确定，该制定法是否剥夺了原告人受法律平等保护的权利。

在1927年的"巴克诉贝尔案"（Buck v. Bell）中，美国最高法院支持弗吉尼亚州一项有关绝育的法律。绝育被认为是有利于患者和社会的，因为它使人们不再依赖州的公共机构，使他们能返回集体并自立自养。

1942年的"斯金纳诉俄克拉何马州案"（Skinner v. Oklahoma）是仅有的进入美国最高法院的另一涉及绝育法的案件。俄克拉何马州一项法律的目的是防止犯罪特征的遗传，它规定对那些被三次确定犯有特定重罪的人实施绝育。该法被认为违反了平等保护的原则而违宪，因为没有合理的根据确认这些将导致绝育的重罪（其中之一被控盗窃小鸡）与另外一些不必绝育的重罪（如侵占）有何区别。但这样一个前提并未受到冲击：只要州的绝育法是有效制定的，它就是合宪的。

我们现在所讨论的制定法，从字面上看不出对富人和穷人的区别对待。原告人争辩说，该制定法实际上仅适用于穷人，因为有钱的精神病或弱智者能够花钱雇佣他人照顾自己的孩子，不会让孩子受到忽视或者无依无靠。②

"受到忽视或无依无靠"在ORS ch. 436中并没有定义。原告人要求我们将其解释为依靠州政府援助，是采纳了1925年"史密斯诉遗嘱检验法官韦恩案"（Smith v. Wayne Probate Judge）中的推理。该案中的制定法的目的，就是使政府免于公共负担：

> 如果他有孩子，他将没有能力抚育，由于他的精神缺陷，这样的孩子很可能成为公众的负担。……

俄勒冈的法律规定，由于父母没有能力为孩子提供足够的关照，

---

① 美国宪法第五条修正案（1791年）规定："……任何人……非经正当法律程序，不得剥夺其生命、自由或财产。不给予公平赔偿，私有财产不得充作公用。"——译注

② 该制定法否定了那些符合法条规定的人生育的基本权利。对于州立法机关的判断，我们通常予以尊重，但这种尊重不适于影响基本人权的法律……

"……对一个州在绝育法中所做的分类，严格审查是必不可少的，以免恣意或恶意地歧视某些群体或某种类型的人，从而破坏宪法为公平、平等的法律所提供的保障……"（Skinner v. Oklahoma, … 1113.）

使即将出世的孩子无依无靠或者受到忽视，并没有涉及父母的经济状况。①

州政府对公民福利的关怀扩展到未来的一代，像本案一样，当有充足的证据显示，即将为人父母者因其精神疾病和弱智，将不能为孩子提供适当的成长环境时，州政府有充足的利益命令实施绝育。

维持原裁定。

提示和问题

1. 法院认为允许绝育的制定法符合正当程序。一般而言，正当程序意味着一州应以规定的方式行事。例如，在著名的"高尔特案"（In re Gault）中——涉及少年法院审判程序——美国最高法院说，正当程序包括：得知控告的性质和理由的权利，取得律师帮助的权利，对质和交叉询问证人的权利，不自证其罪的特权，接触庭审记录的权利，以及上诉的权利。

有了上述保护，"库克案"中的女孩还怕什么呢？

2. 读本案时，至少有两个模糊之处给我们以深刻印象。其一是该制定法的语言本身——"被审查人的情况"、"足够的照顾"、"无痊愈的可能"，等等；其二是谁因绝育而受益。该委员会冠以"社会保护委员会"之名，而法院也说绝育将有益于社会，或者州政府应当关注孩子是否在"适当环境"中受到抚养。谁是受益者，铲除的是何种恶害，这一切还不够清楚吗？在疑难案件中，模糊之处应当从有利于个人还是有利于"国家"或"社会"的角度加以解决？

3. 法院说，该制定法**从字面上**看不出对富人和穷人区别对待。这可能意味着，该制定法依其文字潜在地适用于俄勒冈州所有的人。

将上述平等观念与道格拉斯（Douglas）法官对"弗曼诉佐治亚州案"——我们即将讨论的死刑案——所持的观点加以比较：

> 一条法律如果规定任何拥有超过 5 万美元的人将免予死刑，它便无异于径直规定只有黑人、未上到小学 6 年级的人、年收入少于 3 千美元的人，或者那些不受欢迎的、没有稳定收入的人才会被执行死刑。一条整体

---

① 请求人提请我们注意众议院司法委员会 1967 年 5 月 17 日的记录，主要证人之一在被问及该立法是否为了孩子和父母的福利时作证说：

> ……这些女孩中的许多人能够经过训练而胜任日常的家务和身处集体的简单技巧，但是，如果她们被加以抚育孩子的额外压力和负担，就不能正常地生活。更重要的是，孩子成了公共负担……

这位证人在参议院司法委员会 1967 年 5 月 2 日的听证会上说，这样的孩子受到忽视，会"出现各种问题"。

看来能够在实践中导致这一结果的法律，与明文规定这种法律同样是卑鄙的。①

♣ 粗疏地说，"库克案"可以看成是彻底消除了对一个不受欢迎的生育"候选人"的零售福利。该案发生后的30年里，人们对于福利的反感已经影响到那些批发的福利。方向一直是没错的：越来越少的福利，给越来越少者，延续越来越短的时间。从帮助穷人到责备穷人，这种态度的转变可以在一些很普通的评论中找到，也就是，帮助那些"真正的特困人员"是一回事，购买价格高昂的汽车，让人们滋养在更高的报酬里，宽恕欺诈行为，那是另一回事。有一种确信：人们宁愿依靠福利生活，而不愿去工作。这种确信使接受福利的人成了有工作的穷人的对立面。尽管许多接受福利的人是白人、残疾人、老年人，并且生活在乡村，但种族歧视性术语却说他们是城市廉价公寓里游手好闲的年轻黑鬼。

废除批发福利的运动，在1996年国会制定《个人责任和工作机会法》（Personal Responsibility and Work Opportunity Act）时达到高潮，该法的设置目的就是为了将福利限制于"对特困家庭的暂时帮助"。这个法律的标题就说明了总统为什么要声言废除"我们所知的福利"。第一，如果帮助持续下去，那么这种帮助也将是"暂时的"；第二，福利制度的难题在于，人们不对自己的行为和生活负责，而是依赖社会安全网，这种社会安全网正在摧毁进取心，而"严厉的爱"可以恢复人们的进取心；第三，人们在两年之后必须去工作，当然也有某些例外，去工作的人里包括独力抚养孩子的妇女，她们不得不去找工作的时候，还不得不为她们的孩子寻找日间照料者。依靠福利的时间在一生中不能超过5年，对于合法移民的福利由各州自由裁量。总体说来，各州有权自行决定如何分配他们从联邦政府得到的大量基金。②

这个立法是一个有趣的多种政策的混合体：

    1. 为特困家庭提供帮助，以便孩子们可以在家中得到照料或者在亲戚家中得到照料；

    2. 通过促成职业准备、工作和婚姻，结束特困父母对政府福

---

① Furman v. Georgia 92 S. Ct. 2726 (1972) 2735.

② M. Greenberg and S. Savner, A Brief Summary of Key Provisions of the Temporary Assistance of Needy Families... H. R. 3734, Center for Law and Social Policy, 1997.

利的依赖；

  3. 预防和减少婚外怀孕的发生，并且设立年度数字指标；

  4. 鼓励双亲家庭的形成和维系。①

  在这个福利法制定后的几年里，政治家们夸耀它成功地"使人们远离了福利"，但却不清楚那些远离了福利的人怎样过活。一些人确实在一个紧缺的劳动市场找到了一份处于劳动力低端的工作；而另一些人连这样的工作都没有。对于新法律的影响要做政治评价，可以去看看食品救济站、无家可归者的收容站，以及为缺乏生活必需品的人们提供帮助的宗教团体。

  无家可归者是贫困阶层一个巨大而正在增长的子集。② 很难评价到底有多少人无家可归，因为许多人只是一定时间内的无家可归者。他们还可能与亲戚住在一起。在避难所或者露宿街头，这使得无家可归的形式像无家可归者本身一样是看不见的。在政府的研究中，包括儿童在内，估计有450万到900万人自1985年到1990年曾经有过无家可归的经历，而据"全国无家可归者研究中心"（National Law Center on Homelessness）估计，有60万到200万人在一年中的某个时候会成为无家可归者。③ 关于无家可归者的陈词滥调不再适用，因为无家可归者中还包括有心理疾患者、酗酒者和有毒瘾者，现在又加入了逃避虐待的妇女和儿童，加入了无人照管的孩子以及无力支付房租的有工作的穷人。④ 与此同时，那个为所有人提供充足住房的承诺，一直是抽风似的和道貌岸然的。1949年的《国会住房法》（Housing Act Congress）设定了一个目标："为每个美国家庭都提供体面的居住和生活环境"。这个目标从来就没有实现过。1993年，克林顿总统宣布了"住房优先"计划，这个计划是为了打破"无家可归的恶性循环并且防止未来的无家可归"。不过，任何可以称道的事情都没有发生，迎接无家可归者的只是一大堆福利法的修改，所谓体面的生活，包括充足的住房，对于穷人来说更加遥不可及。"全国无家可归者联合会"对克林顿当政时期作了这样的总结：

---

 ① Ibid, p. 6.

 ② National Coalition on Homelessness, Homelessness in America: Unabated and Increasing – A Ten Year Perspective (1997).

 ③ National Coalition on Homelessness, How Many People Experience Homelessness? (1993), p. 3.

 ④ National Coalition, ... Homelessness Unabated, pp. 3, 4.

　　　　从关注无家可归的制度原因，到聚焦无家可归者和贫困者的个人"责任"，这种转变只能使无家可归合法化和永久化……这种转变以及州和地方政府社会福利责任的退避，其实是忽略了有关无家可归者的大量研究数据……克林顿继里根之后，在其总统任期内的无家可归者，尤其是孩子和被雇佣者，人数巨增，范围扩大。①

　　2000年的总统选举战役为无家可归危机增添了新的讽刺。戈尔先生自诩为工人家庭的卫士，但他除了鼓吹增加最低工资和"住房与城市发展"（HUD）预算外，根本没有实质性地提到有工作的穷人。乔治·布什转而求助私有市场，以增加住房供给，通过投资税减免增加了17亿美元，再加上10亿美元的"美国之梦预付基金"（American Dream Downpayment Fund），借助这笔钱，政府用1500美元来帮助低收入的家庭买房子了。

　　♣ 死刑的运用正好触及了与贫困相关的危机话题。大法官道格拉斯在"弗曼案"中表述了下面的观点：

　　　　我们知道，法官在适用死刑时的自由裁量权使该刑罚被有选择性地适用：如果被告是一个贫贱卑微缺乏政治保护的人，或者是一个嫌疑分子，或者是一个不受欢迎的少数群体的成员，则自由裁量权助长了对被告的偏见；如果被告处于受到较好保护的社会地位，则自由裁量权能够拯救他们。依古印度的法律，婆罗门是免予死刑的，在这样的法律之下……刑罚随着社会地位的降低而增加。我惟恐我们在实践中采用了同样的立场，这部分是由于死刑的自由裁量权，部分是由于富人在这个国家收买最受尊敬、最为丰富的法律智慧的能力。②

　　美国人中的大多数艰难取舍于两种立场之间：在赞成死刑的同时，也知道大法官道格拉斯所说的选择性适用确实存在。

---

① Ibid, p.4.
② Furman v. Georgia, 92 Sup. Ct. 2726, 2735 (1972).

第四节　弗曼诉佐治亚州案

Furman v. Georgia
408 U. S. 258（1972）

大法官马歇尔（Marshall）：

这三个案件提出的问题是：死刑是否属于美国宪法第八修正案所禁止的残酷而非常的刑罚（a cruel and unusual punishment）……弗曼被控谋杀罪，因为当他闯入一户人家被发现时，开枪打死了一位有 5 个孩子的父亲……另外两个上诉案件涉及州所指控的暴力强奸罪。杰克逊（Jackson）被确定有罪，他在被害人家中抢劫时，又用剪刀指着被害人的喉咙实施了强奸行为。布兰奇（Branch）也是在被害人的家中实施的强奸行为，他没有使用武器，但却以暴力相威胁并使用了暴力。

我们所面对的犯罪行为丑陋、邪恶，应受严厉谴责，它们是赤裸裸的暴行，不能也不应被轻视。我们不是被邀来宽宥这种应受刑罚处罚的行为的，我们仅仅被要求审查施加于每个请求人的刑罚并决定该刑罚是否违反了第八修正案。因此，问题不在于我们是否宽宥强奸或谋杀——我们也肯定不会去宽宥它们；问题在于死刑是否一种"不再符合我们的自我尊严"，进而违反了第八修正案的刑罚……

我们必须谨慎行事……首先，通过检视第八修正案的历史渊源及过去对它的解释；其次，通过揭示死刑在这个国家的历史和特点，使我们能够客观地以适当的自制方式来回答摆在我们面前的问题。

率直对于这种探询是至关重要的。所有相关的材料都必须经过整理、筛选和开诚布公地检视……

率直迫使我承认没有忽视这样的事实：这实在是生死攸关的事情。它不仅涉及这三个请求人的生命，而且涉及这个国家正在等待执行的其他几近 600 个被判死罪的男人和女人。尽管这一事实不足以影响我们的最终决定，却迫使我们必须使该决定免于任何可能的错误。

［大法官马歇尔评论了《人权法案》发展史上反对残酷而非常的刑罚的宪法条款起源，然后转而评价先前对"残酷"一词做过解释的法院判决。在讨论了两个赞成枪决和电刑处死的先例之后，马歇尔考量了 1910 年判决的"威姆斯案"（Weems）。——编者］

威姆斯被控伪造"公文"，判处 15 年监禁，带着脚镣从事苦役，被罕见地剥夺了公民权，并受永久监视。在决定这是否残酷而非常的刑罚时，最高法院认为答案是肯定的……在否定这一刑罚的过程中……最高法院审查了与这种犯罪有关的刑罚，并与其他犯罪、其他司法管辖区的刑罚相比较，结论是该刑罚过分严厉了。大法官中的不同意见是：禁止残酷而非常的刑罚意味着只禁止那些在宪法被援用时令人无法接受的事情。

"威姆斯案"成为一个里程碑，它标志着最高法院第一次宣布立法机关为某一特定罪名设置的刑罚无效……

另一个里程碑是1947年的"弗朗西斯诉拉斯韦伯案"（Francis v. Resweber）。弗朗西斯被确定犯有谋杀罪，电刑处死。电流第一次通过他的全身后，由于机械故障，他并没有死。其后，弗朗西斯吁求不被第二次执行死刑……最高法院的5位大法官认为，立法机关采用电刑是出于人道的目的，……再次执行可能无意中增加被执行人的痛苦，有违人道的初衷……

1958年的"特罗普诉杜勒斯案"（Trop v. Dulles）是另一个重要案件。特罗普是一位土生土长的美国人，因被军事法院认定战时逃避兵役罪而被剥夺了公民权……首席大法官在强调"残酷而非常"这一用语内在灵活性的同时写道：修正案的用语含义必须从不断发展的、作为一个成熟社会进步标志的、衡量体面的标准中引申出来……他仔细审查了这一刑罚与该项犯罪的关系……并得出结论：非自愿地失去公民权是过分严厉的……

4年后的"鲁宾逊诉加利福尼亚州案"（Robinson v. California）中，多数票裁定，因违反加州将"吸毒成瘾"规定为犯罪的制定法而被判90天监禁，是残酷而非常的……大法官斯图尔特重申，"残酷而非常"条款不是一个静止的概念，而是应以"当代人类知识"不断检视的概念……我们对1968年的"鲍威尔诉德克萨斯州案"（Powell v. Texas）和"鲁宾逊案"是区别对待的，在该案中，我们坚持将公共场所的醉酒认定为犯罪。① 有4名法官持有异议……

也许，在分析"残酷而非常的刑罚"这一问题过程中，最重要的原则是，"残酷而非常"的用语"必须从不断发展的、作为一个成熟社会进步标志的、衡量体面的标准中引申出来"。因此，我国历史上某个时候被允许的刑罚，在今天则不一定被允许。

最高法院或者法官个人过去可能表达过一种死刑符合宪法的意见，

---

① 该案阐明，因酒精中毒而成为被告者，不能因其疾病而受罚。——编注

这一事实现在不应束缚我们……［大法官马歇尔进而分析了这种案件的判断标准：（1）案件涉及如此之多的身体痛苦，以至于让人无法忍受——拉肢刑架、拇指夹；（2）案件涉及的新刑罚"比它要替代的刑罚更加残酷"；（3）案件中的刑罚不能有效服务于立法目的；（4）案件中公众的情感厌恶某种刑罚，尽管该刑罚能够有效服务于立法目的。由这一分析出发，马歇尔开始讨论死刑是否因背离"现存道德价值"而违宪。但在开始之前，他分析了死刑的历史，注意到死刑适用的减少，然而，在"弗曼案"发生时，"41个州、哥伦比亚特区，以及其他一些联邦司法区域内仍然授权对至少一个罪适用死刑"。——编者］

历史显示，死刑从欧洲传入美国，但它到达这里后立即被大大削减。在我们的历史上存在过坚定的死刑废除论者，但他们从未取得过完全的胜利，因为只有不足四分之一的州在某个历史时期废除了死刑。然而，他们取得了部分胜利，特别是在减少死刑犯罪数量，以陪审团裁量代替法定死刑以及发展更人道的死刑执行方式等方面。

这就是我们的历史发展脉络。现在面临的问题是，美国社会是否已经达到这样的程度，以至于死刑的废除不再有赖于特定司法区域内的群众运动，而是取决于第八修正案的要求……

为了确定死刑是否过分或不必要的刑罚，有必要考虑立法机关选择它作为一种刑罚的理由……并且检视是否有一种较轻缓的刑罚能够满足立法的合理需要……

死刑被认为具有六个目的：报应、威慑、防止再犯、鼓励认罪、优生和节约……

第一，报应是我们的刑事法学中最令人误解的概念之一。歧见频仍的主要原因在于这样的事实：多数人混淆了"人类事实上为什么适用刑罚"和"什么使人类的刑罚正当化"这两个问题。人类事实上适用刑罚可以基于任何理由，但是，有一个理由使刑法成为道义上的善或者在道义上是正当的：某人破坏了法律……

国家寻求对那些破坏其法律者的报应，这一事实不意味着报应就成了国家施加刑罚的唯一目的……我们的法学一直将一般威慑，个人再犯威慑、危险人物隔离以及迁善接受为刑罚的适当目的……对一个自由社会的政府而言，报复、复仇和报应已经被痛斥为无可容忍的热望。

报应之刑几百年来一直受到学者的抨击，而第八修正案本身就是为了防止刑罚成为复仇的同义词……

报应,无疑支持了对实施某一罪行者施加某些刑罚,但**某些**刑罚可以施加,并不意味着**任何**刑罚都被允许……

时而听到这样的呼声:道义要求复仇,以证明社会对罪行的厌恶。但是,第八修正案使我们远离那个卑微的自我。"残酷而非常的刑罚"这一用语限制了复仇所要通过的道路。

第二,最热烈的争点是,死刑是否比终身监禁更好地威慑犯罪。必须承认,有些人宁死也不愿在监狱里煎熬一生。但是,他们是否能够将死刑作为一种选择,这与我们现在讨论的问题——国家是否能将死刑作为一种刑罚——大相径庭。死刑是不可挽回的,而终身监禁则不然;死刑当然地使迁善成为不可能,而终身监禁则不然……

必须记住,我们考虑的问题不可简单地归结为死刑是否一种威慑,而应归结为它是否一种比终身监禁更好的威慑。

确定死刑的威慑效力,再没有比这更复杂的问题了。每当一起谋杀案发生时,死刑作为一种威慑显然就是失败的。我们能够列举其失败,但我们无法列举其成功。没人知道有多少人是因为害怕绞刑才不去谋杀的……

赞成将死刑作为一种威慑的最强有力的两个论点,都是缺乏证据支持的逻辑假定。詹姆斯·斯蒂芬爵士于1864年最好地表述了第一种假定:

> 没有任何其他刑罚能够如此有效地威慑人们……除非为冲动所驱使,没人走向无可避免的死亡……为什么?这只能是因为"人愿意用自己所有的一切换取生命"。任何次等的刑罚,无论多么恐怖,都有一线希望,但死亡就是死亡,它的恐怖是无以名状的。

> ……第二种假定是,"如果终身监禁是对谋杀这类犯罪最重的刑罚,便无从威慑被判终身监禁者对监狱同伴或者监狱官员的谋杀"……

死刑废除论者试图反对这些假定,他们通过收集数据来证明,犯罪行为和死刑的有无没有任何关系……

索斯坦·谢林(Thorstein Sellin),一位死刑理论权威,曾经强调指出:如果死刑能够威慑潜在的谋杀犯,则下列假定应是真实的:

- 在有死刑的国家里,谋杀犯应少于那些废除了死刑的国家……
- 死刑被废除,谋杀应增加;死刑被恢复,谋杀应减少。

- 在犯罪已经发生而其后果强烈影响到公众的那些社会共同体中，威慑效果最大。
- 在有死刑的国家里，法律执行官员不易遭谋杀。

谢林的研究显示，这些假定没有一个是真实的……他所运用的数据表明，谋杀率与死刑的存废没有关系……

数据还显示，在那些执行死刑的社会里，其威慑效果并不比在没有死刑执行的社会里更大；事实上，有些证据表明，施加死刑可能鼓励了犯罪而不是遏制了犯罪。尽管警察和法律执行官员是死刑最坚决的提倡者，但大量证据表明，警察在保留死刑的社会中并不比在废除了死刑的社会中更加安全。

还有大量的证据说明，死刑的存在对于监狱里的杀人率没有实际影响……

联合国委员会研究死刑发现……现有数据显示，死刑的存在与较低的杀人犯罪率之间没有关系……

第三，关于死刑作为防止再犯手段的许多必然言论其实是显而易见的：如果一个谋杀犯被处死了，那么他就不可能再次犯罪。然而事实是，谋杀犯无论是在监狱里还是被释放后都极不可能再犯他罪，因为他们中的绝大部分都是初犯，而且获释后是人所共知的模范公民……

第四，余下的三个目的……鼓励认罪、优生和减少州的开支——比较易于讨论。如果用死刑鼓励认罪，则妨碍了犯罪嫌疑人行使宪法第六修正案规定的诉诸陪审团审判的权利，这样做是违宪的……死刑的取消几乎没有损害国家在刑事案件中讨价还价的地位，因为终身监禁依然是一项严厉的制裁……

关于死刑有利于优生的任何意见，显然都是不足取的……目前不存在任何实验或程序可以将不可救药者与那些能够从治疗中获益的人分离开来……更重要的是，这个国家从未正式宣称以优生为目标，而且世界史没有给优生什么好的评价……

至于说处死一个罪犯比对其终身监禁更省钱，甚至假定，如果这一论点是真实的，便会支持一种刑事制裁，这样的论点仍然是不正确的。花在监狱方面的过多金钱，缘于死刑等待执行制度（death row）。被判死刑者不会是监狱社会里多劳多产的成员——尽管他们可能成为这样的人，并且死刑的执行是昂贵的。死刑案件的请求通常是自动的，而且法院无可否认地在死刑案件上花费更多的时间……

死刑案件陪审团的遴选多半是耗资费时的,而且辩护律师将不惜任何时间代价,穷尽一切可能的方法,来拯救自己的当事人。

在定罪后、执行前这段时间,对定罪有无数间接的抨击和获得行政赦免的企图,所有这一切都耗费着州的时间、金钱和精力……当这一切都过去之后……将一个人处死比将其终身监禁耗费更甚。

这里只能得出一个结论:死刑是一种过分的和不必要的刑罚……现在到了这样的地步:如果屈从于立法机关,就等于放弃了我们作为事实发现者、法官和宪法最后仲裁人的司法角色……没有任何合理的基础支持死刑并不过分这一结论……

不仅如此,即使说死刑并不过分,它还是违反了第八修正案,因为它在美国历史上的此时此刻已不为美国人民所接受。

在判断一种既定的刑罚在道义上是否可被接受的过程中,绝大多数的法院认为刑罚是有效的,除非它震撼了人们的良知和正义感。

弗兰克法官①曾经指出:

> 在任何语境当中,公众的态度这一标准,通常是不为人所知的。它像一个难以捕捉的影子,因为人们很少准确知道公众或多数人的真实感受到底是什么。即使一项精心进行的"民意调查",在这样的情况下也不是结论性的。["罗森伯格案"(Rosenberg)]

民意调查无疑有助于显示公众对一种特定刑罚的接受与排斥,但它的功效不会是很大的。这是因为,一种刑罚是否残酷而非常,不在于是否仅仅提及"震撼了人们的良知和正义感",而在于那些对刑罚及其归责的目的有充分了解的人是否发现该种刑罚令人震惊、有欠公正并且不可接受。

换言之,我们必须面对的问题,不在于今天是否有众多的美国公民在民意调查时发表见解说死刑是野蛮残酷的,而在于他们是否在现有的信息背景下发现死刑是野蛮残酷的……

经常指出的是,美国公民几乎对死刑一无所知。上文中某些结论及其证据对于明智的判断至关重要……:死刑并不比终身监禁更有威慑力……;被定罪的谋杀犯很少被执行死刑,而是通常被判处一定时间的监禁;被定罪的谋杀犯通常是模范狱囚;获释后他们几乎总是成为守法的公民……;执行死刑的费用超过终身监禁的费用;被判死刑

---

① 弗兰克法官所著有关自由裁量权的文章,见本书第二章第一节。——编注

的狱囚不能像被判终身监禁的狱囚那样发挥有益的作用；在量刑过程中没有试图将再犯挑拣出来执行死刑；死刑实际上可能刺激了犯罪活动。

这些信息几乎肯定能够说服普通公民……难题来自公众对报应的渴望，即使这是一个立法机关不能合乎宪法地作为死刑唯一正当理由而加以追求的目标……我无法相信，在我们历史的现阶段，美国人民会明知地支持盲目的复仇……

但是，如果这些信息需要补充，我相信下列事实会有助于说服即使是最犹豫不决的公民去谴责将死亡作为一种制裁：死刑差别与歧视性地适用于可确认的阶层的人们；有证据表明曾有无辜者被处死……并且死刑给我们整个刑事司法体系造成了浩劫……

就差别与歧视而论，"通常是穷人、文盲、社会底层、少数族群——他们无钱无势，由法院指定律师辩护——最终成为社会的代罪羔羊"……的确，看看有关死刑执行的数字，就足以揭露这种差别与歧视。自1930年以来，共处死3859人，其中有1751个白人，2066个黑人；3334人因谋杀被处死，其中有1664个白人，1630个黑人；因强奸被处死的455人中，有48个白人和405个黑人。非常明显，以黑人在总人口中的百分比而言，他们被执行死刑者大大超过了白人。研究表明，黑人较高的处决率，部分原因是其较高的犯罪率，但确有种族歧视的证据……

还有压倒优势的证据表明，死刑更多地适用于男人而不是女人。自1930年以来，仅有32名妇女被处死……

很明显，死刑的负担落到了穷人、无辜者和社会底层人员身上；只有穷人和少数群体的成员才最难表达自己对于死刑的怨愤。他们的无能使自己沦为一种制裁的牺牲品，而富人、有更好辩护者的人却可以逃脱这种制裁。只要死刑还在适用于被社会遗弃者——易被忘却的社会成员，那么立法者就会满足于维持现状，因为变革将使人们注意到问题，并且使忧患滋长……

美国人对谁被处死、为什么被处死所知甚少，同样，他们也没有意识到错杀无辜的潜在危险……

在陪审团认定有罪之后，证明一个人的无辜几乎是不可能的……再审法院很少对陪审团的证据阐释提出异议，因而[无辜的人]必然指望检控官员的诚信来帮他重建清白。然而，有证据表明，检控人员不愿看到定罪被推翻……

虽然难于确定死刑被差别与歧视性运用的程度，也难于确定无辜者被判死刑的数量，但有一种被普遍接受的关于死刑的结论：死刑扭曲了刑法的道路……

譬如，死刑的存在本身就"无可避免地颠覆了对犯人的社会性和制度性改造计划"……将死刑作为我们刑罚体系的基石，极大地破坏了刑事司法的运作，并且成为改造之路上的绊脚石……

为了达成死刑违反第八修正案的结论，我们不得不进行漫长而艰苦的跋涉。我们所搜集、筛选的资料不计其数，不过我并不认为我们丝毫背离了那些作为出发点的原则。

我们历史上曾有一段时期，城市的街道令人想到的是恐惧和绝望，而不是自豪和希望，这时很难对我们的同胞保持客观与关切。但是，一个国家的伟大，正在于危急时刻仍能保有同情。在有文字记载的人类历史上，任何国家都没有比我们更伟大的传统：在动荡、混乱和紧张状态下，仍能尊重所有公民的正义与公平待遇。

在废除死刑的过程中，法院没有损害我们的政府体制，相反，法院给予它相当的尊重……在认知人类的人道性的过程中，我们给予自己无上的褒奖和颂赞。"在走出野蛮的漫漫长路上，我们到达了一块重要的里程碑，我们和世界上其他约 70 个司法区域一起，通过避免死刑，来赞美对文明与人道的崇敬……"

提示与问题

1. 杰罗姆·弗兰克在其论审判的文章中，贬斥任何号称客观或自制的主观面具。这种看法是否适用于大法官马歇尔的意见？

将大法官马歇尔意见的开头部分与大法官布莱克默恩（Blackmun）在"罗诉韦德案"中有关堕胎的意见相比较：

> 我们毫不迟疑地承认，我们意识到堕胎争议的敏感而牵动人心的性质；我们意识到即使在医师中间也同样存在着尖锐的分歧；我们还意识到这一问题所引发的深刻而又似乎是绝对的信念。一个人的哲学观点、经验阅历、对人类艰难生存的粗浅体会、信仰教育、对生活和家庭及其价值的态度、建立并遵循的道德标准，所有这一切都会影响人们有关堕胎的思想和结论，并且使这些思想和结论染上个人色彩。
>
> 不仅如此，人口增长、环境污染、贫困和种族背景都会使问题复杂化而不是简单化。

> 当然，我们的任务是不带情绪和偏见地以宪政手段解决这些要点。①

这种"超然"是一位有能力的法官值得称道的品格，或者仅仅是一种烟幕？

比较大法官布伦南（Brennan）在"弗曼诉佐治亚州案"中赞同马歇尔法官意见——死刑本身就是残酷而非常的刑罚——的论述：

> 修正案所强调的基本观念不外乎是人的尊严。既然一州有刑罚权，则修正案该条款就应当是为了确保这一权力在文明标准之内行使。
>
> 死刑确实是令人畏惧的刑罚。一州所精心策划的对一个人的杀戮，从本质上说，是对被处决者人性的否定……当一个人被绞死的时候，就意味着我们与他的关系的终结。死刑执行就是在说：你不适合这个世界了，到另一个世界去碰碰运气吧。②

2. 摘录"弗曼案"中另外两种意见的开头几段是很有益处的，这些意见是关于主观与客观的关系以及对司法自由裁量权的总体指导：

大法官伯格的分歧意见（dissenting）：

首先，重要的是指出最高法院只有两名大法官——布伦南和马歇尔——结论认为：第八修正案对所有的罪、在所有的情况下都禁止死刑……

如果我们拥有立法权，我将既同意布伦南法官和马歇尔法官的意见，也将至少主张对一小部分罪行极其严重者适用死刑。毕竟，我们对宪法的探询，必须摆脱有关死刑的道德性和有效性的个人感情，而只应局限于第八修正案不确定用语的含义及其运用……

然而，法院的角色基本上决定了我们不会利用宪法保障的高深莫测，作为我们在法律之中掺入个人偏见的借口……（Opinion pp. 375, 376）

大法官布莱克默恩的分歧意见：

我同意［分歧意见］，仅补充以下个人评论：

（1）类似这样的案件令我的精神极度痛苦。本人内心深处对于死刑——所造成的肉体痛苦和恐惧以及人类有限心智对其所做的道德判断——的嫌恶，其实是憎恶的情感，丝毫不逊于任何人。死刑无助于任何可显示的有益的目的，这一确信强化了我对死刑的嫌恶。对我来说，它亵渎了儿时的教育和人生的经验，并且与我所形成的哲学信仰相违背，与任何"尊重生命"的情感相对立。如果我是立法者，我将出于政策的理由而否决死刑，这种理由为每一位辩护律师所主张，为那些赞同改变原判的大法官们所采纳……

直到今天，死刑才被接受并假定为，依第八修正案并非本质上（*per se*）

---

① Roe v. Wade, 93 S. Ct. 756.
② Furman v. Georgia, 92 S. Ct. 272 (1972).

违宪……

突然之间，判决之路改变了，最高法院显然被劝以这样的论点：时间的流逝将我们带到一个更加成熟、更加宏大的地方。这种论点，似乎很有道理，又非常动听，但却缺乏说服力……

我的难题是，在其他的一些判决之后不久，最高法院突然意识到人类态度的进步。

改变判断当然是一种不难做出的选择。在生与死的天平上，人们更容易倾向于生，而不是倾向于死。沉浸在这样的思想或理性中是很惬意的，这是成熟社会的一种富于同情心的判决；这是一件符合道义的"正确"的事情；借此我们自信正走在通往人类体面的道路上；我们尊重生命，即使这个生命已经剥夺了其他生命或者严重损害了其他个人及其家庭，毕竟我们已经不似1789年时那般野蛮……

对我而言，这是很好的论点并且合情合理。但它仅在立法和执行的意义上是很好的论点并且合情合理，而不是作为一种司法的便利……（Opinion pp. 405–410）

3. "弗曼案"的分歧意见中有一系列弦外之音，读者们从马歇尔的意见中能够推断出来：死刑在宪法通过之时还是适当的，并且从那时起一直留在绝大多数州的案卷中；最高法院在先前的案例中从未质疑过各州有权适用死刑；在权衡各种政策选择的场合，最高法院作为司法主体应该服从立法者，而不应冒称权力；找到用于判决的较为勉强的理由——即眼下我们所审查的制定法的表述方式或者死刑判决所依据的程序——这些较为勉强的理由应当用于变更判决，而不是像大法官马歇尔想要做的那样，将死刑全部废除掉。

大法官马歇尔如何应对这些论点？他的意见能够以卢埃林的论述（见第一章）为线索而加以分析吗？卢埃林主张，提供给法官的材料很少能够一成不变地有助于达成特定的结论，法官在准备法庭意见的过程中，运用某种技术，强调对其有益的材料，而贬低对其不利的材料。在马歇尔的法院意见中，我们能够看出他认为哪些有益？哪些不利？哪些需要解释吗？

4. 马歇尔引述了广泛而大量的、对于将报复作为死刑正当根据的责难。"报复是一种野蛮的正义。"报复为什么是野蛮的？报复的口碑为何如此不佳，以至于国家不敢心安理得地将其作为一种政策？难道报复无可避免地是残酷的吗？谁是报复的牺牲品？

5. 马歇尔讨论了判决和维持死刑的费用，进而推出了他的有冲击力的立场：死刑是昂贵的。但是，那些死刑的热情拥护者之所以主张死刑判决应当确定、迅速而其执行应当及时，不也是以此作为论点的一部分吗？马歇尔如何回应新近的"节约"论点？这些论点赞同经过修正和扩展并且是迅捷而便利的死刑。他又如何回应民意调查中占压倒多数的、支持"非全部自动请求"的死刑的意见？

是不是马歇尔在写法院意见的时候，所要说服的民众不像今天这样顽固？

♣ "弗曼案"之后的世界，可以说是越来越欢迎死刑，并且是那种便利操作的死刑。"弗曼案"后，各州的刑事制定法都做了修订，以便更加符合最高法院某些大法官"死刑并不直接违宪"的主张。下面的文章描述了"弗曼案"后大约25年的新发展。

第五节　死刑判官

布赖恩·史蒂文森①

20年前，在通过具有里程碑意义的"弗曼诉佐治亚州案"短暂禁止死刑之后，最高法院重新认可了死刑。"沃伦·伯格法院"（Warren Burger's Court）同意死刑重新进入美国社会，前提是各州应当认识到"死刑非同寻常"。新的"自由裁量指南"的法律框架赋予各州一项义务：应当比"弗曼案"以前更加慎重地审查死刑案件。最高法院声称，"死刑非同寻常"准则将使现代的死刑免于历史上曾经如影随形的不公、专擅、种族主义和对穷人的歧视。

法院从开始就和这个新的准则相抗争。从1976年至1982年，死刑判决的70%都被联邦法院以违宪为由改判。这期间只有6人被处死，其中4人被执行是由于他们放弃请求，要求被处死，并且在等待执行其间采取了自杀行动。渐趋明朗的是，各州在死刑案件中无法达到基本的合宪性要求。

至20世纪80年代中期，由于各州无力在死刑案件中避免违宪性错误，这促使最高法院为判决后的审查设置程序性障碍，减轻联邦法院日益加重的、确保每一案件皆须公正的负担。通过限制人身保护令（*habeas corpus*）——联邦对绝大部分死刑上诉的补救——的使用范围，最高法院开始限制联邦法院处置即使是最严重的违宪行为的权力。如果一位粗心的辩护律师没有在适当的时候提出"反对"，引证了错误的修正案或法律权威，或者没有遵循适当的程序，那么，基于种族偏见

---

① Bryan Stevenson，美国阿拉巴马州"平等司法倡导"（Equal Justice Initiative）的主任，曾经十几次代理过等待死刑执行的案件。

的陪审团遴选、不当的检控行为甚至无罪的证据,就都可能被联邦法院所漠视。仅1984年就有21人被处死,比此前一年增加了400%。

尽管针对死刑上诉有严格的程序性限制,但对于死刑的挑战还是以下述理由不断被置于最高法院面前:没有得到充分的合法辩护,对于黑人或者西班牙裔被告的大比例适用,警察或者检控人员的不当行为,以及证据的不可靠。最高法院为应付局面,甚至在实体性宪法权利方面有所让步,以适应更多的死刑执行。

在过去10年里,"兰奎斯特法院"显然厌倦了20世纪70年代滋长的理想期待。颠倒的观念10年来一直被强化着:正当程序、法律平等保护和刑事审判的可靠性,这些都比不上一州要处死一个人的最终结局重要。正是对"死刑非同寻常"的奇异重构,才能解释最高法院1987年对"麦克莱斯基诉坎普案"(McCleskey v. Kemp)的判决。沃伦·麦克莱斯基向最高法院申辩说,佐治亚州是基于种族偏见而对其适用死刑的。由衣阿华大学的大卫·鲍德斯(David Baldus)教授进行的一项研究,被许多人誉为迄今为止最复杂的、有关种族与刑事司法之间关系的研究,该研究支持麦克莱斯基的主张并且指出:被告人被控杀死白人与杀死非洲裔美国人相比,有4.3倍的可能得到死刑判决;黑人被告如果被控杀死白人,那么被处死的可能性更大。

在大法官刘易斯·鲍威尔(Lewis Powell)执笔的五比四的意见中,最高法院虽然接受了有关佐治亚州基于种族偏见而适用死刑的惊人数据,但还是维持了对麦克莱斯基的死刑量刑。大法官鲍威尔总结说,在运用死刑时,某种程度的种族偏见是"不可避免"的,这个问题让立法机关去解决更合适。当他从最高法院退休后又说,如果要他改变在任期间的一个表决,那就是"麦克莱斯基案"。然而,在死刑诉讼的严峻世界里,没有第二次机会。沃伦·麦克莱斯基被处死了,而种族偏见"不可避免"的信条却生存下来。

"兰奎斯特法院"对于"死刑非同寻常"所做的反常解释,导致了一些奇怪的后果。1991年,最高法院在"佩恩诉田纳西州案"(Payne v. Tennessee)中主张,被谋杀者的家庭成员可以在死刑案件的量刑阶段作证,尽管最高法院此前4年已经拒绝了这一做法。"被害人施压"证据只不过是给陪审员更大的宪法空间来武断地考虑被害人的社会地位、种族和品格,从而赋予这种想法以法律的力量——我们对犯罪人的惩罚取决于我们在多大程度上认同被害人。

更令人惊异的是,最高法院甚至放弃了曾经做过的承诺:为面临执行死刑的无辜者确保复审。最高法院在1993年的"赫瑞拉诉柯林斯案"（Herrera v. Collins）中主张，宪法并不保障各州已被定罪的在押犯不被执行死刑，**即使有新的无罪的证据**。首席大法官兰奎斯特所写的法院意见拒绝联邦对于这种在押犯的保护，因为"在死刑案中，需要终结承认实质无罪的申辩所可能带来的破坏性影响"。

最高法院在死刑法理上不断让步，其后果是使现代的死刑与25年前最高法院所否决的"弗曼案"相比，不再是可预测的、公正适用的或者一视同仁的。目前在美国有3100多人等待执行死刑。最高法院裁定，各州可以处死弱智者和16周岁的少年，这使得此类死刑判决与日俱增。在阿拉巴马州、佐治亚州和密西西比州，被处死的这类人当中有2/3是黑人。

在美国政治和法律文化中，也许更令人忧虑的是出现了对死刑执行的热衷。尽管1995年有创记录的56人被处死，国会本年度通过的一个治罪法案还是进一步地限制死刑案的上诉，并寻求大幅度地增加死刑的执行。从总统的竞选辩论到各州长的竞选战役，无不以死刑为谈资。当醉醺醺的众人聚集在法场向刽子手欢呼的时候，当州长和政客们炫耀他们的杀人数字的时候，最高法院却已经放弃了"伯格法院"所要求的上级复审；相反，它采纳了首席大法官兰奎斯特赞同限制死刑上诉的哲学："让它继续下去吧。"

不幸的是，对于过去10年里近300名被适用注射、电刑、毒气、绞刑或枪决的罪犯来说，导致死刑的过程与"弗曼案"之前的不光彩的年代没有什么不同；对于美国每年因暴力犯罪而命丧黄泉的人来说，也没有任何耐人寻味的不同。相反，政客们在死刑问题上矫揉造作，回避烦人而复杂的引发暴力的原因；而最高法院不断地在不平等与歧视性的刑事司法体制所引起的使人虚弱无力的问题上让步。

很难想象最高法院在今后10年里如何复活司法的高瞻远瞩，在死刑的问题上坚持公平与可靠。司法判决所频繁授权的极端主义和政治论争中不断的吁求，也许会在某个时候迫使最高法院重新考量其目前的方针路线。在死刑迈向21世纪之际，可以说，再没有其他的宪法领域能够更加忠实地反映最高法院依法对公平司法所做的承诺。人们只能期待好日子就在前面。

♣ 本书付印之际，依然难于预测死刑在美国的未来。一些事情是清楚的。从国际角度看，近年来唯有美国不仅增加了死刑执行的数量，而且它监狱里的人也越来越多。但是，民意调查的结果仍是赞成死刑的人居多，并且，2000 年的总统选举辩论中，两名候选人都说自己赞同运用死刑来威慑谋杀。与此同时，对死刑持怀疑态度的人至少获得了某些支持，正如下文所显示的那样。

第六节 死刑执行的终结？
反死刑运动正在积蓄力量*

林达·莱顿

　　5 年前，当比尔·瑞恩（Bill Ryan）开始访问伊利诺斯州正在等待执行死刑的囚犯时，他从朋友们那里得到的反应并不是同情。瑞恩是一位退休的社会工作者，他在 1996 年帮助组建了"伊利诺斯州死刑缓期执行计划"（Illinois Death Penalty Moratorium Project）。瑞恩说："过去，我曾谈到反对死刑，人们认为我疯了。我住在郊区，那里有许多非常保守的人，他们也认为我是疯子。"

　　现在不了，他说。

　　对死刑的倡导者来说，短时间里局面发生了巨大变化。不久前，像比尔·瑞恩这样的人还在政客们热烈拥抱死刑的氛围中受着煎熬，因为搞政治的人以赞成处决来表明他们对犯罪的强硬态度。死刑有如此之多的支持者，以至于死刑很少成为一个争论的话题。

　　现在，尤其是在伊利诺斯那个支持死刑的州长乔治·瑞恩宣布在该州实行死刑缓期执行以后，终结死刑的运动开始向前推进。有 6 个州正在重新审视他们的死刑制度，联邦政府也在做同样的事情。新罕布什尔州议会两院投票表决废除该州的死刑（尽管该措施被民主党的州长否决了）。死刑缓期执行的立法正在宾夕法尼亚州、俄亥俄州、新泽西州和密苏里州等待表决，而过去两年里，还有相似的法案在其他 10 个州里被提出。相当多的城市的政府已经通过决议，支持死刑缓期执行。在国会，一些法案等待表决，它们都是为了实行一种缓期执行制度，也是为了建立防止错判的机制。

　　几十年来，死刑废除论者首次占了上风。这一成绩的取得，凝结了一系列的艰苦工作——行动主义者、律师、记者、民权和宗教团体——像任何一种运动一样，还要靠一些时运的因素。看一下废除死刑

---

　　* From "The End of Executions?" by Linda Lutton, *In These Times*, October 30, 2000.

的运动有了怎样的变化，可以让人们洞察到这一运动有多么强劲，以及这场运动的去向。

1999年，美国有98人被执行死刑，是1976年法律重新允许死刑以来杀人最多的一年。作为一个对比，在死刑恢复后的整整10年中，只有63人被处死。死刑执行在20世纪90年代飞快增加，等待死刑执行的人也同样增加（现在超过了3600人）。根据"大赦国际"（Amnesty International）的统计，1998年，只有中国和刚果民主共和国处死的人数超过美国，而美国是现今世界上处死18岁以下死罪囚犯最多的国家。

死刑执行和死刑量刑的增加，原因可以溯至政客们鼓吹的严打犯罪（get-tough-on-crime）的热潮。这些政客们来自两大党，并且可以从尼克松时期算起，在20世纪90年代早期完全复苏。"死刑是整个严打运动的招贴画"，这是加利福尼亚州"死刑焦点"（Death Penalty Focus）的主席、行动主义者迈克·法瑞尔（Mike Farrell）说的一句话。

1988年，针对贩卖大量毒品过程中的谋杀，联邦重新启动了死刑。克林顿当政期间的1994年出台了《暴力犯罪控制和法律执行法》（Violent Crime Control and Law Enforcement Act），该法将联邦的死刑扩展到其他60几种犯罪，其中一些并不涉及谋杀，而只是叛国、间谍和贩卖大量毒品。两年以后，随着俄克拉何马城爆炸案的发生，克林顿总统签署了《反对恐怖主义和死刑实效法》（Anti-Terrorism and Effective Death Penalty Act）。这一法律努力缩短定罪和执行之间的时间，设立更短的申诉期限，限制证据听证的机会，并且只允许向联邦法院申请一次人身保护令。此前一年，议会废除了所有为死刑定罪后辩护组织提供的联邦基金，这个基金是为了在人身保护令程序中帮助等待死刑执行的囚犯。

就在几年前，前景还是相当暗淡的。"你要被执行了——我甚至被执行两次了——什么也没发生，"比尔·瑞恩说，"真是令人沮丧。"

自此发生的一切都是关键的。法瑞尔说："一系列事件汇合起来：在芝加哥的西北大学召开了一次研讨会，讨论错判问题；死刑等待执行者中无辜者的激增；瑞恩州长宣布死刑缓期执行的决定；《芝加哥论坛》（*Chicago Tribune*）上的多篇文章；海伦·普雷吉恩（Helen Prejean）修女的著作《死囚上路》（*Dead Man Walking*）所改编的同名电影——如此之多的事情都发生了。所有这些事情一时之间的碰撞……人们突然开始苏醒。而我认为，这里面已经聚集了一种势能，在我看来已经不可逆转。"

这让行动主义者一时头晕目眩。"好像他们终于听到了我们的声音",乔安·帕特森(JoAnn Patterson)说。她是伊利诺斯州等待死刑执行者阿荣·帕特森(Aaron Patterson)的母亲,正在努力参与"伊利诺斯州死刑缓期执行计划"的工作。

比尔·瑞恩补充说,在他从事反死刑工作的5年中,感觉自己第一次成了反死刑运动的一部分。"直到6到8个月前,我一直不认为这还算是一场运动,"他说,"但它很快变成了一场运动。"

过去30年中,反死刑运动的主力已经走出了教堂和临时总部。他们坚持不懈地出现在死刑执行场所,引起公众对于错误定罪的注意,并且无疑拯救了几十条人命。他们还不时聚众上街游行——特别是在宾夕法尼亚州等待死刑执行者穆迈·阿布－贾马尔(Mumia Abu–Jamal)的案件过程中——以引起媒体的关注。废除死刑论者尽管能够发动几千人,并吸引国际社会的注意,但却未能将美国人的主流导入他们的事业。

死刑废除论者并非因为提出了什么新的论点而在一夜之间赢得了美国人的倾听。"18年前,当我开始调查这些案件时,根本无人理睬",罗布·沃登(Rob Warden)说,他是西北大学"错误定罪研究中心"(Center for Wrongful Convictions)的执行主任,以前是《芝加哥律师》(*Chicago Lawyer*)的编辑。伊利诺斯州最早被曝光的10个被错误定罪的等待死刑执行者,其中就有7个是在这本杂志上被揭露的。"死刑信息中心"(Death Penalty Information Center)有一个研究资料库,其中有些资料已经近10年了。这些资料所提出的问题,直到最近才唤醒了公众的意识,并得到仔细的复查:等待死刑执行的无辜者;不当的刑事指控;无效的律师辩护。那么,为什么现在才见成效呢?

最重要的,在过去两年中,有13人被证明是无罪的,从而走出了等待死刑执行的行列,并由此触发了这场运动。用"死刑信息中心"执行主任理查得·戴特尔(Richard Dieter)的话说:"无辜者的问题,从等待死刑执行行列获得自由者的活生生的数字,以及人们现在听到的故事——被定罪者都是些异类的敌手——被证明是错误的。"

以往,关于死刑的争论集中在伦理道德问题上;而今,这个争论的中心是整个刑事司法制度。"我认为人们并不是在道义上确信死刑就是错的,"戴特尔说,"那方面没什么变化。变化在于,人们开始在实践的、以事实为基础的层面上关注死刑到底是怎样适用的。变化在这里。"……

民意的改变给了政治家们一个反省既有立场的机会。2000年2月份进行的"盖洛普调查"显示,支持死刑的人下降到19年来的最低点,不过支持者还是占多数,只是理由不那么一致:66%的被调查者说他们只赞成对构成谋杀罪的人适用死刑。但最近的调查显示,同样占多数的人支持死刑缓期执行。在全国范围内,"正义计划"(Justice Project)于2000年9月公布了两党民意投票结果,有64%的被调查者说他们赞同死刑延期,直到其公正性得到充分的研究——因为等待死刑执行者中有许多人是基于新证据或者DNA测试而得以解脱的。《旧金山新闻》(*San Francisco Chronicle*)于2000年6月报道说,加利福尼亚这个等待死刑执行者居美国之首的州,竟有73%的人投票赞成搁置死刑执行,以便研究该州死刑体系的公正性。《休斯敦新闻》(*Houston Chronicle*)的一篇分析显示,就连德克萨斯这个仅在今年就处死33人(约全国总数的一半)的州,也有3/4的被调查者说,该州应当宣布对那些可能受DNA测试影响的死刑案件缓期执行。

民主党在可以预见民意改变的年头,竟然走向了相反的方向,在原本中立的政纲中插入了赞成死刑的条款……

哪些事情推进了这场运动?

- 1994年5月,《死囚上路》。

海伦·普雷吉恩修女写的这本书,由导演蒂姆·罗宾斯(Tim Robbins)于1995年改编成同名电影。故事讲述了海伦修女与等待死刑执行的杀人犯的友谊,并且将死刑问题的讨论推向主流公众文化。海伦修女在电影公映后不久说:"我们从未找到一种方式让死刑问题如此贴近美国公众,通常情况下都是嘴上说说而已。"

- 1996年7月,DNA测试与"福特·海茨四人冤案"(Ford Heights Four)。

这个案件中的等待死刑执行者因科学而获得无罪开释,在媒体中引起巨大反响,并且强烈震撼了公众。1978年,在芝加哥南部发生了一起强奸杀人案。4名被告中,有两人被判死刑,一直等待执行;另外两人被判终生监禁。DNA测试证明这4名囚犯无罪,还确证了另外一名未被判刑的被告的自白。

依照法律,只有伊利诺斯和纽约两个州允许定罪之后还进行DNA测试,不过这种情况即将改变。2000年3月的"盖洛普民意调查"显示,92%的被调查人说,在DNA测试技术成熟以前被定罪的囚犯,如果可以被证明无罪，就应当让他们进行这种测试。

- 1997年2月，"美国律师协会"（American Bar Association）呼吁死刑缓期执行。

这个历来走中间道路的组织，终于相信死刑制度是有某些地方不对劲儿。明确表示接受"死刑缓期执行"（而不是废除）的想法，为一个走入死胡同的争论提供了第三种选择。

- 1998年2月，卡拉·法耶·塔克尔（Karla Faye Tucker）被处死。

"死刑信息中心"执行主任理查得·戴特尔说："每当死刑被具象为一张人脸，都会改变一些事情。人们抽象地支持死刑。卡拉是一张脸，它属于一个对任何人都没有真正威胁的女人。这是一个关键的案件：如果死刑在人们心目中的形象就是卡拉·法耶·塔克尔这个样子，而不是某种无面相的恐怖，那么他们就不会那么热衷于死刑的执行了。""塔克尔案"之所以关键，还在于那些坚定的死刑支持者基于人道精神也在呼吁宽恕。帕特·罗伯逊（Pat Robertson）说，"再生的基督"应当被宽恕，让她能够继续向其他囚犯宣讲上帝的声音。

- 1998年11月，"错判与死刑问题全国研讨会"。

这次会议在芝加哥西北大学举行，它把30个被证明无罪的、原等待死刑执行者推上了这个舞台，并让全世界将聚光灯照在错误定罪问题上。这次会议使关于死刑的讨论不再囿于道德说教，而是转向媒体对于制度性缺陷的关注，并且让人们高度重视无辜者的问题。

- 1999年2月，安东尼·波特（Anthony Porter）被证明无罪。

就在离死刑执行只有48小时的时候，波特被一群调查他的案件的记者拯救了。波特的案件成了国际头条新闻，他是自伊利诺斯州恢复死刑以来第10位被证明无罪的等待死刑执行者。

- 1999年11月，《芝加哥论坛》上的系列文章。

这些文章分成5个部分，题目是"死刑在伊利诺斯州的失败"。文章控诉了伊利诺斯州的死刑是"一个充斥着错误的证据、肆无忌惮的审判诡计和法律上的无能的制度，正义被这个制度彻底抛弃了"。伊利诺斯州州长乔治·瑞恩就是援引《芝加哥论坛》上的调查作为其决定在该州实行死缓制度的关键根据的。

- 2000年1月，伊利诺斯州实行死刑缓期执行制度。

州长乔治·瑞恩在宣布死刑缓期执行时说："我严正关切我们这个州的可耻历史，它曾经陷无辜于有罪，并将无辜者塞进等待处决的行列。我不能支持这样一种制度：它的实行被证明充斥着如此之多的错误，如此接近一个终级的噩梦，那就是，一个州对无辜生命的剥夺。"

- 2000年6月，加里·格雷厄姆（Gary Graham）被处死。

许多死刑执行只不过在报纸上取得一个角落，但加里·格雷厄姆却在全国范围内占据了头版头条。广播和电视对处决格雷厄姆进行了倒计时的报道。全国像一个大剧场，人们翘首以待乔治·布什在其任期内介入德克萨斯州这第135次死刑执行。格雷厄姆又叫阿卡·沙卡·圣库法（aka Shaka Sankofa），对他的定罪绝大部分依赖一个仅有的目击证人的证词，而人们的关注主要是由于他可能是无辜的。格雷厄姆不得不被强行戴上手铐，浑身用皮带绑缚着，死拖活拽到死刑注射床上。他的最后一句话是："今晚他们要杀死我。今晚他们要谋杀我。"

提示与问题

1. 在你的国家里，死刑方面有何进展？还在执行死刑吗？刑法做了修订吗？

在你的国家里，赞同死刑的公众的主流意见是什么？公众对于刑法及其实施是已经足够了解，还是依然像马歇尔法官指出的那样对于死刑所知甚少？

2. 在"弗曼案"前后，一位犯罪学教师停止讲授死刑问题，理由是在他看来所有的趋势都表明不会再有死刑了。他认为讨论死刑就像讨论奴隶制——历史上野蛮的一页，已经没有当代的重要性了。

随后，电椅（或者更正确地说，犹他州的行刑队）复活了，已经陈旧了的话题又有了新的生命。现在这位教师发现在他的班级里赞同死刑的意见如此惊人地一致，好像死刑问题已经不需要讨论了。事实上他所惊讶的是，学生们的"心中充满了虚构的故事"，这种时候又能从一门课程中学到什么呢？

他还提到，系列谋杀案迅速成为课堂上论证死刑正当的最佳根据。系列谋杀案无论怎样令人发指，它都不是刑法所必须处置的主要问题——多数的袭击罪都是发生在家庭成员或者熟人之间——但这些关于连环杀人的奇闻逸事，正在为报复的冲动火上浇油，使死刑的价值在某些人的想象中成为无可置疑的东西。

3. 2001年6月11日，蒂莫西·麦克维（Timothy McVeigh）以注射方式被处死，因为他制造了俄克拉何马城联邦大楼爆炸案，使168人丧生。这个人所共知的案件对于死刑讨论的长远影响，一时还不可能说清楚。

4. 法院还审理了其他一些认为死刑是残酷而非常的刑罚的案件。在"阿特金斯诉弗吉尼亚州案①中,最高法院裁定,智障(智商少于70)者不能被处死。本书付印之际,最高法院正在面对可被执行死刑的最低年龄问题。正在处理的案件所涉及的罪犯,在18岁时以极其残忍的手段谋杀了一个年轻女子。他与一个同伙将这名女子从家中强行带出,用货车拉到一个州立公园,捆绑起来扔到河中淹死。密苏里州的初审法院判处这个年轻人死刑,但这个量刑被密苏里最高法院推翻,改为"终生监禁,除非有州长命令,不得缓刑、假释或者释放"。②

该院注意到,自1976年恢复死刑后,对未成年人执行死刑是相对罕见的。该院还分析了各州的立法情况,发现50个州中有28个不对18岁以下者执行死刑。一些宗教团体、国际人权组织,包括联合国,都持相似立场。(有些还反对所有案件的死刑。)

密苏里最高法院运用了相似于"弗曼案"中大法官马歇尔的语句:"处死未成年人不再符合不断发展的衡量体面的标准。"③

美国最高法院肯定了密苏里州最高法院的裁定,同样认为死刑对于未成年人是残酷而非常的刑罚。(U. S. Law Week,2005)

♣ 无论法律、巫术或医药的专业培训或执业,还是对一州认为的不宜生育者所做的绝育手术,对于绝大多数人而言仍然是抽象的。并且,当某人被判处死刑后,我们可以从报纸上读到这个人"向社会偿还了债务"。在一个我们从未见过的地方,一个我们不认识的人,被一些我们不认识也不大可能碰到的人处死了。乔治·奥威尔,一位英国著名作家,却没有这般"轻松暇逸"。

第七节　一次绞刑*

乔治·奥威尔

缅甸,一个被雨水浸透的早晨。一束孱弱的灯光,像黄色的锡箔,从高墙上倾斜着射入监牢。我们等候在牢房外面,这些牢房是一排窝棚,前面有双层的铁栏,像狭小的动物笼子。每间牢房10平方英尺,里面只有一张木板床和一壶饮用水。在一些牢房里,黝黑的、一声不响的囚犯们蜷缩在内层铁栏边,身上围着毯子。他们是已决的死囚,

---

① Atkins v. Virginia, 526 U. S. 364 (2202).
② State ex rel. Simons v. Roper 112 S. W. 3d 399 (2003).
③ State ex rel. Simons v. Roper 112 S. W. 3d 413 (2003).
* "A Hanging" from *Shooting an Elephant and Other Essays* by George Orwell.

一两周内将被绞死。

一个囚犯从牢房里被带出来。他是个印度教徒，矮小脆弱，剃过头发，眼神浑浊。他胡须浓密旺盛，与其身材相比简直不合情理，就像电影里喜剧演员的胡子。6个高大的印度狱卒押解着他，准备上绞架。两个人手持上了刺刀的步枪站在一旁，其他人给他戴上手铐，一条铁链穿过手铐并固定在他们的腰带上，又将他的双臂牢牢捆在身体两边。狱卒们紧紧簇拥着这个囚犯，他们的手始终小心翼翼地抓着他，好似时时要感觉一下他确实在那里，就像手中握着的一条活鱼，惟恐它随时可能跳回水中。但他毫无反抗地站着，双臂了无生气地任由绳索捆绑，好像没注意到发生的一切。

远处兵营传来8下钟声并伴着一声号响，在湿漉漉的空气里凄凉而微弱。典狱长独自站在一处，神情忧郁地用手杖敲打着地上的砾石，随着号声，抬起头来。他是一个军医，留着牙刷般的小胡子，嗓音粗哑。"弗朗西斯，看在上帝分上，快一点，"他不耐烦地说，"这家伙这会儿早该绞死了。你还没准备好吗？"

弗朗西斯是狱卒的头儿，一个胖胖的德拉威人（Dravidian），穿着白色卡其布套装，戴着金边儿眼镜。他挥挥黑色的手，滔滔不绝地说："是，先生，是，先生！一切准备就绪。行刑者正在待命。我们这就开始。"

"好吧，那就快点儿走。这事儿了结后再让囚犯们吃早饭。"

我们向绞架走去。两名狱卒扛着步枪走在这个犯人的两边，另外两名狱卒紧靠着他行进，每人抓住他的一只胳膊和一只肩膀，好似连推带架一般。而我们这些人，包括地方官等，跟在后面。出人意料的是，当我们走出10码远时，没有任何命令和警告，队伍突然停了下来。一件糟糕的事情发生了——一条狗出现在狱墙之内，上帝才知道它从哪儿跳了出来。它在我们中间上蹿下跳，摇头摆尾地连声吠叫，肯定是因为看见这么多人而兴奋不已。这是一条很大的毛茸茸的印度杂种狗，它围着我们蹦跳了一会儿，在人们阻止它之前，扑向了这个囚犯，跳起来要舔他的脸。每个人都惊呆了，竟然没有去抓住它。

"谁让这个该死的畜生跑进来的？"典狱长恼怒地说，"你们，把它抓住！"

一个狱卒从押送者中退出来，笨拙地追捕这条狗，但它蹦蹦跳跃，不让他捉到，把这一切看成是游戏的一部分。一个年轻的欧亚混血儿拾起一把砾石，想打跑这条狗，但它躲开飞石又随我们而来。它的狂吠回荡在狱墙内。这个犯人,被两个狱卒紧抓着,看起来无动于衷,好像这一切都是绞刑的另一种仪式。又过了几分钟才有人勉强抓住那条狗,我用围巾穿过狗的项圈牵住它,然后我们继续前行,这条狗依然不停地挣扎、猎吠。

离绞架约有40码远。我看到走在前面的这个犯人赤裸、黝黑的脊背,他手臂被绑,走起来僵硬笨拙,但却很稳健,迈着印度人特有的步态,双膝从不伸直,一跳一跳地走着。每走一步,他的肌肉都匀称地滑动着,一绺头发上下跳动,他的双脚在淋湿的砾石上留下印记。尽管狱卒们抓着他的双肩,有一次,他还是稍稍向一旁走了走,为了避开路上的一个小水坑。

很奇怪,但直到此刻我才认识到,消灭一个健康的、有知觉的人意味着什么。当我看到这个犯人走向一旁避开水坑时,我看穿了秘密:在一个生命极为旺盛的时候将它扼杀,这是无以名状的不义之举。这个人还没有死,他像我们一样活着。他身体的每个器官都是健全的——胃肠在消化,皮肤在再生,指甲在生长、组织在形成——所有这些,都在庄严的蠢行中备受煎熬。当他站在绞架的活动踏板上时,当他在空中下坠尚有刹那生命时,他的指甲仍在生长。他的眼睛看着黄色的砾石和灰色的高墙,而他的大脑还在回忆、展望、思考——甚至思考如何避开水坑。他和我们是共同走着的一群人,看着、听着、感觉着、理解着同一个世界;然而不出两分钟,随着突兀的一声脆响,我们中的一个就要离去——少了一个心灵,少了一个世界。

绞架设在一个小院子内,与监狱的主要场地相分离,长满了高高的带刺的杂草。绞架是砖砌的,像一个三面的窝棚,顶部是木板,再上面是两根支柱和一根垂着绞索的横杠。刽子手是一个灰白头发的囚犯,身着白色的囚衣,正等候在他的杀人机器旁。我们进去时,他向我们恭敬地弯腰施礼。随着弗朗西斯的一声令下,两名狱卒更紧地抓住犯人,将他半拉半推到绞架前,帮助他笨拙地登上台阶。然后,刽子手爬上去,将绞索套在犯人的脖颈上。

我们站在5码以外,等待着。狱卒们围着绞架站成一个大致的圆形。当绞索固定后,这个犯人开始向他的神明呼喊。他高声地重复喊着"拉母(Ram)!拉母!拉母!拉母!"声音不似祈祷者般急切、惶恐,也不似呼救,而是沉稳的、有节奏的,几乎像是钟鸣。那条狗以一声哀狺回应着这个声音。刽子手还站在绞架上,他拿出一条像面袋一样的小棉布罩,当头罩住犯人的脸。但是,那声音虽被棉布阻钝,仍然持续着，一遍又一遍的喊着："拉母！拉母！拉母！拉母！拉母！"

刽子手爬下来站定，手握控制杆。几分钟过去了，犯人所发出的沉稳的、被阻钝的声音持续着："拉母！拉母！拉母！"一刻不停。典狱长把头垂在胸前，慢慢用手杖刺着地面。也许他在数着这喊声，允许犯人喊到一个数字，比如说50或者100。每个人都悚然变色，那些印度人的脸像坏掉的咖啡一样灰白，其中一两把刺刀正在抖动。我们注视着活动木板上那个被捆绑、被罩住的人，听着他的喊声——每次都呼喊着又一秒钟的生命；我们所有人的心中都是同一种想法：啊，快杀了他，结束这一切，阻止这可怖的声音！

突然，典狱长下了决心，他昂起头，手杖一挥。"行刑！"他几乎是凶恶地喊道。

咔嚓一声，随后是死一般沉寂。犯人不存在了，绞索自己旋转着。我放开了那条狗，它立刻跳到绞架后面；但当它到了那里，却猛然停步，狂吠起来，然后躲到院子的一个角落里去，站在杂草中，胆怯地望着我们。我们绕着绞架检查犯人的尸体，他晃来晃去，脚趾直挺挺地指向地面，很缓慢地旋转着，像石头一样一动不动。

典狱长伸出手杖戳了尸体一下，它像钟摆一样微微地来回晃了晃。"他没问题了，"典狱长说。他从绞架下走开，长出了一口气，忧郁的神情突然消失了。他看了看手表，"8点过8分，感谢上帝，今天早上就这样了。"

狱卒们卸下刺刀，列队走开。那条狗安静下来，好像意识到自己做错了什么事情，灰溜溜地跟在他们后面。我们从放置绞架的院子里出来，经过死囚牢房，进入监狱的中心院落。囚犯们在手持警棍的狱卒看管下，正在接受早饭。他们长长地蹲成一排，每人手里捧着一个锡盘，两名狱卒提着桶依次分发米饭；绞刑之后，似乎有一种无拘无束的欢愉气氛。既然事情办完了，我们如释重负，感觉到歌唱、奔跑和窃笑的冲动。几乎在同时，每个人都愉快地交谈起来。

那个欧亚混血儿走到我身边，用头示意我们来的方向，会心地笑道："您知道吗，先生，当我们的朋友（他指的是那个死去的人）得知自己的上诉被驳回时，小便失禁，尿在牢房的地板上。因为恐惧。——赏光抽我一支烟吧，先生。您不欣赏我这个银制的新烟盒吗？我从经销商那里搞到的，两卢比八安纳司（annas），流行的欧洲款式。"

一些人笑了，似乎说不准为什么笑。

弗朗西斯走过典狱长身边，饶舌地说着："啊，先生，一切都非常顺利，太令人满意了。咔嚓一声，就都结束了。并不总是这样顺利。我知道有些情况下，法医不得不走到绞架下抱住犯人的双腿往下拉，确保他已经被吊死。太让人恶心了！"

"抽搐扭动，那太糟糕了。"典狱长说。

"啊，先生，当他们执拗起来那才麻烦呢！我想起有个人，当我们要把他带出来时，死死抓住铁栏不放。您不会相信，先生，6个狱卒才把他拖出来，3人拽一条腿。我们和他讲道理，我们说：'亲爱的朋友，想想你给我们带来的痛苦和麻烦吧！'但他听不进去！哎，他可真让人讨厌！"

我发现自己正在大笑，甚至典狱长也宽容地咧嘴笑笑。"你们最好都到外面去喝一杯，"他非常亲切地说，"我车里有一瓶威士忌，我们可以把它消灭掉。"

我们通过监狱的双层大门，来到路上。"抱住他的双腿向下拉！"一个缅甸的地方官突然大叫起来，并且开怀大笑。我们又都开始笑起来。那一时刻，弗朗西斯的故事似乎出奇的好笑。我们一起畅饮，当地人和欧洲人，相互间非常友善。那个死去的人，离我们100码。

提示与问题

1. 本书第二章是关于审判和自由裁量权的，有一些讨论涉及直觉在判决中的作用。这段有关死刑执行的生动描写，是否能够给我们某些直觉或者评价，而无须进行哲学的探讨或者搜集赞同和反对的意见？奥威尔想激起读者怎样的反应呢？他的哪一处描写最有效地使我们接近了他意图让我们理解的事件呢？

2. 奥威尔对于非正义的感受缘自这次死刑执行。与一位朋友谈谈某一事件，事件中，你的朋友感受到了非正义。（因为非正义发生的场合可能不是正式的法律场合，也可能没有法律官员的参与，所以该事件不必"与法律相关"。）比较一下你和其他同学搜集的事件。有没有相同的主题出现？

3. 奥威尔并没有告诉我们那个被绞死的人究竟犯了什么罪，他似乎不必知道得更多就已经对死刑产生了反感。国家执行死刑是否不需要理由，或者，他应当告诉我们罪犯的罪行，以便我们可以评价国家杀了这个罪犯是无意识的、不必要的，还是必须的？

将这些考虑与这种主张相比：放弃死刑的人没有考虑到犯罪的被害人。

4. 一个故事与法庭意见有哪些不同？有哪些相同？

♣ 奥威尔是一位低级官员，处在一个具体的死刑执行决定与死刑执行本身之间连线的一端。许多道德上的两难都远离官场，每个人都必须将评价与行动联系起来。每个人都有一系列的经验，可以将其不那么严密地称为先例或道德习惯。每个经验都有一个行动的范围，以及至少有一些自由裁量权，只是运用得更好还是更坏的问题。每个经验都运作于一定的时间、地点、场合，不要从这样的论点中寻求安慰：不能一般地谈论价值，价值有赖于情境。

第四章　法律与相互冲突的利益

在任何政府设计中,最大的便利就是确保稳定、正直而不偏不倚的法律执行。

——《联邦党人文集》,第七十八篇

♣ 在希腊神话中,特弥斯(Themis)是一位蒙着眼睛、不偏不倚的正义女神。她手持天平权衡冲突的论争,手握宝剑施行她的法令。这一生动的比喻在罗斯科·庞德的法理学中得到最充分的展开:

> 我们都需要地球,都有大量的愿望和要求需要满足。我们有那么多人,但却只有一个地球。每个人的愿望不断地与邻人相冲突或者相重叠。因此,不妨说这是一个任务艰巨的社会工程,它的任务是创制维持生存的物资和满足人们愿望和要求的手段——这些人们共同生活在被政治所组织的社会里,即使这些物资、手段无法满足人们的全部主张,至少也应当尽可能人人有份。这就是为什么我们说法律的目的在于正义。我们不是说正义是一种个人美德;我们也不是说正义就是人们之间的理想关系。我们是说一种政体。我们是说这样一种关系的调整和行为的规制:使维持生存的物资成为满足人类享有物质和采取行动的主张的手段,在最小摩擦与最少浪费的情况下,尽可能人人有份。①

依庞德之见,法律体系的设计是用来确定,在物质财富和生存空间之间相互抵触的主张中,何者应被认可和保障,何者应被否认和拒绝。

法律体系是如何评价各种主张的?庞德认为评价的方式首先是实用:运用已经起作用的和可能起作用的结果。他说:"在现代法律的全部发展过程中,法院、立法者和法学家,对于自己正在做的事情很可

---

① From Roscoe Pound, *Social Control Through Law*, pp. 64 – 65, Yale University Press.

能没有清晰的理论认识，而是受一种以实用为目的的、清晰本能的指引，他们一直从事寻找实用的调整与调和方式，即使不可能更多，也至少找到相互冲突与重叠的利益的实际折衷与妥协。"① 对于困难的事先处置只是提供了一个开始，但是新的冲突可能意味着事先解决是不充分的。

第二种评价的方式参照了庞德有关权利义务的假定，这是所有法律秩序都努力达到的目标：

1. 在文明社会里，人们（men）必须能够假定，他人不会对他们进行有意的侵犯。

2. 在文明社会里，人们必须能够假定，他们可以为善意之目的而控制自己所发现和占用的东西、自己的劳动创造物和依现有的社会与经济秩序所获取的东西。

3. 在文明社会里，人们必须能够假定，与他们进行一般社会交往的人将依良好诚信行事，因此，

（1）将形成由他们的承诺或其他行为所合理产生的合理期待；

（2）将依照维系公众道义情感的期待来履行他们的承诺；

（3）将特别地、等价地恢复因失误、非预期或非故意而取得的、以他人损失为代价的、在当时情况下不能合理期待取得的利益；

4. 在文明社会里，人们必须能够假定，那些从事某种活动的人将以应有的注意，不给他人造成不合理的损害；

5. 在文明社会里，人们必须能够假定，执掌易于失控、逃逸而为害之物的那些人，将约束它们或者将其保持在适当的范围内。②

庞德所考虑的第三种评价方式更加多样而分散，他认为，一个社会中起作用的法律体系反映了社会的总体文化、方向和目标。在庞德的时代，美国社会正从自耕农的价值观向集体的、城市工业的价值观转变，这一趋势能够从法律后果上注意到。如果庞德在世，他感兴趣的可能是各种社会压力——种族平等、财富均分、生态学、市郊化、农村化以及非集中化等——以何种方式侵入法律意识并确定法律后果。

---

① From Roscoe Pound, *Social Control Through Law*, p. 111, Yale University Press.

② From Roscoe Pound, *Social Control Through Law*, pp. 113 – 115, Yale University Press.

庞德有关社会和作为后果的法律秩序的假定，如图 4.1 所示：

图表 4.1　有关冲突和法律体系作用的庞德模式

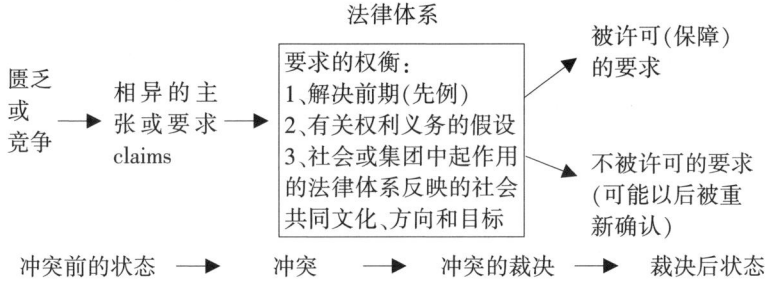

庞德由此提出了一种正义理论（减少浪费）；一种冲突来源理论（匮乏）；一种法律体系作用阐释（裁判相互抵触的主张和利益）；一种变更理论（重新承认以往未被确认的主张）；以及一种关于如何评价各种主张的理论（通过经验、有关权利义务的假定，以及在法律体系中法官们将什么视为起作用的社会总体价值取向）。

♣ 罗斯科·庞德历经的职业生涯有法官、学者和哈佛法学院院长，他拥有巨大的影响力。他对法律体系如何起作用，以及法律体系中的法律人角色的理解，没有遇到过真正的质疑。然而，马克·加兰特尔的文章却可谓是对庞德理论的挑战。

第一节　为什么富人优先：
关于法律变化限制因素的思索[*]

马克·加兰特尔

一、当事人的类型

……绝大多数对法律体系的分析都是从规则开始的，然后透过制度设施了解这些规则在当事人身上所起的作用。我想要把这个程序倒

---

[*]　"Why the Haves´ Come Out Ahead" by Marc Galanter in *Law & Society Review*, Vol. 9, No. 1, pp. 95 – 151.

过来,从望远镜的另一端看出去。让我们思考一下,不同种类当事人之间的差异对制度运行方式可能产生的影响。

由于能力、法律状态、资源占有等方面的差异,使社会上一些人有许多机会利用法院(广义的)来提出或者捍卫某些主张;而另一些人则少有这样的机会。据此,我们可以将社会上的人分成两种权利主张者:偶尔诉诸法院的"孤注一掷"者(one-shotters),简称OS;长期从事相似诉讼的"职业赌徒"(repeat players),简称RP。离婚案件中的夫妇、交通肇事的被害人、刑事被告人,这都属于OS;保险公司、公诉人、信贷公司,这都算是RP。显然,这是一种简单的划分,有些情况是处于中间地带的,比如职业犯罪人。因此,我们应当将OS-RP视为一个连续统一体……典型情况下,RP是一个较大的单位,在任何一个给定的案件中,相对于总价值而言,赌注都是较小的;通常情形下,OS都是些较小的单位,案件的明确结果就是赌注,相对于总价值而言,这个赌注是很大的。对伤害案被害人和刑事被告人而言,案件的结果可谓是利害攸关的,但是,OS又可能遇到另一方面的问题:他们的主张是如此微不足道和不可操作,以至于强制实现这些权利主张肯定是得不偿失的,比如受缺斤短两损害的消费者或者表演权利人面临的就是这种情况……

让我们提炼一下RP的概念……一个单位,它已经进行并预期进行重复的诉讼,它在每一案件结果中的赌注都很少,它有足够的资源追求长远的利益……

另一方面,OS作为一个单位,它的主张相对于它的能力而言太过巨大,相对于它的补偿费用而言又太过渺小,以至于无法按照常规和理性的方式实现其主张。

我们可以想见,在诉讼游戏中,RP的玩儿法与OS是大不相同的。考虑一下RP的一些优势:

1. 由于以前干过这事儿,RP们都有先一步的智慧,能够筹划下一次的交易,并且建立一个记录。出具格式合同,要求证券保证金,等等,都是RP干的事。

2. RP们发展出一套专门技术,并且预备了一批专业人士。他们享受着规模效益,因而节约了每一案件的初始投入。

3. RP们有机会与现行制度发展有益的、非正式的关系。

4. RP必须建立并维持一个作战者的信誉,他的利益就在于"讨价还价的名声",而这种名声又是他奠定讨价还价有利地位的资源。而对

OS而言，由于没有讨价还价的名声，所以很难在讨价还价时令人信服。

5. RP们可以碰运气。争执的事项对于OS越是重大，他们就越是可能采取"极大中的极小"（minimax）战略，也就是将最大损失的可能性最小化的博弈原则。而对RP们而言，一旦赌注相对较小，他们就可能采取长期利益最大化战略，甚至不惜在某些特定案件中付出最大代价。

6. RP们不仅在切近利益上碰运气，而且在规则形成上做文章。首先，RP可以运用游说等方法扩展资源，影响相关规则的制定……

7. ……因为眼前结果利害攸关，又因为根据定义，OS是不关心未来相似诉讼结果的，所以，OS对于可能影响下次判决制作者态度的因素不感兴趣。另一方面，对于RP而言，任何可能对未来案件结果有偏袒性影响的东西都是值得追求的。对于任何玩家来说，赌注越大而重玩的可能性越小，他就越是不会关心那些指导未来同种情形的规则。比如争夺独生子女监护权的父母，职业拳击手因为应纳税额的争端而起诉美国国税局，面临死刑的罪犯。与此相反，玩家在当前案件中的赌注虽然很小，但却有一系列相似情形作为远景，就会对法律的状态更感兴趣。美国国税局、收养机构、公诉人都是这样的玩家。

因此，如果我们将案件结果分解为切实的部分和规则的部分，那么我们可以期待，在第一种情形下，OS会试图将切实利益最大化。但是，如果RP热衷于在一系列案件中将切实利益最大化，他就可能情愿出卖个案的切实利益，以换取规则利益或者将规则损失最小化……因而我们可以预见，一旦RP们预见到会有不利的规则后果，他就会寻求"和解"。RP们既然期待着再次的诉讼，就会选择那些他们认为最可能产生有利规则的案件去裁决或者上诉。相反，OS们宁愿要一个切实的利益，也不要一个生成"好的法律"的机会。因此，我们可以预期，那些能够影响未来案件结果的"先例"，会相对倾向于RP……要点仅仅在于，RP有较多的机会启动有前途的先例，并且阻止不利于己的先例。

8. 由于有专门的经验和技术，RP们更有能力分辨哪些规则更有渗透力，哪些规则只不过是象征性的承诺。RP们可能集中投入资源，以促进规则的变革，并产生不同的切实结果。他们能够用象征性的失败换取切实的利益。

9. 既然渗透力部分地有赖于当事人的资源——知识、勤勉、专门服务和金钱，RP们更容易投入匹配的资源，以确保有利于他们的规则的渗透力。

这并不是说 RP 就等于富人——就权力、财富和身份而言，也不是说 OS 就等于穷人。在美国的背景下，绝大多数的 RP 比绝大对数的 OS 更加庞大，更加富有，更有权势，因此这些范畴是有重叠的，但显然也有例外……有些刑事被告人虽然是 OS，但却可能非常富有。这种分析只在于界定当事各方系争格局中的某个优势地位，并显示那些拥有其他优势的人如何试图占有这个地位，从而使他们的其他优势得到加强和扩充。这个优势地位原本只是法律体系在富人和穷人之间正式的调和方式之一，现在却可能扩大了富人的优势。

我们可以设想一些典型诉讼，涉及 OS 和 RP 的不同组合。我们还可以制作一个表格，填充一些熟知的、大致符合美国情况的例子。

表 4.2　当事人诉讼战略格局分类表

被告		原告	
		OS	RP
OS		家长诉家长（监护权） 配偶诉配偶（离婚） 家庭诉家庭成员（无行为能力认定） 家庭诉家庭（继承权） 邻里诉邻里 合伙人诉合伙人 OS 对 OS I	检察官诉刑事被告人 金融公司诉债务人 地方诉佃农 美国国税局诉纳税人 宣告没收财产者诉财产所有人 RP 对 OS II
RP		享受福利者诉政府机构 汽车经销商诉生产商 被伤害人诉保险公司 佃农诉地主 破产的消费者诉债权人 名誉受损者诉出版商 OS 对 RP III	工会诉公司 电影发行商诉审查委员会 开发商诉市政当局 销售商诉供应商 管理机构诉被管理企业 RP 对 RP IV

在并不全面系统的归纳基础上，我们可以将这些方格中的内容连接起来。

方格 I：OS 对 OS

这里绝大多数是离婚和认定无行为能力的听证。绝大多数（比如 90% 的离婚案）都属于非争讼性质。其中有相当一部分实际上是伪诉讼，也就是当事人之间以及代理人之间借助审判名义进行的和解。这个方格中的真正诉讼通常发生在关系密切的当事人之间，他们为了一些不可分割的利益而争斗，通常带有不顾一切的非理性色彩。当他们诉诸法院的时候，关系已然破裂；他们的行为也很少符合日常模式。这样的当事人都是特别地、工具性地援用法律，他们对裁决本身非常关注，而他们中的任何一方都不大重视法律的长期状态，比如监护权或者损害赔偿案件就属于这种情况。这里很少有上诉，也很少有技术鉴定，更不会在规则发展上投入多少资源。法律原理与人们的习惯和公众的态度可能依然是非常遥远的。

方格 II：RP 对 OS

这个方格中包括了绝大多数真正的诉讼，除了个人伤害案件、认定无行为能力听证和离婚案件。法律被用于当事人日常的权利主张过程，而这些主张的制造，对他们来说就是一种经常性的商业行为。这些案件通常都是采用标准形式进行的大生产，对于正式的审判，人们很少投入个别化的关注。甚至有更多这样的案件都进行了非正式的和解，以求得想要的诉讼结果，并减少风险、成本和延误。

方格 III：OS 对 RP

这里面都是些不经常发生的案件，除了人身伤害案件以外。人身伤害案件的独特之处在于，它有一笔应急费，使当事人容易进入这个诉讼领域。在交通肇事伤害案中，诉讼就像在例行公事，而和解也极为接近可能的诉讼结果。在人身伤害案件之外，方格中的诉讼都不是经常性的，而是通常代表着某些 OS 的企图，也就是，借助外界的帮助，制造对于某一组织的压力。OS 曾与这个组织打过交道，但是现在处于关系破裂的边缘。比如，被解雇的职员或者被取消资格的经销商，就属于这类 OS。他们作为当事人很少关心法律的状态，而 RP 作为被告人对于法律的状态却极有兴趣。

方格 IV：RP 对 RP

让我们先考虑一般性的案件，然后再考虑一些特殊案件。我们可以想见方格 IV 中的诉讼是很少的，因为两个 RP 在不断博弈过程中，都期待持续的互惠交易，这种期待将会引起非正式的双边控制。这种情况可以通过对商人交往和劳动关系的研究得到印证。正在努力设立的工会，以及正在努力阻止工会设立的管理层，在处理讨价还价的伙伴之间的交易时，都越来越少地延请官员参加。具有互惠关系的单位之间，在法庭上并不调整它们的差异。在依赖第三方解决纠纷的场合，它们采取的形式可能大大不同于官方制裁，它们采用的规则是内部的而不是官方的。

然而，这里有一些特殊案件。首先，有这样一些 RP，他们寻求的不是进一步的切实利益，而是对基本文化信仰的裁决。例如，那些为教堂与一州之间的诉讼提供赞助的组织，它们作为 RP 所争执的是价值差异（谁是正确的）而不是利益冲突（谁得到了什么），因而这类案件很少有和解的倾向，也很少有发展私下解决纠纷机制的基础。

其次，政府是一种特殊的 RP……

……可以认为，在 RP 诉 RP 的案件中，政府作为原告和被告的频率比较高。政府作为当事人的诉讼比较多，原因之二是"收益"的概念（政策的和金钱的）对于政府来说通常是附随的和疑难的，而对于商业和利益集团就不存在这个问题。某些情况下，法院通过提供有关公共政策的权威解释，重新定义政府机构有关利益的概念。因此，政府作为当事人可能更喜欢在法院之外形成决定，而它的对手可能更愿意把政府拉上被告席，以期确保目标的转换。

另一种特殊案件是在两个不常打交道的 RP 之间进行的，比如两家保险公司互为原、被告的案件。在政府与垄断组织的对抗中，双方是如此紧密地纠缠在一起，以至于非正式的控制力量受到限制；在这里，它们的相互束缚又不足以对各自的进攻手段进行非正式的控制，它们都是无路可退的！一次性的大买卖落空了，剩下的都是些边缘性的冒险——这就是诉讼的主要来源。

在 RP 诉 RP 的案件中，我们可以预料到，在规则形成方面会有很大的支出，会有很多的上诉，以及迅速而精确的教条律法的发展……

在这些基本假设的基础上，我们勾勒出诉讼的总体轮廓和与之相关的各种因素。方格 II 中的诉讼总量最大，方格 III 中的诉讼最少。这两个方格中的诉讼绝大部分都是大规模的、日常性的纠纷过程，它们发生在陌生人（没有持续的互惠关系）或者离婚者之间——这样的当事人之间能力上是不均衡的。一方当事人是官方组织的"专业人士"（以此谋生者），他们享有战略优势。双方当事人之间的非正式控制是徒劳无益的，他们之间的关系是由官方的规则建立和界定的，在诉讼当中，这些规则会因为交易成本和对优势的选择性运用而大打折扣。另一方面，方格 I 和方格 IV 中都是些不常见的但却更具个人色彩的诉讼，当事人之间能量相当，他们之间过去或现在有持续的、多层次的关系，并且附带着非正式的控制。当这种关系失去未来价值的时候，当"垄断的"特征取代了非正式控制的压力，双方当事人开始求助于外界的联盟来改变这一切的时候，双方当事人试图裁决相互冲突的价值的时候，诉讼就出现了。

二、律师

我们聘请律师后又会怎样？有律师的当事人会做得更好。律师都是 RP。他们的出现能够使当事各方取得平衡，消除本身是 RP 的当事人的优势吗？律师的存在能够扩大 RP 当事人的优势吗？我们可以假定，RP 作为一些较大的单位，能够更稳定、更大量、更频繁地购买更高质量的法律服务。他们还有信息方面的优势，尤其是在法律服务信息受到限制的时候。RP 不仅能够自始得到更多的智力支持，而且他还能够在整体上取得更稳固的连续性，得到更好的记录，完成更有预见性或者预防性的工作，在相关领域获得更多的经验和专业技术，并且能够更好地控制律师……

律师与客户之间的关系越是紧密和持久，律师就越是忠诚于他的客户而不是法院或律协，他们所积累的专业技能和总体战略指导方面的优势就越是明显……

律师的专业性在哪里？

许多职业都迎合特定种类的 RP 的各种需要，而那些服务于 OS 的专家却有独到的特征：

第一，他们是法律职业者中"层次较低的梯队"，与那些为 RP 服务的律师相比，他们一般都来自于较低的社会经济层次，进入当地非全日制的法学院，独立执业而不是在大的律师事务所工作，在业内也没什么声望……

第二，为 OS 提供服务的专家一般都有发动客户的难题……

第三，由于与特定的 OS 客户的关系短暂而孤立，这种关系的性质决定了法律服务是陈旧而毫无创造性的……有人指出：

> 比较贫穷的客户得到的法律服务，其质量受到他们与律师的非重复关系的影响，在离婚案件、刑事案件和个人伤害案件中就是如此；加之费用微薄，更使案件成为一种批量生产的过程。其结果是，投入到每一案件中的时间和精力通常都是有限的，一般很少或者根本没有动力将案件例外地作为一个独立的法律事宜……

第四，由于这些法律专家本身都是 RP，他们都很难提出最佳战略……

三、制度设施

我们看到，RP 在法律服务分配上的优势使其战略优势得到进一步加强，两种优势都是由制度设施的基本特征所注定的，而这种被动和负担过重的制度设施原本是为了处理各种权利主张。

这些制度是被动的，首先是就布莱克（Black）所谓"反应性的"而言的——它们必须由原告发动——它们将优势赋予掌握信息、善于克服资金障碍、拥有绕过程序限制技巧的权利主张者。这些制度第二种意义上的被动性在于，一旦进入法的大门，双方当事人各自承担推进案件的责任。主审法官居中裁判，案件进展、证据收集、举证证明全赖当事人的进取和资源。当事人被视为好像同等拥有经济资源、调查机会和法律技巧……而通常情况并非如此。委托的事项越是宽泛，优势就越是倾向于更富有、更有经验、更具组织性的当事人。

这些制度的另一个典型特征是它们长期处于不堪重负的状态，这种状态又强化了制度被动性所赋予的优势。一般而言，权利主张大大超过能对每一案件进行正式审判的制度资源。负担过重的制度首先通过以下几种方式促使权利主张者们进行和解而不是寻求裁决：

1. 拖延，使赔偿贬值；
2. 提高成本，保持案件活力；
3. 引导现行制度重视清理积案，鼓励辩诉交易和简易程序，减少正式审判；
4. 引导法庭采取相应规则，限制诉讼。

因此，案件过多，增加了审判的成本和风险，使现行规则免遭挑战，并且大大减少了改变规则的机会。这一切都有利于现行规则的受益者。

其次，通过增加挑战现存惯例的难度，负担过重的制度还使那些因忽略（或者系统地破坏）有利于对手的规则而取得优势的人受益。

再次，负担过重的制度倾向于保护占有人——有钱有物的一方，而不利于主张权利的原告。绝大多数情况下，这意味着帮助 RP 压制 OS，因为 RP 们一般可以构造一些交易，使自己处于占有人的地位。

最后，负担过重的制度意味着，在正式法律制度中的承诺多于兑现这些承诺的资源——"书本上的"权利和规则多于裁决和执行它们的能力。进而，这就成了一个关于资源分配优先性的问题。我们可以预料，法官、警察、行政官员和有限制度设施的其他管理者容易对那些更有组织性、更为殷勤、更能影响他们的选民的人做出反应，而这样的人通常又是RP。

因此，不堪重负的、被动的制度设施为那些具有战略地位优势和法律服务优势的人提供了一个充分表演的舞台。

四、规则

我们在这里可以假定，规则倾向于旧有的、文化上占统治地位的利益。这并不是说，规则的设计明摆着就是为了倾向于这些利益，而是说，那些已经取得统治地位的集团成功地操纵了先于规则的行动。我已经说过，就规则对"穷人"的公平对待或者施恩加惠的程度而论，落实规则的有限资源会更多地分配给这样一些规则：它们旨在保护和促进有组织、有影响的集团的切实利益。进而，正当程序的要求，及其给贸然诉讼设置的障碍，都自然而然地倾向于保护占有人和持有人，而不利于主张权利的原告人。最后，规则是足够复杂的，也足够疑难，或者说，如果有足够的资源投入使之疑难，它就能够成为疑难，所以，法律服务在数量和质量上的差异，将会影响当事人从规则中攫取优势的能力。

因此，我们可以通过"表4.3"来概括为什么"富人"总是趋于优先。它显示出不同阶层（但大部重合）的"富人"所享有的不同层次的优势，这些优势相互连接，相互加固并且相互遮蔽。

表4.3 为什么"富人"总是趋于优先

因素	优势	享有者
当事人	* 构造交易的能力 * 特殊职业、经济规模 * 长期战略 * 玩弄规则的能力 * 讨价还价的声望 * 渗透的能力	* 庞大而职业的惯赌
法律服务	* 技巧、专业、持续性	* 有组织者、专业者、富有者
制度设施	* 被动性 * 成本和拖延造成的障碍 * 因受青睐而优先	* 富有者、有经验者、有组织者 * 持有人、占有人 * 现行规则的受益人 * 有组织者、殷勤者

续

因素	优势	享有者
规则	* 利己的规则 * 正当防卫的障碍	* 旧有的、文化上的统治者 * 持有人、占有人

……

六、变革的战略

"表4.3"中给优势划分了四个层次，这种归纳也是在建议一种"变革"的战略类型，也就是，制造平等——将优势赋予原本不享有它的人。我们设想的四种变革是：

（1）改变规则；

（2）完善制度设施；

（3）扩大和改进法律服务的数量和质量；

（4）改善"穷困"当事人的战略地位。

A、改变规则

获得利己的规则改变，这是一个昂贵的过程。各种"穷人"少有资源去通过立法和行政政策的制定来完成这种改变。有组织者、专业者、富有者和殷勤者享有优势，这是法庭上人所共知的事情。另一方面，诉讼有爱好平等的雅兴……

然而，诉讼并不是"穷人"唾手可得的改变规则的资源。复杂性，对法律服务的大量需求，高成本所形成的、为制度设施的不堪重负所加剧的障碍，所有这一切使得对规则的挑战昂贵而艰难。OS作为主张权利的原告，在切实的结果方面有太大的赌注，以至于他们不情愿去获得规则的改变。

B、增加制度设施

想象制度设施增加以后，可以用耗时的、正式的审判来处理每一个权利主张，不用排队，没有拖延，也没有陈规老套。减少拖延，对于权利主张者而言，就是降低了成本，就是取消了作为被告的占有人的优势……更大范围的制度上的"行动主义"，可以减少职业当事人的优势，也可以减少法律服务在质量和数量上的差异。加强确保顺从的能力，可以减少来自执行能力差异的优势。几乎不必再强调指出：这样一种变革肯定会遇到阻力，不仅来自现行被动制度风格的受益人，而且来自法律专业人士根深蒂固的思想抵触，因为变革会破坏这些专业人士基本的法律妥当感。

……

D、当事人的重新组织

这里所设想的变革，实际上就是把作为当事人的"穷人"组织起来，整合到一个协调一致的集团中去。这个集团能够协调行动，采取长远战略，并且从高品级的法律服务中获益，等等。

我们可以想出将 OS 整合到 RP 中去的几种方式：（1）以协会会员名义进行讨价还价，比如行业工会、承租人联盟。（2）委托他人管理琐碎的权利，比如"美国作曲家、作家和出版者协会"（ASCAP）。（3）利益集团发起人，比如"全国有色人种协进会"（NAACP）、"美国公民自由联合会"（ACLU）、"环境行动组"（environmental action groups）。所有这些形式都涉及一种高品级的管理权利主张的能力，手段则包括搜集和利用信息，实现连续与持久性，聘请专业人士，施展讨价还价的技巧，等等。

这些优势还要与 OS 战略地位的巩固相结合，具体办法有两种：（1）将那些相对于补偿成本来说过分微小的权利主张汇集起来（消费者、呼吸被污染的空气者、表演权利人）；（2）将权利主张缩减到集团诉讼可以驾驭的程度，从而排除或者分担不可接受的风险（承租人、移民工人）……

无论法庭内外，一个有组织的群体不仅能够更好地保障利己的规则改变，而且能够更好地落实这些利己的规则。它能够投入监督、操控、威胁或者诉讼的资源，而这对于一个 OS 来说就太不经济了。这类新单位实际上就是 RP……

我们的分析表明，要打破"富人"之间的关联优势，就不仅必须注意规则的层次，而且必须注意制度设施、法律服务和当事人的组织。诉讼和游说都必须靠有组织的利益、服务的供给和新型制度设施的发明来最终落实。

我们的分析还有一个重点：在当事人层面发生的变化，最有可能产生其他层面的变化。对于变革者来说，如果规则是最丰富的资源，那么，有能力追求长远战略的当事人就会最少。这种当事人的出现，可以产生对高品级——持续的、专业的、面向长远的——法律服务的有效要求，并且促使制度的变革和利己规则的形成。这也意味着，我们可以大致总结一些相对的、不同规则改变的战略优先权。与规则的改变直接相关的是当事人的战略地位——利用组织，增加法律服务

（反过来提供了一个表达和组织共同利益的舞台），提高对手成本——比如授权集团诉讼，律师费用裁决，临时补偿裁决——这些都是最有效的促变手段……

[律师]

律师为重新分配社会变革所做的贡献，……取决于法律专业的组织和文化。我们总结认为，法院所产生的实体规则改变，本身不是产生切实利益再分配的决定因素。诉讼所提供的杠杆作用，又取决于与其他层面能量的战略组合。进而，问题在于专业组织是否允许律师动用其他层面的技巧。律师越是将自己视为仅仅是法庭上的辩护士，就越是不愿承担新的任务，不愿形成与客户的持久联盟，不愿以法庭之外的面目出现，也就越不可能将自己作为媒介服务于重新分配的变革。不过，自相矛盾的是，那些对"富人"的优势最为宽容的法律人士（他们甘愿成为固定客户的"俘虏"），也最能够变成（或者更确切地说，颇有余地成为）这种改变的媒介。准确的原因在于，他们提供了与客户及其"事业"更多的认同，而且对于什么是适当的专业行为也缺乏严格的定义。

提示与问题

1. 在继续深入之前，注意庞德和加兰特尔对诉讼的作用及社会影响的解释有何主要区别。

如果你正考虑以法律为生涯，你觉得哪一种解释最适合于你？

2. 依庞德的理论建构，法院、法官和其他的法律专业人士不是问题的一部分，而是解决问题的一部分。这一理论是否使法律、法律秩序以及其中的官员看起来比实际的情况更好些？（运用卡夫卡的寓言、北卡罗来纳州的案例和第二章中有关判决的材料来展开你的答案。）

♣ 下面的案例选自劳拉·内德尔的著作，它展现了墨西哥一个法院如何试图在系争的当事人之间"制造平衡"。

第二节 损坏的辣椒案[*]

劳拉·内德尔

1964年2月24日，墨西哥奥科萨卡（Oaxaca）州维拉奥塔（Villa

---

[*] "The Case of the Spoiled Chiles" from *Law in Culture and Society*, Chicago, Aldine, 1969, p. 74.

Alta）特区拉鲁阿（Ralu'a）镇。一位 55 岁的商人英格内西奥·安德烈斯·佐拉格（Ignacio Andres Zoalage）先生 9 点 30 分来到地方法院，在法官面前做了下面的陈述："我来告月台上那辆米色卡车的司机，他压坏了我一筐辣椒，有 47.5 公斤。"米色卡车的司机被传唤，15 分钟后他来了，说自己名叫马里奥·沃德克斯·赫里奥（Mario Valdex Herrero）。法官问他是否真的压坏了那筐辣椒，他回答说："确实是我压坏的，可是发生这种事情是因为没人提醒我；而且卡车主也有错，他本该给我配个帮手。还有，驾驶室很高，所以我也看不到。再说，这位先生也有错——他们这些人把要卖的东西放在地中央，明知道这里会有卡车过。"

法官问英格内西奥·安德烈斯先生："你为什么明知有卡车要经过，还把货放在地上？"安德烈斯先生回答说：卡车有足够的地方可以通过。司机接着说：这不是真的，那地方是一个拐弯儿。安德烈斯先生说："您看，法官大人，卡车从这边来，从这里，到那里。"法官说，本案最简便的解决办法是由司机赔偿他造成的损失，那筐辣椒应拿到这里来，以便估计一下损坏的数量。

原告离开了，法官命令书记官将货带来。书记官与辣椒的主人一起抬回了那筐辣椒。他们将辣椒倒在地板上，书记官将损坏的辣椒拣出放在一边，然后告知法官被损坏的辣椒大约 1.5 公斤。法官询问辣椒的主人想要多少赔偿，安德烈斯先生说不要很多，就 3 个比索。法官告诉司机，他必须赔偿 3 个比索。司机说："好吧，我这就拿出 3 个比索。"与此同时，法官提醒原告以后要多加小心，摊位不要乱摆乱放，尤其不要摆在卡车前面。本案就此结束，原告带着他的辣椒走了，将损坏的辣椒留给了法院。

提示与问题

1. 本案中，法院的作用是什么？
2. 庞德的观点在这里如何运用？加兰特尔的呢？
3. 在双方满意的情况下解决案件的纠纷，除此之外，法院似乎都不关心。案件或者一部分案件总是要有明确的赢家和输家吗？法院是必须考虑超越特定的案件，还是应当仅仅关注手头案件本身？本案看起来直接而简单，它是否变成卡车司机们与商贩们的边缘地带？
4. 某些时候，法院有没有自身的利益需要维护？比如，维持一致的判决结果，保持对法律、法院等的尊重。在当事各方的利益发生冲突的情况下，个人和制度的利益哪一个应当让步？

♣ 在"损坏的辣椒案"中,法院涉及的是基本的平衡。下面的案件是对空气污染的早期司法反应,出现了更丰富的维度。

第三节 瑟斯奎汉纳化肥公司诉马隆案

Susquehanna Fertilizer Co. v. Malone
20 A. 900 73 Md. 268(1890)

法官鲁宾逊:

这是一起有关污害(nuisance)的诉讼,应当考虑的问题并非普通利益,因而比较重大。同时,对我们来说,在指导原则的适用方面,似乎没有什么巨大的困难。原告是5座公寓的房主,房屋坐落在巴尔的摩市郊的坎顿(Canton)第八大道上。位于街角的房屋由原告居住,辟为旅馆或共用房,其他的房屋由房客居住。毗邻处是一家很大的化肥厂,归被告所有并由其经营。从该厂逸出了原告诉称的有毒气体,这种气体不仅引起他和房客的身体不适,而且引起财产本身的物质性损害。原告的证据显示:被告的工厂生产硫酸和化肥;逸出有毒气体,随风吹在原告及其房客所居住的房屋上;这种气体如此讨厌和有害,以至于影响了原告一家人的健康,有时迫使他们不得不离开餐桌,乃至不得不离开房屋。原告的证据进一步显示:这些气体使他的财产受到物质性损害,晾在外面的衣服褪色受损,窗玻璃污浊不堪,甚至腐蚀房屋的锡制雨水落管。被告的证据与原告所提供的证据直接对立,但是,假定原告方的证人证言是真实的——这是应由陪审团来裁决的问题——那就仍是造成原告损害的可诉案件,对此,被告有责任恢复原状。没有什么比这样一项原则更加牢不可破:一个行业或企业的运行方式影响了他人对财产合理而舒适的享用,或者还造成了财产本身的物质性损害,损害了相邻的物主,为此发生了诉讼;同时,也不考虑这一企业的经营地点;而且,尽管它也可能是合法的、有益公众的;尽管在企业的经营管理的过程中,它可能运用了最好的和最令人认同的设备和方法……

……很久以前的"博恩顿诉吉尔案"(Poynton v. Gill),……诉讼是由于熔化的铅过分接近原告的房屋,以至于引起了财产的实际损害。尽管企业是合法的、公众需要的,然而法院说:"被告应当在废弃的地方经营这种企业,并用围栏将该企业与公用地界隔离开来,使邻近的财产不致遭受损失。"这一原则确立后,时至今日一直是每一相似案件所遵循的原则。

我们不同意上诉人的意见,即,法庭本应指导陪审团裁决这样的事实:工厂的位置是否便利和适于上诉人的经营,其财产是否被合理地使用?如果他们确认了这些事实,则判决就应当是有利于被告的。对于被告和公众而言,这一切可能是便利而适宜的,但是,在法律的眼中,对于一个产生污害并引起他人财产实质损害的企业而言,没有什么地方是便利而适宜的。如果剥夺了邻人对其财产的合法使用和享受,那么任何土地的使用都不能说是合理的。

……我们因而认为法律已经确定:在这类诉讼中,行业或企业经营的地点是否适当和便利于其经营宗旨,被告在此情形下的土地使用是否合理,这些问题都不应是陪审团裁决的范畴。我们完全同意:在这类诉讼中,法律不理会琐细的不便;每一件事都应从合理的视角加以观察;在此类案件中,确定污害问题应当考虑地理位置及所有相关情境;对公众有益而又投资甚巨的工厂,它的建立和经营地的人们不应坚持极端的权利,不应因每一琐细的不便而提起诉讼,否则,在这样的地方将不可能从事任何经营活动。但是,如果行业或企业经营的结果已经如此侵扰了他人的身体健康,或者引起了财物本身的实质损害,那么,这种对于邻近物主的损害足以构成诉讼……

但又据称,上诉人是在一家化肥厂的空地上兴建用于生产硫酸和化肥的企业的,这一切都是在原告建立家园几年前发生的事。原告没有权利起诉,因为"他是来到污害之处的"。但是,这并不构成本诉讼的抗辩事由。如果上诉人因时效而取得了这块地方的使用权,比如说已经使用了20年,那就是另外的问题了。但在本案中,没有人主张这样的权利,因而上诉人没有权利兴建一家将要给毗邻的原告的土地造成污害的工厂,因为它显著抑制了原告对自己土地的未来使用。上诉人对于自己土地的使用,不能剥夺原告对于自己财产的合法使用。"来到污害之处"的问题在"布利斯诉霍尔案"(Bliss v. Hall)中已经被充分考虑,……该案是因生产蜡烛造成污害而引起的诉讼。被告申辩说,在原告成为其宅院的主人之前3年,他已经在同一地点、以同样的规模和方式经营自己的企业了。大法官蒂代尔(Tindal)维持了对这一申辩的异议:"这并不能抗辩原告的控诉,因为原告来到他现在占有的房屋时,拥有普通法所能提供的所有权利,其中之一就是得到有益健康的空气的权利。除非被告有因时效而取得的经营权利,否则原告将有资格赢得判决。"……

因此，对我们而言，被告似乎没有任何理由抱怨法庭给予陪审团的一些指导……现在，就第一次异议中所提供的证据而言，我们认为，在邻近的其他化肥厂投资50万美元，似乎并不能对陪审团面前的讼争产生任何影响。被告已经证明邻近有好几家化肥厂，而且提供了一些证据，以证明被控诉的污害是由这些化肥厂引起的。这些证据是可采的、适当的。但是，在邻近工厂投资50万美元的事实，不会对原告要求恢复原状的权利产生任何影响。对我们而言，这些证据的唯一效果是显示，如果裁决认为他们所经营的企业是有污害的，那么这些工厂的所有者将要蒙受怎样的损失和损害。然而，这不是陪审团所应考虑的问题。在此种情形下，法律将不去平衡各种便利，不去估量原告蒙受的损害与被告经营的行业或企业被裁决为有污害而可能导致的损失之间的差异。任何人都没有权利兴建对邻人造成污害的企业，然后又说自己在兴建过程中投入了巨资，而邻人的财产价值相对来说微不足道。邻近的物主有权合理而舒适地享有自己的财产，而一旦他的此项权利被侵犯，他有权得到法律的保护，让后果有人承担。（原告获得了金钱赔偿——编者。）

维持原判。

提示与问题

将这一法庭意见与庞德、加兰特尔二人的理论相比较。庞德会赞赏法庭所做的这一裁决吗？

第四节　麦迪逊诉达克镇硫铜铁公司案

Madison v. Ducktown Sulphur, Copper & Iron Co.
83 S. W. 658, 13 Tenn. 331（1904）

法官尼尔（Neil）：

这三个案件是在下级法院分别起诉的，但在本庭合并审理。它们所包含的主要事实和法律问题都是相同的，因而在一个法庭意见中加以阐明。

所有这些起诉书都是基于两家公司造成污害的事实。两家公司在波尔克（Polk）县达克镇及其附近开设工厂，在还原铜矿的过程中，焙烧堆产生了大量的烟，弥漫到周围的土地上，损害树木和农作物，使原告们的家庭不舒适，土地也减产了。所有起诉的目的都是禁止这些工厂继续经营；第一份起诉书针对第一家公司，最后一份起诉书针对第二家公司，中间一份起诉书针对两家公司。

所有案件的事实基本如下：

1870年以前，一位名叫拉特（Rhat）的先生开始在达克镇开采铜矿，并进行了几年的经营。其后，它归拉特先生的继任者联合矿业公司（Union Consolidated Mining Company）所有，经营至1879年停业。直到1891年，达克镇硫铜铁公司重新开始经营原属联合矿业公司的产业。1881年前后，匹兹堡和田纳西铜业公司（The Pittsburgh & Tennessee Copper Company）在达克镇开业，经营至1899年，卖给被告田纳西铜业公司。后者于1900年开业，从1901年5月起焙烧铜矿，经营至今。

达克镇位于本州波尔克县一块山区盆地中，离佐治亚州与北卡罗来纳州的边界不远。这块盆地有6至8英里宽。原告都是达克镇周围山区的小农场主。

被告还原铜矿的方法是将未经处理的铜矿打碎，置于层叠的木柴之上，成为很大的露天"焙烧堆"，而点燃这些焙烧堆的目的是为了从矿物中提取出一种"硫化物"。在燃烧过程中，焙烧堆释放出大量浓烟，浓烟升空后，被气流吹到附近的田野上。

提交第一份起诉书的原告是卡特（Carter）、W. 麦迪逊和玛格丽特·麦迪逊、弗纳（Verner）和鲍鲁（Ballew），他们的土地离工厂2至4英里。最后一份起诉书的原告是艾萨克·法纳（Isaac Farner），他的土地离工厂有6到8英里。艾弗里·麦克吉尔（Avery McGhee）的土地与工厂的距离没有证据显示……

这些都是贫瘠的山区土地，没有多少农业价值。卡特的土地有80英亩，估价80美元；弗纳的土地是89英亩，估价110美元；鲍鲁的土地共40英亩，估价66美元；麦迪逊夫妇的土地43英亩，估价83美元；W. M. 麦迪逊的土地约100英亩，估价180美元；艾萨克·法纳的土地为100英亩，估价也是180美元。艾弗里·麦克吉尔有75英亩土地，W. M. 麦迪逊有一片土地越过了佐治亚州界，麦迪逊夫人也有100英亩土地在那里。没有后面这3块土地的估价，然而，这些土地都位于同一地区，我们假定它们的价值是前述土地估价的平均值。

所有的原告都是在1891年达克镇铜业重开之前就拥有了他们的土地……

浓烟对于原告家庭及其财产的普遍影响如下：

他们的树木和农作物收益受到严重损害，他们被浓烟所困扰，无法像这些工厂开工前那样享用他们的农场和房屋。在浓烟所及的范围内，农场主们无法维持从前他们家庭的舒适程度。他们无法种植、收获通常的农作物，他们的树木也大部被毁……

每一案件都没有证据显示，达克镇硫铜铁公司的烟排放量自1891年恢复开采、还原铜矿以来有所增加。同样没有证据显示，田纳西铜业公司自1901年5月开始焙烧铜矿以来排烟量的增加。

而证据显示，达克镇硫铜铁公司自1891年取得该厂时起，已经花费了几十万美元来改进和扩建工厂。

大法官上诉法院①认定的事实是，被告一直都以合法的方式经营着他们的企业，没有任何损害原告的目的和愿望；他们一直以仅知的方法运行工厂，企业经营也是成功的；露天焙烧是企业或科学所仅知的铜矿还原法；被告们不遗余力地试图消除烟和有毒蒸气，一位被告已经花费了20万美元进行以此为目的的实验，但是不见成效。

从对地理位置的描述推知，再没有更远的地方可以迁移造成污害的工厂了。

实际上，如果原告寻求的禁止性救济被准许，则被告将被迫停止经营，他们的财产将变得一钱不值，所从事的庞大产业将寿终正寝，并将被迫迁出本州。从前述得出的一个必然推论是：本州一项巨大而蓬勃发展的工业将被毁灭，本州所有珍贵的铜产将失去价值。

该法院同时认定以下事实：

波尔克县1903年的总税收是2585931.43美元，其中为征税而对被告的总资产进行评估的结果是1279533美元；这些企业开工前，仅有200人居住在这一地区，而今，此地约有1万2千人，几乎都靠铜业维持生计。

被告之一的田纳西铜业公司雇用了1300名男工，月均支付4万美元，员工几乎都是从波尔克及其邻县招聘而来的。

法院进一步认定，被告之一的田纳西铜业公司每月消费约3000吨可口可乐和2800吨煤以及12万8千立方英尺木柴，每年购买、使用2110卡车煤、可口可乐和木柴，等等。1901年，它购买并使用了约

---

① The Court of Chancery 的管辖权有三：普通法管辖权、衡平法管辖权和其他管辖权。强制令（禁止令）的颁布是依照衡平法，而经济赔偿则是普通法院的权力。——译注

1100卡车的木柴、枕木、木料和石英。这些货物中的80%是从波尔克县购买并由那里的居民运输至此的。为这些货物所支付的总价在大法官上诉法院的裁决中没有叙明,在此也无法详述,但毫无疑问,这个数字非常庞大,仅从被告田纳西铜业公司每年在波尔克县支付的近50万美元便可知道这一点。大法官上诉法院认定,另一被告公司雇用1100—1200人,以此可以推知,该公司每年支付的工资和货款大致相当于田纳西铜业公司的支付。

非常明显,两家公司每年支付巨额的金钱,这些金钱是全镇居民的生计所必需的;它们经营和维持的工业养活了1万至1万2千劳动人口;大法官上诉法院还认定,如果这些工业被压制,那么,成千上万的人将不得不迁往别处另谋住处和工作……

现在,我们应当阐述原则,这些原则像我们所认为的那样,应当在法院审理的一些案件中支配所涉论争的是非曲直:

虽然已叙明的事实毫无疑问地说明了这是一起污害案件,本诉讼中的原告将有权获得［金钱——编者］赔偿,但是,衡平法上的救济不是当然的。不仅起诉书必须做适当的陈述,而且权利必须明确,损害必须确实,因为在疑案中当事人获得的将是合法的赔偿;如果对于造成损害的原因存在合理的怀疑,那么,因这种怀疑而产生的益处应归于被告;如果他的经营是合法的,则损害就不是行为的必然而自然的结果;如果损害能够在诉讼中经由判决而得到充分补偿,则衡平法不会介入。

而且,通过禁止令的衡平救济,必须以合理的迅急速度实施……

除以上声明的原则外,下面的总前提似乎已为先例所建立:如果诉状和证据足够清楚和肯定地显示应予衡平救济,则不得因被告的经营是合法的或者因被控企业位于适宜和便利的地点而拒绝衡平救济,如果在这个地点发生了诉称的损害的话。这个先例就是"瑟斯奎汉纳化肥公司诉马隆案"。如果被告造成了被控的损害,则同一地点存在另一性质相同的污害的事实,不能构成拒绝衡平救济的理由……这也不是一个关于谨慎和技术的问题,而纯粹是一个关于结果的问题。

但是,这里还有另一项原则,它对这一法律部门具有控制性影响;在这一原则看来,前述原则应当被考量后适用。这一原则是:获准一项禁止令并非绝对的权利,而是有赖于法院明智的自由裁量权,这种自由裁量权着眼于实现司法的目的,在考虑每一案件的所有特殊情况和各方当事人处境和环境的基础上对禁止令问题加以决定。

就本案而言，判决赔偿已经显示的损害，这是一项绝对的权利；而颁布禁止令则是一项合法的自由裁量权，要在充分而仔细地考虑了与损害相关的每一因素之后，再来决定准许还是拒绝颁布禁止令。

这些前提在下述权威判例中已经完全被肯定和落实：

"鲍威尔诉本特利和格威哥设备公司案"（Powell v. Bentley & Gerwig Furniture Co.）的判决认为：

"尽管衡平法院要尽可能遵循先例，依规则行事，不过，它还遵循着自己的规则，其中之一是：减少或者限制污害不是一项严格的权利，而是依照特定案件的权利所具有的按部就班、合情合理的自由裁量权。因而，当经济赔偿更符合普遍正义的时候，衡平法院将拒绝救济，而让当事人寻求普通法法院的救济，因为压制一个有用的昂贵企业，对于州、镇和企业主通常都是严峻重大的。"

"克利夫顿铁业公司诉戴尔案"（Clifton Iron Co. v. Dye）的判决认为：

"律师坚持这样一个前提：仅仅是公司资产的便利运用，不能授权它向被上诉人的土地及土地上的水流倾倒工厂清洗下来的污屑。我们认为，这一主张是合情合理的，但并不是每一污害或持续侵害案件都要由衡平法院以禁止令来加以控制。法院决定这一问题时，应权衡准许或拒绝禁止令对于各方当事人或者公众可能造成的损害。

"法院应当注意的事实是，在本州的矿业新近发展过程中，已经投入了大量的金钱。矿物在被利用前必须被清洗，其沉积物必然以某种方式冲入河流，形成矿床地带的天然排污系统。这必然引起矿物在河流下游土地上的沉积，虽然这种对于下游河岸所有者权利的侵犯可能产生损害，使造成损害者有义务加以补救，但与此同时，矿物转化为生铁的过程所带来的巨大的公众利益也不应被忽视。正如'伍德诉苏彻利菲案'（Wood v. Sutcliffe）中的代法官所说：'当衡平法院被申请颁发禁止令时……它必须考虑的不仅是原、被告纯粹而严格的权利，而且还有周围的具体情境。'"……

本州前不久通过了一项制定法（Acts 1901…），对于义务和公共政策表达了立法机关同样的考虑……

该制定法有如下规定：

> 一项制定法……授权法院在评估对不动产的损害赔偿时，判断被控造成污害的企业是否为公众利益所需，并且授予该法院自由裁量的权力……所有因污害而引起的赔偿案，如果法院认定被

控事实构成污害，则法院可依其自由裁量权，就告诉方的请求立即决定是否发布排除污害的命令。

如果该法得以施行，则在任何赔偿诉讼中，各方当事人可就被控损害的程度以及如何产生所诉称的污害进行举证……

因此，毋庸置疑，尽管上面引用的制定法从用语上说是为了适用于因污害而提起的赔偿案件，目的是表达立法机关对于污害案件中使用禁止令的意见……法院应当明智地运用自由裁量权"决定是否发布排除污害的命令"……这一制定法必须被视为本州对污害问题的政策阐明……

……就当前案件的事实而言，何谓自由裁量权的正确行使？是以经济赔偿的方式——损害赋予他们的充分的救济手段——来认可他们的指控？还是更进一步，同意他们的请求，铲除两个庞大的矿产企业，捣毁一个县一半的课税价值，并将1万多人逐出家园？我们认为，这一问题的正确答案是不言而喻的。

为了保护总值不足1千美元的几小块土地，而要求我们使用禁止令毁掉另一项近200万美元的资产，毁掉两个庞大的矿业企业，它们正在从事的非常重要的工作，不仅对企业主，而且对州乃至整个国家都极为重要；要我们赶走一座巨大城镇的人口，剥夺成千上万工人的家庭生计，将他们驱散到四面八方。这一结果就是为了原告的利益而实质上无偿地征用被告的财产。被告无法以不同于目前的方式提取矿物，也没有更远些的地方可以迁移工厂。被申请的禁止令将剥夺他们所有的权利。我们欣赏基于以下事实的论点：居住在上述小块土地上的原告的家庭生活，已经不如受到烟害之前那样舒适，并且，我们深刻意识到这一主张的真实性：任何人都不因其有多于他人的财产而享有更多的权利。但是，在一起权利相互冲突的案件中，任何一方的当事人对自己权利的享有都会在某种程度上限制另一方当事人对财产的使用，法律必须尽可能在争讼的当事人之间做最好的安排，以维持每一方在当时情况下最大限度的自由。我们对本案责无旁贷的结论是：唯一适当的判决是同意原告有关经济赔偿的请求，但禁止令的申请必须被驳回……

提示与问题

1. 将本判决与"瑟斯奎汉纳案"的判决相比较。回顾第一章中卢埃林有关受欢迎和不受欢迎的先例的理论，审理"达克镇案"的法院在做有利于公司的判决过程中,认为"瑟斯奎汉纳案"有益还是无益?法院将"瑟斯奎汉纳案"作为先例引用时,是否做了某些歪曲?

2. 如果法院能够运用先前的法律做有利于农场或者冶炼厂的裁决,那么有利于冶炼厂的裁决基础是什么?

3. 先后运用庞德和加兰特尔的观点评述"达克镇案",然后对两者进行比较。

以加兰特尔的观点看,案件中的哪些方面使得冶炼者处于有利地位?

4. 依当代的视角,如何看待"达克镇案"?如果它看似一个长期的生态问题,能够用一纸不利于公司一方的判决将其解决在萌芽状态,那么审理"达克镇案"的法院有何失误?权衡相互冲突的利益的方法出了错误吗?

5. 后来的"佐治亚州诉田纳西铜业公司案",① 是佐治亚州为制止污染而提起的一场诉讼,最高法院在该案中做了不利于达克镇硫矿公司的裁决。尽管对佐治亚州土地的损害不似对达克镇盆地紧邻工厂的土地的损害那般重大,奥利弗·温德尔·霍姆斯法官仍然做了有利于佐治亚州的裁决:

> 本案向来的争论,很大程度上好似两个人的争讼;但不是这样……这是一个享有"准主权"能力的州针对自己所受的损害而提起的诉讼。这种能力使该州对其领域内的土地和空气拥有独立于公民权利并作为公民权利后盾的利益。对于其山岭的树木应否砍伐,对于其居民应否呼吸新鲜空气,该州有最后的发言权。它在行使这一发言权之前,可能不得不对个人进行补偿,但仍然握有最后的权力……
>
> 我们无法权衡比较原告遭受的损害与被告企业可能被禁止所产生的灾难,健康问题,森林的首次生长或者二次生长的性质,减少硫酸毒烟的商业可能性与不可能性,企业对该地的特殊适应力。
>
> 一个主权者要求其领土上空不被硫酸烟尘大面积污染;要求其山岭上的林木——无论在州的内部曾遭怎样的损害——不被无法控制的一些人的行为进一步损毁或威胁;要求其山丘上的农作物和果树不遭受同样的危险……这样的要求是公平的、合情合理的。
>
> 所要求的证明只不过是几句话而已。无可否认,被告接近佐治亚州边界的工厂产生大量的二氧化硫,与空气混合后变成硫酸;无可否认,这种烟尘被风吹到很远的地方,飘在佐治亚州大片土地的上空……做下面的补充是适当的:我们有优势证据表明,硫酸烟尘引起原告的州内范围如此之大的森林和植物生命——即使不是人的健康——的损害或者存在这种损害的威胁,以至于构成一场诉讼……佐治亚州坚持其权利主张是否对自己的公民弊大于利,应由该州去决定。

---

① Georgia v. Tennessee Copper, 206 U. S. 236 (1906).

在给予被告一段合理的时间完成其在建项目,并且在被告进行了一定的努力之后,为制止烟雾,除了发出禁止令,我们别无选择……

霍姆斯法官是不是应当更仔细地权衡,并将佐治亚州与其他任何当事人同等看待,而不仅仅因为它是一个州就有资格获得一份禁止令?作为主权者的州,是不是应当对什么有益于它的公民有最终的权力而不受私有公司行为的限制?

6. "戴蒙德诉通用汽车公司案"① 是代表洛杉矶县全体居民提起的集团诉讼,被告是293家从事汽车制造、原油提炼和销售、能源生产和运输的公司。原告要求经济赔偿和禁止空气污染的强制令,诉求被驳回后,他们随即上诉。原告在上诉要点摘录中申辩说:

> 促成本诉讼的是洛杉矶县空气质量的持续恶化,以及各级政府中行政、立法部门没有任何有意义的应对措施。立法机关没有见效的法律,虚幻、周期的、官僚式的整顿以及受工业操控的行政官员,这一切已经导致生活不适、疾病和死亡的显著增加。越来越多的法律学者得出结论:司法的介入是必须的、适当的。

下文中他们坚持认为:

> 要求法院服从立法和行政两个政府分支的被告们,正是运用游说、舆论影响和竞选赞助不断腐蚀我们体制的那些人。被告们不是带着清白的双手来到法院的。尊荣的法院是他们唯一不能玷污的机构,如果这一环境的悲剧尚有解决的办法,它将只能出自司法机构。

法院坚持其驳回的意见,认为:

> 一旦承认一个高级法院无法通过判决来消除空气污染,就应当直面被告所要求解决的可见的现实问题。我们不是在处理空气的呼吸者和污染者之间一个简单的争议。毫无疑问,对空气污染需要控制。问题不在于"我们要不要"控制,而在于"以何种方式、在多大程度上、什么时候开始"控制。
>
> 美国议会和加利福尼亚州立法机关都决定,必须控制空气污染物的排放。立法已经为联邦、州和地方确立了行政机制,它们从事研究,举行公开听证,根据所获知识和信息,制定和修订各种污物排放的允许限度。制定法体系为排放标准的贯彻执行提供的手段包括许可证撤销、民事强制令和刑事诉讼。
>
> 原告的诉讼要点明确说明,案件不是基于对任何现行的控制空气污染

---

① Diamond v. General Motors, 20 Cal. App. 3d 374, 97 Cal. Rptr. 639, 1971.

的法律、法规的违反，原告的立场观点是：目前的制定法和行政法规体系是不足的，执行机构是没有效果的。原告只是要求法院去做民选代表所没有做的事情：在这个国家采取更严格的空气污物排放标准，并以法院的卑微权力来执行它们。

无可争辩的是，在这一社会共同体中，就下列问题存在实质性的意见分歧：工业过程中应有何种变化？要等多长时间？何种新技术是可行的？为获得更加清洁的空气而导致的产品和服务的减少、生产费用的增加，在多大程度上是可以接受的？这些问题在政治论坛上讨论，并正在由那些选入政府的立法和行政机构的人们加以解决。

为本裁决之目的，我们假定，尽管存在着行政机制，任何声称因不合理地排放空气污染物而遭受人身或财产损失的人，都可以为其经济赔偿和禁止令申请陈明诉讼事由。但是，原告所提起的这一号称代表全县每一居民的集团诉讼，属于全然不同的一种诉讼，原告提起集团诉讼的目的，也就是他们心目中的正义，在于对该县主要工业企业的生产过程、产品和经营规模的司法规制。

初审法院在对诉求进行表面审查后所得出的结论是合情合理的，即这项任务是它力所不及的。

法院如何预见环境问题中的不同利益的最终调和？这种预见合理吗？是所需要的吗？为清除污染，洛杉矶的人们下一步应该做什么？

♣ "戴蒙德案"是向加利福尼亚的法院提起的。在下面的案件里，俄亥俄州将因伊利湖（Lake Erie）的污染而将诉讼提交给法律秩序的顶点——美国最高法院。这一对各州开放的特别程序与上面讨论的"佐治亚州诉田纳西铜业公司案"所用的程序是相同的。

第五节　俄亥俄州诉怀安多特化学品公司案

Ohio v. Wyandotte Chemicals Corp.
401 U. S. 494（1971）

哈兰（Harlan）法官阁下：

本诉讼是为减除污害之目的而代表俄亥俄州及其公民提起的，被告是怀安多特化学品公司，简称怀安多特公司；道尔化学品公司（Dow Chemical Co.），简称美国道尔公司（Dow America）；加拿大道尔化学品有限责任公司（Dow Chemical Company of Canada, Ltd.），简称加拿大道尔公司（Dow Canada）。怀安多特公司在美国密歇根州设立，其主要办公和经营地也在那里；美国道尔公司在特拉华州成立，其主要办公和经营地在密歇根州，并持有加拿大道尔公司的所有股份；加拿大道尔公司的设立和经营都在加拿大安大略省，而其大部分董事是美国居民。

原告称，加拿大道尔公司和怀安多特公司分别向多条河流里倾倒汞，这些河流最终都汇入了伊利湖。因此，污染了伊利湖水系的植物、鱼类和野生动物，而美国道尔公司应为其外国分支机构承担连带责任。假定俄亥俄州有能力证明其主张，则它所寻求的判决内容是：（1）声明向伊利湖众多支流排放汞是一种公共污害；（2）永久禁止各被告向伊利湖或其支流排放汞；（3）要求被告，或者清除伊利湖的汞，或者向俄亥俄州支付一笔清除费，该费用仅用于此项目的；（4）指令被告因造成伊利湖及其鱼类、野生动植物、俄亥俄州的公民或居民的损害而向该州支付赔偿金……

一

我们拥有管辖权，这一点似乎再清楚不过了。勿庸置疑，从表面上看，原告揭示了一州与另一州的公民及外国臣民之间存在一起真正的"案件或争议"……

……对基于地方法的事物行使我们的初始管辖权，利少弊多。法院对于国家体制的这一最重要责任几乎毫无例外地存在于联邦法的领域。既然对于联邦的普通法、制定法和宪法的社会结构的影响已经扩展，我们的注意力也必然越来越多地被吸引到这些事物上来。我们没有声称有特殊的能力处置各州与其非定居者之间众多的冲突，这些冲突没有引起联邦法的严重问题……

很清楚，我们必须承认"需要运用明智的自由裁量权，以防止法院在处理各州控告他州公民的案件时滥用诉诸初始管辖权的机会"……

二

我们相信，明智的举措是拒绝俄亥俄州的起诉动议……

实质上，俄亥俄州指控加拿大道尔公司和怀安多特公司所实施的行为——尽管超出了俄亥俄的州界——已经在该州领域内产生而且据说继续产生着灾难性的影响……

……历史上，最高法院解决跨州的空气和水污染纠纷的努力从来都不是一帆风顺的。通常困扰这类案件的难题因争议的特定背景而变得尤其复杂……一系列的官方机构已经积极介入了对本案控诉的污染行为的控制。密歇根州的一个巡回法院已经禁止怀安多特公司在没有司法授权的情况下生产汞电池。不仅如此，该公司正在启用一种经密歇根水资源委员会认可的特殊回收工序，并且继续受该机构不间断的监控。加拿大道尔公司每月向安大略水资源委员会汇报其遵守该委员会汞排放禁令的情况。

另外，俄亥俄州和密歇根州都参加了一年前由内政部长依《联邦水污染控制法》（Federal Water Pollution Control Act）召集的伊利湖执法调查研讨会，……研讨会正在研究包括汞在内的伊利湖污染的各种形式和来源，目的是提供一个基础，以协调各州之间的治理行动，如果这方面进展不大，则为联邦政府和国际联合委员会——美国和加拿大——启动的矫治工作提供依据……就伊利湖的污染问题发表了一份综合性的研究报告，对其6年的研究做了归纳总结。这份文件为减少这些环境危害的联合规划提出特殊的建议，并且提议授权国际联合委员会监督、协调这种努力。

基于以上事实，许可俄亥俄州的起诉动议，实际上将使最高法院的人力和物力用于解决一个大问题的一小部分。许多胜任的裁判与调解机构正积极地以更为现实的方法来解决这个大问题。

俄亥俄州案件的本质同样是令人困窘的。可以公正地说，所争议的与其说是法律问题，不如说是事实问题。要求我们进行的事实发现过程，至少是非常艰难的。我们已经知道……污染伊利湖的不仅是汞，而且有多种来源；汞是一种严重的水污染物，这是新近的科学结论；汞在天然水中的存在，在多大程度上能够认为是安全的、可以忍受的，这一问题目前尚无确定的结论；实际上，尚无介绍如何将汞从被污染的水中分离出来的研究报告发表。确实，俄亥俄州提出的事实问题给予科学家们以崭新的课题。上诉法院的法官们可以在此时正确揭示这些问题的复杂性，这种想法至少是不现实的……其他复杂的事实问题还很多，例如，内政部曾说有8家美国公司已经或正在向伊利湖及其支流排放汞。因而，我们需要判断这些企业的经营惯例和相关责任，以确定我们面前被告公司的适当赔偿责任。

……因此，接受这一起诉不仅不能尽到我们被赋予的主要职责，并且使我们最高法院自陷困境，不得不选择在相同情况的诉讼当事人中进行武断的挑选，或者在这类事情上投入我们的巨大精力……

三

当然,这里所说的一切,丝毫不能被视为贬低俄亥俄州要求我们解决的问题对于公众的重要性。改变我们环境中不断增加的污染趋势,显然是首要的、极为紧迫的事情。以上所论,仅仅是考虑最高法院努力消除环境污染过程中所能够发挥的适当作用。我们不过是指出,我们的能力毕竟是有限的……

驳回动议。

大法官道格拉斯阁下(分歧意见):

本案的控诉为我们的初始管辖权提供了一个典型的案例,其目的是为了消除公共污害,这就是佐治亚州控告田纳西州一家公司的案件。该公司排放的毒烟越过州界进入佐治亚州。最高法院对"佐治亚州诉田纳西铜业公司案"的观点是:

> 一个主权者要求其领土上空不被硫酸烟尘大面积污染;要求其山岭上的林木——无论在州的内部曾遭怎样的损害——不被无法控制的一些人的行为进一步损毁或威胁;要求其山丘上的农作物和果树不遭受同样的危险……这样的要求是公平的、合情合理的。

在州界河流中倾倒污水——"密苏里州诉伊利诺斯州案"(Missouri v. Illinois),或者向海里倾倒垃圾,潮汐将其冲到他州的海岸上——"新泽西州诉纽约市案"(New Jersey v. New York City),都为最高法院启用初始管辖权提供了相似的情形。因汞或其化合物的排放而导致的伊利湖的污染,如果能够证实的话,则无疑是一起严重的公害案件,一州可以依我们历来的标准起诉……

此诉讼没有被1909年的《界河条约》(Boundary Waters Treaty)所排除……该条约并没有表明美国和加拿大政府反对其州、省寻求对水污染的其他救济。事实上,国会在其后制定的《联邦水污染控制法》"1(c)"中说:

> 本章任何部分都不应解释为损害或者以任何方式影响各州就其水域(包括界水)的任何权利或者管辖。

本诉讼在展开过程中,当然地蕴涵了许多联邦法。案件将关涉联邦领域一个重要部分——联邦政府主权下的适航河流和适航内水。适航水域属联邦控制,这一点自1845年波拉德(Pollard)主审的"莱茜诉哈根案"（Lessee v. Hagan）以来已经非常明确了……

国会已就该领域的事务制定了多项法律，其中最具普遍效力的是1899年的《河流与港口法》（Rivers and Harbors Act）……该法禁止排放"来自街道、下水道以外的、任何种类的液态废弃物"，包括悬浮物……

1930年的鱼类和野生动物保护立法，就"国内的污水、矿物、汽油、工业废料、腐蚀性残渣及其他污染物"对鱼类和野生动物的影响，授予内政部长各种名目的管辖权……

《联邦水污染控制法》……给予内政部长广泛的、就各州所控告的水污染问题采取行动的权力，还有确保联邦减除污染的其他程序……1969年的《全国环境政策法》（The National Environmental Policy Act），为联邦机构及其执法提供了详尽的生态学指导。

1970年12月23日，总统发布了一道行政命令，依《全国环境政策法》将美国陆军工兵部队（The Corps of Engineers）与新的环境保护行政监管局执行官（The Administrator of the new Environment Protection Agency）的职责结合起来……

然而，联邦的工作并不能取代各州的行动。《水污染控制法》"1（b）"明确宣称：国会的政策是"承认、保留、保护各州在防止和控制水污染方面的主要职责和权利"……

1970年新的《环境质量改善法》（Environmental Quality Improvement Act）……在阐述国会保护环境的总体政策的同时指出："落实这一政策的主要责任在于州和地方政府"……

很多人抱怨，尽管联邦有很大的权力储备，但却无所作为。当然，这不是我们的问题。但我们关心的是，联邦的法律不能取代州的行动。在现行联邦法律之下，各州确实有主要的责任来制定水质标准；联邦机构仅在某一州未尽职责时才为其制定水质标准……

联邦法律之中无一字一句禁止州的行动……

本案的初审有许多负担和困惑，其中一些是复杂而著名的涉及水权的问题。一并影响着美国和加拿大利益的密歇根湖的排水系统及附属的水面下降问题，作为一个初审案件摆在我们面前……

科罗拉多水系在亚利桑那州和加利福尼亚州之间的分配是一项庞大的需要分析研究的艰苦工作……

北普拉特（Platte）河在科罗拉多州、怀俄明州和内布拉斯加州之间的分配，也被作为我们的初审案件……

不过，惯例一直要求我们在本案中任命一名特派员，我们还可以任命（或者授权特派员保留）一批科学顾问。本案的问题与前述的水污染案件相比是简单的。现在我们知道，倾泻在水中的汞通常变成一种有害的化学物质。本诉讼主要是确定各被告目前造成污染的程度……

尽管这一问题披上了化学的神秘面纱，但还是能够被专家们所揭示。它将真正成为我们初审管辖的案件中最简单的一个。

美国司法部在一份详细的报告中告诉我们，联邦法律中没有任何障碍阻止我们行使管辖权。我无法想象还有什么案件对公众的利益而言比本案更为重要。

提示与问题

1. 美国最高法院已经对俄亥俄州说了很多：最高法院有其他更重要的事情要处理，无法认定事实、确定赔偿；各公司已在密歇根州、俄亥俄州和安大略省的监控之下；最高法院对本案的处理将仅仅触及一个大问题的一个方面；最后，俄亥俄州所需的任何救济都能够通过它自己的法院体系得到保障，而不必通过特别程序诉诸美国最高法院。

将这些论点与分歧意见相比较，再将怀安多特案中最高法院的推理与前节注释中提到的"戴蒙德案"的推理相比较。

最高法院是否充分权衡了相互冲突的利益，并最大限度地减少了摩擦和浪费？这一点正是庞德所主张的法律在解决社会冲突中的中心作用。

2. "戴蒙德案"和"怀安多特案"显示，污染问题已变得更重大，影响的地理区域更广泛，因而通过法院、立法机关或行政措施来消除这一问题，变得更加困难而不是更加简单。如果像"戴蒙德案"那样通过地方法院寻求问题的解决，那便倾向于将问题踢给政治或行政机构；如果像"怀安多特案"那样在司法体系的最高层寻求救济，那么问题可能被委之于下级法院或政治权威，有时是其范围内的国际组织。

如果所有级别、所有政府部门或者国际财团都存在独立自主的"努力"，那么，人人能够行动，事实上反倒意味着没有人行动，污染的治理问题将因相互冲突的权力结构和政策而搁浅？

如果这种情形发生，是否唯一不变的将是时间的流逝和污染的持续？

3. 沃尔特·罗森·鲍姆①清点出几百个环保方面的制定法，美国环保署

---

① Walter Rosen Baum, "Environment Politics and Policy" (Washington: Cong. Qtly Pr., 1991) 17, 18; pp. 82 – 96.

（EPA）和一系列机构，比如职业安全与健康管理局（OSHA），以及内政部，都负有执行这些制定法的职责。这些机构有着不同的人事、财务和执行哲学。在议会中，也有同样的责任划分与再划分。众、参两院都有各种委员会和分会，都至少有一份编号一百以上的环保日程。

4. 环保诉讼一直是复杂而久拖不决的，这对污染的持续增长起了推波助澜的作用。不断提出的问题是：什么样的当事人可以起诉？控告何人？在什么法院？依据何种法律？施以何种救济？

例如，1987年的钱普林湖（Lake Champlain）污染案，原告是佛蒙特州的一些土地所有者，被告是国际纸业公司，依佛蒙特州有关污害的普通法的规定在佛蒙特州的法院起诉。① 原告的诉求是赔偿金2千万美元、惩罚性赔偿金1亿美元以及禁止令。该公司经营地是钱普林湖靠纽约一侧，它的排污管道正好在纽约与佛蒙特州位于湖面上的边界近旁。

该公司首先申请将案件移送给设在佛蒙特州的联邦地区法院审理。案件一到联邦法院，该公司又申请法院驳回原告的诉求，理由是普通法中有关赔偿和禁止令的救济规定已经被全国性的《净化水法》（The Clean Water Act）所取代而不再适用。

正是这些程序问题而非实体权利主张，使该案通过联邦法院系统一直到达美国最高法院。最高法院不得不决定，联邦《净化水法》通过后，州的有关法律还是否有效，如果有效，是适用佛蒙特州（被污染者）的法律，还是适用纽约州（污染者）的法律，或者两者都有效。最高法院裁定，联邦法律不能全部取代各州有关污染的法律赔偿，但是，（为了消除混乱，）作为污染者的州的法律较被污染的州的法律优先适用。

当案件被发回后，以500万美元和解。来自佛蒙特州米德贝里（Middlebury）的原告律师彼得·兰洛克（Peter Langrock）制定了一个详细的方案，以便分配和解结果。通过电话，兰洛克说他"已经完成了40份和解协议的计划"，准确确定了每个人应得的份额。（比如，一些原告离污染源更近些；一些人得知污染的情形后变卖了财产，假定财产完好无损，也被推定没有卖到应有的价钱；受污染的财产所有者得到的平均补偿为他们财产价值的25%。）

兰洛克的工作跨越了20年，且两度到达最高法院。（他还说，如果适用纽约州的法律，他的客户所获得的好处会比现在这样适用佛蒙特州的法律更多，这真是命运的捉弄，因为他曾在最高法院极力主张适用佛蒙特州的法律！）

5. 我们在本章选取了一些案例，以说明涉及污染的案件是以何种方式诉至法院的：一位土地所有者因财产损害而起诉多名污染者（"瑟斯奎汉纳案"、"达克镇案"、"国际纸业公司案"）；由州起诉污染者，要求禁止令和清理费用

---

① *International Paper Co. v. Ouelette*, 479 U.S. 481 (1987).

("田纳西铜业公司案"、"怀安多特化工公司案")；众多公民起诉上百家公司，该案中法人行为的累加影响被确定了，但特定的污染源没有确定（"戴蒙德诉通用汽车案"）。

还可以因污染造成的死亡和伤害而起诉。"安德森诉格雷斯及公司案"（Anderson v. W. R. Grace and Company）即是适例，此案因《一起民事诉讼案》① 一书而著名。该书按照时间顺序细述了为案件奋战的近10年的迂回曲折，这本畅销书是以原告马萨诸塞州沃本镇（Woburn）的代理律师简·舒里克曼（Jan Schlichmann）的视角写作的。要了解在污染行为与其后果之间建立联系的重重困难，本书是不可或缺的指导；要了解法人被告如何以不受限制的"战争资金"来充分利用程序的复杂性去打一场官司，本书是言简意赅的提纲。人们通常以为，运用法律技巧在刑事诉讼中非常盛行，而法律技巧在这些民事案件中的运用与滥用，使刑事诉讼中的伎俩相形见绌了。

"沃本案"的线索是直白的，但却无法准确估量。在该镇的一些地区，白血病和其他严重疾病的发病率很高，受波及的家庭都饮用了从邻近被告公司的地下蓄水层打井抽取的水。被告公司在鞣革及清洗过程中使用了有毒的化学品。如果这些化学品进入水源，就会危害身体健康，但是，当案件开始时，危害的程度及产生这种程度的危害所必须的化学品剂量尚不完全为人所知。

在"怀安多特案"中，伊利湖污染的因果关系问题是有争议的；在"沃本案"中，因果关系的建立更为困难。原告已经证明了来自公司的化学品污染了蓄水层，并进入了水井，进入了家庭，影响了起诉人的家庭健康。每一因素都须严谨的证据证明，这是一个费用昂贵的过程，涉及毒物学、水文地理学和医药学领域的专家。每一要点都有相对立的专家意见。来自公司的化学品与白血病、神经性、遗传性和呼吸道疾病的病原学上的关联，是医学难于理解的边缘性问题。这些都使本案冗长、多次拖延且耗资巨大。

简·舒里克曼身陷此案而不能自拔。他认识到，无论官司是否继续打下去，他都会被逼发疯。他可以选择疯的形式，却不能从根本上避免发疯。如果我在这里把结果说出来，他解决这种两难的努力就不那么精彩了。（参见《一起民事诉讼案》，任何学者，如果想要了解法律制度，以及了解如何利用非正常死亡和伤害诉讼来补偿环境污染，都应该阅读本书。）

♣ 像"俄亥俄州诉怀安多特案"、"国际纸业公司诉奥莱特案"（International Paper Company v. Ouelette）和"安德森诉格雷斯及公司案"之类，都提出了一个令人烦恼的结论：有关污染的联邦或州的法律究竟怎样表述可能并不重要，重要的是被告的战略地位，以及他们

---

① Jonathan Harr, *A Civil Action*（New York：Random House；1995）.

与对手相比其承受诉讼负担的能力如何;保证长期聘用昂贵的律师,让案件在可能的法院之间转来转去,争论应适用何种法律,制造拖延、复杂性和执行费用,或者使法院和对手纠缠不清。

即使对手预审时还算顺利,法律上还站得住脚,后面仍然有一次又一次的庭审和收集科学的和其他的证据所要付出的大量开销,而诉讼的总体开支是有限的;然后是在允许的范围内一轮又一轮的上诉,每次上诉都等于案件的重新开始和新的诉讼负担。如果像"奥莱特案"一样,为从造成污染的公司获得 500 万美元而耗费 20 年打一场官司,谁是赢家?污染者失败了吗?在"安德森案"中,要投入多少艰辛和资源,才能获得正义呢?

无论美国法现有的环保措施如何,当公司将经营转入第三世界时,这些措施就无从适用了。查尔斯·皮尔逊在《跨国公司、环境与第三世界》一书中总结了环保措施失效的原因:"跨国化使纯属国内的控制体系可以被规避,低效残缺而又无从落实,可以利用又可以谈判。"①

从跨国化的角度看,法律的实施可以增加利润,因为节省了预防、处置或者清理的费用。我们所称的发展中国家,不得不向跨国化奉送的部分内容就是免除不受人欢迎的控制。

美国和墨西哥边境地区发生的一些情况生动地反映了这方面的问题。20 世纪 60 年代中期以后,墨西哥人再不能合法北上美国从事农业工作了,因而有了"工业加工区计划"(Maquiladora program)。主要来自美国的跨国公司,在墨西哥建立了工厂,从事低档产品的配件组装,成品可以免税运回美国。1994 年,"北美自由贸易协定"(NAFTA)获得通过,生产形式得以扩展,不再局限于组装。

随之而来的是污染。"工业加工区计划"实施时已然存在的环境问题被恶化,因为有太多的活动都发生在这块不适合如此广泛而迅速发展的土地上。下面的读物让我们知道跨越亚利桑那州和墨西哥的诺格莱斯(Nogales)人的生活以及他们生活中无所不在的污染。如果贫困的人们离不开工作,工作也离不开贫困的人们,需要劳动,也需要健康。

---

① Charles Pearson, *Multinational Corporations, Environment and the Third World* (Durham: Duke University Press, 1987).

第六节　生活是属于每个人的*

米丽亚姆·戴维森

当我第一次遇到吉米·特耶彻（Jimmy Teyechea），他在开门时向我板着脸。这是 1994 年 2 月一个晴朗而寒冷的早晨，我不过是又一个来骚扰的记者，想向这位身患癌症的人采访诺格莱斯位于亚利桑那州一侧的环境污染情况，以及他为反对环境污染而采取的直率行动……我给他一个钟头洗漱一下，当我回来的时候，他已经焕然一新了。他洗了个澡，梳理了头发，穿了一条牛仔裤，上面配一件有米老鼠图案的羊毛衫……"这不是生存和死亡之间的战争，"他对我说，"这场战争是为了给生命以意义。"

吉米想做的第一件事是带我到卡里罗（Carrillo）街上转转。他戴上太阳镜，吃力地挂着拐杖……吉米手指他家对面的一座房子说道："那里住的是班彻莱尔先生，他死于骨髓瘤。他 23 岁的儿子死于白血病。"他慢吞吞地走着，继续说："再看那边，住的是杰西·帕蒂达，得了喉癌。"我们横过马蒂内兹（Martinez）街，然后沿街而行，边走边列举每座房中受害者的名字和他们所患的癌症类型。一共有 14 个病例，至少一半发生在卡里罗街住着的 18 个家庭里，这还不包括马蒂内兹街角那些家庭的病例……

在他儿时生活过的家中，吉米向我展示客厅里的一张标针地图和一本剪贴簿，用来显示诺格莱斯疾病蔓延的程度和这块边境上的污染问题。我们谈到癌症如何改变了他的生活。吉米曾是农产品经纪人，每年有 6 位数的收入。他是一个社交红人，又是一名赛马骑师。他告诉我，在那些日子里，当他跨越警戒线去购买葡萄时，根本没有想到过农工们在哪里睡觉，吃些什么，是否正受杀虫剂的毒害。他说："这一切与我无关，我从未想到人们正在走向死亡。"

……40 岁的时候，吉米被诊断出一种罕见的癌症，名为"多发性骨髓瘤"。

骨髓瘤是白血病或称血癌的一种，当骨髓中的造血细胞疯狂生长失去控制时，就会发生这种疾病，但像吉米这么年轻的人却很少得这

---

* Excerpt of "Living Is for Everyone" from *Lives on the Line: Dispatches from the U. S. - Mexico Border* by Miriam Davidson（Tucson：University of Arizona Press），2000，pp. 50 – 65.

种病，因而他很想知道这是什么原因。他喝酒，也吸烟，不过吉米的内科医生乔治·康莫西（George Comerci）告诉他，这些嗜好都与骨髓瘤无关。他从事的农产品工作可能使他接触杀虫剂，但医生同样不认为这种接触在剂量和时间上足以造成这样的伤害。康莫西医生说："我们真的不知道骨髓瘤的病因到底是什么。"吉米不满足于这样的答案。他知道，一定有什么东西引起了这种疾病；他相信，如果尽到足够的努力，就能够找到病因。

起初，吉米并没有怀疑环境链……

……"世人应当知道诺格莱斯发生的一切，"他平静地说，"我要替那个我刚去探望的得了白血病的12岁男孩说话；我要为那些死去的朋友说话。我想知道的是，在我死后，谁替我说话？"

一眼望去，你不会疑心卡里罗街上有什么不对劲儿。街道两边是祥和的居民，离南面的国界约1英里，与诺格莱斯低地有几个街区，是诺格莱斯在亚利桑那州一侧最好的街道之一……

人们察觉当地环境的改变是20世纪80年代的事情。当时，居民们开始注意到，曾经是蔚蓝的天空正在变成黄褐色。随着此前10年墨西哥的跨界贸易与人口涌入，自南向北的盛行风使得美国一侧的空气污染越来越严重。至20世纪90年代初，空气检测显示，小小的诺格莱斯，其空气质量是亚利桑那州最差的，甚至比拥有两百多万人的菲尼克斯市更糟，后者曾屡屡突破联邦制定的空气质量标准。位于边界以南3英里的诺格莱斯的垃圾场，每隔几周就会焚烧垃圾。空气中充斥着燃烧的废旧轮胎、塑料和其他废物发出的难闻的气味，它强烈刺痛人们的喉咙和眼睛，以至于学校不得不取消户外活动。冬季空气尤为低劣，几百辆等待过境的运输农产品的卡车排放出大量的废气，像浓雾一样笼罩着谷地，被冷空气稳固地聚拢在上空。

尽管墨西哥一侧的空气也很糟糕，甚至更加低劣，但主要的环境和公共健康问题——这里以及所有边境上——在于不足的供水和排水系统。到20世纪80年代中期为止，诺格莱斯低地一年到头都流淌着来自山坡上几千座棚屋的废水，还有许多上、下水管道的泄漏物。暴雨一来，山坡上冲下的与下水道泛出的，一起汇入低地河床，成吨成吨的污水和垃圾顺流而下进入美国。1990年，在亚利桑那州的诺格莱斯发生了几十起肝炎病例，圣克鲁兹（Santa Cruz）县官方宣布，低地河床中的水已经成为公众健康的威胁。美国政府在墨西哥水流入口处安装了氯化器，目的是杀死那些流入美国的水中的细菌。当然，氯化器对于大量的金属、溶剂、石油以及河床中漂流的其他废物是无能为力的。

工业污染开始泛滥的信号出现在1986年。当时，亚利桑那州卫生部门在水中发现了含量很高的多种毒素，包括三氯乙烷、四氯乙烷、氯仿和三氯乙烯。接下来又检测出高含量的铅、氰化物、汞、铬、铜和其他金属。1988年，对沿河床的水井进行检测时，发现了多种工业溶解物，还有水面的有害漂浮物，它们污染了边界北部至少几英里范围内的地下水。那一时期，亚利桑那州一侧沿低地河床至少有上百口私人水井，墨西哥一侧的水井也难以计数。许多家庭和企业，包括向全国运送水果和蔬菜的农产品作坊，当时都在使用这些水井。20世纪80年代末以及1994年，圣克鲁兹县卫生部门提醒亚利桑那州诺格莱斯的私人水井拥有者：不要饮用这些井水，也不要用井水洗菜做饭，但这个部门没有权力封闭这些水井，也无法知道有多少居民注意到它的警告。

对于苏珊·托马斯·雷米莱兹而言，这个警告来的太晚了。20世纪80年代中期，她的全家生活在诺格莱斯低地河床沿岸的一栋房子里，就靠近旁的水井生活。苏珊当时正怀着她最小的孩子米歇尔，喝的就是这口井里的水。1987年，她只有18个月的小女儿被诊断患了白血病。苏珊和邻居们谈起这件事，知道他们中的一些人也身患癌症。她开始怀疑这些井水，并对自己的水井进行了检测，尽管检测结果没有问题，但并未消除她的怀疑。沿低地河床展开的这些水井都很浅，最多15英尺，污染物可以迅速出现，也可以迅速消失。

苏珊全家搬到镇子的其他地方，但是发生了这种事，她开始怀疑诺格莱斯是否还有安全的用水。她做了一些研究，发现绝大部分的公共饮用水来自被认为是安全的、镇东5英里圣克鲁兹河沿岸的那些水井。不过，她惊讶地得知，至少20世纪80年代以前，一到旱季，这个城市就开始靠低地河床的水井来供给用水。更令她不安的发现是，私营的供水公司不断抽取沿岸的井水，供给当地几千名居民，就像诺格莱斯的索诺拉（Sonora）一样，后者就是边界以南3英里那个焚烧垃圾的地方。苏珊在许多会议和研讨中都开始说到这些水的情况，并且向任何愿意倾听的人诉说，其中也包括吉米·特耶彻。在与苏珊交谈之后，吉米让全家转而饮用瓶装水，但是，他仍然不能确信自己的癌症与环境有什么牵连。继而，在1992年初，他在卡里罗街住房的客厅中悟到了这种联系。多发性骨髓瘤被认为是相对少见的癌症，在诺克莱斯这样的小镇上，每年的预期病例应当是一个左右。而现实情况是，街对面的那个人已经死于骨髓瘤，街角上住的那个人也患了同一种病，特耶彻家后院对面的房子里住的妇女也刚刚被诊断出这种疾病。"在这小小的两个街区范围内，竟然有4个罕见的癌症病例，"吉米对自己的母亲说，"这太多了，一定出了什么问题。"

他以与疾病斗争相同的坚韧性开始探究诺格拉斯集中发病的缘由。他到当地丧葬部门，花了几个星期的时间研究自1986年以来的1千个死亡证明。其中有400个没有提到死亡原因，剩下600个当中，有290个被标明死于癌症。这个数字加深了吉米的怀疑：一定发生了极为严重的事情。他与康莫西医生谈了自己的发现，并且得知这位医生也在关注周围的一切。20世纪80年代晚期，根据康莫西的统计，至少有13人已经死于或被诊断患有胰腺癌，这是亚利桑那州诺格莱斯这个地方应有数字的两倍。这些死者中有8个住在努恩（Noon）街和麦克耐布（McNab）街，它们位于可以俯瞰卡里罗街的山脊上……

……吉米遇到了另一位诺格莱斯本地人，她叫安娜·阿奎娜，同样关注着事件的发展。安娜列出一个名单，上面的人都患有狼疮。这是一种原因不明的自体免疫疾病，发病者通常是妇女，能够引起关节疼痛无力并且损害肾脏和神经系统。安娜本人就是这样的患者，她仅仅通过朋友和邻居，就得知并列出了20多个狼疮患者的名单……

1992年11月，吉米、安娜和苏珊邀请了十几位朋友和邻居到安娜家中，帮助制作一张当地疾病分布图。他们用不同颜色的小旗来标出死者和患者的家庭位置：黄色代表胰腺癌；红色代表白血病和多发性骨髓瘤等血癌；橙色代表卵巢癌；黑色代表狼疮；绿色代表其他各种癌症。当晚他们完成这个分布图时，图上已经插满了各种颜色的小旗。尽管这些小旗没有揭示明确的规律，但却显示出绝大多数的发病都集中在镇中心和低地河床沿岸的居民中。这次制图会议上了《诺格莱斯国际》（*Nogales International*）的首页新闻，并且被证明是一个转折点。几十个人患有或死于癌症或狼疮，这导致了一系列的会议。所有的人都因分担了他人的痛苦而欣慰，也都因找到了可能的答案而欣喜。吉米他们的新组织命名为"LIFE"（Living Is For Everyone），并且激励该组织的成员们，让他们知道他们不是在孤军奋战……

这个组织还有一个更富于战斗精神的目的。在发现了诺格莱斯环境污染的范围之后，吉米、安娜、苏珊和LIFE的其他成员开始确信，是污染导致了他们的疾病，而不是基因、生活方式、上帝或者命运。

他们成立 LIFE 的目的，不仅在于相互支持，而且在于促使科学家们找到这些病因，并且更重要的是，要求清除环境污染。在吉米心目中，直面并阻止污染者就是这个团队的主要目的……

从一开始，LIFE 就惹起了争议。当地居民和企业家们担心会有负面的宣传效果，又不愿意让墨西哥一侧的诺格莱斯人不满，因而拒绝与这个组织合作。亚利桑那州的官员们也贬低 LIFE 对环境的忧虑，他们声称，在诺格莱斯，污染导致疾病的主张经不起科学的审视。蒂姆·弗拉德医生是亚利桑那州预防传染病办公室的主任，他说："这只是公众重大误解的一部分，说癌症与被污染的总体环境有关，这方面的证据太少了。"弗拉德甚至怀疑在诺格莱斯的发病率是超常的。他指出，1990 年，圣克鲁兹县的癌症死亡率是 142/100000，少于亚利桑那州 185/100000 的平均死亡率，而且该县的前列腺癌和宫颈癌并不高于平均发病率。

尽管有弗拉德医生这样的官员和专家的反驳，LIFE 给出的诺格莱斯癌症和狼疮的高发病证据还是引起了亚利桑那大学两位科学家的重视。乔尔·梅斯特（Joel Meister）和拉里·克拉克（Larry Clark）两位博士会见了这个组织的成员。两位科学家对吉米、安娜和苏珊所做的工作产生深刻印象，并且同意做进一步的调查研究。克拉克运用 LIFE 给出的数据做了初步估算，发现诺格莱斯的狼疮、多发性骨髓瘤和白血病确实高于应有的水平。两位科学家说，他们相信弗拉德医生所依赖的该州的癌症统计数据是不完全的，需要更多的研究……

吉米一边搜集信息，一边开始将有关诺格莱斯和边境其他地区环境污染的文章剪贴汇集起来。这不是一幅令人乐观的图画。1990 年，记者桑迪·图兰（Sandy Tolan）从诺格莱斯工业区附近一处排水孔采集了水样，据此为《纽约时代杂志》（*New York Times Magazine*）写了一篇关于工业加工区的文章。结果显示，甲苯、二甲苯、苯和其他致癌物的含量都达到了危险水平。同年，有一个叫"全国反毒战役"（National Toxics Campaign）的组织也从一家工厂排向街道的水中抽取了一个水样，发现其中含有安全水平 66 倍的铜和 300 倍的铬。这个工厂原属麦考拉铸币企业，现在由美国乐器公司（UMI）所有。

吉米相信，这些水样仅仅是有毒冰山的一角。他说："他们已经倾倒了 20 年，我一想到那里的一切，就不寒而栗"。自 1983 年以来，工业加工区被认为是在生产过程中制造这些有害物质的罪魁祸首，而且还将废物运回到它们的来源国，通常是美国。但是，20 世纪 80 年代末

90年代初的研究发现，只有30%的工业加工区废物被运走，只有20%的废物运输能够证明是依法而行的。对有害废物的适当处置是昂贵的，每桶需要几百美元。这促使公司管理层积极寻找其他更省钱的方式。20世纪90年代早期，吉米在诺格莱斯有一位朋友叫菲尔·伯内克，他说自己亲眼目睹了18年来的废物倾倒："我看到每周有3500加仑的有害废物被倾倒在水沟里。只要工头们说：'是，老板，我来处理这事，已经处理好了。'这就是老板们想知道的一切。"……

……吉米得知，边境地区到处都有无脑畸形的病例，在垃圾场所在地的索诺拉，1990年有2例，1991年有6例，1992年有9例。这使当地的医生们感到震惊，也促使健康部门的官员们开始进行研究。尽管研究结果表明，发病率与当地人口是同步增长的，吉米还是去咨询了墨西哥的医生。这些医生对研究结论表示怀疑，他们说，墨西哥方面的健康数据非常不准确，这一点是尽人皆知的。不仅如此，坏消息经常被压制，尤其在微妙政治事件的关键时期，比如，"北美自由贸易协定"批准时期。尽管如此，1993年在埃尔帕索（El Paso）举行的一次研讨会上，研究者们报告说整个墨西哥无脑畸形儿增加了，无脑畸形及相关缺陷在美国一侧也有发生。1991年，有一位叫帕翠西·兰德尔的亚利桑那州诺格莱斯居民，她住在低地河床沿岸的一栋房子里，怀孕期间喝的是那里的井水。她生出的男孩只有右脑，右眼失明，身体左部瘫痪。从墨西哥的马塔莫罗斯（Matamoros）跨过格兰德河（Rio Grande）就是美国德克萨斯州的布朗斯威利（Brownsville），这里在20世纪90年代早期有几十个无脑畸形儿，其中，1991年春天曾在36个小时之内就发生了3个这样的病例。

自古以来，无脑畸形儿一直被认为是罪恶的先兆，他们在边境地区的出现，并没有逃过环境保护论者的眼睛。几十年来，工业加工区的家庭不断出现先天畸形的儿童，最引人注目的是，至少有20个畸形儿的母亲曾经于20世纪70年代在马塔莫罗斯的马洛里电容器厂工作，她们生出的孩子都有严重的智力和生理缺陷。不难推测，工业加工区和边境地区无脑畸形儿总体增加之间有着密切联系，甚至还包括那些母亲没有在这些工厂工作的畸形儿。马塔莫罗斯是几家杀虫剂生产厂所在地，它们分别属于"联合炭化"、"杜邦"和"斯蒂芬化工"等公司。这些工厂释放的有毒化学物进入空气和临近水源。当布朗斯威利出现无脑畸形儿时，德克萨斯州的健康部门启动了一项旨在确定原因的调查，研究是否可以在先天缺陷和环境污染中建立联系。28个无脑畸形儿的家庭现在并不需要研究谁应受到谴责，它们要的是直接针对马塔莫罗斯工业加工区提起的集团诉讼。

20世纪90年代初，当有关"北美自由贸易协定"的争论集中在边境地区污染问题上的时候，墨西哥政府开始对工业加工区进行严格监督。一些公司被罚款或者勒令暂停经营，随之，以"通用汽车"为代表的一些大的外国企业陆续宣布了更加严格的污染控制措施。但是，墨西哥没有能力监管边境地区两千多家外国工厂，而它的一些具体负责监管工业加工区的政府官员，却与公司的管理层过从甚密，比如，连诺格莱斯的监察官办公室都是工业加工区捐赠的。违规和罚款，即使有，也是不公开的，而独立的观察员是不允许接近公司及其工作记录的。无论墨西哥政府如何声称，吉米和其他一些人依然相信，贫穷和腐败妨碍了该国环保法律的有效实施。吉米经常说："当我作为农产品经纪人在那儿工作的时候，只要100美元，就没有解决不了的问题。"

墨西哥一侧的诺格莱斯工业加工区管理者们，一听到说要由他们为边境地区的癌症和狼疮负责，就气不打一处来。"我为什么要往自己居住的地方倾倒垃圾呢？"诺格莱斯工业加工区协会环境委员会主席刘易斯·米歇尔质问道。米歇尔说，他所在的阿尔卡特公司是一家法国企业，生产电话传输设备，其生产被认为涉及有毒物质。但他解释说，这家企业一切来源于美国的东西都返回了美国。他们自己每年都两次抽样检查空气和排放水，并且还会受到突然检查。他补充说："诺格莱斯工业加工区都是一样的，我们都没什么可隐瞒的。"

对于诺格莱斯这些疾病的起因，米歇尔自有说法。他指出：除了工业加工区，这里还有许多其他潜在的污染源，包括颜料车间、印刷厂、美容院、甘粉清洁剂和加油站。它们在过去一些年中像雨后春笋般出现在边境地区低地河床的两岸，其中的一些企业很少关心或者根本不关心环保问题。1991年5月，墨西哥一侧一家加油站的工人，向河床里倾倒了几百加仑的汽油，并引起大火，不得不疏散索诺拉几个街区的居民。

早在诺格莱斯建立以前，铁路及其货场已经沿河床铺展开来，它们肯定也是重大的怀疑对象。时至20世纪90年代早期，有几百列车皮每天通过该镇，许多车皮运输的是有害物质，泄露和溢出是家常便饭。1993年，光是在美国一侧，就发生了5起严重事故。在11月份发生的一起事故中，油灌车泄露的硫化铵使多名铁路工人染病，并且迫使镇上的学校和商店疏散了整整两天。1994年初，墨西哥一侧的一次火车出轨也导致了人员的疏散。

边境地区美国一侧的严重问题也逐渐暴露出来，尤其是坐落于淤泥山（Potrero Hills）的美国乐器设备厂。苏珊曾经告诉我，1987年她曾骑马郊游，同年她的女儿被诊断出白血病。那一次，当她从山上向下眺望时，惊讶地发现美国乐器设备厂后面有一个很大的发着荧光的绿色水塘。公司管理人员后来承认，几十年来他们都在倾倒着金属物和溶解物。"我们把它倒在后院是因为我们没有更好的办法。"一位公司管理人员这样说。亚利桑那州环境质量保护部门调查发现，一股被三氯乙烯污染的地下水正是从该厂流向淤泥山的公共水井的。

在列举了诺格莱斯许多可能的病因之后，刘易斯·米歇尔告诉我，他个人相信美国军队以前的一个营地是卡里罗街集中暴发癌症的真正原因。多年来一直有人传言说，这个军营曾经作为化学和军需品的贮存处，在建设新军营时曾经挖出许多滤毒罐和其他军用品……

美国乐器设备厂和军营的情况使吉米不安，并使他认识到，有毒物质的倾倒并不局限于工业加工区或墨西哥。他所读到的一些工业污染还发生在纽约的莱芙运河（Love Cannal）和马萨诸塞的沃本镇。他和LIFE的其他成员还会见过来自图森（Tucson）南部的癌症患者，那里的饮用水被美国空军等单位倾倒的三氯乙烯所污染。吉米相信，诺格莱斯的状况只是即将到来的事情的先兆。他说："我们到处都有工业加工区，我们叫他们'福特'或'通用汽车'，不出5到10年，它们就遍布全国了。现在人们还可以说：'这不是我的问题。'好吧，那它就是明天的问题。"

提示与问题

1. 学生们可以研究一些墨西哥边境的生产基地：提华纳（Tijuana）、雷诺萨（Reynosa）、马塔莫罗斯，等等。互联网上有许多网址可以查询。尽管网络信息是不稳定的，但它有时却能讲述比公开叙述更真实的故事。应当记住，对制度运用有方的政府，都不大可能承认自己的弱点。

第五章 法律 身份 财富 权力

  4月16日凌晨，当伯纳德·利奥克斯医生离开他的诊室时，感觉脚下踩了什么软乎乎的东西。那是一只死掉的老鼠，躺在楼梯中央。由于一时冲动，他不假思索地将它踢到一旁，继续下楼。只是当他走上街道时才想到，一只死老鼠没有权利在他的楼梯上。
  ——艾伯特·加缪（Albert Camus），《鼠疫》（*The Plague*）

  维护权力对于拥有权力的人是至关重要的，因为正是他们的权力维持着他们的生计；但是，他们要维护权力，不得不同时反对外部的对手和内部的敌人，后者所能做的不外是使他们自己摆脱危险的主子；因为通过恶性循环，主子正是通过自己害怕奴隶的事实而在奴隶心中制造恐惧，反之亦然；在对立的权力之间有着相同的情形。
  ——西蒙尼·韦奥尔（Simone Weil），
  《压迫与自由》（*Oppression and Liberty*），1973年

  如果你厉害，就不必说谢谢。
  ——范纳·李·博西格诺（Fenna Lee Bonsignore），4岁时说

  ♣ 德国法学家、社会学家马克斯·韦伯（Max Weber）将法律定义为强制命令，一种有充分的国家暴力作为潜在后盾的命令。由此，他将法律与习惯、伦理和宗教等其他规范区别开来，它们的制裁也有别于法，如冷眼、内疚或者永恒的诅咒。另外，他认为一个社会为其成员提供两种基本的奖赏方式：荣誉（身份）和经济回报（财富和阶级）。当法律和社会奖赏被通盘考虑时，一个困惑的问题就出现了：法律体系是用来使身份、财富和权力的主导分配方式永久化吗？
  这些是美国法中令人不快的问题，因为我们的社会被说成是不分阶级的，而且每个公民在法律面前被认为是平等的。像霍姆斯、卢埃林和庞德这样的著名法学家，在法律中极少拓展权力空间，这也许是

因为，几乎难以想象法律和法律过程除了强化社会和经济的定位外，还有什么别的功能；将法律视为不偏不倚的、以恰到好处的自由裁量的灵活加以落实的平衡过程，要比将其视为实现少数精英分子愿望的权力操纵，更令人舒适愉快。

然而，许多具体的事例无法做另外的解释。某些法律规则阻碍了切中社会、政治和经济秩序要害的重大问题的提出。涉及住房、福利、就业和其他领域的具有广泛影响的争执被导入分散的范畴（discrete confines），以至于相互竞争的政党不是将自己视为一个巨大集团的代表，这个集团的人们有着相同的利益，即弥合有关财产控制或权力分配方面的怨苦不满。

除了利用阻碍法律诉讼的规则来减少对其现状的威胁外，有权力的人还花费大量的金钱和精力通过立法使法律对自己有利。最著名的是政治行动委员会（PACs）的壮大，以及其他形式的游说集团对州和国家层的影响：除掉不想要的法律，通过有利于己的立法；同时，为赢得威胁其现状的案件投入大量的资源（见第四章中的案例）。绝大部分有关契约和财产方面的法律被塑造出来，以使现存的权力和财产关系成为永恒。毫不奇怪，故意制造的晦涩难懂的条款（fine print）成为有权者手中的硬通货，这些条款几乎总是恶意针对小企业中的谋生者或者公众的，更不必说穷人和低薪阶层了。绝大多数商业交易的文件都是由有权者提供的，也正是他们从这些文件中获益。保险、本票、抵押、附条件的销售合同、租赁及其他需要人们签字的东西，既是公平交易的证据，又常常是统治支配的工具。典型情况下，法院并不到文件的背后去发现商业交易的经济现实。

立法能够具有很强的分层效果（stratified effects），换言之，立法的获益与负担并不是在全体人口中分配的，而是集中于某个阶层和团体。无法与有法可能同样重要，因为随着企业的国际化，它们能够依自己的自由裁量行事。不仅如此，公司推动在世界范围的生产和销售网络中计算收入和成本，这种推动能力使那些控制或接近控制跨国公司的少数人受益，而由此产生的巨大的税收漏洞必然由普通纳税人来弥补。允许公司自由转移资本的判例和立法，获益者是转移资本的人，而不是被这种转移决定所取代的工人们或者曾经进行生产的共同体。

法律的差别影响的另外一些例子也不难寻找。几十年来人所共知的是，用来"规范"公司的法律的塑造，是为了满足管理和财政的利益，而不是为了满足普通股东和公众的需要。从理论上说，税收本质上是累进制的，因而从长远看，应当是使收入和财富趋于平等的力量。但事实正好相反，这导致一位作家将这种对富人的优待刻画为"重大的财政掠夺"（也许是个错误的比喻，因为钱从未到达美国财政部）。自20世纪70年代中期以来，收入和财富的不平等，不是缩小了，而是加剧了。

负责公共设施、通讯、交通和其他关键服务行业活动的行政机构，通常同时受自主行动的公职人员和原本应被控制的企业的指挥。一小部分人可能在企业与负责管理该企业的政府机构之间交替任职，因为"公职"人员正是从该企业征募来的。

刑法及其适用一直高度可见地展示了财富、身份和权力对于法律后果的影响。企业偷税、证券内幕交易、合同诈骗、银行内部盗窃、违反反托拉斯法、挪用等绅士犯罪，其待遇绝对不同于偷窃、夜盗、抢夺之类的穷人犯罪。人们期望警察和检察官行使自由裁量权，使那些并非真正犯罪的人免于逮捕、刑事诉讼、监禁带来的不名誉（opprobrium）。导致尼克松政府多名高官被定罪的"水门事件"，是一次不寻常的优待规则的例外。但在"水门事件"后，仍然给予尼克松总统以宽宥和优厚的退职金，以及政府出钱的私人随从。像其他象征性地服刑后重又出现在公众面前的"水门事件"的"前罪犯"一样，尼克松发表回忆录，接受电视采访，被聘为顾问，并最终享受了英雄般的葬礼，好像他不曾需要免予刑事追诉一样。

卡特政府相对丑闻较少，之后的里根政府高层又增添了一系列的腐败和不法案件。其中包括在国会特别委员会调查美国环境保护署时作伪证；白宫前助理的游说的影响和各种利益冲突；违反国会禁令向洪都拉斯和尼加拉瓜反政府武装提供援助（通过向伊朗出售武器，利用数项瑞士银行存款，甚至允许反政府武装使用走私毒品的收益）。① 1999年，克林顿总统勉强逃过了弹劾，因为他在有关自己性生活的问题上作了伪证。

20世纪90年代末，严重犯罪转入了董事们的会议室。各公司实际上被CEO们通过伪造账目等手段劫掠了，但起诉迟迟不能进行，以至于像肯尼思·雷这样臭名昭著的监守自盗者，在其侵占行为尽人皆知5年以后才受到刑事指控。

至少某些人相信，小布什命令对伊拉克进行先发制人的打击，就是犯了战争罪。

对某些观察家而言，这些案件的最后影响好像依违法犯罪者的社会阶

---

① Peter D. Scott and Jonathan Marshall, *Cocaine Politics: Drugs, Armies, and the CIA in Central America* (Berkeley: University of California Press, 1991).

层和政治关系而有所不同。自水门事件后的30年里,华盛顿的丑闻已是家常便饭,以至于合法与非法、适当与不当的界线湮没了。人们在过去听到后会气愤已极的事,现在只是耸耸肩,似乎在说:"你还能期望什么呢?"

正是卡尔·马克思让世人敏锐地认识到经济权力与政治、法律权力之间的密切关系。他得出结论说,只要发现了谁在控制财产和生产手段,就能轻易找到控制政治和法律秩序的人。新的生产手段,后来称为"工业革命",消除了手工方式,将人口从农场推向工厂。对于许多当代人而言,如果马克思主义只是一系列的口号,那么《资本论》的读者会发现,马克思对于英国工厂的每日工作以及工厂制度对劳动力的影响进行了细致的调查研究。工时和工资是马克思的主要关注对象,但他也以详尽的资料证明了超时劳动和恶劣的工作环境对于工人健康的影响。事实上,他可能是最早引入"职业病"概念的人之一。工人们不得不向他们的雇用者奉献自己的肺和部分寿命。

1981年,美国最高法院审理了"褐肺病案",这种病就是由于吸入棉厂粉尘造成的。该案可谓马克思的结论的当代适例:生产过程能够毁掉劳动力。

第一节 资本论:"工作日" *

卡尔·马克思

斯泰福郡的陶器业,在最近22年来,曾三度成为议会调查的对象。调查的结果,第一次见斯克里文先生1841年向童工调查委员会提出的报告,第二次见奉枢密院医官命令公布的格林豪医生1860年的报告……最后一次见朗格先生1863年的报告……在这里,我只要从1860年和1863年的报告中摘录一些受剥削的儿童本人的证词就够了。根据儿童的情况也就可以推知成年人的情况,特别是少女和妇女的情况。同这一工业部门比较起来,棉纺织业之类的部门还算是很愉快很卫生的职业呢。

威廉·伍德,9岁,"从7岁零10个月就开始做工"。一直是"运模子"(把已经入模的坯子搬到干燥房,再把空模搬回来)。他每周天天早晨6点上工,晚上9点左右下工。"我每周天天都干到晚上9点钟。例如最近七八个星期都是这样。"就是说,一个7岁的孩子竟劳动15个

---

* 译文摘自马克思:《资本论》(第一卷),中共中央马克思恩格斯列宁斯大林著作编译局译,人民出版社1975年6月第1版,第273-274页。注释被删去。——译注

小时！詹·默里，12岁，他说：

> 我干的是运模子和转辘轳。我早晨6点钟上工，有时4点钟上工。昨天，我干了一整夜，一直干到今天早晨6点钟。我从前天夜里起就没有上过床。除我以外，还有八九个孩子昨天都干了一整夜。除了一个没有来，其余的孩子今天早晨又都上工了。我一个星期挣3先令6便士。我整整干了一夜，也没多得到一个钱。上星期我就整整干了两夜。

费尼霍，10岁，他说：

> 我不总是能够得到十足一小时的吃饭时间，而往往只有半小时，每星期四、星期五、星期六都是这样。

格林豪医生指出，在特伦特河畔的斯托克和在沃尔斯坦登这两个陶业区，人的寿命特别短。20岁以上的男子从事陶业生产的，在斯托克区虽然只占36.6%，在沃尔斯坦登只占30.4%，但是在这类年龄的男子死亡人数中，死于胸腔病的陶工在斯托克区占一半以上，在沃尔斯坦登区约占2/5……

下面我们从几个调查委员1863年的报告中摘录几段。北斯泰福郡医院主任医生约·特·阿尔莱兹说：

> 陶工作为一个阶级，不分男女……代表着身体上和道德上退化的人口。他们一般都是身材矮小，发育不良，而且胸部往往是畸型的。他们未老先衰，寿命短促，迟钝而又贫血；他们常患消化不良症、肝脏病、肾脏病和风湿症，表明体质极为虚弱。但他们最常患的是胸腔病：肺炎、肺结核、支气管炎和哮喘病。有一种哮喘病是陶工特有的，通称陶工哮喘病或陶工肺结核。还有侵及腺、骨骼和身体其他部分的瘰疬病，患这种病的陶工占三分之二以上。只是由于有新的人口从邻近的乡村地区补充进来，由于同较为健康的人结婚，这个地区的人口才没有发生更严重的退化。

第二节　美国纺织品加工者协会诉多诺万案

American Textile Mfrs. Inst. v. Donovan
452 U. S. 490（1981）

大法官布伦南：

国会于1975年制定并颁布了《职业安全与健康法》（The Occupational Safety and Health Act），"以尽可能确保全国每一位工人都有安全和健康的工作条件……"该法授权劳工部长在适当的告知和充分的评论之后建立全国性的有关工作场所健康与安全的强制标准……1978年，劳工部长通过"职业安全与健康管理局"公布了一个标准，用以限制职业性的棉尘吸入。棉尘是一种在空气中漂浮的颗粒，是棉纺产品的原料准备和加工生产的副产品。暴露于棉尘之中，可以诱发被称为"棉纤维吸入性肺炎"的"呼吸系统综合症"……

请求人[①]在本院主张，该法要求管理局证明其公布的标准能够反映与该标准有关的成本与收益之间的合理关系。被请求人是劳工部长及两个劳工组织，[②]抗辩的理由是，议会在该法中已经权衡了成本和收益，因此该法应被解释为：不要求管理局做这样的权衡。被请求人将该法解释为强制性的，管理局可以据此制定并公布绝大多数的保护标准，以尽可能消除身体健康损害的重大风险，当然，这要受制于经济和技术可行性的限制。上诉法院裁定认为，该法并不要求管理局比较成本和收益……

一

棉纤维吸入性肺炎，在严重以后被称为"褐肺病"，它是一种严重的潜在破坏呼吸机能的疾病，主要是由于吸入棉尘引起的。[③] ……棉纤

---

① 在案卷"No. 79-1429"中，请求人包括12个棉纺加工制造商和"美国纺织品加工者协会"（ATMI），一个代表约175家公司的同业公会……在案卷"No. 79-1583"中，请求人是"美国全国棉理事会"（National Cotton Council of America），它是一个非营利性的法人组织，其章程列明的目的是增加棉纺制品的产量和销量……

② 一个是"美国劳工联合会（American Federation of Labor）和产业工会联合会（Congress of Industrial Organizations）"，简称 AFL-CIO，另一个是"服装和纺织工人工会联盟"（Amalgamated Clothing & Textile Workers Union）。在上诉法院，这两个劳工组织对"棉尘标准"提出异议，认为它不够严格。

③ 棉尘被定义为"处置和加工棉花过程中存在于空气中的灰尘，它是多种物质的混合物，包括被粉碎的植物成分、纤维、细菌、真菌、尘土、杀虫剂、非棉植物成分以及其他污染物，它们随棉花的生长、采摘、后序加工和储存而逐渐积累起来。任何在通过编织来处置和加工棉花过程中产生的灰尘，任何在其他利用新的或旧的棉纤维或者来自棉纺厂的棉纤维副产品进行的其他经营和加工过程中产生的灰尘，都被视为棉尘。

维吸入性肺炎是一种"持续性……疾病",被划分为四个等级。① 在最不严重的情况下,棉纤维吸入性肺炎产生主观和客观两种症状:前者如胸闷、气短、咳嗽和哮喘;后者是出现肺功能丧失的迹象……在最严重的情况下,棉纤维吸入性肺炎是一种慢性的、不可恢复性肺梗阻疾病,临床上类似于慢性支气管炎或肺气肿,能够严重地阻滞呼吸……最坏情况下,像支气管炎、肺气肿、哮喘等呼吸系统疾病一样,棉纤维吸入性肺炎可以产生心血管功能的额外负担,因心脏衰竭而导致死亡……(这里存在死亡率与棉尘吸入程度的相关性)。一位权威这样描述棉纤维吸入性肺炎不断加重的过程:

> 暴露于棉尘的最初几年,症状只出现在周一,或者离开工作环境后的几天;随后,症状也出现在一周内的其他几天;最后,症状持续出现,甚至出现在没有棉尘的时候。② ……

尽管在这一疾病由轻至重的方式上还有某些不确定性,但长时间吸入棉尘肯定促进了这个由轻及重的过程……另外,似乎有位工人未经轻微阶段而突然表现为重度症状……

据估计,至少 3 万 5 千名受雇和退休工人,或者说工人中的 1/12,

---

① 一般称为"先令(Schilling)分级法":"半级:灰尘对呼吸能力的轻度的急性效应,但没有慢性呼吸系统损伤的证据;一级:灰尘对呼吸能力的确定的急性效应,但没有慢性呼吸系统损伤的证据;二级:存在呼吸能力的轻度到中度不可恢复性损伤的证据;三级:存在呼吸能力的中度到重度不可恢复性损伤的证据。"

② 在行政法官就"棉尘标准"举行的听证会上,来自工厂的工人们对于这种疾病做了更加生动的描述:"当他们开始让织布机加速运转时,棉尘变得更加细微,越来越多的人因呼吸问题而开始离开工厂。我母亲 50 出头就不得不离开工厂。在她离开之前,已经气短到无法坚持工作。我的继父也因为呼吸疾病离开了工厂。他咳嗽非常厉害,简直喘不上气来,就像小孩儿的百日咳。我的两个在工厂工作的妹妹也呼吸困难。我丈夫在只有 54 岁的时候因为呼吸困难而放弃了工作。"……

"我想我从 1973 年开始感觉呼吸困难,我不断生病,开始无法保障工作时间了。每次我去上班,都会大病一场,窒息、呕吐,简直无法呼吸。吐出的棉绒和棉尘都在我当时穿的衣服上,我把这些衣服都带来了,想让各位看看,我洗了好多遍,但怎么也洗不掉。我只有 57 岁,退休了,因为呼吸困难,甚至无法去教堂。我在房中走一走,或者穿衣服,有时只是看看电视,就喘不过气来。我一直在咳嗽。"……

"我不得不退休,因为夜晚我没有足够的氧气,无法躺下安歇。医生告诉我,要离开那里……我甚至不能呼吸,不得不到户外喘口气。医生告诉我,任何情况下都不要再回工厂去。"……

棉纤维吸入性肺炎并非一种新发现的疾病,早在 19 世纪 20 年代,英格兰就有人描述过这种病。1845 年,在比利时曾对 2 千名纺织工人进行观察研究……

患有严重的棉纤维吸入性肺炎……附随于《职业安全与健康法》的参议院报告估计,有10万名在职或退休工人患有某种程度的棉纤维吸入性肺炎……一项研究表明,抽样调查中有超过25%的从事棉花预加工和纺线作业的工人,由于吸入了现行标准实施以前普通水平的棉尘而患有某种程度的棉纤维吸入性肺炎……另外一些研究确认了这些总体发现……

20世纪60年代以前,美国并不承认棉纤维吸入性肺炎是一种与棉厂有关的明显而独特的职业疾病……1966年召开的"美国政府产业卫生学研讨会"(American Conference of Governmental Industrial Hygienists),简称ACGIH,作为一个私人组织提出建议:应当为棉尘吸入量设立一个"门槛",即,在平均8小时工作时间内每立方米1000微克($1000\ \mu g/m^3$)。美国政府首次对棉尘吸入量做出规定是在1968年,当时的劳工部长依照"沃尔什·希利法"(Walsh–Healey Act),规定了可以广泛适用的有关空气中污染物的极限值,包括上述$1000\ \mu g/m^3$的标准。沿着1970年《职业安全与健康法》§6(a)的路径,$1000\ \mu g/m^3$的标准被接受为"联邦的既定标准"……

1974年,ACGIH采用了一种关于可吸入量而非灰尘总量的新的测量标准,它将先前的标准降低为$200\ \mu g/m^3$,这个数值是通过垂直淘析器确定的,该装置可以测定每立方米15微克以下的棉尘颗粒……同年,"全国职业安全与健康研究所"(National Institute for Occupational Safety and Health)所长……向劳工部长递交一份有关棉尘标准的建议报告,提出了一个"允许吸入极限值"(PEL)的概念。这个极限值"应当在可行情况下设定到最低限度,但在任何环境浓度下,脱离棉绒的棉尘颗粒都不能超过每立方米0.2毫克",也就是$200\ \mu g/m^3$脱离棉绒的可吸入棉尘标准。①……几个月后,职业安全与健康管理局要求有关各方就该份建议报告进行评论……随后,"美国纺织工人联合会"(Textile Worker's Union of America)在"北卡罗来纳公共利益研究小组"(North Carolina Public Interest Research Group)的参与下向劳工部长呼吁设定一个更严格的"允许吸入极限值":$100\ \mu g/m^3$。

1976年12月28日,职业安全与健康管理局公布了一个建议案,

---

① 全国职业安全与健康研究所这份冗长而详尽的建议报告题为"建议标准的设立准则:职业性棉尘暴露"(Criteria for a Recommended Standard: Occupational Exposure to Cotton Dust)。这份报告检视了棉尘暴露的影响,建议了一些具体的工作措施,包括工程控制、医疗监控,以便将棉尘减少到所建议的水平。

用一个新的持久的标准替代当时有关棉尘的联邦标准……这个建议标准包含了经过垂直淘析器过滤的 200 μg/m³ "允许吸入极限值"，它是适用于棉纺工业所有部门的脱离棉绒可吸入棉尘标准……这个建议案也论及了实现这一标准的具体策略：短期的依赖呼吸器，长期的运用工程控制……管理局还邀请有关各方都提交书面意见……

书面意见提交期限以后，职业安全与健康管理局在华盛顿特区、密西西比州格林威利（Greenville）、德克萨斯州卢布科（Lubbock）分别举行了一次公开听证会，共持续了 14 天，赢得了各界的广泛参与。与会人士代表了工业、劳动、科学、经济、工业卫生，等等……

职业安全与健康管理局最终公布的"棉尘标准"，它以 8 小时为时间单位，针对不同工序设定了不同的强制性"允许吸入极限值"：纱线加工为 200 μg/m³，浆纱和织布是 750 μg/m³，而棉纺工业其他所有工序都被设定为 500 μg/m³……这些不同水平的标准，实际上是建议针对棉纺工业所有部门适用的 200 μg/m³"允许吸入极限值"的一种松动。①

职业安全与健康管理局为其"棉尘标准"选择的落实策略主要有赖于多种手段的混合：工程控制，比如安装排风系统；工作惯例控制，比如特殊的地板清洗程序。"棉尘标准"要求在 4 年之内完全达到"允许吸入极限值"，当然，根据工厂主采取的工程和工作惯例控制的可行性，也可能有所例外……在这个达标期间，以及某些特定的其他时段，"棉尘标准"要求工厂主为工人提供呼吸器……其他的要求包括：监测棉尘暴露情况，对所有员工定期的医疗检查，员工的教育和培训计划，以及张贴警告标志。有一个特殊条款还在争议之中，它要求雇主将那些不能带呼吸器的雇员调到另外的岗位上去，这个岗位如果有的话，其棉尘标准应该处于或低于"棉尘标准"规定的"允许吸入极限值"，并且，"不因工作调动而损失工资或者其他受雇权利或利益。"……

以记录在案的全部证据为基础，劳工部长肯定地认为，暴露于棉尘之中，代表着一种"对雇佣工人显著的健康损害"……必须通过采纳"棉尘标准"规定的"允许吸入极限值"来"显著遏制棉纤维吸入性肺炎的蔓延"……职业安全与健康管理局在评价棉尘对健康的威胁

---

① 棉纺制品的加工分为几个阶段：（1）疏棉、纬纱、梳棉、抽棉、纺成粗纱的工序，使原棉清洁，并为纺纱做好准备……（2）纺纱、经纱、卷沙、络纱和整经，既是纺纱的过程，又为织布和其他工序做好准备……（3）在浆纱和织布阶段，纱线被织成棉纤维制品……"棉尘标准"将"纱线加工"界定为"从疏棉到浆纱和织布的所有纺织工序，但不包括浆纱和织布"。

以及这种威胁因减少吸入而降低时,特别依赖于能够显示棉纤维吸入性肺炎的蔓延与脱离棉绒的可吸入棉尘的聚集之间线性关系的那些数据……甚至在200 $\mu g/m^3$ "允许吸入极限值"上,管理局发现在纱线加工车间仍有13%的工人患"半级"程度的棉纤维吸入性肺炎……

在公布"棉尘标准"时,职业安全与健康管理局对职业安全与健康法做了解释,认为该法要求采纳最严格的标准,以保护身体健康不受损害,并且,这种要求只受科技与经济可行性的限制……因此,管理局拒绝了工业方面提出的在纺纱加工过程中采用500 $\mu g/m^3$ "允许吸入极限值"的建议,因为这个建议会导致25%的工人患至少"半级"的棉纤维吸入性肺炎。管理局也没有采纳工会方面的100 $\mu g/m^3$ "允许吸入极限值"的建议,理由是它超出了"工业的科技能力"……管理局为棉纺工业的一些部门设定了500 $\mu g/m^3$ "允许吸入极限值",部分理由也是科技可行性的限制……最后,劳工部长认为,即使工业部门不惜成本,"织布环节的棉尘工程控制仍然是不可行的。"因此,在织布和浆纱两个阶段,采用了不太严格的标准:750 $\mu g/m^3$ "允许吸入极限值"。

上诉法院在所有主要方面都支持了管理局的"棉尘标准"。

二

这些案件提出的主要问题是:职业安全与健康法是否要求劳工部长在公布一项标准时……确定该标准的成本与收益之间有着合理的关系……

(一)

我们分析的起点是这部制定法本身的用语……

> 劳工部长在依本条公布有关有毒物质或者有害物理因素的标准时,在可行的情况下,在最可利用的证据基础上,所设定的标准应当最充分地保证任何雇员都免受健康或者功能器官方面的损害,即使雇员在职业生涯中经常暴露于该标准所涉及的有毒有害物质之中。①

---

① 职业安全与健康法还规定:"本条所涉标准,应随研究、实证、试验以及任何其他适当信息的改变而进步。除了达到最大限度地保护雇员健康与安全的目的,另外的考虑因素应当包括:该领域最新的可利用的科学数据,各种标准的可行性以及从本法和其他健康与安全法中所获得的经验。无论何时可以实行,所公布的标准都应当是客观的并且是人们愿意执行的。"

……"可行性"的普通含义，支持了被请求人对该制定法的解释……"可行性"是指"能够被执行、落实或者影响"……因而上诉法院实际上认为，国会已经界定了成本与收益的基本关系，并且将工人的"受益"置于所有其他考虑之上，除非是那些使这一"受益"不可实现的因素……

国会采用了特殊用语来意指从事成本与收益分析的机构……

进而，我们不支持这样的论点：国会在《职业安全与健康法》§6(b)(5)中要求进行成本与收益的分析。

……

（三）

《职业安全与健康法》的立法过程虽说不是完全清晰，但还是从整体上支持了被请求人对该法的解释。国会的报告和讨论也确认了国会所说的"可行性"的含义，并且在使用这一术语时没有其他所指。国会担心，该法被理解为要求实现绝对的安全，达到不可能的标准，因此国会坚持健康与安全的目标应当是经济和科技成就力所能及的……国会充分认识到，该法将会给遵守它的工业企业增加真实而实质的成本，并且相信这些成本是企业经营成本的一部分……

提示与问题

1. 公司方面主张，成本与收益分析应当是设定允许的棉尘标准的部分考虑因素。大法官兰奎斯特主张，由于没有为机关行为设定的明确指南，国会在宪法上无权将自己解决政策冲突的义务赋予他人。假如真的进行了成本与收益分析，那么又如何用金钱表示"褐肺病"及其对健康和寿命的影响呢？在设定标准过程中，有关机构估计了补救措施的可能性，但是没有估计到对纺织工业的每一种财政影响，这些影响应当被包括在一种充分的成本与收益分析当中。它们设定的允许的棉尘水平，是某些证据所认为的适当水平的两倍。你认为这些足以使标准的设定正当合理吗？

如果棉尘许可水平的设定作为一种立法权被保留给国会，而不是授予职业安全与健康管理局，你认为这会产生什么影响？

2. 下列事实何以同健康与安全标准的设定息息相关：纺织业的相互竞争；由于增加环保成本而使外国竞争者获得优势；以美国为基地的公司可能迁往国外，因为那里的健康和安全标准根本就不存在或者无法落实？

3. 至2004年，纺织工业已经从美国南部迁出，首先迁往墨西哥，然后迁往东亚。尽管在美国已经没有了"褐肺病"的迹象，但还是应该跟踪纺织业并注意这种病在其他地区的发生。当然，一个人每周工作的时间越长，吸入棉尘的机会就越多。

第三节　国　家

列宁

在原始社会里，人们生活在小的家庭集团中，依然处在较低级的发展阶段，生存条件类似于野蛮人……还没有国家存在的迹象。我们发现了占统治地位的习惯、权威、尊崇和为氏族（clan）长者所享有的权力；我们还发现这一权力有时被授予妇女——当时的妇女不似今天这般处于被蹂躏和压迫的地位——但是，我们没有发现一种特殊种类的人被划分出来去统治其他人，并且，为了统治的目的而系统地、持久地运用某种威胁的工具、暴力的工具，就像你们今天看到的特种武装部队、监狱和其他支配他人意志的暴力手段——所有这些，构成了国家的本质。

如果我们从所谓宗教教义、精妙而富于哲理的论辩以及资产阶级学者所鼓吹的各种见解中解脱出来，……努力抓住事物的真正本质，我们将发现，国家其实就是从人类社会分离出来的这样一种统治工具。当专司统治的一个特殊人群出现时，他们为了进行统治，需要一种特殊的威胁和支配他人意志的暴力工具——监狱、特种武装部队，等等——这时就出现了国家。

……历史表明，国家作为一种威胁人们的特殊工具，只是在社会分裂为阶级的时间和地点才会兴起，也就是说，人们分裂为不同的集团，其中一些人永远处在占用他人劳动的地位，在此，一些人剥削另一些人。

社会分裂为不同阶级，这一点必须作为历史基本事实而永远铭记在心。所有人类社会几千年的发展，任何国家都不例外，都揭示出对法的普遍遵从，揭示出这一发展过程中的规律性和一致性；因此，我们最初的社会是没有阶级的——原始的氏族酋长制，一个初级社会，是没有贵族的；然后，我们有了一个以奴隶制为基础的社会。整个现代的文明的欧洲已经跨过了这个阶段——奴隶制的统治在两千年前是至高无上的……

在欠发达的民族中，至今还残存着奴隶制的痕迹；例如，现在你在非洲还会发现奴隶制。奴隶主和奴隶是最重要的阶级分裂。奴隶主不但占有全部生产资料——土地和农具，无论在当时它们是多么的原始——而且还占有人……

紧随这种制度的是封建制。在绝大部分国家里，奴隶制经过发展进化为农奴制。这时，社会基本分裂为地主和农奴。人们之间的关系形式发生了变化。奴隶主曾经将奴隶视为他们的财产；法律也承认这一看法，并且将奴隶视为完全由奴隶主所有的动产。就农奴而言，阶级压迫和阶级依赖仍然存在，但是，已经不再认为农民是属于地主的动产了，地主仅仅拥有农民的劳动，并且有权强迫他们从事某些服务。实际上……农奴制与奴隶制没有任何不同，尤其在俄国，这个农奴制存活最久并且其规模最为庞大的国家。

进而，随着贸易的发展、世界市场的出现和资金流转的发展，一个新的阶级在封建社会内部兴起——资本家阶级。从商品、商品交换和金钱力量的上升中，资本的力量兴起了。在 18 世纪，或者更确切地说，从 18 世纪末至整个 19 世纪，全世界都发生了革命。封建主义在所有西欧国家被铲除了，最后发生这一切的是俄国。1861 年，俄国也发生了剧变，其结果是一种社会形式被另一种社会形式所取代——封建主义被资本主义所取代。在资本主义制度下，阶级分裂依然存在，农奴制的各种残痕余迹也同样存在，但是，资本主义社会的阶级分裂从根本上有了一种新的形式。

在所有资本主义国家，资本所有者、土地所有者、磨房和工厂所有者过去和现在都只占总人口微不足道的一小部分，但他们却完全控制着所有人的劳动，并且最终控制、压迫、剥削全体劳动者。这些劳动者的绝大多数是无产阶级和挣工资的工人，他们在生产过程中靠出卖自己的双手和劳动力来维持生计。随着社会向资本主义转化，那些在封建社会已被分裂和蹂躏的农民，一部分（绝大多数）转化为无产阶级，一部分（极少数）变成富裕的农民，他们自己雇用工人，构成农村的资产阶级。

这一基本事实——社会由最初的奴隶制形式转化为农奴制，并最终进入资本主义——你必须永远记住，因为只有记住这一基本事实，只有将所有政治原理放入这一基本框架，你才能恰当评价这些原理……；在人类的每一重大历史时期——奴隶制、封建制和资本主义制度——都包含了几十个上百个世纪，提供了如此之多的政治形式、如此多样的政治原理、见解和革命，以至于只有将社会分裂为阶级——阶级统治方式的变化——作为一条指导线索来坚持，并且以此为基点来检视所有社会问题——经济的、政治的、精神的、宗教的，等等，我们才能够理解这种极端的多样性和重大的差异性。

……人被分为被统治者和统治专家,后者凌驾于社会之上,被称为统治者和国家的代表。这个统治他人的集团,一直把持着某种威胁和强力的工具,而不论这种强加于人的暴力的表现是原始的棍棒,是奴隶制时代更加完善的武器,是出现于中世纪的火器,还是现代的武器——这些武器是20世纪科技的奇迹,以现代科技最新成就为基础。暴力的方式变化了,但是,只要存在国家,每一社会就都存在一群统治、命令、支配者,他们为了维护自己的权力,占有武力威胁工具……并且,通过检视这些普遍现象,通过自问为什么在没有阶级、剥削者和被剥削者的时候,就没有国家的存在,以及为什么阶级出现了,国家也随之出现……这样,对于国家的本质及其意义,我们就能发现一个确定的答案。

提示与问题

1. 苏联法哲学家帕舒卡内斯(E. B. Pashukanis)认为,在刑法领域,阶级对抗达到了顶点。制度将被控犯罪的人转化为"审判客体",使法律的制定者能够更粗暴地对待他们的个性,并且,通过被如此改造了的犯罪人来施加阶级统治。依照他的观点,衡量刑法是否正当的标准——对于保护社会安全至关重要——掩盖了现实本身,因为从封建社会到工业社会,刑法的真正作用一向就是维护等级、特权和财产。①

回顾第二章中关于量刑的问题,运用列宁和帕舒卡内斯的观点,分析一下谁应入狱,等等。

2. 为已被定罪者量刑时,如果允许自由裁量,法官适用量刑标准,决定某人应被判缓刑、拘役,还是应被投入监狱。量刑的因素包括犯罪记录、年龄、智力、教育背景、家庭及婚姻状况、信教记录、从军经验、工作经历和邻里环境。② 这些因素被法官用来预测缓刑能否成功。

量刑标准是否歧视下层阶级的犯罪者?与量刑相关的因素,同社会上意指"成功"的那些因素是否相同?人们在社会上的成功,在多大程度上取决于家庭从前的地位、财富和权力或者碰巧生于"优越的环境"?

3. 回顾第三章中的"库克诉俄勒冈州案",重新分析案例之后的问题。

♣ 下段选文的主题是南北战争前南方种植园的奴隶制。

---

① Hugh W. Babb, tr. *Soviet Legal Philosophy* (1951), pp. 206 – 207, 211 – 213.
② 1965 California Sentencing Institute 45 Cal. Rptr. (Appendix).

第四节　从白天到黑夜 *

肯尼思·斯坦普

　　1854 年一个夏日午后。一位旅行者在密西西比州偶然看到一幅生动的场景：一群干农活的黑奴在一场雷阵雨过后重新回到田间干活。"在一个手持皮鞭的老工头带领下，首先走过来 40 几个妇女，我从未见过这么多高大、强壮的妇女聚在一起。她们都穿着简朴的带蓝方格的服装，裙刚过膝，腿脚赤裸。她们挺胸抬头地走着，每人肩上扛一把锄头，手臂随意而有力地摆动着，像列队行进的追击兵。"随后是把犁人和他们的骡子，"这支骑兵队有 30 几个强壮的人，绝大多数是男人，也有少数几个妇女……一个精瘦而机警的白人监工，骑着一匹欢快的小马殿后。"这个行列是种植园这架生产机器的主要组成部分——奴隶制所提供的经过整编的劳动者。

　　奴隶制首先是一种劳动制度。在南方，无论哪里的奴隶主，无论他的奴隶多少，一般说来，他最看重的是奴隶的生产力。他拿出绝大部分精力，最大限度地有效组织和剥削奴隶的劳动。

　　农业生产单位的绝大部分是小规模的，因而对它们的组织也是简单的：奴隶主通常亲自严密监督几个不很熟练的奴隶从事劳动。多数这样的奴隶主不能仅仅充当管理者，他们不得不与奴隶一道进入田间扶犁挥锄，这种与奴隶并肩劳作的奴隶主在南方极为普遍。生活在南卡罗来纳州低地的一位小奴隶主的儿子回忆说，他的母亲纺线织布、烧饭、挤牛奶，而他的父亲扶犁、赶车、做鞋。作为一个南方社会的业余研究者，他观察到，在接近北方的地区，经常看到"壮健的自耕农带着儿子们与黑奴一起干活"。人们能够听到"主人与奴仆的斧头交替作响"，看到"黑奴与他们的主人并肩犁地"。

　　仅仅掌管 6 个奴隶的奴隶主，也禁不住要改善自己的社会地位，不再做田里的活计，而是拿出大部分时间从事管理。在他们不多的奴隶中缺乏有技艺的工匠，因而他们发现自己有必要从事某些特殊工种，比如木匠或修理农具。在人手缺乏的紧急情况下（农作物从春播到夏收一直没有任何危机的情况是不多见的），他们也临时放下架子下地干活。如果一些地需要重新播种，如果某种作物在阴雨连绵之后杂草丛

---

*　From *The Peculiar Institution* by Kenneth M. Stampp.

生，或者，如果扶犁手因生病而卧床不起，主人通常要做的选择是要么蒙受农作物的损失，要么加入奴隶的工作。种植棉花的奴隶主在秋天帮助采摘是司空见惯的事，因为在这个时候劳动力总是不足。

但是，奴隶大多从未见过他们的主人在田间劳作，因为多数奴隶不是生活在这样小规模的、存在如此亲密关系和非专门经济职能的农场里。绝大多数奴隶属于那些奴隶多得足以使他们摆脱日常农场劳动的奴隶主。即使在规模略小的农场生活的奴隶，也不是总能与他们的主人一起劳动。一些奴隶在城市里劳作；另外一些奴隶属于监工，因而在种植园劳动；还有一些奴隶属于大种植园主的儿孙，在家中役使差遣。因此，奴隶与奴隶主之间的正常关系并不是工友关系，而是劳动者与管理者之间的关系……

真正的农场主和小种植园主都拥有10到30个奴隶，这么多的田间劳力足以使组织和监督变得非常复杂。他们通常自己处理这些问题，而不需要另有监工的帮助，除非他们不止有一个农场或者农场还有其他经营项目。这时，奴隶主们通常需要监工在田间一边劳动，一边管理奴隶……

拥有30个以上奴隶的种植园主能够达到最高的效率，能够实现最复杂的经济管理和最高的专业化水准。在这一地域内，近一半的奴隶属于大约2万5千个种植园主。这一档次的奴隶主不使用监工的，与小农场主使用监工的一样少见。1860年，被雇为监工的南方人，相当于拥有30个以上奴隶的种植园的数目。

雇用专职监工的种植园主对农作物种植的指导，不过是间或在种植园里巡视一番，他们将精力集中在市场、资金和种植园的总体管理上。从持续的监督工作中解放出来以后，种植园主享受了更多的空闲，可以根据情况或多或少地置身于种植园外。他雇用监工是长年的，通常有一份双方都有权终止的契约。种植园主给监工的年薪从100美元至1200美元不等，还提供住房、玉米、猪肉和一个奴隶仆人。

一个细心的种植园主会以书面形式详尽界定监工的职责。虽然每个种植园主对于庄园管理都有自己独到的见解，但是他的指示往往遵从某种标准的程序。一个密西西比人对监工职责的总结，几乎任何的种植园主都会赞同："不要期望监工在地里劳作，但如果不是主人另有指派，他必须一直与奴隶在一起，做好要求他做的每一件事，只要某件事直接或间接地与种植或其他涉及种植园主特殊利益的事有关。"一些特殊的指示还包括：照顾和操控奴隶，要进行的劳动量和劳动种类，种植园农具和牲畜的经管，以及监工自身的表现和活动。种植园主通常要求监工每天记录种植园的一般活动，并定期做口头和书面汇报。一句话，他希望监工做一个有效率的总管和主人财产的精心保护人……

在监管奴隶的过程中，监工一般要利用一个或多个奴隶工头。如果奴隶工头有多人，那么就会指定其中一个作为总工头，他几乎起着副监工的作用。有时，工头还必须劳动，并且作为其他奴隶的样板；有时，他们被豁免劳动，可以用语言甚至鞭子去督促其他的奴隶。一个南卡罗来纳州稻米种植园主在其种植园规则中这样设定工头的职责："工头是在监工领导下维持工作现场纪律和秩序者。他们负责保持奴隶住房的安静，保证以适当的方式完成工作任务，还负责早上带领奴隶出工，他们对这些事情进行直接的监督，而监工只进行整体的一般性的监督。"因此，种植园主征召受信赖的奴隶，使之成为种植园发号施令阶层的一部分。一个佐治亚州种植园主这样描述自己庄园有效的管理体制：

> 在雇用他们期间，每天晚上……工头都要在我面前向监工汇报。工头汇报……工作的数量和种类以及田间工作情况……这些汇报被抄录在"种植园工作日志"上，这是不同小组的奴隶工作种类和数量的日记。汇报完毕后要做次日的工作安排：先指示总工头明天该做什么，怎样做，总工头再将指示传达给副工头和其他人，副工头继续传达给自己负责的那伙奴隶。
>
> 因为每块土地的数量是准确知道的，所以对有关劳动量汇报的真实性要不断进行检查。每日的巡视仅仅是为了确保一切运转正常。

拥有30个以上奴隶的种植园总有显著的劳动专业分工，分工的程度依规模而定。家奴和田间奴隶的明确区分是最低的限度，田间奴隶又有耕地和挥锄的分工。在规模更大的种植园里，一些奴隶终生专事挖沟、饲养、赶车和种植菜园的工作；还有大量具备一技之长的奴隶工匠和高度专业化的家奴。此外，南方的每一种主要产品都需要特种专业人员。这些农业企业有董事、生产经理、劳动工头、技工和非技工，接近了现代工厂组织的复杂性。尽管农业尚未机械化，这些大种植园已经在很大程度上是"田间工厂"了。

提示与问题

1. 列宁主张，现代组织是奴隶制和封建制正式制度安排的翻版。因此，绝对不是因为好古或者要研究现代种族主义的根源，才使我们去考察奴隶制的。为了评价现时的状况，现代学者需要知晓，在表面变化的时候，形式在多大程度上得以保持。

非马克思主义者有时也赞同这样的观点：有组织的历史是连续的。德国社会学家和法学家马克斯·韦伯循着组织进化的历史进行研究，从权力神授型（由具备显著个人品格、充满活力且有远见卓识的人领导）到通过精细的劳动和专业分工而建立体制并追寻目标的普通型。普通型不能完全替代权力神授型，反而是在后者的基础上建立起来的——人们心甘情愿追随的古代军队的领袖，影响着和平时期的事务安排。继而，原本期待的领袖的光辉耀眼或者下属的毕恭毕敬全都落空了，不过，领导与服从的观念被保存下来。随着时间的推移，等级制度成为永恒，并且不依赖于下属的同意。①

2. 研究奴隶制对于当代的问题有何启示？今天有类似奴隶主、监工、工头和奴隶的角色吗？

角色和统治之间有何联系？组织中所处的地位与组织目标和活动的确定有何关系？如何处置不合作的参与者？几个世纪以来，在权力和财富的分配上，是进步了，停滞了，还是倒退了？

最后，组织形式如何影响着以自由、平等为核心的民主价值观的进步？

3. 在奴隶制下，工头的地位特别艰难。他是种植园成功的关键，因为他负责维持生产和纪律；然而，作为一个黑奴，他没有资格享有完全的身份，因此，他一定经受了良心的危机。要在奴隶主眼中表现出色，并谋求物质上的成功和一定的地位，就要帮助奴隶主发财致富，为奴隶制的长治久安贡献力量，因而加深了他本人及其兄弟姐妹所经受的耻辱。作为一个有影响力的人，工头能够在日常生活中给他的奴隶兄弟以照顾，但是，赢得一场战役可能意味着输掉整个战争。

工头这种并不令人羡慕的地位是许多社会组织中间阶层的典型代表，他们既无足够的财富和权力，又不属于他们所效忠的亲族的底层。为了获得，他们无可避免地要蒙受损失。

今天有什么东西类似于工头与奴隶之间的关系吗？如果没有这种关系，奴隶制或者现代的组织会遇到什么困难？

---

① Hans Gerth and C. Wright Mills, *From Max Weber* (New York: Oxford University Press, 1946); Frederick Thayer, *An End to Hierarchy and Competition* (New York: Watts, 1981).

将工头的地位与卡夫卡的寓言"法的门前"中守门人的地位相比较。

4. A、假如你身处一个仅有奴隶主、监工、工头和奴隶四种地位的文化和经济组织中,你倾向哪一种地位?在匆忙得出"答案非常明显"这一结论之前,考虑每一种地位所起作用的本质,在每一地位上,你将如何行为?你将被期望如何行为?

B、如果你无法选择,而是由命运或出身决定,这对你的想法有何影响?

C、在分上、中、下不同阶层的现代社会组织中,你倾向于哪一阶层?如果你的地位是被安排和被决定的,而不是自我选择的结果,这将如何影响你对社会组织的看法?

上层位置的相对缺乏,如何影响你对社会组织构建方式的思考?

5. 法律与奴隶制有何关系?学生们可能以为,既然奴隶制过去是、现在仍然是天生不公正的,则法律与奴隶制之间便没有关系,也就是说,这一制度不需要法律。事实正好相反。有关奴隶制的案例摘要有五卷之多,并且每一蓄奴的州都有大量的处理这一问题的法律。① 如此大量的法律结论性地说明:法律秩序对于奴隶制的维持和滋养是不可或缺的。

但是,什么使法律对于奴隶制至关重要呢?首要的是,作为个人财产而被使用、买卖、担保和继承的奴隶的定义;次要的法律关键方面涉及到,将对奴隶的统治权委之于奴隶主及其走卒,这种权力委任意味着种植园日常的管理和纪律与法院没有关系。

除了作为财产,奴隶还被视为刑法的目标,以至于当奴隶不服掌控的危急时刻,可以动用州的警察力量来帮助奴隶主。依照法律,奴隶制是一种财产和委任权制度,在紧急的情况下,可以动用州的权力。

6. 奴隶们自然不会心甘情愿臣服于枷锁。在种植园,法律确定的奴隶制关系每天都面临着挑战,奴隶们想方设法削弱奴隶主和监工的权力。因为奴隶既是有价值的财产,又是劳动力的源泉,同时还是需要不断约束的"客体",所以要限制对奴隶进行肉体摧残。一个死了的奴隶,是既不能买卖,也不能劳动的废物。

以这种外在限制为起点,奴隶们运用各种各样的战略与奴隶主周旋,以至于一个奴隶主将奴隶们形容为一种"引起麻烦的财产"。通常的战略有:怠工装病,假称无能,粗制滥造,挑拨奴隶主与监工的关系,偷盗奴隶主的财产,纵火焚烧农作物和建筑物,袭击、杀害奴隶主和监工,最后是逃之夭夭。

这些战略限制了奴隶主原本可以是完全的对奴隶的掌控,也是日常工作安排的重要成分。

还有不计其数的情形下,作为正式的规则,"所有的权力"都由一个或几

---

① Helen Catterall, ed., *Judicial Cases* (Westport, Conn.: Greenwood, 1926).

个人掌握，支配、统治着其他"没有权力"的人。处于无权状态的人们，为了保持一点自治和尊严，会采取什么行动？将这些行动与奴隶在种植园里的战略相比较。对权力的这些挑战，是法律制定的形式之一吗？

7. 一些奴隶主认识到仅靠暴力去控制奴隶是不够的，他们还引入了奖励机制，比如休假、小额报酬、允许奴隶外出挣钱，或者分配小块土地归奴隶个人使用。北卡罗来纳州内战前的一个判例涉及一种做法：允许奴隶为自己种植少量棉花，也算种植园收成的一部分，现金收益分配给奴隶。本案的提起是因为奴隶主死后发生了争议：奴隶们是否有权依照惯例从其农作物获得收益？或者，收益应一并归入奴隶主的其他财产？

法院在裁决本案过程中揭示了每个人——奴隶主、奴隶，附带地还有已婚妇女——在权力和财富问题上的立场：

> 黑奴的少量庄稼从未被视为资产（assets），能够被视为资产的，只是他们因上一年耕作而获得的少量金钱，他们箱柜中的一些剩余物品，家禽、狗以及多余的衣物。这些微薄的收益和财物一直都是允许仆人们使用的，政策和法律也认为这样做是合理的。基于同样的原则，家庭主妇靠卖牛奶、黄油、乳酪、蔬菜等的积蓄，经丈夫同意，可被宣布为妻子的财产（property）。的确，一个奴隶不能拥有财产……同样，一位已婚妇女不能以现金或动产的形式拥有财产，它们在严格的法律意义上属于丈夫……然而，妻子可对其主张权利……
>
> 一位法律执行者无权剥夺主人给予一个贫穷奴隶的物品，这些物品促进奴隶的健康、快乐和自足，并且提高他的价值。许多场合下，奴隶引为自豪的财物，如果不是自己购买的，就是其主人直接赐予的必需品。因此，允许黑奴自我处置其积蓄的金钱，这小小的纵容所得到的回报是奴隶对主人的依附……总之，经验充分表明，对于处在从属地位的种族，这些小恩小惠是大有神益的——首先是促进人道，几乎没有哪个奴隶主不是像本案这位遗嘱人那样做的……①

♣ 我们沿着棉田向北到马萨诸塞州的洛厄尔（Lowell），19世纪50年代这里是新英格兰的纺织业中心。绝大多数的工人是妇女，首先从附近地区征募，后来从爱尔兰、法属加拿大和南欧移民中征募。下面的判例与前文所描述的奴隶制发生在同一时期，展示了纺织业的早期组织状况。

---

① *Waddill v. Martin*, 38 N. C. 487 (1845).

第五节　桑顿夫妇诉萨福克加工公司案
Thornton and Wife v. The Suffolk Manufacturing Company
64 Mass. 376（1852）

本案是因违反协议而引起的合同纠纷。依照该协议，女原告人①凯瑟琳·卡辛迪（Catherine Cassidy）婚前曾为洛厄尔的被告工厂工作。

……女原告人依照协议为被告工作，协议规定，如果她在至少 12 个月的受雇期内忠实地履行了自己的职责，期限将满时提前两周通知厂方，她将有资格离职并取得荣誉退职证明。凭此证明，她可以受雇于洛厄尔的其他厂家。根据陈述，洛厄尔的几家加工公司之间签有协议，约定如果一个工人没有取得荣誉退职证明，以后他将不能受雇于洛厄尔的任何其他厂家。又据陈述，女原告人忠实地为被告供职 12 个月以上，在提前两周（这期间照常工作）告知厂方去意的情况下，她有资格荣誉退职。但是，被告无视合同的规定，没有给女原告人荣誉退职证明就解雇了她，因而剥夺了她在洛厄尔其他厂家受雇的权利。

庭审过程中……原告传亚历山大·赖特（Alexander P. Wright）作证。他作证说："我作为洛厄尔（地毯）公司的代理人已经 23 年左右了，我大体熟悉洛厄尔各公司的规则和惯例。我不知道各公司之间有要求荣誉退职证明的确定的协议，但我相信，当一个工人曾在洛厄尔的其他工厂工作过，要求他出示荣誉退职证明是一种惯例，否则他不会被雇用。我们公司就有这一要求。……不变的惯例是，如果监工对于工人的表现没有异议，就应当给予荣誉退职证明，我在这里的 23 年中一直都是如此。如果工人循规蹈矩地工作，通常就给他证明；可能会有监工反对的时候，但那通常是有原因的。我从未听说过监工会武断地拒绝，拒绝总是有看得见的原因的，如果工人工作了一年，提前两周通知厂方的话……坏脾气、在车间制造麻烦就是解雇的充分理由，侮辱监工、试图挑唆其他工人的不满，任何这样的行为将导致该工人在别处也无法谋职。我不知道工人有权利要求一份荣誉退职证明，这种证明就像一份家仆推荐信……"

约翰·麦克阿尔文（John B. McAlvin）作证说："我在萨福克任出

---

① 本案发生时，已婚妇女尚不能单独作为原告，只能以夫妇二人名义起诉。因此，下文中称凯瑟琳·卡辛迪为"女原告人"。——译注

纳员已有18年了,公司人员名册归我掌管。从名册上看,女原告人1848年5月29日来公司工作,1849年7月19日被解雇。名册上记录着:'因行为不当而被解雇……萨福克第三服装车间,凯瑟琳·卡辛迪,自发薪日起工作了13天,整经19束,每束22美分,共6.08美元。约翰·克拉克(John C. Clark)任监工。1849年7月18日因其不当行为而遭解雇。她在这个车间工作了几个月,离开之前通知了厂方。'……

"……她离去不久,就与另一位妇女一起来找我,给我看这张有克拉克签名的单子,并索取一份荣誉退职证明。我告诉她,如果监工的单子是这个样子,根据规章,我就不能给她荣誉退职证明。我告诉她去找监工,她好像出去找了他……我的职责是出纳,不管聘用和解雇的事情,这些事情由监工负责。工人们到监工那里,就工资和雇用方式谈妥后才来会计室……"

詹姆斯·蒙塔古(James Montague)作证说:"我在洛厄尔生活12年了,认识女原告人已有4年了,从我认识她的那天起,她就在这家工厂工作。她与我住隔壁,与母亲一起生活,父亲过世了。她一直为萨福克公司工作,被解雇后曾要我到公司去为她讨一份荣誉退职证明。我请求她的监工克拉克先生给她一份证明,好让她能够在洛厄尔的其他工厂工作,因为她要养活一个瘫痪的妈妈。他说他不能给她这样的证明,但她可以回来工作。我对他说,我认为这一解雇太过严厉……这是1849年10月的事。我曾告诉赖特先生,我认为会有一些麻烦,她将会起诉。他说宁可花5千美元打官司,也不会改变已经给她的离职证明。然后我就离开了。"

威廉·马克兰德(William Markland)作证说:"我是洛厄尔公司的监工,已经5年了,但在这里受雇已经10年了。女原告人1849年8月2日来到我们公司谋职,工作了6又3/4天后不得不离去,因为她没有萨福克公司的荣誉退职证明……在我看来,她工作似乎很出色。她开始学习纺织,这对她来说是全新的工种,最初每天只能挣50美分,一个熟练的纺织工每天可以挣75到80美分。我不知道有什么特殊的规定,但就我理解,以前在洛厄尔工作过的人要得到工作,必须有一份荣誉退职证明。如果他们工作了12个月,提前14天告知厂方,他们就有资格得到一份证明,我一直就是这么做的……我开始受雇于本公司的时候就知道这一点,我雇用自己的工人时也让他们知道这一点。我手下有22个男工、4个男孩子和135个姑娘,他们经常变动……她因没有证明而离去后,于1849年12月31日回来,并带来一份从梅里麦克(Merrimack)公司得到的荣誉退职证明,因此,我雇用了她13个月。她是一个中等优秀的纺织工……我和她没有什么不愉快。我认为,是否给予证明是监工自行斟酌的事。我本人就是如此,但我从不无理拒绝。当然,不服从就足以构成拒绝的理由。"……

布丽奇特·盖特恩(Bridget Gaiten)作证说:"女原告人从萨福克被解雇后,我陪她去布特厂(Boott Mills)找工作。她与监工谈好之后去会计室领表格,他们问她要荣誉退职证明,她给他们看她有的一份,他们说那个不行,她必须到萨福克去取得一份。我陪同她去见出纳员,他说没有办法给她这种证明,她必须从监工那里得到。我们去见监工,他说无能为力。她没能得到证明,之后就离开了。"……

大法官肖(Shaw):

在凯瑟琳·卡辛迪提起的诉讼中,我们看不出原告有依据合同获得救济的理由。依据仅仅是,雇主保证:如果工人在岗位上坚持工作一定的时间,他将准她荣誉退职;或者换言之,她的工作和表现一直是良好的和令人满意的。假如这一合同以明确的语言表述,为的是纯粹专断,这对我们而言将是不合乎法律的,因为这十足地有违良好的道德和公共政策。这种荣誉退职证明是一种事实的证明,但是,如果事实正好相反,如果工人的表现并不令人满意,那么,它将是一种假象的证明,会误导其他的雇主。不仅如此,如果这一惯例是普遍的,这种证明对于其他雇主而言最终将是毫无价值的,它不能给其他雇主任何可靠的信息。为了避免此种不法,必须加以某种限制,即,工人的表现应包括所有方面,不仅包括受雇期间的技艺和勤勉程度,而且包括道德品性和言谈举止等,以保证对良好品行的证明是真实的。如果雇工有资格的话,在他被解雇时就应当得到这种证明,其依据就是那些约束社会上最值得尊敬者的惯例。在这种情形下,是否给予这种证明,要依雇主对事实的确信而定,该确信来自于他的个人知识或者其他源泉。雇主的心态、他对雇工良好品格的信任或者不信任,这些都是其他雇主希望知晓又有权知晓的。因此,当有人索要证明时,必须依赖雇主自己的决定,无论其能否本诸真实与诚挚对雇工的良好品格给予证明。如果在雇用工人的时候雇主做过保证:在雇用期限届满时将给他一份品行良好的证明,如果那时雇主认为雇工有资格,从任何方面讲,除非形成了一份合同而不仅是通常表示客套的许诺,那么,在雇用期满后,拒绝给予雇工这样一份证明,将不是违反合同的行为……

公司只能通过指挥工人劳动的负责人的报告来了解事实真相和工人的良好品行，只有负责人才知道事实并能够说清这些事实……他们肯定没有法律上的义务去这样做。因此，当监工证实工人因行为不当而被解雇时——像本案的情形——这一证据必定是公司的最后结论，因为公司在给出证明时没有其他更合理的途径。

据说，反对的意见认为，一个监工可能武断地拒绝证明良好的品行，或者虚饰恶劣的品行。这种情况是可能的，如果他任性或者毫无理由地这样做，那么，这种极大的耻辱和恶行将会很快损害他自身的诚实和正直的名誉。当我们必须求助于个人的知识、判断和良心时，他的决定必须被推定为是依据事实的，并且是结论性的……

由于洛厄尔各公司的特定情况、相互之间的关系、在维护纪律方面的共同利益，良好品行的证明对雇工而言在这里比在其他地方尤为重要。事实本身对于雇工的权利没有任何影响，对于失业的工人而言，拥有一份良好品行及荣誉退职证明才是至关重要的。公司、公司的代理人和雇工以及所有利益相关者应谨慎而有良知，在工人理应得到时，给予这种证明和推荐，在他们不应得到时，拒绝给予这种证明和推荐……

提示与问题

1. 纺织工业主任命被称为监工的代理人去领导工厂的工人。将南方大种植园与棉纺工厂的组织相比较。

去北方访问的南方种植园主们说，他们发现，就工作条件、衣食住等方面而言，他们种植园中奴隶的生活与新英格兰棉厂工人的生活几乎没有什么差别。

卡尔·马克思在《资本论》中指出，英格兰的雇主们比奴隶主更加肆无忌惮地榨取劳动力，因为后者将奴隶作为财产而享有既得利益。考虑到黑奴所受的终身奴役，马克思的观点虽然有些极端，但却发人深省。

2. 如果某人想离开洛厄尔的一家工厂，他会遇到哪些阻力？从洛厄尔的工厂离职，能否被看成奴隶的逃亡？

3. 将"桑顿案"中法官的推理与北卡罗来纳州1823年一个判例的评论相比较：

> 奴隶的服务和劳动同法律没有任何关系，它们依法属于奴隶主所有，对它们的管理和控制是奴隶主独有的权利。即使以国家权利被侵犯而不是奴隶主个人权利被侵犯为理由，法律也不会介入其中。

当奴隶制建立之时，法律赋予奴隶主绝对的不受控制的奴役权利，作为必然后果随之而来的是强制奴隶服务的手段；法律也不会考虑其他相关行为的细枝末节。①

奴隶制与早期工业组织制度都涉及管理权力的委任。法律体系不关心种植园或早期工厂的内部事物（这些权力委任类似于本书开始部分讨论的学校和家庭中的纪律）。"法律"学习的一个重要话题——合法忽略或者制度性漠视的结果：那些没有诉诸法律体系的场合比那些具备法律体系救济途径的场合重要得多。

4. 在工人离职问题上，法院认为由监工斟酌决定是公平合理的，因为"只有他才知道事实并能够说清这些事实"。对于专断的限制来自于监工保护自己诚实声誉的愿望。将这种限制与本书第一章中北卡罗来纳州对于教师体罚孩子、丈夫殴打妻子的限制做一番比较。

5. 什么样的重大问题似乎影响了本案的结局？什么迫使公司的代理人表示，他宁愿花 5 千美元——在 1850 年是一笔巨款——来和一个每周只赚 3 到 5 美元的纺织工人打一场官司？

6. 凯瑟琳·卡辛迪作为一位已婚妇女竟然不能以自己的名义提起这场违约之诉。比较北卡罗来纳州配偶虐待案中法官有关限制妇女法律能力的评论。

第六节　斯特雷克诉通用汽车公司案

Streich v. General Motors Corp.
126 N. E. 2d 3895. Ill. App. 2d 485（1955）

法官麦考密克（McCormick）：
……原告提起诉讼是要求赔偿因被告擅自解除合同而造成的损失……

被告申请驳回起诉，理由之一是第 11925 号定购单从字面上显示，原告不必制造或者交货，而被告也不必购买任何此处所指的空气磁阀，除非被告发出书面的交货放行单并依其规定……

初审法院驳回了起诉……

控方出示了三个证据：第 11925 号定购单规定，这是一份空气磁阀"drawing 8024271 Rev. A"的定购单，每个 13.50 美元。定购单是这样规定的：

---

① *State v. Read* 9，N. C. 365（1823）. Quoted in Mark Tushnet, *The American Law of Slavery*（Princeton, N.J.：Princeton University Press, 1981）.

本定购单包括本部分产品之运输，自1948年9月1日至1949年8月31日，我方依第48号系列"定购单放行和运输日程"中附随之第478412号放行日程及所有后续定购单放行日程安排接收之。

此定购单所规定之总量一直包括在最新"定购单放行和运输日程"中"放行总量"项下之数量规定中。

这份日期为1948年4月19日的定购单规定，本定购单之规定，包括正面和背面的期限和条件，均构成"买卖双方完整和最终之协议，并且，以任何形式修改上述任何期限和条件所形成之其他协议，对买方都没有拘束力，除非它们由买方授权的代表写成并签字"。

背面是23项条款，其中一些规定如下：

对本定购单之承诺所形成之合同，其解释应依本州法律……此合同卖方不得转让。

交货数量和时间，依买方日程之规定。对超出日程规定数量之交货，买方无付款义务。买方可随时变更交货日程或指令暂时中止已确定日程之运输。

如果卖方未依日程规定交货，或者违反包括卖方保证在内的任何期限，买方保留取消本定购单之全部或任何未交货部分之权利。

除非有与之相反之合意，卖方应提供生产定购产品所必需之所有冲模、工具、标尺、固定装置和模型，并应保持其良好状态，在必要时予以更换。以上所有费用自负……买方有权选择对生产定购产品所特需之任何冲模、工具、标尺、固定装置和模型的占有和所有，并支付卖方未摊销的费用；但是，如果定购之产品为卖方标准产品或者卖方正在将大量同类产品卖予他人，买方将不做此种选择……

原告弗兰克·斯特雷克的论点是……被告通用汽车公司……作为买方已经与卖方即原告成立了有约束力的合同，从1948年9月1日至1949年8月31日从卖方购买合同约定的所有产品，并且，鉴于合同约定产品的数量没有确定，口头证据（口头协议）可以引进，以证明合同约定的是何种产品……

……卖方许诺以固定的价格提供约定的产品仅仅是一种要约，须待买方发出放行单或者确定数量的定购单后才能成为合同。采取上述行动之前，买方没有承诺任何事项，双方皆可撤回要约。许诺是虚假的，幻想中的合同是不存在的。"虽然买方时有购买欲望，但将卖方产品、货物、商品售予买方之协议却是缺乏合意的，因为它没有约束买方购买任何卖方之货物，一切都由买方选择。"……

……被争论的协议是晚近战争中联邦政府广泛使用的"开口合同"（open end contract）的变种，它仅适用于销路稳定并且在卖方占有之下或者卖方轻易可以得到的商品，而本案中这种合同的使用被转换、扩展，包括了尚未生产出来的商品。依照诉状中被认可的陈述，为生产此处涉及的产品，还必须生产一些特殊的工具。本案的卖方，受包含在第11925号定购单之中或者通常适用于有约束力的双务合同之中的众多详尽条款的误导，如其陈述，的确为提供工具和机器而投入了可观的资金，但却发现，依被承诺的协议，买方却绝对没有许诺任何事项。一种关于预期的陈述，不能产生任何义务。法院没有权利为当事人创设合同，它们也不能在合同解释的伪装下，提供实际缺乏的条款或者强加实际上没有的义务。

……卖方还坚持认为他在诉状中已经申明：被告曾建议他，依本定购单，将放行并交予运输大约1600件产品。第11925号定购单包括一个条款，即，期限和条件是买卖双方完整和最终的协议……

在"斯特林－米德兰德煤矿公司诉大湖煤矿公司案"中（Sterling－Midland Coal Co. v. Great Lakes Coal［& Coke］Co.）……最高法院意见第797页上说："如果一份书面合同从字面上看是整个协议的完善表述，即可推定当事各方已将每项实质性条款引入该合同，并且，不可采信口头证据为协议中增设一项合同所未涉及的条款……此项合同条款明显否定了当事各方就合同的主要事项有任何的共识，无论这种共识是或不是由法律的含义推断出来的……合同的此项条款正如其他条款一样对当事各方有拘束力……而法院无权漠视此项条款。"

……卖方主张……应允许他引入口头证据，以显示协议要求买方购买大约1600件磁阀。包括在第11925号定购单中的正式协议，构成最后的完整的协议，其中包含的一项条款已经引述。口头证据与协议的条款有区别并且相矛盾，因而该证据不可采信。

富勒（Fuller）教授在讨论保险与函授学校的合同时说：

人们经常对法案起草人与法院之间不断的战争留下深刻印象，

它们双方不断变换着立场。

在这一进展的背后，蕴涵着一个触及合同法基本观点的问题。合同法一般说来奠基于这样的基本原则之上：解释和执行当事各方已经通过协商达成的协议是法院的事情。这一理论与社会现实相冲突，许多情况下，并不存在真实的协商，合同的条款事实上是根据一方的意愿设立的。这种局面的出现，可能是由于当事一方的漠不关心或者疏忽大意，也可能是由于一方拥有讨价还价的权力优势。在此情形下，似乎出现了一条尚未坦率承认的法律原则，可以表述如下：当合同的一方有权制定合同条款时，该合同条款应当受司法审查，并且如果它们过分苛刻，法院可以更改修正。

法院曾多次判决涉及保险合同的案件，它们在很多方面相似于本案的协议。关于这些保险合同案件的法庭意见是：

> 这些案件的历史很大程度上是保险公司与法院的斗争史……法院极力强制公平游戏，但被合同的严格条款所束缚和瓦解；法院制定准则，宣示原则，它们对于法官的机智与敏锐而言，有时比判决所营造的和谐更值得称赞，而这样的判决是在更少激烈偏见的其他法律部门获得的。

包含在11925号定购单中的协议是狡猾地准备的，它用令人难懂的方式包含了23项之多的条款，其中绝大部分适用于双务合同。它具备一份有约束力、强制力的合同的所有标志，但它却不是这样一份合同，因为其中的许诺是有瑕疵的。在亮丽的外表下是无效和虚无。这一协议是优势集团制作的，却罩着商业伦理的光环。至少可以说，协议是欺诈性的。在一个更为隐秘的场合里，在伦理标准更为低下的气氛和人群中，不夸张地说，可以用更为肮脏的语言命名这种协议。

尽管如此，依照现行法律……初审法院只能支持驳回起诉的申请……

提示与问题

1. 法官在其意见的末尾似乎在说：本案的结局在法律上是正确的，但在伦理上是错误的。法律的何种规则妨碍了法官做相反的结论？从这样的法律规则中能得到什么利益？

2. 在法庭意见中引用了一些定购单上的条款。谁制定了这些条款？谁是这些条款的受益者？为什么有人在这样不利于己的协议上签字？他的签字意味着什么？

3. 法院陈明，本案当事人之间有协议但没有合同。这有什么区别？多数人都会认为这有差别吗？

4. 有时协议被比拟为一种为实现某种结果而建立的私人管理。这里的当事人之间建立了何种管理？

5. 在1972年发行的《马丁代尔－哈布尔手册》（Martindale－Hubbell）①上显示，罗伯特·戈曼（Robert J. Gorman）作为斯特雷克的法律顾问，是其唯一的律师；而为"通用汽车"做代理人的"波普和鲍拉德"（Pope and Ballard）是一家律师事务所，它在芝加哥拥有48位律师，在华盛顿特区拥有11位律师。必须承认，《圣经》中的大卫能够凭一块准确甩出的石头杀死歌利亚（Goliath），但数据显示，在法律诉讼中，各方可利用的法律资源却有着巨大的差异。依美国的惯例，无论输赢，当事人都必须支付律师费（除非协议另有规定）。

6. "通用汽车"至多支付斯特雷克23600美元，那么，为什么还要引起一场纷争并支付高昂的法律智力代价呢？

7. 斯特雷克被认为是以个人名义起诉"通用汽车"的。假设他能找到与他处境类似的"通用汽车"的供应商，他们将诉求集中起来形成一个诉讼是否适当？斯特雷克能否举证证明"通用汽车"对一系列合同都是只签定不履行的？

8. "通用汽车"与斯特雷克之间的合同被称为"附意合同"，② 即一方有更大的讨价还价的权力，能够将一些条款强加给权力较弱的一方。斯特雷克可以选择依其条款与"通用汽车"做生意，也可以选择根本不做。选择这样的条款后，斯特雷克的收入也是不可想象的。

法院能否安全地假定这些合同是意思自治的结果，而从定义上说，合同的条款必须被视为是互利的？

♣ 自"斯特雷克案"判决之后的一些年里，在汽车行业网络当中，财大气粗的买主支配供货商的权力不是缩小了而是扩展了。国会

---

① 一套列有许多律师姓名及其工作地点和业务类型的丛书，其中一卷还提供各州主要地区法律概况。——译注

② "contract of adhesion"，又称定式合同、附合合同、订不订由你合同，指一方须依附对方意思表示的合同。——译注

的一个委员会①在调查《北美自由贸易协定》(与加拿大和墨西哥的自由贸易协议)对于美国小企业的影响时,听取了设在印第安纳州埃文(Avon)的一家小汽车供应公司 AES Interconnects 总裁约翰·哈吉贝(John Higbie)的证词。

第七节 约翰·哈吉贝的证词

……AES 是汽车工业的配线供应商,发展高峰时有雇员 200 人,年销售额 800 万美元。我们 65% 的经营是供给位于印第安纳州科克莫(Kokomo)的一个通用汽车公司的供应商,他在墨西哥开设了两个工业加工厂,而我们产品的 50% 运往墨西哥的这些工厂。产品的其余部分供给在美国和加拿大的卡车和公共汽车工业,还供给美国海军以及两个迁移过来的日本汽车收音机制造厂。

AES 作为订约厂商而知名,它根据设计图制造产品。我们的专家精通生产线技术和产品,而我们的产品也不在市场上出卖。银行认为我们是实力雄厚的公司,而我们自认为是保守的公司……

我想,AES 的故事将是二十世纪七八十年代美国中西部工业康采恩兴衰的适例之一。在上一个 10 年里,有两大事件影响了我们的措施和行动。

第一个大事件是 20 世纪 70 年代后期的涨薪潮。从本质上说,我们的产品要求劳动密集型手工生产线,到 1986 年,涨薪使位于埃文的 AES 超出了其手工生产线的承受力。与我们的竞争对手的最低工资水平相比,公司和工会谈出的劳动成本每小时平均近 7 美元。

为了维持我们的销售,AES 在印第安纳州的科克林(Kirklin)开设了第二家工厂,位于该州首府印第安纳波利斯以北 30 英里,比最低工资高 25%。IUE②的一个地方分会于 1988 年中期成立,现在科克林一半的工人属于该会。在科克林设立的工厂使我们能够以中西部地区客户可以接受的价格发货。

至 1988 年,科克林一直向印第安纳州科克莫和横跨德克萨斯州边界的墨西哥工业加工厂运输货物。印第安纳州埃文的原厂则培训雇员

---

① U. S. House of Representatives, Committee on Small Business, "United States – Mexico Free Trade Agreement: The Small Business Perspective," 100th Congress, 1st Session, May, 1991.

② 国际电工联合会(International Union of Electrical Workers)。——编注

们从事高科技工作,像海军的显微焊接以及为卡车和公共汽车工厂建造高价电缆装配线。

……我们在墨西哥雷诺萨的客户为了发挥余力,建造一条已在科克林组装的特定产品生产线。这个项目等于 100 万美元的年销售额和 14 名专职工人……

我们的客户为了印第安纳州的配线产品能够保持有竞争力的价格,已经用附加的生产来重新填充科克林的生产能力……AES 及其雇员是幸运的,我们的客户有多余的产品需求,而这些产品是我们在印第安纳州能够提供的。这些产品生产以及我们的公司是否应留在印第安纳州,这是我们的客户与 UAW① 摩擦的一个根源。为了保持满意的生产水平,AES 将不断地适应我们大客户的需求并装备新的生产线。

第二个大事件过去和现在都是国外竞争者带来的运输工业的需求问题,要求我们不断改进产品质量……要求客户与供应商之间有更紧密的联系……

至 1988 年中期,我们在墨西哥马塔莫拉斯的客户希望就近从当地进货,而不是从印第安纳州的科克林进货,以便他们在墨西哥的人员能够帮助 AES 保持更高的产品质量和生产过程控制。

我们又一次面临抉择:是失去 50% 的经营,还是迁往南方。AES 决定在离德克萨斯州边界 20 英里的哈林根(Harlingen)新建一座工厂。

为什么当时我们没有迁往墨西哥呢?远离中西部,不熟悉西班牙文化,又考虑到短时间就得开工,因此我觉得,学习在墨西哥做生意所需的惯例和法律是难以承受的负担……

提示与问题

1. 这里发生了什么?你对未来事件的预见是什么?
2. 哈吉贝所描述的事件如何适于一种更深奥的有关经济和法律关系的理论?

有一种假定,自由市场经济中的公司能够在它们所选择的任何地方进行买卖。法律总体上支持这种假定。果真如此,AES 便没有理由抱怨同业竞争使其经营不那么稳固了。如果是这样,那么经济对一些人来说是否比对另外一些人更自由呢?(AES 先是搬到德克萨斯州,但最终还是搬到了墨西哥的雷诺萨。)

3. 联合会(IUE 和 UAW)是否为 AES 及其主要客户制造了麻烦?

在墨西哥北部,平均小时工资还不足 1 美元,这还包括了各种最低限度的

---

① 汽车工人联合会(United Auto Workers)——编注

小额优惠（fringe benefits）。在这些数字面前，美国的工人及其工会应该做什么呢？

4. 哈吉贝和 AES 的战略是顺应比自己强大的公司的决定。对哈吉贝、AES 和其他弱小的美国公司，这是否一种不祥之兆？参照"斯特雷克案"，比较 AES 与斯特雷克，供应商与"通用汽车"（G. M.）。

♣ 在劳工组织和集体进行的劳资谈判出现以前，像"桑顿案"中凯瑟琳·卡辛迪这样的工人要以个人名义与雇主谈判，以确定劳动期限和条件。从 19 世纪中期至 20 世纪 30 年代，对工会及其集体行动的抵制从未中断过。塞缪尔·戈姆珀斯（Samuel Gompers）是美国劳工联合会（AFL）的第一任主席，他曾祈祷"愿上帝将劳工从法院中拯救出来"。几十年滥用反托拉斯法和劳工禁令，动用警察、州和联邦军队，这一切使他得出结论，即使没有任何法律，也比存在反劳工的法律要好得多，这种法律从一开始就窒息了劳工组织的发展。

在大萧条时期，国会软化了影响劳工组织和集体谈判的法律。1935 年通过的《全国劳工关系法》，又称《瓦格纳法》（The Wagner Act），究竟是出于阻止劳工更激烈行为的愿望，还是出于使劳资双方达成更广泛共识的真诚，这一直是研究劳工史的学者们争论不休的话题。但是，绝大多数人都同意，《瓦格纳法》标志着国家劳工政策的重大转变。

该法的核心条款是保障工人自由选择工会和工会代表的权利，授权劳工代表进行劳资谈判，保护罢工、联合抵制和组织工人纠察等形式的集体行动。建立"全国劳工关系局"（NLRB），作为劳资纠纷的先行裁决者。

依《瓦格纳法》以及随后的劳工立法，所要解决的冲突主要是集体谈判的范围问题。法律要求劳资双方谈判的内容是什么？法律规定谈判应就"工资、工时和其他受雇期限和条件"进行。如果对这一用语做广义解释，从语义上说，任何事项都可能进入谈判协议。例如：生产经营的目的和范围，生产何种产品，提供何种服务，生产或服务的方式、对象、价格，以及销售利润的分配公式。

如果做狭义的解释——多少钱、多长时间以及与钱和时间相近的其他事项——雇主和经理的斟酌判断权实际上没有受到议会有关劳资谈判规定的影响。劳工被贬低为像土地和资金这些生产要素一样的某种商品。工人通过组建工会和集体谈判获得的益处，应当有个确定的限制。

1964年美国最高法院做了一项判决，它对于集体谈判的范围，对于议会通过法治来实现劳资和平的意图能否实现，都具有深刻的影响。从表面看来，"纤维板纸制品公司诉全国劳工关系局案"的重要性不足以影响今天劳工法的面貌。一家工会的工人在加利福尼亚州的一座工厂里从事维修工作，但续签合同时，雇主拒绝与雇工们谈判，声称自己计划使用其他承揽人进行维修工作，因此谈判也就"没有意义"了。

本案经过行政裁决和下级法院的判决之后到达最高法院。最高法院认为，摆在面前的问题是，《瓦格纳法》是否要求雇主在将原本由自己的雇工从事的工作承包给他人之前必须先与工会谈判？由于注意到维修工作必须继续进行，且雇主事实上用其他劳工取代了原集体合同规定的劳工，出于促进集体谈判和减少"工业摩擦"的冲动，最高法院做了有利于工会的裁决。

大法官斯图尔特同意这一判决，但他同时注意到，对《瓦格纳法》中"工资、工时和其他受雇期限和条件"做广义解释，将会产生深远的影响。

第八节 纤维板纸制品公司诉全国劳工关系局案

Fibreboard Paper Products Corp. v. NLRB
379 U. S. 204（1964）

法官斯图尔特，……持赞成意见：

宏观地看，摆在我们面前的问题引发了重大的争议。最高法院的意见分歧也暗示着这个问题令人不安的复杂性，以至于要求我单独陈述自己的见解。

依《全国劳工关系法》Section 8（a）（5）的规定，……雇主"拒绝与雇工代表进行集体劳资谈判"是一种不公正的做法。劳资谈判在§8（d）款被定义为：

> 雇主和雇工的代表履行的共同义务是在合理的时间内，诚信地就工资、工时和其他受雇期限和条件进行协商。

……纤维板纸制品公司在艾默威尔（Emeryville）制造厂设立了维修点，由自己的雇员承担这一工作，他们均参加了当地炼钢工人联合会。公司估计，如果省去内部维修，每年能节约22万5千美元左右，因而将这一工作以合同的形式承包给他人；公司告知工会，鉴于谈判中的雇工一方已被独立承包人弗洛尔（Fluor）的雇员所取代，新的劳动合同的谈判将没有意义。维修工作在工厂内继续进行，作为公司业务"功能的不可或缺的一部分"而最终受公司高级人员的监督。每月支付弗洛尔维修费用和2250美元的额外报酬。这一安排的预期成本节省，在很大程度上来自于公司取消小额优惠、工作日程调整、更大的工作量和对新雇员的严格管理。在这种安排下，公司依然要承担实际产生的任何维修费用。基于这些事实，我同意雇主有义务就独立承包方的雇员取代内部维修人员事宜进行集体劳资谈判。

基本问题是，雇主单方决定分包维修工作是否就是未能"诚信地就……受雇期限和条件进行协商"……毋庸置疑，"受雇条件"一语可以有多种解释。在极端情形下，它甚至可以被解释为适用于任何持续雇用所必须具备的先决条件。这种解释实际上推动委员会提出任何谈判要求，违背了立法史反映出的国会的立法精神。然而，最高法院今天的意见中有多处蕴涵了这样的扩张解释，暗示任何有理由引起雇主和雇工利益冲突的问题都必须成为强制性劳资谈判的事宜。

显然，只有"受雇条件"的狭义概念才能真正体现立法意图，即，对集体谈判义务的范围做限制性规定……通常理解，某人的受雇条件显然是指其工作环境的各种有形范畴。工时多长，其间的劳动量多大，怎样休假，有何安全措施，似乎都属于受雇条件。此外，还有些不太明确但并非不太重要的情况也可归入受雇条件之列……因此，禁止歧视性解雇、资历权、强制退休年龄都被认可为雇主必须谈判的问题，尽管这些问题都涉及雇用本身的存续。

虽然就业安全在各种情况下都被认可为受雇条件之一，但肯定不能就此认为，任何可能影响就业安全的每一决定都是强制性劳资谈判的议题。管理层做的许多决定都影响雇员的就业安全，例如，有关广告支出的数量和种类、产品设计、融资方式和销售方面的决定，都会影响到工人的就业安全。然而，几乎不能想象，这些涉及"受雇条件"的决定是资方必须与雇工谈判代表讨价还价的内容。在这些领域里，管理层的某一特别决定对就业安全的影响可能是极为间接的、不确定的，仅此就足以得出结论：这些决定与"受雇条件"无关。然而，另外一些方面的雇主决定，可能非常清楚地危害到就业安全或者使就业终结。某一企业可能决定购买节省劳动力的机器设备，另一企业可能决定清算资产，退出该行业。法院今天的任何主张都不应被理解为将这些管理决定——企业控制的核心——强加为劳资谈判的必要内容。尽管有关投资和企业经营范围的决策也许会导致雇佣关系的终止，但这些决定本身基本上与雇佣条件无关。如我所想，假如《全国劳工关系法》§8（d）的主要意图就是限制劳资谈判义务范围，那么，有关公司管理的基本安排和仅仅是间接影响就业安全的管理决策就应该被排除在外……

这种转包合同解决不了更大的企业经营问题，例如，应该生产什么产品，应该投入多少固定资产，企业的经营范围如何确定？在我看来，最高法院对本案的判决根本不涉及下属事实：依现行法律，这些更大的问题是否在任何情况下都被看成是强制性劳资谈判的内容。

我充分地意识到，在这个科技突飞猛进的自动化时代，国内经济再没有什么问题比涉及就业安全和就业稳定的那些问题更为重大了。由于这些问题对国家的男女劳动者生活和财富的潜在的残酷的影响，它们已经引起政府、有责任感的私人企业尤其是工会组织的焦虑和关注。面对这一难题，议会最终可能赋予工会组织或者政府更强有力的措施，对迄今仍被视为私人企业管理的特权加以控制。这条道路将与自由企业经济的传统原则彻底分道扬镳。我们是否走上这条道路是议会在宪法权限内的选择，但是，当议会通过《塔夫特—哈特利法》（Taft-Hartly Act）时，没有选择这条道路。

提示与问题

1. 尽管工会在纤维板纸制品公司转包合同案中胜诉，但它在有关强制性谈判的范围问题上却一败涂地。斯图尔特法官所认可的私营业主在"更大的企业经营问题"上的特权，至今仍然是有关劳资谈判的法律的核心内容。

随着公司将更多的业务移往海外或者削减其始于20世纪80年代初经济萧条中的经济活动，工厂被关闭或者部分停业已经成为工人和企业冲突日渐显著的领域。工人能否通过劳资谈判而在就业安全问题上有所作为？回溯前文AES总裁在国会就公司迁至印第安那州、德克萨斯州所作的证词，有组织的工人阻止了迁移的决定么？他们能够要求通过劳资谈判来决定公司今后的发展方向吗？

依照现行法律，回答是否定的。公司关于地点选择的决定，可以构成经济上的合理抗辩。雇主没有义务就这类决定与工会讨价还价。最终，逃出强制谈判范畴的，不是工作本身，而是这类决定。

2. "工资、工时和其他受雇期限和条件"一语，是否应当宽泛到足以包括工厂关闭的谈判？

3. 如果工会和雇主间并非"平等合作伙伴",那么他们又是怎样的关系?没有平等,通过集体谈判来实现劳资和平的前景如何?

4. 继"纤维板纸制品公司案"后,对雇工福利越是重要的问题,就越是不被法院视为劳资谈判中的强制性议题,这样的说法公平吗?

5. 如果集体谈判的范围是有限的,工会未来的角色是什么?既然只有15%的美国工人参加了工会组织(工业化世界里比例最低的国家之一),无工会组织的工人在设定自己的受雇期限和条件时的角色如何?他们的地位与"桑顿夫妇诉萨福克加工公司案"所描绘的凯瑟琳·卡辛迪的地位有何不同?

6. 纺织工业是一个很好的研究主题,因为自英国工业革命以来它一直处在不断迁徙中。马萨诸塞州洛厄尔的经济部分取代了英国的纺织加工业。后来的迁移走向是从新英格兰到美国的东南部,然后是重新落户于墨西哥,再以后是远东地区。2005年1月,在日本刚刚结束了一个旨在减缓生产迁徙和分配的国际纺织品协议。

♣ 斯里兰卡是一个只有45万人的小国,绝大多数的妇女都在纺织业工作。她们薪水不高,每月只有40美元。不过,一旦配额限制取消,斯里兰卡将因价格问题被逐出世界市场,预计将会失去6万5千个工作机会,有50到100家工厂将被关闭。斯里兰卡一半的出口收入依赖纺织业。洪都拉斯也有可能丧失13万个纺织业工作。全世界的纺织工业市场有4千亿美元,中国承认自己是成本最低的纺织品制造者。

沃尔玛(Wal-Mart)是一个规模庞大的纺织品进口商,它说将要巩固在5个国家——主要是中国——的纺织品购买,而不会从现有的60多个纺织品生产国增加购买。[①]

从纺织业这些发展中,我们能得出什么结论?自由贸易者说,通过更高的效率任何问题最终都会解决,但是,也有智者提醒我们:长远看来,我们都死定了。

继"纤维板纸制品公司案"之后的劳工法,从劳工组织的视点看是苍白阴冷的;无论某公司在某地已经设立多久,或者有多少劳动力和公众有赖于该公司的存续,都再也没有对雇主的停产决定的挑战了。密歇根州的弗林特(Flint)实际上是"通用汽车"的同义词,伊利诺斯州的派欧利亚(Peoria)与履带式拖拉机公司(Caterpillar),俄亥俄州的扬斯唐(Youngstown)与"美国钢铁公司"(U.S. Steel)也都成为同义词。这一切,对于雇主阶层而言,似乎没有任何意义。根本问题

① Washington Post, November 17, 2004.

在于，它们所做的决定与所在地的劳动力或者公众对该公司的长期依赖完全不相协调。

一群有创造性的律师试图提出问题，如果没有他们，也就没有"钢铁工人联合会诉美国钢铁公司案"。① 该案是关于一座很有历史的钢铁厂的关闭，它的关闭影响到 3500 名工人。本案的诉讼主张是，公司曾经向工人保证，如果他们共同努力使工厂盈利，公司将不关闭工厂；因为扬斯唐已经成为钢铁的代名词，公司不能卷起铺盖一走了之，而不补偿因其离去所引起的无可避免的公众损害；最后，如果公司无法中止其关闭工厂的决定，则应当要求该公司将其设施卖予工人和该城。

工会和该城最终在所有要点上都失败了：法院对失业的工人和不幸的城市怀有深切的同情，因为俄亥俄州的扬斯唐和莫霍宁谷（Mahoning Valley）的其他地方都成了钢铁制造的同义词：

> 美国钢铁公司在扬斯唐存在的这些年中，一直是几千名工人及其家庭生活乃至城市自身生命的主宰因素。美国钢铁公司经过深思熟虑，突然要离开扬斯唐，这毫无疑问将对 3500 名工人及其家庭产生直接的影响，对于工人、社会和城市本身都意味着毁灭性打击。虽然我们无法从判决记录中读出扬斯唐的未来，但该记录明确显示出，我们正在面对扬斯唐和俄亥俄州莫霍宁谷的一场重大经济悲剧。

法官接下来引用初审法院的意见：

> 多年来，莫霍宁谷发生的一切都是因为钢铁。学校设立了，道路修建了，城市的发展和扩张也都缘于钢铁。为了适应这种工业，该地区居民的生活和命运都是以"钢铁"这一机构为基础而建立和规划的。

事态的严重性在于，法院不得不决定，公司在关闭的时候，是否有义务在集体谈判协议之外给予雇主经营管理上的特权，并且给付工人解雇费。② 法院发现，尽管在过去许多年中公司一直不断激励工人努力使工厂盈利，以避免工厂倒闭，但公司既没有可强制执行的承诺，也从未得到其盘算的盈利。

---

① Local 1330, United Steelworker v. U. S. Steel, 631 F. 2d 1264 (1980).

② 工作 10 年以上的工人，在公司停业时应当一次性得到相当于 8 周工资的解雇费。——编注

法院没有裁决公司有义务对该城长期以来为适应公司生存而付出的代价进行补偿，也没有裁决工人因长期受雇于公司而获得了对其工作的财产权。初审法院提出了一个关键的问题：

> 我们正谈论一种机构，一个庞大的法人机构，它是国家这块地域（扬斯唐）存在的真正原因。没有这一机构，国家这块地域可能立即遭受严重创伤。我真不知道它是否会变成一座鬼城，我看不出它有丝毫改变现状的能力。
>
> 但是，在过去的年月里，美国钢铁公司、扬斯唐和居民之间究竟发生了什么？这种关系所衍生的某种东西无法成为基于财产法的案件，但是，若将法律作为整体看待，则法院的任务就是调整人与人的关系，使之与美国法律体系的总体精神和基础相一致，即保护财产权……

直到最后，法院也没有为其关切的问题找到法律上的解决办法：

> 在诉讼要点或者口头辩论中，原告都没有指出任何包含于美国宪法或俄亥俄州宪法中的宪法性条款，也没有指出美国国会或俄亥俄州议会通过的任何法律，或者是任何已决的判例……以使本庭有权力要求美国钢铁公司在扬斯唐继续经营下去，而该公司的官员和董事会已经决定因亏损而停业。

不知是为了牢记历史，还是为了伤口撒盐，最高法院进一步指出：

> 工厂的关闭和国内迁移问题，在美国历史上无论如何都不是第一次了。新英格兰以前的厂区城镇空置的纺织厂房，便是纺织厂主南迁的见证。他们的迁移，没有受到来自美国国会、有关州的立法机关或者该地法院的阻止。

最后的诉求——公司把关闭的工厂卖予失业的工人——增加了本案的讽刺意味。公司在成功地主张工厂无法继续经营获利之后，拒绝将这些工厂卖予工人及社会，理由是他们没有必要帮助一个**潜在的竞争对手**：

> 美国钢铁公司已经 4 次拒绝工人们：第一次，为了回应工人们希望购买扬斯唐工厂的要求，董事长罗德里克（Roderick）于 1980 年 1 月 31 日表示，公司不会将工厂卖予一个被资助的对手；第二次，美国钢铁公司房地产部的代表于 1980 年 2 月 14 日告知工人们，不会将公司的财产卖予他们；第三次，罗德里克先生在法院

作证时表示了同一态度；第四次，罗德里克先生于1980年4月18日以书信形式将这一立场正式告知工人们。

对工人和扬斯唐而言，时间耗尽，案件审结，用于制造钢铁的设施被拆除了……

几十年来，美国国会在工厂关闭和资金流向第三世界的问题上有一系列的建议。立法对因国际竞争而失业的工人给予联邦资助。1988年，在经里根总统一次否决之后，国会终于通过了一项法律，要求雇主提前60天**告知**工厂关闭事宜。但开设或者关闭工厂的**决定**，没有受到该法的影响。时至今日，这种决定仍然是经营管理者一种排他性的特权。

在"扬斯唐案"中，美国钢铁公司对当地社会的义务是以笼统的语言表述的：该城已成为钢铁的同义词，公司不能关闭工厂而将整个社会弃置不顾。在随后的一个案件中，密歇根州的伊普斯兰蒂（Ypsilanti）坚持社会的立场：该城准予减免"通用汽车"的财产税，即用于生产随想曲（Caprice）牌汽车的价值1亿7千5百万美元财产的50%，以此换取"通用汽车"的承诺：只要生产"随想曲"，公司就留在伊普斯兰蒂。"通用汽车"宣布将"随想曲"的生产迁往德克萨斯州时，① 下级法院发现了这一承诺：

"通用汽车"曾哄骗伊普斯兰蒂人放弃千百万美元的税收——他们急需这些钱去教育孩子或者提供基本的政府服务——仅仅由于"通用汽车"认为在其他地方生产同一型号的汽车更便宜，就决定放弃4500名工人及其家庭。如果竟然允许它这样做，那将是极大的不平等和明显的不公正。②

上诉后，该决定被推翻。首先，给予减税并不产生继续经营的承诺；第二，对于就业问题，"通用汽车"仅仅是书面保证在减税证明**颁发之时**将"创造就业，保证就业，防止失业……"第三，生产商所运用的夸张和吹嘘的语言（法院的例证是"我们是合作伙伴"及"我们期待共同的发展"）也不必然产生一个承诺。一句话，伊普斯兰蒂在下级法院简短的胜利迅即转为失败。"通用汽车"被允许自由搬迁厂家及其产品，尽管它已经声请了减税。

在美国工业腹地制造了"锈蚀带"（rust belt），或者众多公司从工

---

① Ypsilanti TP v. GMC, 506 N. W. 2d 556 (1993).
② Ypsilanti TP v. GMC, 506 N. W. 2d 558 (1993).

会相对强大的美国北方逃往南方低薪的没有工会的阳光地带（Sunbelt），这些都没有20世纪80年代末90年代初出现的一个问题更为不幸。20世纪80年代末，南方正在丧失它苦心经营的工业基地，这一次损失的是美国之外的产品。美国各地的劳动者都被告知要适应"世界经济"，但绝大多数人一点儿都不清楚如何去适应，而且本能地知道那些政治领袖们也不知道如何去适应。各地的工人们亲眼看到的是，报酬相对较高的工作从美国消失了。

第九节　威廉·拜沃特的证词[*]

我是威廉·拜沃特（William H. Bywater），国际电工联合会董事长。我有幸借此机会就与墨西哥的自由贸易协定发表意见。我认为这一协定会对几百万美国工人造成毁灭性的影响……

国际电工联合会代表广泛工业领域的制造和维修工人，包括电气、电子、运输、预制金属构件、发电设施、家具和汽车配件。我们联合会曾有36万会员，而今天我们只有16万5千人。会员锐减的原因很大程度上在于，雇主为了有利于海外低薪劳动力市场而裁减美国雇员，或者完全关闭在美国的企业。尽管几百万美国家庭拥有美国品牌的彩电、影碟机等大型电器，但这些产品的绝大多数都不再由本国生产。**美国已经丧失了整个工业——半导体收音机、黑白电视只是其中两个例子——如果剥削国外廉价劳动力继续作为美国贸易政策的基石，那么其他许多行业也会随之消失。**

然而，廉价劳动力确实是拟议中的与墨西哥自由贸易协定的基础。"自由贸易"意味着所有的美国工人都被拖入与世界上最贫穷的工人的竞争中，却不意味着体面的工资和充分的就业。事实上，对于"自由贸易"的支持者而言，墨西哥最具诱惑力的地方就在于其公民的贫困，及他们仅仅为了挣到维持生存的工资而心甘情愿地工作。美国工人的高技术和高生产率在此成了无关紧要的东西。无论如何，美国工人都无法与墨西哥工人竞争，后者每小时的工资平均只有59美分。事实上，经济地位如此悬殊的国家之间的自由贸易协定还是前无古人的。

国际电工联合会会员们直接凭借其对墨西哥工业加工区计划的经验，知道当众多公司为了获得廉价劳动力而蜂拥海外时会发生什么情

---

[*] U. S. House of Representatives, Committee on Small Business, April 24, 1991.

况。"工业加工区"是外国公司在墨西哥建立的流水线工厂的总称，其中90%属于美国所有，这里工人的工资低如深渊，1小时60至70美分。

……过去10年里，许多企业雇主，包括本迪克斯（Bendix）、克莱斯勒（Chrysler）、通用电器、通用汽车、利顿工业（Litton Industries）、北美飞利浦、美国无线电公司（RCA）、西尔维尼娅（Sylvania）、联合技术（United Technologies）、威斯丁豪斯（Westinghouse）和天顶公司（Zenith），它们都已经放弃了本国的生产线，跨越墨美边境的格兰德河重新设厂……

美国工人从自由贸易协定中能够期望什么，工业加工区提供了一个预演……拟议中的条约将极大扩展公司雇用低薪工人的疆域，它将为跨国公司规避美国法律提供更多的机会，这些法律的目的是保护工人及其工作环境。

以美国为基地的公司所广泛采用的做法，是在本地生产零配件，运至工业加工区的工厂里进行组装，再将成品运回美国本土销售。目前工业加工区使用的零配件95%产于美国……拟议中的协定将允许墨西哥生产**更多的零配件**……这种改变意味着将更多的就业机会输出海外。

5年前，美国的公司在工业加工区投资近20亿美元，我们损失了近30万个制造业工作岗位。自1986年以来，许多美国公司扩大了它们在墨西哥已有的企业……目前，沿边境有约2千家加工厂，雇用了近50万名工人……

这样的海外投资在国内不会不引起震荡。官方统计的失业数字是860万，如果再加上那些被迫打短工干零活的人和那些已经没有勇气继续寻找工作的人，那么，美国全失业和半失业的人数是令人瞠目结舌的1580万……

令我们的会员愤怒的是，布什政府不顾经济衰退、失业和不断增加的削减工资和福利的要求，突然加速进行自由贸易协定的谈判……

下面是一些例子，用以说明我们与墨西哥的经济关系对于国际电工联合会会员所产生的灾难性影响：

1. 国际电工联合会……田纳西州杰斐逊城：1978年有2千名制造业工人……国际电工联合会会员为电视、电子游戏机、电视机箱生产电子配件，供给麦格内沃克斯（Magnavox）、菲利科（Philco）和西尔维尼亚。

1982年，北美飞利浦公司转产，解雇950人，800个工作岗位转往墨西哥……虽然只有每小时5.4美元的工资，北美飞利浦仍然声称，劳动力支出过大使之无法盈利。事实上，公司根本就没有尝试从当地工会寻求工资让步，因为即使将工资降到最低点，田纳西的工人也不可能与墨西哥工人竞争，后者的工资是每小时65美分，每天5.2美元……

2. 国际电工联合会……印第安纳州埃文斯维尔（Evansville）：……有850名天顶公司的工人……今天我们在那里已无工人可以代表。两家工厂关闭，迁往墨西哥……

3. 国际电工联合会……肯塔基州路易斯维尔（Louisville）：鲁珀兰芝（Roper range）正在墨西哥兴建。

4. 国际电工联合会……罗德岛的沃维克（Warwick）：1987年，"通用电器"在这里的550个配线生产线工作流失到墨西哥……

5. 国际电工联合会……俄亥俄州沃伦（Warren）：1973年，国际电工联合会代表1万3千名制造业工人……至1986年，"通用汽车"的派克埃德（Packard）分部在墨西哥边境附近有7家工厂，超过1万5千名工人……只有8200个工作岗位留在沃伦。

6. 国际电工联合会……纽约市布鲁克林区（Brooklyn）：……有600个职位到了墨西哥的马塔莫拉斯。

7. 国际电工联合会……马萨诸塞州匹兹菲尔德（Pittsfield）：15年前，"通用电器"雇用1万5千人……今天只剩下1千名小时工。

8. 国际电工联合会……田纳西州孟斐斯（Memphis）：1989年有400名工人……"通用电器"宣布这些工作将移往墨西哥。

9. 国际电工联合会……伊利诺斯州特洛伊（Troy）：1982年起，拜斯勒电器公司（Basler Electric）一直在减员……在墨西哥的雷诺萨和马塔莫拉斯重新雇用。

11. 国际电工联合会……印第安纳州柯克兰德（Kirkland）：许多会员为小公司工作，这些小公司仰赖大公司而生存……"通用汽车"的一家子公司戴尔科生产厂（Delco Products）与AES签有转包合同，国际电工联合会会员在这家工厂每小时挣5美元。它的业务受到威胁，各种岗位丧失，因为戴尔科跨过边境找到了另一家供应商……

提示与问题

1. 当美国的企业在墨西哥开业时,它们会遇到什么问题?首先,它们发现在劳动和环境领域"无章可循"(unregulation)。用"违反规定"(deregulation)是不恰当的,因为这意味着原先有规章制度,现在被破坏了,而在墨西哥,根本就没有规章制度。可能有一些关于童工、工会、工人权利、劳动时间、带薪假日、房产税和退休待遇的法律写在纸面上,但人们不知道纸面上的法律在多大程度上能够在日常实践中起作用。

纺织、电子和汽车配件的简单生产线,曾经是工业加工区企业的全部内容,而现在它还生产制造更基本的内销品和更复杂的外销品。生产外销品的工厂一直是为了出口或者附属于其他的出口厂家,因为墨西哥的生产和劳动条件,其功能更多的是外向决策而不是内向选择。墨西哥比索的贬值反映了墨西哥的生产与外界因素之间不时存在的危险关系。下表①显示每日最低工资,比索和美元之间的兑换率,以及每小时工资的美元数额。

	日最低工资(比索)	兑换率(比索/1 美元)	美元/小时
1980	160.00	26.26	0.8886
1985	1060 – 1250	195 – 364.8	0.81 – 0.49
1990	11,900	2929.8	0.59
1995	16.4② – 18.30	4.94 – 6.78	0.48 – 0.396
96 – 4 – 1	22.60	7.55	0.44

上表告诉我们,比索价值波动对墨西哥的美国厂家的工人工资有着巨大影响。墨西哥劳动者的命运取决于其国内的通货膨胀率。对他们而言,工作报酬的增长赶不上物价的增长:更多的比索,更少的购买力。③

当地每周 48 小时的劳动时间被"美国佬化",变为每周 5 天工作日(每天工作约 9.5 小时)。雇主支付早餐和午餐费用,但吃饭时间不计入工作时间。下表是墨西哥工人每天 8 小时工作的最低工资,它让我们了解理论上每个工人的费用。所谓理论上的费用,是指那些法律要求的费用——但不知道法律所要求的报酬是否被监督或者实际支付。此表制作时,7 比索兑换 1 美元,低于

---

① "The Mexican Option," *Twin Plant News*, 1997, p. 18.
② 1992 年墨西哥发行新币,1 新比索兑换 3 千旧比索。
③ K. Kopinak: *Desert Capitalism: Maquiladoras in North America's Western Industrial Corridor* (Tucson: University of Arizona Press, 1996), pp. 146 – 150.

1997年初的水平。①

墨西哥工人的最低工资与全部福利待遇（1996年4月1日）

	墨美边境②	
	最低工资	
兑换率（7比索兑换1美元）	比索	美元
1. 地区最低工资（D.R.＝日兑换率）	22.60	3.23
2. 年薪（365天×D.R.）	8,249.00	1,178.43
3. 圣诞红利（同上）	339.00	48.43
4. 假日 每年6天加6天×D.R.的25%		
5. 工资税——雇主 （1）社会保障（以年薪计算） （2）1%的儿童抚养税（同上） （3）5%的住房税（以2＋3＋4计算） （4）2.50%的州政府税（同上） （5）2.00%的退休储蓄基金（同上） 全年费用支出	2,139.67 82.49 431.10 215.55 172.44 11,663.12	305.67 11.78 61.59 30.79 24.63 1,666.16
6. 年工作小时数 （1）1年中的天数　　　365 星期天数　　　　　　52 法定节日　　　　　　8 假期　　　　　　　　6 总工作日　　　　　　299 每日8小时　　　　　×8 （2）年总劳动时间数　2,392		
7. 日最低工资加所有福利待遇 （年工资除以年工时）	4.88	0.70
比索最低工资÷兑换率＝美元最低工资和全部福利待遇		例4.88÷7.00 ＝0.70美元

---

① Nogales – Santa Cruz County Economic Development Foundation, Inc., undated, p.20.

② 墨西哥中部城市的最低工资比墨美边境城市的最低工资少7.5%。

♣ 下文显示了"耐克"(Nike)鞋的韩国承包商是如何在印度尼西亚组织国际生产的。

第十节　新自由贸易的铁蹄*

杰弗里·鲍林格

她的名字叫塞蒂莎（见图中①），可以很有把握地说，她从未听说过迈克尔·乔丹（Michael Jordan），她也不可能晚上在电视的黄金时段观看乔丹和他的队友在巴塞罗那奥运会上的出色表现。但是，她却早已听说过乔丹为其大做广告的鞋业公司——耐克，它的标识可以在参加今夏奥运会的美国运动员的鞋与队服上看到。像乔丹一样，塞蒂莎为"耐克"工作。然而，她不会花130多美元去买一双篮球鞋，就像电视广告中闪现着自由与个性的画面及其踌躇满志的要求：JUST DO IT！事实上，塞蒂莎真的是在"做"，在做真的鞋，她是印度尼西亚一家"耐克"鞋厂的工人……

20世纪80年代，以俄勒冈州为大本营的耐克公司关闭了它在缅因州萨可（Saco）的美国制鞋厂，同时在韩国设立其绝大多数的新厂，Sung Hwa（见图5.1中②）公司的总部就设在韩国。Sung Hwa是与"耐克"签有合同的众多独立生产厂家之一。"耐克"的行动是广泛的"全球化"趋势的一部分，这一趋势导致美国在1982年至1989年丧失了65300个鞋业工作机会，因为鞋业公司所寻找的是没有劳工组织的第三世界的工人，他们不像美国生产运动鞋的工人那样要求每小时平均6.94美元的工资。但在20世纪80年代末，韩国工人取得了成立独立的工会组织以及罢工的权利。增加的工资减少了"耐克"的利润，于是公司将新厂迁往更贫穷的国家，比如印度尼西亚，那里的工人权利基本上不受重视，工资仅有韩国的1/7。（Sung Hwa和其他一些工厂设在Tangerang，它是雅加达城外一座肮脏的新兴工业城市。）今天，为了每年生产8千万双鞋，"耐克"与全球几十家工厂签定了合同，其中有6家在印度尼西亚，其他的分别在中国大陆、马来西亚、泰国和台湾地区。通过将工厂迁往劳动力低廉的地区，"耐克"年复一年地发展着：1991年的总销售额超过30亿美元——其中2亿美元应归功于乔丹的广

---

* The New Free–Trade Heel," by Jeffrey Ballinger. Copyright ? 1992 by *Harper's Magazine*.

告——据称,净利润2亿8千7百万,达到历史最高水平……

工资单上所用的文字(见图5.1中③)是印度尼西亚的巴哈萨(Bahasa)语,由罗马字母和当地流行的一种马来方言混合而成。工资单上的信息反映了资本主义的底线。"Per hari"指每日7.5小时的工资,就塞蒂莎而言,是2100印尼卢比——以当前的兑换率,为每天1.03美元。这一数字——每小时不足14美分——少于印尼政府制定的"最低生活保障"。国际劳工组织的一份分析报告指出:88%的印尼妇女的工资与塞蒂莎处于同一水平,而且她们都营养不良;这种工厂里超过80%的工人是妇女。她们所受的教育很少超过小学毕业,一般是十几岁或二十岁刚出头,她们来自农村地区,在城里找一份工作,向往更好的生活。塞蒂莎的工资仅允许她租一间简陋的没有水电的棚屋……

"Pendapatan"(见图5.1中④)是收入栏,基础月薪50400卢比,下面有一栏是加班费。在厂里工作的塞蒂莎和其他工人被迫超时工作,部分由于经济上的需要,部分由于老板的命令。每条生产线上的115名工人每天要生产1600双耐克鞋。根据工资单左侧表格中"OT(JAM)"一栏显示,塞蒂莎当月加班63小时,比正常工作时每小时多挣2美分。这家工厂生产中档价格的耐克鞋,制造一双鞋需要0.84小时/人。塞蒂莎就在生产线上工作,每天的工作量相当于生产13.9双耐克鞋。每双鞋的利润是巨大的,一双耐克鞋在美国可卖到80美元,而生产这双鞋所支付的劳动力费用仅有大约12美分……

图中5.1⑤是塞蒂莎一个月劳动的净收入。她每周工作6天,每天工作10.5小时,所得报酬37.46美元——仅相当于她所生产的一双耐克鞋零售价的一半。全球经济和"自由市场"的蓬勃发展在全球范围内创造了就业机会,促进了工业国家和发展中国家之间的自由贸易。但在印度尼西亚,当人们还不足以维持温饱的时候,又有多少人买得起西方货呢?答案在迈克尔·乔丹腾云驾雾的电视广告里是找不到的。据称,乔丹的广告费是2千万美元——依塞蒂莎的工资单显示,她要用44492年的时间才能挣到这些钱……

①
②
④

		SUNG HWA 公司印尼工厂			
BULAN:	1992.4	PENDAPATAN		POTONGAN	
姓名	SADISAH	基本工资	50400	PAJAK	0
R-NO	8045	P. KERJA	0	ASTEK	525
BAGIAN:	I. PMTGAN	奖金	0	SPSI	
SECTION	KOCUPA	HADIR	4200	MAKAN	3600
PER HARI	2,100	H/BESAR	6300		
OT(JAM)	63.00	加班	19845		
H-KERJA	24	CUTI	0		
		总计	80745	总计	4625
				DITERIMA	76120

③
⑤

提示与问题

1.（1）在某一方面，"耐克"在美国是很出名的，但在另一方面又不是这样。将塞蒂莎及海外生产线的故事讲给你的朋友，记下他们对故事的反应以及你们的讨论。

（2）许多公司选择在海外从事制造业，"耐克"仅仅是其中之一。人们批评在海外雇工的做法，对于这种批评，"耐克"的回答还是勉强说得过去的——"耐克"并不拥有或者控制这些公司及其生产线，"耐克"所运作其中的国际竞争市场，并非"耐克"自己制造出来的。

如果你不满于在印度尼西亚发生的对工人的剥削，你怎样反驳"耐克"的回答？

2. 为了说明塞蒂莎的悲惨命运，作者是否选择了适当的类比？乔丹的广告报酬之巨给人留下深刻印象，而令人震惊的是想到塞蒂莎要工作4万4千年才能挣到这么多钱。对耐克公司的报告做进一步研究后发现，乔丹无疑是一条大鱼，但在"耐克"的故事中，并非是条最大的鱼。

迈克尔·乔丹对"耐克"的经营没有决策权，他仅仅是销售战略的一部分；而菲利普·奈特（Philip Knight）则是决定"耐克"命运的人物。他是公司的董事长兼执行总裁，拥有足以控制董事会的股份（约2500万股）。如果他要转让股份或者在股市上出卖，这些股份值20亿美元（1992年10月9日的收盘价为每股79美元）。除此之外，奈特先生每年还有100万美元的额外收入。如果你有数字天赋，可以计算一下，塞蒂莎每月挣37美元，她要工作多少年才可以积聚奈特先生所拥有的财富。

"耐克"没有自己的劳工问题，因为它很少有通常意义上的劳工了。鞋和服装的生产已经由承包商进行，"耐克"已基本成为一家营销公司。"耐克"全部的鞋和一半的服装是在海外生产的。（另外一半是由承包商在美国南部制造的。"耐克"现已在越南设立了工厂。）

提示与问题①

1. 确认海外生产的利弊得失是非常困难的。来自加工区的得与失，无论在"本国"还是在"他国"都是**分层级的**。在"耐克"事例中，能说美国**整体上**受益，还是印度尼西亚**整体**上受益，或者必须做更为细致的分析，以估价我们所谈论的是哪个集体或者社会层级？

是"耐克"的所有者受益，还是缅因州萨可的工人受益？是美国或者欧洲的耐克鞋消费者，还是韩国的主要承包商，抑或是印尼的工人受益？印尼有无其他人因忠于跨国公司或者因积极提供驯良的劳动力而受益？

2. 20世纪80年代的焦点是对第三世界产业妇女的剥削，而20世纪90年代的关切则逐渐转向儿童。比如，在克林顿当政的最后日子里，劳工部长阿列克西斯·赫尔曼（Alexis Herman）与国务卿和财政部长一起讨论世界的童工问题。25万名9到14岁的儿童在做工，其中的一半还是全天工作的。国务卿奥尔布莱特（Albright）谈到了减少童工的"动力"问题，但是人们关注的是，正在采取什么措施，又用什么说辞来掩盖以前的不作为。财政部的劳伦斯·萨默斯（Lawrence Summers）说，可以使用关税来拦截童工生产的产品。就童工问题而言，既有掩盖，也有夸大。掩盖的问题是在美国销售的产品很多是童工生产的；夸大的问题是遏制对儿童剥削的行动。

♣ 2005年1月以后，纺织业在世界范围内都将免税。过去10年里，美国的企业一直在流失，不仅流向墨西哥，还流向全世界，尤其

---

① 英文第八版原书在此删去一"节"，但保留了"节"后的"提示与问题"。——译注

是流向中国,它是世界上成本最低的生产者。这引起新一轮的争论,争论的双方是自由贸易者和留在美国南部的纺织加工业者——那里仅有65万工人了。唯一的保护就是配额制度,由国家出面限制商品进入美国市场。不过,不只是美国的制造商有所恐惧。像斯里兰卡这样的国家——它的出口一半依赖纺织业——也正面临损失6万5千个工作机会和50到100家工厂关闭的局面。每周40美元,这仅够维持一个工人的生计。在这个水平上,根本没有能力与中国进行预期的竞争。洪都拉斯有13万纺织工人,他们面临同样的前景。另一方面,像沃尔玛这样的大零售商,却希望废除配额制,以巩固他们在5个国家的纺织品买卖,而不希望与超过60个国家打交道。所有拥有纺织业的国家将会为4千亿美元的生意而相互竞争。①

第十一节　服务经济*

约翰·博西格诺

一

在家庭聚会上从不蜷缩在角落里,一旦有机会,就要接近屋子中心或者门口。查尔斯熟悉这里,他刚看完电影《毕业生》的光碟,在给自己找到合适的位置之前,他发现自己挤在垃圾捣碎机和电冰箱之间。门口就在眼前,但他知道到不了那里了。他总要跟努兹奥叔叔打打招呼,毕竟在6个月前,这位叔叔曾给查尔斯25美元,因为他高中毕业了。嗨!努兹奥叔叔,查尔斯朝叔叔挥了挥手,他正向自己走过来。

这位叔叔一看到查尔斯一个人在那儿,脸上立刻灿烂起来。他话没说完,就拨开身边的人,径直向查尔斯奔来。"查里,我最亲爱的侄子,你好啊?"他一边问候,以便伸出双臂,给他一个狗熊式的拥护。努兹奥上衣最下边的扣子几乎吃不住劲了,抵御着一顿盛大的感恩节晚餐和几十根意大利空心粉的压力。"天哪!见到你真高兴!大学放假

---

① *Washington Post*, November 17, 2004.

* John Bonsignore, "Service Economy," *Law and Multinationals* (Englewood Cliffs, N. J.: Prentice Hall, 1994), pp. 594 +.

了？你打算以后干什么？"

如果有机会，查尔斯会说去读法律预科——他听说法律很实际，但他把交谈的负担转给了别人。亲属们常说："那很好吗！家里有个律师很不错。一个你可以信任的人。"

努兹奥不等回答，迅速用舌头舔了舔牙齿，干脆说道："通讯。一切都是电子的。"他张开双臂，举起双手顺势比划着。为了增强精确性，他开始用手指不断点着查尔斯的脸颊以下。"我跟你说，我要是你，就做计算机。它发展多快。"

努兹奥可能是对的。他一直对20世纪70年代早期的汽车情有独钟。"那些车你能修，不像这些新玩意儿……你没法对付它们，让你头疼。"

查尔斯点头赞许他叔叔的建议，眼睛盯着门口，但还没有粗鲁到马上就奔过去。相反，他掩饰自己说："是的，我正计划学一些计算机课程。"

另一间屋子里的电视打断了他们。"需要的时候就有了主意，这和主意本身一样重要！"努兹奥赞赏地将这句话推进一步："瞧，我说什么来着，加入吧，你不会后悔的。"现在，努兹奥自己想出去了，他听到餐后甜点和咖啡都准备好了。

二

几年后，查尔斯大学毕业了，得了一个学位，这个学位，即使不像计算机方面的学位那样听上去充满活力，但至少足以为他谋一个证券账户实习经理的位置。努兹奥的建议还起了点儿作用，他逃过了家庭的烙印，终于可以坐下来工作了。穿着贵重的西装，头发整齐，皮鞋光亮。他的薪水加上客户账户结余，使他过不了多久年收入就打破家庭记录了。

偶尔，他高中的老同学会嘲弄他："查里，你找了一份烂差事，你什么也没干，你什么也不能干。"查尔斯从不对这些工业文化的囚犯生气。这个世界已经抛弃他们，他们值得同情。

三

一天，查尔斯注意到右脚鞋上有一个小洞。在一次受伤之后，他把自己更多的重量放在了右腿上，使右脚上的鞋子先坏掉了。吃中饭的时候去修一下，他一边想着，一边回到计算机终端上工作。在他工作的摩天大楼附近，有一条僻静的小街，在那里，他工作需要的任何东西，从服装到五金，都可以买到。中午，他走向那个熟悉的店面招牌"Monarch Shoes"，还有一个巨大的英国骑士皮靴的铜制模型，时间久远，都变绿了。

他来过这里，一个和查尔斯同样穿着且彬彬有礼的店员，脚上一双精致的"Monarch Shoes"牌皮鞋，热情地欢迎他的到来。"又见到您了，阿詹托先生。"

查尔斯报以同样的礼貌："谢谢！很高兴见到您，我无需占用您太多时间，我喜欢我穿的这种款式，10D。"

"这要不了一分钟。"店员说着，还真说话算话，45秒之后，他从后屋回来，手里拿着一张精心折叠的白纸。"您是这样拿着，还是我把它装到信封里？89.5美元，含税。"

查尔斯接过那张纸，打开，上面写着：

查尔斯·阿占托

一双鞋

10D

"与他穿的款式相同"

"这是什么？这很滑稽。"查尔斯笑着说，希望店员也加入进来。然后他把自己的重量从右腿挪向左腿。（不知道他这样做是否为了拯救那只已经有洞的鞋。）

店员感觉有必要开口了："6个月前，我们店接受了一个新概念。90%的业务都靠通讯——信息从这一处传到另一处，准确，便宜，最重要是迅速。您接受过比今天更快的服务吗？……只有很少的几个人表示过不满。"

查尔斯现在有点恼火了，店员意识到需要后退一步了。"紧急情况下，就像您现在这样，我们有一个'保留节目'——为人们寻找老式皮鞋。在电脑打印之外，您还可以得到一张脚上穿的鞋子的彩色快照。或者，您还可以从500页的目录里挑选其他种类的鞋，有人一次就照了6张彩照。是的，我明白，没人希望光脚，尤其是在冬天！"

查尔斯迅速离开了鞋店，在人行道的小石子路上飞快地走着。他下午不想上班了，想在家里静静度过——如果他停在车库里的大众汽车还能发动的话。

提示与问题

1. 这篇讽刺文章写于20世纪80年代中期，当时许多所谓的专家相信，世界劳动力的最佳分工，应当是在"发展中"国家生产低端产品，而将高端工作留在发达国家。美国人和欧洲人可以坐在那里进行脑力劳动，而那些需要肌肉的工作可以在别处完成。查尔斯不能想象那些影响蓝领们的工作竟然会影响到白领身上。这也许解释了为什么同情是他对那些身陷工业文化的兄弟们最深厚的情感，而他自己的好日子并没有受到经济转型的影响。

20世纪90年代，蚯蚓终于翻身了。其他国家的经济活动开始向技术层级的高端攀爬。电子通讯可以将世界上的人联系起来，花不了多少钱就可以在别的地方找到有才能的人。中层的经理们没有被组织起来，但即使他们被组织起来，依照现行的劳动法的规则，做出那些影响他们生活的决定，仍然是管理者的特权。没有发言权必然意味着，他们现在不怎么像管理者，而更像无产阶级。

2. 2003年，伊利诺斯大学做过一项研究，发现高技术工作正向海外流失。这种始于2000年的高技术流失正在不断扩大。所有的高技术中心都受到影响，因为所有这些高技术工作别的地方也可以胜任。损失的百分比如下：

波士顿—3
芝加哥—26
达拉斯—30
圣琼斯—33
西雅图—11
旧金山—49①

3. 白领工作正被送向海外，作为这种潜在危险的进一步说明，人们可以考虑法律工作，这种工作原本似乎被认为是严格属于本地的。在印度、新西兰和南非可以雇到更便宜的律师，专利、合同和法律研究在其他地方同样有能力进行并且更便宜。一项研究估计8%的法律工作（48万9千个工作机会）在未来10年中将转向别处。8个律师和9个律师助理据说可以节约200万美元。②

4. 依马克思主义者对法律体系的解释，法律体系反映外在于该体系的地位、权力和阶级关系，而不是对这些关系施加限制或者反作用力。马克思主义者还认为，尽管表象和标签改变了——奴隶制、封建制、国家工业化及现在的全球工业化——但法律体系的深层结构依然如故。

运用本章的不同资料，分析评价马克思主义者的理论。

---

① Linux Electronics, http//www.linuxelectronic.com/article/php.2004091170644462.
② "U. S. Law Jobs Being Shipped Overseas," Western Mass Law Tribune, 2004.

第六章　法律与公意

最高行政长官的一切权力都来自人民。
——亚布拉罕·林肯:"第一次就职演说",1861 年

当财主老爷经过时,聪明的农民深深地鞠躬,暗暗地放屁。①
——埃塞俄比亚格言

在上帝的佑护下,这个国家将获得自由的新生。我们这个民有、民治、民享的政府将永存于世。
——亚布拉罕·林肯:"葛底斯堡演说",1863 年

谁将手放在我身上,想统治我,他就是一个篡位者、一个暴君。我宣布他是我的敌人。
——约瑟夫·蒲鲁东

♣ 在一个离经叛道之风迅速蔓延的时代,人们开始关注人民何时可以觉醒,摆脱政府和法律的束缚。那些怀着足够的信任去定期投票的选民,并不幻想他们的选举可以左右乾坤。离经叛道在 19 世纪要少一些,彼时学者们热衷于追溯法律的起源和法律制度的演进。他们相信,法律是由人们的风俗习惯发展而来的。起初,惯例反复出现,不可言传的情绪在一群人中被意会和感觉。但人们尚未意识到,某些行为是**正确的**,或者是仅有的他们能容忍的行为。经过一段时间,特别是在偏离先前惯例的一些场合,**一种**(a)行为方式变成了**这种**(the)行为方式,以往的习惯变成了法律。

早期文献的读者会有这样一种印象:法律和习惯之间存在着有机

---

① James Scott, *Domination and the Arts of Resistance* (New Haven, Conn.: Yale University Press, 1990).

的联系。法律由习惯而来,或者换言之,习惯包含着法律的萌芽,一旦意识达到了适当的水平,惯例就逐步完善起来。本书第四章中"损坏的辣椒案"说明,人与他们的纠纷解决体制并非总是不和谐的;而本章中有关夏安族(Cheyenne)的几个事例也启发我们,在权威运用和习惯之间存在着有机的联系。

随着社会日趋庞大和日益复杂,人们感到自己的理解力与周围的制度越来越不吻合。尽管一个夏安人可以熟知部落的大部分"法律",但现今的美国公民实在不可能知道太多影响他们生活的法律,更不要说认同它们了。可以理解的是,"**他们**能那么做吗?"这种表达替换了"这就是我们处置这一局面的方式";等级、迷惑、憎恨和恐惧,替代了共鸣、理解、宾服与爱意。

当代人类学家斯坦利·戴蒙德(Stanley Diamond)摈弃较早的关于习惯与法律有着紧密联系的理论,他将习惯与法律的关系描述如下:

> 通过外在政治权力使良知立法化的努力是习惯的对立物;习惯性举止精当地结合了社会行为中传统的、道德的和宗教的方面。简言之,惯例的和非法律的方面。换句话说,习惯是社会的道德。习惯和法律的关系基本上是一种矛盾的而非接续的关系。①

对戴蒙德而言,法律的来临是社会崩溃的征兆,而并非良知与礼仪提升的标志,法律之下的生活舒适程度减少了,而一般人生活的舒适程度也没有增加。

阐明法律与公意的关系会遇到许多的困难。谁堪称其意愿因法律的创制和施行而得以表达或者受到压制的**人民**?在前面几章里我们已经看到"恶风不吹善",也就是,为了了解法律的影响,人们考察问题时,必须跨越所有社会阶层和所有其生活受法律触及的群体。

人民,可能意味着数字上的多数、有影响力的精英、穷人、曾被称为"沉默的大多数"的中产阶级、黑人及少数族群、妇女、盎格鲁-撒克逊新教徒中的白人男性、青年、老人,等等。尽管这些群体在许多问题上都有共通的情感,但还是有着巨大的差异。

公意是如何表达的?选举?街头抗议?抵制?"公共利益"集团?美国产联的政治行动委员会?国会、行政机构或立法机关的游说者?

---

① Stanley Diamond, "The Rule of Law versus the Order of Custom," in In Search of the Primitive, (New Brunswick, N. J.: Transaction Books, 1974).

公投？策略、诉讼和结果之间的关联是怎样的？

行动主义者的意图是制定法律，还是消除法律？人们需要的是更好的法律，更多的法律，不坏的法律，还是根本没有法律？对人与法的关系做贴切的表述是困难的，这使人们宁愿完全放弃对这个问题的探究，或者至少将阐释局限于"简单的"社会。然而，有太多的人与制度之间关系紧张的场合，使这个问题不能被放弃。在北卡罗来纳州有关配偶虐待的那些案件中，无论那些判决今天看来多么具有沙文主义味道，法院——除非愚笨而凶暴——肯定考虑过判决被接受的可能性。同样，在第四章的"达克镇案"中，法院肯定是害怕关闭工厂将会引起当地各阶层人们的震怒。

尽管普通人对法律的影响一直是零星而分散的，但公众施压的著名例证还是有的。19世纪，人民党主义采用的形式是：提倡用准备金不足的弱币偿付债务，对抗铁路的强权，努力使工会和集体谈判获得承认，以及要求妇女的平等法律权利和政治地位。毫不奇怪，那些寻求改变身份地位的人们——从农业劳动者到工联主义者，再到黑人和女权运动主义者——已经发现他们自己逾越了法律。试举一例，在《谢尔曼反托拉斯法》——据称为克制大企业的权势而制定的法律——颁行的头7年，联邦法院确认工会有12次违反该法，而企业却只有1次！我们熟悉的围绕街头示威者的警察警戒圈，传达了一个不太敏感的信息：示威者处在犯罪的边缘。

过去30年在历史上留下一笔的事件有：黑人运动，反越战，农业劳动者为争取平价制度而进行的罢工，妇女运动，同性恋权利法案动议，反核示威，以及更近期的基督教原教旨主义者所反对的行为艺术、堕胎、同性结婚和禁止校内祈祷。

20世纪80年代后期，经济问题从众多令公众不安的因素中突显出来。变动的经济，资本和工业为了更高的利润而转向国外，这一切使许多工人被长久解雇了。小企业，尤其是使用自有房屋者，经历了"大萧条"以来最高的破产率。一流土地上的农业劳动者，在一个饥饿的世界里掌握着立可兑现的农作物，竟然发现自己身陷低价泥沼，迫使许多人放弃了农业经营。90年代的公司合并与裁员，迫使一批中层管理者也要拼命保住现有的工作。

此外，妇女、少数族群和在美外籍人士，他们在就业机会、充分医疗、住房和上学等方面从未得到真正的制度性优待，竟然被宣布为享受了过分的优遇，因而正在遭受仇视的冲击，其中的部分原因是惟恐权力和财产被分享而无从垄断。

当人们主张自己时,他们通常被视为罪犯、失控者、疯子或者革命者。对权威的挑战达到了瓦解现存秩序的程度时,行动主义者至少暂时成了无政府主义者,也就是愿意公然宣称与"现存制度"不甚和睦的人。对制度及其声称的有益功效,怀疑越是深刻,无政府情绪就越是高昂,这是本章后半部分要深化的主题。但是让我们首先关注:在号称简单的社会里,习惯—法律—政府是如何运作的。

第一节　夏安人的方式*

卡尔·卢埃林　亚当森·霍贝尔

当"走兔"提出部落放逐和重新接受"刺猎"的难题时

一次,当所有夏安部落聚会时,"刺猎"独自一人去猎杀野牛了。他对人们说:"我要一个人去打猎。"他在暗示,禁止单独狩猎的规则对他不适用,因为他正在宣布自己脱离部落——成为一个自主的人。

所有的战士首领与部落酋长在一间大棚屋中开会,讨论怎样处理这件事,因为以前从未发生过。他们决定:任何人都不许以任何方式帮助"刺猎",任何人都不许给他烟抽,任何人都不能和他说话。他们将他与部落隔离。酋长们宣布,如果有人以任何方式帮助他,那个人就必须奉献"太阳舞"。

当部落迁移的时候,"刺猎"跟随着,但人们不认他。他被弃置不顾,这使他很伤心,因此骑着一匹马(他有许多马)到山上去表达哀痛。

他的妹夫是一位首领,很可怜他的哀痛和孤苦,最后对妻子说:"我为你可怜的哥哥难过,我现在要为他做些什么。用我们所有的口条做成丰盛的菜肴吧!"

然后,他邀请各位首领到他的棚屋,并派人将妻兄召来。几年已经过去了,可不是几个月。

当众首领聚齐之后,妹夫开言道:"几年前,你们通过一条规定,任何人都不许帮助这个人。谁要是帮了他,就必须奉献'太阳舞'。现在是可怜他的时候了,我要奉献'太阳舞',让他回到我们中间。我恳

---

* *The Cheyenne Way: Conflict and Case Law in Primitive Jurisprudence* by Karl N. Llewellyn and E. Adamson Hoebel.

求你们让他返回部落,因为他受的苦已经够长了。这个'太阳舞'将是规模很大的。我宣布,每位首领和所有战士都必须参加。现在你们说,是让我的妻兄在饭前抽烟,还是在饭后抽烟?"

首领们一致地回答:"Ha - ho(谢谢)!我们很高兴你把这个人带回来。尽管如此,还是要让他记住,他将受到战士们为部落制定的规则的约束,他不可以说自己不属于他们。他脱离部落已经很久了,如果他记住这些,就可以回到我们中间。"

然后,他们问"刺猎"是饭前还是饭后抽烟,他毫不迟疑地回答:"饭前。"因为他太渴望烟草了,以至于弄裂了烟杆儿,吸吮里面的烟垢。

棚屋不是很大,容不下来此议事的所有首领,所以他们敞开门,那些进不来的人就在外面坐成一圈。这时,他们装了一大袋烟,点燃之后递给"刺猎"。由于很久没有吸烟了,他咽下一大口烟后,竟然昏了过去。当他倒在地上时,烟从他的肛门冒了出来,他肚子里太空了。首领们静静等待他苏醒过来,然后将烟依次传递给坐成一圈的所有人。

每个人都抽过烟后,"刺猎"说道:"从现在起,我将追随部落。人们说的每件事,我都严格遵守。我的妹夫做了件伟大的事,他宁可在'太阳舞'中受罚,也要把我带回来。他不会自己受苦的,我也将加入进来。"

过了一会儿,"太阳舞"准备好了。一名战士开始发愁了,因为他身上长了一个难看的肿瘤,他不想让人看到。他是个英俊的小伙子,名叫"黑马"。"黑马"来到首领们面前,请求他们允许他在太阳舞进行过程中独自一人到山上去献祭。

"我们没什么好说的,"他们告诉他,"到发誓人那里去,这是他的'太阳舞'。"

"黑马"来到"刺猎"的妹夫那里,这位妹夫是他的妻兄。"舅哥,"黑马请求道,"我不想进入棚屋,在你们举行仪式的时候,你能让我一个人去山上献祭吗?"

"不,"他遭到断然拒绝,"你知道我的规矩,所有的人都必须在这里。"

"好吧,舅哥,你看这样好不好,我在山上树一根木杆,把我自己吊起来,直到你们的舞蹈结束?"

他的妻兄这样回答道:"你为什么不向首领们提出来?他们现在全都在这里。我和他们商定,所有的人都必须留在棚屋里。我不想改变规则，我不能允许你出去。"

"黑马"答道："你没有以我的方式立规矩，现在我要立一条规矩给每个人：这里的每个人都必须像我一样从杆子上悬挂下来。"

妻兄反驳说："不，开会的时候没有提到这一点。如果你想从杆子上悬挂下来，那随你的便，但其他人没必要这么做，除非他们希望这样做。"

当他们奉献"太阳舞"时，每个人都很愉快。"黑马"是唯一悬挂在杆子上的人。棚屋里人太多，没有足够的地方跳舞，一些人只好在棚屋里坐成一圈。尽管没有跳舞，他们也饿了4天。这个舞蹈发生在怀俄明州的谢里丹（Sheridan），在卡斯特（Custer）之前7年。那时我只有1岁，不过我所讲的一切都是"麋河"及其他人告诉我的。我们称这里为"首领们挨饿的地方"。

"呀呀哭喊"因谋杀"鹰酋长"而遭放逐

"呀呀哭喊"因酒后口角杀死了"鹰酋长"，已经被迫离开部落3年了。首领们因这次谋杀而命令他离去，因此我们在那段时间一直没有见到他。一天，他回来了，牵着一匹马，马背上是几捆陈年的烟草。他停在营地外，派人带着马和烟草去见首领们，为他捎个口信："我请求回家。"

全体首领聚集起来开会，战士们也被召集过来，因为这是一件重要的事情。大家分配了烟草，首领派出信使邀请战士首领来部落的议事棚屋，因为酋长有话要对他们讲："这是那个人送来的烟草，现在我要你们这些战士来决定，你们是否认为应当接受他的请求。如果你们决定应当让他回来，那么你们要做的就是让他的亲属确信不会有任何问题。"（"鹰酋长"的亲属曾告知每个人，他们一旦发现"呀呀哭喊"就会杀掉他。他们发誓说："如果我们看见他，他就再也不能一走了之了。"）战士首领拿起烟草，来到外面集合自己的队伍。每一小集体的人都在各自的棚屋里进行讨论，但他们的仆人来往于他们之间报告讨论的动向。

最后，一个人说道："我认为这样很好，我相信他的污点已经洗清，就让他回来吧！"这个意见被传开，并在战士中赢得了多数。随后，"鹰酋长"的父亲被邀请来，看他是否接受这一决定。"战士们，"他回答道，"我听你们的，让他回来吧！但是，如果他回来，我永远不想听到他和人争吵。如果他那样做了，我们会一起对付他。至于这些烟草，我不会要他的任何东西，把你们分给我的那一份给别人吧。"

"呀呀哭喊"一向是个吝啬的人，每个人都不喜欢他，但他是个勇猛杀敌的战士。不过，他返回营地以后，一直对人们非常友善。

当"走兔"提出难题的时候

一个准备战斗的队伍正在组建。"走兔"来到首领面前提出一个问题："你真的宣布我们必须步行吗？如果是这样，我希望能够牵一匹马，驮运我的鹿皮鞋和其他可能的物品。"首领回答他说："我的命令是有理由的，我不用马是为了便于隐蔽我们的行动。不过，你可以牵一匹马。"这样，"走兔"询问了第一晚和第二晚的露营地点，因为他要晚些出发，再追赶队伍。

"走兔"的情人最近嫁给了别人。她告诉自己以前的追求者："我丈夫不是我原想的那种人。"因此，"走兔"带她加入战斗队伍。（夏安人有句成语描述单身汉娶一位已婚妇女："穿上旧的鹿皮鞋"。）由此我们知道，他要用马驮运的"鹿皮鞋"是一个女人。

当这个女人出现在军营中，战士们躁动起来。队伍进入山间后停了下来。首领打开烟斗，在离开营地前，他的烟斗一直是满的，但必须等到发现敌人或者知道敌人的踪迹时，才能吸这些烟斗。首领开言道："携妇人同行不是什么稀罕事儿，但这个人拐走了别人的老婆，这将会发生什么情形呢？"这就是他们要讨论的问题。

首领宣布："这个人唯一能做的，就是返回去与那位丈夫把问题解决好，然后再追上我们。"

一个战士帮"走兔"说话，他提出建议："我们为什么不能让他留下来？如果我们缴获一些马匹，可以交给她的丈夫。"这个建议被拒绝了。

最后的决定是，他必须回去。"如果你早告诉我们你这么需要她，我们也许会等你解决了这个问题后再出征，那样，我们就名正言顺地带上她了。如果你真想参加战斗，就一定能够追上我们，我们是步行的。"

然后是三、四位战士的发言，他们每个人都许诺"走兔"一匹马，交给那位丈夫；同时，每个人又拿出了一、两支箭。

与此同时，"走兔"的父亲已经与愤愤不平的丈夫商谈妥帖，既然他们夫妻不和，丈夫也乐于放弃她。"走兔"返回后，告诉父亲战士们的承诺，父亲说："这样也好，事情已经解决了。那些战士回来后，可以将东西交给女孩儿的父母。你回去追赶队伍吧。"但是，"走兔"更想留在家中。

"走兔"没有外出，他的近亲们搭建了一个大的圆锥形帐篷。当他们听说归来的队伍已经接近时，一切已经准备就绪。

战士们冲这边儿过来，吵嚷着；他们夺取了许多马匹。反政变的首批人员冲在前列。"走兔"的父亲有权出面讲话；他是一个公告宣读人。"不要回家！不要回你们的棚屋！到你们的朋友'走兔'的棚屋来！"

当他们全都进入这间棚屋后，老人进来告诉他们发生了什么事。"我的儿子回来之前，我已经妥善解决了纠纷。你们送来箭并且许诺了马匹。我把姑娘留在这里，等待你们归来。我将送她回她父母身边，还要带去许多礼物。我期待看到的，正是你们将要做的。"

首领代替部下回答说："是的，我们将帮助你，我们曾许诺帮助你的儿子。你送她回家的时候，我们会送礼物给她。"那些许诺了马匹的人到外面把马牵了过来，其他的人也给了她夺取的马匹。

伴她回家的礼品，实际是结婚的聘礼，她的亲属们将聘礼全部收下。他们筹集并回赠了礼物。战斗的队伍又被召集起来，将回赠品分给他们。这是一件大事，一个妇人骑在当天得来的敌人的马匹上被送回家，这还是第一次，也是最后一次。

提示与问题

1. 在这些事例中，什么是法律？谁是制定者？
2. 部落权威的运用与夏安人的公众情感之间的关系怎样？
3. 先例制度在这里起作用吗？
4. 这些事例中，什么价值观危若累卵？
5. 不断变动的地位或利益是如何被描述、认可和保障的？
6. 街上普通人的"夏安对等物"，对纠纷的处理方式或者达成的结果有什么可抱怨的吗？

♣ 卢埃林得出结论：夏安人在他们的个人信仰与部落权威的运用之间找到了一种和谐，但是，许多现代的美国人可能时常感觉自己与凌驾于他们之上的制度缺乏一致。今天，"制度"和"法律"就在"那里"——有潜在威胁的、遥远冷漠的存在物。虽然林肯惬意地说政府是"民有、民治、民享的"，但今天的美国人可能认为——有时具备绝佳的理由——政府是为某个人所有、所治、所享的。不过，像卡夫卡笔下的平民一样，他们还倾向于将纷乱归咎于"个人问题"而不是制度结构的失败。如果不是这样思考和行动，他们就会采取自己不愿采取的政治立场。这样的立场之一就是无政府主义，公开赞同这种主义的人千不足一。

但是，什么是无政府主义？对绝大多数人而言，它仅仅代表混乱，或者在破坏秩序——宁愿使用暴力——的过程中寻找一种特殊的乐趣。那些轻易否定无政府主义的人，没有意识到它自古以来深厚的学术根基，也没有意识到无政府主义者是尊重秩序的——如果秩序是以正确方式产生和维护，即，如果秩序是民有、民治、民享的话。不仅如此，无政府主义者中有许多和平主义者。

另一种对无政府主义的误解，缘于将其与马克思主义相混淆，这种混淆忽视了无政府主义者与马克思主义者持续了一百多年的相互反感。1917年俄国革命后，布尔什维克的首要任务之一就是肃清无政府主义者的革命！

迈克尔·巴枯宁（Michael Bakunin），一位著名的无政府主义者，是这样评说卡尔·马克思的——一个他想喜欢而实在无法喜欢的人：

> 马克思和我在那些日子里（19世纪40年代）是非常友好的。我们经常见面，因为我非常敬仰他的科学和他对无产阶级事业的热忱和一丝不苟的奉献——当然也掺杂了一定的个人虚荣，并且，我如饥似渴地寻求他的教导和睿智的谈话。然而，我们之间没有亲密的关系。我们的禀性各异，他称我为温情脉脉的理想主义者——他是对的；而我认为他虚荣自负、背信弃义而又玩弄权术——我也是对的。①

1846年，约瑟夫·蒲鲁东（Joseph Proudhon）在致马克思的一封信中阐明了马克思主义者与无政府主义者之间的区别，这些区别最终导致了两者持续至今的分裂。如果说，无政府主义者和马克思主义者在权力和财富的不当分配问题上是一致的，那么，他们的显著分歧在于，一旦他们成功地颠覆了这种不当的分配以后，下一步该做什么：

> 看在上帝分上，在摧毁了所有先验的教条主义之后，不要让我们反过来向人民灌输某种教义；不要让我们反过来沦为你们的同胞马丁·路德的反面……让我们持续开展一种善意忠诚的论辩；让我们给世界树立有学识、有远见的宽容的榜样，但不要让我们摆出一副新宗教的使徒的样子，即使这是一种逻辑的宗教、理性的宗教。让我们兼收并蓄，鼓励各种抗议，让我们唾弃各种专断和神秘主义；

---

① George Woodcock, *The Anarchist Reader* (London: Fontana, 1977) p. 37.

让我们永远不要将某个问题视为穷尽了真理,当我们已经使用了最后的论点,如果有必要,就让我们以雄辩和冷嘲重新开始。只有在这种条件下,我才加入你们的组织,否则,不。①

对于无政府主义者来说,马克思主义是令人不快的。无政府主义者相信,不可能有什么未来的"蓝图"。如果竭力强加一幅"蓝图",无论设计者认为自己多么具有远见卓识,都会复活那先前促成革命的独裁与暴政。如果马克思主义者主张一个无产阶级统治的国家,则无政府主义者就鼓吹根本不要国家。

正是在国家作用问题上的分歧,在两大左派哲学之间制造了鸿沟。无政府主义者比马克思主义者更积极地主张将权力赋予人民,尽管两种主义都赞同将权力从有权者转向无权者。马克思主义者期望权力回归国家,以巩固革命的成果;而无政府主义者则希望人民最大限度地直接行动。如果这听起来像是当前流行的政客的花言巧语,那是因为两大政党的政治家们频繁地发掘美国人厌恶政府的情绪。乞灵于类似无政府主义的口号,通常是可以迷惑人的,因为国防预算、国债和其他温和主义者的举措都不可避免地导致政府的加强而不是削弱。

在两种左派哲学里,法律秩序作为一般性的制度,都不受尊重。在它们看来,法律秩序是一种统治和支配的政体,而不是保护普通民众的资源。为了更清晰地阐明无政府主义思想的独特风貌,我们选取了现代最著名的无政府主义者彼得·克鲁泡特金(1841-1921)的文章。

第二节 法律与权威*

彼得·克鲁泡特金

一

我们被这样一种教育引入歧途:它从摇篮时期开始,就想要扼杀我们的反抗精神,并且培养我们对权威的服从;我们被法律禁锢之下的生存方式败坏了,这种生存方式调整我们生活中的每一件事——出

---

① George Woodcock, *The Anarchist Reader* (London: Fontana, 1977) p. 72, 73.

* *Kropotkin's Revolutionary Pamphlets*, ed. by Roger N. Baldwin (Vanguard Press, 1927).

生、教育、成长、爱情、友谊——以至于只要这些事态持续下去，我们将丧失所有的主动性和自我思考的习性。我们的社会似乎不再理解，即使不在法律统治之下，我们也同样能够生存；法律的统治由代议制政府精心制造，由一小撮统治者操控左右。即使社会好不容易从这些桎梏中解放出来，它首先关心的就是立即重建法律的统治。"自由之首岁"（The Year I of Liberty）持续的时间从来都不超过一天，因为就在宣布它的次日，人们便将自己置于法律和权威的枷锁之下。

的确，几千年来，那些统治我们的人没做什么别的，只是花言巧语地进行了"尊敬法律，服从权威"的说教。家长正是在这样的道德氛围中抚育孩子的，而学校也仅服务于让孩子们加深这种印象。巧妙拼凑的伪科学的碎片被灌输给孩子们，以证明法律的必要性；对法律的服从被造就为一种宗教；道德上的善与老爷们的法律融为唯一的神圣。历朝历代讲堂教室里的英雄都是服从法律抵制反抗的人。

以后，当我们进入公共生活，社会和文学每日每时滴水穿石般继续向我们灌输着同样的偏见。历史、政治学和社会经济的书籍充斥着这种对法律的尊敬。即使物理学也被迫为此服务，它把借自神学和专权的人工表达模式引入纯粹观察所得的知识中去，由此成功地使我们的智慧如堕五里雾中，永葆对于法律的尊敬。报纸也做着同样的事情，上面的文章无一不是做着尊敬法律的说教，即使第三版上的内容每天都证明了法律的无能，并显示着它如何被手握权柄的人拖入污泥浊水之中。在法律面前俯首帖耳已成为一种美德，因此我怀疑是否会有这样一位革命家，他的年轻时代不是从法律的捍卫者开始的，尽管他所反对的、一般称为"陋弊"的东西，正是法律本身无可避免的后果……

从奴隶制、农奴制、封建制和君主制传承给我们的那些被称为法律的混乱不堪的行为规则，已经替代了脚下供奉着人类牺牲的巨大石兽，被奴役的野蛮人甚至不敢触摸它们，惟恐遭受五雷轰顶。

这种新的崇拜，自中产阶级掌握最高权力，即法国大革命之后，已经特别成功地建立起来。古代的政体之下，人们很少言及法律；……服从君王及其走卒的喜好，是一种建立在绞刑和监禁痛苦之上的义务。但是，在革命及随后的日子里，当法律人掌握了政权，他们竭尽全力强化其优势地位所赖以存在的原则。中产阶级毫不迟疑百川归海般地接受了法律；教士们匆匆忙忙将法律神圣化，以免他们的小船倾覆于激浪之中；最终，人民也接受了法律，将其作为与过去的专权与暴力相对而言的历史进步。

为了理解这一点,我们必须设身处地想象一下18世纪的状况。听到彼时集所有权力于一身的贵族对人民施加的暴行,我们一定会痛心疾首,因此我们也就能够理解"法律面前人人平等,无论出身与贫富,一体服从法律"这句话在农民心中一定有着神奇的影响力。直到这一口号提出时止,农民所遭受的虐待比牲畜所遭受的还要残酷,他们从未有过任何权利,从未获得任何司法途径,来对抗贵族令人发指的暴行,除非因复仇而杀死贵族,自己也会因此被绞死。农民看到自己被上面这句法律格言所承认,至少理论上承认他的个人权利与地主老爷的权利相同。不管这个法律会怎样,至少它许诺对地主和农民一视同仁,声称在法官面前富人和穷人是平等的。这一许诺是一个谎言,今天我们知道了这一点;但在当时,它是一个进步,一种对正义的效忠,正如虚伪是对真实的效忠一样。这就是为什么当处境危急的中产阶级的救星们宣布"人人尊敬法律"的时候,人民一下子就接受了这一许诺,因为他们的革命冲动在与自己地位日渐接近的敌人的斗争中已经消耗殆尽;他们俯首帖耳于法律的桎梏,以免自己再遭地主老爷们的专擅。

从此,中产阶级不断地充分利用这一格言,它与代议制政府的原则相结合,概括总结了19世纪这个资产阶级时代的全部哲学。中产阶级在学校说教这一原理,在著述中宣扬这一原理,在艺术与科学中以同样的目的塑造这一原理,将这一信念贯穿到每个角落……并且,这一切做得如此成功,以至于渴望自由的人们为了获得法律上的平等,开始尝试通过恳求他们的主人大发慈悲,修改主人自己创制的法律来保护他们!

但是,时过境迁。任何地方都能发现反抗者,他们不愿再遵守法律,除非他们知道法律从何而来,有何功用,何以有守法的义务,以及法律所包含的尊严。我们时代的反抗者正在批判社会赖以存在的基石,这块基石一直被奉为神圣,而其中最至关重要的圣物就是法律。

批评家们分析了法律的渊源并进而发现,法律或者渊源于上帝——原始人恐惧的产物,愚蠢、可鄙而恶毒,虽然教士们信誓旦旦地宣称它有超自然的起源;或者渊源于杀戮——火与剑的征服。他们研究了法律的特征,发现法律并非与人类同步地不断成长,而是有着稳固静止的特性,有着一种将理应每日修改和发展的东西定型化的倾向。他们叩问法律是如何被维护的,他们看到的是拜占庭的凶暴、宗教裁判所的残酷、中世纪的严刑、活生生的肉体被行刑者的皮鞭撕裂,看到了锁链、棍棒、斧头、阴森的地牢、痛苦、诅咒和眼泪。在我们今天这个时代,他们所看到的仍然是与以往如出一辙的斧头、绳索、步枪和监狱。一方面,惨遭暴虐的囚犯因其全部道义存在被贬斥,被迫像笼中困兽一样生活;另一方面,被剥去人类本性中每一份情感的法官们,像一个梦幻者生活在法律虚构的世界里,乐此不疲于监禁与死刑的施用,扬扬自得于冷酷恶毒的疯狂,甚至从未怀疑过,就在他们所鄙夷的那些人面前,他们已经跌入了堕落的深渊。

他们看到立法者在不知法律为何物的情况下所进行的立法竞赛。今天投票通过一部城镇公共卫生法,却对卫生学一无所知;明天制定一系列军事装备规则,却连一支枪都没摸过;制定有关教育的法律,却没有走上过讲台,甚至没给过自己的孩子诚实的教育;任意而盲目地四处立法,却念念不忘将刑罚分配给衣衫褴褛的人们。监狱和奴役船成为一些人生活的一部分,而这些人要比立法者道德高尚一千倍。

最后,他们看到狱吏正在丧失所有的人类情感,密探被训练成嗜血的鹰犬,警察蔑视厌恶自己;"告密"被扭曲为美德;腐败被确立为制度;人类的所有堕落与邪恶都受到支持和培养,只为确保法律的胜利。

我们目睹了这一切,因此我们不再疯狂地重复那古老的公式:"尊敬法律"。我们要说:"蔑视法律及其全部属性!"不再怯懦地重复"服从法律",我们要大声疾呼"反抗一切法律!"

只有将那些以法律名义实现的恶与法律所能产生的善相比较,仔细权衡善恶,你才会知道我们是不是正确的。

二

相对而言,法律是现代的产物。人类的生活曾经世世代代没有任何成文法,甚至没以符号形式雕刻于圣堂神殿入口的柱石上。那时,人们之间的关系仅仅由习惯、习性和习俗调整,它们因不断重复而变得神圣,每个人在童年时代就已经习得,正如学习怎样通过狩猎、畜牧或耕种而获取食物一样……

每一部落都有自己的方式和习惯,法学家称其为习惯法。它有足够的社会习性来维系村民之间、部落或社会成员之间的诚挚关系。即便在我们这些"文明"国家里,当我们远离城市来到农村时,我们看到那里居民的相互关系仍然由古老的、公认的习惯所调整,而不是依照立法者的成文法律。俄国、意大利和西班牙的农民,乃至法国和英格兰的大部分，都没有成文法的概念，成文法介入他们的生活仅仅是为了调整他们与国家的关系。至于他们自己的相互关系，尽管有时也很复杂，却依然由古老的习惯来调整。从前，人类的生活状况大体如此。

通过对原始习俗的分析，可以发现两大显著的占主流地位的习惯。

既然人们不是生活在相互隔离的状态，他们内心自然而然生成了有益于社会维持和种族繁衍的习性和情感。如果没有社会情感和习俗，人类的共同生活是绝对不可能的。不是法律设立了它们，而是它们先于所有的法律而存在；不是宗教规定了它们，而是它们先于所有的宗教而存在。在社会生存的所有动物之中，都可以发现它们。它们是依照事物的本性自发生长的，就像动物身上被人们称为"本能"的那些习性一样。它们萌生于进化过程中，对于人类为生存而被迫进行的斗争来说，它们是有益的，或者更确切地说，是必不可少的……原始人殷勤好客，尊重生命，相互间有义务感，同情弱者，勇敢无畏，乃至为他人而牺牲自己——这种牺牲精神首先为了孩子和亲友，嗣后及于同一群落的其他成员——所有这些人类品质的发展都先于一切法律，也不依赖于任何的宗教，就像动物的情形一样。这些情感与惯例是社会生活无可避免的结果。这些品质并非教士和玄学家们所说的那样是人类固有的，它们是共同生活的结果。

但是，与这些习惯相伴生的、对社会生活和种族维系不可或缺的另外一些愿望、激情以及另外一些习性和习惯，也在人的联盟中进化发展着。统治他人的愿望，将自己的意志强加给他人的愿望，掠取相邻部落劳动成果的愿望，不劳而获安坐而食的愿望，让奴隶为其主人提供各种享乐——这些自私的、个人的愿望，形成了习性和习惯的另一主流。祭司和武士，这些江湖骗子从人们的迷信中渔利，在让自己摆脱了鬼神恐惧之后，却在其他人中培养这种恐惧；这些歹徒恶霸极力促成对邻人的侵略，以便满载抢掠的赃物、押解着奴隶——那些被征服者——凯旋而归。这两种人沆瀣一气，成功地将有利于己的习惯强加于原始社会，却又企图永久统治和支配大众。他们从众人的沉迷、恐惧和惰性中获益，并且，多亏了这同一些行为的不断重复，他们已经恒久地建立了构成其统治的坚实基础的习惯……

滋生于迷信、沉迷和怯懦的日常风气，一直都是支撑压迫的柱石。在原始人类社会里，求助于祭司和军事首领是聪明的做法。这些人秉持只对他们有利的习惯，并成功地将这些习惯强加给整个部落。只要这种保守的风气能够被用来确保首领们对个人自由的侵犯，只要人们之间的不平等是自然的产物，而且只要这一切并没有因权力和财富的集中而百倍增长，那么，就没有必要创制法律，没有必要设置可怕的法庭，也没有必要加重刑罚以强制执行法律。

但是，随着社会越来越分裂为两大敌对的阶级，其中一个阶级寻求建立自己的统治，另一个阶级拼命逃避，斗争由此开始。现在，征服者匆匆忙忙要以恒久的方式保卫其行动果实，他在自己的权力范围内，不择手段地努力将其胜利果实置于无可争议的地位，并使之神圣而令人尊敬。法律以宗教制裁的面目出现，而武士的棍棒也听候法律的差遣。法律的功能是将那些有利于一小撮统治者的习惯固定下来。军事权威承担的任务是确保忠诚。法律的全新职能对于武士的权力是一种新鲜的保障，武士不再仅仅是掌握残暴力量的人，他已经成了法律的保卫者。

然而，如果法律提供的只是一堆为统治者服务的规定，那就很难保证它被人接受和服从。当然，立法者在一部法典中混淆了我们前面提到的两种主流习惯：一是在共同生活中形成的、代表道义和社会团结本性的准则；二是旨在保障客观上存在的不平等。对于社会生存绝对必不可少的这些习惯，在法典中被精妙地与统治阶级强加的习俗相纠结，并且两者都要求公众给予它们相同的尊敬。法典说"不要杀人"，又匆忙补充说"要向教会交纳什一税。"法典说"不要偷窃"，紧接着又说"拒绝纳税者，将砍断其手"。

这就是法律，并且它已经将其双重特性保持至今。法律起源于统治阶级的一种渴望：使那些有利于统治阶级的习惯恒久化；法律的特征在于将那些有益于社会的习惯——它们并不需要法律来保证其受到尊重——与其他有益于统治者、有害于人民大众的习惯巧妙搀和在一起，并且仅仅依靠人们对惩罚的恐惧来维持。

法律，像个人资本一样，是欺诈和暴力的产物，在权力的呵护下得以发展，它没有资格承受人们的尊敬。法律诞生于暴力和迷信，为了富裕的消费者、教士和有钱的剥削者的利益而确立，当人民渴望打碎枷锁的那一天，必须彻底摧毁法律……

提示与问题

1. "法国大革命"后所许诺的平等，在那些备受王室和贵族原有统治煎熬的人们看来，一定具有特殊的魅力。人民是否应当拒斥通过法治来实现更多平等的许诺？理由在于，伴随着据说是为维持平等所必不可少的制度，另一种暴政会悄然渗透进来。

如果他们抛弃这种许诺，那又如何巩固革命的成果，或者巩固的想法本身就是一种幻想？

2. 克鲁泡特金认为，法律有一种混合的特征，也就是，保持普通民众利益并保障法律整体的合法性，同时还为少数人提供了实惠。是否能够做到保存法律中我们想要的因素而清除那些优待少数人的因素？或者，是否整个法律制度有着内在的缺陷？

3. 没有领导者的社会，或者说，每个人都是没有追随者的领导者，这样的社会是可能的吗？能否有这样一个社会，那里所有的人都赞同克鲁泡特金？克鲁泡特金虽然对通过法律实现和平的前景充满怀疑，却坚信人与人的互助，并且著书立说反对达尔文残酷的物竞天择理论。

处在严格的自愿互助境况下的人们，如何解决他们之间的分歧？

4. 克鲁泡特金说，一个通过习惯来维持秩序的社会，在遇有纷争的场合，人们会"乐于诉诸第三方来消除分歧"。是否这种诉诸第三方解决争端的做法产生了法律？那些为他人解决纷争的集团是不是处在一种优势地位？像克鲁泡特金这样优秀的无政府主义者，是否因为他们怀疑国家是有益的，就应该拒绝由第三方解决纠纷？

5. 依克鲁泡特金的观点，法律和习惯的正常关系是将先在的两种惯例——属于平等的和属于不平等与统治的——结合到法律中去。将克鲁泡特金的这种见解与斯坦利·戴蒙德在本章导言部分的论述相比较，戴蒙德是不是比克鲁泡特金更加醉心于习惯？

6. 克鲁泡特金说，那些制定健康法的人对卫生学一窍不通，那些为教育立法的人对教学一无所知，等等。他是否在鼓吹将这些问题从法律人转给科学家和其他专家？应当由专家来统治非专家吗？

专家们应当掌权吗？或者，他们像资产阶级的律师们一样，不适合于统治他人？

7. 无政府与民主的关系是怎样的？

8. 在本书的前几章中，有关学校纪律、婚姻冲突、犯罪、污染和劳工等问题都进入了法院。在这些情况下，法律的运作起到了有益的作用吗？或者，如果人们没有法律，一样会生活得很好，甚至会更好吗？

9. 在你所生活的国家里，选取一条法律规则，寻觅这条规则的起源，看一看谁因这条规则而获益，谁因这条规则而受损。然后评估如果废除该规则会有怎样的效果。

你也可以在工厂、学校选取一条规章来做同样的考察。

10. 将报纸上有关国家法律、制度性规则和政策的文章列一个清单。判断一下，作者们是在呼吁更多的法律，更少的法律，还是不同的法律。你的清单向人们建议的是何种无政府状态？

♣ 如何评价人与法律体系的当代关系？流行语"钱能说话"至少捕捉了四种情感：金钱产生结果，合法的或非法的；金钱所产生的结果，并不是那些没钱的多数人所希望的；没有钱的人就没有发言权；没有发言权是有害无益的。第五种情感可能是：一个没有钱的人无足轻重——没有金钱支撑的行动主义将一事无成。

尽管这个有关金钱的俗语很容易脱口而出，但绝大多数人并不知道金钱是如何转化为具体结果的，因为金钱进入法律—政府体系的路径是微妙、隐蔽而迂回的。思考加兰特尔所分析的诉讼的复杂要素，回忆卡夫卡在"我们的法律问题"中所说的："我们的法律不是广为人知的，它们被贵族小团体隐藏和把持。"显见的例子是贿赂，而贿赂也仅仅是金钱在这一体系中起作用的方式之一。

同样，权力（及其伙伴，无权力）的某些方面被很好地理解，某些方面被部分地理解，而某些方面根本没有被理解。当"就这样做，否则后果自负"这一命令伴随着暴力胁迫时，我们中的绝大多数都会看出，胁迫所针对的人或团体必须遵命，否则要承受不良后果。但是，正如明目张胆的贿赂仅仅是"金钱说话"的方式之一，赤裸裸的暴力胁迫也仅仅是有权者对无权者说话的方式之一。

当一方有能力为讨论设定唯一的日程表时，就会有更微妙的权力运用。在北卡罗来纳州早期的多起配偶虐待案中（见第一章），一些法院根据程度来看待损害，大谈棍棒的粗细或者是否造成了永久的伤害，而不是断然地处理家庭的恐怖。权力还介入了对全国健康问题的讨论。是为近4千万根本没有医疗保健的贫困工人实施医疗保健而讨论，还是为减少医生们的纸面工作而讨论？这些医生正为那些已有医疗保健的人服务。第一种方案显然要激进得多，而哪种方案进入讨论日程，决定了谁将获得医疗保健以及制度如何运作，因为一旦某种日程确定下来，另一种方法将难以被人察觉。

当权力关系被充分内化的时候，有权力和无权力相互理解的空间最为狭小，以至于当无权者面对非正义的时候，尚未开始行动就已经退却了。无权力成为一种生活事实。在"法的门前"这则寓言里，卡夫卡描写了一个乡下人，他把法律必须被不折不扣地遵守这一要求彻底内化了，以至于除了恳求进入法的大门以外，他无法想象还有另外的选择。在"我们的法律的问题"这则寓言里,我们得知卡夫卡将对抗贵族统治时的无能归结为普通人的心理,人们更倾向于痛恨自己,而不是痛恨压迫者。这种愚蠢的心理是如何产生的?这种心理无效可以归咎于先前的调控吗?向不公正的规则投降,很可能是先前权力运用的**效果**,而不是麻痹的自发**原因**。一种有关权力的完全的社会心理,将包括人们在权力体系中的经验。我们每个人都积聚了个人的经验记录,它们使某些行为成为实际的、可想象的,而使另一些行为成为不切实际、不可想象的。在体系当中,可能任何的成功都不及历史的成功,任何的失败都不及历史的失败。

当一种权力关系充分内化为无权者的心理时,有权者的权力便达到了极至。幸运的是,这个终点是永远达不到的,因为绝大多数无权者憎恨自己没有多少选择余地,甚至在他们说"我怎样才能改变这一切呢?——他们简直为所欲为"这句话的时候。

种植园奴隶制提供了有关权力和无权力的鲜明生动的典型。奴隶主依靠他人的劳动而过着优裕的生活,他们毁灭了绝大多数人的权利,在必要的时候使用强力,但他们也试图向奴隶灌输服从的习性。多数的奴隶主并不是人际关系的专家,他们寻求通过惯例的反复适用来建立控制。肯尼思·斯坦普有关奴隶制的历史性记述被收入本书第五章中,他勾勒出奴隶主控制奴隶的几个步骤:

1. 确立并维持严格的纪律;
2. 在奴隶心中植入一种卑贱意识;
3. 用主人的巨大权威感令奴隶望而生畏;
4. 劝诱奴隶热衷于主人的事业;
5. 制造一种完全依赖的习性(没有主人的恩惠就无望无助)。

正如斯坦普所指出的,强制力、日程表、灌输某种思想程式,所有这些都在帮助奴隶主赢得权力。国家的全部强制力和法律制度都支持奴隶主在种植园使用强制力;日程表也是奴隶主安排的。如果奴隶主是成功的,他只偶尔使用一下强制力,奴隶也会自愿服从而不会反抗。制度总不会完全成功,因为这里充满了限制、反力和抵触。例如,对奴隶的惩戒不能永久性地损害他们黑色的肉体——它具有财产价值;而奴隶被置于过分被动的地位就会丧失对主人事业的兴趣。无论如何,令我们深受教益的是,在持续了几个世纪恶魔般的制度中,我们看到了权力的原动力。

约翰·加文塔的《权力与无权力》①提供了一个来自现代工业发展的实例。作为一位年轻的"为美国服务志愿队"(VISTA)成员,他来到阿巴拉契亚一个煤矿区,在那里发现了惊人的不公正:这一地区有丰富的煤矿,但生活在当地的人却是美国最贫苦的。尽管他们的先辈已经在此生活了几百年,但他们一无所有,除了不在地主(absentee landowner)的给予而外,他们对任何东西都没有权利。令加文塔惊诧的是人们的沉默。他不无批判地接受这样的假定:人们的沉默意味着认可现存的经济和权力关系:他们的生活是如此悲惨,以至于任何满足现状的想法对他来说都是荒谬的。然而,他既没有发现政治上的行动主义——政治家预言的、当民主社会出现冤情时所发生的,也没有发现阶级斗争或者革命——像马克思主义者预期的那样。加文塔发现了政治行动和反抗的众多理由,但是,没有政治行动,也没有反抗。

为了找出谜底,他研究了历史上的和当代的权力运用:

权力,煤矿		
第一阶段	第二阶段	第三阶段
物质资源控制——土地、交通及相关行业	制度控制——律师、政客、教育、宗教	形象控制——"进步"、"繁荣"、"乡下人";观念控制——"天道酬勤";制造神话——"人人收获,除非个人无能"
威胁——法律、法庭、警察	针对有效抗议所设置的障碍	内化约束——不战而降,甚至具有投降意识
抗议	使抗议转向或置之于无害渠道	沉默
可见的权力	次要人物出场,权力的真正所有者隐于幕后	霸权——一般是不可见的

上表记录了不在地主巩固权力的三个阶段。首先,地主控制物质资源和当地法律制度的强制力。在最初阶段,对那些在土地交易或者

---

① John Gaventa, *Power and Powerlessness* (Urbana, University of Illinois Press, 1982), p. 3–83.

胁迫制度中正失去一切的人而言，剥夺是明显的、可见的，他们此时会强烈反对，因为迥异的过去仍然留存在他们的记忆里。在权力得到进一步巩固之后，第二种制度屏障被建立起来，以阻止那些目睹自己生活正在恶化的人所进行的反抗。与此同时，律师、商人和"市民领袖"看到自身的物质前程已经紧密地与那些控制煤矿及相关产业的人联结在一起。这些小一些的人物围绕更有权势的人形成一道环形防线，他们的存在使有权势的人不必使用野蛮的暴力也能维护其地位。最终，不仅经济和法律关系被置于有权者的控制之下，而且地方政府、教堂、学校和其他所有潜在对立的组织资源都被彻底殖民化。

加文塔得出结论：政治上的投降、冷漠、沉默，乃至于采取有悖自己最大利益的立场，这一切都是权力*引起*的。长期的无权力体验培植了一种恒久的无权力期待，它又反过来受到煤矿历史上权力运用的影响。使加文塔更震惊的是，权力关系一旦得到巩固，便在他所研究的一百年间基本保持未变。

如果权力可以分阶段巩固，就可以推出对权力关系的反抗也可以分阶段进行：通过强制力，挑战日程安排以及拒绝有破坏力的形象。并非偶然的是，任何社会运动的第一步都是重新研究历史和重构那些为了保持权力关系而被清洗了的形象。

詹姆斯·斯科特在其新近的一本书[①]中认为，有权者在接管无权者思想方面的成功，关于这个问题，加文塔过分悲观了。斯科特说，如果想要发现无权者的真实情感，就必须到他们觉得自己能够自由表达心声的地方——到奴隶的住处去发现奴隶在想什么，到阿巴拉契亚人家中去发现他们对不在地主的看法。按照斯科特所说，我们要更真实地了解学生们对学院的看法，就必须深入到学生宿舍、快餐店及学生们感觉可以自由表达意见的地方。在他们面对教师或行政管理权威时所做的评论，其可靠性是令人怀疑的。

♣ 以下是卡夫卡的又一简短寓言，像人们所期待的那样，它提供了有关权力关系的一个奇特视角。

[①] James Scott, *Domination and the Arts of Resistance* (New Haven, Conn: Yale University Press, 1990).

第三节　守门人*

弗兰茨·卡夫卡

我跑过第一个守门人，然后，我吓坏了，又跑回来对守门人说："我在你看着别处的时候从这里跑过。"守门人眼睛盯着前方，一言不发。"我想我真不该那样做，"我说。守门人还是一言不发。"你的沉默暗示着允许我进去吗？"……

提示与问题

1. 这里只有两个人物，对他们每个人的描写告诉我们什么？我们如何运用卡夫卡的洞察力更好地认识权力和无权力？

2. 回顾本章之首的警句：一个农民深深地鞠躬，暗暗地放屁。关于权力关系，这则寓言告诉我们什么？如果国王得知农民在鞠躬之后还要慢慢地放屁，他会有怎样的反应？

♣ 下面案例介绍的主题是金钱对立法的影响。马萨诸塞州努力限制法人向有关组织的捐助，以支持或反对投票，而该投票没有"实质性地影响……法人的财产、经营或资产"。如果钱能说话，它也有宪法所保护的言论自由权吗？

第四节　波士顿第一国家银行诉贝洛蒂案

First National Bank of Boston v. Bellotti
435 U. S. 765（1978）

大法官鲍威尔：

马萨诸塞州最高法院在确认、支持该州旨在禁止银行和企业法人以影响投票为目的的费用支出的一项刑事制定法的同时，主张法人基于宪法第一修正案的诸项权利仅限于那些实质性地影响其经营、财产或者资产的事项……我们现在撤销原判。

该制定法……禁止上诉人，两家国家银行和三个企业法人，"以影响对提交给投票人的任何问题的表决为目的的捐助和支出，除非这些

---

* *Parables and Paradoxes*：*Bilingual Edition* by Franz Kafka.

问题实质性地影响了法人的财产、经营或资产。"该制定法进一步规定："提交给投票人的仅涉及个人收入税、财产税或交易税的任何问题，都不应被认为是实质性地影响了法人的财产、经营或资产。"违反该制定法的法人，可能受到最高5万美元的罚金；违反该规定的公司经理、董事或代理人，可能受到最高1万美元的罚金，或者被判长达1年的监禁，或者罚金、监禁一并适用。

上诉人希望斥资公开表达它们对一项拟议中的宪法修正案的意见……这个修正案将允许立法机关对个人收入分级课税……它们提起诉讼［最初在马萨诸塞州的法院——编者］是为了让法院宣布该制定法违宪……上诉人争辩说，该制定法违反了宪法第一修正案、法律的正当程序和宪法第十四修正案的平等保护条款，以及马萨诸塞州宪法中的相似条款……州法院认为这里的主要问题是："企业法人是否与自然人或者自然人的联合体一样拥有宪法第一修正案所规定的权利？"……州法院裁决认为："只有当某个一般性的政治问题实质性地影响了法人的经营、财产或资产时，该法人才能要求宪法第一修正案的保护……"

在此，如果言论者不是法人，那么就不会有人认为该州可以禁止此项言论。在民主社会里，言论这种形式对于决策是不可缺少的，即使言论来自法人而非自然人，也同样是如此……宪法第一修正案所包含的言论自由和其他自由权利，一向被视为自由的基本要素，而这种自由是以正当法律程序条款为保障的……当法人主张这项权利时，最高法院从未确认过这项权利还有其他渊源……近来在商业广告上发表言论的案例，也没有支持被上诉人的经营利益理论。被上诉人阐释道：宪法第一修正案不仅保护出版和个人表达自己意见的自由，而且不允许政府限制公民可以获取的信息量。商业广告受宪法保护，与其说是因为它与卖家的经营息息相关，不如说是因为它在"商业信息自由流动"中深化了社会利益……

尽管如此，被上诉人还是为禁止法人言论提供了两个主要理由：其一，州的利益在于维持公民个人在选举过程中的积极作用，并进而防止公民对政府失去信任；其二，州的利益还在于保护那些与法人代表意见不一的股东们的权利。这些利益在党派竞选的背景下无论如何重大，都不是这种禁止所内在包含或者所要满足的。

保持选举过程的正直，防止腐败，并"维持公民个人的积极、活跃和责任感……是至关重要的利益；保持公民对政府的信任是同样重要的利益"。

被上诉人的论点……立足于这样一种假设：法人的参与将对投票的结果产生不应有的影响……并且使人民对民主的过程和政府的正直丧失信心。依被上诉人的观点，法人有钱有势，它们的意见可能淹没其他的见解……还没有迹象表明，法人的相关意见已经以压倒优势显著影响了马萨诸塞州的投票，或者已经威胁到公民对于政府的信任……

最后，被上诉人坚持认为，该制定法保护法人的股东……归根结底，无论法人是否参与公共事项的讨论，股东都可以通过法人的民主程序来形成决定。可以推定，通过行使选举董事会的权力或者在法人章程里规定保护性条款的权力，股东们有能力保护自己的利益……

大法官伯格的赞同意见：

宪法第一修正案不"属于"任何确定范畴的人或实体，它属于所有行使自由权利者。

大法官怀特的分歧意见：

争点在于，一州是否可以禁止法人管理者动用法人财富去宣传与法人经营无关的意见……最高法院认定马萨诸塞州的该项制定法无效，并主张宪法第一修正案保障了法人管理者不仅有权使用个人资金，而且有权使用法人财产传播与其负责的经营无关的事实和意见，该意见无可避免地代表他们个人或集体的有关政治和社会问题的见解……

马萨诸塞州不可以禁止法人的支出或捐助……通过这一主张，最高法院不仅使一部以多种形式存在多年的制定法归于无效，而且使人们对 31 个州通过的限制法人政治活动的立法及《联邦反腐败法》（Federal Corrupt Practices Act）的合宪性产生了怀疑……最高法院的基本错误在于，没有认识到各州制定规章的利益……本身也来自宪法第一修正案。本案中，最高法院要处理的问题是，马萨诸塞州是否做了最大可能的平衡……令人困惑的是，最高法院越俎代庖地用自己的判决为马萨诸塞州寻求适当的平衡。而在这个问题上，该州已经通过了合理的立法，旨在深化政治舞台上宪法第一修正案的利益，正是在这个舞台上，立法者的专业水准最高，而法官的专业程度最低……

不必怀疑，法人的信息交流处在宪法第一修正案的范围内。然而这只是分析的起点，因为法人的表达不能由个人的意见替代，并且它应受到个人意见所不应受到的限制。的确，被一些人认为的宪法第一修正案的主要功能，也就是将意见的交流作为自我表达、自我认识和自我实现的手段，根本没有因法人的言论而有所深化。很显然，赢利性法人之间的意见交流,并不是"思想进步、心智开发和自我肯定的不可分割的一部分,它们没有体现个人自由选择……"

当然,可以假定法人投资者团结在一起是基于一种赚钱的渴望,也就是使投资增值。既然连这种以让交流者致富为目的的交流都受到宪法第一修正案的某种保护,类似广告这样的活动……可以视为股东个人愿望的深化。然而,当法人在与自己的经营、财产或资产没有实质关联的政治和社会问题上为了影响公众及其意见而支出费用或者采取行动的时候,股东目标的一致性就崩溃了……

思想,如果不是个人选择的产物,就不会受到宪法第一修正案的保护。再者,限制法人的言论,对于公众思想表达的损害远远小于限制个人的言论。即使完全取消与法人日常经营职能无关的、就政治或意识形态问题的言论自由,仍然没有丝毫损害个人,包括法人的股东、雇员和顾客的自由表达思想的权利……这些个人依然可以完全自由地、以法人所能运用的方式交流任何思想。事实上,这些个人甚至可以为了推进个人的或者意识形态方面的事业而成立联盟……

法人是法律创造的非自然的实体,目的是深化特定的经济目标。为了有助于这些目标的实现,通常在有关有限责任、无限寿命,以及资产的积累、分配和纳税问题上,对法人适用一些特殊规则……然而,法人的特殊身份已经使其处在控制大规模经济力量的地位,如果不加调整,这种力量不仅会主宰经济,而且会主宰民主的心脏——选举过程。这一点,很久以前就已经被认识到了。马萨诸塞州和其他许多州的利益在于……防止那些被允许积聚财富——这些财富积聚是一州为了某些经济目的而扩展特定优势的结果——的机构运用它们所执掌的财富在政治活动过程中获得不公正的优势……一州不应允许它自己的创造物反过来吞灭它自己……

最高法院的意见似乎至少认识到这样的可能性:对法人统治的恐惧将是限制其言论的正当理由……但最高法院置这种利益于不顾,却主张"还没有迹象表明,法人的相关意见已经以压倒优势显著影响了马萨诸塞州的投票……"最高法院甚至没有提到这样的事实:马萨诸塞州最近一个时期的经验表明,有关投票问题的不受约束的法人费用支出,所产生的影响与最高法院的结论恰恰相反。1972 年,马萨诸塞州一项授权对个人和法人的收入分级征税的宪法修正议案付诸表决。一个叫"就业和政府经济委员会"(The Committee for Jobs and Government Economy)的政治组织,筹集并花掉 12 万美元,以反对这一议案,该款项的大部分来自于大公司的捐助……与此形成鲜明对照的是"税制改革联合会"（Coalition for Tax Reform），它是唯一支持1972年议案的政治组织，只筹集和开销了7千美金。

为了防止将法人资金用于股东所不赞同的目的上，有必要禁止法人的政治捐款，这并不是马萨诸塞州独有的想法……联邦反腐败法［美国议会已通过——编者］的目的之一就是防止在缺乏股东或工会成员同意的情况下，为政治目的而使用法人或工会的资金，并且目的还在于保护少数人的利益不被法人或工会领导人所主宰……

大法官兰奎斯特的分歧意见：

最高法院此前的任何判决都没有正面触及过今天所提出的问题。然而，马萨诸塞州、美国议会和其他30个州的立法机关已经考虑过这一问题并得出结论：限制企业法人的政治活动，在政治上是必要的，在宪法上是允许的。如此广泛一致的判断……有资格受到相当的尊重……

在我们的早期历史上，大法官马歇尔描述过联邦法眼中的法人身份：

> 法人是一种拟制的人，看不见，摸不着，仅仅存在于法律的思考中。作为法律的产物，它仅享有其章程明示或附带赋予的那些财产。这些财产被认为是经过最佳计算以影响其创立目的的。
>
> 达特茅思学院诉伍德沃德案（Dartmouth College v. Woodward），1819年

……人们大多不会怀疑，当一州创设某一有权取得和使用财产的法人时，它必然地、不言而喻地保证，非经法律的正当程序，法人的财产不可剥夺……同理，当一州为出版报纸的目的核准成立一个法人时，必然假定该法人享有出版自由……直到最近才开始考虑：任何人，无论是自然人还是法人，都拥有被保护的发表商业言论的权利……尽管最高法院从未明确承认法人的商业言论权，但这一权利可被视为必然附属于商业法人的经营运作。

然而却不能匆忙得出结论说，政见表达权，对于为商业目的而组成的法人的职能履行而言，也是必不可少的。一州准许企业法人具备潜在的无限寿命和有限责任，是为了加强其作为经济实体的效能。可以合理得出结论：那些在经济领域如此有益的财产，在政治领域里却构成一种特殊的危险。进而可以主张，政见表达自由，对于有效实现

各州允许存在商业法人的目的而言，根本不是必须的……的确，各州有理由害怕法人运用其经济力量去获取超出已被赋予的利益。我认为，任何特殊形式的组织——各州赋予它不同于自然人的特权或者豁免权——无论它是工会、合伙组织、贸易协会或者一家公司，都应受到同样的规则调整。

信息的自由流通并没有因马萨诸塞州允许运营的企业法人具有有限的政见表达权的判决而有丝毫的减少。所有归属于比该州更高的主权者的自然人，在从事政治活动中仍然像从前一样自由……

提示与问题

1. 美国最高法院已经判决认定：法人是合乎宪法及其修正案目的的人。正是从这一点出发，才产生了"贝洛蒂案"的争论。法人在政治过程中的适当作用是什么？股东们自主的而不是通过法人的政治活动能否足以确立法人的存在？

2. 马萨诸塞州拟议中的分级纳税制是**个人税**而不是**法人税**。该议案通过与否对于法人的利益有实质性的影响吗？

如果马萨诸塞州在本案中没能成功限制法人捐款，那还能挑战其他**任何**有关议案问题的法人捐款吗？

3. 大法官怀特将法人捐款与非法人捐助者的捐款相比，并对法人所受的不公平的优待感到不安。

如果你所在的州有这种议案表决，努力去发现谁在捐款，为了确保什么，挫败什么。然后在你的发现与最高法院就"贝洛蒂案"的评论之间做一个比较。

4. "就业和政府经济委员会"所筹集的捐款受到了质疑。从名称上人们能够想到该委员会的主要支持者是法人吗？应否要求公开其有关捐助的事项，以使旁观者不至于受名称的欺骗？名称本身能够使公众搞不清它代表什么组织以及谁在向它捐款。

5. 在克林顿首期执政时期，围绕医疗改革的讨论，人们下了很大的赌注。据全面记述这一讨论的《制度》①一书的作者海恩斯·约翰逊和大卫·布鲁德估计，有1亿至3亿美元被花掉，或者是为了挫败这一改革，或者是为了确保议案的通过。其中一些钱是以竞选捐款的形式捐给国会议员们的，一些钱是为了直接向公众施加影响而花掉的，目的是让公众再去向他们的代表施压。下面的广告非常奏效，它描绘的是一对典型的美国夫妇在家的场面：

旁白：政府可能强迫我们从它设计的医疗方案中选择一些。

---

① Haynes Johnson and David Broder, *The System* (Boston: Little, Brown, 1996).

路易丝：做一些我们不喜欢的选择，就等于根本没有选择。
哈里：他们选择了。
路易丝：我们损失了。①

似乎荒唐的是，如此复杂的涉及全体美国人的医疗制度竟能被浓缩成几句话，但该广告在挫败医疗改革的过程中被认为起了很大的作用。

这则广告的费用是由美国医疗保险协会（Health Insurance Association of America）支付的，它是众多医疗保险公司的游说集团。如果医疗改革得以实现，保险公司将蒙受损失。在现存的医疗制度下，保险人是有权力的，他们宁愿要的日程是讨论对政府的不满情绪，而不是讨论医疗的基本事实。例如，医疗保险人为那些最不易生病的人保险，比被迫扩大保险范围并承担更多风险能够赚到更多的钱。他们还谙熟形象创造的影响力，因此，他们将医疗问题浓缩成简短而诱人的广告词，用以说服人们，医疗改革对他们没有好处。

♣ 议案已经成为一种媒介，公民通过它能够更积极地参与法律制定；议案已经成为一种工具，选民利用它能够"将法律置于自己的掌握之中"。在过去的20年里，有来自各种派别和利益群体的议案：为地方财产税封顶，改统一税率为分级税率，要求限制任期，可以选择系或不系汽车安全带，要求处置食品罐和饮料瓶，立法控制枪支，控制机动车保险，保障被害人权利，要求无污染汽车，使赌博合法化，禁用夹腿装置捕猎野生动物，禁止非法移民受中学教育或享受医疗，允许某些疾病患者使用大麻，禁止扶持行动（affirmative action），等等。

如果议案的拥护者和反对者的来源及其所持的基本政治倾向是不同的，那么，有一条普通的基本原则使投票表决问题适合于我们对公意与法律之间关系的研究。人们必须看到这样一种必要：直接在法律制定中采取行动，而不是通过他们的代表或其他既有渠道。如果支持者不承认有一丝无政府的味道，那么被证明是对政府一定程度不信任的议案就听天由命了。加利福尼亚人非常关注表决问题的数量和范围，他们花在讨论议案上的时间，似乎和花在决定谁应当当选上的时间一样多。其他各州似乎正在效法加利福尼亚。

在本章的剩余部分，我们将思考两项议案：加利福尼亚州一项关于允许为医疗目的而使用大麻的议案，科罗拉多州早些时候的一项旨在废止当地法令的议案，这些法令禁止基于"同性恋、女同性恋或双性恋的

---

① Haynes Johnson and David Broder, *The System* (Boston: Little, Brown, 1996), p. 205.

倾向、行为、惯例或关系"的歧视。既然上面列举了多种多样的议案表决问题，这些例证也无意穷尽进一步研究的可能性，不过，他们的确显示了一些时代的民情，以及从民情到法律过程所生成的复杂性。

第五节　215号建议案：
1996年《大麻怜悯使用法》

Proposition 215：**The Compassionate Use Act of** 1996

致尊敬的加利福尼亚州内务部长：

吾等签名者，系登记、适格之本州选民，住_____县（市、镇）。兹就怜悯使用大麻问题，提出《健康与安全法》之补充议案，恳求阁下于下次大选，或大选前本州范围内任一特殊选举，或法律规定之选举期间，将本议案付诸投票人采纳或屏弃之。《健康与安全法》补充议案如下：

第一条　于《健康与安全法》中补充第11362.5条如下：

11362.5（a）本条应作为1996年《大麻怜悯使用法》而被知晓，可作为该法而被援引。

（b）（1）加利福尼亚州人民在此确认和宣布1996年《大麻怜悯使用法》之立法目的如下：

（A）旨在确保加利福尼亚身患重疾者有权为医疗之目的而取得并使用大麻，该种医用被认为适当，但须基于医师之建议，在治疗癌症、厌食、艾滋病、慢性病痛、痉挛性麻痹、青光眼、关节炎、周期性偏头痛或其他任何疾病过程中，该医师须确信，使用大麻将对患者健康有益，或者可舒缓病痛。

（B）旨在确保患者及其主要护理人在医师建议下，为医疗之目的而取得并使用大麻，不受刑事控告和制裁。

（C）旨在鼓励联邦及州政府实施某一方案，为所有急需大麻医疗者提供安全而价格公道之大麻。

（2）本法中任何内容皆不得解释为取代禁止人们危害他人之立法，亦不得解释为宽恕非以医疗之目的而传播大麻者。

（c）尽管有其他法律条款存在，本州医师不得因出于医疗目的向患者建议使用大麻而受处罚或者被剥夺任何特权。

（d）第11357条涉及大麻之持有，第11358条涉及大麻之种植，皆不适用于基于医师书面或口头建议或同意为医疗之目的而持有或种植大麻之患者及其主要护理人。

（e）为本条之目的，"主要护理人"指依本法免除使用大麻责任之患者所委派，并对该患者健康或安全承担不间断责任者。

第二条　如果本议案中任一规定或对于任何人或情况之适用被确定为无效，则该无效确定不应影响本议案之其他规定或其适用。本议案除去无效规定及无效规定之适用后，其他部分仍为有效，为此目的，本议案之规定可予分割。

提示与问题

1. 本议案通过后，美国司法部长珍妮特·雷诺（Janet Reno）表示，加利福尼亚州的法律与联邦有关毒品的法律有冲突，联邦当局将依照联邦法继续对发生在加州的案件提起公诉。根据优先权法（the law of preemption），当一州的法律与同一内容的全国性法律相悖时，全国性的法律排除或者"优先"于与其相矛盾的州法律的适用。2001年5月，美国最高法院以8票对0票（U. S. v. Oakland Cannabis Cooperative）裁决，在大麻问题上，医疗急需，不是排除联邦法适用的正当理由。2004年1月，医用大麻案又一次提交给最高法院。

2. 医疗团体与毒品法执行者之间也存在着紧张关系。是大麻已被证明有疗效，还是加州的议案不过是使大麻合法化的第一步？

与此问题相关的论点是，加州的这一议案用语如此含混不清，以至于不仅重疾患者有权合法取得大麻，而且任何想使用大麻的人都可以找到借口这样做。完整阅读该议案后，评价这样的判断：它如此含糊，以至于其长远的效果是使大麻合法化。

3. 1996年度选举前的几周，共有1754445美元的捐款支持该议案，其中311545美元来自加州内部，1442900美元来自加州以外。加州的最大捐款者是"萨克拉门托生命援助游说团"（Life Aids Lobby of Sacramento），捐款194750美元；加州以外的最大捐款者是：纽约州的乔治·索罗斯（George Soros），55万美元；俄亥俄州的彼得·刘易斯（Peter Lewis），50万美元；亚利桑那州的约翰·斯波灵（John Sperling），20万美元；伊利诺斯州"丹尼斯贸易集团"（The Dennis Trading Group of Illinois），10万美元；劳伦斯·洛克菲勒（Laurance Rockefeller），5万美元。少于100美元的个人捐款共计12962美元。①

以上数字能够利用网络恢复再现，但不清楚这些钱是如何使用的。要获得更多的捐款大户的传记材料，可参见：E. Bailey, "Six Wealthy Donors Aid Measure on Marijuana," *Los Angeles Times*, November 2, 1996.

---

① Campaign Contributors, www. emory. edu/NFIA/NEW/MARIJUANA/MONEY. html.

♣ 下面的案例发生在科罗拉多州。科罗拉多州已经通过了一些法令，禁止在一系列情况下基于性倾向而歧视他人。一项动议得以通过，它将修正科罗拉多宪法，禁止这些法令。这一议案在科罗拉多的法院受到挑战，科罗拉多州最高法院确认了一个判决，该判决认定，这一议案因否定法律的平等保护原则而违宪。因此，本案被提交给美国最高法院。

第六节　罗默尔诉埃文斯案

Romer v. Evans
116 S. Ct. 1620（1996）

大法官肯尼迪：

一

本案中受到挑战的法案是科罗拉多州宪法的一项修正案，1992年经由全州范围的公决而获通过。当事各方和州法院称之为"第二修正案"……促成该修正案的原动力以及它被采纳前的激烈战役，大部缘于科罗拉多州许多城市已经通过的法令。例如，艾斯本（Aspen）、鲍德（Boulder）和该州首府丹佛（Denver）等都通过了法令，禁止在日常事务和其他活动中的歧视，包括住房、就业、教育、公共设施使用及健康福利……引发全州范围争议的是这些法令所提供的对因其性倾向而遭歧视者的保护。鲍德市的法令将"性倾向"定义为"对性伙伴，即双性恋、同性恋或异性恋伙伴的选择"……然而，"第二修正案"要做得更多……该修正案写道：

> 基于同性恋、女同性恋或双性恋倾向的身份，不予保护。科罗拉多州的任何部门、机构、政治分支、市政当局或者校区，都不得制定、认可或实施任何制定法、法规、法令或政策，借助这些制定法、法规、法令或政策，同性恋、女同性恋或双性恋的倾向、行为、惯例或关系将得以形成或者虽未得形成，但也成为这些倾向、行为、惯例或关系的基础，或者赋予任何人或阶层享有或主张任何少数群体身份、优先分配、受保护之身份或声称受到歧视。宪法之本条在所有方面都将自动执行……

二

该州捍卫"第二修正案"的主要论点是将男女同性恋者与所有其

他人置于同样的地位，因此，该州认为议案措施仅仅是否定了同性恋者的特殊权利。如此解读该修正案的语言是令人难以置信的。我们不能仅仅依靠自己对该修正案的解释，还要依赖科罗拉多州最高法院的权威解释。州最高法院认为没有必要断定修正案的全部含义，即使对其内涵做温和的解说，也应裁定其无效……

"第二修正案"的直接目标是，即使就最低限度而言，也要废除州和地方机构现有的禁止基于性倾向而歧视他人的制定法、法规、法令和政策……见艾斯本市政府令：禁止在就业、住房和公共设施使用方面基于性倾向的歧视；鲍德市和丹佛市也有同样的规定；编号为D0035的行政命令规定：禁止对全州雇员中的某类人基于性倾向的就业歧视；科罗拉多州保险条例规定：禁止医疗保险人基于保险申请人、受益人或被保险人的性倾向决定风险程度和保险费；以及在该州各学院里禁止基于性倾向而歧视他人的各种规定。

"第二修正案"的"最终影响"是禁止任何政府机构将来采纳相同的或者更具保护色彩的制定法、法规、法令或政策，除非首先修订州宪法，否则不允许这样的议案……

……依州的法令规定，同性恋者在私人和公共治理领域内的活动和关系方面被置于一个孤立群体之中。修正案从同性恋者而不是从其他人手中收回了特殊的法律保护——防止歧视所引起的损害，并且，修正案还禁止恢复这些法律和政策。

"第二修正案"所引起的男女同性恋者身份的变化，在私人领域有着广泛而深远的影响，无论是依据其自身的主张，还是依据现代反歧视法律的结构模式和运作，结论都是一样的。禁止公共设施提供者的歧视的当代制定法和法令，很好地说明了反歧视法律的结构模式。"依普通法，客栈老板、铁匠和其他'从事公共服务业'者，若无适当原因，不得拒绝为顾客服务。"……这种义务是一般性的，没有为特殊群体提供特殊保护。然而，普通法规则在许多情况下被证明是不充足的……其结果是，为抗制歧视，绝大多数州选择了制定详尽的特别法的模式。

科罗拉多州和市政当局的法律典型地代表了这种正在形成的制定法保护的传统，并且遵循着一贯的模式。这些法律首先列举有不歧视义务的人或实体，名单远远超过普通法所覆盖的范围。例如，鲍德市的法令所认为的"公共设施"，有一个极具包容性的定义："从事任何面向公众的销售的场所，任何为公众提供服务、便利设施、特权或优惠的场所，或者应公众请求或政府任何形式的补贴而接受资金支持的场所。"……丹佛市的法令也是一样的宽泛，比如，它适用于旅馆、餐馆、医院、牙科诊所、剧院、银行、公共交通、旅游和保险机构以及"提供任何商品或服务的商店"……

这些制定法和法令有别于普通法之处还在于列举了在它保护范围内的群体或个人。这种列举的基本功用是使不歧视的义务具体化，并为那些必须遵守的人提供指南。遵循这一做法，科罗拉多州及地方政府没有将反歧视法局限于某些群体，这些群体受到了因我们对案件的审查而得以提升的平等保护原则的保护……更确切地说，它们制订了一份清单，其内容扩展到那些不可能成为歧视的基础的个人状况：年龄、军人身份、婚姻状况、妊娠、为人父母、监护儿童、政治派别、个人或其同事的身心健康，以及近来被人关注的性倾向……

"第二修正案"禁止同性恋者寻求有关公共设施的法律所规定的使其免于伤害的保护。这种做法本身就是一种严重的后果，但还不止这些。"第二修正案"进而使这种易受攻击的群体在住房、不动产买卖、保险、医疗福利、个人教育和就业等方面所受到的法律保护归于无效。

"第二修正案"并不自限于私人领域，它还要去废除和禁止所有的法律或政策，这些法律或政策是科罗拉多州各级政府为使男女同性恋者免受歧视而提供的特殊保护……

……无论损害多么局部或分散，也无论损伤多么公开或广泛，情况就是这样。我们发现，"第二修正案"所收回的，不是什么特殊的保护，而是那些在绝大多数人看来理所当然的保护——或者因为他们已然拥有，或者因为并不需要——是那些使同性恋者不被隔离于构成自由社会正常市民生活的无数交往和努力之外的保护。

三

……科罗拉多州的这一修正案有着特殊的性质，就是将一种宽泛的、不加区别的无能力强加给一个孤零零的群体，对此我们要解释一下，这意味着一种异常的、无效的立法形式。其次，它十足宽泛的用语与它所提出的理由是如此不相一致，以至于该修正案似乎不可理解，除非认为它对自己要影响的群体怀有敌视；它缺乏与该州合法利益合理的关联……

就第一点而论，即使在需要以最高标准遵从的普通的平等保护案件中,我们也要坚持了解所采用的分类与所要达到的目的之间的关系。寻找分类与目标之间的联系,给平等保护条款以实际的意义;它为立法机关提供了指南和训诫,立法机关应当知道它能够通过何种法律;它划出了我们自身权威的界限。在普通案件中,如果一项法律被认为能够促进政府的合法利益,这项法律就会被维持,即使它似乎很不明智,或者使某一特殊群体处于不利地位,或者其原理单薄脆弱……我们要求分类应与独立而合理的立法目的具有理性的关系,以此来确保分类的目的不是为了使承受法律负担的群体处于不利地位。(如果对劣势群体的不利影响是立法机关的明显目标,那么它的公平性将受到怀疑。)

……如果一项法律宣称:总体说来,某一公民群体从政府寻求帮助将比其他任何公民都困难,则毫不夸张地说,该法律本身就是对法律平等保护原则的否定……第二个相关的要点是,摆在我们面前的这种法律使我们不可避免地推论:强加给某一群体的不利,产生于对这个受影响的群体的敌视。"如果'法律平等保护'的宪法观念意味着什么,那么它肯定至少意味着,一个赤裸裸的……损害一个政治上不受欢迎的群体的愿望不可能构成**合法的**政府利益。"……甚至那些为了广泛而雄心勃勃的目标而制定的法律,其解释通常也要考虑合法的公共政策,只有这些公共政策才能使法律强加给某些特定人的不利正当合理。然而,"第二修正案"笼统地做了一个宣告:男女同性恋者不应享有任何特殊的法律保护。这样做,使他们遭受了直接的、不断的和真正的损害,这种损害超越和违背了该修正案所声称的正当理由……

我们必须得出结论:"第二修正案"将同性恋者归入一类,不是为了促进适当的立法目的,而是为了使他们与其他人不平等。科罗拉多州不能这样做。一州不能使某一群体的人成为法律的局外人……

大法官斯盖利亚(Scalia)的分歧意见,首席大法官和大法官托马斯加入本意见:

最高法院将一场文化的战争误认为是一阵恶意的发作。我们面前的州宪法修正案,不是损害同性恋者的"赤裸裸的愿望"的声明,而是得体而宽容的科罗拉多人的一种温和的尝试,其目的是为了保持传统的性道德,反对某个有政治权势的少数群体试图运用法律来改变这些道德。这一目的及其选择的实现目的的手段,依任何已宣示的宪法原则,都是不容怀疑的……

最高法院所做的裁决——同性恋不得被筛选出来遭受冷遇——与仅仅10年前它所做的一个判决相矛盾,该判决在这里没有受到质疑,见1986年的"鲍尔斯诉哈德威克案"（Bowers v. Hardwick）……使我们最高法院的声誉折损于这样一个主张：反对同性恋，如同种族歧视和宗教偏见一样应受谴责。无论是否如此，准确说来，是文化上的争论产生了科罗拉多州宪法修正案（以及该修正案所直接针对的优待性法律）。美国宪法就这方面的问题未置一词，而是留给正常的民主的手段去解决，包括以民主的方式在州宪法里规定有关条款。最高法院无权将少数精英阶层——本院的组成人员就是从中选出的——所赞成的决议强加给所有美国人，宣称"敌视"同性恋是邪恶的……对此，我强烈表示反对……

……问题（是希望维持社会对同性恋的非难的那些人的一个问题）在于，因为那些有同性恋行为的人一般在特定的社会共同体里呈不均匀分布，……对同性恋者权利的关注理所当然比一般公众热切得多，无论在地方还是在全州，他们都占有了比他们人数多得多的政治权力。可以理解，他们运用这种政治权力要达到的目标，不仅是社会的勉强容忍，而且是社会对同性恋的充分承认……（"同性恋权利倡导者的任务，是将公众的核心舆论从非难推向容忍，直至最后的肯定。"）

……"第二修正案"……寻求通过两种手段来抗制同性恋者地理上的集中和政治权力的不均衡：（1）在全州范围内消解论争；（2）使选举成为双方解决争端的途径。它将问题直接提交给该州的全体公民：应当给予同性恋特殊的保护吗？他们回答：不。最高法院今天主张，这一最民主的程序是违宪的……

不过，有一个更贴切的类比，它涉及该州绝大多数公民以他们维护性道德的努力，来对抗一个地理上集中、政治上强悍的少数群体破坏性道德的努力。亚利桑那州、爱达荷州、新墨西哥州、俄克拉何马州和犹他州的宪法，**时至今日**，都还包括这样的条款：多偶制是"永远禁止"的……多偶者及那些有多偶"倾向"者，已经被这些条款筛选出来，承受比单纯否定其优遇身份要严厉得多的对待；并且这种对待只有通过修正该州的宪法才能改变。最高法院今天的态度使人认为，这些条款也是违宪的，在这些州，基于州的立法甚或地方选择，必须允许多偶制——除非多偶者因某种原因拥有比同性恋者少的宪法权利。

顺便提到，美国国会曾经**要求**将这些反多偶制的条款纳入亚利桑那州、新墨西哥州、俄克拉何马州和犹他州的宪法之中，作为加入合众国的一个条件……——这样一来，不仅这些州的"每一部分"对于多偶者是"不平等的"，而且这些州作为一个整体对于多偶者也是"不平等的"。

多偶者将不得不就他们的想法来说服整个国家。爱达荷州自行采纳了这些宪法性条款,而在接纳该州进入联邦的第 51 届国会上,确认其宪法是"**共和式的并且……符合合众国的宪法**"……因此,将某一群体的性行为方式付诸全州范围的民主表决——最高法院希望我们相信这样做多么的背离了我们的宪法制度——这种"遴选"不仅已经发生了,而且得到美国国会的明确首肯……在 1890 年的"戴维斯诉比森案"(Davis v. Beason)中,大法官菲尔德为意见一致的最高法院写道:

> 依我们的判断,《爱达荷领域法(修订)》(The Revised Statutes of Idaho Territory) 第 501 条的规定,即,"任何重婚者或多偶者,任何讲授、建议、劝导或鼓励任何人重婚或多偶者,任何犯法律规定之其他罪行者,任何举行多偶婚或天国婚(celestial marriage)者,任何讲授、建议、劝导或鼓励其成员、信徒或其他人实施重婚、多偶或法律规定之其他罪行的团体、组织或协会的一员……在本领域内将不允许参加任何选举,不允许在涉及荣誉、信任和赢利的职位上任职",**不得在任何合宪性或者合法性上反对之。**

……难道最高法院得出了这样的结论:多偶制可见的社会危害是"政府真正利害关系之所在",而同性恋可见的社会危害则不是?

我强烈怀疑,对这一问题的回答是肯定的……

一旦最高法院在这场文化战争中偏袒一方,它就是在反映律师阶层——最高法院成员来自这个阶层——的观点和价值观。该阶层如何看待同性恋,对于想在这个国家任何一所法学院会见求职者的人来说,是不言自明的。招聘人可能因任何原因拒绝求职者:求职者是一个共和党人,一个奸夫,去了一所不该去的预科学校,参加了不该参加的乡村俱乐部,吃蜗牛,还是一个追逐女色的人;因为她穿戴真正的裘皮;乃至因为他不喜欢"芝加哥狐人队"。但是,如果招聘人因应聘人是同性恋者而不希望成为应聘人的同事和伙伴,那么,他已经违反了"美国法学院协会"(The Association of American Law Schools) 的承诺。该协会要求所有会员学院强使其招聘人"坚定信心,勇于聘用"同性恋者……

最高法院今天的意见不具备美国宪法的基础,仅仅是貌似具备而已。科罗拉多人民已经采纳了一个完全合理的条款,在任何实质意义上都没有使同性恋者处于不利,而仅仅是否认了他们的优惠待遇。科罗拉多州"第二修正案"旨在防止绝大多数科罗拉多人赞成的性道德逐渐被腐蚀……

提示与问题

1. 在赞成为医疗之目的而使用大麻的议案之后,围绕全国和州的毒品法的适用产生了冲突。如前所论,依一般规则,全国性法律的适用不会顾及加利福尼亚人的表决。在"罗默尔案"中,冲突涉及一项被赞成的动议和美国宪法。依司法审查的原则,美国最高法院是对州和地方权力进行宪法性限制的最后仲裁者。需要记住的是对于通过表决制定法律的这两种限制。

还必须记住,公意的权力如何面对不受欢迎的法律。至少,当法律规则与正在发挥作用的信仰南辕北辙的时候,人们可以预期对法律规则广泛的违反。比如,学校里的祈祷早已因违反美国宪法第一修正案而被裁定违宪,但这不可能避免一些学校对这一规则的公然违背,因为法律规则不是自动执行的。

2. 斯盖利亚的分歧意见中最有冲击力的一点是,科罗拉多人在异性恋与其他性倾向的"文化"竞争中应有权通过表决方式进行选择。但是,宪法性法律中有一条基本原则,即,某些领域的问题不得诉诸多数规则。如果不是这样的话,那么少数就会听任敌对的多数的主宰,并且通过像科罗拉多"第二修正案"之类的法律而被置于永远的仆从地位。这对一些群体同样适用:它们历来(1)因一系列原因而遭冷遇并且(2)身处少数群体——移民、外国人、黑人、亚洲人以及诸多在不同历史时期处于公意之外的人。

3. 分歧意见似乎赞同多数表决的某些结果,而不赞同另外一些结果。大法官斯盖利亚赞同科罗拉多的修正案,将其作为多数规则的合法运用,但却不赞同反歧视法令得以通过的表决规则——也可认为是采用了多数规则。他关注禁止反歧视法令的深层成因,怀疑这些法令到底是热切的少数群体奋斗的产物,还是真正的多数表决的结果。给出你的评断。

他还批评了法学院制定禁止在招聘时基于性倾向的歧视的特殊规则,他主张,这些规则是少数精英的偏见而不是多数规则的结果。一个法学院应当毫不含糊地表明在招聘时决不基于性倾向而有所歧视吗?

4. 有关性倾向的论战发生在教堂、学校和法庭里。法律机构在这场文化之战中应当处于什么位置?在得出法院应当置身其外的结论之前,请回忆我们最早的一个案例的结论:不参与永远不意味着中立。

同性恋者的权利在最高法院考虑将"童子军"排除同性恋的权利时遭遇了挫折。① 直到因为属于同性恋而被排除为止,所有人都承认詹姆斯·戴尔是一个模范的童子军。他 8 岁入童子军,18 岁时取得"鹰童子军"(eagle scout)称号,随后成为成人童子军的助理领队。一切都很顺利,直到有一天他到鲁特格斯(Rutgers)参加了一个男女同性恋联盟。他接受了一份报纸的采访,声称

---

① *Boy Scouts of America... v. Dale*, 68 U. S. Law Week 4625 (2000), 4627.

少年们迫切需要一个男同性恋作为榜样。在收到童子军的解雇信后,他向这一决定发出了挑战,依据是新泽西州有关公共设施的制定法,禁止基于性倾向的歧视。首席大法官兰奎斯特裁定童子军胜诉,他陈述说,如果一个公开承认自己是同性恋的人,在违背童子军意志的情况下成为它的成员,这显然侵犯了它依宪法第一修正案所享有的结社和言论自由权:

> 强令一个组织容纳某个它不想要的人,这种做法侵犯了该组织的自由表达权,如果这个人的存在以显著的方式影响了该组织主张其公开和私下观点的能力。①

兰奎斯特还得出结论说,戴尔的存在将与童子军反对同性恋的政策相抵触:

> 戴尔留在童子军中,至少传达给年少的成员和这个世界一个信息:童子军将同性恋接受为合法、合理和正统的行为方式。②

兰奎斯特也不认为童子军是一个将戴尔拒之门外的属于公共设施的"处所"。

大法官索特尔持反对意见,结论是童子军其实没什么政策,只有一个拙劣拼凑的排挤戴尔的说辞。从公共设施制定法的目的出发,可以将"处所"解释为不仅包括物理位置,而且包括组织。不过,他对多数意见最富激情的批评还体现在下文之中:

> 对多数立场仅有的明显解释是:同性恋与社会其他成员如此的不同,以至于他们的存在本身就应当成为宪法第一修正案特殊保护的对象。按照多数意见的推理,一个公开的同性恋男性永远不可逆转地被贴上"同性恋"的标签。这个标签甚至是看不见的,但它传达的信息是:无论他走到哪里,都允许对他的排斥。他的自我公开是放逐他的唯一而充分的理由。③

在马萨诸塞州同性婚姻案之后,公众对同性恋的反应更加剧烈。

第七节　古德里奇诉公共健康部

Goodridge v. Department of Public Health
798 N. E. 2d 941(Mass 2003)

首席法官马歇尔:

婚姻是一种至关重要的社会制度。两个人排他地彼此承诺:滋养爱

---

① *Boy Scouts of America...* v. Dale, 68 U. S. Law Week 4625 (2000), 4627.
② *Boy Scouts of America...* v. Dale, 68 U. S. Law Week 4625 (2000), 4629.
③ *Boy Scouts of America...* v. Dale, 68 U. S. Law Week 4625 (2000), 4641.

情,相互支持。婚姻把稳定带给这个社会。对那些选择结婚的人以及他们的孩子来说,婚姻提供了一种丰富的法律、金钱和社会利益。婚姻又反过来施加了相当程度的法律、金钱和社会义务。我们面前的问题是:依照马萨诸塞州宪法,该州是否可以否定两个希望结婚的同性所达成的民事婚姻赋予的保护、利益和义务。我们的结论是:它不能这样做。马萨诸塞州宪法确认了所有人的尊严与平等,禁止制造二等公民……

我们心里非常清楚,我们的裁决标志着我国婚姻法史上的重大转折。许多人坚持根深蒂固的宗教、道德和伦理确信:婚姻应当仅限于一个男人和一个女人的结合,而同性恋行为是不道德的。还有许多人有着同样坚定的宗教、道德和伦理确信:同性的两个人也有资格结婚,同性恋者应当与异性恋者一视同仁。我们关心的是,既然马萨诸塞州宪法被看成该州范围内每个人适当行为的章程,"我们的责任只能是界定所有人的自由,而不是制定我们的道德法典"……

由于被挡在民事婚姻的保护、利益和义务之外,一个与同性形成密切的排他性结合的人被武断地剥夺了我们社会回报最丰厚并且最值得珍爱的制度。这种资格上的排除,与尊重个人自治和法律面前人人平等的宪法原则不相符合。

一

原告是14个来自马萨诸塞州5个县的人。2001年4月11日他们提起诉讼时,60岁的格罗利亚·巴利和55岁的林达·戴维斯相互承诺关系已经30年;45岁的默里·布拉德福和52岁的爱伦·威德相互承诺关系已经20年,并且和他们12岁的女儿一起生活;44岁的希拉里·古德里奇和43岁的朱丽·古德里奇相互承诺关系已经13年,并且和她们5岁的女儿生活在一起;35岁的加里·钱伯斯和37岁的理查德·林内尔相互承诺关系13年,并且与他们8岁的女儿,以及理查德的母亲生活在一起;36岁的黑蒂·诺顿和36岁的吉娜·史密斯相互承诺关系已11年,并且和她们的两个儿子生活在一起,一个5岁,另一个1岁;41岁的麦克尔·哈根和41岁的爱德华·拜尔梅利相互承诺关系7年;57岁的大卫·威尔逊和51岁的罗伯特·坎普顿相互承诺关系4年,并且在他们家赡养大卫患重病的母亲,直到她去世。

这些原告有企业经理、律师、投资银行家、教育和医疗工作者,还有一名电脑工程师。许多人积极参与教堂、社会和学校组织,尽可能利用法律手段确保他们之间的关系,比如共同收养、律师公证以及共有不动产。每一位原告都作证说渴望与其伴侣结婚，以便公开确认他们相互之间的承诺，并且确保能够得到已婚夫妇和他们的孩子应当获得的法律保护和利益。

2001年3月到4月间，每一对原告都从市或镇的有关部门申请取得结婚证，按照"制定法207"（G. L. c. 207）的规定，他们完成了按照登记机关的形式要求告知结婚意图的程序，并且将有关表格提交给马萨诸塞州镇或市的相关人员，又一并提交了所要求的健康表格和申领结婚证的相关费用。每一次，登记官员或者拒绝接受结婚申请，或者拒绝颁发结婚证，理由是马萨诸塞州不承认同性婚姻。因为取得结婚证是马萨诸塞州民事婚姻的必要前提，所以拒绝颁发结婚证就等于否定了原告人取得民事婚姻及其附随的社会和法律保护、利益和义务。

2001年4月11日，原告们在州最高法院起诉公共健康部及其专员，控告其"拒绝向作为原告的同性伴侣和其他同性伴侣颁发结婚证，剥夺了他们民事婚姻上合法的社会身份以及因婚姻而享有的保护、利益和义务，从而违反了马萨诸塞州的法律。"原告列举了他们认为被告所违反的法律，[①] 但同时强调，他们的权利并不限于这些法律所规定的

---

① Arts. 1, 6, 7, 10, 12, and 16, and Part II, c. 1, § 1, art. 4, of the Massachusetts Constitution. "Article 10"中的相关规定是："社会上的每个人，在享受生活、自由和财产的过程中，都有权受到现行法律的保护。"

"Article 12"的相关规定是："除非经他的同阶者（his peers）的审判或依该地法律的规定，任何人都不得被剥夺财产权、豁免权或者特权，不得被置于法律的保护之外……或者剥夺他的生命、自由或者不动产。"

"Article 16"经由修订案第77条修订后的规定是："言论自由权不应被削减。""Part II, c. 1, § 1, art. 4"经由"art. 112"修订为："应当给予或授予一般法院始终的、充分的权力和权威，使之能够创制、获得和设定所有方式的、合理的、附带刑罚或不附带刑罚的命令、法律、制定法、条例、指导和指示，使之不与宪法相冲突，据之所形成的判决应当有利于州的福祉或福利。"……

"Article 1"经由马萨诸塞州宪法修正案第106条修订后规定如下："所有人皆生而自由、平等，有某些自然的、基本的和不可转让的权利，其中包括：享受和保卫其生命和自由的权利，取得、占有和保护财产的权利，以及寻求和获得安全、幸福的权利。法律之下的平等，不因性别、种族、肤色或出生国别而被否定或者削减。"

"Article 6"规定："除为公众利益服务的考虑而外，任何自然人、法人或人的联盟都没有资格获得有别于社会其他成员的优势地位，或者特别的和排他的特权……"

"Article 7"规定："政府为公益而建立，为保护人民的安全、繁荣和幸福，而不是为任何个人、家庭或阶级的赢利、荣誉或个人利益。因而，人民有无可争辩的、不可转让的和不可放弃的建立政府的权利，并且有同样的权利改革、变动或彻底变更这个政府，当人民的保护、安全、繁荣和幸福要求这样做的时候。"

范围。由总检察长代表的公共健康部承认拒绝向同性伴侣颁发结婚证的政策和实践,但否认这样做违反法律,否认被告有权就此获得司法救济……

州最高法院一位法官做了有利于公共健康部的裁决……

针对违宪指控,这位法官认为:排除同性婚姻,并不侵犯不受奴役的自由或者充分选择的自由,也不损害平等原则或者马萨诸塞州宪法中的正当程序条款;并且,《马萨诸塞州权利宣言》也并未保障"与同性结婚的基本权利"。这位法官得出结论:禁止同性婚姻,合理地深化了立法机关在捍卫婚姻和"生育"的"主要目的"方面的合法利益。立法机关可以合理地将婚姻局限在异性之间,因为这样的配偶"理论上……能够生育"。

二

尽管原告们曾经提到婚姻法,他们实际上注意的还是作为婚姻许可法的"制定法207",该条控制着民事婚姻的入口。作为一个铺垫,我们对该法的有关规定加以总结。"制定法207"既是一种限制性的规定,又是有关公众记录的制定法。

……它禁止某些亲等的同宗婚姻和直系亲属间的婚姻,也禁止多偶制婚姻……

如果一方有可传染的梅毒或者小于18岁等限制条件,也禁止其结婚……

三

A. 更大的问题在于,政府禁止同性民事婚姻的行动,是像公共健康部所声称的,在合法运用该州调整公民行为的权威,还是像原告所诉称的,这种婚姻排除违反了马萨诸塞州宪法?我们已经承认来自于普通法的、久已存在的制定法的理解:婚姻意味着一男一女在法律上的结合。但是,这样的历史不能阻止宪法性问题……原告声称婚姻限制违反了马萨诸塞州宪法,这一主张可以做两种分析:它违反了宪法所保障的法律面前人人平等吗?马萨诸塞州宪法中的自由和正当程序条款保证了原告与其选定的伴侣结婚的权利吗?

我们首先考虑民事婚姻本身的性质。简单说,政府制造了民事婚姻。在马萨诸塞州,自前殖民地时期开始,民事婚姻精确说来正是它的名称所隐含的那样,是一种完全的世俗制度……

真正说来，每一民事婚姻都有三个参与者：两个自愿的配偶和一个出面承认的州。虽然只有当事双方才能相互同意结婚，但"婚姻"一词却是一州制造的——谁可以结婚？有什么附随的义务、利益、责任？相反，虽然只有当事人可以同意结束婚姻（一方死亡的情况除外），但却由州来界定解除期。

……广义说来，只有立法机关才有权力制定规则以调整人们的行为，这样的法律是"确保社会公众健康、安全、良好秩序、安逸或总体福利所必需的"。

民事婚姻正是通过这种管理权的运用而被创制和调整的。

毫无疑问，民事婚姻增加了"社会公众的福利"，它是一种"最重要的社会制度"。民事婚姻鼓励稳定的关系，反对朝秦暮楚，支撑社会的良好秩序。一州主要通过婚姻这种方式来确认个人作用，提供财产的有序分配，尽可能以私人财力确保幼有所养、长有所待，并且获得重要的流行病学和人口统计学数据。

婚姻还赋予那些选择结婚的人巨大的私人和社会优势。民事婚姻是一个人向另一个人一次性做出的深挚承诺，也是互助、友爱、亲密、忠诚和家庭理想的公开庆典……

……因为它实现了保障、安全和联系，表达了我们共同的人性，所以，民事婚姻是一种值得尊重的制度，而是否结婚以及与谁结婚的决定，是我们生活中重大的自我定义的行为。

来自婚姻的利益，既可见又不可见。结婚证是对那些符合要求的人准允了有价的财产权，也意味着这些人同意原本可能成为一定烦扰的政府对他们行为的调整……

只有通过结婚证才能接触的各种利益是巨大的，他们几乎触及了生与死的各个方面……

排他的婚姻利益并不与财产权直接相联，这种财产权包括：推定婚生子女的合法出身；在民事和刑事案件中，夫妻之间就其私下交谈有互不作证的权利。制定法规定的其他只能由已婚者享有的个人性质的利益包括：为丧葬或者照顾血亲或姻亲而请假的权利；为没有能力又没有相反的医疗代理人的配偶自动做出医疗决定的作为"家庭成员"的权利；父母离婚时适用对孩子的监护、访问、抚养和迁徙规则的权利；对未留遗嘱而死去配偶的不动产优先处置的权利；要求生存的一方同意他人作为尸体处置者的权利；以及与死去配偶合葬的权利。

如果已婚夫妇有孩子，孩子也直接或间接地从民事婚姻中获得特殊的法律和经济保护。

……一些利益是属于社会性的，比如作为婚生子女所具有的正统身份；另一些利益是属于物质性的，比如享受那些被推定附随于出身的、以家庭为基础的、由州和联邦赋予的利益……

美国最高法院将结婚权描述为"所有个人最基本而重要的权利"，也是"宪法第十四修正案正当程序条款蕴含的基本'隐私权'的一部分"……正如"洛维案"所指出的："结婚自由一向被认可为个人至关重要的权利之一，这种权利是自由的人们有序地寻求幸福所必不可少的。"（Loving v. Virginia）

如果没有结婚的权利，或者更精确地说，没有选择与谁结婚的权利，一个人就会被排除充分的人类经验之外，也会否定对他所承诺的亲密而持久的人类关系的法律保护……

因为民事婚姻是个人生活和社会福利的核心内容，所以我们的法律才一丝不苟地保护个人的结婚权，反对不适当的政府干预。法律也不得"直接或实质性的干涉结婚权"。

B. 几十年来，甚至几百年来，包括马萨诸塞在内的许多州，在法律上都不允许美国的白人和黑人结婚。这个漫长的历史因加利福尼亚州最高法院1948年的一项裁决而终结：立法上禁止各种族之间的通婚，违反了宪法第十四修正案保证的正当程序和平等……

在19年后的"洛维案"中，美国最高法院也做出裁定：禁止种族通婚的制定法违反了第十四修正案。

"佩利兹案"[①] 和"洛维案"都明确表示了这样的立场：如果结婚权不包括与自己选定人结婚的权利，那么这种权利就徒有虚名了；而结婚权只应受制于政府为公众健康、安全和福利而采取的适当限制。也就是"佩利兹案"所说的："结婚权的实质是与自己选定的人联姻的自由。"……本案的情况也是一样，制定法禁止某些人接近婚姻制度——具有基本的法律、个人和社会意义的制度，而禁止的理由仅是一个单独的特征：在"佩利兹案"和"洛维案"中是肤色；在本案中是性倾向。像"佩里兹案"和"洛维案"一样，历史必然对歧视所具有

---

① Perez v. Sharp, 32 Cal. 2d 711, 728 (1948).

的令人厌恶的品质有更充分更深刻的理解。①

作为"洛维案"的预兆，加利福尼亚最高法院裁决"佩利兹案"的时代，种族不平等不仅极为猖獗，而且具有规范性；公共的与私人的设施中，种族隔离是司空见惯的；民权运动尚未兴起，"分离但平等"的原则②还是不错的法律。

虽然缺乏赞成融合（包括各族之间的通婚）的一致公意，但是并没有妨碍加利福尼亚州法院裁定，该州反混血的制定法违反了原告人宪法上的权利。审理"佩利兹案"和"洛维案"的法院都不同意这种违宪的情况继续恶化，虽然补救的措施并没有反映广泛的社会一致。

马萨诸塞州宪法保护个人不受政府干预的自由，其执著程度通常大大超过联邦宪法⋯⋯

马萨诸塞州宪法比联邦宪法更注重保护个人自由，这一点不足为奇。我们的联邦政府制度最基本的活力在于："各州的法院绝对自由地解释各州的宪法条款，从而比联邦宪法中的相似条款更好地保护了个人权利。"⋯⋯是否结婚以及与谁结婚？如何表达性亲密？是否以及如何建立家庭？这些都是每个人最基本的自由和正当程序权利⋯⋯

原告从平等保护和正当程序两方面挑战现行的婚姻法，就每一这样的权利主张而言，我们必须首先确定适当的评论标准。当一部制定法牵涉一项基本权利或者使用了一种令人怀疑的分类，我们就应当运用"严格的司法审查权"⋯⋯就正当程序的权利主张而言，合理的基本分析要求制定法"与公众健康、安全、道德或者其他整体福利有真正的和实质的关联"⋯⋯

就平等保护方面的质疑而言，合理的基本检验要求"一个不偏不倚的立法者能够合乎逻辑地相信该分类将服务于一种合法的公共目的，这个公共目的的收益超过了对弱势群体成员的损害"⋯⋯

公共健康部列举了三个禁止同性结婚的立法理由：（1）为生育提供一个有利的环境；（2）为孩子的抚养确保一个最佳环境，公共健康部将其定义为由"两性父母组成的双亲家庭"；（3）保存州和个人稀有的财政来源。我们依次分析这三个理由。

---

① 近来，美国最高法院重新确认，宪法禁止一州运用其可怕的权力，以贬低人类尊严的方式规制某种行为，即使该制定法上的歧视可能赢得了广泛的公众支持。最高法院在"劳伦斯案"（Lawrence）中封杀了一个将鸡奸行为犯罪化的制定法，理由是"宪法所保护的自由使同性恋者有权做这样的选择。"

② Plessy v. Ferguson, 163 U. S. 537, 16 S. Ct. 1138, 41 L. Ed. 256（1896）.

州最高法院的法官认可了第一条理由，认为一州在调整婚姻方面的利益是以"婚姻的主要目的在于生育"这个传统观念为基础的。这是不正确的。我们关于民事婚姻的法律并未给予已婚者之间异性性交生育以特权，使之优于任何其他形式的成人间的亲密和任何其他方式的家庭缔造。"制定法207"并不要求结婚证的申请人证明他们有能力或者意图通过交媾生育孩子。生儿育女并不是婚姻的条件，也不是离婚的根据。任何从未让婚姻因生儿育女而圆满，也从未打算这种圆满的人，依然可以结婚和保持婚姻……"通过交媾生儿育女的婚姻，对于婚姻的有效性而言并不是必须的。一个躺在床上垂死的人也可以结婚……"公共健康部所陈述的第一个理由，其实是将婚姻等同于异性生育，并且不知不觉地演变为第二个理由：将婚姻局限于异性夫妇，可以确保孩子们在"有利的"环境中长大。保护孩子的福利是一州最重要的政策。然而，将婚姻局限在异性伴侣之间，并不能令人信服地推进这项政策……

公共健康部没有举证证明，禁止同性婚姻就能增加为了生养孩子而选择异性婚姻的人数。进而，在婚姻法与马萨诸塞州提出的保护对儿童"有利的"生长环境的目标之间，并没有合理的联系。不仅如此，公共健康部也坦然承认，同性伴侣也可以是优秀的家长。这些伴侣，包括本案的四对原告，是为其他理由而要孩子的——爱他们、照顾他们、养育他们。但是，对同性伴侣而言，抚养孩子的任务无比艰巨，因为他们的身份被固定为婚姻法的局外人。

本案中，我们面对一个完整的并有一定规模的抚养孩子的家长群体，他们完全被拒之于民事婚姻及其提供的保护之外，因为他们被禁止取得结婚证。我们的法律不允许一州因为不赞同孩子父母的性倾向而剥夺父母应享有的该州提供的利益，进而通过这种方式惩罚孩子……

公共健康部争辩说，将民事婚姻扩大到同性伴侣，这将会削弱或者毁灭历史上已经形成的婚姻制度。婚姻的定义是从普通法继承而来的，并且，这个定义几个世纪以来被许多社会所理解，我们今天的裁决肯定标志着一个意义重大的改变，但是，它不能干扰我们社会基本的婚姻价值观。

在此，原告们只是寻求结婚，而不是要损害民事婚姻制度。他们不想废除婚姻，也不反对婚姻由二人构成，更没有破坏婚姻许可法有关近亲结婚等限制性规定。承认一个人与同性的另一个人结婚的权利，不会降低异性婚姻的有效或尊严，就像承认一个人与不同种族的人结婚的权利，不会降低同族婚姻的价值一样。如果真有什么影响，那么，将民事婚姻扩大到同性伴侣，会加强婚姻对个人和社会的重要意义。同性伴侣愿意接受婚姻赋予的庄严义务，包括排斥第三者，相互帮助支持，以及相互承诺。这种承诺是婚姻在我们的法律和人类精神中恒久地位的一种明证……

还有这样一种主张：由于一州在用以稳定社会结构的婚姻制度中有着重大利益，因而只有立法机关可以控制和定义婚姻的边界……

作为一种公共制度和一项基本权利，民事婚姻是一个不断演变的范例。普通法对于成为妻子的女性尤为严厉，因为已婚女性的法律身份全部蒸发在她丈夫的法律身份中……反混血法律的消亡，已婚妇女权利的扩大，以及引入"无过错"离婚，这一切正在充分而有效地侵蚀所谓婚姻的"自然"秩序。在这一系列转型中，婚姻生存下来，并且我们毫不怀疑，婚姻将会继续成为一种有活力而又令人尊敬的制度……

一些协助法庭解释法律的人认为，禁止同性伴侣的婚姻反映了这样一种社会的一致意见：同性恋行为是不道德的。不过，马萨诸塞州有一项强有力的争取平权的扶持政策，用以防止基于性倾向的歧视。

婚姻禁止，在没有合理原因的情况下，给社会上相当一部分人造成了深刻而具有创伤性的艰难困苦。一方面是绝对禁止同性婚姻，另一方面是保护公众健康、安全或整体福利，将这风马牛不相及的两件事情无端联系起来，正说明这里的婚姻限制根源于对同性恋者持久而稳固的偏见。"宪法不能控制这样的偏见，但也不能容让它们。私人的偏见处于法律之外，但法律不能直接或间接地让它们产生影响。"

法官斯比纳（Spina）的反对意见，法官索斯曼（Sosman）与科蒂（Cordy）附和这种意见：

本案中至关重要的问题不在于个人是否遭遇了不平等，也不在于个人权利是否被强加了不应有的负担，而在于立法机关变革社会的权力，依马萨诸塞州《权利宣言》第30条，不应受到法院的干涉。调控婚姻的权力在立法机构，不在司法机关。

提示与问题

1. 在2004年大选中，禁止同性婚姻的动议出现在阿肯色、佐治亚、肯塔基、密歇根、密苏里、蒙大拿、北达科他、俄亥俄、俄克拉何马、俄勒冈和犹他等11个州。动议在每个州都取得了胜利,并且在每个州都获得了至少60%的投票支持。

依照"古德里奇案"的裁决,同性的结婚权是一种个人权利,不应诉诸民意或者立法机关的多数表决。但是,一旦当前的民意支持禁止同性婚姻,就会有试图通过宪法修正案来禁止同性婚姻的努力。

2. 在学院中做一个非正式的调查,以评价支持或反对通过宪法修正案来禁止同性婚姻的不同主张。然后仔细讨论你的发现,并为校报写一篇相关主题的分析文章。

3. 关于以宪法修正案的方式禁止同性婚姻的利弊,还可以就调查结果进行一次课堂讨论。

第七章　关于法律和法律秩序的女权主义及种族观点

我本人从未发现女权主义究竟是什么，我只知道，一当我表达自己不同于逆来顺受的可怜虫们的情感时，人们便叫我女权主义者。
——丽贝卡·韦斯特（Rebecca West），《号角》（The Clarion），1913 年

取悦的欲望不应操控对真理的渴望。
——朱迪思·巴尔（Judith Baer），1999 年

反女权主义是厌女症的直接表露，它是为仇视女性的行为进行的政治辩护。
——安德里亚·德沃金（Andrea Dworkin），1983 年

如果你跟随我，
真正的幸福将伴随你。
——《真正的幸福》（True True Happiness），流行歌曲，1959 年

在通往平等的未来征途上，无论遇到怎样的新的险阻，杜撰怎样的新的神话，施加怎样的刑罚，放弃怎样的机会，强加怎样的卑贱，没有人能够剥夺美国妇女事业的正义性。
——苏珊·法卢蒂（Susan Faludi），《反作用力》（Backlash），1991 年

♣ 女权主义者对法律的批判是什么样子，这一点并不总是十分清楚的——就像人们对于一个相对较新的领域所指望的那样，在那里没有完全统一的理论。而且，批判的深度也是不清楚的，女权主义者是否像前面一章所研讨的无政府主义的倾向一样，发现法律有根基上的内在而无可挽回的缺陷——人类历史上一个巨大错误——或者相信其中有些东西经过批判后可以通过法治加以改良。非常清楚的是，女权

主义正活跃在法律圈里以及其他地方，并且有丰富而高水准的著述，质疑理论和实践中的法律的每个方面。

在本书前面的诸章节里，我们已经感觉到了法律秩序中的性别偏见。在法学著述中，包括带左倾观点的著述，到处充斥着雄性的形式——他这样做，男人那样做，不一而足。这些形式昭示着，女性不仅被视为一个经济地位较低的阶级或者在身份和权力阶层中处在较低的地位，而且，直到相对较近的时期，女性在思想中根本没有位置。有色人种的女性在法律史上更是无足轻重，事实上，直到美国内战爆发前，她们绝大多数还是奴隶。

本书第一章有关配偶虐待的案例让当代的读者想到了男人造法，男性法律人通过贬低整个规则体系及其运作的合法性，在意图使女性沦为财产的法律规则框架内，保守而不是激进地履行着自己的职责。只要想一想"北卡罗来纳州诉布莱克案"，代表州的控方律师不是径直挑战任何情况下的丈夫虐待妻子的权利，而是主张，既然这一对夫妻正在分居，他们便是法律上平等的陌生人（这样，就不必直面法律规则赋予丈夫责打妻子"权利"的正当性了）。不仅如此，犯罪的标准总是以虐待者的标准为基础——**他**的心态是什么——而不是以被虐待者的标准为基础；在强奸案中，这种扭曲依然泛滥，即根据强奸者的心态而不是根据被害人的心态来确定犯罪。

依普通法，有一些适用于女性的特殊法律规则，推定丈夫在场时妻子不能形成犯罪意图。但是，这一"减免情节"蕴涵这样的预设：推定她在其丈夫的统治与控制之下，因而也就不能对任何事形成意图。妻子在这种情况下不能成为一个罪犯，因为她是一个非人——没有刑罚，但也没有人性。

有关的普通法是这样理解的：婚后夫妻二人融为一体，不再是具有分离的法律地位的两个独立的个人。许多评论者认为，婚姻使妻子成为丈夫的一部分。（第五章中有 1858 年的"桑顿夫妇诉萨福克加工公司案"，我们看到，婚后的凯瑟琳·卡辛迪没有独立的起诉资格，是她的丈夫以**他**的身份提起了基于她的雇佣合同的诉讼！）

关于配偶虐待及其相关的准则，令读者尤其不安的是，除了认识到法律概念中渗透了性别因素以外，还知道官方的标准表面上为被殴女性提供了更多的保护，但实际上，警察和法庭可以不保护她们。即使没有正式被授权这么做，但警察有时还是振振有词："那位丈夫或男友喝醉了吗？他已经造成或者很可能造成严重的伤害吗？当被虐待的女性说现在一切都好起来了，是否可信？"基于特别（ad hoc）评断，警察可能确定，争吵将会平息，将被淡忘，结论是国家最好不予介入。因此，警察和法庭的介入标准，可能比人们认为的更加相似于百年以前。

家庭作为一个不可侵犯的私地圣所——就配偶虐待而论，意味着一个男人统治的圣地——时至今日可能仍然是持久的假设。例如，当人们听说马萨诸塞州各个法院为约束丈夫或男友，仅在1992年头9个月就发出了4万5千道管束令时（除了整体上赞同更积极的司法介入而外），下面这些想法会闪过脑海：（1）有大量的针对女性的暴力；（2）无论怎样宣称刑法或婚姻家庭法是"社会控制机制"，案件数字显示，在控制或减少家庭暴力方面，法律的威慑作用微乎其微。暴力行径的蔓延和历来的严重虐待伤害数字，使法庭的管束令相形见绌了。

在关于价值问题的第三章中，有一段文字是帕特丽夏·威廉斯评论自己作为一名黑人女性在哈佛法学院的经历。她感觉自己是一个没有生命的被人们彬彬有礼绕开的障碍物。她失去了自我的存在和声音。她周围的男生似乎都是羽翼丰满的学生，他们有自己的存在、活动和声音。她感觉到，对于法学院培养一个女人，尤其是一个黑人女性，人们的不满情绪有多么广泛？

她的体验是常见的。20世纪80年代中期，女性们所描写的耶鲁法学院，存在四个层次的"情感疏离"："与她们自己，与法学院的社会，与教室，与法律教育的内容。"① 她们的应对是展开多种策略，潜移默化地将她们的方式灌输到学院的想象之中。从她们的描述中无法确定，注视法律的深渊是否将导致法律的深渊进一步威胁她们本身。她们如果不涉入，就无法使自己获得力量；而涉入又可能将她们变成最初并不想成为的样子。回忆一下第三章中奎斯莱德的故事，他在学习巫术并成为巫医的一员之后，竟放弃了他以前对巫术功效的怀疑。

耶鲁法学院中女性所面临的选择，与凯瑟琳·麦金农（Catharine MacKinnon）在她论述女权主义与国家关系的《对于女权主义者国家理论的态度》一书中讨论的执业律师所面临的选择是相同的。通过一种冷嘲热讽的手法，当代的女权主义拥护者发现，他们所面临的两难选择与北卡罗来纳州配偶虐待的反对者是相同的。那些律师们大有被撕

---

① C. Weiss and L. Melling, "Legal Education of Twenty Women," *Stanford Law Review* 40, (1988), 1299.

成两半的感觉，一方面是难于达到的激进挑战，另一方面是为了**赢得一个案件**而置基本的权利主张于不顾，转而依赖不公正的制度所认可的理由。

女权主义者律师是应当激进地攻击一个男性观念——关于现实、平等以及何时实现平等、关于"妇女地位"等——占统治地位的法律制度，还是应当**在制度的范围内争得利益**？因为他们分析，这个制度的缺陷极为重大，绝大多数"法律上的"胜利都不足以弥补。或者，是否有第三条道路可走？即运用像平等原则这样的法律原则，但其运用方式不应变小胜为大败。

麦金农认识到问题之所在并做了选择：

> 国家在某种程度上是男人利益的自治或者是他们的完整表达吗？国家的形式、动力、与社会的关系以及特定的政策体现和服务于男人的利益吗？国家是建立在女性的服从基础上吗？果真如此，男性的权力又是如何成为国家权力的？国家的权力建立在那些无权者身上，这能够使这样一个国家为那些无权者的利益服务吗？国家与社会的另一种关系——像社会主义可能存在的那样——会使情况有所改观吗？如果不会，则雄性气质是这样的国家所固有的，抑或国家的、统治的某些其他形式是可分辨、可想象的吗？在这些问题的答案尚不具备时，女权主义困惑于这两者之间而不能自拔：是在每次企图为女性提出权利主张时给予国家更多的权力，还是将不受制约的权力留给男人执掌的社会。假定女性同意这种政治统治，就像假定女性同意性行为一样不受干扰、泰然自若。[1]

麦金农的回答是，法律的象征性如此之强，以至于不可被女权主义者忽视：

> 法律是特殊的力量源泉与合法性的标签，是暴力的栖息地和遮羞布。暴力巩固了合法性，而合法性又掩饰了暴力。当这样一种制度中的生活变成法律时，转型既是形式的，又是实体的。它重新进入了带有权力烙印的生活。[2]

---

[1] Catharine A. MacKinnon, *Toward a Feminist Theory of the State* (Cambridge, Massachusetts: Harvard University Press, 1989), p.161.

[2] Catharine A. MacKinnon, *Toward a Feminist Theory of the State* (Cambridge, Massachusetts: Harvard University Press, 1989), p.237.

随着觉悟的提高，女权主义律师开始去实践而不再仅仅等待一场革命，但他们的工作将一直处于疑难的边缘，其原因正如麦金农所述是在一个使其自身合法化的制度里论争，目前最关键的是，该制度仍然是男性的。

在该制度中，被强迫接受的案件是那些性别因素不能忽略，又不能用男性语汇加以定义者——例如："不平等的报酬、被分配做不体面的工作、卑贱的体格特征、……强奸、家庭暴力、性虐待……以及制度性的性骚扰。"① 这些领域所产生的问题是该制度用历史上占优势地位的男性语汇所无法回答的；这些案件，尽管表面上是"传统的"，但它们能够通过法律范畴的语汇谈论，与此同时，它们又有着剧变的潜在动力。这些案件一向被比作一系列实验室里依照科学样本所做的试验，但其结论却否定了该科学样本。

前述问题反映了马克思主义者与无政府主义者向来的矛盾冲突。他们争论的问题是：无权者是否应当在国家和法律之中寻求更有权势的地位和作用，或者行动主义是否应当被导向其他的目标，例如，建立非国家网络，以便直接行动和控制。国家和法律是像克鲁泡特金所主张的那样有内在缺陷，以至于即使将权力从恶者转到善者手中也无济于事吗？无政府主义者一贯主张，恶来自于权力，尽管意图是善良的，国家一边"给予"，一边"剥夺"，从而无可避免地改变这样的价值观，即，夺取国家被认为是必须的。

麦金农不断谴责不以责任为基础的等级制，在这一点上，她极为接近无政府主义的立场。但是，即使女性们有了更多的机会接近这个有缺陷的制度，也不能保证完全的乐观主义，这似乎只是迈向更大变革的不可或缺的第一步。

就国家适当作用问题的这些分歧——果真存在这些分歧的话——在女权主义文学之内外都尚未化解。如果假定国家最终被女性而不是男性所统治，那么，潜在的矛盾冲突便浮现出来。如果权力意味着一切，则我们记起了无政府主义者蒲鲁东对马克思说过的话：新的教条和武断能够毁灭我们夺取国家的目的——消灭专制和独裁。另一方面，关于变革的自由主义理论走得还不够远，它仅仅是调整了压迫的规则结构及其管理运作。

---

① Catharine A. MacKinnon, *Toward a Feminist Theory of the State* (Cambridge, Massachusetts: Harvard University Press, 1989), p. 244.

目前，我们依然恪守艾伯特·加缪的观点：在现代社会，"权力搞定一切"。因权力对心灵的腐蚀作用而不情愿攫取权力的那些女性，也正确认识到争取更多权力的必要性。简单地退出竞争等于默认男性的权力、男性的国家、男性的法律秩序以及以男性为基础的等级制度的合法性。自由主义的改革，或者在国家之中占有更多的权力，尽管从长远看是不足的，却可能是唯一实际的选择，另一种选择就是服从。

本章介绍了女权主义者关于法律和法律秩序的一些观点，虽不能号称囊括了美国妇女的体验，但这些体验已经促进了包括法律在内的所有研究领域中高质量的女权主义文学的丰富和发展。如上所述，女性的体验从不是单一的，因而对于女权主义法律观点的研究，不会生成某种所有男人和女人都无条件接受的大一统的理论。

我们已经承认存在着许多差异，我们还认识到存在着一种被分享的共性，它刺激了法律生活中性别理论的研究和应用。女性就是女性，她们作为女性所体验到的法律教育和制定、实施的法律，为探究研讨提供了一个有机的原则。诠释女性与法律秩序——过去的和当代的——关系的法学是女权主义法学，并且，这种法学在正式的法律领域内外都推进了社会公正。

有关的法理学争论是开放而激烈的。有时，人们对于女性不断要求更多的正义产生了反感，就像下文"均等就业机会委员会诉希尔斯雄獐公司案"所反映的，他们运用争论中这样或那样的线索作为反对女性的武器。在苏珊·法卢蒂的畅销书《反作用力》里，可以找到对女性运用以及滥用女权主义学术观点的阐释。在"希尔斯案"中，对于女性天性和教养的某些方面的公开阐释，为希尔斯公司的代理律师提供了口实，声称女性对于委托销售大宗商品的高薪工作不"感兴趣"。依照法庭的意见，某些工作少有女性从事，与其归咎于希尔斯公司的歧视行为，不如说源于女性的个人偏好。

法卢蒂发现，女权主义者与非女权主义者之间的争论加大了不利于女性的反作用力，因为正在进行的争论对话中的某个方面可能被精心筛选出来以支持对于女性的压迫。不言而喻，如此滥用学术是与女权主义研究的总体目标背道而驰的，但是，这种有选择的援用是政治法律生活的一个事实。它与本书第一章所剖析的对于先例的有选择的运用不无相似之处。

女性改善就业机会的努力，因"保护"一词被赋予了新的含义而大打折扣。为男女工作者提供安全的工作环境，使他们免受致命的伤害，这种要求表面上似乎是值得称道的，但我们在"约翰逊控股公司案"（Johnson Controls）中发现，出于保护目的的岗位限制实际上导致了对女性的歧视。美国最高法院指出：雇主不能以胎儿保护为借口而歧视性地将女性排除于某些工作岗位之外。

不同民族、种族和宗教信仰的女性可能有着自己独特的体验和政治法律日程，这一点不应被漫不经心地置之一旁。本章的阅读材料包括：黑人女性在法庭上挑战种族和性别歧视，并从黑人女性的角度来评价这些案件和女权主义法理学。正像马克思主义者与无政府主义者对于法律和女权主义的分析不可能完全吻合一样，种族和阶级也使得女权主义学者的言论复杂化。

面对学术观点"为敌所用"的压力和紧张局面，女权主义者的冲动是试图反省自己或者致力于以相同的学术声音形成"统一战线"，对付那些反对改善各种背景和种族女性生活境遇的集团。幸运的是，这种像一个政党而不是像一群学者和思想者那样去采取行动的企图，或者遇到了抵制，或者无法付诸实施。结果是，现代法学中最有创造力的分支，尽管观点纷呈，其强劲声势也只不过是改善我们所制定、研究、实践和适用的法律而已。

在近代史上最令女权主义者愤怒的，莫过于"均等就业机会委员会诉希尔斯雄獐公司案"。女权主义者对本案最初的批评是，里根政府整体上缺乏热情，怠于追究任何冲击雇主特权的案件，包括那些依《民权法案》（Civil Rights Act）属于颇具争议的性别歧视案件。第二种批评是针对法院回避"均等就业机会委员会"整理的、希尔斯公司在雇佣和升职加薪方面歧视女性的触目惊心的数字。初审法院和上诉法院都结论性地认为：关于希尔斯公司在雇佣和升职加薪方面有所歧视的数据资料是不相关的，鉴于女性少有从事高薪委托销售工作，这一现象与希尔斯公司没有任何关系。还有，法庭更加看重的是希尔斯公司的经理们提供的传闻证据，而不是"均等就业机会委员会"的数据资料，法庭通过这种手段来使自己免于直接裁决：尽管公司希望女性被吸引到直接的委托销售岗位上来，但女性却没有爽快地接受这类工作。

在下面的选文里我们聚焦的问题是，法庭给女性的兴趣——因天性或教养形成的——所下的定义，以及女性因这些兴趣而选择或不选择的工作类型。在委托销售工作的雇佣和升职加薪过程中，如果希尔斯公司的歧视行为被确认，那么该公司应负法律上的责任；如果女性出于天性和教养的原因而选择回避委托销售工作，那么希尔斯公司将是无辜的——正像法庭所最终裁决的那样。

第一节 均等就业机会委员会诉希尔斯雄獐公司案

EEOC v. Sears, Roebuck& Co.
628 F. Supp. 1264（1986）

法官诺德伯格（Nordberg）：

关于女性对委托销售希尔斯公司产品的兴趣问题，提供给法庭的最可靠、最令人信服的证据是希尔斯公司的众多男女销售经理、人事经理和其他负责人就其征募女性从事委托销售工作的努力而向法庭所作的详尽而毫无矛盾的证词。如上所论，吸引女性从事委托销售工作一直是希尔斯公司扶持行动计划中最优先考虑的内容。自1968年有关扶持行动的首次调查问卷散发以来，在整个相关的时间段中，希尔斯公司具有丰富销售经验的经理们以及其他证人们作证说，在希尔斯公司，有兴趣从事委托销售工作的男性远远多于女性。众多经理描述了他们在说服女性从事委托销售工作时所遇到的困难。

希尔斯公司有着丰富经验的证人们作证说，对委托销售工作感兴趣的男女之比至少为8或10比1。

法庭认为，希尔斯公司的管理人员和雇员们在本案中的证词是可靠的和有说服力的。他们就本案所作的证词，得到了其他许多雇员的支持，这些雇员的毫无矛盾的书面证言也是有说服力的。

希尔斯公司的经理们不断试图劝说女性们接受委托销售或者其他非传统工作。一旦有委托销售职位空缺，那些表示对委托销售工作感兴趣的女性就会被优先考虑。经理们甚至试图说服那些不太合格的女性接受委托销售职位。他们有时还会向女性保证，在她尝试委托销售工作的一段时间里，将保留她先前的职位。销售经理们汇报说，他们所面谈的销售部的每一位女性都不愿意从事委托销售工作。虽然热情和兴趣是经理们极力推崇的从事委托销售工作所必不可少的品质，但经理们不得不经常向不情愿的女性"推销"这项工作。尽管有这些不寻常的努力，经理们在吸引女性从事委托销售工作方面仅仅取得了有限的成绩。

那些对委托销售显现兴趣的女性应聘者，绝大多数通常都只对委托销售柔性商品感兴趣，比如服装、珠宝首饰和化妆品等，而希尔斯公司一般是不委托销售这些东西的。男性应聘者则对刚性产品更感兴趣，比如五金、汽车、运动器材以及技术含量更高的商品，这些商品是希尔斯公司更乐于委托销售的。一般而言，这些兴趣与消费者对商品的兴趣是并行不悖的。比如，男人通常不会对时装、化妆品、面料、妇儿服装以及其他家用小商品感兴趣。女人通常对于销售汽车、建筑材料、男装、家具、围栏和屋顶材料不感兴趣。女人一般也不像男人那样乐于在户外销售，她们不愿花费必要的时间和精力在本部学习销售方法。女性通常不喜欢卖男士服装，因为这要求她们有时要为男士量体试衣。

然而，成衣是女性们乐于委托销售之物，尽管这需要某些户外销售。有更多的女性愿意委托销售成衣是因为她们喜欢这一工作的时尚和创造性，她们中的绝大多数人以前从事过这项工作，而且这是一项压力相对较小的委托销售工作。对这一行表示兴趣的几乎都是女性，很少有男人愿意去卖成衣。

女性在不同工作种类应聘的比例一般与她们对所涉产品的兴趣和背景相一致。这说明，应聘者对所卖产品的兴趣在多么大的程度上影响他接受某一特定的委托销售工作愿望。以上所论清楚地显示，男女之间兴趣的区别通常与男女两性传统上的兴趣差异相关。

女性对于委托销售缺乏兴趣，这一点由女性拒绝委托销售职位的人数所确证。尽管证据仅说明了东部地区的情况，但这一证据显示许多女性拒绝了向她们提供的委托销售工作，或者明确表示她们不愿意在希尔斯公司从事委托销售工作……

在希尔斯公司里，不愿从事委托销售工作的女性表述了她们的一系列理由：一些人害怕或者厌恶那种"狗咬狗"式的竞争；另一些人对所委托销售的产品感到不舒服或者不熟悉。她们害怕竞逐，害怕失败，害怕丢掉工作。许多人表示，她们倾向于非委托销售的方式，因为它更令人感到舒适和友好。她们相信，委托销售工作所增加的收入潜力抵不过增加的压力、紧张和风险。

女性不愿做委托销售工作的这些理由，被朱丽叶·布鲁德内（Juliet Brudney）代表希尔斯公司所做的一项研究所证实。布鲁德内女士对希尔斯公司从事非传统工作的女性进行了多次精心设计的访谈，包括从事汽车和技术服务工作的女性以及她们的上司。她还采访了那些正在寻找和变更工作的女性，发现她们将委托销售视为殊死的竞争，妨碍了工作中的友好气氛。她们还不愿意销售自己不熟悉的产品，并且宁可保持稳定的收入，也不愿冒委托销售不力的风险。

布鲁德内女士的研究结论被希尔斯公司的专家罗莎琳德·罗森伯格（Rosalind Rosenberg）博士的证词所支持，她作证说，女性一般更愿意以非委托销售方式销售柔性产品，像服装、家庭用品或者提包、手套等，并且对销售围栏、冷藏设备和轮胎之类的东西少有兴趣。女性比男性更愿意在友好而合作的氛围中工作，更乐于把自己看成不那么有竞争性的人。她们通常认为非委托销售更有吸引力，因为她们能够更容易开始和结束工作，并且因为在非委托销售的过程中有更多的温馨接触和友情以及更少的压力。这一证词与希尔斯公司的证人们关于女性相对缺乏委托销售热情的毫无矛盾的证词相一致，也与布鲁德内的证词相协调，并且进一步证明，在希尔斯公司，男性和女性对于委托销售的兴趣是不相同的。

调查而得的证据

希尔斯公司还提供了一系列对该公司雇员和应聘者的调查，表明该公司的女性对于委托销售的兴趣大大小于男性。这一证据还显示，女性尤其不愿委托销售的产品门类，正是"均等就业机会委员会"发现女性实际从业人数与所期望的人数有着最大差距的那些门类。

首先，希尔斯公司提供了广泛的证据，以证明在过去50年里美国社会中的男性和女性的总体旨趣与态度的差别。这一证据由欧文·克莱斯贝（Irving Crespi）博士加以完善……克莱斯贝博士发现：（1）男性比女性更情愿在晚上和周末工作；（2）女性比男性更喜欢有规律的日间工作；（3）男性比女性更乐于从事涉及销售员之间高度竞争的委托销售工作；（4）男性更愿意从事有机会挣大钱的工作，尽管可能因其业绩不佳而有失掉该工作的风险；（5）男性比女性更容易被工作的报酬所激励而不是被工作的性质所打动，无论他们是否喜欢该工作……

希尔斯公司所提供的证据还显示，女性对工作的态度在1970年至1980年间有了显著变化。在这段时间内，工厂的性别构成发生了明显改变。在许多传统上属于男性主宰的工作领域里，女性的数量已经是以前的2倍或3倍（如证券和金融服务的销售员、律师、五金和建筑材料销售人员）。商业专业的大学生中女性的比例从1/10增加到近1/3。希尔斯公司的证据还表明，至20世纪70年代后期，女性对于委托销售工作已经比70年代的早期抱有更开明的态度，但在许多场合还是必须向她们"推销"这种工作。女性们接受委托销售工作的自愿性的提高有这样一些理由：(1) 委托销售工作已经由绝对的全日工作转变为主要是占用部分时间，而更多的女性倾向于用部分时间进行工作；(2) 对于委托销售的报偿已由委托销售提成变为工资加提成，这就减少了一些女性所认为的委托销售工作的风险；(3) 一群成功的女性委托销售员在一段时间内为其他女性树立了榜样；(4) 日间家庭服务的增加使许多女性有更多的时间进行工作。因此，从1973年至1980年，女性对委托销售工作的兴趣以及实际从事委托销售工作的女性都增加了。

此外，有关希尔斯公司员工们工作兴趣的一系列特定调查，揭示出男性比女性对委托销售更有兴趣。希尔斯公司自1939年起，大约每3年对其各零售部门的员工进行定期的志趣调查，它还进行一系列特殊的调查，以确定员工对于特定问题的意见。

志趣调查显示，绝大多数的非委托销售人员对于自己的工作心满意足，并且更多的女性非委托销售人员比男性同行更愿意留在现有的工作岗位上。1974年至1976年，女性非委托销售人员对于升职到部门经理或者更高职位的兴趣大大小于男性，她们比男性更加渴望留在现有的或者喜欢的岗位上。1978年至1980年，仅有14%的男性全日非委托销售人员和8.4%的女性非委托销售人员对不同的工作岗位感兴趣。因此，尽管只有一小部分人对更换工作感兴趣，但对于新工作感兴趣的男性却是女性的2倍。不仅如此，全日非委托销售人员中，表示自己愿意留在现有岗位上的女性（占56.4%）几乎是男性（占30.3%）的2倍。

非委托销售人员的工作热情比其他的打卡上班族要高昂得多，他们满足于自己的工作，其中的女性尤其如此。绝大多数的非委托销售人员，尤其是女性，喜欢自己的工作并以此而自豪。

女性非委托销售人员比之男性同行更容易相信报酬的水平影响着她们的工作态度，并且一般不会觉得报酬过低，也很少抱怨入不敷出。她们对于在希尔斯公司工作的前景更加乐观。

这一调查得来的证据并没有受到"均等就业机会委员会"的质疑，该证据表明女性非委托销售人员一般对自己在希尔斯公司的现有工作更加满意，她们与男性同行相比更不愿意更换工作，比如委托销售。这些结论确证了希尔斯公司证人们的证词，即女性比男性更不愿意从事委托销售工作。

希尔斯公司还提供了1976年做的一次特别的"工作兴趣调查"结

果……

……表示对希尔斯公司的其他工作有兴趣的男性是女性的2倍（男性占80.6%，女性占36.6%）……在叙明其是否对变换工作感兴趣之后，要求被调查人列举他们在希尔斯公司最想从事的其他工作。说自己喜欢委托销售工作的男性（占33.7%）几乎是女性（占12.3%）的3倍……

调查问卷为大宗委托销售提供了一个定义……进而询问被调查人是否喜欢这种工作。在读了该定义之后，32%的男性，但仅有3.5%的女性，明确而肯定地表示对希尔斯公司的大宗委托销售感兴趣……大多数女性（69.4%）回答，她们对这种工作绝对不感兴趣，而仅有37.9%的男性回答是"绝对不"……

……该调查提供了足够公平而有价值的有关非委托销售人员兴趣的估计和评价，它与希尔斯公司销售部证人们关于女性对委托销售工作不感兴趣的高度可信的证词相一致。

希尔斯公司1982年所做的"全国打卡员工特别调查"，向员工们提出的问题包括：他们的态度、兴趣，以及个人信仰和生活方式……

调查问卷的"问题42"是：在希尔斯公司，除现有的工作外，他们最希望做的另外3种工作依次是什么？委托销售是许多可选择的答案之一。回答对委托销售感兴趣的全日非委托销售人员中，男性是女性的3倍有余（男性占20%，女性占6%），而非全日的销售人员中，对委托销售感兴趣的男性是女性的2倍多（男性占23%，女性占9%）。

……"均等就业机会委员会"争辩说，能够说明非委托销售人员对于委托销售是否有兴趣的适当指标是"问题13C"而不是"问题42"。"问题13C"是：如果提供给他一项委托销售工作，他是否会予以接受。然而，正如克莱斯贝博士的证词，"问题42"是对于该工作岗位兴趣的更好指标，因为被调查人必须肯定地选择委托销售工作，才足以说明问题。对"问题13C"作出肯定答复需要较少的工作兴趣的确定性。如上所论，对于委托销售工作强烈的兴趣是希尔斯公司经理们雇佣委托销售人员的一个重要因素。法庭因此认为，"问题42"是更好的委托销售兴趣的指标。不管怎样，对于"问题13C"的回答还是显示出，男性非委托销售人员比其女性同行们对于委托销售工作更感兴趣……

希尔斯公司的证人鲁珀（Roper）博士作证说，也许可以从两个问题的结合之中得出最好的有关委托销售工作的兴趣指标。他的综合分析所得出的结论相似于对"问题42"的回答。全日工作的被调查人中,有20%的男性和仅有6%的女性对委托销售工作表现出积极兴趣;而非全日人员中,22%的男性和9%的女性表示了积极兴趣。有略高比例的女性宁可接受其他岗位也不接受委托销售工作(9%的全日工和16%的非全日工)。相同的显示还有,女性中64%的全日工对于委托销售不感兴趣,并且不会接受这种工作,相比之下,只有34%的男性才这样回答……

……"全国打卡员工特别调查"所提供的另一条有价值的关于非委托销售的信息是,一般而言,男性非委托销售人员,无论全日工与非全日工,都比女性同行更加热衷于在希尔斯公司的晋升……他们更情愿为晋升而有所牺牲,包括加班、在业余时间和周末工作,以及承担更多的责任。此外,在那些对于委托和大宗销售有经验的人员当中,男性非委托销售人员比之女性同行们更向往重操委托销售旧业……

法庭还确认,尽管"全国打卡员工特别调查"的设计和运作有一些缺陷,但这些缺陷不足以损害其结论的基本有效性。上面描述的回答印证了希尔斯公司销售部门证人毫无矛盾的证词,也与"志趣调查"和上面论及的1976年"工作兴趣调查"的结论相一致。总之,这一证据清晰而一致地证明了男女两性对于委托销售的兴趣是大相径庭的。男性一直显示出比女性更有志于委托销售,而"均等就业机会委员会"有关男女两性对于委托销售有相同兴趣的基本假定却没有任何记录在案的可信事实的支持。

将希尔斯公司的证据与全国的数据相比

希尔斯公司除了提供其雇员对于委托销售的真实兴趣的证据而外,它还分析了全国的劳动力数据,以作为有关委托销售的兴趣及从业的另一种尺度……希尔斯公司的专家琼·霍沃斯(Joan Haworth)博士分析了公开的劳动力数据,以便获得一个与希尔斯公司的证据进行比对的合理基点。她检视了从密歇根大学社会研究学院收集的"收入动态代表性研究"(Panel Study of Income Dynamics)得来的数据,以及基于商业部的调查而做的"收入调查发展计划"(Income Survey Development Program)得出的数据。她还依靠人口普查的数据,这一数据显示出在全国的劳工中女性从事委托销售的百分比远远低于"均等就业机会委员会"的估计,该委员会过分估计了1976年至1980年间的应聘委托销售业的人力资源……这一数据还揭示出,对于委托销售某种产品感兴趣的女性比例,在很大程度上有赖于该产品的性质。比如,晚至1980

年，委托销售收款机的人员中有83.5%是女性，委托销售服装者有81.8%是女性，而委托销售机动车船的人中只有7.8%的女性，委托销售五金和建筑材料的女性仅占25%……

霍沃斯博士分析了男性拥有的企业与女性拥有的企业各自所销售的产品种类，作为其对于产品兴趣的尺度，因为拥有一家企业是委托销售的最终形式。她发现女性所拥有的企业的比例，因其销售的产品性质不同而有巨大的差异。比如，女性拥有42.3%的服装与服饰店，但仅有3.9%的汽车销售与维修站……霍沃斯博士还发现了男女对于产品的不同兴趣。比如，在服装与服饰业，1980年女性拥有68.5%的女性成衣店，但仅拥有13.1%的鞋店，并且没有女性经营的男性成衣店……

……全国的数据显示，女性拥有60.5%的服装、窗帘和室内装潢用品店，但她们仅拥有14.2%的家具店和1.2%的地板销售店……

男女对不同产品的兴趣差异在本案中非常重要，因为"均等就业机会委员会"分析得出的绝大多数差别主要集中在5种产品上：汽车、家庭装修材料、电器、工具和家庭装潢材料。所有这些产品都是女性着实不感兴趣的。

这一全国性的统计数据与希尔斯公司强有力的证据相一致，即女性对于委托销售和上述产品缺乏兴趣。它进一步证明，"均等就业机会委员会"关于男女对委托销售和所有产品都有相同兴趣的假设是绝对没有事实基础的。

关于兴趣的其他证据

"均等就业机会委员会"所提出的有关女性对于委托销售兴趣的仅有证据是几个证人的证词，这些证词是关于女性劳动大军的兴趣和期望。这些证人描述了女性劳动简史，坚决主张男女的职业兴趣和志向没有明显的差异。他们断言，女性仅仅受就业机会的影响，而不是个人好恶的左右……

然而，这些专家几乎没有提供有说服力的权威以支持他们的理论。他们所提到的历史上的特殊例证对于女性的数目及比例都语焉不详，并且这些例证主要集中于一小部分不寻常的女性及其在不同历史背景下所展示的能力，而不是集中在绝大多数女性或者本案发生时期她们的兴趣上。这些证人试图做的包揽无余的判断，没有任何可信的证据支持。这些证人都不特别了解希尔斯公司的情况，也没有提出任何特别的证据以对抗希尔斯公司强有力的证据，希尔斯公司提供这些证据是为了证明男女两性对该公司委托销售职位兴趣上的实际差别。

在这一领域更具有说服力的证据是由希尔斯公司的专家罗莎琳德·罗森伯格博士提供的。罗森伯格博士作证说,尽管男女之间的差异在过去的20年里已经缩小,但这些差异依然存在,并且可以用来解释为什么男女在不同工种会有不同的比例。她提供了更为合理的结论:男女从事某种工作的人数存在差别,与雇主的歧视没有关系。

总之,"均等就业机会委员会"的统计分析是建立在一种武断的假定基础上的,即男女两性对希尔斯公司的委托销售工作有相同的兴趣。如上所论,"均等就业机会委员会"所提供的,只不过是一些支持该假定的、对希尔斯公司一无所知的专家证人毫无证据支撑的判断。希尔斯公司则提供了全面而可信的证据,以证明在1973年至1980年间,女性事实上对于在希尔斯公司从事委托销售工作的兴趣远远不及男性。希尔斯公司提供的所有证据都显示,男性对于委托销售的兴趣至少是女性的2倍。因此,"均等就业机会委员会"有关相同兴趣的假定是没有事实根据的,也致命地损害了其整个统计分析的结论。

提示与问题

1. "均等就业机会委员会"的数据显示出,从事某些工种的女性总体上少于应有数目,希尔斯公司的律师反对这些数据,理由是它们没有显示出这种人数的不足归因于希尔斯公司的歧视行为。

这一抗辩在任何案件中都能成立吗?如果能够成立,则使得女性难于对抗财力雄厚的被告雇主们,他们汇集了有对抗力的数据或者事例,以显示雇主的宽厚善行。

数字资料的运用是判断可能存在的歧视的不可或缺的捷径吗?

"希尔斯案"之后,声称遭受歧视的女性可能面临两难的境地:如果提供统计数据,则法庭可能要讨论数据与雇主行为的因果联系;如果仅控告个人所受的歧视,则该个案可能被视为"孤立事件",不具有整体代表性。

2. 苏珊·法卢蒂在《反作用力》一书中描写了罗莎琳德·罗森伯格教授作为希尔斯公司证人的特殊作用。身为巴那德学院(Barnard College)的女权主义者和教师,罗森伯格教授著有《超越分离的世界:现代女权主义的理性根基》(*Beyond Separate Spheres: Intellectual Roots of Modern Feminism*)一书,她在书中讨论了侵入原本为男性所垄断的学术领域的那些女权主义社会学家。法卢蒂进而描述了这样一位不适格的证人为何出面支持性别作用的陈词滥调,这是与罗森伯格所描写的具有先锋精神的女权主义社会学家的主张背道而驰的:

罗森伯格最初是由于个人原因而被卷入"希尔斯案"的,她与希尔斯公司的主辩律师小查尔斯·摩根（Charles Morgan, Jr.），其前夫的老板，友情甚笃。但当摩根第一次邀请她作证时，她并不情愿。"我个人的实质感觉是，'均等就业机会委员会'的人是好人，而私营老板们则不是……我向你推荐其他人吧。"并且，当她向摩根提建议时，劳动史甚至不是她的研究领域。但是，当希尔斯公司有意邀请的劳动史学家拒绝作证时，摩根又一次请求她，这一次她同意了……这位学者还说，她受到了因女性的"差异性"而出现的新的女权主义学术的影响。她说，这些学术观点启发她反思自己关于女权主义的态度，以新的角度思考简单的性别平等的要求——像"20世纪70年代的旧女权主义"和"头脑简单的雌雄同体"。①

3. 维基·舒尔茨作为"希尔斯案"及其他就业案件的法律评论人，勾勒了女性与工作关系的三种"故事模式"。首先是保守的故事模式——法庭在"希尔斯案"中所采用的那一种：

> 女性是"阴柔"的，非传统工作则是"阳刚"的，因而女性不乐于从事这种工作。这一故事模式的基础是将"男子气概"与"女人气质"作为两个相对的范畴。女性是"阴柔"的，因为这是使女性成其为女性的定义。工作本身也被赋予了基于工作者性别的人类特征——臆想的男子气概或者女人气质。"女人气质"是指一系列复杂的女性特征和志趣，其定义使女性排除了对于男性工作的任何兴趣。即使这种故事模式遵循着同一逻辑，它还是依其讲述方式的不同而有所变化。涉及蓝领工作的案件强调的是该工作的"男子气概"，让人联想到体力的强健和工作的肮脏；涉及白领工作的案件聚焦的是女性的"女人气质"，使人关注的是与家庭生活相关的品质和价值观。②

将这种保守的故事模式与法庭在"希尔斯案"中所用的语言相比较。下面，舒尔茨又勾勒了关于女性故事的激进模式：

> 像保守的法庭一样，激进的法庭假定女性在开始工作之前就已经形成了她们的偏好。尽管如此，这种被共享的假定也可使激进的法庭有一套与保守的法庭相反的说辞。保守的故事模式强调性别意味着对"女性化"工作的偏好，而激进的故事模式则不认为具备天生固有的性别差异。相反，激进的法庭抑制性别差异，因为如果有稳定而先在的偏好这样一种假定，就意味着只有当雇主将女性视为无性别的客体时，法庭才能让雇主为性别隔离负责。雇主们之所以认为女性是无性别差异的客体，是因为她们自生

---

① Susan Faludi, *Backlash* (New York: Crown, 1991), 381–382.
② Vicki Schultz, "Telling Stories about Work," *Harvard Law Review*, 103 (1990), p. 1801.

命伊始便与男性有着同样的经验与价值观,因而也就有着相同的工作志趣。

激进的故事模式的核心是反对老生常谈。法庭拒绝接受女性对某些工作缺乏兴趣的论点,其推理是"《民权法案》第七条(Title Ⅶ)①意在改变对于女性的陈规陋见"……这一反陈规陋见的推理是性别中立的经典说辞;它令人想起那个熟悉的原则:"相同情况相同对待"。问题在于确定女性在多大程度上与男性相同。从表面上看,反陈规陋见的推理似乎否认了以群体为基础的性别差异的存在,并且断言,与雇主们的主张相反,劳动力资源库中的女性对于非传统工作的兴趣不亚于男性。但实质上,这一推理反映了有关性别差异程度的一种基本的悖论(和矛盾心理)。因为反陈规陋见的规则可能被诠释为承认女性作为一个群体而对非传统工作的兴趣小于男性,但女性作为个人可能例外地没有绝大多数女性所具有的偏好。用这种个别化的分析方法,雇主决不应当简单地假定所有的女性与男性如此的"不同",以至于她们不向往非传统的工作。②

舒尔茨看到了在有关歧视的案件中轻易采纳激进方法具有一些危险。这些危险是什么?

舒尔茨接下来讲述一种"新的故事",以摆脱保守与激进两种方法的窠臼:

> 这一新的叙述将性别对工作态度和行为的影响归结为工作场所的组织结构和文化。像所有劳动者那样,女性工作志趣与倾向的形成是理性的、有目的的,但也总是受他人组织安排的限制,并且回应着这种限制。向女性提供正式的进入非传统工作的机会,对于使她们有能力认同这些工作来说,是一个必要但不充分的条件,因为工作体制的深层方面强有力地阻碍着女性进入并留在非传统的就业岗位上。关于工作与性别关系的这种新叙述,同流行的判断框架所蕴涵的因果关系相反。性别隔离的存续,不是因为绝大多数女性将其对传统女性工作的固定偏好带入了工作领域,而是因为雇主们所建构的工作机会和刺激,所维持的工作文化和关系,使绝大多数女性无法向往传统上属于男性的工作,也没有能力在这样的工作中获得成功。
>
> 新的叙述昭示着法律在破除工作中的性别隔离方面的转变作用。一旦我们意识到,女性的工作志趣不止是由参加工作前即已起作用的、难以名

---

① 该条规定:"所有的人皆应有资格充分而平等地享受物资、服务、设施、优惠、利益和任何本条所定义之公共场所提供之招待,不得基于种族、肤色、信仰或出生国籍而有所歧视或隔离。"——译注

② Vicki Schultz, "Telling Stories about Work," *Harvard Law Review*, 103 (1990), p. 1806.

状的"社会"力量所塑造……已经变得明朗的是,《民权法案》第七条对于产生所需要的变化能够起到重要作用。向性别隔离挑战的与"第七条"有关的案件,所寻求改变的正是这样一些结构性条件,它们妨碍了女性发展和实现其对薪水更高、更具挑战性的非传统工作的向往。由于将女性的工作志趣归因于参加工作前的外在力量,法庭否认了自己重构工作安排及由这些工作安排所产生的工作志趣。在一个非常真切的意义上,法律体系已经使得性别隔离的现状恒久永固,因为它拒绝行使自己破除这种隔离的权力。①

确定前两种叙事模式与这种叙事模式的关键差异。

在"希尔斯案"中,什么东西隐含的意义在于将女性及其所谓"参加工作前"的偏好这一责任转给雇主,以及雇主有义务建构一个无歧视的工作环境?

4. 沃尔玛作为世界上最大的零售商,在美国拥有1478家折扣店、1471家超市、578个"萨姆俱乐部"(Sam's Club)和64个集市,在拉美、欧洲、加拿大和亚洲还有1385家商店。至2004年1月,它有150万雇员。从1994年至2003年,它的销售额从825亿美元上升到2563亿美元,而预计2005年达到3234亿美元。② 有2/3的非管理人员、1/3的经理和14%的店面经理是女性。当下,沃尔玛因无偿超时劳动和性别歧视而被起诉。员工们说,上边儿要求他们"加班加点",以完成分派的任务。起诉书称,公司员工紧缺,压力巨大,不允许员工按时上下班,公司还拒绝为"加班加点"支付额外的报酬。打烊后,员工都被关在店里,直到经理检查了所有的部门后,才允许他们回家。③

别忘了,大规模的无酬劳动政策,对沃尔玛的雇主来说,日久天长可以节省几十亿美元。这种做法是在无偿剥削剩余劳动,至少从工业革命以来,就一直存在这种"血汗钱"。④

除上述剥削无偿劳动的指控外,沃尔玛还被控在工资和提升方面的性歧视。旧金山一位法官认定沃尔玛过去和现在有160万工人,法院认为在这个工人群体中女性的权利主张基本上未予讨论。在全国绝大多数的工作部门里,女工的报酬都低于男工。在整个就业过程中,男女工人的差距还将扩大,甚至对那些与男工同时受雇从事同样工作的女工来说,情况也是如此。女工升到管理

---

① Vicki Schultz, "Telling Stories about Work," *Harvard Law Review*, 103 (1990), p. 1816.

② Value Line, August 13, 2004.

③ From the complaint of Lieff, Cabraser and Bernstein LLP, http//www.LieffCabraser.com.

④ 关于工资和劳动之间的详尽区别,可参见马克思在《资本论》中的论述。K. Marx, *Capital*, Vol. 1 (New York: International Publishers, 1967), pp. 231–302.

岗位要花更长的时间，而在组织中的位阶越高，女性就越少。

比如一位主要的原告人贝蒂·迪尤克斯，她在沃尔玛一干就是 10 年。尽管她培训的男雇员许多已经升到她所向往的岗位，她本人却一直未能升到这一岗位上。她的抱怨受到了降职降薪的惩罚。直到起诉时，她每小时挣 12.53 美元。由于涉案金额巨大，又牵涉如此之多的与沃尔玛女工同样境遇的女性，这个案件肯定要有个说法，要么和解，要么审判。① 也许读者们看过沃尔玛的广告，它把这个公司描述成为每个人提供平等机会的雇主。

5. 尽管有关男女差异的某些讨论为女人增添了玫瑰色彩，它们也能为不利于女性的法律后果提供合理性，就像"希尔斯案"所证明的那样。朱迪思·巴尔在她颇具煽动性的文章中写道：

……对于以女性的生理和社会作用为基础的特别法而言，以性角色期待为基础的人物特征其实不利于人们接受这种基于性别的特别法。无论这样的法律可能做了怎样的好事，它们仍然会加固社会制度安排的不公正。越是需要承认母亲、照料者、抚育者贡献的政策，越是会遭遇强调性别中立的法律；越是需要弥补女性在完成社会责任时的劣势，越是遭遇基于性别的特别改善立法。越是需要认可女性的世界观，越是至少在一定程度上遭遇激进的对平等保护原则的改写。②

第二节　国际工联和美国汽车、飞机、农业机械工人联合会诉约翰逊控股公司案

International Union, UAW v. Johnson Controls
111 S. Ct. 1196（1991）

大法官布莱克默恩：

我们在本案中关注的是雇主制定的一项基于性别的保护胎儿政策。雇主是否可以为了某一有生育能力的女性雇员所怀胎儿的健康，而将该女性排除出某些工种之外？

一

被告人（respondent）约翰逊控股公司生产电池。在生产过程中，铅是主要成分。暴露于铅的工作导致对身体健康的危险，包括对女性

---

① Dukes v. Walmart Stores N. D. Cal. No C – 01 2252.

② J. Baer, *Our Lives Before the Law*（Princeton, N. J.：Princeton University Press, 1999），p. 55.

雇员所怀胎儿造成损害的危险。

1964年《民权法案》之前……约翰逊控股公司不雇用女性从事电池制造工作。然而，1977年6月，该公司首次宣布了对女性从事暴露于铅的工作的政策：

"保护未出生孩子的健康是准父母们切近而直接的责任。尽管医疗专家和公司支持准父母们履行这一责任，但并不能假定，该种责任不是同时侵害了他们作为人的权利。

……既然不是所有能够成为母亲的女性都希望成为母亲（或者将来成为母亲），那么，不加区别地对待所有有怀孕能力者，好像她们都将成为母亲，这似乎是不合法的……"

与上述观点相一致，约翰逊控股公司"突然不再排斥有生育能力之女性从事暴露于铅的工作"……但又强调指出：期望要孩子的女性不应当选择将自己暴露于铅的工作。公司还要求那些有意于该工种的女性签署一份声明，即她们已被告诫：当暴露于铅的时候，怀孕是危险的。该声明告知女性：虽然有证据表明"暴露于铅的女性有更高的流产率"，而该证据并"不像吸烟与癌症的关系那样清晰明了"，但是，"从医学方面讲，如果你想要孩子，并且不想让未出生的孩子受损害，明智的做法是不要冒这种风险，无论这种风险多么微小……"

5年之后，即1982年，约翰逊控股公司由警告的政策回归到排除的政策。1979年至1983年间，8名雇员在怀孕时，其血液水平维持在每分升超30微克……这似乎是职业安全与健康管理局为准备怀孕的女工所指示的警戒水平……公司的反应是宣布在更大的范围内将女性排除出暴露于铅的工作："（约翰逊控股公司）所执行的政策是，已怀孕或者有生育能力之女性将不被安排从事暴露于铅的工作……"

这项政策将"有生育能力之女性"定义为"所有女性，有医学证明其无生育能力者除外……"

二

1984年，原审原告发起了一场集团诉讼，控告约翰逊控股公司的胎儿保护政策属于性别歧视，违反了《民权法案》第七条的规定……原审原告之中有这样一些人：玛丽·克雷格，她为了不失去工作而选择了绝育；埃莉斯·内森，一位50岁的离婚者，当她被调离接触铅的工作后失去了经济来源；唐纳德·彭尼，他因为想成为父亲而请求脱离目前的工作岗位以减少铅害，但其请求遭到拒绝……

地区法院通过简易程序做了有利于约翰逊控股公司的判决……上诉法院维持了原判。多数意见认为，评价胎儿保护政策的适当标准是企业避险（business necessity）的抗辩……并且认为，即使该适当标准是一种 BFOQ，① 即，真正的工作资格，约翰逊控股公司仍然有资格获得即时判决（summary judgment）……

上诉法院为有关企业避险的调查确立了三个步骤：是否对于胎儿有实质的健康危险；有害物质传输给胎儿的途径是否仅限于女性；是否具有其他替代措施，既没有歧视，也没有对胎儿的危害……运用企业避险这一抗辩，最高法院的结论是约翰逊控股公司应当获胜……最高法院还得出结论：与母亲暴露于铅而有害于胎儿的证据不同，有关父亲暴露于铅的风险的证据"至多只是一种推测，并不令人信服"……

法院进而讨论了有关 BFOQ 的抗辩事由，结论是约翰逊控股公司也达到了该标准……工业安全是被告人企业精华的一部分，而胎儿保护政策是深化这种关怀合理而必要的措施……

三

约翰逊控股公司政策的偏见是显而易见的。有生育能力的男性，而不是有生育能力的女性，可以选择是否愿意为某一特殊工作而以生育健康去冒险。1964 年《民权法案》的 703（a）禁止以性别为基础的分类……被告人的胎儿保护政策明显地基于性别而歧视女性。该政策将有生育能力的女性排除出有铅危害的工作，因而以性别为基础的进行了归类……

然而，像其他两个上诉法院一样，巡回上诉法院主张，基于性别的胎儿特殊保护政策不涉及明显的歧视……这些法院分析了该种政策，认为它们是中性的，仅对女性的就业机会有差别对待的影响。因而，这些法院想知道涉案的每一雇主是否确认，其政策的合理性在于它是企业避险。企业避险的标准比制定法规定的 BFOQ 抗辩事由更加宽和……法院主张，因为已确定的基于性别的排除理由（保护女性的未来胎儿）从表面上看是仁慈的，所以该政策并不是基于性别的歧视。然而这一主张是不正确的。

首先，约翰逊控股公司的政策是基于性别和怀孕能力而不仅是生

---

① Bona fide occupational qualification——编者。

育能力来归类的。被告人不是寻求保护所有雇员未来的孩子,尽管有记录在案的证据显示,暴露于铅的工作对于男性生殖能力也有削弱作用,但约翰逊控股公司却只关心其女性雇员未出生的孩子……

本院面对的是与"菲利普斯案"(Phillips)概念上相似的情境,并且发现了性别歧视,因为该政策所确立的"雇佣政策,一种专为女性而定,另一种则专为男性而设——而他们都有学龄前儿童"……

我们的结论得到了1978年《反妊娠歧视法》(Pregnancy Discrimination Act)的支持,议会在该法中规定……"基于性别"之歧视包括"因为或者基于妊娠、生产或者相关的医疗条件"之歧视……约翰逊控股公司1982年政策中的用语"有生育能力",清晰地表明是基于潜在的妊娠而归类的……

没有恶劣的动机并不能将一项表面上差别对待的政策转变为一项有着差别影响的中性政策……总之,约翰逊控股公司的政策不能经受这样简单的检验:"如果不是性别原因,则对待的方式会是不同的。"

四

依《民权法案》第七条中703(e)(1)之规定,若信仰、性别、出生国籍对于某一特定企业或经营而言是一种合理而必要的真正的从业资格,则雇主可以给予不同的对待。

这一例外规定只适用于特殊情况……约翰逊控股公司争辩说,其胎儿保护政策正好处在这一所谓安全例外规定的范畴之内……本院在"多特哈德案"(Dothard)中指出,对于女性本人的危险不足以构成歧视的理由……我们在此允许雇主只雇用男性警卫人员在一级戒备的男监的接触区工作,仅仅是因为存在着比"女性接受危险职业的决定"更加重大的利益……性别的不同对待被容忍,是因为性别与警卫完成其工作的能力有关——维护监狱的安全……我们还要求在性别与履行工作职能之间有更强的相关性,我们不允许雇主将性别作为强壮的代名词……

同理,一些法院赞同航空公司在"空姐"怀孕的头5个月暂时停职,理由在于雇主的此项措施是确保乘客安全所必须的……

因此,我们的判例法清楚地表明,安全例外被局限于这样的情况:性别或者怀孕确实影响到雇员履行其工作职责的能力……

《反妊娠歧视法》修正案包括了一项独有的BFOQ标准:除非有妊娠者"在其能否工作"问题上与他人有所不同,否则她们必须受到与其他雇员"相同的对待"……怀孕或可能怀孕的女性必须与他人受同样的对待……

五

……未出生孩子的福祉必须留待怀孕、生产、抚养他们的家长去决定，而不是那些雇用这些家长的雇主们……《民权法案》第七条和《反妊娠歧视法》仅仅是不允许女性因为绝育失败而被解职……

提示与问题

1. 暴露于铅和其他有害化学品的工作越来越引起人们的警觉。如何拟订法规或公司政策，以便既考虑到昭示工业危害，又避免基于性别或者怀孕可能性的歧视？

2. "约翰逊案"并没有终结所有的妨碍女性在胎儿保护问题上自行选择的措施。朱迪思·巴尔认为，对于"所有女性，无论是否怀孕，是否期待怀孕，是否易受怀孕之害"，胎儿保护都是一种威胁。①

从1985年到1992年，有167名妇女分别受到强迫未成年人吸毒罪（通过脐带）、虐待儿童罪或者杀人罪（胎儿死亡）的指控。绝大多数情况下，这些指控或者遭庭审法院否定，或者定罪遭上诉法院改判，理由通常是现行制定法不适用于这些情形。1997年4月，威斯康星州最高法院裁定，尽管安吉拉（Angela M. W.）作为一名怀孕妇女对可卡因的测试结果呈阳性，但该州对她的拘禁行为仍然是错误的。不过，1997年10月，南卡罗来纳州最高法院维持了对科妮莉亚·惠特妮尔（Cornelia Whitner）的定罪以及8年的量刑，因为她产下的男婴对可卡因测试呈阳性，构成忽视儿童罪。虽然没有什么可以妨碍立法机关制定刑法以明确惩处这样的怀孕妇女，但是1995年以前只有佛罗里达州这样做了。自"Matter of A. C.案"后，强制戒毒的合法性一直是一个问题。该案裁定认为，一个癌症患者不应被强制剖腹产——母婴俱殒命于这次剖腹产……②

♣ "性骚扰"一词，在极为广泛的语境里越来越频繁地出现在新闻之中。俄勒冈州的前参议员派克伍德（Packwood）被控几十年来一直"不检点"，并有其日记为证。最高法院的被提名者之一，克拉伦斯·托马斯（Clarence Thomas）被控在其主持"均等就业机会委员会"

---

① Baer, op. cit., p. 151.
② Baer, op. cit., pp. 152, 153.

时对一名工作人员进行性骚扰（具有讽刺意味的是，他是一名负有强制落实均等就业机会责任的联邦工作人员）。海军航空兵们在 1991 年的泰胡克联盟年会（Tailhook Association convention）期间被控性骚扰，包括袭击罪。三菱公司 1995 年被指控为一个性骚扰泛滥的地方，受影响的女性有几百名。1996 年，各军兵种都有上司骚扰女军人的指控。这些事例说明了这一问题的严重性，并且某些场所的性骚扰控诉有增无减：民选官员的办公室、制定法规的机构、军队以及工厂。

学院和大学是学生、教职员工及其行政人员的第二家园，在绝大多数的学院和大学里，也有依院校政策构成性骚扰的指控。例如，马萨诸塞大学就有一项适当的规定，一个声称遭性骚扰的人能够对骚扰者提起正式和非正式的指控，它的"反性骚扰委员会"由 25 人组成，他们中有教职员工、研究生和 4 名随机遴选的成员。这些政策及其实施细则正在不断修订，正如新建立的法院会伴随其经验的积累和制度弊端的渐趋明显，而不断斟酌出新的政策、规则和程序。

对这一复杂问题进行朴实介绍的方法之一，就是通过最高法院涉及工作场所性骚扰的案例。案例可被进一步扩展为这一领域内的一些重大课题。从法律上说，工作场所的性骚扰案总体上可分为两大类：一是等价交换（quid pro quo）——用性的欢心换取与工作有关的利益和结果；二是所谓"充满敌意的工作环境"，即"出自性需求的不受欢迎的行为，无端影响到个人的工作表现，或者产生一种令人恐惧、充满敌意或有辱人格的工作环境。"① 下面的"哈丽丝案"属于第二类情形。

第三节　哈丽丝诉福克利夫特系统公司案

Harris v. Forklift Systems, Inc.
114 S. Ct. 367（1993）

大法官奥康纳（O'Connor）：

本案之中我们考虑的是，依 1964 年《民权法案》第七条之规定，歧视性地"有辱人格的工作环境"（又可称为"充满敌意的工作环

---

① M. Stockdale, "What We Know and What We Need to Learn About *Sexual Harassment*," in M. Stockdale (ed.), *Sexual Harassment in the Workplace* (Thousand Oaks, Calif.: Sage, 1996) 6.

境")的定义是什么……

特丽萨·哈丽丝（Teresa Harris）1985年4月至1987年10月在福克利夫特系统公司任经理。这是一家设备租赁公司，查尔斯·哈迪（Charles Hardy）任公司总裁。

地方法院认定，哈丽丝在福克利夫特任职期间，哈迪经常因其为女性而辱骂她，并且经常使她成为性影射的目标。在许多场合，哈迪当着其他雇员的面对哈丽丝说："你是一个女人，你懂什么"以及"我们需要一个男人做租赁经理"；至少有一次，他骂她是"不会说话的母驴"……还有一次，他在其他人面前建议他俩"去假日旅馆解决加薪问题"……哈迪还不时要求哈丽丝和其他女雇员从他紧身长裤的前兜里掏硬币出来……他当着哈丽丝和其他女雇员把东西扔在地上，然后让她们把东西捡起来……他以哈丽丝和其他女性的衣着为名目，含沙射影地讲一些黄色故事。

1987年8月中旬，哈丽丝向哈迪抱怨他的行为有失检点。哈迪说，他很惊讶哈丽丝竟然被冒犯了，声称自己仅仅是在开玩笑，并且表示道歉……他还承诺不再那样做，由于这一保证，哈丽丝留在了原工作岗位……但在9月上旬，哈迪故态复萌。当哈丽丝正与福克利夫特的一位顾客打交道时，他又当着其他雇员的面问她："你怎么干的？没答应那家伙某个周末之夜吗？"……10月1日，哈丽丝收拾自己的东西，辞去了工作。

哈丽丝随之起诉福克利夫特，理由是哈迪的行为制造了一种基于性别的有辱她人格的工作环境。在美国地区法院，就本案的两种对立意见势均力敌……但认为哈迪的行为没有造成有辱人格的工作环境。该法院认定，哈迪的某些言词议论"冒犯了（哈丽丝），并且将冒犯任何理性的女性"……但这些言词议论尚未

> 恶劣到严重影响（哈丽丝）的心理健康的程度。一位理性的女性经理在类似情形下会被哈迪冒犯，但他的言行尚不足以达到影响某人工作表现的程度。
>
> 我也不认为（哈丽丝）在主观上被冒犯到遭受伤害的程度……尽管哈迪可能确实不时冒犯（哈丽丝），我仍然不认为他使得工作环境有害到令哈丽丝恐惧或者有辱其人格的程度……

我们认可巡回法院解决纠纷的准则：某一造成"有辱人格的工作环境"的可诉的骚扰行为（等价交换的性骚扰不在此限），必须"严重

影响（某一雇员的）心理健康"或者导致原告人"遭受伤害"。比较"拉贝迪尤案"（Rabidue）（要求严重影响心理健康）与"埃利森诉布拉迪案"（Ellison v. Brady）（没有这种要求）。

二

1964年《民权法案》第七条使得"因某人之种族、肤色、宗教、性别或出生国籍而在其就业报酬、期限、条件或优惠方面加以歧视，成为非法的雇佣行为"……这一用语"并不局限于'经济的'或者'有形的'歧视。'就业期限、条件或优惠'的措词表明了议会的立法意图：'全方位改变男女在就业方面所遭受的迥异待遇'"，包括要求雇员在一个歧视性的充满敌意或有辱人格的环境中工作……当工作场所弥漫着"歧视性的恐吓、嘲弄和侮辱"，且"其恶劣或乖张程度足以改变被害人的就业条件，并造成有辱人格的工作环境"时，……便违反了"第七条"的规定。

我们今天重新确认这一准则，它在仅属冒犯的行为和要求言行引起有形的心理损害之间，走了一条中间路线。正如我们在"梅瑞特案"中所指出的："仅仅说了引起某一雇员情感上厌恶的词句"，尚不足以影响《民权法案》第七条所规定的就业条件。如果行为之恶劣或乖张程度尚不足以产生客观上充满敌意或有辱人格的工作环境——一个有理智的人都会认为这样的环境是充满敌意或有辱人格的——则不在"第七条"规定的范围之内。同样，如果被害人在主观上没有意识到该环境是有辱人格的，则该行为便没有触犯第七条的规定。

但是，在骚扰言行导致神经崩溃之前，"第七条"就开始起作用了。一个充满歧视性的有辱人格的工作环境，即使没有影响雇员的心理健康，也能够经常分散雇员的注意力，影响其工作表现，使他们不敢留在工作岗位上，或者使他们无法在职业生涯中有所进步。不仅如此，即使没有这些有形的影响，因雇员的种族、性别、信仰或出生国籍而对他们有歧视行为，其程度如此恶劣或乖张，以至于形成有辱雇员人格的工作环境，这一事实本身便触犯了"第七条"有关工作场所平等权利的广泛规则。"梅瑞特案"所称的可恶言行以及该案所谓的环境，是"如此严重地被歧视所污染，以至于完全损害了属于少数群体的工人的情绪和心理稳定……这一切仅仅提供了极端恶劣的骚扰例证。它们并没有在是否可诉之间划出界限……

我们因此相信，地区法院的错误在于以行为是否"严重影响原告的心理健康"或者导致她"遭受伤害"作为询问的标准。这样一种询问可能使法官在发现事实的过程中,没有将必要的注意力集中在具体而有形的心理伤害方面,"第七条"也没有要求这一点。当然,"第七条"禁止可能严重影响一个理性的人心理健康的行为,但该法所禁止者并不局限于这种行为,只要人们能够合理地觉察到环境是充满敌意和有辱人格的,便没有必要同时造成心理伤害。

这不是一种精确的数学测验,本质上也不可能是这种测验。我们没有必要今天就回答所有的潜在问题,也不可能特为这一问题适用"均等就业机会委员会"新近的规定……但我们可以说,环境是否"充满敌意"或者"有辱人格",只能视全部情况而定。这些情况可能包括:歧视行为的次数、恶劣程度、是否有身体上的胁迫或羞辱,或者仅有语言的冒犯,以及是否无端干扰了雇员的工作表现。对于雇员心理健康的影响,理所当然地成为判断原告是否确实发现环境有辱人格的相关因素。尽管心理伤害像其他相关因素一样是必须考虑的,但仅有一个因素是不够的。

三

福克利夫特公司一方面承认,要求行为必须严重影响心理健康是没有事实根据的,另一方面又争辩说,地区法院适用"梅瑞特案"的标准无论如何都是正确的。对此我们不能苟同。尽管地区法院确实结论性地认为,对于(哈丽丝)而言,工作环境并不是"令人恐惧或有辱人格的"……但它做这一结论仅仅是因为它认定言行并没有"恶劣到严重影响原告心理健康的地步",……并且哈丽丝"主观上所受的冒犯尚不足以使她遭受伤害"……地区法院所适用的不正确的标准可能影响了它所做的最终结论,尤其是考虑到法院对案件的处理意见只占微弱优势……

因此,我们撤销上诉法院的判决,发回原法院依本意见重审。

大法官斯盖利亚的附和意见:

1986年"梅瑞特储蓄银行诉文森案"(Meritor Savings Bank v. Vinson)所做的裁定认为,《民权法案》第七条禁止造成充满敌意的工作环境的性骚扰。最高法院的观点是:如果性骚扰的"恶劣或乖张程度足以'改变(被害人)的就业条件并造成有辱人格的工作环境'",则该性骚扰就是可诉的。……今天的意见详细阐明,被控告的行为必须足够恶劣或乖张,以至于"造成了客观上充满敌意或有辱人格的工作环境——只要是一个理性的人，就能发觉这样的环境是充满敌意或有辱人格的。"

"侮辱性的"（或者"充满敌意的"，我认为在此是同一含义）对我而言似乎不是一个非常明确的标准——而且我不认为附加副词"客观地"或者诉诸"理性者的"概念就能够使其明确性有所增加。今天的意见的确罗列了许多具有侮辱性的事实因素，……但是，因为它既未说清每一事实因素必须是多少（一项不可能的任务），也未确认哪一事实因素是具有决定性的，所以它对于确定性来说是助益甚少的。作为一个具有实践性的事件，今天我们所面对的裁决，实际上是让未经指导的陪审团决定，雇主与性有关的行为是否要恶劣到导致损害的程度。有人说，构成"疏忽过失"（陪审团要提出一个传统问题）并不比构成"侮辱性"更明了和确定。也许正是这样。但是，为疏忽过失而寻求补偿的集团诉讼的原告仅限于那些遭受伤害者，而制定法却规定"侮辱性"是判断是否遭受法律上的伤害的标准，这使得诉讼的成本更加昂贵。

尽管如此，除了走最高法院今天所走的路，我别无选择。在最高法院无法穷尽的列举中，如果将行为是否无端干扰了雇员的工作表现作为一条绝对标准，则会为陪审团或雇主提供更好的指引。"就业条件"的法律用语说明，标准并不是工作是否已被损害，而是工作条件是否已被歧视性地改变。最高法院今天采用制定法固有的含混不清的用语作为标准，但是我找不到比这更为可信的标准了。基于这些理由，我同意最高法院的意见。

大法官金斯伯格的附和意见：

……《民权法案》第七条的文意显示：问题的关键在于，是否某一性别的成员在就业条件方面与另一性别的成员相比处于不利地位。……像"均等就业机会委员会"所强调的……司法裁决者的询问应主要集中在歧视性行为是否无端干扰了原告的工作表现。为了显示这种干扰，"原告不必证明其有形产量因该骚扰而下降。"……只要证明这样一点就足够了：身受性歧视之害的任何理性的人，都会像原告一样发觉该骚扰改变了工作条件，"使得做工作更加困难"……

提示与问题

1. 基于对法院判例的分析,雷蒙娜·佩茨奥德和安妮·奥莉瑞·凯利①编辑了下面的图表,以显示骚扰案中的行为类型和该种行为出现的频次:

表 7.3-A 法院判例中出现的骚扰行为的类型

行为	总数 (N=55)②	上司作为骚扰者 (N=40)	同事作为骚扰者 (N=23)
要求约会	13% (7)③	15% (6)	9% (2)
冒犯性语言			
特定原告	56% (310)	48% (19)	70% (16)
非特定原告	29% (16)	23% (9)	22% (5)
黄色涂鸦/色情照片图画			
特定原告	18% (10)	10% (4)	13% (3)
非特定原告	11% (6)	3% (1)	13% (3)
性要求	44% (24)	50% (20)	17% (4)
身体接触			
非暴力	58% (32)	53% (21)	26% (6)
暴力	18% (10)	10% (4)	22% (5)
性侵犯	22% (12)	25% (10)	9% (2)

至于法院判例是否准确反映了性骚扰行为的全貌,研究者将法院判例中指称的行为与自己的研究报告所得出的分析相比较,这两者有重合部分,但法院判例所涉行为的性质要比报告分析提到的行为性质更为严重。

研究者还发现,性骚扰也有阶层的划分。随着某人在企业权力地位阶层的降低,受到性骚扰的可能性就越大,形式也更恶劣。

---

① R. Paetzold and A. O'Leary - Kelly, The Implications of U.S. Supreme Court and Circuit Court Decisions for Hostile Environmental Sexual Harassment Cases, in M. Stockdle (ed), *Sexual Harassment in the Workplace*, Thousand Oaks Calif.: Sage, 1996, 91.
② 百分数相加后不等于100%,因为案件中的骚扰者可能有不止一种类型的骚扰行为。
③ 括号中的数字代表该类案件数。

职业女性和非职业女性都报告说，最常见的性骚扰方式是针对她们的冒犯性的语言和非身体接触。另一方面，处在职员位置的女性最常报怨的是非暴力的身体接触和性侵犯。①

最高法院在"哈丽丝案"中说，1985 年"梅瑞特储蓄银行案"涉及的行为是极端恶劣的。法院针对该案所陈述的意见中，将原告的证词概括如下：

……在她作为出纳员的试用期里，泰勒（银行的副总裁）待她如父亲一般，没有任何性方面的越轨行为。然而随后不久，他邀她出去吃晚餐，在就餐过程中，他建议他们去汽车旅馆发生性关系。开始她拒绝了，但出于她所谓的对失业的恐惧，她最终还是同意了。依照她的陈述，泰勒此后不断要求她的性恩惠，地点通常是在分行里，上班过程中和下班以后都有过。她估计在此后的几年里，他们性交有四五十次。不仅如此，她作证说，泰勒还当着其他雇员的面调戏她，当她独自去洗手间时尾随而入，向她裸露自己，有几次甚至暴力强奸她。当她开始有了固定的男友之后，这些行为就终止了。②

2. 为判断何谓骚扰行为，法院提出了两条标准：（1）她自己（用阴性称谓在此并无不妥，因为绝大多数案件涉及女性）将该行为视为有辱人格或具有骚扰性；（2）一个理性的人也会得出同样的结论：该行为有辱人格或具有骚扰性。一个标准有赖于原告的作证，是**主观的**；而另一个标准超脱于她在事件中的角色之外，因而是**客观的**。

如果考虑到大多数被骚扰者的性别，那么，早期的侵权案中所使用的"理性的（男）人"（reasonable man）就似乎显得有些荒谬可笑了。1991 年，联邦法院在建议使用**一个理性的女性**（reasonable woman）的标准之前，讨论了各种不同的标准：

我们相信，在评价性骚扰的乖张程度时，我们应当将注意力集中在被害人的观点上……（法庭"应当考虑被害人的观点，而不是所谓可接受的行为的陈旧观念"。）如果我们仅仅审视一个理性的人是否会卷入所宣称的骚扰行为，我们就不会冒导致歧视大行其道的风险。骚扰者得以继续骚扰，仅仅因为某一带有歧视性的行为是司空见惯的，而且骚扰行为的被害人没有救济的途径。

因此，我们倾向于从被害人的观点来分析骚扰行为。要完全理解被害

---

① R. Paetzold and A. O'Leary‑Kelly, The Implications of U. S. Supreme Court and Circuit Court Decisions for Hostile Environmental *Sexual Harassment Cases*, in M. Stockdle (ed), *Sexual Harassment in the Workplace*, Thousand Oaks Calif.：Sage, 1996, 89 – 92.

② *Meritor Savings Bank v. Vinson*, 477 U. S, 57 (1985), 60.

人的想法，需要分析男性与女性不同的观点。许多男性认为无可反对的言行，却可能冒犯许多女性……（例如，一位男性上司可能相信，他说一位女性下属"身段苗条"或者"双腿迷人"，这没什么不对）……（"男性和女性受伤害的方式不同，被不同的言行所冒犯"）……（男性一般将某些形式的性骚扰视为一种"只有神经过敏的女性才会反对的无害的社会交往"）……（有个性的男人视这种所谓的性骚扰为相对无害的玩笑）。

我们认识到，女性作为一个群体，其观点也极为多样，但我们相信，许多女性有着相同的、男性所没有的关切。例如，因为强奸和性侵犯的受害者绝大多数为女性，所以女性对于与性有关的行为有着更强烈的关注。可以理解的是，受到温和形式性骚扰的女性被害人，可能担心骚扰者的行为仅仅是使用暴力的性侵犯的前奏……

为了保护雇主不被少数过分敏感的怪僻雇员所错怪，我们认为，只有当女性原告所指称的行为是任何理性的女性都会视为恶劣或乖张，并足以改变就业环境，造成有辱人格的工作环境时，她所陈述的所谓充满敌意的性骚扰环境，才能构成表面上证据充分的案件……①

讨论这些判断性骚扰的不同标准，将你们的讨论与"哈丽丝案"所形成的法庭意见相比较。

3. 还有关于可诉的骚扰损害的形式和程度的讨论。在一些骚扰案中是有经济损失的——工作、报酬、加薪、升职或者其他经济利益；可能还有心理伤害，其程度可以从害怕上班或者在工作中感觉不适，到神经崩溃。重新审视"哈丽丝案"中有关心理伤害的讨论。是否真如大法官斯盖利亚在其意见中所说：本案之后，"各法院将无所适从"呢？

4. A. 什么时候一些**特定雇员**的行为会导致**工作环境**充满敌意这一结论？一个被控存在骚扰行为的工厂，是否可以说它也不希望女性受骚扰，因此它不能为其雇员"自发"的骚扰行为负责？一些法院针对骚扰行为适用严格的代理责任原则——雇主为其工厂内发生的这类行为负责。另一些法院似乎倾向于将发给企业的通知作为承担责任的前提。哪一规则应被适用？

B. 经常有这样的情况，性骚扰案的证人们说："她不在乎"；"她似乎喜欢被注意"；"她不时也回敬几句玩笑"；"当听到这一骚扰的指控时，每个人都很惊讶。"这些评价既支持了不存在骚扰的争辩，也支持了行为原本"受欢迎"后来"不受欢迎"的论点。绝大多数的性骚扰案都有广泛的既可以支持控方也可能支持辩方的证据。对于原告而言，提起骚扰的指控是痛苦的，就像强奸的被害人控诉自己被强暴的过程一样痛苦。

正如前面的"希尔斯案"，当一家公司面对实际补偿或损害赔偿主张时，

---

① *Ellison v. Brady*, 924 F. 2d 872 (1991), 878-879.

某个大的律师事务所的全部资源就会被调动起来，从而开始一场漫长而昂贵的诉讼，直到得出一个结论。

♣ 关于女权主义和法律的当代探索，我们在此只是管中窥豹而已。工作领域一直是女权主义研究的重要话题之一，不过，还有许多同样重要的话题。细读每天的报纸，会发现配偶虐待、强奸、生育权等一系列话题。假如选定这些话题中的任何一个作为本章的主题，我们都能够辑录同样丰富的案例和法理分析。

曾经作为职业法律教育注释而进入法学院课程的"女性与法律"的话题，现在已经成为评价法律和总体法律秩序的不可或缺的手段。这个领域不可能再被轻描淡写或者声称可以被某个3学分的课程所囊括。研究法律与性别，就是研究法律秩序与"法律—社会"的联系。研究法律秩序如何影响了女性，所要求的专业知识不限于法律，而要扩展到整个社会关系的领域。女权主义法学家有理由在法律研究的领域内外都进行大量的阅读。

西方世界的每一法理洞见都能在性别的熔炉中得到熬炼。理论与实践中的法律是否可被界定为规则、裁量、评价、平衡、阶级划分或者等级制度，这些问题在法律与性别的交会处都可以找到新的见解。

通过改变规则及其实施能否变革制度？或者，通过法律能否改变结果？这些都是未解决的问题。尽管法律秩序与性别的关系史是苍白的，法律有太多的影响应当作为能量过剩而被清除。不仅如此，从女性在法律教学与实践中的人数剧增，到女性在其政治生涯中对法律训练所得的运用，若要说清这一切会产生怎样的影响，现在恐怕还为时尚早。

有色人种的女性受歧视的案件又会怎样？在这些案件中，种族和性别问题相交会。很明显，人们可以同时发现自己身处一系列等阶优势和特权的最底层：比如，白人优于黑人，白人女性优于黑人女性，黑人男性优于黑人女性。各种不同事实因素的案件都有可能发生，上面所说的等阶优势和特权的各个方面交会在一起。

法院如何处理一个案件中同时具备多种形式歧视的情况？这些案件的教益，是否不仅在于黑人女性在法律歧视中的地位，而且在于她们如何看待自己的性别地位？我们转向金贝尔·克兰肖的文章，讨论性别与种族的交会问题。

第四节　让种族与性别的交会处不再成为法律的边缘＊

金贝尔·克兰肖

在此，我的分析将以黑人女性为核心，目的是将黑人女性多维度的体验与歪曲这些体验的单向度的分析相对比。这种并列不仅揭示了黑人女性如何在理论上被抹杀，而且还显示出这一框架如何导入自身的理论局限，从而损害了拓展女权主义者和反种族主义者分析领域的努力……我想进一步阐发的是，这一单向度框架仅仅关注群体中优势成员的体验，从而在种族和性别歧视的概念、识别和补救方面抹杀了黑人女性。换言之，在种族歧视案中，倾向于以性别优势或群体优势的黑人的视角看待歧视；在性别歧视案中，焦点则在于种族优势和群体优势的女性。

聚焦群体中最有优势的成员，使那些身受多重压迫者成为边缘人，同时也使人们对于没有具体渊源的歧视的控诉显得喑哑无声……关于种族和性别的有效概念变成了体验的基础，而这些体验事实上仅仅代表了一个复杂现象的子集。

在检视了这种单向度框架的教条表现之后，我将探讨它何以促成了黑人女性在女权主义理论和反种族主义政治中的边缘化。我认为，黑人女性时常被排除出女权主义理论和反种族主义策略论述之外，是因为两者都依据分散的体验而进行推断，而这些体验通常不能准确反映种族和性别的交互作用。黑人女性被排除的问题，不能简单地通过将她们纳入一个已经建立的分析结构之中而加以解决。因为交会的体验大于种族主义与性别歧视主义之和，所以，任何分析，如果不将交会性考虑在内，便不能充分应对使黑人女性处于从属地位的特定方式……

反歧视框架

交会性体验与教条的反应

接近交会性问题的一种方式是检视法庭如何建构和解释黑人女性

＊ From "Demarginalizing the Intersection of Race and Sex: A Black Feminist Critique of Antidiscrimination Doctrine, Feminist Theory, and Antiracist Poltics" by Crenshaw, K., *University of Chicago Legal Forum*, "Feminism in the Law: Theory, Practice, and Criticism."

原告们的故事……为了说明司法处置交会性问题时固有的困难，我将考量三起涉及《民权法案》"第七条"的案件："德格莱芬里德诉通用汽车案"（DeGraffenreid v. General Motors）、"摩尔诉休斯直升飞机制造公司案"（Moore v. Hughes Helicopters）和"佩恩诉特拉维诺制药厂案"（Payne v. Travenol）。

在"德格莱芬里德案"中，法庭陈述道：

> 原告们未能引证任何为使黑人女性不受歧视而将其作为一个特殊群体加以保护的判决。最高法院自己的研究也未能发现这样的判决。如果原告遭受了歧视，她们显然有资格获得法律上的某种救济。然而，她们不应被允许将制定法上的两种救济结合起来，制造一种"超级救济"，这超出了立法者的意图。因此，本诉讼必须被审查，以确定其诉因究竟是种族歧视、性别歧视，抑或两者皆有，但不能是两者的结合……

在拒绝考虑原告的性别歧视控告之后，法庭驳回了种族歧视的起诉……建议本案与起诉同一雇主的另一种族歧视案合并审理。原告回应道：这种合并将有损她们起诉的目的，因为她们的诉讼不单是基于种族歧视，还是代表遭受种族和性别歧视的黑人女性而提起的集团诉讼。然而，法庭的推理是：

> 围绕"第七条"的立法史也没有显示立法目的是创造"黑人女性"这样一个全新的分类，使她们比黑人男性有更高的地位……

由此，法庭显然得出结论：议会或者没有考虑到黑人女性可以作为"黑人女性"而遭歧视，或者不打算在这种歧视发生时保护她们。在"德格莱芬里德案"中，法庭拒绝承认黑人女性会遇到种族与性别相结合的歧视，这意味着性别歧视和种族歧视的界线是由白人女性和黑人男性的体验分别界定的。依这一观点，黑人女性受到保护的范畴，仅仅是其体验与这两个群体之一的体验相一致的部分。只要处理方法完全淹没了交会性问题本身，那么，即便黑人女性的体验是独特的……她们能够指望的保护也是微乎其微的……

"摩尔案"提供了法庭不理解或不承认黑人女性诉讼主张的另一种模式……

摩尔从未在"均等就业机会委员会"声明她作为一位女性而遭歧视，而仅仅是作为一位黑人女性……摩尔有无足够的能力代表白人女性雇员，这非常值得怀疑。

"摩尔案"中这种奇怪的逻辑，不仅揭示了反歧视论的狭隘及其未能包容交会性问题，而且揭示出在性别歧视的概念中是以白人女性的体验为中心的。从法庭陈述可以推论：摩尔的起诉没有导致一种反对"歧视女性"的权利主张，这意味着歧视黑人女性有时没有歧视女性那么受重视。然而，法庭想暗示的是，摩尔没有主张**所有**女性受到歧视，而**仅有**黑人女性受到歧视。但是，即使如此改动，法庭的理论基础对于黑人女性而言仍然是成问题的……

一位声称作为女性被歧视的白人妇女若要代表所有女性，其处境比一位声称作为黑人女性而遭歧视并想代表所有女性的黑人妇女好不了多少。法庭乐于使用"歧视女性"一语，并不是因其更具包容性——这样做似乎仅仅是因为诉讼主张中的种族歧视痕迹不明显。

法庭倾向于说"歧视女性"而不说"歧视黑人女性"，揭示出性别歧视的教条主义概念是以白人女性的体验为内在基础的。对于白人女性而言，她们声称性别歧视仅仅是在声明：如果不是性别的影响，她们是不会受到歧视的。她们没有必要特别强调自己是作为**白人女性**而遭受歧视的，因为她们的种族对于她们所寻求的补救没有不利的影响。从这一基础引申出来的歧视观点，将白色人种视为一种既定的优势。

歧视一位白人女性就是标准的性别歧视主张……这种处理方式的影响在于，即使受到挑战的政策或行为明显地歧视所有的女性，黑人女性身处特别恶劣境遇的事实，也使黑人女性原告与白人女性有了嫌隙。

"摩尔案"生动说明了反歧视法的补救范围和规范视野的局限性。不允许身处多重不利地位的群体代表其他可能只有单一不利条件的群体，这使得重构机遇分配机制的努力毁于一旦，也使得救济手段只能局限于在既有等级制度内进行小修小补。结局自然是，为挑战整个就业制度而结合所有被歧视者的"一揽子"的处理方式，因受歧视者狭隘的观点和既有补救措施的局限而无法落实。如果这种具有交会代表性的"一揽子"的处理方式被允许，则雇员们可以接受这样的可能性：挑战等级制度本身，比被歧视者在等级制度范围单独寻求保护，能够获得更大的收益。但是，只要反歧视论从这样的前提出发，即，就业制度只需小修小补，那么，处在不利地位的雇员的机会就会受到限制。相对处在有利地位的雇员可能更乐于捍卫自己的优势，而嘲笑其他人贪欲更多的东西。结果是，黑人女性——所有歧视的最佳挑战者、身受双重歧视的雇员群体——基本上被孤立起来，被迫孤军奋战……

在某些种族歧视案中，黑人女性在其努力获得集团诉讼代表证明书时也遭遇困难。这一问题典型地出现在这样一些案件中：统计显示，黑人与白人工人之间，进而黑人男性与黑人女性之间，有着显著的差异……

"特拉维诺案"的原告们处境比情形相似的"摩尔案"的原告要好得多，她们没有被剥夺运用有说服力的统计数据显示种族歧视整体状态的权利，不过，这仅仅是因为在她们的群体中没有男性。然而，原告代表所有黑人雇员的企图，就像摩尔试图代表所有女性雇员一样，因法庭对群体利益的狭隘见解而宣告失败。

即使"特拉维诺案"对于黑人女性是一个局部胜利，该案还是特别显示出反歧视论中的教条是如何为黑人女性制造了两难选择：或者特别描述其从属地位的交会特征，因而使自己代表黑人男性的能力受到威胁；或者忽略交会性，以便其诉讼主张不会导致黑人男性被排除。当我们考虑这一两难所带来的政治后果时，就不会奇怪为什么黑人社会中的许多人将这样表述黑人女性的利益视为危险的分裂……

也许对某些人而言，我对反歧视法给予黑人女性的待遇提出了不一致的批评。我似乎在说：在此一案中，黑人女性的诉讼主张被拒斥，她们的体验被漠视，因为法庭拒绝承认其就业体验与白人女性显著不同；而在另一案中，黑人女性的利益受到损害，因为黑人女性的诉求被视为与白人女性或黑人男性的诉求有显著区别，以至于法庭不承认黑人女性有资格代表一个更大的群体。我似乎必须说，黑人女性是相同的，而不同待遇伤害了她们；或者她们是不同的，而相同的待遇伤害了她们。但是，我不能说二者都是对的……

要点在于，黑人女性能够以任何方式体验歧视，上述矛盾源于我们假定黑人女性的诉求必须是单向的……我是说，黑人女性体验歧视的方式可能相同或不同于白人女性和黑人男性的体验。黑人女性所体验的歧视有时相同于白人女性的体验；有时她们也与黑人男性分享极为相似的体验。然而她们通常遭受双重歧视——基于种族和基于性别的歧视所产生的综合影响。有时她们是作为黑人女性体验歧视的——不是种族和性别歧视的简单相加，而是作为黑人女性。

教条主义对待交会歧视的显著特征

……不仅是各法院，就连女权主义者和民权思想家们也以这样的方式对待黑人女性：既否认她们境遇所独有的混合性，也否认她们的体验对于女性和黑人这个更大的群体而言的核心意义。黑人女性被视为或者非常相似于女性，或者非常相似于黑人，进而，她们的体验的混合性质被吸收于两个群体之一的集体体验中，或者被视为有太大的不同，其中，黑人女性的黑人属性或女性属性，有时将她们的需求和观点置于女权主义者和黑人解放主义者日程表的边缘。

……在描述黑人女性如何被置于种族和性别等级制度与反歧视法分界的边缘时，下面的类比是有用的：想象在一个地窖里塞满了所有基于种族、性别、阶级、性倾向、年龄和/或体力等各种原因而处于不利地位的人。这些人由下至上人踩人站立着，底层的人基于多个因素而处于不利地位，而上面是只基于一个因素才处于不利地位的人，他们的头可以触到天花板。他们的天花板实际上是上面那些处于有利地位的居住者的地板。为了纠正其统治的某些方面，那些住在地板上的人允许地窖里的人上来，但仅限于那些声称"如果不是"天花板作怪，他们也能住在上面房间的人。一个窗口被打开时，那些与天花板最接近的人可以通过它爬出来。然而，这个窗口一般只允许那些仅有一个不利因素，因而相对下面的人处于有利地位的人通过。那些有多个不利因素的人会被留在下面，除非他们能够想方设法将自己升入那个被允许挤过窗口的群体之中……

女权主义与黑人女性：难道我们不是女人吗？

……1851年，索哲纳·特鲁思（Sojourner Truth）曾质问："难道我不是一个女人吗？"并且向男性批评家们发起挑战，他们运用性别歧视的意象来为剥夺女性公民权的行为进行辩护……许多男性质问者利用陈腐的"淑女"形象来证明女性太脆弱太娇嫩，以至于无法承担政治活动的责任。当索哲纳·特鲁思站出来发言时，许多白人妇女强烈要求她住口，惟恐她将人们的注意力从妇女选举权转移到奴隶解放问题上来。一旦被允许发言，特鲁思说道……

> 请看我的双臂！我耕种，我收割，没有哪个男人比得过我——难道我不是女人吗？我干的和男人一样多，我吃的和男人一样多——当我有的吃的时候——我和男人一样忍受皮鞭！难道我不是女人吗？我生了13个孩子，看着他们绝大多数被卖为奴，而当我大声哭诉作为母亲的怨苦时，除了耶稣，没有人听到我——难道我不是女人吗？

这位19世纪的黑人女权主义者所挑战的不仅是男权制，而且还向白人女权主义者挑战，激励黑人女性废止历史上在白人那里的既得利益……即使今天，白人女性在牺牲种族优势以强化女权主义的过程中所历经的困难，使她们对特鲁思的批判质问尤为敏感。当号称反映**女性体验和女性憧憬**的女权主义理论和政治并不包括或者并不向黑人女性说起时，黑人女性一定会质问：难道我们不是女人吗？……

女权主义理论对于黑人女性的价值减少了，因为它是从人们很少承认的白色人种背景中进化发展而来的。事实上，不仅有色人种的女性被忽略，而且当白人**女性**作为**女性**为**女性**说话时，有色人种的女性便被进一步排除在外了。官方无所不在的声音——通常是白人男性伪装成的无种族、无性别的声音——仅仅被传递给一些人，这些人除了性别上的差异，他们有许多相同的文化、经济和社会特征。当女权主义理论试图通过分析男权制、性别特征或者不同意识形态领域来描述女性的体验时，这一理论通常会忽视种族所起的作用。女权主义者因而不再关注自己的种族作用何以减弱了性别歧视的某些方面，何以有助于她们优于其他女性，统治其他女性。结论是，女权主义理论依然是**白人**的，它通过团结受歧视的女性而扩展和深化其分析的潜力，但这一切尚未实现……

提示与问题

1. 为应对克兰肖的批判，司法在处理种族和性别交织的案件时，应做何种转型？
2. 女权主义者对于性别的分析应做何种转型？

第五节 "我们的宪法是色盲" 批判[*]

尼尔·戈坦达

我们不在意地接受了一位雇主的声言："是的，我注意到她是黑人，但我在决定雇用或提升时，不考虑她的种族。"这种"注意了，但不考虑"的技巧，隐含地承认了雇员的种族归类，并且，这种承认被转型或者升华，以便在雇主的决定程序中，不"考虑"种族的标签。鼓吹色盲模式的人主张，不被政府承认，显然优于任何种族意识的过程。的确，鼓吹不承认（nonrecognition）的人显然发现，这种技巧的政治和道德优越性是不证自明的，以至于他们相信，正当性的论证是少

---

[*] Neil Gotanda, "A Critique of Our Constitution is Color-Blind," *Stanford Law Review*, Vol. 1, 1991.

有必要或者根本没有必要的。

但是，何种程度的色盲立宪可以作为对付种族从属关系的技巧？我认为，不承认是自相矛盾的。不承认，不仅培养了对种族从属关系的制度性否认，而且鼓励了对这种从属关系的个人承认进行心理压制，进而允许这种从属关系进行下去。

不承认有三个要素：第一，一定有某种东西被认可为一种种族特征或归类；第二，这种特征一定是被承认了；第三，这种特征在做某一决定时一定未予考虑。为了让不承认变得有意义，必须有可能承认某种未被包括在决定中的东西。

不承认是一种技巧，而不是传统实体普通法上或者宪法解释上的一项原则。它对种族问题的处置，不是检省社会现实或者种族的法律范畴，而是提出一种分析方法。这种技术性方法允许法庭描述、适应、进而忽略从属关系问题。从实体论向方法论的偏转是意义重大的，因为技巧看上去是纯属程序的，它的规范性和实体性的影响被隐藏起来。这种技巧对色盲的运用也是重要的，因为它暗示了一种看似中立而客观的、不考虑种族因素的做决定的方法。

自相矛盾与压制

运用色盲的不承认而做的决定，通常被认为优于运用种族意识而做的决定。不承认的提倡者们认为，它通过防止对种族因素的不当考虑，有助于形成好的决定。他们认为种族是一种"政治的"或者"特殊利益"的考虑因素，有害于公正决定的形成。

为了在私人领域里有效运用色盲的不承认，我们不得不在日常生活里对种族视而不见，但这是不可能的。在日常社会生活中，一个人不可能一板一眼地遵循色盲的行为标准。不仅如此，不承认的技巧，最终会支持白人利益的至高无上性。

在美国的日常生活中，不承认是自相矛盾的，因为不可能不在事先至少做一点儿思考的情况下思考某个话题。不承认有别于未感知。将色盲的不承认与医学上的色盲相比较：一个医学上色盲的人看不到其他人能看到的东西，这是对什么东西"确实"在那里的不完整的感知。另一方面，作为一个种族上的色盲，就是要忽略自己已经注意到的东西。医学上色盲的人自始就没有看到颜色，而种族上色盲的人却先看到了种族，然后又忽略它。这不只是一种语义上的差别。人们注意到但还来不及忽略的种族特征，处在既存的对种族的理解之中。也就是，种族有着复杂的社会含义。这种先在的种族意识，使人不可能真的对种族无意识。说一个人没有真正考虑过一个非洲裔美国人的种族，就是在承认这是一种黑人的身份识别。为了像一个不承认种族分类的人一样去行动，其内在的前提预设就是压制对种族归类的承认。

当一位作者回忆帕特丽夏·威廉斯（Patricia Williams）与《迈阿密大学法律评论》（University of Miami Law Review）的编辑们所进行的抗争时，提供了一个奇特的强行不承认的例子。在一篇要在该杂志上发表的文章中，威廉斯描述了她被纽约一家商店排斥的故事：

> 圣诞节前的第二个周六，我看到一件毛衣，想买给我母亲。我把褐色的脸贴到商店的窗户上，用手指去按门铃，想要进去。一个看上去仅有17岁的小眼睛的白人青年，穿着网球鞋，嚼着口香糖，眼睛盯着我，用他有限的社会理解力来评价我。大约5秒钟后，他嘟囔着说"我们关门了"，并且向我吹出了粉红色的橡胶泡泡。这时是下午1点钟，商店里正有几个白人，看上去正在为他们的母亲买东西。
>
> 我怒不可遏，当时我真想打碎商店所有的玻璃，为我的母亲拿几件毛衣。

在编辑她的故事时，"编辑们最初隐去了所有提到威廉斯种族身份的文字，并且告诉她这种身份是不相关的……但是，如果说话者的种族身份不包括进来，这个故事的要点就难于理解了"。如果编辑们取胜了，威廉斯就会显得很不理性：为一点儿小事而对店员大动肝火。编辑们试图从一个以种族为核心的事件叙述中抹去种族的存在，他们企图运用不承认来制造一种误导他人的"非种族"叙事。

虽然《迈阿密大学法律评论》的编辑们似乎行为荒谬，但绝大多数其他场合中的相似努力却被认为是极其合法的。比如，在近期的一次实证研究中，伊恩·艾瑞斯（Ian Ayres）教授检视了种族和性别是否实质性地影响了机动车展厅的销售。艾瑞斯发现，在芝加哥地区，白人男性购买机动车时，给他们的出价实质上低于给女性或黑人的出价。艾瑞斯得出结论说，销售人员不愿与黑人和女性购买者就价格问题进行谈判。如果一个销售人员说，他在销售中"不考虑种族"，这不会被认为是一个综合的断言。不过，艾瑞斯教授的研究揭示出，在这样一个似乎简单的叙述中，牵涉一个广泛的社会经济因素。

从心理学或者心理分析的角度看，不承认可以被视为一种压制模式。主张种族不被承认，其实是一种否认现实的企图，这种现实内在地承认有关种族的社会冲突。这种存在于对种族身份的承认和压制之间的内在心理冲突，在法学著述中也有所反映。更具体地说，一个人声称他"看到了，但不考虑"，可以被解释为对种族及其附带社会含义的承认，并随之予以压制。因而，对种族的不承认，其法律上的模式是从外部扩展这种对种族予以否认的心理模式。正如查尔斯·劳伦斯（Charles Lawrence）所解释的："当一个人的体验在种族主义思想和谴责这种思想的社会伦理之间存在冲突的时候，他就会将种族主义从意识中抹掉。"这种冲突的刺激因素可能是道德的，也可能是法律的，或二者兼而有之。但压制并没有发生，外部世界适应了它。适应的手段是接受这种压制或者将这种压制制度化，而不是试图暴露或者改变种族剥削的条件。

不承认的内在自相矛盾，可以用辩证逻辑来概括总结：一个主体是被自身的否定所定义的。也就是，声称不考虑，势必隐含着考虑。种族承认的特征越是强烈，越是被更多地界定，就越是能够清晰而明显地得到与之辩证对立的种族不承认。声称"我注意了，但不考虑"，实际是将辩证法分成两部分：考虑和不考虑。继而，通过否认考虑的部分，而完全关注不考虑的部分。虽然这是一种被具有道德优越性的声言所包围的复杂伎俩，但是，企图否认种族上的考虑，从根本上说，就是一种掩盖基本社会压迫的企图。这种社会压迫的现实，靠敷衍塞责和混淆视听是不能消除的。

结　论

"第一篇"已经介绍了一些对法律的主要解释，并在一系列不同的法律背景下验证了这些解释。许多主题在后面各章中还会复现，因而会有大量的机会在许多语境中看到这些主题的价值。每一种解释——法律作为规则、自由裁量权、价值冲突、相竞逐利益的平衡、权力游戏、人民的声音，或者男权制或种族主义的延伸——都将引起异见者的关注。但是，法律类似各种力同时作用的场，而非一种力在起作用，因而，分析一系列不同观点，比之固守单一见解会有更多的收益。

各种解释的强点和弱点可以简述如下：热爱规则的人趋向于确定性，只在遇到法律解释的疑难和事实的多变性时才停下脚步；主张自由裁量权的学者发现选择无处不在，只是忽视了约束性，不仅是规则的约束，还包括语境的约束。那些倾向于研究被法律推进或阻碍的价值观的学者，通常变成了高贵的哲学家，失去了与不善思考的人不断对话的立足疆域，而这些不善思考的人却又掌握着权力。以平衡冲突、减少浪费为己任的法律专家们没有注意到，参与永远不可能中立，而且他们所产生的浪费与他们意图消除的浪费一样多，或者有过之而无不及。权力理论家们能够提出当前的矛盾，但他们却很少告知我们下一步该做什么，而是让他们的追随者耐心等待一场自发的革命。新人民党寻求等级制的瓦解和民情的异化，但有时忽略民意中不那么可人的方面，忽略以往制度失败的原因。而女权主义者和种族批判理论家身处作为压迫源泉的变革中的法律与超越法律的更为激进的答案之间。

从研究不同的法律观点而生发的矛盾因素使人们如此迷惑，以至于他们假定卡夫卡笔下的平民的作用在于，意识到生活是悲惨的，但在试图挣脱悲惨境遇之前需要一种更具决定性的学说。没有什么比广泛研究法律更令人不快了。研究之后，人们必须选择一种最佳的行动路线，而不是挣扎在拥护和反对之间。相反的做法只能使现状维持下去。我们所体验的迷惑不同于纯粹的相对主义，在相对主义那里，任何东西都不算数，只有权力支配一切。

很显然，某些关于法律的理解更有助于维持现状，而另一些理解则即使不支持革命也支持深刻的变革。如果法律官员能以谨慎的自由裁量权适用合法的规则，以推进公认的价值观，减少冲突摩擦，那么法官和律师们便可以自豪，公民便可以由衷感激了。但是，马克思主义者、无政府主义者及女权主义者发现，法律扮演的是权力和特权的角色，它置民众于权力和特权之外，只能从外向里窥望一下，如果这种发现是正确的，那又如何是好呢？如果更激进的法律工作者正在确切地解读当代制度，则法律研究将成为记载衰落的美国平等与自由之梦的部分文献，成为我们无可避免身处其间的法院、立法机关或者非国家背景下转型的行动主义的痛苦序曲。

经济生活的国际维度，虽然越来越深刻地影响绝大多数美国人的福利，但却大部分处于任何一种法治之外。这样的想法并非牵强：法律专家们精研的法律在此无足轻重了。多国化是无法律的，而仅有国内法又是离奇的。

参考书目

Baer, Judith. *Our lives Before the Law*. Princeton, N. J. : Princeton University Press, 1999.

Barnet, Richard, et al. *Global Reach*. New York: Simon and Schuster, 1974.
——. *Global Dreams*. New York: Simon and Schuster, 1994.
Bartlett, K., and R. Kennedy. *Feminist Legal Theory*. Boulder: Westview, 1991.
Benjamin, Medea, ed. *Don't Be Afraid, Gringo*. New York: Harper Collins, 1987.
Berry, Wendell. *The Unsettling of America*. New York: Avon Books, 1978.
Bok, Sissela. *Lying*. New York: Pantheon, 1978.
Bonsignore, John. *Law and Multinationals*. Englewood Cliffs, N. J. Prentice - Hall, 1994.
Bottomly, Anne. *Feminist Perspectives on Foundational Subjects of Law*. London: Cavendish Press, 1996.
Davidson, Miriam. *Lives on the Line*. Tucson: Arizona University Press, 2000.
Delgado Richard, ed. *Critical Race Theory*, 2d ed. Philadelphia: Temple University Press, 2000.
Edelman, Peter. *Searching for America's Heart*. Boston: Houghton Mifflin, 2001.
Ehrlich, Eugen. *Fundamental Principles of the Sociology of Law*. Translated by W. Moll. NewYork: Russell & Russell, 1962.
Faludi, Susan. *Backlash*. New York: Crown, 1991.
Fernandez - Kelly, Maria. *For We Are Sold*. Albany: SUNY Press, 1983.
Frank, Jerome. *Courts on Trial*. Princeton, N. J. : Princeton University Press, 1949.
Gaventa, John. *Power and Powerlessness*. Urbana: University of Illinois Press, 1982.
Genovese, Eugene. *Roll Jordan Roll*. New York: Pantheon, 1974.
Greider, William. *Who Will Tell the People?* New York: Simon and Schuster, 1994.
——. *One World, Ready or not*. New York: Simon and Schuster, 1977.
Guerin, Daniel. *Anarchism from Theory to Practice*. New York: Monthly Review Press, 1970.
Herman, Edward, and Noam Chomsky. *Manufacturing Consent*. New York: Pantheon, 1988.
Lall, Sanjaya. *The Multinational Corporation*. New York: Holmes and

Meier, 1980.

Levi, Edward. *An Introduction to Legal Reasoning*. Chicago: University of Chicago Press, 1949.

Llewellyn, Karl. *The Bramble Bush*. New York: Oceana Publications, 1930.

Llewellyn, Karl, and E. Adamson Hoebel. *The Cheyenne Way*. Norman: University of Oklahoma Press, 1941.

Mackinnon, Catherine. *Toward a Feminist Theory of the State*. Cambridge, Mass. : Harvard University Press, 1989.

Mills, C. Wright. *The Power Elite*. New York: Oxford University Press, 1957.

Noonan, John. *Persons and Masks of the Law*. New York: Farrar, Straus & Giroux, 1976.

Olsen, Frances, ed. *Feminist Legal Theory*. New York: New York University Press, 1995.

Ong, Aihwa. *Spirits of Resistance and Capitalist Discipline*. Albany: SUNY Press, 1987.

Rawls, John. *A Theory of Justice*. Cambridge, Mass. : Harvard University Press, 1971.

Rosenbaum, Walter. *Environmental Politics and Policy*. Washington: Congressional Quarterly Press, 1991.

Scott, James. *Domination and the Arts of Resistance*. New Haven: Yale University Press, 1992.

Stockdale, Margaret, ed. *Sexual Harassment in the Workplace*. Thousand Oaks, Calif. : Sage, 1996.

Weber, Max. *On Law in Economy and Society*. Translated with introduction by Max Rheinstein et al. Cambridge, Mass. : Harvard University Press, 1954.

Williams, Patricia. *The Alchemy of Race and Rights*. Cambridge, Mass. : Harvard University Press, 1991.

Woodcock, George. *Anarchism*. New York: New American Library, 1962.

Zelermyer, William. *The Process of Legal Reasoning*. Englewood Cliffs, N. J. : Prentice – Hall, 1963.

警察的法庭

第二篇　法律实施

任何形式的政府一旦变得损害其目的时,人民就有权利改变或者废除它……过去的经验表明,当罪恶尚可容忍时,人类宁愿默然忍受,而不愿废除他们习惯了的那些形式,以恢复自己的权利。但是,当一个政府恶贯满盈,倒行逆施,一贯奉行同一个目标,即,显然是企图把人民压制在绝对专制主义之下时,人民就有这种权利,人民就有这种义务,来推翻这样的政府。

——《独立宣言》,1776年

拥有一般管辖权之法院,基于引起诉讼之请求,针对被管辖之当事人,依衡平法上之权力而正式发出之强制令,必须被当事各方所服从,而无论法院之决定如何谬误……直到该决定由做出之法院或其上级法院依有序审查而加以纠正,基于该决定之命令应被尊重,不服从这些命令者,是对法律权威的蔑视,将被惩处。

——霍瓦特诉堪萨斯州案[①]

♣ 警察是美国内战前法律实施的一个缩影。法律由非全职的官员实施,或者由征募的公民,比如县治安官领导下的民兵(posse)来实施。当警察最初在波士顿、纽约和其他城市组建的时候,他们不一定是"专业的"。警察,像法律体系的其他方面一样,频繁地涉入地方政治,执行和落实政治日程。警察的位置经常由政治任命来填充,腐败是司空见惯的。

警察的暴力和无规律性,形成了刑事司法非官方的第四层次:法律之外的、无规律的、不合法的强制与暴力运用……亚历山大·威廉斯(Alexander S. Williams),作为纽约城的警官,19世纪70年代可是出了名,因为他"奉行夜间大棒的信条",组建了"一支暴力执法队",在"煤气房区"(Gas House District)巡逻时"对歹

---

① *Howat v. Kansas*, 42 S. Ct. 277, 280-281, 1921.

徒不管三七二十一就是一顿大棒"。对威廉斯的指控不下 18 次，但警察委员会"一成不变地放过了他"。威廉斯是这样为自己"愤怒的大棒"辩解的："警察的大棒比最高法院的裁决有更多的法律。"①

很难想象，在 21 世纪伊始的美国，如果没有一支人数众多、组织严密、装备精良、训练有素的警察力量，法律该如何实施。法律实施一直伴随着准军事化，尽管警察和军队仍然有着学理上的界限。② 无论如何——也许正因为有这种准军事化的发展历程——法律实施一向是人们极为关注的话题。这种关注的根源，不仅在于政治，而且在于哲学和法理。

法律实施的概念植根于这样的法律定义：法律是一个要由警察力量实施的规则的体系。这个法律定义要求一种施用强制的能力。一套没有强制的规则，像一份"公理"清单，本身并不构成美国人定义的"法律"；另一方面，一种没有规则的强制，似一个"强权"组织，本身也不构成"法律"。美国人定义的法律是以"法律实施"为必要条件的，也就是，规则与强制，公理与强权，必须相互联系在一起。

在美国历史上，与法律的两方面定义相关的是两种相互冲突的法律实施的形象。法律的一种形象与"公理"的观念有关，表达于《独立宣言》的革命训示之中：政府从属于自由社会的固有目的；如果政府违背这一目的，就可以推翻它。在这一革命形象中，对法律实施的判断，应视其是否有助于保护"生命、自由和对幸福的追求"。

法律的另一种形象与"强权"有关，来源于既已建立的法院制度和官僚化的法定程序。"霍瓦特案"可为例证：堪萨斯州禁止美国矿工联合会的 150 名成员为反对一家煤矿公司而罢工，当矿工们不顾禁令举行罢工后，因违反禁止令而被判 1 年拘役。矿工们在上诉状中争辩说，据以颁发禁止令的堪萨斯州的制定法违反了联邦宪法。美国最高法院拒绝采纳这一论点，理由是矿工们本应就禁止令本身上诉，而不应先违反禁止令，然后再针对定罪上诉。"霍瓦特案"的裁决所传达的信息是，社会自由服从于法律，这个信息通常直言不讳地表述在法院的建筑物上，比如，"服从法律就是自由。"

---

① Lawrence M. Friedman, *A History of American Law*, 2nd ed. (New York: Simon & Schuster, 1985), p. 578.

② Posse Comitatus Act, 18 U. S. Code 1385.

也许，每一肇始于革命的政府都以这两种冲突的形象为特征。首先，革命通过对自由的运用而使自己获得正当性；其次，革命成功后，新政府必须使自己的权威获得正当性。自由的革命形象与既已建立的政府形象共存于文化之中，并且成为法律实施中紧张关系的一个源泉。

本篇中的素材聚焦于法律实施在制度上和法理上的复杂性，这些素材从政治的、经济的、哲学的、人类学的和历史的等不同角度提出了有关政府统治管理行为及统治管理权力的问题。第八章探讨了法律实施的"强制"何以内在地牵涉暴力的运用，以及这样的暴力何以反映和塑造了社会制度及其关系。第九章所探讨的法律实施，既与民权的宪法概念有关，也与这些权利的发展背景有关。第十章集中讨论了法律实施的技术和专业方面，特别强调了警察的自由裁量权和侦查实践。

通观本篇的阅读材料，切记一个基本的法理学定义：法律要求法律实施。还要思考，法律体系相互冲突的形象何以被认为与社会有关：法律和自由，谁应当优先？

第八章　法律强制

> 司法不再因其与实践相关联的暴力而承担公开的责任。如果它也体罚，它也杀戮，这不是对它力量的颂扬，而只是不得不予以容忍的一个因素，一个难以解说的因素。①
> ——米歇尔·福柯：《规训与惩罚：监狱的诞生》，1979年

♣ 惩罚是法律实施的核心问题，因为正如本篇引言所论，法律有赖于强制。法律不禁止强制，但又企图将自己组织成一种政府垄断。在这样的体系中，官方的强制是唯一合法的强制。事实上，"暴力"一词典型情况下只适用于非官方使用的强制，从而有别于官方的强制。本章的阅读材料都是将法律视为社会所组织的强制。

罗伯特·考沃（Robert Cover）检视了法律体系是如何将有关"公理"的决定与执行这些决定的"强权"行为区别开来的。他主张，暴力是法律强制内在固有的，而无论这种强制是否正当。他的文章指出了一系列的问题，这些问题是关于法律体系如何为官方的暴力建立正当性的。

克拉伦斯·达罗（Clarence Darrow）探讨了法律实施的经济基础。他认为，美国法律中的"公理"与"强权"是被组织起来保护财产及其所有者的。他的文章指出了对法律进行政治、经济分析的重要性。

斯坦利·戴蒙德（Stanley Diamond）运用许多案例从历史人类学角度对法律进行了分析。他比较了作为社会规则模式的"法律"与"习惯"，就广泛的时间、地点和情境中的社会组织提出了问题。

这些文章带我们深入到法律实施的世界中——从通常的管理到总体结构以至历史时代。这些阅读资料所提出的问题都与全部的法律实施有关："公理"与"强权"的关系怎样？法律与社会的关系如何？

---

① Michel Foucault, *Discipline and Punish: The Birth of the Prison* (New York, Vintage, 1979), p. 9.

第一节　法律行为的暴力*

罗伯特·考沃

　　法律解释发生在痛苦和死亡的领域，在许多意义上这是对的。法律解释行为预示并引起对他人施用暴力：一位法官清晰表达了自己对某一文本的理解，而其结果是某人丧失了自由、财产、孩子乃至生命。法律解释还构成已然发生或者即将发生的暴力的正当理由。当解释者完成工作后，他们身后留下的是遭这些有组织的社会暴力行为摧残的众多生灵。如果将法律解释与它所引起的暴力割裂开来，便不可能准确适当地理解它们……

　　精心地施加痛苦……我们称之为刑讯。伊雷恩·斯盖瑞（Elaine Scarry）①指出：讯问作为刑讯的一部分，其设计绝少为了取得指控材料。更常见的是，刑讯逼供的设计是为了展示被害人规范世界的尽头——被害人所珍重的、构成社会群体纽带的尽头，而被害人所珍重的价值正是以这一社会群体为基础的。斯盖瑞就此得出结论："在被迫的供述中，刑讯者强迫被拘禁者记录并亲身感触这样的事实：剧痛正摧毁世界。"这就是为什么刑讯者几乎总是要求出卖与背叛——展示受害者无形的规范世界已然被痛苦及其延伸的恐惧这一物质现实所粉碎……

　　……但是，法律解释与施加痛苦之间的关系，即使在最常见的法律行为中也仍然起着作用。为一个已被定罪的被告量刑的行为，就是法官最常实施的行为之一。②不过，它还是在极大的程度上揭示了法律解释显著地被暴力所塑造。首先，从被告的角度检视事件：被告的世

---

　　* Robert M. Cover, *The Yale Law Journal*, Vol. 95, p. 1601. 一些注释被删除，其余重新编号。

　　① 《痛苦中的肉体》(*The Body in Pain*) 一书的作者，该书是对痛苦的分析。——编注

　　② 我在本文中以刑法为例仅仅出于一个简单理由：刑法的暴力是相对直接的。如果我的论点在这一语境下没有说服力，那么在绝大多数其他语境中就更没有说服力。我会争辩说，牵涉财产及其使用和保护的所有法律都有一个相似的暴力基础。但在许多——也许是绝大多数——高度直观的有关财产权利的合法交易场合，那种暴力基础并非直接相关。我相信，我的论点并不要求每一在法律上可解释的事件都像刑法一样对参与人有直接的暴力影响。只要人们热切地关心结果，并准备依自己的关切行动时，就足以让国家的法律官员乐于并能够运用刑法的或暴力的制裁来控制这些行动。

界是受到威胁的，但他坐在那里，通常还很平静，好像参加一次文明的对话。如果被定罪，被告也会习惯地走向——被押解着——漫长的监禁，通常没有明显的对于这一事件文明表象的搅扰。当然，除非这一过程代表被告自动认可了为他安排的具有压倒优势的一系列暴力，自动认识到反抗或呐喊是无济于事的，否则，如果假定这一文明表象是"自愿的"，那将是荒谬怪诞的……

如果我对这种暴力的受害者表示了某种同情，那将是一种误导。在这方面，恐怖的天平通常像我所期望的那样是公平的，但是，我不希望我们伪装成像是将囚犯说服到监狱里去的。"解释"或者"交谈"作为暴力监禁的前提条件，本身即是暴力的运用。隐没这一事实，恰似忽视背景中痛苦的惨叫或者宗教法庭逼供时触目惊心的刑具。被拘禁者的体验，自始就是被暴力主宰的体验，自始就被染上对于暴虐的畏惧色彩。

从被告的角度看，量刑行为的暴力最为明显。因而，在有共同价值观的社会群体里，任何寻求降低事件的暴力性或者突出其解释的特征或意义的叙述，都将忽视被拘禁者或者被告人，而仅仅关注法官和司法解释行为。对"责难"或"惩罚"的含义做广义的解释，以此为起点，为法官本人和其他人在暴力行为中的作用制造了正当根据。我不希望贬低法律的意识形态作用的重要意义，但是，法律的意识形态作用，在为某一命令——这一命令是给那些从该命令中受益和必须捍卫该命令的人的——寻找正当理由时，比在向该命令的受害者隐藏该命令的本质时，更能显出其重要意义……

……对于通过暴力施加痛苦，正常情况下是禁止的。为了克服这种禁止，人们需要社会法令。关于这种法令及其作用的最著名的研究理论，当属米尔格拉姆（Milgram）的《服从权威》（*Obedience to Authority*）一书。米尔格拉姆进行了一个实验：真正的实验对象操纵一台电击发生器，对他们认为的实验对象，实际上是假扮的实验对象，施加他们认为是实际存在的电击痛苦。这一切都是在实验领导人的指挥或命令下进行的。尽管假扮的实验对象呈现出明显的痛苦，但真正的实验对象——那些操纵电击发生器的人——显示出对权威人物即实验领导人略带内疚和不安的高度服从。米尔格拉姆从实验结果中得出一种理论："自主"状态下的行为与"执行者"状态下的行为有着显著的区别。他论述了一个人在等级制度内"奉命行事"时性情的变化过程……

法官在量刑时，通常视司法机器"传动装置"的角色结构为天经地义。法官受命解释出"适当"的量刑，这一切之所以作为一种实际行为而完成，仅仅是因为还有其他人在授权。言与行的纽带只能因社会合作体制的存在而获得。如果必要，这种体制会保证法官最大限度的强制——它是有效进行统治和支配的前提条件。它保证或者被假定保证，人们对于法官在处置被拘禁者的行为过程中所说的一切，有相对忠诚的依从……

我们在自己的体制中做了一些奇怪的事情。我们严格区分了解释行为——对于应当做什么的理解——与通过暴力完成这种"应当做的"的行为。与此同时，至少在刑法中，我们通过司法意见相对稳固的等级和需要遵从这些意见的行刑官员的坚实义务，严格地将执行司法命令的行为与司法解释的行为联结起来。法官既与他们所受命的行为相分离，同时又无法解脱与这些行为的联系……

法官、行政官员、反抗者、殉道士、典狱长、罪犯，他们对文本可能有也可能没有共同的理解；他们可能有也可能没有共同的语汇、共同的手势和仪式的文化积淀；他们可能有也可能没有共同的哲学框架。所有这些人，所有这些事，在人类生活的全景图中，有着相延不绝的共性。但是，只要法律解释的基本组成，既包括含义，也包括暴力行为，只要人们在使其解释现实化的过程中被责成运用或者拒斥社会所组织的暴力，那么，对于人们能够达成共识的可能性，就永远有着可悲的限制。

有组织的暴力的实施者和受害人，所经历的是意义截然不同的体验。对于施暴者而言，痛苦和恐惧是遥远的、非现实的、基本上没有体验过的，因而，他们几乎从未成为司法意见之类解释工具的一部分；另一方面，正当根据是重要的、现实的，并且是精心培植的。相反，对受害者而言，暴力的正当性在现实中退去了，与他们所遭受的痛苦和恐惧的压倒一切的现实相比，其正当性的意义就变得无足轻重了。

在具有共同含义的思想和现实之间，投射了法律自身暴力的阴影。

提示与问题

1. 思索考沃对法律行为的暴力的分析，同时考虑下述有关惩罚与社会价值观相互联系的评论：

……由法律所保护的社会价值观，以及由国家政治权力强制执行的体现于刑法之中的规则，都是一国之中有权制定法律的社会群体所需要的那些东西。这一事实,在我们只观察民主国家时不那么容易认清,但在其他形式的政治组织中却是显而易见的。刑法中的阶级划分——比如主人和奴隶、贵族和平民都分别适用不同的刑罚——便构成极好的例证。那么,从根本上说,所有惩罚的目的都是为了保护一国统治集团视为有益于"社会"的那些社会价值观。

惩罚理论的多样性及其所产生的思想混乱,似乎归因于目的与手段的混淆。用来确保"社会"保护的手段是多种多样的,因为不同社会的握有强制执行法律权力的人们,已经选择了他们确信在一定时间内最可能确保人们服从其法律的那些手段。这种确信反过来有赖于传统、知识水平以及社会和经济制度条件的性质。古老而残暴的惩罚和刑讯,并不能证明它们的使用者嗜血成性或者是虐待狂,毋宁说它们证明了其设计者想不出更好的、更有效的、确保他们所珍视的社会价值观的方法。因而,惩罚的特征,不仅与运用它们的国家的文化价值观密不可分,而且还以它为存在的基础。①

2. 同样考虑下面的选文:

> 统治阶级的思想在每一时代都是占统治地位的思想。这就是说,一个阶级是社会上占统治地位的物质力量,同时也是社会上占统治地位的精神力量。支配着物质生产资料的阶级,同时也支配着精神生产的资料,因此,那些没有精神生产资料的人的思想,一般地是受统治阶级支配的。占统治地位的思想不过是占统治地位的物质关系在观念上的表现,不过是以思想的形式表现出来的占统治地位的物质关系;因而,这就是那些使某一个阶级成为统治阶级的各种关系的表现,因而这也就是这个阶级的统治的思想。此外,构成统治阶级的各个个人也都具有意识,因而他们也思维;既然他们正是作为一个阶级而进行统治,并且决定着某一历史时代的整个面貌,不言而喻,他们在这个历史时代的一切领域中也会这样做,就是说,他们还作为思维着的人,作为思想的生产者而进行统治,他们调节着自己时代的思想的生产和分配;而这就意味着他们的思想是一个时代的占统治地位的思想。②

3. 暴力何以在法律的强制执行中是正当的? 在进一步思考这一问题之前,

---

① George Rusche and Otto Kirchheimer, *Punishment and Social Structure* (New York: Columbia University Press, 1939), pp. v – vi.

② Karl Marx, "German Ideology," trans. by T. B. Bottomore (1845), in Erich Fromm, ed., *Marx's Concept of Man* (New York: Ungar, 1966), pp. 212 – 213.

马克思和恩格斯:《德意志意识形态》,译文节选自《马克思恩格斯选集》,第一卷(上),人民出版社1972年版,第52页。——译注考虑下面一段选文，看看纳粹的军医门格勒（Mengele）如何解释他为什么在奥斯维辛（Auschwitz）集中营将犹太妇女连同她们的孩子一起杀害：

> 奥莉尔（Orli）有一次告诉我，门格勒向她解释为什么他将犹太妇女和她们的孩子一起杀害："当一个犹太人的孩子在集中营出生，或者当一个犹太妇女带着已出生的孩子来到集中营时，我真不知道该怎么处置这个孩子。我不能给这个孩子自由，因为再也不会有任何犹太人生活在自由之中。我也不能让这个孩子留在集中营里，因为这里没有让这个孩子正常成长的设施。将一个孩子送到炼人炉中，而又不允许母亲在场见证孩子的死亡，这是不人道的。这就是为什么我要将母亲和孩子一起送进毒气室去。"想象一下，这个玩世不恭的罪犯竟然以人道的名义来为他令人发指的罪行辩护，并且嘲弄所有情感中最温柔的情感：一个母亲对她孩子的爱。①

第二节　对库克县监狱囚犯的讲演

克拉伦斯·达罗②

如果我像一般人那样看待监狱、犯罪和囚犯，那么我就不会向你们讲这个话题了。我向你们谈及犯罪问题及其原因和矫治，其实是因为我一点儿都不相信犯罪，根本就没有像我们通常所理解的犯罪这回事。我不认为监狱内外的人，在真实的道德状况上会有任何不同，两者都是良好的。这里的人不得已才在这里，正如外面的人不能避免在外面一样。我不相信狱中的人就是罪有应得，他们在这里，仅仅是因为环境使他们无从避免，这些环境因素完全超出他们的控制，他们对此不应承担任何责任。

我猜想，外面的许多人如果听到我今天下午对你们讲的话，一定会说我正在毒害你们。但是，你们无论如何都不会受伤害，因此不会有什么问题。外面的许多善良人会说我教给你们的事情其实是为了损害社会的，但是，间或听听某些与你们日常从牧师之类的人那里听到

---

① Sara Nomberg‑Przytyk, *Auschwitz*, trans. by Roslyn Hirsch (Chapel Hill: University of North Carolina Press, 1985), p. 69.

② 演讲发表于1902年，有所删节。Clarence Seward Darrow，生于1857年，卒于1938年。他是一位社会改革家和刑事辩护律师，人们今天记忆最深刻的是他在1925年为"斯科普斯案"（Scopes）所做的辩护。约翰·斯科普斯之所以受审，是因为他违反田纳西州的法律，在该州公立学校讲授进化论。达罗为他进行了辩护。斯科普斯被定罪，但很有技巧地被释放。控方是著名政客威廉·詹宁斯·布赖恩（William Jennings Bryan）。

的不同的见解是值得的。这些人将告诉你们：只要好自为之，就会富足快乐。当然，我们知道人们不会因善良而富裕起来，这就是为什么你们这么多人要以其他方式致富，只是你们不晓得如何像外面的人做得一样好。

有些人认为世界上的每件事都是一种偶然，但是，根本没有偶然这回事。为数不少的人承认，监狱里的许多人本不该在这儿，而外面的许多人本该在里面。我认为，任何人都不应该在这里。本来就不应该有监狱，如果外面的人不是如此贪婪冷酷地对待里面的人，就不会有监狱这种机构。

我不想让你们相信，我认为你们这里所有的人都是天使，我不这么认为。你们是各种各样的人，你们都竭尽全力地做事，但显然不是很顺利。你们是各种环境条件制约下的人。从某种意义上说，每个人都一样坏。我们都是在一定环境中竭尽全力的，但是，就那些把你们送到这里的事情而言，你们一些人是有罪的，因为需要钱而做了一些特别的事情。你们一些人这样做是出于习惯，一些人则生来如此，天性使然，就如同我天生为善一样。

你们中的绝大多数人大概都不会反对我，就像其他人一样对待我，也许比外面的一些人对我更好，因为你们认为我信任你们，而他们知道我不信任他们。即便你们丝毫不反对我，但仍然可能掏我的钱包。我不认为你们所有人都会这么做，但我认为你们一些人会这样做。你们不是在反对我，这是你们的职业，你们中一些人的职业。而你们中的另一些人，如果我家的门没有锁好，如果看到什么想要的东西，就会进入我的家里——不是出于对我的恶意，而是因为那是你们的生意。毫无疑问，这个监狱中相当多的人会掏我的口袋。我还知道这样的事：当我走出这里，几乎每个人都有可能掏我的口袋。你们一些人如果正好没有其他事情可做，又需要钱，就会在街上抢劫某人；但是，当我想要点亮我的房间或者办公室，煤气公司也会抢劫我。他们为25美分的东西收我1美元。尽管如此，所有这些人仍然是好人，他们是社会的顶梁柱，他们资助教堂，他们值得尊敬。

当我乘坐有轨电车时，我也被抢劫——我付了5美分的车资，而实际上这段行程只值2.5美分。这仅仅是因为有一帮人贿赂了市议会和立法机关，以至于我们不得不向他们进贡。

如果我不想落入煤气托拉斯的魔掌而选择烧油的话，那么善良的洛克菲勒先生会抢劫我。他用自己的一部分钱建立大学、资助教堂，而这些机构的职责就是告诉我们如何做一个好人。

你们一些人因诈欺取财被关进来。不过，我拿起一大堆《星期日》报，会读到一条广告："连衣裙，原价3美元，现售39美分。"

当我读到这些广告时，我看出它们全都是谎言。当我想要走出这里，在地球上寻找一处立足之地时，我发现早在你我来到这里之前，它已经被人占领了。某个人会对我说："滚开，游到湖里去，飞到天上去，去哪儿都行，只要离开这儿。"这是因为这些人有警察、监狱、法官、律师、士兵，以及任何照看这块土地的人，他们将每个碍事儿的人一脚踢开。

非常多的人会告诉你们，这些全都是真的，但这些都不是你们的借口。这些事实不是某些人将手伸进我的口袋掏出5美元的借口。煤气公司年复一年地贿赂立法机关的成员，制定对它们有利的法律，使得你们所有的人，在与他们打交道的时候，被迫采用"欺诈"的手法。有轨电车公司和煤气公司控制着街道，地主拥有土地——他们说，这一切与你们无关。

让我们看一看，在令人尊敬的阶级所犯的罪行与你们身陷囹圄之间是否有什么关联……

改革家们告诉你们要做一个好人，这样才能幸福，而外面的人有财产需要保护——他们认为，只有设立监狱将你们囚禁起来，才能做到这一点。他们每星期囚禁你们7天，而在星期日为你们祈祷。

我认为，所有这一切无论如何都与正确行为没有一点关系。我认为很容易看出什么与正确行为有关。一些所谓的"罪犯"——我仅仅是出于方便才使用这个词，它对我没有任何意义——在我看来，被抓的罪犯和抓人的罪犯是不同的——有些所谓的罪犯是因初犯而入狱的，但你们十分之九的人身陷狱中是因为你们没有好的律师，当然，你们没有好律师是因为你们没有足够的钱聘请好律师。有钱人入狱的危险就不是很大。

你们一些人第一次进到这里。如果我们打开狱门让你们出去，而又让法律保持今天这个样子，那么你们一些人明天还会回来。这里和你们所能去的任何地方都没有什么不同。有许多人是习惯性地来到这里的，以至于他们不晓得还有别的地方可去。有些人天生有一些倾向：一有机会就入狱为囚，无法自拔。你们无法参透自己的生活，但这仍然是有原因的。如果我们都很聪明，了解事实，我们是能够参透生活的。

首先，冬季与夏季相比会有更多的人入狱。为什么？是因为人们在冬天更邪恶吗？不。这是因为煤矿公司冬天开始掌控我们的命运。一小撮绅士们占有了煤，除非人们为每吨价值 3 美元的东西支付 7 或 8 美元，就不得不忍寒受冻。因而，除了入狱别无选择，冬天与夏天相比，监狱里也就有了更多的人。冬天要消耗更多的煤气，因为冬夜转长，所以人们入狱以节省煤气费。监狱是用电照明的。经济规律一直在起着作用，无论是知道还是不知道。

在艰难的时候会有更多的人入狱，而富足的时期入狱者相对较少，除非他们自身饥寒交迫。他们入狱是因为他们无处可去。他们可能不知道为什么，但这依然是真实的。在世道艰难的时候，人们并不更加邪恶。原因不在于此。入狱的人，冬天比夏天多，苦日子比好日子多，全世界都莫不如此。当然，随时都会入狱的人总是饥寒交迫。入狱的人几乎总是穷人——那些没有其他地方可以生存的人。艰难的时期，你们在狱中可以发现大批的人，他们在比较富足的日子是不会入狱的。

很久以前，伟大的哲学家和史学家巴克尔（Buckle）先生通过收集事实，指出被捕人数的增加与食品价格的上涨是同步的。当煤气价格上涨 1% 时，我不知道谁会入狱，但我知道一定有人会入狱。当肉类联合企业提高牛肉价格时，我不知道谁会入狱，但我知道一大批人注定要入狱。无论何时，一旦标准原油公司（Standard Oil Company）调高油价，我知道会有一定数量的身为缝纫工日夜为人作嫁的女孩子被迫上街从事另一种营生。我知道，应对此负责的是洛克菲勒先生及其同僚，而不是锒铛入狱的女孩子们。

总之，人们因为穷困而入狱。像我说的那样，有时你们在特定时期可能不需要钱，但你们希望未雨绸缪，不会等到山穷水尽的时候才动手。你们一些人也许会撬门轧锁，专业术语叫"夜盗"。但是，如果家里丰衣足食，任何理智正常的人都不会深夜潜入一幢陌生的房子，借助昏暗的灯光，在不熟悉的房间里摸来摸去，拿自己的生命碰运气。你们不会冒这种险。如果一个人的壁柜里有衣服，橱柜里有牛排，银行里有存款，他不会深夜在不知是谁的房子里游弋。从事这一职业总是需要经验和教育的，而精于此道的人并不比身为律师的我更应受到谴责。一个人如果口袋里有的是钱，他就不会到街上去抢劫另一个人。如果他有一两美元，他可能会去抢劫，但如果他像洛克菲勒先生那么有钱，他就不会那样做了。洛克菲勒先生有许多比抢劫更有趣的游戏要玩儿。

富人从穷人身上索取的越多——富人有机会这样做,不得不靠抢劫为生的穷人就越多。他们可能不明白,他们可能不会立即这样想,但毕竟他们被迫去从事这种职业。

有一项法案提交到本州立法机关面前,对绑架儿童者处以死刑。我们的立法机关不乏明智的成员,他们知道煤气托拉斯,他们总能看到它——他们有钱点亮足够的灯光。这个立法机关认为,制定一条处死绑架儿童者的法律,就能阻止绑架儿童的行为。我不相信所谓绑架儿童,这全都是立法机关的错误。绑架儿童不是一种犯罪,而是一种职业,它是随着时代发展起来的,并随着现代工业条件而不断进步。有许多挣钱的手法——许多我们的祖先所不知道的新手法,我们的祖先可没听说过拥资十亿的托拉斯。现在,来了一个穷困的伙计,他没有其他的营生,却发现了绑架儿童这个职业。

这种犯罪的诞生,不是由于人是坏的,一些人绑架别人的孩子,并不是因为他们想要孩子或者他们是邪恶的,而是因为他们看到有从中海捞一笔的机会。你无法通过处死绑架儿童者而矫治这种犯罪。有一个办法可以矫治这一犯罪,并且可以矫治所有这类犯罪,那就是给人们生存的机会。没有别的办法,从世界开始的那天起,就从未有过其他任何办法,而这个世界如此盲目和愚蠢,没有认识到这一切。如果世界上每个男人、女人和孩子都有机会过上体面、公平而诚实的生活,就不会有监狱、律师和法庭。偶或有某些像洛克菲勒一样大脑构造特殊的人会犯某些罪,但他们为数很少,应被送入医院治疗,而不是投入监狱,这样的人会在第二代或者至多在第三代完全消失。

我不是在空谈纯粹的理论,我将给你们举出两三个事例。

英格兰人曾经将罪犯放逐,装到船上运往澳大利亚。英格兰的主人是爵士、贵族和富人,他拥有那里所有的土地,其他人只好待在街上,无法得到体面的生活。英格兰以前抓住罪犯后,将其送往澳大利亚——我是指那些被抓的罪犯。当这些罪犯到达澳大利亚,没有其他人来到这里,他们拥有了整个大陆,于是,他们牧羊取肉,这比偷盗来得容易。这些罪犯因而成为体面的、令人尊敬的人,因为他们有机会生存了。他们不再实施任何犯罪,与放逐他们的英格兰人别无二致,只是变得更好了。那些罪犯的第二代,像地球上任何人一样,是善良和令人尊敬的一群人,并且,他们开始建立自己的教堂和监狱。

这个国家的一部分也采用同一办法安置罪犯,也就是将囚犯安置在南部海岸。一旦他们到达那里,拥有整个大陆和无数的谋生机会,他们就变成令人尊敬的公民，像世界上其他任何公民一样谋生。但是最终，那些放逐人们到澳洲的英格兰贵族的后代们，发现自己正在富裕起来，因此，这些后代们像他们历来所做的那样，来到澳洲占有土地，组建土地辛迪加，控制土地和矿藏。这样，他们在澳大利亚也有了像英格兰一样多的罪犯。这不是因为世界滋长着罪恶，而是因为人民被剥夺了土地。

你们一些人曾在乡村生活，那里的生活比这里好多了。如果你曾在农场生活，你就会理解：如果你将一大群牛放到一块地里，当牧草短缺时，它们会跳出围栏；但把它们放在牧草丰美的土地上，它们至死都会是守法的牛群。人这种动物和其他动物是一样的，并且有过之而无不及。支配着一种动物的同一种东西，也支配着另一种动物。

每个人都会以最省力的方式谋生。早期来到某个国家的聪明人见到大片未开垦的土地，比如，我们的富人们25年前看到芝加哥还很小，知道许多人会在这里定居，并且立刻认识到，如果他占有周围所有的土地，那将值一大笔钱。因此，他们拼命攫取土地。你们不可能成为地主了，因为已经有人取得了全部土地。你们必须另谋生路了。在英格兰、爱尔兰和苏格兰，不到5%的人拥有那里全部的土地，而不得不待在那里的人却不得不靠租种地主的土地过活。他们必须尽量过最好的生活，因此，他们发展了所有这些不同的职业——夜盗、扒窃，等等。

人们又一次发现了所有的致富方式，它们和其他事一样，都是各种疾病。你们看到人们在致富，在组织托拉斯，赚了百万美元，而某个人染上了这种病，开始动手了。他染上这种病，就如同一个人染上了流行性腮腺炎和麻疹，他不该为此受到谴责，因为疾病就在空气中。你们会发现人们过高估计了自己致富的手段，因为赚钱的痴迷占据了他们的心灵。这仅仅是一种疾病——不是什么别的东西。你无可避免地要染上它，不过，那些控制了土地的家伙比你有优势。看看法律是什么样子吧：当他们占有了物，他们便制定法律。他们制定法律不是为了保护任何人，法庭也不是正义的机构。当你们的案子进入法庭时，你们有罪或无辜都没什么区别，如果你们有一个精明的律师，一切就好多了。但你们不可能有个精明的律师，除非你们有钱。总之是钱的问题。那些拥有土地的人，制定法律保护他们的所有物。他们在其所有物周围设置围栏，并且他们用法律阻止外面的人进入围栏。各种法律实际上都是为保护那些统治世界的人制定的，它们的制定和实施从来都不是为了实现正义。我们没有实现正义的制度，世界上根本就没有……

监狱外面的人，那些开办银行、建立教堂、设置监狱的人，无暇核查每年六七百名囚犯有罪还是无辜。如果法庭的组建是为了促进正义，他们就应选出某个人为这些罪犯辩护，这个人应该像检察官一样精明——并且给他配备一样多的侦探、助手，为你们辩护所花的费用，应当与起诉你们的费用一样多。我们有能干的检察官，他有不计其数的助手、侦探和警察，还有听审的法官——一切就绪了。

我们刑法典的绝大部分都是关于财产犯罪的。人们因财产犯罪而被投入监狱。是否会有上百人会被投入他们本不该进的监狱，这一点无关紧要——关键是保护财产，因为在这个世界上，财产比任何其他的东西都重要得多。

如何做到这一点？那些拥有财产的人制定了法律，以便保护他们的所有物。某人犯了一项罪行，并不当然意味着做了什么道德上的错事，而外面不犯罪的人却可能干了不道德的事。比如，垄断美国的煤，在没有必要涨价的时候涨价两到三美元，因而杀死几千个婴儿，又将几千人送到贫民窟，将几万人送入监狱，就如同每年都在美国发生的那样——这是比我们狱中所有人的犯罪总和还要重大的犯罪，但法律不惩罚这一犯罪。为什么？因为控制土地的家伙们制定了法律。如果是你我来制定法律，我们要做的第一件事就是惩罚控制土地的家伙。大自然将煤埋在地下，既是给他们的，也是给我们的，大自然造出草原，生长小麦，既是为他们，也是为我们，而庞大的铁路公司来了，将草原圈为己有。

我们所惩罚的绝大部分犯罪是财产犯罪，也有一些人身犯罪，像谋杀，不过，它们为数很少。实际所犯的这类罪行也多是冲着财产来的。如果这一惩罚是正确的，那么罪犯们一定有许多财产。这一群人中有多少钱？可你们却几乎全都因侵犯财产的犯罪而锒铛入狱。大湖（Lake Shore）上下的富人们没有犯罪，但他们仍然有如此之多的财产不知如何处置。他们不犯财产罪的原因显而易见：他们制定了法律，因此没有必要违反它们；而你们为了取得一些财产，就不得不破坏游戏规则。我不晓得你们靠每天12小时搬运灰泥、砖瓦挣得1美金何以能有机会致富。不再从事这种高尚轻易的职业了，你做了一名夜盗。如果你有机会成为一名银行家，你一定会宁愿做下去。你们一些人可能有机会成为一名铁路搬道工，根据统计，这一工作无法保证7年以后还活着并且肢体完整，一个月得到50到75美元却要冒生命的危险，而你不愿从事这个待遇优厚的职业，转而选择做小偷什么的。你们中一些人做了这种选择。我不知道自己如果身处其境会做何选择，因为我有更容易的选择。

我敢保证，从这个监狱或世界上任何监狱找出500名最坏的罪犯和违法者，从我们最低等的街区找出500名最遭唾弃的妓女，将他们带到某个土地丰足的地方，给他们谋生的机会，他们一定会像社会上的普通人一样良好。

这是对我们所见状况的一种补救。世人从未发现这种补救，或者发现了却不加落实……

这就是世界的历史：容易看出如何铲除犯罪，却不易落实到行动上。我愿意告诉你们如何去做：只要给人们以生活的机会——通过消灭特权。只要大的罪犯们能够取得煤矿，只要他们控制着议会，控制着街道上的有轨电车和煤气的所有权——这就注定将几千穷人送入监牢。只要允许有人垄断全部土地，迫使其他人靠他们的施舍过活，那么，你们就注定要进监狱。

在世界上消灭犯罪和罪犯的唯一途径是一并废除大人物和小人物的区别，使生活条件公平合理，给人们以生活的机会。废除土地的私有权，废除垄断，使世人成为共同生产与和谐生活的伙伴。如果可以用更容易的方法获得属于自己的东西，没有人愿意偷盗。如果家居富足，没有人会犯夜盗罪。如果有一个舒适温馨的家，没有哪个姑娘会去卖淫。拥有一家血汗工厂或一家商店的人，不会为自己女儿们的境况担忧，但是，当他每周只给她们5美元、3美元或2美元时，我不知道他认为她们会从哪里搞到维持生活的其余的钱。矫正这种情况的唯一办法是实现平等。不应该有监狱，监狱没能实现它们宣称要实现的目标。如果消灭监狱，罪犯也不会比现在多。监狱无法恫吓任何人，它们是文明的污点，一座监狱是它外面的人缺乏慈悲的证据，这些人设置了监狱，又用他们的贪婪所造成的受害者们填满这些监狱。

提示与问题

1. 在思考达罗对法律的批评的过程中，考虑关于19世纪末警察的描述：

......警察的行动就像国民卫队，他们为上等人和阔人的利益而对"危险的阶级"进行控制，这些危险的阶级既包括那些对既有秩序存在实际危险的人，也包括那些只具有象征性危险的人。警察对妓女、流浪汉和漂泊不定的人特别严厉。在发生工人运动的时期,在许多城市里,警察都热忱地捍卫着雇主阶层的利益——他们保护"工贼",分裂工人纠察队,干涉工会行动。①

2. 如果达罗认为监狱是统治阶级的发明,他又怎能说某些人"生来就有进监狱的倾向"?

3. 达罗是否假定所有人的基本动机都是致富?为什么他视致富冲动为基本的社会问题?法律可能保护甚至鼓励财富的积累,这一事实意味着什么?在思考这个问题的过程中,注意下面所分析的美国宪法中法律与财富的关系:

> 像18世纪末和19世纪初的绝大多数政治思想家一样,国父们敏锐意识到政府的民主形式中潜藏的矛盾。他们认识到:没有财产的多数人一旦进行投票选举,可能会试图将自己的选择权转化为真正的权力,进而危害财产安全,而他们视财产安全为文明社会的基础。因此,他们设计了著名的司法审查与制衡体系,目的就是使颠覆现存财产制度变得尽可能困难重重。其后,美国资本主义是在这样的背景下发展的:有产阶级的各种集团之间进行了不计其数的通常是激烈的斗争,它们从未像欧洲的有产阶级那样,被反对封建权力的共同斗争团结起来。由于这些原因以及其他原因,美国成型的政府机构一直非常侧重保护少数人的权利和特权:这些拥有财产的少数人作为一个整体来反对人民,而有产者的各种集团之间也相互进行着斗争。②

4. 你认为将绑架和盗窃作为经济生存方式是合理的吗?

5. 你认为,如果"世界上每个男人、女人和孩子都有机会过上体面、公平而诚实的生活",那么人们的主要生活目标将是什么?

6. 埃玛·戈尔德曼(Emma Goldman)生于1869年,卒于1940年,作为无政府主义者和女权主义者而在美国家喻户晓,她是言论自由、妇女平等和工会组织的一位早期提倡者。她曾因下述罪名被多次监禁:煽动暴乱、鼓吹生育控制和妨害征兵。在进一步思考达罗对囚犯的讲演时,考虑戈尔德曼有关法律、秩序和犯罪的评论:

> 通过服从而获得并通过恐吓来维持的秩序,并不是什么安全的保障,不过,它是政府所能维持的唯一"秩序"。真正的社会和谐自然地生长于利益一致之中。在一个社会中,那些一直在工作的人一无所有,而那些从

---

① Lawrence M. Friedman, *A History of American Law*, 2nd ed. (New York: Simon & Schuster, 1985), p. 578.

② Paul A. Baran and Paul M. Sweezy, *Monopoly Capital* (New York: Modern Reader, 1966), PP. 157–158.

不工作的人却享有一切，利益一致是不存在的。因此，社会和谐不过是一个神话。有组织的权威对付这一悲观境况的唯一办法，是继续扩大那些已经垄断了土地的人已经非常优越的特权，继续加深奴役被剥夺的大众。为此，政府的整个武库——法律、警察、士兵、法庭、立法机关和监狱——全力投入到对社会上最不安分者的"驯服"之中……

犯罪不是别的，只是被误导的能量。只要今天的每一制度，包括经济的、政治的、社会的和道德的制度，协力将人的能量导入错误的轨道，只要多数人不适当地做了他们不愿做的事情，过着他们不愿过的生活，那么犯罪就是无可避免的，而制定出来的所有法律就只能增加而不能铲除犯罪。①

7. 在思考民主政府与财富的关系时，考虑历史学家和政治经济学家亨利·卡特·亚当斯的下述评论：

当一个……政府希望借钱时，它必须暂时剥去自己的全部统治权，转而作为一个法人出现在其臣民面前，它必须与那些有钱可借的人讨价还价，在回报与安全方面满足他们……宪法性自由的广义理论是人民有自我统治的权利，但历史事实却不是这样。为了实现这一理论，公共事务的实际控制权落入了那些财产占有者手中。从这一点出发可以认为，财产所有者借钱给政府，就是借给了他们自己掌管的法人。②

8. 再思考亚当·斯密关于财产与法律相互关系的下述评论：

……有巨额财产的地方，就有巨大的不平等。有一个巨富的人，必然至少有五百个穷困潦倒的人。少数人的富足是以多数人的贫穷为前提的。富人的阔绰触发了穷人的义愤，穷人受到匮乏的驱使和妒忌的怂恿，会不时侵害富人的占有物。如果不是在司法行政官的庇护下，那些靠多年劳作或世代积累而拥有贵重财产的人，连一天的安睡都不可能有。富人随时都被未知的敌人包围着，纵使他没有惹怒这些敌人，也永远无法平息他们已有的愤怒。富人只有依赖司法行政官强有力的臂膀，不断惩治非正义，才能得到保护。因此，贵重而大量的财产的取得，必然要求建立文官政府。在没有财产或者至多有不超过两三天劳动价值的地方，就不是如此需要设立这种政府……

---

① Alix Schulman, ed., *Red Emma Speaks* (New York: Vintage, 1972), p. 57. The Emma Goldman Papers Project, on the Internet at the University of California, Berkeley – http://sunsite3.berkeley.edu/goldman/ – 其中组织、编辑了戈尔德曼从全世界搜集来的成千上万的相关文件资料。

② Henry Carter Adams, *Public Debts: An Essay in the Science of Finance* (New York: D. Appleton, 1887), pp. 7, 9.

……富人必然特别醉心于支持一种事物的秩序,只有这种秩序才能确保他们占有既得的优势。小富者联合起来保卫大富者占有的财产,目的是使大富者能够联合起来保卫他们占有的财产。所有低下的牧人都感到,他们自己畜群的安全,有赖于大牧主畜群的安全;牧人较低权威的保持,有赖于牧主较大权威的维护。并且,牧人对牧主的服从,确保了牧人的下属服从牧人的权力。他们构成了一种小贵族,感觉到自己有志于保卫他们小君主的财产并支持他的权威,目的是使小君主能够保卫他们的财产并支持他们的权威。就财产保障而言,文官政府的建立实际上就是保护富人来反对穷人,或者保护有产者来反对那些一无所有的人。①

第三节　法律统治与习惯秩序*

斯坦利·戴蒙德

文明国家的一个最微不足道的警察,都拥有比氏族社会的全部机关加在一起还要大的"权威";但是文明时代最有势力的王公和最伟大的国家要人或统帅,也可能要羡慕最平凡的氏族首长所享有的,不是用强迫手段获得的,无可争辩的尊敬。后者是站在社会之中,而前者却不得不企图成为一种处于社会之外和社会之上的东西。

——恩格斯

……我们生活在一个受法律支配的社会里;法律已经吞噬了它本拟加强或与之相互作用的机构……我们被鼓励做这样的假定:法律行为是道德行为的尺度……通过外部政治权力将良知立法化的努力是习惯的对立物:习惯上的行为,准确说来,由传统的、道德的和宗教的社会行为组成,一句话,它们是因袭常规的,而不是法定的。换言之,习惯是社会的道德。习惯与法律的关系基本上是矛盾的而非接续性的。

……威廉·西格尔(William Seagle)写道:

关于原始社会有法律还是有习惯,不仅是一种文字之争。将

---

① Adam Smith, *An Inquiry into the Nature and Causes of Wealth of Nations*, 4 th ed., vol. 2 (Dublin: Colles, Moncrieffe, et al., 1785), pp. 224-225, 229.

* Stanley Diamond, "The Rule of Law Versus the Order of Custom" in *In Search of the Primitive* (New Brunswick, N. J.: Transaction Books, 1974).

两者视为可以互变的现象，才导致了混淆。如果习惯是自发的和自动的，那么法律就是有组织的暴力的产物……

因此，法律是国家的出现的表征……习惯——自发的、传统的、个人的、共知的、共同的和相对不变的——是原始社会的模型；法律是文明的工具，是有组织的暴力所认可的政治社会的工具，法律被推定为高居整个社会之上，并支持一种全新的社会利益。法律和习惯都涉及对行为的调整，但它们的特征全然有别……

古代法与地方习惯

原始社会与文明社会的简单二分法，不能形象说明从习惯向法律秩序的过渡。法律进化最关键和最具启迪性的时期是古代社会，地方氏族的文化是人类学家最常研究的内容。更精确地说，我们称这些社会的早期为原始国家，它代表了从以原始血缘为基础的群体向以阶级为结构的政体的过渡。在这一政体中，法律和习惯共生共存；这给我们一个机会去检视它们与整个社会的联系、区别与分化关系。地方群体——联合家庭、氏族、村落——的典型习惯保持着绝大部分的强制。比如，越南人至今还说："乡村的习惯胜过皇帝的法律。"与此同时，由官僚和君主这两个正在出现的统治阶级组成的治安力量（civil power），发布一系列具有双重目的的法令：征收"多余的"物品和劳动力，养活那些不直接参与生产的人，同时试图将地方群体的忠诚导向核心。这些古代社会是伟大的历史分水岭；正是在这里，法史学家亨利·梅因爵士①和保罗·维诺格拉多夫爵士②勘定了从身份到契约、从血缘关系到地域原则、从延伸的家族控制到公布法律的路径。为理解法律起见，我们不必关心各古代社会的重要区别，也不必关注那些已经承认它们的核心性的学者所用的语言或所做的强调。显著的一点在于，它们是过渡性的，尤其是在它们的早期，它们是将以习惯形式出现的命令转化为法律制裁的媒介……下面的例子来自1892年被法国人征服前的达荷美（Dahomey），它那时处在古代原始国家时期，这个例子可以使这一过程清晰明了。

依照达荷美的传统，每个人据说都有3个"最好的"朋友，按亲

---

① Henry Maine（1822-1888），英国法史学家，著有《古代法》等书。——译注
② Paul Gavrilovitch Vinogradoff，1854年生于俄国，1925年卒于英格兰，著作甚多，尤以 *Bracton's Notebook*；*Outlines of Historical Jurisprudence* 著称。——译注

密程度和重要性排序。这种由兄弟情谊的同宗组成的……过渡性机构,虽然加强了已扩展的家庭结构——这种结构一直持续到国家的早期,但却被正在形成的治安力量提出的政治和经济要求所动摇。例如,一个人如果被控法定之罪,作为替代,国王的警察可以逮捕他最好的朋友。然而,这些传统的友谊在社会上如此关键,如此根深蒂固,如此具有象征意义,以至于可以期待被指控者,无论其是否有违法行为,都宁肯自首也不会让朋友代其受罚。无论他是否这样做,这一事关友谊的习惯都被赋予了法律的锋刃,被治安力量作为执行其意志的手段。这一例证……明确揭示了法律和习惯之间的矛盾,但也有其他的例证可以说明,法律似乎加强了习惯程序。

例如11世纪的俄罗斯,其法典的第1条规定:

> 如果一个人杀死另一人……他的兄弟应为其复仇;儿子应为父亲复仇;或者父亲应为儿子复仇;亲侄应为叔父复仇;亲甥应为舅父复仇。如果没有复仇者,(杀人者)应赔偿40格瑞弗纳(grivna)的赎杀金……

同样,大约公元700年的西哥特法(Visigoths)① 说:"任何杀人者,无论其是否故意而为……皆交予死者父母或仅次于父母之亲族处置……"在这些例证中,一种习惯已被一个外在的机构法典化,因此有了法律强制,其惩罚的特征被磨砺出来。这种确认,既是法律控制的宣告,也是机构变革的先驱,总之都是超越亲族愿望或设想的……

法律和社会学者西德尼·辛普森(Sydney P. Simpson)和朱利叶斯·斯通②用下面一段文字解释了如何通过治安力量来显著加强习惯:

> 现在转向在这个自然形成的政治社会里法律的作用问题……的确,政治机构摆脱了血缘和超自然而掌握了权力;不过,这些机构还很年轻、脆弱、未试锋芒。它们对旧有忠诚的蚕食,不得不小心翼翼地进行。社会凝聚力似乎仍然基于非政治的因素,这些因素也因此受到保护……

---

① 从最古老的原始蛮族法发展起来的成文法典,产生于654年,对法兰西南部和西班牙的所有隶属于西哥特王的臣民适用,从形式到内容都带有浓厚的罗马法色彩。——译注

② Julius Stone,澳大利亚法学家,生于1907年,1942年至1972年在悉尼大学任国际法和法理学教授。——译注

最终，地方群体维持了它们的自治，因为它们的传统经济对整个社会的运转而言是不可或缺的。不过，它们还是被各种限制包围着，被法律骚扰着，或者像我们所看到的，它们的习惯用法被"法律"所认可。但是，只要核心权力有赖于它们的支撑，在没有其他可供选择的生产方式或生产资料的前提下，它们的完整性可以在实质上得到维持……

依梅因的观点，随着国家的发展，"个人稳步地取代了家庭而成为民法（civil law）① 上的单位"。用罗马法学者鲁道夫·冯·耶林②的话说："法律的进步在于每一自然纽带的破裂，在于不断地分离和隔绝。"……法律有关夫妻可以不互相作证的规定，似乎就是一种对家庭完整性和例外性最后的正式承认，这一规定证明了历史上的情况。很明显，当代城市文明中的核心家庭，尽管受法律义务的约束，其自治程度微乎其微；显然，教育、生存和自卫的手段都是家庭力所不及的。在这一意义上，尽管缺少定义明确的有独立权威的调停机构，但无庸置疑的是，所有面对个人的国家结构的历史倾向，可能都被设计为极权主义。事实上，国家制造了相互分散的个人，官僚和集体因而成为它的支撑物；法律上的"人"甚至是一家做生意的公司，它仅仅是社会过程在法律上的反映。如果"一体化"是国家的过程，那么极权主义就不可能被局限在一个特定的政治意识形态里，而应被局限在政治社会的意识形态之中，无论其是否清晰明了。

这种国家主义的倾向萌芽于古代社会，我们能够从环撒哈拉大沙漠的非洲原始国家中异常清楚地看到这一点。在东非，放牧者在争夺土地；而在西非，氏族军阀在阿拉伯人和后来以贩奴著称的欧洲贸易的催化作用下，征服了种植文明，因而为治安力量的成长提供了重要机遇……我们可以通过过去几百年的历史记载和当代的实地调查，重建早期国家控制的结构……

---

① 依《牛津法律大辞典》，民法是一个多义术语：（1）指罗马法中的"市民法"，并有别于罗马的裁判官法；（2）指整个罗马法，进而指任何国家所制定的国内法，从而有别于各种教会法；（3）指适用于普通公民的法律，有别于商法；（4）指与英美法系相对的民法法系；（5）民法还相对于刑法和行政法而言；（6）在与军事法相对而言时，民法又指所有民事的和刑事的法律；（7）民法有时还相对于国际公法而言，指一个国家的国内法。——译注

② Rudolf. von Jhering（1818－1892），德国著名法学家，他以1872年的《为权利而战》（*Der Kampf ums Recht*）一书而闻名。作为一个法学家，他是法律的现代社会学和历史学派的奠基人。——译注

人类学家拉特雷（R. S. Rattray）在提到西非阿散蒂地区（Ashanti）时告诉我们：在这样的社会里，

> 小国家总是遭遇血缘组织的对抗，这种组织总是将某些人置于司法管辖之外，从而阴险地破坏其权威。因此，小国的维系要靠不断扩大势力范围，以囊括那些失落的忠诚，这种失落是因为生存至今的旧部落组织的作用……

关于尼日利亚中部地带的皈依伊斯兰教的纽泼人（Nupe），人类学家内德尔看到"一个更加精微的进化发展和一种比国内战争更加深刻的对抗，即，已进化发展了的国家与原始共同体的粗糙物质形态之间几乎是永恒的敌对，这一共同体无论何时何地都注定形成国家所赖以成长的唯一的营养土壤"。恩格斯则称之为"氏族社会与国家之间无可挽回的对立"。

在对达荷美原始国家的研究中，我已经详尽论证过这种冲突。像其他地方一样，这里的情形也明确显示，从习惯向特定法律的对立统一的转变……无论如何都不是法律的主要渊源。无论法律的潜在产生是通过认可旧有的习惯，还是通过法律本身也会引发的习惯的某些方面转型？就如同"最好的朋友"这样模棱两可的例证一样，两种情况都未能让我们触及问题的核心。通过对处于中间状态的社会的研究，我们知道，典型的法律是这样的社会前所未有的……法律作为属于亲族或相当于亲族的群体的习惯秩序的对立物而产生；法律代表了社会上崭新的无法预见的力量所追求的一种崭新的社会目标。这些目标可以被归结为一个复杂的强制要求：强制实施人头税征收制度。早期国家在领土上的延展性和社会制约的垂直性，要求征集劳力、招募军队、征收税贡、维持官僚机构、估算其统治人口的范围、位置和数字。这些是民法发展重要的、直接或间接的原因。

人口普查的主要目的是显示人口数字，并且提供一种根据，以便在被征服的地域内分摊税收，从亲族单位中征集劳力。人口普查还是招募军队的基础……

人口数字代表着国家的潜力，它被仔细地保管着，也许还是国家的第一秘密。人口普查的行为及其意图，将人变成了抽象的无足轻重的东西。人们竭尽全力逃避统计。对人口普查的疑虑至今仍然存在，甚至在美国，当局发现，在人口普查期间有必要宣布：人口普查所得之信息不得用于征收或者惩罚某人。事实上，如果这样做，就是违反法律。

在英语中常用的某些关键词汇——"custom"、"duty"和"court"的双重意义，揭示了地方习性和早期国家人口税制度之间的冲突。我们一直都在传统的、约定俗成的、非法律行为的意义上说"custom"一词，但"custom"还指因运输货物进出国界而向国家交纳的税金……

财政或法律的高压和政治强制，并不是世代相传的礼仪程式的目的，这种礼仪程式反复强化着相互间的紧密联系。统治者的习惯就是法律，而亲族群体的礼仪程式就是习惯。

同样，"duty"一词一方面指道义上的责任和义务，另一方面又指税收……它所蕴涵的悖论，在我们检视古代文明时变得更加明显。

"Court"一词也有类似的模糊不清。一方面，它是指统治者的居所或庭院；另一方面，它也指分配正义的地方。但从根源上说，两种功能是融合的。事实上，司法机构的雏形就是统治者立法的宫廷。在地方上，从未存在过真正类似的东西……

很明显，法院的作用主要不是建立秩序。在原始社会，正如在原始国家的传统部门里，已经存在了解决冲突的内在机制。像马克斯·格鲁克曼①等人所指出的，一般而言，在这样的社会里，社会机构的通常运作所产生的冲突，是作为与该机构本身相结合的习惯礼仪的一部分而加以解决的。如果谈到更特定的违法行为，我们想起拉特雷对阿散蒂的观察："为每一行为承担集体责任是一项已经确立的原则，直至落实公共正义的行政机关出现时，这一原则依然存在。"也就是说，亲族单位也是司法单位，就如同它还是经济和社会单位一样。进而，

> 产生目前大部分"民事"行为的原因实际上并不存在。继承、占有动产和不动产，个人身份、行为和道德规则，是无可避免地由习惯法加以调整的。习惯法是每个人自幼熟知的，关于这些事项的诉讼几乎是不可想象的。从我们所谈的共同体的本质上说，个人契约更是闻所未闻，这也就剔除了另一种可能的、广泛的诉讼根源。

……在人口税征收制度中，每个可以想象的机会都被用来创制法律，以支撑官僚和统治者。我们所看到的，不是抽象的原则，不是公

---

① Max Gluckman（1911－1975），生于南非，英国牛津毕业。1936 年至 1947 年间，他在中非和南非的部落里从事过广泛的研究。1947 年至 1971 年，在曼彻斯特大学任社会人类学教授，主要研究领域是部落政治制度，并且积极参与社会活动。——译注

平的正义，不是先例，只是一个设计自己权力大厦的新兴阶级自发的机会主义。然而，应该重新强调：在某些例证中……相似的情形存在于地方的习惯之中，但是，没有正式的或起作用的先例。例如，国内的征税可以用相互赠与礼品的名义使之合理化……同样，徭役是地方群体合作的政治等价物。但是，这种进化的和辩证的关系是它们最重要的特点。

关于诺曼底诸王，法史学家威廉·斯塔布斯①写道："主要是为了获利，早期的司法正义才得以落实。"理查德·伯顿（Richard Burton）爵士讲述说：在达荷美的凤凰雀（Whydah），当经济纠纷发生时，耶伏根（Yevogan）即地区行政长官出来坐堂问案。他以国王的名义拨出系争货物的一半，另有四分之一给各级官员，剩余部分推定归属于司法决斗的胜者。在阿散蒂，核心权威有赖于诉讼的推进，以此作为填充枯竭财政的有效手段。拉特雷指出：诉讼实际上是受到鼓励的。

道路税也是重要的国库来源。在阿散蒂，国王在所有的道路上立关设卡。所有的商贩都会被扣留盘问，直至他们交纳了砂金才予放行。探险家布斯曼（W. Bosman）写道，18世纪早期的凤凰雀，"以其国家的大小而言，国王的税赋非常之大，我相信，他有千名以上的收税官分散在全国所有的商路上，收取数额难以置信的道路税，在整个王国里，没有哪样出卖的东西不被国王征税……"

对盗窃被指定为属于国王的财产的，惩罚是由国王的官吏当场私设公堂立即处决……

用法史学家弗里德里克·威廉·梅特兰②的话说："国王的和平秩序吞没了一切。"如果说这些原始国家的统治权尚不充分有效，但它还是力争那种体现成熟国家特征的强制垄断。

法律的目的和浩繁，无可避免地引发对它的违反。国家权威事实上不断刺探着违法并且经常捏造出违法……

这样说来，强奸就是国家法律发明的犯罪。如果强奸发生在传统的共有家庭的村落里……这种错误行为可以通过和解费——仪式化地给予受害方财物，通过涤罪仪式、嘲笑挖苦等形式予以解决，对于再

---

① William Stubbs（1825 – 1901），1866年至1884年，在牛津大学担任钦定历史讲座教授，后任牛津主教。著有权威之作 Constitutional History of England 等。——译注

② Frederic William Maitland（1850 – 1906），1876年进入律师协会，成为杰出的衡平法律师和物权转让专家。不久后致力于法律与历史范围的重合问题。1888年，在剑桥任英格兰法唐宁讲座教授，有 Pleas of the Crown for Glousecter 等多部著作。——译注

犯者还可能放逐。习惯机制会自动起作用，也可能由施害者的家庭启动。这样的例证仅仅加强了这样的观点：在早期国家里，似乎犯罪是为了适应法律而被发明出来的。法律的潜在目的是为国家利益而惩罚，不是预防犯罪或者保护个人，也不是为了弥合违法……

……另一个例子是国家对于市场和公路的保护。从古老法令发布当时的情况看，肯定是不必要的。如果我们相信最早的编年史家的记载和以后各代学者的考察，联合家庭集市与村落的遗迹通常不是一个充满危险的地方。更明确地说，即便发生了麻烦，家庭、氏族或村落也有能力应付。但是，在一个进化中的国家，国王走卒的存在，本身就是造成破坏的主要原因之一。的确，正如奎厄姆（M. Quenum）——一个达荷美平民的后代——告诉我们的：士兵们被视为祸害百姓的匪徒和掠夺者。有时，士兵们的房掠是针对讲统治者坏话的人或者被国王怀疑的人，无论他们是男人、女人还是孩子……

随着地方群体完整性的衰落——这一过程肯定要持续几代甚至几个世纪——那些作为生效法令事后理由的原因或条件无疑会得到发展。在这个意义上，法律变成自我实现的预言。可以说，犯罪和对付犯罪的法律，是形成中的国家的两个协变量（covariants）……

治安力量的意图具体而微地体现在对自杀和他杀的制裁方面，的确，它们是最早的国家法律的一部分。正如统治者声称拥有土地——预示了国家最高支配权的成熟，个人也最终被视为国家的动产。在达荷美，人被看成 les choses du monarque（君主的财产）。对于人或财产——即使是拟制的——的国家最高支配权，是人头税征收制度的主要前提。我们又回想起梅因的看法：个人是国家法律不断关注的单位。法史学家威廉·西格尔对这一问题做了如下阐述："通过破坏亲缘纽带，早期的国家权威对付个人就更加容易，而个人之间的隔绝是法律成长的基本前提。"

因此，杀人被视为针对国家的犯罪。用拉特雷的话说："对于死者的一击，因而被看成也是针对核心权威的。"在阿散蒂，对杀人者是用习惯所认可的、最恐怖的方式处死的；而在达荷美，惩罚则是处以死刑或者征入军队……

传统上，在原始村落中的谋杀被视为一种侵权——属于私人性质的可补偿的错误行为，直到补偿——不必是同态的伤害——已经达成，这种错误行为一直可能引发流血冲突，但不要与 lex talionis，也就是复仇法相混淆。不当行为通常总能通过和解费加以了解。正如人类学家保罗·拉丁①所说："以眼还眼的理论，对原始人而言从未真正实行过……相反，损害可以用赔偿金替代。"人类学家派里斯蒂埃尼（J. G. Peristiany）也持同样的观点："他们要求恢复原状或者赔偿金，而不是社会报复。"家庭在每一案件中都充分参与进来。"家庭是一个集合体，"拉特雷说，"很难想象在集体关系中世代形成的思想和行为方式所产生的影响。与个人主义大行其道的现代人相比，阿散蒂人关于我们所谓道义责任的思想更加发达。"这种几近典型的人类学考察清楚地说明：针对杀人的法律并不是一种"进步"。伊波族（Igbo）人类学家玛杰里·珀哈姆（Margery Perham）认为："在小的亲缘群体里，反社会的行为是例外的。"理查德·伯顿谈到达荷美时说，暴力犯罪是少见的，而"谋杀基本上就没听说过"。

当然，暴力行为必须与暴力犯罪相区别。在原始社会，暴力的影响范围、发生原因和特征是至关重要的。但这里讲的是将暴力作为达到某一目的的手段的犯罪，比如，在盗窃财物时使用暴力。在当代社会，没有外在动机的非预谋的个人暴力行为，即所谓激情犯罪，就可能不处以刑罚，或只承担极小的罪责，也就是说，它们作为法定犯罪的身份是模糊的。这反映出犯罪与某些形式的暴力之间历史性的深刻差异：在古代社会，暴力倾向于个人化，并且处于非游离状态，因而是自我限制的。像国家法律所定义的其他犯罪一样，暴力犯罪会随着社会自治、地方经济自治和血亲单位互助的衰落而增加……

反对自杀的法律是政治荒谬的顶峰。将自杀视为一种重罪，主张个人没有权利处置自己的生命；而取人性命却成为国家独有的特权，因为个人被理解为国家的财产。立法机关主张对臣民生命的独有特权，其狂热本性在阿散蒂被彻底揭示出来：在那里，如果自杀的是一个谋杀者，"核心权威不会接受他的逃避，法律之手会追到自杀者的坟墓里去——如果他的亲属胆敢埋葬他的话，把他拖出来接受审判"。这与更为原始的伊波人的行为形成显著而合乎逻辑的对照。维克多·厄切杜（Victor Uchendu），一位身为伊波人后裔的人类学家，这样讲述伊波人：

> 杀人是针对地神阿拉（ala）的犯罪。如果一个村民涉及谋杀，

---

① Paul Radin（1883－1959），生于波兰，曾在欧洲辗转求学，最终于1911年在哥伦比亚大学获得博士学位，是一位出色的人种学家。主要著作有：*A Study of Comparative Literature*, Part II, *The Culture of the Winnebago: as Described by Themselves*（1949），*Social Anthropology*（1932），*The World of the Primitive Man*（1953）.——译注

则谋杀者被期望自缢，之后由该村的姑娘们履行一种扫除谋杀灰烬的仪式。如果谋杀者逃跑了，他的大家族也必须逃避，其全部财产将被查抄。一旦谋杀者最终还是被抓到，他将被要求自缢，以便村里的姑娘们履行她们的仪式。该村无权施用死刑，认识到这一点非常重要。事实上，没有哪个社会组织或机构有这种权利。影响村民生活的每件事都由习惯来调整。个人生命受到高度尊重，它由土地女神所保佑。村民可以对谋杀者施加社会压力，但必须由他自己吊死自己。

国家对自杀者的制裁，目的是减小其影响范围，或者宣扬一种至高无上的道德意识。几乎很难说不是这样。我们是不是敢说，自杀的企图和其他犯罪都随着社会更彻底的政治化而增加呢？惩罚自杀行为的法律，以极端的形式揭示出国家法律从诞生起的全部含义和意图。在原始国家里，斗争的精髓在于人民的生命和劳动，人民虽然还生活在共同家庭的背景下，却仍然被视为君主的财产。

法律与无序

如果革命是文明时代不满情绪剧烈和偶发的征兆，那么法律的统治，从苏美尔（Sumer）或阿卡德（Akkad）到纽约或莫斯科，一直就是制度无序的慢性症状。人类学家泰勒（E. B. Tylor）说："一个宪政的政府，无论叫共和国还是王国，都是一种国家借以统治自身的安排，其手段是一种军事专制的机器。"

这一概括是缺乏细微体察的，但是如果我们记住泰勒提及的要点，我们也可以接受这一概括："在原始部落生活中可以学到的东西之一，就是社会何以能在没有警察的情况下维持秩序。"当泰勒提到宪政政府时，他没有将其最终制裁力量与其他形式国家的最终制裁力量相区别：所有的政治社会都以有组织的强制为基础，在这一点上，泰勒是精辟的。法老和总统一样，总是公开宣称代表公众利益，体现公共福祉。只有寻求政治和谐的柏拉图或马基雅维里（Machiavelli）式的人物，或者寻求政治真理的马克思式的人物，才能拆穿统治者与被统治者一致性的神话和法律面前人人平等的神话。柏拉图和马基雅维里的教义是褒扬"堂皇"或"高贵的谎言"，而马克思的教义则是暴露和抛弃权力结构——其终极形式是国家，这种权力结构宣扬如此虚伪的一种政治意识。在这一要点上，我追随马克思……

被柏拉图理想化的、泰勒所维护的和马克思所理解的法律秩序，是国家权力的同义语。保罗·维诺格多夫写道:"国家垄断了政治协调手段。国家进行统治,制定法律,并最终通过胁迫而强制执行它们。这样一种国家在古代是不存在的。共和政体不是集权于一个高居个人之上向人们分发权利的统治体的。"恩格斯在思考国家的起源时断言:"国家把自己的生存权建立在对内维持秩序对外防御野蛮人的基础上;然而它的秩序却比最坏的无秩序还要坏,它说是保护公民防御野蛮人的,而公民却把野蛮人奉为救星。"进而,"国家设立了强制性的公共权力,这种公共权力已不再同自己组织为武装力量的居民直接符合了。"最后,就西方的自觉过程,恩格斯写道:

> 毋宁说,国家是社会在一定发展阶段上的产物;国家是表示:这个社会陷入了不可解决的自我矛盾,分裂为不可调和的对立面而又无力摆脱这些对立面。而为了使这些对立面,这些经济利益互相冲突的阶级,不致在无谓的斗争中把自己和社会消灭,就需要有一种表面上凌驾于社会之上的力量,这种力量应当缓和冲突,把冲突保持在"秩序"的范围以内;这种从社会中产生但又居于社会之上并且日益同社会脱离的力量,就是国家。

一言以蔽之,国家是社会的异化形式……

对民法的回应

……最后,就像内德尔对纽泼人的探询,我们被引导着发问:

> 纳税的守法公民对国王和贵族的效忠,所得到的回报是什么?揭示给公众的国家面目,难道仅仅是敲诈、贿赂和粗暴强制?从理论上说,人民整体上只接受一样东西:安全——保护其不受国内外敌人的侵害,以及从事日常工作、设立集市、使用公路的安全。我们已经看到,现实中的保护和安全究竟意味着什么。它们充其量代表了某种不平等和不安定。这种局面肯定会导致体制内更加紧张和多变,导致频繁地企图获得对民权更有效的保障。

为民权而斗争,因而成为对民法实施的回应……

程序是当代文明中个人的最后一道防线,个人所从属的所有组织在当代文明中已经变成了国家的附属物。程序的精细化是充分进化的国家的独特而又脆弱的特征,它被用来补偿个人的彻底的孤立;程序使个人在不懈建立旨在替代国家的组织时不会逾越边界。在原始国家,简陋的程序所带来的严酷,遭到亲族单位反作用的抗制。像我们所记忆的，亲族单位保持了相当程度的社会经济自治，因而维持了地方政治上的亲和力。但是，"法律源于社会关系的反常与病态，只有当社会平衡频繁地发生紊乱时才发挥作用。"法律在对先前习惯秩序的破坏中兴起，并随着导致政治社会内部自身分裂的冲突而增强其力量。法律和（and）秩序是历史的幻象；法律对（versus）秩序才是历史的真实……

提示与问题

1. 戴蒙德说，习惯是确定的和众所周知的，而法律是模糊的和不确定的。他是什么意思？考虑下面的法院意见：

> 《入籍法》规定，法院必须"满意地相信"，申请人"有良好的道德品格，遵循美国宪法所确立的原则，热爱良好的秩序，追求幸福的生活"。不断有意违反任何的法律规定，当然显示出缺乏对公众意愿的服从，而这是所有公民的义务。例如，为了避免污塞街道，应将废物扔入设立的垃圾箱，对于这些日常的规章而言，上述说法是正确的。一个语言纯正癖者的确可以争辩说，如果干净的城市街道是"良好秩序"的一部分，那么，当有人不断故意拒绝使用这些垃圾箱时，就证明他不"热爱这个城市的良好秩序"。然而，这种严格的词语解释，对我们来说似乎不适当地扩大了它们的范围。像其他任何制定法一样，这一法律应当从立法意图上加以解读，即，只要是那些整体上与社会公众信奉的基本原则相一致的人，就承认其为公民。不遵守停车的规章，即使是多次违章停车，也不会对"良好秩序"造成危害。对于法律，就是应该做这样的解释……
>
> 如果文意清晰的话，我们当然应当服从文意，但"良好秩序"却是一个含义模糊的字眼，当它与"良好道德品格"交替使用时尤其如此。如果答辩者认为，我们的解释基础是对所涉行为的公共重要性的个人判断，我们会同意这一说法。在为数不少的情况下，立法机关有意让法官评断某些至关重要的价值。比如，那些由所谓"合理的"来加以衡量的权利，无论是刑事的还是民事的，实际上就是赋予法院这种"立法的"权力，尽管我们将其称为事实问题。他们要求法官有所妥协，以便与公众所理解的一般衡量标准相一致。我们当然意识到这种解释所带来的不确定性；另一种选择就是为每一新情况都提供特别的解释，但这种做法在实际运作中是不可行的。我们仅能说，我们认为这一制定法清楚地表明，它不想使入籍取决于对我们面前规章的遵守……我们对本案的裁决是：不遵守大城市的停车规章，即使是多次有意违反，也不表明该人有反对美国"良好秩序"的倾向；可以接纳为美国的公民。①

---

① *Yin – Shing Woo v. United States*, 288 F 2d 434, 435 (1961).

2. 小怀恩·迪劳瑞亚比较了"两种共同体的概念",它们将美洲土著印第安人部落文化与英欧文明区别开来。比较他对当代美国社会的描述与戴蒙德对法律经济基础的分析:

> 今天的土地上点缀了许多城镇、市区之类的东西,然而,这些政治区划事实上很少有属于社会共同体的。它们是变动不居的,因为挣薪水的人在这里只是暂时的。人们随着经济形式的要求而来来往往。他们随着商业和经济的成功而加入和改变教会……人们可能肩并肩地生活许多年,而他们的共同之处却仅仅在于他们的财产相邻,以及他们的身份都是财产纳税人……就其传统的稳固性而言,今天许多印第安部落正在发生深刻变化……保留地大规模的经济开发计划,已经引起了人口的迁移,发展趋势是打破传统生活群体,并且引起旧式氏族结构的严重扭曲。①

3. 戴蒙德探讨了司法的运作如何被作为早期国家的财源之一。将他的分析与下面引用的亚当·斯密论"司法的代价"相比较:

> ……在亚洲的鞑靼政府下,在颠覆罗马帝国的日耳曼民族和塞西亚民族所建设的欧洲各政府下,无论就君主而言,还是就君主以下在特定部落、氏族或领地行使特定裁判权的酋长或诸侯而言,司法行政都是一大收入来源。这种司法裁判的职权原先常由君主、酋长等自己行使。此后因为感到不便,才委任代理人、执事或裁判官行使。不过,代理人仍然有义务向君主或酋长本人报告司法收支的情况。任何人读了亨利二世给巡回裁判官的训令后就可以明白,那些巡回裁判官巡行全国的任务,不过是替国王征集一项收入。当时的司法行政不但会给君主提供一定的收入,而且,获得这种收入还是他希望由司法行政取得的主要利益之一。
>
> 司法行政的计划就这样服务于敛财的目的,其结果自不免生出许多严重弊害。比如,以厚礼贿请主持正义者,得到的往往不只是正义;以薄礼贿请主持公道者,得到的往往不算是公道。而且,为使礼物频繁而来,行使司法权者往往多方迁延,不予判决。为勒取被告人的罚金,往往把确实无辜的人判为有罪。司法上的这些弊害,翻阅一下欧洲各国古代史,就知道它们是毫不希奇的事。②

4. 思考今天"发达"国家和"不发达国家"、"多国公司"和它们的"母国"之间的关系。你认为这些关系是否涉及强势集团为了竞逐法律控制而重新

---

① Vine Deloria, Jr., *God Is Red* (New York: Delta, 1973), pp. 221–222.

② Adam Smith, *An Inquiry into the Nature and Causes of the Wealth of Nations*, 4th ed., vol. 2 (Dublin: colles, Moncrieffe, et al., 1785), pp. 230–231.

调整由习惯搭建的社会结构？在这些场合中涉及到什么不同的法律和社会的形象？下面的报告是第一次世界大战前访问非洲的一位德国公爵所写，该报告可以帮助你回答上述问题：

  在德国的东非保护国里——事实上是整个中部非洲——卢旺达肯定是最有趣的国家，主要是因为其人种学和地理学上的位置。人们对它的兴趣因下述事实而进一步增强：它是由苏丹（sultan）进行独裁统治的最后几个黑人王国之一，德国的霸权只在一个非常有限的范围内存在。

  不仅如此，这是一块流淌着奶和蜜的土地……一块为白人定居者提供最光明前景的土地……

  任何熟知非洲事务的人都知道，拥有150多万臣民的如此强大的一个统治者，极不可能心甘情愿服从一个新政权，也极不可能同意，除非经过欧洲居民的准许，他在自己土地广袤、人丁兴旺、未经开发的王国里就不能有所作为。

  强迫这个统治者这样做，后果只能是血战和巨大的人员牺牲。况且，突然改变现状也会带来严重的金钱损失，因为政府会发现不得不为如此众多的人口任命一支相当庞大的欧洲官员队伍。由于这样的举措不切实际，所以可能会引发完全的混乱状态。

  因此，允许这个国家保持其传统的组织，苏丹被赋予充分的对其臣民的管辖权，但要在欧洲殖民官的监控之下，以便尽可能压制其残酷性。一句话，政府不承认苏丹的统治者地位，但充分认可他作为氏族首领的权威。卢旺达当地的血亲部落和非常住人口因而不属于苏丹的管辖，而是处在欧洲殖民官的行政管理之下。

  所有殖民者适用的基本原则都是相同的：希望强加和充实苏丹及其随从的权威，在德国统治存续期间增加他们的利益，以便使反抗的愿望荡然无存，因为反抗的后果将是财政收入的锐减。与此同时，通过对苏丹及其权力运用的控制和指导，文明的影响会被引入。因此，对于人民和苏丹本人来说，他逐步地、几乎是不被察觉地最终成为欧洲殖民官不折不扣的执行工具……

  与他们的统治者一样，酋长们都是不同家庭和氏族的后代。这些氏族拥有土地，向苏丹纳税，热衷于血亲流血复仇，并且崇拜通常是一种动物或植物形状的图腾……

  从我所写的内容可以明显看出，卢旺达大部分地区极为适合白人的殖民……而且具有大规模建立商业和企业的广阔空间……

  当我们于8月12日凌晨离开苏丹时，我们是非常满意的。我们被邀请参观了一位黑人国王的官廷生活，他的这种权力展示，给予我们一种前人没有体验、也不可能有人再次体验的礼遇。当苏丹不受限制的权力在欧洲人的影响下逐渐让步时,当忙碌的客商接近这些冷傲高贵的黑人部落和草原上白人的牧群时,我们将会充分欣赏这段难忘经历的价值。①

5. 在殖民非洲的"间接规则"之下发展起来的"习惯法"清楚地表明了非殖民化之后非洲国家的法律过程:

……殖民时期,非洲绝大部分地区习惯法的发展和转型,极大地受到变革与保守两种对立政策的影响。习惯和传统成为当地统治者和家族首脑同殖民国家讨价还价的资本,目的是保留他们对社会共同体的部分政治权力,而与此同时,许多人,尤其是妇女和年轻人,却向殖民国家呼吁,通过落实自然正义和平等之类的自由价值观,来减轻传统施加的负担。

在这种殖民框架内,我们还必须给出现在 19 世纪晚期的特殊形式的习惯法一个应有的位置,这种习惯法后来被非洲的后殖民国家所继承……

查诺克(Chanock)在马拉维和津巴布韦所做的研究显示出,长者和其他一些证人作为证据给出的习惯法版本,都是一种扭曲的和苛刻的习惯法。这种习惯法的设计,只是为了表达他们心目中的法律应当是什么,而不说明法律事实上是什么。他们的版本极大地受到长者因失去政治权力而生成愤怒和受挫情绪的影响,他们正面临来自妇女和年轻人的挑战。一旦这种习惯法版本进入殖民法院体系,所做的裁决和救济形式,都会全然不同于传统体系。总之,虽然证人提供的是粗糙材料,甚至还有某些扭曲和夸张,但殖民法院仍然通过法律技巧生成新的救济方式和新的规则……

……我们不必深入到久远的历史记录中去查看习惯法的形式,因为这些习惯法最终都进入了案例法。这些案例法也会成为习惯法,其基本理由在于,他们是行使"传统"权威的人做出的。不过,我们现在更清楚地知道,在一个间接规则的制度下,酋长们只是殖民国家机器的扩展。因此,他们用以制造权力的法律,不过是殖民国家权力的运用而已。虽然殖民国家依靠酋长和长者来维持他们在乡村社会的秩序和稳定,但变革的力量使长者们越来越认为有必要运用国家的权力。这就出现了颁布习惯法的情况,主要目的就是牵制"有反叛精神的"年轻人和妇女……

时至独立,非常明确的是,那些丧失给殖民国家的政治自治,并没有回到传统领导者的手中。换言之,不可能再回到殖民前的政治体制了。殖民国家很快被后殖民国家所替代,这种后殖民国家由受西方精英教育的人和那些参与了 20 世纪 60 年代民族解放运动的人所把持。原有城市权力留下的法律体系绝大部分保存完整。然而,因为民族主义政治家已经培养和运用了许多文化民族主义的词藻,所以,所谓习惯法的恢复和保存,似乎

---

① Duke Adolphus Frederick of Mecklenburg, "A Land of Giants and Pygmies," in *In the Heart of Africa* (London: Cassell, 1912).

成为一种与法律体系的非殖民化和本土化目标一致的逻辑过程。

进而,社会转型和经济变革的过程在殖民时期已经开始,但现在并没有停滞。实际上,它们被新生国家对迅速的社会和经济发展的渴望推到了一个新的高度。男人和女人受教育机会的扩大,城市人口的增加,乡村作坊稳步融入市场经济,这一切都发挥着一种力量,威胁着地方共同体的完整,因此,也就严重损害了残余传统权威的基础。面对这些变革的习惯法,既有捍卫文化传统的特征,又是对外部威胁的回应……

到20世纪70年代早期,许多非洲国家已经认识到,法律的变革和各种法律的融汇,即使不是永久的,也是一个漫长的过程。①

6. 在对巴布亚新几内亚的研究中,也发现了相似的过程:

将英格兰法系引入巴布亚新几内亚,这个决定在很大程度上是受到传统的分析法学的影响。这种法律观点曾经影响着大不列颠对法律体系和整个殖民时期习惯的态度,并且在独立后的巴布亚新几内亚仍然是占主导地位的法律哲学。它防止了议会和法院将所有的法律权威都授予习惯规范及其过程。

约翰·奥斯汀(John Austin),作为英国分析法学的奠基人,试图将"实证法"与其他控制手段相分离,他所称的"法律",仅指作为统治者"命令"的那些规则……而且要以制裁来强制执行……

既然巴布亚新几内亚社会处在前文字时期,以亲族为基础,没有特殊的机构和规则来制定和实施法律,也没有有组织的政府所提供的法院、法典和警察,所以,殖民官员们将其视为一个没有法律的、无国家的社会。不过,这并不意味着巴布亚新几内亚不受规则的指导。既然巴布亚新几内亚的传统一直没有被统治者特别采纳,所以这些习惯也始终没有法律的分量……

通观整个殖民时期,绝大多数巴布亚新几内亚人与英格兰法系的唯一接触是在刑事案件中作为被告人。既然法官和地方官相信有必要落实法典中蕴含的价值观,偶尔他们也认识到施用严厉的量刑是非正义的,因为它有悖于刑事法典的价值观,尽管巴布亚新几内亚人对这种价值观并不理解和接受。因此,巴布亚新几内亚的法官们逐渐形成了一种简明哲学和一种惯常做法,既让自己心安理得于施用刑法条文的矛盾目的中,又能减少这种施用中蕴含的非正义。在某些特定情境中,法官将刑法条文施用于巴布

---

① B. Rwezaura, "From Native and Custom to Customary Law: The Changing Political Uses of Customary Law in Modern Africa," in Jonathan Aleck and Jackson Rannells, eds., *Custom at the Crossroads* (Waigani, PNG: Faculty of Law, University of Papua New Guinea, 1995), pp. 207–225.

亚新几内亚人时，会通过减轻量刑来调整施用的后果，因为被告人有独特的文化背景和生活环境……

宪法和法院让英格兰法系在殖民时期始终处于至高无上的地位……同样，法院也不情愿承认习惯也是刑事案件中一种辩护理由，而宁愿将习惯作为量刑时的考虑因素，这种做法一直持续到20世纪20年代……

整个殖民时期，经济政策在两个疆域内都是集中力量为白人殖民者的利益而发展种植园。这就要求立法让殖民者能够获取土地和土著人在种植园里的劳作。殖民者用他们的商业利益眼光看待习惯，会认为这与他们的经济发展目标并不相配……

独立以后，巴布亚新几内亚各届政府的重点一直是经济发展。虽然立法也允许以习惯为基础生成商业联盟，但种植园不再是政府计划的核心。实际情况是，外国投资了大规模的项目，由澳大利亚、日本、美国和欧洲的公司进行开发。这些商业项目经常与村民发生冲突，后者要求补偿他们依习惯法所拥有的在土地、矿藏和木材上的权利。尽管政府也不得不考虑这些权利主张，但习惯仍然像在殖民时期一样，被视为政府经济目标的障碍。①

7. 法利·莫沃特（Farley Mowat），作为博物学家和历史学家，写作了关于加拿大某些因纽特人（Inuit）生活的书籍。他认为，因纽特人的社会秩序所依赖的原则，大大有别于加拿大的法律秩序。在某种意义上人们可以说，因纽特人的法律根本不是以"原则"为基础，而是以世代相延的具体生存经验为基础。比较莫沃特所描写的因纽特社会同戴蒙德所描述的"习惯法"与"文明法"之间的反差：

这块土地上有违法，也有犯罪，因为没有哪个民族、种族可以幸免于此。但这里也有某些由人民控制并反过来指导人们行为的力量，它们使违法局限在狭窄的范围内。要了解这些力量，就要了解为什么因纽特人不需要我们这样的法律来维持其生活方式的安全。

这里绝对没有凌驾于人民之上的内部权威组织。没有任何个人或集体具有魔法意义以外的力量。这里没有长老议事会，没有警察，没有政府组织，从最严格的意义上讲，因纽特人生活在一个无政府的国家里，因为他们甚至没有一部刚性的法典。

然而，人们亲密地生活在一起，其秘密就在于共同的合作努力，它仅仅受人的意志力和忍耐力的限制。这不是盲目服从或者因恐惧而服从，而

---

① Bruce Ottley, "Looking Back to the Future: The Colonial Origins of Current Attitudes Toward Customary Law," in Jonathan Aleck and Jackson Rannells, eds., *Custom at the Crossroads* (Waigani, PNG: Faculty of Law, University of Papua New Guinea, 1995), pp. 97–107.

是对一个简朴法典有智慧的服从，而这个法典对那些依靠其规则生活的人们来说是有意义的……

……如果一个人不断蔑视"生活的法律"，那么他会发现自己渐渐被孤立，并与共同体隔绝开来。没有比这更强有力的惩罚了……因为在这个世界里，人必须与其他人共同工作以维持生存……法律不要求以眼还眼的报复。如果可能，违法者会被带回住处，变成一份财富。他的不当行为会被默默忘掉，无论如何都根本不会再犯。①

8. 在进一步思考习惯和法律的差异性及其当代特征时，思考简·雅各布斯的下述论断：

首先要弄清楚，城市的公共安宁——街区安宁——主要不是靠警察维持的，尽管警察也是必不可少的。它主要是靠人们之间一种错综复杂而又难于察觉的自愿控制网络和准则来维持，并由人们自己去强制落实。在一些城区——旧有的公共住房和高人口密度街道的改造，通常是明显的例证——街区的法律秩序完全交由警察和特种保安来维持，其实，这种地方与丛林没有区别。在正常的、非正式的文明强制崩溃后，再多的警察也不足以推行文明……

纽约一处公共住房工程……说明了这一点。一群住户……搞了三棵圣诞树。其中主要的一棵，因如此高大，以至于运输、树立和修剪都成了问题，所以进入了工程规划中的主要休憩场所……另外两棵树都不足 6 英尺高，易于搬运，所以被安置在工程地界的两个角上，紧邻繁忙的大道和旧城熙熙攘攘的街口。头一个晚上，那棵最大的圣诞树及其所有的装饰物竟然都被偷走了，而两棵小树毫发无损，所有的灯饰直到新年被摘下时仍然完好如初。"树被偷的地方，理论上说，是最安全的所在，尤其是对小孩子，"一位社会工作者说……"人们在那个休憩场所并不比那棵圣诞树更安全，而另外两棵树所在的地方却是安全的。那里是该工程邻街的角落，正好成了对人最安全的地方。"②

雅各布斯说，城市规划者、建筑师、政治家、房地产开发商、银行家等人，在决定建设和重建城市的时候，通常依照对社会共同体如何运作的错误认识去行动。他们的做法是使事情表面看上去很好，而不是为人们的生活创造真正好的环境。她相信，生活在社会共同体中的人们会相互监督，除非他们的生活环境阻碍他们这样做。雅各布斯强调，基本的问题是理解和提供完备、健康的社会关系。她举例说，无论有多少法律强制实施，都不能替代人们之间活生

---

① From Farley Mowat, *People of the Deer* (Boston: Little, Brown, 1951), pp. 176 – 178.
② From Jane Jacobs, *The Death and Life of Great American Cities* (New York: Random House, 1961), pp. 31 – 32, 34.

生的关系网。这些关系网有哪些法律所不具备的性质？你能看到法律实施何以损害了人们生活的关系网吗？破坏人们之间关系网的还有哪些力量？

9. 对互联网上"网络社会"的分析是从与戴蒙德相似的角度进行的：

> 法律机构必须通过惩罚那些超越社会界限的人来支持社会伦理，但是，仅仅依赖法律机制不足以创造一个彼此信任的社会。一个非政府机构和关系的网络，构成一个强有力的"市民社会"，它存在于高度互信的社会里。一旦政府将自己强加于这种市民社会之上，并且开始介入人与人之间的关系，互信关系就被另一种关系所取代，其中，国家的介入成为调和纠纷的必要手段……
>
> 网络空间应有的信任度问题正处在一个关键的歧点上。一群制定互联网准则的技术专家正在选择。这将对未来几十年的社会产生深刻影响，因为网络空间正在变成许多——如果不是绝大多数——重大交易的媒介。美国政府和许多大机构青睐"X.509"认证体系（一种在网络空间保证交易真实性的方法），一条由密码保护的认证等级链，以某个被认为是可靠的机构（例如一家大的银行）所颁发的"本原认证"（root certificate）为基础。当然，依赖由大机构颁发的本原认证，要允许政府插入一个控制点……
>
> "网络庞克"（Cypherpunk）——极力反对政府控制网络空间的无政府主义黑客们——提出另外一种可供选择的模式，称为"信任圈"（circle of trust）。网络中的人可以在这里传递一把公共钥匙，尤其是制造一种个人认证网，以验证由公共钥匙所代表的个人身份的可信度。这使得网络体系中介入了更多的个人判断因素，既有利，又有弊。一个熟识者对另一个熟识者的错误判断，使系统的"下游"使用者陷入困境，就如同在等级模式中的基础权威出现讹误一样。然而，在这种模式中，损害会很快被发现，并且易于减轻。①

---

① James Bennett, "Cyberspace and the Return of Trust," *Strategic Investment Newsletter*, October 16, 1996, pp. 11, 12.

第九章　法律权利

　　法律反映但无论如何都不决定一个社会的道德价值……社会越好，法律越少。在天堂里，将不会有法律，雄狮将与羔羊同卧……社会越糟，法律越多。在地狱里，将只有法律，而且正当程序会小心翼翼地被遵循。
　　——格兰特·吉尔莫："时代的焦虑"，《耶鲁法律杂志》，1975年①

♣ 法律实施的法理，以这样的思想为预设前提：如果没有以强制为后盾的规则，社会将变得混乱无序。然而，这一理论面临的问题是：规则并不是脱离社会而存在的。规则创造是一种社会过程。人们创造规则是为了实现政治、经济、道德和其他社会目的。在这个意义上，法律在社会之前并不存在。法律和社会是共存的，并且是相互交织的。

　　这一理论难题，在社会对规则或法律目的认识不一时，以一种实践的方式彰显出来。在关于法律的问题上产生社会分歧的时候，法律实施显然大受质疑。比如，如果法律规则服务于或者看上去服务于部分人的利益，并以其他人的利益为代价，或者如果规则被认为过时或者有压迫性，或者如果牵涉了相互冲突的道德观点，那么，就会出现与法律实施的紧张与对峙。

　　涉及法律实施的规则是多种多样的，从地方政府制定的交通法规，到宪法阐明的民权。这种规则的多样性带来了法律实施中的另一种难题：规则本身相互冲突的可能性。一旦法律规则相互不合——矛盾、分歧、重叠，等等，运用强制去维持它们，就是颇受质疑的。

　　本章中的阅读材料探讨了法律实施中的难题，其中有关于法律规则社会目的的冲突，也有关于什么是社会"公理"的冲突。对于民权的关注，提出了作为高级规则的宪法与作为普通规则的刑法、财产法之间冲突的特殊难题。

---

① Grant Gilmore, "The Age of Anxiety," *Yale Law Journal*（1975）.

彼得·德恩里科（Peter d'Errico）检视了"法律文本主义"（legalism）哲学，并且提问法律实施是否总与社会步调不一，因为社会变革总比任何法律规则体系迅速而灵活。

马丁·路德·金（Martin Luther King, Jr.）提出的问题是：如果离开了基本人权，法律还能是正确的吗？他主张，对抗法律实施，可能是实施一个更高级的法所必须的。

温迪·麦克埃若（Wendy McElroy）研究了妇女权利与反色情法之间的关系，主张女权主义与色情是法律实施体系中的"同路人"，这种法律实施的目的就是在人群中依照性别区别对待。他的论点展示了妇女权利和法律实施中的矛盾，以及各种妇女权利观点之间的冲突，让我们能够多层面地思考法律实施中社会冲突的复杂性。

本章中的阅读材料为有关法律如何实施的讨论提供了门路。法律实施就是运用强制，迫使人们服从规则。法律实施还陷入了从政治、社会、学术、道德和经济等方面对规则本身的形态和内容进行的讨论。

第一节　"法律是形诸文字的恐怖"*

彼得·德恩里科

我们生活在一个对权威的含义和作用的意识不断变化着的时代。法律，经常被视为权威结构的栋梁，越来越多地受到审视，既因为它在维护社会压迫条件过程中的作用，也因为它突破了法律文本主义的狭隘世界观。

从某种意义上说，我们不再相信过去习惯了的法律规则体系。我们开始看穿"法律政府"的帷幕，看到驱动该体系的人们。进而我们逐渐懂得，法律文本主义既可以作为遮掩的面纱，也可以作为观察社会问题的花镜。法律和法律思想通常既是社会纷扰的原因，又是解决它的手段。因此，正如阿迪森·缪勒（Addison Mueller）所指出的：在我们的"自由企业"经济中，"契约自由"是消费者失败的根源。

日渐增长的法律怀疑主义和批判主义，是法律文本主义在我们文化中衰落的部分表现。然而，这种衰落不是一件简单的事情，它被反抗和矛盾所困扰。例如，尽管证据越来越清晰地表明监狱是机能失调、弄巧成拙、驽马恋栈的社会机构，然而，国家强制还是一次又一次地

---

* "The Law Is Terror Put into Words," by Peter d'Errico from *Learning and the Law*.

对该机构的受害者采取行动。同样，虽然人们越来越理解犯罪是社会分层的产物，而不是社会在建构自己时所违背的人性的现象，但是，国家仍然不断增加金钱投入，来维持现存的社会结构，阻挠社会变革的力量。

这些矛盾从整体上迫使我们认识到：我们的司法体系仅仅是又一种社会机构，自不免于其他机构身患的病疾，比如官僚政治，它痴迷于自保官位和扩张权力，不把它所应当服务的大众作为人来看待，等等。我们已经彻悟法律不是社会和个人生活中权威的基础，这种彻悟使我们处在法律自身发展史的关键时刻。

……

我们是权威的迷恋者

法律文本主义之下的日常生活在所有方面都弥漫着对权威的信仰，并伴随着对世界的权威描述与对生活的个人体察之间的紧张关系。我们迷恋权威，墨守规则。正如朱迪思·什科拉（Judith Shklar）所指出的，机构和个人对法律文本主义的信奉，形成了一种社会持续状态："在法律文本主义价值和机构的天平一端，是最高度清晰和精练的表达，即，法院的法律和它们遵守的规则；在天平的另一端，是所有男人和女人的个人道德，他们认为服从那些恰当规定了他们的义务和权利的规则是一种美德。"

任何情况下都存在规则，即使是以什么方式、在什么时候吃、笑、睡、说、摸、动之类的事，或者像我们被指望如何去思想、幻想、梦想，以及思想、幻想、梦想什么之类的事。生活对大多数人而言，似乎是一项服从的规划，是对权威的义务和责任。我们不断努力适合他人的梦想，适合他人对现实的定义。伴随这种努力，作为这种努力的一部分，反过来又使这种努力永久化的，既有将我们的权威加予他人的企图，又有对释放权威的恐惧；既全神贯注于他人之所想，又感觉与他人和世界相隔绝，进而害怕如果我们不对自己进行界定，不为我们的关系贴上标签，不为我们自己及相互之间规定范畴，我们就无法生存。

大卫·库珀（David Cooper）在 1971 年所写的《家庭的消亡》（*The Death of the Family*）一书中研究了这一现象：

> 如果我们希望发现对社会压迫最基本的理解，我们须将其视为一种被集体强化和制度规范了的恐惧，这种恐惧是关于疯狂、

关于外部世界和内心世界的相互侵扰、关于"自我"幻象的失去的。法律是形诸文字的恐怖。

在法律文本主义之下，我们不断试图在权威设定的限度内控制我们自己和他人，从未意识到这一实证世界的另外选择，而只是将其作为必须的和无可避免的东西来接受……

……

比如，一个人的"权利"的概念，它对于法律文本主义来说是基本的东西，是取得并维持公众支持法律体系运作最有力的方式之一。

对这一概念的通常理解是，法律站在人民一边来反抗政府的或者其他制度性的非正义。这一非批判性的见解在法学院和整个法律体系内被雕琢粉饰。然而，真实的情况是，一旦我们了解到法律文本主义最关心的是维持其自身的权力体系，我们就会看穿法律仅仅**貌似**站在人民一边。事实上，法律文本主义在认可公众民权等方面的权利主张时所真正关心的，**是保存产生这些主张的基本的政府框架**。

民权概念只有在法权体系的语境下才有意义，民权正是为了对抗法权的，因而终结了这种权力体系，也就终结了对民权的需要。但正是在这里我们看到，通过民权法不可能结束压迫。最后，这一分析指出：个人"权利"的概念是一种使人非个人化的技巧。我们被教导要尊重他人的权利，在此过程中我们关注的是一堆抽象的规则和规章，而它们却是法官和其他官员为治理公民的行为而设立的。由于这种关注，我们遗漏了他人是完整的、真正的个人这一现实。一句话，我们最终只知道尊敬法律，不知道尊重他人，这就是法律文本主义的基本目标。

正当程序是适合公平游戏的又一个圣物。法律文本主义宁愿让我们将这一观念作为法律之下自由的关键，作为将公正性与规则性融入法律判决的手段。现实中，正当程序不过是该权力体系的一种企图：确保权利主张与抗辩、自由与苦难都只发生在现存法律领域内，并以其语言加以表述。

每一正当程序所得之判决因而只是对先行存在的法律文本主义迷津的雕饰。人们面对法律权利主张是为了控制社会生活，而法律则做出回应；无论法律如何回应，法律首先关心的还是它自身。就法律文本主义而言，即使是当该控制框架必须曲意逢迎那些受官员统治的民众的要求和需要时，正当程序的基本难题仍然仅在于如何保护官方法律控制的设施。依批判的观点，正当程序是一种基本的吸纳社会变革力量的技巧,这种力量威胁着或者说似乎威胁着官方对社会的控制。

以我自身的实践经验——在城市的黑人区,在印第安人保留地,在中产阶级的社团中——我一次又一次发现,人们能够看透法律和法律过程,而我所受的教育却使我对其视而不见。一旦他们的看法被法律拒斥,就有了对法律过程进行冷嘲热讽的基本理由。不仅如此,我看到甚至当律师赢得了法律文本主义游戏——创制新规则或者证明旧规则——的时候,我们其实并未赢得任何东西,因为法律文本主义所触及的,不是问题的根源,而是问题的表面。

不仅"激进的"法律或法律服务实践会产生这样的洞悉和怀疑,我还发现常规实践岗位上的许多传统律师都清楚意识到,法律并未触及当事人经济上、家庭上和心理上的真正问题。这些律师有时被这种意识深深搅扰,然而,他们甚至仍然不能说清自己的体验。身陷法律文本主义教育的迷津,又被剥夺了任何批判的见解,他们似乎只能听命于法律的例行公事的生活。

……我将法律文本主义看成一种已逝的社会意识形态。虽然在一定时候法律文本主义释放了巨大的有益的社会能量,但它现在却不过是混乱和矛盾的根源。传统法律思想远不能将美国团结为一个有凝聚力的公正社会,它只能滋生分裂,并贴上一个赞同不平等的标签。

法律现实主义的一项遗产

如果关于法律文本主义的反传统见解需要"权威",那么我们仅需回顾美国历史上法律现实主义在法学上最后一次重整河山的努力。卡尔·卢埃林,现实主义运动中最深刻的思想家和观察家之一,在评论概念的"地位和待遇"时写道:"……范畴和概念一旦形成并进入思想过程,它们就会以没有经验基础的稳定性、现实性和内在价值的面目出现。"在当前的时代,当围绕着我们社会生活的、对核心神话的信仰或者对现实的解释不断崩溃时,超越社会现象的肤浅探究而进入概念的检视就变得特别重要了。法律现实主义运动拓开了法律思想方式的新路,这些思想方式带有非文本主义的甚至是反文本主义的观点。

超越法律文本主义的呼声也来自其他方面。布雷内德·柯里(Brainerd Currie)在论述20世纪50年代早期和中期法律研究的素材时,提出了精当的批评:

> 变革中的社会秩序问题的解决,并不内涵于过去判决所正式装潢起来的、仅靠逻辑过程所诱发的规则和原则之中。忽视这一

事实，就不能进行有效的法律教育。如果是为了把人训练成法律过程有智慧、有效率的参与者，如果法学院是要以自己的研究为法律治理的进步做出贡献，那么，就必须将对于法律的理解和批评局限在历史和权威所设定的范畴之内的形式主义，而每一可获得的知识和判决必须被派上用场。

人文主义的法律研究接受这一质疑，但其背景比柯里所关注的法律过程和法律治理要宽泛。由于这一研究模式以追问和质疑的方式探讨人类社会生活的主题，因而可以自由择取甚至是最激进、最具深远意义、发生在人类意识之中的变动。法律文本主义不断企图通过赋予新意来保存旧的价值，这种企图可以这样被取而代之：循着新意，重新评估法律和社会生活的核心特征。

提示和问题

1. 你同意人们对法律已经不再有广泛的迷恋吗？你能找到的现成例证是什么？你能找到的对法律的信仰的例证是什么？

2. 不再迷恋或者正在信仰，其根源各是什么？大众媒体在报道法律问题时，是否在这两个方面都有所倾向？

3. 大卫·库珀被援引的话是"'自我'幻象的消失"。在你思考他所说的意思时，考虑下述有关侦探小说与法医学之间关系的评论。

一般承认，侦探小说这种形式是19世纪的发明，与现代警察力量的发展和现代官僚国家的诞生相同步。这一背景，对于廓清侦探小说的发展脉络以及确定它对社会所起的文化作用，是至关重要的。当时的社会越来越被多种潜在的无政府力量有系统地控制起来，发挥这些潜在控制力量的有民主改革、城市扩展、国家膨胀、帝国交战……

颇有意义的是，英美侦探小说出现在后革命环境中，当时的反叛者和罪犯的英雄身份转给了侦探和警察，因为这些叙事一般要涉及对某些罪犯的识别，他们筛选为特别的"他者"，对新的社会秩序感构成一种威胁，并且，他们还必须被视为19世纪这一关键时期民族主义历史叙事的一部分。本尼迪克特·安德森（Benedict Anderson）在《想象的共同体》(Imagined Communities)一书中这样分析了19世纪的民族主义："现代人是什么样子，国家就是什么样子。"19世纪，虽然新近意识到"正深陷长期的、连续的时间中，其中有着全部的连续性的涵义，但也意识到对这种连续性经验的'遗忘'，从而造成了对一种'身份'叙述的需要"……

这是一种范围更广的从陌生中筛选熟悉的过程，除此之外，在有关主观性的问题上……又发生了另一件事。这件事出现于任何现代民主都会发生的冲突之中。将"民族国家"(nation)理解为"人民"——具有具体而独立意志的个体公民的集合,这种理解在民主时代已经让位于"政权国家"(state)的概念——一套在民族国家之内控制个人冲动的关于秩序和实施的官僚体系。在整个19世纪,这一发展涉及公民个人有关基本现实的观念——从我们所谓"个性"(character)到我们所谓"身份"(identity)——的系统转型。我们可以认为,这两个范畴的人分别代表了革命时期浪漫自治的个人与资本工业和后工业时代政权国家被疏离的、中产阶级的代理人。前者作为"个性"产生和表达了民族国家的浪漫精神;后者作为"身份"被新建立的政权国家所定义和统辖。这种从个性到身份的转型代表了我们所理解的现代人的关键转变……①

4. 在进一步思考法律与新的社会规范的关系时,考虑下面的讨论:

作为一个洛杉矶人,我亲眼看到这个城市一种叫"锐舞"(rave)的狂野派对的兴衰。1990年夏天以后发生了许多事情。想当初,洛杉矶街角上经常矗立着海报,上面指明不到1英里处某个废弃的仓库,在那里,花上20美元,你就可以进去,并且尽情享用水果、水、桶装扎啤。不错,这些派对是非法的,可我和一些高中同学却感觉精神飞扬,直到午夜前警察赶到,驱散狂欢者,20美元就这么来去匆匆了。1990年,美国锐舞现场装扮最花哨的女孩(candy raver)们还在上初中,光棒诞生之前还只是口哨,胖男孩音乐人(Fatboy Slim)当时还在一个独立流行乐队里混饭吃,而URB杂志还是一粒未播种的种子。现在,绝大多数人不得不驱车数小时去找一个安全的有许可证照的巨大空间,而这个空间越来越多地处在媒体和法律实施者的盯视之下。各地能够重新确认,"狂欢晚会"在我们现场所占核心地位的事件规模越来越小,正是在这样的现场,我们听到和体验了音乐。因为正在形成的代沟和正在增加的伤痛,锐舞在20世纪末的美国处于风雨飘摇之中。但是,我们都能记得是什么把我们聚到这里,而我们又为什么总要回来。这里从全国择取了一些音乐人、发起人和锐舞者,让我们听听他们对锐舞的体验和对锐舞未来的预测。

你们认为美国的警察会对锐舞组织者更友好吗?又是怎样的友好方式?

AK②:不会,在警察对锐舞已经有了成见的情况下,我认为组织一次"锐舞"将会越来越难。他们可能决定做些让步,允许举办锐舞,但会加以严格控制。

---

① Ronald R. Thomas, *Detective Fiction and the Rise of Forensic Science* (Cambridge: Cambridge University Press, 1999), pp. 4, 10, 11.

② AK1200, 28, Orlando, FL, drum & bass DJ.

SC①：警察更友好的唯一可能就是，发起人更加严格，而人们更加为自己的行为负责。

Donnie②：是的，我们已经渗透到锐舞现场，与许多发起人紧密配合。我的意思是，我认为锐舞和警察是可以联手的，甚至可以完美地联姻。

WH③：是的，只要钱足够多，又用得好。进一步审查整个摇滚故事的每一个细节，努力让这个必将衰落的艺术形式存活下来。为了让法律轻松，城市要受益，而不仅是发起人。这是一个简单的大众政治。

JK④：对，随着锐舞变得越来越合法，我想警察也会相应变得更"友好"，因为让他们发怒的不合法的东西越来越少了。

CE⑤：我认为随着老警察的退休，新的执法形式将会出现。年轻的警察了解试验活动（experimental activities）。我去的一些锐舞现场邀请了警察，但他们不知道自己有什么好干的，他们只是看到年轻人在跳舞和开心。绝大多数锐舞现场被关闭的唯一理由是防火，比如他们发现最多容纳400人的地方竟然挤进了1千人，这是他们"为我们着想"。这是发起人的错。锐舞近来更像一场音乐会，这意味着更合法。锐舞者自己做起了保安，他们进进出出地检查，一旦闲暇下来，也去舞一会儿。现场组织得越好，执法就越少。如果你还想着像以前那样，冲进教堂或者仓库，这种事不会有了。我们现在不再做罪犯了，不是吗？

BA⑥：我看到的警察更宽容了，但不是更友好。某种程度上说，当发起人与锐舞共同体强大到可以提出法律问题，得到律师的帮助，主张锐舞组织者及其共同体不受歧视的权利，就会发生改变。作为一个发起人，我知道与城市管理者和当地警察打交道有多难，他们转变态度的唯一途径是强迫他们转变。

KA⑦：由于锐舞的运作方式问题，我认为警察在近期内不可能对组织者友好起来。无论发起人是什么感觉，吸毒文化在锐舞中扎根太深了。显然已经有了这样的成见：锐舞者＝吸毒者。警察对这种氛围从来都是不友好的。还有另一种成见：人们认为凡是深夜进行的活动都必然与某种邪恶

---

① Sandra Collins, 20 - something, New York, NY, trance DJ/producer.
② Donnie, 29, New Orleans, LA, promoter, Freebass Society.
③ Wade Randolph Hampton aka WishFM aka W, 31, San Francisco, CA, drum & bass DJ/producer.
④ John Kelley, 29, Los Angeles, CA, funky breaks DJ.
⑤ Chris Esparza, 20, Fond du Lac, WI.
⑥ Brian Alper, 25, Huntington Beach, CA, marketing manager at Raveworld. net and co - owner of B3 Cande Productions.
⑦ Kellie Allen, 19, Bloomington, IN, student.

有关。不幸的是，我们看到了太多纯粹滥用毒品的例子。有些人竟然在混乱中跑到警察面前要毒品。就是这种不负责任的行为导致了舞会被禁止。适中的、负责任的毒品使用也许还会继续，就像许多音乐会上那样，但决不是像这个样子。

SK①：不，我认为发起人开始都向当地警方信誓旦旦地胡吹一通，结果通常却是不法和失控。我去的舞会现场都是人满为患的，人声乐声震耳欲聋，公开地酗酒和吸毒。发起人需要诚实，否则，锐舞者、警察或者任何人最终都会被欺骗。

Brian②：我想这一切最终会被接受，就像摇滚表演一样最终轻易地取胜，但的确不大可能轻易地开始。③

♣ 1963年在阿拉巴马州伯明翰市举行的复活节民权示威游行是著名的挑战法律实施的例子。马丁·路德·金等牧师计划通过示威游行反对种族隔离法，抗议法律上的种族歧视。伯明翰市从州法院获得了一项禁止令，试图阻止示威游行，但牧师们决意继续其计划，实施其民权抗议活动。伯明翰市的回应是逮捕游行示威者。案件最终到达美国最高法院。最高法院同意牧师们所说的伯明翰市的行动"无疑提出了实质的宪法问题"（Walker v. Birmingham, 87 S. Ct. 1824 [1967]），但最后的裁定却不利于游行示威者，理由是：在法院推翻它以前，一项违宪的禁止令也必须被遵守。

第二节 "来自伯明翰监狱的信"节选

马丁·路德·金

你们对我们破坏法律的意愿表示了深切的忧虑。这肯定是一种合理的关注，因为我们曾谆谆告诫人们遵守最高法院1954年的裁决，该裁决认定，在公立学校的种族隔离是非法的。乍看起来，这与我们今天的有意违法似乎非常矛盾。有人可能会问："你怎么可以鼓吹破坏某些法律，而遵守另一些法律？"答案在于这样的事实：它们是两种类型

---

① Sarah Krug, 19, Fond du Lac, WI, mother of 21 - month - old daughter Chloe Amara, student/ office assistant.
② DJ Brian, 23, Victoria, B. C. , trance DJ.
③ "Rave 2k: A Survey on Raving at the Millennium and Beyond," moderated by Stacy Osbaum, URB, Vol. 9, No. 70, December 1999, p. 64.

的法律——正义之法与非正义之法。人不仅有法律上的而且有道义上的责任遵守正义之法；同时，人也有道义上的责任不遵守非正义之法。我同意圣·奥古斯丁（St. Augustine）所说的："非正义之法根本不是法。"

那么，这两者之间有什么区别呢？一个人如何确定某一法律是否正义呢？正义之法是人制定的、符合道义之法或者上帝之法的法典；非正义之法则是与道义之法不和谐的法典。用圣·托马斯·阿奎那（St. Thomas Aquinas）的话说：非正义之法是一种没有永恒法和自然法根基的人类法。任何可以提升人格的法律就是正义的；任何贬低人格的法律都是非正义的。所有规定种族隔离的制定法都是非正义的，因为种族隔离扭曲了心灵，损害了人格。它给种族隔离者一种错误的优越感，给被隔离者一种错误的卑贱感。用犹太哲学家马丁·布伯（Martin Buber）的话说：种族隔离是用"我—它"关系取代了"我—你"关系，最终将人贬低为物的身份。进而，种族隔离不仅在政治学、经济学和社会学上是荒诞的，在道义上也是错误的和罪恶的。保罗·蒂里希（Paul Tillich）曾经说过：罪恶就是分离。难道种族隔离不是人类悲惨分离、可怕疏远和骇人罪孽的现存表达吗？因此，我才能够既督促人们遵守1954年最高法院的裁决——因为它在道义上是正确的，同时又鼓励人们不遵守种族隔离的法令——因为它们在道义上是错误的。

让我们思考一个更具体的正义与非正义之法的例证。非正义之法是这样一种法典：人数上或权力上的多数群体强迫少数群体遵守它，但却不让自己受到约束。这就是区别造成合法。同理，公正之法是这样一部法典：多数人迫使少数人遵守它，而自己也情愿遵守它。这就是相同造成合法。

让我再做一个解释：如果某一法律是强加给少数群体的，而这个少数群体由于被剥夺了投票的权利，没有参加该法律的制定或设计，那么这个法律就是非正义的。谁能说设立阿拉巴马州种族隔离法的立法机关是民主选举的？阿拉巴马州的上上下下使用了各种诡计，不让黑人成为登记的选民，在有些县里，甚至是黑人构成人口多数的县里，黑人登记选民一个都没有。在这种情况下制定的法律，能够被看成是通过民主方式架构起来的吗？

有时，法律表面上是正义的，但它的适用却是非正义的。比如，我本人就因未经允许而游行的指控被逮捕。应当说，要求游行必须经过允许，这样的法令没什么不对，但是，一旦它被用来维持种族隔离，并且剥夺宪法第一修正案赋予公民的和平集会和抗议的特权时，这样一个法令就变成了非正义。

我希望你能看到我正力图指出的区别。我无论如何都不是在鼓励回避或对抗法律，只有狂热的种族隔离主义者才会这么做，因为那将导致无政府。一个违反非正义之法的人必须是公开地、热忱地这样做，并且愿意接受惩罚。我认为，一个违反了被良知判为非正义之法的人，并且乐于接受监禁之刑，以唤起社会公众对这种非正义的良知，那么，他就是在事实上表达了对法律的最高崇敬。

当然，这种非暴力的不服从，并不是什么新鲜事儿。历史上，沙得拉（Shadrach）、米煞（Meshach）和亚伯尼歌（Abednego）拒绝服从尼布甲尼撒（Nebuchadnezzar）的法律，就是一个高尚的证明，因为在他们看来，一个更高的道义之法处在危急之中。① 早期的基督徒也有一些崇高的践行，他们宁愿面对饥饿的狮子和刀砍斧剁的痛楚，而不愿服从罗马帝国某些非正义的法律。在一定程度上，理论上的自由在今天已成为现实，因为苏格拉底曾经践行了非暴力不服从。在我国，"波士顿倾茶事件"也代表了一种规模巨大的非暴力不服从行动。

我们永远不应忘记：阿道夫·希特勒在德国所做的一切都是"合法的"，而匈牙利自由战士在匈牙利所做的一切都是不合法的。帮助和安慰希特勒德国的一名犹太人也是不合法的。即便如此，我还是可以肯定，如果我那时生活在德国，我还是会帮助和安慰我的犹太兄弟。如果我今天住在某个专制国家，而那里的某些亲基督信仰的原则受到压制，我也会公开鼓励不服从这个国家反宗教的法律。

我必须向你们——我的基督教和犹太教兄弟——做两点坦诚的表白。首先我必须承认，在过去一些年里，我一直对白人温和主义者极为失望。我几乎得出了令人遗憾的结论：在黑人通向自由的征程中，最大的绊脚石不是"白人公民议事会"（White Citizen's Counciler）或者"三K党"，而是白人温和主义者。他们信奉"秩序"超过了信奉正义；他们宁愿要没有正义的消极和平；他们不断地说："我同意你们追求的目标，但我不同意你们直接行动的方式"；他们像家长般地相信自

---

① 圣经旧约《但以理书》记载，沙得拉、米煞和亚伯尼歌不事奉尼布甲尼撒的神，也不敬拜它所立的金像，被尼布甲尼撒投入烈火的窑中，因上帝拯救而不死。——译注

己有能力为他人的自由设定时间表；他们信守一种神秘的时间概念，并且不断劝诫黑人等待"更适合的时机"。善意者的肤浅理解比恶意者的绝对误解更令人沮丧，冷漠的接受比直率的拒绝更令人迷茫。

我希望白人温和主义者理解，法律和秩序的共存，目的在于建立正义，并且当它们不能实现这一目的时，反而成为阻碍社会进步潮流的危险堤坝。我希望白人温和主义者理解，目前南方的紧张局势是一种转变的必经阶段：从可恶的消极和平——在这种和平中，黑人被动接受了非正义的苦难，到实质的积极的和平——在这种和平中，所有的人都将尊重人格尊严与价值。事实上，我们这些参与非暴力直接行动的人，并不是紧张局面的制造者。我们只是将早已存在的隐藏的紧张局势暴露出来，我们将它公开出来是为了能够看到并加以解决。就像疖子，只要覆盖着就永远不能痊愈，尽管丑陋，也必须将它暴露于空气和阳光的自然疗治之下。同样，尽管会产生紧张局面，在非正义消除之前，也必须将它暴露于人类良知的阳光和国民意见的空气之中。

在你们的叙述中，你们断言，我们的行动即使是和平的也必须遭谴责，因为它们催生了暴力。这是一种合乎逻辑的断言吗？难道这不是像在谴责被抢劫者，因为他的钱促成了抢劫的罪行吗？难道这不是像在谴责苏格拉底，因为他对真理的执著和对哲学的探询促使被误导的群众让他服毒自尽吗？难道这不是像在谴责耶稣，因为他的一神论和对上帝的不懈忠诚引发了十字架上的磨难吗？我们必须看到，尽管联邦法院一再确认，要督促个人停止其赢得基本宪法权利的努力，因为追求可能催生暴力，但我仍然认为这样的督促是错误的。社会必须保护被抢劫者，惩罚抢劫者。

我还希望白人温和主义者拒绝有关为自由而斗争的时间的神话。我刚接到来自德克萨斯州一位白人兄弟的一封信，他写道："所有的基督徒都知道，有色人种最终会得到平等权利，但你们可能在宗教方面太过仓促了。基督徒有今天，用了几乎两千年。基督的教诲为世间所接受，是需要时间的。"这样一种态度根源于一种可悲的错误的时间概念，来源于一种奇怪的不合理的观念：在时间的流逝中，终将治愈所有疾病。实际上，时间本身是中性的，它既可用来毁灭，也可用来建设。我越来越感觉到，恶意者比善意者更有效率地利用了时间，我们这一代应当忏悔的，不仅是坏人的可恶言行，而且有好人的可怕沉默。在必然性的轮盘上永远转不出人类的进步，它只能来自愿与上帝合作的人们的不懈努力。没有艰苦的工作，时间本身会成为社会停滞力量的盟友。我们必须创造性地利用时间,应当知道,对于为善而言,时机总是成熟的。现在是时候了,让我们真正许诺民主,让全国未决的挽歌变成有创见的兄弟情谊的圣歌。现在是时候了,让我们的国策从种族歧视的非正义的流沙中提升到人类尊严的磐石上。

提示与问题

1. 在思考马丁·路德·金这封信的同时,考虑本篇开始对"霍瓦特案"的讨论,注意最高法院是如何论说民权游行者因违反一道禁止令而必须进监狱的:

先例明白无误地让申请人注意,他们不能绕过对禁止令的适当审查而违反它……本院不能做这样的裁定:申请人有宪法上的自由去漠视法律的所有程序而将他们的战斗带到大街上。我们可以同情申请人对其事业的不倦奉献,但是,尊重司法过程是为法律教化之手付出的低廉代价,仅此一点即可给予宪法上的自由以持久的意义。①

将这一阐述与较早前另一案件中的阐述相比较:

我们政府的统治权力属于人民,因而,美利坚合众国政府和各州政府仅仅是阐释和表达统治权力意志的机器。②

2. 在思考马丁·路德·金的文章时,考虑一下正规警察组织是如何从奴隶制法中产生的:

虽说非正式的警察机制开始于美洲殖民时期,但半正式的有组织的警察力量却出现在奴隶制时期。奴隶巡查被赋予了实质上是无限的强制权威,为的是监控奴隶的活动,追踪逃跑的奴隶。

奴隶制结束后,南方白人面临着新的经济和社会控制难题。确保白人种族持续统治的重要法律工具是被称为"黑色法典"的多部制定法,它们广泛定义了流浪以及游荡……非洲裔美国人被禁止从事范围广泛的"扰乱秩序的犯罪",比如,使用污辱性手势或语言,参与恶意的危害,未得准许而诵读福音书,或者未交年度税而从事农场或仆人以外的工作。违反这些法典的人将受到各种各样的惩罚,从罚款到戴枷苦役,再到种植园里的强制劳动。"黑色法典"基本上制造了一套监督和管理黑人人口的法律工具,确保了黑人劳动者向白人经济权力的持久服从。

随着"黑色法典"受到法律上的攻击,南方各州开始主动追求激进的

---

① 87 S. Ct. at 1832.
② *Cherokee Nation v. So. Kans. Ry. Co.*, D. C. 33 F 900, 906 (1888).

种族隔离,以作为确保白人的至高无尚和黑人卑贱从属的手段……非洲裔美国人基本上生活在一个警察国里,他们涉及公共生活的每一方面几乎都被规定了。正式的警察组织在这种制度下要维持正式的和非正式的社会秩序。正式的警察在种族隔离的南方,既代表着南方压迫性的秩序,又代表着白人总体上至高无尚的思想。"它所代表的,不仅是正式法律和规章所定义的社会秩序,而且是白人的至高无尚和一整套与这种概念有关的社会习惯。"(Myrdal 1944,535)①

♣ 基于女性从属于男性这一推定,妇女经常受制于一些特殊的法律规则。这些规则的实施,有时被说成是对妇女的"保护",有时被说成是对她们的"控制"。这些规则涉及婚姻、生育控制、堕胎和性别不平等。依女权主义者的观点,这一切规则都是值得质疑的,但女权主义内部对于是否需要某些种类的法律规则也是存在争议的。下面的文章提出:"保护"的法律和"控制"的法律是密不可分的,它们的实施削弱了妇女的自由。

第三节 女权主义与色情文艺:同道与伴侣

温迪·麦克埃若②

所谓对有伤风化文学的强烈反对,是世界嘲弄美国的现成笑话之一。欧洲人喜欢听这类东西。它确认了欧洲根深蒂固的看法:美国是一个土里土气的地方,终究是一种二流的乡镇文明。

——萧伯纳(George Bernard Shaw)

性矫正史认为,对性的生动细致描写,是妇女自由的传统而永恒的敌人。其实正相反。

从历史上看,女权主义和色情文艺在非正统的坎坷之路上一直是形影不离的伴侣,这种伙伴关系是自然的,也许是不可避免的。毕竟,女权主义和色情文艺都嘲笑这样的传统观念:性必须是与婚育相关的。

---

① Sandra Bass, "Out of Place: Petit Apartheid and the Police," in Dragan Milovanovic and Katheryn K. Russell, eds., *Petit Apartheid in the U.S. Criminal Justice System* (Durham, NC: Carolina Academic Press, 2001), pp. 44–45.

② Wendy McElroy 是 *XXX: A Woman's Right to Pornography* 和一系列女权主义著作的作者,是 Independent Institute 的特别会员和 Fox News 的每周专栏作家,同时又是 http://www.ifeminists.net 的编辑。

它们也都将妇女视为应当追求性行为的快乐和自我实现的有性存在物。的确，绝大多数女权主义的要求都是以与妇女的性有关的短语表达的：平等婚姻、女同性恋关系、生育控制、堕胎和性别正义……

在 19 世纪，对女权主义的批评主要来自布道坛和肥皂箱上的讲演者，他们大声疾呼：女权主义者正在腐蚀家庭和母性的圣洁。同样的谩骂也抛向色情文艺，那时称为"淫秽文学"。一个世纪以后，女权主义和色情文艺的右翼批评家们，与他们的早期同道有惊人的相似之处。女权主义与色情文艺都对传统的制度和与性有关的假设提出了质疑。

相似性并没有在此终结。女权主义和色情文艺在一种容忍的气氛中枝繁叶茂起来，因为在这种气氛中，质疑受到鼓励，不同的态度受到尊重，无怪乎女权主义与色情文艺在性表达被约束的时候都会遭受压制。

当前审查制度的反冲力是政治正确和道德多数左右两翼的联盟，这个联盟既威胁着妇女的自由，也威胁着性表达的自由。右翼将直接的性描写定义为邪恶；左翼则将其定义为对妇女的暴力。结果却是相同的。

审查制度网广泛撒开，以至于女权主义者的经典作品，比如，苏珊·布朗米勒（Susan Brownmiller）的《违背我们的意愿》（*Against Our Will*）与色情文艺的标志《达拉斯的黛比》（*Debbie Does Dallas*）遭遇了同样的危险。这是不可避免的。两个作品触及了相同的主题：性压抑世界里的性自由。它们只不过达成了相反的结论。

为什么女权主义者与右翼携起手来？也许他们相信自己处于最后权力的位置上；也许他们梦想将其性观点变成现实。

这是一个现实主义的希望。激进的女权主义者已经成功建立了性矫正制度，并以之作为大学制度的传统形式。在这种制度里，当前无人敢于质疑性骚扰这样的概念。媒体自律到回避与性有关的不检点的提法。工作场所已经变成了妄想狂的礼堂。反色情的女权主义者有理由相信，她们在新的权力结构演进中有上好的表现。

与此同时，色情文艺被抛在一边，用孤独的声音描述着妇女们不受欢迎的性选择。

女权主义者迫切需要与她们的自身历史重新认同。近来被称为女权主义的学术经常透过意识形态泄漏出来。女权主义者必须与历史上一再出现的两个重大教训达成妥协：

其一，审查制度，或者说任何形式的性压制，都不可避免地反作用于妇女，尤其不利于那些希望质疑自己传统角色的妇女。性表达的自由，包括色情文艺，都不可避免地制造一种询问和探索的气氛。这会提升妇女的性生活和妇女的自由。

其二，审查制度巩固了那些有权者的地位。这对妇女来说从来就不是一个好消息，因为妇女在经济上、政治上和社会上都是社会最弱势的成员。

言论自由就是要求变革的自由。它总是有益于那些寻求改革社会的人，而不是有利于那些希望保持社会现状的人。

……

性的非检点史上的一个案例

……美国内战后的社会动荡时期，成千上万的男女参加了纯洁运动，他们要为两性设立单一的性道德标准。这不是为了趋向更大的自由，而是一种旨在将个人选择限制在社会可接受程度上的清教徒式的运动。

这些圣斗士将自由而开放的性行为视为不尊重妇女的男人的私欲反映。毕竟，女人是天然贞洁的。她们是母亲，是妻子，是教堂的柱石。纯洁运动就是遏制男人的私欲，它要求社会控制。因此，纯洁运动的圣斗士站出来呼吁用法律来反对当时称为"淫秽之物"的妓女、酗酒和色情文艺。

许多女性和男性改革者爬上了领奏车。在这一过程中，他们毁掉了规模虽小但正在成长的女权主义运动，这个运动在当时是唯一迫切呼吁妇女性权利的声音。它有婚姻改革和生育控制分配两个目标。

这个运动被冷酷扼杀，这是女权主义历史上最悲惨的一页。不过，它实质上被现代的女权主义学者所忽视。这个故事的发展脉络是这样的：

到内战结束的1865年，美国国会采纳了首部禁止美国邮政中的淫秽物品的法律。邮寄淫秽物品被官方宣布为刑事犯罪。不过，这里有一个实施上的难题：邮局没有法律上的权利拒绝邮寄任何东西。只有在淫秽物品已经通过邮寄后，才能施加刑罚。这在法律上和策略上都是难于落实的。

1868年，"基督教青年会"（Young Men's Christian Association）纽约分会开始督促州立法机关将"买卖淫秽物品"规定为非法，以使那些有腐蚀性的物品不至落入敏感的年轻绅士手中。以此为由，该会进行了一场名为"安东尼·康斯托克"（Anthony Comstock）的狂热运动。

康斯托克生于1844年，他母亲有10个孩子，其中3个夭折了。可以想见，这个背景使康斯托克非常赞成生育控制，但他又笃信宗教，对于自己的家庭悲剧，他谴责的似乎是男人的动物本性，而不是恶劣的医疗技术。

对性行为情绪化的排斥，导致康斯托克对通俗小说的攻击，这种引人入胜但内容空泛的小说在当时很流行，而康斯托克认为这种小说是"为年轻人设置的邪恶陷阱"。的确，他早期的口号之一就是"书籍是妓院的饲养员"。

"基督教青年会"的富裕成员为他们的圣斗士提供了3千美元年薪，外加活动经费，这使康斯托克能够辞去纺织品营销员的工作，全心全意投入到反淫秽工作之中。

康斯托克整天忙着追踪那些与触怒他的书籍有关的人，然后策划对他们的逮捕。不过，他的辖区仅限于纽约州界。为了抓到淫秽书刊的出版者，也就是所谓邪恶之源，康斯托克需要一部联邦法，让他能够跨过州界。1872年，"压制邪恶委员会"（Committee for the Suppression of Vice）在纽约成立，康斯托克成为它的密探。这个委员会后来改称协会（society），它与"基督教青年会"联手推动一部全面的联邦法。

康斯托克来到华盛顿特区，热情洋溢地在国会大厦中游说。像当时某些反色情文艺的圣斗士一样，康斯托克随身携带了许多色情文艺的样本，用它们来震撼和操纵人们的情感。他一定是进行了上佳的表演，被称为《康斯托克法》的玩意儿在1873年3月2日星期日凌晨2点获得通过。该法是在国会闭会过程中匆忙讨论通过的，争论的时间不超过1小时。

通过这一立法，国会修订了美国刑法典，禁止通过公共邮政运输下列物品：

> ……落于纸面或其他材料上的任何淫秽的书籍、手册、报纸、作品、广告、传单、印刷品、绘画、素描或其他图像、肖像或形象，或者任何铸件、工具或其他具有不道德性质的物品，或者任何为避孕、非法堕胎之用的物品，或者……兜售这类物品的广告……

这样一来，生育控制信息也是淫秽的了。该法为任何明知情况下邮寄或接受这种"淫秽、猥亵或者撩拨情欲的"印刷或绘图材料的人准备了最高10年的监禁。

一系列模仿这一联邦法的州法律迅速出台了。除了新墨西哥州，每个州都采取了某种行动。有24个州通过立法禁止通过公共邮政传播避孕信息和邮寄避孕工具，并且，不允许通过私人出版物进行传播避孕信息。有14个州禁止这方面的演讲。康涅狄格州禁止人们使用生育控制方法。这一切都被称为"康斯托克诸法"。

与此同时，邮局享有了独立的审查和没收权力。国会还任命康斯托克作为邮局的特派员，检查邮件，追踪那些违反联邦邮寄标准的人。康斯托克1915年死前一直担任"压制邪恶协会"的头目，这个协会从这些追诉行为中得到了大笔的罚款收入。

纯洁运动的圣斗士们使用无耻的圈套获得了一大串的胜利。在没有正当程序的情况下，邮政官员竟能没收、拒绝接受或者干脆毁掉任何他们不喜欢的邮寄品。邮政总长沃纳梅克（Wanamaker））用极为广泛的用语解释淫秽物品：比如，他宣布基督和平主义者列夫·托尔斯泰的书是淫秽的。不过，康斯托克的主攻目标还是避孕，他把避孕与卖淫联系起来。

康斯托克执著地追剿生育控制的提倡者，他伪造签名写了一些要求帮助的诱骗信。这些信件发给那些有同情心的医生和改革者，为的是诱捕他们。一次，他逮捕了一名女医生，因为她向他出售了一个可以用于生育控制的注射器，而这个注射器在任何药店都是可以合法买卖的。至1874年1月，康斯托克已经坐火车旅行了23500英里，扣押了194000幅淫秽图画和照片，134000磅的书籍，14200个的彩色插页，5500副扑克，逮捕了55人，20人被定罪，扣押了60300个"淫秽的避孕套"。

不久，他开始寻求对生育控制提倡者进行刑事追诉。改革者们为了不成为他猎取的目标而开始沉默；1873年以前讨论生育控制的书籍干脆将这部分内容从以后的版本中删除；甚至同情妇女性权利的期刊也拒绝在其出版物中支持生育控制。

那些敢于反对康斯托克的人受到忽视，比如，1878年2月，很有影响的"自由联盟"（Liberal League）向国会提交了有7万人签名的一份2100英尺长的请愿书，反对《康斯托克法》，但这个请愿书被搁置了。

康斯托克诸法中有许多内容至今仍然有效。直到1971年，避孕物品才从禁止邮寄名单中删掉。这要感谢来自纽约的众议员詹姆斯·舒尔（James H. Scheuer）此前4年的努力。舒尔涉足这件事，是因为一位美国海关官员让他的一位女选民将避孕膜扔到海湾里，才允许她返回这个国家。

一些勇敢的改革者一直试图改变妇女的不幸命运，而看一看康斯托克诸法是如何摧毁这些改革者生活的，就能最好地体会这些法律的真正悲剧性。

性压制的背景

在19世纪的绝大部分时间里，妇女都是丈夫的动产。男人对妻子的财产、工资，对孩子，甚至对妻子的身体，都有法律上的所有权。如果丈夫或者其他男性亲属做了决定，妇女就可以被关进疯人院里。政府中也没有她们的声音。如果没有丈夫的同意，她们也不能订立契约。甚而至于，工会也对最需要它的工人，即妇女，关闭了大门。大学作为昌明与教化的中心，对敢于求知的妇女也是大门紧锁。

做一个女人，就是做一个无权者。

美国内战前，兴起了一场充满活力的女权运动，旨在改变妇女水深火热的生存条件。

美国的女权主义，作为一种有组织的、自觉的力量，是从19世纪30年代废奴运动发展而来的。在废奴运动中，妇女作为演讲者、写作者和政治组织者发挥了显著的作用。废奴主义就是要求立即终止奴隶制的激进运动，它的理由是每个人都是自己的所有者。换言之，每个人对自己的身体都有道义上的管辖权。

作为废奴主义者的妇女，开始自问她们比奴隶能好多少？反对奴隶制的女权主义者艾比·凯丽（Abbie Kelly）指出："我们有极好的理由感谢奴隶，在为奴隶的工作中我们自己也同时获益。在努力打碎奴隶枷锁的同时，我们非常确定地发现，我们自己还戴着镣铐。"

并且，为了不让人错过奴隶和妇女生存条件的对比，格丽梅克（Grimke）姐妹——萨拉（Sarah）和安吉丽娜（Angelina）——都明确地对这两者进行了比较。萨拉引用了当时最著名的法律权威乔治·布莱克斯通的话说："如果妻子遭受了身体或财产上的损害，如果没有丈夫的同意并且以夫妻二人的名义，妻子不能提出赔偿之诉。"

萨拉接着指出："这一法律与关于奴隶的法律是相似的：'奴隶不能提出针对主人的诉讼，也不能提出对其他人的伤害之诉——他的主人才能提出这一诉讼。'"

萨拉还对路易斯安那州一条规定"奴隶占有的任何东西在法律上

都属于主人"的法律与另一条规定"女人的个人财产婚后绝对属于丈夫,在丈夫去世时,他可以完全不留给妻子"的法律。

将反奴隶制和女权运动结合起来的是一种对每个人控制自己身体和财产的权利要求。这一原则今天仍然是个人女权主义的核心。

美国内战使妇女权利的进军偏离了轨道。妇女们被明确要求将她们自己的抱怨放在一边,为一个更大的事业奋斗:通过赢得北方的胜利而使奴隶获得自由。内战后,宪法第十四和第十五修正案在国会通过,而妇女却遭受了政治上的冷落。第十四修正案确保了每个守法的美国男性都有投票权(排除了美国土著人)。第十五修正案确保投票的权利不因"种族、肤色或先前的奴隶身份"而有所减损,但没有提到性别。妇女被这两个修正案忽视了。

从这一点出发,女权主义者走上了通向妇女权利的三种途径之一。主流改革者是为妇女的投票权而努力。一些激进的妇女为社会变革而工作,这种社会变革被表达为"社会纯洁圣战",比如,提高表示同意的年龄,改造妓女,审查淫秽物品。在《妇女的身体,妇女的权利》一书中,琳达·戈登(Linda Gordon)评论了这一时期的特点:"我们越是看得仔细,就越是难于区分社会纯洁组织与女权主义者团体。来自一个全然不同的组织的女权主义者是绝大多数主要社会纯洁运动的提倡者……"

废奴运动女权主义者也相信纯洁运动,但对她们来说,它是来自个人良心的纯洁;持社会纯洁论的女权主义者则似乎非常愿意通过法律来落实道德。

其他一些激烈的战斗是为了性权利,为了自由,而不是为了纯洁。这一运动为那些相信自我所有权的人提供了一个思想家园:妇女的身体,妇女的权利。它被称作自由之爱(free love)。

自由之爱运动最为人铭记的是20世纪激进的埃玛·戈尔德曼的一句俏皮话。当有人问她是否信仰自由(免费)之爱时,埃玛说:"我肯定不信仰付钱的爱情。"然而,自由之爱理论是一个比这一回答更复杂的东西。

自由之爱哲学与滥交没有关系。比如,19世纪俄亥俄州自由之爱共同体的旗帜上宣称的就是"自由、友爱、贞洁"。为什么这样一个贞洁共同体会把自由之爱视为避风港呢?因为它信奉的原则是:成人之间的性关系中不应存在胁迫。自由之爱激烈地否认国家有任何干涉相互同意的成人之间性安排的权利。他们主要的努力方向是赋予性伙伴中最弱者和最受虐待者——妇女——以力量。

这里有两个确保妇女性权利的关键。首先是改革婚姻法，这种法律给丈夫几乎绝对的统治妻子的权威。自由之爱者主张，婚姻应当是两人之间自愿而平等的结合，双方分享着精神上的契合。

第二个关键是让妇女能够得到生育控制信息和工具。

虽然康斯托克企图关上妇女性的大门，但自由之爱运动却努力破门而入。尽管承认这样的现实在政治上是不正确的，然而，为妇女自由而战斗的人中，最勇敢的却是两个白人男性：伊兹拉·海伍德（Ezra Heywood）和摩西·哈曼（Moses Harman）。他们都因为努力帮助妇女而毁了自己。

海伍德夫妇与《言词》（*The Word*）　伊兹拉·海伍德是一位废奴主义者，也是一位为妇女权利大声疾呼的人。1865 年，他与安吉拉·菲达西娅·蒂尔顿（Angela Fiducia Tilton）结婚。尽管他们是有 4 个孩子的忠诚夫妇，但伊兹拉和安吉拉开始确信：婚姻是真正爱情的一个最大障碍。的确，海伍德夫妇将传统婚姻视为卖淫，理由是男人将女人贬低到这样一种社会经济依赖状态，以至于为了生存，女人被迫选择是出卖自己几乎毫无回报的劳动，还是将自己的肉体出卖给不情愿的结合。

1872 年，伊兹拉在马萨诸塞州的普林斯顿（Princeton）出版了他的期刊《言词》，以之作为劳动改革的宣传工具。《言词》的前言声明："赞同废除投机所得、妇女奴隶制和战争政府……"几乎从一开始，《言词》就有广泛的发行量，每一州的工会都有订阅。海伍德夫妇开始时曾宣布他们的意图是将妇女从经济从属地位中解救出来，但是，《言词》慢慢地越来越深地陷入自由之爱问题。随后不久，由于安吉拉的原因，《言词》开始以直接而坦率的性自由为重点。

……

海伍德夫妇成立了"合作出版公司"（The Co-coperative Publishing Company），发起了向婚姻全面的、正面的进攻。1873 年，他们成立了"新英格兰自由之爱联盟"（New England Free Love League），开始在他们的通信和作品上标上年代名称"爱之年"（Y. L.）。

1873 年，"合作出版公司"发行了名为《失礼的解放》（*Uncivil Liberty*）的小册子，由伊兹拉执笔，安吉拉作为积极的助手。小册子呼吁妇女的投票权，认为在政治上给予妇女公民权将会使两性都获得社会解放。这个小册子散发了 8 万册。

1876 年，公司又出版了另外一本小册子，名为《丘比特的枷锁》（*Cupid's Yokes*），副标题是"婚姻生活的凝聚力：关于爱情与婚姻中可以主张性自治的天然权利和必要性的某些道德和心理阶段的论文"。这篇 23 页的论文，发行量估计在 5 万到 20 万册。"丘比特的枷锁"一语是指健康的爱情纽带应当取代法律证书而成为婚姻的真正证据。伊兹拉还主张生育控制，并呼吁废除康斯托克诸法。他甚至嘲笑安东尼·康斯托克是一个"宗教偏执狂"。

的确，伊兹拉似乎乐于嘲笑康斯托克。一次，《言词》还叫卖一种避孕器材——阴道灌注器——并且将其命名为"康斯托克注射器"。

……

伊兹拉被控通过邮局传播淫秽物品。开庭时，控方认定《丘比特的枷锁》实在太淫秽，以至于不能进入法庭记录。因此，这个小册子的淫秽在庭审开始时就已经被确认。法庭还放弃对作品目的和优点进行任何调查，也不听取任何医学和科学证据。

1878 年 6 月 25 日，伊兹拉·海伍德被判苦役 2 年和 100 美元罚金。8 月 1 日，有 6 千人在波士顿的法努尔厅（Faneuil Hall）① 游行，他们要求释放伊兹拉，废除康斯托克诸法。在服刑 6 个月后，伊兹拉因海斯（Hayes）总统的特赦而获释。康斯托克怒不可遏，他重下决心阻止《丘比特的枷锁》的发行。

……

迫害，只能使伊兹拉坚定立场。1882 年，他又一次因发行《丘比特的枷锁》而被捕，这一次还包括另外的淫秽物品：两首惠特曼（Walt Whitman）的诗。他在 1883 年 4 月 12 日被无罪释放，但很快又因散发安吉拉写的一篇呼吁生育控制的论文而再度被捕。

这个淫秽罪的指控，连同 1887 年的一次指控，一直没有受到起诉，这可能大半是由于公众的反对。进而，在 1890 年，《言词》重印了来自自由之爱期刊《撒旦，光明使者》（*Lucifer, the Light Bearer*）上的一封信。这封信导致《撒旦》的主编被审判，他就是摩西·哈曼，罪名是邮寄淫秽物品。

海伍德因三桩淫秽罪被逮捕和起诉，被判 2 年苦役。他服刑完毕

---

① Merchant Peter Faneuil 于 1742 年造了这座建筑物，并捐赠给该城，1806 年扩建。250 年来，第一层一直作为市场，第二层作为一个公共议事厅。18 世纪 60 年代，由于抗议英国纳税政策的呼声从这里响起，议事厅被称为"自由解放的摇篮"。第四层则是"古代及荣誉炮兵连展览馆"（Ancient and Honorable Artillery Company Museum）。——译注

时，身体非常糟糕，伊兹拉·海伍德 1 年后于 1893 年 5 月 22 日在一场感冒之后不幸去世。

《言词》停止发行，他被那些寻求控制性表达的人扼杀了。

就剩下《撒旦，光明使者》的出版人摩西·哈曼和他周围一些勇敢的改革者为妇女的性权利继续战斗了。

撒旦的周围 1879 年 6 月一个炎热的星期天，鳏夫摩西·哈曼和他的两个孩子，乔治和莉莲（Lillian），来到堪萨斯州 Valley Falls 中西部一个昏昏欲睡的小镇，这里将变成美国性改革的中心。尽管邻居们最初非常赞赏哈曼可敬的外表和优雅的气质，但他们很快看到这个人的另外一面：摩西·哈曼是一个不妥协的自由之爱的圣斗士，他反对家长式的国家和教堂，并给它们贴上孪生暴君的标签。

哈曼的私生活是一本正经的，但他却坚持认为，每个人都可以自由做出性决定，无需事先征得教堂或国家的同意。尤其是，他要求不受控制的生育控制和契约婚姻。

1883 年，哈曼开始出版期刊《撒旦，光明使者》。这样命名是基于一种认识：是撒旦，而不是上帝，给了人类善与恶的知识。像普罗米修斯一样，撒旦将光明带给人类；又像普罗米修斯一样，因为给人类带来光明而遭放逐。撒旦是第一个政治反叛者，他质疑上帝的权威。

《撒旦》很快成为当时有关性解放的著名刊物，它几乎界定了 19 世纪晚期美国性自由的各种界限。

《撒旦》也成为安东尼·康斯托克的主要目标，令他怒发冲冠的是，这个期刊竟然公开讨论生育控制并主张强制婚姻中的性就是强奸。尽管哈曼知道触及这些话题会有风险，但他坚持认为：“无论言词多么激烈或者具有煽动性，它们都不属于行动，不属于国家法律管辖的范畴。这种法律不能作为一种针对言词的遥远或可能后果的预防措施。”

1887 年 2 月 23 日，一个联邦执法官来到小镇，逮捕了《撒旦》的工作人员，因刊登了 4 封写给主编的信而获 270 条罪名的指控。这些罪名是武断强加的，因为《撒旦》被认为太淫秽了，以至于不能在法官或陪审团面前阅读。

……

摩西·哈曼被判 5 年监禁，罚金 300 美元。在服刑 17 个星期后，由于技术原因而被释放。在没有陪审团的情况下，稍稍变换罪名又重新开庭，判刑 1 年。8 个月后，又一次因技术问题而被释放。

英国著名剧作家萧伯纳在《纽约时报》头版对他的采访中感叹哈

曼的不幸：

"……在美国，因为呼吁保护已婚妇女在生育问题上不受家庭内部干涉，一份刊物刚刚被收缴，主编被监禁。假如这个人在他的书刊里塞满正常结合的夫妇之间激发性欲的图片和故事，他反倒是一个富裕而令人尊敬的公民了。"

……

哈曼最后一次因淫秽罪而被监禁是在 1906 年，当时他已经 75 岁了。他被判在朱利耶特（Joliet）服苦役 1 年。在寒冷的冬天，一天要砸 8 个半小时的石头，这极度威胁了他的健康。他的朋友向当局施加压力，将他转到别处服刑。

大约在这个时候，萧伯纳被问到为什么不访问美国。他直率地回答说：

> 我不去美国的理由是害怕被安东尼·康斯托克先生逮捕，像摩西·哈曼先生一样被监禁……如果这帮歹人可以逮捕哈曼先生这样一位年事已高的人，并且将他监禁在一种等于是间接杀人的条件下长达 1 年，仅仅因为他表达了和我在《人与超人》中相同的见解，也就是"婚姻是人类制度中最荒淫的制度。而这一切，竟然没有公意的反对和抗议。那么，我能有多少机会逃过劫难呢？
>
> 不，谢谢先生，我可不去美国。

……

如果只是这些被忽视的激进分子遭受了社会纯洁之法的迫害，那么反色情文艺的女权主义者可以主张，他们没有意识到性自由与妇女权利之间的历史联系。但是，在被安东尼·康斯托克迫害的妇女中，至少有一位是任何受过教育的女权主义者都不会忽视的。她的名字叫玛格丽特·桑格（Margaret Sanger）。

桑格第一次触犯康斯托克诸法是因为她的"女孩须知"的专栏，它刊登在社会主义者期刊《呼吁》（The Call）上。这个专栏图文并茂地描述了性病。1913 年初，康斯托克禁止了这个专栏。《呼吁》在原有专栏位置上刊登了一个空白的花边框，标题是："女孩须知——无可知之；根据美国邮政局的命令。"

1916 年 10 月 16 日，玛格丽特·桑格在布鲁克林租房开设了美国第一家生育控制诊所，还用英语、依地语和意大利语印发了介绍诊所的传单，督促妇女不要堕胎，而要事先避孕。10 月 26 日，桑格被逮捕，因为她传播避孕信息。当天下午被释放后，她马上重开诊所。这一回，警察强迫房东将她赶走，彻底关闭了诊所。

桑格坐在押送的警车里，看到一群可怜的妇女的背影，她们还站在她的诊所门口。她们是来向她求助的。桑格写道：

"我听到……一声尖叫，是一位推着婴儿车的妇女发出的，她拐过街角，正要到诊所去。这时她看到了警车……就撇开婴儿车，穿过人群冲向警车，向我大喊：'快回来！救救我！'"

桑格被判在囚犯工厂劳动30天。当局因为害怕她绝食抗议，所以安排她在一个不太恶劣但更幽暗的监狱服刑。

桑格的第一份期刊叫《妇女的反抗》（*Woman Rebel*），其中富于挑衅性的举动就是表达了一种传播避孕信息的意图。当邮政当局宣布其为淫秽刊物时，桑格为了避免刊物被没收，就分批寄向全市。随着订单不断涌入，邮局宣布另外五期不能邮寄。

与此同时，桑格准备了一份名为《家庭生育限制》（*Family Limitation*）的小册子，提供避孕信息，但在出版之前，她就因8月那期《妇女的反抗》而被联邦政府起诉。面对可能长达45年的监禁，桑格逃到了英格兰。

在出逃之前，她安排一位激进的出版商印刷《家庭生育限制》。这个出版商也因此获罪下狱。1915年初，康斯托克亲自逮捕了桑格的丈夫威廉·桑格。他被判刑30天。具有讽刺意味的是，对威廉·桑格的审判反而刺激了公众对生育控制提倡者的支持。假传票被卖给那些想坐进拥挤不堪的法庭的人们。到1916年玛格丽特·桑格返回美国时，政治气候已经改变。她成了一位事业名人，政府方面审时度势地撤回了对她的起诉。

结　论

性自由，尤其是作为性言论自由的色情文艺，是妇女自由之战的主要部分。对性言词和性形象的审查，不仅导致对妇女性权利的压制，而且是一种控制妇女本身的企图。这是因为，妇女的权利传统上都是用与她们的性行为有关的术语表达的：婚姻、堕胎或生育控制。牺牲哪怕是少量的妇女性表达的自由，就是从根本上否定这是属于她们的性行为。

而今，色情文艺和妇女的性行为成了性矫正的被害者。

反色情文艺的女权主义者们无需久远的回顾，就在1992年2月，加拿大最高法院在"巴特勒诉女王案"（*Butler v. Regina*）中裁决，海关可以扣押色情文艺作品,理由是这类物品威胁了女性的安全。凯瑟琳·麦金农将这个裁决褒扬为女性的胜利,并且推测说:"也许在加拿大,人们相互谈论思想,而不是相互买卖思想。"海关已经利用这一裁定对同性恋和女权主义者的物品进行几乎是独家的封杀。

提示与问题

1. 温迪·麦克埃若主张,对色情文艺的攻击与对女权主义某些要求的法律调整紧密联系,而女权主义者的这些要求又与妇女的性行为有关。在思考的过程中,请参考下列论述:

> 法律触及每一静默之所,甚至侵入妇女隐秘的子宫。它打破任何静默,自说自话。法言法语,管辖权。它界定,它命令,它强制。
>
> 法网恢恢,疏而不漏,我们至死信仰这一点。我所想起的每一案件,如果涉及有关生育的法律规定,就不能不使我联想到所有的案件。它们由各种线索构成一个相互联结的网络。流产、"代孕",妇女怀孕监督,解雇怀孕妇女,终止贫困或被殴妇女的亲权,强制"让与"精神障碍和易受伤害妇女所行使的收养权,强制剖腹产,监控家中分娩。顺着任何一条线索,我都能发现它与其他线索联结在一起。当我解开一根线,它会牵连其他的线。每条线都编结于法律原理的织物之上,每条线都附属于中立性和一般性的观念。①

2. 你认为麦克埃若会同意玛丽·阿什的下述观点吗?

> 母亲们以及所有的妇女,包括怀孕的、分娩的、堕胎的、遭受蹂躏的或者有权有势的,她们的自述比任何法律与医疗表述更接近妇女的真实体验。虽然我们从这些体验中所做的归纳和推论可能是相互冲突的,但当我们互相理解时,我们发现,那些缘于我们自然的和被同化的身体的真实,并不相互冲突……
>
> 我希望有这样一种法律,它会让我们成为女人。要认识到每一关于女性"生育"的规章都内在地具有暴力色彩,要确定一个没有规章的领域,在这一领域里,我们每个人都能做我们自己的"生死抉择"。②

3. 你认为法律可以承认"一个非调整领域"吗?为什么可以?为什么不可以?

---

① Marie Ashe, "Zig-Zag Stitching and the Seamless Web: Thoughts on 'Reproduction' and the Law," *Nova Law Review*, Vol. 13 (1989).

② Marie Ashe, "Zig-Zag Stitching and the Seamless Web: Thoughts on 'Reproduction' and the Law," *Nova Law Review*, Vol. 13 (1989).

4. 女权主义者直接针对法律机构及其实践提出批评。将下列评论与麦克埃若的分析相比较，你能发现女权主义者对法律的批评与对法律实施的批评有何异同吗？

20世纪30年代，一篇题为"作为警察的妇女"的社论出现在一份中西部的报纸上。依照这位身份不明的女性作者的观点，已进行了20年的女警运动是一个可悲的错误，因为警察工作是一种"雄性特征"明显的职业。作者解释说，从本质上说，男人"特别适合"警察工作，就像女人特别适合哺育一样。不仅如此，"对我们绝大多数人来说，一想到女人手提警棍在街上巡逻，还要出入各种低俗的场所，心里就很不舒服……尽管我们可能觉得自己在许多方面与男人有同样的能力，但我们做好自己的工作比做糟男人的工作更好。女人也有作为法律实施者的巨大权力，但这种权力应当用在家里……我们作为母亲和教师比作为女警能更好出色。"……

……由于关注正在改变的性道德，尤其工人阶级年轻女性中不断增加的公然的性行为，中产阶级妇女活动家在20世纪头10年中开始鼓吹女警职业。她们希望，用警察权武装妇女可以减少性剥削对妇女和女孩的损害，减少可预见的婚前性行为的危险。

就女警一事而论，女性活动家接近了中产阶级对性别的固有看法。比如，他们声称妇女天生就有同情心，这使她们能够比男人更好地履行某些警察职责，像预防犯罪、处置女性和少年案件、保护妇女和女孩在公共场合的名誉和身体安全等。他们的任命女警的论点，很快变成了警察工作中一种新的女性模式，即犯罪预防模式的根据……考虑到当时正处在女性社会活动风起云涌的时代，犯罪预防模式的出现是从性别角度对当时存在的警察实践和警察哲学的批判。

犯罪预防模式有三个主要原则：警察工作发展到最高形式是一种社会工作；犯罪预防是警察最重要的职能；而女人在犯罪预防方面"天生"优于男人。依女警的先驱和女警提倡者的观点，这一模式的成功落实有赖于中产阶级女性从事警察工作。一旦有了足够的女警，她们作为女人的同情心和社会环境调查方法，将逐渐把警察局从由缺乏训练的工人阶级男性把持的冷眼的法律实施机构，转变为由训练有素的中产阶级男女两性构成的人性化的社会工作机构。

感谢中产阶级女性活动家的诸多努力，几百名妇女在20世纪头20年中成了警察。不过，尽管警察局里有了女人，但预期的以性别和阶级为基础的警察工作转型却从来没有发生过。[1]

---

[1] "'A Man's Job': Gender and Policywork" from *Policing Women: The Sexual Politics of Law Enforcement and the LAPD* by Janis Appier.

第十章 法律技巧

> 自由民主社会与极权主义制度的一个基本对比在于，极权主义政府依靠的是统治实体自身的隐秘性和对所有其他实体的高度监管和暴露，而在开明民主的市民文化中，位置却是大体相反的。
>
> ——杰弗里·沃克："作为权力的信息"，CIS 政策论坛①

♣ 法律实施涉及的警察技巧包括：获取和加工信息，并且发现和应对不法行为。法律实施机构的权力可以用警察获取信息的能力（ability）或无能力，以及逮捕和控制嫌疑犯的法律资格（capacity）或无资格来衡量。警察技巧还与守法的公民和一般公众有关，而且包括处置某些"非实施"类任务。

我们可以想见，有许多相互冲突的法律实施技巧。关于警察如何获取和回应信息，以及他们如何四处缉拿疑犯，有许多问题需要提出：他们是否干了监控他人或者侵犯隐私的勾当？他们是否进行了无理的搜查和扣押？他们是否凭种族或其他形式的"勾勒"来缩小或确定行动范围？他们是否适当运用了最新技术？他们是否对法律实施和非实施行为做了区分？

本章阅读材料探讨的问题都与法律实施技巧有关，特别是从社会的和专业的方面关注警察的自由裁量和调查取证。

赫尔曼·古德斯坦（Herman Goldstein）分析了关于警察工作复杂性的社会学研究的增长，提供了 20 世纪 50 年代以来法律实施研究的成果，并得出结论说，在当代的美国，"以问题为导向"和"公众治安维持"是法律实施最可变的形式。

杰姬·坎贝尔（Jackie Campbell）讨论了她作为一名非洲裔美国女

---

① Geoffrey de Q Walker, "Information as Power," CIS Policy Forum (Centre for Independent Studies, 1986); quoted in Simon Davies, "The Australia Card: Campaign of Opposition," in *National Identification Systems*, Carl Watner and Wendy McElroy, eds. (2004) (online at http://www.privacyinternational.org/issues/idcard/campaigns.html).

警官的经历,描述了警察针对不同种族背景的人所采取的不同行为方式,制造了一种她称为城市中针对重要少数种族的"次种族隔离"(petit apartheid)制度。

美国最高法院在一系列判例中,就警察对公民的拦截、盘问和搜查等特定场合的行为做出裁决,这些裁决为法律实施技巧设定了宪法框架。

托德·塔特尔曼(Todd B. Tatelman)在给"美国国会研究部"(U. S. Congressional Research Service)的一份报告中,检视了对运输安全规章的宪法性质疑。这些规章都是在2001年9月11日纽约城遭恐怖袭击后为州际旅行制定和公布的。他分析了赞成或反对这些规章有效性的可能论点。

这些阅读材料提供了理解当代美国警察实践和理论的广泛方法,并且运用当前和最近的一些事件,展示了法律和社会之间关系的核心要点。

第一节 面对警察职能的复杂性[*]

赫尔曼·古德斯坦

警察功能的多重性质

20世纪60年代中期,犯罪成为国内的主要问题,约翰逊总统……成立了他的"法律实施与司法管理委员会"(Commission on Law Enforcement and Administration of Justice)……

为了努力提供一个连贯一致的有关警察业务及其必要性的画面,该委员会多次承认警察职能的各种不同特征,承认警察花了大量时间对付严重犯罪以外的情况。它还认可了这些职能产生的问题的复杂性,检视了赞成和反对警察继续负责非执法任务的各种观点。不过,为了取得平衡,它做了这样的结论:"警察履行许多非执法职责,这有助于他们控制犯罪,但若从根本上改变传统的警察角色,所产生的问题将会多于所解决的问题。"除了关注犯罪,委员会还关心改善与年轻人及少数群体关系的必要性。这些关注与关心的结合导致它提出三个步骤的警员安排概念:在最低水平上做一个为公众服务的警察,

---

[*] Lloyd E. Ohlin and Frank J. Remington, eds., *Discretion in Criminal Justice: The Tension Between Individualization and Uniformity*, the State University of New York Press © 1993, State University of New York.

他的主要责任包括履行非执法职责以及改善与公众的关系。因此，委员会一方面赋予非执法职责以正当性，理由是这样做于对付犯罪颇有贡献；另一方面又卸去警察这样的负担，以便他们能够集中力量对付犯罪。通过这两方面的努力，委员会支持这样的概念：警察主要是对付犯罪的斗士；但与此同时，它又反对此前完全剥夺警察非执法任务的运动。

比特纳（Bittner）的人种史著作是警察研究方面的佳作之一，它探讨了警察在面对贫民窟和处置精神病人过程中所起的作用，指出警察所履行的多种职能从性质上说是不可分的。比特纳的结论是：潜在的、不可预见的、对强制的需要是导致警察介入的支配性因素。卡明（Cumming）、斯库尔尼克（Skolnick）、威尔逊（Wilson）、利沃莫（Livermore）、鲁宾斯坦（Rubinstein）和米尔（Muir）等人对警察工作量和活动的研究，增加了人们对警察工作的全面理解，认识到警察对付犯罪的法律资格在某种程度上取决于他们对其他许多活动的介入；反过来，他们处置这些其他活动的能力又在一定程度上来源于他们对付犯罪的强制性权威。普奇（Punch）善于从"基本上没有书面证据支持的，因而被部分淹没的警察工作"中提出创见，他对上述所有这些研究进行反思后，指出这些研究是打开了"潘多拉的盒子"。他主张，因为警察工作如此重要又如此多样而分散，所以值得作为服务于多种目的和不同受众的、多面的社会控制机构而加以更多的研究。

至1973年，对警察职能性质的思考有了新的发展，以至于"美国律协"在"国际警长协会"（International Association of Chiefs of Police）的认同下，公布了与城市警察职能相关的标准，并得出这样的观察结论：

> 为了达到乐观的警务效果，应当认为，警察在识别和逮捕犯有严重罪行的人之外，还有复杂而多样的任务需要完成。这些其他任务包括保护某些权利，比如发表言论和组织集会的权利，还包括直接参与或者与其他公共机构联手预防犯罪和不良行为，维持秩序，控制行人和车辆交通，解决冲突，在公民有困难的时候给予帮助，比如，对心智不健全者、酗酒者或者吸毒者……

在一个非常关注直接针对警察的犯罪、恐惧和敌意的时代，由于认识到赖以对付犯罪的主要方法是值得怀疑的，进步的警察管理者开始寻求新的更有效的实践做法。新出现的这些计划反映了一些不同的侧重：(1) 改善与年轻人及少数群体的关系，主要目的是减少紧张关系，次要目的是增加警察对付犯罪的法律资格；(2) 更主动而不是被动地设置内线或卧底，主要目的是更积极地识别犯罪行为并获取证据；(3) 在预防犯罪时谋求社会公众的帮助；(4) 更多地逮捕一些破坏"生活素质"（quality of life）犯，目的是减少恐惧；(5) 更有效而广泛地接听打给警察的非报警电话，以期改善与公众的关系，减少恐惧，并且间接改善警察对付犯罪的法律资格。后面这项内容由于一篇被广泛引用的题为"打碎的窗户"（Broken Windows）的文章而大大加强了。这篇文章提出了一个连接点，将某一地区的治安恶化与无序，同警察对这种恶化与犯罪的反应联系起来。

在许多司法管辖区域里，这些不同的运动已经结合起来，其特征现在被刻画为处在公众治安维持的唯一保护伞下，并且因组织、人员和运作方面的支持性变动而充实起来。它们已经引出一整套全新的提供警察服务的方法，这种方法强调的重点是警察个人和他所派驻的公众之间的纽带，既让公众配合警察工作，又让警察主动承担义务。这种警察工作方法的核心特征就是强化承诺更有效地处置那些以前被认为最不应由警察负责的各种事项，并且要将警察的作用扩展到包括那些从前不属于警察干预范畴的利害关系。

因为在更大程度上接受了警察多职能论，并且意识到不能仅依靠刑事诉讼，它的价值是有限的，所以，重点已经转移，不仅转向确定更有效的对付犯罪的方法，而且转向确定更有效的完成警察广泛职能的方法。以"问题为导向的警务"概念是建立在更进一步的、公众秩序维持标签基础上的：提出一种全新的警察职能观点，其中，警察的首要义务就是对广泛的公众难题做出反应……

在这种分析中，特别看重避免和减少问题的预防性工作，也看重普通警官介入到思考过程和支持性研究之中。同时也特别看重坦诚、直率和诚实地面对适当的资源需求和权威需求，利用刑法和承认警察自由裁量权，尽量避免仓促之间将一切都塞到刑事诉讼中去。这种导向性的改变，将更多的责任、行动自由和自由裁量权赋予警察，其含义多于通常习惯所指的警察就是"法律执行官"……

让警察做的事是无穷无尽的

……

20世纪70年代，对于一般反应的压力，最为清晰地彰显于对"法律与秩序"的需求中，进而又转化成一种对"强硬"的需求，也就是，用强硬的手段对付从严重犯罪到政治抗议的各种事端。不过，在这种气候中开始了一些有意义的实验，它们是附和总统委员会研究的人搞起来的，旨在筛选应予重视的警务工作的一些特殊方面。其中最著名的是诺顿·巴德（Morton Bard）的"要对家庭暴力做出新的反应"的动议。

稍后的时期，对于特定反应的压力，反映在改变公众态度的愿望中，这种态度是关于犯罪行为的亚范畴的。比如，有一种强烈的愿望是让公众更严肃地看待各种形式的、对妇女的性攻击，这种愿望导致了一系列制定法的出台，将以前分别定义的范围广泛的行为，置于新的单一的反性袭击的保护伞下。这些制定法的主要目的之一就是让警察放心地将这种行为确信为较严重的犯罪。但是，对那些态度现在已经改变的警察或者那些不需要这种确信的人来说，弄出一个合理的预防和应对性袭击的计划，要求他们思考问题时运用那些将一种性袭击与另一种性袭击区别开来的不同变量。要对性虐待儿童的行为做出合理的反应，显然要求一种不同的方法，这种方法不同于对约会强奸或者攻击独门独户妇女的身份不明的强奸犯的处置。

以问题为导向的警务强调：有必要将分解问题作为分析问题的第一步。它尤其批评一种用刑法标签……掩盖既存各种行为的重要区别的倾向，而这些区别，在我们试图思考什么是最有效的反应时，具有重要意义。与此同时，它拒绝这样的观念，即，警察处置的每一事件都不同于任何其他事件。相反，以问题为导向的警务有一个主要的努力方向，就是提升警察的思考，使他们不致花费所有的时间去应对这些事件，而是寻求将这些事件汇集起来，使之有利于分析研究，并且最终由警察进行更有效的处置。

在对适当范畴分类的合力研究中，作为分析特定问题的部分过程，新近的警察的努力是确定一些重要的变量，这些变量，即使不能指令，也应当影响他们的反应。因此，可举的例子是，以巴德关于家庭暴力的著作为基础，那些向我们承诺公正而有效的警察局，确认了一些应当在决定警察采取何种行动时考虑的因素，比如年龄、心理疾病或者当事人的相对好斗性。这似乎导致这样一些成功的方案：识别虐待者并且令其接受刑事司法制度的适当处遇。然而，在一些司法区域里，只反思对警察反应的不满被认为是不够的，立法机关已经制定法律，授权警察在有相当理由（probable cause）相信发生了殴打时进行逮捕。被强制忽略某些变量的警察，现在正实施大量的逮捕。由于案源太多，检察官及其随从必须滤掉一些案件，这些案件所基于的因素与此前指示警察考虑的因素是相同的。制定法规定的这些逮捕可能有一个最难于处理的后果，那就是最终导致进一步的精炼，某些自由裁量权就是在这种精炼中回到警察手中，使他们能够以不同的方式处置某些情形。在这些情形中，起诉，对牵涉的个人或者对获得有关家庭暴力的可信信息，似乎都弊大于利。

如果没有立法机关针对家庭暴力所采取的这类行动，警察会有非常多的机会改进他们的反应质量，只要他们仔细思考所处置的各种问题，在每一个问题中，仔细思考那些应当在确定适当反应时加以考虑的因素。他们还有机会致力于灌输一套价值观，给警官一些追加指南，让他们能够应对不测。从过去几十年的经验看，针对某些难题，外力施加特定反应的程度，如果不考虑构成这些问题的各种情形，将大大取决于警察主动采取行动提炼其警务操作的程度。但是，要让这一切成为可能，须有公众和立法机关的支持，也就是，承认给警察这样一种压力是徒劳的：让他们将自己的责任视为处置单一范畴的行为，而这样的行为受制于一个简单的反应。

对于逮捕的各种运用

如果警察的工作被简单视为由刑法所界定，就可以理解为什么在完成这种工作过程中如此依赖逮捕；在警察被期待的范围内，也可以理解为什么逮捕被用于解决许多其他需求。随着对警察职能多面性的认识，逮捕的各种运用所产生的复杂性变得越来越明显。最终要直接面对的是对各种形式权威的需求，而不是对逮捕的需求。

运用逮捕来控制和遏制，因其有效性遭到质疑而受压多年，但在过去几年中，这种做法又浮出水面，因为街头毒品买卖和青年帮派暴力问题日趋严峻。面对极大的"夺回街道"的压力，警察重新采取街头"扫荡"的做法，制造了几百起没有后续起诉的逮捕。关于这些逮捕的法律基础，一直是不甚稳固的，但是，当有人声称逮捕是基于某种借口时，近期法院的一些裁决赞同使用客观标准确定逮捕的合法性，因而非常清楚的是，为这种逮捕铺平合法之路，现在是相当容易的事情了。因此，如果一个警官的真实想法是查出某个司机是否持有毒品，即使他承认这个司机最初是因超速被拦截的，也可以被接受为拦截及其后续行动的正当根据。当前做法的背后，一个重大因素是公众的热诚认可，而正是这些公众，在过去的不同语境下，曾经严厉批评过警察的同种做法。

如果有可能分析一下在某些大城市进行的、基于执行逮捕警官意图的所有逮捕，那么，在目前大量使用"街头扫荡"的情况下，会有更多的为此目的而进行的逮捕，而不是意图启动一个刑事诉讼。这种做法的代价有：被指为一种简易惩罚形式的官方拘留，武断和滥权的巨大潜在风险，这些逮捕和拘留所带来的负面影响，以及在一定程度上促成了种族间的紧张关系。不过，对某些形式的权威介入的需求似乎正在扩大，因为城区努力对付的急剧增加的街头秩序问题，不仅涉及毒品买卖和帮派殴斗，还有街道上无家可归者、醉酒者、精神病患者和吸毒者引发的冲突。

因此，面对维持街头社会秩序的复杂性，这种需求今天比以往更加迫切。随着对这些复杂性的认识，也产生了一系列的问题：这种需求的特性是什么？存在无需强力介入的维持秩序的其他方式吗？如果某种强力介入是必须的，是否能够设计一种有限权威的适当形式，让警察可以将某些人带离特定位置，而又无需拘留或起诉他们？一旦那个导致拘留的需求被满足，一个人可以不被逮捕吗？如果这样的权威能够被详细解说，又如何审查它的运用？现在的倾向是回避这些问题，正面评价警察的临时措施和多数情况下运用可怕的逮捕权时的不诚实。这种向简单的回归，其巨大的代价包括：警察工作的可信性，没有充分根据或复审机会的逮捕和拘留，以及刑事司法过程的正直与完整。

警察自由裁量权的流行

……

尽管"警察自由裁量权"这一术语的使用现在已经很平常了，它还是带有许多不同的含义，主要是因为有如此之多的不同形式的自由裁量权。上面讨论过的逮捕时自由裁量权的不同运用，就属于这样一种范畴。对许多评论家而言，关注的主要范畴是不予逮捕的决定，或者如果不得不实施逮捕，就要关注从一大堆违法者中究竟逮捕谁的决定。这是我们下面要讨论的问题。这些范畴的自由裁量权受到特殊关注，既是因为它们与传统上被认为最重要的警务决定——逮捕——相关联，也是因为它们提出了某些特别的难题。不过，其他形式的由警察行使的自由裁量权也提出了许多同样的问题。这些形式的自由裁量权包括：在许多职能中，确定哪一种职能应当优先；是采取主动调查的措施，还是等到有人投诉；是否采取不同形式的调查，比如，内线卧底、监视侦察或者便衣行动。

……对警察的这些做法也有许多质疑：侵犯民权，在少数群体公众中制造紧张，对政治抗议和游行示威者采取错误反应。这些质疑主要集中在自由裁量性的决定上。在给定的情境下，比如运用强制，使用便衣，进行监视或者驱散人群，警察的决定在受审查时往往产生特殊的难题：一个已经采取的行动是依一个自觉的决定采取的吗？以什么为标准？由谁来授权？又受谁审查？谁做决定？是一位由警察向其负责的民选官员，还是一位警察局长或者一名警察？上级认为决定适当吗？这样的问题不能再被撇在一边，也不能再满足于警察在此没有自由裁量权的回答。警察不能拒绝公开的、对强硬政策所产生的问题的讨论。由于有这些问题以及警察局承诺的不断公开政策，人们认识了因承认自由裁量权而引发的复杂性和责任。

如果对什么是处置政策难题的最好方法没有一致意见，行动就会陷于混乱。立法机关已经出台了许多制定法，用以限制、阐释、指导或指令警察的行动，比如，与拦截、盘问、光身搜查、使用强制相关的行动。城市议会也用财政和立法权力来为警察设定优先权（比如，大麻管制，依照联邦法决定起诉毒品案件）并且控制调查权（比如监视某些政治团体）。通过提案和投票，全体公民已经努力为警察提供更特定的指导，以处置当地的突出问题，比如，大麻管制，运用强制。检察官在做出影响警察做法的政策性决定时也更加自信，当然，这些决定所牵涉的事项最终会与他们有关。

最重大也最持久的指导警察自由裁量权的努力是由警察自己做出的。刺激这一运动的是总统委员会……它在一个特别关键的时期给出了非常重要的劝告：建议警察局为各种形式的警察行动提供指南……对清晰明了的政策的需求现在已经如此强烈，以至于在许多敏感方面都以授权警察局制定的标准来要求警察的实务操作……

这无论如何都不是说被揭示的复杂性已被全面认清，所以更谈不上完全解决了……也还没有确定，在诸多决定者当中——立法机关、行政官员、法官、检察官或者警察，谁能最好地做出重要的政策决定，用以指导警察的自由裁量权。一般都承认，警察是最恰当的采纳各种政策的人，因为这些政策所设定的标准都是与警察调查犯罪行为和处置违法相关的。警察是否应当设定标准，以决定某一刑事制定法是否应被实施？如果要实施，是否仅应限于某些场合？要确定这些问题越来越困难……

不予逮捕的警察决定

……

立法机关采取了承认自由裁量权的立场，比如，在拦截和盘问，在使用强制以及在高速追逐中的自由裁量权，与立法机关的立场不同，除一种情况外，他们都回避的现实是，警察从事的都不是充分的法律实施。这个例外是同一住所的一人对另一人的袭击。立法机关迫不及待地想传达一个强烈的信息：这样的袭击与其他所有袭击一样，都是犯罪。一些州的立法机关制定法律规定，警察一旦发现袭击的证据，就要实施逮捕。从回顾的角度看，这些立法可能提出了比以往期望的更大程度上的充分实施法律的问题。要求在所有情况下都实施逮捕，这刺激了许多关于可行性、公正性与有效性的立法政策讨论。但是，从更宽泛的意义上讲，这样的立法带有的含义是，警察不必充分实施所有其他的制定法——这样带有分支的含义还没有被充分揭示。

……有一种天真的想法：警察在所有的时间都在实施所有的法律，这种想法在立法者、民选官员和法官以及公众中是如此强烈，以至于警察极易受到不当行使自由裁量权的指责……

然而，这样做的效果是几乎阻止了任何现存的、对公开复杂问题的支持，这些复杂问题与决定是否应予逮捕时自由裁量权的行使有着密切联系。这是因为，以法律的要求为理由为一个决定进行辩护，比为一个甚至是明智的行政自由裁量权的行使进行充分辩护，要容易得多。作为一种结果，多数警察继续恪守一种广泛传播的信念，也就是，他们有责任充分实施所有的法律。这意味着，就他们工作中最重要的一个方面而言，他们不再可能采取下列步骤：通过更公开、更诚实、更富于理性的政策，可以实质性地改善他们的工作质量。

作为一个体系的刑事司法制度

"刑事司法制度"是美国律师协会20世纪50年代用以描述警察、检察官、法院和矫正机关之间的微妙关联和相互依赖的体系性特征。这种分析使刑事过程中裁决的重要性显而易见，也使人们看到了多个机构的行动影响这些裁决的方式。

这一术语以及它所传达的概念有着巨大魅力。总统委员会使这一术语成为思考对犯罪的反应时不可缺少的词汇。该委员会所组织的研究，也反映了它意识到承认刑事过程体系性质的重要意义。而通观其报告，该委员会及其工作人员主张，如果要改善对付犯罪的设施，那么刑事司法制度中每一机构的作用都必须被视为是相互联系的。

对这个制度体系的强调，在学术界有着最大和最久的影响。它不仅极大改变了我们所受到的关于"什么是犯罪和对犯罪的反应"的教育，而且是为课文、计划和整个学院服务的组织工具。这些计划中的学生将会学到，在对犯罪的整体反应中牵涉了几个机构。还不很清楚的是，这些计划是否成功地传达并进一步挖掘了该制度体系的复杂性——该体系中不同参与者的相互关联，以及体系中某一方面的决定对另一方面所产生的影响。

尽管已经稳固地成为我们词汇的一部分，"刑事司法制度"原初意图表达的意义，在反映该制度体系复杂性的同时，却被大大忽视了，尤其是在那些非常有必要理解它的意义的时候，也就是，在制定影响犯罪的公共政策的时候……

以刑事司法制度的复杂性为基础，可以高度肯定地预测出，在该制度某一方面减少自由裁量权或者增加制裁的努力，将会引起该制度另外方面的适应性反应，并且经常产生大大不同于被期望的结果。要求警察在所有声称家庭虐待的案件中都使用逮捕，虽然这些案件中具备了相当理由，这种要求仍然会使该制度的其他部分不堪重负。它也使警察没有机会以适当考虑某些因素的方式对付家庭暴力，比如年龄，这些因素是一种常识性反应所必须思考的。对酒后驾车者增加制裁，目的在于减少警察使用的逮捕。而立法者的最新倾向是通过吊扣和吊销驾驶执照来责罚逃逸、毒品持有和买卖以及其他非驾驶犯罪，这样做会大大增加无证、无保险的驾驶者，最终使警察局、检察官办公室、法院和监狱填满被吊扣和吊销驾驶执照后仍然驾车的人。立法如果没有预见到这些可预测的后果，就是忽视了最基本的见识……如果这也被称为刑事司法"制度体系"的进步，那就大错而特错了。在这样松散的意义上使用这一术语，就是剥去了它所有的意义。它忽视了"制度体系"原本希望表达的复杂而微妙的相互关联……

结　论

……

自20世纪50年代以来，已经发生了许多重大的变化：警察职能的定义，警察权威的提炼，自由裁量权的建构，以及新的责任体系的确立。这些变化都有着特殊的重要性，因为它们都是基础性的。不同于过去与警察改革有关的许多技术性和组织性改变，它们在努力创造最适于自由社会特殊形式的警务需要的过程中，面对的是一些基本的难题。这些变化最终使警察能够以更直率的方式履行其职能，进而，既减少了对秘密行动的需求，也减少了对不当行为甚至违法行为的索求。它们有助于在警察局内创造一种更健康的气氛，在这种气氛中，优先强调的是公开而不是隐秘，是解决问题而不是忽略或压制问题……

在检视这一进步的过程中，人们会问：如何区别那些看来最有益的对复杂性的反应与那些死路一条或者遭遇巨大困难的反应？一种偏颇的回答似乎是，这要看无论学术机构、立法机关还是法院所做的反应在多大程度上注意到充分范围的各种复杂性……或者，这一反应与这些复杂性之一相契合。

比如，罗纳德·阿伦（Ronald Allen）在其经常被引用的与肯尼思·戴维斯（Kenneth Davis）的对话中，直接论及了警察自由裁量权行使中固有的复杂性。但是，他对这样一种说法的攻击是没有力量的：警察制定行政规则，旨在显示其不想实施刑法。这种攻击之所以乏力，是因为它忽视了已知的警察职能的复杂性。为了支持自己的论点，阿伦写道："我们不对警察说：'这里有个难题，解决它。'我们对警察说：'这里有部详细的法典，执行它。'"考虑到所有的复杂性……非常明确的是，我们应当对警察说："这里有个难题，解决它。"……

与此形成对照的是，人们发现了在一种乐观主义中广泛面对复杂性后所得到的回报，这种乐观主义存在于当前为落实一个完全不同的警务模式而进行的运动中，这个模式注重解决问题，并且使公众也参与进来。以问题为导向的警务和公众警务这一更先进的形式，都涉及广泛的复杂因素……这一运动承认警察职能的多面性，认识到警察的工作不只是实施法律，而且更准确地说，是对广泛多样的公众问题做出有效反应。它承认每一这样的难题都与其他难题不同，每一事件都具有高度个别化的特征。这样的事件结合起来所构成的难题，要求警察必须应对以广泛的适当的反应，包括新的资源、权威和技术。它认识到在选择这些反应时，包括运用逮捕和起诉的自由裁量权，需要灵活性……

对警务变革持怀疑论者，倾向于将所有新的主动措施都作为一种既无根基也无持久影响的时尚。他们可以引用许多近代史上改革警务的努力，以支持他们的观点。以问题为导向的警务和更先进的公众警务形式，最大的特点是它们由来于承认从警务中揭示出来的所有复杂性，并且，它们的设计就是为了与这些复杂性发生联系的。作为未来的概念模型，它们在许多方面都积累了努力，透彻思考20世纪50年代以来所有的与警务有关的见解。由于有这样坚实的基础，它们具有的巨大潜力将成为一种刺激因素，使他们保持纯洁，拒绝回归简单反应的要求，并支持这样的努力：继续面对民主社会警务所固有的复杂性。

提示与问题

1. 古德斯坦讨论了警察工作中增加的"责任、行动自由和自由裁量权"。在阅读克里斯·亨得利所写的美国"警察工作压力的高昂代价"过程中，思考一下这种增加对个人意味着什么。下面的故事所描写的情况和古德斯坦所探讨的"更广泛的警察职能"有何关系？

加里·伯蒂（Gary Berte）是一个沮丧的人，他从前是斯普林菲尔德（Springfield）的警察。由于目睹同事们因工作的压力而酗酒、吸毒乃至饮弹自尽，于是他有了一个简单的打算：希望有一个警察援助服务计划，能够在全州范围内的刑事司法培训中心加以落实，为警察和他们的妻子儿女提供咨询，组织工作压力控制研讨会，成立援助组织……

当州政府工作人员用基金玩弄政治把戏时，伯蒂坚信，迫切需要一种由警察自己运作的、综合性的、非官方化的应对警察工作压力的方法。一名工作到55岁的警察，他的预期寿命只有59岁。在全国范围内，每10万警察中估计有100至200人自杀（依据研究），与此相对，一般公众中每10万人只有12人自杀。另一方面，每10万警察中被杀者只有54人。伯蒂说："换言之，警察杀死自己比坏蛋杀死警察要快两倍有余。"然而，在全国1万6千多个警察部门中，只有75个部门有工作压力缓解机构。

马萨诸塞州在过去18个月里有3名被征召的警察在训练期间或在此后不久自杀。就在上周，地区警察局一名警察不得不由同事强行制止他对犯罪嫌疑人的暴力攻击。那天早点名的时候，这名警官要求不再上街巡逻，叫上司把他的枪拿走，否则他们要后悔的。"但警察局没有回旋余地，"伯蒂说，"他们只好努力让他再支撑8小时。"

尽管伯蒂引述了这些事例，但他说所谓"精神危机"之类的废话仅仅是一种不错的宣传，但没有找到警察工作压力的重点。"研究显示，暴力不是警察工作最具压力的部分。过度的工作量和工作时间才是真正的杀手。当你要崩溃时，谁来帮你解脱呢？"

伯蒂引用了自己的著述和"全国司法研究会"（National Institute of Justice）的最新研究成果。他说，警察在对付违法者方面得心应手，最困难的地方在于警局的政策缺乏灵活性，害怕承担责任，糟糕的装备和晋升的艰难。然后是每天传达给警察的混杂的信息，今年说这样做可以，明年说这样做不行。内部政策才真是荒谬的——你不能不经允许就离开城区；你不能没干完活就离开办公室。如果有犯罪发生，你要拼命采取适当的行为,无论你当班还是休息。

尽管伯蒂也认为面临工作压力的不只是警察,但他相信,警察的孤独与自愿为同事打掩护,两者的综合作用使警察的工作压力对于个人和社会整体都是代价高昂并危险十足的。警察们宣誓在所有时间都保护公众,因而他们开始通过"忧郁的眼睛"看待任何事情。"他们变得很孤独并且玩世不恭,将自己定位为少数群体,将世界划分为两部分:坏蛋和警察。一旦你成为一名警察,你就改变了。这是一种整体的社会状况。孤独确实存在,我认为我们无法为给自己造成的损害承担责任。"

对于什么是警察,还是有所误解,包括对警察败类丑行的关注,对日常工作的自吹自擂。"我们只有10%的时间用在对付犯罪上,另外90%的时间用来做社会服务型工作。目前,社会工作者平均18个月后就筋疲力尽了,这是可以理解的。而警察没日没夜地做着同一种工作,但我们处理问题的方式,我们的不良表现,更为人接受。如果你喝醉了,暴跳如雷,我们会为你掩饰。"

参加伯蒂研讨班的警察表达了作为这个孤独、沮丧的宇宙的一部分意味着什么。"我想开枪自杀,也想开枪打死我的上司,"一位参加者写道。另一个人非常希望拿了残疾人津贴后逃离工作压力,他说:"我很庆幸自己出了事故。"第三个人写道:"我工作越长,态度就越消极。最终,公众要付出代价。"①

2. 警察自由裁量权可能涉及强制技巧的适当运用问题。当你阅读下面的材料时,思考古德斯坦对警察自由裁量权和警察政策的讨论是否能够解决这些问题。

A、南图森一位资深警察正在接受调查,因为他用电击枪制服一个戴着手铐的9岁女孩。

应警长希克斯托·莫利纳(Sixto Molina)的要求,皮玛县(Pima County)警察局正在努力确定这位警官在让电流通过孩子身体时是否构成犯罪。

莫利纳说,这位警官对女孩使用电击枪的时间是5月8日下午5点半左右。这种非致命性武器用脉动电荷使人在几秒钟内丧失活动能力。

莫利纳说:"我必须首先承认,你们看到的是一个资深警官电击一个9岁女孩。这的确不怎么好看。"

这位警官是应"亚利桑那儿童之家"(Arizona Children's Home)的求助前去的至少两名警官之一。这是一所为有特殊需要的儿童设立的学校,在南第八大街上。

---

① Kris Hundley, " The High Costs of Cop Stress," *Valley Advocate*, October 12, 1987.

莫利纳说:"这不涉及正直问题。一个警官决定这么做,因为他认为需要这么做。"①

B、一个9岁的戴着手铐的女孩正在咒骂、踢打,并企图踢开警车的窗户,这时南图森一位警官用电击枪制服了她。星期四的警察报告是这么说的。

这一事件燃起了某些公众的怒火,尽管这名警官的律师说,失控的女孩对警官和女孩自己都构成一种危险……

5月8日,警官迈克尔·胡德(Michael Hood)被派去抓这个女孩,她从当地一家儿童精神病中心逃跑。根据报告,当他发现这个女孩时,女孩开始咒骂他。

胡德呼叫阿曼杜·特耶奇(Armando Teyechea)来帮忙,因为在前面与女孩的接触中,她处在疯狂而好斗的状态,"打、咬、踢、撞学校的工作人员和其他警察,"胡德写道。这女孩有1米43高,体重31.7公斤。

胡德给这女孩戴上手铐,把她放在警车后座上。特耶奇和两名来自亚利桑那儿童协会的官员……也赶到了。

胡德企图用腿压住女孩,"不让她踢开车窗",他写道,在这过程中女孩踢了他好几下。

特耶奇写道,这女孩"狂骂、踢打,什么都听不进去",这时,他手持电击枪走近这女孩,告诉来自儿童之家的工作人员,他要让这女孩安静下来,警告她,如果她不听话,就使用电击枪。

这个女孩继续咒骂这些警察,在又一次警告她以后,特耶奇用枪电击了她的右腿。

女孩……尖叫喊疼,随之安静下来。特耶奇告诉她要听话,否则还会电她。这女孩没有受伤,也没有接受医疗。

然后,胡德开车将这女孩送回儿童之家,在那里她又发作起来,工作人员给她注射了镇静剂……

电击枪能够发出5万伏的电压和千分之四安培的电流,通过两根连接了21英尺长金属线的探针与身体接触,由弹药发射。电击会抑制神经系统,引起完全的、非自愿的肌肉收缩。②

C、一个戴着手铐的9岁女孩被南图森警察的电击枪制服,她只是全

---

① C. J. Karamargin, "Officer's Taser is used on girl, 9," *Arizona Daily Star*, May 25, 2004.

② Eric Swedlund, "Girl hit with Taser was combative, police reports say," *Arizona Daily Star*, May 28, 2004.

国范围内不断增加的被施以这种器械的幼儿和儿童之一。

到目前为止,很少有警察局或者全国性的监督组织为电击枪的使用设置特别的年龄界限,尽管它们劝警察小心使用,不要对孕妇和服从的疑犯使用。

以斯科茨戴尔(Scottsdale)为基地的生产厂家的发言人说,电击枪对孩子不会比对成人造成更多的损害,一般导致的都是不严重的伤害。

但是,另外一些人质疑对孩子使用电击枪是否符合伦理,还有某些儿童可能受到意外电击的场合。当地一位律师代理两位成年人诉称,对他们错误使用了电击枪。律师说到,更多的责任和训练是必须的……

斯科茨戴尔"电击枪国际"(Taser International)保存的记录显示,就在6个月前,两名1岁、一名2岁、两名3岁、两名4岁、一名5岁、一名6岁和一名7岁儿童,曾经领教过电击枪,尽管这些学步的孩子是被偶然电击的。

略大一点的孩子也曾被电击。其中有个13岁的威斯康星女孩挥舞着日本武士刀,另一个13岁的华盛顿女孩与警察对打,还有一个13岁的钱德勒(Chandler)女孩也是因为与警察搏斗。

史蒂夫·塔特尔(Steve Tuttle)作为"电击枪国际"的一位发言人说:"乍看起来是不太好,但这却是一种合理的强制,还有什么其他选择适合他们的政策吗?"……

这名警官的代理律师迈克尔·斯托里(Michael Storie)说,无论如何,考虑到更轻微的制服手段已经失败,这些警官的反应是适当的……

但是,即使这孩子有严重的问题,一些居民和企业主也质疑这种做法。

"真难以想象这些高大的警察是如何对待9岁的孩子的,"一位有两个孩子的母亲,也是南图森一位小企业主诺曼·特蕾因(Norman Trahin)说,"约束一个9岁女孩不需要两个警官。这是一件可怕的事情,我认为他们应当受到谴责。"①

D、"电击枪国际"生产的玩意儿被全国几千个警察局使用着,它说,一项联邦调查认可了这种枪的安全性,但是从事这项研究的实验室却不同意这种说法。

"电击枪国际"上个月说,政府的研究结果虽然没有完全披露,但却认定这种枪是安全的。此话一出,公司的库存直线上升,它的经理和董事

---

① L Anne Newell, "Taser hit on girl, 9, stirs talk on ethics," *Arizona Daily Star*, May 26, 2004.

们卖掉了6800万的股份,占公司库存的5%,也接近他们所持股份的一半。

但是,空军研究室说,它确实发现这种枪可能是很危险的,需要更多的数据来评价这些风险。实验室在上星期一次电击枪讨论会后的一份声明中披露,这种枪"可能引起严重的意外后果,尽管这种可能性比较低",不仅该公司的产品是这样,其他无需杀人而只是使人丧失能力的武器也都有这个问题……

研讨会上的其他数据也质疑了生产商关于这种最新、最昂贵武器有效性的关键说法……

许多警察说,电击枪给了他们一种制服危险嫌疑人的手段,而又不必使用枪弹或与之搏斗。但是,民权自由解放组织说,警察经常对只有轻微不服从且没有危险性的人使用电击枪。近来,警察在迈阿密电击了一个6岁男孩和一个12岁的女孩,招致了广泛的批评。

"大赦国际"一位高级行政官员柯特·高瑞(Curt Goering)说:"证据显示,与过去回避使用致命武器相反,现在许多警察都将电击枪作为日常的警力选择。这些武器的使用都是在一些可能构成酷刑或虐待的场合。"……

生物医学工程师们说,对于电击枪的扩大使用显然是有分歧的,因为它们的风险并没有被适当地研究。2001年以后,有70多人在被电击后死亡,主要是因为心脏或呼吸系统衰竭。

"电击枪国际"说,死亡是由吸毒过量或者其他因素引起的,有没有电击都会发生,但人们还是将这些死亡与电击武器联系起来。独立的、电学和心脏学方面的权威科学家们说,生产商显然低估了这种武器的风险,尤其是对那些使用了毒品或者有心脏病的人。

对于这种武器对健康的影响,生产商只做了很少的研究,并且它的主要安全研究是在其功能最强的M26型上进行的。实验的构成是1996年的1头猪和1999年的5条狗。生产商拒绝进行更多的实验,说已经做了的实验是令人满意的。①

E、……随着电击枪的迅速传播,它正提出一些问题,这种可以直接针对皮肤使用的电击枪是否可能被警察滥用。这种枪用5万伏的电压攻击嫌疑人,至少在5秒钟内让他们丧失能力。批评家们说,这种武器是适宜滥用的,因为电击不会留下明显的伤痕,或者看上去就像被蜜蜂蜇了一

---

① Alex Berenson, "Claims Over Tasers' Safety Are Challenged," *New York Times*, November 26, 2004.

下……

"你不得不想想有没有其他选择,"西雅图一位警官汤姆·伯恩斯(Tom Burns)说。他还携带着辣椒喷剂和.40口径的手枪。他说,在那些似乎渴望发动攻击或者很难控制的嫌疑人身上,曾经5次使用电击枪。"如果没有这种技术,你可能要采取非常粗暴的方法。"……

"波特兰警察监督"组织(Portland Copwatch)的一位发起人丹·汉德尔曼(Dan Handelman)说:"这肯定比被杀要好得多。它不必是一种可接受的替代品,因为它不是用于替代致命武器的,它只是用于迫使服从的。"①

3. 纽约市几年来经历了所谓"生活素质"警务计划。下面的新闻报道提出了贯彻这一计划所遇到的困难。你认为古德斯坦会怎样回应本文提出的问题?

从格林威治村到切尔西(Chelsea)的美国大道上,在居民的记忆中,现在比任何时候都有更多的性要出卖。

在接近西第三街的313号,这里有X极的DVD和被性工业称为"夫妻助性"的器具。相隔几家的"疯狂幻想"(Crazy Fantasy)店的橱窗里,有两个人体模型穿着挑拨性欲的内衣。店内可以找到这种内衣,旁边还摆着许多DVD。

597号和599号两家商店提供着更多同样的东西。515号店用"Xcellent DVD"命名,里面有供直接观看录像的私人空间,有戴着口罩手提拖把表情严肃的工作人员。

在纽约前市长鲁道夫·格莱尼(Rudolph W. Giuliani)宣布向性商店开战近10年后,纽约城的这种工业仍然茁壮成长,至少在格林威治村是这样。这位前市长对性工业的限制,在1995年作为他的生活素质运动的核心内容,在多次法庭较量中被证明是没有牙齿的政令。这种不妥协的工业总能找到一种办法躲避任何一种对它的限制。

虽然这样的商店还点缀在时代广场的西边,但以全国宽容的象征自居的格林威治村已经成了一个榜样,让人们看到漏洞百出的语言如何损害了曾经是著名的法律。

在格林威治村近期的一次公众集会上,人们用了一个多小时抨击市长迈克尔·布卢姆伯格(Michael R. Bloomberg),抱怨有着淫秽橱窗的音像店到处泛滥。

该地区的居民和民选官员估计,有20家新的性商店在过去18个月中

---

① Sarah Kershaw, "As Shocks Replace Police Bullets, Deaths Drop but Questions Arise," *New York Times*, March 7, 2004.

开业了。他们说,在克里斯托弗大街、第七街南和美国大道上,闪亮的霓虹灯一直照着他们。

布卢姆伯格先生说:"我可不想有一个色情商店作为邻居,而你们也不该有这样的邻居。"

法律据说是反对这样的买卖聚集在居民区或商业区的。不过,性商店的主人利用了法律的漏洞,也就是,法律允许有至少60%非X级产品的商店在所谓成人娱乐区以外开业。这些商店通常放一大货架的《高尔夫指南》之类的录像,以及《奥齐与哈丽特》(Ozzie and Harriet)之类的电视剧,上面多半落满了灰尘,旁边则是满货架的色情电影。

用法律实施的行话说,这叫做"伪装服从"(sham compliance)。"中城法律实施办公室"(Office of Midtown Enforcement)不知疲倦的建筑检查员罗伯特·萨克洛(Robert Sacklow)称这样的商店为"西班牙突眼"(Spanish Popeye)。这个术语从他曾经检查过的布朗克斯(Bronx)一家性商店借用来的,那家商店有1万2千张X级的录像,但有一面墙却用1万8千部西班牙语"突眼"卡通片覆盖。

一部修订的法律,其意图原本是使X级商店不这么容易火爆,但它在法庭的战斗中被套上了枷锁。与此同时,纽约市正在努力实施这部现行法。布卢姆伯格及其行政机构已经大大加强了可以想到的每一项规章,来对付这些商店——如果洗手间缺少肥皂,就算违反了健康法——消防部门因这些商店出口指示灯不合适而给予重罚。萨克洛先生说:"我们希望操纵手里的每个杠杆。"

布卢姆伯格先生就任以来,已经完成了450次检查,而2001年只有78次。城市刑事司法协调员约翰·费因布赖特(John Feinblatt)这样说。

"我们之所以反对它们,是因为它们影响了生活素质、朴素与天真,"费因布赖特先生说,"如果你有孩子,你希望他们走在一条色情商业街上吗?不。如果你是一名军官,你希望一家色情商店引得一位不在此居住的顾客也来此寻觅色情物品吗?决不。"

在关于格林威治村——一个房地产不怎么景气的地方——为什么成了色情文艺新的集散地,城市和法律实施者、社会共同体组织者和X级商店经理们给出了两个基本理由。

这一地区接近曼哈顿最西边,那里的一些加工街区有利于形成门店;进而,这一地区以文化宽容著称,这也起了推波助澜的作用。

格林威治村街区联盟(Block Associations)一位负责人玛丽莲·多拉托(Marilyn Dorato)说:"许多人认为,在格林威治村干什么都行了。我认为我们的美德正在反对我们。"

多拉托女士指出,位于第七大道南的"娱乐宝地"(Pleasure Chest)

已经存在了35年，它被视为一个很好的邻居，朴素而可人，不像新开的商店那样，有刺眼的霓虹灯和直露的展示窗。

"娱乐宝地"的经理丹·利什内尔（Dan Lishner）说："让我们面对它，那些老派的商店实在不怎么吸引人。我们带来了洗浴和美容，而我们的一些录像都属于指导性的。"

利什内尔先生谈到他的对手"幻想世界"（Fantasy World），并且做了比较。"幻想世界"是令人讨厌的，它大约1986年回到了时代广场。"它真令人头疼。橱窗令人作呕，还24小时开着，是个令人不快的地方。"不过，"幻想世界"的经理，他只说自己叫约翰，却反驳说：他的商店"是曼哈顿顶级内衣和'夫妻助性'品销售店。"

街区联盟最近组建了一支别动队，与费因布赖特先生办公室、"第六辖区"（Sixth Precinct）以及城市议会的女议员克里斯汀·奎因（Christine Quinn）一起工作，努力关掉那些新店，至少要让它们生存艰难。

这支别动队的成员一直向房东施压，让他们不要租房给X级商店，还定期向"中城法律实施办公室"投诉。别动队长阿伦·雅各布斯（Alan Jacobs）说，"格林威治村的所有难题归结起来"就是一个色情文艺问题。

格莱尼当政期间，检查员们曾经因X级商店违反必须摆放至少60%非X级商品的法律而关闭它们。不过，到了对簿公堂的时候，这些商店提供证据证明它们已经做了调整，随之被允许重新开业。

布卢姆伯格当政时则另辟路径，在法庭上为修改2001年市议会通过的立法而战。修订后的立法规定了更加严厉的限制措施……

依照新法，有偷窥表演隔间的，自动归类为性商店，而不考虑它堆积了多少《阿门宗派盖谷仓》（Amish Barn Raising）。再比如，倘若购买者不得不走过X级货品才能拿到G类商品，也被认为是不守法的。

虽然有许多居民的反对，但"夫妻助性"用品不被认为是色情物品。因此，如果它们充斥店中，即使新法也是无可奈何。

甚至性商店所有者本人，在受到威胁时也说无处投诉。多家性商店的代理律师赫瑞德·普赖斯·费林格（Herald Price Fahringer）说："格莱尼那帮人太热衷于不惜代价、不分青红皂白地关闭这些地方了。我认为布卢姆伯格行政当局的措施就负责任多了，它们至少尊重法律。在格莱尼治下的任何时间里，在全部5个区里，我们都会有两个在法院悬而未决的案件。"

费因布赖特先生不怀疑这样的概括，他说："我们想在法院得到的可不是漏洞大到足以驶过一辆卡车的法律。我们只能透过更大的广角镜看问题，使用工具箱里的每一种工具来对付这里的情况。"

在上周随"中城法律实施办公室"探访3家X级商店的过程中，这个工具箱充分亮相了。在第八大道的两家店里，以及在那家以"Xcellent DVD"命名的店里，萨克洛先生像到了家一样。他掏出卷尺，仔细丈量地板，详查摆放比例，谨慎记下每一可见的违法。

他注意到空间使用不合法，灭火器摆放不合理，地板上有烟头（这违反《反吸烟法》）。商店经理看上去有点紧张，而在一个角落里，那些被雇在隔间里摆出性感姿态满足某些顾客窥阴欲望的女人，怒视着这些干扰她们生意的入侵者。

萨克洛先生由两位警官协助，另有几个法律实施办公室的官员，还有一名健康检查员和一个消防官员。他们在每次检查中都各自找出了一系列的违法行为。

在"Xcellent DVD"，这个执法单位可算淘到了金子。商店经理显然没有注意到，60%的空间和60%的存货必须是非色情的。虽然绝大部分空间摆了"夫妻助性"品和廉价女睡衣，这些不算色情物品，但所有的DVD都是X级的，这就违反了存货规则。

萨克洛先生一边记下违法，一边有点儿幸灾乐祸地小声说："他们还以为法律只管地板呢。"

在检查地板使用计划时，他添了一句："我的确注意到，建筑师没能很好地申请一个办公室。"这是对一个邻里们拼命要赶走的商店的又一次打击。①

第二节　单独巡逻：一个非洲裔美国警官对"次种族隔离政策"的观点*

杰姬·坎贝尔

1999年3月25日，一名警官在例行巡逻时被近距离枪杀了，事发地点是一座大城市的非洲裔美国人聚居区，这里又是毒品犯罪高发地带。犯罪人被描述为一名黑人男性少年，16岁，5英尺8英寸，140磅。很快，一场对嫌疑人的密集追捕开始了。就在给出嫌疑人体貌特征后几分钟，有电话说可能的疑犯在离枪击地点几个街区的一辆公共汽车上。接到电话几分钟内，众多的警察，还有媒体，都迅速赶往围

---

① Jennifer Steinhauer, "In the Village, Sex Shops Multiply and Test a Neighborhood's Tolerance," *New York Times*, September 27, 2004.

* Jackie Campbell, "Walking the Beat Alone: An African American Police Officer's Perspective on Petit Apartheid," in Dragan Milovanovic and Katheryn K. Russell, eds., *Petit Apartheid in the U.S. Criminal Justice System*（Durham, N.C.: Carolina Academic Press, 2001）.

捕现场。随着照相机的快门按动，拍摄下几名警察正从公共汽车里拖出年轻的黑人男性，并把他们放翻在人行道上。这些警察没有意识到或者根本不在意媒体的存在，粗暴地对待这些黑人男性，而其中一些人与描述的追踪目标根本没有任何相似之处。

对某些人来说，这些警察是在权力范围内行事，正在拼命对付针对他们中的一员的暴力犯罪。然而，对另一些人而言，警察的行为描述了一种非洲裔美国男性多年来日常感受的对待。这种行为就是丹尼尔·乔治－艾贝耶（Daniel Georges-Abeyie）所说的"次种族隔离"。这是非洲裔美国人从刑事司法制度代理人那里日常体会到的一种过度的强制形式吗？或者这是适当的警事程序。本文将反省我作为一名非洲裔美国女警察的体验，以及我是如何处置那些针对少数族群公民和针对我的次种族隔离的。

依照乔治－艾贝耶的说法，当人们质问刑事司法制度中是否存在歧视的时候，分析的焦点通常集中在正式的、容易看到的、制度内的决定形成过程上。然而，这种分析所欠缺的是那些通常未曝光的、每日针对黑人的侮辱、粗暴和非必要的拦截、盘问和搜查，因此，这一分析忽略了一些能够回答刑事司法制度中是否存在歧视问题的数据。这种对待……在我们的研究中被忽视了，因为被害人通常不愿报告已然发生的虐待事件，而这些研究又恰恰是为了确定刑事司法制度是不是属于种族主义的。由于能够显示存在次种族隔离的实证数据不多，因而许多批评家得出结论说，一旦进入刑事司法制度，少数族群与白人之间没有可测量的不同待遇。以我作为警察的经验，我发现非常普遍的情况是，少数族群并不报告警察的骚扰和不当的警事程序，因为在他们的观念中，警察是在依法行事。因此，丹尼尔·乔治－艾贝耶所说的"次种族隔离"经常被看成许多少数族群居住区适当的警事程序。

开始当警察时我观察到，被绝大多数公民认为是日常的非侵犯性的行为，比如，拦截车辆，一旦违法者是少数族群成员时，就几乎总是以不同的方式进行了。例如，在少数族群聚居区拦截车辆后，一般情况下，警察走近时，驾驶者被期待立刻将双手举到空中。最初，我认为这只是一次孤立事件，但在多次目睹这类场景后，我从一个老警察那里得知，这是在毒品犯罪高发区拦截车辆的程式。我还开始认识到，不仅是警察这样期待违法者，违法者即使因闯了红灯被拦截，也认为这是适当的程式。因此，这个次种族隔离的事例变得如此平常，以至于警察走近时举起双手成了规则而不是例外。

依照兰德尔·肯尼迪（Randall Kennedy）在《种族，犯罪与法律》（*Race, Crime and the Law*）一书中的观点，警察是否或者在何种情况下以种族作为犯罪危险增加的标志来看待问题并采取行动？这一问题形成了一种供敌对态度激烈交锋的语境。法律制度应否授权人们在估量犯罪倾向时考虑种族问题？这是一个极为令人困惑的问题。

根据我的体会，与我在辖区共事的许多警察有一个明确态度：以种族作为危险的代名词不仅是公平的，而且是我称之为"合理的种族歧视"的期待形式。警官们因而相信，为了对付日渐严重的毒品问题，用人的种族作为犯罪的符号是合理而理性的。比如，通常情况下，如果看到一名年轻的黑人男性开着昂贵的汽车，警官们会习惯性地假定这个驾车人是一个毒品贩子。毕竟，依照一个老警察的说法，他干别的能开得起凌志（Lexus）吗？然而，一旦开豪华车的是一个白人男性青年，他立刻被贴上这样的标签：一个被宠坏了的城市富家子弟在兜风。对这两种人进行区别的重要性在于，因为黑人男性被贴上贩毒者的标签，所以他更经常地被拦截、搜查和盘问；而白人男性被拦截后，更多的是被警告注意周围的危险。这又一次说明，这些次种族隔离的事例在少数族群居住区被认为是警民互动的规范。因此，公民们期待警察拦住驾驶豪华汽车的人，而警察则期待公民不要质疑他们利用合理的种族歧视来消除这一地区的毒品问题。

没有任何地方的次种族隔离比实施反毒品法过程中的少数族群居住区更加明显。一些人评论说，城市警察局在对付不法毒品交易时将注意力集中在弱势的少数族群居住区，因为作为绝大部分社会共同体基石的社会组织解体的时候，更容易实施逮捕。实践中，警察们确实发现在少数族群共同体里更容易逮捕毒品违法者，因为美国宪法第四修正案的重要性在这些共同体比在其他共同体要小得多。

以我的经历，警察通常要面对一种两难：既要消除少数族群共同体的毒品问题，又不能超越第四修正案划定的界限。不过，很快就会明显看到，二者兼得是非常困难的，即使不是不可能的。如果警察下决心满足社会共同体提出的消除毒品泛滥问题的请求，他们通常要使用完成这项任务所必须的任何手段。这种想法的结果通常是对人的无证搜查，由此直接违背了美国宪法第四修正案。正如一位老警察所说："你做了你必须做的事情来实施逮捕，随后你就要担心有没有逮捕的相当理由了。"这些搜查的正当性一直存在于警官们的良好确信当中，他们一直在企图消除这个不幸共同体的毒品问题。

许多批评家怀疑，刑事司法制度中的黑人工作者是否对该制度中的少数族群的待遇产生积极影响。在我看来，警官的种族出身通常很少影响到一个少数族群犯罪嫌疑人的待遇，这主要是因为少数族群警察在努力做得像多数人一样过程中所面对的巨大压力；还因为多数警察通常采取了一种"我们对他们"的立场。大家很快就会明了：如果你同情一个嫌疑人，或者你表现出关注一个公民是如何被对待的，尤其是在明显的次种族隔离的事例中，你就会被排斥，成为一个被放逐者。因此，特立独行通常意味着独自巡逻。

我开始当警察时，相信自己可以特立独行。我决心做好工作，事实上，我发誓要让我的同事们看到，在宪法范围内仍然可以做一个"干事儿"的警察，也就是一个有很高的罪犯逮捕和毒犯逮捕指数的警察。大多数警察当班时都主要是听听电话，而"干事儿"的警察不仅要接听电话，而且要积极找出危险的罪犯和毒犯。因为得到正在发生的犯罪的信息极为困难，所以能够逮捕毒犯和暴力犯罪者的警察才被认为是顶尖的。他们通常优先接受特殊指派，或者被安排到令人羡慕的位置上。为什么警察要诉诸颇受质疑的手段来逮捕犯罪嫌疑人？这里至少是部分主要理由吧。

由于我想做一个"干事儿"的警察，而又避免使用遭质疑的手段来逮捕嫌疑人，因此我决定报名读法学院，以便学习美国宪法的要求。法学院毕业后，我决定在城市犯罪率最高也最贫困的地区做一名警察。我还决定住在那里，以便能够真正与这个地区休戚与共。

我第一次遭到其他警官的反对是在一名年轻黑人男性被绑架的案件中。我和其他两名白人男性警官负责这次解救工作，我很快意识到这次工作中有什么地方不对劲儿。在我们到达时，事主说两个蒙面男人进入她的公寓，抓了她两个十几岁的儿子，强行将他们扔到一辆车的后厢里就跑掉了。在我努力收集更多的犯罪细节时，却注意到另外两名警官躲到角落里谈笑一些与这个绑架事件毫无关系的事情。当我问起他们为什么采取这种态度时，他们告诉我，这可能不是一个真的绑架，而只是一次由失败的毒品交易导致的龌龊。我无法知道他们是如何得出这个结论的，因为他们对这一事件基本没做什么调查。当我告诉他们这真是一次犯罪，并且提醒他们没有尽到警察职责时，他们告诉我，如果我认为这真是一次绑架，我可以一个人来处理这件事。由于质疑了他们的态度，我被贴上了反叛者的标签。由此，我和几个有相同处境的人一起,随后被其他警察放逐了。

由于恐惧和孤独,许多警察对于明显的次种族隔离事件没有采取反对的立场。还是让我谈一下自身经历。由于我反对那些警察对绑架案的态度,最终我承受了后果。比如,我经常在没有"后援"的情况下去执行任务,不得不独自执行危险的任务。一次,在对付一次正在发生的抢劫过程中,我遇到了持枪的嫌疑人。其他警察阻塞我的步话机,阻止我求救的企图。因为其他警察越来越大的敌意和骚扰,我被迫转到了另外一个辖区。

尽管我因为拒绝参与次种族隔离而承受了一些不利后果,但我还是注意到当我在场时其他警察不再参与这种行径了。我敢于面对他们的歧视态度,这促使他们纠正自己的行为,更加注重公民的民权。至少当我在场时是这样。

在我离开已经工作8年有余的这个辖区后,我决定到城市的另一地区去做警察。就是在这里,我看到了两种警务态度的存在:一种是在少数族群共同体;另一种是在中产阶级共同体。我很快注意到,警官们在与不同公民谈话、接近并回应他们的请求时,态度都是不同的。在新辖区,我与一名老警察共同工作,我们截住了一辆白人男性开的车。在我们走近这辆车时,我注意到,驾车人并没有像我以前从警地区的黑人男性那样,自动将手举到空中;我还注意到,警官对驾驶者的态度是彬彬有礼的,告诉他这次拦截的性质,同时请求允许对他进行搜查。我做警察以来头一次看到这样的情景,我从没见过警察请求允许搜查车辆。警察有权搜查车辆,这已经是不必说的假定了。以前工作辖区的公民和警察都从不质疑这一点。

人们放任在少数族群社区(community)① 工作的警察的次种族隔离事例,主要是因为在警察文化中这是一种可接受的规范。为了消除难题,其他警察必须采取一种立场,并且提醒那些搞次种族隔离的人:这不再是一种规范,也不再被容忍。警察能够继续这种次种族隔离,还有另外一个重要理由就是人们广泛否认事实上存在次种族隔离。这

---

① 有人用"社区"一词翻译"community",但这个译法有其局限性,因为"社区"的语义显指一块地域,还有比较强的现代感,不太适合较早的社会形态;而"community"是指被共同的兴趣、信仰、民族等联结在一起共同生活的人,或者一般公众,且无时代限制。故此,本书一般将其译为"社会共同体"或者"共同体",只在明确特指现、当代的某个区域时,才译为"社区"。在本书第五篇第十九章第一节中,也有这种情况。——译注

种否认有助于使警察对少数族群的态度永久化。到人们直面事实上存在对少数族群公民的不同待遇时,次种族隔离已经进入21世纪了。

非洲裔美国人与警察交往的经验说明,在这个城市的经济贫困区,的确存在着差别的待遇。进而,由于缺乏少数族群如何对付这一广泛难题的信息,也使警察部门的歧视做法愈演愈烈。通常,少数族群的报案人不会被注意,因而也不会得到救济。不过,一旦少数族群了解发生不当警察行为时应当采取的程序措施,这一切就会有所改观。这种信息缺乏会继续成为促成警察不当行为的主要原因之一。具体说来,我的工作辖区内许多少数族群公民相信,随身携带200美元现金就是违法,尽管这似乎是不着边际也难以令人置信的。但是,这种神话以及其他的神话在这一社会共同体中一直存在。从这些共同体清除次种族隔离的唯一方法,就是首先承认所存在的问题,然后告知公民的宪法权利以及在警察行为不当时应当做些什么。最后,警察们也必须采取反对次种族隔离的立场,即使这意味着独自巡逻。

提示与问题

1. 有人断言,有关逮捕的数据统计证明了确实存在种族筛选。例如,美国司法部1998年的逮捕数字显示,黑人虽然只占人口的12%,却占了全国因毒品犯罪被捕总数的36.8%。你对这一断言有何看法?对照下文,思考你的看法:

> 当新泽西州以前的警察头子……被问到为什么有这么多非洲裔美国人的机动车被拦截和搜查时,他手指着新泽西州1997年的逮捕数据说道:该州50%因毒品犯罪被逮捕的人是黑人,13%是西班牙裔人。换句话说,他估计涉嫌毒品犯罪的63%是少数族群。因为他将这些逮捕数据看成是对毒品使用和贩卖的可信估计,所以他认为专找少数族群进行拦截和搜查,是最有效的通过拦截车辆寻找毒品的方式……
>
> 然而,使用逮捕数据来估计黑人和白人涉嫌毒品使用和贩卖,是极端不明智的。逮捕的数据仅仅告诉我们,实际逮捕的只不过是部分使用者和贩卖者。因此,如果警察在白人居住的城市和乡村进行这种打击和搜捕,他们也会逮捕大比例的白人。
>
> 不过,事实证明多数的打击和搜捕都是在城市贫穷的少数族群共同体范围内进行的,因而逮捕的数据和监禁的数据仅仅能够告诉我们警察在哪里采取了行动,而无法告诉我们任何有关毒品犯罪在黑人、白人和西班牙裔人中的分布情况。
>
> 的确,如果从表面上看逮捕数字的价值,他们确实提供了……一种自

我成就的预言。简单说来，因为警察是在黑人聚居区寻找毒品犯罪的，他们自然会在这些社区找到超比例的毒品犯罪。与此对照，白人的毒品犯罪在逮捕和监禁数据中都没有得到充分体现，因为在他们的居住区很少进行这种打击和搜捕。

警察更多地在公路上通过拦截、搜查大比例的黑人驾车者来寻找毒品，这一事实使已经倾斜的逮捕和监禁的数据更加令人怀疑。一句话，公路上的种族筛选，加上少数族群居住区盛行的警察打击行动，两者共同造成了这些令人误解的种族歧视数据。①

2. 最近，科学与法律的交叉地带涉及另一类型的筛选，它以 DNA 中的基因信息为基础。考虑下面的警告：与一些人的希望相反，DNA 筛选证据与犯罪现场留下的其他证据并不相同。特别是，使用 DNA 筛选会在三个方面产生问题：测试行为的可靠性；它们的解释；它们的人权含义。

对 DNA 抽样的适当使用，要求精通分子生物学、人口基因学和统计学。筛选的结果要求有生物化学方面的专门技术。测试的风险包括：样品在测试前可能被混淆；不当的处置引起污染，有时在样品收集时，有时在随后的实验中；可能受到犯罪现场的细菌、滤过性毒菌、他人和人以外的 DNA 的污染。抽样量少可能使测试特别复杂，使进一步的证明成为不可能；而测试本身也可能不正确地进行。在生物化学测试结束后，还有另外的问题：被告的 DNA 与样品之间是否"一致"？这里可不是没有问题。因此实践中都设定了一种武断的、有关相似性的门槛，并且将达不到这一标准者视为不相关的东西，将满足这一标准者强行纳入。有人强烈指出：

> 常识反对这样的想法：样品之间有 2.99 标准偏离就是"一致"，而有 3.01 标准偏离就不"一致"。事实上，难题在于从整体上说什么是"一致"。

对数据的解释有时要求精通人口基因学。两个人身上的碎片可能一致或相似，尤其是在一个通婚杂居的社会共同体中。这样的情况增加了两个抽样相似的可能性，进而也就使 DNA 抽样来自被告以外的人的可能性大大增加。②

3. 对 DNA 大量使用已经使被错误定罪的人获得清白：

---

① Jeanette Covington, "Round Up the Usual Suspects: Racial Profiling and the War on Drugs," in Dragan Milovanovic and Katheryn K. Russell, eds., *Petit Apartheid in the U. S. Criminal Justice System* (Durham, N. C.: Carolina Academic Press, 2001).

② Peter Alldridge, Sanneke Berkhout – Van Poelgeest and Katherine Williams, "DNA Profiling and the Use of Expert Scientific Witnesses in Criminal Proceedings," in Phil Fennell, et al., eds., *Criminal Justice in Europe: A Comparative Study* (Oxford: Clarendon Press, 1995), pp. 269 – 270.

……DNA 测试已经显示出，已经发生的错误定罪大大多于最具批评精神的学者的估计。

也许最有启发性的数据来自于 FBI 本身。FBI 从 1989 年开始对性袭击和性袭击杀人进行 DNA 测试。总体而言，FBI 是从州和当地警察部门逮捕和指控的人身上取得生物样品的。测试的目的是确证或者排除被逮捕者，尤其是那些被目击证人识别过的人。

1996 年 6 月，FBI 报告说它已经从能够获得 DNA 结果的性袭击案中，排除了 25% 的主要嫌疑人……司法部的分析……揭露了 33% 的排除率……

得出这样的结论应该不算过分大胆：如果 FBI 不做这些案件的 DNA 测试，1989 年以来美国就会有几千个人被错误定罪；似乎可以同样安全地得出结论说，有同样情况的上千人在 DNA 存在以前被定罪，现在如果能够取得关键的生物学测试证据，就可以获得清白。①

第三节　特里诉俄亥俄州案

Terry v. State of Ohio
392 U. S. 1（1968）

首席大法官沃伦先生（陈述最高法院的意见）：

本案提出的严峻问题是，公民与调查嫌疑情节的警察在街上对峙时，宪法第四修正案所起的作用。

请求人特里被判私携武器罪，处以制定法所规定的 1–3 年的监禁。在审前的排除证据的动议被驳回后，控方提出的证据是克利夫兰（Cleveland）的警探马丁·麦克菲登（Martin McFadden）从特里和一名共同被告理查德·切尔顿（Richard Chilton）② 身上搜出的两支左轮手枪和数发子弹。在对排除这些证据的动议进行听证过程中，麦克菲登作证说：1963 年 10 月 31 日下午 2 点 30 分左右，当他着便衣在克利夫兰市区巡逻时，两个男人——切尔顿和特里——引起了他的注意。他

---

① Barry Scheck and Peter Neufeld, "DNA and Innocence Scholarship," in Saundra D. Westervelt and John Humphrey, eds. , *Wrongly Convicted* (New Brunswick, N. J. : Rutgers University Press 2001), pp. 246, 247.

② 他们对州法院的判决不服，通过同一律师共同上诉，并且他们请求本院一并发出案件调取令。这一共同请求被准许后不久，切尔顿去世了。因此，只有特里的定罪在此被审查。

们站在休伦路（Huron Road）与欧几里得大街（Euclid Avenue）的拐角处。他以前从未见过这两个人，也无法准确说出最初是什么让他注意他们。然而，他作证说，他已经做了 39 年的警察、35 年的警探，他被派到克利夫兰市这个区域抓小偷和扒手也有 30 年了。他解释说，他多年来养成了观察的习惯，过去每天都经常"站在那里观察人或者边巡视边观察人"。他补充说："在本案中，当我一眼望过去时，他们看起来有些不对劲儿。"

麦克菲登警官起了好奇心，他在离这两个人三四百英尺的一家商店的入口处选取了一个便于观察的地点。他作证说："当我看到他们的行动时，更加用心去观察他们了。"他看到其中一个人离开另一个人，顺着休伦路向西南走去，经过了几家店面。这个人在一家商店的橱窗前停了一会儿，并向内张望，然后继续向前走了一小段距离，转回身走向街角处，又一次停下来向同一家商店橱窗内张望。他回到站在街角的同伴身边，两人简短交谈了几句。然后，第二个人又将刚才的一系列动作重复了一遍：缓步走在休伦路上，向同一扇窗内窥视，继续走一段路，转回身，再次向那个商店橱窗内窥视，然后返回街角与第一个人交换意见。两个人交替重复这一过程，每个人五六次——总共走了十几回。其间，正当这两个人站在街角上的时候，第三个人走到他们跟前，简短地加入了他们的交谈。不一会儿，这个人离开另外两个人，沿欧几里得大街向西走去。切尔顿和特里又恢复了他们有板有眼的行走、窥视和交谈。又过了 10 到 12 分钟，两个人一齐走开，与第三个人一样，沿欧几里得大街向西走去。

到这时为止，警官麦克菲登产生了彻底的怀疑。他作证说，在观察了他们对休伦路上那家商店精心的、反复的侦察之后，他怀疑这两个人是在为抢劫"踩点儿"，因而他认为，作为警官，他有责任进一步调查。他补充说，他害怕"他们可能有枪"。因此，警官麦克菲登尾随切尔顿和特里，看到他们停在祖克尔（Zucker）商店门前，与先前在街角与他们交谈过的那个人说话。麦克菲登警官觉得，直接采取行动的时机已经成熟。他走到那三人跟前，向他们确认了自己的警察身份，并询问他们的姓名。此时，他对这三人的了解仅限于刚才的观察。他不知道这三人的姓名，不曾见过他们，也未曾从其他渠道取得有关他们的情况。当这三个人对他的盘问"支吾其词"时，麦克菲登警官抓住了特里，把特里扭转过去，使自己和特里与另外两人面对面，让特里处在自己与另外两人之间，并且自上而下拍身搜查了特里的外衣。

麦克菲登警官发觉在特里外套内侧的左胸口袋里有一支手枪。他将手伸进特里的外套，但却未能掏出那支手枪。这时，警官仍将特里置于自己和另外两人之间，并命令这三个人进入祖克尔商店。在他们进去的过程中，他彻底翻开特里的外套，从外套口袋里抽出一支.38口径的左轮手枪，然后命令这三个人面朝墙，举起双手。麦克菲登又拍身搜查了切尔顿和第三个人凯茨（Katz）的外衣。他在切尔顿大衣外面的口袋里又发现一支左轮手枪，但在凯茨身上没有发现武器。警官作证说，他仅对这些人进行了拍身搜查，看他们是否携有武器，在摸到特里和切尔顿有武器之前，他没有将手伸进他们的外衣以内。就庭审记录看来，他也从未将手伸进凯茨的外衣之内。麦克菲登搜出切尔顿的手枪后，让店主打电话叫警车来，将这三人带到警察局，在那里，切尔顿和特里正式被控私携武器。

在对排除枪支证据的动议进行听证过程中，控方的立场是，枪支是在一次导致合法逮捕的搜查之后被扣押的。庭审法院拒绝这一论调，认为这"会超出合理理解地扩展事实"，使人误以为麦克菲登警官在拍身搜查武器之前已经有了逮捕的相当理由。然而，法庭也没有接受被告的动议，理由是麦克菲登警官基于经验，"有合理理由（reasonable cause）相信……被告行为可疑，应对其进行盘问"。法庭认为，纯粹出于个人保护的原因，警官在有合理理由相信这些人有武器时，有权拍身搜查他们的外衣。法庭区分了调查性"拦截"（stop）和逮捕，也给出了为寻找武器而"拍搜"（frisk）外衣与彻底搜查犯罪证据的区别。法庭认为，拍搜是警察适当履行其调查职责所必须的，因为如果没有拍搜，那么"回答警察的可能是一颗子弹，因而拍搜过程中发现的子弹上膛的手枪是可采信的证据"。

法庭否定了他们的排除动议之后，切尔顿和特里放弃了陪审团审理，并且做了无罪答辩。法庭判决他们有罪，位于库亚胡佳县（Cuyahoga County）的第八司法区上诉法院维持了有罪判决［State v. Terry, 5 Ohio App. 2d 122, 214 N. E. 2d 114 (1966)］。俄亥俄州最高法院驳回了他们的上诉，理由是该案没有涉及"实质的宪法问题"。我们核准了案卷调取令［387 U. S. 929, 87 S. Ct. 2050, 18 L. Ed. 2d 989 (1967)］，以确定将左轮手枪采信为证据是否侵犯了请求人依宪法第四修正案所具有的权利，而第十四修正案使之适用于各州［Mapp v. Ohio, 376 U. S. 643, 81 S. Ct. 1684, 6 L. Ed. 2d 1081 (1961)］。我们对定罪判决加以肯定。

宪法第四修正案规定："人民的人身、住宅、文件和财产不受无理搜查和扣押的权利，不得侵犯……"我们最近的裁定认为："第四修正案保护的是人，而不是处所"[Katz v. United States, 389 U. S. 347, 351, 88 S. Ct. 507, 511, 19 L. Ed. 2d 576（1967）]，并且，一个人无论栖身在任何可合理"期待隐私"的地方（见哈兰法官阁下的附和意见，id., at 361, 88 S. Ct. at 507），他都有权免遭无理的政府侵入……毫无疑问，请求人在克利夫兰大街上行走时，有资格受到宪法第四修正案的保护。问题在于，是否在所有这种警察与公民的街头遭遇情况下，无理的搜查和扣押都侵犯了他的人身安全的权利……

一方面，经常有人主张，在应对城市街道瞬息万变危机四伏的情境时，警察根据自己掌握相关资料的程度，需要不断提高反应的灵活性。为此目的，有人强调必须区别"拦截"和"逮捕"（或称人身"扣押"）、"拍搜"与"搜查"。因此，有人强调，警察在怀疑某人与犯罪活动有关时，应允许对他的"拦截"并对他做简短的询问。如果怀疑该人有武器，警察应有权"拍搜"武器。如果"拦截"和"拍搜"产生的"相当理由"让警察相信嫌疑人犯有罪行，则警察应被授权正式"逮捕"，随之对其进行彻底的人身"搜查"。这种设计的正当性部分地有赖于这样的观念："拦截"和"拍搜"仅仅意味着"小小的不便和轻微的冒犯"，为了在警察有所怀疑时能够有效地实施法律，给公民施加这种"不便"和"冒犯"，也是适当的。

另一方面的论点是，警察的权威必须严格受到有关逮捕和搜查的法律的制约，因为它是从有关第四修正案的传统法学中发展而来的……这一论点继续指出：第四修正案的核心在于，对被保护的人身安全的任何侵犯，都必须严格要求具备特定的正当根据，并伴以高度发达的司法控制制度，强迫作为国家代理人的警察服从宪法的命令。如果法庭在此默认当场盘问的内在强制性，那将是对司法控制的放弃，甚至是鼓励警察实质性地侵犯个人自由和安全，因为警察的判断必然受到"通常是好战的、查获犯罪的进取心"造成的先见的影响[Johnson v. United States, 33 U. S. 10, 14, 68 S. Ct. 367, 369, 92 L. Ed. 436（1948）]。这会加剧我国拥挤的城市中心地带警民之间的紧张关系。

……该州已将这一问题归结为"警察在街头实施拦截、盘问和拍身搜查（俗称'拦截与拍搜'）的权利"。但这并不完全准确，因为这不是抽象的警察行为适当性问题，而是搜查和扣押所得的不利于请求人的证据可采性问题。违反第四修正案扣押的证据的排除规则，自始便被认为是遏制警察非法行为的主要模式。因此，排除规则的本质是威慑，并且，经验告诉我们，它对刑事背景下警察的不法行为是唯一有效的威慑，没有它，宪法所保证的不受无理搜查和扣押的权利将是"一纸空文"。该规则还有另外的关键作用——"司法正直的戒命……"

然而，排除规则作为一种司法控制工具也有其局限性……在一些情形下，该规则作为一种威慑是无效的。公民和警察在街上相遇，情形是多种多样纷繁复杂的。从完全友好的愉快交谈或者互有助益的信息交流，到涉及逮捕、伤亡的与武装人员充满敌意的对抗。不仅如此，充满敌意的对抗并不总是孤立的事件。有些对抗开始时，双方的态度极为友好，但某些意外因素的介入，使局面急转直下。警察因多种目的而主动接触，其中一些完全与追究犯罪的愿望无关。①

毫无疑问，某些警察"当场盘问"行为违反了第四修正案，但是，本院倘若严厉拒绝宽恕这样的行为，不一定使之对排除规则做出响应。无论该规则在警察以获得有罪认定为重要目的的场合多么有效，但在警察为服务于其他某些目的而无意起诉或者愿意放弃成功起诉的时候，这个规则就无力威慑对宪法保障的权利的侵害了。

援用了排除规则的那些案件，其适当的审判要求法庭不断注意这些局限。少数群体，尤其是黑人，经常抱怨警察群体中某些人对其进行的大规模骚扰，这种骚扰不可能因刑事审判中彻底排除了非法证据而停止。严格而不加考虑的排除规则的运用，在徒劳地抗议该规则从未有效控制的那些警察实践的过程中，可能付出的高昂代价是对人的伤害和对预防犯罪努力的阻挠。任何司法意见都不可能将五花八门的街头接触包揽无遗，因而我们只能就眼前的案件事实进行判断。我们今天所说的一切，不应被认为是暗示对警察超出合法调查范围行为的认同。依我们的裁决，法院仍要保持它们的传统责任：防止警察的傲慢或骚扰，防止他们在没有宪法所要求的、客观证据支持的正当根据的情况下，侵犯个人安全。当这种行为被确认时，必须受到司法的谴责，"毒树之果"必须被排除出刑事审判……

---

① 例如，这种警察行为可能仅仅是为了帮助一个处于醉态的人找到回家的路，根本没有逮捕他的意图，除非他顽固对抗并难以驾御；或者，警察可能寻求调解家庭争吵，以免争吵演化为暴力。作为驱赶战役的一部分，他们可能在"红灯区"走向一个女人，意在驱逐妓女，以免起诉她们的巨大麻烦；或者，他们可能在城市的特定地区大举搜查所有少年人的武器，因为他们风闻这里即将发生一场帮派械斗。

......只有当被赋予执法权的人的行为能够受到更为超脱、中立的法官的审查时，第四修正案的设计才是有意义的，而这位法官必须根据特定环境来评价某一特定搜查或扣押的合理性。在做这种评价时，必须依靠客观标准来裁决事实：在扣押或搜查时，这些供警察考虑的事实是否"保证一个有合理谨慎的人相信"所采取的行动是适当的？

......我们对这样的需要不能视而不见：执法警察在缺乏逮捕的相当理由时，也需要保护自己和其他可见的暴力被害人。当一位警官合理地相信，他正在近距离调查的行为可疑者可能携有武器，并且对警官本人或他人直接存在危险的时候，该警官有权采取必要措施确定嫌疑人是否事实上携有武器，缓和人身伤害的威胁。否认警察的这种权力显然是不合理的……

适当的平衡在本类案件中不得不被打破，这一评价导致我们得出结论：必须有严格划定的权威，允许警察在有理由相信正在对付一个有武器的危险人物时，为保护自己而合理地搜查武器，不论他是否有"相当理由"因某一罪行而逮捕这个人。警官不必绝对肯定这个人有武器；关键是看一个有合理谨慎的人在这种情况下是否保证相信：他的安全或者别人的安全正处于危险之中。在确立警官行为在此情形下是否合理的过程中，我们要适当权衡的，不是他初始的、非特定的怀疑或"预感"，而是凭他的经验有资格从事实中得出的特定的合理推断。

现在，我们必须审查麦克菲登警官在本案中的行为，以确定他对请求人的搜查和扣押是否合理，既要看起因，又要看行为过程。他已经注意到特里、切尔顿和另一个人，认为他们的行为方式是"抢劫"的序幕。我们认为，基于麦克菲登警官在初审法官面前细述的事实和情节，一个有合理谨慎的人将有理由相信请求人携带武器，并因而对正在调查其可疑行为的警察构成威胁。麦克菲登假设：这些人正在策划光天化日之下的抢劫——这便有理由认为很可能涉及武器的使用——特里和切尔顿的行为正与麦克菲登的假设相吻合，而且，从警官开始注意他们，直到走近他们表明自己警察的身份，他们的行为中没有任何东西使他有足够理由推翻那种假设。尽管这三个人已经离开了初始现场，但却没有任何放弃抢劫意图的迹象。因此，当麦克菲登警官走向聚在祖克尔商店橱窗前的三个嫌疑人时，他已经做了足够的观察，非常合理地害怕他们携有武器；他向他们打招呼，向他们确认自己的警官身份，并询问他们的姓名，他们对他的这些举动的反应，丝毫没有动摇他的合理相信。我们不能说他当时扭住特里并拍身搜查武器的决定是随意或想象的产物，也不能简单地将其视为一种骚扰行为；庭审记录显示，这是一名警官有节制的行为，他在调查过程中不得不迅速决定如何保护自己和其他人免受可能的伤害，并采取有限度的保护措施……

……在本案情境中，搜查的唯一正当根据是保护警官和附近其他人，因而搜查必须局限在合理的介入范围内：意在发现枪支、刀具、棍棒或其他隐藏的攻击警察的工具。以此为标准，搜查的范围在本案中不构成一个严重问题。麦克菲登警官只是拍了请求人及他两个同伴的外衣，他没有将手伸到他们的衣兜里或衣服里。当他摸到武器时，他也只是去掏枪。他从未侵犯凯茨的人身，只是用手触及了他的外衣表面，因为他在拍搜过程中没有发现他有武器。麦克菲登警官严格地将其搜查局限于这些最必要的举措：了解这些人是否有武器，一旦发现了武器，就立即解除他们的武装。他没有为获得可能的犯罪行为的证据而实施彻底搜查。

我们的结论是，从特里身上搜出的左轮手枪，采纳为对他不利的证据是适当的。在麦克菲登警官扭住请求人并搜查武器时，他有合理根据相信请求人携有武器，并且很危险，有必要为保护自己和其他人而迅速采取措施，发现真相，缓解可能现实化的伤害威胁。这位警官仔细地将其搜查局限在为发现他所寻找的特定物品而采取的适当行为上。当然，每一类似案件都不得不依其特有的事实而定。我们今天仅仅裁定：当一名警察观察到不寻常的行为，使他依经验合理地认为犯罪行为可能即将发生，并且认为他正打交道的人可能携带武器并直接存在危险时；当他为调查这一行为而确认了自己的警察身份并做了合理盘问时；当最初接触阶段没有任何东西驱散他对自身和他人安全的合理恐惧时，他有资格为保护自己和他人采取仔细而有限的、对这些人外衣的搜查，目的是发现可能用来袭击他的武器。这样一种搜查，依第四修正案属于合理搜查，进而任何被搜出的武器被采信为不利于持枪者的证据都是适当的。

维持原判。

[哈兰法官的赞成意见被略去。——编者]

大法官道格拉斯阁下的分歧意见：

我同意请求人之被"扣押"涉及第四修正案的意义；我也同意为寻找武器而拍搜请求人和他的同伴是一种"搜查"。但令人困惑的是，依第四修正案的标准,那样的"搜查"和"扣押"何以能够合乎宪法,除非有"相当理由"相信:(1)一项罪行已经发生;(2)一项罪行正在发生;或者(3)一项罪行即将发生。

最高法院的意见没有声称存在"相当理由"。如果游荡是争论的焦点和被控的罪名,那便显示有"相当理由"。但是,这里指控的罪名是私携武器,又没有根据得出结论说:警官有"相当理由"相信该罪正在发生。假如此时向治安法官申请搜查令,治安法官肯定无权颁发,因为他只能在显示了"相当理由"时这样做。我们今天裁定,警官在"扣押"和"搜查"问题上比治安法官有更大的权威,而我们过去曾三令五申完全相反的意见。

换言之,时至今日,警官若要实施无令状逮捕或搜查,必须是当他们个人知识中的各种事实能够满足**相当理由**的宪法标准的时候。在实施无令状"扣押"时,他们所掌握的关于被逮捕人的事实,也会使法官相信的确存在"相当理由"。"相当理由"这一术语的确定性不能用"合理怀疑"(reasonable suspicion)这样的词组来取代。不仅如此,"相当理由"的含义深深根植于我们的宪法历史中。正如我们在"亨利诉美国案"(Henry v. United States, 361 U. S. 98, 100 - 102, 80 S. Ct. 168, 170)中所陈述的那样:

> 相当理由的要求,已经深深扎根于我们的历史之中。詹姆斯·奥蒂斯(James Otis)猛烈抨击的协查令和不填姓名的一般逮捕令,两者都使警察基于怀疑而进行逮捕和搜查的不良做法长期存在。警察的控制取代了司法的控制,因为在治安法官面前不要求显示"相当理由"……

> 反对上述做法的学说后来反映在第四修正案中。该修正案被采纳之前和稍后一段时期的判决显示,普通传闻或报告、怀疑或者甚至是"很合理的怀疑"(strong reason to suspect)都不足以支持一个逮捕令状。该原则一直存活至今……

> ……给予警察大于治安法官的权力,就是向集权之路迈进了一大步。也许这一大步是对付现代形式的不法所需要的,但是,如果要跨出这一步,也应由人民通过宪法修正案的形式慎重选择……

最高法院在美国历史上一直承受着强大的压力,迫使它放水冲淡宪法保障,给予警察更大的优势。这种压力可能从来没有今天这样沉重。

不过，如果个人不再至高无上，如果警察看谁不顺眼就可以随意抓人，如果他们可以凭自由裁量权而"扣押"和"搜查"，那么我们就走进了一种新的政体。进入这一政体的决定，只能在这个国家的人民进行了充分讨论之后才能做出。

提示与问题

1. 为什么首席大法官沃伦说排除规则不能有效调整不以逮捕为目的的警察行为？

2. "沃伦法院"有关警察的著名判例［Miranda v. Arizona, 384 U. S. 436 (1966); Escobedo v. Illinois, 378 U. S. 478 (1964); Mapp v. Ohio, 367 U. S. 643 (1961)］，都是被告在庭审后被定罪的案件。在占案件绝大多数的被告认罪而无需开庭的案件中，美国最高法院的作用是什么？

3. 如果警察比其他公民更怕被攻击，那么当确定警察直觉的合理性时，法官如何评价"凭他的经验有资格从事实中得出的特定的合理推断"？以此为标准，是否应允许警察的拦截和拍身更多地针对黑人而不是白人，针对年轻人而不是年长者，针对男人而不是女人？

4. 为什么大法官道格拉斯相信"相当理由"是比"合理怀疑"更有意义的概念？两个概念中哪一个更"客观"？为什么？

5. 最高法院说："警察因多种目的而主动接触，其中一些完全与追究犯罪的愿望无关。"这些目的在何种方式上属于警察的工作范围？最高法院所给的例证如何与赫尔曼·古德斯坦的讨论与关心有关？

6. 最高法院论证其裁决合理性的部分理由是："我们对这样的需要不能视而不见：执法警察在缺乏逮捕的相当理由时，也需要保护自己……"从克里斯·亨得利在"警察工作压力的高昂代价"一文中提供的数字看（见古德斯坦文后的提示部分），警察的自杀是其被杀的两倍，这如何说明了最高法院上述论证的合理性？最高法院是否对法律实施中的真正危险视而不见？关注一种死因而不关注另一种，其目的何在？

7. 如果警察搜查最终找到了犯罪证据，你认为应当允许这样的搜查有更大的余地吗？如果你的回答是肯定的，考虑一下最高法院在"希伯伦诉纽约案"［Sibron v. New York, 392 U. S. 40 (1968).］中的裁定。与"特里案"形成对比的是，该案认为，警察搜查的正当性，不能用事后的发现来论证，而只能取决于搜查前的情况。下面是"希伯伦案"裁定的摘录：

> 警察没有资格扣押和搜查他在街上看到或者盘问的每一个人。在他动手搜查某一公民人身之前，他必须已经有了宪法上充足而合理的这样做的根据。至于自我保护的武器搜查，警察必须能够指出某些特定的事实，从中可以合理推断出被搜查人携有武器并且非常危险。马丁警官的证词没有

揭示这样的事实。嫌疑人与几个已知的瘾君子谈了8个多小时，仅有这样的行为不足以令这位警官产生合理的生命或肢体的恐惧，也不足以构成正当的对正在实施犯罪者的逮捕。马丁警官也不曾主张，当希伯伦把手插在衣兜里时，他害怕希伯伦去掏武器，因而采取了自卫行为。他对希伯伦讲的开场白"你知道我在找什么"非常清楚地表明他查的是毒品，而他在听证时的证词也无疑地证明他认为希伯伦衣兜里有毒品。

即使假定有充足的根据搜查希伯伦的武器，马丁警察所做的这次搜查的性质和范围也如此清晰地表明它与这种正当根据无关，以至于使搜出的海洛因不能被采纳为证据。"特里案"中我们所赞同的武器搜查，仅限于拍嫌疑人的外衣，以确定有无隐藏的可用以袭击的武器。只有在发现了这样的目标之后，"特里案"中的警官才将手伸进被搜者的衣兜。而在本案中，开始并没有将搜寻限于武器的企图，马丁警官将手伸到希伯伦的衣兜里，直接掏出了装着海洛因的信封。他的证词也显示他正在找毒品，并且找到了。这次搜查没有被合理地限制在这样的范围：通过解除潜在危险者的武装，从而保护警官的安全。在可想象的范围内，唯有这个目标的达成，才能使警察的介入行为正当化。本案的这次搜查违背了第四修正案的保证：保护人身的神圣性，使之不受所有政府代理人的无理侵扰。

现在回到"希伯伦案"的事实部分，很明显，海洛因不能被采纳为不利于他的证据……在搜出装着海洛因的信封以前，不存在任何类似于相当理由的东西。不言而喻的是，一次附随的搜查不能前置于逮捕且不能作为其正当性的一部分。

第四节　布朗诉德克萨斯州案

Brown v. Texas
443 U. S. 47（1979）

首席大法官伯格（陈述最高法院的意见）：

一

1977年12月9日中午12时45分，埃尔帕索警察局的警官维纳戈斯（Venegas）和索泰罗（Sotelo）正驾着警车巡逻。他们看到上诉人（布朗）和另一男子在一条小巷中正朝相反的方向走开去。尽管这两人被看到时已经走开了几英尺，但维纳戈斯警官后来作证说，两名警官相信，直到警车出现，这两个人曾经在一起或者正要接头。

警车开进小巷，维纳戈斯警官走出警车，要求上诉人说明身份并解释一下他在那儿干什么。另一个人没有被盘问或扣留。警官作证说，他拦住上诉人是因为"看起来情况可疑，我们在这个地区从未见过这个人"。上诉人被拦截的埃尔帕索地区是毒品交易的高发地带，然而，两名警官没有宣称怀疑上诉人有任何具体的不法行为，也没有任何理由相信他携有武器。

上诉人拒绝说明自己的身份，并怒气冲冲地声言两名警官没有权力拦截他。维纳戈斯警官回答说，他是在一个"毒品问题严重的地区"；索泰罗警官随后"拍搜"了上诉人，但没有找到什么。

当上诉人继续拒绝说明身份之后，他因违反1974年制定的《德克萨斯州刑法典》［Texas Penal Code Ann. § 38.02（a）］中的规定而被捕。该条将一个人在警察"合法拦截和要求回答问题"时拒绝报出姓名和住址的行为规定为犯罪。① 逮捕之后，两名警官搜查了上诉人，没有发现不适当的东西。

当上诉人被带到埃尔帕索县拘留所时，他说明了身份。尽管如此，他还是被拘留并被控违反德州刑法 § 38.02（a）之规定。当他被登记（booked）的时候，又受到第三次例行搜查。上诉人在埃尔帕索的地区法院，即市法院（Municipal Court），因违反德州刑法 § 38.02（a）而被定罪，罚金20美元，并承担法庭费用。他随后行使自己依德克萨斯州的法律所享有的在埃尔帕索高级法院，即县法院（County Court）重审的权利。在那里，他提出驳回起诉的动议，理由是德州刑法 § 38.02（a）违反了宪法第一、第四和第五修正案，并且，其违宪地含糊不清，又违反了第十四修正案。这一动议被驳回。上诉人放弃了陪审团审理，法庭判他有罪，罚金45美元，并承担法庭费用……

二

当两名警官为了让上诉人说明身份而扣留上诉人时，他们就是在实施涉及第四修正案的人身扣押。在给上诉人定罪的过程中，县法院作为一种事实审，裁定警官们"合法拦截"了上诉人。第四修正案当然"适用于所有的人身扣押，包括未导致传统逮捕的短暂拘留"［Davis v. Mississippi, 394 U.S. 721, 89 S. Ct. 1394, 22 L. Ed. 2d 676

---

① 该条全文如下：

"§ 38.02：未能说明身份罪

（a）意图拒绝向进行合法拦截并提问的警官报告，或者虚假报告其姓名和住址者，构成犯罪。"

(1969); Terry v. State of Ohio, 392 U. S. 1, 16 - 19, 88 S. Ct. 1868, 1877, 20 L. Ed. 2d 889 (1968)]。"无论何时,一名警察走近一个人并限制其离去的自由时,他便已经'扣押'了该人, (id., at 16, 88 S. Ct., at 1877) 并且,第四修正案要求,扣押必须是'合理的'。"［United States v. Brignoni - Ponce, 422 U. S. 873, 878, 95 S. Ct. 2574, 2578, 45 L. Ed. 2d 607 (1975)］。

扣押不像传统逮捕那样具有侵犯性,其合理性有赖于"平衡公共利益和个人安全免受法律官员武断侵扰的权利"［Pennsylvania v. Mimms, 434 U. S. 106, 109, 98 S. Ct. 330, 332, 54 L. Ed. 2d 331 (1977); United States v. Brignoni - Ponce, supra, 422 U. S., at 878, 95 S. Ct., 2578］。对这种扣押的合宪性的考虑,涉及扣押对公众利益促进的程度与对个人自由干扰的严重性的权衡。

在多样的背景下权衡两种相竞逐的考虑,其核心关怀一直是确保个人合理期待的隐私权不受警察当场无拘无束的自由裁量权的专横侵犯。为此目的,第四修正案要求扣押必须基于特定的客观的事实,这些事实显示社会的合法利益有这样的要求:扣押某个特定的个人或者该扣押的实施,必须依照一个对警察的行为有明确而中立限制的计划。

该州没有争辩说上诉人被拦截是依照一种体现中立标准的做法,但还是坚持认为警官们拦截上诉人是正当的,因为他们"合理、明确地怀疑一项犯罪已经实施、正在实施或即将发生"。我们认识到,在某些情形下,尽管警察没有传统逮捕所要求的"相当理由"相信嫌疑人涉及犯罪行为,但一名警察仍然可以短暂扣留、盘问一个嫌疑人。然而,我们要求警察有基于客观事实的合理怀疑,相信某人牵涉了犯罪行为……

该州判决的缺陷在于,警察拘留上诉人之前的所有情况都不能正当地构成对上诉人涉及犯罪行为的合理怀疑。维纳戈斯警官在上诉审中作证说,小巷中的情况"看起来可疑",但他无法指出任何支持该结论的事实。① 没有任何判例记录显示,人们在小巷中是什么不正常的事情。上诉人身处一个毒品使用者频频出没的地区,独自站在那里,这一事实不足以得出上诉人亲自参与了犯罪行为的结论。简言之,上诉

---

① 这一情况不同于一个训练有素、经验丰富的警官的观察,这样的警官能够觉察和分析出某一行为的含义,而这一点,缺乏训练的观察者是看不出来的。United States v. Brignoni - Ponce, 422 U. S. 873, 884 - 885, 95 S. Ct. 2574, 2582, 45 L. Ed. 2d 607 (1975); Christensen v. United States, 104 U. S. App. D. C. 35, 36, 259 F. 2d 192, 193 (1958).

人的行为与其他行人在该地区的行为没有什么不同。在追问之下，维纳戈斯警官承认，他拦截上诉人的唯一原因是确定其身份。判例认为，警察都有主张自己存在的愿望，这是可以理解的，但这一愿望不能否定宪法第四修正案的保障。

在缺乏任何怀疑上诉人有不法行为的根据时，称量公共利益和上诉人个人安全、隐私权利的天平向不受警察干扰的自由倾斜。据以拦截上诉人并要求其说明身份的德克萨斯州制定法，意在强调刑法在大城市中心地带的社会目的：预防犯罪。即使假定，在缺乏特定根据相信某人涉及犯罪行为时，拦截并要求他说明身份在某种程度上也可能服务于这一目的，但第四修正案对权利的保障不允许这样做。当这种拦截不是以客观标准为依据时，警察专断和滥用权力的做法会超过可容忍的限度。

适用1974年的《德克萨斯州刑法典》（Ann.，Tit. 8，§ 38.02），扣留上诉人并要求其说明身份，这样做违反了宪法第四修正案，因为警官们没有任何合理怀疑可据以相信，上诉人参与或已经参与了犯罪活动。因此，上诉人不应因拒绝说明身份而受刑事处罚，定罪应予推翻。

法院意见附录

法官：……如果你合法拦截了一个人，并且如果他不想和你说话，你就说这是犯罪，将他投入拘留所。你怎样看待这种情况？

公诉人派顿（Patton）先生：首先，我将质疑被告在动议中所说的宪法第一修正案赋予了个人沉默权。

法官：……我问你的是，为什么德克萨斯州因为你不说话就将你投入拘留所。

派顿先生：啊，我认为有一些利益不得不考虑。

法官：好，我希望你告诉我这些利益是什么。

派顿先生：政府的利益在于，维护社会及其公民的安全与稳定，并且，政府在这方面的利益肯定非常重要，超过了在一定程度上侵犯个人自由所损害的利益。我认为，在适当场合下简单询问某人姓名和住址，政府在这里面的利益大于个人的利益。

法官：但为什么不答话就是一种犯罪？

派顿先生：我再说一遍，我只能认为，如果不回答问话，将会造成瓦解。

法官：瓦解什么？

派顿先生：我认为将会瓦解社会保障公民安全的目标，也就是，让公民确信他们在……家是安全的。

法官：以起诉相威胁，强迫公民说出姓名和住址，何以能保障他们的安全，即使他们被合法拦截？

派顿先生：你知道在某些情况下会有一些人被合法拦截，警官推定这个人也许正在搞什么鬼，因而履行其职责，仅仅是为了发现这个人的姓名和住址，以确定究竟发生了什么事情。

法官：我不是在质疑，不是在问警官是否应当提问。我肯定他们应当问任何他们可能发现的案情。我所要问的是：因为一个人不想回答问题，就将其投入拘留所，一州这样做的利益是什么？我知道，许多时候一位警官将给被告"米兰达警告"（Miranda warning），这意味着被告不必开口。许多被告做了供述，如果他们出于自愿，这当然很好，但如果他们不供述，你不能就因为拒绝承认一项罪名而把他们投入狱中，你能这样做吗？

提示与问题

1. 最高法院说，就本案的情境而言，警察作证说上诉人"看起来可疑"，与警察"能够察觉和说出其行为含义"的情境有所不同。这是否意味着，警察行为的有效性有赖于警察以怎样的技巧描述事件？"布朗案"和"特里案"是否为警察提供了一个用以描述其行为的"脚本"？古德斯坦所说"法院的一些裁决赞同使用客观标准确定逮捕的合法性"，其重大意义在哪里？你认为"特里案"和"布朗案"提供了一个"客观的"标准吗？

2. 本案上诉人主张，德克萨斯州的制定法违反了联邦宪法。最高法院认定该制定法的"适用"违反宪法。这有何区别？该制定法在本裁决之后是否依然有效？

3. 2004年，最高法院在"希拜尔案"① 中维护了一部有关"拦截与身份说明"的制定法的合宪性。在一次涉及袭击报案的拦截盘问中，希拜尔拒绝向警察说明自己的身份，因而被逮捕并被内华达州一家法院定罪。内华达州有关拦截与身份说明的制定法有这样的要求：一个人因可疑而被警察留滞盘查时，必须说明自己的身份。② 在你阅读下面这份5:4的裁决时可以自问：在当前的实

---

① Hiibel v. Sixth Judicial Dist. Court of Nevada, 124 S. Ct. 2451.

② 1. 任何治安官都可以留滞任何他遇到的人，如果有情况合理显示该人已经犯罪，正在犯罪或者即将犯罪……3. 治安官可以依照本条之规定，只为确定其身份及其周围的可疑情况而留滞某人。任何被因此而留滞的人应当说明自己的身份，但不能被强迫回答治安官的任何其他询问。

践中,而不是法律理论中,对于警察的盘问有何限制?

有关拦截与身份说明的制定法,可以追根溯源到英格兰早期有关流浪的法律。这些法律要求,除非可疑的流浪者"对自己做出良好的说明",否则会面临逮捕。这种权力反映了普通法中的一种私权:"逮捕任何可疑的夜行者,对他进行留滞盘查,直到他对自己做出良好的说明……"近几十年来,最高法院一向认为,传统的流浪法在宪法上是衰弱不堪的……最高法院还认为,传统的流浪法对于流浪是无效的。它的含义广泛而又欠精准的用语,否定了对潜在犯罪人的适当告知,并且允许警察在实施法律时运用不受限制的自由裁量权……

我们眼前的案件是以往先例的接续。这里无需质疑的一点是:最初的拦截是基于合理怀疑的,符合"布朗诉德克萨斯州案"所指出的第四修正案的要求……据我们理解,该制定法并未要求嫌疑人像警察出示驾驶执照或者其他文件,只要这个嫌疑人说清姓名或者以其他方式向警察表达清楚——这个选择,我们主张,是嫌疑人可以做出的——该制定法的要求就得到了满足,就不会有违法一说……

提问是警察调查盘问的基本组成部分。在通常情况下,警察可以随意询问一个人的身份,而这种询问与第四修正案无关……

……本案中的警察正在调查一次可能的家庭暴力事件,类似情况下,说明身份被证明是非常重要的。被唤来调查家庭纠纷的警察,需要知道他在跟谁打交道,以便评估周遭情势,包括对他们自身安全的威胁,以及对潜在被害人的危险。

尽管人们都承认,警察在"特里拦截"过程中可以要求嫌疑人说明身份,但是,嫌疑人拒绝回答时是否能够导致逮捕和起诉,倒是一个未解决的问题。

请求人让我们注意以往本院意见的陈述,根据他的解释,是由他来决定是否回答问题。在"特里案"中,大法官怀特在附和意见中说:在调查性拦截中被留滞的人,可以被盘问,但"没有义务回答,不能被强迫回答,并且,拒绝回答不能成为逮捕的根据"。最高法院在"伯克默案"①中引述了这一意见并裁定认为,一次例行的车辆拦截不是一种拘留性拦截(custodial stop)……最高法院在解释为什么"特里拦截"属于"非威胁的性质"时曾经给出了一些理由,其中提到这样的事实:"特里拦截"中被留滞的嫌疑人"没有义务回答"问题。依照请求人的观点,这些陈述设定了"特里拦截"中一种拒绝回答问题的权利。

我们没有如此解读这些陈述……

---

① Berkemer v. McCarty, 468 U. S. 420, 439 (1984).

请求人的关注与这样一种要求相呼应:"特里拦截"必须自始正当,并且"在范围上合理地相关于"那些使最初的拦截"正当化的事由"。在这些原则之下,如果一位警察说明身份的要求与那些使拦截正当化的事由没有合理的相关,那么,这位警察不可以因嫌疑人未能说明身份而逮捕他。比如,"特里案"可以允许一位警察用强迫按手印的方式来确定嫌疑人的身份,只要他有"合理的根据相信,指纹可以确立或者否定嫌疑人与犯罪的联系"。本案中非常清楚的是,说明身份的要求"在范围上合理地相关于"那些使拦截"正当化的事由"。警察的这一要求是一种普通意义上的询问,而不是在证据不足情况下进行"特里拦截"后,因被拦截人未能说明身份而寻求逮捕的一种努力。拦截,要求说明身份,以及一州所要求的回应,这一切都不违背第四修正案的保障。

第五节 佛罗里达州诉布斯迪克案
Florida v. Bostick
489 U. S. 656(1991)

大法官奥康纳陈述最高法院的意见:

我们已经做过这样的裁决:第四修正案允许警官们在机场大厅和其他公共场所随机走近某人,向他提出问题并征得同意后搜查其行李,只要一个理智正常的人明白他可以拒绝合作即可。这一案件要求我们确定:同样的规则是否适用于发生在公共汽车里的警察的例行检查。

一

毒品拦截的努力已经导致警察在机场、火车站和公共汽车补给站监控手段的运用。法律实施者在这些站点驻防,或者出于随机,或者因为隐约怀疑某些人可能参与了犯罪行为,所以例行公事地走近这些人,向他们提一些潜在地使之获罪的问题。布鲁沃德县(Broward County)已经采取了这一做法,县警察局的警官们经常登上停在固定站点的公共汽车,要求乘客允许他们搜查行李。

本案中两名警官在搜查特伦斯·布斯迪克(Terrance Bostick)的箱子时发现了可卡因。搜查的事实成为争论的问题,但佛罗里达最高法院在其判决——我们正在审查——明确指出了判决的事实根据:

两名警官身着警服,佩带警徽,其中一人还手持人们一眼就能看出内装手枪的拉链式枪弹盒。他们登上一辆停靠在劳德戴尔堡（Fort Lauderdale）的从迈阿密开往亚特兰大的公共汽车。警官们承认，他们扫视乘客后，没有发现具体而明确的可疑之处，他们选择了后来成为被告的乘客布斯迪克，要求他出示车票和身份证。车票是从迈阿密到亚特兰大的，这与被告的身份相符，车票和身份证都没有什么特别之处，随即被还给了被告。然而，两名警官没有善罢甘休，解释说他们之所以出现在车上，是因为要寻找非法毒品。为此目的，要求被告同意他们搜查他的行李。不必说，关于被告是否同意搜查其内装毒品的第二只手提包，以及被告是否被告知有拒绝同意的权利，证据之中充满了矛盾。然而，作为一个由初审法官判断的事实问题，任何矛盾之处都必须做有利于该州的解决。554 So. 2d 1153, 1154-1155 (1989), quoting 510 So. 2d 321, 322 (Fla. App. 1987) (Letts, J., dissenting in part)……

布斯迪克被逮捕，并被控运输可卡因。他提出动议，排除可卡因的证据，理由是可卡因被扣押侵犯了他依宪法第四修正案所享有的权利。初审法院否决了这一动议，但没有做事实方面的裁决。布斯迪克随后认罪，但保留就其动议被否决而上诉的权利……

……佛罗里达州最高法院推理说，对布斯迪克已经构成扣押，因为任何一个身处其境的理性乘客都不会感觉自己有离开那辆公共汽车以避免警察盘问的自由……

二

摆在我们面前要求审查的唯一问题是，一名警察在公共汽车上遇到的上述情形，是否必然构成第四修正案含义之内的"扣押"。该州承认，我们为本判决之目的也接受，两名警官缺乏使扣押正当化的合理怀疑，因而，如果发生了扣押，那么，在布斯迪克的箱中发现的毒品，必须作为毒树之果加以排除。

我们的案件清楚地显示，不会仅仅因为一位警官走近了某人并问了一些问题，就发生了扣押。只要一个理智正常的人感觉可以自由地"不理会警察而自行其事"，……接触就是双方合意的，并不要求合理的怀疑。除非接触丧失了合意性，否则是不会引发有关第四修正案的审查的。最高法院在"特里诉俄亥俄州案"[Terry v. Ohio, 392 U. S. 1, 19, n. 16 (1968)]中详尽阐述了这样一点："显然，警察与公民的接触并非都涉及人身'扣押'。只有当警察通过采用武力或者显示权威的手段，在某种程度上限制了公民的自由，我们才可以得出'扣押'已经发生的结论。"

自"特里案"后，我们不断主张，单纯的警察盘问不构成扣押。例如，在"佛罗里达州诉罗耶案"［Florida v. Royer, 460 U. S. 491 (1983)］的多数意见中，我们解释说："如果警察仅仅是在街上或另一公共场所走近一个人，问他是否愿意回答某些问题，或者在他愿意接受的情况下向他提一些问题，或者在刑事起诉中将他对这些问题的自愿回答作为证据，那么，警察的这种执法是不违反宪法第四修正案的。"见"罗耶案"中大法官兰奎斯特的反对意见（Id., at 497; Id., at 523, n. 3）。

毫无疑问，同样是这种接触，如果发生在布斯迪克上车之前或者发生在候车室里，将不会达到扣押的程度。最高法院曾处理过在机场发生的相似接触，并裁定它们是"合意性的，没有牵连第四修正案的利益"。Florida v. Rodriguez, 469 U. S. 1, 5 – 6（1984）. 我们已经说过，只要警察没有传达出必须服从他们的要求的信息，即使警察没有根据怀疑某人，也可以一般性地向其提一些问题［INS v. Delgado, 466 U. S. 210, 216（1984）; Florida v. Rodriguez, 469 U. S. 5 – 6（1984）］; 可以要求审查该人的身份［INS v. Delgado, 466 U. S. 216（1984）; Florida v. Royer, 460 U. S. 501（1983）（多数意见）; United States v. Mendenhall, 446 U. S. 544, 557 – 558（1980）］; 并要求该人同意搜查其行李［Florida v. Royer, 460 U. S. 501（1983）（多数意见）］。

布斯迪克主张本案是不同的，因为它发生在一辆拥挤的公共汽车上。警察的盘查在这种场合更具有威胁性，因为警察探身俯视一个坐着的乘客，使之根本没有回避的余地。布斯迪克声称，在"密歇根州诉切斯特纳特案"［Michigan v. Chesternut, 486 U. S. 567, 573（1988）］中的用语中找到了支持，其他一些案件也显示，当一个理智正常的人相信自己"没有离去自由"时，就发生了人身扣押。布斯迪克坚持说，一个理智正常的公共汽车乘客，在这种情况下不会觉得有离去的自由，因为在一辆公共汽车上是无处可去的。而且，公共汽车就要开车了，如果他下车，就要冒漏乘的危险，还会丢掉锁在汽车行李箱中的提包。

佛罗里达州最高法院认为，这一主张的说服力如此之强，以至于它采纳了一条不言自明的规则，禁止警察以随机登上公共汽车作为拦截毒品的手段。然而，该法院的观点是错误的，因为它关注的是布斯迪克是否有"离去的自由"，而不是这一用语想要表达的原则。当警察试图向一个正走在街上或正通过一条机场通道的人提问时，考虑一个理智正常的人是否觉得有继续走路的自由才是有意义的。但是，当一个人坐在公共汽车上并且不想离去时，一个理智正常的人离去愿望的强烈程度，不是衡量本案中接触所产生的胁迫效果的精确尺度……

……在这样的情况下，适当的询问应当是，一个理智正常的人是否觉得有拒绝警察要求的自由或者结束这一遭遇的自由。这一公式遵循了先前案例的逻辑，并没有什么创新。我们在此之前已经讲过，考虑这一接触所发生的具体情境，关键的检验标准应当是：警察的行为是否"传达给理智正常的人一个信息：他不能忽视警察的存在而自行其是。"……

这一案件的事实，正像佛罗里达州最高法院所描述的那样，在是否发生了扣押的问题上存在疑问。两名警官在公共汽车上走到布斯迪克身边，问他一些问题，并询问他们是否可以搜查他的提包。像我们已经解释的，当警察向一个人提问，要求查清这个人的身份，并征求他的同意搜查其行李时，并不构成扣押——只要警察没有传达这样的信息，即，必须服从他的要求。佛罗里达州最高法院所复述的事实显示，两名警官并没有用枪指着布斯迪克，或者以其他方式威胁他，他们曾经特别告知布斯迪克：他可以拒绝同意。

尽管如此，我们仍然回避裁决本案中是否发生了扣押。初审法院没有做关于事实的明确裁定，而佛罗里达州最高法院的判决仅仅基于一个事实——接触发生在汽车上——而不是基于具体情境的整体。我们将本案发回，以便佛罗里达州法院可以用正确的法律标准评价其中的扣押问题……

反对意见将我们的裁决归结为：主张警察可以登上公共汽车，通过"威胁性的权威显示"来要求乘客的"自愿"合作。这一归结是不正确的。很清楚，一名乘客决定与警官合作，只要合作是自愿的，就等于授权警察可以在没有事先取得搜查令的情况下实施搜查。"同意"如果是警察威胁和骚扰的产物，就根本不是同意。当公民被要挟同意一个他们本想拒绝的请求时，他们并没有丧失宪法上的权利。发回佛罗里达州法院并要求其裁决的问题是：布斯迪克是否选择了同意搜查他的行李……

反对意见的最强批评是针对这样的主张：警官可以走到他们没有合理怀疑的人跟前，问一些潜在地使人获罪的问题。但是，这一主张并不是什么创新，它已经被最高法院多次认可。"特里案"、"罗耶案"、

"罗德里格兹案"（Rodriguez）和"迪尔戈多案"（Delgado）就是一些例子。正如我们解释过的，今天的判决是从这些判决合乎逻辑地延伸出来的，并没有新的突破……

正如反对意见所正确指出的，最高法院没有被授权架空宪法保障，以便政府可以更有效地进行一场"反毒品战"（See post, at 1, 11 - 12.）。如果不得不开战，那么作战人员必须尊重个人的权利，而无论个人是否被怀疑犯有罪行。同理，最高法院也没有被授权仅仅因为法律实施是令人讨厌的东西就禁止它。第四修正案禁止不合理的搜查和扣押，但并不禁止自愿的合作。在评价乘客的同意是否出于自愿时，公共汽车的拥挤的确是相关因素之一。然而，我们不能同意佛罗里达州最高法院的看法：这个唯一的因素将在每一案件中都是决定性的。

我们坚持一条规则：为了确定某次特定的接触是否构成一次扣押，法院必须考虑所有与接触相关的情况，以确定警察的行为是否已经传达给理智正常者一个信息，即，他没有拒绝警察要求或者结束接触的自由。这一规则适用于发生在城市街道、机场大厅里的接触，同样适用于公共汽车上的接触。佛罗里达最高法院的错误就在于，采纳了所谓不言自明的规则。

撤销佛罗里达州最高法院的判决，发回原法院依本意见进一步审理。

大法官马歇尔的反对意见，大法官布莱克默恩以及大法官史蒂文斯赞同反对意见：

有人告诉我们，我们国家正在进行一场"反毒品战"。没有人怀疑法律实施官员的任务就是设计打赢这场战争的有效武器。但是，法律实施技巧的有效性不能抵排其合宪性。例如，一般令状（general warrant）无疑是法律实施的有效手段。然而，第四修正案的一个主要目标就是，保护公民不被挑选出来遭受无特定怀疑的搜查和扣押的暴虐，而无论搜查和扣押的方法多么有效。依我之见，我们在本案中所面对的法律实施的技巧——警察对州内或州际公路上公共汽车进行的无特定怀疑的大检查——打上了与一般令状相联系的胁迫和非正当侵扰的烙印。因为我相信本案中的公共汽车大检查违背了第四修正案的核心价值，所以我持反对意见。

一

本案的焦点问题是"反毒品战中日渐平常的新战略"：警察对州内

和州际公路上公共汽车进行无特定怀疑目标的大检查……这种技巧的典型是一群州的或联邦的警察趁公共汽车停靠之机,登上汽车,出示警徽、武器或其他象征权威的标志,声明自己的警察身份后,告诉乘客他们的目的是拦截毒贩。然后,他们走到每个乘客身边,要求他们出示身份证明、车票并解释他们的旅行目的。警察从不告诫乘客们有不和警察说话的自由。这种类型的"交谈"通常发展为要求乘客同意搜查其行李……

这些大检查是"拉网"式的。警察承认是在"没有明确怀疑"的情况下,决定登上哪辆车,检查哪个人的。① 以这种系统的方式,警察进行了数量惊人的搜查,每一警察运用这种检查技巧可在9个月中搜查3千个提包。Florida v. Kerwick, 512 So. 2d 347, 348 – 349 (Fla. App. 1987). 但截获毒品的成功率却很低,检查100辆车平均才有7次逮捕。United States v. Flowers, supra, at 710.

温和地说,这些检查"是带来不便、侵扰和具有恐吓意味的"。United States v. Chandler, 744 F. Supp. at, 335. 它们发生在拥挤的空间里,通常是警察置身于被选中的检查对象和公共汽车的过道之间。因为公共汽车只是短暂停靠,尚未到达目的地,所以乘客不可能以离开汽车的方式回避警察的盘问。毫无疑问,这样的检查会延误汽车的行程。United States v. Fields, 909 F. 2d 470, 474 n. 2 (CA 11 1990); cf. United States v. Rembert, 694 F. Supp. 163, 175 (WDNC 1988). 一位警官的证词提到,他"尽一切努力不延误汽车",但是,检查不结束,司机不会把车开走。因此,这种"日渐平常的新战略"(United States v. Lewis)使乘公共汽车旅行的经历在一定程度上蒙上了政府侵扰的阴影。对于这种侵扰,我们的社会至少到今天为止还是不习惯的,这也正是我们引以为荣的地方。[State ex rel. Ekstrom v. Justice Court, 136 Ariz. 1, 6,

---

① 这就是说,进行这种检查的警察拒绝提供一个合理而清晰的、足以使其对乘客的无证"拦截"或"扣押"正当化的罪行疑点。见 Terry v. Ohio, 392 U. S. 1, 20 – 22, 30 – 31 (1968); Florida v. Royer, 460 U. S. 491, 498 – 499 (1983) 中的多数意见。然而,这并不意味着检查中对乘客的接近是完全随机的。事实上,至少一位例行检查州内旅行乘客的警察曾坦率承认, "种族"是影响他选择目标的一个因素。United States v. Williams, No. li 89 CR 0135 (ND Ohio, June 13, 1989), p. 3. 警探泽尔勒(Zaller)作证说,本案中3个年轻黑人男性引起他注意的因素包括:(1)他们年轻,又是黑人……,见宣誓书(aff'd), No. 89 – 4083 (CA6, Oct. 19, 1990), p. 7. 警察们知道,毒贩多是年轻的黑人男性,(撤销原判,发回重审),500 U. S. 901 (1991). 因此,在无特定目标的大检查中,选择特定乘客的根据,与其说是无法说清楚的,不如说是无法说出口的。

663 p. 2d 992，997（1983）中 Feldman，J.，的赞成意见。] 一个美国人在行使他们街头行走、驾车上路或者乘坐火车的权利之前"要先出示他的身份文件"，这个主意是与美国的制度和理想不相容的。

除最高法院外的各级法院，一直都没有忽视这种无怀疑目标的搜查的弊端，这些法院被要求审查这种警察行为的合宪法。引人注目的是，位于"反毒品战"心脏地带的那些法院一直是最坚决地谴责这种做法的。就像佛罗里达州法院所说的：

> 本案的证据令人想起另一个年代，在另一种旗帜下，没有一个在公路或铁路上旅行的人不害怕受到政府中掌权者的无证侵扰。如果美国公民被挥舞着警徽的警察要求说明身份、出示旅行文件——简言之，说明存在的理由（raison d'etre）——这种景象，对于宪法的公正解读及其对人的自由解放的保障而言，是陌生的。这里不是希特勒的柏林，不是斯大林的莫斯科，也不是白人至上主义者的南非。然而，在佛罗里达州布鲁沃德县，这些警察却走到乘公共汽车和火车（如果时间允许）的每个人面前，检查身份、车票，还要搜查行李——所有这一切都是以与法律实施"自愿合作"的名义进行的……（554 So. 2d，at 1158，quoting State v. Kerwick, Supra at 348 - 349. 引述初审法院命令。）

哥伦比亚特区的地区法院以同样锐利的语言指出：

> 我们发现，许多集权国家正在变得像我们的自由社会，而我们在这个国家里却重蹈它们压制自由和民主的覆辙。在世界史上，这似乎很不相称。
>
> 在州际公共汽车上不分青红皂白的拦截和盘问，看来走得太远了。如果本院赞同这种"巴士拦截"，并允许基于这种拦截而得的证据进行起诉，则我们将剥夺宪法对公民的基本保护。这种行为与我们国家存在 200 年来的一贯秉持相矛盾。如果乘公共汽车穿过这个伟大国家首都的乘客不能免于警察绝无根据的拦截和盘问的侵扰，那么警察就可以自由地在没有任何理由或原因的情况下随意走向街上的人们。在这场"无所不用其极"的毒品战中，随机敲响公民家门，要求公民"同意"搜查毒品，这样的日子已经不远了。这不是美国。[United States v. Lewis, 728 F. Supp. 784, 788 - 789, rev'd, 287 U. S. App. D. C. 306, 921 F. 2d 1294（1990）] ……

最高法院面临的问题是，无怀疑目标的、拉网式的对州内和州际旅行的大检查，是否与第四修正案的精神相一致。多数意见认为，反毒品战中的这一最新战略与宪法完全一致。我不同意。

二

我不反对多数意见为确定无怀疑目标的公共汽车检查是否构成第四修正案规定的"扣押"而制定的检验标准。我也同意问题的关键在于一个乘客面临这样一种检查时是否"觉得有拒绝警察的要求或结束接触的权利"。……但我不能理解的是多数意见如何能够对这一问题给予肯定的回答……

佛罗里达州最高法院赖以裁决的事实显示，警察没有告诉被盘问人有结束"谈话"的自由。莫名其妙的是，多数意见不断强调初审法院的含蓄裁定，即，警官们已经告知被盘问人有权拒绝对其行李的搜查。被盘问人与警察之间的这种意见交换，对于我们面前的问题而言是不相关的。因为正如该州所承认的和多数意见号称要"接受"的那样，如果警察走近被盘问人并向其提问就算是非法扣押，那么，无论被盘问人如何被充分告知有权拒绝，最终的搜查也同样是不合法的。……因而，问题的关键并不在于身处被盘问人地位的乘客是否觉得自己有权拒绝同意搜查其行包，而在于这样一个乘客——未被告知权利——是否觉得有权结束先行存在的与警察的遭遇。

与多数意见不同，我毫不怀疑这一问题的答案是：不。除了顺应警察外，被盘问人只有两个选择：第一，他可以继续坐在座位上，固执地拒绝回答警察的提问。但考虑到警察上车时具有恐吓性的权威展示，被盘问人有理由相信，这样的举动只能招致警察的怀疑，并使盘问更加迫急。事实上，执行公共汽车检查的警官们承认，拒绝合作就会导致这样的结果。多数意见认为，仅仅拒绝回答问话而"无进一步的举动"，不足以构成扣押乘客的合理理由。这种看法完全没有切中题义，因为那些没有被告知权利又不熟悉宪法的人，没有理由知道警察不可以因其拒绝合作而有对其不利的行动。

第二，被盘问人可以干脆弃车而去，逃避警察的检查。但是，这样做需要被盘问人挤过堵在公共汽车过道上持枪的盘问者，因而这似乎不是理智正常的被盘问人会选择的途径。多数意见难以令人信服地主张：已认定的事实中没有显示警察在盘问时"用枪指着（被盘问人）或用其他武器进行威胁"。然而，我们的裁决认识到明显的一点：警察在接触过程中选择"出示"他们的武器，这对被接触的公民产生了显而易见的压力。在我们评估被手持武器的警察盘问时的恐惧之前，我们从未说过，警察必须到了让公民知道可能立遭枪击的地步才算是威吓。

即使被盘问人已经意识到警察会任他离开汽车，我们也不能合理地期望他诉诸这一手段来回避警察的侵扰性盘问。因为就被盘问人所知，公共汽车离去在即。与在街上被警察接近的人不同（Michigan v. Chesternut），也与到达目的汽车站或机场的人不同（United States v. Mendenhall），在长途旅行的中途站被警察拦截的乘客，不能简单地离开现场，逃到一个可以躲避执法官员探头探脑的安全地方。一位州内或州际旅客在他"熟悉的自家领域"之外被警察盘查，他所体验的易受攻击性定然加剧了这种接触的胁迫性。Schneckloth v. Bustamonte, 412 U. S. 218, 247 (1973)。……

多数意见不是要求警察说明其胁迫战略的正当性，而是责备被盘问人所感觉到的被限制的感受。多数意见承认被盘问人"觉得没有离开汽车的自由"，无法借此打破布鲁沃德县警察们的盘问。（Ante, at 436.）但多数意见解释说，这种受束缚的感觉"是他决定乘坐公共汽车的自然后果"。（Ante, at 436.）。这样，依多数人的见解，因为"限制被盘问人行动自由的因素独立于警察的行为——即他因乘公共汽车而受限制"（Ante, at 436.）——所以被盘问人没有遭到第四修正案意义上的扣押。

这种推理近乎诡辩，贬低了支配第四修正案的价值。显然，一个人"自愿决定"置身于仅有一个出口的空间内，并不等于授权警察挡在出口处强行接触这个人。警察利用一个人"自愿决定"受合法的个人和社会拘束，强行接触这个人，这一做法已经不能再被接受了。通过有意识地对州内或州际旅行的乘客进行无怀疑目标的、拉大网式的检查，警官们迫使乘客选择要么合作，要么离开公共汽车——可能被抛在一个陌生的地方。正因为这一"选择"根本不称其为"选择"，所以警察才运用了这一技巧。

依我之见，第四修正案明确谴责这种无怀疑目标的、拉大网式的州际或州内公共汽车检查。从政府反毒品战的武库中销毁这一特殊武器，不会使警察失去对付利用公共汽车作为贩毒工具的手段。比如，警察依然可以自由地走近他们有合理而清晰的根据被怀疑犯有罪行的乘客；也可以继续这种无怀疑目标的盘查，只要他们采取简单步骤，比如，告知被盘问人有权拒绝回答，以驱散胁迫和恫吓的气氛。没有理由认为，这一要求会使这个国家的公共汽车成为法律实施的禁区。

三

多数意见试图以空洞的告诫掩饰今天的判决对于第四修正案实行的暴力："如果不得不（与毒品）开战，那么战斗人员必须尊重个人权利，无论个人是否被怀疑犯有罪行。"然而，多数意见的实际行为比其言词更有影响力。

我持反对意见。

提示与问题

1. 反对意见在提及"拉网"式搜查时说：在此情形下，这一警察行为的根据"与其说是无法说清楚的，不如说是无法说出口的"。这是何意？它是杰姬·坎贝尔所讨论的"街头搜捕"中种族筛选的参照吗？

2. 2004年12月，"毒品战略与警察基金会"（Drug Strategies and the Police Foundation）公布了一项分析结果，反映了全美国300多个警察局长对于毒品执法的态度。在阅读下面对分析结果的总体说明时，思考"布斯迪克案"是否反映了警察局长们的态度：

> 在美国的警察局长们看来，我们的社会共同体所面对的毒品问题，今天比20世纪90年代中期更加严峻。他们相信，毒品犯罪现在远比财产犯罪、暴力犯罪、家庭暴力甚至恐怖主义的威胁更加严重。尽管十多年来一直优先对付毒品犯罪，但高层警官却说进展很小。绝大多数的警察局长说，在减少毒品问题上，法律实施是不成功的，而大多数人也都不相信过去十年有什么大的改观。大多数警察局长呼吁，改革国家对毒品犯罪和毒品滥用的处理方式。无论大城市还是小城镇的警察局长，都是这样看问题的。他们支持一种平衡的解决毒品难题的方法，希望将法律实施与公众健康、毒品预防和治疗相结合，特别是对非暴力的瘾君子要有一些禁闭以外的方案。警察局长们说，与社会共同体中的其他问题比起来，要对付毒品和毒瘾，他们需要更多的资源。①

3. 1982年至1991年，最高法院听审了30个涉及第四修正案的毒品案件，其中27个最高法院维护了警察的行动，推翻了下级法院不利于警察的裁定。注意一下"布斯迪克案"分歧意见中引用的下级法院的意见。最有意义的事实是，上级法院在这类案件中，比更接近实际法律实施的下级法院更乐于赞同警察的工作技巧。

---

① www.drugstrategies.org/Police_ Poll.pdf（visited November 27, 2004）.

第六节　州际旅行：对要求出示身份证和其他运输安全规则的宪法性质疑

托德·塔特尔曼①

简　述

自2001年9月11日恐怖主义袭击后，在我国运输工具和设施的内部和周边，各种安全措施急剧增加了，而空中运输安全措施的增加尤为引人注目。联邦新的制定法和政府部门法规已经在执行和落实，而它们的目的是确保乘客、设施和全国运输系统工作人员的平安与安全。然而，并非所有这些安全措施都是公开披露的。事实上，根据制定法授权，运输安全局（TSA）已经公布了一系列有关交通安全的规章，其中绝大部分信息，包括规则、命令和指令，都被列为"敏感安全信息"（SSI），因而挡开了公众视线。比如，法规要求所有的乘客在进入飞机场或者登上飞机、公共汽车或火车之前出示带有照片的身份证，这样的法规也被列为"敏感安全信息"，因而也就不必向公众披露。不仅如此，用来制造、维持和要求航空公司将乘客与政府提供的"监视名单"和"禁飞名单"进行比对，而这些名单的标准显然也是不公开的。

近来有报道说，至少两名国会议员因与这些名单上出现的名字相似而被延迟了飞行。还有一名加利福尼亚居民已经起诉政府，声称这些法律的秘密性质，违背了第五修正案的正当程序条款所确立的权利和宪法保护的旅行权利以及第一修正案。虽然还不清楚法院会做何种裁定，但是，这一法律诉讼提出的宪法问题，不仅事关联邦政府在公民国内旅行自由问题上制定法规的权限，而且事关政府能否将这些法规置于公民的监督之外。这些报道检视了飞行安全措施的法律基础，包括有关"敏感安全信息"的法规，并且分析了据以质疑这些措施的宪法条款……

背　景

自20世纪60年代早期，联邦政府已经将参与威胁或危及运输安全

---

① Todd B. Tatelman, Legislative Attorney, American Law Division, Congressional Research Service, "Interstate Travel: Constitutional Challenges to the Identification Requirement and Other Transportation Security Regulations"（The Library of Congress, Order Code RL32664, November 4, 2004）.

与平安的行为规定为非法。2001年9月11日前,许多这样的限制性规定主要是关于飞行安全的。比如,国会将"使用或者威胁使用强制、暴力劫持或控制飞机"规定为犯罪。不仅如此,在登机或试图登机时,身上或物品中有隐藏的武器、弹药或其他爆炸装置者,很久以前就已被规定为违法行为。更近期的安全措施包括,保护飞行机组人员在履行职务时不受身体袭击和威胁性行为的干扰。

为了防患于未然,国会授权运输安全部副部长(Under Secretary of Transportation for Security),可以使用仪器检查乘客及其物品,以确保飞行安全,并且,如果"不同意人身搜查或检查……以确定是否非法携带危险的武器、爆炸物或其他毁灭性物质",则允许航空公司拒绝承运任何人及其物品。当前,运输安全局受权评估"当前和潜在的对国内空中运输系统的威胁",它有权"为了不断分析和监控对该系统的安全威胁,而决定并采取最有效的措施"。

《航空和运输安全法》(Aviation and Transportation Security Act)要求,机场必须"设立一种安全方案……足以确保乘客安全",并且要求将该方案提交运输安全局审阅。另外要求运输安全局必须确保联邦各部门"分享……可能对运输或国家安全构成威胁者的身份数据","将这些人的身份通知……机场或航空安全官员,"并且,"设立政策和程序,要求航空公司防止这样的人登机,或者对其采取其他适当措施。"这些要求,通过一系列的"安全指令"来加以落实,这些指令据说包括一份名单,被列入名单者,或者被禁止登机,或者被要求在登机前接受额外的检查。然而,这些指令似乎不向公众披露,因为除了极少数情况,联邦法禁止泄露"敏感安全信息"。

规定"敏感安全信息"的法律,可以追溯到1974年的《空中运输安全法》(Air Transportation Security Act),它将运输安全事项授权给运输部(DOT)的各个部门,还特别授权联邦航空局(FAA)制定法规,

> 禁止泄露在研究和开发活动中获得的任何信息……若局长认为,泄露这类信息(A)将构成对个人隐私的无证侵犯;(B)将揭示来自他人的交易秘密、特权、商业隐私或者金融信息;或者(C)将损害空中运输中旅客的人身安全。

联邦航空局为落实这项受权,颁布了一系列法规,这些法规设定了一个被称为"敏感安全信息"的范畴。1997年,运输部给"敏感安全信息"下的定义是:"在安全行动或者研究和开发活动中获得的记录

和信息。"在这一定义中,包括机场和飞行器的安全方案,也包括一些事关飞行安全措施的特殊细节。与这一受权相吻合,联邦飞行局将"敏感安全信息"法规的适用限于机场、飞机和其他与空中运输有关的设施和人员。

2001年9月11日袭击以后,国会制定了《航空和运输安全法》(ATSA)。该法除了制定新的安全规章以外,还在运输部中成立运输安全局,并且将飞行安全的责任转给了运输安全部副部长。在转给副部长的法定权威中,有一项是保护某些对飞行安全至关重要的信息,或者称为"敏感安全信息"。除了将"敏感安全信息"转给运输安全局以外,《航空和运输安全法》还扩大了"敏感安全信息"的权威性,去掉了空中运输的特殊参考。这种制定法上的变化,似乎是允许运输安全局保护所有与跨州旅行工具有关的"敏感安全信息",包括飞机、公共汽车、火车和船只。

然而,运输安全局及其法律权威,并不限于运输部以内。2002年的《国土安全法》(Homeland Security Act)将运输安全局及其归纳"敏感安全信息"的权威,一并转给了新近成立的国土安全部(DHS)。2002年的《国土安全法》为运输安全局提供了下列权威:

  制定法规,以禁止泄露在落实《航空和运输安全法》授权的安全措施过程中获得或生成的信息,或者依第449条之规定,如果运输安全部副部长决定认为,泄露该类信息将(A)是对个人隐私的无证侵犯;(B)揭示交易秘密、特权、商业隐私或者金融信息;或者(C)损害运输安全。

此外,2002年的《国土安全法》修正了现存的运输部有关"敏感安全信息"方面的权威,使之与运输安全局的权威相一致。两个制定法的唯一区别是在(C)部分,也就是规定运输部有权禁止泄露"损害运输安全"的信息。由于不再提"人"或"乘客",国会显然扩大了"敏感安全信息"的权威范围。作为一种结果,现在似乎有权被归纳为"敏感安全信息"者囊括了所有与运输有关的活动,包括空中和海上的货物运输,卡车和火车的运输,以及管道输送。

国土安全部最初发布的法规,只是简单地将大部分航空安全法规,包括"敏感安全信息",从联邦航空局转给运输安全局。然而,2004年5月18日,运输安全局和运输部联合发布了修订的"敏感安全信息"法规,以适应新近扩展的制定法权威。这些修订的法规采纳了《国土安全法》在定义"敏感安全信息"时的用语。再者，这些新法规一并收入了以前的"敏感安全信息"条款，包括16个范畴的构成"敏感安全信息的"信息和记录。在这些范畴中，有安全方案及附带计划、安全指令、安全措施、安检信息，以及一个总括性的"其他信息"范畴。

自2001年起，运输安全局"敏感安全信息"法规的落实和使用，引发了一系列的争论。其中，有两个联邦犯罪指控被主动撤回了，因为害怕一旦进入司法程序，引发指控的运输安全局的行李检查，可能导致法官要求其公开"敏感安全信息"。不仅如此，拟议中的计算机辅助预检系统（Computer Assisted PreScreening System），简称CAPPS II，也一直是争论的话题。

对运输安全局运输安全法规的宪法性质疑

近来，加利福尼亚州居民吉尔莫起诉美利坚合众国，质疑运输安全局的一系列安全程序，比如，要求登机前出示身份证，政府手中的"监视名单"和"禁飞名单"，对CAPPS II的落实或者其他相似的乘客安检方案。这一诉讼的基点是，这些安全措施的存在及其对"敏感安全信息"的归类，违反了第五修正案的正当程序条款，因为它们实际上是"秘密法"，公民不能据此在法庭上进行有效诉讼。[1] 不仅如此，吉尔莫还诉称，要求乘客出示身份证的法规，违反了州际旅行的宪法权利，以及第一修正案中有关结社自由和向政府请愿自由的条款。"吉尔莫案"目前处于美国第九巡回上诉法院审理过程中。[2]

（一）第五修正案的正当程序

在"吉尔莫案"中，原告声称，因为运输安全局已经将其安全法规归类为"敏感安全信息"，不予公布，因此违反了第五修正案规定的正当程序。

第五修正案的相关部分说："未经法律的正当程序，任何人都不得被剥夺生命、人身自由或者财产……"政府方面有义务将法律公之于众，最高法院一向认为，正当程序观念的内在要求，就是告知和公布

---

[1] 遍查《美国法典》（United State Code）、《联邦法规法典》（Code of Federal Regulations）或者《联邦登记法》（Federal Register），都没有任何要求乘客在进入机场或登上飞机、公共汽车或火车前必须亮明其身份的法规、指令或命令。同样，我们没有找到联邦政府的任何记录，要求航空公司对照政府的"监视名单"和"禁飞名单"来检查乘客，也没有找到任何其他类型的可能妨碍个人旅行的记录。

[2] Gilmore v. Ashcroft,（N. D. Cal. 2004）.

法律。即使是行政法规、指令和命令，也要求公布，而议会一般是通过制定法的形式来完成这种公布的。然而，如上所述，就包含"敏感安全信息"的法规和指令而言，议会在一般性的公布要求之外规定了一个例外。

"法律的正当程序"并不必然意味着，任何涉及个人权利或财产权利的案件都要有一个法庭程序或者陪审团审判。因此，虽然有可能主张，政府方面未能公布或者以其他方式让公众获知与航空安全有关的特殊要求，就是剥夺了公民有效实现其权利的能力，但是，仍然有一种涉及国家安全的重大利益需要考虑。泄露有关机场或飞行的安全措施，可能导致某些居心叵测的人获得并运用敏感信息危害运输设施和乘客。为了评价这些不同的考虑，一直都有这样的观点：联邦法院在确定此处的程序是否正当时，采用了一种衡平的标准。在涉及终止残疾人社会保障利益的"马修斯诉埃尔德里奇案"（Matthews v. Eldridge）中，最高法院设立了三个步骤的标准，以确定什么样的程序是在宪法上满足正当程序所必须的：

> 最高法院必须考虑：第一，将受官方行为影响的私人利益；第二，这些程序的适用所导致的、错误剥夺这种利益的风险，以及附加或替代性程序保障的可能代价；第三，政府的利益，包括所涉职能，以及由附加或替代性程序要求所引起的负担。

用第一个标准来看待未公布的安全要求，可以认为政府行为所影响的是公民合法质疑并充分争讼这种安全要求的合宪性的权利。有效争讼，作为宪法权利，通常有赖于对政府所使用的信息和其他证据的接触。如果不予公布，则政府便是令人非议地将关键证据占为己有，由此，人们既无法有效质疑这些法规本身的根基，也无法有效质疑落实这些法规的程序。就第二个标准而论，"禁飞名单"最近发生的错误，足可说明存在很高的剥夺人身自由的风险，而公告、评论、公布程序及其运用和质疑的方法等附加性程序保障，其可能的代价也是巨大的。从第三个标准似乎可以争辩说，虽然政府在飞行安全方面的利益肯定是合法的，但它实不足以将法规、指令和命令置于公共记录之外。

另一方面，政府方面似乎也可以有力地争辩说，法院将永远无法达到"马修斯案"的衡平标准，而且，将特定的安全法规、指令和命令置于公众视野之外，本身并不违反正当程序条款。这种论点实际上是区别了什么是法律本身的要求，什么是政府所选择的、用以落实法律要求的检测或法律实施技巧。在此，该论点似乎是，乘客的正当程序权利仅限于知道法律是什么，而不能延伸到了解政府是如何检测违法的。至少已有两个巡回上诉法院接受了这种类型区别的存在，进而反对披露法律实施的技巧。通过将出示身份证、扫描乘客和保有"禁飞"和"监视"名单等做法归入用以防止劫机和将武器带上飞机的法律实施技巧，政府方面可以从整体上规避正当程序问题。

然而，假如延伸询问"马修斯案"的衡平标准，则论点将会集中在上述第三个标准上。一种可能的论点是，在"9·11"以后的世界里，维持对运输设施和乘客安全的有效控制是如此重要，以至于超过了任何其他程序考虑。另一种可能的论点是，任何附加的程序要求都会给联邦政府制造如此巨大的行政负担，使任何的运输安全努力都成为一句空话。

（二）旅行的权利

"吉尔莫案"原告提出的第二个理由是，运输安全局的安全法规给普通形式的州际旅行施加了不合理的负担。要求人们亮明身份并且潜在地让他们受制于"监视名单"或"禁飞名单"，这是政府在明目张胆地侵犯宪法所保护的公民的旅行权利。

虽然在宪法文本中没有明确的定义，但最高法院陈述说，旅行权利是一种"宪法之下的有美国公民身份者的特权和豁免权"，同时也是"未经法律的正当程序，不得被剥夺的公民'人身自由'的一部分"。最高法院宣布，宪法上的旅行权利由三个不同的部分构成：第一，它保护一州的某一公民进入和离开另一州的权利；第二，它保护某一公民临时出现在另一州时被视为受欢迎的客人而非不友好的异己的权利；第三，它保护那些选择成为永久居留者的旅行者与该州其他公民受同等对待的权利。然而，在运输安全的语境下，似乎只有第一部分的旅行权利是相关的。

与旅行权利相关的先例一直是沿着两条道路发展的：一是为了处置州政府施加的负担，从而涉及宪法第十四修正案；二是为了处置联邦给国际旅行施加的负担，从而涉及第五修正案的正当程序条款。依照涉及第十四修正案的先例，从一州到另一州的旅行，一直被认为是宪法规定的基本权利。与这种基本权利的身份相一致，要求政府的行为必须满足严格的、高标准的宪法审查标准。依照严格的审查，政府必须提供有说服力的国家利益，以支持其向公民施加的负担，并且必须表明其使用的方法已经被裁减到最低限度,是实现其目的所必不可少的,或者说是最受严格限制的方法。除严格审查的情形外,另一些先例中的州是为旅行行为本身增加负担,因而看上去其正当性的门槛要低得多。最高法院认为,那些加予旅行的负担,只要是统一的、有助于旅行设施的平安和安全的,就是正当的。因此,比如,公路收费和机场费都一直得到法院的支持,但对每个离开一州的人都征税,却是不被允许的对旅行的限制。

相反,在涉及联邦施加的州际旅行负担的案件中,虽然牵扯第五修正案,但各法院却似乎拒绝进行第十四修正案基本权利的分析,而是适用一个不太严格的合理基础标准。这个合理基础标准仅要求法律同政府的合法利益有合理的相关性。在此,政府似乎没有被要求表明其具备有说服力的利益,以支持其对旅行统一适用且一视同仁的限制。

在航空公司摆明了已被授权拒绝为没有适当身份证明的人服务的情况下,完全可以说这是对想乘飞机旅行的公民施加的额外负担。因此,询问应当集中在应予适用的审查标准上。说乘客的平安和运输设施安全不是有说服力的政府利益,这样的争辩似乎是非常困难的。由此看来,无论适用哪种审查标准,政府都可以理直气壮地说:不仅现行的安全限制是正当的,而且它们给旅行权利带来的负担是最小的,现有的条件也是完全合理的。

(三) 第一修正案中的权利

最后,"吉尔莫案"的原告主张:制定的安全措施可被证明是限制了公民乘飞机、火车或公共汽车旅行的能力,这样做违反了第一修正案,因为这些措施侵犯了公民自由集会、结社和向政府请愿的权利。

第一修正案规定:"国会不得制定法律……剥夺人民和平集会和向政府请愿申冤的权利。"如果说身份证明要求和其他运输安全法规违反了这些权利,那是由于这一论点立足于这样的观念:第一修正案所保障的充分的人身自由,有赖于公民能够在这个国家自由往来。通过对州际旅行强加令人讨厌的诸多要求,政府妨碍了那些希望匿名的、不被安检扫描的人行使其宪法上的权利。

虽然看上去最高法院和任何下级联邦法院都没有被置于相似的情形中,但最高法院依然指出:匿名是受第一修正案保护的一个概念。例如,在"托马斯诉柯林斯警长案"(Thomas v. Collins, Sheriff)中,最高法院否定了德克萨斯州一部制定法的效力。该法要求,工会组织者在对集会的工人发表演讲之前,必须进行登记并获得一个组织者卡片。最高法院认为，这是与第一修正案的保证不相一致的。近如上一任期的最高法院，也曾裁定支持这样的一般观念：公民有权匿名，尤其是在他们没有被怀疑犯罪的场合。① 就这些先例而言，有可能以"侵犯第一修正案涉及的公民匿名权"为理由质疑对身份证明的要求，然而，涉及结社权和向政府请愿权的主张，似乎无法得到同样的支持。

尽管可以说存在关于匿名的一般权利，但却难以将这种权利的蕴含与航空平安与安全法规的目的联系起来，也难以有力地说明这些法规的意图在于影响第一修正案规定的个人权利。毋宁说，这些法规的目的正在于预防和威慑对运输设施和乘客安全的威胁。因此，可以论证的是，这些法规对于第一修正案所保护的权利，至多只有附带而间接的影响。在法规的矛头并非直指第一修正案的那些案件中，最高法院裁定，这些法规只有在下述情形下才受基于第一修正案的审查："法规的实施具有一个重要的、首先引起法律补偿的表达要素（expressive element）……或者，一部以非表达行为为基础的制定法，有着不可避免的筛选那些从事表达行为的人的效果。"尽管这些法规可能对第一修正案中的权利产生间接影响，但质疑者们似乎不可能在结社权或者向政府请愿权问题上制造足以启动第一修正案审查的重大而实质的影响。

结 论

虽然私人组织和其他反对运输安全法规者继续就身份证明和"监视"或"禁飞"名单问题提出宪法性论点，但政府方面看来有合理的、大受支持的反驳论点来保护现行法规的有效性。尽管尚不清楚第九巡回法院或其他法院将如何裁决，但它们似乎都不可能认定这些法规因违反第一修正案或侵犯旅行权而违宪。然而，涉及第五修正案正当程序条款的论点，似乎有更大的胜算。无论如何，即使以此为由取得一个有利的裁决，也不会导致这些法规的实质改变，只会为了满足法院设定的程序要求，而在最小的范围内做绝对必要的公布。

提示与问题

1. 将运输安全措施中的"筛选"与坎贝尔讨论的种族歧视中的筛选做一

---

① *Hiibel v. Sixth Judicial Dist. Court*, 124 S. Ct. 2451（2004）.

对比。它们是同样的问题吗？它们涉及相同的宪法权利吗？

2. 从古德斯坦所说的"特别看重坦诚、直率和诚实地面对适当的资源需求和权威需求，利用刑法和承认警察自由裁量权"来判断，他会如何评论法律实施中的秘密法规？

3. 2001年9月11日纽约城恐怖袭击后第45天，在没有实际辩论的情况下，国会通过了《美国爱国者法》（USA Patriot Act）。这部内容广泛的立法扩大了法律实施中监视的范围，限制甚或去除了一些传统的宪法权利。比如，在没有令状且没有相当理由的情况下，联邦调查局被授权秘密接触私人医疗记录、图书查阅记录和学习研究记录。

2004年4月，"美国公民自由联合会"和一个匿名的"网络服务商"（ISP）联手起诉联邦调查局，质疑它发放"国家安全信件"（National Security Letters）的权力，因为这种信件命令某些商人要提交客户记录。

美国公民自由协会认为，该法违反了第一和第四修正案，因为它没有对联邦调查局的权威加以充分的防范。起诉书还质疑该法中一个限制言论自由条款（gag provision）的合宪性，该条款甚至禁止任何收到"国家安全信件"的人披露联邦调查局已在获取信息的事实。

因为这个限制条款，美国公民自由协会被迫秘密起诉，3周之后才允许它宣布对该法提起了诉讼。政府方面一再坚持，这个限制条款禁止作为原告的"网络服务商"透露其名称。

2004年9月，联邦法官维克托·马莱洛（Victor Marrero）做了裁决：有关"国家安全信件"的制定法和限制言论自由的条款违宪。马莱洛写道："民主痛恨不正当的秘密……一种不受限制的、授权隐瞒的政府令状，本质上是一种秘密，在我们这个开放的社会中，没有它的立足之地。"

下面是法官裁决发布后，美国公民自由协会的新闻稿摘录：

> 发自纽约。用一句"民主痛恨不正当的秘密"，一位联邦法官今天击毙了《爱国者法》中一个限制言论自由的条款。该条款授予政府不受制约的权威，可以通过发出"国家安全信件"，从"网络服务商"和其他商人那里获取敏感信息记录，而又不受司法监督。法官还裁决该法中一个广义的限制言论自由的条款是"违宪的"、对自由言论的"事前限制"。
>
> 美国公民自由协会的执行主任安东尼·罗梅洛（Anthony D. Romero）说："这是对阿什克罗芙特司法部的一个里程碑式的胜利。这个司法部企图以国家安全的名义侵入无辜美国人的生活。即使是现在，国会里的一些人还在试图让其他侵犯性的法律实施权力蒙混过关。"……
>
> 这个裁决是对《爱国者法》最新授予的任何巨大的监视权力的第一次打击。在长达120页的裁决书中，纽约南部地区法官维克托·马莱洛抨击了该法第505条，理由是它侵犯了第一修正案保障的言论自由的权利和第

四修正案规定的不受无理搜查的权利。

起诉之后,美国公民自由协会在那个限制言论自由的命令下可谓步履维艰。政府方面利用这个条款,不失时机地审查本案的一切信息,即使是最无伤大雅、最无敏感性的信息。(美国公民自由协会设立了一个特别的网页,以展示它被迫要求法院披露的信息的类型……)

美国公民自由协会最初是秘密起诉的,以避免因违反"国家安全信件"制定法中一般性限制条款而受罚。相似的多个限制性条款夹杂在《爱国者法》其他有争议的条款中,包括第215条,美国公民自由协会在另一诉讼中对它提出了挑战……

美国公民自由协会法律部副主任安·比森(Ann Beeson)说:"在被那个限制言论自由的条款折磨了几个月后,一个巨大的欣慰是,我们终于能够告诉世人,《爱国者法》的权力是多么危险而极端。正如法官所认识到的,《爱国者法》给每个收到'国家安全信件'的人及其律师强加了一种'无条件的、永久的和自动的'对言论自由的限制。"

法院明确否定了政府在后"9·11"环境中不断增加的秘密和胁迫调查的战略。法院在解释为什么要摧毁限制言论自由的条款时说:"在秘密的帷幕遮蔽下,通常迫使政府为自存而诉诸的审查和秘密,可能潜在地成为我们的自杀武器。"……

美国公民自由协会注意到,《爱国者法》的条款用语含义如此广泛,以至于可以有效获取网址客户的姓名,比如Amazon.com或者Ebay,或者一个政治组织的成员名单,或者甚至是一位记者e-mail联系人的名单……

法官马莱洛的裁决禁止政府发出"国家安全信件"或者实施限制言论自由的条款。这位法官暂缓其裁决,给政府方面90天的时间向地区法院或者第二巡回上诉法院提出异议。本案的名称:Doe and ACLU v. Ashcroft el al., No.04-CIV-2614〔District Court, S. D. N. Y.〕。美国公民自由协会的诉讼律师是比森和杰弗(Jaffer),纽约公民自由协会的诉讼律师是埃森伯格(Eisenberg)……

该案进一步的信息可上网查询:www.aclu.org/nsl〔访问时间:2004年11月27日〕。①

4. 在你评价支持和反对警察秘密监视的论点时,思考下面对基于法院命令的监视的评论:

在我们的利器当中,监视是监禁之外最常见的选择,其中,电子监控

---

① Press Release: In ACLU Case, Federal Court Strikes Down Patriot Act Surveillance Power As Unconstitutional (September 29, 2004), www.aclu.org/SafeandFree/SafeandFree.cfm? ID = 16603&c + 282.

具有最明显的侵犯性。监视,尤其是用于治疗机构外的精神病患者时,其功能只是为了服务于一种人道的冲动,就像监狱和精神病院最初做的那样。驾驭这种冲动是适当的举动,但是,当我们这样举动时,一定要睁大眼睛,认识到我们正在制造制度性的下层阶级,并进一步模糊了隐私的界限。这种界限,只有对那些因没有不当行为而被判有罪的人,才残缺不全地存在着……

依法院命令而被监视的人,就其绝大多数隐私权而言,是些新的违法者——他们的家、收支状况、性习惯和体液,都受到政府的检查。在这个意义上,我们将百分比令人震惊的一群人归入了违法者,比如,在加利福尼亚州,就有33.2%的黑人男性被这样归入违法者……

随着越来越多的人因不当行为而被置于更严密的监视之下,对其他无辜者的附带监视也就不可避免。运用这些数据结论的技术工具已然存在,但防止针对无辜者的数据搜集的法律工具却不存在。①

5. 美国没有全国身份证体系,尽管社会保障号码似乎做此用途。有人建议将身份证作为"反恐怖主义"安全体系的一部分,在思考这一建议的含义时,有必要阅读罗伯特·埃里斯·史密斯的评论:

三角洲公司(Delta)和其他一些航空公司依据联邦航空局的指令,要求乘客在提供政府颁发的身份证后才能登机。如果有证据显示这样做确实能够增加航空安全,那么我们都会接受这种对隐私的侵犯。然而,政府和航空公司从未证明,身份证和防范行囊中的炸弹或武器之间有什么联系。

我反对这一要求的理由在于,它迫使我在行使宪法规定的美国境内旅行权之前,不得不向政府证明我真是一个人。我反对的理由还在于,它是这样一种正在加速的趋势的一部分:要求每一公民携带一张政府颁发的身份证——实质上是一种全国性的身份文件。

人们的注意力似乎集中在要求乘客出示更多的证明身份,而不是集中在彻底透视所有随身物品和被检行李,以搜寻武器或炸弹。出示身份证的要求,事实上的作用仅仅是引导公众相信,如果我们在登机前"文件齐备",在飞行中就会更加安全。也许,这种要求的有效后果就是让我们习惯于这样的想法:在生活的所有方面都要出示身份证。

令我震惊的是,多数美国人并不为这一想法而震惊。难道我们忘记了纳粹在欧洲的行径,在身份证明文件上列明宗教和种族背景,为围剿犹太人铺平了道路?难道我们忘记了20世纪70年代的南非,我们谴责它利用国内通行证限制某些公民的活动,但对另外一些人却不加限制?难道我们

---

① Steve Russell, "The New Outlawry and Foucault's Panoptic Nightmare," *American Journal of Criminal Justice*, Vol. XVII, No. 1, 1992.

没有意识到让政府赋予我们身份与合法性所带来的危险？事实上，难道政府的合法性不是应由公民赋予吗？

面对攀升的犯罪、非法的移民、欺诈的福利和逃避责任的父母，许多官吏和议员坚持认为，如果我们都有防伪的塑料身份证，那么这个国家的运转将更加顺利。在考虑今春的移民法时，众议院以微弱多数同意要求所有工作的美国人都有一张全国通用的身份证。议会打算在几个州中授权一些"先锋项目"（pilot program）的雇主通过数据库验证新雇员的合法身份。它已经建立了一个"全国新雇员名录"（National Directory of New Hires），包括公私部门新雇人员的姓名、社会保障号码和出生时间。

这些都是全国身份证的先兆。事实上，印刷机已经就位，缺的只是一片塑料——并且很明显，多数美国人也都做好了准备。参议员黛安娜·费因斯坦（Dianne Feinstein），加利福尼亚的民主党人，已经增加了赌注，她要制造一种有指纹、数字化照片、视网膜扫描或其他生物身份测定装置的身份证。

身份证会有用吗？它将有利于追踪违法的现金交易，事后发现曾在犯罪现场的人，立刻知道一个陪伴孩子的成年人是否孩子的父母或合法监护人，记录下住处附近每晚的可疑人物，知道谁买了枪支、刀具、肥料、魔鬼故事书，或者知道谁是艾滋病病毒携带者。

一个怀疑你的警察可以要求查看你的身份证件，然后查询在线数据库，显示出你的身份信息。一个雇主可以查看身份证，以确定你是一个公民还是一个合法移民，有无犯罪记录，或者是否提起过工人补偿诉讼。

但是，列举全国身份证的可能用途，可以明确显示出它多么可能成为我们每个人的噩梦，这还不算这种数据库不可避免的错误。即使只有1%的低错误率，也会为65万无辜的美国人带来窘困。如果他们的身份证不知怎么就与某个罪犯混淆了，他们会被排除出工作、旅行、经商或求学之外。

这里并没有考虑伪造身份证的利润丰厚的市场。身份证的鼓吹者希望我们相信，它会是一种防伪的东西，但专家告诉我们，根本没有这种东西。

许多人喜欢通过电话或互联网的信用卡购物的便捷性，并认为我们已然有了全国性的身份认证体系。但是，这种做法是完全自愿的，并不涉及集中的、政府对信息的储存。的确，社会保障号码以各种方式使用着，但其数字不会像全国身份证号那样颁发给这个国家的每个人。

驾驶执照也不是真正的全国身份文件。尽管它是由政府机构核发的，但并不要求不开车的人也必须拥有。并且，驾驶执照并不总是需要照片，如果一个人迁移了，他还可以申领新的驾驶执照。

全国身份证件将是强制性的,每个人都必须携带,在被要求出示的时候必须提供出来。它将发给每一个人,也许从出生开始。而每张身份证的拥有者的个人历史资料都毫无例外地被储存在全国数据库中。这个社会的每个角落都将充斥着被接受的对身份的证明。如果没有这张卡片,你就没有可接受的对你公民身份的证明。

我们必须清醒:这是一条单行道。一旦要求携带有照片的身份证,即使不是不可能,也是很难再回头的。很难想象,政府在公民出生之际既已派发身份号码,还会在以后某个时候告诉所有已对该号码有所依赖的机构说不再理会它。

全国身份证对美国人的生活意味着什么?如果接受它,我们将不再有生活的自主性。每次离开家门之前,都必须带好"我们的文件"——当然还有孩子们的——然后才能到公园散步、在附近闲逛、在海滩躺卧、购买半打啤酒或者跨越州界。我们将使警察有权拦住参加合法活动的公民,要求他们出示身份证,"说清自己的来历"。我们将没有理由不带身份证。任何时候,某些略显奇怪的行为,或者仅仅是走过某个不喜欢我们长相的警察,都可能引起出示身份证的要求。这又反过来引发电子数据库的搜查,以确认我们的身份,也许还要提供其他的个人数据……

在我们接受了这一切后,政治家们将会指出:该技术容许我们以其他方式确定身份。许多父母乐于为他们的孩子在皮下植入可由电脑读取的芯片,以防绑架。阿尔齐默氏病(Alzheimer)患者的亲属也希望为患者做这种植入,以确定走失者的方位。

劳伦斯·戈尔德(Laurence N. Gold)是"尼尔森市场调研"的副总裁,他写道:未来人们将自愿"携带、穿着——甚至植入皮下——某种感应器,这些器件将储存、传输数据……不仅确定谁在房间里,而且确定其生理状态,可以回应电视节目和广告信息"。人们会承受这一切吗?戈尔德预测说,尽管具有"20世纪的敏感性,未来的孩子对此可能有不同的态度"。好吧,我希望不是我的孩子。我们现在必须打住了。用一个号码确定一个人的身份,这是剔除了我们作为人的性质,最终将毁灭一个自由的社会。①

6. 史密斯说他"震惊"于多数人忘记了纳粹是如何利用身份文件来围剿犹太人的。吉姆·福索(Jim Fussell),"防止种族灭绝国际"(Prevent Genocide International)的筹建人,断言全国身份证也帮助了其他大规模的灭绝。参见:"作为种族灭绝和种族清洗帮凶的全国身份证基础上的集体识别"(Seminar Se-

---

① "The True Terror Is in the Card," Robert Ellis Smith, *New York Times Magazine*, September 8, 1996.

ries of the Yale University Genocide Studies Program, 2001）. [http://www.preventgenocide.org/prevent/removing – facilitating – factors/IDcards/].

结　论

　　那些为了获得些许安全而放弃基本人身自由的人,既不配享有人身自由,也不配享有安全。
　　——本杰明·富兰克林:《宾夕法尼亚下议院:对总督的回答》,1755 年 11 月 11 日①

　　如果能够精确计算警察管控所造成的恶和它所防止的恶,在所有情形下,前者都超过了后者。
　　——卡尔·冯·洪堡（Karl Wilhelm Von Humboldt）:《国家行为的有限性》（The Limits of State Action）,1792 年

　　警察的艺术就是不去看那些看了也没用的东西。
　　——拿破仑·波拿巴:《书信集》（Letter）,1800 年 5 月 24 日

　　警察不全是坏人,也没有全坏的人。
　　——卡尔·梅宁格（Karl A. Menninger）,《惩罚之罪》（The Crime of Punishment）,1968 年

　♣ 法律实施永远关乎这样一些问题:这个人违法了吗? 如果违法了,该如何处置? 这是附随于任何案件的普通问题,但它们又是特别提交给法律体系其他要素的——检察官、法官和陪审团,等等。
　　本篇的资料已经显示,法律实施也带来了一些特殊问题,涉及哲学、政治学和经济学,等等,需要有广泛的资源和资料以支持其研究。最终,这些特殊问题主要还不是关于法律实施的,甚至不是关于作为生活的法律的,也不探讨法律对一个人意味着什么。法律提醒我们思考一些"大问题":

　　　尽管神学经常充当一个展示如何寻找以及从何处寻找真相的

---

① 镌刻于"自由女神像"基座梯井中。Benjamin Franklin, Pennsylvania Assembly: Reply to the Governor, November 11, 1755.

公共舞台，但现如今，尤其在庞大的、世俗的、多元文化的社会里，法律已经变成了一个特殊所在，人们在此既可以亲自寻找真相，也可以品评他人寻找真相的努力。这块法律的地盘并非总是得到承认。例如，法律学生被告知，法律只对特定的真相感兴趣——谁犯了罪，这起事故的责任如何分担——并且，禁止他们浪费时间于哲学或科学的真相探寻，而这种探寻框架才更具有学术事业的特点。但是，在法庭上，如同在谋杀的神秘中，寻找某一事件的地方真相（local truth），通常既牵涉参与者，也涉及旁观者，他们对一般真相，甚至对真相是否能够被发现，都在揣摩、推论。神秘作家运用对特定真相的追求作为手段，深化其关于恶、性或者我们的"晦暗街道"的性质一般真相，同样，法律人士，从普通警官到高院法官，也经常在其日常业务里对真相做明示和暗示的假定。法律和司法方面的才艺颇为流行，这无疑是合理的，因为参与者和旁观者利用法律的舞台从事日常的道德测试和真相测试。①

每一次侦查、逮捕、更不要说每一次定罪和惩罚，都是官方强制对人的生活的剧烈介入。法律实施的个案的不断积累，不仅影响着公众，而且构成了社会上的总体法律结构。

比较大的特殊的问题，其实包含了我们对通常问题的处置方式。也许，我们看不到这些含义，除非该案有极高的参与或者是在非常的社会紧张时段产生的。无论如何，民主社会的力量，部分地是由我们处置大的法律实施问题的能力来衡量的。

参考书目

Appier, Janis. *Policing Women: The Sexual Politics of Law Enforcement and the LAPD*. Philadelphia: Temple University Press, 1998.

Ballard, J. G. *Running Wild*. New York: Farrar, Straus, Giroux, 1988.

Bankowski, Zenon, and Geoff Mungham. *Images of Law*. London: Routledge & Kegan Paul, 1976.

Berman, Harold J. *Law and Revolution*. Cambridge, Mass.: Harvard University Press, 1983.

---

① Mariana Valverde, *Law's Dream of a Common Knowledge* (Princeton: Princeton University Press, 2003), p. 1.

Berry, Wendell. *Sex, Economy, Freedom & Community*. New York: Pantheon, 1992.

Boyer, Richard O., and Herbert M. Morais. *Labor's Untold Story*. New York: United Electrical, Radio, and Machine workers, 1955.

Brinton, Maurice. *The Irrational in Politics*. Montreal: Black Rose Books, 1974.

Craissati, Jackie. *Managing High Risk Sex Offenders in the Community*. New York: Brummer – Routledge, 2004.

Edwards, David. *Burning All Illusions: A Guide to Personal and Political Freedom*. Boston: South End Press, 1996.

Ellison, Ralph. *The Invisible Man*. New York: New American Library, 1952.

Engels, Frederick. *The Origin of the Family, Private Property, and the State*. Trans. by Alec West. Ed., with an introduction by Eleanor Burke Leacock. New York: International Publishers, 1973.

F. C., *The Unabomber Manifesto: Industrial Society and Its Future*. Berkeley, Calif.: Jolly Roger Press, 1995.

Fennell, Phil, et al., eds. *Criminal Justice in Europe: A Comparative Study*. Oxford: Clarendon Press, 1995.

Foucault, Michel. *Discipline and Punish*. New York: Vintage, 1979.

Fudge, Judy, and Harry Glasbeek. "The Politics of Rights: A Politics with Little Class." *Social and Legal Studies* 1 (1992), p. 45.

Goldman, Emma. *Living My Life*. 2 vols. New York: Dover Publications, 1970.

Halperin, Morton H., et al. *The Lawless State*. New York: Penguin Books, 1976.

Hamilton, Jane. *A Map of the World*. New York: Anchor Books, 1995.

Hermer, Joe, and Alan Hunt. "Official Graffiti of the Everyday." *Law & Society Review* 30 (1996), p. 455.

Howard, Philip K. *The Death of Common Sense*. New York: Warner Books, 1994.

Keeble, John. *Broken Ground*. New York: Harper & Row, 1987.

Kinoy, Arthur. *Rights on Trial*. Cambridge, Mass.: Harvard University Press, 1983.

Koestler, Arthur. *Darkness at Noon*. Trans. by Daphne Hardy. New York: Bantam, 1966.

Lovell, Jarret S. *Good Cop/Bad Cop: Mass Media and the Cycle of Police Reform.* Monsey, N. Y. : Willow Tree Press, 2003.

Malcolm X and Alex Haley. *The Autobiography of Malcolm X.* New York: Grove Press, 1965.

Manitonquat (Medicine Story). *Ending Violent Crime.* Greenville, N. H. : Story Stone Publishing, 1996.

Milovanovic, Dragan, and Katheryn K. Russell, eds. *Petit Apartheid in the U. S. Criminal Justice System.* Durham, N. C. : Carolina Academic Press, 2001.

Ohlin, Lloyd E. , and Frank J. Remington, eds. *Discretion in Criminal Justice.* Albany: State University of New York Press, 1993.

Orwell, George. 1984. New York: New American Library, 1961.

Perlmutter, David D. *Policingthe Media: Street Cops and Public Perceptions of Law Enforcement.* Thousand Oads, Cal. : Sage Publications, 2000.

Prejean, Helen. *Dead Man Walking: An Eyewitness Account of the Death Penalty in the United States.* New York: Random House, 1993.

Quinney, Richard. *Critique of Legal Order.* Boston: Little, Brown, 1974.

Sharp, Paula. *Crows Over a Wheatfield.* New York: Hyperion, 1996.

Shklar, Judith. *Legalism.* Cambridge, Mass. : Harvard University Press, 1964.

Skillen, Anthony. *Ruling Illusions: Philosophy and the Social Order.* Hassocks, England: Harvester Press, 1977.

Sloterdijk, Peter. *Critique of Cynical Reason.* Trans. by Michael Eldred. Minneapolis: University of Minnesota Press, 1987.

Spence, Gerry. *From Freedom to Slavery: The Rebirth of Tyranny in America.* New York: St. Martin's Press, 1996.

Thomas, Ronald R. *Detective Fiction and the Rise of Forensic Science.* Cambridge University Press, 2003.

Traven, B. *Government.* New York: Hill and Wang, 1971.

Valverde, Mariana. Law's Dream of a Common Knowledge. Princeton: Princeton University Press, 2003.

Waters, Frank. *The Man Who Killed the Deer.* Chicago: Swallow, 1942.

Watner, Carl, and Wendy McElroy. National Identification System: Essays in

Opposition.
Jefferson, N. C. : McFarland & Company, 2004.

Westervelt, Saundra D., and John Humphrey, eds. *Wrongly Convicted.* New Brunswick, N. J. : Rutgers University Press, 2001.

Zamiatin, Evgenii Ivanovich. *We.* Trans. , with a foreword by Gregory Zilboorg. New York, Dutton, 1952.

"武装到头发"——十九世纪不列颠的律师

Harvard Law Art Collection

第三篇　律师

你们律法师也有祸了,因为你们把难担的担子放在人身上,自己一个指头却不肯动。

——《新约·路加福音》第 11 章第 46 节

对待法律的矛盾态度是否与这种可能性有关,即,律师必须做的事情,公众虽然认为是必要的,但仍然是不能赞同的? 因而,律师是不是代罪的羔羊? 肯定这一点,并不能将律师与娼妓、政客、狱吏、债务人以及其他许多职业群体相区别。律师之作用有别于他人者,在于他们使人惧怕,令人厌恶,但又不可或缺,因为他们实事求是,体察秋毫,拒绝问题的所谓神奇解决。

——大卫·里斯曼:①《有关个人主义的重新思考》
（Individualism Reconsidered）,1954 年

♣ 法律调整的社会关系,涉及财产、财富和商业,这些关系是社会整体福利的核心。法律还规制特定的利害关系,包括自我扩张、个人不幸、暴力、家庭幸福,它们对每个人都至关重要。法律体系以国家的压迫力量为支撑,由民众对正义的要求加以调和。对于权力、正义、财产、个人财富和犯罪,人们情感各异且相互冲突,难怪与法律体系中党派利益相关的职业（profession）,② 会自行引发强烈而矛盾的反应。也许,没有任何合法的职业像律师一样毁誉参半,他们被奉为英雄,也被贬为无赖。

本篇集中涉及法律职业,包括它在社会中的作用,法律新锐的教育,律师与委托人的关系,辩护的含义,以及律师在社会控制和社会变迁过程中的作用。

---

① David Riesman,生于 1909 年,美国社会学家,曾在芝加哥大学、哈佛大学任社会学教授。——译注

② "Profession"一词可译为"专业"或者"职业",实际是指一种专业性很强的职业,不同于职业生涯的"Career"和职业岗位的"occupation"。——译注

第十一章中引出了几个贯穿本篇的主题：律师与权力来源的关系，有关律师的流行观念，律师在维持民主政体、社会稳定和财富流转方面的作用，法律服务的高昂费用，以及最重要的一个问题——社会对于正义的主张和要求。

第十二章集中讨论法学院——引导学生进入法律文化和职业再生产的地方。前一章的主旨在此得以深化，表明了出身平常的人何以具有了律师的思维习惯和托克维尔（Tocqueville）称之为贵族化的社会姿态，以及律师新锐是如何被导入等级森严的法律职业贵族集团的。还考虑了教学、种族和性别观念，以及学生在被教导"像律师一样思维"时的无力。

第十三章关乎法庭中的律师和对抗制的审判过程。核心问题涉及委托代理人的性质和含义。代理的限度是什么？律师对其委托人应有多少忠诚？何谓真相？没有真相，还有没有公正？如果法律在秘密中运作，会是怎样一种正义？

在过去的30年里，法律作为一种职业，在大学生中空前地流行起来。本书的很多读者也许正在认真考虑是否要成为律师，或者已经在这条路上迈进。本篇旨在阐释律师在社会和法律体系中的位置，以期读者讨论一些对所有公民都很重要的有关法律实践的问题，要求读者思考正在形成的信息时代里法律职业的含义。读者们可能也希望利用这些话题，使自己置身于法律实践的想象情境中，以回答他们关于自身价值和憧憬的问题，以及法律作为一个职业是否像他们期望的那样。

第十一章　法律职业

  律师职业使他能够并要求他为国家服务。像其他职业、行业或身份一样,并且比它们更直接、更显著地为我们共同的、亲爱的祖国恪尽伟大、艰巨而责无旁贷的爱国主义义务。为国家服务,使该职业不再仅仅是为了面包、名誉和社会地位,而是具有了为共和奉献的崇高职责;不再是机敏的工巧、细致灵活的科学,不再是狡猾的逻辑、堂皇的雄辩和野心勃勃的学识,不再是身披紫袍、待价而沽的诡辩家,而是拥有了几乎是政府部门的尊严,成为维护国家繁荣稳定、长治久安的工具。

——鲁弗斯·乔特:"作为国家保守主义因素的美国律师的地位和职能",1845年在哈佛法学院的讲话①

  法律的功能,与其说是对社会的指导,不如说是对社会的安抚……尽管"法治"的观念可能成为反抗的道义背景,但它通常诱导人们安于现状。它在神秘暮霭中营造一个超越法庭的王国,我们在这不公正世界的正义之梦由此得以实现……从实用的角度看,它是维护社会稳定最坚固的柱石,因为它承认每一非特权者的愿望,并且提供给他们一个官方认可的实现其愿望的场所,而不必涉及可能动摇现存权力金字塔的特殊行动。

——瑟曼·阿诺德(Thurman Arnold):《政府的象征》
(The Symbols of Government),1935年

  法律终结的地方,暴政就开始了。

——约翰·洛克:《政府论》,下篇,1690年

---

① Rufus Choate, "The Position and Functions of the American Bar, as an Element of Conservatism in the State," Address delivered before the Harvard Law School (1845). 生于1799年,卒于1859年,美国律师、国会议员,精通刑法,以其雄辩的演说才能著称。——译注

♣ 在美国社会中,律师和其他社会因素的紧张关系像这个国家的历史一样长。1640年,当马萨诸塞湾殖民地在新世界建立其短命的乌托邦时,像柏拉图的理想国一样,那里没有律师存在的余地。受过法律教育的人完全不见容于那个清教徒的(Puritan)道德共同体,因为他们要以同等的努力,同时去捍卫正义的事业与邪恶的利益、被害人与加害者、社会利益与社会中最危险分子的恶害。

律师在其他的殖民地也不受欢迎。在弗吉尼亚,土地权贵们忌贤妒能地看护自己的统治权,为了不受律师的侵扰,将律师执业限制在最琐屑的场合。在纽约,受荷兰、英格兰的相继统治,律师执业虽被允许,但必须由占统治地位的商人和地主阶级发放许可证,并对收费额度加以限制。

在宾夕法尼亚州建立的头70年里,这块殖民地里没有律师在执业。贵格教徒(Quakers)对英格兰法的暴虐有着切齿的痛恨,对律师的挑辞架讼有着宗教上的反感,这种痛恨与反感被带到了这个新世界。

在这些殖民地,没有律师并不等于没有法律,对律师的厌恶也不可能杜绝"法律工作"。为他人承担法律辩护、顾问和咨询工作的有形形色色的人物:牧师、法官、书记员、商人和治安官,以及文笔犀利、口若悬河的讼棍。不仅如此,新世界的自负自足,表现在它只要求知晓足以应付局面的法律。17世纪的大部分时间里,美洲殖民地曾经存在过一个没有律师的法律体系。

对训练有素的律师的需要始于17世纪末,随着城市的扩展和商业的增长,先前对职业律师的消极态度让步于迅速成长的国家对法律的迫切需求。

美国独立战争前的50年里,律师在各殖民地蓬勃发展起来。南方的许多富家子弟被送往英国四大律师学院(Inns of Court)① 接受法律教育。在北方,典型的做法是在进入哈佛、耶鲁、达特茅思或其他培养绅士的学院后,跟从一名成功的律师做助理。至美国革命时,各殖民地律师的绝大部分都受过学院教育,业外人士的执业降至最低限度,通往法律职业的道路被法律精英们严格把持了。

《独立宣言》的52位签署者中有25人是律师。但是,美国革命使

---

① 英国14世纪在伦敦组成的林肯律师学院、格雷律师学院、内殿律师学院和中殿律师学院。——译注

律师行业受到重创，许多律师，包括许多杰出人物，由于坚持保守立场，而与自己的州及英王站在一起，合法政府倒台后，便不得不逃亡他乡。马萨诸塞因保皇事业而失去了近三分之一的律师。

革命后，法律事务主要是清理战争遗留的法律问题：收债，监禁顽劣的债务人，取消抵押赎回权，帮助收取破产税，以及进行对保皇党和英国债权人的清偿诉讼。由此，在该世纪大部分时间里沉寂了的反律师情绪又浮现出来。1787年，丹尼尔·谢斯（Daniel Shays）领导马萨诸塞山区农民进行了美国首次反律师的武装骚乱。

19世纪早期，在杰斐逊派（Jeffersonian）及后来的杰克逊派（Jacksonian）的影响下，州议会开始废除使律师隔绝于"普通人"的严格的执业资格限制。个人至上的观点成为主流。新近确立的民主平等的国家原则，与欧洲社会相联系的阶级特权被否定，以及早期开发地的自负生活，这一切都支持了一个信念——任何人都可以成为律师。几乎所有的州，允许从事律师行业，成为赋予公民的权利，不再有高等教育或社会地位的限制。尽管像大多数其他权利一样，这一权利在当时仅赋予白人男性。有才华和抱负的人可以轻易取得律师资格的时代开始了。此后一个世纪，律师协会失去了它传统的自律能力和律师职业守门人的地位。

这一时期的美国，对法律和律师应在社会处于何种位置，还犹疑不定。立法放松了许可制度，这意味着降低了法律职业的地位，然而，它同时认识到法律和律师对社会的重要性。随着法律职业大门向贫寒之士敞开，人们认为律师阶层将由社会各行各业的人组成。这样，律师行业将是民主的，法律也将是民主的。

在这一背景下，一位年轻的法国律师，阿列克西·德·托克维尔——历史上最具观察力的旅行家之一，于1831年来到美国。他的官方使命是研究美国的监狱改革，他的个人使命是考察并向其国民汇报美国民主的实验是否成功。他看到了平民主义与律师精英主义之间、对普通人的基本信任与对合法权威的需求之间、"多数的暴政"与维持社会制度所必须的制约之间的矛盾。他得出结论：律师在民主制度中具有特殊作用。他的分析不仅具有历史意义，而且还围绕今天的法律职业和民主制度勾勒出问题的框架。

第一节　美国法律职业者的品格*

阿列克西·德·托克维尔

在访问一些美国人并研究美国的法律过程中,我们发现美国人赋予法律职业者以权威,让这些人在政府中发挥影响,这是防止滥用民主的最有力的保障。在我看来,这一效果来源于一个一般原因,研究这个原因大有裨益,因为它可能在别处再现……

对法律做过特别研究的人们,往往因循旧制,偏爱规范,本能地重视观念之间的规律联系,这使他们自然而然地非常仇视革命的精神和不经反省的激情。

律师在研习过程中获得的专门知识,确保他们从事社会上独立的行业,构成知识分子中的特权阶层。他们的优越感在执业过程中不断提醒他们:自己是一门尚未普及而又不可缺少的科学的大师,经常充当公民间的仲裁人;而卓有成效地引导诉讼各方盲目激情的习惯,又使他们对于公众的判断怀有一种蔑视。不仅如此,他们还自然地形成一个团体,不是基于相互了解或者共同奋斗的协议,而是基于他们相同的专业和一致的方法,就像共同的利益可以凝聚他们的努力一样。

律师的性格之中会发现贵族的部分品味和习性。他们与贵族一样,对秩序和规范有着本能的热爱,对公众的行动极为反感,对民治的政府有着不可告人的轻蔑。我不想说律师的这些本性无可抗拒地支配着他们,他们也像其他人一样,受个人利益尤其是眼前利益的驱使。

在某一社会状态下,法律职业者在政治上不能获得他们在日常生活中所享有的地位,我们可以肯定,他们一定会成为革命的急先锋……

我倾向于相信,一位君王总能够使法律人士成为自己权力最有力的工具。法律人士与行政权的契合,远过于他们与人民的契合,尽管他们经常帮助推翻行政权;同样,贵族与君王的契合,远过于他们与人民的契合,尽管这些社会的高层阶级经常联合下层阶级共同反对君权。

律师们热衷于公共秩序甚于其他任何事物,而公共秩序的最佳保障是权威;也不应忘记,即使他们褒扬自由,一般而言,他们更加珍

---

* From *Democracy in America* by Alexis de Tocqueville.

重法制;他们害怕暴政不如害怕专权。而且,如果立法剥夺人们的独立自由,律师们便不会有什么不满。

因此我确信,君王面对日益迫近的民主,如果企图损害王国的司法权,削弱律师的政治影响,终将铸成大错,丧失权威的实质而徒有其表。他应明智地让律师加入政府,并且,如果他委政府专制以暴力,也许会发现,政府专制在律师手中有了正义和法律的外貌。

民主政府有利于律师的政治权力。如果将富人、贵族和君王赶出政府,律师将凭他们本身的能力总揽大权,因为他们的知识和敏锐非一般民众所及,所以他们是民众的选择。律师受品味引导而倾向贵族和君王,但又被利益左右而与民众有密切联系。他们喜欢民主政府,却没有沾染它的偏癖,承袭它的弱点,却能从中汲取双倍的权威并超越它。民主政体下的人民信任法律职业者,因为人民知道法律职业者的利益在于为公益服务;人民听从法律职业者而不气不恼,因为人民知道法律职业者不会有邪恶的主张。律师们根本不打算推翻民主政府,但却不断设法以非民主的手段使民主偏离固有的方向。律师从出身和利益方面说,属于人民,而从习惯和品味方面说,则属于贵族,他们可以被看成是联系人民和贵族两大阶级的中间环节。

法律职业是唯一能够以非暴力方式与民主的自然因素结合的贵族因素,并且,这种结合有益而恒久。我并未忽视法律职业者固有的缺点,但民主原则如若不与律师的持重相结合,我怀疑民主制度能否长治久安;而且,如果律师对公共事务的影响不随人民权力的增加而增加,我不相信一个共和国能够有望存在下去。

法律职业者常有的这种贵族气质,在美国和英国比在任何其他国家都表现得更加明显,这不是因为英美两国律师的法律研习,而是缘于法律的性质及法律解释者在这两国所处的地位。英美人保持着判例法,即,他们不断基于先例来寻求法庭意见和法庭裁决。在英美律师的心目中,对古老东西的嗜好和崇敬,几乎总是与对规制和法律程序的热爱结合起来。

这种禀性对法律职业者的品格和社会的总体动向还有另一种影响。英美律师调查案件既成的事实,法国律师探询案件应有的面目;前者创制先例,后者注重判决理由。一个法国人会惊讶地听到,英美律师多么经常地引述他人的意见,而少有自己的见解,在法国,情况则正好相反。在英美,即使是最小的诉讼,如果没有引证一整套法学思想就无法进行，为了从法庭判决那里赢得一杆（rod）① 土地，不惜讨论法律的基本原则。这种对自己意见的克制和对祖先观点的依从，是英美律师中常见的，思想的盲从必然使英美比法国更加胆怯和保守。

　　法国的法典往往难以理解，但人人都可阅读，相对地，对外行人而言，再没有比以判例法为基础的法律更使他觉得晦涩和陌生了。在英美，法律援助绝对必要，法律职业者能力的高水准使他们日益脱离人民，成为一个与众不同的阶级。法国律师仅仅是精通本国法律的人，而英美律师却像埃及祭司一样，是一种玄奥科学的唯一诠释者……

　　在美国，既没有贵族也没有文士，并且人民不信任富人，因而律师自然构成了社会政治上的最高层和最有教养的部分。因此，他们无所进取，为自己爱好秩序的本性增添了保守的志趣。如果有人问我美国的贵族在哪里，我将毫不犹豫地回答，他们不在富人中间，因为没有把富人团结起来的共同纽带，美国的贵族占据着法官的席位，从事着律师的职业。

　　我们越是反思美国发生的一切，就越是承认，律师作为一个整体，如果不能算是平衡民主的唯一力量，也是平衡民主的最强力量。在美国，不难发现法律职业者因其品质甚至缺点，而适于中和平民政府固有的弊端。当美国人陶醉于激情或者因狂热的念头而得意忘形的时候，他们会被法律专家几乎无形的影响所约束和阻止。法律专家们秘密地用自身的贵族习性对抗国家民主的本能，以对古老事物的崇敬对抗民主对创新的钟爱，用拘谨的观点对抗民主的好大喜功，以习惯性的沉稳对抗民主的热切狂躁……

　　法律习性的影响超过了我已经确切指出的范围。美国几乎所有的政治问题迟早都要诉诸司法解决，因而所有的党派在日常的论战中都要借用司法程序特有的思想以至语言。由于大部分公职人员都是或者曾是法律职业者，他们便将职业的习惯和技巧引入公务管理活动。陪审团制又将这一习惯扩展到所有阶层。这样，司法的语言几乎成为大众的话语；产生于学院和法院的法律精神逐渐透出院墙，渗入社会的内部，直至社会的底层，全体人民最终都沾染了司法官员的习惯和品味。美国的律师形成一个党派，这并不可怕，但却难以察觉，这个党派没有自己的标志，极其灵活地应对时代的需要，不加抵抗地顺应社会的所有运动。于是，这个党派扩展到整个社会，渗透到所有阶层，

---

　　① 英制长度单位，等于5.5码或16.5英尺。——译注

在不知不觉中作用于国家，最终按照自己的目的塑造国家。

提示与问题

1. 托克维尔描述的律师具有下列品质：偏爱形式主义，厌恶专制权力和保守主义，蔑视大众判断，并与权力来源有天然的契合。律师何以获得了这些品质？有人认为，这些都是法律教育过程中发生的变化；另一些人认为，这些都是自我选择的一个方面。这些个人品质以何种方式贡献于法律职业维护民主机制的功能？

2. 托克维尔想要我们明白法律职业者作为权力掮客的作用。比较下列观点：

> 用不着强调我们也知道，今天的律师即使自身不是政策的"制定者"，也是我们社会每一负责任的政策制定者不可或缺的顾问——无论政策制定者是政府部门的领导或代表、公司或劳动组织的负责人、商贸组织或其他私人组织的秘书，甚或微不足道的独立创业者或专业人士。当律师作为顾问向政策制定者建议什么是法律上能做或不能做的事时，政策制定者们常常抱怨，律师即便不是制定政策，也是以一种无法抵御的战略姿态影响着政策。①
>
> 一位律师取得、保持其地位，全凭一些社会精英的保护和资助，让精英们相信律师的工作有着特殊的价值。因此，他们的地位由于社会精英的政治和经济影响而得以确保……
>
> 如果律师特殊地位的缘由得到认可，则律师职业便成为高度文明所独有的职业，因为很容易发现他们不仅是全职的专家，而且是控制大众的有组织的精英集团。进而，这一职业的工作如果不代表或表达那些精英的一些重要信仰和价值观，就不大可能脱颖而出。②

律师可以既是权力的掮客，又是权力的仆人吗？托克维尔是如何认为的？

3. 托克维尔的主题之一是，法律职业者作为社会控制代理人为国家服务，有着许多当代的鼓吹者。支持这一观点的许多证据来源于对糟糕的法律实践的分析，委托人软弱无力并受律师控制，其怨苦往往被法律体系所漠视。然而，莫琳·盖伊认为，律师作为控制者的想法，忽视了这样一个事实：多数委托人都不是工人阶级。③ 除了范围很小的刑事案件，律师的委托人主要是中产阶级和社会上层的个人或他们的组织，他们自己便是资本主义社会国家权力的主要

---

① Harold Lasswell and Myres McDougal, "Legal Education and Public Policy," *Yale Law Journal* 52（1943）：208 – 209.

② Eliot Freidson, *Profession of Medicine* (New York：Dodd, Mead, 1970), pp. 72 – 73.

③ Maureen Cain, "The General Practice Lawyer and the Client：Towards a Radical Reconception," in Robert Dingwall and Philip Lewis, eds. , *The Sociology of the Professions：Lawyers, Doctors and Others* (London：Macmillan, 1983), pp. 106 – 131.

受益者。盖伊解释道,正如托克维尔和许多当代理论家所指出的,律师是把委托人的怨苦转译为其他语汇。但这种转译不是为了压制委托人的期望和利益,而仅仅是将他们的诉求转化为维持社会中、上层价值观和利益的、具有普遍性的法律诠释。这样,对大多数委托人而言,国家、阶级和委托人的利益便相互吻合了。

如果这种观点是可以接受的,它能否回答第2个问题?

4. 托克维尔访美之后的20世纪早期,路易斯·布兰蒂斯反省了托克维尔所说的律师的地位:

> 的确,目前律师的地位已不似75年前或者干脆说50年前那般显赫,但是,原因不在于缺少机会,而在于律师们不再保持独立——处于富人与平民之间,时刻准备克制过激的一方——而是在很大程度上放任自己成为大公司的附庸,忽视了运用自己的权力保护平民的义务……①

5. 托克维尔预言,美国的法律将变成"大众的话语"——法律的语言和概念会充斥所有机构和社会日常交往。这种预言应验了没有?

托克维尔说,律师"害怕暴政不如害怕专权",并且,他们能够使专制主义"有了公正和法律的外貌"。在民主社会的背景下,特别是在受到反恐战争挑战的民主社会,这些观点意味着什么?

第二节　友军炮火[*]

大卫·古德曼

一位有海军上尉军衔的军方辩护律师,就他被指定辩护的案件,在联邦法院状告政府。自"二战"以来,这还是头一遭。起诉书将总统乔治·布什和国防部长唐纳德·拉姆斯菲尔德(Donald Rumsfeld)等作为被告人,它称布什发明的特别军事法庭(military commission)是"史无前例、违反宪法、危险而不受限制的行政权威的扩张"。

2001年11月,布什宣布了彻底的新规则,允许在没有指控且未经特别军事法庭审判的情况下,无限期地拘禁被怀疑是恐怖分子的人。当时,他万没想到自己的军队里会有人攻击这项政策。在为古巴关塔纳摩湾(Guantánamo Bay)海军基地600名被拘禁者权利进行的战斗中,这一阵法律上的"友军炮火"是最意想不到的变故之一。

---

① Louis D. Brandeis, *Business: A Profession* (Small, Maynard, 1914), p. 321.

[*] "Friendly Fire: A Military Lawyer Battles the Commissions," by David Goodman, *Amnesty Now*, Summer 2004, Vol. 30, No. 2, pp. 12–15.

海军上尉查尔斯·斯威夫特（Charles Swift）于2004年4月7日起诉，他是一个34岁的也门人萨利姆·艾哈迈德·哈丹（Salim Ahmed Hamdan）的辩护律师。这个也门人是布什指定的6名即将由特别军事法庭审判的被拘禁者之一。到目前为止，6人中只有2人（不包括哈丹）受到指控。斯威夫特作为"被侵害人无法出庭时的诉讼代理人"（next friend）提起了诉讼。

斯威夫特的诉讼是对整个军事关押制度的正面进攻，甚至超过了美国最高法院2004年4月听审的两个案件。第一个案件是为了挑战布什政府的一个主张：最高法院对这些被拘禁者没有管辖权，因为他们没有被拘禁在美国本土；第二个案件是为了质疑布什将两名美国公民指认为"敌方作战人员"的权利，这样的指认意味着无需指控、不经审判的无限期拘禁。与这两个案件形成对照的是，斯威夫特的诉讼挑战的是整个军事关押制度的合宪性。

这个军事关押制度的关键方面包括：没有独立的法官；秘密审判；未经指控的无限期拘禁；不可上诉的有罪裁决；将被拘禁者指认为"敌方作战人员"，进而剥夺他们作为战俘应受的保护；拒绝为被拘禁人提供任何法律援助，除非并且直到他们被指定在某一特别军事法庭受审；剥夺被拘禁者知晓被指控罪名的权利或者他们知晓将被拘禁多长时间的权利。

人权和公民自由的捍卫者们痛斥特别军事法庭制度的规则。"宪法权力中心"（Center for Constitutional Rights）为关塔纳摩的一些被拘禁者提供法律帮助，中心主任迈克尔·拉特内尔（Michael Ratner）说："每个人在被关押之前都有权获得听审。我们不信任行政性拘禁，它们是被真正的司法制度咒逐出门的玩艺儿。这就得回到《大宪章》（Magna Carta），那上面说，国王不能就这么监禁你，你有权获得审判。"

斯威夫特是美国海军学院的毕业生，做军方律师已经9年了。他于2003年3月被指派为哈丹的律师。在接受《大赦》（*Amnesty Now*）的采访时，斯威夫特谈了他为什么要挑战特别军事法庭制度。

《大赦》：您怎样卷入了为关塔纳摩被拘禁者的辩护？

斯威夫特：当我即将成为诉讼法硕士的时候，军法署长（Judge Advocate General）打电话来问我是否愿意做这事儿。我不能说我是志愿的，但我说愿意做。我答应的时候还没看到规则，认为特别军事法庭大体会像一般军事法院（court martial）一样。但是，当我仔细看了规则之后，才知道这个行政程序比那些为即将失去工作的人提供的正当程序还要少……我为此而深感不安。

《大赦》：从正当程序的角度看，这些程序缺少的是什么？

斯威夫特：一切。美国司法制度的基础是对抗。在对抗制中，我们的初始假定是双方平等较量，平等获得律师支持。这里可不是这样。控方资产是辩方资产的 3 到 4 倍。掌控特别军事法庭的是国防部长任命的"指定权威"（Appointing Authority），他既是检察官，又是法官。他决定指控谁，指控什么，谁进入陪审团，辩方有何资源与发现，然后，他又能支配自己裁决的合法性。

除了这些障碍以外，我的当事人可以被限制参与审判，因为政府方面可能不让他参与自己案件的听审。没有他的参与，根本不可能进行质证。

特别军事法庭制度装点门面，冒充合法。独立和中立的 4 个标准中，有 3 个是它所达不到的：审判是独立和中立的，并且有独立和中立的司法审查程序。如果没有独立的陪审团，那么从一开始就是基本原理上的错误。

话说到这儿，我有一个两难。也门有句俗话："你被夹在双方炮火之间。"如果我与这个制度进行斗争，结果是我的当事人可能一点儿也得不到正当程序；如果我接受这个制度，程序的缺损会使他注定要蹲 20 到 30 年大牢，因为他没有独立和中立的公正听审的保障。你向哪边的炮火移动呢？

即使你接受这个程序，也不能保证他会获释。他可能被判无罪，但国防部长能够签发一个继续监禁他的命令。你赢了，但你出不去。这真是一个有趣的命题。

《大赦》：说说您的当事人萨利姆·艾哈迈德·哈丹吧。

斯威夫特：我的当事人 34 岁，已婚，有两个可爱的孩子，生于也门。1995 年，他在从阿富汗到塔吉克斯坦的途中，他是去帮助那里的穆斯林战士的。这是苏联刚刚解体的时候，有许多小规模的争权夺利的战争。在途中，他改变了主意，不想再去充当一名战士，而是想回也门找份工作。在返回也门的路上，他在阿富汗得到了一份工作。

有 70% 的也门人生活在贫困线以下，这个情况他是知道的。在坎大哈做客时，他被告知有份司机的工作。他很感兴趣。在去面试的途中，他发现这份工作是为奥萨马·本·拉丹开车。他知道本·拉丹是个有钱人，正是你想为其工作的那种人。这仍然是 1995 年的事。开始的工作是开车把农工接到本·拉丹的围地。阿富汗那一地区没有公共交通，所以他要从镇上把农工们接来，晚上再把他们送回去。后来，他开始为本·拉丹一家开车。

2001年10月，当"北方阵线"开始厌恶美国援助时，他决定回到也门。他驾车带着怀孕的妻子和一个孩子来到巴基斯坦边界，并打算返还交通工具。这时，他被阿富汗武装力量抓获并交给了美国军队。

从我见到他的一刻起，他一直坚持自己是无辜的。他否认曾参加过"塔利班"或者"基地组织"。他坦率承认自己为本·拉丹工作，但那是基于他的个人能力，而不是作为一个恐怖分子。

尽管如此，我最大的困难还在于让这个人获得听审。他不断要求我为他争取一个非军事法院的审判。他说："我是一个平民，为什么不能在平民法院获得审判？"他知道两种法院的区别。

《大赦》：您的当事人从12月以后一直处在单独囚禁中，您也是在那个时候被指定为他的律师的。请讲一下有关状况。

斯威夫特：他被关在"回声集中营"（Camp Echo），与关塔纳摩湾的主要监禁设施"三角洲集中营"（Camp Delta）不在一起。"回声集中营"是一圈面朝里的临时营房，里面基本上是15英尺长、13英尺宽的地方，其中又分出一半做监室，还有一张专为会见律师用的桌子。结果是，关押者从来不必把他带出来。他说，在这个监牢里的每一天，都如同其他监牢里的100天，因为只有他自己。当他们带他出来时，也是把他锁在地板上。最初是用一件铐衣将他的全身固定在地板上，椅子也被锁住。我们一步步改善：先是通过商谈放开他的双手；然后只用锁链锁住腰部；现在只锁住脚踝……我不怕被我的当事人伤害。

《大赦》：这些状况侵犯了他的人权吗？

斯威夫特：我认为，对任何人来说，长时间的单独监禁都侵犯了他的人权。孤独被西方大多数监狱制度作为惩罚。你与其他被囚禁者没有任何沟通。头70天里，我的当事人就是这样，唯一的读物是《可兰经》。由于我的不断反对，又给了他另一本书，是关于中东医疗奇闻的。因此我猜想，他现在的读物是关于中东地区双头婴儿的。

这有效吗？绝对有效。重要的医学文献都提到，单独监禁是最具心理摧毁力的惩罚形式之一。对于来自阿拉伯世界的人来说尤其如此，因为那里是一种社交文化。在也门的文化中，你实际上从未体验过孤独。

《大赦》：这算是虐囚吗？

斯威夫特：[停顿片刻]这个词用于政治目的。我关心当事人的以及他自己关心的是什么？他的心理健康。他一直处在单独监禁中。他知道这一切何时结束吗？不。他知道何时会有指控吗？不。他知道终究会有指控吗？不。他的未来是完全不确定的。这会使人发疯吗？会。"国际红十字会"将这作为关塔纳摩湾重要事件引用了吗？是。这会像心理学家写的那样引起永久的心理伤害吗？会。如果别人称这是虐囚，那是他的事。对我来说，这些标签无关紧要。问题在于，现实是什么？

《大赦》：关塔纳摩被拘禁者的供认可靠吗？

斯威夫特：关塔纳摩湾到处张贴着这样的标语："合作通向自由。"如果你合作，你会得到更好的待遇、更好的食物和更多的隐私。因此，撒谎有着天然的益处，而不会有什么害处。你通过"供认"而获利……只有在监狱，配角才被抬到极至。你甚至感觉不到禁止撒谎害人的道德禁忌。我们能像通常那样相信用这种办法获取的证词吗？我认为不能。

《大赦》：为关塔纳摩被拘禁者的权利而战时，什么东西正处于危急之中？

斯威夫特：美国汇聚了世界上的每一民族……我们的疆域里不是单一民族。我们被共同的理想联结在一起，那是美国的基础。我们有一套原则。如果我们失去了这些原则，那么我们就失去了美国。

没有任何非常时刻可以让我们放弃原则。美国的一个基本原则就是由独立的司法分支做公正而中立的裁决。我们不能放弃这项原则。

《大赦》：您在关塔纳摩的经历动摇了您对美国制度的信心吗？

斯威夫特：还没有。我是一个理想的实用主义者。我仍然相信，除了批评以外，我的工作会有所收获，并促成改变……但就这一次的代理而言，工作是非常困难的。我没想到，赢得一次审判将意味着为他赢得一切。对我来说，这是前所未有的。

我们应对危机的方式，能够定义我们是什么样的人。作为一个国家，我们就是在类似这样的时刻被定义的。你知道在"波士顿大屠杀"后谁为英国人辩护的？约翰·亚当斯，他后来成了美国总统。向波士顿的群众开枪，杀害了5个人，这是一个非常重大的事件。8名英国士兵及其长官被交付审判，但是，他们找不到为他们辩护的人。最后，亚当斯同意做这件事。除2人无罪外，其他人……都接受了"拇烙刑"。亚当斯后来称他为英国人所做的辩护是他为美国做的最伟大的工作。他说，在当时的情况下定那些人有罪，是我们国家声誉的一个极大污点,就像 17 世纪塞勒姆(Salem)的巫师审判一样。①

《大赦》:关塔纳摩特别军事法庭会是一个致命的错误吗?

斯威夫特:我不能这样说,但它的开端并不好。它缺乏独立和中立的保障,也没有充分审判案件的能力。但我念念不忘的是,这只是一个开始。公众要求维护正义,联邦和司法机构以及军官们自己,也同样要求维护正义和公正的审判过程。这些要求最终会得到胜利。我还没有放弃。

《大赦》:为什么会有这样的做法呢?

斯威夫特:我拼命也想不明白。我看不出为什么军事法院不能解决问题,如果它事实上是一种军事犯罪的话。在法院审判恐怖分子,并不属于过去 25 年法院处理不了的难题。这个难题一直在吸引着它们。

《大赦》:作为一名忠诚的战士,您如何看待自己对军方和总统的挑战?

斯威夫特:质疑制度是最高的忠诚。美国的制度有别于他国者,正在于我的忠诚是捍卫宪法,而非盲从命令。我们忠诚的对象是公正。

目前我们发现,行政分支既发出所有的号令,又制定所有的规则。我们的宪法是不信这一套的,它将责任一分为三:立法机构为国家通过法律;行政机构实施这些法律;司法机构适用这些法律。特别军事法庭的程序违背了这些原则。

我完全同意总统的观点:永远不能允许恐怖分子摧毁我们所热爱的自由。我不认为恐怖分子有这个能力,但是,如果我们不小心,也许我们自己会做到。

提示与问题

1. 在本版付印之际,美国政府在"反恐战"中羁押了几百名"敌方作战人员",没有特别的指控、听审或审判,也不能预期关押的期限。政府要从一些在押者口中寻求重要的信息,因而使用了这种叫"引渡"的程序。

引渡,发端于 20 世纪 90 年代,做法是将海外抓到的罪犯,比如毒枭,移交给美国或其他国家的法院。一些官员说,从 2001 年起,这种做法被用于使某些在押人既上不得法庭,也回不到街上。"这个主意已经使

---

① 美国马萨诸塞州东北部城市,位于波士顿东北部。建立于 1626 年,因 1692 年的巫师审判和纳森尼尔·霍桑的"七墙之房"(Nathaniel Hawthorne's House of the Seven Gables)而著名。——译注

引渡制度堕落了,"涉及这种引渡的中央情报局官员这样说,"这不是向司法的引渡,这是绑架。"但是,一些高级特工人员和其他一些专家,包括前中央情报局长乔治·坦尼特(George J. Tenet)在国会作证时说,引渡是有效瓦解恐怖主义组织并说服在押人透露情报的方法。罗安·古纳拉特纳(Rohan Gunaratna),《基地组织的内幕:全球恐怖组织网》一书的作者,曾经说过,引渡是有效的控制人的方法,将某人送到某些国家去的威胁,是非常有效的。在欧洲,审问就几乎没有任何结果,因为他们不使用这样的威胁方法:将在押人交给一个使他们极有可能受到刑讯的国家。①

托克维尔曾经写过律师在美国民主中的作用。同样的作用能够扩展到非民主社会的人中吗?或者像本案中一样,扩展到美国的敌人中吗?

2. 就关塔纳摩湾海军基地关押600多人的问题,上诉法院80岁的退休法官约翰·吉本斯(John Gibbons)在最高法院主张,在"拉索尔诉布什案"(Rasul v. Bush)和"埃尔奥达诉美国案"[Al Odah v. United States,124 S. Ct. 2686(2004)]中,联邦法院有权管辖对这种拘禁的合法性的质疑。最高法院同意这一点,而不赞成政府方面律师所主张的"这些在押人无权得到美国法律的承认"的论点。是否最终会有这些听审,还是一个未知的问题。比如,在押人依然可能被移交给其他国家,而得不到审判的实惠。托克维尔描述的法律在这里起作用了吗?

3. 这里被采访的海军军官可以被认为是一个勇敢的辩护律师。他冒着职业、身份和个人安全的风险,代表他的当事人,而这个当事人的情况却是对法律和社会基本价值的挑战。尽管如此,托克维尔并不号召律师们冒这样的风险,而是认为他们对于维护民主的贡献主要体现在通常的法律事务中。然而,在几乎200年后的美国和世界,如果没有勇敢的律师,民主还能保持吗?

♣ 现在再像托克维尔那样将律师看成美国的贵族,已经相当困难了。然而,我们的观点依然是复杂的。据说,我们已经成为一个热衷讼争的社会,诉讼和诉讼的威胁几乎调整着我们生活的所有方面。许多简单的行为都会有法律的后果。害怕法律责任已经成为限制乐趣的标准理由,这种理由还使我们的商业、财产甚至秘密交易变得极为复杂。尽管我们个人可能认识的律师不是很多,但却感觉他们无处不在。几乎每晚的电视新闻里都混杂着天灾人祸、战争饥饿、健康匮乏和政治风云,总有许多诉讼、罪案以及律师为当事人的声辩。我们视律师

---

① "Long-Term Plan Sought for Terror Suspects," by Dana Priest, *The Washington Post*, Sunday, 02 January 2005, page A01.

为"正义"与"邪恶"事业的捍卫者、美德与恶行的辩护士、权力的支配者和粗俗笑话的嘲弄对象。他们是迷人戏剧的演员，真实也好，虚构也好，都使我们赏心悦目。我们知道律师都是直接接触内情的人，他们既是故事的主角，也是故事的讲述者。他们聪慧、愤世、天真、迷茫、诚实、利他、贪婪、自我牺牲、爱财、慷慨、傲慢、同情、丰富、平淡、热心、冷酷、好战、温柔……几乎没有什么评价不适合律师。

下文向我们介绍了一些律师、委托人及他们想从法律中得到什么。作者是当代一位光彩照人的律师罗伊·格鲁特曼，他曾在杰里·福尔韦（Jerry Falwell）牧师起诉拉里·弗林特的案件中为前者充当代理人。奥利弗·斯通（Oliver Stone）将该案拍成电影《人民诉拉里·弗林特》（*The People vs. Larry Flynt*）。阅读过程中，思考托克维尔会如何看待这些律师，以及作者所理解的法律实践。

第三节　大赌场*

罗伊·格鲁特曼　比尔·托马斯

对某些人……律师是每日的必需品；而对另一些人，需要律师就像需要一次大手术一样，是巨大的恐怖。当委托人雇请了一位律师，他们通常就觉得万事大吉了，但是……律师不仅必须为案件做好准备，而且还要使他们鼓足勇气打持久战。

为了获知我将与怎样的人合作，我给自己的所有新客户一个简单的精神压力测试。首先，我让他们尽可能告诉我所有关于他们自己及其案件的事情；然后，利用这些信息，劈头盖脸地侮辱、讽刺他们。一些人垮了，回家了，再也没回来；只有严肃认真善于论争的人留了下来。

审判是两个律师之间的较量，看谁的神经更坚强，谁的当事人更有必胜的信念。人们相互控诉是为了施加痛苦，这是自然而然的。在某种程度上，审判意味着报复。然而，对不断增加的当事人而言，诉讼不仅是一种复仇形式，它们已经成为发财致富的门路……

几个世纪前，正义是由我们自己去实现的。如果有人伤害你，你

---

* *Lawyers and Thieves: Experiences of a Trial Lawyer*, by Roy Grutman and Bill Thomas (Simon & Schuster, 1990).

就伤害他。没有律师，没有法官，没有陪审团，一般说来，结果是迅速的、终局性的。对公正的急不可待，还刺激着人们在法庭上打出个结果来，只是今天人们要用较长的时间才能看到结果。

迁延的原因之一在于法律过程本身的性质，在美国，任何人都可能为任何有效的理由而起诉你；另一个原因是利害攸关的经济回报。法庭的一个主要职能就是通过重新分配财富将善与恶区分开来。如果一个人伤害了别人，并且被裁定应当承担责任，那么他必须赔偿。如果一家公司的产品损害了某人，而且该公司有过错，那么它也必须赔偿。几乎每个去法院打官司的人……都期望带着钱走出法院的大门。

这是因为，一次诉讼就是法律经济中的一项投资。将某人诉至法院，并不是一种简单的敌对行为，它是律师及其委托人的一次复杂的资本冒险。只要浏览一下各大报纸，就不难发现打官司是多么有利可图。如果没有官司可打，律师除了写写遗嘱和搞搞不动产交易，就无所事事了。人们惧怕起诉和被诉的威胁，而只要有惧怕，律师们就会为它寻找更快更好的回报。

寻找得最起劲儿的，要属疏忽过失案律师（negligence lawyer）了。可以毫不夸张地说，他们为寻找客户，恨不得把大街小巷都用梳子梳一遍……

律师追着救护车到医院并等在急救室外，这情景成为民间法律文学的一部分。显然，任何自尊的救护车尾随者都不愿被人看到时至今日他们还在以这种方式兜揽生意。一些律师付钱给警察和医务人员，让这些人在事故现场为自己分发名片；另一些律师雇用"托儿"，让这些人去医院巡视，寻找官司有的可打的患者。"托儿"们利用报上登载的六七位数字的损害赔偿的故事，诱使患者签署委托书，从而获得酬金。这种做法在大多数州是违法的，但每年仍然有几百万这样的生意可做。

撇开方法不论，专打疏忽过失和人身伤害官司的律师，为他们的委托人提供了一种变不幸为金钱的法门。像中世纪号称点铁成金的炼金术士一样，他们兜售的是暴富的许诺。在这个意义上，他们所提供的服务，界定了每一律师与当事人关系的主要经济因素。

此外，还有一条心理纽带将律师及其所代表的人联结起来。每天都有人受伤害、被欺侮，世上其他人可能对他们折断的骨头和破碎的心灵漠不关心，而律师则不仅倾听他们的悲怨，还使他们成为关注的焦点……

绝大多数人聘请律师和聘请医生的理由是一样的，都是为了修复他们生活中某些受损害的部分。但在法庭上，损害在陪审团的眼中，因而胜诉总是有赖于一名律师如何动听地描述当事人的故事，而无论这个故事多么不可思议。

曼内·凯茨（Manny Katz）是我所熟悉的纽约一位人身损害赔偿律师，他说自己相信"现实的痛苦"。问题在于，怎样将这一相信传达给陪审团。痛苦，除了亲身体验者外，是抽象的。为了说服法庭相信他的当事人所遭受的苦难理所当然应该得到赔偿，一位律师不得不将它变成真实，要生动地描述一幅煎熬与悲伤的图景，生动得使陪审团无法拒绝赔偿的请求……

某些律师在法庭上连哭带嚎地传达他们的信息，另一些律师则带来成群结队的专家证人。曼内·凯茨的招数是制作了名叫《某某生命中的一天》的写实录影带。这部特别易获战果的作品表现了他的当事人，一位领福利救济的母亲，在有代表性的一天里照料一个严重痴呆的婴儿的情景，而与此同时，她的健康的孩子们正在背景里欢蹦乱跳。她正在控告孩子出生的医院，诉称医生们在她分娩时使孩子发生了窒息。这是一起复杂的案件，索要几百万。6位医师出庭作证，但陪审团需要看的唯一证据就是这部影片。影片播完后，陪审团的绝大多数已经泪流满面了。

陪审团特别易受悲惨电影的影响，毫无疑问，影像能够最有效地传达信息。然而，在法律职业群体中仍然残留了一些有语言纯正癖的人，他们依靠口头的表达来达到目的。

让没有偏见的陪审团对一个真正需要帮助的人置之不理是不容易的，但是，对某人寄予同情与给他50万美元是有区别的。为此，律师要把一个悲伤的故事讲得如此具有感染力，以至于唯一的同情反应是现金。拥有这一技巧的大师之一是曼哈顿的律师莫·列万（"MO" Levine），他从未遇到他不喜欢的被害人。

在描述失去的收入时，列万的声音会深情地哽咽。他能让汽车挡泥板的损坏听起来像是世界的末日。在一个特殊的案件里，他代表一个在事故中被锯掉双臂的男人。被告在早上进行了法庭辩论后的总结陈词，下午轮到坚信想象的力量的列万了。

"女士们，先生们，"他向陪审团发言了，"我刚刚和我的当事人一起用过午餐。"然后，他一字一顿地说："他……像……狗……一……样……吃。"

句号。这就是他全部的总结。陪审团目瞪口呆地静坐在那里，想象着那顿午餐的情景。在评议了不到半小时后，给了列万的当事人所有想要的东西。

列万如此优秀，以至于可以靠出卖他在法庭上最后陈词的录影带来赚外快。他每次陈词后都有人涕泪满衣。一些律师买回这些录影带，逐字背诵他的话语。然而，没人能复制莫·列万全能的悲剧感……

坠机、火灾和建筑物倒塌就是为那些懂得如何创造一个案件的律师们准备的。贿赂医生夸大伤情是抬高赔偿金数额要求的通行做法。一些律师为了赚钱甚至公然蔑视医学。1986年，位于波多黎各的一家度假旅馆起火烧毁后，灾难大师梅尔文·贝雷（Melvin Belli）被罚 5 千美元，因为他代表一个死去的男人提起诉讼，诉称原告之妻在火中受伤，未能"履行她作为配偶的义务"，并引证了由于这女人丢掉工资而使家庭收入遭受的损失。一位稳重的法官确认，这个男人不可能授权贝雷起诉，因为在本案开始时他已经死去 12 年了。

可悲的是，这些鬼把戏到处都在上演。当律师费以律师为当事人打回多少钱为依据时，这些鬼把戏尤为猖獗。这不是指那个没有必然而重要收益的诉讼绩效收费制度，如果没有这一制度，穷人在法庭上何以得见天日？……

富有的当事人，无论他们多么不受欢迎，总能找到优秀的律师。原油泄漏、化学污染、飞机失事，对于大企业而言，可能意味着坏消息，但对出类拔萃的律师事务所来说，则意味着唾手可得的金钱。绝大多数的律师事务所乐于代表任何付得起费用的人，它们对此没有任何道义上的顾虑。

"叫我，我就是一部出租车，"西蒙·里福坎德（Simon Rifkind）这样说。他是令人敬佩的纽约保罗威斯（Paul, Weiss）律师事务所的合伙人之一，也是美国最出色的争讼者之一。不过，任何出租车都不免费载客，而优秀的律师也很少不图回报。即使在有关慈善机构的案件中，当事人的选择也可以是一种商业决定。律师们喜欢恭维这样的想法：任何个人、公司或外国都不应被剥夺聘请律师的权利。然而，从布帕（Bhopal）到贝德福德—斯图文森特（Bedford—Stuyvesant），他们拼得最起劲儿的，都是那些将他们引向银行的案件。

一位依靠诉讼绩效收费过活的疏忽过失案律师，就像一位只有打胜了才能取得报酬的拳击手。"在我们的职业中，你不需要'常春藤联盟'（Ivy League）的职业教育，"一位新泽西州的律师说。业内人士都为他的胜绩而自豪。"大学优秀学生 ΦBK 联谊会（Phi Beta Kappa）永远无法赢得陪审团，"他补充说，"为此，你不得不用街头智慧。"……

所有的律师基本上都是自信的人，有些人为此受益，更多的人为此受苦。他们贩卖的是这样一种信任：只要付一定的费用，他们就能解决当事人的问题，并且将现钞放到当事人的口袋里。在多数情况下，问题解决得并不尽如人意，金钱经常向相反方向跑去。但是，认识到这一点并不能阻止某些人一出了问题就去请一位律师。

我们生活在一个并不完美的世界里，而律师属于这个世界的一部分。然而，一个并不完美的社会却充满了经济机会，一旦得到正确的法律建议，一个人就会改换门庭。

纽约斯卡登律师事务所（Skadden, Arps）的乔·弗洛姆（Joseph Flom）可能是美国律师中酬金最高的。这位受过哈佛教育的兼并专家永远不会疲于奔命，不过他每年因公司倾轧而净赚三五百万美元。

一代人以前，美国企业界比现在要和平得多。银行家和总经理以及他们的律师在乡村俱乐部里像在他们的总部一样谈成许多生意。竞争遵循着符合运动精神的一套规则进行，而充满敌意的接管——购买别人不想出卖的企业——是被严格禁止的越界行为。

斯卡登律师事务所改变了这一切。在弗洛姆领导下，接管兼并成了公司通常的战略——他的事务所的所有装备，就是为了能够随心所欲发起这种攻击。

将祖父般慈祥的弗洛姆和血腥的代理战作为隐含的威吓，斯卡登律师事务所将人们对于不友好的买断的恐惧转化为一台私人印钞机。如果一名律师为你工作，他就不可能再帮别人搞掉你的企业。这是一种利益的冲突。因此，还是安全为妙，据说各公司每年付给斯卡登律师事务所两千万美元预聘费，以避免与弗洛姆对簿公堂。请注意，这只是斯卡登律师事务所收取的预聘费，一旦真正开始法律工作，收费就会直线攀升。

通常，律师事务所按照兼并总值的 1% 收取费用，斯卡登和阿普斯的收费要高得多，但对企业来说无所谓。不难看出为什么，它的客户中包括臭名昭著的公司袭击者詹姆斯·戈登斯密（Sir James Goldsmith）和卡尔·伊克恩（Carl Icahn），他们在弗洛姆的帮助下成功兼并了环球航空公司（Trans World Airlines），这件事启发了电影《华尔街》的拍摄，也足以鼓励大多数公司签约付钱。

各家公司生活在对弗洛姆的恐惧之中，甚至那些雇用他的客户也不喜欢谈论这种恐惧。在今天的公司界，弗洛姆就是蛮荒西部枪手的现代翻版。当他骑马进入小镇时，每个生意人都希望成为他的朋友，因为其他任何选择都意味着自杀。

"兼并保险"就是斯卡登律师事务所的保护服务之一。如果一场公司大战进入法院，律师事务所就是一支敢死队。一个友善而儒雅的世界是不需要来自斯卡登事务所的律师的。他们对底线的本能是传奇式的，他们对收费的本能也是传奇式的。收费的构成是为了一并反映他们花在案件上的时间和他们的表现，客户的利益越大，斯卡登的律师们提取的也就越多。

像疏忽过失案律师一样，兼并专家们都是些卑鄙无耻而又胆大妄为的家伙。一些帮他们做事的投资银行家说："看这些事情的完成过程，就像看一群醉醺醺的司机在除夕之夜冲上高速公路一样。"他们的伎俩之一是焦土政策，运用无休止的文件和数据来耗尽对方的资源。办理兼并事宜的律师都是精于此道的专家，他们在专司兼并的律师事务所被委派的活计，就是制造信件，将对方埋葬在纸堆里。案件中的法律问题已退居次要地位，重要的是用越来越多的信息来轰炸被锁定为攻击目标的公司，直到这家公司最终投降为止。

防御战略被称为"驱鲨剂战略"，它需要更加机智灵活。手段之一是所谓"南茜·里根防御术"，各公司对于买断人的出价"只说不"。另一种更加精妙的措施叫做"洋葱防御术"，是为南加利福尼亚石油公司（Unocal）设计的，当时，该公司成为兼并大王布恩·皮肯斯（T. Boone Pickens）垂涎的目标。纽约的萨利文和克伦威尔律师事务所（Sullivan & Cromwell）设计的这套洋葱防御术需要制造一系列处于"南加利福尼亚石油公司"和现在的"加利福尼亚联合石油公司"（Union Oil of California）之间的控股公司。依该战略计划，如果皮肯斯成功买下"南加利福尼亚石油公司"，他只是取得了一个徒有其名的企业，每次他把目标对准一个控股公司，另一家又冒了出来。像剥洋葱一样，皮肯斯需要穷年累月地寻找真正的"南加利福尼亚石油公司"。

当公司债台高筑时回购其股份，从而与皮肯斯和解时，"南加利福尼亚石油公司"主席弗雷德·哈特利（Fred Hartley）以胜利者的姿态描述这场漫长的战斗及其结局："疯狗咬人，人也回咬疯狗。最终，人以其优势的智力，咬败了疯狗。"不过，这一次疯狗声称带走了几百万美元。

避免被兼并的另一种技巧具有更多的残忍而不是聪慧。一次，约瑟夫·弗洛姆所代表的一家公司削减了 2 万 7 千个工作职位，以避免一次不友好的买断。他后来解释说，这一决定是为了"公司的最大利益"。

弗洛姆在业余时间可算是个慈善家，他在最近的一次凯旋之后，为自己及其客户的谋财之道做了这样的辩护："这就是资本主义，我认为利润就是一切。"

可是，律师并不能为经济增值，他们只增加了消耗。在企业兼并过程中所耗费的金钱是令人瞠目结舌的。当一家律师事务所 1 个月可赚 1500 万时——这在兼并案中不足为奇——像成本与劳动这样的现实便失去了所有的通常含义。

一位兼并专家说："我记得有一次花了几个月时间进行一次 10 亿美元的兼并收购，我们谈论七位数的收入，好像在咀嚼钞票。一天晚间，我的妻子抱怨每样东西都那么贵，当她说到金枪鱼罐头涨到 5 元一个时，我对她说，涨到百万元时再告诉我吧。你累不累啊？"

依照乔·弗洛姆最大的客户之一卡尔·伊克恩的说法："兼并风潮治愈了损害美国生产率的病疾：臃肿而无能的管理。"从另一角度看，兼并狂们像贪欲无度的疏忽过失案律师一样，只不过是不同疾病的症状。在提高公司效率的烟幕下，收购成为从事具体操作的投资银行家和律师重新分配资产的一种方式。1988 年，奈贝斯库（RJR Nabisco）有 240 亿美元的兼并数字，产生了总计超过 10 亿美元的"专业服务费"，其中大约 2/3 跑到银行家的口袋里，其余 1/3 进了律师的腰包。那么，生产率又怎样了呢？

这是一个"捐客的年代"，以前从未有如此之多的人劳动越来越少，赚钱却越来越多。券商和专攻兼并的律师是相反意义上的企业家，他们买下公司是为了拆解它们，出卖它们的碎片。像伊克恩所称，如果说生产率因管理不善而受到损害，那是因为收购和赚钱本身已经变得比生产商品更加重要。

在一种你死我活的敌对环境中，律师们是生意兴隆的。作为一种惯例，对阵的双方越是不友好，他们的搏斗时间就越长，因为对律师来说时间就是金钱，延长的冲突可以成为滚滚财源。快速出击的收购兼并而又获利颇丰，肯定会上《华尔街日报》的头条新闻。不过，拖拖拉拉的法律战事才是律师的真爱。

将伊克恩这类客户吸引到斯卡登这类事务所来的掠夺心理，与律师们所赖以制造生意的心理是同一个东西。对付乔·弗洛姆的唯一方法就是雇用他，同样，防备别人律师的最好办法就是聘用自己的律师。

无论案件所涉及的是人身伤害，还是涉及几百万美元的兼并，一名律师总是恐吓和施加损害的武器。养一名律师的最强动因是想到一旦没有律师将会在你身上发生什么事情，正是这种恐惧被律师用来恫吓他们的对手，并从他们的客户那里获取利益。

讼事的第一步，通常也是最后一步，是通知对方诉讼即将开始。一般是发出一封信，其主要目的是威吓收信人尽快投降。

最近，我代理西雅图一位被爱情撕碎了心的女士起诉她的妇科医生。这位医生刚刚终结了他们的一段风流，留给她的只是可恶的疱疹。通常情况下，主张这种赔偿的妇女很难在法庭上举证，但是，在他们分手之前，她将自己与这位医生的一次交谈录了音，医生在谈话中不仅承认自己将疱疹传染给她，还承认与其他女性患者有过韵事。

妇科医生无路可走了。他不得不承认，只有迅速而悄悄地解决此事才是他最好的出路。下面是我发给他的信（当然，真名都被隐去）：

[首先是坏消息]

亲爱的琼斯大夫：

我们作为简·史密斯的律师，已经取得她的授权，在必要的时候，迅速对您提起法律诉讼，以挽回您给她造成的损害。

[其次是两难选择]

为了以最清楚的方式向您陈明史密斯女士的创痛，随信寄去一份草拟的起诉书，一旦您不能尽快给予此事以应有的重视，这份起诉书将于两周之内对您不利。

[然后是解决的途径]

我们邀请您和您的律师在下周彼此方便的时候，尽早与我方讨论庭外和解的可能性。

[又是两难选择]

我们对起诉书中的主张进行了充分的调查，我们还完全知道它们涉及您所不愿公之于众的高度敏感的材料，这些材料可能导致对您的严重损害。

[然后是一个警告]

此事不可置之不理。我们已经掌握了无可争辩的证据，可以排除任何合理怀疑地证明起诉书里的主张都是事实，真实的事实。

我们所指的证据部分出自您的自白和自认。我们还有证据表明，我的当事人由于您而受到的痛苦，并不是孤立的事件。

[最后是握手和最后通牒]

我们代表史密斯女士准备与您一起以合作的精神解决此事。如果您肯为此赏光会晤,我们将进行理性的处理,但如果您一意孤行,那么您只能为可能出现的不快后果而责备自己,这一后果对我们而言,似乎是不可避免的。

相信您或您的律师将在下周回复我们。

您忠实的朋友

为了保护自己及其声誉,这位大夫别无选择,只有与我的当事人和解。尽管如此,有时候风水轮流转,这一次轮到律师需要保护了。律师与当事人的协议类似于军事同盟,其目标是打败敌人或者至少是将敌人赶回自己的领土。对于某些当事人而言,胜利永远是不够的。他们想要消灭对方,其结果通常是将怒气发泄在律师身上,并且拒绝付费。

一次,我为佛罗里达州一位房地产商做代理,他坚决要报复他以前的生意伙伴,以至于他聘请了5家律师事务所进行追剿。他的计划是将冤家对头逼疯,由于太多的律师相互猜忌,这个想法不久便适得其反。经过了几年,也经过了几家律师事务所之后,这位地产执行人仍然执迷于毁掉他的前任合伙人,不过,发疯的仅仅是那些尚未收到报酬的律师。

需要律师的人们,或者愤怒,或者恐惧。那些恐惧的人可以通过发怒来战胜恐惧,而那些发泄愤怒的人只能把事情搞得更糟。

遇有法律难题时,那些视找律师为"不得已之恶"的当事人,在问题解决后,经常发现他们没有理由支付律师费。事实上,他们一点儿都不感恩戴德。我们都以为律师是通过赢得论战和征服对手而获得报酬的,实际上,他们得到报酬是因为当事人觉得满意,而在某些案件里,这是永远不可能的……

在每一法律案件中,有两点是至关重要的:利润和原则。所有当事人各得其所的时候,这套体制运转得到最好,但这不是偶然发生的。在律师坐下来杀价之前,他们总是将"要点"与底线加以区别。律师与当事人真正采取行动之前所做的同一件事,就是商定谁得到什么利益。这样便减少了误解的可能性,因为原则有时会因金钱而妥协,而金钱又通常少于每个人的预期。

律师与当事人的成功关系,所要求的不是相互喜欢,而是相互信任。我曾有过不讲一句实话的当事人：与男人乱搞的女人，却声称受到了性骚扰；商人窃取了别人的金钱，却反咬一口；令我终生难忘的一件事是，一个被开释的谋杀者，竟然要求我对指控他犯杀人罪的地区检察官和对他不太友好的报纸提起诽谤之诉。这个家伙认为，他犯了罪——他毫不掩饰地承认——并不重要，重要的是审判给他带来不便，他决心让每个与此有关的人付出代价。当然，我拒绝帮助他。

对当事人来说，律师做得永远不够。如果他输了官司，那永远是律师的错；如果他赢了官司，律师本应从对方得到更多。唯一可以预见的事情是，在法律上不得志的人，总是将最大的不满和沮丧发泄在律师身上。

来到律师面前的当事人所怀揣的抱怨，有些是合乎情理的，有些是被夸张的，有些则完全是凭空臆造出来的。有些人确实需要帮助，而有些人之所谓需要帮助，则是一种慢性病的表现。这后一种人花钱购买律师的法律建议并没找对人，他们真正需要的是心理治疗。

几年前，我的一位当事人认为自己被来自火星的间谍跟踪了。他的臆想是可笑的，不过对他而言，却是非常真实的。他把可恶的上司、以前的配偶或者公司兼并者都当成火星间谍。这种家伙正是可以让律师大赚一笔的偏执狂。对大多数人而言，律师才是所谓火星间谍——侵入人们生活的来自另一行星的神秘动物。打败他们的唯一法门是加入他们。这个寻求帮助的家伙真是找对了地方。

他在我的办公室坐定后，我拿起电话，装模作样地给联邦调查局打电话。

"埃德加吗？我是罗伊·格鲁特曼……我很好，你怎么样？……好极了。听着，埃德加，我这里有个人被火星间谍盯上了。对，火星来的。你能不能……能吗？……12个特工？……我肯定他愿意。万分感谢。好，我告诉他……你也保重，埃德加，工作顺利。"

这是早已死去的联邦调查局长。我安慰这家伙说，局长答应立刻把所有的事情搞定。

几个星期后，他特地来向我道谢，显然是为上次来访的结果而高兴。"火星来的那些间谍还在跟踪我，"他说，"但我高兴地看到，联邦调查局的特工也在跟踪他们。"

这次服务是免费的，但我办的案子从来没有过如此令人满意的结局。

提示与问题

1. 你怎样认为法律是个大赌场的比喻？谁是赌博者——当事人、律师，或者他们都是？他们玩儿的是哪种游戏——二十一点、扑克、老虎机？老虎机或者抽彩赌博是从众多参赌人那里每人取一点儿，积聚起来再返还给一小部分人——当然，要减去抽头。在二十一点、色子和轮盘赌中，参赌人是与设赌人赌博，当然，胜算大大倾向于设赌人。扑克牌的玩家是相互赌博，设赌人要从每个玩家身上收取服务费。法律案件所具有的哪些特点相似于这些赌场游戏？比如，你如何将人身伤害、索要保险金、离婚、刑事案件或者拆解大公司的反托拉斯案归类？

2. 无疑，关于个案，写得最出色的一本书是乔纳森·哈尔（Jonathan Harr）的《一起民事诉讼案》（*A Civil Action*）。作者讲述的故事是马萨诸塞州沃本镇的几户居民控告两家大公司的一起环境污染诉讼。这几个家庭中的一些孩子和其他成员先后死于由该镇地下水引起的癌症。简·舒里克曼（Jan Schlichtmann），一家小律师事务所的主任律师，他被几家居民的悲惨命运深深打动，答应以诉讼绩效收费方式（以胜诉后的判决所得的一部分作为报酬，如果败诉则分文不取）代理此案。诉讼开始于 1966 年，终结于 1990 年。最后，舒里克曼和他的两个合伙人不得不花费 480 万美元，来获取原告方所需的科学和医学证据。被告花了 700 万律师费与和解费。最后，每个原告家庭取得了不到 50 万美元，舒里克曼最终破产了。清理环境的费用估计有 6900 万美元。这是一种什么赌博？

3. 那些想进一步了解乔·弗洛姆及斯卡登律师事务所的人应该读一读林肯·卡普兰（Lincoln Caplan）写的《斯卡登：权力、金钱与法律帝国的勃兴》（*Skadden: Power, Money, and the Rise of a Legal Empire*）一书（New York: Farrar, Straus, Giroux, 1993）。如果想知道一个庞大的律师事务所（格鲁特曼也有一份）垮掉的故事，则可阅读史蒂文·卡布（Steven J. Kumble）与凯文·拉哈特（Kevin J. Lahart）合著的《不当的行为：芬利卡布的兴衰》（*Conduct Unbecoming: The Rise and Ruin of Finley, Kumble*）一书（New York: Carroll & Graf, 1990）。

♣ 格鲁特曼笔下的律师和他们的当事人都主要是为了钱而进行法律实务的。托克维尔的"法律贵族"和有道德原则的"勇敢的辩护律师"都靠边儿站了，这在某种程度上是真实的。法律机制是三权分立政府的一个组成部分，另外两个是立法和行政分支，但除了法官和政府律师，法律机制中的绝大多数人都不过是在做生意。下文的作者认为，法律的高昂代价背后，有更高昂的社会代价。

第四节　法律的代价*

吉勒姆·哈德菲尔德

问：灯泡里能拧入多少律师？
答：你能承受多少？

一、引　言

因与莱温斯基的丑闻，比尔·克林顿支付的法律账单高达1千万美元，而独立检察官斯塔尔用于调查总统的开销竟超过5千万美元……由三个州检察总长在全国范围内发起的针对多家烟草公司的健康损害赔偿案件中，代表这三个州的律师们获得了82亿美元的律师费，在一些案件中平均每个律师超过5亿美元。美国的法律服务提供者年度总收入超过了1250亿美元，在过去几十年里，其增长率大大超过经济的总体增长率……

为什么请律师这么费钱？令人惊讶的是，我们很少洞悉这个基本问题。传统的大众文化有一种说法：律师们都是一些恨不得榨干你骨髓的贪婪家伙；传统的经济学有另一种说法：法律训练是昂贵的；而传统的职业智慧则认为：为了保护公众的目的，律师享受着国家特许的垄断。这些说法都不是特别有说服力。虽然每种说法都有合理成分，但每种说法所产生的问题比它回答的还要多。如果职业被邪恶主宰了怎么办？为什么法律这么复杂，以至于法律训练如此昂贵？对于公众来说，是价格低廉但质量低劣的法律意见更好，还是承担不起的高质量的法律意见更好？

职业在与市场的关系上长久以来就处在不睦与防御状态。对法律执业商业化的担心，可以追溯到职业本身，也就是具有了现代律师业特征的时候。某种职业被委托了司法制度保卫者的职责，也渗透着公共服务的性质，但它主要是通过商业的和私有的市场来传播其产品。这种双重作用引起了职业的内部冲突……

对法律服务高成本的经济原因这个基本问题，相对来说我们关注不够，这可能正好归因于这样的事实：律师和市场的关系是职业主义

---

* "The Price of Law: How the Market for Lawyers Distorts the Justice System" Gilliam K. Hadfield in *Michigan Law Review*, Vol 98, No. 4（Feb. 2000），pp. 953 – 1006.

现代概念的核心。比如,"美国律协职业委员会"(ABA's Commission on the Profession)所定义的"职业"的特点,就主要是从它与市场的关系入手的:

> 职业从州获得特权。
> 它的实践需要实质而大量的智力训练。
> 客户必须信任专家,因为他们缺乏训练,所以妨碍了他们评价自己的工作。
> 客户信任的前提是:职业者自我利益的取得是由于他们为客户的利益和公众的福祉做了贡献。
> 职业是自律的。

通过法律执业与市场的关系来构成"职业",这样的定义是将该种关系作为一种职业伦理,而不是职业经济。从这个角度看,法律服务的高昂费用是一个德行问题,而不是利益刺激问题。根据职业主义的概念要求,漠视经济刺激应当成为专家的道义责任。律师的收费有多高,就说明他们对公益的职业义务履行程度有多低。相反,有伦理道德的律师收费就不么"高"。

在法律执业和市场关系中的"职业主义"主张,实际上是来自法律复杂性这一基本事实的一系列关联规范主张。法律要求实质而大量的智力训练,因而出于公众利益的考虑,法律才只应由受过这种训练的人来实行。只有那些受过训练的人,才能判断他人法律执业的能力,以及为客户提供的法律执业的质量,因而,进入执业以及对实践的调整,都被授权给那些受过训练的人。由于不受国家和市场的控制,加予职业的义务就是不要利用缺乏外部控制的机会而谋取好处:将公众和客户的利益置于自我利益之前。职业,作为一种脱离市场经济的实践,先是被概念化,继而被正当化。

但是,法律执业也离不开经济。职业的概念可以将执业单独作为一种规范理想,但是,职业的结构仍然是市场的结构。就像"职业是为利益而放弃原则吗"这个问题所提醒我们的,法律执业者,甚至有更高伦理的专家,都不会明显地使用任何系统的方式拒绝市场的刺激。因而问题在于,如果法律执业者像市场主体那样行为,那么,这会是一种什么样的市场?从价格反映成本,竞争促成对训练和人力资本这类资源有效利用的意义上说,这个市场是竞争性的吗?或者,这一市场的体系特征导致了非竞争性的价格,或者如果不是这样,就会将法律服务的成本提高到令人担忧的程度吗？

……律师们事实上面对一连串强有力的市场刺激，让他们的收费高于竞争性市场的应有水平。像典型的非竞争性市场一样，法律市场的最终价格是由客户赋予的价值决定的，而不是由提供服务的成本决定的。因而，律师的气力分配会倾向于那些赋予法律服务更高金钱价值并且付得起大价钱的人。一般说来，这样的人是商业客户。这些市场刺激因素最令人担忧的特征，不仅在于律师收费高昂，而且在于收费高昂的原因是，这个市场的特征基本上是由商业主体和个人对于有限法律资源的投标竞争决定的。在这种竞争中，商业主体（更笼统地说，组织吸引财富的聚集）会取得压倒性胜利，因为在商业组织实体与个人之间的资源占有比例上，商业主体所占资源之巨，简直不成比例。法律费用高昂，正是因为作为自由市场力量结果的法律资源，被不均衡地推入了商业领域，而个人大致由于价格原因被排除在市场之外。只有那些对商业实体资源提出权利主张的个人（比如，由法人或其产品引起伤害侵权赔偿），以及那些有诉讼绩效收费约定的人，才能参与法律服务的竞争。

市场为律师制造的法律服务分配，因而是非常令人担忧的：作为一种自律的公众司法制度——处于民主社会结构核心的制度——保卫者而组织起来的职业，由于受市场力量的推动，让自己不均衡地倾向于商业经济关系的掌控，而不是倾向于个人与国家正当关系的掌控……

二、经验证据

（一）律师和法律服务费

1998 年，在美国平均每小时的律师费是 180 美元，大的律师事务所的合伙人平均是每小时 250 美元，而顶尖儿的 10% 则超过 385 美元。一般的律师每天按 7 小时收费。以此计算，再加上另行计算的费用，比如，专家费、助理费、文件费、诉讼费、抄录费、复印费、邮寄费、长途费和传真费，每一法律事务在几天内就要花上几万美元。一位资深律师估计，一个简单的商业索赔至少要花费 10 万美元……

如果关键是金钱，法律过程就不值这些花费，除非还有潜在的回报——资源意味着回报——可以抵偿超常的费用。如果关键不是金钱，因为许多案件涉及人，那么，法律过程必须由个人财富预先支付……"美国律协" 1994 年的分析发现，在面临法律难题时，61% 中等收入的被告人没有和司法制度打过交道。在1990年的美国，52%的离婚家庭是在没有聘请律师的情况下了结姻缘的，而88%的家庭法诉讼——最频繁出现的类型是法庭上的权利主张——至少有一方当事人没有聘请律师或者没有出庭。对那些几乎无可选择地必须参与法律过程的人来说，比如争夺孩子、被控犯罪、寻求不受暴力伤害或者民事被告人，也会因律师费难以为继而被迫终止律师辩护，这种情况也不是什么希罕事。只有那些日常的法律工作，才似乎是人们负担得起的：100美元一份简单的遗嘱，350美元一件无争议的离婚，425美元一次个人破产……

（二）商业客户与个人客户之间的资源分配

法律服务较高的平均收费掩盖了更深层的甚至是更令人担忧的现象：我们法律制度压倒性地集中在商业圈中。最大的那些律师事务所都几乎只为法人客户服务。最成功的、最有影响力的和最富创造精神的律师们绝大多数（虽然不是全部）都在为法人客户服务。绝大多数出类拔萃的法学院毕业生最终委身于法人客户。商业客户支配着大部分的法律努力，有效地将个人的利益，尤其是他们最宝贵而关键的利益，挤到了边缘。

海因兹（Heinz）和劳曼（Laumann）1975年在《芝加哥律师》上发表了他们具有里程碑意义的研究，首次证明了法律职业的分化到了令人震惊的程度：一些人服务于商业客户，另一些人服务于个人客户。对芝加哥律师业的分析，结论同样是这个职业被分为两个半球。法人这个半球的特征是拥有庞大的律师事务所，它们由在职业中出身名门且有钱有势的优秀法学院的历届毕业生组成。这些律师为商业客户办理业务，从事复杂的交易和诉讼，他们的工作被业内外人士认为有很高的威望。他们按小时收取高昂的费用，享受着可观的年收入。

个人客户这个半球的市场特征是只有个体法律执业者或者小规模的律师事务所为其所用，它们都是些非专业的或者略微专业的律师事务所，服务于个人事务和小规模的商业事务。这样的事务主要有两种类型：大多数是日常性的、非竞争性的法律工作，像关门停业、无争议的离婚、简单的遗嘱和不动产计划、简单的公司合并、驱逐房客，等等；非日常性的法律工作主要是以诉讼绩效为收费根据的人身伤害诉讼，也有一些可能像大的律师事务所一样高昂的小时收费，主要是针对比较富裕的个人在家庭法方面的服务，或者更少出现的其他事务。这里的律师通常是不那么出色的法学院毕业生的，并非出身名门，在职业方面也没有什么影响力，挣钱又少。他们的工作被所有的律师公认为声望较低。

"半球"这个词在1975年还是比较准确的:有53%的法律努力贡献给了法人,40%贡献给了自然人。而在自然人这个半球,只有一半——芝加哥律师业21%的工作——是为了解决海因兹和劳曼所谓"个人不幸"的:民权、家庭、移民、就业、人身伤害、刑事辩护,等等。其余是为小企业和个人事务所做的工作:所得税、不动产、财产计划,等等。这些数字与对整个美国的法律努力的早期估计是大体相同的。

这些1975年的数字已经足够让人瞩目了,而芝加哥律协1995的重新研究后所得的数字简直让人心惊。贡献给法人客户的法律努力增加到61%;贡献给个人客户的全部努力降到29%。"个人不幸"的部分只占全部法律努力的16%。①

个人部分在职业中所占份额正在急剧减少,收入的不平等却在过去的几十年里大为增加。个人部分的收入和收费,或者保持稳定,或者略有减少,要视律师饱和与不足而定;商业部分已经变得极为专业化,收入和收费在过去几十年里因律师的短缺而增加。法律方面收入的不平等性目前在各职业中名列前茅。另外,在过去几十年里,法律入口的人为障碍已经消失或者急剧减少,比如对法学院招生数量的限制、宣传的禁止和律师协会设置的收费标准等。同时,律师的数量急剧增加,为法人服务的律师事务所的规模也急剧膨胀,而贡献于个人的法律资源——理论上是相对于法律体系的司法制度的核心——却在以极快的速度减少……

三、律师和法律服务的市场经济

如上所述,法律服务向商业部门的倾斜,可归因于这个市场的非竞争性质,它的重点是客户的财富,而不是服务的成本……

(一)复杂性:复杂的推理和过程的成本

律师是昂贵的,这首先是因为他们所做的工作是复杂的,要求繁琐而精致的推理和运用深思熟虑的判断。法律上的能力通常要求宽泛的训练。正如舍温·罗森(Sherwin Rosen)所指出的,对法律服务高收费的解释应当回到亚当·史密斯:"某一职业的高工资是对入门学艺高代价的必要补偿。"

---

① John P. Heinz et al., *The Changing Character of Lawyers' Work: Chicago in 1975 and 1995*, 32 L. & Soc'y Rev. 751 (1988).

对律师高价的这种解释，看上去还是比较温和的，是市场竞争力量的产物：价格等于成本。的确，法律事实上的复杂性与法律训练的成本明显是许多案件中法律开销的基础。然而，为了用一种直接的主张看待这个难题，即，律师的成本不过是市场竞争机制的结果，因此在某种意义上只是一种经济生活事实，所以，有必要更详尽地讨论一些有关复杂性的论点。

首先，记住这一点很重要：法律成本通常是按小时计算的法律费用和律师投入某一事务中的小时数……法律费用也就是由于其中的一个或两个原因而变得高昂……

但是，为解决一个法律事务所必需投入的小时数，并不是被抽象而不变的原则所固定的。它们取决于专业人士（律师、法官和立法者）在一个敌对且互动的过程中设定和执行的程序要求和推理要求……

先看法官的作用。法官在复杂的程序演进过程中起着特别重要的作用：既直接通过对程序问题的裁定，又间接通过对实体法律的裁决。程序裁定明显可以延长解决问题的时间，包括允许更多的发现、更长的起诉和听审，等等。但不太明显的是，程序裁定和实体裁决都会随着时间的推移一般性地扩展解决问题所需的特定法律知识……

当我们考虑律师个人在决定时间长短问题上的作用时，甚至会使复杂性的乐观前景变得黯淡……毫无疑问，会有一些律师拖延办案时间。然而，比这种故意注水的收费方法更重要的是这样一个问题：合乎伦理的律师会忽略关于复杂性的特定论点或者策略的影响，进而忽略整个的法律成本。对于热诚辩护的许诺，要求律师忽略这些因素；而这种要求是确实的，或者至少是可以理解的。当然，这样的情况也无不可：职业伦理所认可的自愿的盲目是有益的。

基于以上原因，法律训练投资的回报率，尽管像经济学家罗森所说的那样，取决于一个完全竞争性的市场，我们仍然不能得出结论说，律师的成本也正好是竞争性地取决于复杂法律的成本。法律的复杂性，进而投入到某一事务中的时间和法律训练的程度，都是一系列因素的产物，而这些因素又都是不考虑整个法律复杂性所生成的成本和收益的……

（二）信用产品：非确定性的作用

经济学家指出：如果一种产品由一名能够决定买方需求的专家提供，那么这种产品就是信用产品。信用产品的买方无法确定自己需要多少这样的产品或服务，他们也无法评价是否提供了这种服务以及服务质量如何。这就置买方于卖方的随机表现的风险之中：他们可能高价出卖服务，或者只收费不服务，或者服务表现拙劣……

法律服务是一种信用产品。法律的复杂性使客户很难判断他们所接受的服务质量如何……职业道德承认，由于客户没有能力判断律师的表现，作为一种结果，律师有义务依照客户的利益，而不是自己的利益行事。这些道德限制事实上能否真正起到约束作用，使律师不怠慢自己的服务义务，不影响服务的质与量，这是另一回事情。但是，公众对律师的评价较低，这本身意味着许多人不相信律师没有欺诈行为："问：你怎么知道一个律师在撒谎？答：他的嘴唇在动。"……

然而，法律服务市场的真正难题，并不是来自职业道德对于欺诈性收费约束不力，而是来自这种职业道德的败坏甚至深入了法律服务的信用方面。法律不只是复杂，它复杂到非常模糊和不可预测的程度。法律服务之必要与质量，不仅对于非专家来说难以判断，甚至对于提供这种服务的专家来说也难以判断。这就急剧放大了信用问题。

……法律对于语境，对于那些必须在案件裁决中加以权衡的多重因素，都是极为敏感的。法律是人的判断和交流的结果，法律的过程受到多种考虑因素的影响——偏好、既往经验、个人价值观、时间、认识偏差和限制以及政治，等等。除了日常法律事务而外，任何问题的解决过程都涉及许多累积影响，这些影响是一系列大小判断导致的——提出什么证据，如何雕琢起诉或合同语言，在作证、论争或谈判中采用什么语调，与对方当事人应当合作还是斗争，是否应当促成尽快裁决，应当用多少时间来进行研究或者与其他专家交流，等等。

由于对这些细节和差异的敏感性，法律是极难预测的。这使任何人，包括其他律师，都很难判断花在某一案件上的时间是否诚实和经过精心计算——在某一案件上的工作表现是否精心和富于技巧。对于法律服务的实际效果也难做系统研究，结果就是一系列的模棱两可：某一计划获得成功是因为合同谈判和签订得好，还是根本与合同无关？原告胜诉是因为有律师，还是没有律师也能胜诉？律师的哪些特定决定促成或者没有促成结果？……

评价律师表现的困难性可能被夸大了。"不可能"让律师为其判断负责，这对法律职业而言当然不是一个不受欢迎的事实。"诉讼一向是掷色子"或者"一个问题如果给 10 个不同的律师，你会得到 11 个不同的答案"，这类陈词滥调不仅孤立了律师个人，也孤立了整个职业群体……

问题的基本点在于，因为难以获得有关律师真正价值的信息——在多大程度上一位既定的律师可以增加或放大客户取得善果的可能性，所以，即使有竞争机制，它也起不了什么作用。只要客户相信律师的质量有所差异——事实也的确如此，只是难于客观上确定什么时候会有差异以及差异有多大——那么，当或多或少有质量欺诈迹象的时候，价格就会遭受信任危机。律师在多大程度上能够从客户那里取得其自愿付出的最高价格——垄断价格，这有赖于信任的坚实度，而在这个世界上信任是最难测量的。

（三）胜者王侯：超级明星的锦标

情况似乎是，由于很难将法律后果归因于律师工作的质量和律师的巨大差异，这导致客户在认识到这种困难以后，只情愿付出小额费用给他们相信是"更好的"律师。如果情况真是这样，高价就应当被客户相信是略差但也更便宜的律师降下来。但是，律师市场的运作却并不是这样，以下是为什么。

法律工作是在一种类似锦标赛的背景下进行的，这就意味着，律师对于法律后果的影响不完全是律师的质量决定的，而且是由他与对方律师（包括法官）的质量比较决定的。在诉讼案件中，这一点变得最为明显。英美法域的诉讼是一场对抗式的竞赛，成功属于那个对自己的事实和法律观点极具说服力的人。一个很好掌握了相关的案例法的律师，会被一个掌握得更好的律师或法官战胜；一个有着良好的逻辑和辩护技巧的律师，会成为另一个更加睿智而伶牙俐齿的律师的牺牲品。诉讼的过程就是一系列战略运动与反向运动，因而复杂的运动要求一种更复杂的回应。尽管极难判断哪一运动、论点、案例引证或者交叉询问时的问题决定了结果——这正是法律深不可测和信用性质之所在——但非常明显的是，律师对于后果的任何影响都取决于他在一个给定的案件中相对于其他律师的表现……

表现的相对性之所以如此重要，就在于这是一场锦标赛，赢家获得奖品。有一个略好一点的律师，就会取得意想不到的收获；相反，将案件委托给一个即使是表现略差的律师，也会使你的案件前功尽弃。其结果是，一个好的律师与一个略微更好的律师之间，价值差别可能非常之大。因此，客户理性地情愿为一点儿付出许多……

法律的不确定性在此又一次成为律师市场的决定因素。律师工作中的某些步骤失误，可能造成巨大的损失，但却很难在开始就预测哪些步骤是错误的。这就是为什么律师总是拒绝做出保证，因为很难分辨潮起潮落，甚至尽了最大的努力，选择了最有希望的路线，也可能导致灾难……

……既然是一种胜者的锦标，律师们就有一种说服公众的冲动：他们的优异质量表现于他们的强硬态度，以及他们在高质量的诉讼中的胜败记录。为此，他人自然要利用潜在客户的信任，以及某种迹象可能拥有的细微的信息价值……

我们唯一可以期待一种不同结果的是那些没有深刻不确定性的法律工作。当法律工作是日常性的、标准化的时候——简单的遗嘱，无争议的离婚，关门停业等——客户只需要找到一个有起码能力的律师就可以了。在这些非对抗性的背景下，相对的表现是不重要的。没有了胜者王侯的刺激，市场竞争才会起作用。的确，只有在这种类型的法律工作中，市场才表现出竞争的迹象：低收费，客户选择法律计划，有多家法律服务提供者。这种市场上的律师收入不高，他们基本上无法成功取得利润丰厚的锦标。

（四）"比赛当中不要拨转马头"：沉入成本（sunk costs）和机会表现

……一旦客户选择了律师，中途换人是不划算的。客户和律师都将时间和资源投入到他们的关系中。客户花时间向律师解释自己的处境，这通常是法律规定的期限、其他时间限制或者时间优势耗尽之前的、数量有限的时间。律师也花时间了解客户，搜集事实、研究法律、分析对策，他也投入时间发展与对方律师的关系。这些投入对于关系经济学有着重要影响，因为他们预先沉入了大量的成本，以至于无法在既无损失又无代价的情况下建立新的律师与客户的关系。律师可以移交他们所做的一些记录，尽管他们是否为替代者提供他们的记录还是一个问题。即使他们这样做了，新聘律师也不得不重新做起许多事情：发展与客户、对方当事人和律师的关系，了解事实，阅读有关的案例法，思考另外的策略、重新评价案例的历史。

所有这些最终必须由客户投入的成本，是律师市场的另一种原动力。一旦客户委托了一位律师，这个律师就有能力利用这种换人的成本。这种有名的现象在市场上称为"机会主义"。律师可以增加他们花在案件上的小时数（如果他们是按小时收费的话），或者最大限度地降低投入（如果他们是按诉讼效果收费或者同时办理一个更有价值的案件的话）。他们进行某一种行为，更多地是宣传自己，而不是对客户有利。他们可以做低质低价的工作，可以将资源浪费在专家、研讨、助理、同事、信使和辅助服务方面。他们能够这样做，是因为他们在一个给定的事务中基本上没有被解雇的风险。这里的问题并不在于客户难于认清律师做了拙劣或没有必要的工作，而在于客户已经被锁定了……

（五）徒劳的游戏：沉入成本拍卖

按小时收费所具有的沉入和累加的性质，会产生另一种重要的经济影响：

假如我要拍卖一张20美元的票据，规则是出价最高者得到这20美元。这是拍卖的标准方式。然而，如果我用一种特殊的规则进行拍卖：出价第二高的人也必须支付他的出价，即使他将这20美元输给了最高出价者……通常的结果是什么？获胜的出价会超过20美元。

在这种拍卖中，这样的出价是理性的。假如你出价18美元，而你唯一的竞价人出价18.5美元。如果你在这个价位上退出拍卖，你将作为第二出价者损失18美元；如果你出价19美元，你会有一个获胜的机会，用19美元赢得20美元，也就是赚取1美元。然而，现在轮到你的对手选择了，是损失18.5美元，还是继续出价，比如19.5美元，从而领先0.5美元。在这个过程中，打破20美元的标价不是什么特别的事情：如果你的对手出价25美元，而你出价24美元，如果你此时停下来，你将损失24美元；如果你继续出价到26美元，你可以将损失减少到6美元。无论第二高的出价者在哪一点上退出，无论谁是胜者他都必须支付代价。是否再次出价，取决于下一次增加的出价是否被再次胜出。

这里没有理性地停下来的余地。实践中，这种拍卖的终止，只能是一方的放弃，不再考虑如果继续增加出价，可以大致减少20美元的损失，或者某人耗尽了所有的金钱。看上去，进入这种拍卖就是不明智的，但是，如果任何一个人拒绝游戏，那么另外一个游戏者就会不战而胜。

按小时收取法律费用（或者任何一种递增方式，比如以工作量为基础的收费）与这种沉入成本拍卖有着同样的类型结构。在诉讼中尤其如此。一旦启动法律诉讼，将它继续下去是需要花钱的。在多数情况下，如果你拒绝参加诉讼，你的损失是不利于你的缺席判决，你将输掉所有的系争数额。就像那20美元的拍卖，在诉讼的任何一个时间点上，无论你已经花费了多少律师费，任何一次附加的费用——比如多出庭一天的成本，或者多回应一次动议的成本——都会使你多一次获胜的机会。就像那个 20 美元的拍卖,争议的数额不限于你停下来时已经花费的数额。

因此,投入超过争议金钱数量的律师费是明智的。如果另一方愿意通过商谈解决问题,这就是一次退出游戏的机会,也是理性权衡继续(甚至开始)游戏的成本的机会。(在那个 20 美元的拍卖中也可能发生这种情况,如果两个投标人串通投标的话。)像我们在其他地方看到的一样,法律结果的不确定性和法律投入的价值,使这种评价从一开始就是困难的。但是,当另一方不妥协地进行诉讼,并且诉讼的时限就要用尽的时候,就没有余地回避沉入成本,只能投入更多的金钱,即使这已超过你在一个判决中赢得或者损失的数额。

更糟糕的是,诉讼游戏中的一半参与者,作为被告,并没有权利选择是否进入游戏。法律制度不像那 20 美元的拍卖,它是有强制力的。它将费用转嫁给败诉一方,这使情况更加糟糕,因为现在退出或者缺席判决的成本会更高。原告的情况越恶劣,他继续进行诉讼的动力就越强,而在竞标中必须增加的出价,却是由拍卖人,也就是律师,来决定的。

(六)垄断……

律师市场的垄断,或者更笼统地说,攫取纯经济租金的能力,共有三种来源。最得公认的垄断力量源自人为设置的法律执业的门槛限制:各州禁止非律师从事法律业务,限制进入法学院和律师界的人数……第二种来源是各州垄断了强制性纠纷解决——只有那些通过公共法庭的纠纷解决,才能强制对方当事人到场。

进而,律师最终占有的市场力量是一种体系的钥匙,只有这种体系在社会中可以运用合法的强制力。潜在客户从这种体系中取得的价值,无论作为原告还是被告,实际上都是不受限制的。有时是生命的价值本身,其他时候是某人的孩子、就业、健康、尊严、安全、隐私等的价值。频繁涉及的是个人或实体的财富,或者财富的大部分。律师的市场力量是掘取这种财富的力量。结局就是一种经典的垄断:价格由财富决定,而不是由成本决定。

职业共同体。复杂性和对财富的垄断,其推动作用在律师市场上呈现一种特殊的意义,因为它是律师市场力量的第三支柱:法律职业的共同体性质。尽管律师之间有着系统性的差异,许多专业性的和社会经济学的障碍影响着律师在法人和自然人领域的分配,但我们还是只有一个"法律体系"。我们基本上用同一种方式训练所有的律师,而律师们也接受着同样的律师执照……

四、结 论

作为法律推理和程序复杂性的结果，法律职业获得了对合法强制力的垄断使用，职业共同体服务于人们对法律的各种需求，使自由的律师市场所呈现的法律的代价太过高昂……

以财富为基础的律师分配，进而以财富为基础的对法律体系的接近，与以财富为基础的普通产品和服务在人们中的分配，两种分配在范畴上是有着不同的规范意义的。律师市场不只是在个人之间分配对法律的接近，而且更重要的是在作为一个群体的个人和作为一个群体的法人之间分配这种接近。然而，社会正义的任何概念都是关于个人之作为个人的权利和安康的。在法人的法律权利主张中，公共利益也来源于个人的基本利益。统辖法人关系和行为的法律，也主要是一种利益，因为它影响着经济功能和社会成员的财富资源。法人不是市民社会的成员，它是市民社会的一种客体和工具……

一州在发展和落实法律规则方面所起的适当作用，在其管理经济和管理个人、社会和政治关系上，有着极为显著的区别。一种很有吸引力的建议是，将商业纠纷委托给一个具有私人纠纷解决机制的市场来解决，而不让州的法律实施力量介入：个案的故障，留给市场去纠正，而不是留给司法矫正；但是，另一种有吸引力的建议是，在有关个人权利保护或者个人纠纷解决方面，也应当照此办理。正义，要求对后者给予公众关注，但允许前者进行私下决定。

开始还是一个关于律师价格的简单问题，现在已经转化为一系列关于法律体系和法律职业如何演进及其如何迎接未来的基本的重要问题。复杂性、垄断和职业共同体的作用在于改变律师市场形态以及法律努力的分配，对这方面作用的分析揭示出一些经济学的答案，正是这些答案，留给我们一些需要法律职业群体密切关注的基本的法理问题。除非我们认真对待这项工作，否则法律的代价就是正义。

提示与问题

1. 哈德菲尔德解释说，法律的高代价是法律本身的特征和律师作为一个职业的双重因素导致的经济后果。当然，有些因素久已存在：法律的模糊性和变动性，对抗制过程，以及客户对律师的需求，对纠纷各方、律师和法官施加的解决问题的压力，等等。这些因素现在有何不同？为什么作者认为这些不同会威胁司法?

2. 哈德菲尔德注意到一种论点认为:律师的高成本是对每一律师法律教育的必要补偿。虽然他不同意这个论点,但有一个事实是非常清楚的:法律教育的代价已经非常高昂了。劳伦斯·迪克尔(Lawrence Dieker, Jr.)把自己取得法律学位的费用加了一下。

以1999-2000年度的"图兰计划"(Tulane's project)的费用为例,今天一家私人法学院的成本如下:

3年的学费:	72984美元
住宿、医疗和杂费:	35160美元
3年失去的机会成本:	105000美元
总计:	213144美元①

毫无疑问,这张入场券实在太昂贵了。当然,它还没包括此前的本科教育的成本。那么,它的回报是什么?在美国的几个最大的律师事务所里,年收入可以轻易超过百万美元。但是,这只是接近90万律师中的几千人才能享有的。1998年,依据"职业信息网"(www.acinet.org),美国律师的中等工资是78200美元,或者是每小时37.58美元。也许,大赌场的比喻也可以适用在这里。如果你向往法学院,你怎样计算成本和收益?

3. 哈德菲尔德的结论是,法律职业越来越多地忙于解决商业问题而不是个人问题,这将最终威胁法律维护社会正义的能力。法人的经济价值观是如何与社会或个人的价值观相对立的?政治体制被经济利益支配,这似乎是无可争议的事实。法律执业也被经济利益支配,你认为这样说会令人震惊吗?罗杰·克莱普顿写道:

> 今天,当法人的律师们聚在一起时,所谈的话题不是为穷人提供的法律服务的拙劣或者法律改革,而是极力争取客户的方法——市场计划、新客户研讨会、公共关系手册和闪电战。不是谈论律师对客户的个人责任,而是谈论针对法律工作严密的外部控制……在律师职业自身的意识形态中,容易形成的、有利可图的、不断获得支持的心理,就是一种被雇枪手的心理。②

除了哈德菲尔德所描述的市场和职业力量,它还能是什么呢?

---

① *Letters From Law School: The Life of a Second-Year Law Student* by Lawrence Dieker, Jr. (Lincoln, NE: Writers Club, 2000), p. 67.

② Roger C. Crampton, *The Lawyer's Professional Independence* (American Bar Association, 1985), p. 52.

第十二章 律师的教育

让我们假设你坐在课堂里，正在讲授有关合同、个人财产或家庭关系的内容。坐在第3排的约翰·史密斯正在复述一个案例，他把事实搞混淆了，或是误读了脚注里的重述部分。十几只手举起来，十几张热情的脸反映了围剿的渴望。教授延迟了屠杀的时间，故意忽略这些自愿的角斗士，而是让坐在第10排的迪克·琼斯发言。教授从以往的经验知道，他能够指望琼斯的，可不仅是纠正史密斯的错误，而且还是引入新的错误概念，使错误转化为更深层次的混淆。琼斯的表现真是不负期望。更多的手举了起来，因为课堂上有更多的人分享了答案。或者是自己开了窍，或者是听到了邻座的窃议。整个讨论生动而刺激，每个人都鼓足勇气，希望显示自己最强的实力。

——伦·富勒："论法律教学"，《斯坦福法律评论》，1950年①

学生们从法律课程煽情的内容里得知，他们不应当相信自己最深刻的道德情感；他们应当回避普遍的道德和政治追问（因为那是危险的、简单的和非律师化的）；他们应当尊重等级制度；操纵易受伤害的人们是法律职业行为中一种可接受的形式。

——卡尔·克莱尔："20世纪80年代的法学院课程留下了什么？"《法律教育杂志》，1982年②

♣ 法学院是法律职业门庭的守门人。对于那些有志于成为法律职业者，但又缺乏财源或法律天赋的人而言，法学院就像卡夫卡笔下的守门人一样是通向法的障碍。对那些被允许进入法学院的人来说，法

---

① Lon Fuller, "On Teaching Law," *Stanford Law Review*.

② Karl E. Klare, "The Law-School Curriculum in the 1980s: What's Left?" *Journal of Legal Education* (1982).

学院是法律职业的入场式——所有法律人都要身历的仪式，是职业共同体的基点。

法学院的目的是改变人，通过经验使人变成另一种样子——从法律的外行转化为法律人的新锐。法学院为他们提供了运用法律规则并解决法律难题的能力，使他们自己生成一种全新的作为法律专业人士的概念，忠诚于法律职业的价值观，取得一种费解而神秘的被称为"法律人思维方式"的推理方法。

关于法律教育的性质、要义和影响，已经提出了许多重要的话题。人们不禁要问：这一教育是否真的教给学生们从事法律的本领，比如，如果你知道一个医生所受的唯一培训就是阅读外科书籍，那么你还让他为你做手术吗？是否如同水门事件及其他事件一样在道义上麻木不仁或者不必要的苛刻？就像杰伊·奥斯本（Jay Osborne）的电影《追踪游戏》（*Paper Chase*）所表现的金斯菲尔德（Kingsfields）教授的世界一样？尽管近来法科学生人数和比重增加了，但妇女和少数群体成员依然难以适应这一领域。坐在教室、图书馆里，或者仅仅走在廊道里，便会成为被面前无所不在的优秀白人男性肖像略带嘲弄地凝视的对象。

下文直接针对上述的一些重大问题，但主题是通过法律教育所发生的职业价值观的转变，法律教育在繁衍职业等级制度中的作用，以及对抗作用的社会化所引发的微妙后果。

第一节　范式挤压下的法学院[*]

约翰·博西格诺

> 我们镇上有个人绝顶聪明；
> 他跳入一片荆棘丛林时弄瞎了眼睛——
> 当他发现自己什么都无法看见，
> 拼命跳入另一片荆棘丛林使光明重现。

以这首摇篮曲作引子，卡尔·卢埃林开始了他对哥伦比亚大学法科新生的讲演集《布满荆棘的丛林》一书。法科学生们，像那个绝顶

---

[*] "Law as a Hard Science" by John Bonsignore, *ALSA Forum* (December, 1977), Vol. 2, No. 3, pp. 65 – 74, published by the American Legal Studies Association.

聪明的人一样，在法律的丛林里成了瞎子，只有大胆地重新进入，才能恢复视力。奇怪的是，为什么对法律最恰当的比喻是荆棘？为什么一个聪明人要跳进去弄瞎自己？为什么一旦丧失视力，还要重新跳入丛林，从而失去更多的视力？又为什么失去更多的视力将导致视力的恢复？……

成为法科学生，与在本科阶段既已尝试过本专业的其他学科的毕业生不同，他们进入法学院时，对于学习法律并成为法律人意味着什么，可谓所知甚少。进门是困难的（因此法学院对你肯定是有好处的），与在英语专业取得哲学博士学位（Ph. D.）相比，法律提供了"更多的选择"，父母和朋友也都认为法律是一个好职业。此外，这里还飘浮着卢埃林从前所说的"快乐的迷雾"。

厄维因·高夫曼（Erving Goffman）的经典作品《疯人院》（Asylum），提供了某个机构背景下再造视力的最好范例。尽管法科学生是自愿进入的，但他们将发现，心理—社会的变化过程是对他们生活的尖锐侵入，并且，用不了多少时日，他们就会疑惑，那快乐的迷雾到底怎么了。

高夫曼的一个关键概念是，所有的社会机构，像家庭、学校、工作场所、监狱、疯人院或修道院，都有"包摄的倾向"（encompassing tendencies），换言之，就是捕捉其成员的时间和兴趣的能力。尽管大多数人在不同的时间地点，与不同的参与人、不同的权威在多个机构里从事多种活动，但总有一些人被更"总括的机构"（total institutions）所包摄，他们原本可以体验到的相互竞逐的价值观和别样的个性，被这个总括的机构排挤了。一个机构越是富于包摄或总括性，就越是对其成员有影响力。

无论进入任何类型的机构，一个人最初都保持着本世界（home world）和现有文化（presenting culture），高夫曼印象派地将其定义为"确认一种可容忍的自我观念，并允许一系列抵抗措施的一种经验记录，依其自由裁量，对付冲突、耻辱和失败"。在某一机构中，"本世界"越是保持完整，该机构变更其成员价值观或个性的影响力就越小。

高夫曼的观点被应用到法学院之前，另一个基本思想是必须的。一个机构的后来者以该机构的老成员和中坚分子为前提，因为正是这些人确立了机构的价值观和容许的个性。因此，本世界或者现有文化遭遇了"机构"世界及其文化。相互竞逐的文化摩擦与碰撞，可能发生在进入某个机构之初，即使进入是自愿的；而该机构一定会发展一些"战略",铲除"本世界"并以"机构世界"取而代之。机构越总括,在这场不同价值观与个性的较量中就越容易占上风。

当我们把这些抽象概念进一步运用于法学院的问题及其影响时,立即出现了另一些问题:法学院作为一个机构到底有多总括?法学院的价值观和它所要求的个性,与新生的价值观和当前个性有多大的抵触?当冲突出现时,法学院的忠诚卫士们,尤其是教职员工和老生们,会采取什么战略来挫败"现有文化",并以机构文化取而代之?在探究法学院里"意志较量"的细节之前,我们先尝试回答这些问题:

1、法学院似乎非常总括,有着强烈的包摄倾向,犀利地改变着那些与之竞逐的机构——工作和游戏场所、家庭和朋友圈等——固有的节奏。

2、即使进入是自愿的,在新来者的价值观和被期待的个性,与该机构的价值观和它所规定的个性之间,仍然存在实质性的冲突。

3、即使法学院是相对总括的,它也有重塑价值观与个性的锋刃,但在"本世界"与"机构世界"的碰撞中,法学院定然会适用不同寻常的战略来取得胜利。

4、在紧急的时候,处在意志较量背后的,不是别的,正是法律的范式,从世界观到技巧,尽皆如此。学着像法律人那样看待世界,学着运用法律技巧排除其他组织原则,这一切,似乎至多是半自愿的过程……

从法学院教学所运用的战略类型判断,似乎可以安全地假定,法学院对于学生的肉体有着非同一般的影响力(当然,必须承认,也有一些人不受丝毫影响就离开了法学院,在这个意义上,这个机构比监狱开放得多)。新来者与机构文化的冲突,也可以从进入法学院最初几个月密集的战略运用推断出来(或者对自选课程斩尽杀绝,或者对半自选的课程巧施计谋。后者似乎是更好的解释)。这些大胆的假设做出后,本文才能集中论述法学院在铲除现有文化并代之以机构文化的过程中所使用的战略。

法学院最初时日的快乐迷雾,可以从绝大多数入学者一向优良的"本世界"找到迹象:已经大学毕业,通常至少有些学术成就,考试令人满意,尤其是被认为预示其在法学院将取得成功的法学院入学考试(LSAT),通过了法学院录取委员会的"仔细筛选",等等。新生们除了具备这些宜人的形象外,他们每个人还另有自满的资本,自信有能力决定,有能力自治,有能力自由行动和自我表达。在一个好的法学院里，注定不受欢迎的，正是这种快乐迷雾及其主要成因，因为在接下来的几个月里，这个机构将竭力使每个人脱离所有这些心理—社会的抛锚点。

一个对自己过去的经验、个性和价值观相对满意的人，如何被弄得愿意抛弃这一切呢？依高夫曼的见解，各种机构（至少是那些较有包摄性的）提供了一种独特的"欢迎方式"：通过一系列的贬斥、贬低、羞辱和自我亵渎，引发新生的屈辱感。如果这个机构要取胜，那么就永远不能让新生们对自身个性和作用的定义在机构之内找到表现的机会。

高夫曼将论述的部分重点集中于入学时有形的"个性剥夺措施"，包括拍摄标准照，理发，暂时没收个人财物，发放呆板的机构制服，强迫与一群不熟悉的人亲密起来，剥夺隐私，就像在精神病院、监狱和军队这些机构里一样。但是，高夫曼也想到了心理形式的屈辱，这在法学院是更为重要的举措。教室是一个基地，教师是施加屈辱者，学生们是遭受屈辱者。当这一过程完结之后，从前的自我将大部分被抛弃，新的自我将会诞生，开始以进门时想象不到的方式思考和行动。

法学院的教学法被说成是苏格拉底式的，但是，除了两个人互相对话外，与苏格拉底式教学没有任何关系。过去所有法学院交流的明确目的，就是回避通过对话实现相互理解，并且，要使学生变成一个傻瓜，让他过去的学术生命和思想方式在干法律这一行时，不仅毫无帮助，而且构成实实在在的障碍。这主要通过两种方式达到目的：（1）通过一个名为"圈套"的过程。其中，学生们的口头回答和抗辩本身被作为攻击的目标，被作为不适当的而又无价值的东西加以拒斥；（2）破坏、瓦解学生的行为条理感（sense of economy of action）。圈套对于法学院对话过程中不断变化的立场极为有利，对话过程中唯一恒久存在的是，学生说的任何话都是超乎想象的不可理喻。每一为了挽回面子的表达，也都成为这一过程的适当目标。鉴于法科学生在寻求教师表扬的过程中所遇到的障碍，学生们拼命想知道他们在大学时代成功运用的学术范式何以不再灵光。那些旁观他人陷入圈套的学生，很庆幸自己没有成为整个课堂嘲笑的对象，但与此同时，他们认同受害者，并努力去发现如何在这一特殊机构中获益。当学生全体（en masse）开始感觉低微、弱小、应受责备、充满内疚，并且不断提防批判或其他形式的制裁再次光临时，屈辱（换言之，消灭自我）的过程才圆满完成。

让新来者融入机构的第二项重要战略是瓦解学生们的"行为条理"感，即，每个人在理顺事件、安排时间、决定事务的相对重要性等问题上，个性化地有效权衡需要和目标的方式。对于法科学生而言，来自从前学术经验的个人条理，竟也变成了批判的对象。在备课过程中，学生们通常的技巧是阅读要点，抓住基调，而不是牢记细节，他们现在从课堂上得知，这种技巧成了不合时宜的东西。备课中遗漏的东西被说成是最需要的东西。需要别人承认自己学术能力的愿望又一次占了上风，学生们开始强迫自己，擦去旧有的行为条理，延长学习时间，读书更慢些，将书中的一切都作为重点，做更多的笔记，甚至复印整本的案例书，或者背诵材料，为的是"彻底准备"，不让自己成为学术嘲笑的靶子……

在此，重要的事情在于转变法科学生对自己的态度和旧有评价。通过前述方法，快乐的迷雾被吹散，人们变得不满于自己的本世界和现有文化，开始服从于机构文化及其特权体制。就像高夫曼所说：

> 总括的机构并不真的寻求总括的文化胜利，它们制造和维持一种特殊的本世界与机构世界的紧张关系，运用这种持续的紧张关系作为治人之道。

这一紧张关系解释了为什么学生们没有群起反抗机构对他们的要求。第一，如上所述，每一学生都有得到老师学术赞许的愿望，每个人都相信法学院古怪的教学法一定是成为律师的必由之路。第二，在迫切需要团结一致的集体政治行动的成型时期，学生通常与同伴的争强争胜妨碍了这种行动。第三，学生们的个人压力巨大，混沌不堪，寻求自我解脱唯恐不及，实在没有多余的精力进行反抗（也可能有那么一些具备反抗倾向的人，他们干脆离开了法学院）。

随着屈辱化过程的演进，法学院的特权体制被慢慢引入，一些学生恢复了部分的优雅。法学院的问题及其回答方式，尽管开始有些离谱，但慢慢变得晓畅明白（法律技巧中不断重复的做法开始扎根）。渴望被人认可的学生们，开始围绕别人的首肯或表情来营造自己的世界，或者在被驳倒之前，也要将"对话"尽量延长几秒钟。初学者的慰藉还来自大多数同学都能通过考试，最终，一些人真的跨出了法学院。但是，为数很少的考试，以及考试延迟至第一年末，这些做法延长和强化了学生的焦虑，有利于改变的过程。至第二年伊始，学生们已经发生了改变，焦虑让位于平静的枯燥。

法学院第一年的剥夺与改变过程，何以与范例的主要问题及其在共同体中的法律实践相关联？对这一问题最简短的回答是：第一年所进行的大部分拼搏，都可以溯及到法科学生不情愿接受法律世界观，不喜欢法律中的问题，以及律师们回答问题的方式。如果所提供的案例材料未经整理——即事实化的材料——则有非常之多的有组织的原则可以用来解决问题。仅仅是在专业训练之后，学生们才"知道"在事实中将生出何种问题（法学院中常听说的"确定要点"就是这个意思）。例如，婚姻是否幸福，这不是一个法律问题。律师要知晓的是，有哪些有关离婚的制定法的规定。同样，在学习了"约因之充分，在合同法中并不重要"这一规则之后，学生们也就不再问买卖是否公平了，而是就案论案，这意味着他们已经具有解读法律世界并与其他法律职业者达成共识的能力（如果法科学生奇怪为什么他们与过去的大学同学交流起来有困难，那是因为他们在法学院所发生的深刻转变；法学院的强化教育如此彻底地取代了学生的本文化，以至于他们访问老朋友时，变成了完全不同的一个人）。

总之，只去看学科要求看的东西，别无他顾，这可被理解为关闭与法律职业无关的知觉、直觉、情感和其他官能的高度痛苦而又非自然的过程。人们时常说法科学生太倾向于确定性，其实，更深层次的需要可能正好相反。法科学生本能地感觉到自己严重忽略了法律的理论与实践中的正义、良策和公正等基本问题，但正是由于关闭了感官，法律职业的范例才得以发展，通过交流而获得的共同感官，才成为持久的现实。正是这个过程，隐伏在卢埃林从失明到复明的比喻背后。

提示与问题

1. 当然，法学院并不自称"总括的机构"，也不让自己的所作所为与精神病院发生的一切相提并论。它们将法学院的教与学的经验描述为一种法律执业准备。如果是这样，博西格诺所分析的律师在法律教育中的作用，又有何所指呢？

2. 法学院第一年的授课基本上运用两种技巧：苏格拉底式的对话和案例教学法。在这一混和教学法中，教师追问每个学生有关的事实和原则，它们被推定在上诉意见中会起作用。该教学法通过两个目标而被合理化。第一个是信息：抽象法律本体中实体规则的指导；第二个是认知重构：发展学生"像律师那样思考"的分析风格。在这种分析方法中，学生被训练去说明事实的细节，以及解释由法庭决定的构成辩论核心的法律要点，以便精明地预见另一个法院就类似事实会做些什么。这一技巧是以学习者为中心的：学生们被紧迫地追

问,而教师通常将他们的回答带入进一步的直接对话中。一个学生从自己的角度描述了这种对话:

> 即使知道所有的答案,也无从应对那可怕的时刻:你从人群中被选出来,被迫表现一下。当你的肾上腺素多得足以淹死你的时候,理智的思维是不可能的。事实被忘得一干二净,或者混淆在一起。连贯句式结构的基本准则与合乎逻辑的论点都无可挽回地消失了,在其他场合将是很精彩的回答在此却一败涂地。创造性是严格禁忌的,每一回答都必须是根据问题的需求精心裁剪的,太过完整的答案像根本没有答案一样有害。法学院教授们抓住每一时机表现他们的嘲弄或残忍。他们并非虐待狂,他们仅仅是无动于衷,某些学生在课堂上哭了、吐了、晕倒了,这又有什么了不起,不这样他们怎么学到东西呢?①

这种教学法一直是诸多法律教育批判的中心。保罗·萨沃伊在其被频繁引用的一篇文章里,将这一教学法比作游戏:

> 苏格拉底教学法……大部分由一套"游戏"构成,最流行的是"绝境法"……每一案例的目的都是通过反驳而将学生逼入绝境,而无论这个学生采取何种立场。当学生面对一个苏格拉底式的问题时,他被置于两难的境地:他既觉得自己必须找到某种答案,但在找到之后,又开始为找到它而绝望,因为他所说的每句话都被斥为谬误……
>
> "绝境法"的变种是"胜人一筹法":
>
> 学生:"您认为在律师不在场的情况下,拘留讯问是否践踏了个人尊严?"
>
> 教师:"你说的'尊严'是什么意思?"……
>
> 然后是人们熟悉的"恐怖陈列室"——逻辑上的归谬法,也就是我所说的这样一种游戏:"喂,我抓到你了,你这婊子养的。"一个法科学生到了二年级的时候,就了解了这种游戏,他或者不再参与,或者玩世不恭地参与,或者运用"木腿"对策。("对于像我这样一个麻木不仁的学生,你能奈我何?")……被误认为是运用苏格拉底对话教学法的教授们,他们的另一种惯常消遣是"猜猜我在想什么"的游戏,而学生的对策是"测心术之一、二、三"。数字的多少,要看这个学生以前上过该教授课的次数了。②

安德鲁·沃森是一位精神病学家和法律教授,他看到的法律教育方法是使

---

① Victoria Steinberg, "Why I Quit Law School," *College Digest* (Spring 1982): 7A.

② Paul Savoy, "Toward a New Politics of Legal Education," *Yale Law Journal*, Vol. 79, pp. 444 – 504, 1970.

学生们失去了关怀别人的愿望：

> 法学院的教育以某种有害于职业表现的方式，清晰地塑造着法科学生的性格发展，这就是我的论点。为了化解和逃避课堂上的紧张，性格的改变是必须的。主要的性格学上的发展变化是变得"无情感"，除了被告知这是一种应予发展的特征而外，还是对课堂焦虑的一种反动……明显的淡泊和情绪迟钝可被看成性格学上对基本情感的抵抗。以玩世不恭的形式出现的、关于律师作用的人性的智力手段，也可被用来实现这一目的。这种玩世不恭是一种性格学上的反抗，它使人回避以内在的激发焦虑的能力来关怀别人的必要性。①

罗伯特·内格尔为苏格拉底教学法提供了人所共知的正当性：

> 许多学生将他们的教师看成法律职业中最卑微者的自选群体，这个群体似乎从击败学生的过程中寻求刺激。每一合情合理的答案都招致另一个提问，现场出丑定然是一件令人沮丧和尴尬的事情，但就此得出结论说教师是存心伤害，则是学生混淆了他个人的反应与教师的动机。这是忽略了教师是一个有人格和自身目标的人。教师的目标是使学生能够在压力下有所反应，即使是在学生起初也认为自己无言以对的场合。教师的目标是鼓励学生思考和交流，甚至比自己想象的更加精确而有效。法科学生要被训练成职业辩护律师和法律顾问，因此，对一个法律专业人士而言，论点不能仅仅停留在足够、通常或精当的水平。人们付钱给律师，是让他们在表达时永远清晰，有时还要动人和精明。他们必须担负起这一职业责任，即使是当他们觉得窘迫、魂不守舍或者起初觉得无言以对的时候。②

艾伦·斯通，作为精神病学者和法律教师，回应对法律教育的批评：

> 尽管必须承认有毁灭性相互影响的潜在威胁，苏格拉底对话还是有着巨大的价值，它将群体的情绪导入有结构的学术探讨之中。当一群人演化为一个团结的实体时，随着人与人之间名分的争夺，全部的紧张情绪和个人动机，包括一定程度的自由流动的恨意，就不可避免地产生出来……苏格拉底技巧所能够出色完成的，正是将这不可避免的恨意疏导为学术的探究。绝大多数教授不能允许某个学生不断成为攻击的目标，他们也不把自己作为被攻击的靶子。令人宽慰的是，教学仪式的发展使学生的思想，而不是学生本身，成为攻击的目标。当然，在最坏的情况下，一定数量的学

---

① Andrew Watson, "The Quest for Professional Competence: Psychological Aspects of Legal Education," *University of Cincinnati Law Review* 37 (1968): 131.

② Robert F. Nagel, "Invisible Teachers: A Comment on Perceptions in the Classroom," *Journal of Legal Education*, Vol. 32, p. 359, 1982.

生也会轮流成为焦点……然而,它的功能价值是控制群体的恨意,学生们知道教师的权威——在课堂里,他控制群体恨意和其他过激情绪的能力——是无可置疑的。①

最后,让我们引用司各特·图罗《大写的L》一书中一位学生的评价:

> 在这一年当中,我时常觉得我的女同学们不完全适应法律和法学院所要求的公开的侵略性。在课堂上,她们表现得消极被动……不仅如此,如果我相信吉娜(Gina)所说,许多女生在被指定回答问题时,有时甚至比男生更不自在。
>
> "我知道这听起来是什么意思,"她有一次告诉我,"但许多女生也都这样说。当我被选中回答问题时,我真的想到了强奸。突如其来,你被剥光,你不能动,你不能说不,这个男人控制着你,告诉你该做什么。也许这很夸张,"她说,"但对我来说,课堂上的许多人显现出各种男性/女性的权力关系,我在某种程度上一直训练自己去憎恨。"②

苏格拉底式的对话引发焦虑、恨意和侵略性,对此是不存在争议的。萨沃伊的游戏类比和沃森所观察到的、学生被鼓励无动于衷,这都意味着法律教育的一个重要组成部分,就是在新锐律师内心培养一种超脱感,以免陷入感情用事的争吵。斯通和那位学生集中论述法律教师作为权威人物的支配地位,指出了法律教育的另一方面是强制学生尊重权威。对于这些新律师最终所要发挥的作用,这种法律教育的意义是什么?非职业人口——律师的客户和社会一般成员——应否关心法律教育的心理方面?

3. 取得职业态度和身份的过程,被社会学家称为职业的社会化,这个过程可能是痛苦的。下面引述的是一位一年级法科学生的议论:

> 在法学院的头两个半月里,我感到自己在心理上、情感上和精神上的堕落。一直伴随着我的高度自信和自傲消失了。在我的学术和知识生命中,第一次感觉自己完全无能为力,寝食难安。我无法同不在法学院的以前的大学同学交流,法学院已经把我变成了一个可悲的人,最可悲之处还在于我能意识到这一点。我来到这里时,充满创造天赋,而现在已经丧失殆尽。我对大学时代的课程心有灵犀,而现在却木讷不堪。我必须让自己承受这一切吗?我还能坚持多久?在这个法学院里,有谁关心这一切吗?③

---

① Alan Stone, "Legal Education on the Couch," *Harvard Law Review* 85 (1971): 412-413.

② Scott Turrow, *One L* (New York: Farrar, Straus and Giroux, Inc.), 1977.

③ Ronald M. Pipkin, "Legal Education: The Consumers' Perspective," American Bar Foundation Research Journal 1976, no. 4 (1976): 1191.

这一体验是法学院一年级学生司空见惯的现象。随着学生们采纳被接受的思维方式，并想出了对付的措施（像萨沃伊建议的学术挫敌手法，或者沃森所指出的心理学上的抵制），这一体验的强烈程度才逐渐降低直至消失，并且，通过首轮考试的轰击，同学们建立了自己的阵营。

在最近对哈佛法学院学生的调查研究中，罗伯特·格兰菲尔德指出：只有在对苏格拉底教学法和课堂教学法的消极抵抗中，才能出现集体感。

> 学生们只有通过象征性地拒斥法学院的特点和权威关系……感觉自己战胜了压抑、卑下、矫揉造作的环境，才能开始重新获得自尊并紧密团结起来。这种共同体验，帮助形成了集体认同感。①

已故著名法律社会学家威尔伯特·摩尔发展了一种叫"以惩罚为核心的社会化"的职业教育理论。他注意到，在所有发达的职业中，职业训练的重要成分是施加痛苦。这种训练包括折磨、戏弄、"不愉快的甚至是有害于名望"的要求，以及"引发纷争的痛苦体验"。这些体验是与其他初来者分享的，"他们因而有了一种痛苦的伙伴关系"。他的结论是，职业认同与忠诚的程度，与初来者被迫承受痛苦的程度，与他们对失败的现实恐惧，与他们接受的榜样，与他们所形成的基于痛苦的共同纽带，都成一定比例。在法律职业备战中的痛苦和屈辱越是巨大，学生们就越有可能接受预先准备好的法律职业身份和价值观。②

即使这一分析正确地描述了法学院学生的一种共同经历，读者也不应有这样的印象：所有的学生在法学院都是受苦受难的，没有乐趣，只有创伤性的焦虑。对许多学生来说，他们有许多正面而积极的体验和感受。个人受煎熬的程度是与该人的"本文化"和法律教育机构强加的文化之间的对抗程度和距离相联系的。

4. 许多法律教育家反对"提示2"和"提示3"中说到的法学院的特点。他们说，这些做法不再是法律教育的常态，至少，在过去10年左右有了实质性的缓和。教师们更经常地举办讲座，发问不那么严厉并且能够接受没有准备好的回答了。他们将这归因于法学院中妇女的增加，归因于法学院高收费后一种全新的理念："让顾客满意。"还有一个原因就是法学院对生源和媒体宣传的竞争，比如，在《美国新闻和世界报道》（*U. S. News and World Report*）中的年度排名。但是，这是老师的视角，而学生文学似乎看到了实情。

> 法学院有个笑话，你在3天内还不能学好的课程内容，就不值得学

---

① Robert Granfield, *Making Elite Lawyers: Visions of Law at Harvard and Beyond* (New York: Routledge, 1992), p. 131.

② Wibert E. Moore, *The professions: Roles and Rules* (New York: Russell Sage Foundation, 1970), pp. 76–79.

了；而如果考试不能以其他方式证明其正当性，它们至少可以测试一个人传达专家感的能力。毕竟，做一名律师意味着要在短时间内成为不同科目的专家。客户的事就是你的事。法学院的考试就是测试一个人即兴表演的能力。①

我不知道为什么要感到奇怪。我们的蔬菜是人工着色的，我们的口味是被强化的。晚间新闻里，主持人向记者问的是准备好的问题，记者回答的是准备好的答案。他们像演员一样朗读提示卡上的内容。一切都是在做戏，是为美国公众上演的作品。律师的教育者又能有什么不同呢？一旦学生们学会做戏，他们就过关了，有时甚至做得更好。学好做戏的技巧，可能要几个学期时间，不过，一旦他们学会了，就真可以说他们是律师了。他们有了律师的自信，就可以面对世界了。

另外，如果要了解法学院的另类野史，可以参看两个学生发表的日记。②

5. 法学院的课堂动态是否因妇女和少数族群的增多而有所变化？对这个问题，也有内容全面的评论文章和涵盖广泛的实证研究报告。③

第二节 法律教育和等级制的再生产*

邓肯·肯尼迪

法律教育，作为等级制的再生产者，可以被粗略区分为两个方面。通常发生的事情是，通过正规课程和课堂经历，灌输对经济和社会总体，以及对法律和职业生活可能性的一整套政治态度。这些都有着一般性的意识形态意义，甚至影响着那些未曾进行法律执业的法科学生。然后，一整套复杂的机构常规（institutional practices）引导着学生们自愿参加到律师的特定等级角色中去。为了理解这一切，至少必须对执业的概念有个大致的理解。

学生们在对法学院毕业后的生活尚无更多理解的时候，就开始吸

---

① Lawrence Dieker, Jr. , *Letters from Law School: The Life of a Second-Year Law Student* (Lincoln, NE: Writers Club, 2000), pp. 239-240.

② Robert Ebert Byrnes and Jaime Marquart, *Brush with the Law: The True Story of Law School Today at Harvard and Stanford*, Los Angeles: Renaissance Books, 2001.

③ Elizabeth Mertz, with Wamucii Njogu and Susan Gooding, "What Difference Does Difference Make? The Challenge for Legal Education," in *Journal of Legal Education* (Vol. 48, No. 1, 1998, pp. 1-87).

* Duncan Kennedy, *Legal Education and the Reproduction of Hierarchy: A Polemic Against the System* (Cambridge, Mass. : Afar, 1983).

收更具一般性的意识形态信息了。因此，我首先描述这一教育过程的正规方面。然后，在描述法学院的机构常规对法律职业生涯现实的影响之前，我将尽力勾勒学生们在第二年、第三年逐渐了解的这种现实……

正规课程：法律规则与法律推理

意识形态的知识核心在于法律和政策的区别。教师让学生相信，法律推理是存在的，并且不同于政策分析。达成这种相信的手段就是恐吓学生，一定要将有关法律矫正的个案论点接受为有效的论点，而实际上，这种论点是循环论证的，它以假定为论据，支离破碎或者含混不清，乃至毫无意义。有时，这些仅仅是来自权威的论点，其效力以权威性为前提，将职业认同弃置一旁。有时，它们是政策性的论点（交易安全、生意确定），在特定情境下，好像它们是人人接受的规则，其实，一旦它们意味着判决是错误的，它们就会在下一案件中被忽略。有时，它们被运用于形式逻辑里，而这种形式逻辑在势均力敌的辩论中，连一分钟都坚持不了……

在给定的亚范畴内，教师会以三种不同方式对待相同的案例。这些案例提供了该范畴的基本规则和基本思想，并证明了它们的正当性。这些都被看成是法律逻辑的粗浅运用。然后是那些异常的案例——有时是"过时的"，有时是"被错误裁判的"，因为它们没有遵循假定的该范畴的内在逻辑。这样的案例不多，但它们很重要，因为对它们的处置是对学生的说服，让他们相信，法律推理的技巧，至少在最小程度上，独立于特定法官所达成的结论。这种技巧既具有批判性，又具有合法性。

最后，同样是为数很少的边缘性或"前沿性"案件，教师认为它们提出了有关法律成长或变化的政策问题。虽然在讨论前两种案件时教师表现出权威的模样，这种模样被认为是基于他的法律推理技巧的客观知识，但在这里，一切都全然不同了。因为我们涉及的是有"政治"弦外之音的"价值判断"，讨论也就非常随心所欲了。问题已不再是每个学生的评论是对是错，而是所有学生的评论都是多元论的。教师将自己展示为自由派，或者展示为保守派，而不再仅仅是法律技术专家。

所有课程在整体上有着相当类似的结构，这并非真是一种偶然的安排。首先，有许多合同法、侵权法、财产法、刑法和民事程序法课程。这些课程中的规则是 19 世纪后期自由资本主义的场地规则。教师讲授它们,好像它们真有内在的逻辑,好像它们真是法律推理的运用,而政策(如合同法中的禁反言)只起相对较小的作用。

第二年和第三年的课程揭示了现代管理型国家中温和的改革家们的新经济政策和行政架构(顺带提到"沃伦法院"的种族平等主义)。这些课程比第一年的课程更具政策导向性,因而也更具特定性。教师告诉学生,对市场的有限干预是明智的,这在制定法中有着权威性的基础,就像自由主义的场地规则有着自然法的基础一样。但是,每个问题都是抽象的、极为复杂的,对它的理解造成了改革计划实际上的无能。

最后是一些边缘学科,像法哲学、法史学、法过程学、诊所法律教育,这些课目与法律核心的"硬性"目标,即严肃而刻板的分析,都没有真正的相关性。它们提供了某种场地或毕业学校,为的是让未来的律师能够学到自荐的社会艺术。

这一整体的内涵信息是荒谬的。法律推理,作为一种得出正确结果的手段,与一般意义上的伦理学和政治学没有什么区别(比如,与政策分析)。确实有一个属于律师的关于有效规则的独特知识体,也确实有一些属于律师的独特的辩论技巧,用来发现规则中的分歧、冲突和模糊,用来深入浅出地讨论案件裁定,并且用来制造赞成和反对的政策性论点。对于法律难题,除了伦理的和政治的正确解决,永远不会有"正确的法律解决"。

换言之,除了正式规则本身和驾驭它们的辩论技巧外,所教的一切都只是政策,而别无其他。随之而来的结论是,在课堂上区别无疑的法律案件和政策导向性案件,这种区别是人为的:每一案件都可以用相反的方式讲授;而具有高度法律技术化的合同法的"性质",在与其他法律(比如说环境法)的比较中,所形成的课程上的差别也是一个不解之谜。

这些谬误偏向于自由放任的市场经济的有限改革计划,偏向于种族和性别平等的形式上的姿态。这一偏向的产生是因为法学院的教学使等级制度和支配地位的选择——隐含于财产法、合同法、侵权法的规则之中——看起来像是自然生发于法律推理,而不是缘自政治学和经济学。这一偏向在自由放任的法规改革计划被提出时会得到加强,而这种计划,虽有同等的权威性,但在某种程度上更具政策导向性,因而它的根基更弱……

无资格进行其他执业

法学院依据各自在众多法学院中的等级地位，将学生们导入律师等级制的工作中。学生们所面临的毕业后的选择，使他们体验到极大的无助：他们除了受雇于某一传统的律师事务所以外，没有"真正"的其他选择。部分原因在于，法学院的教学人员通过鼓吹关于不同执业特征的神话，从而制造了学生们的这种无助感。他们赞颂那些易为学生接近的工作形式；他们巧妙诋毁或者表示妒忌那些学生们触及不到的工作；他们对学生们不愿选择的工作嗤之以鼻，认为这些工作在伦理和社会方面都是值得怀疑的。

至于现有体系之外的任何形式的工作——比如，为穷人提供法律服务，街区法律执业——他们告诉学生：尽管这种工作在道义上是高尚的，但却无望而乏味，缺乏挑战性，达到符合律师身份的生活标准的可能性微乎其微，或者根本就不存在。这些信息纯属一派胡言，但对那些渴望升迁、惟恐跌分、最恨冒险思想的法律教师而言，又是合情合理的。其实，法律服务执业比为公司提供服务，有更多的智力刺激和要求，甚至案源也更丰富有趣。

在这一职业神话的范畴之外，法学院以更加具体的方式向学生们保证：他们将在现存执业体系中，适应与之相宜的职位。首先，某个给定的法学院所教授的实际内容，将使学生无力应对法学院毕业分配之外的其他任何形式的工作。这表面上看来好像是理性地适应了市场需要，但事实上几乎是毫无必要的。法学院所教授的内容如此之少而又如此无能，以至于像现在这样无法让学生们在律师业以外为多个职业做好准备。不过，其中的原因在于，它们以神秘而荒谬的方式进行技术训练，将绝大部分教学时间用于传授一大堆无法消化的规则。更明智的教育体制，会强调学习法律的方法，而不是规则本身，强调技术，而不是答案。如此，学生的能力可能更加均衡，在其执业中会更加灵活。

第二种使学生变得无能的手段是脱离执业技巧地讲授原理。没有执业技巧的学生一般都夸张地认为，取得这些技术不知有多么困难！律师的神秘之处在于，在法学院学到的"理论"是不重要的，而只有在"真实世界"、"火线战壕"里知道或者学到的能力才是至关重要的。学生在离开法学院后，想不受这方面的训练也不大可能。如果你在此事上有什么选择，那么，不去一个能够提供标准的毕业后教育的地方，而是设想成立自己的律师事务所,这似乎是不切实际的,比不切实际略好一点儿的,是去一个小的、政治性的或者非传统的事务所。法学院应当为这种局面负全部责任。它们可以非常轻易地修改课程,以便任何学生都能在独自工作和为人服务之间做有意义的选择。

第三种使学生变得无能的方式更加微妙。法学院,作为整个教育制度的扩展,它教育学生说,他们脆弱、懒惰、无能、缺乏保障;它还教育学生说,如果他们幸运,并乐于接受依赖,则无论他们的什么事情,大机构都会予以照顾。讨价还价的条款是相对清楚的,机构将设定有限的、可识别的任务,并对他们的表现规定最低限度的要求。学生及其同事,除了完成这些任务而外,没有其他职责。机构对生活中的所有意外也都包揽下来,既在法律之内(来自事务所其他成员的监督和支持;如果你犯了错,事务所有手段也有威望保住你),也在个人生活之内(事务所提供金钱,也提供长期工作保险和一整套美妙的福利,目的是减少灾害的风险)。作为交换,你要放弃任何控制自身工作环境和实际工作内容的权利主张,并且同意以适当的形式对上司必恭必敬,对下属倨傲鄙夷。

通过比较,其他的选择是有风险的。法学院培养你,不是为了让你开一个小的法律买卖,不是为了让你实际评价涉及许多不同行为人的复杂过程的结果,也不是为了让你陶醉于自我创业与个人奋斗所产生的独立自主和道德正直的感觉。它努力说服你相信,你只能在它允许的范围内发挥有限的作用,并强烈建议你,俯首帖耳比独闯江湖更为稳妥。

法律职业的等级制

通过它们的法律教育,学生们开始重新看待自己和法律职业。一定程度上说,这事关知识。学生们发现以前所不知道的关于律师业和关于他们自己的事情,并且,这个过程有一个方向——这是一个丧失的过程,一个封杀可能性的过程。有关职业生活的知识,使你拥有一些不相关的能力,却不允许你运用这些能力。新近发现的自我无能,使学生们无法发挥可以轻易想象的作为大学生的作用。

首先是这样的事实:绝大多数的法律工作,以及几乎所有的法律职业的高层工作,都是在企业之间、企业与消费者和偶然受害者的周旋中,为企业提供还算是重要的服务。其余工作所涉及的绝大部分内容是,以个人损害赔偿的形式,或者以安排中产阶级或上层阶级私生活的形式，努力从企业共同体赚取金钱。直接服务于公众利益的工作很少，而将法律与左派政治行动结合起来的工作少之又少。律师们作为一个群体从事着内在关涉正义的职业工作，或者律师们至少处在阶级斗争的最前线，这样的观念是解决左翼学生的困惑并足以使之进入法学院的因素之一。但事实上，法律职业主要是起着润滑经济车轮的作用。

第二个关键的信息是，这既是艰苦的工作，又是难题的解决（像桥牌一样令人上瘾，而道义上空虚至极），还有一部分是意志的强悍搏斗，其中最重要的就是取胜。这一工作多半没有可见的道德内涵，更谈不上政治内涵。问题不在于它是"邪恶"的，而在于它对社会毫无意义，甚至当你以职业整体而不是以律师个人名义看待它的时候。它正努力帮助人们实现其目标（他们的，而不是你的），运用技巧去挣钱并且赢得尊敬。就是这样。

随着追寻职业的好梦开始淡出，变得显要的问题是律师们以具体的形式屈从于等级制，同时以更抽象的方式放弃他们将工作和政治结合起来的希望。一个人将在律师事务所从事艰苦的工作，解决难题，进行意志的搏斗。

许多学生对律师在社会中的等级作用有着清晰的认识，但却很少意识到律师界本身又是如何分层的。进入法学院或者进入一所一流法学院，似乎将他们像伞兵一样投送到超然于战场的确保优势的地域。他们发现，录取过程中的一些事情有多么谬误，这种过程坚实地确定法学院生存在这样一种层次上：它有自己的模糊性，但在其拒斥的过程中是不含糊的。不过，依然令人震惊的是，你的背景怎样，在哪个法学院以及表现如何，似乎都在极大地影响着你在哪儿找工作，找什么样的工作，以及你可以合理指望在整个职业生涯中有怎样的进境。

律师事务所也和法学院一样是分等级的（有着同样的模糊性和同样的近乎终极性）。在"顶尖儿"事务所工作的律师与下一层级的律师相比，能够挣更多的钱，行使更大的权力，享有更多的特权，这些律师凌驾于所有处在较低直至最低层次的律师之上。顶尖儿事务所有高档的客户，在高级的法院办案，有顶级的办公条件，做更富于"挑战性"的工作，较少受制于各种琐屑的苦辱……

律师事务所的等级制，部分地以美国社会总体的阶级、性别和种族结构为基础。律师有下中产阶级、中产阶级和上中产阶级之分，因为他们主要依阶级标准而形成各种群体，所以律师事务所也有下中级、中级和上中级之分。在一些事务所里,律师们穿着休闲装;在另一些事务所里,律师们穿着三件套的精纺西装;有些事务所的办公室墙上,除了挂着执业证照外,还挂着律师们的游船照片;另一些事务所的办公室里则用律师们的老婆买来的海船模型撑门面。口音分地域,也分阶级;法学院也有高下之分。黑人在任何事务所都很少见,妇女在高级事务所供职的也不多,即使在高级事务所,她们也多半做层次相对较低的工作(信托、房地产,而不是诉讼)。总之,法律世界正是社会的翻版:大多数人都生活在被同类包围的群落之中,严格遵守着他们的仪式,保卫着他们的特权,而又极力否认身份地位的概念与他们的生活有关。

事务所的等级制也部分地是职业等级制。一流事务所的律师们曾经就读的都是较高档次的法学院,取得的分数也比在较低层次事务所工作的律师多,依此类推到底层的律师。在律师界,有可能让自己作为技术上过硬的律师,从而向上调整一两级,或者作为糟糕的律师而被贬斥一两级。

初看起来,两种等级的需求之间似乎一直存在着紧张,因为没有理由相信职业精英们不是偶然地依阶级、性别或种族而分布的。但在该体系中,有众多的努力是为了将这种紧张减小到最低程度,或者完全消除这种紧张。首先,阶级/性别/种族的分类早在职业分类之前就已经控制了人们,并且以这样的一种方式塑造他们:除某些合情合理的例外,他们似乎理所当然取得了他们的职位,其实,他们取得该职位是基于其他原因。你毕业于"顶尖儿"法学院的机会与你的出生身份成正比。

第二,那些依现行职业标准能够取得成功的人知道,必须也让自己经过一个与职业无关的同化过程。法学院既是一个进修学校,也是一个行业学校,在那里,每个人都学着或多或少地依照他拟进入的职业层级的行为标准行事。耶鲁也有下中产阶级出身的孩子,但其学生文化却毫不含糊地是上中产阶级的。波士顿学院也有工人阶级的孩子,但其学生文化所混杂的却是下中产阶级和中产阶级的风格。体系中预先排定的位置与向上趋同的规范相结合,其结果是阶级/性别/种族等级制控制了职业等级制,而不是被它所打破。

律师事务所提供的安全和训练,仅仅是为了在各种形式的深层等级制中换取同党共犯。其中,第一种等级制处在事务所的内部。律师也分三六九等,悬殊的职业等级将律师与秘书分离,又将秘书与勤杂人员区分开来。长幼强弱的次序决定了工作生涯的全部。年轻的律师不能随便否认自己对勤杂人员的等级优势，同样不能随意抛弃对合伙人的尊重和依赖。像对待一位合伙人一样对待一个秘书，或者相反，都是有害无益的，如果不合理地拒绝根据你的职位而给予奖励和犒劳（比如灵活的工作时间和报销账单），那么，任何人都不会高兴的。

第二种等级制存在于司法体系中。法官们在这一等级制中充当自命不凡的角色，从法庭工作人员、律师、诉讼参加人那里索取过分的尊敬。法官们随意带着某种程度的傲慢，怀着有资格专断的感觉，以不断索取尊敬的姿态，对待那些出现在他们面前的人。而事实上，法官们也的确是这样对待这些人的，这就为法律等级制提供了极端恶劣的榜样。

律师们是这样一种行为的同谋：他们期待，甚至享受其体验的纯洁性——被要求的绝对服从的性格，伴以事实上是一决雌雄的游戏联想。除此之外，司法体系，与律师界的等级制以及特定事务所的内部等级制一样，是建立在极端的功能专业化和能力分化的基础之上的。所有这一切都扭曲了正义的理念，使之对于普通人的理解和普通人的实践而言，是一种非个人的、不可接近的东西，同时又是强烈个人化的东西，因为在绝大部分时间里，每件事都有赖于卑劣的独裁者的奇思怪想和任性乖张。

第三种等级制涉及律师和客户的关系。依各事务所在律师界的等级地位，不同事务所的工作是不同的。顶尖儿的事务所与大公司的经营者打交道。

它们所从事的一切都是基于这样一个隐含的交易：律师们接受，甚至热情参与客户自私自利的、不道德的或者竟然是犯罪的行为当中，以换取客户默认他们高得离谱的工作收费，而他们为客户所做的工作基本上是简单的或者心不在焉的，并且由于过分的研究和过多的文墨而使这一工作变得冗长臃肿。在他们被指定的领域内，律师们的行为表现就好像他们掌握了阿波罗神的预言一样。

在等级制的较低层次有着不同的支配模式，主要涉及的内容是，在客户完全有能力自作主张的时候，律师却为了自己的方便或赢利，以适合自我道德和偏好的方式，为客户做决定。就像在公司法中，所有的一切都是为了不让客户得到做决定所需要的知识，同时还要将这种知识神秘化。但在最高层次以下的律师与客户的关系中，也存在着当事各方的社会不平等，律师比客户有更高的社会地位，而这一等级制强化着职业者的地位，又被职业者所强化。

与我们相关的最后一种等级制在于，律师总体上被社会安排于国家精英之列，甚至在有长期反律师传统的国度里也是如此。这在一定程度上简明反映了许多律师起步于上中产阶级这一事实，但也有一小部分原因在于，实际的立法与行政活动中律师的技巧和知识的有用性，还有一小部分原因在于，法律职业，作为一种忠于真实、助民解困的表达，具有真正的重要性和价值。以此为基础，律师们已经成功建立起一座社会威望和物质回报都极为优厚的大厦。在阶级体系的每一层次，律师们都被赋予与其客观品格极不相称的尊敬和权力。在他们的集体活动和个人社会生活中，他们都在利用这种尊敬，并且通过强调他们的所知与所为的神秘性，来强化这种尊敬。

我所描述的法律等级制有三个共有特征：第一，所有关涉的人员在等级制中都自有其角色，而这些角色要求不同的活动和不同的能力。这里有合伙人、同事、秘书和看门人之分；有公司律师、商业诉讼律师、不动产律师、小额个人损害赔偿律师之别；有律师和外行人之界。第二，如果你将每一等级看成是人们从事生产的联合企业，则扮演不同角色的参与人取得不平等的报酬，行使不同程度的权力，既针对生产决定，也针对工作场所的组织和风格。在个人律师事务所这一被高度组织的寡头政治的世界里，这种情况再明显不过了，同样具备这种情况的还有作为一个单位的律师界，以及职业者对于客户和社会整体的等级制关系。

第三，在某一文化框架内运行的每一等级制，都赋予这些活动和能力的差异性以意义，也赋予权力和报酬的不平等性以意义。这一意义在于，整体的安排是基于人们在才干和精力方面的自然差异，这种安排所起的社会作用是将法律给予社会的法律服务的数量和质量最大化，因而有了公正。等级制反映了一种背弃。当事各方通过对他人的尊从或傲慢的行为，通过用自己的话语"解释"发生的一切，来显示他们参与了这一被分享的含义的领域（无论他们是否真的相信这一含义）。"为什么某些事务所年复一年都比其他事务所挣多得多的钱？""这不足为奇，最好的事务所比次好的事务所收费更高。正因为它们收费高，所以能够雇用最好的法科毕业生，去赚更多的钱。如此等等。"

除了具有上述共同特点（活动和能力的差异性、权力和报酬的不平等性、精英的法律意识形态）以外，各种等级制以一种实用的方式彼此相关。内部等级森严的事务所是各事务所之间等级制的建筑材料，律师界作为一个整体与整个社会形成等级关系。部分的结构再生整体的结构，或者相反，这要视你的看法而定。个人之于事务所，恰如事务所之于律师界，律师界之于社会……

法律教育对律师界等级制的贡献

法律教育与法律等级制的关系是复杂的，因而我认为值得深入到某些细节中去，因为这能使我们洞察等级制一般是如何起作用的。我想以三种不同的方式使人们认识到，法律教育是使律师界等级制恒久不变的一个原因。

（一）类比效应

首先是一种最简单、最微弱的效应，我们可以称之为"类比效应"。法律教育有其非常相似于律师界的内部构造。每个法学院都有教授、副教授、学生和工作人员的设置，大致相当于律师事务所内部的安排。各法学院也自有其阶层，按照它们教什么、如何教、在法律教育领域有多大的权力，以及它们教职员工薪酬的不同而划分。在法律教育的世界里，有一种合法的意识形态，它依据能力、社会效用和公平的自然差异，解释这些层级划分并且赋予它们正当性……

（二）作为一种"输入物"的法律意识形态

在法学院之后，法律教育与法律等级制的第二种关系方式，来自于它作为教育而具有的特殊品格。法律教师不断的任务，不仅在于解释世界如何运作，而且在于构造它理应如何运作的理念。就其现行的运作而言，法律教育与一般教育的相同之处在于它所鼓吹的信息：事情之所以这样，是因为它是最好的或者是接近最好的，它应该是这样。换言之，法律教育体系产生了意识形态。意识形态是法律教育向其他社会体系的"输入物"之一，因为律师界就是社会体系的一部分，它从这一合法的贡献中受益。

我这里所说的，不是法学院讲授的法律执业，而是关于有效的法律规则的一般信息。正如我们上面所看到的，法学院所做的，决不仅是讲授这些规则，它们还讲授为什么它们是一种好东西。这些规则提供了一个框架，社会活动家们在其中创造了我们社会所有的等级制，包括律师界的等级制。如果规则是另一番样子，比如，如果所有的老板们都有法律义务每天用一部分时间自己打字，或者如果秘书们都有法律权利得到作为晋升前提的教育，则等级制也会是另一番样子。法律教育在使有效规则合法化的同时，也使这些规则顺理成章导致的诸多后果合法化，这些后果就是劳动分工、权力和报酬的不平等。通过教导法科学生"规则是千篇一律的"，法律教师还教导学生们有资格在公司法业务中取得6位数的薪水，就像医生和业务经理们有资格取得他们的薪水一样。

在其一般性的意识形态中，法律教育要告诉律师某些特别的事情，也就是，他们所做的不是工匠之所为，而是"法律推理"。法学院说服律师和公众相信，律师所做的不仅是运用我在关于课程的那部分内容里所描述的技巧。法学院要为这种说服承担大部分（尽管不是绝对的）责任。因此，它们还至少部分地为律师力图建立在虚幻基础之上的等级关系承担责任。法律推理的神秘再次强化了所有这些等级制，因为它似乎使进入法学院的人参与那些负载着社会价值的秘密中去。

律师们的实际能力——规则体系、要点确认、案件分析和控辩策略方面的知识——有着真正的社会价值；这些能力不易获得；而一个没有这些能力的人不可能有效执业。但是，这些能力被法律教育的神秘性搞得看上去无法接近和获得。法学院通过将这些能力神秘化，使这些能力似乎有必要被限定在一个小集团内，这一小群体被推定为有超人的天赋。反过来，这也使得在提供法律服务的联合体中进行分工看起来非常必要，其结果是使绝大部分的参与人（秘书、副手、办公室助理、法庭书记官、看门人、法官秘书等）坚决而永远地被排除出最具挑战性且报酬优厚的工作。一旦在"职业"基点上贬低了其他人的价值，则由进入法学院的人专门从事最诱人的工作，既掌握整个局面，又取得绝大部分的收益，就似乎是自然而然的事情了。

（三）有前途的律师群体的等级结构

法律教育对律师界的等级制起作用的第三种方式是构造潜在的律师人口，以便使他们无需做大的改变即可融入现存的律师事务所的等级制中，并且显得自然、有效和公平。为了理解这一点，可以做这样的想象：由于某些古怪的机缘，这个国家所有的律师决定创造一个由大致平等的多家事务所构成的律师界，以取代现存的等级制。即使假定大家异口同声决定这样做，这一计划也将遇到诸多阻碍，包括我们社会其他各种等级制的类比影响，关于现存法律安排以及法律推理性质的思想信息，这些都是学校当前提倡的。

不过，平等的计划还不得不面对这样的事实：法学院的毕业生是作为一个业已按等级制排定座次的群体而进入法律执业的。他们已经有了不同的能力、不同的价值和预期，以及对于法律执业应当是什么这一问题的不同观点。不仅如此，甚至在他们开始之前，他们在许多方面，尽管不是所有方面，就已经是不平等的了。

这一群体的内部结构与律师界的格局大略对应：一些有前途的律师是为精英实务准备的，其他人只能从事平庸的执业。整个群体在绝大部分时间内都相信：他们中的这些不同和不平等，自然而然地产生于个人的特性、品行的优劣，才干、精力的差别。

提示与问题

1. 肯尼迪指出：政治价值经常与法律教义的学习相融合。拉尔夫·内德尔描写了这一过程：

> 学生们被调整，以应对某些问题和要点，他们在形成或者模仿这些问题和要点的过程中，没有任何规则。在延续讲授内容的现状过程中，讲授形式已经至关重要。几十年来，法学院的课程非常忠诚地反映了律师事务所执业的商业需求。①

对法律教育的又一批评是说，它依赖以上诉审意见为基础的案例教学法，这些意见主要是那些有足够经济实力进行昂贵上诉的人引发的，而对这些意见的依赖，则使指导带有偏见：

> 重点放在对上诉法院判决的研习上，这一做法没有考虑审判工作的实际难题，比如，法官和陪审团的偏见，刑事法庭上所做的交易，或者影响各利害关系人（比如各承租人）的政治因素。这与许多法学院一贯坚持的重点相一致，即，重点应放在一个被假定是价值无涉的法律理论方法上。在执业中，这意味着法科学生只能汲取沾染了法人价值观的理论。因此，他们能够解决法人的难题，却不能解决司法体系中的非正义或者由法人利益引起的其他非正义的难题。②

如果认真对待这一批评，我们应考虑以何种方式控制或平衡法律教育中的这些政治信息？社会在其中应有何种利益？

2. 肯尼迪所指出的学生对精英身份的体验，被暑假实习的经历所强化。在实习期间，律师事务所接纳学生，考察他们的工作，以备录用。理查德·卡兰伯格描述了他的实习经历：

---

① Ralph Nader, "Law Schools and Law Firms," *New Republic* (October 11, 1969): p. 21.

② David N. Rockwell, "The Education of the Capitalist Lawyer: The Law School," in Robert Lefcourt, ed., *Law Against the People* (New York: Vintage Books, 1971), p. 97.

随着在"罗普斯与格雷"(Ropes & Gray)的暑期实习的进展,聚餐和外出应酬越来越多。有"劳动法聚餐",其间,事务所的律师们讨论如何对付工人的各种需求,包括如何打赢年龄歧视案……有"公司法聚餐",我从中了解到该事务所的女律师只能做信托和房地产以及健康医疗方面的业务,但不能做公司法方面的业务……还有在芬威(Fenway)举行的"夏夜联谊会",联谊会上,所里一位律师用一大堆面值20美元的钞票让人们尽情享用食品和饮料……

在这当中,我也做了点儿小小的贡献……我投入大量时间努力帮助"新英格兰爱国者"(New England Patriots)避免了因欺诈行为而本应给予约翰·汉纳(John Hannah)的损害赔偿。我帮助几个富人确信他们的钱将留在他们的家中……我还参与了一个"公益"项目,修改《马萨诸塞州公司法》,使之对各公司更为有利。①

3. 肯尼迪说人们一般接受这样的想法:等级制表达了每个人的净值,因而他们不仅接受与其他人的不平等关系,而且接受他们在这个不平等体系中的自我定位。你同意吗?

4. 法学院在再生职业等级制过程中的作用,进入法学院且最终进入法律职业集团,这一切多年来一直由法学院入学考试进行调停。这一考试要求所有应试人员认同法学院。这一有关法律学习能力的"客观"评价,被认为能对社会差别起到过滤作用,使得进入法律界的人大部分都是精英分子,即,只限于最好的和最聪明的。然而,一些研究认为,这一过程并不能完全摆脱社会偏见:

富兰克林·埃文斯(Franklin Evans)和唐纳德·洛克(Donald Rock)的一项研究分析了8所法学院新生的分数和背景。法学院入学考试不仅区分了富人与穷人,而且还区分了富人与中产阶级。社会经济地位"高"的学生比那些中等背景的学生,法学院入学考试的分数要高40分,而后者又比地位"低"的学生高出约30分。

埃文斯和洛克还发现,分数与应试者某方面的个性有关,也就是他们对考试的焦虑……当社会阶层和焦虑的影响结合起来时,其冲击力是不容忽视的:有严重考试焦虑的低收入者,平均得到505分;只有轻度焦虑的高收入者,平均可得622分。②

查尔斯·凯贝尔和罗纳德·皮普金的报告指出:即使学生们的法学院入学考试分数和大学学习成绩以及学生的质量都是差不多的,社会因素仍

---

① Richard D. Kahlenberg, *Broken Contract: A Memoir of Harvard Law School* (New York: Hill and Wang, 1992), pp. 153 - 154.

② Allan Gairn and Associates, *The Reign of ETS* (Washington, D. C.: The Ralph Nader Report on the Educational Testing Service, 1980), pp. 222 - 223.

然依不同的身份影响着学生在各法学院的分配。将 7 所法学院划分为 3 个等级：重点法学院、地区法学院和地方法学院。即使在同样的大学毕业背景下，与进入地区法学院和地方法学院相比，女性进入重点法学院的可能性比男性少 40%。与进入地区法学院相比，天主教徒进入重点法学院的可能性比新教徒少 48%，比犹太教徒少 64%。并且，那些来自最高社会经济阶层者进入重点法学院的可能性，比来自其他三个社会群体的学生多 40%～60%。换言之，那些来自优秀院校、拥有最高学术资格的大学生，处在通向重点法学院的"内圈跑道"上。然而，一旦跑道因此而狭窄，则优势便属于来自最高社会阶层背景的犹太教或新教中的男性。①

上了哪个法学院，对于从事何种法律执业有着重大影响。关于这一点，弗朗西丝·凯恩·泽姆斯和维克托·罗森布卢姆在他们对芝加哥律师执业的研究中发现，芝加哥最大的 50 多家事务所的律师中，有 73% 来自仅仅 12 所全国性法学院——哈佛、耶鲁、哥伦比亚、芝加哥、密歇根、西北、乔治敦、纽约大学、宾夕法尼亚、斯坦福、弗吉尼亚和威斯康星——其只有两所位于芝加哥。与此形成对照，个体执业者主要来自 4 所当地的法学院——劳尤拉，伊利特肯特（IIT - Kent），德保罗（DePaul）和约翰·马歇尔（John Marshall）。②

5. 比较肯尼迪的分析与前章中哈德菲尔德的见解。哈德菲尔德认为，律师靠近法人客户是由于自我经济利益的驱使。肯尼迪则认为，学生们被社会化地认同这样的观念：法人客户提供最有趣的法律要点。这只是一种偶然的巧合吗？在个人利益中，金钱的作用是明显的。金钱与法律要点的复杂性又是什么关系呢？

♣ 职业法律教育，如上所示，并不简单地是一种技巧或技术教育；成为一名律师，也不只是简单地成为一名专家。法学院是一个学习新的思维方式并开始进入律师角色的地方。一方面，法学院有学生所熟悉的环境——它也采取过去学术经验的表面形式——书籍、课堂、讲座、分数竞争，等等。但是，正如博西格诺和法律教育批评家们告诉我们的，法学院比这复杂得多。律师思维是这个观念作用领域（ide-

---

① Charles L Cappell and Ronald M Pipkin, "The Inside Tracks: Status Distinctions in Allocations to Elite Law Schools," in Paul William Kingston and Lionel S. Lewis, eds., *The High - Status Track: Studies of Elite Schools and Stratification* (Albany: State University of New York Press, 1990), pp. 211 – 230.

② Frances Kahn Zemans and Victor G. Rosenblum, *The Making of a Public Profession* (Chicago: American Bar Foundation, 1981).

ational realm)——一个构建假设和抽象的事实模式的奇特领域——主要教授的内容,这里也是一个形象和想象的领域。肯尼迪将其描述为教师向学生所做的"世界在如何运转"的解释。

下面的文章扩展了对这种观念作用领域的理解,包括了那些贬损形象的种族和性别特征,并且,这些特征在附着了法律思维技术评价以后,迫使学生们远离这样的群体,并牺牲自己的学术成就感。这种论点在任何时候都可能是有力的,但是,在法律对妇女或少数族群不断开放的时期,它惹起了一种特殊的需求:考虑法学院中法律的社会化。

第三节　法律教授的日记*

帕特丽夏·威廉斯

星期四早上。我正感觉着一个法律教授的滋味——著述丰富,充满力量,这时,我的办公室响起了敲门声。这是 K,一个一年级学生,正流着眼泪。

"怎么了?"我问。学院的一个行政主管刚刚骂她是激进主义者。我的第一个本能反应是问她:"那又怎么了?"但是,我们正处在院长竞选期间,"自由派"是"找死"的同义词,因此,我努力让自己与这个颠倒的新世界保持一致——"激进主义者"可能意味着"捣蛋鬼"。我换了个问法:"为什么?"

K 刚才到行政主管那里投诉刑法教授给全班出的考题。题目是莎士比亚戏剧《奥赛罗》的一个现代版,其中的奥赛罗被描写成一个"好战的非洲黑人将军",娶了"年轻的白人黛丝德蒙娜",后来,在一阵与性有关的暴怒中杀死了她。奥赛罗被交付审判。学生们要指出谋杀罪的要件。标准答案是要求学生能够特别指出挑衅刺激(provocation)这个要点,承认"一个粗鲁的、未受教育的摩尔人,可以理解地受到一个老于世故的欧洲人的诡计的欺骗"。K 首先跟这位教授交涉,说她认为这个考题是种族主义的。教授否认这一点,说想出这些事实的不是他,而是莎士比亚。随后,K 找到了行政主管,主管称她是一个"激进主义者",不过在此之前,主管说她应当关注的是学习法律,而

---

* Patricia J. Williams, "Crimes Without Passion," *The Alchemy of Race and Rights*:*Diary of a Law Professor*, pp. 80-92, Cambridge, Mass.:Harvard University Press.

不是题材的包装。

我一边看这个考题,一边思考着它不属于种族主义练习题的主张,因为毕竟是莎士比亚制造了这里的种族问题。但是,这个考题是以一种毫无必要的方式使用种族素材的。对我来说,它的讨厌之处不在于《奥赛罗》剧中的种族和文化上的"质朴"是否起了作用,而在于这些因素在要求学生解决的事实模式(作为法律问题的奥赛罗)中究竟扮演什么角色?事实上,这个戏剧与"作为被告的奥赛罗"这个问题的解决无关,而考题的开头也说,学生们不必通过阅读该剧来理解考题中所包含的内容。因此,那些复杂的戏剧动机、讽刺性的、细微而复杂的剧中人物的性格发展,都是不重要的,在本考题中都是多余的。

随着我的继续阅读,我开始变得愤怒。即使这个问题是从剧情中引伸出来的,类比也应就此打住。说这"等同于",就是盲目接受"莎士比亚"的权威,将其作为某种普适的准则。不仅如此,它还不承认这样的事实:虽然莎士比亚写出了伟大的文学作品,但他也是历史中人,是伊丽莎白时代的产物,像我们自己一样,在某些方面是种族主义的。这并不是说我们要压制《奥赛罗》,它的价值是让我们看清自己,让我们评价一系列至今仍然有效的人的两难困境。

很不幸,人的两难困境似乎不是这个考题的主旨,相反,这里平铺直叙了一系列老旧的普适情感或者事件,因为所有原剧当中艺术化的、铺垫式的情节都没有了。考题提供的被告是个黑人,好战,天真,不可靠,妒忌,性暴怒。考题将事实浓缩为种族主义的归类和成见,从第一批非洲黑人被贩运来开始,这个国家就用这些归类和成见来压迫黑人。不仅如此,它给黑人学生增加了巨大的负担,尤其是对那些因回答这些问题而必须面对不必要的归类所造成的创伤的学生。这个框架将黑人置于反对自己的境地,也迫使我们接受一些"真相"结构,也就是触及"我们是谁"这样的核心问题。

在奥赛罗的问题中,考题被置于一个框架内,要反对那些微妙的被归类的"真相"(黑人在性方面是危险的,黑人是好战的;《罗密欧与朱丽叶》中的凯普莱特和蒙太古两个家族是否也应被归入好战一类?),在此不仅是不相关的,而且是要丢分的。依照标准答案,必须主张"一个粗鲁的、未受教育的摩尔人,可以理解地受到一个老于世故的欧洲人的诡计的欺骗"。换言之,如果一个学生拒绝或者不能像一个种族主义者——我猜是有色人种的大多数——那样思维,就只能取得低分。我的进一步猜想是,每个人,也许包括有色人种学生,都会因不能"像律师那样思维"而认为这个答案是不合理的。

我同意代表K去和那位教授谈谈。"一定让他明白我不是一个激进主义者，"K请求说，"这会毁了我的前程。"

第二天，我去见了L教授，说出了我的关切。L的解释是，他将种族、阶级和性别问题直接带入课堂，正是试图尊重少数族群和女权主义者。我说，我担心他也受到这场斗争造成的深刻误解的影响。这种误解，威胁要把强化经验叙事的追求，转化为对愤世成见的极端炫耀的表达的认可。我引用另一个学院的教授的一次考试为例。这位教授发给学生一个详尽而无聊的假想殴妻案例：一个男人打掉了妻子的牙齿，向地板上撒尿，把他们的婴儿摔在上面，撕开她的上衣，骂她是个婊子，还安排他的朋友进来强奸她。在问题的前面，有一个否认责任的解释：案例只是反映了"这个世界"，"有许多针对妇女的暴力，""通常只对有组织的女权主义者的关切做出反应的法律体系，至少已将其反应部分地转向涉及暴力的情况。"我用这个例子质疑那些潜在的、无意的窥淫癖的影响，它们试图包括种族和性别的内容，而又不试图检查这些内容被包括进来的方式。我的解说并没奏效，L没看出我的例子与他的考题有什么可比性。

L问我："你的意思是，种族与性别问题应当受到审查，并被排除出法学院的课堂之外吗？"

我回答：使用"黑人"和"白人"这类词的"第22条军规"，涉及令人两难的对"什么时候和为什么种族、性别或暴力等是重要的"这个问题的探寻。一方面，种族不重要，因为它不重要；我们大多数人都奢望有一个色盲的社会，在神奇的想象中，将"黑人"与"白人"从我们的词汇中除掉，这也许会使我们这个世界免于所有的划分。另一方面，真实的生活并不这么简单。我们通常不得不使用这些词，为的是承认种族结构施加给我们生活的那些无可否认的心理和文化力量；我们必须能够大声反对那些烦扰我们的事情，无论是种族主义的，还是其他形式的痛苦。

我说，这与完全退到种族中立观点是不同的。这就好像是说，我们永远不应研究莎士比亚，尤其是《奥赛罗》和《威尼斯商人》，或者极端地说，我们永远不应讨论为什么种族主义是属于种族主义者的。（我们迫切需要超越一种焦虑：我们是否因相互归咎而有罪？）但是，假如我运用被这种文化视为"经典"的权威来论证每一暴力的正当性，就又会是这样一种情况："嗯，这些是莎士比亚的事实，不是我的。"

这种说法对我是无效的，因为这里的莎士比亚好像是某种固定的客体，某种坚固的大理石，又好像我可以减少自己所有的解释力和责任一样。

"你的建议，"L说，"听起来像是学术自由的对立物。"

在此后的几个星期里，我在思考如何说清自己要说的话。我的学生和朋友们都议论说我对这类事情感兴趣，因而为我提供了许多考题。除了我自己的研究，我还弄到了全国各种学院出现的不同科目的笔试题：

- 一次税法考试让学生们计算一个砍掉奴隶脚的奴隶主的税务问题。
- 一次证券法规考试中，教授提出的问题是白领被告是否应当进监狱，因为他们"不像黑人贫民窟的孩子那样"被培养得适合那种环境。
- 一次宪法考试中，给学生们很长的一篇充满仇恨的论文，题为"如何做一个下流黑鬼"，然后让学生们用第一修正案来为它辩护。
- 一次考试对"典型犯罪人"的描述是："一个年轻的黑人男性，智商87，他是家中8个孩子之一，一直靠福利救济生活，整天和他的密友斯里克泡在台球厅里。"
- 许多刑法考试的题目中，罪犯统统是黑人、西班牙裔或者亚洲人，被害人则都是白人。
- 许多考题将男同性恋者描写成艾滋病传播者，要求学生们找出传播艾滋病行为作为谋杀罪的要件。
- 许多题目中，妇女被殴打，被强奸，被杀害，其细节描写就像色情文艺一样（与这种细致描写形成对照的是，教授们提出的问题都很简洁，并且不涉及女性被害人）。

我再次检看了这些考题，思考着拿它们怎么办，如何用一种最中听的方式提出我的要点，并且不被认为是在进行"审查"。最后，我决定给教职员工们写一份备忘录，泛指人和事，不指明教授或学院的名字，但使用真实的考题，以便生动说明其恰当性的确构成问题。我写道：

> 我一直在看法学院的一些考题，将其视为法律作品的一种体裁，涉及权力和影响之间复杂的关系。我乐于开诚布公地讨论这样一个问题：在何种程度上，我们写入考题的内容，像我们所教授的内容一样，传达了成见，界定了满意，形成了理想。我一直

在检视的一系列考题以我认为非常不当的方式来利用种族、性别和暴力。我所说的"不当",是指它们使用种族、性别和暴力的方式,不是出自教育的目的,而是不必要的和带有窥淫癖的,同时,它们将不准确的有害成见作为"真相",并且将其永久化。这是通过一套设置来完成的:

第一,划分相关与不相关,这是法律教育过程中期望学生掌握的主要技术之一。通常情况是,教授们利用不相关的事实来分散学生的注意力,但要求他们明确找出法律上具有决定意义的核心事实。可是,在我所关心的这些考试中,种族、人种、阶级和性别是无关的,即便是作为从不相关筛选相关的过程,它们仍然是不重要的。它们的功能只是纯粹的赏钱和小费。提及它们,与解决已建构的事实模式问题所必须运用的规则,绝对没有任何关系。

进而,在一两个考题里,虽然某种特性(比如一个"同性恋的男妓"因传播艾滋病而受谋杀罪的审判)可被论证为对于倾向问题是重要的,或者反映了法律中当下存在的争论,但却又特别地提示学生们不要考虑或者只在有限范围内考虑这一切(比如在该考题中有这样的提示:"虽然我们都关心对于同性恋的憎恶,但在回答本问题时不要考虑这一点。")。我发现许多考试的基本信息是:M是黑人,N是白人种族主义者,而你是"色盲"。O是被殴的妻子,P是经常殴妻的邪恶丈夫,但是你不要在O伤害P的时候考虑挑衅刺激问题。

就这样,那些在真实生活和真实法庭里非常重要的信息,为了对付法学院考试的目的,而变得不重要了。学生们不得不将已产生的种族和性别问题作为无框架的信息,作为社会背景,而这个社会中相当多的人都有一个强烈的印象,即"多数的黑人是罪犯","妇女不可能被丈夫强奸"或者"所有的墨西哥裔美国人都属于黑帮",尽管人们并不总是把这种印象说出来。

这个信息被这样一些考试所强化:虽然种族主义者、男性至上主义者的成见可能是生活的一部分,但在法律里这并不重要,或者重要的是不与他们在法律中打交道(不过我们是知道这一点的),或者它们并没有重要到不可剪裁、隔离乃至彻底压制的程度。实际重要的,并不因而在法律上重要。

无论如何,虽然我们或明或暗地贬低种族、性别和性倾向的价值,它们仍然是这些考题的组成部分。它们以某种无法预测的设计方式写在考题中,并且,如果我们超越问题的答案本身,它们在这些考题中是有力量、有功用的。不过,这种功用被搞得看不见——不是因为没有力量,而只是因为不被承认。它们是作为两种东西的外在标志而有力量的:必须被压制或者忽略的东西;必须作为"不雅观"而被变成无意识的东西。这些提问,在直接转移了学生们对最有启发意义的问题的注意力过程中,准确重申了在任何社会背景下提出这些问题的困难所在:在生命的每个阶段,我们的教师谈论明确禁忌的话题时所感受的不当和无礼。作为赏钱和小费来提供这些不能质疑的形象是可以的,但不能以对后果发生影响或者改变后果的方式来谈论它们。

第二,这些考题都从法律最喜欢的一个教诲中寻找其正当性:倾向于非个人的,而不是个人的;倾向于"客观的",而不是"主观的"。这些考题绝大部分都要求黑人、被强奸的妇女、男女同性恋者不仅重新体验他们的压迫,而且违背个人知识地把这种压迫写出来。它们实际是要求假充一种"非个人的"(但却是种族主义者、男性至上主义者、痛恨同性恋者)心态,以便得到更多的分数。以一个考题为例,一个白人妇女有预谋地引诱一个想偷东西的13岁的黑人到她的凉台上来,然后杀死他,她的行为动机是种族仇恨。在一个提问中,要求学生们"尽最大的努力,论证这个白人妇女应予彻底赦免,不考虑一般意义上的缺乏定罪能力的论点(比如,她可能有外交豁免权或者精神错乱)。"这要求学生们要么沉湎于种族仇恨合理化的奇思怪想,要么压制自己的社会良知。考题要求他们为了分数而贬低自己和他人的人性。(这也说明了合理而人道的体察和关切是如何被完美地贬低的——出于习惯,而不是出于智慧;作为一种"经验","与法律无关。"法律教授们因而树立了不负责的权威结构,容忍一些乖僻的世界观,甚至将其合法化。结果是,学生们被培养出仇恨,但还认为自己是非常好的人。如果有人告诉他们不是这么回事,他们还会被大大冒犯以至于深受伤害。我以为,泛滥于教育体系中的这种教学方式,说明了为什么种族主义和男性至上主义如此大行其道,如此习惯性地被放过,又大半不为人所见。)

第三,虽然是以假设的方式出现,这些搜集来的考题仍然是对真实生活有指导意义的镜鉴。在与设计那些令我忧虑的考题的几个教授交谈过程中,我总是得到这样的解释:"有色人种、妇女和同性恋确实在犯罪。假称真实世界中没有发生这些犯罪，那太天真了。"然而，这种推理的问题在于，天下的任何事情都可以被"所发生的"这个无限的权威合理化，而无论它多么堕落、孤立或者卑劣。

作为法律教师，我们创造了现实的袖珍世界，相信学生们把现实的规则托付给我们保管。我们以一种比世界上任何其他人都更强有力的方式定义了合法与非法的边界，因而最为重要的是考虑我们借以包括和排除的两个过程。因此，一次考试的三个问题中有两个涉及黑人犯罪，一个涉及同性恋犯罪，这就构成一个袖珍世界，强化了已有的、广泛的误解：黑人犯了绝大部分的罪，只有同性恋才携带艾滋病病毒，所有的同性恋者都是滥交的。

在这个世界上，并不是没有基于种族或者性的动机而犯的各种罪，但在铸就这些考题（直接针对一个假想的、多样的学生体）的过程中，不断重复有种族和性成见的术语，可能产生的问题不只是让"黑人犯了绝大部分的罪"这样的想法永久化，而且使白人犯罪不为人所见。在任何情况下，种族都与这些问题的解决无关，因为这些问题的大部分都超出了种族和阶级范畴。不过，学生们开始相信，这就是"所发生的"。

更进一步，"它是真实世界所发生的"，这个想法中有一种相对论的、冷嘲热讽的多数主义，与"大家都这么做"这种孩子式的辩解是一致的。比如，令我惊讶的是，在那些提到非白人时才列明其种族的人所出的考题中，一般是不会提到白人的。不过我们都知道，像黑人、亚洲人、墨西哥裔美国人的黑帮一样，也有白人的黑帮。比如"光头党"（skinheads）、"白色雅利安反抗者"（White Aryan Resistance）。这些考题中都没有或者在我能找到的范围内没有提出不必要的"白人"问题。"白人"这个词，仅仅用来区别于黑人和其他非白种人。不提"白人"，代表着"每个人"都是白人。黑人因而变成有距离的、不同的"他者"。为了在考试中对付这样的问题，学生们被要求采取"每个人"的观点。对黑人学生来说，要求他们采取一种将自己客观化的立场来回答提问。（我是在字面的、"主—谓—宾"的语法意义上使用"客观化"一词的。除去了自己"主"对"宾"所具有的权力、控制和指导，"我们"黑人变成了"他们"。）法律不再被广泛接近或参与：假称一个共同体是"每个人的"，这种观点在事实上是排除性的。

当我妹妹4年级的时候,她是班里唯一的黑人孩子。一次情人节,当老师离开教室的时候,她的所有白人同学打开了她给他们的礼物,又都将她的礼物丢弃在她的课桌上。这是巨大的创伤,以至于我妹妹在班上不再说话,拒绝参与一切活动。他们非常彻底地让她觉得不属于那个群体。一段时间,她停止所有的表现。最终,我妈妈让她确信,她可以通过优秀的表现来"让他们看看"。但我知道,教育本身的乐趣被损害了,对她,也对我(因为我的感觉和她一样,我们一起做的那些礼物)。

我们的作用不断地以残酷而无意的方式被定义为"外部人",我们面临着一种奇怪的两难:我们可以继续努力做"内部人",但这非常令人沮丧,因为"内部人"不是一种意愿行为,而是一种合作关系,非常容易就会被击败;或者,我们可以满足于成为"外部人"。一些特别强有力的人,通常被另外一种社会共同体的感觉所强化,它们可以忽视它,继续走自己的路,尽管缺乏得自充分参与的那部分教育,也许因此得到一种特殊的知识,是抽象的,而不是关系的。但是,多数的他人要将外部人的身份变成自己的借口,或者因过度成就而困惑和迷失,或者因丧失关系和利益而成就不足。无论哪种形式的外部人的身份,都是一种无法治愈的创伤,隐隐作痛,毕竟,在"外部人"这个词里,在那些被指定为"外部人"的概念里,播种了一个预言。

那些来到我办公室的学生们也一直在描述课堂里和考题中发生的一切,它们是正在强烈而复杂地发作的创痛。也许,如果我们珍视的只是我们相互关系中的坚韧精神,那么,发生在我妹妹身上的事情就是一个极好的教训。肯定不可能轻易地将同样的教训施加给妇女、有色人种的学生或者白人,如果目的仅仅是让他们坚强起来的话。在面对考试压力和一般羞辱的时候,我们能够制造一个内心完全分裂的坚强的人。但我相信,这不是我们教育机构的唯一目标,它要培养的是服务于私人和公共利益的人。

这使我回到了最初的问题:如何分辨出那些被适当地引入法学院课堂的种族、性别、阶级和社会政策。我不认为这里有轻易的答案或者可以适用的公式。这就是为什么我认为这样的讨论应当不断进行下去,在那些乐于倾听各种观点的教职员工中间,这种对话是艰难的、长期的,也是聒噪喧嚣的。

我并不认为对这些考题的处置仅限于讨论个别事例中的用词,

或者只限于特定的教授,他们可能是暂时的良知失察,或者他们的动机可能被人误解。我认为,最终的解决与对权力关系的理解有关。重要的是,在我妹妹的课堂里,每个人都撕开了她的礼物;如果只有一个人这么做,那么伤害的感觉不会超过几小时。同样重要的是,当不只一个,而是许多法律教授都感觉可以自由地(如果不是无意地)在课堂的假设和散发的考题中宣扬种族主义,还要在图书馆的书堆里等待后人的传承。重要的是,教授们觉得他们无法像这样谈论这些考题,而不涉及第一修正案的权利或者他们学院的学术自由。重要的是,我们是教师,我们对学生是有权力的。重要的是,多数学生不喜欢看到我们的权力滥用,但也不敢公开谈论他们的郁闷。重要的是,因为人们被聘用,被解雇,被划分等级,并依照法律承担责任,而这一切所基于的因素,又是我们不能或者不愿意说的。

我的备忘录引起的反响并不好。我受到了指责:说教、俯就、装腔作势。人们告诉我,我已经让一些教授难堪了,尽管没有提到名字,但他们的身份是很容易辨认的。我还被告知,我的对话"简直变成了一种人身攻击和疯狂扫射"。

这些指责让我害怕。我对"个人的"毫无遮拦的危险暴露,也有一种律师般的抵抗。我害怕自己的人格也被拿到公众中讨论,就像我对他们的批评那样。我的本能是退缩——对我的备忘录的反应,使得讨论太主观,太复杂,太杂乱,又太详细。

内心当中,我害怕被人称为说教、俯就、装腔作势,就像 K 害怕被称为激进主义者一样……

与此同时,我一见到 K 在学生会大楼的另一边,就赶快避开她。

提示与问题

1. 其他人也对法学院考试这个幽灵进行了探索。这里就有一个来自英国法律教育的例子:

> 这在浪漫国(Ruritania)、都市国(Urbania)、帝国(Imperia)和无产阶级国(Proletania)等名目下的地区都会出现。由于命运捉弄,一个疯狂的"反乌托邦"(dystopia)被创造出来,它的公民全部陷入了可怕的犯罪和复杂的诉讼。名字……也限于某些纯粹无法无天的人物。我们有"阴暗"、"贪欲"、"纵欲"和"花花公子"等先生。"灰色手指"先生以"金袋"先生的名义兑现一张坏票。女士们有"轻浮"小姐和"扯淡"小

姐……他们时常酗酒滋事,一般都要武装自己,比如自行车气筒之类,可以充当危险的武器。请人吃饭要做一些草图,指示赴约的地点,引导他们跌入峡谷。"哲基尔大夫"(Dr Jekyll)与一名女患者发生性关系,女方同意,因为他谎称这是在做一次外科手术,可以治好她的百日咳。①

法学院的考试号称是关于真实世界的。当然,它的目的是测试法律知识和技术的。鉴于测试是产生压力的,一些教授可能考虑使用一些可笑的人物,给考题引入一些幽默和乐趣。即使考题企图制造幽默(与种族或性别有关的),它们暗示了构思这些奇想的教师的哪些方面?学生们又会如何看待这些大众的形象?而培养他们正是为了服务于这些大众。

2. 威廉斯教授,因为替学生说话,而遭到与学生同样的命运——放逐并谴责受害者。这对法学院文化、教育学和等级制又意味着什么?对辩护律师呢?

---

① Timothy Hilton, "Lawyers at Play" (*New Statesman*, Jan. 26, 1968, 117) in James Boyd White, The Legal Imagination (1973).

第十三章　律师与对抗制过程

从我离家到返回，我花的每一分钱，即使是买份报纸，都入到我的委托人账上。我给擦鞋人的两毛五，或者喝酒用去的一美元，都不是我自己掏腰包。如果有人觉得这很了不起，我愿意指出一个事实：我做的每个动作，说的每个字，有的每个思想，也都不是我自己的。它们属于别人。
——查尔斯·雷克（Charles Reich）：《博利纳斯暗礁的巫师》
（*The Sorcerer of Bolinas Reef*），1976 年

律师不是野蛮人，他们基本上是体面的、有爱心的、受过良好教育的公民。如果问题涉及人的残忍和野蛮，则律师的道德义愤感油然而生。他们会最先提出矫治方案，旨在抗制人的低级本能……然而，换一个焦点，如果问他们有关诉讼或审判的事，则他们的道德义愤感只及于当前对手的卑劣程度。他们通常以马基雅维里式的玩世不恭来对待问题。
——亚伯拉罕·奥都沃："作为撒谎者的律师"，
《美国出庭律师杂志》，1979 年①

一名律师是一套餐具，比如一副刀叉。上次谁用它们吃饭都没什么关系，只要在两餐之间充分消毒即可。
——罗伊·格鲁特曼：《律师和贼》
（*Lawyers and Thieves*），1990 年

对抗制的伦理，对一个共同体而言，不是一个充分的志向，而是一项危险的道德原则。正如一种关于共同体中的权力的思想，

---

① Abraham P. Ordover, "The Lawyer as Liar," *American Journal of Trial Advocacy* (1979).

它不是基于善，而是依靠武力，并因而达到共同体生活的唯一微小而绝望的残余。如果一项道德原则有赖于一个人应该能够收买另一个人的忠诚的想法，这项原则通常会毒化人们可以共同成长的希望。

——托马斯·沙弗尔（Thomas L. Shaffer）：《论作为一个基督徒和律师》（*On Being a Christian and a Lawyer*），1982 年

♣ 美国法律体系的面貌，最本乎其定义、运作和特征者，在于其核心原则：通过一个对抗制过程，可以最好地解决冲突。对抗制过程假定：（1）在讼争中陈明双方各自立场的主要责任最好留给那些最受该讼争影响者；（2）强制讼争者进行对话必然产生自利偏见，而通过将这一对话置于不偏不倚的仲裁者的中立法庭面前，能够最大限度地抵消这一自利偏见；（3）冲突和对话能够受普适的程序和实体规则体系（即法律）的制约，这一规则体系阐明了讼争结果中的国家利益。对抗制过程的终极目的——胜诉——是在国家被诱导加入一方反对另一方的讼争时实现的。

因此，在对抗制过程中，讼争双方都被指望整理和提供最好的（即最有效的自助）论点和证据。律师在这一过程中充当其委托人的代言人。在法庭上，他们站在其委托人的立场上。律师的诚信、技巧、特殊知识、影响以至个性，都是为了出租的。如上所述，律师们有时被说成是当今"被雇的枪手"。本章的每一阅读材料都涉及对抗制中辩护的含义、律师与委托人的关系、法律的中立性，也涉及纠纷解决越来越成为私下程序的情况下法律和正义将向何处去。

第一节　辩护的伦理*

查尔斯·柯蒂斯

一

我首先要将辩护置于适当的位置，它是一种特殊的代理行为。一名律师将生活和事业奉献于为他人而行动。牧师和银行家也是如此。银行家处置他人的金钱，牧师处置他人的精神追求，律师处置他人的

---

* From "The Ethics of Advocacy," by Charles P. Curtis from 4 *Stanford Law Review* 3 (1931).

困境。

但这里还有区别：牧师或教士的忠诚，不是献给特定的教区居民的，而且献给教堂的，尽管他要关照教民的喜怒哀乐；银行家的忠诚则是献给银行的。为教民或贷款人服务的，是教堂或银行，是牧师或银行家所代表的机构，而不是他们本人。他们的忠诚与律师的忠诚殊途异路。

当一名律师为政府工作时，情形也与牧师或教士不同，他的忠诚有了极好的遁词，因为如果说政府是他仅有的委托人，那有点儿不切实际。政府太庞大了，将他吸收了，他只是它的一部分。

充当一家公司的总顾问，也几乎是完全与委托人混同为一的。塔夫特（Taft）在阿尔巴尼（Albany）法学院做过一些讲座，① 其中提到在公司法律部的工作时说："这种雇用所导致的结果，是使律师变成不折不扣的公司官员，他与公司的认同程度，就好像他就是董事长、秘书或者财务主管。"② 事实上，他通常就是一名董事或者副总裁。

而私人执业的律师则不是这样，他的忠诚只针对他的委托人，他没有其他的主人。法庭不是他的主人吗？你问。法庭采取的立场难道不是与教堂或银行一样吗？律师不是法庭的一名官员吗？难道法庭不对他的忠诚主张权利吗？有所主张，但却以某种自相矛盾的方式。法庭确实要求律师尽其官方责任，但这一责任就是将自己奉献于委托人。基于法庭自己的命令，也就是法律的命令，法庭处在第二位……

……一名律师伴其委托人能走多远？能够背离法庭到何种程度？……

你所代理的人很有理由期望你对他比对别人好，换言之，你为他做的事应当比你要为其他人做的事有更高的水准。这里有很长的历史渊源。苏格拉底在《共和国》一书中，起笔就是已论述过的前柏拉图式的伦理，即，正义在于对你的友人为善，而对你的敌人为恶。因此，律师不知不觉发现自己对待委托人要好于对待其他人，并且其他人因而比自己的委托人要坏。一名律师，或者受托人，或者任何为他人服务者，对于外人的行为水准，要低于他对委托人、受益人或主顾的行为水准，尤其是在这些人与外人相对抗的时候。他被要求像对待野蛮人和敌人一样对待外人。律师越是对委托人忠心耿耿，他在为委托人

---

① The Hubbard Lectures in May 1914.
② Cheatham, *Cases and Materials on the Legal Profession* 60 (1938).

服务时对其他人的忠诚与奉献就越少,就好像一个人只有一定数量的美德,给一个人多了,能够给别人的就少了。于是,一个以服务他人为职业的人,在他代表委托人与外人打交道时,发现自己的行为水准低于他为自己而行为的水准,也低于委托人自己代表自己的行为水准,事实上,低于任何人为自己而行为的水准。

你不顾自己的危险而献身于另一个人的利益。代理行为使一个人远离自己。人们甘愿为别人去做他们不愿为自己去做的事——高尚的以及卑鄙的。我现在想做的是用法律执业中一系列困境来生动说明这一切。这些困境提出了伦理问题,但我认为,这些问题都没有简单的对或错的答案,而且我知道,没有任何伦理或道德准则能够导出任何答案。当这困境的原因在于为他人还是为自己之间的区别时,如何能导出答案呢?

二

一名律师以前的委托人给他打电话,此人当时不幸成了一个逃犯。警察在抓他,他需要律师的建议。律师到委托人所在之处,听了整个情况后,劝他投案自首。最后,律师成功说服他相信这是最好的选择,并约定了一起去警察局的时间。委托人要用两天时间了结一些事情,做一些告别。当律师回到办公室,一名警察正候着他,问他的委托人是否在城里,具体躲在哪里。这是些警察有权问任何人的问题,这个不幸律师的即使稍有迟疑的回答,都足以出卖他的委托人。当然,他撒了谎。

为什么不呢?律师与其委托人的关系是最密切的关系之一。你会为你的妻子撒谎,你会为你的孩子撒谎。还有许多别的人,他们与你的亲密程度足以让你为他们撒谎,即使你为自己也不会这样做。但你为他们撒谎的限度在哪里呢?我不知道,你也说不准。

我们每个人都会遇到这样的场合:我们不想讲真话,不想全部或者不想立刻全部讲真话,我们不想诚实,想有些诡诈。坦言之,我们的确时常有这样的时候,有意地、或多或少地讲些合乎情理的假话。对他人而不是对自己完全诚实,是一种属于圣人、自负者和有勇气者的美德。即使当我们确实想说真话、全部真话的时候,也最终发现没有理由不以一种富于技巧且堂而皇之的方式讲出来。我们中绝大部分人怀疑自己这样做的能力,就像我们怀疑他人会为我们这样做一样。

我看不出为什么我们不能坦言律师的职能之一就是为委托人撒谎,

在我指出的为数不多的场合，我相信就是这样的。所幸这种场合很少，只当是职责所迫，出于无奈。日常时候，律师像任何人一样讲真话，但并不率直坦白。

一名律师被要求别太率直坦白，被要求提出他不相信的叙述和论点。不过，他的叙述越是接近细节，他就越可能讲真话，事实上是必须讲真话，因为没有人比律师更欣赏细节。在更总括的叙述中，他不得不脱开自己的确信和偏见，因为它们是无关的，除非不得不用它们来为委托人服务。但他的不诚实不能扩展到细节部分，当然，除非这些细节不属于他，而是委托人的秘密。除此而外，当律师为委托人说话时，不必精准到某些细节。而且，他永远不能失去缺乏精准这一声誉，因为他不受精准和法律的严格束缚，这是法律职业的两大资产。

我已经说过，律师不可以对法庭说谎，但律师也可能有义务不去说。让我给你举个例子，它出自一位人所共知的最出色最尽职的律师塞缪尔·威利斯顿的自传《生活与法律》。在作者从前所办的一个案子中，他的委托人因金融事务被起诉，权利主张的细节并不重要。威利斯顿自然立刻拿到委托人的信件，吃力地翻阅一遍，搜寻、排列、核对。我们大可相信这些信件说明了整个情形，通常总是这样。开庭在即，但原告的律师既未要求看这些通信，也不要求出示。"他们不要求出示，我们就不觉得有义务拿出来。"① 审理结束，"大法官在陈述其判决理由时，提到一个我知道是毫无根据的事实，我面前放着的一封信就可以证明他的错误。尽管我不怀疑自己保持沉默的适当性，但我当时还是觉得有些不自在。"

这是一封信，一项证据，一个事实。设若这是一条法律规则，设若大法官同样错用某条威利斯顿知道已被修改或废除的制定法或者法规作为判决的理由，设若面前摆着的不是一封信，而是一部新制定法的复印件，那么，威利斯顿一定会打断大法官，提请他注意这一制定法。虽然有时会有争论，但毋庸置疑的是，这是威利斯的义务，根本不必怀疑他会认真履行这一义务，就如他尊重对委托人的义务一样……

三

"为了仁慈，我必须冷酷。"哈姆莱特在去见母亲的路上这样说。

---

① Samuel Williston, *Life and Law* 271 (1940).

同样，律师在走向法庭的路上也可以告诉自己一些奇怪的事情。但是，它们仅对那些没有区分真相与正义的人来说才是奇怪的。正义是某种大于真相并且比真相更为亲近的东西。真相仅是正义的一个因素，正义的整体在于让相关各方满意。为此目的，每一律师都必须说自己案件最好的方面，只能说最好的方面。

这不是我们曾在其他事业中更多运用且成功运用的方法，但是，法律有成功之外的其他考虑。正义必须给予败诉方、他的朋友及同情者以任何失败者所能期望的满意。至少，能为败诉方做的申辩，都最大程度地做了申辩。整个事情都摊开在光天化日之下，应该给每个有关的人一种安全的感觉，当你在做决定前把最坏的情况考虑进去时，就会有这种感觉。司法的运作不是为了引出真相，正如科学的方法不是为了从原子里提取正义一样。

辩护，要求律师从某种待证事实开始，这既是实际情况，也是法律主张。律师会见证人和去法律图书馆，都是为了获得某些东西。如果他是抱着开放的心态去的，那将浪费大量的时间。他首先要在心中形成定见，这是理所当然的，不过，他这样做仅仅是为了更易于发现有利于自己的东西。他死盯住最能满足其委托人利益的结论，然后开始努力说服其他人同意这个结论。

当律师被要求为一个他明知有罪的人辩护，或者要接一个他明知有问题的案子时，摆在律师面前的问题，只对业外人士来说才是困惑不清的。布兰蒂斯说："作为一种实际情况，我认为律师并不经常受这种问题的困扰，部分原因是，他当时易于相信，在绝大多数案件中，他都确实尽力了；还有部分原因是，他或者放弃，或者搞定了许多他并不相信的案子。"[①]

再真实不过的事情是，律师需要说服的首先是他自己。一位执业律师很快会从自身发现数量令人瞠目结舌的真诚。无论开始时他多么疑惑，到他草拟出辩护要点时，他都发现自己越来越相信自己所说的，直到他不得不返回原初的意见，以便为自己确定方向。之后，当他在法庭上开始辩护时，他的确信已经是完全的、非常真诚的。你说话时，很难不假戏真作。他相信自己正在说的话，这些话到后来会使他自己也像别人一样感到震惊。

他所关心的不是我们有多么震惊，他真正关心的是我们是否被说

---

① Brandeis, The Opportunity in the Law, 39 *Am. L. Rev.* 561 (1905).

服，他意识到，不具有说服力的论点还不如没有，因为这暗示着他没有更好的论点，除非他真的没有更好的论点，否则他不会把这种论点搬出来。

四

对承接了明知是不在理的案子的律师而言，约翰逊博士的解决方式是经典的。它非常简单，又似是而非。博斯韦尔（Boswell）问约翰逊，作为一名道德家，约翰逊是否认为法律执业在某种程度上损害了诚实这一良好情感。

博斯韦尔问："支持你明知是不在理的事业，你是怎样看这个问题的？"

约翰逊回答："先生，在法官决断以前，你并不知道它是不是在理。我说过，你要公正地陈述事实，你所认为的，或者你所谓的明知案件不在理，都必须来自推理，必须缘自你的论点的脆弱和乏力。但是，先生，这还不够。一个并不使你信服的论点，却可能使你要说服的法官信服：如果这论点确实使法官相信，那么，先生，为什么你是错的，而他是对的呢？"

约翰逊博士忽视了一个事实：知道案件是否在理是律师的事，发现是否在理是他的特殊职能。约翰逊博士的回答仅对没有出现问题的那些案件才是正确的。

律师对委托人是否有罪知道得非常清楚。不清楚案件是否在理的，不是律师，而是法律。法律不知道这一点，是因为它正努力去发现，因此，法律要每个人都得到辩护，每个有争议的案件都得到审理。法律因而使律师承接案件很容易，而无论他是否认为其他人相信这是个有问题案件。在其他人都认为这是个不在理的案件时，法律让律师尽可能容易地承接这个案件，这一点非常重要。

我们希望尽可能让律师轻易地接受不在理的案件，律师界助其一臂之力的方式是这样一条伦理准则："在论点中声称自己深信委托人的无辜，或者深信自己事业的正义性，这对律师来说是不适当的。"称之为不适当，是便于律师觉得他不是必须这样深信。我认为，这必须是唯一的目的，因为不可能有其他可行的方法……

是的，承接一个不在理的案件，或者为有罪的人辩护，或者提出你不相信的主张，这都没有什么不道德。这在伦理上是中性的，是自由选择的。道梅尔（Daumier）有一幅关于律师辩论的素描：一位端庄的年轻妇女坐在他近旁,她身边有个小男孩正吮着棒棒糖。题目是"如果他不是在攻击这孤儿寡母,就是在为这孤儿寡母辩护。"可以刺痛一个律师良知的案件,总会撩拨另一个律师的美德。每一案件都有两个方面,每有一个律师站在错的一方时,都有另一名律师站到对的一面。

我不是玩世不恭,我不是讨论指导一个人如何为自己做事的道德,而是讨论辩护的伦理。我们讨论的是指导一个人如何为他人做事的特殊的道德法典。律师在其执业中——他们在其他地方如何行事与我们无关——在职业道路上走得越远,就越是脱开我们通常的道德,职业要求他们平等对待正确和谬误、邪恶与美德。一些律师没有发现可以取而代之的东西,而另一些律师则穿戴上新的耀眼的服饰……

也许我已经太过乐观地谈论法律执业了,我已经像对另一名律师一样慷慨大方地宣讲。在某种程度上,法律执业像自由演讲,既为我们之所恨辩护,也为我们之所爱辩护。除了古代的祭神仪式,我不知道还有什么其他职业能够提供这样多的机会,让你欣赏美德并运用邪恶,或者如果你愿意,也可以运用美德并欣赏邪恶。当然,这种仪式在某些神庙里可以由贞节的处女举行,在另一些神庙里也可能由神圣的妓女举行。

五

让我们回头重新思考,也许是重新建构,我们列举和讨论的律师对委托人的"完全的奉献"。

事实上,"完全的奉献"并不完全。律师对委托人尽全部的义务,要求律师有所保留。如果律师完全地奉献给委托人,则委托人所得到的东西要少于他有权期望的分量。因为,如果一个人将全身心奉献给另一个人,他便毁伤贬低了自己,另一个人所得到的自然就少了。这不是一个悖论,而是一个简单的心算。

也有关于这种超然的权威,它不是基督教,法律执业也不是典型的基督教的追求。法律执业是代理式的,不是利他式的,因而律师必须从基督精神返回到淡泊的斯多葛哲学,因为代理式的超然能够让他为委托人服务。

贝文(E. R. Bevan)在其《斯多葛学者和怀疑论者》(*Stoics and Sceptics*)一书①中概括了斯多葛学派的信仰:"聪明人并不关心他的同

---

① As quoted in 6 Toynbee, *A Study of History*, 146–147.

胞……他仅为他们服务。宽仁是要有的，如你所想象的一样多；但是，一种东西是他不必有的，那就是爱……他必尽其所能做任何事，不逃避任何极端的肉体痛苦，为的是帮助、安抚、引导他的同胞，但不论他是否成功，这一切均与他毫不相关。如果他已尽全力帮助你，但没有成功，他会因为已经尽力而心安理得。你并未因他的努力而获益，这全不关他的事。同情，即眼见他人受难而引起的痛苦情感，是一种实在的邪恶……在服务于他的同胞的过程中，他必须准备牺牲自己的生命；但有一种东西是他永远不必牺牲的：他自身永恒的宁静……"

斯多葛学派给我们一个完善的忠告，但却是无效的。如果一名律师要成为最好的律师，尽他对委托人的"全部义务"，则要以斯多葛学派为榜样，以斯多葛哲学为哲学。如果他选择了法律执业以外的行当，就让他做基督徒，但在与委托人的关系上，还是让他成为一个斯多葛学派的信徒，因为越是出色的斯多葛信徒，就越是一名优秀的律师。

律师对待自己的案件应像一部生动的小说，将自己与委托人相认同，就像与情节中的男女英雄相认同一样。然后，他将以极大的热情去工作，"就是绝大多数人在救助他人现实危急或者面对他人危机时所感觉到的那种热情……"①

一名律师如何确保超然？有两种方式、两种手段。所有的律师，或者几乎所有的律师，都熟悉其中一种或两种。

一种方法是将整个事件作为一场游戏。我不是在说体育运动的正义理论，我是在谈律师与委托人的个人关系，以及他超脱于委托人的必要性。永远不要责备律师将诉讼视为一场游戏，无论你如何可以以此指责一位法官。律师是自身超然的，一个人若全身心投入到他人的困难之中，将其采纳为自己的困难，则他将被这些困难吞没。他必须站在自身个性的高地上，不仅为了保护自己，还为了给委托人所要的东西……

另一种方法是具备一种工匠意识。也许这是同一回事，但我认为不全是一回事。在游戏中，只要你竭尽全力，就会有满意，全不必得到好的分数，就像尽力做好任何其他事一样……

一名律师可能不得不将法律执业视为游戏，但如果他能够倚赖手艺，它就可能成为一门艺术……

……我不知道还有什么比尽力做好一件事情，而全不顾其有用性

---

① Cozzens, Guard of Honor, 479 (1948).

或目的性，更具快乐兴奋之感了。这至少是一种闲适。

我还将律师比为执掌他人金钱的银行家和执掌他人精神志向的牧师。让我更进一步，将律师比为诗人，其诗句深入事物的核心。"他是那特殊的一人，用第二人称谦卑地向自然发言，在某种意义上，他是世界的庇护者。尽管他最切近于自然，但也最疏离于她。"①

提示与问题

1. 柯蒂斯断言，那些为政府或公司工作的律师被他们的委托人吸收了。除了他们的雇主而外，这类律师应否对公众承担义务？思考联邦政府供职律师的职业道德规范：

> 联邦律师之地位可给予特别考量，此类考量不适用于一般律师，不适用于对与《美国律师协会职业责任守则》(American Bar Association Code of Professional Responsibility) "准则（Canon）八"有关的完全的行为自由所做的某种限制。["准则八"规定："律师应当帮助改善法律体系。"] 例如，在"国内税收服务首席顾问办公室"(the Office of the Chief Counsel of the Internal Revenue Service) 工作的律师，可以合理期望他不受公众指责地遵守某些与其职责范围密切相关的政策和规则，即使他本人不同意该机构所持的立场。但即使他亲自参与政策或规则的制定过程，他的良心也不大可能强迫他公开反对一项与其职业、伦理或道德判断相抵触的决定。然而，在此情形下，他在反对这一决定之前，应首先考虑辞职。在形成该决定的过程中，他不能滥用自己的职业信任。②

为政府充当公诉人的那些律师又当如何呢？如果某人的行为是非法的，但依这些公诉人的道德或伦理判断，他的行为并没有"错"，此时，他们是应当辞职，还是应当对他进行起诉？

2. 在事务所的律师又怎样呢？回忆上一章中的有关内容：通过磨损年轻律师的道德敏感度，来让他们做好执业准备。阅读下面一段节选：

> 在我成为一名律师以前，我对律师的一种能力极为尊敬和羡慕，这种能力就是将个人信念抛在一边，热忱地为他所不支持的立场辩护。我不是把律师的这种法律技术视为妓女的做法，我是将这种为不可辩而辩的能力看成纯粹的辩护形式……但现在我认识到，将自己与自己的工作相分离，要付出很高的代价。在办公室一天要工作12个小时甚至更长时间的律师，

---

① Ⅶ *Writings of Henry David Thoreau*, 289 (1906).

② Federal Bar Association, *Federal Ethical Considerations* (Washington, D.C.: FBA, adopted November 17, 1973).

也是每天晚上不得不回家的人，他们也要承受自己行为的后果。

大的律师事务所的执业性质，经常掩盖现实中残酷的背叛。作为一般规则，作为一名助理，你所要做的就是那些分派给你的案子，除非你提出并能够阐明强有力的道德上或伦理上的反对意见。这种压力意味着，助理们采取的立场必然是摆脱他们不想做的案子，而这是一种潜在的威胁职业的举动。它使你被人瞧不起，因为你不是一个"队员"……周围是一些通常将个人信念抛在一边的人，又被豪华的办公室、昂贵的工艺品和艺术级的法律技巧包围着，我发现，忽视我对某些委托人和案件的厌恶，简直太容易了。①

3. 在纽约快乐湖（Lake Pleasant）有这样一起案件：两名律师被指定为一个被控谋杀罪的男人辩护，委托人告诉两名律师，他还犯有两起不为警方所知的谋杀案。两名律师依照他的指点，在一个废弃的矿井中发现了两具尸体，并拍了照片。然而，直到他们的委托人在几个月后坦白了这些罪行，他们才将这一切告知警方。不仅如此，一名被害人的家长曾经向其中一名律师询问过有关他们失踪女儿的信息，这位律师否认掌握了任何信息。

门罗·弗里德曼，一位法学院院长，一名杰出的法律伦理学者，曾这样评论该案：

> 对抗制——律师在其中发挥着作用——预见到律师会频繁接触委托人的有关信息，这些信息非常可能被归于犯罪，甚至可能像在"快乐湖案"一样，得知委托人真的犯有严重罪行。在这种情形下，如果律师被要求泄露该信息，那么，保守秘密的义务就会被毁灭，与之一起毁灭的，还有对抗制本身。②

对于律师的辩护应否加以某种限制？只要律师是合乎伦理的，社会是否就会在律师与委托人的关系中得益？

4. 柯蒂斯主张，必须将律师作为游戏的一部分来理解。律师通常将法律执业作为一种游戏。为什么？其他职业——医生、牧师、工程师、社会工作者、科学家、大学教师——却不是这样。律师兼小说家路易斯·奥金克罗斯的《雅皮士的日记》中的人物罗伯特·塞维斯律师（Attorney Robert Service）在解释事务所的小律师的情况时也用了一个比喻：

---

① William R. Keates, *Proceed with Caution: A Diary of the First Year at One of America's Largest, Most Prestigious Law Firms* (Chicago: Harcourt Brace Legal and Professional Publications, 1997), 132–133.

② Monroe H. Freedman, *Lawyer's Ethics in an Adversary System* (Indianapolis, Ind: Bobbs - Merrill, 1975), p. 5.

你与布莱克洛克（Blakelock）的困境在于，你们都丝毫不理解我们今天生活其间的道德氛围。一切都是游戏，但却是有着严格规则的游戏。你必须小心守法，即使是最小的过错，如果被抓到，都会立刻招致惩罚。但没有比足球赛中被罚出场更严厉的道德责难了。一个人被发现依据内幕信息而买卖股票，或者在贷款申请中虚报自己的资产，或者将自己的女友列在公司的工资名单上，除了感伤主义者而外，没有人会看不起他。他仅仅是被抓到，不过如此，甚至公众也理解这一切……你破坏了规则，接受处罚后再回去比赛。①

柯蒂斯的观点是否必将让律师们玩世不恭地去理解塞维斯所描述的道德行为？

5. 法律辩护不只是面向自然和法人的。要想大致了解关于律师在诉讼中服务的"事业"，可以参看：Thomas M. Hilbink, "You Know the Type: Categories of Cause Lawyering," *Law and Social Inquiry* (Summer, 2004), pp. 657 – 671.

♣ 法庭不是一个通过唇枪舌剑解决个人恩怨的场地，不是一个封闭的仅有讼争当事人利益的舞台。审判是国家治理的一个过程。法院代表政府，并且不那么直接地代表社会。法院的判决以国家权力为支撑，而审判则饱含着公众的利益。

第二节 "争斗"理论与"真相"理论*

杰罗姆·弗兰克

一

我们说今天的审判方式是"理性的"，我们是在推定：组成我们审判庭的那些人，法官和陪审员，在每一案件中都对所有实际存在的证据进行理智的询问，为的是尽可能确定案件事实的真实性。这被称为"调查"或"真相"的案件审判方式，它所得出的不过是一种推测，尽管是一种有知识基础的推测。

这种审判方式的成功受到至少两个条件的限制：（1）司法询问者，即法官或陪审员，可能无法获得所有的重要证据；（2）司法询问者可

---

① Louis Auchincloss, *Diary of a Yuppie* (New York: St. Martin's Press, 1986), pp. 26 – 27.

* Jerome Frank, *Courts on Trial: Myth and Reality in American Justice.* © 1949 Princeton University Press, 1977 renewed Princeton University Press.

能没有能力进行这样的询问。让我们暂时假定第二个条件可以满足,即,我们是有能力的询问者,则我们如此进行庭审是否就满足了第一个条件,即,获取全部的实际存在的重要证据?

对这一问题的回答,使我们怀疑法庭是否真的采用了"调查"或"真相"的方法。我们的审判模式通称为"抗辩式"或"对抗式",这种模式以我所谓"争斗"理论为基础,这种理论从作为庭外私人争斗替代物的原初的法庭发展而来。

许多律师坚持认为,"争斗"理论与"真相"理论相契合。他们认为法庭发现案件事实的最佳方式是让每一方尽可能努力奋战,以一种强烈的派系观念,让法庭注意那些有利于本方的证据。麦考利①说:"当两个立场对立的人尽可能偏颇地争辩时,"我们获得了最公平的判决,因为"可以肯定,在这种情况下,不会有任何重要的因素被忽视"。

毫无疑问,这一见解包含了良好的见识。热忱的、偏袒一方的律师有时确实能够提请法庭注意某个证据,而这个证据在一次不带偏见的询问中反倒可能被忽视。除了案件的事实因素,对方的律师也可能提请法庭注意某些法律规则的细节,若不是这一提醒,法官可能不会知晓这些细节。因此,"争斗"理论有许多我们无法放弃的宝贵品质。

但是,立场对立的律师之间的偏袒也经常妨碍关键证据的发现,或者导致关键证据的展示以一种歪曲的方式进行。我将努力向你说明:我们已经使争斗精神走到了危险的极端。

二

这在如何驾驭证人的问题上也许最为明显。假设庭审基本上是一种对真相的询问,那么在认识到证人的固有弱点的情况下,我们会竭力除掉证人作证时出现错误的原因。同时,在认识到证人的良好举止是其可信标志的情况下,我们竭力确保证人在最有利于法官或陪审团观察其良好举止的情况下作证。在充满火药味的庭审实践中,我们所做的也可能正好相反。

没有哪个商人或将军会在决定建立新厂或发动攻势之前,想到要

---

① 托马斯·巴宾顿·麦考利勋爵(Lord Thomas Babington Macaulay, 1800 – 1859),英格兰律师、议会议员。《印度刑法典》起草人,主要著作有 Critical and Historical Essays 和 History of England 1688 – 1702。——译注

让提供情报者经历庭审中证人的手足无措的体验,然后才去获得据以判断的信息。一位法官写道:"陌生的环境及其伴随的焦虑和匆忙,证人可能受到的哄骗或威吓,缺乏足以唤起可以澄清每一难题的那些回忆的提问,以及交叉询问所造成的混淆……都可能引发重要的错误和疏忽。"另一位法官写道:"在法庭上,证人作为陌生人站在不熟悉的环境中,这产生了只有他们自己才知道的窘迫。"

亨利·塔夫特(Henry Taft)是大法官塔夫特①的兄弟,也是出色的律师,他在一本书中告诉我们:"律师和法庭认为,有必要通过询问和指示来引导证人在一两个小时中放弃习惯的思维和表达方式,遵从法庭严格的程序仪式。讲实话的证人……经常被误解,这不足为奇,因为证人们紧张的反应会产生一种印象:他们或者是回避问题,或者是有意作伪证。对证人们在这种环境下所做的事情做一些解释是有趣的。一位诚实的证人在接受直接询问时,他的回答快捷、诚恳,并给人以良好印象;而在交叉询问中,他态度大变,怀疑为他设置了陷阱,因而犹豫不定,对简单的问题也斟酌良久;在被要求重复某些问题时,也似乎在'争论',也许是在抗议律师的不公正的,甚至要求法庭的保护。他的态度迥异于直接询问,这一点非常明显,给人的印象是正在回避或有所保留。"然而,法庭正是以这样引出的证词为基础,做出影响公民生命和财产的判决的。

在向法庭举证的过程中,律师起着什么作用?就像你从十几部《办案手册》的任何一部中都可以知道的,一个有经验的律师会使尽浑身解数,尽可能减少对其委托人不利的证词在法官或陪审团那里的影响,甚至当律师对于该证词的准确性和诚实度确信不疑的时候。律师认为,如果可能,他有义务制造如此作证的证人在弄虚作假的印象;如果这种证人恰好是胆小怕事者,被陌生的庭审方式搞得惊恐万状,那么,律师在其交叉询问中就利用这些弱点,以使证人混淆不清,看上去像是掩盖了重要的事实。朗格奈克(Longenecker)在其由威格莫尔②赞助的《法律案件庭审中的暗示》(Hints on The Trial of a Law Suit)一书中谈到"讲实话,诚实而过分小心"的证人时告诉我们:"一位高超的律师通过迅速的交叉询问可以摧毁这种证人的证据。"作者甚至没

---

① 威廉·霍华德·塔夫特(脱)(William Howard Taft, 1857–1930),曾任俄亥俄州最高法院法官,第六巡回上诉法院法官,1909年至1913年任美国总统。——译注

② John Henry Wigmore(1863–1943),《哈佛法律评论》的创建者之一,曾任西北大学法学院院长。撰有巨著 Treaties on Evidence。——译注

有暗示自己反对这种做法。朗格奈克的书以及其他相似的书籍向我们推介了某些技巧：律师努力刺激一位好激动但却是诚实的"对方"证人，让他以最不令人喜欢的方式展示他最不令人喜欢的性格，为的是让他无法取信于法官或陪审团。哈里斯（Harris）写道："有时，你只要让对方的证人看上去比实际上更有敌意，就可以毁掉其证据的影响力。你可以使他夸张或者隐瞒某事，然后再让他自己说出来。"塔夫特说，一个狡猾精明的交叉询问人，在对付一个诚实但自以为是的证人时，会巧妙诱使证人自陷其夸张癖性的陷阱，不仅使他的作证丧失价值，而且使提供该证人的一方蒙受损失。"——尽管这是判决所要依赖的事实的唯一证据来源……

律师不仅寻求使对方证人信誉扫地，而且要掩饰本方证人的缺陷。在庭审前会见证人的时候，如果注意到该证人矫揉造作举止矜持——这可能使他难以取信于人——则律师会教他如何在作证时掩饰这些缺点；律师要教会易怒的证人隐藏火暴性情，教导趾高气扬的证人抑制骄矜傲慢，以使法庭无从观察该证人的真相和正常的举止，因而也就无从准确估价证人。

律师们毫无顾忌地炫耀他们这些策略的成功，他们还将这种做法大加吹嘘：如果一个"对方的"诚实证人在交叉询问时的陈述似乎不和谐一致，则交叉询问者应努力使该证人无法对这一明显的不一致做出合理解释。特蕾西（Tracy）作为一位出庭律师，在自己的一本颇受褒扬的书中写道："当你进行交叉询问时，你应当抓住证人陈述中的矛盾之处，你的下一个问题可能脱口而出：'好吧，让我们来听听你的解释。'不要这样问，因为他可能要解释，如果他解释了，你的论点和揭露他的机会就都会失去。如果你适当地（包括生动有趣地）进行了交叉询问，陪审团自会看出矛盾之处，进而在他们心中产生你所期望的印象。在第二轮直接询问中，如果证人确实做了解释，这一解释会因传唤该证人的律师的要求而出现于案件审理的某个后续阶段，这比你在交叉询问中指出矛盾，更能令陪审团对该证言产生怀疑。"特蕾西补充说："在交叉询问时一定要小心提问，不要打开那扇你有各种理由希望关着的门。"也就是，不要让任何有害于本方的可靠证据帮助法庭获得真相……

通常，任何事实，如果有害于委托人，而律师又认为对方无法证明，则律师将不会承认这些事实的存在。如果律师知道，一位证人不准确的作证有利于自己的委托人，则该律师会阻碍那个可能暴露其不准确性的交叉询问。他会提出一些令对方措手不及的作证，使对方没有时间找到、会见并传唤可以反击这一作证的证人。一位出庭律师在律师协会1946年的一次讲座中说："当然，能够出奇制胜的因素应当隐藏起来。你一定不要触及你的对手还蒙在鼓里的事情。显然，陷阱不应被揭开。事实上，你可以在陷阱上再撒几片叶子，使你的对手更大胆地迈步走上他误以为是坚实的土地。"

你可以发现，如此这般的技巧被毫不掩饰地描述于众多有关庭审策略的小册子里，作者和读者都是杰出的出庭律师。这些战略——通常是有效的——是为了防止法官或陪审团正确评价证人的可信性，并且是为了隔绝那些法庭为接近真相而本该得到的证据。

一句话，律师的目标是胜利，是赢得争斗，而不是帮助法庭发现事实。他不希望法庭得出有见识的推测，如果这与自己委托人的利益相违背的话。我们目前的审判方式就相当于在一位外科医生做手术时在他眼睛上洒辣椒末儿……

三

这使我注意到争斗理论所忽视的一点：法庭的判决不仅是私事，它以法庭的命令告终，这一命令是最严肃的政府行为之一。法庭不仅是政府的一个机构，而且要记住：如果该命令得不到自愿的遵守，将导致动用警察、司法长官乃至军队。法庭的命令事关重大，法庭代表运转着的政府和有组织的社会。

除非存在某些事实，使某一法律规则起作用，否则法庭不应该做这样的命令。法官之外的任何政府官员，如果被授权，只要某些事实存在，就应为政府进行某种行动，但没有政府调查的情况下采取这种行动，会被认为是不负责任的。例如，如果一名官员被授权赔钱给遭受某种特殊病痛的老兵，如果他尽职尽责，就不会仅仅依据申请人的患病声明。政府官员会坚持一种政府形式的证据审查。法庭不也是这样做的吗？

在刑事案件中它们似乎是这样做的，以便追随一种时尚。在这类案件中人们认识到，不利于被告的法庭判决，这样重大的政府行为，如果没有某个人代表政府监督该判决是否以真实的事实——只要运用合理的勤勉，就能发现这些事实——为其正当基础，那么就不能做这一判决。因为至少在理论上，一种官方调查在刑事诉讼开始之前通常已经进行，以便揭示足以将被告带上法庭的证据。在某些司法区域，被控犯罪的贫困被告,会有政府出钱的官员——公设律师为其辩护……在刑事案件中,政府要为导致错误判决的事实错误承担责任,如果被告是因这些错误而被定罪的,则政府要对这个无辜的人进行赔偿。

在民事案件中,总体上占优势的是一种显著不同的态度。民事法庭的命令,尽管其地位丝毫不逊于刑事法庭的命令,也是一种严肃的政府行为。然而,在民事案件中,政府通常所承担的责任,即使是在理论上,也是有所不同的。这类案件的诉讼依然遵循古代的"自我救济"的传统。通常,法庭几乎全部依赖某方诉讼当事人(1)能够提供并且(2)选择提供的证据。如果某方的律师缺乏技巧或勤勉,或者该方缺乏资金以支持为获取证据所必须的审前调查,则如我所说,其结果可能是关键的可获得的证据没有提供给法庭。如果不是当事人提供的证据,无论多么重要,政府官员都没有义务去发现该证据并将其带到法庭上。

简言之,从理论上说,在绝大多数民事诉讼中,政府通过法院发布由政府强制执行的命令,尽管这些法庭命令的发出并不是以真实的事实为其正当基础的,尽管假如政府进行了合理勤勉的调查,本可以发现更接近真相的、不同于当下提供的证据。

然而,法庭在民事诉讼中因对真实事实的误解而做的判决,其后果可能像在刑事诉讼中判无辜者有罪一样严重。一个人会因一个错误的民事判决而失去工作或积蓄,变得一贫如洗,他所遭受的境遇可能像被投入监狱一样可怕。他的贫困可能使他成为公众的负担,可能使他的孩子们成为少年犯而锒铛入狱。然而,在任何司法区域内,政府都不会因一项非刑事判决给某个人造成了严重损害而负赔偿责任,即使后来证明该判决是基于伪证或者错误的证词。

我认为,在这方面我们的法律体系有某种基本的缺陷。如果一个人的钱包被盗,政府提起刑事诉讼,并且要为该指控负责。如果说一个人因违约而丧失了一生的积蓄,政府便不承担这种责任。难道政府不应该承担某种强制执行我们所谓"私权"的责任吗?

四

假定在一个"原始"社会,A 声称 B 偷了他的猪。如果这是真的,则 B 违反了一条部落的规则。但是 B 却否认偷猪的事。于是 A 殴打 B 并杀死了他。A 杀 B 的行为是否证明 B 扯了谎?这一杀人行为是否构成对该部落规则的强制执行?现在假定类似的纠纷发生在美国。A 起诉

B，声称 B 通过欺瞒的手段取得了 A 的猪。一条法律规则说，如果 B 真的干了这事，则 A 有法律上的权利要回那猪或者等值的钱。如果 A 胜诉，这一有利于他的判决是否构成对该法律规则的强制执行，即使 A 是通过伪证，或者法庭因错误地相信一个诚实但有误解的证人，才形成这一判决的？

这个问题，我曾问过一位律师朋友，他回答说："从理论上说，是这样的。已认定的事实在理论上必须被假定是真实的。"他的回答并不令我满意。我们必须接受法庭认定的事实，并不意味着当法庭裁决一个人为他所没有实施的欺诈行为负责时，就认为那条对付欺诈的法律规则真的被强制执行了。事实上，我的朋友是说，即使法庭真的对90%的案件的事实都做了错误的认定，法庭依然要强制执行这些规则。

这一结论并没有干扰强硬的犬儒学者。可以想象他会说："从长远看，法庭在发现事实过程中是否犯了许多错误，并且作为一种结果，导致了错误的判决，只要公众基本上不了解这些错误，那又有什么关系呢？……如果一条非刑事法律规则是可取的，比如，一条有关受托人对委托人的义务的规则，为什么还要费心关注特定案件中法庭是否因没有发现真相，而将该规则适用于没有违反它的人呢？公众尊敬该规则，并且它已渗透到公众的习惯中，只要公众不知道这是一次错误的适用，那么正确适用与错误适用就没有什么不同。如果你认为惩罚无辜或者对没有违法的人错误判决剥夺其金钱是非正义的，则我的回答是，那些被有效掩盖的非正义，不仅对社会无害，反而对社会有益，因为它们充当了有益的榜样。不要对这类错误吹毛求疵。"我怀疑是否会有读者同意这种犬儒学派的观点。

五

没有人怀疑，发明通过解决纠纷来维持和平的法庭，标志着人类的一个巨大进步。但是，难道我们对这一进步如此满意，以至于裹足不前了吗？难道一个现代的文明社会对于法庭的要求不应只限于排解纷争吗？我认为，我们社会的法庭的基本目标应当是特定纠纷的公正解决，是特定法律诉讼的公正判决。

纷争的公正解决，要求某一法律体系中的法庭能够并且确不懈地努力接近特定的法庭争议的真实事实。我反复强调，法庭的正义是零售的，而不是批发的。法庭在每一特定案件中发现事实的工作，因而呈现为现代法庭最重要的工作之一。尽管我对许多能干的法官充满了欣羡与敬意，我仍然必须说，这项工作没有达到其可能达到和应当达到的水平。

提示与问题

1. 柯蒂斯评论说："司法的运作不是为了引出真相，正如科学的方法不是为了从原子里提取正义一样。"弗兰克法官会同意这一观点吗？没有真相，何谈正义？

没有知识能有真相吗？苏格拉底与忒特修斯（Theaetetus）的对话是不是使问题更加复杂？

> 苏格拉底：一个完整的职业，要证明真正的信念不是知识。
>
> 忒特修斯：何以如此？哪个职业呢？
>
> 苏格拉底：那些以知识分子典范著称的演说家和律师们的职业。这些人运用技巧去制造确信，不是通过指导，而是通过使人相信那些他们希望人相信的东西。你几乎无法想象，老师们能够聪明到足以在短时间内，指导他们的听众彻底相信没有亲见的抢劫或其他暴力案件的真正事实。
>
> 忒特修斯：是的，我无法想象，但他们能让听众确信。
>
> 苏格拉底：并且通过你所谓的确信，使他们相信某种东西。
>
> 忒特修斯：当然。
>
> 苏格拉底：而当陪审团确信了只有亲见才可知道的事实，然后根据传闻证据进行判断，接受一种真正的信念的时候，他们就是在没有知识的情况下进行判决，尽管他们的定罪是正确的，他们的确信就是正确的吗？
>
> 忒特修斯：肯定是。
>
> 苏格拉底：但如果真正的信念和知识是同一样东西，则最好的陪审员也无法在没有知识的情况下具备正确的信念。因此，似乎它们又是不同的东西。①

2. 弗兰克会如何看待下面的引文？

> 正义，作为一种职业理想，在某种程度上被腐蚀了，因为有关正义的文化使人很难说律师的生活是牧师式的，而牧师的目标，除了正义之外，还有同情和希望。同情是忠告的核心，而忠告是律师绝大部分时间在做的事情。律师在绝大部分时间里不是"分配"、"运用"或者服务于正义，而是服务于那些知道和想要知道如何渡过难关的人。职业文化所声称的对正义的关切，通常与这一事业无关，它使同情成为更加困难的事情，因而

---

① Plato, *Theaetetus*, Francis M. Cornford, trans., in *Plato's Theory of knowledge* (New York: Liberal Arts Press, 1957), p. 141.

职业文化把事情搞得更糟。律师职业生涯中对希望的落实，涉及将知识和智力技巧运用为一种对真相的表达。但是，在职业文化中对正义的绝对关切，通常以强制而不是以真相的话语表达自己，由此，职业文化也使事情恶化。正义无疑是一种重要的职业美德，但不足以成为一般律师所信奉的人生理想。①

3. 在刑事案件中，国家是法律争端的一方。这一事实能否解释为什么政府在这类案件中更卖力地寻求真相，而在民事案件中则不是这样？如果法庭为解决私人纠纷而亲自进行寻找真相的询问，这是否会危及它作为中立裁判者的身份？如果是这样，如何能够避免这一结果的发生？

4. 依弗兰克的见解，在私人的诉讼中，国家和社会的利益是什么？他所建议的律师的作用是否不同于柯蒂斯的主张？

5. 法律权威们在讨论"真相"理论和"争斗"理论时，多数人是支持后一理论的。在"美国诉韦德案"[United States v. Wade (388 U.S. 218, 1967)]中，大法官拜伦·怀特（Byron White）写道：

> 法律实施官员有义务定罪，同时有义务确定没有罪及无辜。他们必须专注于使刑事审判成为确定围绕犯罪行为的真实事实的程序。在这个程度上，我们所谓对抗制，根本不是对抗式的，也不应该是对抗式的。但是，辩护律师却没有可比的确定或提供真相的义务……他必须并且乐于防止无辜者被定罪，但是……我们也坚决要求他们为委托人辩护，而无论其无辜还是有罪……我们在不罪及无辜方面的利益，使律师能够让国家自我举证，并且将国家的案件置于光线最不好的地方，而无论他认为或知道的真相是什么……作为强加给最德高望重的辩护律师的部分义务，我们所支持或者要求的行为，在许多情况下，与寻找真相的关系，即使有，也是微乎其微。

6. 刑法的例证可以典型地支持"争斗"理论。这些例证一般让人想起美国宪法赋予公民的旨在制止国家随意运用强制的那些权利。在民事纠纷案件中，比如，离婚、合同纠纷和损害赔偿案件，"争斗"理论怎样呢？在行政案件中，比如，污染控制、产品安全与标识、车间安全生产、反垄断法规、消费者保护、股票内幕交易和竞选捐款法规，情形又是如何呢？热忱的律师在这类案件中，也像他们在被告人的生命和人身自由处于危急中时一样，是适宜的吗？如果在民事和行政领域采纳"真相"理论，会对对抗制过程产生怎样的影响？律师的作用将是什么？

---

① Thomas L. Shaffer, *On Being a Christian and a Lawyer* (Provo, Utah: Brigham Young University Press, 1982), p. 162.

♣ 随着电视庭审实况的出现，法庭已经越来越多地允许新闻摄影，公众已不再只凭电影和电视剧来构思律师的形象、理解法律诉讼中的辩护了。但是，几乎任何电视节目、新闻或小说，都没有涵盖大城市刑事法庭中日常进行的、不惹人注意的、大规模的审判过程。在此过程中，双方的律师整天纠缠于大量的贫穷被告人的案件，通过辩诉交易，就罪与非罪进行谈判。下文所讲的故事揭示了更多关于法律的过程与结果中辩护、正义、真相和社会利益的问题。

第三节 "我与正义无关"[*]

詹姆斯·米尔斯

马丁·厄德曼（Martin Erdmann）认为自己可能是反社会的。6岁时，他喜欢偷偷溜过家里铺着红地毯、有旋转楼梯的门厅，向摆在那儿的棕榈花瓶里吐上一口。在扬基体育场（Yankee Stadium），他为红短袜队（Red Sox）助威；到了达特茅思，他又为耶鲁队加油。他没有很多朋友，说不需要。今天他57岁了，是一个未婚的拥资百万的律师。他曾为之辩护的罪犯，数量堪称世界第一，因为他是纽约前5位或前10位的最好的律师，他使那些罪犯比他们有权希望的要早几个月或几年回到大街上。他的委托人不是黑社会的老大、银行贪污犯或者枪杀老婆的行政官员，他为之辩护的是杀人犯、夜盗犯、强奸犯和抢劫犯——人们街谈巷议的罪犯就是指的这些人。

在25年间，马丁·厄德曼已经为超过10万的罪犯辩护，让他们在监狱少待了成百上千年，而在这些年中，他们又抢劫、强奸、夜盗和谋杀了数以万计的人。想到自己曾插手这些坏人的伤害，使他深感无聊与无关。"我与正义无关，"他说，"正义甚至不是天平的一部分。如果你说我对自己的所作所为没有道德反应，那你是对的。"

他才是对的。就像我们的对抗式的司法制度、陪审团审判、无罪推定和第五修正案一样是对的。如果厄德曼热衷于为被告人解脱有什么不对的话，那不是厄德曼的错，而是制度的错。刑法对于辩护律师而言，不意味着衡平、公正或者适当的刑罚或报复，它意味着为他的委托人争得一切可以争得的东西。也许在98%的案件里，委托人都是有罪的。正义是地区检察官的奢华享受，只有他才誓言"实现正义"。

---

[*] From *On the Edge* by James Mills.

辩护律师并没有沐浴在这高尚誓言的堂皇之中，他发现自己绝大部分时间里都在为有罪者工作，为一种司法制度工作，这一制度的基础是一项有效而又矛盾的原则：为了保护无辜者，必须放掉有罪人。

厄德曼确实是在尽可能多地解脱有罪的人。他为"法律援助社"（Legal Aid Society）工作，这是一个私人组织，它与纽约市签有合同，代表每年涌入该市多家法庭的17万9千名贫困的被告人。他主持该社最高法院分社的工作，领导55名律师，每年挣23500美元。头枕着老父亲——一位华尔街证券商留给他的几百万美金，钱对他来说没什么意义。25年前，如果不是会计告诉他，他的工资单搞混了，他所有的工资存折还会一直塞在办公桌的抽屉里。如果从事私人执业，他可以有6位数的收入，也许还有爱德华·本内特·威廉斯（Edward Bennett Williams）、李·贝利（F. Lee Bailey）或者珀西·福尔曼（Percy Foreman）的声誉。他厌恶别人说他奉献。"那简直是胡扯，唯一不能用来形容我的字眼儿就是'奉献'。我把它留给做了某种牺牲的人。我没有牺牲任何东西，我还人缘不坏的唯一原因是我有一个自我。我喜欢争胜。"

马丁·厄德曼不像一个应该争胜的人，他瘦小，没有威严，每周一的上班路上，都要把他本就不多的头发理得很短。定做的西装松松垮垮，略微曲背前倾的走路姿势，使他看起来像电影中的格鲁奇奥·马克斯（Groucho Marx）。他的脸很瘦削，紧绷绷的面皮包着骨头，薄薄的嘴唇，突出的眼睛。他住的陋屋只有一间卧室，位于曼哈顿东区，没有电视，很少接电话（"我从我父亲那儿学来这一招——他可以几小时坐在屋中，任凭电话一直响着"）。他通过明信片玩象棋，从商品目录上买圣诞礼物，除了工作和吃饭，很少外出。被告人向他借钱，总能如愿。他资助黑人学生奖学金，被"纽约城市中心"（New York's City Center）列为赞助人。他唯一的自我放纵是去康涅狄格州75英亩的周末度假营地，还有每年1个月的阿第朗达克斯（Adirondacks）单人垂钓之旅。他说："我早就发现自己是一个独立自足的人。"

像许多独处而不孤独的人一样，马丁·厄德曼情绪内敛，他以自我为中心，固执，有时刚愎任性。他还是一个失败的理想主义者。他说："我在大学时有一位英语教授，他看了我的一篇文章后对我说：'马丁，你正在寻找比小麦制成的更好的面包。'我从未忘记这句话。"

马丁·厄德曼早上4点45分起床，读书到6点30分，然后乘3英里的地铁到城里的刑事法院大楼。他摸黑儿走过空空的走廊，到自己的办公室，打开门。这时是 7 点 30 分，离开庭尚有两个半小时，就他一个人。再过 10 到 15 分钟，他的老板、刑事部主任律师米尔顿·阿德勒会来。然后，三三两两来到的有电话接线员、职员、其他律师、保释的被告、儿子在狱中的母亲、满身呕吐物的可恶吸毒者、静坐在墙边 7 把木椅上的受惊吓的人、口中骂骂咧咧的愤怒的人和头插羽毛奇装异服的精神病患者。

人潮开始汹涌之前，马丁·厄德曼坐在办公桌旁翻阅着当天的案卷。安东尼·霍华德，一个 21 岁的黑人青年，被控使用棍棒和刀具抢劫一个男人的钱夹。霍华德的母亲去探监，带去干净衣服，带回要换洗的衣服。她不知道对儿子最大的危险，不是抢劫的指控，而是在 8×6 英尺的牢房里睡在他上面的男人，罗伯特·菲利普斯。这个人 7 年前从州精神病院逃走，重又抓获，释放，然后因谋杀一位 22 岁的姑娘和一个孤儿而被捕。在精神病院又待了 3 年之后，他被宣布在法律上是精神正常的人，现正等待对他谋杀行为的审判。厄德曼翻阅着案卷，说："精神病院里的囚禁者告诉我，他们会一直被关在那里，直到承认对他们的指控。然后，他们被贴上精神正常的标签，送到这里来认罪。"他打算把安东尼·霍华德的案子交给艾丽斯·施莱辛格，一位仍然能够相信她的委托人是无辜者的年轻律师。她擅长厄德曼所说的"扎实办案"，给被告及家属的时间比案件的实际需要更长。

米尔顿·阿德勒走进来，说了一些昨天他参加的一次会议的事情，会上他与地区检察官、法官讨论了如何让更多的人假释出狱。厄德曼听着，没说什么。他的理想主义只剩下残骸，为了应付日常大事小情的压力，他老是摆出一付玩世不恭的神气。他微笑，他大笑，他刺破从其他律师那里飘浮来的天真幼稚的小气泡。听着阿德勒的话，他的脸上泛出玩世不恭的微笑。"如果他们真的减少假释，"他说，"它将是他们看到的属于被告人的最后东西。"

艾丽斯出现在门口，一位 30 岁左右的小个子年轻妇女，有一头黑色长发。她想知道如何向地方检察官施加压力，让他开启对一位保释被告人的审判，这个被告人被控抢劫罪。"我们就不能给他们点儿压力？我的委托人非常紧张和沮丧。他希望赶紧熬过审判。"

厄德曼说："当然，你随时可以提出不予受理的动议，因为缺少控方。就说你的委托人正在承受巨大的精神压力，因为有这样可怕而不公的指控悬在头上。"

"不要这样笑，"她说，"这回他可是清白的。"

厄德曼收起笑容，说："好吧，也许地区检察官正不知到哪去找被害人，不管怎么说，你的被告已经取保，为什么要催着他们找他的麻烦？因为如果他们发现了被害人，开始庭审，再假设由于某种极端偶然的原因，你的委托人被定罪，又被送入监狱，那可比现在这点儿紧张要糟得多了。"

她不太情愿地表示同意，走开了。厄德曼静静坐在办公桌旁，眼望着一大堆纸张，缓缓说道："她要学的东西太多了，她会学到的。会伴着许多眼泪，但她会学到的。"

厄德曼带好要用的卷宗，乘电梯到13层的一个法庭。他在陪审团席一把软椅上坐下，又开始看当天的30个案卷：伪造、抢劫（多半是行凶）、夜盗、贩毒、持枪袭击、放火、鸡奸、未遂谋杀。他将这些案卷排列在陪审团席前面的架子上，然后坐回去，等待地区检察官和法官。法庭里只有他一人，一个昏暗而肃穆的地方——为了显得威严，其实只是让人觉得压抑。棕色的墙壁，棕色的桌子，棕色的与教堂一样的靠背长凳，这一切吸收了头上低瓦数的灯泡所发出的微光。

一位地区检察官走了进来，厄德曼向他问起即将开审的一起绑架案的情况。"负责该案的地区检察官正在忙于另一开庭审判的案件，至少一个月也搞不完。"

厄德曼笑道："太好了，我希望他能等到被害人30岁时再受审，那也不赖。女孩儿8岁被绑架，现在11岁了。"地区检察官摇摇头，走开了。又有两位检察官来了，厄德曼同他们打趣说笑，以确定自己的存在：他比他们年长一倍，更有经验，更有知识，也更狡猾。"我的声望极高，这一点是确定无疑的，"他说，"这是精心造就的，神话在这一行非常重要。"

法官进来了，他叫米歇尔·施威特泽尔（Mitchell Schweitzer），高而瘦，灰白头发，当了26年法官，其中16年与厄德曼有密切的工作关系。他扫视屋内，向私人律师们、厄德曼和另外两名助理地区检察官打招呼。

书记员叫了一个名子："约瑟·圣地亚哥！"

厄德曼摸索着卷宗，从中抽出一份，说道："这是我的案子。"一位助理检察官看着自己桌上的一排案卷，也从中拣出一份。厄德曼和那检察官缓步走向法官席，他们边走边抽出有关资料，除了其他东西，厄德曼拿出了起诉书副本和另一位法律援助律师早些时候会见被告的手写记录。地区检察官有一份大陪审团听证摘要和被告供述记录的副本，凭这些材料，在下面的三四分钟里，法官、地区检察官和厄德曼将决定定罪的可能和刑期的长短，与此同时，被告本人就坐在法庭的被告席上，并没意识到庭上发生的一切。

审判已经过时了。在纽约市，几千名被捕者中才有一名以庭审告终。政府已经没有时间和金钱来负担冠冕堂皇的无罪推定，也负担不起只有陪审团审判才是确定有罪的最真实方式的信念。今天，政府实际上对每个被告人说："如果你愿意放弃没有证据支持的无罪声明，我们将用一个轻刑补偿你。"被告人问："有多轻？"然后是地区检察官、辩护律师和法官凑在法官席上，这番讨价还价被称为"辩诉交易"。整个过程像玩一场游戏，附带着讨价还价、议定书、规则与仪式。权力掌握在被羁押人手里，因为不断增长的犯罪已经将我们的司法体系推向一个混乱和瘫痪的边缘，被告本人成了唯一可以出来帮一把的人。政府需要认罪请求，以推动法庭尽快结案，而被告人出卖认罪请求，以换取政府唯一能够支付的现钞——时间。但是，无论最终达成怎样的量刑，这种讨价还价的真正结果却从未受到质疑。有罪者总是赢家，而无辜者总是一败涂地。

为了玩儿好这个游戏，律师必须冷酷无情。他在一个已瘫痪的体系内工作，又反对这个体系。在它倒下时，他应毫不犹豫地踢上一脚，趁它羸弱不堪时占足每个便宜。在这个游戏中，没人会比马丁·厄德曼玩儿得更漂亮。

法官施威特泽尔浏览了一遍地区检察官呈递的大陪审团听证摘要，检察官是一位名叫杰克·雷特曼的戴眼镜的年轻人。然后，法官从眼镜上面看着他们，问："你想怎样呢，马丁？"

厄德曼还吃不准，他的委托人被控在街上抢劫后，又在被害人脸上、颈上、前胸、腹部和背部连刺数刀，与此同时，被告人的同伙从背后抱住被害人。厄德曼说："他们的身份还有很大的疑问。"他看着一份警察的报告复本。"DD-5上说，被害人第二天在医院里拒绝辨认照片，因为他说无法从照片上辨认攻击者。"

"阁下，"雷特曼说，"他们在他身上打了65个补丁。"

"等一下，"法官说，并从大陪审团听证摘要里找出一段，快速读给厄德曼听："他们逃到一幢公寓楼中，警察问管理员是否看见他们，管理员说他们跑进了3-A房间，警察冲进去抓住他们，并把他们带到医院让被害人辨认。"他抬起头。厄德曼从未听过大陪审团这些听证，这证词听起来对他不那么有利。"你看，马丁，这案件没什么毛病。"

他坐直身子继续说:"我谈谈我的想法,刑期1年,先行羁押折抵刑期。"圣地亚哥已经被监禁10个月了。由于表现良好再减些刑期,这一量刑可以让他今天就出去。厄德曼表示同意。地区检察官也点头,并将材料塞回案卷夹中。"把他带来",他说。

圣地亚哥及其同案犯一起被带来。两人都21岁,个子不高,一副挑战的神情。同案犯叫杰西·罗德里格兹,他有自己的律师,这位律师也同意这个量刑。律师们向两名被告解释这一出价,告知他们,这个出价只有在他们事实上有罪的情况下方为有效。无论是法官、检察官还是律师,都不能允许一个无辜的人承认有罪。圣地亚哥和罗德里格兹一脸茫然。他们说,他们是清白的,没做任何事情。辩护席上一阵鼓噪和不安。然后,施威特泽尔问道:"你们希望再被传唤一次吗?"

"是的,阁下,"厄德曼说,"再传唤一次。"被告被带了出去,下楼回到看守所。厄德曼看着圣地亚哥的会见记录,一种油印的表格,上面有姓名、年龄、住址、教育程度、受雇单位的空格,下面是对案情的看法。圣地亚哥的陈述:"我没有罪,我没做任何错事。"他以前从未被捕,他说自己和罗德里格兹在公寓睡觉,警察突然闯进来抓了他们。在几周前的一次提讯中,他也没有认罪。

"跟他们谈谈。"法官施威特泽尔建议说。厄德曼和他的同事一起走向看守所的门口。一位法院的行政官员为他们打开门,他们从法庭昏暗、安静的棕色世界进入明亮、嘈杂、烟蒂遍地的门厅里。门在他们身后砰的一声关上了。从下面某个地方传来喊声和牢门关闭声。门警吆喝一声"开门",并引导他们走过一条黑暗的楼梯,来到一扇闩着的铁门前。里面的狱警打开门锁,让他们走进一条黄色的、像男厕般贴了瓷砖的走廊里,左边是窗子,右边是巨大的有长板凳的牢房。有20多人挤在牢房里,几乎所有人都肮脏不堪,蓬头垢面。一些胆小的年轻人孤单地坐在长椅上,其他年龄大的站在那里说话,就像在哈莱姆(Harlem)街角上说话那样自然。突然,说话声停歇了,在押的人们像期待喂食的动物,转头对着厄德曼和他的同事。另外3名律师也走了进来,不多时,话音再次响起——在押人和律师相互争论,用关于罪与罚的监狱黑话解释、乞求和欺骗:"我能让你两次乱跑[2年监禁]……我知道有个家伙得了E和一套公寓[E级重罪,1年监禁]……你想要一颗子弹[1年监禁]吗?你愿意接受一颗子弹吗?……"

厄德曼走向牢房尽头,圣地亚哥在铁栅边上等他。厄德曼把脚放在铁栅的一根横梁上,在膝上放平圣地亚哥的案卷夹和文件。他掏出一支"鸿运"（Lucky Strike）牌香烟，点燃后吸了一口。圣地亚哥注视着，然后突然开始滔滔不绝地慷慨陈词。厄德曼让他安静下来，平静地说："首先让我找出我需要知道的事情，然后你想说多少就说多少。"圣地亚哥站在齐胸高的钢制隔板间边上，另一边是洗手间。几步之外，罗德里格兹正隔着铁栅同他的律师谈话。

"如果你没做什么错事，"厄德曼对圣地亚哥说，"那么谈这个就没意义了，你将接受法庭审判。"

圣地亚哥拼命点头。"我没做任何事，我在睡觉！我以前从没遇到过麻烦。"这是 7 个月前的初次会见后，他第一次有机会向律师讲他的故事，所以拼命一吐为快。厄德曼无法制止他的滔滔不绝，也就不再管他。圣地亚哥喊道："我从没被捕过，从没进过监牢，从没有过麻烦，从来没有。我们就是在公寓里睡觉，警察闯进来把我们从床上抓起来带走，我们什么都没干。我从未见过这个人，可他却说是我们干的。连我都不知道我们干了什么，我在这里已经 10 个月了，我没见过律师什么的，我两个月没洗澡了，我每天被关 24 小时，不能刮胡子，没有热的饭菜，以前从没这样，我受不了，我要自杀，我要出去，我不……"

厄德曼此时脚还放在横梁上，掏出烟来，打断他，冷静地慢慢说道："好吧，这很简单。你要么有罪，要么无罪。如果你有罪，你可以认罪，那么他们会判你 1 年，在目前情况下，这是个好的选择，你应该这样选择。如果你无罪，你不得不接受审判。"

"我没有罪。"他说得很坚决，点着头表示肯定。

"那么你要接受法庭审判了。但是陪审团会听到：警察跟随你们进入公寓楼，管理员让警察到 3-A 房间，他在那儿抓了你们，那人又在医院认出你们。如果他们判定你有罪，你可能要被判 15 年。"

圣地亚哥对他的话全未留意。"我是无辜的，我什么都没干，但我要离开这里，我要——"

"好吧，如果你确实干了什么，你有那么一点儿罪，他们会给你折抵刑期，你现在就可以走了。"

这话奏效了。"今天？我今天可以走？"

"如果你有罪并服罪的话。"

"我可以服罪，但我什么都没干。"

"你无法服罪，除非你有罪。"

"我想要那 1 年刑期，我是清白的，但我愿意接受 1 年刑期。如果我接受了，今天就可以走吗？"

纸张开始从厄德曼的膝上落下，他抓住它们放回原处。"如果你服罪，今天就可以走，但如果你没有罪，没人会让你服罪。"

"但我没做任何事。"

"那你就不得不待在这里，等待审判。"

"什么时候会有审判？"

"几个月后，也许更长时间。"

圣地亚哥用手抓住铁栅。"你说如果我有罪，我就能今天离开？"

"是的。"隔墙的另一端有人在撒尿。

"但如果我是清白的，就得待在这里？"

"没错。"又是冲厕所的声音。

这对圣地亚哥来说太沉重了。他放开抓住铁栅的手，向后退了一步，摇摇头，转身快步回来。"可是，伙计——"

回到楼上的座位，厄德曼对施威特泽尔说："他没有犯罪记录，阁下，他也不承认有罪。你了解我对没有前科的人非常慎重——"

"你知道我也慎重，马丁。"

"他说两个月没洗澡了，他24小时被关着，他想出去，我不责备他。"

"马丁，我不能因为他要洗澡而接受他认罪。"

"当然不能。"

"你希望我和他们谈谈吗？"

"阁下，我认为这是个好主意。"

圣地亚哥和罗德里格兹又被带上来，领到紧挨法庭的一间陪审团的小休息室里。施威特泽尔向被告人宣读了大陪审团听证摘要，确保他们知道案情对他们不利。

现在罗德里格兹说他愿意认罪，施威特泽尔让他讲一讲抢劫发生当晚的情况。罗德里格兹说，他和圣地亚哥走在街上，撞见被害人并同他说话，被害人有一把匕首在衣兜里，最后被割伤了，"但我什么也没做。"

这与最初的描述有了距离，承认曾与被害人在一起，并确实有一把匕首，这对厄德曼来说已经足够。他看着施威特泽尔，"现在我相信他是有罪的。"施威特泽尔和雷特曼回到法庭。厄德曼问圣地亚哥说："你不打算认罪吗？"

"打算，伙计，我告诉过你，我要出去——"

"那么，法官会问你某些问题，你必须给出适当的回答。"他向罗德里格兹努努嘴。"他抓住被害人，你用刀刺。我们进去吧。"

他们返回法庭，站在法官席前。施威特泽尔三次问圣地亚哥是否认罪，圣地亚哥三次都拒绝回答。如果这是诱他招认的诡计，那该如何是好？精疲力竭的施威特泽尔放弃了，转向罗德里格兹。罗德里格兹认罪，被量刑。厄德曼斜靠在书记员的办公桌上，双臂交叉在胸前，怒视着圣地亚哥。这个无知、愚蠢、邪恶的年轻人，已经受用了厄德曼一大堆才智、经验和知识的帮助——但他都拒绝了。厄德曼的脸上布满了厌恶的神情。通过他的双眼，可以看见双眼背后的怒火，还有不加掩饰的、清楚的鄙视。

被告们被带出了法庭。书记员传唤一个私人律师代理的案件，厄德曼趁此机会吸了一根烟。他走到法院工作人员的一间小休息室。这屋中有衣帽柜、办公桌、冰箱、烤箱和电炉——都是陈旧破损的物件。椅背上搭着一件法警的外衣。厄德曼已经忘了圣地亚哥。他站在窗边，一只脚蹬在暖气上，眼望着"坟墓"——他的众多委托人的家，一个充满出卖、强奸、打斗、谋杀，到今年为止有6起自杀的地方。"坟墓"中的1800人有80%是法律援助社的委托人。几周之前，一些在押人不满于拥挤、蚊叮虫咬和官方的忽视，愤然决定看一下暴动会有什么收获。随暴动而来的是雪崩般的研究、讨论、调查和报告——其中一些有所帮助，一些则纯属歇斯底里。

厄德曼看着工人在骚乱过后的"坟墓"清除被烧窗子的碎玻璃和破损的长椅。"永远不会再这样了，"他说，"一旦他们发现可以通过暴动而得到善待，就永远不会这样了。今天的被告们已经在告诉法官，自己要什么样的量刑了。前几天我有一个委托人对我说，他知道这个制度已经行不通了，他们需要认罪，他也乐于帮忙，服罪，以换得8个月的刑期。有罪者能好好休整一下，而无辜者则对认罪后出狱感到压力巨大。无辜者受难，社会受难。

"如果被告们真的聚在一起，他们就真的给这个制度出了个难题。如果他们都决定不认罪，并坚持一直不认罪，又会是什么样子呢？建议的刑期会越来越短——6个月、3个月。如果这还不奏效，他们仍不认罪，也许法庭会挑15或20个人去审判，给他们最重的量刑。而如果那还不管用——我就不知道该怎么办了。被告们有主动权，而一旦他们发现了这一点，你们就麻烦了。"

两个工人站在绳索吊着的脚手架上，在"坟墓"的楼墙外向下降着。厄德曼自言自语:"封好窗子,否则会有人逃跑。"

那个顽固的圣地亚哥已经浪费了他40分钟,现在出现另一个问题。厄德曼的一个叫理查德·亨德森的委托人,说他正在福利机构的廉价居所睡觉时,突然一个男人手持木棍向他"扑来",而这个男人却说自己正努力叫醒亨德森,可亨德森"像长耳大野兔一样猛然跳起",当胸刺了他一刀。亨德森被控未遂谋杀。

厄德曼在法庭门外通往看守所的过道上与亨德森谈话。天开始下雨了。竖铰链的窗子,不透光线,又没关严,冷风凄雨直灌进来,使亨德森觉得很凄惨。他是个吸毒者,21岁,瘦瘦的,有一副深沉、失落而又迷茫的眼神,有一张悲伤而没有生气的脸,好像所有牵动笑容、蹙额、恐惧或愤怒的肌肉都被切除了。他站在那里瑟瑟发抖,穿一件肮脏的白衬衫,没穿袜子,没有鞋带儿,鞋后部被踩下去,像拖鞋一样,双臂僵硬地把手插在没有腰带的卡其布裤兜里。他沉静地告诉厄德曼,他想接受审判。

"好,你当然有这权利,但如果你有罪,我跟法官说了,他会给你1年的刑期,以前关押的日子也可折抵刑期。你在这里多久了?"厄德曼翻着文件夹,找寻日期。"半年。这样的话,如果你表现良好,再过4个月就期满了。这就看你是不是有罪。"

亨德森点头说:"对了,这就是为什么我希望陪审团审判。"

"为什么?"

"确定我是不是清白无辜的。"

"难道你自己不知道?"厄德曼又看了一眼卷宗,亨德森在医院做过心理检查,被认为法律上是精神正常的。

"我不知道。不过我有意见。"他的眼神离开厄德曼,开始仔细看着过道。他退出谈话。厄德曼望了他一会儿后,将他带回来。

"你的意见是什么呢?"

"我无罪。"

"好吧,如果你接受审判,你可能要等上4个月,然后你赌0到5或10年的刑期。即使你被无罪开释,你仍然要再过4个月。"

亨德森移动的脚步在发抖。"我明白,"他胆怯地说,"所以我想最好还是那么做。"

"怎么做?"

"接受审判。"

厄德曼就这么看着他,没有像对圣地亚哥那样有气,但却不无疑惑，想要弄个明白。

"我想最好还是有审判。"亨德森说。

厄德曼离开他，走回法庭。"准备审判吧，"他宣布说，"不必费心传唤他了。"雷特曼在文件上做了记号，他们开始进行下一个案子。

厄德曼坐在陪审团席上，接下来的几个被告有私人律师，所以他就等在那里：观察着，微笑着，他的凸眼温和地嘲笑周围那些不知就里的人，觉得很好笑。

法官在问一名被告从哪儿搞到那支子弹上膛的手枪。"找到的。"厄德曼在这个男人回答之前小声说道。

"我找到的。"那人说。

"在哪儿？"法官问。

"某个人给他的。"厄德曼说。

"某个人从我身旁走过，塞给我的。"被告说。

厄德曼微笑了。"真令人惊奇，"他自言自语，"有多大可能性让人追赶着将东西塞在被告手里——枪、手表、钱包，等等。"

另一位地区检察官叫瑞奇·洛，一位黑人——年轻，瘦高个儿，双排扣衣服，时髦，梳着非洲发型。黑人被告们进入法庭时会迅速环顾四周，他们看到一位白人法官、白人辩护律师、白人书记员、白人速记员、白人法警，然后是坐在桌子紧那边儿的一个黑人，庭上唯一的黑人，而他，却是一个敌人。洛是个从圣约翰法学院毕业的黑人小伙子，坐在有华尔街父亲、达特茅思和耶鲁法律背景的百万富翁厄德曼的身边。

但这种具有讽刺意味的对比只是表面的，在内心中，厄德曼鄙视自己的背景。他称自己与父母相比是"极左派"，而他在青年时代花了大量的时间努力让父母激进起来。法学院毕业后，他去"一家令人窒息的华尔街律师事务所"，在那里，他的首项业务是去发现佛罗里达州一家赌场是否合法地拒绝一位女委托人的长毛狗入内。他退出了，"二战"期间参了军，并加入了法律援助社。"当我碰到一个记不清在哪认识的人时，我就说：'又见到你了，真高兴，你什么时候出来的？'不管他是从大学和军队出来的，还是从监狱出来的。"

法警带进一个上了年纪没有牙齿的黑人，他有一头蓬乱的头发和数之不尽的犯罪记录：强奸、袭击、鸡奸和武装抢劫。他被控试图强奸一个4岁的波多黎各女孩。一些人驾车经过时发现这个人正坐在一段矮墙上，一个女孩儿在他两腿之间挣扎，他们解救了她。厄德曼、洛和施威特泽尔法官谈了一会儿。法官建议1年刑期。洛又看了一遍陪审团的听证记录，他一般总是附和施威特泽尔的意见，但这一次他提出反对："我不同意，阁下，我不同意。"

厄德曼讲了一些劝解的话，但洛不让步。他说："不，我不同意，阁下。如果不是这些人坐车经过，看到了那女孩儿，一切都可能发生，一切。"

施威特泽尔本人迫于地区上诉法院的压力，要了结这些案件，他给洛施加压力，礼貌而温和。他指出女孩儿并未受到伤害。

"我不同意，阁下，"洛说，"不能同意，这真令人憎恶，这——"

施威特泽尔插话："这也令我憎恶，我们仅仅是在案件日程表的意义上讨论本案。"

"阁下，我们一直在依案件日程表为法庭腾出空间。这次我不能，我不能。"他将案卷塞回夹子。"准备庭审吧，阁下。"

他回到起诉方的座位，向记录人大声宣布："人民已经为审判做好了准备。"

厄德曼一言未发。当他经过洛的座位走向陪审团席时，洛问他："马丁，我不理智吗？"

厄德曼停了一下，非常严肃地摇摇头。"不，我不认为你不理智。"

洛很沮丧。下一个案件尚未传唤，他就绕过桌子，边摸索着案卷夹，边大声说道："阁下，如果他当即服罪，我给他1年刑期。"

法官怒视了洛一眼。"你只能建议1年刑期。由我来给他1年刑期。"

厄德曼在辩护席上对被告说话，洛不住地晃着脑袋，他正遭受痛苦，他向法官席跨了一步，绝望地说："他应该得到3年的刑期，至少3年。"

施威特泽尔说："我知道他应该。"

厄德曼现在站起身，为记录起见，做了惯常的发言："阁下，此时被告希望撤回其无罪申辩，对第二项指控表示服罪，二级未遂袭击，E级重罪，这一服罪涵盖整个指控。"

现在轮到洛代表人民做接受认罪的发言，接受为E级重罪，即刑法中最不严重的重罪。他站起来说道："阁下，人民谨建议接受这一服罪申请，深感这为法庭施加刑罚提供了足够的空间，并且——"他停下不说了。下一句话应是"以正义的名义"。他坐下去，假装在卷夹上写什么东西，然后轻声地，像是希望别人听不到，低头向着桌子说：

"……以正义的名义。"

他向一位旁听者走去。"你有何感想?"他问,"我有苦难言。他企图奸淫一个 4 岁的幼女,才判 1 年刑。"

施威特泽尔退下去吃午餐了,而洛和厄德曼乘电梯下楼,洛仍然心情沉重。"如果女孩的妈妈打电话,希望知道那个试图强奸她女儿的家伙怎么处理了,我能说什么呢?"

厄德曼玩世不恭地笑笑。比小麦做的更好的面包。"告诉她:'别说英语,别说英语,别说英语。'"

曼哈顿的刑事法院大楼在东区偏南,这里是"小意大利"和"中国城"的碰撞处,一块种族意义上的无主之地,到处是纽约城最好的意大利餐馆和中国餐馆。不过,每到午餐时候,厄德曼忽略这些餐馆,继续向北走两个街区,直到运河街(Canal Street),这里是拥塞的交通要道,到处可见鲍威利街(Bowery)流落出来的乞丐。他在纽华克(Newark)以东最肮脏的餐馆里就餐,这里弥漫着杯盘的嘈杂,充斥着福米卡(Formica)抗热塑料。没有什么威吓、侮辱或论争可以说服他到别处去就餐。每天要一勺用酸奶做的软干酪、一片西瓜、一片黑面包加奶油。(他们会给顾客两片,不管你要不要,可他从不让步。)今天,他与一个朋友同桌就餐,这朋友不是律师。朋友问他:在法庭上为一个明知有罪的人辩护,并让其获得自由,那是一种什么感觉。

"好极了!绝对美妙!你在空中起舞,并对自己说:'这怎么可能?我一定做了非常出色的工作!'这是一种欣快的感觉。当陪审团负责人宣布'无罪'时,只要看看法官脸上震惊的表情,就觉得值。这贪婪的感觉,就如同你以 15 比 1 赌赛马一样,你战胜了几率、真知灼见和精明的人。"他大笑着说下去:"胜利的喜悦,使你任何的道德情感都黯然失色了。"

朋友问:"但是,如果你为一个奸杀 5 岁女孩的人辩护,他被无罪开释,1 年后又因奸杀另一名 5 岁女孩而被捕,你又会怎样呢?你还会以同样的热情为他辩护吗?"

"恐怕会的。"

"为什么是恐怕?"

"因为我认为绝大多数的人会不赞成这么做。"

"你在乎吗?"

"不在乎。"

"这不让你关注吗?"

"我不关注已发生的犯罪或者被放掉的罪犯。如果我关注，就无法执业了。我关注的是，看到每一委托人都能得到最好的辩护，如果他有20万美元的话。我不希望他受骗，只是因为周围没有人留心不让他被骗。如果你是一名医生，希特勒找到你，说你是世界上唯一可以治好他的病的人，你会为他治病的。"

"这里有多少自我的成分？"

"百分之九十九。"

厄德曼吃着他的软奶酪。一个老叫花子——满脸胡须，没有牙齿，嘴唇肿胀——把他要饭用的托盘放在厄德曼身旁，坐下喝汤，眼睛瞧着没动过的那片面包。

午饭后，厄德曼在法院的大厅里停步，买了一包糖。有人说在《时报》上看到一则消息，在这个牌子的糖中发现了啮齿动物的毛之后，正在回收5千包这个牌子的糖。厄德曼笑着又买了两包。

一位法院工作人员看到厄德曼顺走廊过来，喊道："哎，马丁，法官已经到了，开始叫你的案子了。"

厄德曼说："那你认为我该怎么做，跑着进去吗？"

狱警带进一个21岁的姑娘，被控持刀抢劫。厄德曼在辩护席上与她谈话，这时洛走过来说："马丁，E级，1年，怎么样？"

姑娘看着洛。"他说什么？他是谁？"

洛一边走开一边说："别听我的，我是敌人。"

她想知道为什么她要进监牢。厄德曼告诉她："不管是对是错，人们认为不应该被抢劫。因此，一旦他们被抢劫，他们就给出一点时间用来关押抢劫的人。"她问这1年刑期能否吸收她的另一项暂缓执行的量刑。厄德曼问洛，洛表示同意。她仍在犹豫，最后拒绝了提议。

"怎么了？"洛说，"她要1年，我给她1年，她要吸收其他的罪，我也同意。这真不可思议。他们告诉我们他们想要的，而我们却被认为是卑躬屈膝。"

"约瑟·桑切兹！"书记员叫道。一起贩毒案。

"阁下，他还没有被会见过。"厄德曼说。

施威特泽尔对洛说："让我看看案卷。"

厄德曼又说："阁下，我还没有会见过他。"

"好吧，现在就让我们看一看，马丁。"法官说着，一边翻阅洛的案卷。"只卖了一次，马丁。他没有抢劫、夜盗、小偷小摸的行为。基本上都是毒品，我想给他定E级罪，1年刑期。"洛表示同意。

厄德曼走向通往看守所的过道,狱警带来一个被告人。厄德曼对他说:"他们提议定 E 级罪,判 1 年刑。只为那一次贩毒,大约——"

被告迷茫地看着他,没说话。狱警插话说:"这不是桑切兹,马丁,这是菲尔南德兹。"

厄德曼厌烦地垂下双臂,一言不发地转身回到庭上,坐进陪审团席。一个被告人竟然在律师知道他长得什么样以前,就被审判、定罪、量刑。

法庭上的事结束后,厄德曼返回自己的办公室,艾丽斯·施莱辛格走了进来,简略对他讲了自己的一个委托人的情况:一名妇女,明天要进施威特泽尔的法庭。艾丽斯说:"她绝对没有罪。"她走后,厄德曼的微笑变成了怅惘和怀旧。他自言自语道:"对谁有罪谁无罪有一种绝对的感觉,这一定非常美妙,我真希望还有这种感觉。"

阿德勒走进来,他问厄德曼:"我能对他们说什么?杰克说他要离开,因为工作在嘲弄他。他说他原以为是在为被蹂躏者辩护,但却发现他们充满敌意,还对他撒谎,所以他要离开。艾丽斯过来对我说:'这个制度对罪犯来说太美妙了,对无辜者却是一场灾难。他们中的一些人一定是无辜的。'对此,你能说些什么呢?"

"你什么也不用说,"厄德曼回答,"因为这都是真的。"

"不,你要说在一个好的政府制度下,绝大多数人得到公平的对待,但不可避免有少数人得不到公平的对待,"他看着厄德曼,"你认为这太伤感吗?"

"我认为你是一个盲目乐观的人。"①

阿德勒转向办公室的另一个人。"他说我伤感,叫我盲目乐观的人。你知道为什么?因为这是真的。"

厄德曼笑道:"那有什么区别?"

那天晚上,厄德曼回到家,躺在摇椅上喝了 3 杯苏格兰威士忌,与一位前法官共进晚餐时又喝了两杯。借着酒力,出现在这位前法官主持的纽约大学法学院晚间讲座上。10 名学生坐在有靠垫的不锈钢转椅上,会议室里铺着红色的地毯,所有的一切都新颖、豪华和摩登。人们希望他讲一讲陪审员的遴选和庭审中的战略战术。在这些题目上,他被公认为是大师级的人物。

他打开一包烟,点燃了,俯身在桌上。有两个学生是女孩子。大

---

① Pollyanna,源出美国作家埃莉诺·波特(Eleanor Porter)创作的小说。——译注

多数的男生穿着牛仔裤,蓄着长发。厄德曼了解他们眼中的目光。他们认为会有无辜的委托人,他们认为将服务于同胞、社会与正义。他们不明白,他们将要为之服务的是这个制度。他希望给他们讲一些生活的事实。他开言道:"你们是推销员,你所要卖的产品是没有人特意去买的。你要卖的是一个非常有可能有罪的被告人,"他们望着他,"所以你要伪装你的产品,用正义来包装它,使它成为正义的符号。你要让陪审员相信你是真诚的,相信你所卖的产品其实不是这个被告,而是正义。你必须让他们相信,受审的不是被告,而是正义。"

学生们留心听着,没有人做笔记。"你的工作在庭审之前和之后,——陪审团遴选和辩论总结。两者之间是一堆丑陋的证据。在选择未来的陪审员时,你要在他们看到你的产品之前,在他们听到证词之前,卖出你的产品。你还要种下辩护的种子,软化控方的打击。如果你知道一位警官将作证说,被告刺了一个老太太 89 刀,你不能回避这一切。你最好自己提出来,告诉他们将要听到一位警官作证说被告人刺了老太太 89 刀,然后,当作证来临时,你就不会突然倒抽一口凉气了,甚至可能给陪审团留下一个警察在撒谎的印象。"

一个女孩子提到"坟墓"里的暴动,问厄德曼怎样才能给予在押人迅速的审判。在暴乱中,在押人要求少些拥挤,改善饮食,消灭老鼠和害虫,这些甚至都得到友善的狱警的支持,但他们所谓迅速审判的要求,尽管得到新闻界强烈的支持,却是不那么真诚的。"坟墓"里的在押人基本上每个人都是有罪的,或者是被控的罪行,或者是稍轻的相关的罪行。在押人知道,他或者认罪,或者在审判后被定罪,并且还要服刑。他还知道,延迟对他是有益的。证人消失,警察遗忘,被害人失去复仇的愿望。随着检察官看到自己案件的萎缩,他们不断降低要价。同时,"坟墓"里在押的时间,可以折抵量刑后的刑期。厄德曼想向学生们解释这一切,但他知道不会有太多的人相信。

他说:"让我来纠正你们的错误想法,你们以为'坟墓'里的在押人希望受到迅速的审判。其实,他们中绝大多数都犯有某种罪行,他们最不想要的就是审判。他们知道,如果每个案子都能在 60 天内进行审判,那么,承认武装抢劫所换得的 1 到 3 年的刑期,就会升到 15 到 25 年。"

一个学生问:"保释的被告又怎样呢?"

"保释在外的人几乎永远不必接受审判。如果你能让你的委托人获得保释,即使有审判,那也至少是 3 年以后的事。案卷会从一个地方检察官的抽屉深处转到另一位检察官的抽屉深处，直到它化成灰烬或者地方检察官同意折抵刑期的申请。"

一位学生问到辩护律师对诚实的责任，这引起了厄德曼的微笑。他说："我仅有的责任是对我的委托人的，我自己不作伪证，不说谎，而我的委托人，愿怎么扯谎就可以怎么扯谎。"

法院深陷困境，以至于在押人感到像在噩梦中一样，在司法浑沌的流沙中下沉隐没。在骚乱后的惊恐中，为了缓解"坟墓"的过分拥挤，成立了一个特别法庭，以利于让那些因各种上诉而被带到"坟墓"里等待听审的被告人尽快回到州监狱去。一个被告满怀愤怒地走进法庭，他因用雨伞将人刺死而被判在星星监狱（Sing Sing）服刑 20 年至终身监禁。1 年前，他被带到纽约进行上诉审的听审。他没有得到听审，11 个月来没见过律师。最后，在法庭上——说不准什么时候他还要重来一次，如果能够重来的话——他愤怒地向法官大声叫喊。警卫向他围拢过来。

法官将事情搞定，安排在下周进行听审，被告被带了下去。在"坟墓"这个地狱外缘（limbo）又待了 1 年，他终于得到了判决。法官等到门在囚犯身后关上后，看着厄德曼，又看了看地区检察官和厄德曼的身后。他说："现在这人得到了喊冤的机会。"

自从理查德·亨德森的案件之后，那个不知道自己是否有罪的贩毒者准备接受庭审了。他每天都回到施威特泽尔法庭下面的看守所里——等待那几乎不存在的审判机会，因为他的律师、地区检察官、法官和法庭必须同时为审判做好准备。每天，他坐在看守所里，等待上面法庭叫他的案子，等到了，又被忽略过去。除了明天再来，没有任何确定的结果，再一次被叫到，也不过是为了再一次被忽略。像这样过了几天之后，厄德曼再一次跟他谈话，看他是否改变了主意。他还是老样子——同样的衣着，同样的死无表情，同样疯狂地坚持庭审。厄德曼试图鼓励他服罪："如果你犯有某种罪行的话。"

亨德森仍然要求审判。

"今天会怎么样？"他问道。

"不会怎么样。他们会另定审判日期，而那个日期，意味着像他们定的任何日期一样长。你只好排队等候。"

亨德森找出臂上一个蚊子咬过般大小的伤疤。"其他囚犯威胁我，"他说，"他们不断问我的案情，我做了什么，我应得什么处置。"

"你怎么说？"

"我没回答他们，我不想谈这个。"

亨德森是顽固的。厄德曼离开他，走向法庭。

厄德曼对法官的不尊重（施威特泽尔是个例外）是强烈的、广泛的，以至于时常可以归结为阶级仇恨。当厄德曼手下一个年轻律师被判藐视法庭罪并罚金 200 美元的时候，他离开施威特泽尔的法庭，冲过去救援。他与法官争论，哄骗他撤回定罪处刑。等到出了法庭来到走廊上时，厄德曼神情中充满嘲讽，愤愤地说："他是个恶霸，我要把塔克尔（厄德曼手下的一名高级律师）派到这儿几天，对他说'没有服罪请求'，让他尝尝苦头。"他做了一个记录，然后又团成一团。"不，我要亲自来，这次要记录在案。"厄德曼记起来，两天以前，那位法官的小轿车在法院门前被盗了。"我本该告诉他不要因卡迪拉克被盗而过分伤心。"

厄德曼说："只裁决法律问题，而把罪与非罪留给陪审团去裁决的初审法院法官太少了，地区上诉法院的法官也好不了多少。他们是摇身一变为夫人的妓女。"

你想做一个法官吗？

"我想——那还要看我是不是能成为我心目中的那种法官。但你成为法官的唯一办法是玩儿政治或者买政治——而我甚至不知道时价。"

厄德曼还在走廊里大骂那个藐视什么的鸟罪名。这时，一名律师跑过来说，一个被告因杀人被关在"坟墓"里 5 个月了，却拒绝了折抵刑期和缓刑的建议。厄德曼急忙回到法庭上。被告人和他的女友一起玩一种"打了就跑"的黑人区游戏，游戏者轮番用铅管击打对方。他说他游戏时喝醉了，不知道打他女朋友有多重。他们两人都晕过去了。第二天早上醒来时，她已经死了。他没有前科，法官考虑一个极轻的刑罚，律师和地区检察官也同意了。无论法官、检察官都没有心情听被告进一步讨价还价。厄德曼与被告交谈，很快让他认了罪。杀人只判 5 个月。当他离开法庭时，一位地区检察官说："马丁，你放跑了谋杀犯。"

厄德曼兴奋地说："我总是在放跑谋杀犯。"

他回到办公室，艾丽斯·施莱辛格经过他的办公桌时，厄德曼记起早上《时报》登载的有关安东尼·霍华德的消息，他与一名精神失常的人关在一个牢房里，这个案子厄德曼 3 周前安排给了艾丽斯。

"喂，艾丽斯，"他向她打招呼，"祝贺你赢了第一个案子。"

她耸耸肩。一位名叫詹姆斯·芬奇的律师走过来，厄德曼对他说：

"别忘了祝贺艾丽斯,她刚赢了第一个案子。"

"真的?"芬奇说,"太棒了。"

"是的,"厄德曼笑了,"被告叫安东尼·霍华德,他的同监狱友昨晚勒死了他。"

每天晚上,马丁·厄德曼都穿城而过,到剧院区一家法国小餐馆就餐。他总是坐后排角落里那同一张桌子,背朝着其他顾客,没有别的客人时他格外高兴。餐馆老板和老板娘总是乐意见到他,一旦他不来,他们会打电话到他的公寓,看是否有什么不对劲儿。

不久前,他很不情愿地同意一名记者和他共进晚餐。记者问:25年来,他为之辩护的人中只有一个无辜者,他是否依然乐观。

"你永远也不能明白,知其有罪比知其无辜更容易。无论如何,如果你知道被告有罪,那辩护就容易多了,你没有使其免于不公正刑罚的责任。"

"你对今天的法院和司法制度有何感想?"

"我认为是向人们说明实情的时候了。每个人都这样胆怯,没有人愿意告诉公众:原拟用来清理混乱的那些最低限度的措施现在不管用了。如果只有两条路进出纽约,而某个人问'我们有什么办法解决交通问题'?回答将是'没有,除非我们修更多的路'。你只调整一下红绿灯是无济于事的。只对法院修修补补也是无济于事的,我们需要更多的法院,更多的地区检察官、更多的法律援助机构和更多的法官,这将花掉很大一笔钱。如果平均每人50美元可以保证不遭行凶抢劫、夜盗和强奸,那么我不知道你能凑多少钱。纽约有800万人吧?你能凑2千万美元吗?如果你为了提供一个有效的刑事司法体系而要花2千万,你能得到多少?人们更关心的是平安而不是公正。他们为法律和秩序而花钱,否则他们会遭行凶抢劫。"

"出路在哪里?"

"我从不认为这是我的难题。直到今天,一切都是有益于被告的,他也是社会共同体的一员。当你说'人民诉约翰·史密斯'的时候,约翰·史密斯也是人民的一部分。作为一名法律援助律师,我认为让一切平滑运转,以便给我的委托人更长的刑期,这不是我的难题,这是法院的难题。"

他停住不说了,想了一会儿,心潮起伏。"这是错误的态度,我觉得是这样。不过,地区上诉法院从未征询过我的意见:如何为被指控者改善司法环境,推进正义。他们从未问过这个问题,就只关注如何清理案件日程表，就只关注如何让这帮坏蛋尽快入狱，并在里面待得更长。不是问这些话——肯定不是。这许多年里，他们从未问过如何让被告得到更多的正义。这就是为什么我不太关注这个制度。"他气愤、冷漠，不再说话，只关注一块羊肉。

"我一累了就喋喋不休。"他说。

几分钟后，他又开言了："你听着，其实我不认为这个难题有什么解决，不会比交通难题解决得更好。你只能在难题之内尽其所能。"

"会有一天，车都根本没办法走了吗？"

"会的，如果每个被告都拒绝辩诉交易而只要求审判，1 年之内，这个制度就会垮掉。需要 3 年延迟才能等到审判，监狱骚乱也会持续，被告将列队上街了。"

"当这一切发生时，您将做什么呢？"

"这是个有趣的问题，到那时做什么都晚了。过不了多久，一切就太晚了。"

每周五，厄德曼只让自己用半天时间在法庭处理案件日程表，下午 1 点 35 分乘公共汽车去康涅狄格州的丹伯里（Danbury）。从那里驾车去到罗克斯伯里（Roxbury）的别墅，整个周末就在那里散步，在小花园里种点什么，"并且和自己聊聊天"。他有一座三层的小楼，和一个堆满杂物的阁楼，一个地窖装满几年前就保存好的水果酱，可能从来不吃，有一间图书室，散放着没有读过的书籍和杂志。一条小溪从一片欧洲赤松林流出，流过他的花园，经过一座小桥流到下游的村里。他沿着小溪走过，驻足在桥上，望着水中的鳟鱼。他从不在那里钓鱼，他说："它们是我的朋友，你不能抓自己的朋友。"

周末的大部分时间，他都用来哄骗鲜花和蔬菜与他合作。"我最关心西红柿，因为我喜欢吃。最难种的是玫瑰，它们需要不断呵护，所以我不再种了。"他喜欢郁金香，花了近来的 4 个周末，将朋友从荷兰寄来的 400 棵郁金香球根种下。"它们不难弄，你只要挖 400 个小洞，把它们种下去，明年开春就长出来了。唯一的问题是鼹鼠。鼹鼠翻地找害虫吃，而老鼠却利用鼹鼠翻地，去吃郁金香的球根。几年前，我曾拿着喷枪去寻老鼠，随即意识到，老天，这是大自然啊，老鼠可不知道人不希望它们吃郁金香球根，所以我放弃了喷枪。我不能和某种出于自然本性做事的东西作对。"

郁金香都种下了。上午 9 点，厄德曼回到办公室，翻阅《时报》。他注意到一则短消息，说的是法律援助社以前的一位委托人，25 岁的同性恋者雷蒙德·赖文·摩尔，被指控在酒吧里枪杀一名警察。他曾在"坟墓"里10个月，在法庭露过24次面，坚决不认超过轻罪的任何罪。他进"坟墓"时205磅，慢慢瘦至155磅。他以前未曾入狱。他被5次移送医院进行心理观察，每次又都被送回"坟墓"。他两次自杀未遂。因为与狱警动武，摩尔被罚在一个小铁箱中单独禁闭20天，唯一可见天日的是铁栅的小窗和门上一个4英寸宽的玻璃孔。上周末，当厄德曼面朝土背朝天地为郁金香球根挖400个小洞时，摩尔脱去床垫外的罩布，结成一根绞索，吊在铁窗栅栏上自杀了。

厄德曼慢慢合上卷宗，面无表情地递给隔桌的律师，他什么也没说。

那天中午，厄德曼回到施威特泽尔法庭下面的看守所，透过栅栏问一个贩毒者，是否有人愿意为他担保。

"我在这里无法与任何人取得联系，伙计。"

"我能为你去联系吗？"

"能，我妈在辛辛那提。"他正要把电话号递给厄德曼，这时狱警要开门塞进更多的人，厄德曼向一旁让开。其中一个在押人是理查德·亨德森，那个想要审判的毒贩。他走进来，面色迷蒙，无精打采。他一气儿走到牢房中央，停在那里，向前直视。足有3分钟，既不挪步，也不旁视。然后，他两步走到长椅边，坐下，将双手放在膝间，在那里搓着双手。

5个小时后，施威特泽尔法官就要结束这一天的案件了。旁听者都离开了，只剩下法庭工作人员。每个人都疲惫不堪。为了加快进度，施威特泽尔告诉狱警把今天没有处理完的看守所里的人都带到法庭门外，等待叫他们的名字。出现了5个人，他们的案子都已被延期，现在只不过是清点一下，以确保没有遗漏。

最后一个是亨德森。一名狱警架着他的胳膊走了进来，一个人说："这是亨德森，他被延期了。"

狱警刚往法庭里跨了几步，听到这句话后，迅速让亨德森回转身，带他走向门外。亨德森迅速经过法庭时，留下了像是挥鞭甩出的弧型。他以狱警为轴环望一周时，死寂、麻木、僵尸般的眼神，其中有着某种东西触动了在场的每个人，看来非常怪诞，又陌生，又可怜，每个人都禁不住苦笑了一下。

提示与问题

1. 厄德曼说："我们需要更多的法院、更多的地区检察官，更多的法律援助和更多的法官……"又说:"就只关注如何清理案件日程表,就只关注如何让这帮坏蛋尽快入狱,并在里面待得更长。……这许多年里,他们从未问过如何让被告得到更多的正义。"如果正义不仅是一种"清理案件日程表"的行动,提供更多的法院之类的东西,如何会导致更多的正义?

2. 你觉得如果厄德曼相信被告没有得到正义,就阻挠地区检察官和法官,直至司法体系瘫痪,这样做是否合乎正义?

3. 为什么法官和律师很在乎让被告在法庭上公开陈明自己服罪?

4. 辩诉交易的主要目的是什么?是恢复原状、威慑、报应或者其他?

5. 那些对监狱制度丧失信心的法官或律师,允许被告通过辩诉交易离开监狱,这样做适当吗?狱中的境况影响量刑的过程吗?

第四节　法律的终结*

雷克斯·珀什贝克尔　德布拉·里恩·巴塞特

……

25 年来,关于法律在美国的作用,多数的解释都声称发现了并进而谴责我们社会日益增加的法制化。叫喊诉讼过度了,要求回归更少法律统治的社会,这些呼吁都是我们经常听到的声音,并且经常以一些令人无法容忍的案例来加以说明。尽管这些对诉讼的描述中有一部分是基于事实的,但绝大部分的描述却反映了特殊利益群体争取政治和法律优势地位的努力。关于事实上并不存在的所谓诉讼"危机"的巧言和讨论,其实掩盖了一个更少为人所知,但却更有潜在深远影响的相反趋势:我们通常理解的——法律规范形式的——实际的"法律",正在让出其在法律过程中的核心地位。法律规范从公共核心的淡出,就是本文所鼓吹认定的"法律的终结"。

法律的终结呈现了多种形式,既是一种后果,也是被过分夸大的"诉讼爆炸"的副效果。以法律规范形式存在的法律的被侵蚀,在主流或公众的讨论中没有被清晰地理解,因而重点反而是对付一种谣传中涨潮的法律掠夺。然而,在民事和刑事领域发生的这种侵蚀,有一种使法律的定义和本质发生转型的威胁。

本文主张,使诉讼顺畅快捷的善意努力,原本要服务于它们意图中的目的,但这些努力所导致的程序,却无意之中在实际效果上带来

---

* Rex R. Perschbacker and Debra Lyn Bassett, "The End of Law," *Boston University Law Review*, 84 B. U. L. Rev. 1, pp. 1–62, February 2004.

了法律的终结。法律是至少有两个主要目标的社会建构。一个目标是提供行为规范——告知人们什么是可接受的行为边界，在边界之内，人们可以我行我素，超越了边界，人们会遭受某种惩罚；另一个目标是提供一种纠纷的公开解决。然而，试图控制诉讼过度的努力，已经导致一系列的旨在使诉讼程序顺畅快捷起来的"改革"，其中一些改革可以追溯到几乎60年前，它们正在极大地掩饰和减少法律规范的可见度和实际应用。因此，控制所谓"危机"的企图，消极地影响了对法律的更基本的理解，即，法律是社会规范的携带者和传播者。随着数量巨大的法律适用躲开了公众视野，公民不知道法律是如何被解释和落实的。不仅如此，非常可能出现这样的情况：法律在非公众场合以不一致的方式被适用和落实。由此，诉讼设置和程序中的这些变化，正在促成法律本身的毁灭。

威胁"法律"的这些过程，可以归入3个一般范畴：（1）私人化（privatization）；①（2）掩盖；（3）清除。这些趋向和设置为的是驾驭增加的法制化，它们从公众领域，进而也从诚实的讨论和测试中，除掉了实体法；它们歪曲了被适用的规范，将法律变成它自己的讽刺画；它们导致法律氛围和全景的消失，导致制度能力的贬值和毁灭。在审判的层面上，案件的驾驭、处理过程与做决定之间有了真正的紧张关系，而做决定才是对法律规范的测试和适用。的确，现在，如此之多的法律已被隐藏，以至于上诉法院不得不创制法律，修正错误，而全然没有真正意识到什么构成了可适用的法律。

……具有讽刺意味的是，这个"法律的终结"是由法律的保护者、守护者和传播者引导的，同时是由相当广泛的、对法律各怀好恶的个人和机构鼓励的。然而，法律的终结，其后果不仅影响深远，最终毁灭法律的德行——它们定义了美国和其他地方的法律，而且将会损害美国和全世界的"法治"的基本品格……

什么是法律

依照《布莱克法律词典》，这个所有美国律师和法科学生都熟悉的知识来源，法律，"在其最一般的意义上，是一个关于行动或行为的规则体，它们由支配性权威所规定，并且有法律上的拘束力"。法理学的

---

① 这里的"私人化"是广义，指包括仲裁在内的、非经法庭审判的纠纷解决。——译注

主要思想流派在法律的定义上观点纷呈，这也反映了琢磨一个有效定义是多么困难。尽管定义法律是困难的，尽管什么是法律的基础仍然是可争议的，法律这个人造物仍然保持了它被广泛接受的核心意义……

特别是最近一些年，"法律"变成了"纠纷解决"的同义词。依我们的观点，这种将"法律"与"纠纷解决"等同起来的倾向，过度狭窄，易生误解。只从法律中掘取纠纷解决的成分，并将这一部分作为整体法律的同义词，这样做，导致一种错误而有害的特性描述。这种错误的特性描述在法律现象的终结中起到了巨大而显著的作用。"法律"至多不过是解决纠纷的一个过程，这种观点去除了法律的规范内容和规范强制，减少了法律在秩序社会中的意义。此外，将法律作为解决个人纠纷的一种基本方法——其弊端有目共睹，急需迅速整修——这种观点导致鼓励和扩散替代的纠纷解决方法，既是私人寻求的，又是司法提倡的。在一个较低的程度上，这个观点还有助于增加那些旨在使诉讼顺畅快捷起来的设置和程序。这些后果导致一种压力，进一步减少了作为一种规范要素的法律的可用性和影响力。

将"法律"的特性描述为"纠纷解决"，就是将焦点从服务于多重目的的、复杂而多面的"法律"，转向一种简单的设置。运用这种简单的手段，任何一种另类方法都可以替代传统的法律过程，因为最终的目标只不过是找到特定当事人之间特定纠纷的解决。如果这种解决被找到，工作也就结束了。通过采用这种狭窄的"纠纷解决"，更广泛的"法律"领域中的其他考虑，包括提供规范和社会控制，充当公共论坛，指导未来的相似情形，创制先例，以及将裁决汇编起来，以备直接或类比运用，等等，所有这一切，在没有得到明确思考的情况下，就都被漠视和抛弃了。

……法律最好是被理解为多重目的的体现。"法律"的一个目的是执行立法、行政和司法中创制的规则和特定案件标准，通过推理形成裁决，进而为相似情形创制行为规范，为指导未来而创制先例和裁决汇编。"法律"的另一个目的是提供公共论坛，以定纷止争。两个目的的共同的必要基础是这样一个前提：法律和法律程序是公开的。私下的、秘密的法律或法律程序，既不能提供塑造他人未来行为的信息，也无法提供一个公共论坛。

法律的终结：被私人化的法律

通常说来，导致法律衰落和可能终结的路径，既不是故意的扼杀，也不是自然的、无可回避的事件链条,而多半是一些过程的无意结果。具有讽刺意味的是,这些过程本意是要改进法律过程,或者是要应付一个有限资源体系中增加的程序费用。许多这样的改变导致纠纷的私下解决,导致法律被掩盖,以致消失。在审前阶段,为使民事诉讼过程顺畅快捷而进行的改变,包括速审指定(fast-track designation)……以及更多地运用其他纠纷解决的办法,比如仲裁和调解……

速审指定,单独看来,只是简单地设定一个提前的最后期限和审判期限,因而表面上没有影响到法律程序的公开性。然而,我们有理由担心,在它适用时,加速的日程和审判期限迫使当事人进行和解……

法律诉讼中的"职业赌徒"现象也有鼓励和解的作用。与一生中可能只参加一次诉讼的多数人不同,一些机构实体,比如保险公司,可能是定期参加诉讼的当事人。基于此类案件的特殊性质,这种"职业赌徒"可能有一种特别的和解冲动,为的是避免可能导致大量相同法律诉讼的相反先例。

法律的观念有时带有某种神秘的气息,法律的行话,对外行人来说多半是陌生的程序,法律执业限于那些受过高等教育且在特定的州取得职业执照的人,这一切,都增加了法律观念的神秘色彩。尽管如此,人们广泛接受的观念仍然是法律程序必须在公开场合进行。法律程序的公开性是普通法的一个特征,而公开审判所具有的持续的核心性和重要性,从宪法中可以找到明确的印证。

作为宪法权利的公开审判,虽然只是明示为适用于刑事程序,但法律程序的公开性,在民事诉讼中也是显而易见的。虽然一些特定程序可能因各种理由而不对公众开放,但是,非公开的或者说"神秘"的法律程序,传统上只存在于为数有限的背景中,比如大陪审团询问和军事法庭。甚至是陪审团不在场的动议听证,比如证据反对,也都会被法庭书记员记录在案,以备上诉法院审查。法律和法律程序的公开性是先例概念的一个重要组成部分……

虽然经常以被告人的权利来论证公开审判的合理性,但是,公开审判使被告人和整个社会同时受益。

与法庭角色有关的独立的公共利益,在第一修正案中找到了依托。第一修正案所保护的利益,在三个主要方面有别于第六修正案所保证的公开审判。第一,它的基础是被宪法保证的言论自由所包括的公开讨论和个人自治的权利,而不是对于在特定案件中获得公正结果的关注。第二，因为涉入审判的当事人并不直接关心第一修正案衍生的隐私权，但从程序角度看，即使当事人有义务服从不公开审理，公共利益仍然要求进行单独的检视。最后，这项权利既适用于民事审判，又适用于刑事审判，这不同于第六修正案明示适用于刑事审判的权利。

社会从公开审判中获得的益处，不仅包括公众监督程序不当的能力，而且包括为教育的目的或者仅仅是出于好奇而观察程序的能力。

防止司法滥权，便利真相揭示，昭告宣示公众，或者更概括地说，让法律和法律程序始终处于公众视野之内，是否从上述各方面看待问题，对于法律本身来说是极为关键的。从而，在美国，"法律"这一术语是包括一个对其含义至关重要的公共维度的。不幸的是，和解及其他新近的程序改变，虽旨在令诉讼顺畅快捷，但其伴生的反面效果却是使法律过程避开了公众的视线。

无论和解是否通过传统的谈判或某些替代性纠纷解决（alternative dispute resolution，简称ADR），它都是令人忧虑的。进入正式法律诉讼的当事人，一旦选择了自愿和解，这种忧虑就产生了，因为它将诉讼带离了司法场合，进而带离了公共论坛，留下的只是一份私人的和解协议，而不是一项公开的司法裁决。在民事案件中，和解合同中通常包括的秘密协议，进一步遮蔽了具有根本意义的信息、推理和结果。不仅如此，和解意味着折衷，即，双方所同意的结果，其实都是对他们相信自己有资格享有者的调整。因而，通过和解所达成的"正义"是大可质疑的。在刑事案件中，辩诉交易是民事和解的类似物，由其共生的利弊所决定，潜在地危害着宪法的实体保护，包括取得律师帮助的权利，以及无罪推定。

和解的压力会持续到审判阶段……判决的要约通常发生在审判之前，但也能发生在审判过程中，这时候，确定责任和确定赔偿的程序一分为二，因而也是一种转轨装置。

当一起正式诉讼的和解动机，甚至压力，不是来自当事人，而是来自法官的时候，更深切的忧虑就产生了。

一旦法官鼓励和解，就会产生某些相同的后果：诉讼，从公共论坛转向私下了结，而最终的解决，非常可能是一份私了协议。但是，由于这一过程牵涉了法官，因而会有其他的衍生后果。法官们可能重手压服当事人和解了事，在此过程中，法官们可能提出对案件活力的评价。由于法官的传统作用是不偏不倚的，故而这些评价可能产生不适当的分量……

当和解成为处置法律权利主张的主要手段后,就生成了一个秘密法律的制度。这并不是说法官在和解的努力中是违法行事的。然而,法官在这种会面中运用的法律版本,几乎肯定是比较主观的,被裁剪得更适合达成和解,而不适合问题的解决。毫无疑问,法官在和解中适用的"法律",其范围是广泛的:既有公开审判时适用的法律和权威判决,也有高度个人化的、为各方当事人裁剪的版本,意在强调他们各自面临的困难,同时还有纯粹专断的特别规则,目的只在于促成默许乃至投降。

"法律"本身并不直接适用于这样的制度,代为适用的是"影子"法律。它耗尽法律的活力和力量,使其丧失指导和劝服的能力。即使案情相同,不公开的和解也容易生出不同的结果。原因很简单,和解条款通常是保密的,不对其他潜在的诉讼当事人开放。这种不同处遇的潜力,违背了最基本的公正理念:相同情况,相同对待。

虽有这些缺陷,法院还是热衷于和解,而全不在意和解是否妨碍生成有价值的先例,或者毁坏既存的先例……

不仅如此,加倍努力通过其他的纠纷解决方式了却案件,有损于作为先例为我们公布的司法判例的适用。今天,"一般的"案件都是在未经裁决的情况下解决的,只有反常的案件才最终进入法庭,由陪审团裁决或者由法官判决。

对和解的广泛认可,从两个方面促成了规范性法律的消失。第一,作为和解的结果,被决定的案件减少了,而和解的诉讼"失去"了司法和公众的监督。这意味着,法律的主体得以适用其规则和标准的、正式的、公布的各种决定大大减少了。第二,和解歪曲了法律,因为它们典型情况下是保密的,无法构成合法的先例……

在完全不涉及回避和掩盖法律——尽管它们也促成了法律的终结——的范畴内,还有仲裁和私断(private judging)两种过程。虽说仲裁和私断也是纠纷解决的可选择的形式,但它们所提出的问题,既相似,又截然不同于前面讨论的和解问题。

在某些形式的仲裁中,双方当事人可以在纠纷产生之前同意由第三方解决任何未来的民事纠纷,这种情况下,当事人之间的合同中典型地规定了仲裁条款。另一些仲裁形式,尤其是前置于司法的仲裁,还有私断,都通常是在纠纷已然产生,有时甚至是诉讼已经开始后,才发挥作用的。

与谈判达成的和解不同,典型的仲裁是一种强制的、有拘束力的决断，当事人不能走开，不能另行选择……

有资料显示，仲裁条款的使用增加了。有价证券业的雇员回扣，卫生保健业的医疗服务使用条件，健康保险业的保险前提，银行和金融业的标准客户合同，以及雇主为非工会会员设置的雇用合同，等等，这些事项与合同中都在固定地使用着仲裁条款。

尽管仲裁作为传统诉讼之外的一种更加快捷的选择而被推崇，但这种快捷是有代价的。仲裁人通常并不写出意见，而是下发判定（award），只说明谁获胜并获赔偿。仲裁人不必为其判定提供任何理由，缺乏当事人的同意，也不受前例的约束。另外，与仲裁相关的行为中，一般也没有证据展示。仲裁程序典型情况下是私人性质的，不适用《联邦证据规则》（Federal Rules of Evidence）。

随着公众视野之外的、毫无先例价值的私下程序的进行，仲裁虽在解决纠纷，但却没有为法律做出贡献，也没有为公众提供信息。仲裁条款和仲裁程序的增加，意味着越来越多的潜在法律未能生成。

私断是仲裁的一种类型，双方当事人要正式出席庭审。这种俗称"租借法官"（Rent-A-Judge）的程序在加利福尼亚州特别流行，在那里，该程序得到制定法的授权。在私断中，双方当事人雇请一位退休的法官听案，然而给出一个决定。像传统仲裁一样，这个程序也是在公众视线之外进行的，其结果也是保密的，所以它也没有先例价值。然而，与传统仲裁不同的是，证据规则之类的法律规则和程序在此一般是适用的。另外，这个程序结束后，一方当事人可以寻求一次新的审判，并且可以上诉。

私断虽然表面相似于一次法庭审判，但它也有其令人忧虑之处。私断能够比传统听审更快地提供解决，不过，只有财力雄厚的诉讼参与人可以受用这种益处。不仅如此，私断使富裕的当事人能够雇请自己单方遴选的仲裁人，继而在公众视野之外进行庭审，除非上诉，否则无法设定任何先例。没有可见度，缺乏公开性，也无先例指导，这一切都是法律终结现象的重要组成部分。

和解、辩诉交易、仲裁和私断都是长期存在的观念。尽管不乏缺陷，但这些替代选择还是服务于一个有价值的目的：法庭可能无需充分庭审和决定每一起诉的案件。然而，特别是随着仲裁的兴起，天平开始从公开的、司法上的纠纷解决，倾向创制被私人化的法律过程。其中，非司法的决定者也在适用一定范畴的法律规范，从近似法律（或影子法律）到被私人化的法律（类似仲裁），再到非法律（比如违反现存法律规则达成的解决)。这些过程不仅制造了规范适用的不一致,而且是在公众视野之外进行的,其结果不外是既掩盖了法律,也歪曲了法律……

法律的终结:回避和掩盖法律

……

法律的终结,是无数意在使法律程序顺畅快捷起来的革新造成的,这些革新都打击了"法律"本身的核心部分。被私人化的法律虽说肯定促进了这一现象,但它只是这一进程的一部分。无论是通过传统的谈判和解,还是运用替代的纠纷解决方法,有一点是可以肯定的:私下的解决消除了法律程序的公开性,将公共论坛出卖给私人,既未设定先例,也不遵循传统的证据规则及其他程序规则。这些设置和程序,根除和损毁了潜在的先例,歪曲了公众视野中的法律。源自"正常"案件的"正常"法律被隐藏起来,留在公众视野之内的都是些非常的、反常的或者怪异的案件和程序,这便进一步损害了公众视野中的法律体系……

对于法官、律师和诉讼当事人而言,法律可见度的下降,其影响有着许多不寻常的实际衍生物。涉及相似事实和相似法律要点的案件可能已经尘埃落定,但却没有留下可以仰赖的先例,也没有关于权利主张的成功可能性及其潜在价值的指导。涉及相似事实和相似法律要点的案件也可能没有最终解决,只是导致了一个未发布的意见,或者可能只是揭示了基本结论,但却几乎没有给出分析性指导。涉及相似事实和相似法律要点的案件甚至可能导致了一个发布的意见,而如果这个决定,在不提供详尽法律分析的情况下,只宣布规则或标准,然后就简要总结说这些规则或标准被满足了(或者没有被满足),那么,这样的决定意见是无所助益的。

当法律可见度降低的时候,全体公众都会遭殃。在法律有助于建立行为规范这个意义上,如果法律指导不存在了,或者如果法律不为公众所知,公众就不会知道行为的预期和后果。不仅如此,当公众的理解仅仅是"绝大多数的诉讼都不进入审判,而是通过和解解决"的时候,就可能导致一种玩世不恭的看法:诉讼、律师和原告都受到贪婪的驱使,寻求的只是从被告那里得到"回报"。当绝大多数的诉讼都不进入审判时,就意味着只有非常的、也许甚至是怪异的案件才能得到审理。从得到审理案件所占的较小百分比来看,一旦高度公开的都是些古怪案件——根据它们的事实、权利主张或者裁决——就会强化公众的一种看法：法律是琐屑的、愚蠢的和荒谬的。

这些考虑，要求重新评价当前所理解、使用和创制的法律的性质。从进入法学院第一天起，法科学生所受的教导，就是先例的重要性和基础性。在评价委托人的权利主张时，律师寻求先例，为的是提出特定的法律要点，以适应特定的事实。先例之可得或缺乏，形成了律师解决案件的办法，驾驭着律师走向或者背离特定的论点和类比。不过，这些走近先例的办法都是以这样的主张为基础的：先例既有代表性，又反映了法律的状态。而这个主张可能不再是事实了。

如果我们走近一个已被决定和公布的案件，但着眼的角度却是：我们读取的案件是一个异类，而不是一个原型，那么，我们可能就不再将先例视为严格的、限制性的，而仅仅是提供了一条出路，但又不是唯一的出路。这种办法的结果可能是混合的：既扩大了有力而有用的论点，也扩大了脆弱而无用的论点。然而，在任何情况下，这个着眼角度都非常准确地反映了可得先例的现实。

再者，有用的先例——将法律的目的确定为建立行为规范——要求的可不只是一个最终的结论。就像我们告诉一年级法科学生的，傻子也能从书里照抄一条白纸黑字的规则，是什么使"照抄"变成了"理解"？又是什么将白纸黑字的法律转化成先例？是法律分析。这是一些"如何"与"为什么"的问题。详尽的、按部就班的分析是法律教授在考试答案中期待的，这种分析也应当是司法决定所需要的。

为有用的先例提供它所需要的、详尽的、按部就班的分析，并不是要求一个人在规则和标准或者在司法极简主义和司法极繁主义之间做出选择。它并不要求在裁定的宽泛和狭窄问题上采取什么姿态，它只要求无论运用什么规则或标准，法院都要分析该规则或标准是如何适用于这个特定的事例的。

结 论

对于延迟和效率的忧虑，导致了新的设置和程序，但却没有充分注意这些新的程序对于法律本身的影响。规范意义上的法律正在消失——被那些隐藏法律的程序所遮蔽，被那些消除现存法律的程序所根除。这些程序的后果是法律被私人化，歪曲规范，减少案件的解决和解释，失去法律的全景。私下解决的膨胀，对上诉审的限制和改变，未予公布意见的增加，法庭取消程序令（vacatur）的使用，这一切都帮助掩盖了法律，并且只在非常的案件中创制法律，同时，甚至在那些已有实际决定的案件中，先例也正在减少。尽管这些设置和发展是有用的，采纳它们仍然是短视的，因为它们没有经过充分的反响检视，而只着眼于将法院从另外的纠纷中解脱出来。难道说，只要纠纷当事人有了私下的替代解决，而法院又空无一人，这时候我们就算达到目的了吗？

提示与问题

1. 珀什贝克尔和巴塞特坚持认为，随着法律走入冲突的秘密解决，它正在丧失其公共司法的职能。如果这些纠纷的当事人满足于这样的解决，那么其他人是否知道细节又有什么关系？如果律师关心的只是服务于委托人法律之内的最大利益，并且如果这要求私下和解，那么，是否应当随它去呢？

2. 关于律师的那些章节中，似乎对法律的命运形成了相似的结论，即，法律为社会提供正义的能力受到了威胁。这些威胁大部分来自对法人和经济法律难题的强调，而这种强调是以个人的法律难题为代价的。思考当前热点的"侵权法改革"的政治话题。这里的政治性花言巧语一直将法人刻画为热忱的律师、失控的陪审团和贪婪的原告人的受害者。在为数不多的法律领域里，法人仍然可能成为并不富裕的个人起诉的被告人，侵权责任和根据诉讼效益收费的律师就似乎处在这个领域，在此，法人的价值观和个人的法律权利纠结在一起。侵权法的清晰编码，以及律师、政客和媒体在侵权法改革运动中的作用等问题，可以参见：William Haltom and Michael McCann, *Distorting the Law: Politics, Media, and the Litigation Crisis* (Chicago: University of Chicago Press, 2004). 还可参见：Michael L. Rustad and Thomas H. Koenig, "Taming the Tort Monster: The American Civil Justice System as a Battleground of Social Theory," *Brooklyn Law Review* Vol. 68 (Fall 2002), pp. 1 – 122.

3. 关于当代的"反律师运动"及其批判的神话，马克·加兰特尔写过一些有实际内容的东西。他最近的研究，以实证数据的形式，显示了前面阅读材料所描述的过程的影响。在"失去的审判"一文中他描述了这种新的"反法律"运动。他写道：

> 在这种新出现的观点看来，法庭的主要作用，不是阐释和落实公共规范，而是促成纠纷的解决……对判决和宣告的信任正在走下坡路，这不仅限于法院，在关键的选民——著名的法人——中间，这种不信任更加明显。这些法人欢迎这样的观点：美国已经陷入了"诉讼爆炸"，拆解了社会纤维，损害了经济。在这种观点看来，审判不仅昂贵，而且有风险，因为陪审员都是贪婪的、反商业的、"失控的"。尽管有大量的证据压倒性地反驳了这些主张，但这种信念受到传言的支持，得到媒体的强化，已经成

了"占支配地位的常识"。①

托克维尔将律师主要视为可信任的难题解决者——调解纠纷，平息社会中的反叛因素。托克维尔坚决主张，律师这一角色对于使民主发挥作用极为重要。然而，如果律师们什么也不做，只是帮助人们消除分歧，而且是在没有审判、没有陪审团、不向公意暴露其结果的情况下这样做的，那么，他们在民主中还能发挥同样重要的作用吗？在 21 世纪，关于律师，可能提出的问题是：在法律执业中，法律到底有多重要？

参考书目

Abel, Richard L. *American Lawyers.* New York: Oxford University Press, 1989.

Anderson, John C. *Why Lawyers Derail Justice.* University Park, PA: Pennsylvania State University Press, 1999.

Auerbach, Jerome. *Unequal Justice.* New York: Oxford University Press, 1976.

Byrnes, Robert Ebert, and James Marquart. *Brush with the Law: The True Story of Law School Today at Harvard and Stanford.* Los Angeles: Renaissance Books, 2001.

Caplan, Lincoln. *Skadden: Power, Money and the Rise of a Legal Empire.* New York: Farrar, Straus, Giroux, 1993.

Carlin, Jerome E. *Lawyers on Their Own.* New Brunswick, N. J.: Rutgers University Press, 1962.

Galanter, Marc, and Thomas Paley. *Tournament of Lawyers: The Transformation of the Big Law Firm.* Chicago: University of Chicago Press, 1991.

Granfield, Robert. *Making Elite Lawyers: Visions of Law at Harvard and Beyond.* New York: Routledge & Kegan, Paul, 1992.

Harr, Jonathan. *A Civil Action.* New York: Random House, 1995.

Haskell, Paul G. *Why Lawyers Behave As They Do.* Boulder, CO: Westview, 1998.

Heinz, John P., and Edward O. Laumann. *Chicago Lawyers: The Social Structure of the Bar.* NewYork: Basic Books, 1983.

---

① Gargoyle, Alumni Magazine of the University of Wisconsin Law School, Madison, Winter, Vol. 31, No. 1 2005, 34.

Jack, Rand, and Dana Crowley Jack. *Moral Vision and Professional Decisions: The Changing Values of Women and Men Lawyers.* New York: Cambridge University Press, 1989.

Morello, Karen Berger. *The Invisible Bar: The Woman Lawyer in America: 1638 to the Present.* New York: Random House, 1986.

Nelson, Robert L. *Partners with Power: Social Transformation of the Large Law Firm.* Berkeley: University of California Press, 1988.

Pierce, Jennifer. *Gender Trials: Emotional Lives in Contemporary Law Firms.* Berkeley: University of California Press, 1995.

Sarat, Austin, and Stuart Scheingold, eds. *Cause Lawyering: Political Commitments and Professional Responsibilities.* New York: Oxford University Press, 1998.

Scheingold, Stuart A., and Austin Sarat. *Something to Believe In: Politics, Professionalism and Cause Lawyering.* Palo Alto: Stanford University Press, 2004.

Spangler, Eve. *Lawyers for Hire: Salaried Professionals at Work.* New Haven, Conn.: Yale University Press, 1986.

Stevens, Robert. *Law School: Legal Education in America from the 1850s to the 1980s.* Chapel Hill: University of North Carolina Press, 1983.

Turow, Scott. *One L.* New York: Putnam, 1977.

Wilkins, David A. "Everyday Practice Is the Troubling Case: Confronting Context in Legal Ethics," in Austin Sarat, Marianne Constable, David Engel, Valerie Hans, and Susan Lawrence, eds. *Everyday Practice and Trouble Cases.* Chicago: Northwestern University Press, 1998, pp. 68 – 108.

白人与黑人共同组成的陪审团,1867 年

The Bettmann Archive, Inc.

第四篇　陪审团

> 如果要我来决定人民最好是在立法机关被忽略,还是在司法机构中被忽略?我会说,将人民置于立法机关之外会更好些。法律的执行比法律的制定更为重要。
>
> ——托马斯·杰斐逊

♣ 每一种文化,由其结构和深刻信念所决定,都必须回答这样一个问题:社会共同体应在何种程度上并以何种方式参与法律过程。对冲突的处置,可与日常的人类生存相分离,并委托给专业人士,或者,这些职能可被广泛分配给公民们,成为表达或抗拒当前社会信念和行为准则的手段。要回答这一有关参与的问题,关键在于法律同集体生活和个人自治的关系。

当然,从某一观点来看,冲突总是由"人民"通过自己的行为制造的,并且是由他们的信念定义的。但是,社会的分工、劳动的专业化和国家的兴起,已经造成法律机构与社会其他部分如此彻底的分离,以至于如果不问及社会共同体的参与问题,便无法对法律进行研究。在建立或加强社会共同体团结的过程中,法律的功能是什么?在决定个人自由的范围时,集体的价值观起了怎样的作用?法律所强加的判断标准,反映的是公众整体的价值观,还是特殊利益群体的价值观?是社会当权者的价值观?还是一种神的或其他超验道德源泉的价值观?过去的智慧所形成的标准,如何与当前价值观的变化和文化中权力的现存分配相平衡?

冲突的裁决,如同立法政策的制定,是一种统治形式。关于这种统治,人们可以追问:"谁是政治上的统治者?"但是,人类冲突的深度、模糊性和复杂性,不断提出更广泛的问题,因为纷争无可避免地涉及对集体信念和价值观的质疑,而法律则权威性地界定了质疑者与文化之间的关系。

研究社会共同体参与法律的形式,因而成为检视文化的一个重要方面的手段。在下面各章中,我们提供了有关陪审团的诸多资料,目的不仅在于尽力了解这一法律机构如何运作，还且在于尽力了解这个形成并继续使用陪审团的社会。例如，关于这种参与的起源和最后命运，通过对神裁、陪审团和"诱供麻醉药"（truth serum）的比较，我们可以知道些什么？关于多亚群（multiple subgroups）的美国的含义，同阶陪审团（a jury of one's peers）的定义又告诉我们什么？这里的材料以及其他相关资料，用法哲学家卡尔·卢埃林的话说，是邀请读者将对于冲突和法律机构的研究作为"照亮社会本质的烛光"。

运用陪审团作为确定真相并探查、表达社会共同体伦理的场所，英美法系在这方面几乎是独一无二的。在为消除法律专业垄断而设立的正式法律机构中，陪审团是最显著或许也是最有效的工具。

第十四章开始，我们以纲要的形式检视陪审团审判，将陪审团置于历史和文化背景之下，并且推测美国人基本价值观的变化是否最终使陪审团审判成为历史旧迹。这个纲要以时间为线索，描述法律机构的历史发展如何同步于文化的历史变迁，而未来的审判预示着一种可能令我们不大舒服的未来文化。

第十五章考量了陪审团在我们社会中的政治重要性，并且直接正视公众统治的问题。阿列克西·德·托克维尔，一位法国律师和作家，考察了近170年前美国的这些问题，认为陪审团基本上是一种政治机构。他指出：陪审团审判还向普通公民心中灌输法律文化，从而使政治影响既从法律机构流向人民，又从人民流向法律机构。托克维尔对陪审团似乎矛盾的描述，在今天看来还有多少准确性？对这一问题的回答是否有赖于陪审团否决制（jury nullification）的地位？通过陪审团否决制，陪审员可以不顾法官的指导，径行确定刑事案件中的法律和事实。第十五章中的内容让我们去评价：作为一种公众参与法律的工具，陪审团应有多大的权力，以及陪审团的权力和缺乏这种权力的政治后果。这个问题不断困惑着法律学者、公众政治组织、法院以及美国社会的研究者们。关于陪审团权力的同一问题，可能也处在当前诸多斗争的中心位置。这些斗争围绕的问题包括："侵权法改革"，对集团诉讼的限制，保护某些法人不受陪审团审判所确定的责任和赔偿判决的管辖，等等。

第十六章有关陪审团遴选的新资料显示，陪审团作为社会共同体价值观的声音，其政治作用具有格外的重要性。同阶陪审团的遴选，保障了公正审判，如果运用得当，有助于在公众心目中塑造法律体系的合法性。但是，界定什么是同阶陪审团，还要求回答这样一个问题："谁属于美国？"第十六章聚焦陪审团遴选中两个领域的难题：关于性别差异对陪审团遴选及其合法性的各种态度所产生的影响；以种族为基础的对陪审团参与的质疑，这也是一个似乎不可解决的难题。这些难题渗透到美国文化之中。但是，谁属于美国这个问题，在一个多元文化的社会中总是棘手的。在美国的社会背景下，答案不仅有赖于陪审团审判作为法律过程是否适当与充分，还有赖于一个社会持续的公正与活力，在这样的社会中，所有的人都有资格参与正在进行的界定美国的过程。

最后，第十七章的资料推定：基于第十四章至第十六章的内容，已然得出这样的结论：陪审团对于美国民主实验的存续是一个至关重要的机构。本章提出的问题是，陪审团审判在美国是否依然存在？本章内容将有助于评价美国陪审团制度历史上与当前的变化，以及被某些人视为有意的、对民事案件陪审团审判的攻击，是否已经造成作为一种法律和民主机构的陪审团的衰落。就法律体系的整体运作而论，陪审团的运用并不很多。大多数的民事案件都是在庭外和解或者由法官审判的，而超过85%的刑事案件是以辩诉交易而不是以陪审团审判告终的。马克·加兰特尔教授的一项新近研究也得出结论：无论是审判的绝对数，还是以审判为代表的司法处置的百分比，在过去几十年里一直在减少。加兰特尔认为，这是"背离裁决中公众责任的决定性建制"① 所致。尽管如此，陪审团依然具有象征意义，被运用于许多最为著名和最具公共意义的案件的审判。既然我们似乎希望陪审团成为公众参与法律并通过法律来履行社会责任的一种重要形式，则我们就必须检视陪审团制度中发生的诸多变化，以确定这些变化是加强还是削弱了陪审团的重要性和有效性。

既然本篇引言以托马斯·杰斐逊关于民主制中陪审团审判重要性的名言开始，就可以用阿列克西·德·托克维尔对于陪审团审判可能衰落及陪审团审判在美国民主制中所生后果的警告作结：

> 凡是选择以自己的权威进行统治，指挥社会而不是遵从社会的指导的人，都摧毁和削弱过陪审团这一机构。

第四篇要问的是：陪审团如何以及是否在衰落？陪审团是否正在遭受批评？这样一种衰落对于美国文化正在变化的性质来说意味着什么？陪审团审判的式微是否将民主置于危急之中？最后，在陪审团机构的不断虚弱中，谁受益？益处何在？

---

① Http：//www.marcgalanter.net/Documents/papers/thevanishingtrial.pdf.

第十四章　历史和文化背景中的陪审团

♣ 简单说来，现代的小陪审团或称庭审陪审团（petit or trial jury）被委以这样的职责：在特定案件中确定事实并运用法律。大陪审团，某种更大的公民群体，有责任决定公诉方是否有足够的证据确保对某人提起正式的刑事指控，即，制作大陪审团起诉书（an indictment）；或者，在某些案件里，决定应否签发大陪审团起诉书，即使检察官不情愿提起指控。为了理解陪审团审判的功能及其与产生、发展它的文化的关系，我们要检视中世纪英格兰陪审团的前身及其在 21 世纪审判中的潜在后继，这些后继的基础是 DNA、诱供麻醉药和其他询问"真相"的技术。这里的根本问题是：引导我们接受和赞赏陪审团审判——将其视为正统——的那些文化信仰和历史背景，以怎样的方式限制了我们接受其他形式的法律裁决？必然引伸出来的问题是：我们接受某些参与性较小的法律裁决形式，是否促成了对已经支撑我们两个世纪的基本民主价值和信仰的一种腐蚀？

如果我们勾勒一条时间脉络——从中世纪的神裁审判，经由启蒙运动所赞美的陪审团审判，到以科技为基础的未来的审判，就会发现，这些机构性的法律人工制品揭示了文化信仰体系中的某些重要内容，而正是这些文化，使用或者发明了这些法律制品。关于今天的法律政策要点和未来的法律的性质，这样一种有关陪审团审判的历史和文化观点能够告诉我们什么呢？在怎样的条件下，我们情愿放弃通过陪审团服务来共同参与正式法律的义务？我们正在转变的文化价值观和经验对于陪审团制度的强与弱可能产生怎样的影响？今天对于陪审团审判的成功抨击可能以何种方式导致明天的基本文化信仰体系的改变？

神裁审判，正如 12 至 13 世纪英格兰所使用的，是以对上帝的信任为基础。以神的介入来确定被指控者有罪还是无辜，从而解脱法官和他人做出决定的责任。更为重要的是，神裁表达了一种信念：生活中发生的或者世界上存在的每一件事，都是神意的直接表达。由于中世纪英格兰社会中宗教信仰的力量，神裁，以及王室对其结果的强制执行，被接受为一种正统的法律制度。

　　神裁审判最有趣也最有意义的一个方面在于，它需要一位神职人员的主持。比如，火与热的审判，要求被指控者将手探入一锅沸水，从中取出几块小石子。这些石子很快被扔掉，疼痛的手立即用干净的布包扎起来，并由法官加以封印。一位神职人员要主持这个仪式，3天后，再当场去掉手上的包扎，宣布这只手是化脓了，还是痊愈了。既然关于疾病的细菌理论还是500年以后的事，就不可能想到要对眼前伤口的感染与痊愈之间的差别做科学的解释。如果神职人员宣布伤口感染，被指控者就是有罪。这是上帝的判决，而在场的神职人员和国王的法官，肯定又增加了这一结论的合法性。

　　从21世纪回眸望去，这种法律制度是大可批判的。它既非与被指控的真相有什么理性联系，又非与所得结论有什么科学相关。由于神职人员受到自身关于被指控者、被害人或者所犯罪行的知识的影响，他可以轻易形成自己对于这一明显是暧昧的境况的判断。多种的偏见，从个人态度到私下的和国王的报复，可能都会渗透进来，扭曲判断的"真实性"。神裁本身似乎就是一种惩罚，甚至对那些被宣布为无辜的人也是一样。

　　但是，我们不能简单地宣布神裁依附于愚昧或愚蠢，因而唾弃它。其实，它既不愚昧，也不愚蠢。甚而至于，在古人对精神存在的明确赞赏中，触及了某种重要的、为理性和科学年代所忽视的东西。至少，我们能够看到，正是他们的共同信仰导致他们接受神裁，正如我们的另一种共同信仰导致我们拒绝神裁一样。

　　陪审团审判与神裁审判似乎很难说有什么不同，像一块硬币的两面，它们分享了同一个中心。我们今天对于陪审团所具有的几乎是神秘的崇敬，与彼时公众对神裁的崇拜也许难分轩轾。两种审判为不同社会制造的真相的确定性和决定的可接受性，都达到了该社会定纷止争和用权发威所必须的程度。

　　陪审团和神裁的区别不在于它们的功能，而在于这两种看似背道而驰的制度所服务的社会主流文化价值观。中世纪英格兰指望的是上帝的判决和教会的权力；21世纪的美国，作为宪政创造者们开明价值观的继承人，指望的是理性和对所有个人的平等道德价值观的尊敬。既然陪审团审判是神裁审判的后继者，我们便可通过大体检视两者的历史结合点——13世纪的英格兰，来获得某些启发和教益。

　　英格兰最早的陪审团要做的不是确定罪与非罪或者民事责任，而是代表国王进行指控，以此扩展王室的权威。在国王尚须拼命扩展"法律"，以控制冲突的私力解决的年代，亨利二世于1166年以《克拉伦登法》（Assize of Clarendon）使陪审团直接控诉书（presentment）成为全国性制度。通过它，每村有12名地方骑士或"自由守法之男性"受命提出谋杀、偷窃或纵火的指控。被告人受到这样的指控之后，不得不进而面对"水的判决"，也就是水的神裁或审判。

时至13世纪前半叶，某种更像我们所知的陪审团审判的东西出现在英格兰的谋杀案件中。那些觉得自己是"因恶意和怨恨"而被控谋杀的人能够从国王处取得一个"令状"（writ），让他们有资格得到12名"具结担保者"（recognizor）的审理，以确定指控是否恶意所为。如果这12个人裁定指控是恶意的，则无须神裁。如果裁定指控并非恶意，神裁审判就势在必行。这种初步的确认，不是针对有罪，而是针对指控的诚信，随着越来越多的被控谋杀者自然而然通过这种确认寻求避免神裁，这种确认为王室带来了可观的税收。

伴随这种程序的发展，教会严厉打击神裁，并且给予陪审团更大的发展空间。1215年，也就是英王同意《大宪章》的那一年，罗马第四次"拉特兰会议"（Lateran Council）禁止神职人员举行任何与神裁有关的宗教仪式。这一决定的原因尚不清楚，但没有了宗教的首肯，这种定罪体系开始丧失其合法性，在国王的法官那里也产生了实质的混乱，弄不清如何能够达到对罪与非罪的确定。在接下来的混乱与摸索中，陪审团审判开始成为决定事实要点的方式之一。但是，这还不是我们今天所体认的陪审团审判。

运用彼时被称为陪审团审判的方法，其核心难题似乎是公众不愿将其接受为一种确定有罪的合法手段。尽管越来越多的人运用陪审团来确定谋杀的指控是否恶意，但大多数人的一般态度似乎依然是对神裁充满信心，因为它是上帝的判决；而对陪审团的裁决缺乏信任，因为它是人的判断。事实上，1275年以前，国王甚至对臭名昭著的重罪也并不觉得有理由交付陪审团审判。在这一意义上，人们宁愿接受一次确定谋杀是否恶意的陪审团审判（place themselves on the country），有些人死于严刑拷打（像三明治一样被两块木板夹着，慢慢向上加石头），也不愿接受一种其定罪意味着放弃土地和动产的陪审团审判。陪审团审判形成时期的关键问题在于，这种制度能否赋予决定以合法性，或者它是否太过神秘、异端和陌生，以至于无法委之以如此重要的任务。

虽然人的心意开始转变,但从我们的角度看,早期的陪审团至多是一种过渡性程序,尚未理性化,甚至没有在程序中固定下来。事实上,它非常相似于庭审前的讯问,目的是提出指控(陪审团起诉书)或者确定可征税财产的存在[1066年的《末日裁判书》(Domesday Book)]。陪审团不是听证,并基于证据做声称是公正的决定,而单单是依靠自己对当地事务的知识。随着国家的法官开始巡回审判,法官们在每一村内都召集一个陪审团,这些人被赋予义务:根据他们所知道的或者能够自己找到的任何东西,确定被指控者是有罪还是无辜。事实上,通常是行使指控职能的陪审员出现在庭审陪审团中,并且,审判对象也许主要是这个人在村中的总体声誉。15世纪之前,证人甚至不被允许向陪审团提供信息;几乎到了1700年,被指控者才获得强制证人出庭作证的权利。陪审团审判此后的历史,尤其是在美国的历史,可以从本书中的"邓肯案"和托克维尔的分析中去追寻。

从美国现代的法律过程观点看,无论陪审团有怎样的缺点,它确实服务于这样的目的(甚至是在当时):解脱了国王的法官决定有罪或无罪以及民事责任的义务。在此过程中,陪审团将权威的核心从国王转到臣民,从一人之治转到多人之治,并最终转为法治,尽管这还不是完全的现实。陪审团开始将解决纠纷的正当决定之权,从上帝转给同样是神秘存在物的理性人。至17世纪,这种转型又因个人主义的开明哲学、理性主义和我们现在所谓"法律的正当程序"而不断累积。隐私的价值和个人的神圣性,作为个人生活和政治民主中的一个决定因素,被添加到早期的美利坚合众国在陪审团方面的经验之中。同样,个人良知和对社会共同体正义感的体认,对于陪审团在法律中的作用也是至关重要的。至1954年,支配着陪审团审判的价值观已变得如此神圣,又如此鲜为人知,以至于一次探究其运作的学术尝试,竟然遭到参议院司法委员会(Senate Judiciary Committee)国内安全分会(Internal Security Subcommittee)的调查,立法还禁止记录陪审团的评议。时至今日,陪审团评议仍然像20世纪50年代那样被小心翼翼地保护起来,但是,减少陪审团所耗费的金钱和时间的呼吁,显示出陪审团在美国精神中的重要性也许正在衰减。

也许陪审团在法律过程中的某种作用要求这种保护,甚至要求这种神秘,惟恐我们合法的决定制作过程命丧客观自觉之手——就像英王13世纪的神裁命丧变化中的宗教和文化之手一样。无论如何,陪审团的象征作用都不逊于它的实际功用。

令陪审团审判合法化的那些价值观,紧张对立于某种尚不为人所知的、使一种更科学的审判形式——使用诱供麻醉药或者基因分析的审判——合法化的价值观。这种紧张关系可以从加利福尼亚州一起在其他方面都属普通的刑事案件"人民诉柯林斯案"[People v. Collins, 438 P. 2d 33(Cal. S. Ct., 1968)]中得到生动说明。本案涉及两个被控抢劫的人:一个梳马尾辫的金发碧眼的白人妇女,和她的丈夫,一个留着连鬓胡须的非洲裔美国人。在庭审中,控方能够提供的只有间接证据。除了被害人,没有目击者。被害人所能提供的信息仅仅是:一个梳马尾辫的金发碧眼的白人妇女抢了她的手包,逃离时,钻入一辆等候的黄色敞篷汽车,由一个留着连鬓胡须的非洲裔美国男子驾驶。也许是自觉案件有点薄弱,检察官延请了一位数学和统计学专家作为证人。

这位专家证人作证说,根据检察官提供的一系列可能性,他的统计学计算结果显示:"被告人(拥有被害妇女指证的明显特征者)无罪,也就是抢劫实际由另一对具有相同明显特征的一对男女所为,这种可能性只有一千二百万分之一。"陪审团给两个被告人定了罪。上诉审中,加利福尼亚州最高法院推翻了定罪。在审查了控方假说中的一系列统计学错误以及能够实际证明的事项之后,法官萨利文(Sullivan)说到了法庭拒绝专家证词并推翻定罪的核心理由:

> 面对一个生出可能有罪的指数公式,没有几个陪审员能够抵抗诱惑而不倾情于这些指数;……毫无疑问,陪审员们受到了数学证据展示的神秘的不当影响,但却未能评价其相关性或者证据价值。

这里的神秘指什么?是某种类似神之介入的神秘吗?正是这种神秘,使13世纪的英格兰臣民无法接受由陪审团审判代替神裁审判。陪审团审判的神秘,连同它对普通人的理智和判断的信仰,能够被数学和科学专家的权力推翻吗?萨利文法官正在捍卫陪审团审判不被某些信仰慢慢蚕食吗?正是这些信仰,与产生陪审团审判并使之合法化的信仰体系格格不入。萨利文会不会担心,21世纪的美国人从陪审团审判中找到的缺陷,如同我们从神裁审判中找到的一样多?

"人民诉柯林斯案"是否提前警示了未来将在法律机构以及使之合法化的那些文化信仰方面发生的基本转变?对这个问题的思考,应当着重于什么因之而处于危急之中。如果你愿意,想象一下,在未来的审判（Botein and Gordon's *The Trial of the Future.* Simon and Schuster, 1963.）①之中，一旦发生导致法律案件冲突，证人或者被告人被注射诱供麻醉药后，准确发现实际发生的真相的可能性高达 99.9%。现在轮到医师而不是牧师充当法官了，简直就像被倒回的录音带。再也没有机会撒谎或者误解。只有有罪者受罚，只有无罪者获释，再也不必检视那些可能提出为各种犯罪辩解的正当事由和可宥理由了。

必须诞生什么样的文化信仰，才能使一般民众将某一审判制度视为合法？确实没有犯罪的社会？超出合理怀疑的保障和效率？这样一些受益是否值得失去隐私、反对自我归罪的权利、对抗国家无所不在的权力的正当程序保护？这种法律机构的兴起和陪审团审判的消亡，标志着对普通人理智和判断的信仰的有效终结吗？一种基于科学之神秘、用以确定罪与非罪的、占有支配地位的新的文化和新的法律机构，会不会盲目崇拜专家，并且将个人淹没在对安全、一致性和不受羁绊的国家权力的需要之中？

习惯于神裁的智慧之人，宁愿牺牲生命也不愿受陪审团审判，我们距离这样的年代已经很远了。对于他们来说，普通人的判断是神之介入的糟糕的替代物。今天的智慧之人可能发现自己面临着新型的审判，在确定罪与非罪的古老难题中，它们代表着科学之介入。我们要坚守陪审团审判及其价值基础吗？如果我们发现陪审团审判正在衰落或者遭受攻击，我们应当认为值得为它而战吗？在研究本书第十五章至第十七章有关陪审团的资料过程中，应当始终牢记这些问题。

第一节　美国宪法及其修正案的部分条款*

宪法第三条第二款第（三）项

除弹劾案外，所有犯罪皆由陪审团审判；此种审判应在该犯罪发生的州内进行；但若犯罪不是发生在任何一州之内，审判应在国会以法律规定的一个或几个地点进行。

宪法第六修正案[1791 年]

在所有刑事诉讼中，被指控者享有由犯罪行为发生地的州和地区

---

① 参见本书（*Before the Law*）英文第六版暨《法律之门》中文第一版第十四章第四节"未来的审判"，华夏出版社 2002 年版，第 503 – 505 页。——译注

* 本章只有"第一节"。——译注

的、不偏不倚的陪审团予以迅速而公开的审判的权利，该地区应事先由法律确定；被告知指控的性质和原因的权利；同不利于他的证人对质的权利；以强制程序取得对其有利的作证的权利；取得为其辩护的律师的帮助的权利。

宪法第七修正案 [1791年]

在普通法的诉讼中，争执价值超过20元者，由陪审团审判的权利应予保护，并且，由陪审团裁决的事实，美利坚合众国的任何法院，除非按照普通法规则，不得重新审查。

第十五章　作为一种政治机构的陪审团

♣ 如本书第十四章所示，陪审团的职能不限于在特定案件中确定事实和适用法律。在确定发现"真相"的科学的自足性方面，一个固有的困难在于，陪审团实际上被要求做的，远不止于确定特定案件的事实并将法官陈述的法律适用于这些事实。陪审团将社会共同体的正义感注入审判过程。陪审团评议室的裁决，要求判断特定案件中事实的意义和适用成文法的公正性。依赖测谎仪、诱供麻醉药和其他刺探证人或被告人无意识的手段，意味着不再需要对案件事实的意义做什么判断了——陪审团的决定也没必要有什么政治内容了。甚至对指纹、弹道和DNA检验等技术证据的运用——这些与审判中的证人或当事人的意识无关——对某些陪审员而言，也可能意味着在做有罪裁决之前，陪审团不必做规范判断。不仅如此，这些方法的存在，可能使我们无法认清陪审团审判的存在本身即是一种政治现象。

本章第一节是"邓肯案"，它给出了最高法院一名保守法官的见解，他推崇陪审团作为一个政治机构所具有的历史重要性。认识到陪审团被描述为民主制中防止政府压迫的一种保护手段，就是在唤醒某些人不要想象并希冀民主的自治政府在没有活跃的公民参与法律的情况下依然能够存活下去。第二节是2004年美国最高法院的"布莱克利诉华盛顿州案"的摘要，该案裁定：在陪审团对被告人做有罪裁决后，由法官而不是由陪审团认定增加被告人量刑的事实，这种做法是违宪的。本案之后喧嚣四起，因为它可能瓦解联邦和州一级立法产生的量刑指南。2005年1月的"美国诉布克尔案"（United States v. Booker）部分地解决了联邦量刑指南问题，它扩展了"布莱克利案"的要求，也就是，由陪审团来认定依照联邦指南确定量刑的所有基本事实。本书收录"布莱克利案"，意在说明当前最高法院的多数和一位特别保守的法官在宪法的作用和刑事案件中陪审团的重要性方面所持的各种观点。

第三节的内容由阿列克西·德·托克维尔写于1835年，陈述了他对美国陪审团制作为一种政治机构的复杂性的认识。他的见解在21世纪仍然引起人们的共鸣。托克维尔的观点似乎是矛盾的，因为它主张陪审团既是扩张权力和正式法律之合法性的代理人，又是民主制中大众政治统治的重要组成部分。但是，这样的模糊性正是民主制中陪审团政治职能的核心。所有这一切都意味着，对陪审团政治职能的任何讨论，都不可避免地涉及陪审团的权力问题，涉及陪审员对涉入陪审团的态度问题。

与托克维尔相联系，你可能希望看到历史的和现代的、有关陪审团制政治意义的事例。如果是这样，你可以仔细阅读作为本书第十七章第一节的莫顿·霍维茨（Morton Horwitz）《美国法的转型》节选，它描述了19世纪早期的政治如何塑造了适应时代商业利益的陪审团制。还可阅读作为本书第十七章第三节和第四节的两篇有关现代侵权立法改革的文章，它们说明了这种改革能够如何因相似的反民主理由而改变陪审团的作用。

紧随托克维尔文章之后的是谢福林写于1972年的文章，探讨了陪审团否决问题。这个问题肇始于陪审团通过自由心证在刑事案件中做有罪裁决的无可置疑的权利，即使是在这种心证与法律不相一致的时候。谢福林和凡·迪克在1991年所写的文章"仁慈的陪审团"中探讨和评估了一场群众运动，这一运动旨在教育陪审员拥有否决的权力，并且让陪审团的民主作用公开化。

在这些内容之后，我们提供了来自两个州的对陪审团殊为不同的指导词。一个承认陪审团否决的存在，而另一个则隐含地否认其存在。1972年的"美国诉多尔蒂等人案"所讨论的问题是有关主审法官如何对待陪审团否决的权利的。

第一节 邓肯诉路易斯安那州案

Duncan v. Louisiana
391 U. S. 145（1968）

大法官怀特发表最高法院意见：

上诉人加里·邓肯，在路易斯安那州第25司法区法院被判普通殴击罪。依路易斯安那州的法律，普通殴击属于轻罪，最高刑为2年监禁和300美元罚金。上诉人要求陪审团审判，但由于路易斯安那州宪法仅对可能判处死刑或苦役监禁的案件才允许陪审团审判，所以主审法官拒绝了这一要求。上诉人被定罪，要在县监狱服刑60天，罚金150美元。上诉人要求路易斯安那州最高法院进行复审,理由是,拒绝给予陪审团审判,侵犯了美国宪法赋予他的诸多权利。州最高法院认定:"被上诉的判决没有法律方面的错误,"拒绝颁发调卷令(a writ of certiorari)……

上诉人要求本院复审,主张美国宪法第六和第十四修正案保障对于量刑可能长达2年以上的受到州刑事起诉的被告人有权获得陪审团审判……

第五和第六宪法修正案就联邦刑事诉讼所扩展的权利,是否也因第十四修正案的保护而排斥州的诉讼行为,其确定标准已在本院的诸多意见中以各种方式加以表述。所提出的问题是,一项权利是否属于那些"构成我们所有世俗和政治机构基础的人身自由和正义的基本原则"……某一权利是否为"我们法学体系的基础",是否是一项"为公正审判所不可或缺的基本权利"。摆在我们面前的权利主张,即,宪法第六修正案所保障的获得陪审团审判的权利,符合这些标准。但路易斯安那州的立场却是,宪法没有强加给各州在任何刑事案件中给予被告陪审团审判的义务,而无论这一罪行的轻重或者可能施加的刑罚轻重。因为我们相信在刑事案件中的陪审团审判是美国司法配置的基础,所以我们认为宪法第十四修正案所保障的在所有刑事案件中获得陪审团审判的权利——假设这些案件在联邦法院审判——也是宪法第六修正案所保障的内容。由于我们认为摆在面前的上诉就是这样一个案件,我们因而认为,拒绝上诉人获得陪审团审判的要求是违宪的。

陪审团审判刑事案件的历史已经被频繁提及。① 为现在论述之目的,我们再做下述说明即已足够:到我们的宪法写就时止,陪审团审判刑事案件已经在英国存在了几个世纪,许多人溯至《大宪章》寻找凭据。② 它作为反对独裁统治的手段而得以保持并适当运作,而反对独裁统治是革命先驱的主要目标之一,表述于1689年《权利宣言和权利法案》(Declaration and Bill of Rights of 1689)……

陪审团审判与英格兰殖民者一起来到美国,并得到殖民者的有力支持。王权对陪审团审判的干涉深受憎恶。陪审团审判也是1765年10

---

① W. Forsyth, *History of Trail by Jury* (1852); J. Thayer, *A Preliminary Treatise on Evidence at the Common Law* (1898); W. Holdsworth, *History of English Law*.

② 4 W. Blackstone, Commentaries on the Laws of England 349 (Cooley ed. 1899). 历史学家们已不再接受这一起源。F. Pollock & F. Maitland, The History of English Law Before the Time of Edward I at 173, n. 3 (2d ed. 1909)。

月 19 日"美洲殖民地第一次代表大会"即"印花税法案代表大会"（the Stamp Act Congress）所采纳的决议之一。起草人将这些决议表述为"殖民地人民最基本的权利和人身自由"：

> 获得陪审团审判是这些殖民地中每一大英帝国臣民固有的和无价的权利。

"第一次大陆会议"（The First Continental Congress）在其 1774 年 10 月 14 日的决议中，反对拿皇家俸禄的法官所进行的审判，反对在英格兰审判发生于各殖民地的犯罪。"会议"就此声明：

> 各殖民地有资格承受英格兰普通法，尤其有资格承受伟大而无可估量的、获得由邻近地区同阶人士依该法审判的特权。

《独立宣言》严正地反对英王使"法官听命于他个人的意志，在法官的任期内依赖其薪俸"，反对英王"在许多案件中剥夺我们获得陪审团审判的权利"，反对英王"将我们押往大洋彼岸为所谓的犯罪接受审判"。宪法第三条第二款规定：

> 除弹劾案外，一切犯罪皆由陪审团审判，此种审判应在该犯罪发生的州内进行。

因缺少权利法案而反对宪法的呼声，随着《权利法案》的通过立时销声匿迹了。宪法第六修正案规定：

> 在一切刑事诉讼中，被告享有由犯罪发生地的州和地区的公正的陪审团予以迅速而公开审判的权利。

最初的那些州所各自通过的宪法，保证了陪审团审判，而随后加入联邦的每一州的宪法，也以各种形式保护在刑事案件中获得陪审团审判的权利。

即使是如此简略的历史概述，也足以有力地支持在刑事案件中获得陪审团审判的权利是我们司法制度的基础，这也是本院反复认可的重要一点……

联邦和各州宪法所保证的陪审团审判，反映了关于法律实施和司法运作方式的一种见解深刻的判断：赋予刑事被告人陪审团审判的权利是为了防止政府的压迫。

那些书写了我们宪法的人，从历史和经验得知，有必要防止为铲除异己而无端提出的刑事指控，有必要提防对上级权威言听计从的法官。宪法的构建者们致力于缔造一个独立的司法机构,但又一再强调保护被告人不受专擅行为的侵害。赋予被指控者获得同阶陪审团审判的权利,就是给予他一种无价的安全保障,以防止腐败的或者过分热忱的检察官的侵害,防止屈从、偏袒或怪癖的法官的侵害。如果被告人宁愿要一个陪审团的普通理智判断,也不愿接受一个受过更多教育但可能较少同情反应的法官,那么他应当有权得到陪审团审判。不仅如此,联邦和各州宪法中有关陪审团审判的条款,反映了关于官方权力运用的一个基本判断:不愿将加诸公民生命和人身自由的刑罚权委之于一个法官或一群法官。不受制约的权力在我们的州和联邦政府的其他方面如此典型,故此,对这种权力的恐惧在刑法中被表达为:坚持让社会共同体参与有罪还是无辜的确定。这个国家严格遵从以陪审团审判严重刑事案件的权利,以对抗暴虐的法律实施,具体体现为宪法第十四修正案规定的正当程序条款,因而必须受到各州的尊重。

当然,陪审团审判有"其弱点和被滥用的潜在危险"。我们注意到,长久以来,尤其是本世纪,在有关司法运作的著书立说者中所进行的争论:允许未经训练的外行在民事和刑事诉讼中确定各种事实,这样做是否明智……①争论的核心是明示或暗示地主张:陪审员没有能力充分理解证据或者确定事实问题,因而他们是不可预测的堂吉诃德般狂热而充满奇思怪想的人,接受他们的审判比一场赌博冒险好不了多少。不过,最近对于刑事案件陪审团的详尽研究得出结论:陪审员们确实是理解证据的,他们在面对的绝大部分案件中都能达成正确的结论,并且,当陪审员与法官有意见分歧的时候,通常是由于他们坚持服务于某种目的,正是为了这种目的,我们才缔造并运用陪审团。

……在确定被授权的监禁期的长度或者其他刑罚的严厉程度本身是否足以要求陪审团审判时,我们……指的是客观的确定标准,主要是这个国家的现行法律和惯例。在联邦系统内,轻罪被定义为其刑罚不超过 6 个月监禁和罚金不超过 500 美元的犯罪。50 个州中有 49 个州规定,刑罚不超过 1 年监禁的犯罪,有时包括普通殴击罪在内,交付没有陪审团的审判。不仅如此,18 世纪晚期的美国,没有陪审团也可以

---

① 关于支持和反对陪审团审判的争论,有一份通彻的提要以及相关文献的详细目录,见:Hearings on Recording of Jury Deliberations before the Subcommittee to Investigate the Administration of the Internal Security Act of the Senate Committee on the Judiciary, 84th Cong., 1st Sess., 63 - 81 (1955). 一个更有选择性的文献目录出现在:H. Kalven, Jr. & H. Zeisel, The American Jury 4, n. 2 (1966).

审判的犯罪，绝大多数是刑罚不超过 6 个月监禁的犯罪，尽管也有某些例外。然而，我们无须在本案中划定轻罪与重罪的严格界线。我们所追求的目标，足以让我们认定：基于这个国家过去和当代的标准，可判 2 年监禁的罪行是一项重罪而非轻罪，因此，上诉人有资格获得陪审团审判，拒绝其要求是不正确的。

原判决被撤销，案件发回，依本意见重审。

第二节 布莱克利诉华盛顿州案

Blakely v. Washington

125 S. Ct. 21（2004）

大法官斯盖利亚陈述最高法院的意见：

请求人小拉尔夫·霍华德·布莱克利绑架了与他疏远且不和的妻子，他承认有罪。他在认罪中所承认的事实，单独看来，足以支持最多 53 个月的量刑。依照州的法律，法院在确定他的行为伴随"处心积虑的残忍"（deliberate cruelty）之后，施加了"额外"90 个月的量刑。我们要考虑的问题是，这一做法是否侵犯了请求人依第六修正案所享有的获得陪审团审判的权利……

请求人在上诉中争辩说，这一量刑程序剥夺了他的一项联邦宪法权利，也就是，要由陪审团超越合理怀疑地确定法律上构成量刑基础的所有事实。州上诉法院维持了原判……华盛顿州最高法院也拒绝进行自由裁量性复审（discretionary review）。62 P. 3d 889（2003）. 我们发出了调卷令……

二

这一案件要求我们适用我们在"阿普兰蒂诉新泽西州案"［Apprendi v. New Jersey, 530 U. S. 466, 490（2000）］中曾经表达的规则："除了以前某一定罪的事实外，任何在制定法最高刑以外为某一犯罪增加刑罚的事实，都必须提交陪审团，并且要排除合理怀疑地加以证明。"……"阿普兰蒂案"涉及新泽西州一项有关"怀恨犯罪"（hate–crime）的制定法，该法授权了 20 年的量刑，尽管通常的量刑是 10 年，如果法官认定，该犯罪之实施是"'基于一种恐吓的目的……由于种族、肤色、性别、残疾、宗教、性倾向或伦理.'……我们的结论是，被告人的宪法权利已经被侵犯，因为法官在没有进行事实质证的情况下，施用了超过州法律规定的最高期限的量刑。"Apprendi, 491 – 497. ……

本案中的法官不能仅仅依据认罪中承认的事实而施加额外 90 个月的量刑。仅凭这些事实是不够的……如果法官仅仅以认罪为依据施加了 90 个月的量刑，这个量刑应被撤销……

三

在这一背景下，我们遵循"阿普兰蒂案"，这不仅反映出我们对久已确立的先例的尊重，而且也反映出我们需要对获得陪审团审判的权利予以可理解的满足。这项权利，不仅是程序性的形式，而且是我们宪法结构中一项基本的权力保留。正如投票确保了人民对立法和行政分支的最终控制，陪审团审判旨在确保人民对司法分支的控制。参见 Letter XV by the Federal Farmer （Jan. 18，1788），重印于 2 The Complete Anti – Federalist 315，320 （H. Storing ed. 1981） （将陪审团描述为"保障广大人民对司法部门的公正而正确的控制"）；John Adams，Diary Entry （Feb. 12，1771），重印于 2 Works of John Adams 252，253 （C. Adams ed. 1850） （"普通人应当完全地在每一法院所做的判决之中拥有控制权，"就像他们在立法机构拥有完全的控制权一样）；Letter from Thomas Jefferson to the Abbé Arnoux （July 19，1789），重印于 15 Papers of Thomas Jefferson 282，283 （J. Boyd ed. 1958） （"如果要我来决定人民最好是在立法机关被忽略，还是在司法机构中被忽略？我会说，将人民置于立法机关之外会更好些"）；"阿普兰蒂案"贯彻这些设计理念的方法，就是确保法官的量刑权威完全来自陪审团的有罪裁决。没有这一限制，陪审团将无法行使宪法设计者所意图实现的控制权。

那些反对"阿普兰蒂案"的人谋求另外两个选择之一。第一个选择是，陪审团只需认定哪些是立法机关选择的、成为犯罪要件标签的那些事实，而那些被贴上量刑事实标签的内容，无论它们在多大程度上增加了刑罚，都可以由法官来认定。这就意味着，法官可以对一个人施用谋杀罪的量刑，即使陪审团给他的定罪是非法持有用于谋杀的武器，或者驾车逃离死亡现场时在公路上非法并线。即使是"阿普兰蒂案"的批评者，也不会赞同这种荒谬的结论……如果陪审团被委托的事项只是确定被告人在某一时间做错了某件事情，只是对一州真正谋求惩罚的那些犯罪的事实进行司法询问的铺垫，那么，陪审团就不能在一州的司法机器中起到断路器（circuit breaker）的作用。

第六修正案是否并入了这个可操作的标准而不是"阿普兰蒂案"

的亮线规则（bright-line rule），这有赖于一种声称是否有理：宪法制定者本应将陪审团权利范围的定义留给法官对何谓"过分"的直觉判断。我们认为，这种声称是根本无理的，因为宪法制定者在宪法中设置陪审团审判的保障，其原因正在于他们不愿让政府来划定陪审团的角色和作用……

四

最终，我们的决定无法展示陪审团审判是否或者在何种程度上损害了刑事司法的效率或公正。有人肯定会争辩说，如果将司法完全留在专业人士手中，那么，这两种价值就会得到更好的实现。当今世界上许多国家，特别是那些遵从民法传统的国家，走的就是这条路。然而，关于宪法制定者心目中的刑事司法范例，根本没有任何模糊之处：它不是民法法系理想中的行政管理上的完美，而是普通法法系理想中的有限国家权力，这后一个理想是通过法官和陪审团严格的权威划分来实现的。像"阿普兰蒂案"所认定的，每一被告都有权主张，检察官必须向陪审团证明法律上构成刑罚基础的所有事实。在持分歧意见者的另外选择中，被告人就没有这样的权利。那么一切就都完结了……

请求人得到的量刑超过了法律允许的、他所认犯罪的刑罚 3 年以上，而依据的是一个有争议的认定：他的行为伴随着"处心积虑的残忍"。宪法的制定者们不会认为下面的要求太过分：在剥夺一个人额外 3 年人身自由之前，这个州应当忍受适度的不便，将其指控交给"与被告地位相同并且比邻而居的 12 个人的一致投票表决"，4 Blackstone, Commentaries, at 343，而不是让该州的某个雇员来落实这种指控。

华盛顿州上诉法院的判决被推翻，该案发回，依本意见重审。

第三节　美国的陪审团审判*

阿列克西·德·托克维尔

……既然我的题目引导我讲述美国的司法运作，我就不能不提及陪审团这个机构。陪审团审判可以从两个不同的观察点加以考虑：作为司法制度和作为政治机构……

我现在的目的是将陪审团作为一个政治机构看待，其他任何的路

---

* From *Democracy in America*, by Alexis de Tocqueville.

径都会使我偏离论题……

……陪审团首先是一种政治机构，要做适当的理解，就必须以此种观点看待陪审团。

所谓陪审团，就是随机选择一定数目的公民，赋予他们暂时的审判权利。用于压制犯罪的陪审团审判，对我来说，似乎是政府中出色的共和因素。理由如下：

陪审团这个机构可以是贵族的，也可以是民主的，依陪审员所来源的阶级而定。但它一直保存其共和性质，因为它置社会的真正领导权于被统治者或者部分被统治者手中，而不是置于政府手中。强制从来不过是瞬间的成功因素，而紧随强制而来的是权利的观念。一个只能在战场上对敌的政府，很快就会被摧毁。政治性法律的真正制裁要到刑事立法中去寻找，如果短缺了这种制裁，法律迟早会丧失其说服力。有权惩罚罪犯的人才是社会的真正主人。陪审团这个机构将人民本身，或者至少是某个阶层的公民，提升到法官的地位上，因而将社会的领导权赋予人民或者某个阶层的公民。

……每个美国公民都是适宜的而又有法律资格的选举人。美国所理解的陪审团制，对我而言，似乎是作为普选权的人民统治的直接而最终的结果。它们是使多数得以进行统治的两种相等力量的手段。凡是选择以自己的权威进行统治，指挥社会而不是遵从社会的指导的人，都摧毁和削弱过陪审团这一机构。都铎王朝将拒绝做有罪判决的陪审员投入监狱，拿破仑曾让自己的代理人选择陪审员。

……陪审团首先是一个政治机构，它应被视为人民主权的一种形式：当这种主权被推翻时，陪审团必然被摈弃，或者必须使之适应建立该主权的各项法律。如同立法机关是国家的立法机构一样，陪审团是国家的执法机构。为使社会能以稳定而统一的方式得到管理，有资格成为陪审员的公民的名单，必须随选民的名单扩充或减少。我认为这是最值得立法机关注意的观点，其他的观点都还在其次。

我完全确信陪审团首先是一种政治机构，以至于当陪审团被用于民事案件时，我依然持这种观点。法律如果不以一国的习惯为基础，就总是处于不稳定的状态：习惯是一个民族唯一持久而坚韧的力量。当陪审团只为犯罪而设时，人民只能在特定案件中看到它偶尔的行动。在日常生活中，人民习惯于没有陪审团，它只被看成获得正义的一种手段，但不是唯一的手段。

相反，当陪审团在民事案件中起作用时，其适用便是经常可见的。

它影响着社会共同体的所有利益,每个人在其运作中都会给予合作;因此,它深入到生活的所有习用之中,它使人的思想适应其特殊方式,并逐渐与正义思想本身联系起来。

……无论以何种方式运用陪审团,它都不能不对国民性发生强有力的影响。当它被引入民事案件中时,这种影响会极大地增强。陪审团,尤其是民事案件陪审团,将法官的精神传递到所有公民心中;而这种精神及其伴生的习性,正是为自由制度所做的最佳准备。它教导所有的阶级都尊重已经判决的事项,养成权利的观念。如果这两种因素被除去,则对独立自主的热爱只能变成具有破坏性的激情。陪审团教导人们做事公道,每个人审判邻人的时候,要像他自己有朝一日受邻人审判一样。在民事案件中,这一点尤为千真万确,因为虽然有理由害怕刑事追诉的人不多,但每个人都有可能涉及诉讼。陪审团教导每个人要勇于对自己的行为承担责任,有男子汉的自信,没有这种自信,任何政治美德都不会存在。陪审团赋予每个公民以某种管理者的身份,这使他们觉得对社会负有义务,并感到自己在政府中的角色。通过强迫人们将注意力转到他人的事务上,陪审团擦去了构成社会锈垢的自私自利。

陪审团对于判断的形成和一个民族自然智力的增加有重大的贡献,我认为这是它的最大益处。可以将陪审团视为免费的公设学校,永远对外开放,每一陪审员在此学习自己的权利,与上层阶级中最有学识和最开明的人士进行日常交流,熟悉实践中的法律。通过律师的努力和法官的建议,甚至两造的激烈辩论,上述的一切都成为陪审员力所能及的事情。我认为,美国人的实践智慧和政治敏感,主要应归功于他们在民事案件中长期运用了陪审团。

我不知道陪审团是否有益于涉及诉讼的人,但我确信它对审理这些诉讼的人极为有益。我将陪审团视为社会能够用以教育人民的最有效的手段之一。

……在民事案件中……法官是两造冲突中无私利的仲裁人,陪审员要相信法官,洗耳恭听法官的意见,因为在这种情况下,法官的智慧完全支配他们的智慧。正是法官,总结各种让陪审员的记忆力疲乏不堪的论点,引导他们顺利通过诉讼程序的曲折路径,将他们的注意力指向那些让他们来此决定的事实问题,并告诉他们如何回答法律问题。法官对他们的影响几乎是无限的……

看来似乎是限制司法权利的陪审团,实际上是加强了司法的权力,任何其他国家的法官,都没有人民分享法官特权的国家的法官强大有力。美国的司法人员能将自己的职业精神渗透到甚至社会的较低阶层,是特别借助了民事案件中的陪审团。因此,作为使人民进行统治的最有活力的手段,陪审团也是教育人民如何进行好的统治的最有效的手段。

第四节　陪审团否决——说不的权利*

阿兰·谢福林

根据陪审团否决原理,陪审员有着固有的权利,不顾法官的指导,依其良心,径自达成无罪裁决,被告人有权使陪审团得到这一指导。这是"良心"在陪审团评议中扮演法律认同的重要角色的时刻……

在英属殖民地,陪审团在刑事审判中的作用,可由"曾格案"加以生动说明。1735 年,一个纽约的陪审团,在被公认为殖民地最优秀的律师安德鲁·汉密尔顿(Andrew Hamilton)的激励下,向政府对持不同政见者的压迫说"不",给约翰·彼德·曾格(John Peter Zenger)以自由。在纽约,只有曾格在印行未经英国市长授权的文字。他出版《纽约周刊》(*New York Weekly Journal*),一份旨在暴露某些政府官员腐败内幕的报纸。报上所有的文章均未署名,出现的唯一名字是印刷者曾格。尽管政府召集的大陪审团拒绝起诉曾格,但他还是被逮捕,以煽动性诽谤罪受到指控。虽然曾格没有写任何文章,甚至他是否同意这些文章的观点也不清楚,但是,假如陪审团遵从法官的指导,他们将不得不认定他有罪。

为了排除这一障碍,汉密尔顿坚决主张陪审员

>……有权超越所有争议,同时确定法律和事实,在他们对法律不持异议的时候,他们应该这样做。

他勉励陪审团:"在裁决自己同胞的生命、人身自由或财产过程中,用自己的眼睛去看,用自己的耳朵去听,用自己的良知去理解。"他对陪审团所做的结案陈词,今天仍像其 200 多年前发表时一样至关重要:

>摆在法庭和你们各位陪审团的先生们面前的,不是微不足道的私人利益,你们正在审理的,不是一个可怜的印刷商的案件,

---

* Alan Scheflin, "Jury Nullification: The Right to Say No," *Southern California Law Review*, Vol. 45, No. 167, 1972.

也不只是纽约的案件，不是！它的后果影响着大英帝国政府统治下美洲大陆每个自由人的生活。这是一个最有价值的案件，一个事关自由的案件。我毫不怀疑，你们今天的正直行为，不仅使你们有资格受到同胞的热爱和尊敬，而且每个要自由而不要终身奴役的人都会祝福你们，给予你们尊荣，就像对待挫败暴政企图的那些英雄一样。通过一个不偏不倚的、未被玷污的裁决，你们奠定了保护我们自身、我们后代和我们邻人的高贵基础。自然法和我们的法律已经赋予我们一项权利——人身自由——至少通过说出真相，写出真相，暴露并反对这块土地上的专横力量。

[与在"曾格案"中的行为相似]殖民地陪审团经常拒绝实施航海法，该法是大英帝国议会制定的，旨在使所有的殖民贸易都通过母国进行。因违反航海法而被大英帝国扣留的船只都被殖民地陪审团释放了，它这样做，通常是公然蔑视法律和事实的。为了回敬这一陪审团否决过程，大英帝国建立了海军中将法院（courts of vice-admiralty），以处置海事案件，包括因违反航海法而发生的案件。这些法院的首要特点是没有陪审团，这在殖民地居民中造成巨大痛苦，是最终激化出美国革命的主要怨愤之一。

美国革命的前夜，陪审团否决在广义上已经成为美国司法制度不可分割的一部分。陪审员可以评价和决定事实和法律两种问题，这一原则被当时杰出的法学家们所接受。

约翰·亚当斯在1771年2月12日的日记中写道：陪审团否决法官指导的权力来自于一般裁决本身，但是，如果法官的指导与基本的宪法原则相抵触，

> 那么，一位陪审员仍有义务依照法官的指导，或者甚至依照特殊的事实，做一般性的裁决，而将法律问题委之于法官吗？每一个有感情、有良心的人都会回答：不。在这种情况下，依据自己的最佳理解、判断和良知，做出与法官的指导相反的裁决，这不仅是他的权利，也是他的义务。

亚当斯的推理，部分基于这样一条民主原则："普通人……在法庭的每一判决中，都应有完全的控制权，即关键的否决权，"就像他们对政府的其他决定一样。在采纳宪法之时，陪审团否决的观点存留下来。像国父们所深知的，如果没有陪审团否决制，那么，假手法官的政府（或者通过法官的权力统治）将变成一种明显的可能，甚至已经成为现

实。在"曾格案"审判过程中,两名律师因主张法官不应坐在审判席上,他是依国王的"意愿和喜好"就任的,而被该法官判处藐视法庭罪并被逐出法庭。如果殖民地居民忘却了曾以正义和法律的名义肆虐的司法邪恶,那么,星座法院(Court of Star Chamber)就是不太久远的记忆。因此,如果国父们意图通过某种公众控制方法限制无制约的、麻木不仁的法官权力,那么,殖民地居民最密切保障的陪审团制就是被选中的一个方法:对压迫者的权威说不的权力……

想对陪审团否决有适当的理解,要求我们将其视为法律和司法运作过程中自由裁量权的行使。陪审团在这一背景下的自由裁量权是对检察官轻率失检的有效制约。如若没有正义、公正和仁慈,任何法律体系都无法充分施行其原则。每一技术性违法都不能被一个意图实现公正的法庭所惩罚。正如检察官的自由裁量可以剔除许多这样的边缘性案件一样,陪审团的自由裁量有希望剔除其余的边缘性案件。

依庞德之见,在落实法律过程中,"陪审团目无法律是极大的正确"。因此,陪审团是站在国家意志和人民意志之间的,是防止街头出现战壕的最后的法律堡垒。在很大程度上,陪审团给予司法制度以合法性,否则,它就没有合法性。法官控制的陪审团裁决,会毁掉这种合法性。

如果一位陪审员赞成某个被告的行为,或者至少觉得其行为是正当的,但他因受法官的强迫而给被告定罪,那么,他对这个逼他违反良心命令做出裁判的法律制度就会失去尊敬。同阶审判的概念也因否定了陪审员依个人道德行事的权利而遭到阉割,因为如果陪审团是"社会共同体的良心",怎能剥夺这种依良心行事的权利呢?一位被迫违背自己的判断而做出判决的陪审员,将反抗这个让他背叛自己的司法制度。任何一种制度,如果必须靠强迫人们损害自己的原则而立足,就不值得人们去尊敬……

如果像否决原则的某些反对者所说的那样,陪审团的自由裁量权导致一个无法无天的社会,那么,没有自由裁量权又会导致什么呢?几年前,纽约警察局要在长岛高速路上赚点外快,它给每个违反任何一条交通规则的司机开了一张罚单。尽管警察并没有给未违章的人开罚单,但仍然激起了人们反对这一行为的巨大呼声。虽然很大一部分怒气发泄在这个卑鄙狡猾的聚敛之道上,但还有很大一部分怒气是针对这种缺乏自由裁量不分青红皂白的执法方式的。如果没有了自由裁量,法律制度会形同儿戏。但是,有权者手中无限的自由裁量权却也可以变成专横。对人民而言,这种裁量权的适度行使,不仅是民主的基本原则，也是陪审团否决的主要理由。

让"街上的普通人"卷入或参与公共政策的制定，这是最重要的民主原则之一。在司法过程的框架中，陪审团已经发展成为反映这一信念的机构。"街上的普通人"变成"陪审席上的普通人"，作为社会共同体的代表坐在那里。作为"社会共同体良心"的具体体现，他通过司法过程而使判决的权威合法化、高效化。

任何民主制度的主要特征都是公众对政策制定者的有效控制。就司法过程而论，这只能意味着一件事：如果"陪审席上的普通人"要发挥他作为"社会共同体良心"代表的作用，有效参与公共政策的制定，则他必须握有用以制止特定价值观分配中的任何"擅断"的权力和权利。不仅如此，他必须被告知，他有权力，更有宪法上的权利来行使这一权力。

因此，陪审团的工作是双行车道。社会共同体价值观被注入法律制度，使法律的适用回应着人民的需要，而参加陪审团则使人民感觉到他们在更大程度上参与了政府，从而使政府进一步合法化。陪审团概念这两方面的内容，是从作为宪政民主的政治机构的作用，向作为使政府和人民保持相互接触的作用流动。但是，假如像国父们所意识到的，严重背离民主之路的情况经常发生，则陪审团可以运用最后的否决权力，来纠正司法的严酷、屈从或者暴虐。

用托马斯·杰斐逊的话说："如果要我来决定人民最好是在立法机关被忽略，还是在司法机构中被忽略？我会说，将人民置于立法机关之外会更好些。法律的执行比法律的制定更为重要。"作为社会共同体良心的人民权力，制约着政府的专擅，它体现于成为陪审员并限制政府滥用自由裁量权的能力。

陪审团为在法律体系之内发掘良心提供了一种制度机制。陪审团否决使社会共同体能够说：某条法律太严，某项起诉太重，或者某个被告行为正当，不应得施以刑事制裁。像威廉·昆斯勒（William Kunstler）所说：

> 除非陪审团能够起到社会共同体良心的作用，否则我们的司法制度就会变得僵化不堪，导致矛盾的逐步激化，最终威胁制度本身的延续。换言之，陪审团是……必不可少的安全阀，可以让社会适应自身内部的压力和紧张。

……在陪审团做无罪裁决的每一政治指控中，该裁决是否因为检察官未能超越合理怀疑地证明其指控，或者证据明确显示出起诉的真正目的在于窒息政治歧见，或者该裁决很可能是缺乏证据和陪审员痛恨政府压迫的合成物，对此，我们并不总是十分清楚。因为有这种模糊性，因为意图问题模糊到足以使陪审员有足够的空间下意识地否决，所以他们真诚地相信：犯罪意图与反抗不公正的法律及其实施的良好信念，并不是一致的东西。可以说，作为陪审团否决事例的无罪裁决，对它的任何描述都不可能是完全准确的……

第五节 仁慈的陪审员：陪审团否决的复活＊

阿兰·谢福林 乔恩·凡·迪克

软化法律命令之苛刻，并依社会共同体之道德正义感做出裁决，陪审团的这项权力长久以来一直是被承认的。① 然而，广泛的争论在于，是否应当告知陪审员拥有此项权威。支持者将有权利得悉陪审团否决的指导视为民主遗产不能让予的部分，而反对者认为这等同于混乱和无政府。尽管过去法官的确告知过陪审员的这种作用，而且马里兰州和印第安纳州的法官仍在这么做，但绝大多数法院现在拒绝向陪审员诚实地解释，告诉他们对于将法律适用于面前事实的适当性问题有最终的决定权。

司法的这种不诚实不断受到质疑，在过去一些年里，一场持续的群众运动开展起来，目的是促成这样的观念：我们的陪审员应当被充分告知他们的权力。关于陪审团否决的告知，已扩展到更大范围的越来越多的公民和陪审团候选人。这一运动为的是使"陪审团否决"的观念恢复生机，并将其与民主的基本观念相联结。

本文探讨这一新的群众运动，分析某些近期的法院决定，报告过去10年与陪审团否决相关的重大进展，进而得出结论：如果法官们告知陪审员真正的权力，那么我们的司法制度就会更加完善……

＊ "Merciful Juries: The Resilience of Jury Nullification" by Scheflin and Van Dyke, *Washington and lee law Review*, No. 48, Winter 1991, pp. 165–184. 作者阿兰·谢福林，圣克莱拉大学（Santa Clara University）法学教授。1963年弗吉尼亚大学文学士（B. A）；1966年乔治·华盛顿大学法学博士（J. D）；1967年哈佛大学法学硕士（LL. M.）；1987年圣克莱拉大学咨询心理学硕士（M. A.）。乔恩·凡·迪克，夏威夷大学威廉·理查森法学院（William S. Richardson School of Law, University of Hawaii）法学教授。1964年耶鲁大学文学士；1967年哈佛大学法学博士。写作本文过程中得到夏威夷大学威廉·理查森法学院1991级杰拉尔德·伯克利（Gerald W. Berkley）在研究上的帮助，特致谢忱。本文一些注释被删去，其余注释重新编号。

① Lessard v. State, 719 P, 2d 227, 231 (Wyo, 1986).

从司法领域到政治领域

有关陪审团否决指导是否适当的争论,已经沉寂了多半个世纪,直到 20 世纪 60 年代,才作为反越战示威审判中辩护战略的一部分重又复苏。① 如上所述,司法并不那么热情欢迎,大多数法官仍然拒绝诚实地告知陪审员具有否决的权力。这种拒绝在 20 世纪 60 年代并未显著损害司法的合法性,因为当时很少有人知道否决原则。20 世纪 90 年代的情况则迥然不同,陪审团否决运动比以前任何时候都要活跃。报界人士已经注意到,陪审员们在最近的著名案件中似乎已经开始援用他们的否决权力。② 更令人注目的是,由于在司法体制内受阻,尤其是意识

---

① 感谢萨克斯(Sax)教授重新点燃了陪审团否决的火焰。

② 近来广为人知的、陪审团否决似乎已经发挥作用的审判,是华盛顿特区的梅耶·马里恩·巴里(Mayor Marion Barry)吸毒案、奥利弗·诺思(Oliver L. North)在伊朗武器禁运事件中的作用,以及伯恩哈德·戈茨(Bernhard Goetz)的纽约地铁袭击案。

梅耶·巴里的陪审团只对一项相对较轻的指控裁决有罪,而对其他指控均认定无罪。此后,主审法官托马斯·潘菲尔德·杰克逊(Thomas Penfield Jackson)在哈佛法学院发表演说,表达了他对陪审团否决的不满。他认为,甚至是在至少十几个罪名都有"绝对优势"证据的情况下,陪审团仍然没有对更多的指控裁定有罪。布鲁斯·费因在不久之后所写的专栏文章里驳斥了杰克逊法官,说他"对陪审团否决法律的权力尖酸刻薄吹毛求疵"。Bruce Fein, *Judge, Jury... and the Sixth*," *Wash. Times*, Nov. 8, 1990, at G3. 杰克逊法官曾说:

陪审团不是微型民主或微型立法机关。它不应任性行事,那是无政府主义。他们应该遵循法律。

专栏评论人费因回敬道:

在特定案件中,陪审团否决并不比检察官拒绝对一个注定无法定罪或者有特别减轻情节的罪行提起公诉更具有无政府主义的色彩,也并不更像在立法意义上对刑法的废止。Thompson, "*Sifting the Pool*; *Juror Questionnaires Explore Drug Addiction, Prejudice*," *Wash. Post*, June 5, 1990, at A1.

奥利弗·诺思的陪审团同样做了显出同情被指控者的有罪裁决,只对 12 项指控中的 3 项定了罪。乔治顿大学(Georgetown University)的法学教授保罗·罗德斯坦(Paul F Rothstein)对审判做了下述分析:"这是陪审团否决……法官有关帮助犯的法律指导,使陪审员们几乎无法选择,但我认为,他们心中隐约感到,这是诺思上司的命令,他身不由己……" Strasser, *Jury in North's Trial Settled on the Concrete*; *Abstractions Rejected*, Natl'l. L. J., May 15, 1989, at 9; Schultz, *supra* note 2.

关于"戈茨案"及其陪审团否决,参见: G. Fletcher, supra note 9; Pinsley, "*Goetz Appeal Explores Jury Nullification Issue*," *Manhattan Lawyer*, Nov. 1, 1988, at 11; April 5, 1987, sec. 4, at 6, col. 1.

到法官并不诚实地对待陪审团，使得陪审团否决原则的支持者们希望从更友好的选民和立法者那里得到满意的结果。

选民和立法者　就陪审团否决的争论，提出了基本的、尚未得到回答的、有关宪政民主中的统治权问题。因此，否决的支持者寻求两个主要的法律制定者——选民和立法机关——的帮助就不足为奇了。

1989 年夏，蒙大拿州的商人拉里·道奇（Larry Dodge）与他的朋友唐·道埃格（Don Doig）一起成立了"陪审团充分知情协会"（FIJA）。这个"全国性、非营利、无党派的组织，致力于使陪审员充分知悉其权利"。① 在 18 个月里，它已经在 35 个州拥有了陪审团权利的游说者。②

FIJA 赞助了 1990 年 11 月召开的第一届"陪审团权利议案会议"（Bill of Jury Rights Conference）。会议的目的是制定一个战略计划，游说立法者通过"充分告知陪审团权利"的制定法，鼓励投票人通过提案、公民投票或宪法修正案的方式，保护传统的陪审团否决权利。会议闭幕时在联邦法院举行了一个仪式，鼓动一场全国性的陪审团权利运动。

因为公众情感支持陪审团否决，所以 FIJA 的呼求跨越了政治和社会范围：

> 保守主义者和护宪论者、自由主义者和改良主义者、自由论者、人民党人、生态主义者、枪支持有者、和平组织、纳税人权利组织、家庭教育论者、替代药物使用者、毒品非犯罪化组织、刑事出庭律师、主张不系安全带和不戴头盔的法律激进分子、环保主义者、妇女组织、反核组织、少数族群……以及法官（是的，一些法官是同情者）。③ ……

司法的不诚实

陪审团否决运动成功与否的关键是公开性。人民需要被告知，陪审团有被充分告知的权利。陪审团否决在最主要的刑事审判中都成为新闻，因为其中有吸引公众注意的价值冲突。关于陪审团否决的文章现在频繁出现在报纸和杂志上。当"公共广播系统"（PBS）直播"陪审团评议室"（Inside the Jury Room）时，估计有 2500 万观众收看这个

---

① Fully Informed Jury Association, Media Handout 2 (Oct, 30, 1990).
② Adler, *Courtroom Putsch?* Wall St. J., Jan. 4, 1991, at A1, col. 1.
③ The FIJActivist 1 (Special Qutreach Issue, 1990).

节目。陪审团否决在媒体上的报道比以前多得多。几百万人正在了解法官们拒绝告诉他们的事情。

接触陪审团候选人　新闻报道的优势在于它可以覆盖众多的人，但它接触众人的时候，陪审团否决问题并不非常急迫。然而，对陪审团候选人来说，知晓陪审团否决的权利，可能对于陪审团评议有更直接的影响。

1990 年 1 月 25 日，《圣地亚哥读者》(San Diego Reader) 发布了一则 3/4 页的广告，① 题为：

现任和未来陪审员请注意

你们可以合法地开释反堕胎的"违法者"，即使他们是"有罪的"。

广告的开头这样写道："如果你是陪审员，正在审判因支持'挽留生命'(Operation Rescue) 而阻拦通往堕胎手术室道路的人，法官可能会告诉你，无论你是否同意他们的行为，你都应判他们有罪……他没有讲真话。"广告中还赞扬了费城一个陪审团运用"普通法上的权利'否决'"了一项有关妨害罪的法律。

这则广告出现的时机是精心策划的。对于被控在诊所门前犯有妨害罪及其他罪的"挽留生命"的被告人即将开审。这则广告意在影响陪审团，不让他们做有罪裁决。的确，《读者》的出版者就是被告之一，他的律师告诉报界，他意识到广告将会起作用。②

圣地亚哥这则广告出现前 3 周，加利福尼亚卡乔恩（El Cajon）法院门前已经有人在散发传单了。警方告诫示威者：游说陪审团是一项重罪，他们可能因此而被捕。示威者受到警告后停止了行动。为了消除这些已散布的信息的影响，法官们特别地给予陪审员指导，让他们不要理会这些传单。

加利福尼亚并不是首次出现这种传单的地方。"挽留生命"组织在密西西比州的杰克逊市散发传单，敦促陪审员们"否决一切不符合自

---

① 在广告的右下方有一个小栏目，题为"律师们请注意"，其中引用了我们在 43：3 Law & Contemp. Prob. 52（1980）上的一篇文章。我们对这一引用事先并不知情。广告中的声明与我们的立场直接对立。我们决不赞成陪审员向法官说谎，也不赞成对陪审员们说：不要相信法官所说的任何话。

② Jackson, "DA's Office Deries 'Jury Nullification' Ad", San Diego Union, Jan. 26, 1900, at B1.

然法、神赐法、普通法或者宪法的规则或者'法律'"。①

许多这样的传单歪曲了对否决的讨论。陪审团候选人读到这些传单,会误导实际的陪审团评议。只有来自法官的关于陪审团否决的准确指导,才能消除这一难题。

事实上,许多传单、手册比误导走得更远,它们甚至建议或者暗示陪审团候选人应当欺骗法官。

陪审员应当对法官诚实吗? 沃尔特·斯科特(Walter Scott)爵士写了许多广为引用的语句:"噢,当我们第一次实际欺骗的时候,已经为自己织就了一张难以挣脱的网。"②

陪审团否决的支持者们写了许多东西,指责法官不诚实,说他们没有告知陪审团有否决权。但是现在,生出了反方向的更有害的欺骗:陪审员向法官们说谎。

1988 年,作者收到一份 4 页的传单,题为"知情的陪审员。"作者是保罗·德帕瑞(Paul deParrie),由俄勒冈州一个"援助生命"(Advocates for Life)组织赞助。传单首先简述了否决原则的概况,然后呼吁保守派、"尤其是基督徒",不要如实表现对堕胎的强烈感受。传单的作者建议:

> 在陪审团遴选中,明智的做法是不要毫无保留地回答检察官提出的问题。教育经历、与案件有关或有某种意向,这些都可能构成被逐出陪审团的理由,因而失去了见证政府的行政和司法部门滥用权力的机会。这不是说你在回答问题时要撒谎,仅仅是要简约地回答提问,如果你希望多一些服务于陪审团的机会的话。

不是所有的反堕胎者都甘于沉默或简约,对其中一些人而言,直接的欺骗似乎是正当的。明显的例证就是圣地亚哥的广告,它就差鼓吹撒谎了。广告提醒说:"甚至就在你登上陪审团席之前,他们也可能问你是否知道你的'否决'权利",然后,广告建议这样回答:

> 不要相信他们说的每一个字……
> 你可这样做:

---

① 作者感谢杰里·米歇尔(Jerry Mitchell),密西西比州杰克逊市 *Clarion - Ledger* 的记者,为我们寄来传单。这一特别的传单得到密西西比州杰克逊市基督行动组织(Christian Action Group)的赞助。

② Sir Walter Scott, *Marmion*, Canto VI, Stanza 17, in *Complete Poetical Works* 145 (1900).

这很容易。最要紧的规则是，不要让法官和检察官知道你知道这项权利。

他们要否定你的此项权利是不公正且不合法的。因此，如果必要，你做一点"内心保留"是再正确不过的了。

你给予他们的回答，就应当像你在1850年藏匿了逃亡的奴隶而被追捕者询问，或者好像在德国保护犹太人免遭纳粹毒手一样。

这种建议被称为"虔诚的谎言"，接下来还有两条建议：

第二条规则：教育其他陪审员，告诉他们关于陪审团否决的事，如果可能，要劝说他们做"无罪"表决。

第三条规则：坚定你的立场，不要让其他陪审员改变你的态度。

上百万的陪审团候选人看到了这相同的广告、传单和宣传手册。这意味着，无数的陪审团会包括这样的成员：他们隐瞒自己知道否决，他们对否决持有极为错误的看法，而且他们试图"教育"其他陪审员拒斥不喜欢的法律。

当陪审团否决成了司法的秘密时，拒绝给予陪审团否决的指导就更容易。① 然而，这种拒绝在今天会严重损害我们的陪审团裁决的正义性。

法官应当对陪审员诚实吗？ 陪审员们可能知道一些关于否决的事，可能正确，也可能不正确，对此，法官如何是好呢？比如，假设我们在引起媒体注意的一起刑事案件中有一群陪审候选人，有些人事先看到过有关否决法律的权利的文章，其中包含许多错误，辩方律师或者检察官可能出于审查的目的当场问一些有关否决权的问题。应当允许律师们如实告知否决吗？如果不告知，这些陪审员会玷污陪审团评议。如果告知，关于否决的信息就公开了。法官可能决定给出一种反否决的指导，但这样正好强化了那些文章里所说的观点，反倒无法

---

① 拉里·道奇报道一起纽约的案件，一位陪审员开始向其他陪审员解释陪审团否决，但他们写了字条，将这事告诉了法官。法官告诉这位陪审员"不要将自己的政治见解带入本案，并且要适用法官指导他们适用的法律"。然后，允许他继续参与评议。这位陪审员答应了，但回去参加评议时仍然坚持己见，使陪审团无法达成一致，最终"吊死"了陪审团（hang the jury）。他后来受到伪证和藐视法庭罪的指控威胁，但从未被起诉。Dodge, *A Complete History of the Power Rights and Duties of the Jury System*, a talk delivered at the State of the Nation Conference, sponsored by the Texas Liberty Association（July 7, 1990）.

纠正其中的谬误。

法官未能就否决给出诚实而正确的指导，这可能直接危害了陪审团的评议。这是一个令人沮丧的嘲讽：既然法官们继续拒绝给予准确的陪审团否决指导，他们事实上正在制造着力图避免的无政府。

结　论

大众对"充分知情的陪审团"的热衷，加强了我们先前的见解，即，法官应当给予陪审员准确而诚实的有关陪审团作用和权力的指导。指导应当陈明：法官必须正确裁定程序问题，并且正确引导庭审，使争议各方都受到宪法的全面保护。指导还应当陈明：陪审团没有权力创制新的制定法或者评价面前制定法的合宪性。应当鼓励陪审团尊重立法机关制定的法律，毕竟，这些法律反映了社会共同体多数的民主意愿。但是，陪审员们也应被告知：他们的作用是在本次审判中代表社会共同体，并且，他们的最终责任是确定已经发生的事实，评价将某一法律适用于这些事实，是否会产生一个在社会共同体看来是公正而公平的裁决。

这种诚实的指导必将强化我们国家对民治政府的信奉，必将有助于人民与他们的法律更加和谐。

第六节　对陪审团的指导词

加利福尼亚州

陪审团的女士们、先生们：①

作为法官，本人有义务就本案适用的法律指导诸位；作为陪审员，诸位有义务依循我所陈明的法律。

陪审团的职能是审判事实问题，这些事实通过向本庭提交的起诉书和被告的无罪答辩状呈于诸位面前。诸位在履行义务时，既不应受怜悯被告的情绪的影响，也不应被反对被告的激情或偏见所左右……

你们仅应受制于向本庭的举证和我向诸位陈明的法律。法律禁止你们受制于情感、臆想、同情、激情、民意或公众情感。人民和被告都有权要求你们，他们也的确要求和期盼你们，本诸诚实而平和之心，考量权衡本案证据并适用法律，以此达成公正裁决，而无论其结

---

① 节自加利福尼亚州刑事案件中的陪审团指导词。

果如何……

马里兰州

陪审员们:①

这是一起刑事案件,依宪法和马里兰州的法律,在刑事案件中,陪审团既判断事实,也判断法律。因此,关于法律,无论我怎样告诉你们,其目的只在于帮助你们达成公正而适当之裁决,但这不应束缚你们——陪审员,你们尽可以按照你们的理解,接受法律并适用于本案。

第七节 美国诉多尔蒂等人案

United States v. Dougherty et al.
473 F. 2d 1113 (C. A. D. C. 1972)

巡回法院法官莱文戴尔 (Leventhal):

被称为"D. C. Nine"的9名被告中,有7人对定罪提出共同上诉。他们之所以被定罪,是因为未经允许而进入"道尔化学品公司"华盛顿办事处,并在那里毁损了某些财物。上诉人和另外两名曾提出非辩护性无罪申辩 (*nolo contendere*) 的被告人,他们每个人都被控3项罪名,在地区法院法官约翰·普拉特 (John H. Pratt) 和陪审团面前受审。一项罪名是二级夜盗罪 [22 D. C. Code § 1801 (b)],另外两项罪名是恶意毁损价值超过100美元的财物 (22 D. C. Code § 403)。经过6天的审理,7名被告于1970年2月11日被判两项恶意毁损罪名成立。对夜盗的指控未予定罪,但认定了一项较轻的非法侵入罪。旁注中写明了量刑。

上诉人基于3项理由希望撤销原判:(1) 初审法院法官错误地驳回了被告们适时提出的无需律师而自行辩护的动议;(2) 法官错误地拒绝指导陪审团有权不顾法律和证据径自裁决无罪,并且拒绝让上诉人向陪审团提及此事;(3) 法官实际给予的指导,迫使陪审团做了有罪裁决。基于被告人的第一条理由,我们撤销原判,发回重审。为了给重审以适当的法律规则,我们考虑了第二和第三项理由,但结论是不能接受这些理由。

---

① 节自马里兰州刑事案件中的陪审团指导词。

地区法院的庭审记录

毫无争议的证据显示：1969年3月22日，星期六，上诉人闯入华盛顿特区西北第15街1030号楼第四层上锁的道尔公司办公室。他们将纸张和文件扔了一地，有的还扔到楼下大街上，在办公家具和设备上乱涂乱画，还在这些物品的表面泼洒血一样的物质。控方通过道尔公司职员的作证，证明被告是未经允许而擅自闯入的，并且证明了损害的程度。还有上诉人召集到现场的新闻记者对损坏行为的见证，外加记者们当时拍摄的照片，以及当场逮捕上诉人的警官们的证词……

陪审团否决问题　　上诉人说，陪审团非常清楚地认识到，他们有不采纳法官的指导——甚至是关于法律问题的指导——的特权，而且，他们还具有法律上的权利，得知自己有上述权力。我们探究这一问题，为的是界定基于本院命令而进行的重审的性质。

不理睬主审法官有关法律的指导，径行做出无罪裁决，陪审团所具有的这种不可复审且不可撤销的权力，多年以来一直与这样一种指导陪审团的法律实践和先例相共存：要求陪审团顺从法官就所有法律问题所进行的指导。在殖民拓荒时期和我们的共和早期，就存在这两种不同的主张。我们意识到当时出自我们尊敬的约翰·亚当斯、亚历山大·汉密尔顿以及众多杰出法官的多种见解和表述：陪审员们有义务依其良心裁决，即使该裁决与法官的指导相反；他们的权力意味着一项权利；他们在刑事案件中是事实和法律的判断者，不受法庭意见的束缚。

这种主张并未单向发展下去，而是陷入了"刑事陪审团自由与义务的一系列经典交换"。的确，这是为诞生不久的共和国政府指出方向的两种对立力量之一，这种方向由政治术语解释，就是经过改革，但又保持法庭的地位，没有激进的变革。随着对国王任命的法官不信任，以及随国王退位的法官撤换，人们越来越接受这样的观念：在共和制度下，对公民的保护，不在于认识到每一陪审团有权自创法律，而在于变更法律时应遵循民主程序。

在"美国诉拜提斯特案"〔United States v. Battiste，2 Sum. 240，Fed. Cas. No. 14，545（C. C. D. Mass. 1835）〕中形成了具有关键意义的法律裁定。法官斯托里（Story）的强硬意见支持了这样的观念：陪审团的职能在于接受法官给它的法律，并将其适用于事实。这一有影响的法学家的令人尊敬的裁定，在全国得到越来越多的认同。要求自立的幼稚冲动，逐渐开始适应现实：先前的反叛，现在受到自身命运的约束；稳定和发展的实际需要，超过了抽象的离心力哲学；而法官也不再是表现王室恩惠和影响的殖民工具，而是国家主流知识分子的重要组成部分，他们只受制于普通法的传统和专业意见，并且，用庞德的话说，有能力提供与殖民时期的经历形成鲜明对照的"真正的司法正义。"

"拜提斯特案"扭转了潮流，但也有交叉涌流。在 19 世纪中期，这个国家还受杰克逊式民主理念的影响，它刺激了由人民直接选举法官的要求，对于法官创造的普通法的不信任，加强了法典的改革运动。但时至该世纪末，甚至是最显著的州的界碑也被推倒了，最高法院在"斯帕夫诉美国案"〔Sparf v. United States, 156 U. S. 51, 102, 15 S. Ct. 273, 39 L. Ed. 343（1895）〕中，经过对多数意见和少数意见详尽无余的复审，为联邦法院解决了这一疑难。陪审团的作用是作为象征和整体而被尊重的，而不是指导它有权做它想做的任何事。旧有的规则，今天仅作为一个遗迹而存在。① ……

所谓陪审团否决权利，是以人身自由和民主的名义提出的，但其清晰的声明却蕴涵着最终的无政府的逻辑。下面是索贝洛夫法官在"美国诉莫兰案"〔United States v. Moylan, 417 F. 2d 1002, 1009（4th Cir. 1969）, Cert. denied, 397 U. S. 910, 90 S. Ct. 908, 25 L. Ed . 2d 91（1970）〕中所表达的关切：

> 鼓励个人自行决定遵从何种法律，同时又允许他们凭良心不遵从法律，这将招致混乱。如果给予每个人选择权，让他可以不受惩罚地不遵守那些依个人标准被判断为道德上不可接受的法律，那么，任何这样的法律体系都不会长久存活。容忍这样的行为，不是上诉人所声称的民主，而是无可避免的无政府。

认为陪审团这一特权蕴涵无政府的风险，这种观点代表的是哲理和逻辑的思维习性，而不是社会学家们的预言。但是，如果这一观点不免夸大其词之嫌，那么，其风险和危险的存在却是无可辩驳的。

相反，陪审团"否决"的推介者显然是在假定：说出陪审团的权

---

① Wyley v. Warden, 372 F. 2d 742（4th Cir, 1967）, Cert. denied, 389 U. S. 863, 88 S. Ct. 121, 19 L. Ed. 2d 131（1967）. 法官索贝洛夫（Sobeloff）裁定，马里兰州宪法的条款，其精神与联邦宪法相一致，与此同时，他指出："这一做法被认为是不明智的，但不能说是不合宪的。"他指的是"对马里兰州做法是否明智的强烈而有说服力的质疑"，以及各法学家的分析，他们谴责这一做法是"陈旧、落后而粗暴"的、"绝无仅有而又无可辩护的"，是"马里兰州刑法肌体上的一根古老的宪法荆棘"。

力，不会导致其滥用，至少不会明显或有害地导致其滥用。这种假定是公平的吗？

如果陪审团如何运作的告知方式有了变化，那么，陪审团的运作方式就可能有剧烈的改变。陪审团知道得非常清楚，其特权不限于法官在正式指导中所说明的那些选择。陪审团从不止一种选择里获得它对法律制度安排的理解。这里有从法官那里得到的正式交流，也有从整个文化——文学（小说、戏剧、电影和电视）、时事评论、交谈、历史和传统中得到的非正式交流。输入的总量基本足以向陪审员传达特权和自由的思想：在特定案件中可以背离法官的指导。甚至那些表面看来微弱得难以察觉的迹象，比如，法官告诉陪审团必须裁决无罪（有合理怀疑），但是，从未用这么多话来告诉它必须裁决有罪。这也是陪审团信息输入总量的一个重要部分。法律是一个体系，也是一种语言，其引申意义可能未被记录，但却是其生命的组成部分。

当法律制度将告知陪审团特权的权利委托给基本上是非正式的输入方式时，这不是为了欺诈和行骗。非正式输入方式的限制在于，它是避免过度使用的调节器：该特权只保留给特殊案件，法官的指导是作为总体上有效的限制而保留的。

法治或司法之治，涉及价值选择和客观事物的条理安排，对此，整齐划一在任何社会或者代表社会的团体中都是不可能的，尤其是在我们这样一个文化和利益千差万别的社会。为了在差异中寻求一致，作为全国的座右铭，必须有一种为做决定而设置的程序，这一程序是由符合民主理念的过半数或简单多数产生的。将小型立法机关的作用委任给小陪审团，如果它不能取得一致，就必须解散，由此使刑法及其运作陷于瘫痪，这种僵局，与其说深化了，不如说出卖了"民主是可行的"这样的主张。

不仅如此，像否决原理所蕴涵的，强迫一名不情愿地被委以陪审团义务者承担微型立法者或法官的责任，是对陪审团制不适当的束缚。一位陪审员知道法律谴责什么，而他有事实上的宽宥权力，这只是情况的一种。然而，明确告诉他有否决的特权，等同于告知他事实上是他形成了那谴责的规则。那将是过分的责任，对陪审员的心理也是过重的负担。也可以补充说，一名陪审员是被召来自愿为公众服务的，他有资格受到保护。他知道某一行动是正确的，但也知道该行动在社会共同体或他自己的特定集体里是不受欢迎的，此时，他可以清楚地对朋友和邻里推诿说，他仅仅是依从了法官的指导……

偶尔用之有利健康的药品，每餐食之则有害健康。陪审团这一特权广泛存在，令人们广泛赞同，将其视为"对冷漠的法官和独断的检察官的必要抗制"，这一事实并不能形成一种命令，让法官必须告知陪审团拥有该种权力。相反，实践中有益的做法是，以聪慧的方式构造对陪审团的指导，足以让陪审团对案件涉及的价值观有如此强烈的感受，以至于陪审团将这一案件视为对自己最高良知的召唤，必须独立发起和采取一种与既有指导相反的行动。对独立陪审团概念的这一要求，将不守法陪审团的情形局限于一些偶然场合，这种例外并不违反甚至可以看成是加强了法治的整体规范效果。一次明确的对陪审团的指导，传达了一种暗示的赞同，这冒了贬低法律结构的风险，这种法律结构保障了真正的自由和有序的解放，既反对独裁专制，也反对无政府的混乱……

首席大法官贝泽伦（Bazelon），部分同意，部分反对：

我的见解基于这样的前提：否决能够也应该在刑事过程中发挥重要作用。我不认为这一原理之所以存在，仅仅因为我们没有权力惩罚拒绝执行法律的陪审员，或者没有权力重新起诉一个其无罪开释不能严格依法获得正当性的被告人。该原理使陪审团能够将公平感和个别正义带入刑事过程。法律规则的起草者们无法预见和考量每一个这样的案件：被告的行为虽然"违法"，但却不具有可谴责性，就像他们只能在意外事件和疏忽大意之间划一条粗略的界线一样。只有陪审团——作为社会共同体价值观的代言人——才必须去发现这微妙而不易察觉的界线。

……陪审团职能的本质是作为社会共同体良心的代言人，去决定是否应当施加谴责。

我看不出有任何理由说，陪审员们会不计后果地滥用其权力。毕竟，信任陪审团，这是我们整个刑事法理的柱石之一。如果这一信任丧失了基础，则我们应予反思的，就不只是否决原理了……

有一个经常引用的滥用陪审团否决权力的例子：顽固的白人陪审团无罪开释那些针对黑人犯下罪行（比如私刑）的白人。这种令人厌恶的做法，在不危及重要的宪法保护条款——双重危险的禁止和陪审团的否决权力——的情况下，便无法直接阻止。但是，这种做法所产生的厌恶和羞耻感为民权运动增加了动力，反过来使主要民权立法化成为可能。民权运动还刺激了平等保护条款重现活力，尤其是认识到有获得在无偏见情况下选出的陪审团审判的权利。我们从这些滥用权力的例证中吸取的教训，有助于创造一种气候，使这类权力滥用不那么容易生存。

不仅如此，能够使我们理解社会共同体价值观和可谴责性标准的，不仅是否决的滥用。这项权力的高尚运用——"加强了法治的整体规范效果"——也为我们评价刑事法律的实体标准提供了一个重要的切入点。陪审团不愿让被告为其明显的法律禁令违反承担责任，这本身告诉我们许多关于这些法律的道德性和它们所禁止行为的"犯罪性"问题。对于在奴隶逃亡法①以及当代的赌博法和酒类法之下所做的无罪裁定，我们同样可以这么说。一项原理若能为我们提供如此关键的洞察，就不应被逐入地下……

提示与问题

1、谁鼓动陪审团否决法律？是以自由事业或存有偏见为由的辩护律师，还是陪审员自己认为否决是适当的？

2、在一些公民中是否有这样的倾向：他们给那些令他们强烈不满的裁决贴上"陪审团否决"的标签，使这些裁决失去合法性，但这个裁决可能是因控方未能排除合理怀疑地加以证明而导致的？

3、媒体对某些臭名昭著的审判的过分报道，使陪审团否决的运用增加了还是减少了？它所反映的社会共同体良心的程度增加了还是减少了？

4、如果法律规定，陪审团可以在事实上不顾法官的指导，依自己的选择进行裁决，而又不必担心受任何制裁，那么，告知陪审团此项权力还会遇到这么大的阻力吗？如果陪审员们被告知了否决，会对陪审团评议产生什么影响？

5、你能在本章第六节出现的两种对陪审团的指导模式之外，想出向陪审员解释其在法律过程中的作用的方法吗？像 FIJA 这样的组织，试图教育所有的公民（陪审团候选成员）关于否决之权力，这会造成怎样的危险？针对特定的即将到来的审判，利用传单、付费登报启事来敦促陪审团行使否决权，又会带来什么危险？

6、托克维尔写道："任何其他国家的法官，都没有人民分享法官特权的国家的法官强大有力。"陪审团否决是强化还是弱化了托克维尔的论点？除指导陪审团而外，法官在审判中还有哪些权力？

---

① H. Kalven & H. Zeisel, "The American Jury." 陪审团否决还为我们提供了关于死刑道德性的关键信息。见 *McGautha v. California*, 402 U. S. 183, 199, 91 S. Ct. 1454, 1463, 28 L, Ed. 2d 711（1971）。为了面对陪审团否决的难题，立法机关没有像以前那样试图进一步提炼应判死刑的杀人罪的定义，而是采纳了直接赋予陪审团事实上一直运用着的自由裁量权的方法……

7、1972年，俄亥俄州戴顿（Dayton）高等民事法庭（Court of Common Pleas）法官罗伯特·麦克布莱德在一篇题为"陪审团不是一个政治机构"的文章中写道："任何人，如果寻求回归至高无上的陪审团，让它独立于法律，独立于法律的指导，那么，他便是忽视了审判过程的历史和发展，而且，他漠视这样的事实：这里是分权的代议制民主。"他还写道：陪审团否决是"一种劳而无功的不负责的理论，该理论诞生于法、英、美各国革命的暴风骤雨中，完全不适宜于我们今天的法治而非人治的社会。"① 你同意吗？托克维尔、谢福林和FIJA各自会如何回答这一论点？

8、你认为在何种条件下陪审团应考虑否决？在普通的政治案件中，否决是否出于自发的义愤？如果一位律师要在结案陈词时向陪审团提及否决，你期望他做何种强调？如果你知道案件多半有赖于陪审员在本案中否决法律的意愿的坚定程度，那么你想要选择何种人作为陪审员？

9、陪审团否决即使经常发生，它真的会给陪审员重大的权力吗？在政治性不那么明显的寻常的刑事或民事案件中，又是怎样的情形呢？陪审团否决能够改变法律体系或社会中的权力分配吗？或者，它只是对否定公众参与法律的权利的表面解决吗？

10、1992年5月，洛杉矶4名白人警察殴打非洲裔美国黑人洛德尼·金（Rodney King），但被陪审团宣告无罪，该陪审员中没有非洲裔美国人。一名业余摄像师将殴打过程拍成录影带，全国上下通过电视看到了殴打场面，并被作为本案证据的主要部分。这一无罪宣告是陪审团否决行为吗？这次审判从洛杉矶县转到主要是白人居住的辛米谷（Simi Valley）。在种族主义成为主要问题的案件中，这一事实是否对陪审团否决的有效性提出了怀疑？

4年以后，辛普森（O. J. Simpson）被无罪开释，他被控谋杀前妻及她的朋友罗·戈德曼（Ron Goldman）。这起案件之所以有这样的结果，是因为陪审团否决，还是典型的未能超越合理怀疑地证明有罪？"洛德尼·金案"或者"辛普森案"的裁决，是否改变了你关于法官应否告知陪审员否决权的看法？

11、陪审员应否被告知否决权？这一讨论的结果，部分有赖于双方各自如何看待美国社会的性质。一些人将否决看成是普通人在保护"进步"政治行动不受政府压迫；另一些人指出否决历史上曾授权不容异己的公民回避法治并且践踏被告人的权利，比如，使白人种族主义者有可能在白人被控针对有色人种实施犯罪时控制陪审团的裁决。你是否认为，如何看待应否告知陪审团否决权力，应取决于如何对社会进行政治评价？投票权是否也取决于对潜在投票人政治见解的评价？民主过程（包括陪审团否决）是否与维持宪政法治结合起来，

---

① Robert McBride, "The Jury Is Not a Political Institution," *Judge's Journal* 11 (1972), P. 37.

或者，是否总有产生不道德的判决的危险？

12、在"多尔蒂案"中，法官莱文戴尔说，陪审团否决是"对陪审团制不适当的束缚"，一位凭良心投票的陪审员应该能够为一项不受欢迎的判决辩护，他可以向亲友近邻声称"仅仅是依从了法官的指导"，你同意吗？陪审员应否被卸去依其良心行事的责任？在发布"呼吁反抗不合法的权威"的越战期间，你的回答会有所不同吗？在什么地方提倡"只是遵命行事"是正当的？

13、将陪审团作为一种表达共同体价值观的机制，如果能够运用莱文戴尔法官的"我只是遵命行事"的论点，那么陪审团又将是何种模样呢？这将允许法官去界定社会共同体，而不是允许社会共同体将自身定义为法律过程的一部分吗？社会共同体会如何应对法官篡夺其参与决定法律适用之权利？一个只是遵命行事的陪审团是否会质疑陪审团审判或法律本身的合法性呢？

14、比较陪审团否决的作用和本书第二篇讨论的马丁·路德·金博士的非暴力不服从。

第十六章 多元社会的陪审团遴选：性别歧视和种族排除

♣ 我们这个社会中的公民比之世上其他任何社会中的公民，其背景、传统和生活经历都更为复杂多样，本章的内容就是集中探讨在这样的社会中如何定义同阶陪审团。同阶陪审团的定义至关重要，因为悬系其上的不仅是一次特定陪审团审判在每一诉讼当事人眼中的公正性，而且有陪审团制和法律本身是否正统合法的公众观念。

谁是同阶人员？这个问题的重要性被前一章中"陪审团主要是一种政治机构"的主张所放大。如果陪审团的职能是表达社会共同体的准则，并将其适用于当前的冲突，包括否决在刑事案件中适用的法律的权力，那么，陪审团的构成就变得非常关键了。扭曲了陪审团的代议制特征，将会扭曲陪审团所做的"政治"（社会共同体定义的）决定。在陪审团遴选中，一种长期而重大的扭曲最终将会引发这样的问题：作为一种机构，陪审团是否已被大大改变，以至于它既不能基于对手边冲突的真正理解而做公正裁决，也不能发挥其作为社会共同体参与工具的作用。一句话，陪审团审判可能失去其正统性，甚至威胁法律本身的合法性。

像杰斐逊所说，因为成为陪审团一员的机会，如同选举资格一样，是公民权的重要组成部分，所以，界定同阶陪审团就是在界定谁属于美国。

本章的第一节是肯尼思·卡斯特1989年《属于美国：平等公民权与宪政》一书的导言节选。要求你思考的问题是，公民权的平等性，既与美国的含义有关，也与谁属于和谁不属于这个共同体有关。这一问题贯穿本章所有的读物，主导着关于什么是同阶陪审团的所有法律标准和政治判断。

在思考卡斯特的分析框架以及后面的案例和提示过程中，重要的是牢记有关21世纪美国多元性的一些基本事实。由于人口统计数的迅速变化，美国正在成为一个多种族社会，其中的少数身份的概念正在不断地重新界定。2000年的全国人口普查显示，1990年至2000年间，美国的有色人群的数目和百分比都有显著增长。这些变化导致非洲裔、拉丁裔、亚裔和太平洋裔以及土著美国人的总百分比，从1990年的25%上升到2000年的30.6%。

对未来人口增长的预测，显示出美国"少数"人群的持续而大幅度的增加。2000年的人口预测显示，如果目前的增长率保持下去，到2050年，非白人将占总人口的49.9%，这50年间发生的特定百分比的变化如下：白人将从69.1%下降到50.1%；黑人将从12.7上升到14.6%；亚裔将从3.8%增加到8.0%；西班牙裔将从12.6%增加到24.4%。尽管其他预测更加保守，但人口统计变化的净结果是，在50年内，美国将不存在多数种族了，而是一个名副其实的少数群体组成的国家。2000年人口统计和预测的相关资料，可以从 www.census.gov 找到。

确定何谓同阶陪审团是一个非常急迫而复杂的工程，对法律和日常生活都有重大影响。在卡斯特教授"平等、法律和归属"一文提供的背景下，本章的重点在于两个最为重要而有趣的要点：当前存在于陪审团遴选中的法律和政治问题。其中的每一个要点都引起了重大的公共讨论，基于良知，形成了极大的意见分歧，而在法律学者和政策制定者中，各自也难于达成一致。前一个要点——平等地将妇女纳入陪审团，而又不损害陪审团的作用和权力——首先以短篇小说的形式提出。苏珊·格莱丝贝尔的小说《她的同阶陪审团》，描写细致入微，但极具震撼力。这个主题复现于劳拉·杜莉教授的法律评论文章节选中，该文探索了陪审团的作用和权力是如何被削弱的——通过复活一种对妇女的态度，这种态度在历史上曾经使她们无法接近陪审席和投票箱。后一个要点——运用强制剔除（peremptory challenges）来影响刑事陪审团的种族构成——则直接触及了一个核心问题：美国如何界定自身，又如何遴选陪审团？

下面一些选文显示，在选择陪审团时，法律和宪法上对歧视的反对几乎完全集中在这样一个问题上：在选择陪审团全体成员过程中，是否对某些可识别的群体采取了制度性的歧视？选择一个特定的庭审陪审团，与陪审员的遴选不同，几乎完全躲过了法律的审查。但在第五节所选的"拜特森案"中，最高法院重新检视了一位检察官在参与挑选被告的庭审陪审团时，有意将种族歧视运用于强制剔除之中。"拜特森案"只是反省种族与庭审陪审团选择问题的开始，而第六节所选的劳伦斯教授关于无意识的种族歧视的文章和第七节的"米勒－埃尔诉科克瑞尔案"也都显示了这个问题。种族自觉的问题,以及本章选文所提出的法律问题,将公正陪审的选择问题,推展到美国整个的种族正义问题上。

第一节　平等、法律和归属：一篇导言*

肯尼思·卡斯特

平等的理想是美国公众生活中文化的主旋律之一。从《独立宣言》到总统就职的效忠宣誓,有关平等的华辞丽句浸透了我们国家的象征。从最早的殖民时期开始,平等在我国历史上一次又一次成为振奋精神的呐喊,成为一种许诺,成为举国信奉的章程。正是平等的理想,触动我们的情感。平等的所有方面——抗议、希望和信仰,与情感相融合——在25年前一个8月的下午汇聚在一起,马丁·路德·金向林肯纪念堂前的众人发表演说,不断重复着"我有一个梦想"。

马丁·路德·金心目中的未来是一个不可分离的国家的理想——这个国家将为每个人都提供正义,从而弥合种族分离。用梦想作为比喻,使他能够在宪法许诺的平等与1963年美国种族关系的现实之间做鲜明的对比。但是,如果马丁·路德·金是一个梦想家,他也知道如何面对实际情况:从公共汽车上的隔离,到就业方面的歧视。他做演说的切近目的是变革这个国家的法律。在他面前,万众聚集,"向华盛顿大进军",声援成为1964年《民权法案》的那个议案。他懂得,一旦黑人认为自己属于美国,这个国家就必须将表达于最高法院建筑物上的理想化为现实:法律之下的平等正义。

这种对法律能力的信任,在美国人中相当普遍。平等主义的主流一直贯穿美国社会,因而我们经常诉诸法律,以实现我们的理想。不过,马丁·路德·金凭借他的历史意识和自身体验,有理由相信拉尔夫·达伦多夫①的讽刺警句:"在法律的**前面**人人平等,但在法律的**后**

---

* Kenneth Karst, "Equality, Law, and Belonging: An Introduction" from *Belonging to America : Equal Citizenship and the Constitution*, 1989, Yale University Press.

① Ralf Dahrendorf, 1929年生于德国, 1988年加入英国国籍, 1993年册封终身爵位。他是一位杰出的社会学家,一位重要的欧洲政治人物。有著作近30部,包括 *Class and Class Conflict in Industrial Society*; *Society and Democracy in Germany*; 最近著作有 *The Modern Social Conflict : An Essay on the Politics of Liberty*。——译注

面不再平等。"奴隶制和种族隔离，对生于国外者的歧视，对某些宗教信仰者参与政治的限制，将妇女实际排除出公共生活之外——所有这一切都在提醒我们，法律可以成为集体压迫的工具。平等与公民权早在内战后就已明确写入宪法第十四修正案，不过，我们的宪法已被塑造得有助于实现这种被合法化的压迫了。

如果触及平等问题的法律有其两面性，它也不过是反映了美国社会的主流态度。冈纳·默戴尔①在二战期间的创作中，将种族关系的这一矛盾方面称为"美国的两难"。默戴尔看到，美国白人真诚地献身于这个国家的平等主义和个人主义的理想，不过，他们同样接受对黑人的平等和个性的制度性剥夺。我们的社会在对待妇女和其他文化上的少数群体时，也有着同样的两面性。

一代又一代的美国人——白人、男性和本土出生者——何以能够生活在他们的平等理想与实际行动的不和谐中？技巧再简单不过：将处于从属地位的群体排除出去，然后再界定社会共同体的公共生活或者社会共同体本身。这种排除的倾向不是固有的，它是在文化移入的过程中出现的，而这种文化移入所形成的个人自我定义，出自对自己群体的依附和与其他群体的隔离。"罗杰斯与哈默斯坦"②说得好："你已经被精心教化了。"文化塑造个人身份，其方法是将作为榜样的"我们的"信仰和行为，同我们回避的其他人的信仰和行为进行比较。在我国，这样的例子不胜枚举：

> 美国很早接受了外来者无可避免的存在……尽管每一公民都可以声称具有一系列基本的法权，但其中一些人几乎肯定是局外人。真正的成员资格要由宗教信仰、种族、语言或行为这些额外的检验标准来决定，这些检验标准在不同的时间里和不同的族群中有显著的不同。每一代人都传给下一代一个没有答案的问题：谁真正属于美国社会？

---

① Gunnar Myrdal，1898 年生于瑞典，1925 年至 1930 年先后在德、英、美进行研究和学习，早期著作有 The Political Element in the Development of Economic Theory。回国后参与多项政治活动。1938 年，他主持了美国黑人问题研究项目，所集资料于 1944 年出版，是为 An American Dilemma: The Negro Problem and Modern Democracy。他曾任"斯德哥尔摩国际和平研究所"（SIPRI）所务会主席，1987 年去世。——译注

② Oscar Hammerstein 与 Richard Rodgers，一个是剧本和歌词作家，一个是作曲家，尽管他们每个人都有很高的声望，但他们作为合作者，创造了吸引观众的音乐剧院，重新定义了艺术形式，合称"Rodgers and Hammerstein"。——译注

社会共同体中有充分资格的成员之间，平等的理想是行得通的，但对局外人而言，平等的问题似乎是无关的。平等与归属是不可分的：界定美国平等理想的范畴，就是界定国民共同体的各种界限……

在美国，对于平等公民身份的权利主张，总是夹带着一种情绪化的指责，尤其是当不平等与民族、性别、宗教信仰或种族划分挂起钩来的时候。这些情况之所以触动人心，是因为它们触及归属感和自我意识。归属是人的基本需要。每个人的自我都是在社会母体中形成的，的确，自我的概念与社会群体的理念不可分割。海伦·梅瑞尔·林德①用一个简单而精彩的句子捕捉了这一理念："为了回答我是谁，必须回答我属于哪里。"最令人痛心的剥夺，莫过于将人逐出社会共同体，不承认他们的成员资格，将他们贬为局外人，否认他们的自我。

将某些人排除出去，这样做的伤害无疑发生在一个接一个的人身上，但是，这些单个的伤害是群体的从属地位导致的。当排挤的工具是法律的时候，伤害尤烈，因为法律被视为社会共同体价值观的体现。为了"贬斥仪式"的成功，贬斥者"必须使部族中超个人的观点突出出来并易于看到，而他的贬斥行为必须以这些观点的名义进行……贬斥者必须被赋予以这些终极价值观的名义说话的权利"。当某一城市在公共长椅上搞种族隔离的时候，对于被隔离的少数群体而言，主要的伤害不在于不允许他们接近某一方绿地，黑人被歧视，不仅缘于法律的无能力，在制度所及的每一黑人生活中，它还是一种官方组织的贬斥仪式，以上百种方式每天重复着。

民权运动的主要成功之处在于，重新正式界定了美国地方的和全国的社会共同体。大量的以前被逐出这些共同体公共生活的美国人，被正式认可为平等的公民。接纳的机制是宪法，宪法是我们全国上下最为权威的官方价值观的体现，这对我们所有的人都很重要，对于黑人的自我意识尤为重要。当马丁·路德·金对我们演讲他那没有种族隔离的国家之梦时，就已经完全意识到了这一切……

对"他者"（the Other）在理解上的困难，决非法律和政府所独有，这一问题经常出现，而其理由却具有讽刺意味。对于美国文化的差异性，最典型的反应是回避：眼不见，心不烦。然而，法律和政府

---

① Helen Merrell Lynd，1896年生于美国伊利诺斯州，大学时代深受黑格尔哲学的影响。她在沙拉·劳伦斯学院（Sarah Lawrence College）任教，是社会哲学方面的杰出教授，1982年逝世。——译注

不仅提供了所有不同文化必然分享的公共舞台，而且界定了使我们社会团结起来的诸多意义。在洛杉矶街头的警民关系中，在德克萨斯立法机关和普塔克特（Pawtucket）市议会各自的政治交易中，在各级法院的法庭里，不同文化背景的成员无可避免地要相互对峙起来。有时，不同文化背景差异变成了公共舞台上冲突的鲜明主题。更常见的是，这些冲突潜伏于讨论的深层。在这两种情况下，警官、立法者和法官在做官方决定时，都是从他们被文化移入的关于行为含义的假定开始，并且吃力地质疑这些假定的普遍性……

从一个角度出发，"谁属于美国"引起了更大的文化问题：在一个多文化的国家，说某一美国社会共同体的意义就是美国的文化，这是否明智？如果回答是肯定的，这一文化的确切特征是什么？从另一个角度出发，归属问题是一个社会心理学问题，其焦点在于个人信仰和集体成员身份之间的相互作用：谁将自己视为国民共同体有充分参与资格的一员？或者从更具有社会学意义的角度看，哪个人或哪些人通常被他人视为成员？这类问题可分开阐明，但这种分开仅是个角度问题。"谁属于"的问题，其实是一个关于美国的含义的问题。讲论自我定义、社会共同体意识和社会共同体所界定的法律作用，并不是确认一个机器的不同组成部分，而是从不同角度看待一个复杂的社会过程。

症结就在这里。为了分析的目的而将一个有机过程分为多个部分，这是人为的非自然的做法，但是，任何一并描述这一过程的企图都是注定要失败的。为了理解"谁属于"这一问题的含义，究问我们宪法的平等保护原则何以能够回答这一问题，需要我们做一系列具体的探询：探询社会共同体和各种归属问题的根基，探询作为个人身份之母的社会共同体意识，探询美国市民文化中平等公民权的含义，既作为一种理想，也作为一项宪法原则。

♣ 下面的短篇小说包含了所有卡斯特提出的问题，也许更多。阅读并讨论这篇小说，可以深化我们对一个多元社会的正义、伦理、参与和公民权这些基本问题的理解，促进我们理解法律制度的合法性以及陪审团制对社会共同体生活所具有的广泛影响。

《她的同阶陪审团》（*A Jury of Her Peers*）由普利策奖（Pulitzer Prize）获得者苏珊·基汀·格莱丝贝尔创作，1917年首次发表，这是赋予妇女投票权的美国宪法第十九修正案通过前3年。当时，男性占统治地位的法律体系一般是将妇女排除于陪审团之外的，除了在那些罕见的、男性认为女性有特殊技能或敏感的"家庭内部"场合。莱特太太本该由一个男性组成的陪审团审判,但从故事的结尾看,她还是得到了一个"同阶陪审团"。你如何看待这种可能性,显示出你如何理解获得同阶陪审团审判的重要性。阅读的同时,思考故事中男人对女人的态度,以及女人与男人是否以不同的方式看待同一种事物。故事的原题叫《琐事》(*Trifles*)。

第二节 她的同阶陪审团*

苏珊·格莱丝贝尔

玛莎·黑尔打开房门,寒冷的北风扑面而来,她赶快跑回屋里取自己的羊毛围巾,一边将围巾围在头上,一边不好意思地扫视了一下厨房。召唤她离去的事非同寻常,可以说,在迪克森县从未发生过。但她看到的厨房中的景象,实在不适宜她的离去:做面包的面要和,而面粉却只筛了一半。

她不喜欢看到事情只做一半,但是,在她正干到一半的时候,城里来了一伙人找黑尔先生。然后,警长跑来说,他的妻子希望黑尔太太也能来,还咧嘴一笑,补充一句:他猜想她是因为害怕,才想再有个女人一同前往。所以,她只好放下手里的活儿。

外面传来她丈夫不耐烦的声音:"玛莎!别让人等在外头,这么冷的天。"

她重又打开房门,上了一辆双排座马车,三男一女正坐在车上等她。

玛莎将大衣裹在身上,又看了一眼和她并排坐在后座上的女人。她前年曾在县城集市上见过这位彼得斯太太,只记得她不像是警长的夫人,瘦小,说话声音不是很响。在彼得斯太太之前的警长夫人是戈曼太太,她的声音给人的感觉,好像她讲的每一个字都是对法律的捍卫。不过,如果说彼得斯太太看上去不像是警长夫人,那么,彼得斯本人却弥补了这一缺陷,他看起来就像一位警长。他正是那种能让自己当选警长的人——身材高大,嗓音洪亮,在维护法律方面颇具天赋,似乎一眼就能辨别出谁是罪犯,谁不是罪犯。就在这时,黑尔太太突

---

* From *An Anthology of Famous American Stories*, edited by Angus Burrell and Bennett Cerf (New York: Random House, 1953).

然意识到,这个和蔼热情的男人,现在是作为警长去见莱特夫妇的。

"今年这个时候,国家不怎么景气。"彼得斯太太终于鼓足勇气说话了,好像她觉得她们也应像男人那样高谈阔论。

黑尔太太惶恐地回答了她的话,因为这时马车已经上了一个小丘,可以看见莱特先生的住所。但看见他的住所并没有让她觉得有说话的兴趣。这住所在寒冷的3月显得有点落寞,这里一直是一个落寞的地方。它在一个山坳里,包围着它的白杨就是一种看上去落寞的树。男人们正注视着它,议论着发生的事情。县检察官正探身在马车的一侧,随着马车缓缓走近,他目不转睛地看着这个地方。

"我很高兴您一起来了。"彼得斯太太紧张地说着,两个女人随着男人们走进房门,来到了厨房。

即使一只脚已经踏上了门槛,手握着门把手,玛莎·黑尔还是感觉自己无法跨进门槛,原因仅仅是她以前没有跨进过这个门槛。一次又一次,她心生念头:"我应当过来看看梅妮·福斯特。"——她还认为她是梅妮·福斯特,尽管她成为莱特太太已经20年了。这些年来一直忙于家事,也就不怎么想梅妮·福斯特了,但是现在,她来了。

男人们走到炉边,女人们则挤在门口。县检察官杨·亨德森转过身来说:"女士们,到炉边来吧。"

彼得斯太太向前挪了一步,然后站住脚,说:"我不冷。"

就这样,两个女人在门边站着,开始时,甚至没往厨房这边看。

男人们称赞了一会儿警长有多么周到,早上派副警长来为大家生了火。随后,彼得斯警长从炉边走开几步,解开外衣,手放在厨房的桌上,那姿势似乎在示意大家,该谈公事了。他用半官腔说道:"黑尔先生,在我们开始前,你对亨德森先生讲一讲,昨天早上你来这儿的时候看到了什么?"

检察官环顾厨房。

"顺便问一下,"检察官说,"有什么东西被挪动过吗?"他转向彼得斯问:"东西还像昨天您离开时那样吗?"彼得斯从碗橱到碗池,再到桌边一把破旧的摇椅,依次看了一遍。

"没有挪动过。"

"昨天应当有人留在这儿。"检察官说。

"啊,昨天,"彼得斯做了个手势,好像昨天不堪回首似的。"我昨天不得不派弗兰克到'莫里斯中心'去,那儿有个男人发疯了——我跟您这么说吧,昨天,我忙得不可开交。我知道您今天会从奥马哈返回,乔治,因此我亲自料理这儿的每一件事……"

"好吧,黑尔先生,"检察官用一种既往不咎的口吻说,"告诉我们,昨天早上你来这儿的时候,出了什么事。"

黑尔太太还倚门而立,她现在的情绪很低落,就像一个母亲正等待她的孩子诉说一件令人痛苦的事情。刘易斯叙述一件事情时,经常游离于主题,还语无伦次,混淆不清。她希望他能直接切入主题,不要讲无关紧要的事情,免得梅妮·福斯特处境更为不利。刘易斯没有立即开始,她注意到他看起来有点怪异——站在厨房当中,不得不讲述昨天早上看到的一切,这使他觉得很不自在。

"说话呀,黑尔先生。"检察官提醒道。

"哈里和我拉着一车马铃薯到镇上。"黑尔太太的丈夫开腔了。

哈里是黑尔太太的大儿子,他没在这儿,由于某种充分的理由,那些马铃薯昨天没能运到镇上,只好今天早上运去。因此,当警长来告诉黑尔先生,到莱特这里来,向检察官讲明事情经过的时候,哈里尚未回到家中,而哈里是最适合说清这事的人。黑尔太太心绪万千,她还有一种挂念:也许哈里穿得不够暖和——他们谁都没有意识到北风有多么刺骨。

"我们顺着这条路来的,"黑尔继续说,用手指着他们刚才来的路,"当我们看到这房子时,我对哈里说:'我去看看能不能让约翰·莱特安一个电话。'"他向亨德森解释说:"您知道,要不是有人和我一起来,他们不会走这条岔路,除非我给他们钱,我可拿不起这些钱。我曾向莱特讲过安电话的事,他没答应我,说人们说起话来没完没了,他需要安静——不过您猜怎么着,他自己倒说起来没完没了。但我想,如果我到他的住处,当着他老婆的面谈这个,说所有的女人都喜欢电话,说在这行人不多的路上,这是件好事——当然,我对哈里说,这就是我要说的——尽管我还说,我可不知道他老婆的想法对约翰有没有影响……"

他到底还是这样,说些不着边际的话。黑尔太太想用眼神示意,但所幸检察官插话了:

"过会儿再说这个吧,黑尔先生,我不想谈这个,我只想知道,当你到这儿的时候,究竟出了什么事。"

他这次讲话时,非常谨慎而小心:

"我没看到人,也没听到任何动静。我反复敲门,里面还是没有声音。我知道他们一定起床了——这都早上8点多了。于是我又敲，这回敲门的声音更大。我好像听见有人说'进来'，不过不敢肯定。不管怎样，我还是打开了门——就这扇门，"他用手向两个女人站的方向指了一下，然后又指着另一个方向说："在那个摇椅上，坐着莱特太太。"

厨房里的每个人都望着那摇椅。黑尔太太心想，那摇椅一点儿也不像梅妮·福斯特应当坐的那种——那是20年前的梅妮·福斯特。椅子是暗红色的，毫无光泽，靠背是木制的，中间的横档已经脱落，椅子向一边歪斜着。

检察官问："她看上去——怎么了？"

黑尔说："她看上去——很怪。"

"你说很怪是什么意思？"

他边问，边掏出笔记本和铅笔。黑尔太太不愿看到铅笔，她紧盯着丈夫，好像在让他别说没用的，被记录下来会有麻烦。

黑尔说话也的确加了小心，好像铅笔也已经影响到他。

"她看起来像是不知道下面该做什么，又好像刚把一切做完。"

"她对你的到来有什么反应？"

"我认为她根本不在乎，她没太在意。我说：'你好，莱特太太，天很冷，是吧？'她说：'是吗？'继续用手摆弄着围裙。

"我很纳闷，她没让我到炉边，也没请我坐下，就在那儿坐着，连看都不看我一眼，于是我说：'我想见约翰。'

"她笑了，我猜你们会说这就是笑了。

"我想到哈里和外面的人，因此我又问：'我可以见见约翰吗？'口气有点儿强硬。她说：'不行。'不大高兴。我又问：'他不在家吗？'她看着我，说'他在家'。'那我为什么不能见他？'我追问她，对她有些不耐烦了。'因为他死了，'她说，还是那么平静和不高兴，边说，边用手摆弄着围裙。'死了？'我问，就像你们听到难以相信的话时一样。

"她只是点点头，没有任何不安，只是坐在椅子上前后摇着。

"'为什么？他在哪儿？'我问，不知说什么才好。

"她指着楼上——就像这样。"他边说，边用手指着屋子上面。

"我起身，想自己上去看看。到这个时候，我真不知该怎么办。我只是从那儿走到这儿，然后说：'为什么，他怎么死的？'

"'脖子上的绳子勒死的，'她说着，手依然摆弄着围裙。"

黑尔停住不说了，站在那儿盯着摇椅，仿佛还能看到昨天早上坐在那里的女人。没有人说话,仿佛每个人都在看着昨天早上坐在那里的女人。

"然后你做了什么?"检察官终于打破了沉默。

"我到外面去喊哈里,我想我可能需要帮手。我让哈里进来,我们一起上了楼。"他的声音低得几乎像耳语:"他就躺在——那儿。"

"我觉得让你上楼去说就好了,"检察官插话说,"在楼上你可以指给我们看。算了,你继续说吧。"

"我首先想的是把绳子解开。它看起来……"

他又停了下来,脸在抽搐。

"哈里走上前去,他说:'他已经没救了,我们最好不要碰任何东西。'于是我们就下楼了。

"她还像那样坐在那儿。'通知什么人了吗?'我们问她,回答是'没有',一副漠不关心的样子。

"'莱特太太,这是谁干的?'哈里问。他问话时一本正经,而她也不再摆弄围裙。'我不知道。'她说。'您不知道?'哈里又问,'难道您不是和他在一张床上睡的吗?''是一起睡的,'她回答,'但我睡在床里侧。''有人把绳子绕在他脖子上,勒死了他,您竟然没醒吗?'哈里追问。'我没醒。'她附和说。

"我们的表情看上去一定像是不相信她的话,因为过了一会儿她说:'我睡熟了。'

"哈里打算问她更多的问题,但我说这可能不关我们的事儿,也许应当让她先把事情讲给验尸官或者警长,所以哈里以最快的速度跑到大路上,到里沃家,那儿有电话。"

"当她知道你们去找验尸官时有什么反应?"检察官手握着铅笔准备记录。

"她从那把椅子挪到这把椅子上,"黑尔指着墙角上的一把小椅子,"就坐在那里,两手握在一起,看着地上。我觉得应该和她说说话,于是我对她说,我来到这里是看约翰愿不愿意申请一部电话。她听了这话,开始笑了起来,然后她不笑了,看着我,害怕了。"

听到铅笔记录时发出的声音,这个讲述事情经过的男人抬起头来。

"我也说不准,也许那不能算是害怕,"他迟疑了,"我不想说这是害怕。不久,哈里跑了回来,又过了一会儿,劳埃德大夫来了,还有您,彼得斯先生,我想我把你们不知道的全说了。"

他说完最后这句，舒了一口气，挪动了一下，像是在放松。每个人都挪动了一下。检察官走向楼梯门。

"我想我们应该先上楼去，然后再去外面的谷仓及周围看看。"

他停了下来，环顾厨房。

"您确信这里没什么重要的东西吧？"他问警长。"没有什么东西能够说明动机吧？"

警长也环顾了一下，像是再次让自己确信。

"这里没什么，只是些厨房用的东西。"他说这话时，带着些许笑意，因为厨房里的东西似乎微不足道。

检察官正在看着碗橱，那是一个特别的、笨重的家什，半是壁橱，半是碗橱，上部做在墙里，下部是那种老式的橱柜。这怪模怪样的家什似乎吸引了他，他搬了一把椅子站上去打开上部，向里看去。过了一阵儿，他把手拿开时，沾了一些黏糊糊的东西。

"这是什么东西。"他愤愤地说。

两个女人走近前来，警长夫人现在说话了。

"啊，那是水果，"她说话时眼睛望着黑尔太太，寻求同情和理解。转头向着检察官解释道，"她担心前天晚上会太冷，炉火熄灭后，罐子会冻破。"

彼得斯先生哈哈大笑。

"真是妇人之见！一边想着谋杀，一边还想着保存水果！"

年轻的检察官紧闭着嘴唇。

"我猜想她应该有比保存水果更重要的事情。"

"不过呢，"黑尔先生以某种天然的优越感说，"女人们一贯担心琐事。"

两个女人相互靠近了一点儿，谁也不说话。检察官似乎突然想到自己应有的举止，想到了自己的前程。

"尽管如此，"他以一种年轻政治家的风度说道，"尽管她们担心琐事，但我们又不能没有女士们，不是吗？"

女人们不说话，也没有放松下来。他走到碗池边洗手，又用环状毛巾把手擦干。他转动毛巾，要找一块儿略微干净点儿的地方。

"这肮脏的毛巾！不是一个好主妇，女士们，你们说呢？"

他用脚踢着碗池下面的肮脏器皿。

"农场里有很多事要做。"黑尔太太生硬地说。

"确实如此，不过，"检察官向她微一鞠躬，"我知道在迪克森县，许多农家不用这种环状毛巾。"他又拉直毛巾让大家看。

"这些毛巾脏得非常快,男人们的手总不那么干净。"

"啊,我明白了,您多么忠于您的性别,"他笑了,机警地看了她一眼,继续说,"您和莱特太太是邻居,我猜你们也是朋友。"

玛莎·黑尔摇摇头。

"这些年来我很少见到她。我上次来这屋子,已经1年多了。"

"为什么?您不喜欢她?"

"我非常喜欢她,"她回答时,兴致提高了一些。"农民的妻子总是很忙,亨德森先生。但是……"她环顾一下厨房。

"但是怎样呢?"他鼓励她说下去。

"但是这里从不是个令人愉快的地方。"她更像是对自己而不是对他说。

"是不令人愉快,"他表示同意,"我想没有人会觉得这里令人愉快。我不敢说她有持家的本能。"

"我也不认为莱特有这种本能。"她嘟哝道。

"您是说他们相处得不好?"他迅速追问。

"不,我可没这样说。"她果断地说。在她转身走开之际,又补充说:"我不认为有约翰·莱特的地方,就应该比别的地方更令人愉快。"

"我稍后再跟您讨论这个问题,黑尔太太,"他说,"我要立刻上楼料理一些事情。"

他向楼梯门走去,两个男人跟在后面。

"我能假设我太太做的一切都是对的吗?"警长问道。"她要去取一些衣物,料理其他一些小事情。我们昨天匆忙离开。"

检察官看到两个女人被留在厨房里。

"是的,彼得斯太太,"他说着,眼神落在另一个女人身上。她是个高大的农妇,正站在警长夫人身后。"彼得斯太太当然是我们中的一员,"他说着,以一种委以责任的口气。"请您睁大眼睛,注意所有可能有用的东西。不要说出来。你们女人可能发现动机的线索,那正是我们所需要的。"

黑尔先生揉着脸,就像一个主持人正准备开始一场娱乐演出一样。

"不过,即使女人们看到线索,就能够发现吗?"他说完这话之后,就随其他人进了楼梯门。

女人们一动不动地静静站在那里,听着脚步声,开始是在楼梯上,继而从头上的房间里传来。

这时，黑尔太太好像要从什么奇怪的事中解脱出来，她开始整理碗池下面的器皿，那是检察官踏了一脚给弄乱了的。

"我讨厌男人们进我的厨房，"她试探着说，"来说三道四。"

"当然，这不是他们的义务。"警长夫人怯生生地赞同道。

"义务没什么好说，"黑尔太太贸然地说，"不过，我猜前来生火的副警长已经尽了一些义务。"她拉了一下环状毛巾。"我早该想到这个！好像在说她没有把一切收拾好，但她不得不匆忙离开这里。"

她环顾厨房，当然，这里是没"收拾好"。她的眼神被放在碗橱低层格上的一小桶白糖吸引住了。木桶盖子放在一边，旁边是一个半满的纸袋。

黑尔太太走过去。

"她正把糖往这里倒。"她慢慢地自言自语。

她想到了自己厨房里的面粉，只筛了一半。她也是被打断的，不得不放下没干完的活儿。是什么打断了梅妮·福斯特呢？为什么这活儿干了一半？她做了一个动作，似乎要把事做完，没干完的活儿总是让她不安。她扫视房间，看到彼得斯太太正注视着自己。她不想让彼得斯太太感觉到，她已经开始了的某种家务，却由于某种原因而尚未完成。

"她的水果真不作脸。"她一边说着，一边走向刚才检察官打开过的那个壁橱，蹬上椅子，自言自语道："我看看水果到底烂了没有。"

里面的情形很糟糕，但"还有一个没烂"，她终于说。她把它举到灯前。"这是樱桃，"她又看了一下，"我敢说就这一个没烂。"

她叹了口气，从椅子上下来，走到碗池边刷罐子。

"她一定觉得糟透了，毕竟，她在炎热的天气里干这么累的活儿。我想起了去年夏天的一个下午，我也摘过樱桃。"

她把罐子放在桌上，又叹了口气，要坐在摇椅上。但她没有坐下，什么东西使她无法坐下去。她站直身子，退后几步，半转身时眼望着摇椅，仿佛看到了那坐在摇椅上"摆弄围裙的女人"。

警长夫人细细的声音打破了她的沉思："我要从前屋的壁橱里拿那些东西。"她打开另一个屋子的门，走进去，又退回来。"黑尔太太，您和我一起进去好吗？"她不安地问道。"您——您可以帮我拿那些东西。"

她们很快就出来了，因为关闭的冰冷房间可不是人待的地方。

"我的天!"彼得斯太太说着,把东西放在桌上,赶快凑到火炉边。

黑尔太太站在那儿,仔细看着那被拘禁在县城里的女人想要的衣物。

"莱特真是吝啬!"她大声说,手里拿着一件寒酸的黑色裙子,上面有多处修补的痕迹。"我想这就是为什么她那么沉默寡言,我猜她是觉得自己没有面子,穿这么寒酸的衣服,谁也高兴不起来。她过去可是穿着漂亮的衣服,活泼可爱。那时她是梅妮·福斯特,县城里的女孩儿,在唱诗班里。唉,但那已经是 20 年前的事了。"

她仔细地、轻柔地将那寒酸的衣服叠好,放在桌子的一角,抬头望着彼得斯太太。彼得斯太太眼神里的某种东西惹怒了她。

"她根本不在乎,"她对自己说,"梅妮·福斯特小姑娘的时候是否穿漂亮的衣服,对她来说又有什么关系。"

然后,她又望了一眼,这次她不敢肯定了。事实上,对于彼得斯太太,她一直不敢十分肯定。她举止收敛,然而,她的眼神能把一件事情看得很透。

"您就拿这些东西吗?"黑尔太太问。

"不,"警长夫人说,"她说她要一条围裙。她要这东西真好笑,"她以谨小慎微的方式贸然地说,"在拘留所里没什么脏活儿可干。但我想,这会使她觉得自然,如果你习惯穿围裙的话。她说围裙在这个壁橱最下面的抽屉里。是的,在这儿。还有她总是挂在楼梯门上的小围巾。"

她从楼梯门后取下那块灰色的小围巾,站在那凝视了一会儿。

突然,黑尔太太快步向另一个女人走去。

"彼得斯太太!"

"怎么了,黑尔太太?"

"您认为——是她干的吗?"

一种恐惧的神色冲淡了彼得斯太太眼中的其他神情。

"我不知道。"她说话的声音似乎是在回避这个话题。

"好吧,我不认为是她干的,"黑尔太太斩钉截铁地说,"您看,她要围裙、围巾,还在担心她的水果。"

"可彼得斯先生说……"这时楼上传来脚步声,她停了一下,抬头看了看,然后压低声音继续说:"彼得斯先生说,看来情况对她不妙。亨德森先生说话很尖刻,他嘲笑她说自己没有醒。"

一时间,黑尔太太无言以对,过了会儿,她喃喃地说:"那么,我猜约翰·莱特也没有醒——当他们把绳子绕在他脖子上的时候。"

"这就奇怪了，"彼得斯太太急促地说，"他们认为这真是一个可笑的办法，用来杀一个男人。"

她开始笑起来。听到了自己的笑声，又马上止住了。

"这正是黑尔先生说的话，"黑尔太太用非常自然的声音说，"屋子里有枪。他说他无法理解这一切。"

"亨德森先生说，本案只是缺少一个动机。能够显示愤怒或激情的某种东西。"

"我在这周围看不出任何激愤的迹象，"黑尔太太说，"我不……"

她止住话，好像心里在想着什么事。她的眼光被厨房饭桌中央一块擦碗的抹布吸引住了。她慢慢向桌子挪去。抹布的一半洗得干干净净，另一半却肮脏不堪。她的眼睛慢慢地，几乎是不情愿地转向了那桶白糖和旁边半空的纸袋。开始干活儿，又没有干完。

又过了一会儿，她后退了几步，用一种自我解脱的语气说：

"不知道楼上的人发现了什么没有？我倒希望她在上面留点儿血迹。您知道，"她情绪激动，"这像是在偷：把她关在城里，然后来这儿，从她的房间里找不利于她的证据！"

"但是，黑尔太太，"警长夫人说，"法律就是法律。"

"我觉得也是。"黑尔太太简短地回了一句。

她转向炉子，说这炉火可不敢让人恭维。她弄了一分钟，想把炉火弄旺。当她站起身时，带有挑衅性地说：

"法律就是法律，糟糕的炉子就是糟糕的炉子。在这样的炉子上，你怎么做饭？"她用拨火棍指着碎裂的炉筒。她打开炉门，开始表达她对这炉子的意见；但她突然想到了别的事情，想到了长年累月与这样一个炉子拼命，究竟意味着什么。想到梅妮·福斯特努力在这炉子上做饭，想到她自己没有过来看一看梅妮·福斯特……

这时，彼得斯太太说的一句话让她震撼。"一个受压抑的人，心情糟透了。"

警长夫人从炉子看到碗池，又从碗池看到打外面提进来的一桶水。两个女人站在那里沉默不语，她们上面是男人们的脚步声，他们正在寻找证据，用以控告在这个厨房里劳作的女人。那看透一切的眼神又出现在警长夫人的眼中。黑尔太太又说话时，声音温柔：

"最好放松一点，彼得斯太太，一离开这儿，我们就会忘掉这一切。"

彼得斯太太走到屋后，去挂她的裘皮披肩。随之，她大声说道："唉呀，她正在绗被子。"手里托着一个大针线筐，上面是一层层的布料。

黑尔太太将其中的一些布料摊在桌上。

"这是小木屋针法，"她说着，将布料堆在一起。"很漂亮，不是吗？"

她们专注于被子，没有听到楼梯上的脚步声。当楼梯门打开时，黑尔太太正在说：

"您认为她是在绗缝，还是在打结？"

警长举起双手。

"她们想知道她是要绗缝还是打结！"

一阵笑声，为了女人的想法。在炉上暖了暖手，检察官生硬地说："好吧，让我们去外面的谷仓，把那儿检查一下。"

"我没见这有什么不正常，"黑尔太太在三个男人出门后忿忿地说，"在等他们找证据的时候，在一些小玩意儿上打发我们的时间，我看不出这有什么好笑。"

"当然，他们心里掂量着非常重要的事情。"警长夫人不无抱歉地说。

她们又开始检看那些要绗缝的布料。黑尔太太在看着精美匀称的针法，想着做这些缝纫的女人，突然听到警长夫人用奇怪的声调说：

"唉，快看这个。"

她转身接过递给她的布料。

"瞧这针法，"彼得斯太太不安地说，"其他的都漂亮而均匀，唯独这个。她好像不知如何是好了！"

她们的眼光碰在一起——某种东西在她们的眼光之间迅速交流。她们相互避开眼光时似乎用了很大的气力。黑尔太太呆坐了一会儿，她的双手折握着那个与众不同的缝纫物。然后她拉出一个结，扯出线。

"您干什么，黑尔太太？"警长夫人惊讶地问。

"只是拆掉一两针缝得不好的。"黑尔太太温和地说。

"我认为我们不该动任何东西。"彼得斯太太说，有些无可奈何。

"我这就把它缝好。"黑尔太太回答，仍是一副温和、务实的模样。

她穿了一根针，开始修补那缝坏的地方。开始的一会儿，她默默地缝着，继而，她听到了细细的、胆怯的声音：

"黑尔太太！"

"什么，彼得斯太太？"

"您认为她为什么这么——紧张？"

"我不知道，"黑尔太太说，好像要丢开一件不值得浪费时间的小事。"我不知道她是不是——紧张。在我累了的时候，我缝东西有时也走样。"

她剪断线，从眼角望着彼得斯太太。警长夫人这张瘦削的脸似乎绷紧了，她的眼睛充满了那种看透一切的神情。但是，当她又恢复正常的时候，用细细的、并不肯定的语调说：

"好吧，我得把这些衣物包起来。他们结束的可能比我们预想得快。我不知道在哪能找一张纸和一段细绳。"

"在那壁厨里或许有。"黑尔太太四处看了一眼，建议说。

有一块缝坏的布料仍然没有补好。彼得斯太太转过身来，玛莎·黑尔现在仔细查看这块布料，把它与其他布料上的精确针法相比较，其间的不同是惊人的。手握这块布料使她有种怪怪的感觉，好像那女人游走的思绪正在向她诉说着一切，而那女人也许正是通过缝这布料而努力安慰自己。

彼得斯太太的声音提醒了她。

"这里有一个鸟笼，"她说，"她养鸟吗，黑尔太太？"

"天哪，我可不知道她养不养。"她转头看着彼得斯太太手里举着的鸟笼。"我已经太长时间没来这里了，"她叹了口气说，"去年有个人卖金丝雀，很便宜，不知她买了没有。也许她买了。她过去就像金丝雀一样，唱歌很动听。"

彼得斯太太环视厨房。

"想到有只鸟在这儿似乎有点好笑。"她似笑非笑，好像在努力建起心理屏障。"不过，她一定曾有过一只鸟，否则为什么有鸟笼？我很想知道那鸟怎么了。"

"我猜是让猫叼走了。"黑尔太太假设道，继续缝她的东西。

"不是，她没有猫。她有那种怕猫的人的感觉。昨天，当他们把她带到我房间里的时候，我的猫在屋里，她真的很不安，求我把它带出去。"

"我妹妹贝茜也这样。"黑尔太太笑了。

警长夫人没有回答。沉默之间，黑尔太太转回身，而彼得斯太太在检查鸟笼。

"看这门，"她慢慢地说，"它破了，一个铰链被扯断了。"

黑尔太太凑近前来。

"看起来一定是什么人猛力扯坏的。"

两人的眼睛又接触在一起——震惊、狐疑、忧虑。一时间，两人都不说话，一动不动。过了一会儿，黑尔太太转身走开，唐突地说：

"如果他们要找什么证据的话，我希望他们快点儿找到。我可不喜欢这个地方。"

"不过，我很高兴您和我一起来，黑尔太太。"彼得斯太太把鸟笼放在桌上，坐下来。"会很寂寞，如果让我一个人坐在这里的话。"

"是的，怎么不会呢？"黑尔太太表示同意，她的声音里有某种确定的、非自然的东西。她曾经拾起的布料，现在落在了膝盖之间，她用异常的声音喃喃地说："但我要告诉您，我真的希望，当她还在这里时，来陪陪她，我希望我来过。"

"别这样说，我知道您肯定忙得要死，黑尔太太。您的家务，还有您的孩子。"

"我本可以过来，"黑尔太太回答说，"我躲开，是因为这里让人不快乐，而正因为这，我才更应该来。"她四处看了一眼，"我一直都不喜欢这个地方，也许因为这里是山谷，看不到路。我不了解这里，只知道这是个寂寞的地方，一直是这样。我真希望能时常来看看梅妮·福斯特。我现在……"她说不出话来。

"唉，您不要自责了，"彼得斯太太安慰道，"我们总是不了解别人的情况，直到出了什么事儿。"

"没有孩子，活儿会少一些，"黑尔太太沉静了一会儿，接着说，"但这使房子里没有声息，莱特整天在外干活儿，即使他回来，她也是没伴儿。您了解约翰·莱特吗？彼得斯太太。"

"不了解，只是在城里见过。他们说他是个好人。"

"是的，好人，"约翰·莱特的邻居严肃地说，"他不喝酒，守信用，有债必还。但他是一个冷漠的男人，彼得斯太太。和他在一起……"她停了一下，有点儿颤抖，"像是寒风刺骨。"她的眼光落在面前的鸟笼上，她几乎是刻毒地补充了一句："我应该想到，她会希望有只鸟做伴！"

突然，她向前倾着身体，仔细看着鸟笼。"不过，您认为这鸟出了什么事？"

"我不知道，"彼得斯太太回答，"莫不是病了，或者死了。"

但当她说完这话后，她伸出手，动了一下那损坏的门。两个女人盯着鸟笼，好像被它吸引着。

"您不认识她？"黑尔太太问，声音更轻柔。

"不认识，直到他们昨天把她带来。"警长夫人说。

"她，我想到，她自己就像这只鸟。很甜美，很漂亮，但有点儿胆怯，容易受惊。她——变化——多大呀！"

这让她回味了很长时间。最后，好像受这美好想法的触动，暂时解脱了当前的一切，她大叫道：

"彼得斯太太，您为什么不将这些针线活一块儿带走？这会安慰她的心。"

"是啊，我认为这想法真好，黑尔太太。"警长夫人表示同意，仿佛她也迫不及待地进入一个非常温馨的谈话气氛。"他们可能不会反对，不会吧？那么，我带什么呢？我不知道这里还有没有布料，还有她别的什么东西。"

她们又去翻那针线筐。

"这里有红颜色，"黑尔太太说着，拿出一卷布，下面是一个盒子。"这里面也许有剪刀什么的。"她拿起盒子。"多漂亮的盒子！我发誓这是她很久以前的东西，她还是小姑娘的时候。"

她把盒子在手里拿了一会儿，微微叹了口气，打开来。

立刻，她把手移到了眼前。

"天哪！"

彼得斯太太凑近前，又转过身去。

"有什么东西包在这块丝绸里。"黑尔太太迟疑了一下。

"这不会是她的剪刀。"彼得斯太太用闪烁的声音说。

她的手在抖，黑尔太太打开这丝绸。"彼得斯太太！"她喊道："这是……"

彼得斯太太俯身看去。

"这是那只鸟。"她轻声喊道。

"可是，彼得斯太太！"黑尔太太叫道，"看这鸟！它的脖子，看它的脖子！朝另一个方向了。"

她把盒子举开去。

警长夫人再次俯身凑近。

"有人扭断了鸟的脖子。"她声音悠长地说。

又一次，两个女人的眼光相接了。这一次，眼神中充满了担忧和恐惧。彼得斯太太从死去的鸟望到被扯断的鸟笼的门。两人又对望了一眼。就在这时,门外传来声响。

黑尔太太赶紧将盒子用布料盖在针线筐中,塞在它前面的椅子下。彼得斯太太手撑着桌子站在那里。检察官和警长从外面进来。

"啊,女士们,"检察官说,就如同从什么重大的事情转向了小小的轻松,"你们是否做了判断,她是要绗缝还是要打结?"

"我们想,"警长夫人用慌乱的声调说,"她要打结。"

他太心不在焉,没有注意她最后声音的变化。

"好吧,我要说这很有趣,"他很有耐心地说。他看到了鸟笼。"那鸟飞了吗?"

"我们认为是让猫抓去了。"黑尔太太故作镇静地说。

他走来走去,好像在思考着什么。

"这儿有猫吗?"他心不在焉地问。

黑尔太太向警长夫人迅速望了一眼。

"啊,现在没有了,"彼得斯太太说,"您知道,它们很通灵,它们离开了。"

她跌坐在椅子上。

检察官没有注意到她。"没有任何迹象显示,有人从外面进入。"他对彼得斯说,像是在继续一段被打断的谈话。"他们自己的绳子。现在,让我们再上楼去检查一遍,仔细检查。一定有什么熟悉这里的人……"

楼梯门在他们身后关上了,他们的声音消失了。

两个女人一动不动地坐着,谁也不看谁,但又像是正窥见某种事情,却又立刻缩了回来。当她们开始说话时,似乎怕她们自己说的话,但又不能不说。

"她喜欢这只鸟,"玛莎·黑尔低沉而缓慢地说,"她想用这漂亮的盒子埋葬它。"

"我还是姑娘的时候,"彼得斯太太低声细语,"我的小猫咪……有个男孩子拿了一只小斧头,就在我眼前……在我赶过去之前……"她用手盖住了自己的脸。"如果不是他们拦住我,我肯定,"她收住话,抬头看着脚步断续的楼上,无力地把话说完,"会伤了他。"

然后,她们坐在那儿,没有言语,也没有动作。

"我奇怪,"黑尔太太终于说话了,似乎在奇异的土地上找到了路径,"他们怎么一直没有孩子?"她的眼睛慢慢扫视着厨房,好像在看这许多年来厨房意味着什么。"是的,莱特不会喜欢这鸟,"她说,"一个会唱歌的东西。她过去就唱歌。他也杀了这歌声。"她的声音发紧。

彼得斯太太不自然地挪动了一下。

"当然，我们不知道谁杀了这鸟。"

"我知道是约翰·莱特。"黑尔太太回答。

"黑尔太太，那天晚上，这房里真是发生了可怕的事情，"警长夫人说道，"在一个男人睡着的时候杀死他——用一个东西绕在他的脖子上勒死他。"

黑尔太太伸手去摸那鸟笼。

"他的脖子。是被勒死的。"

"我们不知道谁杀了他，"彼得斯太太激动地小声说，"我们不知道。"

黑尔太太没有动。"如果一年又一年的就是这样，没有一点儿生趣，忽然有只鸟来给你唱歌，那么，又无声无息之后——那鸟无声无息之后，将是多么可怕的事情。"

仿佛是她心中的什么声音在诉说，却不是她本人在说，而这个声音，彼得斯太太竟然无法相信是她自己的。

"我知道无声无息的滋味，"她用奇异而单调的声音说道，"当我们家住在达科他州的时候，我的第一个孩子死了，才两岁，我无依无靠……"

黑尔太太激动了。

"您认为他们寻找证据还要多久？"

"我知道什么是无声无息，"彼得斯太太重复着，还像刚才那样。继而，她恢复了正常。"法律不得不惩罚犯罪，黑尔太太。"她以自己特有的语气说。

"我真希望您见过梅妮·福斯特，当她穿着白色的连衣裙，系着蓝腰带，站在唱诗班里唱歌。"黑尔太太回答说。

那小女孩儿的形象，与那过去的小女孩相邻20年的事实，再加上因无生趣而导致的死亡，这一切突然汇聚在一起，使她无法承受。

"我真希望哪怕偶尔来看她一次也好！"她哭了。"这才是犯罪！这才是犯罪！谁又能来惩罚这个犯罪呢？"

"我们不必自责。"彼得斯太太说着，眼睛惊惶地望着楼梯。

"我本该知道她需要帮助！我跟您说，这很奇怪，彼得斯太太。我们住得这么近，但我们又离得那么远。我们都有同样的体会，经历不同，体会相同！如果不是这样，为什么您和我会懂得这一切？为什么我们知道——知道我们这会儿知道的事情？"

她挥了一下手，以加强语气。然后，她看到桌上的水果罐子，拿起来，把它盖上，说："如果我是您，我就不告诉她水果已经烂掉了！告诉她水果没有坏，告诉她还好，所有的水果都还好。给，拿这个樱桃向她证明一下！她永远不会知道水果烂了没有。"

她转过身去。

彼得斯太太伸手接过水果罐子，好像很愿意拿到它，好像在触摸一样熟悉的东西。有件事做，可以使她不想别的事情。她站起身，四处找什么东西包那樱桃。她从那堆衣物里挑出一条衬裙，不安地开始包那罐子。

"我的天！"她有意不自然地大声说，"男人们没听到我们的话，这真太好了！我们真是小题大做，就为这么个小东西——一只死了的金丝雀，"她快速把话说完，"好像它与这事有什么关系似的。我的天，男人们一定会笑我们，不是吗？"

脚步声从楼梯上传来。

"也许他们会笑，"黑尔太太喃喃地说，"也许不会。"

"不，彼得斯，"检察官尖锐地说，"这一切非常明确，除了做这事的理由。但是您知道为审判妇女而组成的陪审团，如果想说服这些人，就要有什么确定的事由——有什么东西可以展示，有什么故事可以说说，什么东西可以将这愚蠢的行为联系起来。"

黑尔太太用隐蔽的眼神看着彼得斯太太，彼得斯太太也正看着她。她们又将眼神迅速分离。外面的门打开了，黑尔先生走进来。

"我已经找好人了，"他说，"外面真冷。"

"我要在这里单独待一会儿。"检察官突然宣布。随之他又对黑尔说："您可以把弗兰克给我找来吗？我要重新搜查一遍，就像现在这样，我真不甘心。"

两个女人的眼神一瞬间又相互找在一起。

警长走到桌前。

"您想看看彼得斯太太要拿的东西吗？"

检察官拿起那条围裙，他笑了。

"啊，我猜女士们挑的这些都不是什么危险的东西。"

黑尔太太的一只手正放在藏有盒子的针线筐上，她觉得应该把手拿开，又觉得做不到。他又拿起盖在盒子上的一叠布料中的一块儿。她的眼睛感觉像火，如果他拿起那针线筐的话，她觉得自己一定会劈手将它夺过来。

幸好他没有拿，他微笑了一下，转过身，说道：

"不，彼得斯太太不需要监督。可以说，一位警长的夫人是嫁给法律的，她总是以合法的方式做事，彼得斯太太，不是吗？"

彼得斯太太正站在桌边。黑尔太太迅速向她望了一眼，但她无法看到她的脸，彼得斯太太已经转过身去。当她说话时，声音含混不清。

"不是那样的。"她说。

"嫁给法律！"彼得斯太太的丈夫笑起来。他边向通往前屋的门走去，边向检察官说道：

"我希望您过来一下，乔治，我们应该看看这些窗户。"

"啊，对，窗户。"检察官不无解嘲地说。

"我们这就出来，黑尔先生。"警长对这农夫说，他还等在门边。

黑尔出去照顾马了。警长跟随检察官进了另一间屋子。又一次，也是最后一次机会，两个女人单独在厨房里。

玛莎·黑尔跳起来，双手紧握在一起，看着和她在一起的另一个女人。开始，她看不到她的眼睛，因为警长夫人还没转过身来，从检察官说她嫁给法律的那一刻起，她就转过身去。但是现在，黑尔太太让她转过头来。她的眼睛让她转过来。慢慢地，不情愿地，彼得斯太太转过头，直到她的视线与另一个女人的视线碰在一起。有那么一刻，两个女人火热的眼神里充满了坚定，没有回避，没有畏缩。随之，玛莎·黑尔的眼光指向藏盒子的针线筐，那里面的东西无疑会使她们之外的一个女人获罪。那个女人不在这里，然而，在这一小时里又无时无刻不与她俩在一起。

有段时刻，彼得斯太太站在那里一动不动。继而，她行动了。她冲过去，揭开布料，拿起盒子，努力把它塞进手包里。盒子太大。她绝望地打开盒子，要取出那只鸟。但那是一只死鸟，她不敢碰，只是站在那里，无助而不知所措。

里屋的门把手响了。玛莎·黑尔从警长夫人那里夺过盒子，把它放在自己大衣的兜里，警长和检察官随即走进了厨房。

"好吧，亨利，"检察官调侃地说，"至少我们发现了她不是要纫缝，她是要——你们怎么说的女士们？"

黑尔太太的手紧紧护住大衣的口袋。

"我们叫它打结，亨德森先生。"

第三节 我们的陪审团，我们自己：
民事陪审团的权力、观念和政治*

劳拉·加斯顿·杜莉

现代美国的陪审团在公众意识里有两种截然相反的形象。一方面，陪审团在合众国是作为旗帜而受人尊敬的文化偶像，它对民主的贡献可与选举比肩；另一方面，陪审团又被谩骂为专断的非正义的代表，它的裁决结果被视为道德沦丧的证据。过去数年里，引人注目的陪审团裁决，激化了关于陪审团能否有效成为法庭解决纠纷主要决定人的争论。

陪审团的这种文化模糊性，其意义超过了对陪审团的表现进行评价的需要，因为现代陪审团是我们民主肌体中最具多样性的部分。① 法院开始解释宪法有关平等保护和不偏不倚的陪审团要求陪审团中应当包括妇女和少数群体，② 在这之后，有关陪审团的统计数据变化甚剧，

---

* Laura Gaston Dooley, "Our Juries, Our Selves: The Power, Perception, and Politics of the Civil Jury," *Cornell Law Review 1995*。一些脚注被删去，其余重新编号。作者是瓦尔帕莱索（Valparaiso）大学法学院助理教授（Associate Professor）。

① 就性别的多样性而言，近来的研究显示，在 8 个主要城市的联邦法院中，妇女平均占现任陪审员的 52.875%，在该报告中将其定义为"有资格向法庭报到或应召向法庭报到，以履行陪审团职责的人"。National Center for State Courts, The Relationship of Juror Fees and Terms of Service to Jury System Performance 3 n. 4（Janice T. Munsterman, Project Director, 1991）. 在上述城市的州法院里，任现职的陪审员中 53.75% 是妇女。这 8 个城市是俾斯麦、波士顿、达拉斯、丹佛、蒙哥马利、菲尼克斯、西雅图和华盛顿特区。

种族多样性则更加明显。以蒙哥马利为例，非洲裔美国人在州法院的陪审团中占 22%，在联邦法院中占 23%；在华盛顿特区的州和联邦法院中则分别是 65% 和 73%；在俾斯麦、波士顿、菲尼克斯和西雅图，非洲裔美国人的百分比在州和联邦法院却徘徊在 3% 左右，尽管其他少数群体在这些城市里增加了陪审员的多样性。

② 最高法院逐步发展出两种法理基础，意在确保陪审员真正代表他们所来自的社会共同体。第一种法理从宪法第六修正案而来，该修正案保障刑事审判由"不偏不倚"的陪审团进行，最高法院将其解读为，陪审团的召集必须在社会共同体中"有广泛的代表性"。然而，最高法院并不要求最终确定的特定案件的陪审团在人口统计学上是成比例的。

在促进陪审团具有广泛代表性的运动中，一个更为重要的工具是宪法第十四修正案有关平等保护的条款。援引该条款，成功地防止了利用强制剔除排斥某个种族或性别的陪审团候选人。J. E. B. v. Alabama ex rel T. B. , 114 S. Ct. 1419（1994）（宣布基于性别而强制剔除陪审团候选人是违宪的）；Batson v. Kentucky, 476 U. S. 79（1986）（宣布基于种族而强制剔除陪审团候选人违背了联邦宪法）。

大大超过了立法机关、行政分支或者司法机构。①

但是,随着这种兼容并包理论的发展,对陪审团的权力也不断加以限制。20 世纪的民事陪审团所受到的法律限制,是我们的宪法缔造者闻所未闻的,它所享有的尊显大大少于 18 世纪的前身。这两种不同趋势的合力产生了某些令人困惑的问题:我们民主机构中最具多样性者竟然受到正在增加的法律限制和文化蔑视,这意味着什么?将现代的陪审团视为一种机构(既然女性经常被包括其中),本身是否就是男性至上主义的彰显?法庭中法官与陪审团之间的权力分配,是否反映了法官作为推定的"理性"行动者而享有的文化特权?……

……民事陪审团所运作其间的程序构造,与阐明该构造的语言,共同讲述了一个故事:司法理性渐进的文化特权和对可见的民粹派过激行为的蔑视。因此,陪审团的权力受到程序设置的制约,这种制约确保了法官的最后话语权,而陪审团作为可信赖的决定者的价值,便受到法庭规则和女性语汇的置疑。如同妇女,陪审团一方面受到言辞至极的赞颂,另一方面却在法律体系中被贬得难有作为。

一、法庭中的天使:民事陪审团的权力

维多利亚时期经常讨论的是,社会安排应当根据男人和女人的各自特点适当划分权力、影响和责任。当时,妇女远不是被压迫者,据说,她在女性天赋可以充分发挥的家庭领域行使着极大的权力。她是"家院中的天使"。她操控私人世界的能力,据说满足了她可能有的对权力的渴望。当然,妇女拥有的任何权力都受到男人的限制(通常是丈夫或者父亲)。她能够施加影响的有限领域,总是受到外界的控制。

维多利亚时期的妇女依当时的传统而享有在私人领域里的一种权力地位,这种观念对我们今天的人来说似乎有点离奇。但是,支撑这种论点的 19 世纪的权力动态学,20 世纪又重现于法官和陪审团的法庭关系上,因为法官总是保留着推翻陪审团裁决的最终权威,他控制着

---

① 尽管越来越意识到政府的立法、司法和行政机关中性别的差距,但男女两性的人数继续严重失衡。在第 103 届国会上,在美利坚合众国 100 名参议员中只有 6 位妇女,而在 435 名众议员中只有 47 位女性。1992 年,合众国只有 60 位女性参加了州范围的行政职位竞选,只有 1375 位女性在各州立法机关工作。Bureau of the Census, U. S. Dep't of Commerce, Statistical Abstract of the United States: 1992, at 268 (1992). 1988 年,妇女在联邦司法机构中仅占 7.4%,州法官中妇女只占 7.2%。Commission on Women in the American Bar Association 6 (Hillary Rodham Clinton, Chair, 1988).

陪审团的影响范围。

这种权力失衡并不总是存在。在殖民时代，陪审团经常被授权同时裁决法律和事实。尽管历史资料很少，有时还不一致，并且引起学者争论18世纪末19世纪初美国法庭上法官和陪审团两种权威的精确界线，但有一件事是清楚的：陪审团得以对抗法官的权威，在19世纪后期，尤其在20世纪，被严重侵蚀了……

二、理性与非理性的征象：洞察美国的陪审团

……法官们描述他们认为判错案的陪审团时，所用的语言与通常贬低妇女判断力的语言是明显一致的。因此，陪审团被说成"易受情绪左右"并且"不善逻辑思考"。这种言辞证实了限制陪审团的机制所培养的直觉：陪审员的非理性是一种始终存在的威胁，必须不断加以制约。

在有案可查的诸多19世纪的法庭意见中，陪审员通常被称为"理性人"，似乎这一特征如此自然和必然，以至于它几乎是作为前提被给定的。陪审团被浪漫化了，被认为具有广泛性，因为它从各种不同群体中吸纳成员，这使它具有了声誉和威望。在美国早期的这些年代里，无论陪审团做何种裁决，都被推定为是理性的，既然陪审团本身是由理性人构成的……

显然，当法官们决定推翻陪审团的裁决时，他们运用的语言，正是传统上用来诋毁女性的理智和判断力的那些话语。① 女性的传统形象是非理性的、情绪化的和感情用事的。的确，正是这种陈旧观念，长期以来延迟了妇女成功参与到陪审团和投票选举的民主实践中。一旦无法从政治上直接将妇女排除出陪审团，她们的权力便被巧妙限制，通过设置程序加以控制，通过花言巧语加以损害，通过制度将这些限制囊括进来。现在的陪审团，像妇女那样，被称为非理性的、情绪化的、易受激情煽惑。当然，被贴上这些诋毁女性的用语标签的，正是那些在案件裁决问题上与主审法官意见相左的陪审团。没有屈从法

---

① 比如，心理学著作中都用很大的篇幅揭示早期道德家碎片式的方法，他们将自己关于道德发展的思想奠基于男人的行为以及随后受那些标准约束的女人的行为之上。卡罗尔·吉丽根在其著作中抨击了道德发展的男性主导理论，她的著作很有影响力，经常被法学著述所引用。Carol Gilligan, *In a Different Voice: Psychological Theory and Women's Development* (1982). 尽管人们批评吉丽根的著作是本质先于存在论者（essentialist）的观点，但它暴露了以男性为中心的价值评断过程，其重要意义经久不衰。

官的意志,是该陪审团唯一的错误……

损害陪审团权威的那些言辞,在法庭意见之外同样可以找到。比如,许多法律学者一贯刻薄地评价陪审团裁决现代纠纷尤其是私人纠纷的能力。用外行来对抗专业的决定者,有关这种做法优越性的讨论已经屡见不鲜,但是,现代的讨论揭示出对陪审员理解所谓后工业时代复杂案件的能力有某种特殊的敌意……

陪审团效率低下的论调贯穿了本世纪的始终,这一论调最热衷的倡导者一直就是法官,他们的地位使其政策见解有着超乎一般的分量。以法官杰罗姆·弗兰克为例,他是陪审团的著名批判家。[①] 针对陪审团审判,他说:"很难想象一个比陪审团更容易达到不确定、反复无常、前后不一、不顾先例——全然不可预测的机构。"陪审员们被他描绘成"臭名昭著地易受影响和左右",并且"无可救药地对事实发现无能为力,他们既没有能力,也没有愿望去运用法庭的指导。"……

弗兰克将法官视为典型的父亲,这种弗洛伊德式的观念生动说明了法庭主角们言辞上的分门别类,其最终贬低的不仅是陪审团,还包括一般的公众。他的观念是:公众之所以垂青陪审团审判,原因就在于陪审团反知识、反逻辑的品质。使严厉的法官父亲缓和下来的"教化机构"必然是这位"陪审团母亲"。而弗兰克虽然极力让法官们承认完美的逻辑判断的不可能性,却仍然坚决贬斥陪审团。他直截了当地说:"陪审团使正义的有序运作事实无可能。"

弗兰克法官并不是20世纪唯一质疑陪审团审判方式至尊地位的杰出法学家。首席大法官沃伦·伯格对于现代诉讼不断增加的复杂性和联邦法院的审判延迟的关注,导致他举起了修补民事陪审团审判的大旗。在1984年的一次讲演中,他认为现在是"探究替代传统陪审团审判的可能性"的时候了,"因为拖延的民事审判所难倒的几乎都是蜷缩在陪审席上最宝贵的陪审员们。"伯格质疑现代的陪审团是否"真的具有代表性",因为专业人士、企业经理、科研人员,以及"其他被认为比多数人更有能力解决复杂的经济或科学问题的人,(由于强制剔除)很少有幸留在陪审席上"。

事实上,有关复杂性的争论已经淹没了早期有关效率的争论,成为近年来对陪审团不满的核心……

[①] 总体参见:Frank, *Courts on Trial*,书中表达了对陪审团裁决事实和运用法律能力的怀疑主义。

结　论

在过去的一百多年里，两种法理倾向——使陪审团更具包容性的运动和对陪审团权力不断增加的司法限制——交替主宰了陪审团的发展历程，这种状况制造了一幅令人不安的、围绕性别和种族问题进行权力斗争的图画。承认这一政治真相，使我们不得不重新检视那个被认为必要而合宪的制约陪审团的机制。

不仅如此，这里所提供的符号学的分析，为更自觉地评价当前的制度和所建议的改革准备了场地。评价陪审团决定的理性标准，促进并强化了对陪审员的不信任，这种意识形态再也无法掩盖现代法庭上的权力动态学。赤裸裸的现实是，陪审团的权力受到外部的控制。如果这就是我们所青睐的司法制度，那么我们必须公开承认其反民主的特征。

另一方面，如果我们不想看到陪审团制在现今条件下的颠沛流离，我们就应该通过扩大陪审员在法庭上的影响力，表现我们对其诚信和理智应有的尊敬。譬如，我们可以考虑扩大向陪审员提供信息的范围，或者在信息收集方面给予他们发言权。更为重要的是，作为一个社会，我们必须警惕地确保不发生这样的事情：被我们认为是民主的机构，仅被用来掩饰我们尚未批准的集权。

第四节　强制剔除和扶持行动：
　　　对同阶陪审团的宪法保护*

斯蒂芬·阿荣斯

每年都有一些著名的案子，当事人斥资聘请社会科学专家帮助挑选在聘请者看来将是公正的陪审员。但是，对绝大多数公民而言，只有美国宪法及《联邦陪审团遴选和任职法》（Federal Jury Selection and Service Act, 28 USCA 1861），或者是规定陪审团遴选的州一级的制定法，才能保障一个不偏不倚的同阶陪审团的公平审判。不是每个人在陪审团遴选中都能利用昂贵的社会科学的帮助，因而大多数被告人必然依赖律师运用宪法和法律的技巧来确保陪审团具有广泛的社会共同

---

* "Peremptory Challenges and Affirmative Action: Constitutional Protections for a Jury of Peers", by Stephen Arons.

体的代表性。对那些满足于公正审判的制度保障——有关陪审团遴选的制定法,法官和律师对陪审团候选人的当场询问,以及宪法保护——的人而言,得到一个公正陪审团的可能性有多大呢?也许更重要的是何谓公正陪审团?法律所定义的同阶陪审团是怎样构成的?最重要的一点是,在这一领域内现存的和发展着的法律标准,是否足以应对在多元文化的社会里界定同阶陪审团这样复杂的问题?

"同阶陪审团"这一短语可以回溯到1215年的《大宪章》,尽管这一辞源的考究还存在疑问,但毕竟,1215年的陪审团审判与我们今天所知者基本没有什么相似之处。事实上,《大宪章》中提到的同阶陪审团,代表了英格兰贵族们的一种企图,即,保证他们的特权不受国王的侵夺,而并非是贵族之外的公众的平等学说。尽管如此,获得同阶陪审团审判,这一观念在英美法系已经根深蒂固。问题是,它意味着什么?节选自肯尼思·卡斯特著作中的那部分内容告诉我们:公民权,参与界定社会共同体价值观的连续过程,社会共同体归属,对诉讼当事人的公正,对社会共同体正义感的准确反映,所有这一切都面临严峻的考验。界定同阶陪审团这一法律难题,因而变得更为复杂和重要。

坚持同阶陪审团,是否意味着被告人应当获得与其性别、社会地位、种族或经济状况相同者的审判?如果是这样,在一个多元社会里,什么样的亚群体和共同体才被认可,用以界定谁是一个人的同阶者?或者它意味着,既然在一个民主共和国中所有的人都是平等的,则陪审团必须在整个社会范围内确定?果真如此,如何界定社会共同体,这一难题仍然困扰着我们,因为现在的问题是:是否某一被承认的群体被排除了,并且,是否这一排除对于审判或社会共同体都很重要。在一个至少有150个种族的社会里,陪审团的12个人几乎无法达到实质上的广泛性。也许,我们的人性决定了我们每个人都是他人的同阶者。如果是这样,那么"同阶陪审团"作为一项防止陪审团遴选歧视的原则是否还有什么实际意义?

最后,不仅要探索陪审团遴选对于审判公正性和对于"属于美国"的意义,而且要考虑陪审团遴选歧视对于审判的合法性、陪审团制和法律本身的影响。

正式的法律制度已经运用各种标准对陪审团遴选中的诸多问题进行规制,这些标准中的一部分在下面的文章里受到检视。多年以来,公正陪审团的宪法标准只适用于陪审团候选人,却不适用于为审理特定案件而选出的特定陪审团。是否存在陪审团候选人的"可识别的群体"被"制度性地排除"的情形，法庭对此进行了调查。几个重要的案件都是努力消除对于陪审团候选人中非洲裔美国人和妇女的制度性歧视。比如，"斯万诉阿拉巴马州案"〔Swain v. Alabama, 380 U. S. 202 (1965)〕和"杜林诉密苏里州案"〔Duren v. Missouri, 439 U. S. 357 (1979)〕。对"可识别的群体"这一术语含义的讨论，以及它如何有助于决定美国哪个亚群体有资格得到宪法保护，而不被制度性地排除出陪审候选人之外，有关这方面的讨论，见"美利坚合众国诉古兹曼案"〔United States v. Guzman, 337 F. Supp. 140 (S. D. N. Y. 1972)〕。

近些年来，通过检视强制剔除的运用，法庭已经将其重点从陪审团候选人转向了陪审团本身。下面的案例和文章讨论了陪审团遴选中的种族歧视和陪审员的代表性。之所以选择这些文章，目的是想引起以下讨论：强化还是限制以宪法和制定法作为处置正义、公平、公民权、合法性和归属等基本问题的机制，在一个动态的多元文化的社会里，这些基本问题是界定同阶陪审团时无可避免的。

最高法院已经触及强制剔除这一问题（通过强制剔除，一位当事人的律师可以不经法官同意便排除某些人员，并且不必做任何解释），因而，在一个特定陪审团的遴选过程中是否发生了违宪的歧视，其判断标准似乎正在变化。与此同时，陪审团遴选中的扶持行动及其合宪性问题也被提了出来。在某种意义上，强制剔除和最高法院已经听审或者即将听审的相关案件，对于同阶陪审团的构成及其重要性的法律思考，都起着至关重要的作用。将焦点从陪审团候选人转向审理案件的陪审团本身，正是为了找出不合法的歧视、不公平的陪审团遴选和不具有代表性的陪审团。

下文是"拜特森诉肯塔基州案"节选，劳伦斯教授探讨了无意识的种族歧视问题和违宪种族歧视的标准问题，而第七节涉及的一个2003年的案件，现在又回到了2005－2006任期的高等法院。

第五节　拜特森诉肯塔基州案

Batson v. Kentucky
106 S. Ct. 1712 (1986)

大法官鲍威尔陈述最高法院的意见：

本案要求我们重新检视"斯万诉阿拉巴马州案"，事关加于刑事被告的举证责任，因为他声称，阿拉巴马州利用强制剔除，将与他同种族的人排除于庭审陪审团之外，从而剥夺了对他的平等保护。

请求人是一位黑人，在肯塔基州被控二级夜盗罪和接受被盗物品罪。在杰斐逊巡回法院第一天的审理中，法官当场询问陪审团候选人，确定他们是否适于履行陪审责任，以动机为由免除了某些候选人的陪审义务，又允许当事各方进行强制剔除。检察官利用强制剔除将4名黑人排除于陪审团之外，从而选择了一个仅由白人组成的陪审团。辩护律师在该陪审团宣誓前提出了一个解散陪审团的动议，理由是检察官剔除了黑人陪审团候选人，这种做法侵犯了请求人依第六和第十四修正案享有的从广泛的社会共同体中选取陪审团的权利，以及依第十四修正案享有的受法律平等保护的权利。辩护律师要求对其动议进行听审。庭审法官没有对听审要求做明确裁定，但他认为，当事各方有资格运用强制剔除排除他们想要排除的任何人。法官驳回请求人动议申请的理由是，广泛选择的要求，只适用于对陪审员的选择，而不适用于对庭审陪审团的选择。

陪审团裁决请求人犯有前述两项罪名。在向肯塔基州最高法院提出上诉时，请求人权利主张中一个重要论点便是检察官对强制剔除的利用……

肯塔基州最高法院维持了原判，只用了一个段落来表达观点：它近来重新确认了对"斯万案"的倚重，进而裁定认为，被告如果声称缺乏公正的广泛选择，那么，他必须当庭展示存在着对属于某一群体的陪审团候选人有系统的排除……我们签发了调卷令，……105 S. Ct. 2111...（1985），并且推翻了原判。

在"斯万诉阿拉巴马州案"中，最高法院认可了这样的观点："一州有目的并处心积虑地以种族为由拒绝黑人参与司法运作，这样做违反了平等保护条款。"380 U. S., at 203-204, 85 S. Ct., at 826-27. 这一原则，在"斯万案"前后的一系列最高法院决定中，一贯并且一再被确认，380 U. S., at 204, 85 S. Ct., at 827. 我们今天再次肯定这一原则。

一百多年前，最高法院决定，当一个黑人被告被置于有意排除黑人的陪审团面前时，该州就是剥夺了该被告受法律平等保护的权利。见"斯特劳德诉西弗吉尼亚州案"（Strauder v. West Virginia, 10 Otto 303, 100 U. S. 303.）

……

然而，在裁定认为陪审团选择中的种族歧视违反了平等保护条款的同时，最高法院却在"斯特劳德案"中认可了被告没有权利获得"完全或部分地由被告所属种族组成的庭审陪审团"审判的权利。……

选择陪审员过程中有意的种族歧视，侵犯了被告受平等保护的权利，因为这种做法剥夺了陪审团审判意图确保的、对被告的保护。"陪审团的理念就是，由与被告人同阶的或者平等的一些人组成一个团体，他们被选择或者召集是为了确定这个被告人的权利；也就是，被告人的邻居、同事、同盟或者社会上有相同法律身份的人。"……庭审陪审团在我们的司法制度中占有中心位置，它确保一个被控犯罪的人不受检察官或法官的专横擅断。见"邓肯诉路易斯安那州案"。① 陪审员必须是"漫不经心选择的"，以保证被告依第十四修正案享有的"保护生命和人身自由免受种族或肤色偏见"的权利……

陪审员遴选中的种族歧视所损害的，不仅是召集陪审团来审判的被指控者的生命和人身自由。陪审员的能力最终取决于如何评价他的个人资格和公正考虑当庭展示的证据的能力……然而，早在"斯特劳德案"，最高法院就已经认识到，一州基于种族原因而拒绝一个人参与陪审团，是对这个被排除者的违宪歧视。

歧视性的陪审团选择，所损害的不限于被告人和被排除者，而是直接触及了整个社会共同体。有意将黑人逐出陪审团的遴选程序，损害了公众对我们司法制度公正性的信赖……司法制度内部的歧视是最危险的，因为"它是危害黑人公民安全的种族偏见的催化剂，对所有公民而言，平等的司法正是法律旨在保障的"。Strauder, *supra*, 100 U. S., at 308.

……

因此，最高法院裁定认为，当程序所执行的中立制定法意在以种族为由排除某些人的陪审资格时，就是在剥夺平等保护，并且，最高法院明确指出，宪法禁止所有形式的陪审员遴选时的种族歧视。尽管最高法院的这些决定大部分是关涉陪审团候选人遴选歧视的，但这里所宣布的原则，同样禁止在选择庭审陪审团时以种族为由的歧视。既然第十四修正案是在司法程序的始终一直保护被指控者的，……一州便不能一边依照中立程序拟定陪审团名单，一边又在遴选过程的其他

---

① 见本书第十五章第一节……通过损害陪审团的代表性，歧视性的选择程序使"陪审团变为官方现成的压迫工具，以压迫那些恰好属于不受欢迎或不善表达的少数群体的被指控者"。Akins v. Texas, 325 U. S., at 408, 65 S. Ct., at 1281（Murphy, J., dissenting）.

阶段诉诸歧视……

这里探究的陪审团选择过程的组成部分，以及一州通过强制剔除而将某些人拒之门外的特权，都应受制于宪法"平等保护条款"的要求。尽管一位检察官通常有资格运用被允许的强制剔除，"基于任何原因，只要相关于他对审判结局的看法，"〔United States v. Robinson，421 F. Supp. 467，473（Conn. 1976）〕，但是，"平等保护条款"禁止检方仅仅基于种族原因而排除陪审团候选人，或者假定黑人陪审员作为一个群体不能公正考虑一州指控黑人被告的案件……

自"斯万案"的决定之后，我们已经解释过，那些牵涉陪审员遴选的案件，反映了普遍平等保护的原则，即，被认为有种族歧视之嫌的政府行动的"不公平性"，"必须最终溯及至某种种族歧视的目的。"见"华盛顿州诉戴维斯案"〔Washington v. Davis，426 U. S. 229，240，96 S. Ct. 2040，2048，…（1976）〕.像任何涉及平等保护的案件一样，"证明存在有意歧视的责任，当然"在被告人一方，如果他声称存在陪审员的歧视性遴选的话……

构成一个表面证据充分的陪审团歧视性遴选案件，其成立标准，我们在"斯万案"之后已经予以充分说明……这些原则支持了我们的结论，即，被告方可仅以检察官在庭审前运用了强制剔除为证据，证明在选择庭审陪审团过程中存在一个表面证据充分的有意歧视案件。为使这样的案件成立，被告方首先必须显示他是一个可识别的种族群体的成员，……并且检察官利用了强制剔除，将与被告同种族的陪审团候选人排除于陪审之外。其次，被告方有资格依赖这样的事实——对此是不会有争议的，即，强制剔除构成一种陪审团遴选实践，这种实践允许"歧视那些存心歧视他人的人"。……最后，被告方必须显示，这些事实与任何其他相关情节产生一种推断：检察官利用这种实践，以种族为由将某些陪审团候选人排除出庭审陪审团。庭审陪审团选择过程中这些因素的结合，像陪审团候选人遴选一样，都能生成存在有意歧视的必然推断……

一旦被告方给出了表面充足的证据，举证责任就转移给了起诉的州，要由它给出对剔除黑人陪审员的中性解释。尽管这要求在某些案件中对历史上完全无须说明剔除理由的做法加以限制，我们仍要强调检察官的解释不必达到为其剔除找到正当根据的水平……但是，检察官不可以只通过这样的陈述来反驳被告方提出的表面充分的歧视案件，即，他剔除与被告同种族的陪审团候选人是基于这样的假设或者直觉判断：因为他们是同一种族的，所以会偏袒被告……平等保护条款禁止各州基于这样两个假设来排除黑人陪审团候选人：黑人作为一个群体，没有资格充当陪审员；……黑人将在特定案件中仅因被告也是黑人而有所偏袒。如果我们赞同仅以因陪审员种族而生成的假设为基础来排除陪审员，那么，平等保护的核心保障——向公民确保他们的州不会因种族而有所歧视——将变得毫无意义。检察官也不可以只通过否认歧视动机或者"肯定个人选择上的诚信"来反驳被告方提出的歧视问题……如果这些一般性的主张被接受，并以此反驳被告提出的表面充分的案件，那么，平等保护条款"将是徒然而虚幻的要求"……检察官因而必须就特定的待审案件给出一个清晰的中性解释。然后，庭审法院有义务确定被告方是否已经证明了存在有意的歧视。

……

当然，虽然我们认可强制剔除在我们的审判程序中占有重要地位，但我们不能同意说我们今天的决定会损害一般情况下剔除为司法运作所做的贡献。在许多州和联邦法院的意见中已有充分反映的现实情况显示，剔除可能被用于歧视黑人陪审员，非常不幸的是，这种歧视已经不时地发生了。通过要求庭审法院敏锐注意利用强制剔除进行的种族歧视，我们今天的决定强化了平等保护的强制性，深化了司法的目的。从我国多民族的人口构成着眼，如果我们确保没有公民因其种族而被剥夺陪审资格，那么公众所敬仰的刑事司法制度和法治必将得到巩固和加强……

本案中，请求人适时地对检察官剔除所有黑人陪审员提出了反对。因为庭审法院直白地拒绝了这种反对，没有要求检察官对其行为给出解释，所以我们将本案发回重审。如果庭审法院决定认为，诸多事实可以表面充分地证明存在有意的歧视，而检察官对其行为又不能给出一个中性的解释，那么，我们的先例要求推翻对请求人的定罪……

此令。

大法官马歇尔的赞同意见：

我同意大法官鲍威尔为本院所写的雄辩的意见，它向铲除陪审团遴选中的可耻的种族歧视迈出了历史性的一步。最高法院的意见明确阐释了利用强制剔除进行种族歧视所蕴含的危险，以及这种歧视与平等保护条款的格格不入与背道而驰。最高法院的意见还巧妙展示出，在利用强制剔除进行种族歧视问题上证明责任的不充分性。在给出补救措施之前,这种不充分性只能使"司法懒散"并一再被嘲笑。尽管如此,我还是单独写出意见,表达我的见解。今天的决定将不会终结通过无须说明理由渗透到陪审团选择过程中的种族歧视。要达到这一目标,只有彻底废止强制剔除……

……当被告证明了一个表面充分的案件时,法庭面临的困难是要评价控方的动机……任何检察官都能轻易声言各种表面中性的、排除某一陪审员的理由,而法庭对这些理由的再评价却力不从心……

检察官公然的谎言也不是这里唯一的危险,"甚至可能出现这样的情形:一位检察官力图让自己相信自己的动机是合法的,在这一过程中,他可能也对自己说了谎。"……检察官本人自觉或不自觉的种族主义,可能导致他轻易认为一位黑人候选人"抑郁"或"冷漠",而一位白人候选人的相同举止却不会在这位检察官心中造成这种印象。一位法官自觉或不自觉的种族主义,可能使他接受并支持这一解释。正如大法官兰奎斯特所言:检察官的先入之见是基于他们对特定陪审员将如何投票的"本能看法"……

……然而,"本能看法"可能常被作为种族偏见的代名词。即使所有当事人以最善良的意图对待最高法院给下级法院的命令——该命令要求它们在所有层面上克服种族主义——我也怀疑这些命令的要求能否被满足。值得我们记住的是,"在各州之间的战争结束 114 年后,在'斯特劳德案'近 100 年后,种族或者其他形式的歧视仍然是一个生活事实,既存在于司法运作中,也存在于我们的整个社会中。"Rose v. Mitchell,443 U. S. 545,558 – 559...(1979).

[没有收录首席大法官伯格的分歧意见。]

♣ 下文节选自查尔斯·劳伦斯教授颇有创意的文章,论述了无意识的种族主义,思考了何种心理能够使得法律认可或者遏制种族主义。劳伦斯的分析也许有助于我们理解大法官马歇尔在"拜特森诉肯塔基州案"中附和意见的重要意义,有助于我们评价 17 年后最高法院在"米勒-埃尔案"中的裁定,从而有助于我们思考:要确保陪审团审判不蜕变为种族不义的工具,为什么是如此重要,又如此困难?

为了理解劳伦斯论文的意义,有必要思考的不仅是以种族为基础的陪审团选择和强制剔除,而且是法律如何框定了种族歧视的思想。法律对现实的描述,是否与街头日常发生的现实相一致?这个问题一直是理解法律与社会之间关系的钥匙，尤其在种族问题上更是如此。为了理解最高法院所框定的一般意义上的种族主义和特定案件中的陪审团遴选，有必要首先简单描述一下劳伦斯教授所回应的1976年的"华盛顿州诉戴维斯案"。

"华盛顿案"是由一群非洲裔美国人于1970年提起的，这群人参加了华盛顿特区警察局的录用考试。当时，这是黑人占多数的城市里一个白人占多数的警察局。为了考入警察学院，进而成为特区警官。应试者参加的考试之一是被称为"测验二一"（Test 21）的笔试。这个测验与工作表现没有被证明的关系，它显然是一个有关表达能力和词汇量的种族中立考试，专为公务委员会（Civil Service Commission）组织的考试之用。应试者的得分可以也许应当被预见是以应试者的种族为根据的，因为大多数的白人通过了考试，而大多数的黑人没有通过。

原告质疑这个考试，认为它在实际效果上是种族歧视性的，因为它排除绝大多数黑人的根据，只是与成为干练警官必须具备的工作表现或技巧没有可证明关系的一次笔试。换句话说，原告声称使用这一种族中性考试的实际影响是维持一支种族隔离的警察力量。原告没有提出证据证明，维持种族隔离是警察局在决定应试者必须通过"测验二一"时"有意图的动机"（intentionally motive）。但是，回顾"测验二一"的历史，可以预见这一结果。

美国最高法院的裁决不利于这些黑人应试者，而是认为，除非原告能够拿出某些证据证明警察局有意图地歧视他们，否则，黑人不断被"测试二一"排除出警察力量的事实，不能被认为是违宪的。换言之，政府政策的实际效果不能被认为违反了平等保护原则，除非证明是特定的种族歧视动机引起了这些实际效果。

"华盛顿案"因而支持了制度性种族主义并不违宪的原则。自1976年起，"华盛顿案"所阐述的这项"意图原则"在法律中培植了这样的思想：如果没有证据证明政府机构存在有意识、有意图的种族主义动机，那么，实际种族隔离的程度不足以在法律上正当地认定存在违宪歧视。

"拜特森案"中是否存在利用强制剔除的种族歧视，考虑这个问题时，所谓"意图原则"有了清晰的意义。在"拜特森案"和"戴维斯案"中，最高法院都是将注意力集中在这样的问题上：有意识的种族主义是不是政府排除行动的动机？尤其在"拜特森案"中，最高法院要求检察官向庭审法官解释，某种可疑的无须理由的剔除并没有种族动机。在你阅读劳伦斯的文章节选时,思考一下劳伦斯的分析是否加强了大法官马歇尔的下述见解:对于确定强制剔除是否种族主义的,意图要件是一种无效的方法,因而,应当废止所有强制做法。

第六节　身份、自我和平等保护：
认真对待无意识的种族主义*

查尔斯·劳伦斯

序　言

那是1948年。我坐在代顿中学(Dalton School)幼儿班的课堂里,那是纽约市一座时尚而进步的私立学校。我的父母都是密西西比州种族隔离教育制度的产物,他们来纽约上大学,让我和妹妹们在代顿中学读书,就是因为不想送我们去附近的公立学校,那里的绝大多数学生是黑人和穷人。父母希望我们逃离纽约风格的种族隔离的蹂躏。

这是5岁组的孩子们围坐在一起听老师读书的时间。她读上一段后,就把书挨个儿传给我们,让我们看书上的插图。书名是《小黑孩儿萨宝》(*Little Black Sambo*)。回想起来,我只记得故事的一部分和一个插图,小黑孩儿萨宝围着一叠薄煎饼猛跑,后边一只老虎在追赶他。他很黑,却有化装黑人滑稽乐手白色的嘴。他的头发编成许多小辫,每个小辫又系着不同颜色发带。在老师把书传到我这儿之前,我曾看过这插图,也听过老师读过萨宝的倒霉故事,也听过班级同学的笑声。我心里堵得慌,感觉惊恐而耻辱,无法明确说出自己的感觉。"成见"和"烙印"这样的词,可能有助于宣泄这种耻辱,让我卸下负担。但我慢慢意识到,作为这里唯一的黑孩子,我与这个故事中悲惨而丑陋的主角有着某种血族关系。我的同学笑他,也就是在笑我。我真希望能随同学们一起笑,我真希望有个地缝儿钻进去。

我和邻居们的黑孩子在我家旁边的一块空地上玩儿,边玩儿边听着收音机里播放的《艾莫斯和安迪》(*Amos'n' Andy*),还一起拼命大笑。父亲出来关掉了收音机,提醒我说,他不喜欢这个取笑黑人的节目。我感觉很不好,与其说由于父亲的责备,不如说感觉背叛了他和我自己,因为我参与了同学们对我们的嘲笑。

---

* From "The Id, the Ego, and Equal Protection: Reckoning with Unconscious Racism" by Charles Lawrence, III, *Stanford Law Review*, Vol. 317, 1987.

我敢肯定，幼儿园老师选择《小黑孩儿萨宝》，并不说明她是有意图的种族主义者。即使是当时，在孩子的直觉里，我也知道她是一个善良的、好心的人。一伙不那么仁慈又有种族嘲笑和盈利动机的白人制作了广播节目，扮演了艾莫斯和安迪的角色。但是，我们这些通过笑声参与了他们的共谋的人，其实也不是在有意贬低我们自己的种族。

十几年后，我在哈沃福特学院（Haverford College）上学。又一次，我成了白人世界里存在黑人的象征。一个我记不清面貌和姓名的同伴试图恭维我，他说："我不认为你是黑人。"我明白他的善良意图，也接受了他的恭维。但我心里依然堵得慌。又一次，我背叛了自己。

这种事不止一次发生在我身上。每一次，对话者都是善良而开明的白人，他们试图表达一种共有的人道感觉。我还不理解种族主义的含义，以及在这种含义中概念化了的感觉。我能够肯定的是，我的白人朋友也不理解这一切。我们还没有捕捉到这个恭维的大前提：被认为是一个黑人，就被认为是一个次等人。我们都是文化种族主义的受害者，我们都是看着《小黑孩儿萨宝》，听着《艾莫斯和安迪》长大的。

又有10年过去了，我33岁，女儿玛娅3岁。我在她幼儿园门口碰到一个粉红脸蛋儿的4岁男孩，他很骄傲地给我看一本书，是他带来让老师读给全班同学听的。他说："我可喜欢它了。"这本书是新版的《小黑孩儿萨宝》。

引　言

本文重新思考了1976年"华盛顿诉戴维斯案"确立的歧视目的原则。这个原则要求原告在质疑一个表面中性的法律的合宪性时，必须证明负责立法和执法的人存在种族歧视的目的。

"戴维斯案"催生了数量可观的或褒或贬的文章。少数群体和民权提倡者在谴责"戴维斯案"及其后果方面实质上是一致的，为数不少的宪法学者也加盟进来，这些学者在估价其对平等机会的损害方面，如果更克制地说，同样是持否定态度的。这些批评者提出了两个主要论点。第一，以动机为中心的种族歧视原理，将经常是无法尽到的说服责任的重担加到不该承担这责任的纠纷一方的身上。不当的动机很容易隐藏，因为行为是多种动机相互作用的结果。政府官员也总能争辩说，种族中立的考虑促成了他们的行动。不仅如此，同时涉及几个决定者的时候，要证明种族歧视的动机，就变得更加困难。

对"戴维斯案"原理的第二种反对意见更具有基础性,它主张,种族不平等所造成的伤害,与决定者的动机无关。难道说,种族隔离学校的董事会不是有意识地伤害某个黑人孩子,他在这个学校所体验的耻辱和羞辱就会少一点儿吗?难道说,不让黑人进入白人居住区的决定,如果是基于财产价值的考虑而不是存心搞种族歧视,黑人就不感觉自己是贫民窟的囚犯了吗?提出第二种反对理由的人推理说:"种族不平等的事实,才是真正的问题所在。"它们极力主张,种族失衡的损害应当触发高级的司法审查,而无须考虑动机因素。

意图要件的支持者同样坚定地主张这一原理是适当的……

我是同情那些歧视目的原理的批评者的……但我不想简单地再增加另外一章"意图与影响"的争论,而是希望给出另一种思考方式,用来考虑种族歧视问题,这种方式能够更准确地描述种族歧视的起源和它所施加的伤害的性质。

……

美国人共同继承了一份历史和文化遗产,其中,种族主义已经扮演并且仍在扮演一个重要的角色。因为有这些共同的经验,我们无可避免地分享了许多思想、态度和信条,它们为一个人所属的种族赋予了意义,并且引发了对于非白人的负面感觉和意见。就这种文化信仰体系对我们所有人的影响而言,我们都是种族主义者。与此同时,我们的大多数都没有意识到自己的种族主义。我们没有认识到文化体验以何种方式影响了我们关于种族的信条,也没有认识到在何种时候这些信条影响了我们的行动。换言之,产生种族歧视的大部分的行为都受到了无意识的种族动机的影响。

关于我们种族歧视信条和思想的无意识性,可以有两种解释。第一,根据弗洛伊德的理论,人的内心通过否认或拒绝承认一些思想、愿望和信条——它们与个人学到的所谓"好的"或者"正确的"相冲突——来对抗负疚造成的不快之感。虽然我们的历史经验使种族主义成为我们文化的不可分割的组成部分,我们的社会近来却接受了一种将种族主义作为不道德的东西而加以拒斥的理想。当一个人体验到种族主义思想和谴责这种思想的社会伦理之间的冲突时,人的内心就将种族主义从意识中驱赶出去。

第二,根据认知心理学理论,文化——比如包括媒体和一个人的父母、同阶者和权威人物——传播着某些信条和倾向。因为这些信条在很大程度上是文化的一部分,所以它们不是作为直接学习的体验,而是个人用来感知世界的理性秩序的一部分。比如，个人没有意识到普遍存在的文化成见影响着他对黑人的感知：他们是懒散的或者低能的。因为种族主义如此之深地植根于我们的文化之中，所以就很容易通过默许的理解加以传播；又因为这些默许从来没有被明示过，所以就不容易在意识层面上被体验到。

一句话，要求先证明存在有意识或者有意图的动机，以此作为前提，再从宪法上认可某一决定是以种族为基础的。这样做，不仅忽视了我们所理解的大部分的内心活动方式，而且没有考究种族主义的非理性，以及美国种族关系史在个人和集体无意识中产生的深刻影响。

通常情况下，法律制度不考虑无意识对个人或集体行为的影响也没什么不妥。但是，当我们的目标是消除可恶的种族歧视的时候，法律就必须认识到种族主义的主要渊源。平等保护条款要求消除那些考虑了种族因素而又没有好的和重要的理由的政府决定，因而，平等保护原理就必然要考虑无意识的种族主义了。

以我们学到的20世纪心理学来分析歧视性意图要件，这种努力至少有三方面重要的理由。第一，现在这个原理要求证明被告人意识到他的反黑人意图，从而严重限制了法院可以承认并纠正种族歧视的个案数量。

第二，之所以存在种族歧视，是多种个人错误和集体责任造成的，但现存意图要件在归咎这些错误、分配这些责任时，扭曲了我们对歧视原因的感知，进而导致我们思考种族主义的方式，不仅不能战胜疾患，反而加剧了病情。在承认种族歧视的存在之前要求找到罪魁祸首，最高法院借机制造了一个想象的世界，在这个世界里，不存在歧视，除非它是有意识的意图。并且，还要假装这个想象的世界是真实的，坚决要求我们参与这个虚幻构想，最高法院和它所宣示的法律藉此巧妙塑造了我们的社会感知。最高法院拒绝纠正歧视的决定，不仅在政治权力和经济自利中找到了根据，而且在道义上找到了基础。如果没有歧视，就没有纠正的必要；如果黑人被公平对待了，可还是处在社会经济的底层，那只能用他们自己的低能来解释其从属地位了。

最后，这个意图原理的焦点集中在最狭窄和最不现实的对个人错误的理解上，这已经在很大程度上妨碍和憎恶扶持行动和其他种族意识作用下的、对于过去和现在的歧视的补救。如果没有可识别的罪犯就没有歧视，那么"无辜的"个人会厌恶因补救伤害而增加的负担，因为法律说他们没有责任。理解我们种族主义的文化渊源，可以避免传统上孕育的不必要的错误，而又不否认消除种族主义的集体责任。某些态度在渗透着种族主义的文化中是无可避免的，我们无意识地窝藏了这些态度，这种情况不能归咎于个人。如果没有归咎个人的必要，就会减少补救的阻力，让人们更容易接受补救的需要和责任。

一、"你说的话让你露了馅"：关于无意识和种族的初级读本

我们发现，也是我们被迫假定，确实存在一些非常强的心理过程或思想，它们能够在精神生活中产生通常思想所能产生的所有影响（包括那些反过来作为思想而变成意识的影响），尽管它们本身并没有变成意识。

无论我们所青睐的理论分析是什么，这里都有可观的来自每日经验的常识证据令我们相信：我们每个人都在意识之外窝藏了偏见态度。

比如，一位著名体育解说员因黑人球员的精彩表现而忘乎所以，竟在全国电视实况转播时称这位球员为"小猿猴"。我们见证了一次典型的心理学上的动作倒错，或者通俗说来是无意间的走嘴。这位体育解说员认为自己在种族问题上是进步的，他的许多最重要的职业伙伴都是黑人，他也无疑会承认他们中的不少人是他的亲密朋友。出了这个意外之后，他最初声称不记得了，而当他面对录像带的时候，道歉说自己并非存心搞种族污蔑。没有理由怀疑他的真诚道歉。他何必有意冒险得罪观众，毁了自己的声誉和职业前途呢？但是，他无意间的走嘴也并不是空穴来风。这是一个证据，证明他意识中一直压抑着的种族成见，这会儿不小心逃过了自我审查。同样，南茜·里根曾在一次支持里根总统竞选的公众集会上说，她真希望里根也能在这儿"看到所有这些漂亮的白人"，人们很难想象这是她在自我意识支配下有意公开声明她喜欢这些白人的现场支持。

这一类的意外并不是罕见的，虽说只有权贵名流的心失口误才会引起媒体的关注。但是，因为无意识也影响着知觉的选择，所以，白人不大能够听到他们周围许多无意中表露的种族轻侮。

无意识种族主义的另一种彰显是类似口误的所谓心误：当一个人说想说的话时，未能抓住善意动机支配下的用词和举止的种族含义。比如，20 世纪 50 年代末 60 年代初，在有意识地反对种族主义理念的人中，融合与吸纳已经成为毋庸置疑的理想。但即使是在这个时代，白人中的自由开明人士仍然经常这样表达对黑人的接纳和友好："我不把他们看成黑人。"这些白人在意识中是想恭维黑人，他们实际上是在

说："我把你看成一个正常人，就像我。"但他没有意识到话中的重要涵义。这意味着多数的黑人是什么呢？他们不是正常的人吗？如果有人问白人中的某位开明人士，他是这个意思吗？他毫无疑问会声言：他的话被误解了，他只是想说自己不把任何人看成是种族的。不过，说自己不把黑人看成黑人，就是在说把他看成别的什么人。这种表述是在真实世界的语境下做的，其中蕴含的是一次与某种规范的比较，这种规范就是白人属性（whiteness）。开明白人的无意识思想和内心表白是："我把你看成是与其他黑人不同的人，更像白人。"

当一个白人用"我不把你看成黑人"作为一种恭维时，这种表述并不是中性的，因为它与"我不把你看成白人"的应答并不和谐。来自黑人的这一应答也可能是恭维，它传达了这样一个事实：她没有使用通常是负面意义的白人属性来看待自己的朋友。但是，这一表述若出自这样一个人就不合情理：她被归类为不像其他黑人，而她竟然将这种归类的表述也视为恭维。这种回答只能理解为一种轻松而又具有告诫性的反驳："我理解你的有意识的意图是善意的，不过我要告诉你，朋友，我认为做一个黑人很好。我们之所以能够成为朋友，就是因为我认为你和大多数的白人不一样。"

当然，对话双方的表述都是以种族为中心的。不过，内心有误的是白人，他没有注意到他的"恭维"是以种族中心为前提的。如果他知道自己是相信这个前提的，他会极为痛苦。他的黑人朋友的种族中心主义是自觉的和自我肯定的。她充分意识到了自己回答的影响。这是对抗占社会支配地位的种族主义的遁词。

在产生无意识的种族主义的过程中，一个关键的因素是暗中传播的文化成见。如果一个人从没见过黑人医生、律师，或者只是通过大众媒体接触黑人，只知道滑稽演员、罪犯、乐师或者运动员等角色，他就会推断说，作为一个群体，黑人天生倾向于某种行为，而不适合于某种角色。但是，这些陈规陋见都是在潜移默化中学来的，并且被内化和运用，而全没意识到它们的渊源。因此，一个人可能选择一位白人应聘者，而不考虑一位有同等资格和能力的黑人，还真诚地相信这个选择是基于与种族无关的理由。这个理由是可以观察到的，但却是无法言说的。雇主认为白人应聘者"更能言、更合群、更周到、更有本领"，全没意识到那影响其决定的习得成见。不仅如此，他还可能完全意识到他被明确教导过的内容：善良的、守法的人们都不以种族来判断他人。甚至最彻底的对有意识动机的调查，也不会揭示那些影响其决定的以种族为基础的陈规陋见。

……

如果法律搜寻种族敌意或歧视意图，其目的全在识别一个道义上可归咎的祸首，那么，现存的这个意图要件是无法实现这一目的的。不会有自觉的种族主义的证据，因为行为人已经内化了那些较新的美国文化道德——它认为种族主义是错误的——或者因为他们的种族主义态度和信条是通过潜移默化的影响而不是明确的教学形成的。行为人本身也没有意识到，他的行为或者伴随其行为的种族中立感情和思想，都有着种族主义的根源。

当然，有人可能争辩说，法律只应管束有意识的受动机支配的行为——社会制裁能做的，不过是企图要求个人以自我代替社会来审查并排除那些被社会定义为不道德的无意识的驱动力。依照这种见解，法律能够制裁一种有缺陷的自我，这种自我还没有充分内化当前的社会道德，因而容许不法的种族主义愿望达致意识层面，并在不法行为中开花结果。但是，法律不应让一个人为其没有达致意识层面的愿望负责，即使它们也在歧视行为中开花结果。

问题在于，这种论点没有告诉我们，为什么法律应当让一个人为一种形式而不为另一种形式的自我伪装所造成的种族伤害负责。当内心审查成功地伪装了类似种族主义的社会反感，如果这种伪装的动机产生的行为有一种歧视性的后果，其伤害程度不亚于直接来自被意识支配的动机，此时，我认为法律应当给予同等的关注。①

♣ 下文节选自"米勒－埃尔诉科克瑞尔案"。最高法院将一个谋杀的定罪发回第五巡回上诉法院重审，因为检察官基于种族原因，利用强制剔除，从德克萨斯州庭审法院的陪审候选人中排除了非洲裔美国人。这里，是否种族动机促成了强制剔除，其确定的标准来自本章第五节"拜特森诉肯塔基州案"。"米勒－埃尔案"以"米勒－埃尔诉德莱特克案"（Miller－El v. Dretke）的名义由 2004－2005 任期的最高法院再次听审，据称，这是因为第五巡回法院实质性地忽视了最高法院 2003 年的裁决。因此，对于陪审候选人强制剔除而言，什么构成其种族动机的证据？这个问题的讨论一直持续着，就像大法官马歇尔在"拜特森案"的附和意见以及劳伦斯教授在其文章中所预言的那样。

---

① 本文的其余部分被省略，但可查阅：39 *Stanford Law Review* 317（1987）.——编注

最初，在"米勒－埃尔诉科克瑞尔案"中，被告人米勒－埃尔因其1986年在德克萨斯州达拉斯实施的抢劫，以死罪谋杀罪（Capital murder）被起诉、审判和定罪。被告人提出上诉，理由是检察官利用强制剔除，违宪地排除了黑人陪审候选人，但他的上诉失败了。在所有的上诉机会都被用尽之后，米勒－埃尔申请了联邦人身保护令，最终导致了下文的决定。这段选文中，只包括"拜特森案"的标准和最高法院对米勒－埃尔证据的复审，为的是让读者看到，要在刑事案件的陪审团遴选中根除种族主义，这种努力的背后蕴含着持续的复杂性和文化冲突。

第七节　米勒－埃尔诉科克瑞尔案

Miller – El v. Cockrell
537 U. S. 322（2003）

大法官肯尼迪发表最高法院意见：

……1986年，达拉斯县两名助理地区检察官利用强制剔除，将适合审理本案申诉人托马斯·乔·米勒－埃尔的11名非洲裔美国人中的10人排除出陪审团。在接下来的17年中，请求人在州和联邦的法院都没有成功证明，对他的定罪和死刑量刑必须被撤销，因为其陪审团遴选程序违反了"平等保护条款"和我们在"拜特森诉肯塔基州案"中的裁定。现在，申诉人的权利主张出现在联邦人身保护令的申请当中……

"拜特森诉肯塔基州案"确立了三阶段的过程，以评价这样的权利主张：某一检察官对强制剔除的利用违反了"平等保护条款"。第一，被告方必须表面证据充分地指明，某一强制剔除是基于种族原因实施的；第二，如果做到了表面证据充分的指明，则控方必须为其剔除陪审候选人的行为提供一个种族中性的理由；第三，根据控辩双方提供的理由，庭审法院必须确定被告方是否指明了有目的的歧视……

一项对于陪审候选人的比较研究显示，非洲裔美国人被排除的比率显著高于白种人。在被本案控辩双方复查的108名候选人中，有20名是非洲裔美国人，他们中的9人因动机或者双方协议而被免除了陪审义务。然而，剩下的11名非洲裔美国人，除1人而外，都被控方强制剔除了。由此可见，有91%的适格黑人陪审候选人被强制排除了。可资比较的是，控方利用强制剔除，只排除了13%（31人中的4人）有资格服务于陪审团的、非黑人的陪审候选人。

这些数字虽与本案相关,但还不是请求人案件的全部。在要求陪审候选人如实回答问题的过程中,控方问到他们对于死刑的观点以及他们是否愿意在一个死罪案件中充当陪审员。如果回答透露出对于死刑适用的勉强和犹疑,就会作为排除他们的一个动机方面的借口,或者导致强制剔除。然而,证据显示,陪审候选人被询问的方式,也因种族的不同而有所不同。不同询问模式在多大程度上导致回答的差异,就是我们要在此深究的问题。

多数的非洲裔美国人,53%或者说15人中的8人,首先得到的是一段对于德克萨斯州死刑机制的详尽描述:

> 如果对这三个有关量刑的问题的回答是肯定的,作为定罪的结果,托马斯·乔·米勒-埃尔将在未来某个时候被送往德克萨斯州的亨茨维尔(Huntsville)。他将在那里等待死刑执行,某个时候,将被带到死刑执行室,绑在死刑注射床上,注射一种致死的物质……

就在此时,这些黑人陪审候选人才被问及是否能够做一个导致死刑的决定。只有非常少的白人陪审候选人,6%或者说49人中的3人,在被问及对死刑的看法之前先行面对这篇序言。除了这3人而外,其他人都被含糊地问道:"如果可以,您能否用自己的话来让我们知道您的想法,也就是,您如何看待死刑。其次,您认为能否胜任本案这种类型的陪审团,它要依照证据实际做出一个导致被告死亡的决定?"……

请求人进一步指责控方利用了德克萨斯州刑事程序中被称为"陪审团洗牌"(jury shuffling)的做法,这种做法允许双方当事人重新安排被询问候选人的顺序,以便让那些看起来更可心的候选人排在前面,更容易入选。控辩双方在不知道候选人相貌之外的其他信息的情况下,可以请求变更候选人顺序。"洗牌"影响陪审团的构成,因为没有经过如实回答问题的候选人会在周末被解散,下周会有新的一组候选人。因此,被"洗"到后面的候选人,就不大可能进入陪审团。

在至少两个场合,控方会请求"洗牌":排在前面的多数是非洲裔美国人时;辩方律师"洗牌"的结果令他感到候选人不足,因为一些黑人候选人被前移了,对于这个新的构成,他会提出正式的反对。

下面，我们关注一下请求人在审前的"斯万案听审"（Swain hearing）①中提出的关于控方惯常做法的证据。请求人要求传唤达拉斯县一些曾目睹过控方在过去几年的陪审团遴选中所作所为的现任和前任助理地区检察官、法官和其他人。尽管多数目击证人否认存在排除非洲裔美国人的制度性政策，但还是有目击证人持相反意见。达拉斯县一位地区检察官作证说，他从20世纪50年代末至60年代初为地区检察官办公室效力，其间，他的上司警告他，如果他允许任何黑人进入陪审团，将会被解雇。同样，达拉斯县另一位地区法官和1976－1978年间的助理地区检察官作证说，他相信检察官办公室有将非洲裔美国人排除出陪审团的制度性政策。

更重要的是，辩方提供的证据显示，地区检察官办公室采纳了一种正式的政策：将少数族群逐出陪审团。地区检察官办公室在1963年的一份通知中，指示检察官们针对少数族群实施强制剔除："不要让犹太人、黑人、意大利人、墨西哥人或者任何少数族群的人进入陪审团，不管他们多么富有或者受过多好的教育。"名为《刑事案件的陪审团遴选》的手册也被分发给检察官们，其中包括一篇概括排除理由的文章，是作者受地区检察官办公室的上司之命写成的，他当时是一位检察官，后来成了法官。尽管手册是1968年写的，但它至少到1976年时还在发行，也至少发给了参与"米勒－埃尔案"的检察官中的一位。

该州声称，这些做法在审理请求人的案件之前已经停止，但一些证词对此提出了质疑。比如，一位法官作证说，1985年，他不得不在法庭上排除了一位检察官，因为他在陪审团遴选时大搞种族歧视。还有证词显示，该州也承认，曾经要求陪审团"洗牌"，目的是减少陪审候选人中非洲裔美国人的数量。对于地区检察官办公室排除黑人的做法，达拉斯县首席公设辩护人也表达了同样的忧虑。

请求人为了支持其以"拜特森案"为依据的权利主张，曾经将与此相同的证据提交给州的和联邦的法院，但它们拒绝给予救济。正是基于这个背景，我们才检视巡回上诉法院是否听审了请求人的案件……

……在过程的第三步，要确定在押人是否证明了有目的的歧视，关键问题是控方要为其强制剔除的正当性尽到说服责任。在这个阶段，

---

① 参见本章第五节中提到的"斯万诉阿拉巴马州案"。在此，实际是指通过听审确定是否存在"违反平等保护条款"的有目的的歧视。——译注

"不能令人信服的或者奇思怪想式的所谓正当理由,可以(或许将要)被认定为有目的的歧视的借口"。在这种情形下,要点问题就浓缩为庭审法院是否认定控方的种族中性解释是可信的。可信性主要可以用检察官的品行来衡量,也可以用解释的合理性、不可能性或者是否具备可接受的庭审策略基础来衡量……

在这种情况下,控方在排除陪审候选人时,其行为是否基于种族的原因?关于这个问题,单凭统计学证据,就足以生出某些怀疑。控方利用强制剔除,驱逐了91%有资格的黑人陪审候选人,只有一位黑人服务于请求人的陪审团中。总体计算,控方14次的强制剔除,有10次是针对非洲裔美国人的。偶然巧合不大可能产生如此的不均衡……

就本案而言,该州提出的排除非洲裔美国人的种族中性理由中,有3个恰好也适合于某些白人陪审员,而他们却没有受到质疑,也的确最终服务于该陪审团。控方解释说,针对6名非洲裔美国人使用强制剔除,是因为他们对死刑的态度含混,不愿处决没有再犯可能的被告人,以及他们各自的家族犯罪史。请求人反驳了控方的解释,识别出两位入选的白人陪审员也曾表达过对于死刑的疑惑,其方式与那些被强制剔除的非洲裔美国人是一样的。其中一个白人指出死刑不宜适用于初犯,另一个白人则陈明"很难"施用死刑。同样,两位白人陪审员表示对于可以迁善的被告人不愿适用死刑;而4名白人陪审员的家族成员都有犯罪史。作为一种结果,即使控方排除黑人陪审候选人的理由看上去是种族中立的,不过,这些理由适用于陪审候选人时,却可能是有选择的,并且是基于种族考虑的……

……只有联邦地方法官(Federal Magistrate Judge)在"拜特森案"生发的权利主张的语境下考虑过这一证据的引入,他认定这个证据无从解释并且徒生烦扰。暂且不考虑该证据是否足以支持对控方制度性排除黑人的指控,但它揭示出"地区检察官办公室"过去的教化在陪审团遴选中充斥着对非洲裔美国人的偏见。当然,这个证据的相关程度取决于它所质疑的该州在请求人案件中行为动机的合法性。即使我们在这个阶段推定检察官在"米勒-埃尔案"中没有介入这种歧视教化,该证据仍然显示出他们不可能对这种教化一无所知。两名检察官作为助理检察官加入地区检察官办公室时,接受了正式的培训,内容是将少数族群排除出陪审团。种族是一个因素的假设得到这样一个事实的加强:控方在每张陪审候选人名卡上都标明了种族……

第五巡回法院的判决被推翻,案件发回,依本意见重新进入程序。

此令。

提示与问题

1、在格莱丝贝尔的《她的同阶陪审团》中，女人看待事物的方式与男人有何不同？黑尔太太与彼得斯太太找到了男人们在搜寻杀死莱特先生的动机过程中会认为有价值的东西吗？这些差异是来自性别的基因方面、生活经验，还是来自故事发生的年代里性别角色的社会结构？

2、莱特太太得到了她的同阶陪审团吗？如果她真的接受一个由男性组成的陪审团的审判，地区检察官会如何解说这只被扭断脖子的死鸟的意义？如果你是莱特太太的辩护律师，你又会怎样解说这只死鸟的意义？你如何尝试说服男人组成的陪审团无罪开释莱特太太？

3、如果黑尔太太和彼得斯太太隐匿了证据，你会觉得不安吗？她们隐匿证据有没有伦理上的正当性？两个女人观察到的其他一些事情——原本精心缝制的被子却有一个部位针法紊乱，鸟笼的状况，炉子和房子的一般状态——又都怎样解释？如果两个女人将这一切指出来，会对案件有什么影响？

4、关于同阶陪审团的重要性，我们从这个故事里能学到什么？将那些与被告有共同经历的人包括进来，会增加陪审团审判的公正性，除此之外，保障同阶陪审团还会产生其他什么利益吗？如果莱特太太的案件由男人组成的陪审团来审理，一般的妇女会怎么看？你认为当时她们会怎么看待陪审团审判？法律本身的合法性受到威胁了吗？既然妇女作为一个整体被歧视性地否定了为陪审团服务的权利，你认为整个社会因她们被排除而遭削弱和扭曲了吗？

5、运用你从格莱丝贝尔的故事中学到的，你能将陪审团中的性别歧视与其他形式的歧视——种族、宗教、社会经济地位、年龄以及对死刑的态度——做一类比吗？在确定同阶陪审团的保障被否定时，社会和法律如何决定哪一种对人的分类应当被考虑在内？

6、在"拜特森案"中，大法官马歇尔不相信强制剔除过程中的种族主义可以通过一种公式来消除。这种公式仅仅要求控方提出一个非种族的理由，来说明他强制剔除非白人陪审员的正当性。马歇尔自身的经验和对法律的解读似乎告诉他，美国社会的种族主义已经在如此之长的时间里如此深刻和广泛地成为我们文化的一部分，而不仅仅是一种个人行为或者态度上的错误。这种见解与你的经历和研究相一致吗？你是否会为这样一种可能性而忧虑：可能没有任何人为种族主义受谴责和惩罚。在缺乏种族动机的时候，社会可能被迫改变法律或法律结构，以便解决种族主义的难题。劳伦斯教授所讨论的无意识的种族主义使马歇尔的忧虑对你来说更真实了吗？它帮助你同个人的、有意图的种族主义行为之外的种族主义现实达成和解了吗？

7、大法官马歇尔认为，在强制剔除问题上，消除种族主义的唯一办法就是从根本上消除强制剔除这种做法。你同意他的结论吗？多数意见处置种族歧视性强制剔除的方法似乎是有效的吗？如果马歇尔的办法被采纳，那么陪审团审判的代价是什么？有什么收益值得付出这种代价吗？"米勒－埃尔案"的选文验证了马歇尔的见解吗？或者，你认为即使是无意识的种族主义，也能用"拜特森案"确立的标准来解决吗？你认为"米勒－埃尔诉德莱特克案"会是什么结果？这如何影响了你对陪审团遴选中关于对付深刻的种族主义的看法？

8、2005年3月，《纽约时报》的一篇报道说，加利福尼亚州一名法官几年来一直向检察官们明确表示，犹太陪审候选人不能进入死刑案件的陪审团，因为犹太人永远不会投票同意把某个人送进毒气室。一项调查随之展开，以发现这篇报道的真实性。如果是真实的，那么，因为发生了这种公开的种族歧视性陪审团遴选，有多少死刑案件应当被重新审判？如果这些公开的主张（关于排除黑人妇女，因为据说她们同情死罪被告人）被证明是真实的，那么这如何影响了你对陪审团遴选中种族主义的性质和它所运用并容忍的理由的理解？这种公开的歧视的意图似乎是明确的，不过，它在运用强制剔除的陪审团遴选中被表达出来，因而落入了符合"拜特森案"标准的、无意图的种族主义的范畴，如果是这样，大法官马歇尔在"拜特森案"中的意见对你更有说服力了吗？

9、怎样挑选陪审员更具有社会共同体的广泛代表性？是从名册上挑选，还是从一群真实的陪审候选中挑选？为什么？

10、在制作陪审员代表名册或者组成陪审团时，年龄是一个应当考虑的因素吗？犯罪的类型或者被告人的年龄在此有何意义？什么类型的证据可以提出，以显示年轻人是一个可识别的群体？

11、同阶陪审团并不具有社会共同体的广泛代表性，那么，应当把它界定为由与被告的文化或经济背景相同的一些人组成的陪审团吗？

12、广泛参与法律过程，这是使用陪审团审判的目的之一。因而这样一种说法是否现实：既然所有公民都是平等的，就应当放弃对广泛性的特别寻找？只要某人对审判中的要点和当事人没有偏见，是否就足以充当陪审员了？

13、一旦法院开始了识别人口特征的过程——这些人口在陪审候选人遴选或者强制剔除中不应受到歧视，那么，这个过程应当在哪儿结束？法院是否应当考虑宗教信仰、社会经济地位、种族背景、语言、政治登记和眼睛的颜色？关于美国社会，你的回答告诉了你什么？美国人口统计的改变——它正变成一个少数族群的国家的趋势——改变了你对何种团体应被保护，使之不受陪审团歧视的看法吗？卡斯特关于"谁属于美国"的思想，影响了你对这个问题的看法吗？

14、陪审团制在人种如此多元的社会能够有效运作吗？因为在这样一个社会中，几乎有无穷无尽的对人的归类方式。

15、相当多的宪法和制定法影响着陪审团的遴选方式。不过，也有社会科学家向律师提出建议：什么样的特征，从当事人的角度看，可以使人成为一个好的陪审员。不仅如此，一些诉讼当事人使用影子陪审团在一些人身上试验一些论点和证据，而这些人与真实的陪审员有着相同的特征。这种陪审团测试法，毁掉了对同阶陪审团制度的保护吗？毁掉了陪审团裁决的公正吗？毁掉了社会共同体对于"什么样的陪审团审判是合法的"的感知吗？毁掉了某一亚群体借助参与法律的这一过程而生成的属于美国的感觉吗？

第十七章　陪审团的式微：民主处于危急中吗

♣ 在美利坚合众国，陪审团审判是一个受到威胁并且正在淡出的机构。被高度宣扬的陪审团审判，像那些涉及烟草和制药工业，玛莎·斯图尔特（Martha Stewart）、斯科特·彼得森（Scott Peterson）、肯尼思·莱（Kenneth Lay）以及与种族、憎恶同性恋或者恐怖主义暴力有关的各种案件的被告人，仅属于证明了规则的一些例外。陪审团审判代表民事和刑事案件中很小的并且正在减少的百分比。不仅如此，有不断增加的证据显示，陪审团审判在民事案件中正在受到高举侵权法改革大旗的人的攻击。本章中的资料为陪审团审判的式微提供了一些理由，并且追问：从削弱陪审团的权力和重要性中，社会获得了怎样的利益？本章的主旨在于探究，将陪审团作为公众参与民主自治政府的工具而加以保存和复兴，这样做是否至关重要？

对于历史和文化语境中的陪审团的讨论认为，这一机构深深植根于那个支撑着民主本身的启蒙价值观中：信任普通人并尊重对理性的运用，将个人作为政治统治和社会决策单位的核心，将对政府权力的实质限制作为维持个人自由和隐私的手段，通过由普通公民直接负责的诉讼实现对公共生活基本条件的民主控制。如果陪审团审判被削弱了，民主自治政府的基础也会随之松动。

托马斯·杰斐逊清晰阐明了他本人对于公众通过履行陪审职责参与政府管理的真诚笃信。他写道：

> 如果要我来决定人民最好是在立法机关被忽略，还是在司法机构中被忽略？我会说，将人民置于立法机关之外会更好些。法律的执行比法律的制定更为重要。

如今，投票参与和公众策论的质量依然低下，立法机关似乎是在没有受到太多普通公民的影响下运作的，特殊利益群体支配着许多由法律创造的管理机构，而媒体——互联网算是例外——所有权的空前集中，也限制了公众接触新闻和意见的范围。在这些情况下，可以说，陪审团审判比以往任何时候都更加重要。不过，斯蒂芬·贝茨（Stephen Bates）在"复兴公民权"（Reinvigorating Citizenship）一文中告诉我们：全国有60%的人在被召集参加陪审时不愿费神出面。洛杉矶县1995年的一项调查显示，只有41%的人认为陪审义务是一项公民责任。不仅如此，就像马克·加兰特尔教授在"失去的审判"一文中所说，各种类型的审判以及它们在司法处置中所占的比例，在过去30年里一直在下降。① 在威斯康星大学法学院发表的一篇采访中，马克·加兰特尔认为，总体上，"对判决和宣告的信任正在走下坡路"，这一点非常明显，"这些法人欢迎这样的观点：美国已经陷入了'诉讼爆炸'，拆解了社会纤维，损害了经济。在这种观点看来，审判不仅昂贵，而且有风险，因为陪审员都是贪婪的、反商业的、'失控的'。尽管有大量证据压倒性地反驳了这些主张，但这种信念受到传言的支持，得到媒体的强化，已经成了'占支配地位的常识'"。②

历史地看，陪审团一直被视为对民主有重大意义的政治机构。托克维尔的观点是：

> 陪审团首先是一个政治机构，它应被视为人民主权的一种形式……凡是选择以自己的权威进行统治，指挥社会而不是遵从社会的指导的人，都摧毁和削弱过陪审团这一机构。

这些观点产生于1835年，接近莫顿·霍维茨教授所称"美国法的转型"末期。下文节选了以此为题的著作的一部分，其中，霍维茨开门见山地提出了自己充分研究的结论：那个寻求增加自己权力的利益集团，要为19世纪初陪审团权力的实质衰微负责。

大法官怀特在"邓肯案"（第十五章第一节）中对陪审团审判进行了历史回顾，他认为陪审团是服务于反"政府压迫"的，这一结论更加明确地显示出陪审团是一个政治机构。近期的一个判例"布莱克利诉华盛顿州案"（第十五章第二节）进一步确认了这一观点。陪审团的存在本身就是政治性的，还有它的运作方式，它在民事和刑事审判中所做的决定，也都是政治性的。陪审团运用社会共同体正义感（它的

---

① Marc Galanter, "The Vanishing Trial: An Examination of Trials and Related Matters in Federal Courts," *Journal of Empirical Legal Studies*, Vol. 1, Issue 3, 459 – 570, November 2004.

② Gargoyle, Alumni Magazine of the University of Wisconsin Law School, Madison, Winter, Vol. 31, No. 1 2005, 34.

良心）时具有否决的权力，这一事实使每个陪审员的决定都成为定义社会共同体文化边界的过程的一部分。正如卡尔·卢埃林在"夏安人的方式"一文中所说："法律工作，或者以这个'群体'之所以为'群体'的方式完成，或者这个群体解体、衰落或死亡。"这是最广泛、最基本意义上的民主政治——不断定义和重新定义社会的道德边界。

陪审团审判对于民事诉讼的当事人和刑事审判的被告人都是极为重要的，因为公正性在一个多元社会要求用同阶者的判断来保障最有效、最合法的个案判断。然而，除了案件的当事人，陪审团审判还服务于基本的民主授权功能——"我们，人民"，它也提供了一个相对不可腐蚀的手段，借助这种手段，社会共同体的日常价值和信仰，以及个人的良知，都可以在一个通常是形式主义的、不可接近的法律制度中反映出来，而在这个制度中的立法和管理决定，通常似乎更多地是出于内心的特殊利益而不是公众利益的考虑。正如托克维尔所指出的，民事陪审团也许是民主自治政府最重要的方面。以这些观点看，陪审团审判不仅保护了个人，也使社会共同体成为定义自己价值观和行为标准的核心力量。

在描述美国陪审团审判的过程中，托克维尔指出，通过陪审员的工作，"每个人都学会在审判邻人的时候，要像他自己有朝一日受邻人审判一样"，并且，发生在陪审团任职期间的相互影响，使他们"觉得对社会负有义务，并感到自己在政府中的角色"。因此，陪审团制度以及其他形式的民主过程的参与，其影响之一就是打破人与人之间的界线，化解疏离，并且教导人们尊重在公共事务中的共同工作。

托克维尔不遗余力地在《论美国的民主》一书中描述，如果美国人不运用陪审团这一自由的政治机构，则人与人之间的疏离与隔绝，最终会为专制打开大门。这一警告在今天看来似乎特别重要，因为现在乐于为陪审团效力的人实在太少了。托克维尔在"美国人怎样以自由制度对抗个人主义"一章中写道：

> 专制在本质上是多疑的，它将人与人之间的隔绝视为其延续的最可靠的保障，并且总是竭尽全力使人与人隔绝开来。人心中所有的恶，专制最欢迎利己主义：只要被统治者不互相爱护，专制者也容易原谅他们不爱他。专制者不会让被统治者来帮助他治理国家，只要被统治者不想自治，他就心满意足了。他颠倒黑白，把齐心协力创造社会共同体繁荣的人污蔑为乱臣贼子，把自私自利从不同情别人的人颂扬为善良公民。

因此，美国陪审团权力之争，不仅对于民主的健康至关重要，而且对于保持自由和不断重新定义社会共同体也是不可或缺的。关于陪审团在美国的生命力问题，触及到文化的核心。

关于当前陪审团审判活力的衰竭的证据，让我们看到能够威胁和已经威胁陪审团的方式是多种多样的。其中的任何一种，都是一个值得讨论的社会法律问题。在民事案件中，陪审团审判只占起诉案件的一小部分，绝大多数的民事案件显然都是在庭外解决的。1988年，由"罗斯柯·庞德基金会"赞助的一项名为"陪审团在美国"的调查发现，1980年，仅有8%的民事案件起诉后由法官或者陪审团审判。在这8%的案件中，只有不足1/3（30%）是经陪审团审判的。2003年，在一篇题为"实证研究与民事陪审团改革"的文章（本章第四节）中，瓦莱瑞·汉斯教授（Valerie Hans）和斯蒂芬尼·艾伯特森（Stephanie Albertson）报告说，在联邦一级，"尽管过去30年民事起诉增加了，民事陪审团审判的比率却一直在下降。"这样说来，只有不足1/25的民事案件是由同阶陪审团审结的。

像本书第十三章中米尔斯的文章显示的那样，刑事案件的审判情况也极为相似。一般估计，85%的刑事案件是通过辩诉交易解决的。"罗斯柯·庞德基金会"的研究显示，1980年，有16%的刑事案件是由法官或者陪审团审判的，其中一半左右（52%）是由陪审团审判的，即，只有1/12的刑事案件是由同阶陪审团审结的。随着时间的推移，情况变得糟糕起来。2001年，《耶鲁法律杂志》发表了斯蒂芬诺斯·比巴斯（Stephanos Bibas）教授的一篇题为"认罪世界里司法的事实认定和量刑增加"（Judicial Fact-Finding and Sentence Enhancements in a World of Guilty Pleas）的文章，上面介绍说，2000年的联邦司法统计显示，联邦93.8%的被告人认了罪或者做了非争议性答辩（no contest pleas），只有4.4%的被告人经陪审团审判后定罪或者无罪开释。比巴斯的结论是："有不到4%的重罪被告人经由陪审团审判，另有5%的被告人由法官审判。91%的被告人认罪。我们已经不再是一个审判的世界，而是一个认罪的世界。"（110 Yale L. J. 1097, at 1150.）

一些地方的情况比别处更加糟糕。1991年6月，《纽约时报》报道说，1990年的数字显示，纽约市5个区的重罪指控，经法官或者陪审团审判的只有3%~6.5%。（"The Rare Verdict by Trial"; New York State Office of Court Administration.）陪审团在民事和刑事案件中都似乎是废而不用了。

在注意到陪审团的运用处于低水平的同时，仍有许多进一步减少陪审团审判的企图，途径是使用"替代性纠纷解决"程序，简称 ADR（见本书第五篇）——通过制造不适宜陪审团审判的新的诉讼理由，以及通过声称使民事诉讼更公正、更有效的侵权法的立法改革，来束缚陪审团在损害赔偿方面的自由裁量权。那些看到"诉讼爆炸"的人，或者那些寻求控制因伪劣产品或治疗失当而承担保险责任的人，或者那些极力保护法人不受表达于民事陪审团的社会共同体良心规制的人，已经寻求对陪审团审判或者允许它们处置的问题做进一步限制。

当陪审团审判真的开始时，仍然有其他的坎坷。本章所提供的案例与文章，探讨了陪审团规模缩小的问题，以及美国宪法是否要求在所有刑事案件中都必须对有罪做一致裁决的问题。已表明的缩小陪审团规模和废除一致裁决要求的理由，通常是希望缩短陪审团审判的长度，从而节省时间和纳税人的金钱。在这两个领域里，这些改变对于陪审团评议质量和陪审团的代表性可能产生的影响，在立法机构的争论中经常被忽视，不过，我们将在本章第五节和第六节之后加以探讨。

在评价陪审团审判数量减少和效果减小的所谓意义时，必须记住，陪审团遴选以及陪审员听取证词的复杂性和技巧性都在发生着变化。富有的人或集团能够支付昂贵的代价，让社会科学帮助预见什么样的陪审员将会最同情本方当事人。这些社会科学的技巧同样可以用来选择所谓模拟陪审团，它与真正的陪审团有相同的特征，能够预演律师的举证和辩论效果，从而帮助律师了解在真正的陪审团面前如何最有效地驾御案件。

一旦坐在陪审团席上，陪审员们可能不得不面对相互对立的专家证人所提供的医学、法医学、科技或者其他复杂的证据，这样的证据可能把陪审员们搞得晕头转向，无法正确履行自己的职责，审判约翰·辛克利（John Hinckley）行刺里根总统案的陪审员在国会的作证也说明了这一点。一些陪审员说，他们被辛克利行刺时在法律上是否精神异常的心理学证据弄得稀里糊涂，以至于他们在裁决时实际上没有理睬这一证据。DNA 证据的使用是否同样令陪审员们困惑，进而阻碍了他们发挥民主的作用，对这个问题仍然是众说不一的。近来，侵权法改革的推动者和陪审团能力的批评家已经提出建议，在决定复杂的民事案件时，让法官充当陪审团的角色（见本章第四节）。

也许所有这些陪审团在运用和性质上的变化都意味着一个结论：陪审团审判在美利坚合众国实际上已经不存在了。如果这是一个公正的结论,那么,使陪审团审判合法化的民主价值观以及支撑这些价值观的制度就可能处于危急之中。也许"未来的审判"以及这样一种制度所倚赖的信仰已经被引入了。或者,也许民主自治政府本身已经被没收,让位于强大的利益集团和机构的寡头政治。当你评价下文有关陪审团的规模、评议质量以及侵权法改革的现实时,不要忘记一个核心问题:陪审团审判仍然是美国法律的重要部分吗?如果不是,那么在托克维尔所说的"削弱"陪审团的过程中,谁获得了利益?获得了什么利益?

下文节选自《美国法的转型》一书,① 勾勒出职业律师、法官和某些商业利益群体是如何在19世纪早期纠结起来共同销蚀陪审团权力的。他们似乎有各自独立的理由与其他各方结盟,没有人将自己的动机描述为腐蚀陪审团制度,这种制度写入《权利法案》是为了在宪法基础上限制政府权力。这些变化的真正影响和思想基础,现在仍然躲避着公众的眼界,这提醒公众,应当更严格地审视在法律结构和陪审团作用方面孕育的其他变化,以确定这种改革到底服务于谁的利益。

选自莫顿·霍维茨书中的这段文字虽然简洁,但却揭示了那些寻求巩固自己权力的人对法律机构和规则的操纵。不仅如此,霍维茨指出:那被想象和描述为反抗压迫的堡垒的法律机构,可能在未经它本拟保护的人同意,甚至在他们不知不觉的情况下,就被销蚀了。这就提出了一个问题:在1780-1860年导致陪审团权力减少的同一种经济力量,在21世纪初是否还在进一步削弱陪审团审判?关于侵权法改革的文章会帮你逐渐了解这个问题。在本章最后一节,阿伯拉姆森教授分析了刑事审判中一致裁决的要求,从根本上揭示出什么是陪审团审判的民主职能,什么是支配着美国立法、管理和行政行为的特殊利益权力政治。

第一节 美国法的转型*

莫顿·霍维茨

在大多数情况下,"商人不喜欢陪审团",对此不应有什么惊讶。

---

① [美] 莫顿·霍维茨著:《美国法的变迁:1780-1860》,谢鸿飞译,中国政法大学出版社2004年版。译者在"译后记"中对书名的译法做了说明。——译注

* *The Transformation of American Law*, *1780-1860* by Morton Horwitz, pp. 141-143, 154-155, 84-85, Cambridge, Mass.: Harvard University Press, Copyright ©1977 by the President and Fellows of Harvard College.

一方面是法官与律师的联合，另一方面是法官与商业利益群体的结盟，其主要标志之一就是 1790 年以后陪审团权力的迅速削减。

三种平行的程序设置被用来限制陪审团审判的范畴。第一，在 18 世纪的最后几年里，美国的律师极大地扩增了"特别案件"或者"保留案件"，这一程序设置是为了在回避陪审团的有效干预的情况下将法律要点交由法官解决……

第二个关键的程序变革——判定重审那些与"证据之证明力相反"的裁决——在 18 - 19 世纪之交的一些美国法院迅疾取得胜利。判定重审，无论有何理由，在革命的一代看来，都是大可质疑的。弗吉尼亚一位法官在 1786 年指出："英格兰的法院一直不欢迎准予重新审判的做法"，直到曼斯菲尔德勋爵成为法官，"他的控制陪审团的习惯，与我国的自由制度格格不入，不可因任何原因而被采纳"。然而，这种重审不仅在 19 世纪的最初 10 年变成了司法武库中标准的武器，而且被扩展到允许推翻与证据之证明力相反的陪审团裁决，尽管有人反对说，法院以前也会重新评价陪审团就冲突的证词所做的判断，"这种情况还只有一个"。纽约州和南卡罗来纳州首先接受这种突然的政策转变，为的是推翻陪审团不利于海事保险商的裁决；而宾夕法尼亚州最初允许重审，也是发生在商业案件中。

对陪审团权力的这两项重要限制，可谓世纪之交开始主张的、更为基本的第三种程序变革的一部分。在 18 世纪末，即使是保守的法学家，也广泛坚持这样的观点：即使在民事案件中，"陪审团不仅对于事实，而且对于必须涉及的法律，都是适当的判断者"。威廉·威彻（William Wyche）在他 1794 年关于纽约州司法实践的论文中写道："陪审团可以在法律和事实结合在一起的所有案件中，自己去运用法律知识……"

然而，在 19 世纪最初的 10 年里，律师界迅速促成这样的见解：法律与事实有着极大的区别，相应地，法官和陪审团的功能也就有了相对清楚的分离。例如，康涅狄格州的法官直到 1807 年一直都将法律与事实一并交予陪审团，不表达任何意见，也不就如何裁决给予陪审团任何指示。在那一年，该州的最高法院（Supreme Court of Errors）形成一项规则，要求主审法官在主持陪审团的过程中对涉及的每一法律要点都提出自己的意见。这种制度性的变革迅速成熟为一种控制陪审团的精巧程序体系……

很明显，时至 1810 年，原本是建议性的法官指导，已经变成了强制性的，因而陪审团不再拥有决定法律问题的权力。法院和当事人迅速意识到已然发生的这一转型,不久便开始表述出一条新的原则:"法律要点……应当……由法官决定",而事实问题应当由陪审团决定。

这些程序变革使美国法学家对商业法态度的巨大思想转型成为可能。陪审团之被征服,其必要性不仅在于控制陪审团的具体裁决,而且在于发展出统一的、可预见的、由法官制定的一套商业规则……

因此,在 19 世纪初,法官和商人对于商事仲裁的态度已经发生了几处重大的转变。首先,一个有组织的和自觉的法律职业群体不断加强,坚定地反对商人中的反条文主义(antilegalism),这种反条文主义在殖民时期表现为诉诸法律之外的纠纷解决。其次,商人阶级在发现殖民地的法律规则敌视他们的利益之后,开始在 18 世纪末认识到,普通法法官本身就想颠覆反商业的法律概念。第三,商业利益群体的进一步分化,首先彰显于海事保险业,这一发展将一个基本自我调整的商人群体转变为一个依赖正统法律机器的商人群体。因此,人们可以将这一过程粗略描绘为商人被引导服从正式法律调整的适应过程,这是对规制商业纠纷的实体法的重大转型的回应。法官不情愿进一步认可与之竞逐的立法者,这是不断得势的法律工具性观点的产物。法律不再只是解决纠纷的力量,还成为社会控制和变革的积极而能动的手段。在此条件下,必须有一种无争议的、有权威的规则源泉,以调整商业生活。法官对仲裁的敌意和商人禁止司法之外纠纷解决的愿望,两者产生于同一来源:法院对商业利益群体不断增加的积极而热切的态度……

1830 年之后,在法律概念的众多变化之外,还出现了一个重要的制度创新——州立法机关不断增加一种倾向,即,消除陪审团在评估征地损害赔偿时的作用。陪审团长久以来的判决都在增加着征地者的损害赔偿。尽管有立法机关消除陪审团评估损害赔偿作用的其他早期事例,但只有在与铁路建设有关的征地中,这一运动才真正得势。1830 年至 1837 年间,这样的立法在新泽西州、纽约州、俄亥俄州和北卡罗来纳州战胜了反对者,反对者认为,这些立法违反了宪法保障陪审团审判的条款。……结果是,铁路公司经常被允许取得土地,但却提供很少的补偿,或者根本就不提供补偿。

第二节 侵权法改革及其对陪审团
审判之存活的影响导言

斯蒂芬·阿荣斯

前文节选了霍维茨的著作《美国法的转型:1780－1860》,乍读起来，像是一篇离奇有趣的历史记录，记载了陪审团的作用是如何在很久以前被温和地重新定义的。但是，如果将这些事件置于霍维茨对19世纪法律转型的广泛分析的背景下，那么这篇节选就成为一个主要的历史训诫，它警告人们，在今天的"侵权法改革"战役中，包含着对民主的威胁。

霍维茨在《美国法的转型》一书中所做的分析，描述了商业利益群体是如何在不满于它们所看到的18世纪末期美国法院的反商业的裁判和态度的情况下，设法改变法院体系、法官和律师界，使之最终倾向于商业的。假如这场战役发生在20世纪末而不是19世纪初，我们原本可以将其描述为一个长期而复杂的公共关系攻势，辅之以高妙的法律策略、有效的经济力量运用以及内幕交易的安排，在这种交易中，特殊利益群体在公众不知情或者不同意的情况下得到了它们想要的一切。霍维茨所描述的这场战役的影响，就是将巨大的权力和财富从普通公民那里转移到商业利益群体手中，同时允许法院和商业律师在全国范围内赢得对经济冲突的管控。各州的投票人以及他们选举的联邦议会和州议会的代表，从未就这种巨大的法律转型和权力、财富的转移进行投票。这种财富的再分配，不是通过税收法案进行的，并且没有任何经济政策决定被付诸表决。

这种转型对于法律功能的影响，甚至对于法律概念在律师、法官心目中，最终在公众心目中的影响，霍维茨是这样描述的：

> 曾被认为是源于自然法或者习惯的法律关系，现在越来越屈从于不均衡的个人或法人的经济权力……法律，曾被认为是保护性、管制性、父爱性的，最重要者，曾被认为是社会共同体道德感的最高表达，现在逐渐被认为……不过是现存经济和政治权力组织利益的反映。①

无怪乎，陪审团的权力，作为这场交易的一部分，必须被削减。陪审团一向是在法律中表达社会共同体道德感的主要资源，而它们对于正义的朴素感觉是商业利益群体应当为它们所引起的损害负责。

这与今天的侵权法制度改革有什么关系呢？这一改革就是通过立法来限制陪审团在个人被告或法人被告被认定过失乃至故意引起伤害

---

① *The Transformation of American Law*, 1780–1860 by Morton Horwitz, p.252, Cambridge, Mass.: Harvard University Press, Copyright ©1977 by the President and Fellows of Harvard College.

和痛苦的案件中判定惩罚性损害赔偿的权力。若想弄清这场有关侵权法改革的斗争的具体情况，可以上网查询两个网址。它们的 URLs 看起来极为相似，但它们的主张、世界观和利益却南辕北辙。www.atla.org 是"美国出庭律师协会"（American Trail Lawyers Association）的网址；www.atra.org 是"美国侵权法改革协会"（American Tort Reform Association）的网址。它们在联邦和州的立法、法院和美国公众中正在进行争夺人心的战斗。

侵权法改革的支持者声称，出庭律师们正在损害这个国家的责任感，他们代表当事人琐屑的权利主张，说服不负责而又无能的陪审团，肆意投票判定惩罚性损害赔偿，搞垮了法人，赶走了医生，削弱了美国经济。他们进一步声称，美国发生的"诉讼爆炸"，为法人制造了混乱，为原告制造了陷阱，也为贪婪而不择手段的律师们制造了动辄几百万美元的不应得的预期诉讼费用。侵权法改革者在他们的对手那里看到了巨大的反商业阴谋。

侵权法改革的反对者声称，侵权法改革的鼓吹者通常对一小部分侵权案件有意歪曲，虚张声势，制造耸人听闻的诉讼危机的神话。其目的，据说是误导美国公众及其议会代表，让他们削弱陪审团的权力，使法人不受健康和安全法规的束缚，而这些法规实际表达了社会共同体的道德感。布兰蒂斯大学社会和经济政策学教授罗伯特·里克（Robert Reich）看到了侵权法改革和削弱管理机构的综合后果：

> 就这样，我们的"食品及药物管理局"（Food and Drug Administration）不再保护消费者不受损害了，而被搁置的立法使那些受到管理局同意销售的药品伤害的人几乎不可能通过诉讼获得损害赔偿。我们必须质问的是：如果"食品及药物管理局"软弱无力，而私人起诉又被取消，那么公众怎样获得保护呢？……这个问题，你可以提给今天所有的政府部门。

侵权法改革的反对者还声称，侵权法改革的努力是有充分资金支持的、右翼议程的一部分。它利用各种诡计，进行游说和恐吓，并宣传自己支持这样的法学院教授和被选出的法官和立法者：他们乐于创造一种为推进强大而富有的法人的经济利益所必须的知识和政治基础。反对者在他们的对手那里看到了一种系统的努力：除掉陪审团这个生成美国垄断权力的最后障碍。

试图揭开这场战争迷雾是一个艰巨的任务，因为事实和冷静的判断似乎都被冲突各方强烈意识形态化和情绪化的聚讼遮蔽了。不过,有两部学术著作可以帮助任何想要理性争论问题的人。一部是丹尼尔斯和马丁(Daniels and Martin)1995年的《民事陪审团和政治改革》(*Civil Juries and the Politics of Reform*);另一部是霍尔托姆和麦凯恩(Haltom and McCann)2004年的《歪曲的法律:政治、媒体和诉讼危机》(*Distorting the Law*:*Politics*,*Media and the Litigation Crisis*)。还有许多法律评论文章和社会科学研究,也试图在侵权法改革的历史和法律维度上提出具有现实感和博识感的观点。需要参考这些著述的,不仅是那些对侵权法改革真相深感兴趣的人,而且是那些想知道我们是否正在见证对陪审团审判的攻击并进而削弱了民主自治政府的人。

思考一下霍维茨的警告吧:商业利益群体会为自我利益引发19世纪法律的转型。以托克维尔的历史观点看来,想做独裁者的人,总是寻求削弱陪审团。从而,分辨出侵权法改革的动机和可能的影响,这在今天是特别重要的。下面是从法律评论中节选的两篇文章,它们提供了一个好的开端,让我们解构美国侵权法改革不断扩大的战事及其对陪审团审判的潜在影响。

第三节 不太平静的革命*

菲利普·科博伊

"侵权法危机"……

20世纪80年代中期,责任保险企业受到循环出现的能力问题的打击,这些问题定期困扰着保险市场。最有说服力的解释是工业的周期性、利率的大幅波动和不负责任的保险现钞流动。尽管如此,商业和保险业庞大的公共关系和游说活动,在执政的共和党的支持下,成功地促成了这样的看法:保险危机是运转不灵的侵权法体系的结果。这种侵权法危机理论声称,膨胀的责任规则导致诉讼爆炸,迫使责任保险商提高保险费并缩小保险范围,从而增加了大多数产品的成本并将其他产品挤出市场。游说者坚称,侵权法危机的解决出路在于侵权法改革。

这场游说战役的主要目的是取得公众和立法者的支持,进行侵权

---

* Philip Corboy, "The Not-So-Quiet Revolution," Tennessee Law Review, Vol. 346, 1995. 菲利普·科博伊先生在个人伤害和非法致死案中代表原告人。

法改革立法。游说战役还成功改变了司法的态度。至20世纪80年代中期，法院公开转向被告的立场，许多分析家将这种转向直接归结为侵权法危机公共关系战役的影响。

侵权法学者也受了这一战役的影响。学术评论不仅逐渐增加了对特定规则或决定的批评，而且越来越强烈地呼吁一并废止侵权法。持侵权法危机态度者，大多不失时机地以对陪审团制的嘲讽、怀疑乃至敌意来彰显自己。

30年前，侵权法学者将陪审团视为产品责任化解手段的一部分；今天，民事陪审团却经常被斥为问题的一部分。学术界和司法界这一态度转变将很快影响到产品责任法的未来……

本文第三部分重谈保险危机问题。危机过后的一些年里所获得的信息和经验清楚地表明，侵权法危机理论是以一种错误假说为基础的。影响责任险价格的，主要是利率的变动，而不是实体责任规则的膨胀。不仅如此，在产品责任领域，并没有所谓诉讼爆炸，也没有多少证据显示，侵权法的变化对责任保险费有显著的影响。证据却显示，责任保险费的增加并没有将产品的成本增加到损害竞争的程度。再者，对陪审团行为的研究，驳斥了陪审员无能、偏颇而又感情用事的陈词滥调，而大部分侵权法危机理论正是以这种陈词滥调为根据的。

侵权法危机理论 这种理论将问题的焦点从保险供给的下滑转到责任赔付的增加。鼓吹者坚持认为，索赔的涨潮导致保险商的巨额损失，迫使他们增加保险客户的保险费。依照一个保险、商业和政府的利益群体的强大联盟的说法，这一涨潮的驱动力是运转不灵的侵权法体系。换言之，保险危机被认为实际是一场侵权法危机。

这一理论最有影响的鼓吹者是里根政府的"机构间特别工作组"（Interagency Task Force），它由埃德温·米斯（Edwin Meese）的司法部领导。该理论假设，侵权法放弃了过错原则，尤其是在产品责任领域，以此导致了侵权案的爆炸，并使陪审团判定的赔偿飙升。面对当下巨额的损失和未来更大的损失，保险商不得不激增保险费。

侵权法改革成了医治美国侵权法危机的灵丹妙药。由立法机关操控侵权法则，使之有利于责任保险商，尽管这一想法不是特别工作组的创意，但在随后的两年里，工作组的报告却成为侵权法改革立法在几乎每个州获得通过的唯一最有影响的文件。在保险费降低而投保增加后，侵权法改革者又转换重点，声称保险成本正损害着美国工业的竞争。这一主张在布什—奎尔再度竞选战役中取得了显著地位……

侵权法改革运动：袭击陪审团

作为公共关系的侵权法　保险业一面怨声载道，一面"发起了大规模的公众战役和耗资殊巨的联邦及州立法机关的游说努力"。"保险信息学会"（Insurance Information Institute）是该行业得力的公共关系助手，它宣布一次大规模的公众战役，将"使人们广泛持有的保险危机的感知转变为法律诉讼危机的感知"……

律师、研究者和学者已经用大量的资料证实，侵权法改革战役的巨大投入，即，通过饱和的市场和公共关系来推进危机理论。在反驳的努力中，学者们攻击改革者论断的不准确性，责难侵权法改革提倡者感情用事的、宣传风格的技巧。用拉尔夫·内德尔的话说，这是"美国工业史上最无耻的公共关系诈骗"。然而，诈骗奏效了。

作为特殊利益的侵权法　为了应和公共关系战役，保险业、商业界和医疗保健业发动了一场席卷全国的游说战役。仅 1986 年，各州立法机关就接到约 1400 个侵权法改革提案。又一次，侵权法改革家们诉诸可疑事实和特殊利益的政治策略，又一次，改革家们取得了相当的成功。

法院中的侵权法改革　保证豁免于侵权责任的冲动也扩展到法院。大陪审团裁决的惩罚性损害赔偿尤其关涉生产商的利益。最终，侵权法改革家们希望劝服美国最高法院认可对惩罚性损害赔偿的宪法限制。为了达到目的，改革家们将大量有关产品责任赔偿和保险危机的诉讼事实摘要提交给最高法院，尽管最高法院事实上并不受理产品责任案件。实际上，他们敦促最高法院强行限制各州适用惩罚性损害赔偿，而这正是绝大多数州立法机关在以往曾经拒绝的。

尽管有改革家们的努力，最高法院仍然一如既往地拒绝对惩罚性损害赔偿强加严格的宪法性限制。不仅如此，许多法院对是否存在危机表示怀疑。由此，一些州最高法院已经打破侵权法改革损害赔偿的上限，频繁地以州宪法为理由，让这些案件进入法庭，给予受陪审团审判的权利……

有关危机的最新情况

这场危机本身是相对短命的，基本上终结于 1987 年。它的一个有益后果，就是向保险业施加了压力，使其更加公开；也向研究者施加了压力，让其检验侵权法改革家们赖以立论的许多假设。在考虑了现有数据和研究者所做的实证分析之后，本文得出结论认为：侵权法危机理论是基于一种错误的假说……

绝对责任的神话　在做了广泛的研究之后，美国法学会（ALI）的调查发现："几乎没有什么证据支持这种普遍的诊断，即，作为侵权责任基础的过错原则的腐蚀，已经把过多的可疑的权利主张吸引到侵权法体系中来。"而且，"很清楚，20 世纪 80 年代中期保险费的暴涨和保险范围的萎缩不是由法律制度引起的……"

"诉讼爆炸"的神话　侵权法危机理论的第二个基本推论是，扩展的责任规则已经导致产品责任诉讼的急剧增加。美国法学会的调查确定："对权力主张倾向更系统的分析显示出，或者在侵权诉讼中从未有过真正的爆炸，或者至少这种萌芽状态已经完全被消灭。"

"私奔的陪审团"的神话　实证研究所虚构的第三个神话是所谓"私奔的陪审团"（runaway jury），即，受到对原告的同情和对有钱被告的敌视支配的陪审团。实际情况是，陪审团的业绩一向良好，产品责任案件中的赔偿判定通常反映了伤害的严重程度。实证研究的结果不支持这样的假设：陪审团容易出于对受伤害的原告的偏袒而判掏得起腰包的被告支付巨额赔偿。实际上，研究显示陪审团判定的赔偿并不比法官判定的多，不仅如此，陪审团更容易怀疑的是个人伤害的原告而不是法人被告。

"侵权税"和竞争的神话　最后，侵权法改革家们争辩说，责任成本不仅以更高的产品价格的形式转嫁给了消费者，而且羁绊了美国的竞争和创新。近来的总统候选人乔治·布什在一次"劳工节"讲演中抱怨说："我们的产品责任体系正在扼杀我们的经济竞争。"因为保险业直到最近一直不把产品责任险作为单独的承保范围，所以侵权法改革家们屡屡诉诸骇人听闻的故事，声称如此昂贵的保险费大部分进入了产品责任成本。然而，对这一问题的分析显示，研究者估计，产品责任保险的成本不过使大部分产品的价格增加了不足 1%。成立于 1899 年，被称为"保险信息源"（The Insurance Information Source）的拜斯特公司（A. M. Best），最近有一项特别汇集的新数据，其中包括产品责任险的独立报告，显示出保险费只体现为 0.14% 的零售价。并且，考虑到自我保险和其他因素，NICO 估计，产品责任在产品均价上至多增加了 0.5%……

第四节　实证研究与民事陪审团改革*

瓦莱瑞·汉斯　斯蒂芬尼·艾伯特森

引　言

2003年1月，乔治·布什总统在宾夕法尼亚州斯克兰顿大学（University of Scranton）的一次讲演中，提到了民事陪审团的诸多缺陷，以此为理由，主张对民事陪审团做彻底的变革。宾夕法尼亚州的医疗事故保险成本高得离谱，已经产生了政治危机……布什先生的讲演，不过是最近对美国民事陪审团职能一连串攻击中的一次。我们可以将当代对陪审团的一系列责备追溯到20世纪80年代，这种责备，作为广义的侵权法改革创意的一部分，开始于罗纳德·里根和老布什的共和党执政时期。其核心的论点是美国人越来越好讼喜争，这种论点现在已被公众广泛接受，而乔治·布什总统对这种论点的回应，就是他最近所呼吁的对民事司法和陪审团进行新的限制。据称，陪审团在区别真假诉讼方面表现欠佳，并且，使问题更加恶化的是，它们对可疑的权利主张充满毫无节制的同情，同时伴随着过高的赔偿判定。①

我们可以识别出对民事陪审团的几种鲜明的批评。首先是一个被

---

* From Valerie P. Hans and Stephanie Albertson, "Empirical Research and Civil Jury Reform" 78 Notre Dame L. Rev. 1497（2003）.

瓦莱瑞·汉斯，美国特拉华大学社会学和刑事司法学教授，她将本文献给她的父亲约翰·朱利叶斯·汉斯（John Julius Hans）。

斯蒂芬尼·艾伯特森，美国特拉华大学社会学和刑事司法学系哲学博士候选人。

① Peter W. Huber, *Liability*: *The Legal Revolution and Its Consequences* 50 - 51, 181 - 87（1988）; Jeffrey O'Connell & C. Brian Kelly, *The Blame Game*: *Injuries, Insurance, and Injustice* 23 - 32（1987）（声称陪审团没有能力评价证据和证词，是在律师的诡计操纵下形成裁决的）; Walter Olson, *The Litigation Explosion*: *What Happened When America Unleashed the Lawsuit*（1991）. 不同见解请参见: Valerie P. Hans, *Business on Trial*: *The Civil Jury and Corporate Responsibility* 58 - 67（2000）（探讨了公众广为确信的所谓"美国正在经历一场诉讼危机，有许多不正当的诉讼"）; Marc Galanter, "News from Nowhere: The Debased Debate on Civil Justice," 71 Denver U. L. Rev. 77, 90 - 99（1993）（驳斥了布什总统"产品责任诉讼正伤害着美国经济"的说法，并且用实证数据显示，产品责任的起诉正在减少）; Marc Galanter, "Real World Torts: An Antidote to Anecdote," 55 Md. L. Rev. 1093, 1103 - 09（1996）（主张实证数据不支持这样的判断: 美国人越来越喜欢诉讼）。

广为接受的推定:民事陪审员高度同情原告人,但却敌视作为被告的法人和保险业。第二种指责是民事陪审员在理解庭审证据和法律指导方面有严重的问题,尤其是在复杂的案件和有专家证人的庭审中。陪审团的赔偿判定同样遭受批评,这些判定被视为飘忽不定,无从预测,通常又数额巨大,……最后,陪审团一旦运用惩罚性损害赔偿,就会面临协调一致的攻击。批评者声称,陪审团用一种贪婪而专断的方式确定惩罚性损害赔偿,它们无法将惩罚的欲望一致而公正地转化为美元数字,并且,它们还会考虑一些法律上不适当的因素。

批评者还提出了一些补救办法,以解决他们所关注的民事陪审团的问题。除了布什政府所倡议的对于痛苦、损失和惩罚性损害赔偿的全国性限制以外,一些评论者还建议,民事陪审团的听证类型应当受到更加严格的控制。事实上,美国最高法院一系列涉及专家证词的决定,可以被解读为正是这种观点的反映。批评者赞同更多地运用仔细加工过的询问,只允许陪审团回答特定的事实问题,而不是让它们做总体裁决。更剧烈的变革还包括这样的想法:在决定复杂案件时,在确定惩罚性损害赔偿时,法官都应当充任陪审团的角色。许多州的立法机构已经着手落实一些这样的改革……

一、实证研究与民事陪审团的职能

在建议性的和实际发生的、与陪审团有关的民事程序改革的关键时期,我们必须评价对民事陪审团的抱怨是否真实有效,还必须评价民事陪审团改革的可能影响。一般情况下,民事陪审团是否过分同情原告人?是否对商业和保险业的诉讼当事人存有偏见?陪审团是否有严重的能力问题,尤其是在有许多专家证据的复杂庭审中?陪审团的赔偿判定是否飘忽不定,数额过高,并且没有法律依据?民事陪审团的许多改革会有什么可能的影响?幸运的是,关于民事陪审团的职能,已有相当多的实证研究。我们在此进行的研究,是为了回应对民事陪审团所谓"有偏见而无能力"的指责,而且是为了预测民事程序改革会如何影响陪审团所做的决定。

当代对陪审团的实证研究,可以追溯到20世纪50年代,而具有突破性的工作是"卡尔文与泽塞尔的芝加哥陪审团研究项目"(Kalven and Zeisel's Chicago Jury Project),该研究项目主要集中在刑事陪审团方面。关于民事陪审团的实证研究,多半是从20世纪80年代开始的,当时,侵权法改革运动主要关注的问题是:民事陪审团是否有能力,并且公正？①

二、民事陪审团的式微：一幅实证画卷

第一个值得注意的重要发现是，至少在我们拥有多数完整数据的联邦一级，民事陪审团审判率一直在降低。每年，在联邦法院大约有5000次民事陪审团审判。虽然过去30年里民事起诉增加了，但是，通过陪审团审判解决的比例却一直在下降……

虽说多数的陪审团审判都发生在州一级，但有关州法院一段时间内陪审团审判率的数据却比较难于碰到，因为各州使用不同的方法来记录它们的庭审活动。然而，"全国州法院中心"（National Center for State Courts）和"司法数据局"（Bureau of Justice Statistics）近来联手进行了一项全国范围的关于州法院的研究，该项研究主要是在35个人口最多的司法管辖区进行的。法院数据的样本于1992年和1996年被收集上来。② 1992年，陪审团在这些州法院决定了大约12000起民事案件，原告胜诉率为52%。4年以后，胜诉率为49%，而陪审团审判有所减少，是10616起，下降了10%，尽管一位研究者说这在统计学上并不十分重要……

一幅关于民事陪审团使用频度和工作状况的画卷，就这样从实证数据中显现出来。尽管有一段时间内使用减少的证据，尤其是在联邦法院，但陪审团决定了一小部分极有意义的民事案件。既然我们有了一幅民事陪审团的工作图画，现在就让我们转向那种核心主张，即，陪审团在确定裁决和判定损害赔偿时的偏见和能力问题。

---

① Stephen Daniels & Joanne Martin, *Civil Juries and the Politics of Reform* 60 – 183 (1995); Neal Feigenson, *Legal Blame*: *How Jurors Think and Talk About Accidents* (2000); Edie Greene & Brian H. Bornstein, *Determining Damages*: *The Psychology of Jury Awards* 21 – 36 (2003); and Neil Vidmar, *Medical Malpractice and the American Jury*: *Confronting the Myths about Jury Incompetence, Deep Pockets, and Outrageous Damage Awards* (1995) ....

② Carol J. DeFrances et al., "Civil Jury Cases and Verdicts in Large Counties," in Bureau of Just. Stat., Special Report（July 1995）（1992年的数据），http://www.ojp.usdoj.gov/bjs/pub/pdf/cjcavilc.pdf（最后访问时间：2003年3月21日）; Carol J. DeFrances & Marika F. X. Litras, " Civil Trial Cases and Verdicts in Large Counties," 1996, in Bureau of Just. Stat., Bulletin（Sept. 1999）（1996年的数据），http://www.ojp.usdoj.gov/bjs/pub/pdf/ctcvlc96.pdf（最后访问时间：2003年3月21日）.

三、关于陪审团偏见的实证证据

一些评论者主张,陪审团的偏见损害了民事陪审团所做决定的正确性。让我们看一下实证证据:模拟陪审团研究实验指出了偏见所具有的潜在影响,因为陪审员的态度和个人经验会帮助塑造对庭审证据的感知,帮助陪审员在听取证据和决定案件时形成自己的叙述或故事。与陪审员的前见不符的证据,可能会大打折扣或者被完全忽视,而与其前见一致的证据,则可能得到强调。陪审员的态度通常比预测裁决时的统计特征更有意义。

在民事陪审团的决定中,陪审员的态度变得越来越重要,这是由于近来一些公司广受瞩目的恶劣表现所致,比如安然公司(Enron)和世通公司(WorldCom)的破产丑闻。由此看来,陪审团咨询公司和其他团体所做的民意调查是令人不安的。例如,在一次调查中,一个比较重要的少数族群的被调查人说,如果让他们决定石棉生产商、健康维护组织或者烟草公司的案件,他们也不可能做到不偏不倚。2002年全国调查问卷的许多被调查人也表达了对法人管理者的负面评价。《全国法律杂志》(National Law Journal)报告了2002年的100个裁决,至少将其中的一些裁决归因于不利于法人实体的"陪审员的愤怒"。

近来的法人丑闻是否使陪审团对法人被告产生了更大的偏见?虽然现在要说清这个问题还为时过早,但"陪审员高度同情个人原告,而对商业极为反感"的普遍确信,却没有得到最近的实证证据的支持。

汉斯教授的研究项目采用了多种方法,来检视民事陪审团倾向原告而反对被告的主张。该研究项目还结合了几种不同的研究方法,以评价对民事陪审团的这些指责。① 她采访了许多曾决定过商业和法人诉讼当事人案件的民事陪审员,对商业法人被告和个人被告分别进行了实验室试验,并且做了民意调查。在问到陪审员如何决定案件时,汉斯教授发现,许多民事陪审员不仅不是疯狂地同情原告人,相反,许多民事陪审员还对民事诉讼原告人抱有敌意。他们并不完全是铁石心肠,他们也同情一些案件,尤其是那些原告遭受了严重伤害的案件。然而,总体来说,陪审员对原告的情况总是表示怀疑,很苛刻地审视他们的权利主张,找出原告伤害的自身原因,甚至发现伤害是编造的。陪审员都信守个人责任伦理,许多人看到原告人所提出的事实是有悖

---

① Valerie P. Hans, *Business on Trial: The Jury and Corporate Responsibility* (2000).

这一伦理的。有趣的是，他们将自己视为阻挡潜在琐屑诉讼的卫士。这种态度与民意调查的结果非常一致，因为民意调查显示，许多美国人相信今天有太多的琐屑诉讼。在公众意见看来，陪审团的判定是"失控的"。

尼尔·费根森（Neal Feigenson）和他的同事们也在其模拟研究中发现了这种反原告的偏见。① 他们对模拟陪审团实验资料进行了组织，以便在某些条件下使原告人在法律上是无可指责的。甚至，当原告在法律上完全是无可指责的时候，一些参与模拟陪审的人仍然认为他应该负有责任。比如，在一个场景中，一个工人遵守了所有的规则，因而从法律上本不应为他的事故负责，但模拟陪审员们还是将22%的责任归咎于他；在另一个场景中，煤气公司在一个人家中安装丙烷煤气罐，但由于阀门失灵，引起了伤害。房主对这起事故无论如何都没有责任，但模拟陪审员还是判房主为其伤害负14%的责任。

如果陪审员在个人伤害诉讼中并不是特别倾向于原告，那么另外的指责，也就是陪审员对商业被告人有偏见，又是怎样的情况呢？汉斯教授的研究还是采用多种方法试图识别反商业的偏见。针对商业问题进行的民意调查一般会产生模糊的回答，被调查人一般都强烈支持资本主义和小商业，但一些人却对法人行政主管和大商业的伦理不无担心。在与民事陪审员的交谈中，汉斯教授发现，在为数不多的事例中，陪审员们对法人被告给予苛刻的评价，尽管这种评价与涉及法人被告行为的庭审证据有更强的相关性，而不是由于先前存在的对商业的偏见。

汉斯教授还利用模拟陪审团实验，确定人们是否会对法人被告和个人被告的不同情况做不同的回答。另有研究者采用了一些可资比较的方法。这些研究显示出极大的区别。比如，在一个标准的滑倒摔伤案件中，如果事故发生在一家商店而不是插着销售标签的私人房中，那么模拟陪审团会更情愿归咎于被告人。判定的赔偿也会相对较高。

为什么会有这种情况？如果反商业的见解是合理的，那么人们应当期待，对商业的态度应当与模拟陪审员所做的决定有很强的相关性。

---

① Feigenson, supra note 2, at 185 – 91; Neal Feigenson et al., "Effect of Blameworthiness and Outcome Severity on Attributions of Responsibility and Damage Awards in Comparative Negligence Cases," 21 Law & Human Behavior. 597, 610 – 12 (1997); Douglas J. Zickafoose & Brian H. Bornstein, "Double Discounting: The Effects of Comparative Negligence on Mock Juror Decision Making," 23 Law & Human Behavior 577, 579 (1999).

但是，对商业的态度与案件的决定只有微弱的、不一致的相关性，进而，它们只是一种在个人被告与法人被告不同情况下显示案件结果的指标。因此，尽管研究显示人们对待法人与个人诉讼当事人的态度是不同的，但是，这种不同背后的理由，似乎更应当归于对法人行为的更高期待和更高要求，而不应当归于反商业的情绪。

四、关于陪审团事实发现能力的实证证据

许多关于实证研究的评论总结说：民事陪审团一般是有能力的事实发现者。[1] 不同的实证证据指向同一个结论：多数的陪审团裁决是正确的。首先，对法官和陪审团之间协议的研究显示，法官与陪审团就裁决达成协议，也就是意见一致的比率相当高。这种相当高的一致率，最初是在20世纪50年的"卡尔文与泽塞尔的研究项目"中发现的。在民事审判中，对法官的假定裁决和陪审团的实际决定进行比较，发现法官和陪审团的一致率高达78%。值得注意的是，他们不一致的地方也多半是对称的：法官倾向被告，而陪审团倾向原告的情况是12%，与此相反的情况是10%。更近期的关于民事陪审团裁决的研究也显示了实质的一致性。

……

六、陪审团在惩罚性损害赔偿方面能力的实证证据

与补偿性损害赔偿不同（这个问题在本文删节的"五"中加以讨论）——这种赔偿是为了补偿原告的痛苦、损害、工资损失和医疗费用，而惩罚性损害赔偿的判定则是为了惩罚被告，并且威慑被告和其他人不要再行伤害。

一些批评者声称，惩罚性赔偿裁决已经高得不可控制。在州法院，"司法数据局"和"全国州法院中心"的相关研究显示，惩罚性赔偿典型情况下只在一小部分民事陪审团审判中发生，而很少在引人注目的医疗事故和产品责任案中使用。1992年，陪审团只在6%的审判中判定了惩罚性赔偿，其中原告胜诉，平均的赔偿额是5万美元。在合同案中更常使用，其中原告胜诉的惩罚性赔偿判定是12%，而在侵权案件中

---

[1] Richard Lempert, "Civil Juries and Complex Cases: Taking Stock After Twelve Years," in *Verdict: Assessing the Civil Jury System* (Robert Litan ed., 1993).

只有4%的原告获得了惩罚性赔偿。① ……

结　论

总之，对有关民事陪审团职能的实证证据的评论，显示出民事陪审团的问题被夸大了。民事陪审团的裁决看来是正确的，一般来说也是与证据的证明力一致的，并且，与庭审法官之类的法律专家同样有着很高比率的一致。所谓陪审团一致倾向于原告的说法是不能成立的。尽管陪审员是有同情心的，但抵消这种同情心的倾向是在民事诉讼中质疑原告人。至于敌视商业法人的指责，我们观察到的情况是，对法人的行为有着更严格的判断标准，在我们所能论及的范围内，与个人行为相比，对法人行为有更高的要求，其标准来自法人的雄厚资源和潜在影响。这一点是否正确，在安然公司之后的世界，还要再看一看。

关于民事陪审团赔偿判定的问题，媒体报道和宣传战役都过分高估了典型的陪审团赔偿判定。许多的陪审团赔偿判定看来是合理的、平衡的，因为更严重的伤害通常导致更高的赔偿。然而，也有迈克尔·萨克斯（Michael Saks）教授所称的"横向不平衡"的实证证据，其中，相同的伤害得到了不同的待遇。所建议的对补偿性赔偿和惩罚性赔偿的封顶限制，在模拟陪审团的研究实验室里，在州侵权法改革的真实世界的实验室里，似乎有着不一致的影响。

我们看到，有必要继续对民事陪审团进行实证研究，需要用更多的实证研究检视不同的促成伤害赔偿更加平衡的方法，需要探索近期侵权法改革的影响。各州都可以充当天然的实验室，以评价赔偿上限和其他民事陪审团改革措施的影响，尽管在我们看来，确定对陪审团行为影响的复杂性，是一种真正的挑战。

♣ 民事案件的庭外和解与辩诉交易全国刑事法院持续而广泛的使用，使陪审团审判成为例外，而不是规则。然而，尽管最终由陪审团审判的案件比例不断下降，许多批评者还是对陪审团遴选和评议所花费的时间感到不满。待审的案件拥挤在法庭上，部分原因是立法机关不愿增加法官和法庭，案卷堆积如山，给这些批评以借口，并且促使一些州缩减陪审团规模，或者废除一致裁决的要求，为的是减少陪审团遴选和评议的时间。这些行动提出了诸多棘手的问题：陪审团评议

---

① Defrances et al., *supra note* 3, at 8 (Table 8).

的动态、陪审团的代表性和陪审团在美国法律体系中的宪法性作用。

下面的判例都是有关陪审团评议的动态的。最后一节，选自杰弗里·阿伯拉姆森的杰作《我们，陪审团》，该书将陪审团的一致裁决置于宪政民主的传统之中。与前面的文章相结合，这些资料指明了陪审团制可能的走向，显示出陪审团是美国文化中受到威胁的部分，并且，反民主的力量在与这一脆弱的法律机构进行的斗争中颇占上风。这些文章还提出了一个最初是由托克维尔的深刻观察所得的问题，"凡是选择以自己的权威进行统治，指挥社会而不是遵从社会的指导的人，都摧毁和削弱过陪审团这一机构"。谁是或者说什么是这个未来的暴君？

第五节 约翰逊诉路易斯安那州案

Johnson v. Louisiana
92 S. Ct. 1620（1972）

大法官怀特陈述最高法院意见：

依照路易斯安那州宪法和刑事程序法典，其刑罚为苦役的刑事案件，应交由12人陪审团审判，9名陪审员表决足以做出有罪或无罪的裁决。本案的原则问题是，依宪法第十四修正案的正当程序和平等保护条款，这些允许在某些案件中做非一致裁决的规定是否有效。

一

上诉人约翰逊于1968年1月20日在家中被捕……约翰逊不认罪，1968年5月14日受审，陪审团由12名男性组成，以9比3的多数裁决有罪……

二

上诉人争辩说，为了赋予合理怀疑的标准以实质内容，依宪法第十四修正案的正当程序条款，一州必须在所有刑事案件中满足合理怀疑的标准，该条款应被解释为：在所有刑事案件中都要求陪审团的一致裁决……无可置疑的是，陪审员们应被告知，只有在超越合理怀疑地确信有罪的情况下，才能做有罪裁决。当然，并没有这样的主张：如果本案的定罪是一致裁决的，证据方面就可以不达到超越合理怀疑的标准。上诉人关注的事实却在于，不是所有陪审员都投票赞成有罪裁决，因为有3人主张被告无罪，合理怀疑的标准没有被满足，因而对他的定罪是不坚实的。

我们从一开始就注意到,最高法院从未裁定认为陪审团的一致裁决是法律正当程序的必需品……我们没有任何根据认定:9 名陪审团裁决有罪,就是未能遵循必须超越合理怀疑的法官指导,或者反映出 9 名陪审员中的任何一名不是诚实地相信犯罪已经被超越合理怀疑地证明了……

我们没有理由相信,占多数票的陪审员们,在意识到自己的责任和对被告人身自由的支配权力的情况下,会简单地拒绝倾听提交给他们的赞成无罪的论点,并且终结讨论,达成有罪裁决。相反,更可能的情形是,某位陪审团提出了主张无罪的合理论点,他或者使自己的论点得到相应,或者说服足够多的其他陪审员一起阻止有罪裁决。只有在理性的讨论不再有说服的效果,或者不再服务于任何其他目的,也就是,当少数陪审员在没有支持其立场的说服理由的情况下仍然坚持无罪的意见时,多数陪审员才会终结讨论,并付诸表决,以多数票胜出……因此,我们的结论是,就 9 名陪审员的有罪裁决而言,该州尽到了超越任何合理怀疑的有罪证明责任……

理性人中的不一致,本身并不等同于该州未能证明,也不表示对合理怀疑标准的不忠……

为了"方便、快捷、经济地落实正义" [State v. Lewis,129 La. 800,804,56 So. 893,894(1911)],路易斯安那州允许不太严重的犯罪由 5 人陪审团审判并在一致的情况下做有罪裁决;较严重的犯罪要求 12 人陪审团中的 9 人同意,方可做有罪裁决;最严重的犯罪要求 12 名陪审员一致裁决定罪。本上诉案件的性质,只要求 9 名而不是 5 名或 12 名陪审员的有罪裁决。我们在这一分类中没有发现不公与恶害……

上诉人不过是挑战路易斯安那州立法机关的判断力。该机关显然试图按照罪与罚的轻重来区分证明有罪的困难程度。我们仍然没有被上诉理由说服,不认为这一立法的判断在任何宪法意义上是有缺陷的。

因此,路易斯安那州最高法院的判决应予维持。

大法官斯图尔特的反对意见(大法官布伦南和马歇尔附和):

保障在刑事庭审陪审团遴选中没有制度性歧视,这是宪法第十四修正案的基本点……

这些决定的清晰目的一直是确保在落实刑事正义过程中公民的广

泛参与。然而，今天的判决认同对一条规则的消灭，该规则确保这种参与将是有意义的——该规则要求有罪或者无罪都必须由全体陪审员一致裁决。依照今天的判决，9名陪审员可以完全漠视同一陪审团中不同种族和阶级成员的不同见解。

……只有这样选出的陪审团的一致裁决，才能使潜在的偏执与顽固减到最低程度。持这种偏执与顽固态度的人，可能在证据不足时定罪，或者在有罪证据清晰明了时裁决无罪……

陪审团一致裁决的要求，像其他宪法性要求一样重要，它在法律与当代社会的联系中保持了陪审团的职能。它提供了简单而有效的、为几个世纪的经验和历史所认同的方法，以对抗社会共同体激情和偏见给正义的公正落实带来的损害。

我持反对意见。

第六节　阿珀达卡等人诉俄勒冈州案

Apodaca et al. v. Oregon
92 S. Ct. 1628（1972）

［在"阿珀达卡案"中，最高法院支持俄勒冈州的制定法，允许陪审团在10比2的情况下对一项重罪做有罪裁决。最高法院拒绝这样的主张：如果不要求一致裁决，少数族群将被排除，无法影响这些裁决。］

我们也不能接受请求人的第二种假定——少数族群，即使在陪审团中有其代表人，也不能充分代表这些族群的观点，因为他们可能在最终表决时被投票胜出。少数族群将在所有评议中在场，他们的意见将被听到。我们不能假定，陪审团中的多数会拒绝依据证据的证明力而理性地做出决定，正如为了获得一致裁决而必须做的那样。我们也不能假定，多数会在少数合理主张某人无罪时，基于偏见而剥夺被告人的自由。我们根本无法证明这样的观念：多数会不顾法官指导，基于偏见而不是基于证据，投票决定有罪或无罪。

因而，我们维持俄勒冈州上诉法院的判决。

此令。

［大法官道格拉斯在其反对意见中发现，陪审团评议可以采纳多数意见的论点，有诸多的错误。］

裁决的可靠性的减小缘于这样一个事实：不一致的陪审团不必像一致的陪审团那样充分地讨论和评议。一旦达到必要的多数，就不再要求进一步的考量，无论是在俄勒冈州，还是在路易斯安那州，情况都是如此。即使持少数意见的陪审员，如果有机会，将有可能说服多数派。这种劝服的确不时发生在要求陪审团一致裁决的那些州里："在大约 1/10 的情况下，少数最终成功说服转变了最初的多数，而这些案件可能具有特殊的重要性。"①

据说，没有证据显示多数陪审员会拒绝倾听其投票不再必要的那些持不同意见者的声音。然而，人类的经验告诉我们，礼貌和学术交谈不能取代真诚而激烈的、为达成一致所必须的争论。如前所述，在"阿珀达卡案"中，无论其对话如何礼貌，总共也没有超过 41 分钟。我不能理解，最高法院为什么取消各州的证明责任，不让它们证明如此激进地背离被接受和赞同的传统是合理的，反而要求这些被告人证明一向被认为是再明显不过的实证证据。

第七节　一致裁决*

杰弗里·阿伯拉姆森

600 多年来，一致裁决已经成为陪审团审判的一个显著而确定的特征。首次有记载的一致裁决出现在 1367 年，当时，一个英格兰法院拒绝接受 11 比 1 的有罪表决，而那个反对者表示，宁可死在狱中，也不同意有罪裁决。此后，一致性的要求得以巩固……

一些美洲殖民地在 17 世纪曾短暂授权多数裁决，这明显是因为不熟悉普通法程序。但是，到了 18 世纪，裁决必须一致已经成为共识。的确，1972 年以前，没有任何对一致性要求有明确争议的刑事案件到达最高法院……

今天，30 多个州运用少于 12 人的陪审团审理至少一部分并非微罪的案件，但没有几个州利用最高法院的允许，尝试非一致的裁决。路易斯安那州和俄勒冈州仍是仅有的授权在未达一致时对重罪做有罪裁

---

① Kalven and Ziesel, The American Jury 490 (1966); The American Jury: Notes for an English Controversy, 48 Chi. Bar Rec. 195 (1967).

* From *We, the Jury: The Jury System and the Idea of Democracy*, by Jeffrey Abramson, pp. 179, 181-183, 191-192, 195-196, 198-200, 202-205, Cambridge, Mass.: Harvard University Press.

决的两个州。佛罗里达州准许陪审团多数裁决谋杀罪成立，决定被告的生与死，然而，陪审团的这一建议只是咨询性的，可以被司法推翻。一些州准许被告人放弃获得一致裁决的权利。

即使是最高法院1972年的几个决定，也不是要打开多数裁决的闸门，虽然那些决定代表了对一致裁决规则的显著贬斥，剥夺了宪法保护，将其留给各州选择接受或者不接受。做了许多历史回顾之后，处在这个一致裁决规则被削弱的地位背后的又是什么呢？

关于一致规则与多数规则的政治理论

为什么一致性的理想在陪审团中如此根深蒂固？历史没有明确回答这个问题。一些证据表明，这一理想在中世纪的一些机构中占有总体优势地位……不过，无论一致裁决的要求在中世纪如何发端，它一直存活到现代，变成公众信赖陪审团的合法性和准确性的柱石。与此形成对照的是，至15世纪，"议会的决议过程变成公开的多数主义"。

……一致裁决规则具体表达了一种不同形式的民主理想——关键在于评议而不是表决，在于一致而不是分歧。投票者拉上帷幕私下表决，而陪审员则面对面讨论他们的分歧。在选举中，数字决定一切，这使弱小或边缘群体能否被有效代表成了问题；在陪审团中，一致裁决的做法代表了一种理想，即，个人见解不能简单地被忽视或者被投票胜出。充其量，一致性削弱的只是吸引某些群体的狭隘而偏激的论点的力量，它青睐能够说服不同生活背景者的一般性论点。

现行法律的荒唐之一是，最高法院从一致裁决那里撤回了宪法保护，甚至当它首次将宪法解读为保障陪审团作为一个真正代表社会共同体的组织的时候。但是，如果近年来陪审团遴选的重大改革不是退化为只是让少数族群象征性地出现在陪审团中，那么，最高法院需要重新体认一致裁决对于评议的广泛性的贡献。实质上，一致裁决是以集体智慧为模式的陪审团的关键要素，亚里士多德将这种集体智慧独树为代表民主的最佳论点。亚里士多德指出：当"多数"统治时，每个人都被视为孤立的普通人。当这些普通人聚在一起时，比他们各自做决定时，能够获得更多的理解：

> 因为身处多数之中的每个人各有一份德行和谨慎，当他们聚在一起时，形成的行为方式是一个人的……一些人理解这一部分，一些人理解另一部分，这样，他们便理解了全部。

最终，一致性的要求使陪审员必须做极为广泛的评议，从中流淌出集体的智慧。每个人都必须从别人的角度来考虑案件，以寻求社会共同体的良知。每个人都必须依次说服别人或者被说服……

[阿伯拉姆森教授在此讨论了我们前面节选的"阿珀达卡案"和"约翰逊案"。]

一致裁决与评议的理想

最高法院就一致性所进行的争论，提出了一些有诱惑力的实证的和哲学的问题。从实证的角度看，有怎样的事实证据可以支持多数的结论，即，非一致裁决对于评议的彻底性不会有不同的影响？从哲学的角度看，当法官检视放弃一致性的实际意义时，他们心目中对评议的理想有怎样的理解？尤其是，要求来自不同群体并作为一个共同体的人们评议共有的正义感，这意味着什么？我从危若累卵的哲学要点开始……

……民主集会如何达到超越孤立个人的理解的共同智慧？响应亚里士多德对这一问题的诠释，为一致裁决所做的最好辩护，就是赞美陪审团将各行各业的人聚集起来，每个人不可避免地带有植根于各自宗教和伦理背景的不同价值观，而每个人又都有足够宽阔的胸襟欣赏来自另一背景的人带入讨论的智慧……

……陪审员进入陪审团评议室时，都是怀着形成于信仰、民族或性别的见解和价值观的。承认这一点，不是在指责陪审员需要自我克制的偏见，而是珍视一个民主集会所启发的特别丰富的对话，其原因正在于它把来自不同群体的人带入一个共同的交谈。然而，在陪审团中，这些人必须明确懂得，他们的目标不是去代表、保护、主张他们自己群体的利益，而是与他人一道寻找真相和共享正义；在必要时，以自己的背景为这种寻找做积极的贡献，但也倾听他人依经验而形成的更好的见解。

对于正确提示陪审员我们期望他们做什么，一致性的要求是不可或缺的。它有助于陪审员们理解，他们的作用是相互说服，而不是相互投票胜出。当陪审员这样行为时，他们就为正在进行的讨论贡献了知识，并且，陪审员显然通过评议获得了集体智慧，而不是沦落为好像陪审员们的职能就是代表自己同类的先入之见和利益。

一致裁决废止后的实际影响

实际说来，陪审团如果允许9比3或者10比2的裁决而不是一致裁决，会有什么不同呢？在"阿珀达卡案"和"约翰逊案"中，最高法院总结认为，其影响非常之小。可以推定，"吊死的陪审团"会减少，因而该体系的效率会有某些增加。但是，最高法院认为，控辩双方都不可能因这一转变而谋取单方优势。评议将一如既往地进行，并且评议是彻底而可靠的，能够代表反面的意见……

1972年以后的研究 最高法院在"阿珀达卡案"和"约翰逊案"中的决定，刺激社会科学工作者进入新一轮关于一致裁决与多数裁决问题的实证研究。这些研究总体上显示，"陪审团裁决作为一种决定规则的职能没有不同"，无罪裁决的比率也没有变化，无论模拟陪审团是被指导做一致裁决，还是做2/3的多数裁决。就最后的裁决而论，唯一的重要区别是，一致裁决更可能"吊死"陪审团。所有这一切，基本上印证了卡尔文和泽塞尔的发现……

这些研究支持了大法官道格拉斯在"阿珀达卡案"中的反对意见，他主张，"礼貌"的讨论（多数可能屈尊与其投票不再必要的少数说个明白）与"激烈"的争论（当多数必须说服少数时出现）有所区别。像社会学家迈克尔·萨克斯所说，少数派在为裁决所必须的表决中的成就，"从心理上受限于"少数派的人数。评议可能在继续，但它是作为一种选择，而不是作为一种义务。

各种辅助性的发现支持了这样的一般性结论：一旦多数有了足够裁决的票数，评议中多数与少数的摩擦就变得微弱而平淡了……

最后，也是最重要的，实证研究显示，做非一致裁决的陪审员们比之做一致裁决的同仁，对自己的结论更少肯定性。直觉上似乎有理的是，我们也许不需要靠模拟陪审团研究就可以证明：多数裁决中未投赞成票的陪审员很难认为正义得到了落实。也许不那么明显的是，弃权者会感觉多数甚至没有认真倾听他们的意见。依据马萨诸塞州的研究，在非一致裁决的指导下，评议的风格比在一致裁决规则下更具有好斗性，"多数规则下的陪审团多数派采取更强有力、更盛气凌人和更有说服力的方式，因为他们的成员意识到，当他们的目标是达到8或10个成员时，就不必回答所有反对的论点了。"一个后果是，非一致裁决的陪审团成员不那么频繁地相互纠正有关事实的错误，因为身处少数的人明显得出结论说，这种努力是徒劳的。

这些研究说明，陪审团评议的质量与一致裁决有关，其关联大大超过最高法院1972年的估计。不仅如此，因为"公众所接受的陪审团制已经程式化，在某种程度上，依据以前陪审员的说法，让陪审员们满意，不是没有重大意义的"。所有的研究到今天为止都证实，在非一致裁决的条件下，陪审员不那么满意。在这一程度上，一致裁决规则必须被视为一个核心成分，它保障了陪审团在社会共同体眼中使司法合法化的能力……

在巴西，联邦陪审团不进行评议。在结束举证后，陪审员分别以手写方式进行秘密投票，多数票获胜。这一程序与我们的程序全然不同，在我们这里，评议是陪审员职责的精华。

用多数裁决取代一致裁决，虽不能全部废止评议转而输入巴西模式，但它将改变我们陪审团的基本制度设计以及该设计所提倡的行为。如果陪审员们被指导做一个一致裁决，他们就知道自己的任务不是投票。尽管他们有分歧，但必须通过对话、说服的艺术或者反过来被说服来接近正义。多数裁决显示一种完全不同的行为类型，其间，陪审员们最终仍然自由地主张其不同利益和意见。陪审团制不凡的天才之处，一直是强调评议，而不是投票或代表。废除一致裁决将削弱对话，非法律专业人士正是通过这种对话，才相互教导了他们普遍的正义感。

提示与问题

1、霍维茨所分析的陪审团职能在美国早期法律中的削弱，让我们知道，商人的经济利益结合了司法排他性地控制纠纷解决手段的愿望，以减少公众对于法律的影响。这一分析如何诠释了托克维尔所描述的作为一个政治机构的陪审团？在历史的这一时点上，何种政治、经济或其他力量可能在进一步削减陪审团权力过程中获取私利？有关侵权法改革的资料有助于回答这一问题吗？

2、在引人注目的做出巨额惩罚性赔偿判定的陪审团审判中，似乎是愤怒的公众在寻求通过滥用陪审团审判制度向强大的法人实施非理性的报复。侵权法改革是对这种陪审团行为的理性回应吗？科博伊的文章使你另有确信吗？汉斯文章中列举的事实影响了你对这个问题的判断吗？在过去10年里，一旦陪审团判定了不合理的或者不平衡的惩罚性损害赔偿，有什么样的上诉过程和宪法上的正当程序可以减少这种判定？

3、假定公众的确想要惩罚或者关闭不负责任、疏忽大意或者具有破坏性的企业，但碍于特殊利益的权力，又不能从立法上实现这一切。陪审团审判是否正是为了这种情况而设计，让它向普通人和社会共同体发出声音呢？如果因法人的疏忽和不合理的行为造成严重损害的特定案件或者一类案件由陪审团审判，而在陪审团审判中发现法人的利益需求与公共利益达到了危险的不一致。如果这时侵权法不是为个人或法人施加一种合理的注意标准，那么它又能是什么呢？如果你在100年前写一篇关于侵权法改革的分析文章，你认为你找到的模式与霍维茨在18世纪末19世纪初找到的模式会是相同的吗？你认为托克维尔对这些陪审团赔偿判定的分析和侵权法改革的回应意味着跨国公司是一个试图削弱陪审团的未来暴君吗？

4、在"约翰逊案"中，法院是不是将对有罪的"合理怀疑"与对无罪的"说服理由"等同起来？为什么是？为什么不是？

5、审理"约翰逊案"的法院是否将它所承认的路易斯安那州立法机关"显然试图按照罪与罚的轻重来区分证明有罪的困难程度"与该州有关陪审团的法律并没有"表示对合理怀疑标准的不忠"的结论相协调？剩下的问题是什么？

6、大法官道格拉斯在"阿珀达卡案"的分歧意见中写道：

> 已故的勒尼德·汉德①说："如果作为一个当事人，我对诉讼的厌恶仅次于对疾病和死亡，但超过任何其他东西。"在刑事案件中，这种厌恶会成倍增长。任何人，面对政府的可怕权力，都会处在极度危险之中，即使他是个无辜者。事实总是难以捉摸，并且通常有两副面孔。对一个人似乎意味着有罪的事实，对另一个人可能就没有这种暗示。每一次刑事追诉都要跨越危险的地界，因为有罪对所有人都不是什么稀罕事儿。

上面这段论述与非一致裁决是否为宪法所接受，两者有什么相关？

7、查尔斯·雷姆巴在其《尘世之法》一书中将一致性的要求描述为是"原初的"：

> ……那么，又是什么要求一致性的？我认为，是法律的不成熟和时间地点的精神产物。它的特征是属于初始的法律制度的，它适合中世纪的心智，没有怀疑的空间。需要绝对地处置问题，没有这种绝对，它就成了小儿麻痹。可能性、盖然性、关于真相的不同观点——这些观念对于这些人是陌生的、困难的和困惑的。一样东西是这样，就不是那样，而且如果它是这样，则每个人都必须知道。②

你同意吗？阿伯拉姆森有关陪审团一致性的讨论是否让你相信，就讨论的质量和对个人意见的尊重角度讲，一致裁决和多数裁决有着重大区别？

8、本章的内容显示，陪审团使用数量的减少与其质量上升低是相辅相成的。这种质量的下降可能缘于以下原因：运用多数规则陪审团、更小规模的陪

---

① Billings Learned Hand（1872-1961），美国纽约州南部地区法官及美国上诉法院第三巡回区法官，杰出的自由主义者，著有 *The Spirit of Liberty*，被认为是美国历史上最优秀的法官之一。——译注

② Charles Rember, *The Law of the Land* (New York: Simon & Schuster, 1980), p, 162.

审团、令人困惑的专家证词、审判期间的影子陪审团、媒体过分的有时是歪曲的庭审报道、在陪审团遴选中的社会科学专家的参与。假设陪审团真的因这些理由而衰落，那么，下面两则引文如何帮助你思考这种衰落的后果和动机？

> 陪审团至多是对业余法律工作者的礼赞。从街上找来的12个人，因其缺乏一般能力而被以各种方式选出，人们为什么会相信他们有特殊能力决定人们之间的纠纷呢？
> ——哈佛法学院院长欧文·格里斯沃德（Erwin Griswold）：《院长报告》（Report of the Dean），1963年

> 凡是选择以自己的权威进行统治，指挥社会而不是遵从社会的指导的人，都摧毁和削弱过陪审团这一机构。
> ——托克维尔：《论美国的民主》，1835年

9．科博伊和汉斯文章的观点和霍维茨所揭示的历史，说明谁或者什么是这个"选择"削弱当代美国陪审团的"统治者"了吗？文化和历史语境下的有关陪审团审判的提示，是否建议了另一个答案？在何种社会里，格里斯沃德院长的论述是不可避免的，却又是毁灭性的？

结　论

♣ 前面的提示与问题应当帮助你得出关于下列问题的结论：陪审团审判在美国是否衰落了？如果这种衰落是真实的，它对我们民主的健康和生活的质量有没有重要的影响？从本质上说，你正在思考的是杰弗里的表述：陪审团审判是民主自治政府的核心。你也在思考托克维尔的警告："凡是选择以自己的权威进行统治"，而不是由人民的权威进行统治的人，已经摧毁和削弱了陪审团。如果杰斐逊和托克维尔是正确的，如果陪审团在当今的美国确实衰落了，那么，谁，或者什么是寻求取代民主自治政府的统治者呢？是我们自己的误解或者对陪审团审判重要性的过低评价使"我们人民"成为造成民主衰落的共犯吗？

参考书目

Abramson, Jeffrey. *We, The Jury: The Jury System and the Ideal of Democracy.* Cambridge: Harvard University Press, 2000.

Adler, Stephen. *The Jury: Trial and Error in the American Courtroom.* New York: Timers Books, 1994.

The American Jury System: Final Report. Annual Chief Justice Earl Warren

Conference on Advocacy in the United States. New York: Roscoe Pound Trial Lawyers Association,1977.

Bell, Derrick. *Race, Racism and American Law*. 2nd ed. Boston: Little, Brown,1980,secs. 5. 12 to 5. 21.

Bibas,Stephanos, "Judicial Fact – Finding and Sentence Enhancements in a World of Guilty Pleas," 110 Yale Law Journal 1097(2001).

Bloomstein, Morris J. *Verdict: The Jury System*. New York: Dodd, Mead,1972.

Cecil,Joe,et al. "Citizen Comprehension of Difficult Issues: Lessons from Civil Jury Trials." *American University Law Review* 40(1991),p. 728.

Daniels,Stephen,& Martin,Joanne. *Civil Juries and the Politics of Reform*. Evanston: Northwestern University Press,1995.

DiPerna,Paula. *Juries on Trial: Faces of American Justice*. New York: Dembner Books,1984.

"Federal Grand Jury Investigation of Political Dissidents," *Harvard Civil Rights – Civil Liberties Law Review* 7(1972),p. 432.

Federal Jury Selection Act,28 USC 1861 et seq.

Forsyth, Walter. *History of Trial by Jury*. New York: Franklin,1971.

Frederick,Jeffrey. *The Psychology of the American Jury System*. Charlottesville, Va. : Michie Co. ,1987.

Fukurai,Hiroshi. *Race and the Jury: The System on Trial*. New York: Plenum,1993.

Galanter,Marc. "The Vanishing Trial: An Examination of Trials and Related Matters in Federal and State Courts," *Journal of Empirical Legal Studies* Vol. 1 Issue 3. 459 – 570(November,2004).

Garrow, David J. *Bearing the Cross: Martin Luther King, Jr. ,and the Southern Christian Leadership Conference*. New York: Morrow,1986.

Guinther, John. *The Jury in America*. New York: Facts on File Publications,1988.

Haltom,William,& Michael McCann. *Distorting the Law: Politics,Media,and the Litigation Crisis*. Chicago: University of Chicago Press,2004.

Hans,Valerie,and Neil Vidmar. *Judging the Jury*. New York: Plenum,1986.

Hastie, Reid, Steven Penrod, and Nancy Pennington. *Inside the Jury*. Cambridge,Mass. : Harvard University Press,1983.

Hastie, Reid, ed. *Inside the Jury. The Psychology of Juror Decision Making.* Cambridge [Eng.]: Cambridge University Press, 1993.

Horowitz, Irwin, and Thomas Willging. "Changing View of Jury Power: The Nullification Debate, 1787 – 1988." *Law and Human Behavior* 15 (1991), p. 165.

Kalven, Harry, Jr., and Hans Zeisel. *The American Jury.* Boston: Little, Brown, 1966.

Karst, Kenneth. *Belonging to America: Equal Citizenship and the Constitution.* New Haven, Conn.: Yale University Press, 1989.

Kassin, Saul, and Lawrence Wrightsman, *The American Jury on Trial: Psychological Perspectives.* New York: Hemisphere Publishing, 1988.

Kaufman, F. "The Right of Self – Representation and the Power of Jury Nullification." *Case Western Reserve Law Review*, 28 (1978), p. 269.

Kennebeck, Edwin, *Juror Number Four: Trial of Thirteen Black Panthers as Seen from the Jury Box.* New York: Norton, 1973.

Kershen Drew. "Jury Selection Act of 1879: Theory and Practice of Citizen Participation." *University of Illinois Law Forum* (1980), p. 707.

Levine, James. *Justice and Politics.* Pacific Grove, Calif.: Brooks/Cole, 1992.

Levy, Leonard. *The Palladium of Justice: Origins of Trial by Jury:* Chicago: I. R. Dee, 1999.

Litan, Robert, ed. *Verdict: Assessing the Civil Jury System.* Washington, D. G.: Brookings, 1993.

Moore, Lloyd. *The Jury: Tool of Kings, Palladium of Liberty.* Cincinnati: W. H. Anderson, 1973.

Palmer, Ronald. "Post – Trial Interview of Jurors in the Federal Courts – A Lawyer's Dilemma." *Houston Law Review* 6 (1968), p. 290.

Sarat, Austin D. "Access to Justice: Citizen Participation and the American Legal Order," in Leon Lipson and Stanton Wheeler, eds., *Law and the Social Sciences.* New York: Russell Sage, 1986.

Simon, Rita James, *The Jury System in America: A Critical Overview.* Sage Criminal Justice System Annuals, Vol. 4. New York: Russell Sage Foundation, 1975.

Spooner, Lysander. *An Essay on the Trial by Jury.* Boston: J. P. Jewett, 1852.

Subcommittee to Investigate Administration of Internal Security Act of Senate Judiciary Committee. Hearings on Recording of Jury Deliberations. 84th Cong. ,1st session,1955.

Thoreau, Henry David. *Walden* and *Civil Disobedience*. Ed. by Owen Thomas. New York: Norton,1966.

Unger,Roberto. *Law in Modern Society*. New York: Macmillan,1976.

Van Dyke, Jon. *Jury Selection Procedures*. Cambridge, Mass.: Ballinger,1977.

Washington and Lee Law Review. "Protest and Resistance: Civil Disobedience in the 1990's" (a nine - article symposium). 48(1991).

Wishman, Seymour. *Anatomy of a Jury: The System on Trial*. New York: Times Books,1986.

Zerman,Melvyn. *Beyond a Reasonable Doubt* . New York: Crowell,1981.

——. *Call the Final Witness.* New York: Harper & Row,1977.

Wouter Van Twiller 的判決

The Bettmann Archive, Inc.

第五篇　冲突的解决

每一个社会都有其广泛的可替代的选择，以应付由个人纠纷引发的冲突。诉讼只是从回避到暴力等诸种可能中的一种选择。纠纷和解的各种方式，以及任何文化中社会认可的选择，传达出人们所钟爱的理想，表达了他们对自己的看法，也反映了他们与他人关系的质量。它们显示出，无论人们是希望回避还是鼓励冲突，是压制还是温和地解决这一冲突，最终，社会最基本的价值观在纠纷和解过程中被揭示出来。

——杰罗德·奥巴克[1]

♣ 法律制度在美国社会有多种职能。其中，最基本和最成问题的作用是充当冲突解决与纠纷和解的主要场所，在此，法官被期待为社会冲突的最后仲裁者。依赖法院解决纠纷，这是美国文化的一个独特之处。早在1831年托克维尔就指出：形成之中的美国民主，"产生于美国的任何政治问题几乎迟早都要作为司法问题解决"。公众对于法律和法院的态度在不同历史时期是不同的。在《没有法律的正义》(*Justice Without Law*) 一书中，历史学家杰罗德·奥巴克用大量材料证明：

> 美国的纠纷解决方式向来比我们当前受限的法律观点所能提供的方式更加多样和复杂。藏在我们历史经验角落里的是一些神秘的实验，以验证一种持续的对法律文本主义传统的抗制。在众多不同的社会共同体中，纵观美国历史，法治明显被拒斥，而热衷于用替代手段来理顺人际关系，解决个人之间不可避免的纠纷。非法律的纠纷和解手段的成功，一直有赖于社会共同体的一贯共

---

[1] Jerold S. Auerbach，哥伦比亚大学博士，威尔斯利学院（Wellesley College）历史学教授，讲授20世纪美国史、美国犹太史和言论自由史。主要著作有：*Are We One? Jewish Identity in the United States and Israel* (2001); *Jacob's Voices* (1996); *Rabbis and Lawyers* (Indiana, 1990); *Justice Without Law?* (Oxford, 1983); *Unequal Justice* (Oxford, 1976); *Labor and Liberty* (Bobbs-Merrill, 1969).——译注

识。如何解决纠纷，从相反角度说，就是如何（或者是否）维护社会共同体……历史上，仲裁和调停是优先的替代手段。它们所表达的社会共同体的司法意识形态，是在既没有正式的法律，也没有基于社会共同体成员相互接近和相互信任的衡平过程的情况下产生的。它们是作为共同体自治的一种本土方式而兴盛发达的。拒斥纠纷的法律解决的社会共同体，由地理、意识形态、信仰、伦理和商业追求做了不同的定义。然而，它们见识的单一性是显著的。尽管它们是多样的，但它们却适用同一个程序，因为它们对社会共同体存在的本质分享着共同的确信：共同的门路、责任和信任。17世纪马萨诸塞州基督徒的乌托邦社会共同体戴德姆（Dedham）的创始人，费城的贵格教徒，19世纪的乌托邦公社奥奈达（Oneida）的约翰·汉弗莱·诺伊斯（John Humphrey Noyes）的追随者，旧金山的华人和明尼苏达州的北欧人，甚至商会成员，都很容易形成一种共同的纠纷和解的蓝图。出于对法律和律师的怀疑，他们所发展的冲突解决模式，反映了他们对社会和谐的共同憧憬：超越个人冲突，实现没有法律的正义。

由于一些相同的意识形态的原因，对替代法律的手段的兴趣，在20世纪70年代末80年代初被重新唤起，但这一时期"替代性纠纷解决"，也就是ADR，其复活只在部分意义上是一种意识形态的运动。也许更重要的是，它与人们对美国司法体系内的拥塞和停滞的认识是分不开的。法院充斥了轻微犯罪和民事案件，观察家们说，许多这样的案件不需要正式法律的介入。正式法律介入之外的五花八门的纠纷和解方式由此发展起来。首屈一指的是联邦资助的"街区司法中心"（Neighborhood Justice Centers），由志愿的社会共同体的调解人来解决当地法院推荐的纠纷。这些实验方案的思想基础是一系列预设的前提，其中许多前提对正在进行的实验性调解模式继续发挥着影响。一个主要前提涉及法院所运用的对抗制过程本质上存在的许多问题，这个过程虽然能够导致判决，但却使当事人两极对立，未来也不可能再恢复关系。对抗制过程要求将纠纷转型为法律上的权利主张，这样做的后果之一是纠纷中的主要问题通常被恶化了，仍然没有得到解决。对抗制不仅远不能缓和社会共同体的冲突，它还损害了共同体的关系，产生更多的民族、种族和一般性的共同体冲突。第二个主要前提是，调解导向的方案代表一种公众参与司法体系的形式，这一体系原本几乎不允许社会共同体的涉足。"社会共同体调解"的思想代表了对律师及他们对司法体系职业垄断的挑战。调解和 ADR 方案的第三个主要预设是它们促进"恢复性"（restorative）司法。与对抗制的"惩罚性"（punitive）司法不同，调解过程允许人们面对面交流他们的"故事"和体验，导出一种和解感，并使关系的恢复成为可能。这种关于调解的预设是注重结果的。鉴于正式法律角斗场的对抗制司法模式是围绕胜败而组织的，因而调解型司法模式便围绕合作与互利的结果而组织。

在过去 10 年里，纠纷解决运动以指数形式增加。当前有上千种调解方案与当地法院密切配合。另外，各州的律师协会也支持某种 ADR 方案。这尤其值得注意，最初各州律师都是积极反对发展这些方案的，因为它们只使用非律师的社会共同体的志愿人员。律师们现在的支持缘于他们领悟到，调解可以为律师提供新的战场，为法律工作提供新的市场。一些州已经通过了强制调解立法，尤其是在家庭法的领域。不仅如此，冲突解决在各类院校都有讲授，有关纠纷解决的课程在法学院成为必修课的一部分。

尽管冲突解决领域似乎正在改变着法律的思想和实务，但对这些发展尚有许多反对意见。最强有力的反对意见来自有组织的妇女运动，尤其来自被殴妇女的代言人，他们坚持认为，调解损害了妇女已经通过长期、复杂的政治和法律斗争而获得的权利。比如，调解被许多法官和一些律师视为医治家庭暴力的良药，而反对意见则指出：直到最近，法院才愿意并被要求听审家庭虐待案，将这些案件从法院转到调解场所，代表了将配偶虐待和家庭暴力"非犯罪化"的又一次企图。一些人反对强制调解，认为尽管它有助于清理法院的拥塞，但它可能威胁妇女的安全，因为它要求妇女在庭外私下与那个男人谈判，从而失去了法律过程的安全保护网。这种反对只是批评意见中的一小部分，更大部分的批评在于，尽管私人的、私下的和"自愿的"纠纷解决过程不受正式的证据规则的限制，可以帮助人们构建有创造性的冲突解决方式，但是，它们也会损害人们的权利，因为正当程序的保障没有了。因此，调解的反对者主张，调解服务于强者的利益，而不是平衡了利益，它使弱者更弱，强者更强。

然而，虽有这些批评，对调解的兴趣仍在增加，种种迹象表明，这个领域正在形成一个自治的职业群体。比如，人们踊跃参与候选调解人培训方案，职业协会正在蓬勃发展，开始制定实务工作准则。研讨会也在全国乃至国际范围内召开，学术和专业刊物正在迅速增多。无论调解是否被理解为一种新的、第二层级的法律实践形式，或者理解为一种新的、参与性的、重新定向我们司法制度的问题解决方式，冲突解决的领域都已不再是法律的边缘。

　　本篇的阅读资料生动说明了这些司法逆流，意在反映调解的理论和实践在提出有关司法及其与法律的关系这样一些关键问题时所采用的各种方式。第十八章的内容集中在调解的理论和实践，以及更一般的非正式纠纷解决。这些资料所探索的正式的法律问题，恰好是非正式的替代方式寻求解决的。它们还检视了共同体调解的历史、当前的某些实务例证和调解在运用中的难题。第十九章的资料聚焦的问题是，在多样的当代社会语境下作为共同体司法形式之一的纠纷解决。第二十章的内容检视了一些公众案件中纠纷解决者的角色。最后一篇文章提出了一些关于冲突解决和非正式司法的关键问题，并且追问：在以正义换和谐的过程中，调解是损害还是加强了社会参与？

第十八章　纠纷解决的法律语境

♣ 在过去 20 年里，纠纷解决方案经历了迅猛的增长。ADR 方案现已出现在一系列法律和非法律的语境中。虽然这一领域一般自我描述为"替代性"纠纷解决，或者自称从根本上有别于正式的法律过程，但这些行为的多数都是以正式司法体系为机构背景的。本章的内容探索了法律与 ADR 的关系，评价了它们在理论和实践中的区别，以及非正式司法中出现的理想与现实的矛盾。

第一节　通过律师的纠纷转型：纠纷范式告诉和没有告诉我们什么？*

卡丽·门克尔-麦杜

感觉或认为自己受了冤屈的人将原委说给作为第三方的律师，律师通过对"事件和关系"加以"分类"而将纠纷转型，以"适于惯用的处置程序"的方式重新界定纠纷的性质。这一"限定"纠纷的过程发生在律师与当事人互动的各个阶段，可以做有意义的实证研究。首先，律师在最初会见当事人时就可能开始限定纠纷了。律师提出的都是些他认为最可能与法律相关的问题，律师借此自始便界定了案情。律师不是让当事人自由讲述故事，界定纠纷构成，而是开始将案件归类为"侵权"、"合同"或"财产"纠纷，以便依法律的特征来提出问题。这既可以限定一个有着复杂事实模式的纠纷语境，也可以混合某些法律和非法律的纠纷范畴。这样一种混合纠纷的经典例证是房东与房客纠纷案，其中的关系要点和政治要点（比如在控制租赁地区）混和了严格的法律问题（比如租赁义务、养护义务与妨害）。因此，在最

---

* Carrie Menkel-Meadow, "The Transformation of Disputes by Lawyers: What the Dispute Paradigm Does and Does Not Tell Us," from *Missouri Journal of Dispute Resolution*, 1985, pp. 31-34.

初的接触中，律师通过将纠纷置于他感觉能够处置的法律语境中，从而限定了什么是"不法或违法"（wrong）。

即使当事人有机会告诉律师更多的案情，律师也会限定或者重述这些案情，努力寻求补救。开始的努力是与对方谈判，律师会塑造一个让对方律师认同的案情，以便要求老一套的补救性解决。

一旦谈判开始，纠纷便被进一步限定，要点被风格化，对纠纷内容的陈述被仪式化，原因就在于诉讼的过程限制。在谈判中，律师开始索要他们将向法庭要求的东西。律师基于对庭审结果的分析来筹划"最小的让与"、"目标"和"保留"要点。因为法庭对问题的解决将导致一种胜败分明的裁定，所以律师将谈判过程只看成法庭审判的前期版本。因此，律师运用许多他们将在法庭上运用的相同的原则和规范性请求，寻求相互说服，让对方相信自己是正确的，现在就应当胜出，双方不必承受进一步的金钱或时间损失。律师相互寻求的补偿，可能严格限于他们认为法庭在审理本案时补偿权力所及的范围。因此，多数的谈判，像多数的诉讼一样，被转化成直接的、一方受益一方受损的金钱游戏，在此，金钱充当了一系列其他需要和潜在解决方式（比如道歉或者替代物）的代表。谈判解决变成了妥协，双方都做些让步，以避免严酷的胜负解决。妥协，顾名思义，使各方都不得不放弃一些东西，但妥协可能是不必要的，没有满足双方的真正需求。假设两个孩子为一块巧克力饼干争执起来，父亲作为纠纷解决者，像大多数律师一样，可能寻求"明显的"妥协解决，将饼干一分为二。但这样做却排除了"更好的"解决，因为一个孩子可能渴望饼干，而另一个则喜爱糖霜。

在提供顾问意见时，律师可能告诉当事人什么样的补救在法律上是可能的，由此不再探究当事人更青睐的或者更容易从对方得到的替代性解决。像恩格尔（Engel）所指出的，一些纠纷当事人宁愿要对方承认其损害行为，也不愿接受金钱。一旦律师介入，法律体系——虽然只是非正式的——便被启动了，解决难题的对抗制结构便迫使双方的要求两极化和程式化，进而阻遏了许多可能的解决方式……

提示与问题

1、律师们怎样限定纠纷？有没有不将冲突转型的第三方？在将纠纷转型的过程中，治疗学家和其他咨询专家们的作用是什么？

2、在将"未加工的"纠纷转型为关于过程的一种选择时，律师的作用是什么？律师是"被雇的枪手"、"教主"还是"朋友"？

3、美国社会的冲突是太多？还是太少？这如何衡量与评价？

4、奈尔斯·克里斯蒂（Nils Christie）声称：法律专家"乐于将案件从冲突的形象转化为非冲突的形象"。这服务于谁的利益？

5、许多研究者检视了当事人为什么要诉诸法院。维勒姆·奥伯特的答案是这样：

> 为什么冲突双方背离"理智的"行为，甘冒剧增的、让一方彻底失败的风险而诉诸法院？这其中最一般的原因可能是人们倾向于过高估计自己的获胜机会。只有极少数非典型的案件，才有一方百分百胜算的估计。为什么人们倾向于高估自己胜诉的机会呢？原因之一是，有利于本方的论点更容易得到，也更容易被接受。有理由说，人们缺乏对案件全面的洞察，积极的方面更容易被过分体察到。法律诉讼有着道德标签。预料在法庭上的失败，通常意味着怀疑己方的道德正确性。个人对这种道德疑惑的抗拒，自然而然使实际的预见不甚可靠，甚至需要保持一种对另一方的道德攻击态势。法律案件代表的生活领域中，人们很难完全理智，很难不偏不倚地以实证为根据预见未来。加之其他原因，在这一领域要做某种预见，通常在"技术上"是困难的。①

6、一些评论家已经指出：司法的作用就是实施转型。法学教授朱迪思·莱丝尼克指出：

> 许多法官已经背离了他们先前的态度；他们放下了相对中立的姿态，采取了更积极、更"具管理性"的立场。法官越来越多地不仅裁判当事人提出的事实要点，而且在会见室与当事人面谈，鼓励和解，监督案件准备。法官在庭审前后对塑造诉讼和影响结果都起着关键作用。②

莱丝尼克和其他人关心"管理型法官"的含义。她声称：

> 作为管理者，法官比以前更多地了解案件。他们甚至与当事人谈判庭审前后案件的进程、时间和范围。这些管理责任给法官更大的权力。先前制约司法权威的诸多限制明显地不存在了，管理型法官经常在公众视野之外工作，不做记录，没有提供论证意见的义务，也不在上诉审的范围之内。③

♣ 调解和其他形式的非正式纠纷解决，部分地源自这样的信念：正式法律的等级制结构，它对客观性的强调，它对规则的一往情深，

---

① Vilhelm Aubert, *Journal of Conflict Resolution*, Volume XII, No. 1, p. 51, 1967.
② Judith Resnick, 23. *Judges' Journal*, 8–11 (Winter 1984).
③ Judith Resnick, 23. *Judges' Journal*, 8–11 (Winter 1984).

不仅损害了解决难题的能力,而且对妇女和其他传统的弱势群体尤其不利。非正式的纠纷解决,现在已经呈现出同样的对妇女的不利。

第二节 女权主义视野中的调解:希望与问题[*]

珍妮特·莉芙金

一、理论上的调解:女权主义的法律教学与研究

支持传统的美国法学院教学实践的社会结构与支持调解的社会结构之间是相互冲突的。在传统的法律教学中,案例书是法律权威性的象征,而"苏格拉底教学法"反映并强化了权威结构。传统的法律教学法是彻底等级制的,它训练学生拒斥对作为主观体验的社会现实的分析,而是要求他们将一系列抽象规则内在化。传统的法律教育墨守法律的古老概念。这种墨守成规是以等级、对抗、线性和理性为特征的,在这一范式里,理性的同义词是规则,而理性人的理想则是做出决定的基本参照框架。鉴于正式的法律强化了等级和理性的支配地位,而等级和理性支撑着传统的关于公与私的意识形态,故此调解质疑这些观念。明确提出各种不同的问题,支持对话并质疑蕴涵在法律和法律传授中的"客观认识论"的权威,借助这些办法,一种新的教学法出现了,它对一种新的法律思考方式是不可或缺的。这种新的教学法在调解课程中强调女性对责任和正义的关注。与这些关注形成鲜明对照的是对个人权利的关注,后一种关注是在法学院和绝大多数其他学术背景下占主导地位的男性教学法的特征。

对调解的研究,因而引出并且的确要求一种女权主义的教学法,完全不同于传统的法律教学法。"女权主义的方法是提升自觉:对妇女生活其间的社会体验的含义进行整体的批判性重构。"

法律教学法涉及一个学习的过程,其间,"事实、要点、原则、推理和法律的学习是在没有特别的行为或经验参照的情形下进行的,要求学生用法律术语思考并用法律语言表达问题及要点"。法律教学法反映了一种为女权主义理论所质疑的权力关系。从女权主义观点出发对调解进行研究,所聚焦的问题与传统的法律研究正好相反:文科学院

---

[*] Janet Rifkin, "Mediation from a Feminist Perspective: Promise and Problems," from *Law and Inequality: A Journal of Theory and Practice*, Volume II, February 1984, No. 1.

教育的法律和理性思维的线性模式——这是法律研究的一部分——是否基本上属于男性并且与女性的语境思维有显著的区别？妇女是否有独特的道德语言，强调对他人、责任、关爱和义务的关切，而且，这种关切明显不同于集中在个人权利抽象观念上的男性道德？男女性别的差异是否产生了不同的思维和论说模式？它有助于区别男女两性吗？

这些问题不仅存在于传统法律教学的框架之外，而且代表了对支撑这个社会的法律运作的思维方式的挑战。至少从理论上说，对调解的研究，质疑了传统的教学法。这一质疑和调解所强调的、女性对于责任和正义的关注，都使从女权主义角度构想问题成为必要。

二、实践中的调解：希望与问题

调解在实践中的运作是在第三方促进下的一个讨论、澄清和妥协的过程。在这个过程里，第三方没有国家强制力，它的力量在于说服当事双方达成自愿和解的能力。它要在当事双方之间制造一致，将当事双方一起带到一种私密的气氛中，让他们发现共同的社会与道德价值观，以此作为达成协议的手段。

在调解中，焦点不是正式的和实体性的权利，重点在于这样一个过程：鼓励当事各方共同致力于以妥协和谅解的精神达成他们自己的解决。调解人的介入使双方纠纷转为三方互动。然而，纠纷当事人仍然保有他们决定是否同意和接受建议的能力，而这些建议所指向的结果与这些建议的来源无关。

下表对审判和调解实践做了一些重要的比较。

审判	调解
公开	私下
正式	非正式
严格的证据规则	非正式的参量——恳谈
强制	自愿
强调利益冲突和价值分歧	强调合意和共同点
胜负较量	妥协与调和
以决定为导向	以协议为导向
规则导向	人本导向
职业的决定人	外行的社会共同体志愿者
律师代理	直接参与

尽管调解人是中立的介入者，没有自己的利益，但调解人确实会变成一个谈判者。以这种角色，调解人有意无意地、不可避免地将某些想法、知识和假设带入这个过程。调解者所能做的，还受到特定语境及当事人对调解的期望的影响。

调解人的技巧问题将我们带回这样一个要点：方法论是否以内在于法律思想的、同一客观见解为预设前提。如果调解人是中立的，则作为调解人的一个重要特征，就是像法律文本主义者那样，遮蔽法律和调解的"客观"范式，加强对国家至关重要的、男性的意识形态，进而将男性的权力制度化……调解中的修辞学排斥法律的"客观认识论"。从理论上说，在调解中，先例、规则和法律化的事实概念不仅不重要，而且限制了调解人帮助当事双方重新认识问题，以便达成协议。当事人的法律权利不是调解中讨论的中心。而且，在理论上，调解中不是将焦点放在抽象的法律权利上，这与法律程序所强调的内容形成鲜明的对照。不过，实际调解的纠纷中出现了很多问题：

1、调解过程替代了另一种对冲突的"客观"操纵吗？

2、调解过程真的将纠纷焦点从抽象的权利观念转向更为女性化的关爱、责任和对他人的关切吗？

3、调解涉及新的司法定义吗？

4、在调解中，什么是衡量是否发生了各种事件的标准？对参加人需要问哪些特定问题？对于调解过程又需要问哪些一般问题？

5、冲突的调解改变了当事双方的权利关系吗？它是重新分配了权力，还是延续了一种不平等的关系？

6、调解要求当事各方参与并自做决定，这是否能够更好地解决传统上妇女一直是被害者的难题？

提示与问题

1、调解一直受到妇女团体以及其他关心家庭暴力问题者的批评。下面的文章节选就反映了关于这一问题的一种观点：

> 正当各州立法机关通过有关殴打、婚姻财产和强制性子女抚养的刚性法律时，正当美国国会和最高法院在历史上首次行动起来考量家庭法律问题时，突然有一项运动，要将这些家庭法律问题逐出法庭，这并不是偶然的巧合。正当被殴妇女通过现有民事程序或不断增加的逮捕而有更多机会进入法院时，还是这项运动，要将这些案件逐出民事法庭和刑事管辖之外，这也不是偶然的巧合。正当法律制度在儿童和配偶抚养领域开始制定

并完善其标准和强制措施时,没有任何强制力的调解却被鼓励和提倡起来,这同样也不是偶然的巧合。

只有法律制度才有权力将殴打者从家庭中赶走,必要时加以逮捕。如果发生新的伤害,就强制执行法律条款,发现隐瞒的财产,防止挥霍财产,并且强制执行抚养令。只有立法机关和法院才能创制、完善、扩展和强制保障妇女的权利。调解无法提供保护、威慑、强制执行和扩展妇女权利的机会。

正当妇女在州和联邦两级立法机关——这些机关以前在这方面是无所作为的——取得关于家庭法律事项的显著进展时,一种所谓纠纷解决——私下的并且不要求符合法律——却被鼓吹和倡导。这种解决方法使妇女权利的进步遭受挫折,因此必须坚决加以拒斥。①

2、思考莉萨·勒曼(Lisa Lerman)的下述评论:

虐待案可以成功地以多种方式解决(即,制止暴力)。有时,为防止暴力或者使侵害人迁善的法律诉讼,比直接的惩罚行动更为有效,尤其是当双方都想维持其关系的时候。民事法庭中的诉讼可能威胁性较小,因而更易于被虐待者接近它。另一方面,某些虐待者可能不会严肃对待什么民事诉讼,只有刑事指控才能有效震慑他们。

对于女权主义的价值观和优先考虑而言,法律制度经常不受欢迎,尽管这一点还不甚明确,但在被殴妇女的提倡之下,已经形成了一个松散的共识:法律的强制性是有价值的。她们一致认为,如果为虐待者的暴力设定清晰的责任,救济会更有效。要让他知道,不断的暴力会导致严重的对他不利的后果,并且,当进一步的暴力发生时,责任的威胁转化为现实的责任。人们相信,如果法律制度在法律程序当中和之后都为妇女提供帮助和保护,并且让救济的手段因各个案件被害人的不同需要而量体裁衣,那么救济才是最为有效的。最后,被殴妇女所发起的运动,倾向于将救济集中在虐待这个主要问题上,而将对其他问题的处理,比如访问权和财产问题,放到避免继续的虐待的背景中去。

以这些标准来衡量,调解也许是可得到的法律救济中最软弱无力的一种。②

3、这一观点何以不同于前面莉芙金的观点?
4、这一观点适于前文各章探讨的"殴妻"案件吗?在形成答案时,什么

---

① Laurie Woods, "Mediation: A Backlash to Women's Progress on Family Law Issues," *Clearinghouse Review*, Summer 1985, p. 436.

② "Mediation of Wife – Abuse Case: The Adverse Impact of Informal Dispute Resolution on Women," *Harvard Women's Law Journal* 7 (1984).

是要着重考虑的?

♣ 调解和其他形式的 ADR,现在已经是民事和刑事案件中常见的做法。在刑事案件中,这些非正式的过程,大部分用于那些被认为是轻微的、不涉及严重暴力的案件。尽管这些替代手段被法院体系内的许多人大加赞赏,认为它产生了有效的、更令人满意的结果。但还是有许多人担心,对这一过程不断增加的依赖,正在产生两级的司法体系,使人们无法靠近法院,给个人权利的行使制造了更多的障碍。

第三节　殴妻文化和调解在家庭暴力案件中的作用*

卡拉·费舍尔　尼尔·维德玛　雷内·埃利斯

一、引言

他总喜欢挑我的毛病,即使是他让我那么做的。无论什么,总不合他的胃口。要么是我太胖了,要么饭没做好……我认为他就是想打我,打我是为了让我觉得自己什么都不是。而且,我没做错任何事,就是我做错了事……

我不能与成年人谈话。我不知道如何与人谈话,因为我的意见从不作数。我好像对政治或生活从来没有发表过意见。我不知道如何与他交流,因为他〔总是〕像这样对我〔模仿虐待者的手势,用食指划一条线〕……这就是他的重要信号,让我闭嘴,否则,他就会把我踢到桌子下面去。

一名被殴妇女与她的虐待者的关系,经常涉及通过只有他俩知道的微妙话语和符号来实现的交流,这是一种"殴妻文化"。这一文化是被殴妇女所体验的支配和虐待模式的一种反映和一个不可分割的部分。认识到殴打关系中的文化成分,对于政策的制定有重大的意义。政策制定要讨论的是,调解是否一种适宜的、处理家庭内部暴力的机制,而不考虑要调解的特定问题是否涉及虐待本身或者与离婚或分居相关的附带问题(比如,孩子的监护、访问、抚养或者财产分割)。作为主

---

* Karla Fischer, Neil Vidmar, René Ellis, "The Culture of Battering and the Role of Mediation in Domestic Violence Cases," from *Southern Methodist University Law Review*, Volume 46, No. 5, Summer 1993.

旋律，我们在此坚决主张，因为调解模式只对趋于改善的冲突起作用，所以调解人假定某种关系中的虐待是个人之间冲突的产物。这种假定根本不符合该种关系的动态及其支配和控制的文化语境。调解的思想和实践都基本上不适合一种殴妻文化。

本文首先探究了殴妻文化及其动态。我们在此特别反对一种理论断言：殴妻完全是冲突的结果。在第"三"部分，我们考量了不断扩展和膨胀的将"家庭关系"案交由强制的或自愿的调解的做法，并且描述了当配偶暴力已被确认时，调解是如何实施的。

……

三、"家庭纠纷"调解的广泛运用

运用调解解决通常被贴上"家庭关系问题"标签的案件，其范围和数量都在增加。许多州已经颁布制定法，为离婚、儿童监护和涉及财产分割的纠纷提供调解。某些情况下，调解是强制性的。在其他情况下，法官有自由裁量权，但他们几乎为这些民事案件全部安排了调解。检察官也有自由裁量权，将涉及家庭内部侵害的刑事案件转处为调解。调解人和调解服务的提供者正以惊人的速度增加，并且成立了职业组织，主张进一步扩大调解的运用。调解的提供者坚持认为，调解是可行的、超凡的家庭纠纷的救济手段，甚至对那些具有犯罪性质的伤害也是一种有潜力的救济手段。

我们的立场是，调解的理论和实践，在涉及殴妻文化时，作为一种解决手段，会出现严重的问题。在此，我们检视一系列鼓励调解的制定法，并且讨论与之相关的问题。我还要分析鼓吹扩大调解运用的著述，尤其是那些认为"当核心问题是家庭伤害时，适宜调解"的著述。

（一）被选择的制定法和自由裁量性的指导方针

数据显示，涉足离婚程序的妇女都很可能被殴打，包括那些处在调解期间的妇女。许多被殴妇女甚至是已离婚或分居的，这证实了一个研究结果："对一个妇女来说，最危险的时候是她与配偶离婚和分居的时候。"从殴妻文化的角度看，与虐待者分居，事实上可能增强暴力的可能性和严重性，因为虐待是虐待者所剩无几的支配和控制被害人的手段之一。已进入离婚调解阶段而遭殴打的妇女，保守估计也在10%－50%之间。

尽管许多正在办理离婚的妇女有极大的可能遭到殴打，但调解的运用仍然继续膨胀。许多州已经制定了法律，鼓励对家庭关系案件，包括离婚和儿童监护案，进行调解。一些州则是要求调解。尽管一些州使被殴妇女豁免于强制调解，但令人惊讶的是，几乎没有哪个州为家庭暴力提供特殊的规则，根本没有一种机制甄别这类案件。许多州甚至忽视了正在办理离婚的夫妇间的家庭暴力的可能性，也没有考虑支配和控制的模式。一些州没有起码的调解人资质认证，另一些州则有对调解人的资格限制。同样，一些州给予调解人很大的权威，但却没有起码的资格限制；另一些州特别限制了调解人的权威。许多制定法提供了广泛的任命调解人的自由裁量权。同样，一些制定法规定了宽泛的调解事项，而另一些州对范围做了限制。制定法通常不能为当事人提供或推荐代理人，一些州授权调解人可以排除法律顾问。

下面，我们着重探讨一些规定家庭案件调解的制定法，用以说明，在调解的广泛运用过程中，各州调解实施情况是一致的，缺乏对涉殴案件的甄别机制，缺乏对调解人一致的资质认证，以及明显忽视了对产生于殴妻文化的"纠纷"进行调解时所蕴涵的危险。

1、法院的自由裁量权——允许法官命令调解

许多州给法院广泛的自由裁量权，命令对家庭案件进行调解。在阿拉斯加州，法院可以命令儿童监护、离婚和注销案的调解。制定法允许法官任命调解人，尽管当事人可以无条件要求一名调解人回避。制定法中似乎没有任何调解人资格的勾勒或者任命的指导。该制定法为离婚案的调解提供了律师，但却没有在监护案的调解中提供法律顾问。阿拉斯加州的这个制定法没有特别规定如何处置家庭暴力，尽管在离婚调解中，当事人可以在参加了首次调解会之后退出。

一些制定法授权法院可以命令调解，但对虐待案规定了例外。大多数案件的困难在于，没有认定虐待的真正机制。比如，明尼苏达州规定，家庭关系事项可以在听审之前、之中、之后适用调解。有趣的是，调解人得到这样的指导："竭尽全力促成和解……但没有强制权。"该制定法规定了一个例外，如果法庭确定，某一当事人或其孩子"有相当理由遭受另一当事人的身体虐待或性虐待"，就不适用调解。该制定法还特别规定了调解人的资格条件，其中之一是至少40个小时的调解培训。调解协议，如果形成的话，不经当事人及其律师的同意，不可以提交给法庭。如果当事人没有达成作为调解结果的协议，调解人可以向法庭建议进行一项调查，以协助当事人解决"争议"。在有限的案件中，调解人可以进行这种调查。

北达科他州仅仅是说"法院可命令调解,费用由当事人负担"。像明尼苏达州一样,它还申明,如果监护、抚养或访问权案件涉及或可能涉及程序中任何一方或其孩子遭受身体的或性的虐待,则不得命令调解。该制定法没有提到任何可以确认这种虐待的机制。北达科他州法院得到指示,从该法院认可的合格者中任命一位调解人,而由州最高法院负责确立最低资质标准。特别禁止调解人将律师排除出调解。

至少一个州允许法院在考虑了虐待因素之后,如果认为适宜调解,仍然可以命令调解。俄亥俄州的一个法院得到指示:考虑到虐待的存在之后,仍然可以命令调解,但是,"仅限于法院确定这样做最有利于当事人的利益,而且要对认定的事实做特别的记录。"要求调解人为法院出具一份报告,可以内附调解协议,但法院不受该报告的约束。

其他一些制定法更加特别地规定,依特定情况,何种家庭暴力案件可以调解或者不得调解。例如,伊利诺斯州规定,强制执行访问令的家庭暴力案件不适用调解,但调解共同监护问题是可以的。在伊利诺斯州,法律要求,在共同行使监护权的案件里,当事人首先要提交一份"共同抚养协议"。一旦提交这份协议,有关它的修改、纠纷或违反都可以调解。法院还可以为确定共同监护是否适当而命令调解。同样,在强制执行访问令过程中,法院可以安排咨询或调解,除非是那些有证据证明存在家庭暴力的案件。

两相比照,一些制定法对于程序或调解人资格规定得极为详尽,但却忽视了家庭虐待的可能。比如,堪萨斯州有关家庭法律事项的制定法规定:"法院可在任何时候,就儿女监督或访问的任何争议事项,应一方当事人的动议或者法院自己的动议,命令调解。"制定法包括一个条款,专门勾勒了调解人的任命和资质,并且要求法院考虑以下内容:某协议是否专为某个特定调解人而存在;冲突和偏见问题;调解人关于堪萨斯司法体系和家庭关系案件的知识;调解人关于指导来源的知识;调解人关于儿童成长问题、儿童医疗问题、离婚对孩子的影响和家庭心理学的知识;以及调解人的培训和经验。密歇根州更是对调解人做了特别要求:他们必须有"许可或者有限许可,方能从事心理学方面的调解,或者,有咨询、社会工作或婚姻家庭咨询专业的硕士学位"。

那些专注于谁是调解人的州,许多都要求调解人参加培训班。密歇根州的制定法规定了不少于 40 小时课堂指导和 250 小时实习经验的培训方案。威斯康星州也规定了调解,要求调解人有 25 小时的培训或不少于 3 年的纠纷解决经验。有趣的是，调解人担负确定调解是否适宜的责任。如果调解人发现调解不适宜，他应告知法院，法院如果发现参加调解会引起"不必要的困境"或危及一方当事人的健康或安全，将放弃调解。如果调解人发现配偶间的殴打或家庭虐待，就是存在所谓"不必要的困境"。是否允许律师出现在调解会上，由调解人自由裁量决定。

堪萨斯州的制定法将不寻常的关注给予了调解过程。该法在"调解人义务"项下罗列了调解人的责任，包括要求调解人建议每一方当事人都去获得独立的法律建议；然而，该法只允许当事人参加调解会。与其他许多州的制定法不同，调解过程中获得的信息并不是保密的。调解人有义务告知当事人，调解过程并不保密，可能会被公布。要求调解人书面建议各方当事人，在起草协议和修改对方起草的协议时，要获得法律帮助。该法没有提及家庭暴力问题，但它的确规定了任何一方均可在第二次调解会后终止调解。调解人在认为继续调解将"伤害"一方、双方或孩子时，或者在认为缺乏有意义的参与时，也可以终结调解会。该州没有明确定义何谓"伤害"。

2、强制调解

在加利福尼亚州，监护纠纷的调解是强制的，而且没有规定存在家庭暴力时不适用调解。法院任命调解人，他可以是"家庭调和法庭、缓刑执行局或者心理健康服务机构的专业人员，也可以是法院指定的任何人或机构"。另外，被任命的调解人有权不让律师参加调解会。该制定法还规定，协议应限于特定监护事项，规定"应以平衡双方当事人权力关系的方式进行谈判"。关于如何进行有效的权力平衡，没有建议的指标或推荐的参考资料。调解人受命"尽最大努力促成和解"。调解人可以会见涉案的孩子，如果当事人提出分别调解的要求，或者存在家庭暴力史，调解人还有权个别会见当事一方。因此，该法并未排除家庭暴力案件的调解，而是规定了分别调解。

加利福尼亚州制定法有一项有趣的"帮助人"（support person）制度，他可以陪伴当事人参加调解，但是，该制定法还规定，调解人可以驱逐帮助人，如果"帮助人作为律师参加调解，或者特定帮助人的出现会破坏调解过程"。赋予加利福尼亚州调解人这样的权威，会产生一系列的问题，其中之一是，这种权威与法院广泛自由任命某些资质很低的调解人共同作用，既排除了当事人的律师，又排除了"帮助人"。

北卡罗来纳州有一个强制调解的制定法，但给予法院权威，在涉及家庭暴力案件中放弃调解。该州要求儿童监护案件应该安排调解，或者在听审之前，或者在听审之后。制定法规定了一个例外，如有好的理由，法院可以放弃调解。好的理由可能包括：主张有虐待和遗弃幼儿的行为、酗酒、吸毒、不必要的困境、非自愿参加调解和配偶虐待，等等。另外，每方当事人都可以提出将调解人解职的动议，理由可以是调解人偏袒一方，也可以是与一方当事人关系过热或者有其他偏见背景。该制定法所声称的目的之一是："提供一个建设性的、秘密的、非对抗的背景……让当事人的痛苦和焦虑最小化，尤其是儿童。"

俄勒冈州不仅有强制调解制定法，而且有强制仲裁制定法，只涉及财产分割和财产处置的"家庭关系"案件。该州确实为法院提供了权威，因某些好的理由可以排除某些案件的调解。该制定法还规定了共同监护案程序中的强制调解，"在法院建立的调解方案内或者由法院认可的任何调解人安排进行。"应一方当事人的动议，法院可以放弃调解，如果参加调解将导致情感痛苦的话。该制定法没有特别提到虐待，但的确有一些其他的保护。尽管该制定法赋予法院在其他案件中设置调解程序的权威，但任何财产分割或儿女/配偶抚养/扶养事项的调解都要求当事人和他们律师的书面同意。不仅如此，调解人不经当事人同意，不可以向法院做任何实体性的建议。该法对调解人的教育和经历规定了最低资格标准，同时给予法院自由裁量权，直接或通过公私机构聘请调解人或者与之取得联系。调解程序是私下的和秘密的。

犹他州制定法规定了一个强制调解方案，但又规定某些案件可以例外：调解会引起不必要的困境，或者威胁任何一方当事人，或者威胁当事人孩子的身心健康或安全；或者一方当事人是配偶间暴力的实施者或被害人。

至少有一个州，调解是作为一种公共政策而被鼓励的。缅因州的制定法正式宣称，调解解决父母之间的纠纷是幼儿的最大利益。因此，该法规定，幼儿监护诉讼必须适用调解。该法规定，法院基于宣誓书（affidavit）支持的非常理由，可以放弃调解。一旦进入调解，法院必须确定当事人是真诚努力进行调解。如果法院没有发现这种真诚，它可以命令当事人调解，可以驳回诉讼，可以评估律师费，或者施加任何其他"适当"制裁。另外，儿童监护法规定，调解人在调解儿童监护案时，应当考虑"父母间存在的家庭虐待史"。该法还规定，法院不应将离家出走作为确定亲权的一个因素加以考虑，如果父母一方的出走是由于"身体伤害或者有身体伤害的严重威胁"。然而，这部家庭关系制定法中的一章规定，保护令案件不适用调解。

(二) 配偶虐待案中的调解

在两种类型的法律案件中，殴打者与其被害人之间是可以进行调解的：(1) 刑事伤害/殴打案；(2) 离婚和儿童监护案。尽管案件类型将决定协议的具体形式，但虐待与被虐待夫妇间的刑事和离婚调解，与一般公众的调解不会有显著的不同。无论刑事案件还是民事案件，旨在消灭针对被害人的暴力的那种调解，将导致一种有所变异的协议："虐待者先生同意不打被害者夫人，而被害者夫人同意与虐待者先生谈任何事，条件是他没有喝酒。"在此，我们的目的是有限的：我们仅希望提供一个描述性的、如何进行家庭暴力调解的概况，就此，我们批判性地评价一下这些调解方案的弱点。

1、刑事伤害与殴打案的调解

除许多离婚和儿童监护案适用调解外，每年还有几千个涉及刑事伤害的案件被推荐……给调解中心。这一推荐是法官、地区检察官和法庭书记所做的。许多案件中，公共调解中心派其工作人员到法院搜寻这样的案件，而法院工作人员也认可他们努力去和当事人取得联系，以便调解。

在针对配偶的刑事伤害和殴打案中适用调解，这一做法一直受到某些学术文章的鼓励和支持。这些文章为调解提供了理由，将其作为法院系统的一种替代。比如贝特尔（Bethel）和辛格（Singer）的一篇重要文章，将调解标榜为一种重要的、崭新的、治愈家庭暴力的灵丹妙药。他们描述了一个典型的共同体调解方案，将家庭暴力案件纳入其间，声称是调解这些案件的行家里手。这个中心叫"公民投诉中心"（Citizens' Complaint Center），在哥伦比亚特区，独立于检察官办公室。像所有该中心处理的纠纷一样，家庭暴力案的调解只有在当事双方同意下才能进行。调解发生在规定的时间和日期里，只有一次听取情况，典型情况下，每个案件安排两名调解人。贝特尔和辛格认定调解更快速、更省钱，并且给予双方力量，因为调解要求双方直接参与解决过程。他们还指出：调解缓解了法律体系资源的紧张，因为它不要求法官、检察官和辩护律师投入时间。

步调稍有不同，考科兰（Corcoran）和梅利米德（Melamed）同样鼓吹调解，理由是它与法院系统相比不那么遥远，也多一些个人色彩，因为法院传统上对被殴妇女的诉求反应迟钝。他们声称，被殴妇女没有得到拘束令、警察、检察官、法官和陪审团的保护。警察通常未能逮捕虐待者，检察官很少起诉家庭案件，而法官和陪审团拒绝将进入司法体系的、为数不多的虐待者定罪量刑并投入监狱。刑事指控仅仅试图控制家庭暴力（并且做得不够），没有触及殴打的社会原因。在这些作者看来，需要更加注重利用具有同情感的方法处理家庭暴力，这种方法结合了对被害人的支持和对加害者的治疗。通过直接处理暴力，包括其原因与和好手段，"夫妇可以实际体验到救济与支持，知道别人也共享了他们的体验……"像贝特尔与辛格一样，他们也主张"调解给被害人以力量，给虐待者以自新，是典型的具有建设性的冲突解决，为结束恶性循环的暴力提供了一个机会"。他们提出，调解能够有效终止进一步的暴力，因为这一过程为解决虐待案之外的其他冲突树立了榜样。调解还有立竿见影的实际效果，包括有能力构造一个即时的保护性协议，内容涉及适当的刑事司法机制或者一项虐待者正在寻求的协议。

考科兰和梅利米德建议，对调解过程做些改动，以解决主要由被害人的代理人提出的有关家庭暴力案件调解的问题。第一，他们建议调解包括被害者的代理人或者律师，这些人可以平衡谈判的力量。非中立者的存在，可以消除隐藏的威胁，以便被害人的权利得到更好的保护。第二，他们建议运用当事人私人秘密会议，鼓励当事人揭露威胁或虐待，并检查被害人是否安全。第三，他们建议适用一些调解的前置条件，比如咨询或保护令，以鼓励被害人和虐待者获得外在帮助。第四，他们建议调解人采取积极步骤，通过询问或访问，确定是否存在虐待关系。

考科兰和梅利米德认为，调解对于被殴妇女及其虐待者都有积极影响。为了支持这一立场，他们引证了贝特尔和辛格所做的研究。贝特尔和辛格比较了家庭暴力案件的调解结果与非家庭暴力案件的调解结果，他们让调解人在调解结束大约两个月以后，通过电话和当时的当事人取得联系。比较之后的统计数据显示，就当事人对于调解过程、协议以及对协议遵守情况的满意程度而论，两类案件没有显著区别。依据未向读者公布的数据，贝特尔和辛格的结论是：家庭暴力案件"并不比其他个人之间的纠纷更不适宜调解"。尽管贝特尔和辛格也承认调解不应适用于最严重的配偶暴力案，他们还是做了防止误解的说明：更多的研究可能会证明调解在这些案件中的有用性。

尽管贝特尔和辛格声称，调解可以保护被殴妇女不受进一步的暴力，但其他实证研究显示这可能是不真实的。例如，德斯蒙德·埃利斯（Desmond Ellis）发现，被殴妇女，如果是经调解而不是经有律师介入的法庭审判，分居后更容易再遭虐待。他报告说，律师比调解人更善于运用特殊的策略"挑战"殴打者。比如，律师可以求助于保护令或警察介入等法律强制，以寻求增加暴力者自身的不利后果。

一些被殴妇女的律师引用埃利斯的实证研究，他们不断强调，被害人永远不必为她们的人身安全进行谈判。这些律师坚决主张，安全是一项基本的权利，在任何情况下都不应该拿来进行讨价还价。在这方面强迫被害人与其虐待者谈判，既损害了这样一条信息，即，家庭暴力是一种犯罪，又强化了当事人之间力量的不平衡。一些人主张，调解应该与其他干涉努力一并使用，"就停止暴力而进行的调解，永远都是不适宜的"。然而，甚至对某些主张限制使用调解的人而言，为配偶虐待案的被害人"输血打气"，通常被认为是调解的积极效果之一。

2、离婚调解

在有暴力存在的离婚案中适用调解，其基本理由与在刑事案件中所援用的理由没有实质的区别。比如埃里克森（Erickson）和麦克奈特（McKnight），作为资深的调解人参与了因家庭暴力而离婚的案件，他们主张，调解不仅减少了未来虐待的可能性，而且"鼓励合作式的互动，"并且可以"减少敌意，为男女双方设定更清晰的界线"。为了实现这些目标，夫妻虐待案的调解须由训练有素和经验丰富的调解人主持，他应当采用一种有所改动的标准调解过程。

尽管埃里克森和麦克奈特没有提及调解人的必要资质，但他们建议对调解过程做一些改变，以适应家庭暴力案件。他们提出了保护被害人安全的三条规则，其基本前提是让调解人首先试图揭开夫妻之间的虐待史。第一条规则，调解人应当将虐待作为一个严肃的事件，而不是作为真实的事实，并立即着手关注保护、分界、交流程序和安全等事项。第二条规则，鼓励调解人强烈声明虐待永远没有理由，这要求调解人回避某些讨论的话题，包括虐待是如何"出现"的，谁是有错的一方。第三条规则，罗列特定的步骤：（1）为被害人提供有关保护令的信息；（2）讨论其他的保护措施，比如叫警察；（3）就孩子的交接和当事人的联络设定清晰的界线；（4）鼓励被害人寻求有同情心的律师的帮助；（5）要求当事各方将各自的律师带入调解会；（6）考虑被殴妇女的代理律师是否对调解中的被害人有益。

像其他提倡在刑事案件中适用调解的人一样，埃里克森和麦克奈特也发现了某些家庭暴力案件不适宜调解。他们的排除标准大部分涉及虐待者的表现，比如，丈夫"完全不把妻子的一言一行当回事，拒绝承认她的价值"，丈夫目前还在虐待他的被害人，以及丈夫携有武器或者吸毒酗酒。当夫妻试图在正式的调解会之外解决问题时，或者，如果任何一方违反了调解规则并拒绝遵守这些规则，也应当不让他们涉入调解。埃里克森和麦克奈特相信，排除了这些不宜调解的家庭暴力案件，并且遵循为适宜调解的案件确立的特殊程序，调解将会在配偶虐待案中"奏效"。

3、在调解中甄别家庭暴力

家庭暴力案件调解中的甄别工作，涉及两种相互独立的确定。第一，与刑事案件不同，那里的虐待已经被贴上问题标签，而离婚调解人却必须有确认夫妻暴力关系史的某些机制。不仅如此，这些调解人还必须能够援用特定的标准，以确定该案是否适宜调解。第二，调解人需要有能力甄别当前存在的暴力，尤其是甄别这一暴力是否由调解协议所致。第一种甄别只在离婚调解案中适用，第二种甄别与刑事和民事的夫妻虐待案件的调解都有关联。

那些著书立说讨论调解中发现家庭虐待史的甄别机制者，他们的问题及提问方式皆有所不同。埃里克森和麦克奈特只向夫妻提一个可以确认虐待的问题："在你们的婚姻关系中存在虐待吗？"紧接下来的问题是为了确认所存在的虐待类型：（1）人身的；（2）情感的；（3）药物的；（4）其他的。大卫·钱德勒（David Chandler）所描述的夏威夷甄别方案，也是由调解人问一个问题："请您告诉我，在你们夫妻关系中，你是否遭受你丈夫的人身虐待？"夏威夷方案扩大虐待史的范围，进一步追问最近一次虐待发生在什么时候，该妇女是否害怕未来的伤害，她是否觉得虐待已经限制了她与配偶"平等"对话的能力。只有对有关人身虐待的问题做肯定回答的妇女，才会被问及后三个问题。

琳达·格德娜（Linda Girdner）在一个只构造了一半的面谈公式中，最全面地评价了虐待史，她称这个公式为"冲突评价草案"（Conflict Assessment Protocol）。该草案首先探查夫妻的决定模式、冲突关系的解决和愤怒的发泄方式。草案中这部分的目的是让调解人做适当调整，以适应控制局面的需要。面谈的第二部分是进行一系列的提问，目的是引导当事人承认特定的虐待行为。基于这种运用于家庭暴力研究的"冲突战术评估"（Conflict Tactics Scale），关于虐待的提问涉及了情感、性和人身领域。面谈紧紧围绕掌控、妒忌、虐待儿童和毒瘾等特殊问题。每一个这样的问题都是分别向夫妻一方提出的,但都是为了弄清一方是否虐待了另一方。

只有大卫·钱德勒描述的甄别程序包括了"什么时候"的问题,这个问题可以让调解人知道是否虐待还在发生,或者虐待只是夫妻关系史的一部分。令人遗憾的是,较少注意探究当前的虐待,可能反映了一种陈旧的想法,即,一旦夫妻双方要终结他们的关系,虐待也就不会再有了。像我们前面用资料证明的,分居后的虐待是司空见惯的,并且通常是危及生命的。

简言之,甚至作为样板的调解方案,其确认涉及殴妻文化的案件甄别机制,似乎也存在着缺点和不足。我们强烈怀疑,在大多数其他案件中,是否也欠缺起码的甄别,尤其是涉及离婚、儿童监护或者财产分割的时候。

提示与问题

1、调解是否对妇女不公,这个问题是有争议的。琼·凯莉和玛丽·杜瑞在对加利福尼亚州两个家庭调解方案的实证研究中,检视了男女对调解过程的各种反应。虽然她们的研究结果并不是结论性的,也没有超出对加州情况的归纳,但她们发现,"大多数的男女都没有将调解过程视为不公、不利或者认为导致了一份他们相信是与其利益相反的协议。"[①]

2、在家庭暴力案件的调解中,应提供什么样的防护屏障?

3、性骚扰问题的调解也是有争议的。法律要求现有公共机构和私人公司有一些程序,以应付性骚扰的控诉,这些程序中相当一部分包含着调解的成分。如果对这种性质的指控进行调解,会产生怎样的问题? 在解决这类事件的过程中,调解提供的都是积极的东西吗? 性骚扰的被害人在调解中的输赢各是什么? 被控性骚扰者的输赢又各是什么?

♣ 共同体调解始于这样一个想法:纠纷的便捷解决应当发生在正式的法庭之外。在过去 15 年中,这一想法已经被制度化。作为一种结果,调解现在与司法体系紧密地结合起来,其结合的方式,正是这个想法的早期提倡者所不喜欢的。下面的文章检视了法院和调解方案之

---

① Joan Kelly and Mary Duryee, "Women's and Men's Views of Mediation in Voluntary and Mandatory Mediation Settings," *Family and Conciliation Courts Review*, Vol. 30, pp. 34–49, 1992.

间关系的历史和现状。

第四节　废弃辩诉交易*

詹妮弗·史密斯

尽管在民事案件和有限的少年犯罪、轻微犯罪的法律领域里 ADR 的使用已经增加，但 ADR 还很少被用来解决涉及成人重大犯罪的纠纷。本文中，我将勾勒出一项在刑事司法体系主流中适用 ADR 的建议，以之作为对当前辩诉交易和审判双轨制的常规替代。这种新的纠纷解决体系将对辩诉交易进行修正：规定必须参加调解会，只在少数情况下，才最终采用庭审。ADR 将授权检察官对罪犯因人而异地施用更有效的刑罚，给被告人一个缓冲，使之不受当前广泛的刑事起诉自由裁量权的损害，并且给大众一个更可靠、更负责任的司法体系。

在详细描述我所建议的 ADR 之前，应当指出某些影响刑事法律中 ADR 的适用的那些重要因素。第一，刑事案件中缺少正式的 ADR，这本身意味着许多人认为，重大犯罪和 ADR 基本上是不相配的，尽管如此，辩诉交易却已经在刑事司法体系内部制造了谈判。当我们遭遇反对建议中的调解制度的意见时，我们应当考虑它是否比当前不受监督的谈判制度更加先进。许多刑事案件的确是理想的适用 ADR 的候选人，因为它们在法律上是常规化的，涉及复杂的人的因素，用个别化的解决方式更有好处。

第二，辩诉交易制度大半是不受规则调整的，因为检察官们有广泛的自由裁量权，可以决定起诉谁，起诉什么罪名，是否用宽大来换取认罪和作证。对这种自由裁量权是争议频仍的，而这些私下谈判的官方记录不足以让公众确定，这种强化的法律实施所获得的利益，是否超过了潜在的歧视和被滥用的风险。

第三，在控辩双方的权力斗争中，公众的利益并没有得到充分而必要的代表。检察官感兴趣的是一种有利于定罪的纠纷解决制度，而辩护律师感兴趣的是一种有利于无罪的纠纷解决制度。但是，一般公众的利益在于平衡收益和成本，以便实现一种制度，用每个美元最大限度地购买正义，而在针对公民自由的暴力犯罪中将损耗降到最低。

---

* From "Scrapping the Plea Bargain," Jennifer Smith, *Dispute Resolution Magazine*, Fall 2000, p. 19.

对刑法中 ADR 的反对

不难找出 ADR 在重大刑事案件中使用较少的一些相当理由。毕竟，ADR 鼓吹的观点是：争论利益，总比争论是非好。但是，当问题涉及抢劫、袭击乃至对无辜公民的谋杀时，ADR 的精华消除了我们在刑事司法制度中想要的所有要素。刑法，精确说来，就是要确定谁是对的，而那个错了的人又应当受到怎样的惩罚。然而，许多涉及强烈道德否定因素的纠纷，可以通过 ADR 得到有效解决，包括人质危机和环境污染案件。道德的判断和惩罚的愿望，因而并不天生阻碍通过 ADR 来解决重大犯罪。

还有其他潜在的反对意见。公开审判服务于一些重要目的：需要为犯罪行为的可预见后果提供可见的证据，保障伴随公开性和公开程序的公正，法治之中先例的价值，需要对违反社会共同体标准的人实施制裁。庭审还为刑事被告人提供了许多程序保护，而这些保护在调解中却可能遭受损害。

另外，任何纠纷解决制度，只要它修正了控方讨价还价的能力，就注定是有争议的。对某些人而言，起诉的自由裁量权是有益的；而对另一些人而言，起诉的自由裁量权无异于歧视。批评家们声称，检察官保护警察对公民自由的侵犯，并且漠视控方证人的伪证。虽然有大量的数据研究证实存在选择性起诉，但这并没有说服法院刺破力量强大的控方自由裁量权的面纱。① 另一方面，控方经常使用他们的优势，让司法制度运作得更省钱、更有效，并且保护无辜者不受迫近的身体伤害。挑战因而在于设计一种 ADR 制度，可以用来处置这些相互竞逐的利益，并且能够比现有的替代手段做得更好。

强制调解的建议

我所建议的是一种强制的调解制度。控辩双方都要拿给调解人一份不对外公开的勾勒案情的摘要，各自从本方的角度描述案件的特殊情节，并且开列和解的条件。未能达成和解也不会受罚，不过，双方都须用最多 30 分钟时间来倾听对方的案情摘要，描述和防守本方的和解条件。

美国律师协会从一批控辩律师中筛选一些合格的调解候选人，主

---

① McCleskey v. Kemp, 481 U. S. 279（1987）. 该案中，因缺乏歧视意图方面的证据而拒绝推翻量刑，甚至当大卫·鲍德斯教授通过研究证明了控方的自由裁量权有一种潜在的歧视效果的时候。

持我所建议的调解的中立者正是从这些候选人中随机选出的。调解人的质量控制标准和培训要求，也是由这些候选人确定的。调解人的责任是促进，他不对实体公正负责，也不必努力影响调解的实体结果。

谈判中的所有陈述对外都是不公开的，除非作为最后辩诉协议的一部分而加以公开。居中调解者要保存关于讨论和结果的书面记录，以备上诉或数据统计之用。为了确保实体结果不因种族、阶层或其他歧视而扭曲，县、州、联邦的数据必须是可以追踪的。比如，如果控方在大选之年更多地寻求死刑，那么这种扭曲就会反映到数据之中。与此相对，调解人对讨论的描述也是被封存的，除非一方对和解提出了上诉。这种情况下，该描述可被用来说明和解无效，但不能被用于其他任何进一步的程序。

律师们可以代表政府，也可以代表被告。在庭审时不能放弃的宪法保护，在调解时也不能放弃。任何涉及认罪和承担法律责任的和解都需要一个简易的庭审，让法官来确保被告是在明知的情况下放弃某些制定法和宪法上的权利的，同时也让被告理解其认罪决定的法律后果。不是所有的被告都须认罪，比如，离家出走的少年干了小偷小摸之事，如果他同意完成一个改造计划，就可能完全避免起诉。再如，作为和解的一部分，可以要求一个请求认罪的谋杀嫌疑人到法官面前陈述其犯罪事实。

证据规则在调解中可以暂停适用，但是，任何在庭审时不可采纳的证据，在调解时也不可采纳。这将鼓励广泛的和解讨论，而又不损害宪法规定的被告人获得庭审的权利，如果他要履行这种权利的话。

双方当事人都有资格进行证据展示，其程度犹如庭审，尽管他们可以通过协议决定放弃正式的证据展示。① 被告可以援用第五修正案不得自我归罪的权利而保持沉默，但是，任何一方都可以纳入一个条款，约定如果对方没有如实陈述事实，则和解无效。比如，控方可以要求写入一个条款，一旦证据显示，被告不像他自称的那样只负责驾车接应逃跑，而是一个亲自扣动扳机的人，那么和解就是无效的。

依照和解条款的不同，司法的审查内容可能也是不相同的。任何一方当事人都能以程序错误或者违反和解条款为由而向法院上诉。被告保有就和解提出上诉的权利，理由可以是数据证据所证明的制度性

---

① 比如，在上文提到的离家出走的少年案中，双方当事人可以决定，犯罪事实已经不重要了，因为双方同意最佳的和解应当是让少年不再浪迹街头，不再有偷窃的必要。

失当，也可以是对宪法的违反，比如没有提供有效的律师帮助，或者有新的证据证明被指控者是无辜的。

我们建议适用调解而不适用仲裁，因为调解可以缓冲控辩对抗，既不会减少控方合法的自由裁量权，也不会扰乱任命法官和主持庭审方面的宪法要求。居中调解者不能干预控方决定和解中的邀约与承诺的能力。然而，他可以帮助双方当事人进行信息沟通，帮助他们克服毁灭性的谈判诡计，探究寻求迅速和解的、潜在的个人原因。

一个中立的第三方的存在，还会减少任何一方实施不道德行为的可能性。任何一方，在外人的眼皮底下，便难于威胁、敲诈、藐视或恐吓对手。谈判的立场如果经不起面对面的考验，就要被迫撤回。如果调解结束后有人声称调解失当，调解者个人的报告或者综合数据可以用来支持或者驳斥"选择性起诉"或者"欺骗性起诉"的主张。有效的主张将更轻易地成功，无效的主张将更迅速地瓦解。

强制调解的收益

认罪谈判是秘密进行的。与之相比，依照本文的建议，一般公众将会获得更多的关于调解过程的信息，更容易决定调解是否支持了以公众名义采取的立场和表达的价值观。公众不会意识到当前体制下辩诉交易的频繁运用，也不了解它的性质，更不知道它在多大程度上鼓励了刑事被告人通过伪证为自己获得更宽大的量刑。调解秘密进行，作为一项规则，虽然禁止调解人披露任何调解内容，但居中调解者还是可以为了促进体制的整体进步，而进行一般性的评论。

与庭审相比，调解的最大益处在于，当事各方有能力创造性地对犯罪行为做出反应。目前，法官和陪审团在定罪量刑时，只能在严格的法律限制中做有限的选择，其决定通常涉及长期的监禁，对被告人及其家庭和社会共同体都产生了意想不到的负面影响。比如，对孩子的社会影响以及由于黑人男性被频繁定罪和监禁而引发的经济问题。在调解中，当事各方可以采纳一个范围广泛的、习惯使然的解决方案，包括儿童抚养协议、被害人赔偿、严厉的监禁、戒毒措施、心理健康服务和工作培训。

所需的实验计划

即使本建议得以落实，由于利益各方的数量和其他可变因素，不可能进行大规模的引入，故此很难预测它会对刑事司法体系产生怎样的影响。然而，考虑到强制调解可能获得的潜在收益，我提议在某个有创新精神的县或州就本文所建议的调解进行一次试验。

为此目的，值得对这样一个实验计划可能遇到的问题做一些利弊推敲，并且预测一些它在落实过程中要解决的问题。我希望我的建议能够使刑事司法体系更加有效地运作，随着刑罚的削减，可以减少被监禁者、犯罪率、再犯率和昂贵的庭审。还有一些不能一眼分辨的收益，比如增加了公正性和准确性，通过减少犯罪和对男青年的监禁，会有更多的健康家庭和社会共同体，也能增加公众的责任。这些收益需超过付给居中调解者的额外费用，超过创造性量刑所引起的社会服务的额外支出。还有，将严重犯罪引入调解，比庭审耗费更少，但是，将非常轻微的犯罪引入调解，却可能比目前的非正式解决更加昂贵。

在重要的当事人中，我料想检察官是最反对调解重大犯罪的。从理论上说，本建议并未减少控方的任何权力，检察官个人也没有承受经济损失，即使正式的调解导致了工作量的增加。地区检察官代表公众，他没有合法的权利进行恐吓或者实施其他不道德的秘密行径。但是，检察官可能会珍重这样一种能力：绕过或者打破规则，以对付有组织犯罪，挽救被绑架者生命，或者找到炸弹。这种冲突是真实的，而我所建议的制度将迫使社会公开讨论这些问题。在公共安全和公民自由的界限问题上做出强硬的决定。

总之，这个建议将辩诉交易带到阳光之下，并且最大限度地减少使用那个最耗时、最笨重、最昂贵以及最不可预测的机构，也就是陪审团。本建议增加了最小的额外程序，以换取最大的责任上的改进。我们将首次检视整个司法体系，以确定它到底是种族和阶层歧视的最后堡垒，还是达到最大正义的基本工具。我们还将改变刑事司法体系，使之从一个不加区别地适用罚金、监禁和处决的机制，变为一个更灵活的、对不当行为做出适当反应的机制，防止再犯，减少犯罪，帮助我们实现安全社会的目标。

提示与问题

1、调解和其他 ADR 过程越来越适用于大而复杂的民事案件。在这些案件中，公司及其律师选择雇用私人第三方。他们多数是退休的法官，由他们来审视证据，帮助当事人进行和解谈判并且做出决定。这种做法的不断增多，会产生什么问题？是否会导致许多人说的司法制度的"私人化"？

2、强制调解的优点是什么？问题是什么？对赞成和反对观点的评价，是如何帮助我们指导调解的公共政策的？

第十九章　纠纷解决与共同体司法

♣ 下面的阅读材料集中探讨对当代西方社会纠纷解决运动的不同诠释。萨莉·恩格·梅丽的文章比较了小型社会（small-scale societies）的调解与美国共同体调解方案。第二篇文章探索了赞成和反对被害人与加害者和好方案。最后一篇文章描述了在堕胎这个最有争议的话题上我们社会持尖锐对立观点的人所进行的长期对话。

第一节　非工业社会的调解组织：美国非正式的共同体司法的实质*

萨莉·恩格·梅丽

引　言

尽人皆知，美国法院没有能力以迅速、有效而又令当事人满意的方式解决微小的、个人之间的纠纷。20世纪美国社会不断增加的城市化、多变性与异质性，已经损害了以家庭、教会和社会共同体为根基的非正式的纠纷和解机制，并且增加了对处置家庭、邻里和社会共同体纠纷的其他手段的要求。然而，许多法律专家坚持认为，正规的法院及其对抗辩式审判的执着，它们的严格的程序规则，以及它们对于审判的依赖，使它们不适宜处置产生于现存社会关系的个人之间的多种多样的争执……

---

* Sally Engle Merry,"The Social Organization of Mediation in Nonindustrial Societies: Implications for Informal Community Justice in America," from *The Politics of Informal Justice*, edited by R. Abel.

将"Community Justice"译为"社区司法"，可能更简洁和被人接受，也比较准确，因为这种司法也主要是属地的。但本书绝大多数情况下坚持将"community"译为"社会共同体"或者"共同体"，因为它与"社区"毕竟不同。关于这个问题，可以参见本书第二篇第十章第二节中的"译注"。——译注……美国律师协会、美国司法部、美国仲裁协会、美国调解和冲突解决研究所（Institute for Mediation and Conflict Resolution），以及许多社会团体，正在尝试运用以社会共同体为基础的调解，解决微小的个人纠纷，认为这将提供一个更人道、反应更灵活且更易于接近的司法形式……然而，一项对调解的人类学模式的研究表明，正如这些尝试目前的构成，共同体调解在城市化的美国可能提供的友善而优质的司法，基本上没有达到它们的创造者所预期的水准。

每个社会都发展了一系列解决纠纷的机制，其中一些是非正式的、以血统、氏族、宗教联盟或家庭这些本土机构（local institutions）为根基的，另一些则更正规、更有强制性、更依赖政治等级制。随着小型的、以血亲为基础的社会向大规模的、复杂的、城市化的社会体系过渡，纠纷当事人越来越多地转而求助于正式的纠纷解决机制。然而，共同体调解致力于扭转乾坤，将控制某些种类的分裂和冒犯行为的职能，归还给当地的社会共同体。在那里，这些行为可以通过调解、妥协和恢复原状来加以处理，其强制力来自共同体的社会制裁和当事人平息纠纷的愿望。它寻求以邻里的非正规性替代法院的正规性，以更宽泛的道德叩问和责任分担替代狭窄的法律原则的考量，以妥协替代输赢，以补偿和非正式的社会压力替代罚金和监禁等刑罚制裁。

邻里调解的引入，经常被称为"公民纠纷解决"，① 因而是走向非法制化的总体运动的一部分。这个运动是将纠纷的管理从法院移出，其预设前提是：在现有法律体系的正式程序之外，实体正义能够更好地实现……显然，这种形式的纠纷解决，其抚慰与合意的性质，对于社会具有吸引力，而这个社会越来越多地批评对抗制审判和强制性制裁。在调解中，这些被建议的公民纠纷和解中心，似乎满足了两种皆大欢喜的利益结合：一种利益是关注提供给个人的司法的高质量和可

---

① 社会共同体纠纷和解中心，既可以法院为核心，也可以社会共同体为基础。所研究的大多数调解方案都与法院密切相关，它们从法院书记员和法官那里得到推荐，并依赖司法制裁的威胁来鼓励调解。而以社会共同体为基础的模式，是让当地社会共同体的领导人运筹这些方案，并作为调解人。它们避开任何与法院的联系，无论是案源，还是对不顺从的纠纷当事人的制裁……这些和解中心致力于运用共同体的社会压力引导对协议的遵守。

接近性；另一种利益是应付严重的法院拥塞和飞涨的法院成本。①

小型社会中的调解

从以血亲制度为其政治机构的农牧民族到集合成民族国家的农业村落，调解一直是社会了却纠纷的一种重要模式。尽管难于评价调解在这些不同背景下的"有效性"，但却能够检视纠纷当事人选择调解而不选择其他程序的各种条件。在第一种类型的社会中，纠纷当事人将调解视为替代暴力、争斗或战争的手段；而在第二种类型的社会中，当事人优先选择调解是为了避免诉诸暴力或法庭。

调解过程 调解是即时的，理想状态下，在纠纷发生之后，当事人巩固自己的立场之前，或者像维加利（Waigali）所说，"想到祖宗"即他们的骄傲和社会地位之前，立即着手调解。这一过程所耗费的时间，从几小时到几天，只要为达成和解所必须……谈判通常在公共场所进行，邻里和亲友可以提出意见，也可以责备无理的当事人。甚至当调解者私下会见当事人时，公众也可以通过双方亲友得知讨论的内容。

调解者安排损害赔偿。他们的职能通常是谈出一个双方满意的结果，途径是交换财物、划定新界或者公开致歉。仅仅含糊地承诺以后改进自己的行为是不够的。像侮辱、通奸、袭击乃至杀人，通常都认为是可以通过牛、羊或其他习惯认可的一定数量的有价物予以赔偿的。

调解程序通常立即在达成协议后结束，但是，当有必要延迟最后

---

① 公民纠纷解决方案，为相互熟识的内部、邻里、家庭、买卖以及租赁双方纠纷引起的、小的民事和刑事起诉提供了一种法庭审判之外的替代方式。……纠纷当事人可以在一种非正式的、个人化的、援助性的气氛中诉说自己的委屈。其中的第三方通常是社会共同体成员中一位非专业人士，他只调解纠纷，让纠纷各方共同营造一个相互接受的妥协解决，或者，在一些方案里，让双方服从仲裁。理想状态的调解体验是自愿的、非强制性的、更有人情味儿，更适合当事人而不是法院的需要。整个过程是一种讨价还价和谈判。讨论是没有限制的，可以充分暴露情感和观点，通常持续的时间也比庭审长得多。结局一般是妥协而不是胜负决定，并且考虑到双方的整体关系。规则为讨论提供了一个框架，各方运用这些规则为自己的立场辩护，但这些规则并不决定结果……这个过程不是让问题去适合规则，而是就公平与正义的和解而在双方之间达成一致协议，即使这样做背离了现存的规则……和解一般是补偿性的，而不是惩罚性的，注重的是缔造和平与恢复原状，而不是施加惩罚……它们使当事人言归于好，化解敌意，维持相对亲和与合作的关系。因此，调解程序似乎比审判更适宜弥和破裂的个人关系，因为它的本质在于"使双方修好的能力，不是凭借强加规则，而是依靠帮助他们达成一种新的对双方关系的共识，这种共识将重新指导他们对另一方的态度和意向"。

和解时，比如一方当事人正在找足够的羊作为赔偿，经常会重新召集人们来监督这种交换……在一个缺乏书面合同的社会，这种即时交换是协议履行的唯一保障……然而，当债务没有即时偿付时，他们通常是不满意的，要提供肥沃的土地作保，以备未来的纠纷。调解过程的最后一步，典型地是一种和解仪式，无论是黎巴嫩村落里的咖啡聚饮，还是像革命前的中国那样，由理亏者款待村众大吃一顿，以示歉意……

社会的调解组织 调解者是受人尊敬的、有影响力的社会共同体成员，他有经验和公认的解决纠纷的技能。成功的和解，巩固了他们的尊显和政治地位，而且通常还能从当事人那里得到某种形式的报酬……调解人通常有特殊的宗教身份……他们因富于技巧地组织谈判，精通共同体的规范和谱系，公平正大，这些声誉为他们带来更多的案件和更大的政治影响。调解者不是外来的权威，而是亲族、年龄相仿者、当地村落或其他社会团体的非正式领袖……他们通常比纠纷者有更高的社会地位。当纠纷涉及更高社会阶层时，通常需要外来者……

调解者代表他所在的社会共同体的规范和价值观，他们经常是因其对道德问题的精通而拥有其地位的。他们鼓励与普遍接受的正义观念相一致的和解，用习惯、美德和公正的字眼儿加以表达，并且反映着共同体对于适当行为的判断。轻视这种和解，就是蔑视共同体的道德秩序。调解者通常对一方或双方当事人进行一番道德说教。最后，他们谙熟村落社会关系和家庭谱系，将大量知识带入冲突解决。这些知识是关于如何对待他人，以及当事人的声誉和社会身份的。调解者的经验来自过去相似的案件和关于纠纷的本地习惯的知识，并且运用这些规则论证调解意见的正当性。

调解和解的本质 调解和解是以强制为后盾的。尽管调解者缺乏施加判决的权威，但他总能运用其影响和社会压力，说服执拗的某方当事人接受某种和解，并且通常是接受调解者提议的那种和解。共同体还对当事人施加社会压力，让他们缔结并遵守协议。超自然的制裁通常也是极为重要的。

既然调解者通常是有权势和影响的，失去他们的善意，本身就是令人担心的。一些人仅仅是利用双方的和解……而另一些人实际上采用了审判，用武力来支持他们的判决……

共同体本身也施加着和解的压力。不驯服的纠纷当事人成为闲言和指责的对象……巫术和关于疾病的超自然的信仰，也是恢复和谐关系强有力的刺激因素……

强制与社会压力的进一步形式，是一种维持与另一方当事人和平关系的需要。终结这种关系可能损害政治、经济或血亲间的交易。暴力的威胁或者法院的诉讼，让人想到的景象是无休止的毁灭性诉讼或者是血腥的仇怨。只要他们寻求避免这些灾难，纠纷各方就被迫和解了事。无论如何，在任何案件中，调解者的决定都不是以国家机构的强制力作为后盾的，各方当事人总有拒绝调解并面对后果的自由。

不平等者之间的纠纷，其调解和解也是不平等的。除了少许例外，调解和解反映着纠纷者之间身份的不平等。苏丹的努尔人（Nuer）和新几内亚的恩加人（Enga），对杀人的赔偿是依死者的社会身份而定的。伊弗高人（Ifugao）的赔偿是依原、被告的身份而定的……

既然调解者没有能力强制执行其决定，就必须找到一个双方愿意接受的结果。双方接受的解决，一般是弱者做更大的让步……调解者的权力越大，他强加一项不顾双方不平等状况的解决的能力也越大。至少在理论上，法官裁判的是纠纷者的法律权利，他不必权衡双方整个的社会个性。

当代美国的共同体调解方案

分析小型社会的调解，对于该过程在城市化的美国的职能及其所能提供的司法的质量，都具有重要的意义。首先，城市化美国的调解比小型社会的调解更敷衍、更拖拉、更不具体。案发后的听案，典型情况下要进行7到11天……这段时间可能意味着纠纷当事人已经强化了自己的地位。大部分案件是法官推荐的，其间，原告人已经决心抵制协商和解。人们试验将调解的听案延迟3个星期，让纠纷"冷却"下来，但实验结果却支持即时介入的明智性，因为这段时间后出席调解的当事人急剧下降……谈判与和解是非常私人化的，所以，除了像旧金山社会共同体委员会（San Francisco Community Boards）这样一些以社会共同体为基础的调解外，社会共同体成员既无从参与协议，又不能压服当事人遵守。美国各调解中心的听案最多持续两个半小时，一般都少于这个时间……尽管这比许多庭审时间要长，但它尚不及小型社会调解所用的时间和资源。

其次，城市化的美国邻里关系是一个包容性极强的社会体系，它与小型的非工业化社会有着极大的区别。我以前主张……调解的有效性有赖于一个有凝聚力的、稳定的、道德一致的共同体的存在，这样一个共同体的非正式的社会控制力量能够用来促成和解。然而，既然美国的调解中心在大城市行使职能，一般说来，就不存在引导纠纷当事人接受妥协和解的社会共同体压力了。纠纷各方很少置身于需要维持合作关系的封闭而团结的社会体系中。即使纠纷各方来自同一街区，除非他们被结合于同一社会结构中，否则他们在一种关系中的冲突不会对他人产生影响。进而，他们可以选择搬迁，远离冲突，而不必通过妥协来解决冲突。也许，这是美国社会频繁出现的模式……尽管它的成本很高……

我本人对城市社会共同体的研究显示，躲避和搬迁虽很常见，但它们通常是在漫长的冲突和无计可施之后无奈的选择……在低收入、多种族的住房规划建设中，多数纠纷都经历了漫长的忍耐：狂吠的狗、昏暗的梯井、小偷小摸、妒忌而粗暴的情人，其间，当事人也尝试过各种各样正式的第三方——管理办公室、警察和法院——来解决问题，但这些中立者能够解决的纠纷不多。纠纷当事人也很少求助于街区负责人。启动社会共同体公意的努力，在一个分割的、多样的共同体中收效甚微，因为它的社会网络在很大程度上受限于各自的种族集团……纠纷者倾向于将暴力作为替代正式第三方的一种选择。长远看来，纠纷是在一方或双方撤退之后才最终得以终结的。因此，美国社会的这个部分，其社会结构是支离的，人口是流动的，人们没有多少调解纠纷的需要，因而调解和妥协的动因相应减小了。

以法院为基地的公民纠纷解决方案，其组织形式也无法利用现有的非正式社会控制模式。大部分调解方案所服务的地域都有几千人乃至几百万人，而不是居民只属于单一社会网络的较小的社会单位。尽管调解人通常是从"本地共同体"选出的，但对纠纷者来说，他几乎总须是个陌生人，以确保他的不偏不倚。这意味着他缺少个人经历、名誉、当地以往和解的性质的知识储备，而这些对调解者的成功是至关重要的……调解者不是一个有非同寻常的声誉、道德水准或者街区影响力的人，而仅仅是一位居民，受个把星期的调解培训，在晚上或周末听一些案子，得一点儿名义上的报酬。

这些调解者还无法以共有的道德体系来解决纠纷。他们的培训人告诫他们，不要做道德声明或者道德判断。培训人鼓励他们在寻求双方接受的结局时，可以不顾相关法律或规范的观念……因为每一调解中心的服务区域广大，所以调解者必须用各种规范和价值观处理来自不同街区的各种案件。他们无法假定自己与纠纷当事人有同样的价值体系，也无法假定纠纷当事人在规范性标准上能达成一致。他们也不熟悉可以引为先例的相似纠纷的处理结果。公意也无助于在仅有调解者和纠纷者参与的私人会晤中形成一种决定。不公开的听案无助于解决整个街区更广泛的难题……协议也没有非工业社会那种公共仪式的严肃性，这种严肃性通常有助于强化当事人的承诺，支持协议，并保障公众的同意。

在那些希望维持其既有关系的当事人中，公民纠纷解决方案最为有效。尽管大多数的调解中心强调孤立解决"现存社会关系"中的冲突，但这一术语掩盖了以下两种关系的重要区别：有着很长的历史，但现在正在终结；虽然历史短暂，却有着长远的未来……后一种情况对于调解而言是一个关键的变量，租户同房东妥协的愿望，在其打算再住10年时比他下周就要搬走时要大得多。同样，家庭内部冲突的当事人如果希望维持关系，则问题的处理将有别于当事人正努力达成分居协议的时候。当分居双方共同承担孩子的监护义务时，他们的关系必然会存在下去，调解可能再次适用。在当事人希望和解而不是希望获胜的情况下，调解者更容易取得成功。

进而，调解有赖于一种社会共同体的纤维组织，它将当事人维系于对双方都极为重要的关系之中，并提供一个共同的价值观，以讨论纠纷的解决。在美国，城市中的种族飞地通常都具备这些品质……在这些社会背景下，调解方案能够通过挑选有影响的、德高望重的人充当调解人并公开听案，从而获得一种非正式的制裁力。

这种跨文化的对调解的分析所揭示的第三种含义是，这一过程更适于通过简单地以物易物即可解决的具体纠纷，而不适于那些产生于侮辱与敌对、相互虐待、爱与恨等复杂感情纠葛或者个人敌意深重的纠纷。后者的解决，通常涉及改变行为或加以回避等模糊承诺……对于这后一种纠纷，人们往往提倡调解解决，法官、检察官和警察也觉得非常棘手……不过，研究显示，这样的案件最不适于长期的调解解决，而从长远看，适合调解的、更易为当事人所满意的正是那前一种案件……当事人认为适宜慢慢解决（听案后6到12个月）的是出租与承租、骚扰和返还金钱或财物案件，而家庭或孩子抚养及邻里纠纷被认为最不适宜调解……具有讽刺意味的是，最经常提倡适用公民纠纷解决的案件，正是最不适宜调解的，审判可能更有效、更公正地处理了这类案件。因此，调解方案可以有效帮助法院摆脱案件壅塞，处理一些棘手案件，但却不适宜为家庭和邻里纠纷案件提供所谓更好的程序。

　　强制性是小型社会中调解的第四个特征，它对美国的调解方案具有重要意义。乡村和游牧社会的调解必定伴之以强制，但其强制形式不是国家的强制，而是非正式的社会压力、恐惧超自然的报复、想到委屈的对方当事人或者调解人的暴力。美国的调解方案，其强制作用是一个反复出现的话题……比如，戴德县公民纠纷和解方案（Dade County Citizen Dispute Settlement Programs）自认为主要难题是该方案"没有牙齿"，建议要有强制传唤的权力，并且调解协议在法律上能够强制执行……许多公民纠纷解决方案一直被高比例的"不出场"这样一个问题困扰着——纠纷当事人在安排好的调解时间里不露面。佛罗里达州的调解人希望有更大的法律权威来对付这种局面……

　　不仅如此，法院被用来强迫纠纷当事人不仅同意调解，而且达成和解并受结果约束。在许多调解方案中，案件得以进行是因为有法庭的影子，当事人意识到，不达成一致将使他们回到法官面前。那些不能说服当事人服从调解并达成协议的调解人威胁当事人说，如果调解失败，等待他们的将是法庭诉讼。三个由联邦资助的街区司法中心依仗警察、检察官或法官推荐本身所隐含的强制，让当事人想到，纠纷调解不成，就只有审判……

　　因此，公民纠纷解决运动有内在的压力，更多地指望法院的强制权力，或者要求为调解者争得新的强制权力，以弥补非正式压力之不足。这便威胁着调解的首要魅力——较少的强制，较多的共识。进而，这一趋势使准司法的幽灵携强制之权徘徊于法院门前，控制公民而又不给其正当程序和控辩对抗的法律保护……这样的准司法机构可能变成国家扩展其权力的一种形式，侵入公民的日常生活，而又不适当考虑公民的法律权利……

　　种种迹象表明，公民纠纷解决方案正在运用第二种战略来对付强制力问题：制作双方同意的协议，看似提供了一个答案，然而，协议其实毫无意义，不具有任何执行力。虽然经常使用的衡量公民纠纷解决成功与否的尺度是其达成协议的比率，但低质的和解很难衡量或评价……调解方案颇遭微词，因为它们没有能力处置社会冲突的根源问题，比如，不平等、贫困、失业、种族主义或男性至上主义。甚至在家庭纠纷中，没有强制力的和解，也可能永远无法产生所期望的那种和解……

　　在我对城市化的美国街区纠纷类型的研究中，发现纠纷当事人将个人之间的纠纷诉诸法院，只是将其作为一种制裁，而不是将其作为解决纠纷的场所……尤其那些少有能力使用暴力的妇女和老人，他们威胁要去法院或真的走进法院，不是因为他们期望赢得一个有效的判决（案件经常被驳回），而是为了平衡已倾斜的天平。如果这就是法院在解决家庭或邻里纠纷中扮演的角色，那么调解显然无法充分取而代之。

人们批评调解方案，说它制造无意义的和解。这一批评受到下述事实的支持：尽管这些调解似乎提供了非常需要的服务，但它们所解决的案件仍然很少，大量的显然适宜调解的案件继续涌入法院。许多被推荐的调解见不到当事人，自愿的调解只占一小部分。比如，在其开始工作的头6个月中，3个街区司法中心共听案525个，据称86%得以解决，但这仅代表每个中心每个月只听案29个，考虑到每个中心所服务的广大城市区域，这便是一个惊人的低效用……也许，这一低效用仅仅代表公众的惰性或对调解的无知，但它还可能说明当事人认为，它们对于纠纷的解决是无效的或者不适宜的，因而将他们的冲突带到别的地方去解决。

然而，调解可以为纠纷解决提供一个有效工具，如果其能力和过程能够被更仔细地理解，而对其适用更严格地加以限制的话。在纠纷双方都希望维持关系的时候，调解最为适宜。这种愿望提供了和解的动因，寻求的是和平，而不是胜利。比如，邻里间为四至而发生的争吵，或者配偶为孩子抚养而起的争执，他们必然发现大家还要在一起生活，这种和解的需求本身就是一种促成合意的动力。

我们观察到的小型社会调解的不平等性，提出了关于美国调解中心司法质量的令人忧虑的问题。调解的影响力可能非常不同，全赖纠纷者之间是否平等。调解和解结果永远依社会身份而存在不同——这一特征，在非工业化的等级社会和崇尚平等主义思想的工业化阶级社会，其内涵殊为不同。平等者之间的冲突和不平等者之间的冲突，两者都离不开"现存社会关系"的程式，因而被认为是适合调解的。不过，相对平等者之间的纠纷，比如邻里或本地小商贩与顾客之间的纠纷，与相对不平等者之间的纠纷，比如狂暴的丈夫和被虐待的妻子之间或者巨商与客户之间的纠纷，情况是非常不同的。不平等者之间的纠纷中，较弱的一方可能转向第三方以求平衡，并找到一种平等的解决，就像那个没有权力的夏安人求助于一位重要的首领一样……为了有效，第三方必须拥有足够的力量，以平衡纠纷者之间的天平。除非调解中心处理了这一难题或者决定只处置平等者之间的纠纷，否则，它们要冒亏待弱者的危险。它们可能既不能给予弱者足够的补偿，又阻碍了弱者诉诸法院的路径。至少从理论上说，弱者在法院可以要求一个法律上公正的了却……当然，大量研究表明，法律也同样使不平等长久存在下去……

某些研究显示，不平等者之间的纠纷也可以成为调解的主要对象，尽管我们缺少现行调解方案中这方面的信息。在其工作的头6个月中，三个街区司法中心发现，几乎一半的被告方是法人或者公私组织的代表，而它们作为原告方的情形却只有5%……在有关佛罗里达州调解方案的两份报告中，被告方对调解表示满意的通常多于原告方，尽管这些研究没有列明法人代表的比例……因此，我们必须追问：调解为弱者所做的一切是否比法院做得更好，或者只是使不平等得以永存，就像在小型社会里那样。一种模式的纠纷解决，若其结果清晰地反映了美国社会经济和政治的不平等，它在一个基于法律平等——即使不是社会平等——的政体里，最终将是不可接受的。

结　论

现存的调解样式，尤其与法院有密切联系者，其功能殊为不同于非工业化社会的调解。这些调解方案不以植根于本地共同体的非正式的社会控制为依托。在种族成分混杂的城市街区，共同体的社会纤维组织松散，调解方案只好向法院寻求威慑力，以达成和解。既然乞灵于调解的人是因为不满于个人纠纷中的惩罚性制裁，但这种制裁却从后门溜了进来，代表了一种制裁模式的回归，而这一制裁已被判定为是能力不足的。如果纠纷当事人在诉诸法院之前被强迫努力进行调解，则最好的情况下，调解中心也不过是毫无意义的，而最坏的情况下，它将是公民与法院之间的又一道障碍。

另一方面，如果调解能够建立在现存的共同体结构上，而不是依附于法律体系上，如果调解能够限于相对平等者之间的纠纷，如果它只用于着眼未来的、各方都深感和解之必要的那些纠纷，则调解还是有着巨大的潜力。它为解决因误解和有欠沟通而产生的纠纷带来了希望，这些纠纷中的当事人都希望避免法院的责罚，他们之间的协议只涉及特定的交换，而不涉及改进行为的长期承诺。

也许，致力于以现存社会结构为基础的调解方案，通过公开听案并聘请有影响力的头面人物作为社会关系紧密的小区域的调解人，调动非正式的社会压力，这样的调解能够达成有效的纠纷解决，而无须诉诸国家的制裁。但是，在某些情境下，社会结构可能过于松散，人口结构变动过快,以至于使调解不能像其在人类学原型中那样发挥作用。调解不是医治困扰法院疾患的灵丹妙药,它也不可能独自力挽狂澜,扭转美国社会本土共同体的瓦解趋势。

在秩序和自由这两个相互冲突的目的之间,社会总须做出某种选择。笨拙的、形式主义的正当程序过程,至少从理想上是为了保护自由、维持法治、反抗国家压迫。然而,这些为保护个人自由而设置的程序保障的代价,可能是某种程度的混乱、分裂或者未受惩罚的规则违反,以及案件诉讼过程的低效。20世纪美国的社会变迁已经使社会共同体对人们行为的控制逐渐松动,给不守成规、分裂破坏、离经叛道的个人更多的自由。随着非正式社会控制的解体,可感知的无序与日俱增,这已经导致人们强烈要求法院恢复秩序,甚至在邻里纠纷和公民冲突的领域……从这个角度说,公民纠纷解决运动是反常的:它谋求将控制不可接受的行为的权力交还给当地的共同体,而又不牺牲更多的个人自由与自治,而这种自由与自治正是崩溃的非正式的社会控制所提供的。非正式的控制机制,以个人自由尤其是位卑权微者的个人自由为代价,在小型社会营造了秩序。特别有益的教训是,在美国,调解自然发生的那些背景也正是位显权重者对人们极尽操控的那些环境……如果美国人不想回到一个其行为随时可被邻人或同事裁判和谴责的社会,那么,调解方案将不会起什么作用。

这种替代只是创制了一些机构,表面上允许社会共同体控制人的行为,实际上是在缺乏正当程序保护的情况下提供一个处置纠纷的场所……我们仍然对调解方案将做什么所知甚少,但它们包含着这样一种可能性:国家在法治之外不断增加对个人行为的控制,并且以个人自由为代价来加强社会秩序。

提示与问题

1、丹尼尔·麦克吉利斯(Daniel McGillis)是哈佛大学法学院刑事司法中心的研究人员,他对调解方案优缺点的解释不同于前文作者:

> 纠纷调解方案的存在和发展,说明了它们必定做了许多有益的事情,尤其是考虑到20世纪70年代许多其他的社会方案都例行地夭折了……
> 虽然这些调解在许多方面是成功的,但它们肯定没有完成许多原定的乐观目标。人们期望这些调解能减少法院讼累,为余下的案件解放资源。证据显示,这些方案在这方面是远远不够成功的。关于这一目标的一个推论是司法系统成本的预期减少(因为调解与审判相比非常低廉)。然而,

还没听说法院将未花掉的钱寄回政府金库。事实上,就每个案件的平均费用而言,某些调解方案是相当昂贵的。与法院相比,它们还典型地无法应接大量的案件。一些由法院和检察官办公室赞助的方案属于例外,它们每年受理案件一万有余。但是,对这些方案有了大约10年的经验后,我们可以自信地说,美国人民尚不急于奔向调解之门,尽管这更多地归因于佩里·梅森(Perry Mason)所理想化的、美国人注重在法院解决纠纷,而不是由于对纠纷解决方案有什么根本误解。

那么,调解方案做的哪些贡献可以证明当地和州政府在资源紧缺的情况下对它们的投入是值得的?调解方案实现的最可能的成就是它们为多种类型的案件提供了一个前置程序。研究表明,暂时的印象是人们乐于调解他们的案件。他们典型地将这个过程视为更公正、更易于理解,而且,他们喜欢自己参与达成的协议。调解的案件有大约80%达成了协议。纠纷当事人不断报告说,他们对调解过程很满意,认为结果也很公平……迈阿密州地区法院对微小民事案件的调解进行了研究,表明调解案件中的被告人(70%)比法庭中的相应被告人(34%)更乐于依和解协议全额赔付。①

2、为什么调解方案似乎不那么吸引人?受理案件的数量是成功的一种标志吗?在评价调解方案的成败时,应考虑哪些其他因素?

3、你认为人们对案件结果满意非常重要吗?

♣ 下面的这篇文章检视了被用于刑事案件的一种调解形式,为犯罪被害人面对其加害者提供了一个机会。这一方法背后的思想是为犯罪被害人参与司法过程提供更多的机会,促进对被害人和加害者双方的"疗治"。

第二节　美国的被害人与加害者调解的发展和影响*

马克·尤姆布里特

对于一般官员和公民而言,让犯罪被害人直面其加害者的想法是难以接受的。"为什么被害人要见那个罪犯?""被害人都很愤怒,他们

---

① *Community Dispute Resolution Programs and Public Policy* (Washington, D.C.: U.S. Department of Justice, National Institute of Justice, 1986), pp. 13–14.

* Mark S. Umbreit, "The Development and Impact of Victim–Offender Mediation in the United States," *Mediation Quarterly*, Vol. 12, No. 3, pp. 263–276, 1995.

想更严厉地惩罚加害者。""这对被害人有什么好处?""为什么加害者会愿意见被害人呢?""有什么好调解或者谈判的?"经常可以听到一些人在做这样的评论或者提这样的问题,但这些人不熟悉被害人与加害者调解的过程,甚至 ADR 领域的一些人也是如此。

然而,事实仍然是,从北美到欧洲,在数目不断增加的社会共同体中,犯罪被害人越来越多地在受过培训的调解人在场的情况下与他们的加害者面对面地接触了。被害人有机会告诉加害者犯罪如何影响了他们,他们能够得到萦绕不去的问题的答案,比如:"为什么是我?""你一直在跟踪我吗?"那些犯了某类罪的人也能讲他们的故事,对他们的品格有更人性的描画,承认自己的行为过错,并且改过自新。双方在一起有机会谈出一个彼此都能接受的对被害人的补偿方案。

20 世纪 70 年代末,只有几个为被害人与加害者提供调解与和好服务的方案,而且几乎都在美国和加拿大。今天,美国有大约 125 个被害人与加害者调解方案,加拿大有近 30 个。欧洲甚至有了更多的这类方案,它们是从 20 世纪 80 年代中期开始发展起来的(大多以美国和加拿大模式的被害人与加害者和解方案为基础)。这些方案目前在欧洲比在北美发展更快(见图表 19.1 - A)。

图表 19.1 - A 被害人与加害者调解方案的国际发展

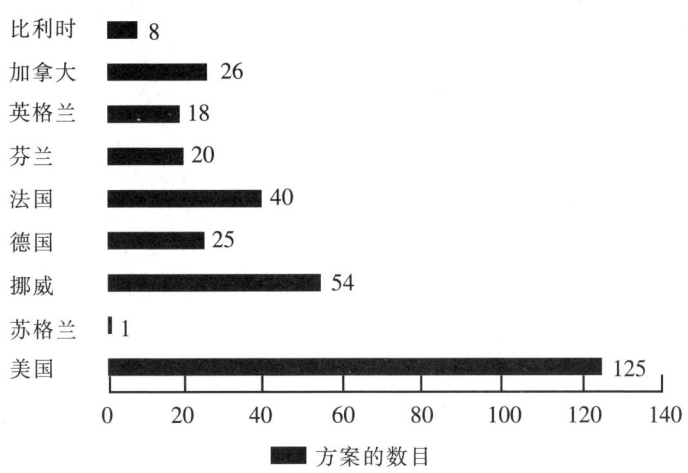

---

① 奥地利联邦的政策是使被害人与加害者调解在其 9 个省的 143 个城市中都适用于年轻人。

被害人与加害者调解领域已经不再是一个简单的实验，而是一个正在萌生的 ADR 的领域，它不断成长着，但许多人不太理解它。在被害人与加害者的冲突中适用调解技巧，既相似又有别于传统的调解方案。下文综观被害人与加害者冲突的调解实践：首先是这项运动的历史根源及其理论基础，然后描述经常运用的调解过程、不同的方案模式和风格。另外，它与传统调解的相似点与不同点是值得特别关注的，当然，还有其他研究所得。本文之结论是指出被害人与加害者调解领域所面临的危险和存在的机会。虽然对北美和欧洲的被害人与加害者调解发展有所引证参考，但总体上主要聚焦美国的情形。

历史发展

被害人与加害者调解运动似乎至少从两个不同的传统中发展而来，特别是 20 世纪 70 年代中后期，尝试调解被害人与加害者冲突的各种方案之间很少有相互的了解或者信息沟通。美国的被害人与加害者调解领域与 1978 年在印第安纳州厄克哈特（Elkhart）第一个被害人与加害者和解方案（victim-offender reconciliation program）的发展有关，这个方案简称 VORP。这个美国最初的 VORP 是"门诺教派中心委员会"（Mennonite Central Committee）和简称 PACT 的"囚犯与社会共同体"（Prisoner and Community Together）组织的一次共同努力。它以 1974 年始于加拿大安大略省基彻内尔（Kitchener）的 VORP 为榜样。至今，VORP 的传统仍然最清晰地表达和展现了被害人与加害者调解，而它已经深刻影响了更广泛的领域，尤其是私人的、以社会共同体为基础的机构和一些与教会有关的组织。

另一个传统，实际上早于 VORP 运动，发端于公共刑事司法部门，主要是在缓刑局。最初的努力可追溯到 20 世纪 60 年代，当时一小部分缓刑局开始看到被害人与加害者会面的价值，尝试将犯罪被害人和年轻的加害者带到一起。总共有 34 个方案涉及少年司法系统的被害人与加害者调解，这一切开始于 1965 年至 1979 年间。如果一个人在这些方案中寻找调解语言，那么他几乎是找不到的。然而，早些年实际适用的程序，尽管肯定不适合今天调解的技术定义，却明显相当于我们现在所理解的被害人与加害者调解。

被害人与加害者调解方案的又一例证是明尼苏达州赔偿中心（Minnesota Restitution Center），1970 年由明尼苏达州矫正局（Minnesota Department of Corrections）建于明尼波利斯。在这个方案中，成年的财产加害者从监狱被转到一个居住中心,他们将与被害人见面,决定赔偿计划。尽管运作这个全国公认方案的人们并没有将他们所做的一切视为调解,但实际运用的程序却在多方面——虽然不是全部——相似于我们现在所称的被害人与加害者调解。

被害人与加害者调解的理论基础

被害人与加害者调解在北美和欧洲当前的发展,是以一种社会理论的新近发展为背景的,这一理论描述了司法的两种不同范式。古老的范式是报应性司法(retributive justice),在这一背景下,国家是主要的被害人,注意的焦点在于破坏了国家利益的加害者。个人被害人被置于被动地位。被害人即使参与了司法过程,那也是程度些微的。报应性司法范式主张被害人与加害者之间的对抗关系,强调施加严厉的刑罚,以威慑或预防未来的犯罪。犯罪行为所具有的个人特征没有得到任何重视,个人被害人的利益也遭到忽略。霍华德·泽尔(Howard Zehr)指出:在这一古老范式中,加害者与其被害人之间的实际冲突被强化了。

恢复性司法(restorative justice)范式以不同的观点看待犯罪,将犯罪定义为一个人对另一个人的侵犯,而不是对国家利益的侵犯。在这一新的范式中,焦点放在为未来解决问题,而不是为过去的行为确立责罚,对抗和谈判成了规范。恢复性司法不是施加严厉的刑罚,而是强调以赔偿作为一种恢复双方关系的手段,双方的和解是最终的目标。被害人不再被忽视,加害者也不是完全被置于被动地位,相反,恢复性司法范式将被害和加害双方都置于积极的和面对面的解决问题的角色中。

不断增加的研究正在质疑报应性司法范式的某些主要假定。这些研究表明,一般公众,特别是犯罪被害人,远不像人们想的那么具有报复性。许多被害人似乎非常支持替代性方案,包括调解,这些方案强调为加害者及其被害人在社会共同体的语境下提供一系列的社会服务。

将焦点集中在加害者身上,这种做法左右了刑事司法系统。结果是,犯罪被害人被置于完全被动的地位,他们甚至经常得不到帮助或者信息。一种无力的、易受伤害的感觉是绝大多数犯罪被害人的共同体验。一些人甚至觉得,刑事司法系统给他们的非个人化的待遇,使他们遭受了第二次伤害。这个系统经常以加害者对待他们的方式对待他们，作为一个客体、一件证据，而不是一个有感觉和利益的人。加害者很少有机会理解或者面对他们的罪行给他人造成的真正影响，很少能够得知被害人也是人，而不是虐待的目标和客体。那些违法者会为自己的罪行做诸多辩解，对于被害人与加害者而言，经过报应性司法过程，愤怒、沮丧和冲突会步步升级。

被害人与加害者冲突的调解过程，不再继续刑事和少年司法系统的非人性化，而是吸收某些相当老式的原则，将犯罪视为基本上是反对个人的，而不仅是反对国家的。被害人与加害者调解不是强调一个对抗过程，将国家利益置于被害人个人利益之上，且不允许加害者接近他所侵害的人，而是促成一种积极的和个人化的致力于冲突解决的过程。这种调解试图兼顾双方的利益，代表了更大的刑事司法系统中的一个独特过程。

调解方案的诸种模式

过去10年里，至少出现了4种不同的被害人与加害者调解模式。（必须注意，许多这类的方案，尤其是那些最初或者倾向加害者或者倾向被害人的方案，都一致强调运用社会共同体的志愿者作为调解人。）

与教会相关的方案　VORP模式最初的发展，最生动、最通俗地表达了被害人与加害者调解的概念。这种模式与门诺派教徒志愿者和美国、加拿大的缓刑执行官的努力密不可分。正如美国第一个VORP的主任、美国门诺教派中心委员会的刑事司法办公室（Office of Criminal Justice）现任主任霍华德·泽尔指出的："这种双重观点似乎是将犯罪看成必须治愈的共同体的创伤。强调的重点是疗治——重建正确的关系——手段是补偿而不是报应。"

这些年里，VORP模式已为各种宗教和世俗传统的人们广为接受。门诺教派仍继续在被害人与加害者和解中扮演重要角色，它相信恢复性而不是报应性司法，正在提升被害人与加害者和解的价值。

与教会相关的被害人与加害者调解与和解模式，最明显的例子是为数不多的直接由各种教会赞助的方案。其他与教会相关的方案是些独立的、以社会共同体为核心的调解机构，但它们的资金主要来自教会成员和组织。

加利福尼亚州弗瑞斯诺（Fresno）县的VORP方案，也许是与教会相关的方案的最好例证。由于它与门诺教派的密切关系，它的发展颇有力度，每年受理400个少年犯罪案的调解。这一方案虽未得到政府资助，但却发展了越来越多的基督教共同体的个人捐助者。另一个例子是正义之友（Justice Fellowship）的努力，作为一个福音派基督教组织，它通过在全国的志愿者网络和不多的工作人员，正在积极促进恢复性司法和以教会为核心的被害人与加害者和解方案，还一直在帮助启动多个教会资助的调解方案。

以社会共同体为核心的刑事司法私人机构 调解方案的绝大部分是由私人的非营利机构发展起来的，这些机构一直是在刑事司法系统内工作的。其中一些方案开始时是针对加害者的，后来扩展到为被害人提供服务的领域。位于印第安纳州瓦尔帕莱索的PACT组织，就是社会共同体刑事司法私人机构的最佳范例。

在其最初的发展中，PACT只关注为加害者和有前科者提供居住、工作和辩护服务。几年后，它将自己的使命扩展到为被害人服务，印第安纳州在密歇根市启动首次被害人/证人帮助方案，随后与门诺教派中心委员会一道工作，发展起美国第一个VORP。

位于明尼波利斯的明尼苏达州"犯罪与司法公民理事会"（Minnesota Citizens Council on Crime and Justice）是共同体调解机构的又一范例，它提供广泛的服务，最初只对加害者，现在还对被害人。事实上，明尼苏达公民理事会是首先在美国启动犯罪被害人多项服务中心的机构之一，这个中心每年为几千名被害人提供服务。明尼苏达公民理事会调解服务机构正在运转一个1985年启动的被害人与加害者调解方案。

另外一些社会共同体调解方案发展出一种全新的非营利机构。这些被害人与加害者调解机构最大的困难是，没有更大的保护组织的帮助和资助，如何发展它们的方案并确保资金来源？晚近，一些被害人支持机构正在考虑设立一个被害人与加害者调解部门。在宾夕法尼亚州太子（Dauphin）县的被害人/证人帮助方案就是这种机构的极好例子。

以缓刑为基础的机构 在许多州，以缓刑为基础的机构通常处理少年犯案件，它们从开始就已经参与了被害人与加害者调解的发展过程。事实上，位于厄克哈特的美国第一个VORP，最初就是在缓刑执行官的帮助和协调下发展起来的。这些执行官在短时间内就认识到，在私人共同体机构的帮助下，他们的工作会更有成效。与此同时，在印第安纳州北部发展的第一个VORP，明尼苏达南部的达科他县少年缓刑执行局，启动了它们的"面对面"调解方案。在基本不了解VORP并且对调解术语所知甚少的情况下，这一方案清晰地包括了被害人与加害者调解的基本原则。一个重要的例外是,缓刑执行官充当这些方案的调解人,而他们显然不是中立的第三方。

其他以缓刑为基础的方案,或者聘请一个新的工作人员,只充当调解人,而不让他具有传统的缓刑/监督的职责,或者让社会共同体志愿者作为调解人。比如马萨诸塞州昆西(Quincy)的"赢得方案"(Earn It program),一个少年法院的法官负责保障额外的金钱,以聘用一个新人专职为调解/赔偿方案服务。德克萨斯州达拉斯和奥斯汀的被害人与加害者调解是一项以缓刑为基础的方案,它们使用来自当地纠纷和解中心受过培训的志愿调解人。

既然以缓刑为基础的方案显然不是中立的第三方所从事的工作,则让其工作人员只做初期的工作,而让受过培训的社会共同体志愿者充当调解人,这样做是保证这些调解方案正直性的极好策略。

纠纷和解中心 这一模式从早期的加害者与被害人冲突调解一直发展至今,似乎还在不断发展。它由已建立的社会共同体纠纷和解中心组成,这些中心的工作中又加入了被害人与加害者调解的成分。这一模式有许多优点。既已建立的机构拥有现成的受过训练的调解人,并且熟悉冲突解决这个领域。给一个现存的一直主要处理邻里冲突的纠纷和解中心加入一项新的工作内容,比新建一个调解方案需要较少的时间和资源。而且,这一机构既有的信誉会大大加强新方案的发展。然而,一个可能的难题是,受训在一种冲突解决工作中充当调解的人,需要在另一类冲突解决中工作,而一种工作,如果用适合它的案件处置程序,效率会更高。

除刚刚描述的4种模式外,还有一些不具有代表性的其他模式。在纽约州,警察局赞助的一个方案从20世纪80年代早期即开始运用被害人与加害者调解的概念。位于纽约州吉纳西(Genesee)县的这个方案主要针对暴力犯罪。俄克拉何马州矫治局主办了全州范围的、加害者定罪后的被害人与加害者调解,既针对财产犯罪,也针对某些暴力犯罪。俄克拉何马是唯一拥有明确的、立法授权的、在全州范围内施行的被害人与加害者调解机制的州。阿尔伯克基市的被害人与加害者调解方案由新墨西哥州纠纷解决中心和少年缓刑局联合赞助,这些机构为该方案负担资金和人员。

与其他背景的调解的比较

调解犯罪被害人与加害者之间的冲突,显然要适用不寻常的调解技巧。然而，它没有超出调解的基本定义和准则。尽管如此，被害人与加害者调解起作用的背景导致一系列与传统调解的显著不同。

几乎所有其他调解都发生在关系平等或不平等的个人之间（地主与佃农、丈夫与妻子、雇主与雇员、农工与放贷人，等等）。在被害人与加害者冲突中，绝大多数但不是全部的调解参与者是陌生人。冲突的要点更明确，有一个明确的被害人和一个已经承认罪行的侵害者。定罪不是关键。调解的过程是时间有限的、以问题解决为目的的介入，它促进一种作为恢复性的正义感，方法是互通信息以及被害人与加害者亲自参加的赔偿谈判。

权力失衡是大多数调解者主要关心的，正是因为这里有明确的被害人和明确的加害者，所以存在严重的权力失衡。两造都是冲突的制造者，在此就是不适当的假定。因此，需要一个中性词，比如"纠纷者"。某个人被侵犯了，因而必须直接给予被害人特别的关注，以保证他不受调解过程的第二次侵害。这种对于被害人的格外关切，不能以调解方案对加害者的漠视或者违反第三方主持的谈判程序为代价。然而，这意味着被害人必须是绝对自愿参加调解方案的。调解的时间和地点不能破坏当事人的安全感、妥当感和方便感。

一些调解者认为，对陌生人适用调解是非常困难的。然而，被害人与加害者调解领域的经验说明，情况正好相反，情感的和历史的包袱少多了。在调解过程中，主要的是打破成见和相互恐惧，而不是应付情感负荷以及以前长期的关系所酝酿的背叛和不信任。

在调解被害人与加害者冲突时，还经常遇到两代人之间的权力失衡。加害者经常是少年或者年轻人，而被害人是成年人。当加害者不善表达时，在与被害人会面前，为他做好准备甚至训练，就是极为重要的事情。这种训练相似于非正式的角色扮演，而不是指导一个人在被害人提问时如何应答。有机会思考一下可能被问到的问题，并且以一种不似被害人与加害者会见时那般有威胁的方式表达自己的想法，这使他们更有准备地直接与被害人在调解中交流。这种准备代表了一种试图在年龄与交流差异的语境中平衡双方的力量。（有时，当被害人也是年轻人时，这种动因同样存在。）

正是在政治思想领域，被害人与加害者调解的概念才最显著地区别于更传统的调解运用。美国人对犯罪与刑罚有着强烈的感受，这些感受通常来自频频被媒体和政客渲染的最凶恶残暴又最不具有代表性的罪行。我们是一个极端崇尚刑罚的国家，在世界上有最高的人均监禁率，仅次于俄国，最近超过了南非。对一些人而言，ADR 在民事法庭的冲突背景下是引起争论的。然而，这种解决并不直接冲击美国社会与犯罪控制政策相关的思想障碍。不过，自调解进入刑事司法过程之后，它已经跨过了一个强大的意识形态的门槛。一方面，刑事司法官员和参与者本人有越来越多的证据表明，被害人与加害者调解可以极为契合于社会共同体的正义感和公平感。另一方面，某些官员和公民依然强烈反对体现恢复性司法理念的被害人与加害者调解过程。当代美国文化中根深蒂固的还是报应性正义感，强调代表国家利益的严厉刑罚，甚至以处分被侵害人的直接利益为代价。在不远的将来，这一切不会有重大的变化。

提示与问题

1、被害人与加害者调解适合所有的刑事案件吗？它的适当性有赖于犯罪的严重程度吗？有赖于当事人参加此种调解的自愿性吗？这一方法涉及哪些危险？

2、何种调解人适合这种调解？这些调解人应受何种培训？律师应否介入？这种调解应否秘密进行？

3、假设你是一个调解人。一个被控杀人者的代理律师找到你，向你解释他的当事人杀了室友，因为当事人发现室友竟与当事人的女友睡觉。当事人后悔莫及，非常希望有机会面对被害人的家庭。律师还解释说，他正在与法官和地区检察官进行辩诉交易，希望调解不仅可以减轻当事人的情感痛苦，还可以使其在辩诉交易中处于有利地位。你同意调解吗？你希望获得什么信息？你的决定的理由是什么？

4、恢复性司法是我们司法制度中一个真正而合法的目标吗？它能达到吗？

♣ 下面的故事向我们说明，非正式的纠纷解决，可以用于正规法庭之外的冲突，也反映出非正式过程的目标不一定是"解决"冲突，也可以是帮助建立对话和交流，以便消除愤怒，降低暴力的可能性，并且在高度的两极分化中促成可能的一致。

第三节　与敌人谈判[*]

安妮·福勒等

6年来，堕胎争论双方的主要人物一直在秘密接触，试图达成更多的相互理解。现在，他们打算分享一下各自的收获。

1994年12月30日上午，约翰·萨尔维（John Salvi）走进位于布鲁克林（Brookline）的"计划生育"（Planned Parenthood）诊所，用一支步枪打伤3人，杀死了一名接待员莎农·洛内（Shannon Lowney），当时，她正在接听电话。随后，约翰·萨尔维驾车到两英里外培根大街的"早产健康服务所"（Preterm Health Services），在那里，他又开枪打伤2人，杀死了接待员李·安·尼科尔斯（Lee Ann Nichols）。

萨尔维20分钟的暴行震动了全国。"赞成选择者"（prochoice）悲痛、愤怒而震惊；"赞成生命者"（prolife）也惊恐而忧虑，他们的事业竟然与这种骇人听闻的行为有了瓜葛。州长威廉·威尔德（William F. Weld）、主教伯纳德·劳（Cardinal Bernard Law）以及许多人呼吁，"赞成选择者"和"赞成生命者"双方的领导人应当坐下来谈谈了。

我们6个领导人，3个属于"赞成选择者"，3个属于"赞成生命者"，响应了这种呼吁。在近5年半的时间里，我们私下的会晤超过了150小时。这是一种令我们震惊的经历。现在，在"布鲁克林枪击案"6年后，美国最高法院划时代的"罗诉韦德案"①28年后，我们首次披露了我们的会晤。

我们6个来自两个敌对阵营的积极分子是如何找到谈判之路的呢？在枪击案后的几个月里，一个以波士顿为基地的全国性团体"公开交谈项目"（Public Conversations Project），它策划并落实有分歧的公共问题的对话，它咨询了许多共同体的领导人，探讨了就堕胎问题进行高层对话的价值。

由于受到这些"交谈"的鼓励，这个项目于1995年7月邀请我们6人进行了4次会谈。这些会谈是不公开的，我们以个人身份参加，不代表各自的组织。

---

[*] From "Talking with the Enemy," Anne Fowler, Nicki Nichols Gamble, Frances X. Hogan, Melissa Kogut, Madeline McComish, and Barbara Thorp, *The Boston Sunday Globe*, January 28, 2001.

① 参见本书第三章第四节后"提示与问题1"。——译注

我们谈话的目的，不是为了寻求共同的基础，也不是为了妥协，而是要与对手进行公开的交流，远离两级分化的媒体的闪光灯，建立相互尊重和理解的关系，减少堕胎争论的火药味，当然，也为了降低未来枪击案的可能性。

我们每个人都同意参加对话的时候，仍然处在布鲁克林谋杀袭击的震恐之中。

随着第一次会谈日期的临近，我们都开始焦虑起来。

在会面之前，"赞成生命者"一方在附近一个属于支持者的隔间里一起做了祈祷。弗朗西丝·霍根（Frances X. Hogan），一位律师，"妇女扶持生命协会"（Women Affirming Life）会长，也是马萨诸塞州"公民拥护生命协会"（Massachusetts Citizens for Life）的执行副会长，她担心，与"赞成选择者"领导人的对话可能制造"一个丑闻，如果人们认为我只是将堕胎视为一种理性人可以有所分歧的问题的话"。

马德琳·麦考梅什（Madeline McComish），一位药剂师，马萨诸塞州"公民拥护生命协会"会长，"害怕与那些直接参与了取人性命的人坐在一起。"

巴巴拉·索普（Barbara Thorp）"痛恨诊所里的谋杀"，她担心，"如果双方领导人的直接交流是不公开的，那么分歧只会加深。"虽然索普疑虑重重，但是，作为一个社会工作者，"波士顿大主教管区赞成生命办公室"（ProLife Office of the Archdiocese of Boston）主任，"非常渴望与对方的会面"。

"赞成选择者"也心存疑虑。作为马萨诸塞州"计划生育联盟"（Planned Parenthood League）的主席和CEO，尼基·尼科尔斯·嘉宝（Nicki Nichols Gamble）直接受到枪击事件的影响。尽管她觉得对话会有帮助，但"不知道对话是否会转移我的精力，使我不能专心协调自己的组织对枪击的反应，也不能专心帮助医治雇员及其家属的创伤"。

梅丽萨·科伽特（Melissa Kogut）新近被任命为马萨诸塞州NARAL的执行主任，这个组织是"全国堕胎权利行动联盟"（National Abortion Rights Action League）在一州的分支机构，她不知道如何向董事会和同事们说明，花在这种对话上的时间是值得的。

安妮·福勒（Anne Fowler）是"牙买加平原圣约翰教区"（St. John's Episcopal Church in Jamaica Plain）的教区长，她相信，以她教区长的身份而赞成选择，她的观点可能不被任何一方尊重。"然而，作为一个神职人员、和平主义者与行动主义者，我不得不接受这个邀请"。

两个在所有会晤中都起了调和作用的对话促进者，也焦急地期待着。劳拉·查辛（Laura Chasin），"公共交谈项目"的主任，"害怕这个对话弊多利少"。苏珊·波德兹巴（Susan Podziba）是来自布鲁克林的一位独立的公共政策调解人。她回忆说："暴力的威胁依然存在，如果某个坏人发现了我们的对话怎么办？"

第一次会面地点是"公共交谈项目"位于水镇（Watertown）的办公室，时间是 1995 年 9 月 5 日，一个炎热的星期二的晚上。福勒回忆说："我本想穿教服，但是太热了。"

第一次讨论简直让人精疲力竭。我们在彼此的称呼上就难以达成一致。除一人而外，大家同意使用彼此都能接受的、实际上要加引号的"赞成生命者"和"赞成选择者"的称呼。

这只是我们多次用语冲突中的一次，分歧仍然未能解决。至今，嘉宝还不以"赞成生命者"称呼对方，因为"我相信我的事业也是赞成生命的"，她说。这种立场使索普及其同仁非常沮丧。"我忍受了尼基拒绝称呼我们赞成生命者，不过坦率地说，这使我非常生气。我原本也不打算称尼基一方为赞成选择者，但我还是这样做了，因为这似乎是显示尊重并推进交谈所必须的。"

科伽特也怀疑自己是否愿意使用这些术语，"但是我有两个结论：第一，为了将和平对话进行下去，我们需要使用对方愿意接受的称呼；第二，时间一长，我开始将'赞成生命'看成是对方的信仰描述，也就是，生命本身，而不是生命的质量，是他们的优先价值选择。"

我们对孕妇子宫中物应当如何称呼也莫衷一是。赞成选择的妇女认为"未出生的婴儿"的称呼是不可接受的，而赞成生命的妇女不同意使用"胚胎"一词。为了继续下去，尽管不太自然，我们同意"人类胚胎"一词。

开场中的意见交换，实际上将我们带到了分歧的核心。神经在磨损，裂痕在加深。

为了有助于倾听并解说分歧，场地规则是非常关键的。我们应当寻求使用所有参加人都能接受，至少是可以容忍的术语。我们不打断对方，不卖弄技巧，也不进行人身攻击。我们代表自己说话，不是代表各自的组织。最重要的是，会谈应当是完全秘密的，除非我们所有人都同意将其公开。

我们还承诺了某些人依然难于做到的事：不为自己的事业进行争辩。这个协议是为了防止恶意的争论。

我们确实相信，这个场地规则是维护我们对话长久生命力的基础。我们知道自己的观点会受到质疑，但却不会受到攻击，所以我们才一直能够公开倾听并且坦诚解说。

但这并不容易。

"从一开始，我就觉得一种巨大的紧张，"霍根说，"也就是，在尊重不为自己的立场进行争辩的协议，与说服对方改变立场的渴望之间的紧张。"

场地规则还要求我们不使用极端的修饰词。在早期的一些会谈中，我们列出了一些敏感词句，这些词句几乎是不可能想清楚、听仔细并且建设性地回答的。

"赞成选择者"如果被称为"谋杀者"，一定会火冒三丈，或者，当堕胎被称为"浩劫"或"灭种"时，也一定会非常愤怒；而"赞成生命者"会被"受精的产物"、"终止妊娠"之类非人化的用语所激怒，因为这样的提法实际上模糊了他们"堕胎就是杀人"的信条。

我们还讨论了我们认为"对方"会使用的某些陈词滥调。

如果被归类为听命于男人的宗教狂热分子，没有受过教育而又道貌岸然，对处在危机中的妇女和出生后的孩子都漠不关心，那么，"赞成生命者"就会有被人中伤的感觉。如果被贴上反儿童、反男性、反家庭、自高一等、轻率妄动、自我中心和不道德的标签，那么，"赞成选择者"也会有被人伤害的感觉。

早期的会谈虽有诸多不快，我们依然彼此走近了。在一次会面时，我们每个人都讲述了自己为什么要在堕胎问题上投入如此之多的时间、精力和才智。这些解释和说明，尽管是极度个人化的，但仍然令在场的人深受启发和感动。

在第四次会面后，我们同意将会面继续下去，直到"枪击案"一周年。我们担心那时候波士顿在堕胎问题上的紧张对立会集中爆发出来。

1995年12月30日晚上，大约700人聚集在布鲁克林的欧哈贝·舍拉姆教堂（Temple Ohabei Shalom），悼念洛内和尼科尔斯。我们"赞成选择者"一方的3人都参加了祈祷，由福勒和嘉宝主持。祈祷的人群中有我们会晤的促进者之一波德兹巴，还有两名"赞成生命者"的成员，霍根和索普，以及索普的丈夫大卫·索普。

福勒回忆说:"看到另一阵营的人参加进来,对我来说,是悼念仪式中最有意义的时刻之一。"

嘉宝在发言中对"同意和不同意我们观点的祈祷者"都表示了感激之情。

福勒在布道时提醒我们:"上帝召唤所有爱好和平的人。"她套用希伯来先知以赛亚(Isaiah)的话说:"自李·安和莎农被害后,新的事物已经萌发。已经改变了许多,还将要改变许多。"

的确,我们这些参与秘密对话的人已经改变了许多。到这个悲伤的周年纪念日为止,我们每个人都已经以不同的方式思考对方了。

在为重大问题进行斗争的同时,我们还跟踪彼此生活中的个人事件,分享快乐,分担悲伤。更多的相互理解,意味着更多的相互尊敬和关怀。

相互之间增加的理解,影响了我们各自作为运动领导者的讲话方式。新闻媒体虽然不知道我们在进行会晤,但它们开始注意到我们的公开表述有了变化。

在枪击周年纪念日后,《环球》(*Globe*)的记者堂·奥克因(Don Aucoin)在一篇文章中写道:"在主教伯纳德·劳和州长威廉·威尔德等人呼吁下⋯⋯过去1年里双方的嗓门儿降低了没有?答案似乎是非常肯定的,至少在一些活跃分子那里是这样。"

这篇文章援引了嘉宝的话:"问题双方的许多人都开始努力思考他们的用语了。"嘉宝补充说,她现在很少听到"婴儿杀手、谋杀者、纳粹"之类的称呼了。

在同一篇文章中,也引用了霍根的话,她说,使用"'赞成选择者'是因为这是他们想要的称呼。我对人有起码的尊敬,即使我既不同意也不尊敬他的立场"。

索普的话也被引用了:"降低嗓门的呼吁发出了一个信号,也就是,我们真的需要认真而互敬地彼此倾听了。我比以往任何时候都更加注意用爱、和平和尊重的口气与人讲话,无论我们的分歧有多大。"

在"全国公共广播电台"(National Public Radio)就枪击事件一周年所做的采访中,霍根解释说,虽然她认为堕胎就是杀人,但也不再称其为谋杀了。霍根还说:"降低调门非常关键,这不仅是更好的举止,也证明是更好的政治⋯⋯我们透过这样的信息,接触到了我们原本接触不到的人。"

科伽特在与"赞成生命者"的发言人在新闻广播中进行辩论的时

候,感觉和行为都有所不同。科加特回忆说:"令我吃惊的是媒体特别渴望冲突。一个广播谈话节目的主持人竟然鼓励我向对手发起人身攻击。"

1996年初我们继续会面,因为我们预见到,即将到来的对萨尔维的审判,对活跃分子和公众的安全构成新的挑战。

一时间,"赞成生命者"行动起来,将鼓吹暴力的人挤出马萨诸塞州。1996年2月,唐纳德·斯贝茨(Donald Spitz)神父,作为弗吉尼亚州"赞成生命者"的首脑人物,宣布他计划到波士顿,依照《环球》的说法,去声援他所谓的萨尔维的"正当行为"。

麦考梅什给斯贝茨写了一封信,霍根和索普也签了名。信中写道:"您所公开声明的对暴力的接受……悖逆于赞成生命运动所代表的一切。在这样一个困难时期,马萨诸塞州不欢迎您。"

斯贝茨及其同盟者反击了麦考梅什的指责,声称她背叛了自己的事业。不过,他没有来。

不断增加的信任,在我们之间开通了可靠交流的"热线"。一旦有迫近的人身危险,"赞成生命者"的领导人就会提醒嘉宝。嘉宝说:"这降低了我的焦虑,并且使我非常感动,因为我知道,另一边的人也在关心我的安全。"

在过去5年半时间里,虽然外部事件占去了我们大部分的注意力,但我们还是努力探索了堕胎争议的各个方面。比如,生命何时开始,妇女的权利,未出生者的权利,为什么妇女要堕胎,以及堕胎以后的事情。

我们花了特别多的时间讨论"赞成选择者"所说的"禁止某些堕胎程序"的问题和"赞成生命者"所称的"性别选择堕胎"问题。我们还探究了其他一些复杂而富有挑战性的问题:女权主义、性教育、安乐死、自杀、死刑、法律在社会中的作用以及个人责任。

当我们处置有分歧的话题时,我们对分歧是有所预见的。不过,有时冲突还是会突然降临——当一方不明智地使用某些词时,会令对方感觉专横和无礼。

一个颇具挑衅性的词是"暴力"。当"赞成选择者"用它指枪击和对诊所、医生、工作人员的其他攻击时,"赞成生命者"却相信堕胎也是一种暴力行为。

在本文形成过程中,当一方提到《独立宣言》时,我们陷入了僵局。"赞成生命者"希望引用《独立宣言》来陈述他们的核心信仰:生命权利是不可转让的和不言自明的。"赞成选择者"则激烈反对他们同样珍爱的这一经典文献被人占为己用。对他们来说，《独立宣言》肯定的是每个人的生命权利和人身自由权利。

在对分歧的这些讨论以及全部讨论中，我们努力让对方接受或者理解我们的信仰。我们质疑对方，是为了深入挖掘——准确定义我们所信仰的——为什么我们会信仰以及什么是我们仍然不解的。

这些交谈揭示了一个深刻的分歧。我们看到，我们在堕胎问题上的不同意见，反映了两种不可调和的世界观。

如果这是真的，那么为什么我们还要继续会面呢？

首先，因为当我们面对对手时，我们看到了她的尊严和善良。包容这种明显的矛盾，从精神上拓展了我们。我们经历了某些激进的、改变生命的、用非政治术语描述的东西："神秘之爱"、"圣地"或者仅仅是"神秘"。

我们继续会面，因为我们在智力上也拓展了。难得有机会参与持久而坦诚的关于严重道德分歧的交谈。这让我们思想更深刻，语言更准确。

我们还希望能够成为更明智、更有效率的领导者。我们对自己的政治对手有了更多的了解，学会了避免过激的反应，学会了集中精力正面主张我们各自的事业。

从第一次充满恐惧的会面之后，我们经历了自相矛盾。一方面，我们学会了待人以体面和尊敬；另一方面，我们在堕胎问题上都更加坚信自己的观点。

我们希望，对这段经历的描述将鼓励各地的人们考虑，在堕胎和其他漫长的纠纷中参与对话。在这个两极对立的冲突世界里，我们瞥见了一种可能性：我们可以直率而热忱地表述不同意见，在心中对他们的行动主义有更清晰的了解，与此同时，为一个更加文明和富于同情的社会贡献力量。

双方的观点

"赞成选择者"这样描述他们的观点：	"赞成生命者"这样描述他们的观点：
我们体认的不是左右我们道德决定的、唯一的、普适的真理。相反，当我们寻求明智的、合乎伦理的、富于同情的选择时，我们必须考虑一个范围广泛的价值观。我们尊重妇女就其包括生育在内的自身健康和福利做出决定的道德能力。 一位妇女的选择反映了她对各种生活情境的权衡：她的重要关系，她的经济、社会和感情资源与义务，她的健康，她的宗教和哲学信仰，以及她为之承担责任者的福祉。 我们在一个广大而深邃的世界，受制于命运的安排，它使我们的同情和判断相互竞逐以致经常冲突。一位妇女尊重生命的珍贵，她承认并且尊重自己精微的关系和承诺。的确，我们相信，生命的复杂性可以成为道德智慧和勇气的源泉。	我们相信一个普适的真理。我们三人，作为天主教徒，相信每个人的生命在上帝心中都自有其起源。这种人的神圣起源，要求我们保护和尊重每个人的生命，从怀孕到自然死亡。 涉及人类内在尊严的真理，可以通过关于人的生育和起源的、理性和科学的原则加以理解。的确，信任和理性是共鸣的，它们都肯定了这样的不变真理：每个人的生命都是内在神圣的。 堕胎杀死的是人类家庭中最脆弱的成员，也就是未出生的孩子。出生的权利是最基本的人权。如果它得不到保护，那么其他所有的权利都将受到威胁。 我们非常理解，某些妇女经常面对令人绝望的处境。我们依然需要努力创造一个环境，没有任何一位孕妇感觉必须在自我福利和孩子生命中做出选择。如果一位孕妇感觉堕胎是她唯一的选择，那么，这是爱和人类共同体的彻底失败。

提示与问题

1、这种缓解冲突的模式在其他场合是否有用？你能想出适合的特定情境吗？

2、这种方法的弊端是什么？

3、这一过程的促进者需要怎样的训练？

4、这一过程对于更大的、似乎是不可解决的堕胎冲突会有什么影响？

第二十章　公众纠纷与纠纷解决

♣ 本章聚焦纠纷解决者的作用，他们介入有公共含义的完整的纠纷。从事这种工作的第三方将自己描述为是中立的，而这些资料则提出这样的问题：一个人如何"实践"并保持中立。

第一节　大家的纠纷：解决冲突与寻觅共同体[*]

罗伯特·阿克曼

二、为什么我们关心通过纠纷解决来巩固社会共同体？

> 我们不能只为自己活着，我们和自己的同胞有着千丝万缕的联系。
>
> ——赫尔曼·梅尔维尔（Herman Melville）

为什么我们要鼓励那些备受纠纷煎熬的人寻求将会巩固社会共同体的冲突解决方法？让那些陷入冲突、正在试图解决他们生活中最大危机的人考虑更大的社会共同体的福利，这是否公平？或者，将这种日程强加给那些正在正当解决自己问题的人，是否具有压迫之嫌？

（一）纠纷的公共意义

某些纠纷有着如此重大的公共影响，以至于这些问题的答案是显而易见的。这些纠纷是在我们所谓"宏观"层面上发生的，也就是，从过程和结果两方面看，这些纠纷都对整个社会共同体产生着影响。一些纠纷涉及公共机关，像政府，或者涉及广泛的公共利益。进入刑事司法体系的纠纷也可以全部归入此类，因为我们正是求助这一体系来处置那些破坏社会共同体秩序的行为的。其他的纠纷，比如土地使

---

[*] From Robert M. Ackerman, "Disputes Together: Conflict Resolution and the Search for Community," *Ohio State Journal on Dispute Resolution*, Vol. 18, 2002 Number 1.

用或者环保案件,虽然表面看来是私人性质的,但也可以对社会共同体产生广泛的实体性的影响。社会共同体在这类事件中的利益是明显的,也有越来越多的著作论述这样的问题:冲突的解决过程是否以及如何超越了直接当事人而涉及了社会共同体?

第二节　冲突解决、文化差异和种族主义文化*

霍华德·盖德林

在请求纠纷解决者处置的案件中,公然或微妙地涉及种族主义和男性至上主义或者两者兼而有之的冲突,可能是最具爆发性又最少被人理解的。这些冲突虽然丑陋而严重,但由于它们以歧视为营养,所以相对来说,依然是不断增加的、涉及纠纷解决的著作所没有触及的领域。当然会有一些显著的例外,然而总体而言,我们的智力资源很少直接用在对这类冲突的分析上,而这类冲突正是种族或性别之类的非实体性条件所引起或激化的。不仅如此,学者和实务工作者都在督促谈判者关注问题而不要关注人,从而忽视了一个无可逃避的事实:"人"经常是问题的要点。

作为大学的巡视监督员,我的经常性工作就是倾听人们的抱怨。人们因他人对待自己的方式而恼怒,他们坚信种族和性别歧视是必须谴责的。即使种族和性别没有被明确提及,也很容易听到人们用偏见作为理由来解释问题:"他们这样对待我,就因为我是个女人。"或者反过来:"如果不是另外一个黑人雇用了他,他永远不会坐到这个位置上。"……

爱丽丝的案件

让我提供一个案例,其中,尽管所有纠纷当事人都极尽善意,但种族问题依然从边缘走入了核心。初看起来,这只是一个疏于管理和缺乏交流的事例,但仔细研究之后发现,它生动说明如果不愿诚实面对种族问题的复杂性,将最终恶化纠纷各方假装视而不见的紧张关系。

事件的背景是一个中等规模的私立大学,它的教工和学生远说不上成分复杂。一个年轻的非洲裔美国妇女试图找一份工作,养活自己和孩子,并且能让她进行学位课程的学习。她申请的工作是办公室的

---

* From "Conflict Resolution, Cultural Differences, and the Culture of Racism," Howard Gadlin, *Negotiation Journal*, Vol. 10, No. 1 (1), January 1994.

秘书兼接待员，这种工作就是忙前忙后马不停蹄的。在第一次审查她的申请时，没有把她列入面试名单，原因是，她自己也承认，缺乏该工作所必须具备的某些职业技巧。然而，她的确又有一些做相同工作的职业经历。当办公室主任从一位新上任的"扶持行动"官员——也是一位非洲裔美国妇女——那里得到一张字条，要求他们考虑这个年轻妇女的申请时，主任决定将她列入面试者名单。

　　面试之后，由于这个我们暂且称为爱丽丝的妇女外表宜人，主任决定聘用她。虽然当时不便明言，但似乎有某种取悦于"扶持行动"主任的愿望。与此同时，这一聘用也看不出是对来自"扶持行动"办公室压力的反应。开始时，工作节奏还不是很快，爱丽丝秘书工作上的缺陷还没有成为一个严重问题，所以，最初的蜜月是让所有人满意的。然而，学期开始后，活动增多了，事情很快出了问题。爱丽丝不仅犯了许多错误，而且还使其他人不得不承担额外的工作，以弥补她的不足。

　　爱丽丝也察觉到自己的不足给别人造成了影响，她也希望把工作做好，所以，她来到上司面前，询问自己的工作是否令人满意。她希望就如何做好工作得到一些建设性的反馈意见。她的上司，由于不擅长与非洲裔美国人相处，希望自己看上去是支持性的，而不是批评性的。她没有给爱丽丝一个原本适当的负面反馈意见，反倒安慰爱丽丝说，她做得非常完美。与此同时，爱丽丝的缺陷在整个办公室引起反响，大家对她的态度逐渐发生了转变。最初是欢迎和友好的，而现在，他们的反感增加了，以致影响了与爱丽丝的交往。爱丽丝也意识到了这些问题，她再次来到上司面前听取意见，但得到的还是肯定而不是批评。她的上司希望支持她的工作，唯恐批评只会增加工作的压力，进而导致问题的恶化。她认为，这意味着给爱丽丝一个机会。

　　从那时起，局面迅速恶化了。同事们对爱丽丝的反感越来越公开，而爱丽丝也由天生热情开朗的态度渐变为处处设防，敛容正色，并最终转化为敌意。由于她还在试用阶段，没有得到工作保险，她开始害怕上司要在6个月试用期满前炒掉自己。事实也就是这样，随着对爱丽丝工作表现的不满继续加剧，能够证明爱丽丝无能的证据却越来越多。

　　由于没能得到她所希望的反馈，爱丽丝开始得出结论，种族主义是她所感觉到的敌意待遇的理由。毕竟，她的人生经历告诉她，种族经常足以成为负面经验的一个因素，而她想要挖掘一个非种族解释的努力却落空了。

此时，对办公室的白人同事而言，这段体验只是"确认"了他们对"扶持行动"最大的恐惧：一个不合格的人被聘用了，表现不好，并且变得恼羞成怒。

这当口儿，一个门槛被跨越了，将这个故事转型为一个种族冲突结构左右了评价与交往动态的事例。爱丽丝开始向"扶持行动"主任和"黑人教工组织"（Black Staff and Faculty Organization）投诉。"扶持行动"官员在一份备忘录中要求会见爱丽丝的上司和她上司的上司。因为"扶持行动"官员也是黑人，所以爱丽丝的上司认为，她会自动站到爱丽丝一边。

对黑人教工群体而言，爱丽丝的故事不过是许多故事的另一版本而已，这些故事，他们从在其他大学校园里拼命工作的非洲裔美国人那里听到过。随着办公室内紧张气氛的升级，许多人开始讨论大学校园为有色人种提供的氛围。然而，这还不足以成为波及整个校园或当地报纸的公开事件。

随着对爱丽丝正式评估的临近——这种评估是学校人事录用过程所要求的——爱丽丝认为，这里的工作条件如此恶劣，由那些公开表示敌意的人对她进行正式复查，其前景不容乐观，她因此决定，明智的做法是辞去工作。这时，"黑人教工组织"向该大学的校长提出申请，要求调查这一事件，附带要求保护爱丽丝的工作和相关福利。校长因而请求外部介入，同时请求得到一些建议，进行某些结构性调整，使这类事件不再发生。

即使这个特定纠纷最终进行了调解，调解的结果似乎让当事各方都很满意，不过，从种族冲突的角度看，却很难说是成功的。导致调解的整个经验，只是强化了社会生活中所有的不利因素，在这样一个社会里，种族主义决定了所有跨种族交往的结构。调解制造了停火，允许纠纷各方开始重建关系，开始新的过程。

的确，当我们指涉种族和人种冲突的时候，必须小心谨慎地提及冲突解决。种族和人种冲突如此复杂地扎根于我们的社会结构当中，也如此根深蒂固地存在于我们的精神当中，所以，奢谈适用调解技巧来解决这些冲突是天真而令人误解的。对我而言，重新审视各类种族和人种冲突的经验之后，我发现非常有必要对安排停火、了却纠纷和解决冲突做出区分。

我越来越确信，许多事后的调解只能算是安排停火。停火本身没什么不对，但如果我们更进一步，我认为冲突解决的技巧与情感需要融入冲突本身的结构当中。当前,许多与种族有关的纠纷多半由互致谩骂了事的当事人构成,很少真正触及核心问题和根本利益。

与种族有关的纠纷的结构动态,部分取决于旨在规避根本冲突的、机构的和个人的恐惧和需求。以上面的校园事件为例,种族敌意由于未能得到承认、面对和作为种族问题加以解决而被恶化。这种情况是让许多人高兴的,我们需要更多的种族冲突,而不是更少,但我们需要的冲突,其结构不应当是毁灭性的,也不应当是支持种族主义的。为了达到这一目的,我们需要重新思考调解人以及参与了其他各种各样纠纷化解的冲突解决专家的目标。处在纠纷解决中的我们,必须特别警惕各种形式的、可能帮助某些机构掩盖和平息种族紧张和冲突的方式,而这些种族紧张和冲突,是由专横和不平等的歧视处置努力导致的。民权运动不能通过回避冲突来谋求发展,而 ADR 运动也正是从在多方面相似于民权运动的情感中出现的。

第三节　计算器:肯尼思·费因伯格如何确定 3 千人的生命价值*

伊丽莎白·科尔伯特

"9·11"袭击 1 年后不久,肯尼思·费因伯格(Kenneth Feinberg),作为"被害人赔偿基金"(Victim Compensation Fund)的特别主管,在他城里的办公室会见一批消防队员。57 岁的费因伯格,长脸,前额突出,举止生硬。站着的时候,他看上去像是使劲儿向前探着身子,甚至当他坐下的时候,也是身体前倾,好像马上就要再站起来。那天早上,费因伯格没穿外衣,只穿着衬衫接待消防员们。袖口上两个金制的袖扣是他给自己的礼物,被装饰成一个天平。

首先说话的消防队员是一个面色红润的壮汉。他在"世贸中心"现场工作了 4 个星期,最初是努力搜救被害人,后来就是复原遗骸。他告诉费因伯格,那段时间里,他呼吸的是玻璃、混凝土和铅的粉末,还有石棉。"我称其为废墟尘埃混合物。"他说,自己的肺功能丧失了一半以上,整个期间一直在咳嗽。

"实在睡不着觉,"他说,"我越来越沮丧,老婆说这是'情绪问

---

* From Elizabeth Kolbert, "The Calculator," *The New Yorker*, November 25, 2002, pp. 42ff.

题',她带着孩子走了。"这个消防员告诉费因伯格,他最近不得不退役了,在一个学校找了份儿负责安全监控装置的工作。"我不能在街上玩儿曲棍球,不能和人一起玩儿了。我儿子不明白为什么爸爸突然什么都不行了。"

"这就是我每天要吃的东西,"他大声宣布,手里攥着一个装满各种药物的冷藏袋,"有药片、喷剂、类固醇,还有口服药液。"他从屁股口袋里取出了更多的药物。"这都是我要随身携带的玩意儿:鞣酸蛋白、肾上腺素——这都是用来自我安慰的。如果感觉实在不好,就得喝这个东西,然后到医院去。"

第二位消防员一直颓然坐在椅子上,他终于开腔解释道,在袭击发生那天下午,他一直在"世贸中心"的废墟上进行搜救。"我们从尘土、残骸和灰烬中努力把人挖出来。你见过宇航员在月球上的情景吗?灰尘扑面而来。3周以后,我咳出来的都是血、灰土和碎屑。打那儿以后,我已经住过3次医院了。我的肝、脾、胃都不正常,没人能给我一个确定的答案。我11岁的儿子问他妈妈:'我爸快死了吗?'"

"被害人赔偿基金",人们称它V.C.F.,从下个月起就要年满终止了。从现在到截止,它要向约3千个家庭签发支票。这类基金还没有先例,费因伯格作为特别主管来决定基金的使用。费因伯格制定分发基金的规则,费因伯格确定规则如何实施,费因伯格听取对规则不满的家庭的抱怨。像消防队员这类被害人,他们的病状要在灾难之后数日甚至数星期才表现出来。费因伯格不仅有权决定补偿多少,而且有权决定是否补偿。按最高估计,基金的数额最终会达到50亿美元,尽管还可能更高。但究竟高出多少,完全由费因伯格说了算,他被授权使用联邦财政的空白支票。

任何处在费因伯格位置上的人都会发现自己不免与一些被害家庭发生争执,而费因伯格一直在激怒几乎所有的人。几个月前,一位寡妇公开对他说:"我曾听你说,不能站到我们的立场上。我认为,如果你能对我们的痛苦有1小时的感觉,你的语调和举止就和现在截然不同了。"在同一次会面中,一个失去妻子和侄女的男人说:"你可能不相信,你的傲慢自大实在让人无法忍受。"费因伯格是律师出身,出道以来大部分时间都在和灾难打交道,评估各种各样可以想象的人类痛苦——从生理缺陷和不孕不育到石棉肺和死亡。如果某种愤怒让他不快,他也不会表现出来。他告诉我:"每个人都在大吵大闹。"

今天,费因伯格会见消防员,在听他们描述病状和恐惧时,翘着二郎腿，显出漫不经心的样子。他干掉了两块饼干，然后将包装纸塞进塑料杯里。消防员们讲完之后，问他有什么问题要问，他摇摇头，起身送客。

"9·11"袭击之后仅10天，国会就设立了"被害人赔偿基金"。在匆忙的磋商过程中，提到了一些管理这笔基金的候选人，包括来自密苏里州的前参议员约翰·丹弗斯（John Danforth），来自缅因州的前参议员乔治·米歇尔（George Mitchell）。费因伯格得知了这一消息，随即做了决定——就像他对我说的那样："过去20年，我一直都在做这个。"他给来自内布拉斯加州的参议员查克·黑格尔（Chuck Hagel）打了电话，这位参议员是他的老朋友。费因伯格告诉我："电话一通，他立刻说：'我知道你为什么打电话来，就是你了。'然后他就让议会把这差事交给我了。"

费因伯格在马萨诸塞州布罗克顿（Brockton）长大，父亲是卖轮胎的，他现在讲话依然有改不掉的浓重的波士顿口音。小时候，他在一个业余剧团参加表演，甚至考虑去当演员。但是，上了马萨诸塞大学以后，他接受父亲的建议，去了纽约大学法学院。费因伯格曾经给当时的纽约州大法官斯坦利·福尔德（Stanley Fuld）做过书记员，后来充任爱德华·肯尼迪的参谋长。现在，他与妻子黛安娜以及3个已经长大成人的孩子住在马里兰州的贝蒂斯达（Bethesda），生活在一座有特别设计的音响房间的房子里，保存了6千张古典音乐的CD。"9·11"以前，他通常是早上5点起床；"9·11"以后，他经常是早上3点入睡，6点来到办公室。

不同寻常的是，费因伯格有现在的专业技能，多半要感谢他的滑稽表演天才。早在20世纪70年代，在福尔德法官的一次生日宴会上，费因伯格表演了一个节目，给杰克·维因斯坦（Jack Weinstein）留下深刻印象，他是位于布鲁克林（Brooklyn）的联邦地区法院的法官。维因斯坦和费因伯格成了好朋友。10年以后，维因斯坦负责"越战除草剂案"（Agent Orange），他问费因伯格是否可以努力说服双方进行和解，不让这个案子进入法院。

维因斯坦把费因伯格带进"越战除草剂案"的时候，这个案子已经是第八个年头了。它困扰着成千上万曾经暴露于这种除草剂中的越南老兵，他们患有各种疾病，从皮肤病到异常的癌症。他们状告联邦政府以及包括道尔公司和蒙萨托公司（Monsanto）在内的除草剂生产商。实际上，双方无人相信有达成协议的可能。不管怎样，费因伯格投入到这项工作中,在几星期内搞出了 80 页的建议书。但双方都拒绝接受它,因为在一个主要事项——钱的问题上难于取得一致。老兵们要求的是 10 亿美元,而化学公司最多愿意拿出几十万美元。看来,庭审是不可避免了。在开始陪审团遴选的那天早上 3 点钟,他们最终达成了协议。

现年 81 岁仍然在位的法官维因斯坦告诉我:"费因伯格是一个超级谈判者,非常强硬,他比任何一方的律师都更了解案情。"协议达成的那天夜里,双方同意的总金额是 1 亿 8 千万美元。维因斯坦当时住在曼哈顿的一家旅馆里,拂晓之前,他告知费因伯格可以对外宣布这个结果了。维因斯坦记得他在床上蹦了起来:"他非常兴奋。"

"越战除草剂案",作为一个先例,大大扩展了集团诉讼的可能性。虽然一些人极力反对,但它的确带来了一系列其他所谓大众侵权(mass-tort)案。很少有哪个大的有影响的和解不是费因伯格参与搞定的。他是"DES 案"的特别主管,该案有 1 千个因服用二乙基固醇而怀疑患有癌症的原告人;而"道尔坤盾牌宫内节育器(Dalkon Shield I. U. D)案"则有 25 万原告人,他在该案中的作用也类似特别主管;他还为道尔·康宁(Dow Corning)充当谈判代表,它生产的硅树脂曾被用于妇女丰胸(breast implant),该案有 45 万的原告人;他还在数以百计的石棉肺案件中成功地谈出了解决方案。在这个过程中,他赢得的声誉是高效且有非凡的耐心。

朱迪思·弗拉德克(Judith Vladeck)代表"长岛照明设备公司"(Long Island Lighting Company)地方纳税人参与的一个案件,也是由费因伯格调解的。她告诉我:"费因伯格的风格是,对你的顽固和缺乏理解,他能传达出一种强烈的不满之情。那种感觉不是'我不同意你',而是'你怎么了?竟然如此麻木!'我可以欣赏一种坚韧,但如果作为被害人,我肯定不喜欢他这样。"1993 年,费因伯格离开了凯、斯科勒、菲尔曼、海斯和汉德尔(Kaye, Scholer, Fierman, Hays & Handler)的合伙律师事务所,不再做他们的合伙人,而是成立了自己的律师事务所,名叫"费因伯格团队",办公室设在纽约和华盛顿。

多年以来,费因伯格摸索了一套办法,处理到处蔓延而又错综复杂的案件,他将其中的关键要素描述为"剥离复杂性"。按照这种方法,个人情节被简化为数字,以便在一张表格里表达整个的和解方案。费因伯格告诉我:"分配金钱的办法就是尽你的最大可能拿出一个客观可见的分配公式。"他以"道尔坤盾牌案"为例加以说明:"我们有一个矩阵，就是这个。子宫切除这些钱，骨盆发炎这些钱，宫颈癌这些钱，偏头疼这些钱。只要你从医学上证明了你有这些症状之一，我们就赔付你。"

就数字而言，"9·11"比费因伯格处理过的许多案件难度要小得多。费因伯格评论说："我的意思是，3300名死者和伤者从数量上说还算不上大众侵权。"不过他承认，情感上的生疏是他未曾经历过的。他告诉我："当我接受这个工作时，我做了一个非常明智的决定，不要任何报酬，我喜欢做这个。参议员和众议员们在我面前说：'你无偿地这么做，是多大的牺牲啊！为了公共利益，真令人难以置信。'我做这事的真正理由，当然是为了公共利益，你可以说这算是难以置信，但也的确是一种牺牲。不过，作为一个马基雅维里式的事件，如果这些家庭知道我因这些死者的血肉而得到报酬，你能想象那会是什么样子？'你只给我300万，你挣了多少？'作为一个马基雅维里式的问题，我会彻底打断他的批评，告诉他：'我没得任何报酬。'"

在过去1年里，费因伯格主持了几十次的被害人家属问答会，参与者多数来自纽约地区，也有波士顿、华盛顿和洛杉矶的。在这些问答会中，费因伯格解释了基金的使用，倾听了家属们的意见，其间难免参杂一些漫骂。不久前一个雨夹雪的晚上，我开车带着他和他的长子迈克尔参加在斯得特恩岛（Staten Island）的一次会议。费因伯格已经去过那里两次了。第一次，有个男人做了一番评论，在费因伯格这个犹太人听来，是反闪语族的（anti‑Semitic）。迈克尔是纽约大学的法科学生，他陪同父亲参加这第三次问答会。

费因伯格在路上不止一次告诉我："斯得特恩岛这个地方简直是第三世界国家。"问答会在希尔顿酒店举行，时间是7点钟，而费因伯格还没吃中饭，所以，在进场前，他在酒店小卖部给自己买了一包饼干，给迈克尔买了一包巧克力。他在大厅里碰上一些熟人——某些家属在每次问答会上都尾随着他——他不太热情地向这些人打招呼。我挨着两个男人坐下，他们都失去了自己当消防员的儿子。

其中一个人对我说："你可能多次听说过，人们并不关心钱，这是真的，我们不关心钱。但是，无论如何，数额越高，就意味着你越看重你所爱的人的生命，它的意义也就越大。所以，我宁愿听到他们说，我们都能得到300万美元，这样，我知道我儿子值300万，而不是我想要这笔钱。"

另一个人说："对，就是这样。你无法给孩子的生命定价，是他们拿着这个天文数字走出来，而你，因为这样那样的理由又拿不到这笔钱。他们承诺你一些事，但却没有兑现。"这个男人补充说："许多家属感觉这个赔偿方案是在为航空公司开脱，为港务局（Port Authority）开脱，为纽约市开脱。是为了他们，而不是为我们。"

事实上，"被害人赔偿基金"真不是为被害人设立的，而是为航空公司，或者更确切地说，是为了保护航空公司不受被害人困扰而设立的。"9·11"之后，美国的主要航空承运人不仅面对几十亿美元的直接损失，而且面临几百亿美元的潜在法律诉讼。法律制定者担心，这个国家整个的交通运输系统可能陷入瘫痪。他们用《空中运输安全和系统稳定法》（Air Transportation Safety and System Stabilization Act）应付局面，该法为各航空公司提供了50亿美元的现金和100亿美元的贷款担保。该法还将航空公司在灾难中的责任限制在4架被劫持飞机的保险额度之内。一般认为这笔钱总额是60亿美元。在该法案的辅助条款部分，国会设立了"被害人赔偿基金"。接受该基金赔偿的家庭，没有权利再向航空公司、拥有"世贸中心"的港务局以及其他国内实体起诉。作为回报，家属们将从政府接受精神痛苦和经济损失的赔偿。

在斯得特恩岛的会议上，最初向费因伯格提出的几个问题都是技术性的。依照法律，"被害人赔偿基金"的赔付会因家属从其他途径获得赔偿而相应减少，因而一位妇女想知道某种类型的死亡救济金（death benefit）是否也要抵消赔偿基金。费因伯格将抵消范围定义为包括生命保险和社会保险，但不包括家属从慈善机构获得的、很多情况下数目可观的捐赠。一个男人问：如果家庭内部不和，谁有权就基金问题提起诉讼？

然而，问题很快就转向了。一位妇女站到了麦克风前，手举一张很大的照片，说道："我是一个消防员的母亲，这是我儿子。他成为实习消防员以前，已经在美国海军陆战队为这个国家服务了5年，得到的却是贫困线以下的工资。后来他加入了消防队，逐渐拿到了贫困线工资。我想知道，在考虑他的生命价值的时候，为什么像他这样的人会被你和'被害人赔偿基金'歧视？"

几分钟后，又一位妇女站出来，她失去了自己的妹妹，做了这样的声明："我只想说，悲剧发生1年多了，我们还在为权利而战，这真是一种耻辱。"她转向费因伯格继续说："我们受够了！为什么你非要把我们的生活搞得更复杂，让事情简单些，让大家高兴些。我知道你精通数字、制定法和各种规章，还有计算、扣除，就会说'这个不算','请到我这儿来,向我提出你的请求。'我们为什么需要请求?我们不是在讨钱,我们要我们的人回来。"

费因伯格告诉这个妇女,他没法让他们的人回来,也无法让他们高兴。

"不,你有办法。"这个妇女坚持说。

"我没办法,"费因伯格重复说,"我无法让你高兴。"

"可你的孩子还活着,他在呼吸,不是吗?"有人大声喊道。

"感谢上帝!"费因伯格说,同时向迈克尔的方向瞟了一眼。

"对推定经济损失的计算过程的解释"是费因伯格张贴在"V.C.F."网站上的一系列文件之一。其中,他提供了一个赔偿家属的公式,还对支持这个公式的主张做了解释。文件的大部分是深奥的,好像故意这样似的。然而,费因伯格最后以他通常的方式将这些复杂的东西分解为一系列的表格,任何人都可以在表格中填入一些基本的关于被害人的事实——年龄、收入、几个孩子,并且得出对某个家庭基金赔偿额的大致估计。

初看起来,这个表格公然对抗大部分的平等观念。越是急需的家庭,似乎得到的越少。比如,表格显示,一个25岁的寡妇,没有孩子,年收入12万5千美元,不考虑抵消部分,预计得到近450万美元;另一个寡妇,她的男人挣相同的工资,同样没有孩子,但40岁了,却只能得到前者一半的数额;一位40岁的寡妇,年薪5万美元,有一个孩子,却只能得到第一个女人的1/4;而一个40岁的寡妇,有两个要抚养的孩子,挣2万美元,结果却最糟糕,她只能得到第五级,略多于90万美元。

当人们问费因伯格为什么会有这种不平等,他总是回答说,自己的手被束缚着。他对那个拿着儿子照片的母亲说:"你真正要问的问题是:所有的生命都是平等的,为什么每个人得到的钱不一样?非常公平的问题,女士们,先生们,答案就是:国会告诉我,这些赔偿不是用这种方式计算的。国会说,你必须考虑被害人的死亡所造成的经济损失。"这个主张对费因伯格是有用的,在某一点上也是准确的。

抛开不公平,费因伯格表格中最醒目的是许多数字是缺失的。在经济损失最大的那一栏——低年龄加高收入——费因伯格没写任何数字,而是画了个"X"。不仅如此,他还拒绝公布年收入超过22.5万美元的被害人的任何数字。

还不十分清楚的是,有多少被害人没在费因伯格的表格中体现,但是，"世贸中心"里有许多大的金融公司，公司里相对年轻的人年收入通常都在几十万美元，这个数字肯定是很高的。随一个严格的经济损失计算公式而来的是一些被害人家属在某些情况下有资格从政府得到的一千万、两千万甚至三千万美元。表面看来，这是立法者在设立"被害人赔偿基金"时规定的，但这不是他们以及任何其他人真要看到的，这一点是非常清楚的。费因伯格向我提到，民主党参议员肯尼迪与共和党参议员黑格尔在这个问题上给了他同样的建议，他将这个建议总结为："不要让20%的人得到80%的钱。"准确地说，费因伯格是如何看待他所谓的"高端家庭"（high-end）的，这一点我们并不清楚，他也一直在回避这个问题。但他指出，除了极少的情况，他给出的赔偿不会超出600万美元。

毫不奇怪，费因伯格的立场惹怒了高收入被害人的家属，他们指责他行为专断、不公并且不法。一天，我坐在费因伯格的办公室里，来了一个要求赔偿的男人，他死去的妻子1年差不多赚40万美元。除去生命保险抵消的几百万美元以外，这个男人又得到了200万美元。他觉得自己应该至少再拿100万。费因伯格问，他是否认为应当以收入为唯一的赔偿依据，即使这意味着某些比较富裕的家庭将会得到一千万美元。

"是的，绝对是的，"这个男人回答说，"这个想法就意味着要补偿我，使我的生活方式不会改变，而我的生活方式可不同于刷碗洗盘子的家伙。我可不是住在每月250美元的公寓里，我是住在每月5千美元分期付款的地方。"

坎特·菲茨杰拉德（Cantor Fitzgerald）证券交易公司在袭击中损失了658人，它发出了一份80页的对费因伯格处置基金方式的批评：国会指令他"确定经济损失，而不是让他对不同收入群体进行价值判断"。公司的总顾问斯蒂芬·默克尔（Stephen Merkel）告诉我，费因伯格寻求"按照个人好恶进行赔偿的权力"，而他的行动显示出"对法律本身的完全漠视"。遇到这种批评的时候，他的辩护与他提供给那位母亲的完全相反。

"法律给了我令人难以置信的自由裁量权，"他说，"它让我根据自己的斟酌做我想做的事。我也就这样做了。"

也许正因为这种自由裁量权，关于费因伯格共谋的许多说法一直挥之不去：他与布什行政当局达成了邪恶的交易；他从司法部长约翰·阿什克罗夫特那里直接受命；他用"被害人赔偿基金"推进侵权法改革事业，当然，这是前两者的子集。虽然费因伯格是一个外向的、特迪·肯尼迪式（Teddy Kennedy – style）的民主党人，却被一个保守的共和党人阿什克罗夫特任命为特别主管，至少从理论上说，他有权解除这一任命。费因伯格不失时机地表扬阿什克罗夫特，称他为"第一号盟友"。当我问他和司法部长如何沟通政治分歧时，他笑了笑说："来点儿两党合作，来点儿马基雅维里，或者二者兼而有之。"

费因伯格令人惊奇地经常用"马基雅维里"指他自己的一些行为。第一次听他这么说时，也是不得要领，但到第三或第四次听他这样说时，我意识到他并不是在自我批评。在我跟随费因伯格到处乱跑的几个星期里，我在他的会议桌上参加了 6 次会议，讨论了总共大约 30 个案件。费因伯格根据情境需要，回旋于友好与敌意、倾诉与沉默之间。对那些低于平均数的赔偿——通常是 150 万美元，他几乎总是愿意再加几十万美元。一次，我听到他答应给一个寡妇额外 50 万美元，没有别的原因，就是因为她带着两个弱小的孩子来要这笔钱。我猜想，费因伯格在这类情形下的理由是：先去做那些看起来有用的事，事后再去论证它。与此形成对照的是，在赔偿较高的时候，他非常固执，甚至是顽固。一位律师告诉费因伯格，他已经计算出自己的当事人应当得到六七百万美元。

"你疯了！"费因伯格喊道，"这家伙应当去起诉。"

"他会去的，你给了他各种理由。"这位律师平静地回答。

"我巴不得他去，"费因伯格说，"行行好，再开一个记者招待会，说我不愿意给这个家伙免税的 600 万美元！"

到目前为止，只有大约 800 个家庭或者说 1/4 有资格的家庭对基金提出了主张，这个比例低于费因伯格的预想，但他并不特别担心。费因伯格的目标是让 90% 的家庭得到基金的赔付，从而解除其向航空公司、港务局或者纽约市起诉的权利。接受赔偿并不必然意味着高兴或者觉得公平。这仅仅意味着承认它比另一个选择更好，也就是，不必经年累月地对簿公堂，还要冒一无所获的风险。"谁想去拼命呢？"费因伯格说，"没人愿意去拼命。"

在与被害人家属一系列会晤结束后的一天晚上，我留下来与费因伯格谈话。我们坐在一间空荡荡的会议室里，那里可以看到的景色是川流不息的车辆和宛若银带的东河（East River）。我问他对基金的看法以及基金的构成是否公平。某些家庭接受了更高的赔偿，而另一些急需帮助的家庭得到的却相对较少。他说，这是一个"有趣的值得讨论的"问题,但决不是最困难的问题。以他的观点,最困难的问题是该不该存在这笔基金。

他对我说:"我给你看一些 e‐mails,那才真让人心碎。'亲爱的费因伯格先生,我的儿子死在俄克拉何马城。为什么我没有?''亲爱的费因伯格先生,我的儿子死于 1993 年'世贸中心'第一次爆炸中,为什么不赔偿我?'炭疽热——为什么不赔偿我?非洲使馆爆炸案——为什么不赔偿我?美国军舰科尔号(U.S.S. Cole)被炸案——为什么不赔偿我?还不仅是恐怖主义袭击。'我丈夫去年在密西西比洪水中为救3个小女孩死了,为什么不赔偿他?'""9·11"与其他这些悲剧有什么区别,费因伯格并没有提供说明。他问道:"你打算什么时候结束?"我们又谈了一会儿,费因伯格礼貌而坚定地告诉我,他必须走了。他要去见迈克尔,和他一起去剧院。

提示与问题

1、作为一个有效的第三方,应当具备什么技巧?
2、第三方必须是一个律师或者受过职业训练吗?
3、你怎样评价第三方工作的好坏?
4、你认为在多数的纠纷中种族和文化是核心问题吗?
5、这些阅读材料里描述的纠纷,用正式的司法制度来解决是不是更好?

结　论

♣ 非正式司法的社会意义是什么？调解和 ADR 领域是否损害了人的权利？它服务于谁的利益？调解性司法经过私人化和个别化，那些已经处于不利地位的人是否更加不利？

本篇的结论性文章是法律人类学家劳拉·内德尔对上述疑问的回答。

以正义换和谐[*]

劳拉·内德尔

替代性纠纷解决，也就是 ADR，它的提倡者们所写的几乎每一样东西都有一个致命的弱点，它们是一种僵化的纠纷解决形式，没有历史感，缺乏对其他文化的理解，也没有 ADR 在我们文化中进行实验的社会语境。

作为一个群体，ADR 的提倡者漠视他们的批评者，没有注意到挑战 ADR 思想基础的研究有时还对 ADR 的思想来源一无所知。一些这样的总括性评论适用于 1991 年格里芬·贝尔（Griffin Bell）所做的"纠纷解决讲座"。

首先，它是含糊其词、不知所云的。贝尔先生注意到，1976 年"庞德研讨会"（Pound Conference）的主旋律是"如何迅速、有效而低耗地分配正义"。我不同意。尽管这次研讨会将"公众对正义之落实的不满原因"作为主题，但是，像希根伯索姆（Higgenbothom）法官在会上提醒我们的，研讨会不是关于如何分配正义，而主要是围绕效率与和谐，或者如何清除国家中的对抗，消解法院中的"垃圾案件"（比如，消费、环保、女权等案件）。"庞德研讨会"特别值得一提的是这样的一个事实：尽管也讨论了如何疏通正义落实的渠道，但却没人谈

---

[*] "Trading Justice for Harmony," by Laura Nader. *NIDR Forum Newsletter*, Winter 1992.

到防止违法行为的措施，也没人讨论法律面前不平等的权力，更没人探讨集团诉讼或总体解决（aggregate solutions）。格里芬·贝尔认为，弗兰克·桑德斯（Frank Sanders）在会上所说的"多门径法庭"，让人想起墨西哥萨巴特克（Zapotec）印第安人的法庭。这种法庭是世界上许多"简朴"民族所实践的一种简朴的思想，几个大陆的多位人类学家几十年来一直在描述它。这种辉煌属于土著人，而我们利用他们这些经验的能力应归功于人类学家，正是他们向西方人描述了这样的法庭。

贝尔先生写到主持一个追随"庞德研讨会"思想的特别工作组。他描述了一份报告，该报告聚焦分配正义的新近机制，但却没有考虑法律体系之外的解决。没有预防的方法，而产品部件的标准化或者机动车安全气囊的使用，都是这种法外预防的事例。他忽视的事实是，纠纷解决是偏颇的。街区司法中心可以处置吠犬事件，却不能对付"不在地主所有制"（absentee landlordism），不能处置被激怒的消费者或者有毒废弃物的案件——所有这些冲突源都高居公民难题的前列。

正如我多次阐述的，只有那些在权力不平等者之间落实正义的难题，才是需要形式创新的。贝尔先生所说的"太平绅士"（justice of peace），运用自己的智慧面对面地解决相对平等者之间的纠纷；而今天我们所面对的是散在的公民与庞大而集权的组织之间的冲突。当事人之间在力量上严重失衡，因此，关注于对个人的帮助，使我们的注意力从美国的经济动力、权力分化和救济手段分配上的不平等转移开来。通过增加调解或仲裁人员，就能实现对正义分配现状的改变，这种假定生动说明，它漠视了产生法律问题的社会和文化结构的重要性。

在缺乏轻易就可炫耀出来的数据的情况下，贝尔先生赞许罗森伯格教授和米多（Meador）教授的工作成果丰硕。我对这些绅士们虽然怀有敬意，但我还是要问丰硕成果是什么？说有超过400个街区司法中心在运作，但却不能说它们提供了什么急需的救济？并且，尽管街区司法中心或其他培养调解或仲裁人员的努力都没有保存其承办案件的公开记录，但是，那些对他们的工作进行研究的人仍然知道，对大多数美国消费者来说，涉及消费产品和服务的争议解决机制仍然基本上是"不存在的、无从接近的、无效的、昂贵的或者不公正的"。①

ADR 是一个聪明的绥靖方案，相似于传教布道的殖民力量在非洲、

---

① The Congressional Record 1978：S10143.

太平洋及其他地区所使用的那一种。美国20世纪60年代那些年里，许多社会团体感觉被什么力量激励着，纷纷抱着自己的日程和纲领抛头露面。有民权组织、消费者权利组织、环境权利组织和妇女权利组织，等等。那些认为美国人变得好讼喜争的人，寻求补正他们看成对抗模式的东西。就在同一时间里，大公司却在抱怨法人之间的讼事糜费。

从ADR获益的是一些组织，比如大公司。另一方面，大部分潜在使用者对ADR不感兴趣，是被迫就范的。如果说强制进行而又无拘束力的仲裁没有泛滥，那可能正是因为它是强制进行的，不属公开记录的一部分，也不适合抗拒不平等。为什么每个案件都真的必须在庭审前进行调解？这种胁迫类似于要求一个癌症患者在手术前必须经过放射治疗，虽然外科手术是患者的首选。公民们经常意识到，他们正在因与ADR技巧相关的强制策略而丧失作为原告的权利，而研究者们已经发现，调解人可能在人们认为他们正在调解时实际进行了审判。

罗斯科·庞德对于缺乏社会和文化语境的正义落实不感兴趣。他从反面论证道：

> 正义，作为法的目的，是个人活动与拥挤的世界里所有人的活动之间的理想化的妥协……当社会共同体有一致的、关于正义的思想时，这一切是可能的。当社会共同体是分裂的、多样的，而团体、阶级和利益也是分裂的、多样的，相互间又不太理解，关于正义的理念又彼此冲突时，这一任务尤其困难。

司法不仅是纠纷解决的一种技术，纠纷也不只是因为缺乏交流，而诉讼过程中的粗暴无礼是指第一级的对抗制的风格而不是指其组成部分。

作为一个整体，最热心的ADR鼓吹者也不得不考虑这一题目的实证研究的发现。比如，《无从接近的法律》（*No Access to Law*, Nader et al. 1980）一书就是对美国司法体系替代者进行的实证研究，是纽约卡内基公司（Carnegie Corporation of New York）资助的10年研究的成果。在该书第十一章"解决老问题的老办法"中，我们在连锁起诉处置框架中归纳了某些可能性，包括对预防和总体解决的讨论，也包括对什么起作用，什么不起作用的讨论。其他研究也报告了实证研究的成果，提供了深思熟虑的分析。

格里芬·贝尔建议说，我们需要一个法律的给予者，一个宽宏仁爱的君主，来对我们法律体系中的错误拨乱反正。我坚持认为，纠纷解决运动远不是贝尔先生所寻找的救星。的确，ADR一直主要应用于减少被动性，这一特征肯定不是民主所鼓励的。纠纷是我们社会基本的和制度性问题的症状，是在缺乏民主对社会资源的控制的情况下最重要的症状之一。将ADR的现有形式视为包治百病的灵丹妙药，这是不可接受的，因为它是在以正义换和谐。

拉选票的人们

The City Chanters Ascene from the "Wilkes and Liberty" riots.
(ⒸHulton Getty/Tony Stone Images)

第六篇　网络空间与法律未来

每一项技术都给我们一个不同的空间。
　　　　　　　　——大卫·博尔特（David Bolter）

如果我足不出户就能遨游地球，那该多好。
　　　　　　　　——迈克尔·本尼迪克特（Michael Benedikt）

♣ 本书以卡夫卡的一篇寓言开始，寓言是关于一个人站在法的门前的。这个人带着对法以及对公民与法的交往能力的厚望而来。你可能还记得，他本以为法"应该是任何人在任何时候都可以接近的"。然而，守门人挡在法的门前，阻碍了这个公民求见法的愿望的实现。

卡夫卡的守门人是妨碍公民接近法律和正义的各种力量的比喻和象征。接近法律所需的费用昂贵，法律图书和资料都远离公众或者不易运用，威严而陌生的建筑物可被视为守门人，干扰了人们的权利主张，妨碍了纠纷的公正解决。使人不便或难以获得法律信息的物理距离，也可被看成一个守门人，像本书许多文章所表明的，行政法规、繁复的法庭程序和法律职业本身，通常也都充当了守门人，使公民远离法律，不让他们直接接触法律。

在卡夫卡的寓言里，守门人的职责只是排斥。然而，守门人典型情况下是具有双重职责的：排斥一些人，接纳另一些人。比如，郑重而威严的建筑物还可以增加人们对司法权威的尊敬，进而促进了法律的运用。如果一个人熟悉了这种复杂的知识体系，那么它们将是既有力量又有效率的信息发现系统。律师们许多时候虽是入口的障碍物，但在其他时候也可以是赶走守门人并得以进入法的大门的工具。

本章聚焦一个新的、有权势的守门人，他影响着前面各章所讨论的所有过程和机构。这个守门人就是网络空间（cyberspace），它是一种崭新的电子信息技术环境。你们中的许多人可能熟悉网络空间，你也可能正在使用电子邮件、互联网和万维网。对另一些人来说，电脑以及通过电脑网络的交流，可能仍然是一件神秘的事情。然而，无论你是否参与到网络空间,你都应认识到这些新工具的力量及其对法律的有力影响。

为什么一种新的交流媒介将是变革法律的重要力量?虽然我们一想到法律就免不了说到法庭、律师、警察和其他权威与正义的象征,但每一法律过程的核心都不外乎是信息。哈罗德·伯曼教授曾经写道:一个法律体系要求一种"对以某种方式说出的话语权力的信仰,造成某种被展示为合法的效果。如果法律要起作用,这种魔术是必不可少的"。① 法律是一种有机体,它的生命之血就是信息,而交流媒介是输送该信息行遍机体的动脉和静脉。律师是一种掌控信息体的职业。新的媒介带来变革,因为它们提供了新的传输、编程、组织、储存和公布信息的机会,也提供了新的与人和机构交往的机会,并且挑战那些先前掌控信息的团体。

对信息的操纵,支配着法律机构运作方式,法律原理被适用,社会和道德价值观被翻译成法律价值观。法律是对得自公众的信息的一种反馈,法律也是传达给公众的一种信息。法律还是涉及信息评估和信息组织的判断和决定的结果。正如马克·加兰特尔教授评述的,

> 法律起作用,通常不是通过施用强力,而是通过信息传输,通过交流,让人知道法律期望什么、禁止什么、允许什么以及某种行为方式的后果是什么。换言之,法律导出的信息是关于规则是什么、它们如果适用、代价和后果是什么,等等。譬如,当我们说到威慑,我们实际在谈论法律是什么和法律如何运作的信息及影响效果。同样,当我们描绘"在法律的影子里讨价还价"时,指的是通过信息交流而非直接的权威决定来完成规制和调整。再者,"法律社会化"的实现也是通过信息的传送。在大量的事例中,法律的适用可以说是自我实现的——人们以自己关于法律的标准、可能性和限制的知识为基础来调整自己的行为(并裁判他人的行为)。②

你们这些"网上冲浪"者可能已经遭遇了版权、隐私、淫秽、专利、商标或者宪法第一修正案的问题。对法律这些领域的关注,主宰

---

① Harold Berman, "The Background of the Western Legal Tradition in the Folklaw of the Peoples of Europe," 45 *U. of Chicago L. Rev.* 553, 563 (1978).

② Marc Galanter, "The Legal Malaise: Or, Justice Observed," 19 *Law and Society Rev.* 537, 545 (1985).

了公众对法律和互联网的讨论。这些都是触及重要的经济、政治和社会主题的重要法律领域。然而，新科技的影响超越了特定的法律规则，新的交流模式触及法律职业、法律实施、纠纷解决和标准设立的方式，以及本书覆盖或不足以覆盖的其他主题，它们触及有关信息和交流的特定法律原理。它们是守门人，影响我们与法律的交往能力，也触及我们对正义的体验。

本篇的目的更多地是提出关于这种强大力量的问题，这种力量的影响正在扩展，以至于无法提供确定的答案。很明显，电脑和电脑网络将深刻地影响法律，就像它们对我们的经济和政治制度所可能产生的重大影响一样。但是，这种新的交流媒介是怎样一种守门人？它是制造了个人和法律的距离，还是有利于人们进入法律之门？我们作为守门人的新科技，是更可能邀请我们进入，还是更可能对我们加以排斥？它们是更可能服务于个人，加强我们的自治，并且赋予我们力量，还是更可能侵犯我们的隐私，维持现状，并且服务于既得利益？它们是为我们提供了把其他守门人赶到一边去的工具，还是为已经就位的守门人提供了支援？

第二十一章　网络空间与法律未来

♣ 下文引导我们进入网络空间，它揭示了一个场所，在那里，我们可以与他人交往，而无论这些人身在何处。有人说，网络空间是一个真实的地方，即使它不是一个物理上有形的场所。进入这个场所是轻而易举的，而且守门人似乎还邀请我们进去。但是，我们在里面所发现的，可能不同于我们所期望的，我们可能需要比在其他地方更谨慎小心。网络空间是这样一个场所，在那里，外界强加的表达障碍虽然被降低了，但是，在那里，我们仍然需要问自己在多大程度上愿意将自己暴露给他人。存在于有形世界的诸多限制，在这个地方是不存在的，但这仍然是个法律问题层出不穷的地方。

第一节　伪造：互联网革命与纳斯达克无关[*]

迈克尔·刘易斯

2000年3月，当互联网上的股票自由下跌时，互联网终于找到了自己合适的位置。它不过是一种快捷的信息传递服务而已——热衷此道的人现在开始这样评说，而这些人，或者在互联网最近的蓬勃发展中损失了很多钱，或者更可能是没有赚到钱。互联网的牟利潜力被高估了，它的社会影响据推定也被高估了。不过，情况不是这样。信息的快速传递并不是互联网所做的唯一事情，它还使人们有可能消解所有的规则和惯例。处在潮起潮落之中的不仅是商业秩序，各种从未被质疑的权威正待破除。与人们允许互联网对自己生活的影响与泄露相比，互联网的科技和赚钱潜力并不那么有趣。

在互联网上发生的一切，支持了社会学中被称为"角色理论"的

---

[*] "Faking It: The Internet Revolution Has Nothing to Do with the NASDAQ," From *Next: The Future Just Happened*, by Michael Lewis.

NASDAQ（National Association of Securities Dealers Automated Quotation System）是"全国证券交易商自动报价系统协会"的简称。

思想流派。他们主张，我们没有自诩的"自我"，我们的自我仅仅是为了应对我们身处的社会情境而戴上的面具。互联网提供了一个全新的社会情境，那些要对新的情境做出反应的人需要攫取一套新的面具。人们采用了备好的新工具，利用的只是他们需要的以及他们需要的方式。如果他们利用互联网做个身份实验，那可能是因为他们发现过去的身份不胜任了。如果互联网正向某个方向推进这个世界，那可能是因为这个世界已然觉得有必要向那个方向挺进。互联网正在告诉我们，我们到底想变成什么。

我已经写过关于乔纳森·莱拜德（Jonathan Lebed）的故事，他是新泽西郊区一个15岁的男孩，利用互联网改变身份后进入了股市操作系统。乔纳森的故事告诉我们，你无法真正理解网络上正在发生的一切，除非你理解了真实世界里导致互联网发生这一切的条件。你不能理解那里的一切，除非你亲自到那里去四处看看。一旦你去了，你就开始理解各种新的真相。比如，互联网是重新开始的摇滚乐，不是现在的摇滚乐，而是20世纪50-60年代的摇滚乐，那时，它真的让成年人目瞪口呆了。互联网正在鼓动一场巨大的身份变革，它颠覆了社会规范的所有形式，而最迅速地攫取这一权力的是年轻人。

芬兰的诺基亚公司在我之前就发现了这一点。诺基亚占据手机业的重要地位，以至于现在非常多的人都同意，芬兰人最先将手机连接到互联网上，而这种联接也是我们认为必要的。芬兰人的成功缘于他们特别善于猜测他人想从手机中得到什么。一个重大的理由是——诺基亚的人也相信是这样——他们花了大量的时间来研究孩子。孩子们喜欢每一项新技术，由于没有成见，所以能够更快地掌握新技术。基于不能被人充分理解的理由，他们想要的手机使用方法是成年人做梦都想不到的。比如，关于课本的即时信息。

为了创造一种俗称"短信"的即时信息，你可以用手将它敲到你的电话里，用键盘做打字机。表面看来，这不是电话键盘的明显用途。字母数与输入键数的不同，意味着你必须敲出某种摩尔斯代码。这种技术在芬兰的男孩女孩之间非常流行——男孩不好意思当面约女孩出去，女孩之间则迫不及待地相互告知约会中发生了什么，一旦它们发生了的话。他们已经证明，如果间接交流的需要已经足够迫切，那么，词句就能以神奇的速度被敲到电话键盘上。550万芬兰人在2000年相互发送了10亿条短信。

短信迅速成为欧洲法人通讯的支柱。这一技术是从芬兰的孩子传授给商人的，因为孩子教会了他们的父母。诺基亚聘用的人类学家告诉他们这一切。芬兰成为地球上正式承认以孩子为中心的经济发展模式的国家：如果你想让经济快速发展，你需要促进迅速的技术革新；如果你想促进迅速的技术革新，你需要向孩子们让与一种陌生的权威手段。

当资本主义鼓励了空前迅速的变革时，孩子比成人享有更大的优势。他们尚未决定他们是谁，他们没有向特定自我投入大量的心理资本。当新技术来临时，得到实惠最多的是那些乐于推翻旧我、变成新我的人，那些在旧我中没有过多投入的人，就此占了上风。要推翻一个12岁的人的自我，不需要放弃太多的东西。

我在新奥尔良长大。我现在要思考这段原本是无趣的事实，是因为这与我对身份及其改变的兴趣有关。新奥尔良一直是观察进步的最佳去处。要想了解进步，就要知道它推倒了什么，摒弃了什么。当进步的速度像今天一样迅猛时，回想它的受害者是不容易的。新奥尔良保持了它的不合时宜，足够与外部世界形成强烈的对比。比如，直到20世纪90年代中期为止，你还可以在新奥尔良找到真正绅士般的律师，他们将自己视为一种荣誉和体面职业的成员。我父亲就属于这样的恐龙之一。

直到垮掉为止，我父亲一直努力让我们的旧式家庭律师事务所坚持其迷人的习惯。绅士律师相互写条子，讨论古希腊语中某些术语的正确发音。他们从消亡的文化中搜集古怪的艺术品，他们视教育为宗教的一支，他们戴着领结，他们相处融洽，但不知道星期五的意义。他们的生活以一种精英思想为前提：律师是超越争吵的。他拥有特殊的知识，能够遵循一种严格的行为法典，而又无需说出它是什么。他认为所有的变革请求都是值得怀疑的。对他来说，这个世界最重要的东西就是在社会共同体中的形象，在人们所能确定的范围内，他从不对此有丝毫的担心。身份不是一个原因，它只是生活方式的结果。

我第一次意识到这已不再是一种站得住脚的立场，是在一个叫莫里斯·巴特（Morris Bart）的陌生人出现的时候。当时我十几岁，我和父亲驾车沿着州内高速公路穿城而过，当时我们看到了一个巨大的广告牌，上面写着："你是一个被害人吗？你受伤了吗？没人代表你的利益吗？打电话给莫里斯·巴特律师。"上面有莫里斯·巴特的大照片。他像二手车倒卖者那样笑容可掬。

"您也像莫里斯·巴特这么做吗?"我问父亲。

"不太一样。"

"但他的广告上说他是一个律师。"

"我们有不同种类的律师事务所。"

"怎么不同?"

"我们没有广告牌。"

"为什么没有?"

"那不是律师要干的事情。"

是这样,直到莫里斯·巴特把照片设在高速公路旁的那一刻,真是这样。我父亲和他的同事仍然没有什么举动,但是,律师实务要服从于整体的力量,美国人的双重本能是:既要民主化,又要商业化。它们通常意味着同一种东西。这两种力量支配着互联网,反过来,它们又被互联网所支配。

莫里斯·巴特是互联网如此强力提升的、巨大的美国解构工具中的一个微小装饰。在巴特树立自己的广告牌之后若干年,我父亲律师事务所中的律师开始接听一些"顾问"的电话,这些顾问告诉他们如何窃取客户,并从其他律师事务所窃取律师——这些想法,在几年前简直是不可想象的,对某些人而言,现在依然是不可想象的。若干年后,客户要求律师按小时收费,然后又质疑这些收费。老的游戏结束了。在市场被毫不含糊地侵入的那一刻,老的传统开始从法律中渗出流失了。对绅士律师而言,它以尽可能体面的方式结束了,但它毕竟结束了。对那些身份被包藏在这一想法中的人来说,这种结束使他们的故事具有了某种悲剧色彩。

我记起大地在我这个少年脚下动摇时的最初感受。我不喜欢这个预示父亲的世界即将崩溃的先兆,不过,更让我不安的是,我身体的某个部分希望父亲也能在高速路旁树立他的广告牌。当然,这是他永远不会去做的。我的反应是离家出走,发明另一个自我。如果那时候就有互联网,我肯定毫不犹豫地上网了。

乔纳森·莱拜德就这么干了。另一个拥有"美国在线"(AOL)账户的少年马库斯·阿诺德(Marcus Arnold)去年夏天也这么干了——他戴上的面具甚至令莫里斯·巴特这样的人也胆战心惊,他向社会秩序及社会上占支配地位的有关身份和专业技术的观念发起了又一次攻击。

AskMe 公司于 1999 年由微软公司的前雇员们成立，它所卖的软件可以让"3M"、"宝洁"这样的大公司制造一个员工内部局域网，这个网被称为"知识共享"。知识交流就在电脑屏幕上，通过它，员工们可以向整个公司提出问题。它的魅力是明显的，一旦这种"你问我答"式的知识交流开始运行，它不在乎公司内的某个专家坐在哪里，只要他没有离开公司，就可以随时满足任何人的要求。

AskMe 公司很快发现，从对新软件的使用方式，可以看出一个公司很多的情况。在金字塔型组织中，老板一般任命自己或者选任几个下属作为"专家"。问题自下而上，答案自上而下，最初的等级制被保留甚至被加强了。在非等级制的蛋糕型公司里，老板用这个软件制造一个公司员工共享的网络，无论员工身处何处，都可以将自己的智慧输入这个网络。用这种办法，公司的任何人都可以回答他人的问题，任何人都可以是专家。当然，看到一个见习生回答了副总裁提出的战略规划问题，也不会引起什么敬畏。不过，许多公司认为，为了集体的知识库，搞一点平均主义不算什么大的代价。

制造 AskMe 软件的人相信，它使那些老板愿意牺牲一些威望和权威的公司比其他不愿做这种冒险的公司更有优势。他们从来没有公开这样说过，因为他们希望也能将这种软件卖给金字塔型的组织。但他们知道，一旦该软件被运用，将其组织平面展开以鼓励知识向各个方向自由流动的公司，将会击败金字塔型的公司。知识来自最不可思议的地方。员工们实际知道的，比他们认为自己知道的还多。集体智慧的收益，超过了老板权威的损失。

简言之，这种软件巧妙地改变了经济环境，它对平等精神给予了新的褒奖，它使"金字塔"的生存更困难，使"蛋糕"的生存更容易。

在这个领域之外，AskMe 公司的销售员像任何地方的销售员一样，发现自己碰到了来自潜在买家的五六个相同的质疑，甚至当买家是蛋糕型公司的时候。一种质疑是："你怎么知道你们的软件在我们 20 万员工的拼命使用下不会瘫痪？"为了证明不会发生这种事，AskMe 创建了一个网址，向更广泛的公众提供了一个软件版本。这个网址是 AskMe.com，它于 2000 年 2 月出现，并且迅速成为互联网上十几个知识交流网站中最频繁使用的一个。头一年，这个网站就有超过千万的访问者。

从网站的范围可以明显看出 AskMe 公司的雄心壮志。公司没有从网站上赚钱，也不打算操纵上面的一切，甚至懒得宣传自己的存在，使用它的人有几百万,这都是交口相传的结果。网站上的建议都是免费提供的,专家是自我任命的,由寻求建议的人给他们排名。位次靠前的专家从 AskMe.com 得到少量现金奖励。这些奖励以及网站的公开性吸引了许多通常并不免费做事的人,从手持知识许可的会计、律师、金融顾问,到无证行走江湖的体育评论员、算命先生和文身术士,应有尽有。

AskMe 公司并不是这样设想的,但是,它的公开网站的确带出了一些问题:更广泛的社会对于知识的本能态度是什么?我们是愿意到可以找到的地方寻找知识,还是只愿意从据说是拥有它们的人那里去寻找知识?这个世界是希望成为金字塔型的,还是希望成为蛋糕型的?

2000 年夏天,在地处洛杉矶和棕榈泉(Palm Springs)之间一个叫佩里斯(Perris)的沙漠城镇里,15 岁的马库斯·阿诺德为这些问题以及其他上千个问题提供了自己的答案。马库斯的父母是途经洛杉矶中南部从伯利兹(Belize)移民到佩里斯的。为什么有人愿意从某个地方来到佩里斯?这并不是可以一目了然的问题。佩里斯是美国人精于制造的那种无主之地。某一天,这里是平坦、朦胧、广阔的沙漠和白色岩石,无尽的蓝天上漂浮着空中造型表演者;另一天,一些先驱者点亮了万家灯火;又一天,镇上挤满了主要为这里的独一无二而来的人。人类在此建立家园的决定,对佩里斯的身份没有太大的影响,甚至当一排排的住房被安置在沙漠中以后,佩里斯之所以闻名,还主要因为那里是一个可以从飞机上跳下来的地方。

马库斯与父母和他的双胞胎兄弟住在一座很小的砖房里,它离一个大的跳伞降落区 1 英里左右。在这个家庭可以停放两辆汽车的车库上空,从早到晚都有人从飞机里蹦出来,连人带伞扑通落地。马库斯头上的蓝天永远被降落伞搞得伤痕累累。马库斯自己是坚决属于地面的,他是一个大得像熊一样的男孩,6 英尺高,200 磅重。除了在电脑和前门之间笨拙地往来一下而外,他根本就不走路。电脑蹲在一张假古董的书桌上,书桌摆在厨房和卧室之间的凹室里,一尘不染,像模范家庭的展览室。这是家里唯一的电脑,理论上是全家共享,实际上属于他自己。他现在要把时间尽可能花在电脑上,因为他是 AskMe.com 的主要专家。他的专业是法律。

当我首次采访马库斯的时候,蓝色屏幕上显示着一个来自 AskMe.com 问题的答案的开始部分,是在我到达之前快速写成的:

您的儿子不应被监禁或者受审判，依照"米兰达诉亚利桑那州案"，必须向要被逮捕的人宣读他的权利，然后才能向他提问。如果您的儿子在听到宣读自己权利以前被问了任何问题，他都不应被送进监狱。如果您需要我的进一步帮助，请用私人专栏给我回信。

键盘在马库斯的大手下消失了，AskMe.com 上的另一页出现在屏幕上。马库斯想向我指出一个真律师在网站上对一个问题的糟糕回答。他说："我总能见到糟糕的律师，网站上一些人谈起事情来根本不着边际。他们只想取得一个位次，出卖服务，取得报酬。"他的大手又向下移动，这一页又消失了，随之出现了马库斯最喜欢的网站。这里是德克萨斯州等待死刑执行者的菜单。即将被该州处死的人所点的最后一顿垃圾晚餐，旁边有他们的照片。马库斯浏览了一两分钟，寻找新闻，然后继续，没有任何评论。

青春期的优势在于，你能够以平常心对待周围的任何事情，因为你还没有什么可与之比较的，马库斯似乎充分拥有这一优势。对马库斯来说，下面的事情都是再正常不过的了：你敲击一部机器的几个按钮，就能读到一个今早被处死的人昨晚吃了什么；他屋外唯一的生命迹象是从天空漂到地面的那些人；他的父母给他的双胞胎兄弟起名马克（Marc），马克和马库斯；他现在所花的绝大部分时间，不是在学校，而是在互联网上，并且是为成年人提供法律意见。

马库斯是在 2000 年春天快结束的时候偶然撞见 AskMe.com 的。他当时正在研究他的生物考试，想找一个问题的答案。他注意到，某人问了一个他知道答案的法律问题，接着又是一个。于是一个想法出现了：为什么不自己来回答它们呢？要想成为一个 AskMe 的专家，只需填一个表格。他在 2000 年 6 月 5 日这一天，也是马库斯心中神圣的一天，填写了这个表格。他说："我从 12 岁就一直想当个律师，但是我不能这样填写，因为每个人都会这样说：'什么？一个 12 岁的孩子要给我提供法律建议吗？'"

"也许写 15 岁会让他们感觉好些？"

他深吸了一口气，脸上的表情似乎显示他把这当成一个复杂的问题。他说："所以，我第一次进入 AskMe 的时候，告诉大家我 20 岁左右，每个人都相信了。"实际上，他声称自己 25 岁，我猜想，这对一个 15 岁的男孩来说，也算 20 岁左右吧。为了让人加深印象，他采用

"LawGuy 1975"作为头衔。进入他网页的人们发现他被这样描述："LawGuy1975 aka Billy Sheridan."比利·谢里登是马库斯在"美国在线"上的头衔。

马库斯回忆说，他自封法律专家数日后，他在互联网上只访问AskMe.com，并且只处理成人的法律问题。

"什么样的法律问题呢？"我问他。

"很简单，"他说，"有些就像这样：'我丈夫因谋杀而入狱，不是他干的，我需要一份驳回起诉的动议，怎么写呢？'我收到的问题都是来自这样一些人：'我就要突然被关进监狱了，在他们把我带走之前，有没有人帮我呼吁一下？'或者是一些杂七杂八的求助。不过，大部分都是些简单的问题。'什么是重罪？'或者'如果我犯了这个罪，会判多少年？'或者'如果我成了被告怎么办？'很简单的问题。"他说这一切的时候，都是用电视律师那种自觉的、机关枪式的快速语调。

马库斯成了专家以后，开始有了自己的职业生涯。AskMe上的排名，取决于专家回答问题的数量、速度和质量，由接受问题的人评判。他们会给每个答案一星至五星级的评价。到7月1日，马库斯在AskMe.com刑法分部150多名专家中已经位列第十，而这些人中有许多真正的律师。马库斯告诉我，这个时候他决定去夺金了。"当我名列前10名的时候，得到一些人的'祝贺'、'恭喜'，所以我激动不已，拼命回答更多的问题。你知道我怎样做的吗？就这样：我向这些人显示我知道自己干的一切。"他需要怂恿更多的人问他问题，也需要更快地回答这些问题，还要用一种能让他们赏给他更多星星的方式。为了这个目的，他刷新了自我宣传的网页。是这样说的：

> 我是一名受过两年正式法律训练的法律专家，我将帮助任何我能够帮助的人。我接触过法庭审判、法律研究和某些法理学。我尚未被这个州的律师协会允许执业……真诚的小贾斯廷·安东尼·维里克

马库斯说："除了我现在的名字，贾斯廷是我一直想要的名字。"Justin Anthony Wyrick Jr.——这简直是假名中的假名。这个名字有更多的权威光环，这是马库斯的看法，也是其他许多人的看法。某一天，马库斯收到并回答了110个问题，也许，其中1/3来自好奇的人，1/3来自陷入法律困境的人，还有1/3似乎来自正在参与某种奇特的成本收益分析的人。

问：一个人必须偷或骗多少钱，在伊利诺斯州才被看成重罪犯？

答：在伊利诺斯州，你必须违法取得5001美元以上才能构成诈骗罪。如果你需要其他的帮助，请回信。真诚的小贾斯廷·安东尼·维里克。

问：缓刑执行官可以不让被缓刑者结婚吗？

答：除非被假释的人是以"不结婚"为释放的特殊条件，否则他就可以结婚。如果你有什么问题，请给我回信。真诚的小贾斯廷·安东尼·维里克。

马库斯回答的问题越多，就越是有更多的上网寻求法律意见的人希望同他说话。在一个两周的时段里，他收到了943个法律问题，回答了939个。当我问他为什么没有回答那剩下的4个问题时，一种恼怒的表情掠过他胖胖的脸。"交通法，"他说，"对不起，我不了解交通法。"到了7月中旬，他已经是AskMe.com刑法方面位列第三的专家了，在他之下，有125个有律师牌的人和一群前警察和前罪犯构成的疯狂组合。第二年轻的人31岁。

几周时间里，马库斯为自己创造了一个新身份：法律怪才。他现在不再把学校看成未来法律职业生涯的一种准备了，他更看重的是法律行动。他调查研究过当地学校公告牌上所做的细小而无用的事，并且发现，它摊到纳税人头上的是一笔私人开支。他在一次公开听证会上将这件事提了出来。为什么带着成人法律问题的成人竟然把他当回事，这个巨大的秘密连马库斯也不太知道，除非承认，这个秘密与他的法律训练无关。他没有受过法律训练，无论正式的还是非正式的。

在阿诺德家的书桌上有一本很薄的词典，加上一堆法庭案件，都是AskMe上依靠马库斯建议的人给他寄来的复印件。客户们给他这些文书工作，他帮助写一些动议，客户们将他写的动议交给职业律师，由他们呈交法庭。但是，在书桌上或者房子里，没有任何一种稍微类似法律书的东西。仅有的法律信息的潜在来源是家用电脑和一个大屏幕电视。

"你到哪儿去找法律方面的书呢？"我问。

"我不找，"他一边说着，一边敲着键盘，"书很烦，我不读书。"

"那么你上法律网站吗？"

"不。"

"那么，当你得到一个问题，你要研究你的答案吗？"

"从不研究，我就是知道。"

"你就是知道？"

"对。"

一种另类真实的独特气息荡漾在空气中。就在这时，马库斯的妈妈普丽西拉从前门进来。她是一个高大的女人，在一大袋食品的重压下，呼哧踉跄地走进来。一长盒油炸圈饼从袋口露出来。

"嗨，马库斯，你在做什么？"她问话的时候，大口喘着粗气。

"正在回答一些问题。"马库斯说。

"正在回答什么问题呀？"她喜滋滋地问，脸上洋溢着骄傲。

"如何得到上诉保证金，"他说，"另一个是请求最高法院发回的。"

"我们买了辣椒干酪热狗。"

"太好了！"

普丽西拉赶快到厨房里去加热油炸圈饼和热狗。一股新的怪味儿漂到了电脑上空。

"你从哪里得到专业知识的？"我问。

"马库斯天生就有的！"普丽西拉大声说。由于不知道该怎样回答，所以我没理睬她。

"你什么意思？"马库斯问我。他真的被我的问题困惑了。

"你的信息从哪来？"

"我不知道，"他说，"我真的不知道。"

"你怎么能不知道知识从哪来？"我追问。

"在看了那么多关于法律的电视剧以后，"他回答，"我就知道了需要知道的一切。"他嘲弄地微微耸了耸肩。"你别惊讶，我就是知道这些事情。"

普丽西拉又从厨房里大声喊道："马库斯是个天才！"

马库斯向后靠在椅背上，一副天才少年的样子。他很高兴他妈妈的话省去了他向一个明显是蠢货的人做出解释的麻烦。已经可以分辨出马库斯性格中的某些线条，但还没有清晰的总体形象。他有多种的角色：法律的天才人物、谦恭的网络帮手、诚实的捐客、喜欢网络的普通孩子。现在，他让那些在学校名列前茅的人显得可笑，他是一个浮躁而温和的万事通。

准确地说，我们并不清楚他知道什么。他在网络上给很多人的印象是一个法律专家；而他本人有更折衷的表现——这无疑是他发现互联网像他一样诱人的理由之一。和乔纳森·莱拜德一样，他是那种注定要被高中压制的人；也和乔纳森·莱拜德一样，他拒绝接受自己被安排的身份。当真实世界没能诊断出他的天才的时候，他就要去寻求第二种意见。互联网提供给他多种意见，他可以从中找出自己喜欢的。互联网制造了新的机会，让他形成新的自我观念，然后呈现为全新的现实。

关于马库斯所玩的游戏，还有一些是我熟悉的，但要我涉足其间，可能要花一些时间。他利用互联网，其方式就如同成年人在利用自己的过去。时间的流逝，让老一些的人记起他们过去是谁，曾经想要成为什么样的人。年轻人则不必借助特定的逃避路线以规避自我，因为他们的过去仍然是不太讨人喜欢的现在，所以，他们倾向于走另一条路线，想象自己进入了某种未来的成人世界。他们的奇思怪想受多种情感的推动：希望、野心、理想，但最基本的还是怀旧，对未来的怀旧。现如今，对未来的怀旧比传统的怀旧更为时尚，而互联网使他们有可能用全新的方式按照自己的奇思怪想去行动。

普丽西拉在厨房里喊道："马库斯在娘胎里就是天才，我能感觉到。"

这会儿，马库斯咧开大嘴笑着说："欢迎来到我的大脑。"

"什么？"

"欢迎来到我的大脑。"

他这样说的时候，非常像一个真诚的主人请他的客人坐到一把舒服的椅子上，以至于我不得不阻止自己说"多谢"。在他后面是一个大型落地窗，可以看到加利福尼亚的沙漠，这个景色是普丽西亚喜欢这个房子的理由。沙漠远方是棕色的山脉。在白色的沙漠和棕色的山脉之间，一个降落伞打开了，一个人从天而降。

"让我们重新开始吧。"我说。

"好吧。"他很高兴地说。

"你知道的这一切都是来自'电视法庭'节目吗？"我问。

"基本上。"他说。

"还从你浏览的这些网站上？"

"基本上。"

普丽西亚从厨房喊道："马库斯，你想吃几个热狗？"

"两个，再来一些油炸圈饼。"马库斯也喊道。

"如果你不在这里回答这些人的问题，你认为他们会做些什么呢？"

我问。

"他们就要付钱给律师了。"他说。但是，当他这样说的时候，他的笑容消失了，宽阔的脸庞遮上了一层乌云。他突然严肃谨慎起来。

他可能忆起了自己的真实身份被上百个律师发现后随之而来的惨败，这些律师曾在AskMe.com上见识过这个迅速爬升到他们前面的新专家。不管基于什么原因，他抬起巨大的手掌朝向我，如同圣母玛丽亚抵抗圣灵的恳求一样。他说："你看，我在那儿可不是为了抢别人的饭碗。那不是我的工作。"

"你认为法律专业知识被高估了吗？"

"彻底高估了。"

马库斯在AskMe.com名列前茅的时候，一些他不认识的人开始问他的电话号码和他的收费结构。基于某种他也无法完全解释的理由，他第一次感觉于心不安。他决定，现在是澄清自己年龄的时候了。为此，他改变了自己的专家档案，将"法律专家"改成"15岁的见习律师专家"。

在他公布自白之后几小时，充满敌意的短信蜂拥而至。其中一些来自他的"客户"，但大多数来自与他竞争名次和知名度的律师和其他人。一场小小的战争在留言板上爆发了：马库斯指责律师们拉帮结伙损害他第三位的座次，而律师们指控马库斯根本不了解自己谈论的一切。律师们开始找出马库斯以前的回答，给这些回答一颗星的低级评价，借此拉下他的名次。继而，他们做了更糟糕的事：他们问他许多法律的细节问题，当他不能提供相应的细致答案时，他们就对他狂轰滥炸起来。

马库斯对这些鞭挞他的e-mail所做的回答，读起来不像是律师的辩护，更像是一个人请求给他施加酷刑的人放了他：

"我正公开报告你的辱骂，因为它损害了我作为网上专家的名誉和尊严。"

"请不要用e-mail威胁我。"

"请别再揪住我不放！我并不是在进行法律执业。"

"请你不要来信说你正监视我，那会吓坏我的父母。"

"我真的希望我们成为朋友。"

"让我们成为朋友，或者别的。"

对马库斯上述表示最尖刻的回击是："在你的上两封邮件中，你要我做你的朋友，这就好像受了致命伤的角斗士希望成为狮子的朋友。"

一方面，这段插曲是荒谬的，马库斯·阿诺德没有对任何人构成威胁，除了他自己，可能还有寻求他的建议的人。为了从事法律业务，你仍然需要一张许可证，而15岁的男孩是不可能得到它的。与此同时，马库斯无意中走进一个火药场。互联网到了一个令法律尴尬的时刻。

律师与非律师之间知识的差距，一段时间以来正在缩小，互联网进一步将它们拉近。互联网提供法律建议，通常还是免费的，提供者也不仅限于律师。学生、警察、侦探甚至以前的罪犯，都可以跑到留言板上帮助人们解决问题和案件。这种现象的背后是一种对待法律知识的扭曲的民主态度，法律职业者目前将这种态度视为理所当然。美国律师协会"网上律师业"（e-lawyering）特别工作组副组长理查德·格拉纳特（Richard S. Granat）在《纽约时报》的访谈中是这样解释自助式互联网法律服务的蓬勃发展的："如果你想一想法律，它大部分的组件只不过是信息。信息本身与解决法律问题之间，还有很长的路要走。"

在这个简单的句子中，你听到了老式的职业秘密蒸发后遗留下来的声音。律师业的地位是浮沉变动的，这已然持续一段时间了。一本能把精英人物感动得痛哭流涕的文选，总有一天会从长长的书架上被精选出来，而那个书架上充斥着对20世纪末美国律师文化沦为大众化的恶骂与诽谤。我们另有专章细述广告时间的到来。1977年，美国最高法院决定，允许律师宣传自己的业务，一本叫《美国律师》（The American Lawyer）的杂志1985年开始公布律师的估计收入。一旦法律成为一种业务，它便开始变成一种商品。将法律归结为信息的总和，就意味着任何人都可以提供它。

这种思想由来已久，互联网帮它传得更快。毕竟，一个从未读过法律书籍的15岁男孩也能在众人面前充当法律专家，对法律而言，这意味着什么呢？据说，很多人觉得，业余爱好者也可以接近法律知识。谁知道呢？也许他们是对的。也许法律专业知识被高估了，彻底高估了。

任何人，如果他的身份有赖其接近知识的特权，那么，互联网，就其本性而言，将给他造成损害。但你不能因为马库斯·阿诺德或者乔纳森·莱拜德而责备互联网，这种责备是不公正的。互联网只是利用马库斯来告诉我们一些我们自己的事：我们怀疑正式培训的价值。一知半解一向是危险的，但现在竟然成为可敬的。正式培训重要性的整体崩溃,是后互联网生活的一种症状。知识,像与之匹配的服装一样,正在被非正式化。不经意的思想与不经意的装束相配。这就是马库斯·阿诺德2000年夏末发现自己置身的情境所揭示的含义。马库斯被真正的律师们当众羞辱了一番,但这并没有阻止他提供更多的建议。他戴着肥大的露指手套,坚守在较低的位次上。这时,客户们开始说话了。相当一致的声音是:"别揪住这孩子不放!"许多人似乎相信,任何能在AskMe.com法律专家榜上爬到如此高位的15岁男孩都一定是某种怪才。他们比以往更想找到他,他们要他的法律建议,并且只要他的法律建议。

马库斯抹去不快,继续给他们提供建议。几天之内,他的信心就完全恢复了,他说:"你们总有你们的批评,我的意思是,与真正的律师一起,是一件荣耀的事。他们不会让某个可以做他们孩子的人打败,再说他们比我时间多。我总要挤出时间,一天上学6个小时,写4个小时家庭作业,晚饭之前我不可能上网回答问题。"

尽管有这样那样的困难,马库斯的排名反弹上来。在他泄露年龄两周之后,他开始上升了;再两周之后,他升至第一名。他给上千人提供了法律建议,其中有些可能经不起法律方家的仔细审查。一些建议可以从"朱迪法官"(Judge Judy)电视节目中直接得到,更多的建议只是用一种友好的口吻进行了简单的重述。马库斯并不纠缠细节,也不擅长处理复杂问题,但这就是他,他不需要那样做。许多真正的律师也不过是用一种令客户满意的方式散发简单的信息,而这方面正是马库斯的强项。他可能说了自己不知道的,或者用一种奇异的方式说了自己知道的。但无论如何,他们喜欢他。

马库斯的父亲马文在一个家具零售店工作,离家有两小时的车程,所以,当他的儿子在网上散发建议的时候,他通常并不在周围。如果不是出了这种事,他原本还不知道马库斯在搞什么鬼。"我是那种不碰电脑的人,"马文回家看到马库斯正在和我过招时这么说,"实事求是地说,我从不摸电脑。"他这样实事求是地说着的时候,神情中既没有蔑视,也没有恼怒,只是一副"由它去"的温和样子。他补充说:"如果我需要电脑中的什么,我就问马库斯。"

"这让我有了更多的时间在电脑上。"马库斯一边说,一边又开始敲击键盘。

由于电脑摆放的核心位置,在阿诺德家,我同马文的谈话不可能不影响马库斯。意识到自己将被迫听到父亲对互联网的可能评价,马库斯就失了兴趣,他招呼马克,两个像熊一样的双胞胎男孩笨拙地走向前门,在快要出门时,他转回身问我是否认识好莱坞的什么人,能让他和这个人谈谈。"我认为我真正想做的,"他说,"是当一名演员。"说完了这最后的非结论性的话,他就丢下我独自对他的父母进行交叉询问了。

第一件很快清晰起来的事情是,与他们的儿子感受不同,他们意识到他们的生活不再是人们所说的那种正常生活了。莱拜德家已经证明,如果你的处在青春期的孩子上网,你不必离开家就能感觉自己被连根拔起了;阿诺德家也已经被连根拔起了,所以他们没什么好证明的了。他们从伯利兹移居到洛杉矶中南部,又从那儿移居到佩里斯。马文现在平静地向我解释了其中的原因:在洛杉矶的家中,马库斯的哥哥被谋杀了。他是在家庭野餐会上被一个熟人冷酷地开枪打死的,而杀他的这个男人将在2013年获得假释。"马库斯没告诉你这些吧?"马文字斟句酌地问道,"在我看来,这就是马库斯对法律感兴趣的理由。他看到这个结果很不公平。"

在他们的儿子被谋杀后,阿诺德夫妇随即搬到了佩里斯。他们到达后不久,马库斯要一台电脑。他一直等到自己在AskMe.com排名第十的时候,才告诉父母为什么他突然把全部的时间都花在键盘上。他的父母对这个消息的反应截然不同,母亲非常骄傲,她总是知道马库斯是特别的,而互联网给了他证明的机会;父亲持温和的怀疑态度,他不明白一个15岁的男孩如何能当律师。真实情况是,马文并没有真把马库斯的举动当回事,至少起初没真当回事。他以为这是马库斯对哥哥被谋杀的悲痛反应。不久,电话开始响了,响了又响。"他们是些成年人,"马文说,仍然不敢相信家里发生的事情,"他们打来电话,找马库斯,这些人都像是40岁或者45岁了。他们和马库斯谈他们的法律问题,这有点儿让我害怕了,因为我没想到会是这样。"

普丽西拉揉着胖胖的脸说话了,带着明显是期待着反对意见的表情:"他们不承认他只有15岁的事实,他们只承认他能提供法律建议的事实。"

马文说:"可电话总是响,这些人希望马库斯给他们法律建议。真的,我的意思是,他所做的就像人们在工作时做的那样。他就坐在那儿,我很烦。我总是说:'马库斯,你说的太多了,说的太多了!'"

"律师们都这样,"普丽西拉说,"他们都说很多话。"

马文不再理会他的妻子,直接转向我说:"我告诉他离电话远一点儿，离电脑也远一点儿。我一直对他这么说，家里其他人都用不上这个电话，我没办法阻止他，不过……"

"不过律师们都要多说话，这就是他们的工作。"普丽西拉说。

"我真不用这个电话，"马文说，"他们打来的电话，从来不是找我的，永远是马库斯，马库斯，马库斯。人们从四面八方打电话给他。"

他们要跨越的显然是一个熟悉的传统障碍。我问道："我不明白，怎么这些人都有你家的电话号码？"但他俩都没听到我说话。普丽西拉太专注于自己的要点，抱定主意要让马文明白。"但这是他必须做的，"她说，"这就是律师要做的——说话。"

"对，但他不是律师，"马文说，他又转向我，像是在接受仲裁，"他这样说个没完，真让人发疯，发疯！"

"他们怎么得到你家的电话号码的？"我又一次问。

"但他会有出头之日，"普丽西拉说，"他是个天才。"

"他是个孩子。"马文说。

"他们怎么得到你家电话号码的？"我第三次这样问。

普丽西拉抬起头说道："马库斯把它贴在网上了。"对她来说，这是再正常不过的事情了。

马文有不同的见解。也许，他的感受不同于那些排队给马库斯打电话的客户的感受，或者他们总是等着接听而不愿过会儿再打来，或者他们语调狂乱。无论什么理由，但总之让他不喜欢。"我告诉马库斯，"他疲倦地说，"我们甚至不知道这是些什么人，他们可能是罪犯，你不应该给他们电话号码和地址。"

普丽西拉皱着眉头，努力表示关切。她以一种合作多于恐惧的表情说："真正让我害怕的一次是那个他帮助的女人。这个女人寄给他整套的刑事案卷。我说：'马库斯，你为什么要管这个？你应当告诉这个女人你只有15岁。'但他不听我的。弄到最后，这个女士竟想让他一起出庭，我说：'不行，我们必须打住了，因为你没有律师执照，也不是学法律的。'他说：'妈，你必须开车送我去法庭，我知道我在做什么。'我说：'没门儿！你没有使用法律的许可。'"

我看得出来，她的心并不在这段独白上。她停下来，很开心，好像在说，她已经努力向丈夫的观点靠近了。然后说道："不过，我想这个互联网对马库斯有好处。"

"你认为马库斯知道自己在做什么吗？"我问。

"知道，他很清楚，"她说，"因为我们花很多时间看法庭节目，上面的建议和答案都和律师的一模一样。"

似乎就是这样了,甚至马文也不反对。马库斯了解他的"电视法庭"。

"你们能理解他为建议而收费吗?"

"在什么年龄?"马文说。一种新的惊讶进入了他的声音。

"30。"

"我希望,"马文说,非常小心,"我希望他能做好。"

"我猜那时他会有自己的律师事务所。"普丽西拉说。

提示与问题

1、美国劳工部对职业(occupation)做了以下归类:(a)专业、技术和管理;(b)职员和推销;(c)服务;(d)农业、牧业、渔业;(e)机械;(f)手工操作;(g)建筑结构。① 虽然专业(profession)的含义,以及职业与职业之间的界限并不总是清晰的,但是,某一专业的性质特征还是可以概括的:

A、有组织的知识体:专业所占有的多于某种技术。据推定,一种有组织的知识体与技术相关,因而,专业工种的培训典型地涉及正式的学术教育。

B、客户关系之上的权威:与其他职业对顾客的控制相比,专业在与客户相遇时拥有更多的控制权。"专业判断"可能没有给出完全的专业权威,但与其他语境下的情况相比,它意味着客户更不能够评价自己的问题及其可能的解决。

C、对准入标准的控制:专业将培训资格授予学校教育,又决定着准许从业的必要条件。

D、从业伦理:为了换取国家承认的独立和对其工作的垄断,人们期待一种专业会公布其专业行为标准,以调整违反从业伦理的行为。

E、组织:专业有提升其身份的协会。它们不只是努力保护会员利益的游说组织,它们的目的还在于影响会员的行为、义务承担和对专业的态度。

F、面向公共服务:据推定,法律专(职)业人员的服务涉及"向公众提供支持、服务……奉献于律师的职业……作为一种道德义务不得无理由、无解释地拒绝客户"。②

2、互联网对于法律专(职)业构成多种威胁,对于这些威胁,以下网站可以发现一些总结:http://www.elawyering.org/ethics/ethics.shtmal;http://www.elawyering.org/ethics/ethicsresources.shtmal。

3、两个主要的法律信息网站是:Cornell Law School Legal Information Institu-

---

① U. S. *Department of Labor*, *Dictionary of Occupational Titles* 4th ed., 1977.

② Peter Wright, "What is a Profession," 29 *Canadian Bar Review* 748, 752 [1951].

te，http：//www.law.cornell.edu；Findlaw，http：//www.findlaw.com.

4、在线法律教育的有趣尝试是由 Concord Law School 提供的，它是第一个在线法学院。Http：//www.concordlawschool.edu.

♣ 马库斯·阿诺德的故事所提出的关键问题是，在一个比以往任何时期都更容易接近法律信息、法律形式甚至法律专家的年代，专业边界是否还能维持？下面的文章让我们看到，各种边界的作用正在弱化，无法支撑那些我们过去仰赖的机构和结构。

第二节　法律与边界[*]

大卫·约翰逊　大卫·波斯特

引　言

全球性的以电脑为工具的交流，打破了地域界限，创造了一个全新的人类活动领域，并损害了基于地理边界而适用法律的可行性与合法性。尽管这些电子通讯摧毁了地理边界，但一种由屏幕与口令构成的新边界已经出现，它将虚拟世界与原子构成的"真实世界"分离开来。这种新边界圈定了一个明显的网络空间，这个空间需要属于自己的新的法律和法律机构，并且有能力创造它们。以地域为基础的法律制定和法律实施的权威机构，发现这种新环境颇具威胁性。但是，既有的地域权威可能还要学习如何尊重网络空间参与者的自律努力，网络空间参与者最为关心的是有关思想、信息和服务的新的数字化交易。与属地管辖原则相分离，新的规则将出现在许多在线空间里，以统管一个广泛的、在非虚拟空间中没有明显可比物的新现象。这些新规则起到了法律的作用，它们界定法律上的人身和财产，解决纠纷并且使关于核心价值的集体对话具体化、明朗化。

"真实世界"的地域边界

我们将这样一个世界视为理所当然：它的地理边界——物理空间的分割线——是确定法律权利与责任的主要因素："所有的法律表面看来都明显是地域性的。"地域边界所描绘的区域，总体说来是各种不同法律规则适用其间的区域。直到现在，物理空间（民族国家或者其他

---

[*] David R. Johnson and David Post, "Law and Borders," *Stanford Law Review*, 1966.

政治实体）的边界和"法律空间"的边界一向有着普遍的联系。比如，如果我们将一张"法律地图"（描绘不同规则适用于特定行为的区域）与一份世界政治地图叠加在一起，那么，两张地图会在很大程度上重合。一批同质的可适用的法律与适合现有物理边界的法律机构的集合，它们显著不同于相邻的同质法律和法律机构的集合……

地理边界何时对法律有意义

当然，物理边界不是简单的、武断的产物，尽管它们可能是历史偶然形成的，但在真实世界里，它们对法律是有重大意义的。它们与法律规则的发展和实施的关系，从逻辑上说，是以多种相关因素为基础的。

权力 对于物理空间及处于该空间的人和物的控制，是主权和国家的固有属性。法律制定要求某些法律实施机制相配合，而法律实施在很大程度上则有赖于对违法者实施人身控制和施加强制制裁的能力。比如，主权者对某一当事人的属人管辖的能力，有赖于该当事人与主权者所控制的物理辖区的重要关系（即，当事人或当事人的财产处于管辖范围内，或者当事人对人或对物的活动处于管辖范围内）。

同样，被选择用于合同、侵权或犯罪行为的法律，历史上一直主要受着当事人或行为的物理位置的影响。美国政府不能将自己的商标法强加给在巴西运营的巴西人的企业，至少，部分原因在于，对巴西的企业实施制裁，需要对该企业运作负责人有实际的人身控制。对这样的一种控制权的主张，会与巴西政府认可的、对其公民运用强制力的垄断权力相冲突。

影响 物理边界和"法律空间"边界的相关性还反映在一种深植于有形接触和任何特定行为影响之间的关系中。换言之，巴西的商标法管的是商标在巴西的使用，因为该种使用对位于该地区以内的人和物有更直接的影响。比如，在里约热内卢的"琼斯餐馆"的招牌，不可能对挪威奥斯陆的"琼斯餐馆"的经营有什么影响，因为我们可以假定，这两个实体的顾客或竞争者之间没有任何实质性的重合。保护前者的商标权不影响——可能也不应该影响——对后者商标权的保护。

合法性 我们总体上接受这样的观念：地理边界内的人们是为这一边界内一切活动制定法律的权威的最终来源。"被统治者的同意"意味着，那些受一套法律统治的人必须在法律形成过程中有其角色。鉴于上述考虑，受主权实体的法律统治，并且最受那些法律深刻影响的特定人群，将主要由身处特定物理空间内的人组成。同理，各级政府之间的责任分配是以这种假定为前提的：对许多法律问题而言，承担责任的权威和最受该法律影响的那些人之间的物理上的可接近性，将改进决定做出的质量，而且更容易确定那些彼此接近的人的意愿……

网络空间中地域边界的缺失

网络空间极大地损害了有法律意义的（网上）现象和它的物理位置的关系。全球电脑网络的崛起，正在摧毁地理位置与4个方面的关系：（1）当地政府主张控制网上行为的权力；（2）网上行为对人或事的影响；（3）当地主权者强制执行适用于全球现象的规则，这种努力的合法性；（4）物理位置在告知哪些规则应予适用方面的能力。至少，鉴于有人主张网络空间天然应受地域性规则的统治，因而可以说，网络急剧颠覆了基于物理空间边界的规则制定体系。

网络空间没有以地域为基础的边界，因为信息在网络上传输的费用和速度完全不依赖其物理位置。信息可以从任何物理位置传输到任何其他位置而毫无减损、变质或实质延迟，也没有任何物理障碍能使某些地理上遥远的地区和人民相互隔绝开来。网络促成了不了解对方物理位置的人们之间的交往……

跨界数据流动

控制网络空间活动的权力，与物理位置有极其细微的关联。许多政府对于跨越它们地域边界的电子信息交流的第一反应是试图阻止或规制这些信息过境流动。这些政府不是尊重网上交易者自律的努力，而是设置贸易壁垒，试图对任何跨界运输征税，并且，它们特别垂青这样的主张：进入其管辖范围的信息可能被证明有害于当地的居民。随着网上信息对当地公民越来越重要，截流的努力也越来越加强。特别是对跨界数据流动（TDF）的抵制，反映了主权国家的忧虑：跨界数据流动的发展和运用将损害其"信息主权"。这种忧虑将对本国公民的隐私权产生负面影响，而且将严重侵犯私人在信息方面的财产利益。甚至美国各州的政府也惟恐失去对跨界信息和交易的控制。

不过，控制电子信息跨越物理边界的流动——为网络空间绘制物理性边界，制订地方性规章——这种努力被证明是徒劳的，至少在那些希望参与全球性商务活动的国家是徒劳的。一个个的电子能够轻易而没有任何实际障碍地"进入"任何主权领域。跨越领土边界的电子信息量实在太大，超出了政府机构所能得到的对其进行有效控制的能力。美国海关官员已经总体上放弃了这种努力，他们只对过境的有形货物主张管辖权，没有对通过调制解调器传输的有价物主张强制报关权。银行和证券管理者将地方规章强加于全球性金融市场的战役，看来也是以失败告终的，而州司法部长们在寻求拦截各种消费欺诈的电子传输过程中同样面临严峻挑战，假如这种行为有形地发生在该管辖区内，将很容易被禁止。

面对电子信息跨界传输的失控局面，一些权威当局拼命设置过滤机制和电子屏障，希望借此将它们的边界插入到新的电子传媒中去。比如，德国当局寻求预防对该国反淫秽物品传播法的违反，命令CompuServe不允许德国居民进入某些原本可以通过商业服务进入的全球性网络新闻组（Usenet）。然而，德国境内与互联网连接的任何人都能够轻易找到某个路径在禁止期间进入被禁止的网络新闻组。尽管最初怨气冲天，但通过向父母们发送一种新的程序，让他们自我选择限制的内容，CompuServe最终放弃了对绝大部分文件的禁入。

同样，田纳西州已经坚决要求（间接地通过实施依从当地共同体标准而制定的联邦法律）加利福尼亚州的一个电子公告牌设置过滤器，防止不洁的画面展示给田纳西州的用户，如果它要避免依田纳西人鉴别淫秽的标准而承担责任的话。其他一些州也很快主张对所有网上交易的管理权，只要这种交易可能对当地公民产生负面影响的话。比如，明尼苏达州的司法部长已经主张，有权管辖发生在州外网页上但本州居民可以进入和"带入"的赌博。新泽西州证券管理局同样主张关闭任何可被本州人进入的令人不快的网页。

通向虚拟世界的逻辑之路

不过，这类保护方案同样会落空。第一，被禁信息的顽强寻觅者，只要重新配置其联接，就能看上去是住在一个不同的地方，处在特定的地区、州或国家之外。因为网络被设计为依照"逻辑"位置而不是地理位置而运行，破坏信息独立于物理位置的任何企图，都像将原子和比特（bit）捆在一起的努力一样，是徒劳的。不仅如此，法律制定者主张控制网上活动的理由是，那些活动构成对有形管辖范围的"进入"，任何以领土为基础的权威当局都能轻易做出这种主张。如果明尼苏达州的法律要适用于万维网上进行的赌博，只是因为它预计会影响该州的居民，那么，任何可以接近这种赌博的管辖区的法律都同样必须被适用。如果某些地方当局主张对其公民可能进入的网络上的任何东西都要加以规制，那么，它们就是在为这样一种论点提供论据：新加坡或伊拉克，以及其他任何主权国家，都能够规制美国公司在美国境内进行的网上活动。所有这些以网络为基础的活动，以这种观点看，必须同时受到所有的领土主权者的法律统治。

网上活动的影响不再与地理位置的远近紧密联系。在万维网上可以得到的信息，也同时提供给任何与全球网络互联的人。有一种观念认为，发生在网址上的行为的影响，会从一个物理位置四射出去，形成一个影响力度逐渐减弱的一系列同心圆。这种观念，无论在非虚拟世界中多么有道理，在其适用于虚拟空间时便支离破碎了。让我们继续前面的例子，一个物理位置上处于巴西的网址，对巴西境内人的影响不会比一个物理位置上处于比利时或伯利兹的人影响更大。网络讨论组可为又一例证，它们由不断变化的信息集合构成，从一个网络传向另一个网络，根本没有核心位置。它们事实上存在于任何地方，没有什么地方是特别的，它们只存在于网上。

调整网上活动的任何规则，都不能自然而然地以一个地域政治实体为其合法性的渊源。没有什么地域的选民，对规制网上活动的要求，会比其他地方的群体更加强烈。控制要求最强烈的，正是网络参与人自己，而网民是无处不在的。

不理睬地理边界的电子媒体的兴起使法律陷入了混乱，因为它创造了全新的、需要清晰法律规则加以统辖的现象，但是，当前属地主权者都无法令人满意地实现这种统辖。比如，电子信息交流创造了巨大而全新的交易记录总量，对隐私保护的性质和充分性提出了严肃的质疑。然而，产生这些记录的信息交流，可以通过甚或同时存在于许多不同的领土管辖区域。我们应将何种实体法用于保护这种崭新的、易损的交易数据？一名法国警察可否合法地接触从美国来到日本去的网上信息记录？同样，是否允许一个商务实体向网络新闻组公布每一客户的邮址？或者是否允许施用一种交互网页检查用户"书签"，以确定该用户还访问了哪些其他网页？这些问题，在现有的法律领域内还不能得到妥善处置，既因为这是一些新的现象，也因为任何给定的本地主权者都无法有效控制分散在全球各地的相关行为人及其行为。

因为网上事件发生在各个地方，而不是发生在特定地区，参与这些事件的网民既是"真实的"（有名有姓，能够从事服务并配置知识资产），也是"无形的"（不必要也不可能将其与有形意义上的特定人联结起来），同时还与某些"事物"有关（信息、数据库、固定关系），这些事物，用有形边界并不必然能够加以分离，所以，任何有形辖区都不比其他辖区有更具强制性的主张，要求别人绝对服从自己的法律……

其他被规制的行为向网络的迁徙

涉及信息转移的每一件事几乎都可以在网上进行：教育、保健、银行存贷、无形服务的提供，以及各种形式的法律公布与实施。调整许多这类活动的法律，分别发展为地方性的和领域性的。地方当局对教师资格加以认证，为银行的授权分支机构颁发特许，为医师和律师颁布执业证照。法律实质上是在推定：这些被规制者所从事的活动，如果不与属地主权管理的某个有形人身或建筑相联系，就不可能进行，而那些活动的影响，在受地理限制的区域里最容易感受到。一旦这些活动通过网络由全球范围内的人们分散进行，这些鲜明的地方性法规就不可能维持下去。当许多交易可以用与参加人的物理位置无关的方式进行时，这些地方性法规的构架，要么延迟了这种新媒体的发展，要么由更适合网上现象的新法律取代，后一种情形更有可能。

将所有网上交易"还原"为一种基于地理话语的法律分析，任何这样的主张事实上在全球范围内提出了"精神与肉体"的关系问题。我们知道，传统上作为法律调整对象的那些活动，仍然必须由不同物理位置上的真实的人来进行，但是，这些人的互动现已在某种程度上超越了那些物理位置。网络允许各种形式的交易，在这种交易中，有形货物的跨界运输以及参与人的地理位置，都不再是重要的了。确定事件发生在"何处"的努力，如果不是徒劳无益的，也是误入歧途的。

网络空间的新边界

尽管地理疆界在界定网络空间法域时可能并不重要，但网络上"法律空间"的一个更具法律意义的边界，由分离有形与虚拟世界的屏幕和口令构成。传统的法律原理是将网络视为一个单纯的传媒，促进一个法律上有意义的地理位置与另一个这样的地理位置的信息交换，每条信息都有其可适用的法律。不过，企图将任何特定领土主权者的法律与网上交易拴在一起，甚至企图像每一交易都发生在某一特定地理位置那样来分析网络商务的法律后果，这类企图最不可能得到令人满意的结局。

网络空间这个场所 跨界电子信息交流所提出的管辖和实体难题，可以由一个简单的原则加以解决：将网络空间想象为一个独特的"场所"，以利于在承认有法律意义的网络空间与"真实世界"的边界的前提下进行法律分析。运用这一方法，我们不会再问那个无法回答的网上交易发生在地理世界的"什么场所"的问题，而是要问一个更突出的问题：对于这个新"场所"的独具特征以及在其间参与各种活动的人，什么样的规则最为适合？存在什么机制或者需要发展何种机制，以确定那些规则的内容，并且通过这些机制去强制执行那些规则？对这些问题的回答，将使我们发展出更适合新现象的规则，这样的规则更容易被那些理解并参与这些现象的人制定出来，更容易用新的全球性交流媒介所提供的手段来有效实施。

新边界是真实的 将网络空间视为一个独立的"空间"，对它适用特别的法律，应当是自然而然的事，因为进入这个由存储的网上信息构成的世界，要通过一个屏幕和一个口令所形成的边界。对于网络空间而言，确有这么一个"场所"，因为那里的信息是恒久的，对许多人都是开放的。你知道自己什么时候在"那里"，没有人偶然误入网络空间的边界。显然，网络空间不是一个同质的场所，在各种不同网址上发现的群体和活动都是独具特征的，因而每一区域都会发展一套独特的规则。但是，将网上交易与我们在真实世界中的交易相隔离的界线，像我们领土上的政府之间的有形边界一样，是清晰可辨的，或许更加明确。

跨进网络空间，这是一个有意义的行为，它使"网络空间法律"的适用对那些越过电子边界的人来说是公平的。如上所述，边界的主要功能和特征是被跨越它的人辨别出来的能力。随着规则架构进化到可以统治网络空间的交易，确定这些规则中的哪一项适用于你的网上活动，比确定哪一属地权威可将其法律适用于你的行为，将要容易得多。比如，当你处在 CompuServe 或 "美国在线"的网域内时，你宁愿去遵守它们的"服务规约"，而不愿去揣测是德国人、田纳西人，还是证券交易委员会将成功地主张其权利——规制你们的活动和你们在网上所交往的人员的"场所"。①

---

① 有一个可被注意到的边界，这是建立任何独立于既存法域的新法域的前提。如果在某一既定空间行动的人没有被警告说规则已经变化，那么，任何强制执行这种改变后的规则的企图，其合法性都将被严重削弱。没有任何属地主权者能够令人信服地声称对一个秘密边界内的领域拥有管辖权，也没有任何自律组织能够在难于区分其成员和非成员及其相关角色活动的情况下主张其特权。

其他的网络空间制度

一旦我们为法律分析之目的而认真地将网络空间看成一个独特的场所，就有许多机会澄清和简化适用于网上交易的现成规则。

反诽谤法 将网上信息视为从一地向另一地的传输，已经为那些关心诽谤责任的人制造了困境：信息可依不同的法律而在国家之间传输，因而可以在多重管辖区域以"公开程度"为基础适用不同的标准来追究诽谤责任。相形之下，将全球网络视为一个独立的场所，这种办法会认为任何诽谤信息都只是在"网上"（或者在一些特定的附属地区）被公布的，至少直到纸上传播开始发生为止是这样。这种重新的特征归类更为合理。将有潜在诽谤性的声明贴在网上的人，更容易确定哪些规则将适用于他的行为。不仅如此，由于网络有鲜明的特征，包括强化被诽谤者的反驳能力，反诽谤的网上规则因而应当考虑这些技术能力——也许应当要求用反驳的机会代替对网上诽谤的金钱赔偿。在适用和采纳"公众人物"原理时，也应考虑网络的鲜明特征，因为在该原理的语境里，全球性和高度隔离性并存，公私之间的区别也是模糊的。

对以网络为基础的专业活动的规则调整 对"认真对待网络空间"的简化，其效果同样出现在调整专业技术活动的制度语境中。如上所述，传统的规则调整坚决主张，每一专业人员都须持有服务地域颁发的许可，但是，当专业服务分散在网络上并且能在数之不尽的管辖区域内提供时，这种许可制度就不可行了，因而，设立一种只适用于网上行为的认证制度，就会使问题大大简化。这种规则调整将考虑像远程医疗或全球法律执业之类的网上专业活动的特点，比如，需要避免与患者无直接接触时的网上医疗建议或者从远方回答本地法律问题时所产生的特殊风险。运用这种新方法，我们能够推翻本地学校董事会给网上教育颁发许可的企图，将参加网上学校的学生视为"离家上学"的一种形式，而不是将提供网上教育归结为可起诉的、向潜在的不受欢迎的社会共同体——它主张自己在当地的许可权——散发令人厌恶的材料。

反欺诈与反垄断 即使可被认为是倾向于主张本地主权管辖的例子——保护本国公民免遭欺诈和垄断——也显示了网络空间法律制度的正面影响。当各公司只通过万维网做生意时，我们如何分析以反垄断和保护消费者为目的的"市场"呢？网络空间可以作为一个以主张垄断和销售权为目的的市场。在地域性市场中，垄断在下述少见情形下才是重要的，即，这种市场权将会不适当地用于获取网上市场的权力——比如，通过调整，让本国公民进入网络购买同一家公司的服务（比如电话公司）。进入特定网上服务的权利主张，显著不同于进入特定的有形渠道的权利主张，只要在不断扩张的网上空间的任一角落都有可能立即制造一种最新的网上服务，那么，上述权利主张就依然是虚弱无力的。

消费者保护原理也可以用不同的方式在网上发展。可以考虑这样的事实：任何正在读取一条网上广告的人，都仅仅是在用鼠标让自己暂时游离于消费者保护机构的指导和与其他消费者的讨论。明尼苏达州能够禁止其公民通过网络进入将网页有形地址设置在开曼（Cayman）群岛的"庞氏骗局"吗？① 依照建议的规制网上活动的新方法，回答显然是否定的。明尼苏达州没有禁止这类活动的特殊权利。对于拥有合法的自治权利主张的社会共同体，一州没有强制执行权，不能设定特殊指标，也不能成为它的代言人。但是，这并不意味着欺诈行为在广阔的网络空间就不能被规定为"非法"。那些设立和使用网络系统的人，在维持他们的电子疆域和防止犯罪的过程中会获得利益。他们更乐于积极实施自己的规则，并且，像下文充分论述的那样，只要某种以合意为基础的"网络法律"需要从本地主权者那里获得尊敬和遵守，以网络为基础的法律制定机构就会有一种动力，去避免那些威胁属地政府重大利益的行为。

版权法 我们谨慎地建议"认真对待网络空间"，这样能够澄清当前关于如何将版权法的原则适用于数字时代的激烈争论。在缺乏关于可适用的版权原则的全球性共识的情况下，管辖问题是颇为严峻的，因为这一问题是任何这样的企图所固有的：将以领土为基础的版权制度适用于在全球每个角落都可以同时进入的电子网络。正如简·金斯伯格所指出的：

> 全球信息基础设施（Global Information Infrastructure，简称GII）的关键特征是，它有能力使作者的作品弥散开来，并使全世界同时得到。如果地区性原则意味着，将某一作品贴在GII上，就要适用可能收到该作品的国家的有实质不同的法律，那么，这种

---

① Ponzi scheme，让人向虚设的企业投资，以后来投资者的钱作为快速盈利付给最初的投资者，从而诱使更多的人上当受骗。——译注

地区性原则就是成问题的。当一部作品可以同时传播给几十个国家时，这部作品的各项权利应否被众多不一致的法律制度所确定？只需考虑某一国家的法律就不难看出，将作品置于数字化网络中，其复杂性是令人生畏的。难道我们还要进一步加重负担，主张适用每一可能收到该作品的国家的法律吗？直白地说，GII 上的作品是没有有形地域的……如果没有有形地域，地域性法律还能维持吗？①

为法律分析之目的而将网络空间视为一个特别的场所，这不仅解决了不同管辖相互冲突的权利主张，还允许发展新的原则，而这些原则考虑了网络作为一个"场所"所具有的特征。

对版权加以保护的基本的正当理由在于，赋予作者控制其作品复制和传播的绝对财产权利，将会增加这些作品的供给和繁荣，因为作者受到经济利益的刺激后，会付出必要的创作努力。但即便是在"真实世界"里，许多有创造性的表达也完全不依赖于利益刺激，因为对作者的主要报偿，更多地是通过广泛传播而得到的、社会共同体的接受和名誉资本的积累，而不是通过许可和销售其个人作品副本而获益。比如，律师和法学教授的创造性作品——法律评论文章、辩护要点和其他请求，等等——可能很大程度上决定于与对这些作品版权保护完全无关的因素，因为作者从其作品的广泛传播中所获得的名誉利益，一般远远超过版权许可的利益。网络世界更是如此，因为作者在历史上首次做到不花一分钱即可在世界上同步发送其作品拷贝。人们可能会希望各位作者设计一种新的运作模式，利用网络新环境的基本特点，而不是反其道而行之。这样一种策略已经开始出现了：免费发送信息——可称为"内茨凯普战略"（Netscape strategy）——以之作为建立随后转化为金钱利益的名誉资本的手段（比如，通过提供服务的手段）。正如埃丝特·戴森（Esther Dyson）在一篇时事通讯中写的：

> 控制对作品的复制（一旦它们被作者或第三人创作出来）变成了复杂的挑战。你或者将某种东西紧紧控制起来，只向一个小的可靠群体发行，或者心安理得于你的作品最终跑到不付费的广大读者那里去——如果任何人有心要得到它们……

---

① Jane C. Ginsburg, "Global Use/Territorial Rights: Private International Law questions of the Global Information Infrastructure," *Journal of the Copyright Society*, 1995.

许多有价物之所以有收益,是因为其真实性和可靠性,而不是其内容。品名、身份和其他价值标志将是重要的,而安全供应也同样重要。消费者将为来源可靠的信息和内容付费。比如,《纽约时报》的安全保护方法是将其记者的文字神圣化,它的记者所吞吐的一切都是有价的,因为记者们从事的是一种质量控制工作,还因为其他人相信他们……

技巧在于,不去控制你作品的复制,而去控制与读者的关系——订阅制或者会员制。而这通常是读者希望的,因为他们将其视为不断供给可靠而及时的内容的保证。

就对作者的利益刺激而言,一种深刻的转变基本上改变了网络空间中的版权保护的成本与收益的平衡,需要对长久以来的原则重新评估。网络世界所独具的其他特征,也对传统的版权概念提出了严峻挑战。比如,考虑到网上文件"复本"的无所不在性,即,一个人如果不"复制"某种信息,就无法在以电脑为中介的环境中接近它。①

作为一种结果,任何头脑简单的、在网络世界套用传统观念的企图——作者对作品的"复制"有绝对的权利——都很可能产生适得其反的后果。"如果把取得你屏幕上的每一文件的行为视为《版权法》中所谓'复制',那么,每天通过互联网的几百万条信息的绝大部分都潜在地损害了某些文件制作者控制其文件复制的权利。而且,如果读取网上文件的行为涉及复制,那么,以此观点看,这些信息中的每一条的传输,实际上都需要某种形式的许可。"② 同理,当传输一个合法拥有的拷贝从技术上说涉及在旧拷贝删除前制作一个新拷贝时,"最先出卖"(first sale)原则(允许有版权的作品经销人自由地将买进的书再卖出去)的适用就成了问题,正如在一部作品的规模无法确定时——

---

① "比如,在万维网上'浏览',必然涉及许多的信息'复制'。第一,一条信息从电脑 A 传输给远处的电脑 B,请求电脑 B 发回一个特殊文件的副本('主页'存储在电脑 B 上)给电脑 A。当电脑 B 收到该请求时,被请求文件的一份副本被制作出来,并被传回电脑 A(它在此又一次被复制——装入存储器——并显示出来)。信息通过互联网到达收件人——通过路由器,每条信息都是以将信息拷贝到电脑存储器中的方式被读取的——涉及数之不尽的独立的'复制'行为。在网络空间中,文件复制不仅不昂贵,而且还无所不在;不仅无所不在,而且还不可或缺……如果你要在电脑中安装一把'复制锁'——防止电脑中以任何形式存储的任一或全部信息被复制的一种虚拟装置——那么,它就基本上停止工作了。" *Legal Times*, April 8, 1996.

② David G. Post, "New Wine, Old Bottles: The Evanescent Copy," *American Lawyer*, May 1995.

从应搜寻者的要求而单独出卖的个别段落,到该段落选自的、从未作为一个整体出卖的完整的数据库——界定什么是"公平"使用也就成了问题。

将网络空间视为一个需要制定新型的、只适用于知识产权法律的特别场所,这使我们在维持那些适用于作品有形集合(像书籍)或者有法律意义的展示地(像剧院)的诸多原理时,要将注意力适当集中到这个新的、特别的场所所具备的这些特征上。当前有关在网络上适用版权法的讨论,内在地将网络视为一个特别的场所,至少商业版权拥有者不准确地将其指称为"没有法律"的地方。如果每个人都假定网络应有一种全然不同的法律,包括一种特别法,以规制未经授权的从某一领域向另一领域的作品传输,那么,这种讨论可能会有所发展。换言之,我们可以规制有形世界的作品走私,将未经授权的、将他人作品贴到网上的行为视为侵权。

这种新的方式将帮助电子商务的推进者致力于发展一种利益刺激规则,以鼓励作者将其作品输入网络空间,与此同时,要向有价作品的现有版权所有者保证:网络版权法的变化将不要求改变适用于传播有形作品的法律。它还允许发展默示许可与公平使用的新原则,对首先产生于网络上或经作者同意而引入网络的作品,允许传输和复制,因为它们是促进这类作品在电子领域的使用所必须的。①

---

① 比如,我们可以采纳这样一些规则:推定允许将网页内容存到硬盘上(caching)——虽然没有明确的协议——而不是采用与之相反的标准版权原则(Caching 涉及将网页复制到硬盘上,以便将来能够更快地到达这一网址)。因为将其作品存入硬盘可以提高网上运作速度,还因为对任何默示的存入硬盘的许可都做出限制或撤回等意见表示,会阻滞信息的自由流通,所以,我们采取的规则应当是有利于浏览的。

第二十二章　在网络空间里解决纠纷

♣ 网络空间可能是一个有变动、有趣味、有创造性甚至有利可图的地方。然而，它却不是一个和谐的场所。网络环境允许一个人与志趣相同的人迅速取得联系，不过，欺骗与不和的机会也同样存在。我们该如何解决产生于网络空间的纠纷呢？它们应当在哪里解决呢？在美国，一个案件是在马萨诸塞听审，还是在加利福尼亚听审，取决于纠纷发生地或者当事人所在地。有一套复杂的规则决定着某个案件是属于州管辖，还是属于联邦管辖。然而，当纠纷产生于网上时，该活动的发生地在哪里呢？不同国家的公民之间能够轻易地相互影响，就像他们是同一州的公民一样。

下面的读物让我们想到，如果可以在网上购物、游戏、付款，就应当可以建立一个网上解决纠纷的系统。我们所说的"替代性纠纷解决"，也就是ADR，在有形世界中已经成为最普通的解决纠纷的方式。换言之，不必走进法院，当事人也可以通过谈判、调解和仲裁来解决他们的分歧。这些过程比诉讼更廉价、更迅速、更灵活，它们有下列的不同：

1、谈判，只涉及试图自己解决问题的纠纷双方。

2、调解，涉及一个作为第三方的调解人，他与当事人共同找到当事双方可以接受的解决方式。如果当事双方无法达成协议，调解人不能给他们强加一种解决。

3、仲裁，涉及的第三方有做出了却纠纷的决定的权力，这种权力来自当事双方，他们同意共同遵守仲裁人的裁断。

网上纠纷解决（online dispute resolution），也称ODR，其潜力在于电脑的如下能力：连接当事双方，让他们进行交流，并且利用其信息处理的优势。纠纷解决，无论发生在法庭内外，其实大部分都是一个信息的取得、解释、交流、提供和评价的过程。

第一节　网络空间对纠纷和纠纷解决的影响[*]

艾森·卡特什　珍妮特·莉芙金

1998 年晚些时候，我们收到洛杉矶一位律师的来信，威胁要起诉我们侵犯了他的商标权。我们最近注册了"cyberjustice.org"这个域名，但却没有事先查对"cyberjustice"一词是否已经被注册为商标。这位律师说，他已经对这个词做了商标注册，依照商标法，应归他所有。他说，如果我们使用这个域名，将侵犯他的商标权。他要求我们将这个域名转让给他，如果我们不这样做并且快点儿这样做，他将起诉。

虽然我们陷入过纠纷，但还是头一次受到诉讼的威胁。让我们颇感惊奇的是，在我们可能面临的多种诉讼中，偏偏涉及了商标纠纷。商标是"可口可乐"或者"IBM"这样的公司的事情，如果不是域名，即使我们真想侵犯一个商标，也要绞尽脑汁地想出一种侵犯的方法。

这封信让我们想到了互联网上可能发生的所有新生事物，它们在以前是根本不可能的。我们可以与远方的人形成关系，可以同任何地方的任何人进行交易。在互联网以前的世界，我们不会有机会违反商标法，但是，互联网让我们有能力做所有新奇的事情。以一种新的方式陷入纠纷，就是这种新奇的事情之一。

我们注册"cyberjustice"这个域名，是想用它来从事 ODR 活动。具有讽刺意味的是，这个词在帮助我们解决纠纷之前，竟然先把我们带入了纠纷。然而，我们认为应当向这位律师说明，我们使用 ODR 来解决难题，至少，我们可以获得某些 ODR 的经验。很不幸，这位律师对于获得全面胜利以外的任何事情都不感兴趣。事到如今，我们也认识到，我们是否侵犯了他的商标权，并不像他声称的那样板上钉钉。比如，他没有理由认为，我们的行为会与他的行为发生混淆，而这正是商标法的核心问题之一。最后，非常幸运，我们再没听到他的声音……

对 ODR 的需求

克利福德·斯托尔（Clifford Stoll）在其 1989 年的《杜鹃鸟的蛋》

---

* From Ethan Katsh and Janet Rifkin, *Online Dispute Resolution：Resolving Conflicts in Cyberspace*（San Francisco：Jossey-Bass, 2001）, pp. 17-44.

本章只有一节。——译注

(*The Cuckoo's Egg*) 一书中,描写了在"劳伦斯利沃莫实验室"(Lawrence Livermore Laboratory) 进行的侦探工作,目的是追踪电脑账户上 75 美分的会计差错。斯托尔很快发现,有个黑客进入了系统,用去了一些时间,没办法算到现有用户账上。斯托尔随后来到当地联邦调查局,要求他们找到这个黑客。

联邦调查局不仅拒绝了斯托尔的要求,还真觉得这请求有点儿可笑,因为他们看到的只是一种可能的涉及 75 美分的犯罪。他们告诉斯托尔,如果他碰上涉及百万美元的犯罪,他们会感兴趣的。

打那儿以后,联邦政府建立了一个有意义的基础设施,以对付网络犯罪。它认识到,要取得成功,需要网络工具和资源以及与其他国家的伙伴关系。现在人们已经明白,擅入计算机系统与擅入有形结构相比,可能是同样严重的,并且经常是更加严重的。这篇文章虽然不是讨论网络犯罪的,但是,我们可以从过去 10 多年网络犯罪的情况得到某些清晰的教训。比如,我们知道,远程交易的范围和种类,可能已经大大超过了我们的设想;我们也知道,它们的价值也已经超乎我们的想象;我们还知道,如果网络服务陷入瘫痪,损失将是非常巨大的。我们许多人比自己预想的还要依赖网上互联。虽说在网上还不能对人进行身体攻击……但制造并涉入各种网上冲突的机会却正在增加。

在使用互联网的过程中,我们设计了一些创造价值的新方法,同时也设计了一些制造麻烦的新方法。斯托尔的黑客被证明是在德国。斯托尔逐渐明白,在这个国家,他的难题不仅在于让联邦调查局关注此事,而且,即使他解决了这一难题,"法律之手"在伸向国界之外时,也会失去绝大部分力量。法律用一整套规则来解决管辖问题,但这些规则并不能覆盖产生于跨界交易过程中的所有问题。ODR 基本可以不考虑管辖问题,而是依赖当事人庭外解决问题的愿望。结果是,每当管辖问题出现的时候,对于 ODR 的需求就会增加。

斯托尔的书中有一个容易被忽略的技术事实:这个黑客是以每秒 1200 字节的速度联网的。今天,我们联网的速度已经比那时快百倍了。这位黑客在德国看到的屏幕黑色背景上,可能是绿色或白色的字母,没有字体大小的变化,也没有我们今天看到的图像。这位黑客没有点击连接,也不可能网上冲浪,理由很简单,1986 年还没有万维网。

电脑上发生的这些方面的变化是非常重要的,这是因为,通讯速度的快慢影响到我们交易数量的多少,影响到特定时间里能够发生多少循环互动。当我们运用图像并交流图表时,我们的表达能力就进一步扩展。我们在时间和表达范围上能做更多的事情，也能更快地从他人那里得到反馈。以 1986 年的装备，我们不足以有效提供 ODR 的过程，但是，我们当时也不可能指望有很多纠纷，除了偶然的一两个黑客而外。

人们 1986 年已经理解的一件事，至今仍然至关重要：文本、图像、照片和声音可以用一连串的 0 和 1 储存并交流。以前用有形格式传输的信息，现在可以用电子形式储存、组织和交流。对麻省理工学院媒体实验室主任尼古拉斯·尼葛洛庞帝（Nicholas Negroponte）的简要诠释是：我们在不得不运输原子之前，现在已经能够传输比特了。

ODR 提供什么

马歇尔·麦克卢汉（Marshall McLuhan）曾经精明地写道：当"一种新技术进入社会环境里，在它浸透每个机构之前，不可能停止渗透"。麦克卢汉同样精明地没有去预测这种情况发生的到底有多快。变化的速率受到科技和文化两方面的影响。有了快速的网络和连接这一网络的强大的机器，就有许多机会以新的方式做新的事情。我想出卖的任何东西的可能市场，包括网络上的任何人。一旦我的产品由比特组成——它可以是与信息有关的任何东西，我就能够更快地制造它，更快地散布它……

ADR 与 ODR

……我对 ODR 的兴趣来自于一种观察的努力：我想知道，科技与 ADR 是否有交叉地带，如果有，它们碰在一起会擦出怎样的火花？

我们理解，技术通常是用来制造新工具的，我们也理解，技术是用来制造使用该工具的新环境的。当我们观察 ADR 的时候，我们想知道，新工具在 ADR 中是否有价值，而 ADR 在被制造出来的新环境中是否有价值。我们知道，ADR 最初是作为诉讼的替代手段的，但现在却成了纠纷解决的主要方式。新的信息技术是制造了一种替代的替代，还是仅仅改变了这种替代？如果是改变了替代，那么这种改变又是什么呢？

ADR 近来的流行并没有什么秘密，与诉讼相比，ADR 有如下优势：
- 更低的成本
- 更快的速度
- 结果更灵活
- 更少对抗性
- 更加非正式

- 注重解决而不是谴责
- 不公开进行
- 较少管辖问题

当目标是保护人的权利、澄清法律要点或者设定公共行为标准时，我们依然要运用庭审，甚至要鼓励庭审。有时，原告们走入法庭，就是要寻求一方胜诉、一方败诉的结果认定。此外，如果报复或摧毁对方是一种目标，那么法庭和审判将继续具有吸引力。

ADR已经发展壮大，原因就在于，权利和复仇并不是多数纠纷所关注的焦点。许多纠纷涉及误解、事故，类似这样的情况，使问题得到迅速解决比谴责更重要。涉及双方可能看到了未来共同工作的可能性，消除敌意可能比取得赔偿更有价值。通常情况是，迅速解决问题非常重要，因为如果耗费太多的时间，损失的将不只是纠纷本身涉及的价值。在互联网环境中，在信息产业中，对这些因素的考虑更具有重要意义。信息的价值会随着时间的推移迅速减少，诉讼因而变成了不太诱人的选择。下文将要讨论的"维兰诉加斯洛案"（Whelan v. Jaslow），其中描述的纠纷就是在这一背景下限制诉讼局限性的极好例证。

ADR使纠纷解决"走出"了法院，ODR使它走得离法院更远。纠纷解决传统上的典型是在法院进行的，这一过程只发生在法庭这个有形场所。ADR的部分魅力在于，它使纠纷解决得以在法庭和法院之外进行，从一个可确认的地方带到任何地方。今天的法院巴不得将案件送去调解和仲裁，但在25年前，将纠纷解决带出法院的想法所遭遇的忧虑，与今天将纠纷解决带入网络空间所遭遇的忧虑是相同的。

在非法律的体系内解决纠纷的趋势看来要继续下去。将调解和仲裁更明确地推向前台，将诉讼进一步推向幕后。用不同的方式看，ADR的成长代表了一种动向，离开固定的场所，离开固定而正式的过程。随着这一切的发生，我们越来越心安理得于纠纷可以在任何场所得到解决——学校、工厂、商店或办公室。ODR将网络空间作为纠纷解决的场所，这在我们看来只是推进了这一趋势，将这一过程不仅带离了共同认可的有形场所，而且带入了一个虚拟空间。随着下文对"虚拟场所"性质的讨论，我们会看到这一切是切实可行的。

ODR的面世与强大的网络能力的出现息息相关，但是，广泛地接受诉讼以外的替代方式以及正义可以在任何场所实现的思想，可以被认为是走向ODR之路的起点。在上世纪的最后25年里，ADR已经证明，将司法带出法院，通常是各方希望的，而纠纷解决曾经被认为是法律和法院的排他领域，现在的看法与几十年前不可同日而语了。调解、仲裁、其他"替代性"纠纷解决，现在已经是处置冲突的最常见的方式。曾经有段时间，想到起诉和"走进法院"，可能首先想到某个人有问题，而今天，"走出法院"是一条非常可能带来满意结果的路线。想知道雇用律师在法庭上进行战斗是多么具有毁灭性，可以看一下前些时候发生的下面的纠纷，它就是那种在法庭上取得胜利并非最佳结局的纠纷。

信息时代诉讼的局限性

最有里程碑意义的与软件有关的版权法案件是"维兰诉加斯洛案"。原告人维兰是一位电脑程序设计者，他制造了一个软件，使被告的牙科实验室办公自动化。这个软件在一个小的电脑上运行后，被告感到满意，于是双方开始了共同的事业：用维兰的电脑编程技术和加斯洛在牙科服务业中的关系，向其他牙科实验室销售一个叫"Dentalab"的程序。维兰和加斯洛的关系并不融洽，但生意还说得过去，一直持续到电脑史上出现了那个历史性事件：IBM 个人电脑于 1981 年的到来。

归维兰所有的"Dentalab"程序，不能在 IBM 的 PC 机上运行。加斯洛认为自己已经有了足够的知识，即使没有维兰，他也能征服 PC 机市场。在制造一种可以在 PC 机上运行的新程序的过程中，加斯洛不仅看了"Dentalab"的源代码，而且模拟了"Dentalab"上的许多信息图像和程序过程。两个程序的相似点非常明显，法官于是裁定认为，维兰的权利被侵犯了。法官判定加斯洛的赔偿包括：律师费和 101000 美元，以及从 PC 程序销售中获得的收益。

当我们回顾多年前这个纠纷时，我们一直认为，失去了机会是这个案子最大的教训。尽管法院明确裁定屏幕显示的内容是受保护的，但同样清楚的是，商业伙伴关系破坏了，经济机会失去了。当然，调解或者其他任何纠纷解决过程都不能确保成功地修复或重建维兰与加斯洛的伙伴关系，或者确保这种伙伴关系能够征服 20 世纪 80 年代风云变幻的软件环境。不过，没有人承认或者准备面对这样的事实：处于纠纷核心位置的信息价值，随着时间的流逝而迅速贬值了。

也许，律师和当事双方在诉讼开始时已经看到维兰与加斯洛的关系已经完了，并且没有挽救的可能。也许是这样，不过，调解人和其他纠纷解决专家可能有不同的观点。诉讼和调解的一个区别在于，调解人能够认识到，维持交流渠道，对出现的问题不加限制或者加以很少的限制，将解决的责任赋予当事双方，通过这一系列手段，非常可能出现意想不到的结果，表面上不可解决的问题也经常能够解决。很难想象，竟然很少有人关心这样的想法：这一关系原本也有可能被修复。在调解开始前想象一个合理的结局，这种想象通常是没有结果的。调解人假定的是，调解过程能够启发当事各方的创造力，导出被隐藏的或者看似不重要的想法。结果则是，损坏的关系经常可以重新建立，而这一切在调解伊始看来却是不可能的。

诉讼可以对当事双方造成损害，因为它转移了双方原本应当投入到市场上的注意力。调解则可以努力减少双方的敌意，形成一个关于双方愿意承担的任务的协议，并且达成一个确保该任务得以完成的有关方法的协议。在"维兰诉加斯洛案"中，如果运用调解，有一件事就会十分明朗：他们所创造的一切，随着时间的推移，迅速丧失了价值。他们可以透过一个小的时间窗口，利用原本可以通过生成合作而具备的任何优势。每一方都可能以为，自己可以通过法庭的决定来获得很高的市场份额和很大的竞争优势。然而，当科技迅猛发展变化时，几乎任何事物的价值都会随着时间的推移而减少。法官的决定所宣布的标准，在缓慢变化的环境中会更有意义。

ODR 成长的背后

ADR 成长的背后有两种催化剂。对某些人来说，ADR 被视为比法庭更好或者更适宜的解决机会。正如"维兰案"所显示的，诉讼以一方胜利、一方失败而告终。而 ADR 的理想则是一种双赢解决，一种当事双方满意的结果，并且使他们有可能在未来进一步合作。

ADR 成长背后的第二种推动力是官僚主义。人们把庭外纠纷解决视为节省金钱、减少讼累的手段。调解的最大案源仍然是法院系统。司法系统对 ADR 的热心，主要不在于获得更好或更公正的解决，而在于克服官僚痼疾，能够比庭审更快、更廉价地处理案件。

ODR 的成长，据我们观察，也有一系列的理由。政府当局支持 ODR，因为相距很远的当事各方挑起讼事的成本是很高的，而且还有管辖的难题需要解决，尤其是在跨境交易的时候。ODR 当然被认为是可以减少成本的，因为它避免了面议的开支。另一些人认为，ODR 可以满足这样一些个人或团体的需要：他们或者没有其他的纠纷解决的选择，或者即使他们有所选择，也不愿意走入法庭。还有一些通常涉及网络以外纠纷的人，对他们来说，ODR 不是为了替代 ADR，而是为了加强 ADR。

毫无疑问，我们也看到法院正在尝试运用互联网来便利诉讼，加强接近诉讼的手段。然而，法律体系受制于被律师协会和其他人执行的规则和标准，律师和法律体系正在对科技力量做出回应，但过去 20 年纠纷解决的发展昭示出，创新和实验更多地发生在法律体系之外。

有趣的是，一些互联网之所以启动，就是希望提供网上法律服务。最具推动作用的想法是，如果律师是有专业技术的，而这种专业技术本质上又是信息性的，那么，它就可以用电子形式传播出去。这些事业最终会成功的，但它前进的每一步都被 50 个州的律师协会监督、评判着，看是否有人无证从业，看法律伦理规则是否被违反。ODR 是在"法庭之外"，并且是在州和专业人士的目光之外，它可以自由地设计和运用下面描述的科技手段。

虚拟场所和虚拟过程

互联网的一个基本魅力在于它的远程工作能力，而这在以前必须是本人在场的。任何使用互联网的人都意识到，信息的交换和互动比以前更快地发生了。然而，"网络空间"一词让我们想到，随着这些交换的加速和多样化，所发生的一切已经不只是大量数据的积累或者快速传输了。除此之外，我们正在接近新的空间——"网络空间"，它让用户在任何场所都可以完成以前必须亲自到场才能完成的任务。

当然，我们一直都有远程通讯的某种能力。我们说的话，可以从一个人传到另一个人，几千年前发展起来的文字，让我们的文件既能跨越旅途，又能跨越时间。晚近以来，电话、电视、传真机使我们能够加快远程通讯，以早前不可能的方式交换各种文件。互联网所允许的是许多不同形式的交流和互动，它们在网"址"上的建构和组织方式，给了我们一种崭新的东西：虚拟场所和虚拟过程。这一能力的结果是建立起复杂的网上空间和过程，在这一过程中，我们可以考虑虚拟纠纷解决可能是什么样子，以及我们所期望看到的纠纷解决空间的多样性。

什么是虚拟空间

互联网通常被说成是减少了空间和距离的重要性。这种说法在下述意义上是正确的：交流可以轻易地在不同地方的人之间进行；信息可以从任何地方迅速接近。信息处理比以往更少受到空间距离的干扰。如果信息在网上，我们可以迅速、方便地获得它；如果人们在网上，我们就更接近他们。

然而，从另一个意义上说，互联网使空间更重要，使空间的使用更复杂。互联网允许我们创造新的空间，这些空间本质上不是有形的，而是以虚拟的形式存在于网上。互联网可以被视为具有无限数目的建筑工地，有能力随着工具和材料的改进，建造更加新颖的建筑。在这些空间里，我们可以构造以前不可想象的互动，因为时间和距离因素曾经让我们相信它们是不可能的。这样一些网上空间已经是许多大型活动的焦点，但是，根据不同的服务需求，如何最好地建立、设计、使用它们，现在还不是十分清楚。

任何空间，无论有形或虚拟，都是一种环境，许多不同的相互作用——通常都有一个或者一些目标——发生在该环境中。比如，法院就是一个围绕法律的空间，商店则专心于经营，健康俱乐部是关于运动的，等等。如上所述，ADR 是一种将纠纷解决带出法院的运动。离开法院，就是离开一种对非律师而言是有威胁性的空间。在 ADR 的许多目标中，有一个目标是使人们更容易接近司法，方法之一是将当事双方带到合适而方便的任何场所。ADR 不像法律那样关心某个场所的象征意义。的确，一旦当事双方和中立的第三方可以在办公室、工厂、校园、办公楼等任何场所会面，则 ADR 的灵活性就得到充分体现。

随着 ODR 和有效的网上空间的形成，就更接近了与司法有关的过程。参与人可以在任何地方，进入任何虚拟的纠纷解决空间，就像点击一下鼠标那样轻而易举。然而，ODR 与 ADR 的不同之处在于，尽管对 ADR 来说空间的特征并不那样重要，而 ODR 所发生的虚拟空间的性质和设计却极为重要，甚至非常关键。我们在后文还会描述，我们认为科技可以是"第四方"，它的影响部分来自 ODR 所发生的网上"空间"。网上空间的性质会塑造专业技术的传播方式以及当事各方的接触方式。对 ODR 而言，处所是一个过程，其功能就在网址上。一个网址的外观和安排将决定什么是可能构建的，什么是不可能构建的。如果重新设计网址甚至改变一两个细节，成功率可以大大改变。一个没什么花样儿的 ODR 网站也可以非常充分地解决一些比较简单的纠纷，就像只有 e-mail 也可以充分解决一些纠纷一样。不过，一个有着广泛信息处理能力的空间能够加强第三方的技巧，这种技巧在网络之外是不可能的。随着 ODR 的成长，我们可以期待广泛的空间发展，可以在高端推进更丰富或许也是更复杂的当事人之间的交流。在这个空间里，不仅允许调解人运用广泛的技巧，也可以加强调解人的专业技术。

描述和理解虚拟空间

玛格丽特·沃特海姆（Margaret Wertheim）曾经写道："每一种不同的空间都需要一种不同的语言。"我们关于空间的语言，大部分与有形背景有关，这也不足为奇。那些用以描述虚拟空间的标签，也曾经用于与有形空间的联系，因此，我们有网上商店、网上商场、网上赌场、网上会场和网上拍卖场，等等，使用这些标签，可以有效地让它们看来更熟悉，使我们觉得这些网站更舒服。我们之所以使用这些标签，是因为我们还没有足够的词汇描述这些虚拟空间崭新的品质。不过，这些网上场所与其有形对应物并不同一。因此，在许多场合，这种熟悉的标签掩盖了实质的不同，让我们错误以为虚拟的和有形的实体是同一的，或者以为虚拟是有形的拷贝，可以在任何时间、任何地方接近。

描述和解释网络与其有形对应物之间的相同与不同，从网站出现时起就一直是我们要做的努力。早期的网站是这样一些人建立的：他们发现，有色彩的、信息性的"主页"，相对缺乏技术的人也能涉足。这些主页一般是由单屏信息组成，通常是关于建立这个网站的人的信息，还有一些超级链接，用户点击它们，就可以被带到其他的网站。一个人有一个网站会很有好处，这不是因为上面一开始就有内容，而是因为它能与有着丰富内容的另一些网站进行链接。当初的诱人与新颖之处在于，一个人可以在低价位、低技术含量的情况下接近所有在网上的关于某一话题的信息。据说，任何人都可以成为一个出版者，而"网页"就是他的出版物。有趣的是，随着网址成为更有活力的环境，屏幕看上去用起来都不再像是一个打印的固定网页，"主页"的使用也就渐渐减少了。

那时，一些人将网络描述为一个巨大的图书馆或者一个没有围墙的图书馆。当然，网络是一个信息性的空间，正如图书馆是一个信息性的空间一样。图书馆这个标签可能有助于新用户理解网络上有很多信息性的内容。今天，我们很少看到网络被贴上图书馆的标签了。图书馆的比喻已经褪去，部分原因是网络现在还包含商店、会议室和其他非图书馆类空间，还有部分原因是这个标签并不真的适当。有形图书馆可以过滤和组织信息，也可以雇用图书管理员增加信息的价值；而网络则没有空间限制，可以在任何地方接近信息。但是，没有空间限制还意味着许多决定没有做出，因为没有必要做出。网络有一个图书馆最重要的成分——信息，但却基本没有图书馆的其他成分。

随着时间的推移，我们看到来来往往的各种有关网络空间的比喻。比如，网络空间已经很少再被称为"信息高速路"了。这个比喻主要注重以电子速度交流信息的能力，但却忽视了网上环境的其他所有特征。我们似乎到了任何单一比喻都不胜任的阶段。互联网是一个多功能的空间，就像大部分物理空间一样，所进行的不过是基于数不胜数的目的而建立网上空间而已，而其中一个目的就是纠纷解决。不能用一个单词来描述网络，这可以被看成是一个好迹象，一个成长和发展的迹象。它还显示出，网上可以建立的新空间的种类是少有限制的。

网上工具和网上空间

随着越来越多的专业 ODR 空间的出现，很容易让人混淆虚拟空间与虚拟工具。在你想清楚如何利用 ODR 之前，对你来说，重要的一点是将两者区别开来。工具就是提供一种完成某一特定信息任务或者一小部分信息任务的手段。每一网上空间都有作为其组成部分的工具，也许有一大堆的工具。然而，使这些空间拥有个性并且将它们彼此区分的，是一种工具组合，是它们的提供和协调方式，以及其他可以得到的资源。

专业工具与专业空间的关系在有形办公环境中是平行的。一旦一间空的办公室安置、摆放了办公家具，它就有了一套工具，它被组织的方式，据信可以推进企业的使命。正如机场、竞技场、商场和其他有形场所都有不同设计一样，我们可以期待许多版本的网上纠纷解决空间。一些虚拟空间可以主要解决复杂的纠纷，另外一些解决网络以外的纠纷，还有一些解决消费者纠纷，等等。随着电子工具的改进，这些空间比有形空间变得更加有力，也许还更加多样，因为这里没有时间和空间上的障碍。

最为人所熟知的网上工具可能是 e-mail，多数人进入互联网的第一经验是 e-mail，它是一种以电子速度将信息从一地发往另一地的工具，一种容易使用的工具，其价值也显而易见。E-mail 的优点在于简单，可以在人们之间快速交流，是高效而适宜的工具。我们的挑战在于，不能指望有什么工具可以处理所有的信息和通讯，并且都处理得非常好。对 ODR 而言，我们需要网上空间，而不只是一两种网上工具。我们需要一整套通讯和信息管理工具，既易于使用，又强大灵活。E-mail 肯定是这种工具之一，它适度而灵活，其灵活和强度都足以用来解决当事人少，信息交换少，问题要点也少的纠纷。然而，我们越是有志于网上纠纷解决，就越是能够从网络工具中获益，这些工具的设计就是为了组织信息，允许合作拟定协议，评价信息，推动集体讨论，监控履行情况，阐明各方的利益和优先权，等等。

现有的网络空间类型

我们所处的阶段已经有了一些工具，但仍然有机会制造更先进的工具，制造多面的、灵活的虚拟空间，在那里，这些工具可以促进ODR。E－mail 如此熟悉，以至于想象一个网上交流的其他形式可能非常困难。如果是这样，那么这里有一些网上空间的例子，它们被广泛利用，也易于利用，可以非常有效地操作和关注信息和数据的流动。

网上拍卖 网上拍卖就是让卖家确定谁是众多投标者中愿出最高价的人。网上拍卖是一个高效的、多对多的交流模式，依照网上规定的规则，让人知道哪个情愿出最高价。因为任何网上空间都在发生某些事情，网上空间的过程也不只是接近信息，所以，控制信息流量是非常关键的。比如，在多数网上拍卖中，投标者之间的交流仅限于价格，而任一投标者与卖家之间的交流却可以涉及任何事情。

网上拍卖并不是极为复杂的空间，但它们也不是非常简单的。除了告知投标者有关拍卖品的情况、最高出价、剩余时间等信息以外，一定还有鼓励有兴趣的买家实际投标的信息。卖家通常没有可识别的品牌名称，参与拍卖者之间的信任度也不会很高，因而每一个卖家都必须想出建立信任的办法。这不是一件容易的事情，因为某个人的物理位置并不清楚。建立一个软件，让它宣布拍卖品，管理出价，因而并非使用拍卖网站之前必须做的事情。需要附加的是一个系统，它允许投标者核查卖家的声誉。这在虚拟空间中是有必要的，而在网络之外的拍卖地点就不是必须提供的……

拍卖网站吸引了一大批追随者，部分原因在于，同一规模的这种形式的互动，不可能在网络以外进行。此外，拍卖网站还提供了一种建立信任、提供信息和交流选择的机制，以便当事各方能够顺利得知他们的竞标情况，做出自己的价值评估，自信如果出了最高价就能得到拍卖品。显而易见的是，如果要约不得不通过 e－mail 提出，由某人审度，随后通过 e－mail 告知当事各方，那么，网上拍卖的过程就不会这般红火。

拍卖网站对于 ODR 来说是重要的，不仅因为它们的设计使之具备了互联网应有的信息处理能力，也不仅因为它们是网络之外的拍卖业中人们无法想象的一种互联空间，而且因为它们被视为一种可以解决分歧的专业的 ODR 网站。拍卖所做的就是鼓励一人胜出的多人竞争。最佳的拍卖，不仅有许多拍卖品，而且有一系列的工具，用以定位、评价信息，让用户参与，建立信任，减少风险感。在一次拍卖中，虽说最终的要点是价格，但如果缺乏信任，就无人参与了。网上拍卖，尽管有种内在的不信任的气氛，但它们的成功取决于这样一种软件：它使拍卖成为一个便利的、多方参与谈判的空间，它整合了建立信任的各种设置。

网上银行 虚拟银行空间是可能的，这是因为，虽然对多数人来说银行似乎是金融和货币机构，但它们实际上是信息机构。银行需要维持记录和账户，转移账户数据（称为支付、取款或存款），说服用户相信它们能够无差错地履行这些职能。我们许多人都在银行有工资支票，无需我们的老板抱着一叠纸支票到银行去，只需将电子信息（钱）从老板的账户转往雇员的账户即可。

网上银行空间努力使用户舒适地完成他们传统上要在有形银行完成的事情，还增加了处置账户的能力。一旦金钱可以用比特来代表，它就可以进行收支，甚至在网上同步发往经纪行。

我们将在后文讨论 ODR 如何成为一个方便的、可信的空间，如何交付价值。对那些使用网上银行空间的人来说，这些条件都具备了。他们付款时肯定是很方便的，他们可以在任何地方、任何时间看到自己的账户，他们的可信程度取决于，如果需要，可以与银行中的真人以多种方式取得联系。

网上银行提供的价值在于我们付款和查账的速度，并且有能力做有形银行里做不到的事情。任何网上信息空间对它所占有的信息都能做随心所欲的处理。银行中的信息不是我们通常所说的信息，而是金钱。随着网上银行空间中工具的增加和增强，只要信任得以维持，它们所能提供的价值在有形银行中是没有的。

建立纠纷解决空间

我们感兴趣的是纠纷解决空间应当是什么样子，而不是拍卖、银行或市场空间如何设立。思考下列问题对你是有意义的：这样的网站应该有什么外观、功能和方法，它们如何揭示了建立一个网站所需要的思想和想象，这一网站中的挑战是管理网站信息与互动，因而提供便利和信任。正是这些网站的成功与失败，引导我们思考 ODR 空间会是什么样子，这样一个空间应当包含的最根本特征是什么，以及我们希望看到在一段时间后增加了什么。

纠纷解决空间应当在哪里

你可以认为这是一个奇怪的问题，因为网络空间一个令人称道的特征就是，无论你的物理位置在哪里，都可以进入这个网站。不过，当我们考虑纠纷解决空间应当独立还是应当以某种方式与另一网站链接时，"在哪里"的问题还真的出现了。

许多网站只是分支机构或者具有其他共同属性的人才能使用的。比如，进入"美国在线"的人都必须先登录"美国在线"。如果它希望提供纠纷解决服务，可以有几种选择。它可以为用户提供特别口令，以确认他们是"美国在线"的成员，进而允许他们在任何时间进入一些外部网址。或者，纠纷解决服务只是一个软件产品，一旦这一产品存在，它就可以被复制，或者被修改为不同的用途，以及可以被授权使用。这里可以是贴了"私人标签"的ODR空间，如果网站拥有者希望这样的话。

网络一直是一个相对自由和开放的场所。有一种说法，在网络的早期，"互联网上的信息是希望免费的"。许多信息和许多网站都是免费的，并且还在允许免费进入，但也不必如此。从技术上说，许可级别可被设计为只受限于程序员的创造力。有许多网上空间已经被制造出来，无论这些空间是免费的还是付费的，开放的还是受限的，方便的、可信的还是不便的、高风险的，一切全赖软件代码是如何写的。

网上纠纷解决手段配置的灵活性，既是一种机遇，也是一种挑战。机遇在于，任何企业都可以迅速拥有自己的"法庭"，或者，如果它愿意，可以提供各种可接近的外部"法庭"。挑战在于，对进入网站难易程度的选择，以及对ODR空间与其赞助者亲密程度的选择，会影响到第三方的独立性和中立性。

任何损害第三方独立性和中立性的行为，都会减少它们的权威和效力。换言之，既提高可接近性，又努力保持距离，这才是有价值的。最好的解决办法是，向用户提供详细的有关网址拥有者和纠纷解决服务者之间关系的详情。有没有金钱关系？纠纷解决是否网址拥有者赞助？服务收费和其他资金收入是否足以支付开销？

在解释第三方与赞助网站者的关系时，不同的市场会面对不同的挑战。以"eBay"为例，"SquareTrade.com"承认，纠纷解决是由"eBay"赞助的，不过，当事人是使用"eBay"的买卖双方，而不是"eBay"自己。这种市场中的赞助不是一个问题，因为它没有影响中立性。如果一个"ISP"想要一个纠纷解决网站，并且赞助了这种服务，那么，不当的可能性就会增加。在这些情况下，清楚知道赞助商是谁，了解为什么 ODR 服务相信自己的中立性不会受到损害，这些都应当得到解释。

基本的设立选择

什么样的手段可以提供最流畅的互动和交流过程？应当使用什么样的媒介？在科技和人之间，如何保持适当的依赖平衡？这些问题在以后各章中都会再次浮出水面，但必须首先面对一些问题要点。

同步交流和异步交流。同步交流的例子是聊天室或其他需要所有人同时"在场"进行交流的"场所"；异步交流的例子是 e–mail 等，这种情况下，一个时间交流一次是最为方便的。

图像、文本、数字与录像。媒介可能不是信息，但媒介肯定影响信息。电视电话会议让许多人能面对面地进行实时交流。文本还有另外的优点，复杂的思想可以解释，协议的细节可以保存。图像，尤其是动画和彩色图表，可以显示样式及其演化。

自动的与人工的交流。对于与机器的交流，应当在多大程度上加以信赖？又应当以什么方式加以依赖？什么时候可以聘请训练有素的第三方？什么时候可以用机器来加强第三方的技巧，与第三方合作，而不是替代第三方？

加强 ODR 空间

在试图构建的纠纷解决空间里，上面所归纳的三类选择都将存在。选择不同的交流方式，将导致 ODR 手段的差异。进而，非常有意义的是，网站上的差异是信息处理和交流程度上的不同所导致的结果。

直到一两年前，多数网站都只是将收集来的文件储存在服务器上。点击链接意味着其中一个文件会出现在你的屏幕上。任何人点击同一链接，将会看到同样的信息出现在他的屏幕上。这样的网站很容易建立，并且，如果你不想拥有自己的服务器，那么维持它们的费用也相对较低。

近来，点击某一链接会带给你某些不同于他人点击同一链接所收到的东西。之所以会发生这种情况，或者因为服务器知道你的一些事情，或者你提供了某些你想要的信息的特殊标准。网络服务器越来越多地加工的，不仅是整体发送给用户的储存文件，而且包含了一些搜集、评价信息的申请，并且回复对离散数据的要求。

当一个人填好一份网上表格并点击"提交"时，这种最简单的信息处理过程就发生了。如果我希望买一台新电脑，我可以到一个生产商的网站上去找一份表格。我可以在表格上选择处理器的速度、硬盘的大小、录像管理器、声卡以及其他各种选项。点击"提交"后几秒钟,我会在屏幕上看到这种配置的电脑要花多少钱。

当信息以更复杂的方式获得时,更复杂的信息处理过程也随之发生。联网的电脑可以是沉默的观察者,它们可以追踪一个人的网上行为,并看到其长期行为模式。如果我做了几次到旧金山的机票预订,下次我再到旅游网站上时,它就会提醒我有去旧金山的打折机票。这对我可能是很方便的,但这也让我为自己的个人隐私担忧,因为我不希望在没有我事先明示同意的情况下,将我的旅行规律提供给他人。

动态的网站可以收集、处理并贮存信息,它们有静态的网站所没有的与客户交流的灵活性。它们可以将某些信息只交给某些用户,而不交给另一些用户。它们可以提供关于交易的"反馈",让用户确信该交易已经实际发生。最通常的情况下,通过预测用户的要求,信息处理可以增加新的方便;而通过监控处理过程,加强参与者之间的交流,有助于建立信任。

增加方便与信任是任何网上过程最重要的目标,但是,信息处理也挑战技术和决定的做出。有一个相对简单的例子,信息处理让我们有更多的、将信息提供给纠纷当事人的方式选择。如果某种东西是以表格或图表的形式存在的,或者是以彩色而不是黑白形式存在的,那么它是否会更加清晰?一旦数据是电子形式的,它们的提交方式就会很快改变。对许多第三方而言,可能需要一些新的技术。这些第三方希望运用网上技术,他们遇到的挑战是如何以不同的方式扩展其技术范围,但是,这些新技术在传统的、面对面的背景下,可能也越来越有用处。

提示与问题

1、提供网上纠纷解决的主要网站是 http://www.odr.info。

2、对ODR进行实验的有趣环境是网上游戏和虚拟世界。一个法庭或者一个ODR提供者对下述事件将如何反应:

> 一个12岁的城堡拥有者声称,他的巨大天神有一只虚拟鹅,它下的金蛋每天值100美元,但这只鹅被一个虚拟少年(真实世界的成年人)给偷了。这少年是爬到巨大的豆茎上去偷的。原告主张,被告犯有侵入罪、侵犯隐私罪和转移财产罪。被告的抗辩是,虚拟世界的怪才们制造的鹅是

不可能被偷的，他还对涉及一只虚拟母牛的第三方提出了诈骗的指控。①

3、ODR 中令人印象最深的实验涉及"eBay"这个网上拍卖场。一个公司，Squaretrade.com，从 2000 年起已经移交了涉及"eBay"买卖双方的 150 万次纠纷。

4、小一些的仲裁试验涉及域名纠纷。ICANN（Internet Corporation for Assigned and Numbers）设计了一个过程，允许商标所有者取得域名，如果他们认为这些域名侵犯了他们的商标权的话。从 2000 年开始，已经解决了 8 万个案件。关于 ICANN 的"统一纠纷解决政策"（Uniform Dispute Resolution Policy）的信息，参见：http://www.icann.org/udrp.

---

① F. Gregory Lastowka and Dan Hunter, *The Laws of Virtual Worlds*, 92 Calif. L. Rev. 1, 71 [2004]; http://www.nyls.edu/stateofplay.

第二十三章　保护网络空间中的权利

♣ 如果当事各方愿意找到共同的基础，那么网络纠纷解决就是有效的。网络之外的调解经验告诉我们，在纠纷各方希望未来能够保持某种关系时，调解是特别适宜的。家庭纠纷就是这种情况的例子。另一方面，如果目标是拥有一个法律标准或者设定、澄清一项宪法上的权利，那么，诉讼可能是最佳的选择。

在万维网发展史的早期，我们已经认识到，在我们有更多的信息时，就会有更多的令人不快的信息。在美国，宪法第一修正案为那些希望表达不受欢迎的见解的人提供了强有力的保护，因此，许多人认为是具有侵犯性的、令人厌恶的出版、发表行为，都能得到宪法的保护。议会禁止"冒犯公德的、不体面的"（indecent）言论的努力，并没有得到最高法院的支持。

下面的案件生动说明了强大的网络和信息技术所提出的某些挑战。口头表述、印刷出版或者上网发表，会有什么重要不同吗？这个案件涉及一个叫"纽伦堡档案"（Nuremerg Files）的反堕胎网站。这个网站里有一幅画像，上面是十几个被贴上"致命凶手"（Deadly Dozen）标签的堕胎手术提供者。这些人又被称为"婴儿屠夫"、"谋杀者"和"罪犯"。此外，网站还提供了这些医生的住址、工作地点、汽车牌照，甚至他们的孩子和配偶的姓名等信息。虽然没有针对这些医生的明示的威胁，但是，如果他们被反堕胎者打伤，他们的名字就被涂成灰色；如果他们被杀死，他们的名字就被涂成黑色。

网站悬赏 5 千美元征询这些医生、他们的配偶、孩子、家庭和朋友的进一步的信息。不仅如此，网站用这样的语言问道："你不愿意帮我们缉拿恶人吗？"并且，有许多其他网站的链接，这些网站都在为杀死为人堕胎者的正当性进行辩解。在其中一个网站上，还有人讲述了他在谋杀一名堕胎手术提供者时的"快乐"。

这个案子是依据简称"FACE"的《诊所进出自由法》[Freedom of Access to Clinic Entrances Act, 18 U. S. C. § 248（c）(1998)] 提起的，

该法禁止旨在"恫吓和干扰希望获得或提供生育健康服务者"的"暴力威胁"(threat of force)。被告主张,这里不存在"威胁",只是信息而已,他们的行为是受宪法第一修正案保护的。原告则主张,威胁是存在的,即使没有明示的威胁性语言,即使可能导致的暴力行为可能是几星期、几个月或几年以后的事。

我们如何看待那些其言词可能导致犯罪行为的说话者、写作者和出版者?那些有实际实行行为的人是犯罪,而那些明确威胁他人的人也是犯罪。但是,我们应如何看待那些处在中间状态的人呢?犯罪的发生可以溯及他们的言词,但是,其间的联系却不是明确的和直接的。

这样的案件是有疑难的,而这个"纽伦堡档案"案也不是第一起这样的疑难案件。在"布兰登伯格诉俄亥俄州案" [Brandenburg v. Ohio, 395 U.S. 444(1969)] 中,"三K党"头目布兰登伯格邀请新闻记者参加了他们的集会。有12个蒙面人在会上焚烧了一个十字架,布兰登伯格告诉与会者:

> 我们不是一个复仇组织,但是,如果我们的总统、议会和最高法院继续压制我们白人种族,那么,我们就有可能采取某些报复措施。我们将在7月4日向议会进军,我们有40万人。在那里,我们将分成两支队伍,一队向佛罗里达州的圣奥古斯丁进发,一队向密西西比州进军。谢谢你们!

最高法院认定这样的行为是违宪的:"惩罚单纯的鼓吹和倡导行为,用刑罚之痛来禁止旨在鼓吹和倡导前述行为的集会。"不过,将医生的姓名和住址公之于众,涂黑被杀医生的姓名,这样做是否使"纽伦堡档案"超出了单纯的鼓吹与倡导?即使超出了,是否很可能有"正在面临的不法行为",网上所提供的内容,是否很可能"诱发或产生这样的行为"?

第一节　计划生育协会诉美国生命行动者联盟案[*]

Planned Parenthood v. American Coalition of Life Activists
290 F. 3d 1058（2002）

法官赖默尔（Rymer）：

……

在我们的案件中，威胁就是"一种要对他人施加祸害、伤害或损害的意图的表示"。Gilbert Ⅱ，884 F. 2d at 457；Orozco - Santillan，903 F. 2d at 1265. "所声称的威胁，应当在其整个事实语境中加以考虑，包括周围的事件和听者的反应。" Orozco - Santillan，903 F. 2d at 1265；Mitchell，812 F. 2d at 1255（其中援引了 Watts，394 U. S. at 708；Merrill，746 F. 2d at 462；Roy，416 F. 2d at 876）."微妙的威胁，并不意味着它就不是威胁。" Orozco - Santillan，903 F. 2d at 1265（其中援引了 Gilbert Ⅱ，884 F. 2d at 457）. 一个真正的威胁，"一个理性的人会从中预见到，听者会相信有形暴力将加诸其身，这种威胁不在宪法第一修正案保护之列。" Orozco - Santillan，903 F. 2d at 1265（其中援引了 Merrill，746 F. 2d at 462）.

被告不必意图实施或者有能力实施其威胁，构成一种真正的威胁，只要求被告有意地或者明知地传达这种威胁就足够了。Orozco - Santillan，903 F. 2d at 1265 n. 3；Gilbert Ⅱ，884 F. 2d at 456 - 57；Merrill，812 F. 2d at 1256（在被告无能力实施其威胁时，维持了依 § 871 的定罪）；Roy，416 F. 2d at 877.[①] 其他巡回法院也有与此一致的意见。[②] 尽

---

[*] 本章只有一节。——译注

[①] 我们曾经认定，28 U. S. C. § 876 规定的是一种特殊意图的犯罪，它将明知地邮寄任何包含伤害威胁的邮件的行为规定为犯罪。United States v. Twine，853 F. 2d 676（9th Cir. 1988）；United States v. King，122 F. 3d 808（9th Cir. 1997）. 然而，我们没有界定"威胁"，也没有考虑什么是真正的威胁，但我们明确阐明，实施威胁的特殊意图或者能力，并不是一个必备的要素。King，122 F. 3d at 810（其中援引了 Twine，858 F. 2d at 681 n. 4）.

[②] United States v. Francis，164 F. 3d 120，123（2d Cir. 1999）（其中拒绝给客观检验标准附加主观意图的要求）；相同的情况还有：United States v. Miller，115 F. 3d 361，363 - 64（6th Cir. 1997）；United States v. Patrick，117 F. 3d 375，377（8th Cir. 1997）；United States v. Martin，163 F. 3d 1212，1215 - 16（10th Cir. 1998）；但是，United States v. Patillo，438 F. 2d 13，15（4th Cir. 1971）却在 § 871 中加入了主观意图的要素。不过，第四巡回法院在涉及"真正的威胁"的其他案件中放弃了这种做法。

管如此，还是有一种压力要我们为 FACE 采纳一种主观意图的要求。尤其是，美国公民自由联合会俄勒冈州基金会的法官顾问提倡一种主观意图的要件，"要求存在说话者实际上意图引发恐惧、恐吓或恐怖的证据，尽管许多情况下这种证据是间接的或推论性的。换言之，说话者意图进行威胁。如果某人不是意图进行威胁或者恐吓，即，其意图并不在于让自己的表述被理解为威胁，那么，这样的言说就不应被看成一种不受宪法第一修正案保护的真正的威胁。"然而，这多半包含在 FACE 本身的制定法标准中，它要求暴力威胁应有恐吓意图。"意图恐吓这个要件是为了将该制定法与对被保护言论的违宪适用隔绝开来。"Gilbert I, 813 F. 2d at 1529〔其中解释了《公平住房法》（Fair Housing Act）中有关威胁的条款，42 U. S. C. § 3631，它与 FACE 的规定基本相同〕。似乎没有理由将另一个意图要件嫁接到该制定法中，因为无论威胁制造者是否有实际的实施意图，"一个显然是严重的威胁，可以引起危害与祸害，而这正是该制定法的一部分所针对的。"Gilbert II, 884 F. 2d at 458（其中援引了 Roy, 416 F. 2d at 877）。

两种分歧意见要改变这个标准，它们要么要求说话者实际上意图实施威胁或者控制着那些愿意实施威胁的人，要么在言论是公开而不是私下表达的时候，使这一标准无法适用。然而，多年来，我们的标准的重点一直在于，一个理性的说话者会预见到当时情况下听者的反应，而我们相信这应当是保持不变的标准。Madsen, 512 U. S. at 773.（该案指出："无论威胁……以何种方式传达出来，它都是宪法第一修正案所禁止的"，并且指出：对某些迹象的展示，"可以被解释为威胁或者掩饰的威胁，也是应当禁止的。"）第一修正案"保护个人避免对暴力恐惧，避免该恐惧所引起的破坏，避免所威胁的暴力发生的可能"，R. A. V. v. City of St. Paul, Minn. , 505 U. S. 377, 388（1992），而威胁则处在这种保护之外。要达到这一目的，不应当将合宪性维系于说话者的主观意图或者为（或不为）害能力上，而是应当考虑这样的因素：说话者在多大程度上可以合理预见到，听者会认真地将说话者传达的信息理解为一种施加人身伤害的意图。这便足以将"真正的威胁"与单纯的吓唬区别开来。因此，任何理性的说话者都不会预见到，一位患者会把"你患了癌症，将在 6 个月内死去"或者一位行人会把"别站在路中间，车来了"看成施加身体伤害意图的严肃表达，因为这样的伤害无论如何最终都会发生。

我们也不能同意这样的说法：公开表达的威胁性言语就有资格享

受宪法保护。正如"梅德森案"所显示的,"无论表达方式如何",威胁都不受宪法第一修正案的保护。Madsen, 512 U. S. at 753. ①

我们因而认为,FACE 中的"暴力威胁"就是我们既有法律所说的真正的威胁:在整体语境中,在所有情况下,作为一种表述,它让一个理性人预见到,听到或看到这种表述的那些人会将其解释为一种认真的、对他们的人身施加损害的意图表示。根据这一定义,一种违反 FACE 的威胁性表述,不受宪法第一修正案的保护⋯⋯

基于语境,我们得出结论认为,克里斯特(Crist)和"致命凶手"的网上海报不只是一种政治表达。即使作为第一次网上"通缉"(WANTED)的冈恩(Gunn)海报,在最初发布时,属于纯粹的政治信息;即使布里顿(Britton)海报,也属于政治信息,但是,到了克里斯特海报张贴时,网上海报的格式本身已经在散播对堕胎手术提供者的死亡威胁了。冈恩海报张贴后,他被杀了;布里顿海报张贴后,他被杀了;帕特森(Patterson)海报张贴后,他也被杀了。明知这一切,明知自己在那些被"通缉"型海报选中的生育健康服务共同体成员中制造了恐惧,简称"ACLA"的"美国生命行动者联盟",还是处心积虑地将克里斯特贴在"有罪"(GUILTY)海报上,有意将赫恩(Hern)和纽霍尔(Newhall)夫妇的名字贴在"致命凶手"的海报上,借以恐吓他们。无论人们怎样看,这都大大超出了"为人堕胎者是该死的杀手"的政治信息范围。

"纽伦堡档案"属于不同的情况。尽管它们列举了个人的名字,但它们列举了几百人。其公开声称的意图是:"搜集为人堕胎者的档案资

---

① 法官雷因哈特(Reinhardt)责备我们没有给公开言论比私下言论更多的保护,但他没有抓到问题的要点。威胁,无论在何种场合,都可以被单独禁止,而不牵涉宪法第一修正案。Schenk v. Pro – Choice Network of Western New York, 519 U. S. 357, 373 (1997)(该案涉及对堕胎提供者的公开抗议,法官持有同样的观点);Madsen, 512 U. S. at 774(同前案);Kelner, 534 F. 2d 1020 [简称 JDL 的"犹太防卫联盟"(Jewish Defense League)举行了一次记者招待会,事关针对"巴勒斯坦解放组织"及其领导人的游行示威];Hart, 212 F. 3d 1067(反对提供堕胎手术者的公开抗议)。正如法官库津斯基(Kozinski)在其分歧意见中所提到的,Bauer v. Sampson, 261 F. 3d 775(9th Cir. 2001)案也没有对公开和私下做出区分。对于该教授的演讲进行进一步审查,因为它涉及校园讨论。最终适用的还是 Orozco – Santillan 案的标准,即,威胁就是"一种要对他人施加祸害、伤害或损害的意图的表示","所声称的威胁,应当在其整个事实语境中加以考虑,包括周围的事件和听者的反应"。故此,我们的结论是,尽管他的文字和漫画中有某些暴力的内容,但它们出现在校园地下报纸的语境中,应视为一种夸张,而不应视为意图施加身体伤害的郑重表示。

料，以备有朝一日能够以反人类罪将他们送上法庭。"该网页宣称："第二次世界大战后，针对纳粹的纽伦堡审判的巨大悲剧之一是，没有收集到完整的信息和书证，以至于许多战犯逃脱了法网或者只被定了轻罪。如果有一天我们可以用犯罪来指控为人堕胎者，我们不希望发生同样的情况。我们期待着有那么一天，当这个国家彻底反对杀害婴儿时（这一天终会到来），这些人将在一个'完全合法的法庭'上受到指控。"无论这种说法在那些被列入档案名单的人看来是多么具有侵犯性，并且令人厌恶，都必须承认，侵犯性和挑衅性是受宪法第一修正案保护的。但是，在两个关键的方面，"纽伦堡档案"走得太远了。除了列举法官、政治家和执法官员的个人档案外，"纽伦堡档案"还单独划分了"为人堕胎者"一类，列出提供堕胎服务者的名单，特别包括了克里斯特、赫恩和纽霍尔夫妇。再者，那些因其行为而被谋杀的堕胎提供者的名字被黑杠划去，那些被打伤者的名字用灰色标出。作为结果，我们再也不能说："法律清楚地表明，将克里斯特、赫恩和纽霍尔夫妇列入'纽伦堡档案'和'有罪'海报，纯属被保护的政见表达。"

因此，克里斯特海报、"致命凶手"海报、"纽伦堡档案"对克里斯特、赫恩、纽霍尔夫妇身份的确认以及"通缉"型海报，它们是否构成真正的威胁，应当由陪审团来决定……

"暴力威胁"已有适当定义，并且没有需要改正的庭审错误。由于这两点已有定论，我们现在要考虑的问题是：那个导致克里斯特和"致命凶手"海报以及克里斯特、赫恩、纽霍尔夫妇的"纽伦堡档案"失去宪法第一修正案保护的核心宪法事实——真正的威胁——是否存在？本案的任务大致是确定原本应由陪审团确定的要点问题，并且确定陪审团是否得到了适当的、遵循 FACE 的指导。尽管如此，我们仍然要对有关真正的威胁的证据进行单独审查。

对真正的威胁的分析，有赖于网上海报的样式。克里斯特海报和"致命凶手"海报都没有任何公然威胁的语言，它们不同于以前标有黑体的"通缉"字样的海报，而是标明"有罪"两个黑体字。海报的内容也有某种不同，但是，字体或用词的区别并非实质问题，因为语言本身并不具有威胁性。实质问题在于，海报中使用了"通缉"格式以及随后发生的谋杀，构成了一种威胁。正因为这种样式，提到特定的堕胎医生名字的"通缉"型海报，才让这些提供生育健康服务的医生感觉到，这是一种严重的死亡或身体伤害的威胁。在大卫·冈恩医生的"通缉"海报出现后，他就被枪杀了；在乔治·帕特森医生的"通缉"海报出现后，他也被枪杀了；在约翰·布里顿医生的"通缉"海报出现后，他同样被枪杀了。这些"通缉"海报都没有任何威胁性语言，它们也没有指明谁将扣动扳机。但是，明知这一模式，明知紧随冈恩、帕特森和布里顿"通缉"海报而来的违法行为，并且明知"通缉"型网上海报对那些被点名的人是一种恐吓，能够引起这些人对严重伤害的恐惧，ACLA 仍然张贴了一种"有罪"海报，其风格样式基本相同于克里斯特和"致命凶手"的"有罪"海报，上面以同样的方式点到了赫恩和纽霍尔夫妇的名字，因为他们为人做堕胎手术。医生们有理由相信，ACLA 是在有意进行威胁。的确有一个被列入"致命凶手"海报的医生是在海报公布前被枪杀的，但这仍然不能说明这些海报属于政治性夸张，也不仅仅是"责骂、辱骂和草率"。Watts, 394 U. S. at 708.（其中比较了政治场合运用的语言和劳动纠纷中运用的语言。）在这种样式的海报语境里，对于生育健康服务提供者来说，这些海报的含义是明确的，它们属于真正的威胁。

这些海报属于真正的威胁，这是因为，就像赖德卡车（Ryder trucks）和焚烧十字架一样，它们的含义虽未言明，但行为者和接受者却都明了它们所传达的信息。对那些进行堕胎手术的医生而言，这些网上海报的意思是"你被通缉了，你有罪，你将被枪杀"。这一点，被"纽伦堡档案"中的记分卡所强化。其中的表达，并不是有条件的，也不是不经意的，而是有特定目标的。进行堕胎手术的克里斯特、赫恩和纽霍尔夫妇，并不觉得这些海报是在闹着玩儿。Watts, 394 U. S. at 708（在政治言论里，没有哪个真正的威胁是有条件的、即席的并且是惹人发笑的）；Claiborne, 458 U. S. at 928.（该案探讨了没有引起非法行为的那些被保护的即席发言所具有的自发的情绪感染力。）

"有罪"海报是公开传播的，但却有明确的被锁定的目标。虽然私下表达的威胁通常比公开散播的威胁更容易被认真对待，但这种情况却不适用于这样一种公然的威胁：它是关于一个特定的医生的，所采用的方式以前曾经导致 3 个医生的死亡，而他们作为目标就是这样被公开且特定地锁定的。在"Brandenberg 案"、"Watts 案"或"Claiborne 案"中，没有具体到个人头上的威胁。然而，任何一位将克里斯特、赫恩、纽霍尔夫妇放到"通缉"型海报上的人，或者任何一位参与为这种海报选择特定的堕胎提供者的人，都不可能不相信，上了海报的每个人都会深深忧虑自己是下一个被枪杀的人，而他们也的确有这样深深的忧虑。

作为"有罪"海报张贴的直接后果,医生们穿上了防弹背心,并且采取了其他超常的安全措施,以保护自己和家人。ACLA 有各种理由预见到,它的伤害意图的表达("有罪"海报点了克里斯特、赫恩、纽霍尔夫妇的名,并且将他们放到被攻击和失踪者的档案中),会引发这种反应。医生们的恐惧不是无缘无故的,ACLA 意图恫吓他们,阻止他们正在做的事情。

这就是该制定法的要点,这一行为的实施方式,使它得不到宪法第一修正案的任何保护。

暴力没有保护价值。一个有着恐吓意图的真正的暴力威胁也没有保护价值。如果 ACLA 只是像布雷(Bray)在《杀戮时刻》(A Time to Kill)中那样提倡暴力,或者像"保卫行动"(Defense Action)呼吁书那样欢迎暴力,那么,它所持的立场也只是属于可争论的范畴;当它以抽象的方式制造"纽伦堡档案"的时候,也同样属于可争论的范畴,因为第一修正案并不排斥对人的贬低或者煽动,或者为了鼓吹一种政治立场而威胁对他人进行社会排斥或者中伤诋毁。Claiborne, 458 U. S. at 903, 909 – 12. 但是,在上了"通缉"型海报之后,冈恩、帕特森和布里顿三位医生再也不能参加争论了。通过复制导致冈恩、帕特森和布里顿被害的海报样式,通过将克里斯特、帕特森和布里顿放到为人堕胎者档案中,然后以积分的形式鼓励对他们进行致命伤害,ACLA 已经不是在表明争论立场,而是在进行死亡威胁了。这便颠覆了宪法第一修正案。

像"挑战言辞"(fighting words)一样,真正的威胁是被禁止的。我们因而得出结论,做出对医生有利的责任判断,在宪法上是允许的……

结 论

"暴力威胁",从 FACE 的立法目的看,其定义符合我们一贯坚持的"真正的威胁"的检验标准。即,"一个理性的人是否会预见到,听者会认真地将说话者传达的信息理解为一种施加人身伤害的意图。"这一标准,结合该制定法所要求的恫吓意图,与第一修正案相一致。

我们已经审查了记录,并且认为,克里斯特海报、"致命凶手"海报和"纽伦堡档案"中的原告人名单构成一种真正的威胁。在以前的 3 次事件中,指明为人堕胎医生姓名的"通缉"型海报贴出后,被点名的医生就遇害了。ACLA 和医生们都知道这一切，双方都了解被特定海报点名意味着什么。ACLA 认识到，医生们肯定认为"通缉"或"有罪"海报都具有严重的威胁含义。与"有罪"海报相联系，被列入"纽伦堡档案"为堕胎提供者设置的积分卡，对医生们隐含的威胁是，他们将是下一个被打击的人。仅在这一程度上说，"纽伦堡档案"也算是一种真正的威胁。然而，"纽伦堡档案"本身却属于被保护的言论范畴。

有大量的实质性的证据证明，这些网上海报的准备和散播是为了吓阻医生提供生育健康服务。因此，依照 FACE 这一制定法，认定 ACLA 为其旨在恫吓的真正的威胁负责，是一种适当的判断。

让 ACLA 为其行为负责，并未侵犯合法的抗议或倡议。阻止对这些医生继续进行威胁，并未增加言论自由的必要负担。

因此，除了将有关惩罚性赔偿的部分判决发回重审外，我们维持原判的其他所有方面。

部分维持；部分撤销并发回。

提示与问题

1、"查普林斯基诉新罕布什尔州案"［Chaplinsky v. New Hampshire, 315 U. S. 568（1942）.］是涉及言论和暴力的最著名的案件之一。该案中，耶和华见证会的一名成员被认定犯有破坏和平罪，因为他称一名警官是"该死的敲诈者和法西斯"。最高法院维持了定罪，并且认定，作为迈向事实的一步，这种表达的"社会价值如此之小，以至于可以从中获得的任何收益都被社会的秩序和道德利益明确超出"。最高法院宣布，挑战言辞是不受第一修正案保护的：

> 对于被明确界定、极为有限的某些言论的禁止和惩罚，从未产生过任何宪法性难题。这样的言论是指猥亵淫荡、污秽渎神、中伤污蔑或者侮辱挑战的言辞，仅仅说出这些言辞，就足以施加伤害或者引发对和平的直接破坏。我们的评述是：这样的言辞表达不是任何思想表露的必要组成部分，并且，它们作为迈向事实的一步，其社会价值如此之小，以至于可以从中获得的任何收益都被社会的秩序和道德利益明确超出。

2、涉及网上行为的最早案件之一，其主角是一个名叫杰克·贝克（Jake Baker）的人。他是密歇根大学的学生，专写一些充斥血腥、恐怖和暴力的小说，并且通过新闻组传播它们（United States v. Abraham Jacob Alkhabaz, 104 F. 3d 1942）。小说中的被害人与贝克的一个同学同名。贝克被控触犯这样一条法律：

任何人，如果在州际或者对外贸易的信息交流中传播绑架或者伤害他人的威胁，应当依照本条处以罚金或者 5 年以下监禁，或者合并处罚。①

上诉法院引用莎士比亚来证明贝克的行为没有违反该制定法：

> 他的行为不会超越他的恶意，
> 只能作为一种附带灭失的意图
> 而被埋葬：思想不是起因，
> 意图仅仅是思想。②

另一方面，在一起非网络案中，一个联邦上诉法院却认定一本谋杀手册③的作者要承担法律责任。Rice v. Paladin Enters., inc., 128 F. 3d 233, 267 [4th Cir. 1997], cert. denied, 573 U. S. 1074（1998）. 该谋杀手册初版于 1983 年，但作为案件要点的谋杀直到 1993 年才发生。谋杀者显然是在 1992 年谋杀发生几个月前购买了这本手册的。

最高法院认定：

> 被告人佩里在教唆、准备和实施这些谋杀时，一丝不苟地按照 130 页的手册中有关如何谋杀、如何变成职业杀手的无数细节指导行事。比如，佩里遵照手册的指导，教唆他人，与他人订立谋杀合同，并与劳伦斯·霍恩进行谈判。

3、议会规制网上言论的第一次尝试是《得体交流法》（Communications Decency Act）。然而，这一立法不怎么认真，以至于被最高法院认定违反宪法第一修正案关于言论自由的标准。ACLU v. Reno（http://laws.findlaw.com/US/000/96-511.html）.

4、2002 年，最高法院面对了应否像禁止真实儿童色情图像一样禁止"虚拟儿童色情"的问题。该案中的儿童色情图像是数字生成的，而不是真实的儿童照片。对此，最高法院认定，现行的有关儿童色情的法律必须在修改后方能进行合乎宪法的规制。Ashcroft v. Free Speech Coalition, 122 S. Ct. 1389 (2002).

5、依照 1996 年的《远程通讯法》（Telecommunications Act），联邦政府为学校和图书馆提供互联网的贴现使用。这一使用方案被称为"E-rate"，受质

---

① Title 18, Section 875 (c), of the United States Code.
② His acts did not o'ertake his bad intent;
And must be buried but as an intent
That perish'd by the way: thoughts are no subjects,
Intents but merely thoughts.
③ *Hit Man: A Technical Manual for Independent Contractors.*

疑的立法要求"E - rate"基金的接受者在电脑上安装所谓"过滤器",以便进入互联网。但是,过滤器的问题在于,控制使用的权力被委之于一个软件。一个联邦上诉法院认定,在弗吉尼亚州,图书馆系统的这一过滤方案是违宪的。在2003年的"美利坚合众国诉美国图书馆协会案"(United States v. American Library Association)中,最高法院的多数法官形成了与之不同的结论。

6、下列著述探讨了电脑和电讯对于第一修正案的影响: S. Biegel, *Beyond Our Control: Confronting the Limits of Our Legal System in Cyberspace* (MIT Press, 2001); E. Katsh, *The Electronic Media and the Transformation of Law* (Oxford University Press, 1989); and E. Katsh, *Law in a Digital World* (Oxford University Press, 1995).

第二十四章　保护网络空间中的财产权

♣ 网络空间向法律提出的、最人所共知的挑战之一发生在知识产权领域。版权，这个知识产权法中最为人所熟悉的领域，出现在宪法中。其宗旨是"通过保障作者和发明者对各自著作和发明在一定期限内的专有权利，以促进科学和实用艺术的进步"（Article 1，Section 8）。因而，版权法的主要目的不是提供奖励，而是促进进步和有益社会。创造者受到奖励，被给予某些权利和激励，是实现某些社会目的的一种手段。

1995年，威廉·米歇尔①写道："代码就是法律。"这句话的意思是，软件的代码可以赋予我们力量，这种力量对我们行为的影响，与法律相比，有过之而无不及。在版权领域，版权人发现法律给他们的保护减少了。这是因为，复制数字文件比复制其他媒介中的文件，更加容易，也更加便宜。

甚至早在 Napster 出现以前，拥有版权的文件已经有可能在网上散发。然而，Napster 使几百万人有可能参与这样的行为，并且在没有太多科技知识的情况下做这样的事情。法院裁定 Napster 违反版权法，但是，程序员们是有创造力的，尽管遭到美国录音工业联合会（Recording Industry Association of America）的起诉，大规模的歌曲交换，最近还有电影，仍在继续。

下面的案件②是"索尼公司诉环球城市工作室案"，最高法院于1984年以5比4的多数裁定认为，磁带录像机的制造者没有违反版权法，即使使用者可能用它们来侵犯版权。该案依据这样的事实：磁带录像机的许多潜在运用并不违反版权法。尽管有4/9之多的少数认为违反了版权法，但"索尼案"仍被视为目前文件共享案中最重要的案例。

---

① William J. Mitchell，麻省理工学院 Architecture and Media Arts and Sciences 教授，指导 Media Lab's Smart Cities 研究小组。——译注

② 英文原书两节的排列不合此处论及顺序，也不合两案时间先后和引证关系，故译本做了调整。——译注

第二个案件是"米高梅诉格罗克斯特（Grokster）案"。联邦上诉法院认为，作为一个文件共享系统，Grokster 的运行与 Napster 是不同的。Napster 有一个歌曲和其他文件的总目录，而 Grokster 不是这样。上诉法院的意见认为，这一区别非常重要，因而没有认定 Grokster 违反版权法。该案上诉至最高法院，因而本书中的案件可能被维持，也可能被推翻。① 更重要的也许是像大法官菲利克斯·弗兰克福德（Felix Frankfurter）曾经说的："没有哪个法院能够使时间停滞。"我们无从知道哪个文件交换系统会存活下去，我们也无法确切知道它如何运行或者它会有什么样的代价。我们能够肯定的只有一点：文件共享的机会将继续存在。

第一节　索尼公司诉环球城市工作室有限公司案

Sony Corp. v. Universal City Studios, Inc.

464 U. S. 417（1984）

法官史蒂文斯（Stevens）陈述最高法院意见：

上诉人制造并销售磁带录像机，被上诉人拥有在公共频道播放的某些电视节目的版权，公众中的某些人使用上诉人销售的磁带录像机，录下某些电视节目，包括被上诉人拥有版权的节目。所提出的问题是，向公众销售上诉人的录制设备，是否违反了版权法赋予上诉人的任何权利。

被上诉人于 1976 年在加利福尼亚州中部的美国地区法院提起了版权诉讼，声称有人使用 Beta 制大尺寸磁带录像机，即 Betamax，录制了被上诉人某些拥有版权的作品，这些作品在商业赞助的电视台展播，所以，这些录制者侵犯了被上诉人的版权。被上诉人进一步主张，上诉人要为 Betamax 消费者实施的侵犯版权的行为负责，因为一切都根源于上诉人销售了这种设备。被上诉人没有针对 Betamax 的任何消费者寻求救济（relief），而是向上诉人寻求金钱补偿，索求衡平收益，并且申请禁止制造和销售 Betamax 磁带录像机。

经过了漫长的庭审，地区法院否定了被上诉人所寻求的所有救济，

---

① 美国最高法院一致确认，使用这一文件分享系统来交换拥有版权的材料是非法的。使用未经授权的"点对点"系统服务复制有版权的电影和音乐文件是非法的，并将受到版权人的刑事追诉。——译注

形成了有利于上诉人的判决。480 F. Supp. 429（1979）. 美国第九巡回上诉法院推翻了地区法院就被上诉人主张所做的判决，裁定上诉人为其共同侵犯版权的行为负责，指令地区法院给予适当的救济。659 F. 2d 963 [464 U. S. 417, 421]（1981）. 我们因而发出了调卷令，457 U. S 1116（1982）]；但因我们在上一任期内没有完成对本案的研究，所以我们要求重新辩论，463 U. S. 1226（1983）. 我们现在改判。

为什么我们不赞成被上诉人没有先例的、对复制设备的销售施加版权责任的企图？对这个问题的解释，要求我们对地区法院的认定进行非常详尽的回述。总体而言，地区法院认定，一般公众对磁带录像机的使用，主要是录下没有看到的电视节目，在以后适当的时间观看。这种做法已经形成一个术语"time‐shifting"，即收视时间转换，它扩大了电视的观众群。基于这个原因，大量的电视节目可以被如此利用而未遭节目版权拥有者反对。基于同一原因，甚至本案中的两个声称反对收视时间转换的被上诉人也未能证明，这种做法已经损害了其版权的商业价值或者已经产生了未来损害的可能性。由于有了这样的认定，被上诉人并没有版权法上的根据来要求上诉人为其向公众发行磁带录像机的行为负责。上诉法院裁定认为，被上诉人有权要求禁止磁带录像机的销售，有权因这种设备的销售而收取版税，或者有权取得其他救济。如果上诉法院这些裁定得到肯定，就会扩大被上诉人基于制定法形成的专有的范围，直至包括那些不在版权保护之列的商品。这样一种版权特权的扩张，超越了议会许可的限度。

一

本案中的两个被上诉人，环球城市工作室有限公司和沃特·迪斯尼制片公司（Walt Disney Productions），是许多动画和影视作品的出品人和版权人。在当前的市场上，它们可以有多种方式利用其权利：[464 U. S. 417, 422] 授权剧场演出，许可在有线电视或者电视广播网上的有限播放，向地方电视台出卖重播权，销售事先录制的录影带和录像盘。有些作品适合通过所有这些渠道被利用，另一些作品的利用渠道则受到更多的限制。

上诉人索尼公司制造了几百万台 Betamax 磁带录像机，通过无数的零售点销售这些设备，其中一些零售商也在本案上诉人之列。索尼的 Betamax 磁带录像机是由3个基本组件构成的机械：（1）调谐器，它接收通过公共频道发射的电磁信号，将其分为音频和视频两种信号；（2）

录制器,它将电磁信号记录在一盒磁带上;(3)适配器,它将磁带上的音频和视频信号转换为可被电视机接收的合成信号……

二

宪法第一条第八款规定:

> 国会有权……通过保障作者和发明者对各自的著作和发明在一定期限内的专有权利,以促进科学和实用艺术的进步。[464 U. S. 417,429]

国会授予的专有特权,既不是无限的,也不是主要为了提供特殊的私人收益。有限许可(limited grant)只是实现某一重要公共利益的手段,意在通过特殊奖励条款,激励作者和发明者的创造行为,并且使公众在专控期限届满后得以接近或使用这些天才的作品和成果。

> 版权法,像专利制定法一样,对于权利所有人的奖励,是它次要的考虑。在"福克斯电影公司诉多亚尔案"(Fox Film Corp. v. Doyal, 286 U. S. 123, 127)中,首席大法官休斯针对国会授予的专有版权发表了如下看法:"美利坚合众国在赋予专有权方面的唯一利益和主要目标在于,公众从这些作者的劳动中获得的总体利益。"据说,之所以奖励作家和艺术家,是为了促使这些创造天赋的产物能够让与公众。United States v. Paramount Pictures, Inc. , 334 U. S. 131, 158 (1948)。

像宪法条文所明确表达的,国会被委以这样的重任:界定授予作者和发明者的有限专有的范围,旨在使公众以适当的方式接近或使用其作品和成果。这一任务涉及两种利益的艰难平衡:一种是作者和发明者对其作品和发明的控制和利用方面的利益;另一种是与之竞逐的、社会在思想、信息和商务自由交流方面的利益。因此,我们的专利和版权制定法一再被修订。[464 U. S. 417, 430]

版权法自始就是在回应科技的显著变化的过程中发展的。的确,印刷机,作为一种新形式的复制设备,它的发明产生了版权保护的最初需要。随着这个国家不断发生的新的进步[464 U. S. 417, 431],国会一直在制定新的、为新技术所必须的规则。因此,在《1909 年版权法》(Copyright Act of 1909, 35 Stat. 1075)生效前很久就有定论认为,对版权的保护完全是由制定法完成的。Wheaton v. Peters, 8 Pet. 591, 661 – 862 (1834)。侵权之救济手段,"只限于议会规定的内容"。

Thompson v. Hubbard, 131 U.S. 123, 151 (1889).……

在类似本案的情况中，议会并没有为我们指明道路。我们必须审慎而周到地解释立法所创设的权利的范围，而该立法从来没有冥思苦想过这种利益演算。在这一利益演算过程中，我们得到大法官斯图尔特的指导，他正确地阐明了版权法的模糊之处：

> 制定法所规定的、版权所有者有限的专有范围，像宪法所要求的版权期限一样，反映了公共利益方面相互竞逐的各种主张的平衡：创造性的作品受到鼓励和嘉奖 [464 U.S.417, 432]，但是，私人动机必须最终服务于这样的事业——促进广泛的公众能够接近、得到文学、音乐和其他艺术。版权法的直接效果是确保了对作者创造性劳动的公平回报。但是，最终的目标仍然是刺激为整体公共利益的艺术创作。最高法院曾经说过："美利坚合众国在赋予专有权方面的唯一利益和主要目标在于，公众从这些作者的劳动中获得的总体利益。" Fox Film Corp. v. Doyal, 286 U.S.123, 127; Kendall v. Winsor, 21 How. 322, 327–328; Grant v. Raymond, 6 Pet. 218, 241–242. 当科技的变化已经使文意变得模糊的时候，版权法必须依照这一基本目的加以解释。Twentieth Century Music Corp. v. Aiken, 422 U.S.151, 156 (1875).

版权保护"存在于……被有形媒体表达所固定的、作者的任何原创作品之中。"17 U.S.C. 102（a）（1982 ed.）. 这一保护从来没有同意版权所有者完全控制其作品的所有可能使用，相反，版权法所许可的、版权拥有者对其作品使用和授权使用的专有权利 [464 U.S.417, 433] 是以5种形式体现的，包括以复制的形式来重新生产版权作品（第106条）。然而，对该作品的所有重新生产，并不都在版权拥有者的绝对控制领域，一些重新生产是处于公共领域的。任何人都可以为了"公平使用"（fair use）而复制某一版权作品。对于这样的使用，版权所有者不享有专有权利（比较106条和第107条）。

"任何人，若侵犯版权所有者任一专有权利，"即，任何人，若通过本制定法所规定之五种使用或授权使用版权作品方式之一，侵入版权所有者之专有领域，"即为版权侵权人。"501（a）. 相反，任何人，若依本制定法特别规定之方式，得版权所有者授权使用版权作品或对其作品进行公平使用者，则非为版权侵权人。

版权法为版权所有者提供了针对侵权者的有力的救济手段,包括禁止侵权行为［464 U. S. 417,434］,没收、销毁所有侵权复制品,挽回实际损害,取得侵权人所谋取的利益,取得制定法所规定的损害赔偿,以及律师费。(502 – 505.)

本案的两位被上诉人没有针对侵犯其版权的、Betamax 磁带录像机使用者寻求侵权救济,不仅如此,这也不是代表许可电视播放的所有版权所有人进行的集团诉讼。被上诉人无权援引因使用 Betamax 磁带录像机对其作品进行复制而遭受损害的其他版权所有者提起侵权之诉的权利。依其举证,对被上诉人节目的复制,只代表 Betamax 磁带录像机整体使用的一小部分。然而,正是由于复制了被上诉人的节目,才使它们有权指控索尼公司共同侵权。为了胜出,被上诉人有责任证明,Betamax 磁带录像机的使用者已经侵犯了他们的版权,并且索尼公司要为这些侵权行为负责。

……

四

问题在于,Betamax 磁带录像机能否具有商业上有意义的非侵权性用途。为了解决这一问题,我们不必探究该机器所有不同的潜在使用并确定这些使用是否构成对版权的侵犯。相反,我们只需考虑,在地区法院认定的事实的基础上,是否大多数的使用并不构成对版权的侵犯。不仅如此,为了解决本案,我们不必精确探明这样的问题:多少使用是商业上有意义的?无论做何理解,Betamax 磁带录像机的一种潜在使用都满足了这样一个标准:私人的、非商业的家中收视时间转换。这是因为:(1)被上诉人无权防止其他版权人授权对节目的使用;(2)地区法院对事实的认定揭示出,即使是未授权的、对被上诉人节目的家庭收视时间转换,也属于对其节目合法的公平使用。［464 U. S. 417,443］

(一)授权的收视时间转换

每一被上诉人都有一张很长的有价的版权目录,但是,就电视节目总体频谱而言,被上诉人的总和市场份额只是很小一部分。精确的百分比无法确定,但肯定大大低于 10%。如果被上诉人胜出,则本案的结局对生产商和本国其余 90% 的观众将会产生巨大的影响。毫无疑问,其他许多生产商与被上诉人,对于不受限制的复制行为所可能产生的后果,有着同样的担心。尽管如此,地区法院明确认定,收视时间转换可以扩大观众的总数,同时,许多生产商愿意让私人的收视时间转换继续存在,至少持续试验一个时期。

……

总之,地区法院的记录和认定让我们得出两个结论。第一,索尼公司证明了一种巨大的可能性,即,准许其作品在电视台免费播放的众多版权所有者,并不反对私人观众另择时间观看他们的节目。第二,被上诉人未能证明,收视时间的转换有引起对其版权作品潜在市场及价值的、最小限度以上损害的可能性。Betamax 磁带录像机因而能够具有大量的非侵犯性用途。索尼公司向公众销售这种设备,并不构成对被上诉人版权的共同侵害。

五

宪法第一条的指导是,国会有权促进科学和实用艺术的进步。在此,当宪法允许时,国会已经选择在版权之路上走多远,其迹象只能来自国会本身。Deepsouth Packing Co. v. Laitram Corp.,406 U. S. 518,530(1972)。

如果一个人想从版权法中搜索任何这样的迹象,都将是徒劳的:每天观看电视的几百万人的民选代表,竟然会将在家中复制节目稍后观看的行为规定为违法,或者立法禁止销售使这一复制行为成为可能的那些机器。

国会最好能对这一新科技重新审视一番,就像过去对其他创新经常进行的审视一样。但是,我们的工作不是适用尚未写就的法律。将现行制定法适用于本案的事实,我们认为上诉法院的判决应予推翻。

此令。

第二节　米高梅诉格罗克斯特案
Metro – Goldwyn – Mayer v. Grokster
380 F. 3d 1154(9th Cir 2004)

巡回法院法官托马斯:

这一上诉提出的问题是,发行"点对点"(peer - to - peer)文件共享电脑网络软件,是否应为其使用者的侵犯版权的行为承担共同责任或代理责任。在本案情境中,我们的结论是被告人不承担侵犯版权的共同责任或代理责任，本院认可地区法院针对部分主张的即时判决。①

一、背景

从自动演奏钢琴出现伊始，每一种复制声音的工具都撞击出与音乐版权人不和谐的声音，最终的结果往往是在联邦法院中的诉讼。本次上诉就是反复出现的冲突的最新重奏，也是录音工业和文件共享电脑软件传播者之间一连串的讼事之一。

并案（Consolidated cases）原告人，即"版权人"，是歌曲作者、音乐发行人和电影工作室，用他们自己的描述来说，"拥有和控制美国绝大部分版权影片和声音录制。"② 被告人 Grokster 有限公司和 StreamCast Networks 有限公司，即"软件发行者"，它们无偿发行软件，允许使用者共享电脑文件，其中包括数字音乐和电影。版权人声称，超过 90% 的文件交换是通过"软件发行者"提供的"点对点"文件共享软件实现的，而软件所涉及的版权资料，有 70% 是由版权人所有的。因此，版权人争辩说，依照 17 U.S.C. §§ 501 - 13（2000）的规定，软件发行者应当为侵犯版权的行为承担代理责任和共同责任，版权人有权得到金钱和禁止令两种救济。地区法院针对当前行为产生的责任准予（grant）软件发行人一个即时判决，并保证已解决的问题依照 Fed. R. Civ. P. 54（b）上诉。Metro - Goldwyn - Mayer Studios, Inc. Grokster, Ltd., 259 F. Supp. 2d 1029（C. D. Cal. 2003）（"Grokster I"）。

为了正确分析法律要点，有必要对"点对点"文件共享软件有个基础性了解，尤其是，因为"点对点"文件共享不同于典型的互联网使用。在日常的互联网交易中，用户通过互联网与某一网址取得联系，以获取信息或者交换业务。用电脑术语来说，消费者所使用的个人电脑被视为"客户"，而支持网页的电脑是"服务器"。客户正是从这个称为"服务器"的中央资源获得信息的。

---

① Partial summary judgment：在诉讼当中，准许针对某些主张而不是全部主张做即时判决。比如，P 起诉 D 违约，法院可以准予 P 一个只针对责任问题的即时判决，因为这里对是否发生违约没有真正的怀疑。法院可以随后对未解决的赔偿问题进行庭审。——译注

② "雷伯尔案"（Leiber）中的原告代表了经身份核准的超过 27000 名歌曲作者和音乐发行人。"米高梅案"的原告包括绝大部分的、主要的影片工作室和录制公司。

在"点对点"的传播网中,所提供的信息并不在中央服务器上。任何一台电脑都不会包含为全部用户提供的全部信息,而是以"点对点"的方式,由任何一台电脑向其他任何一台电脑提供信息。换句话说,"点对点"意味着每一台电脑既是服务器又是客户。

因为在"点对点"网络中信息是没有中心的,所以,该软件必须提供某种对现有信息的编目方法,以便用户获得信息。某一软件的运行必须借助与另一用户的相同或相似软件的网络连接。在任何给定的时刻,网络都是由同时在线的其他用户的相同或相似的软件组成的。因此,以备分享的文件的索引,是"点对点"文件共享网络的关键组成部分。

目前,索引的编法有三种:(1)一个中央索引系统,在一个或多个中央服务器上保持一个可供使用的文件目录;(2)一个完全非中心的索引系统,其中的每一台电脑都保持一个自有的可供使用的文件目录;(3)一个"超级节点"系统,其中的一部分被选择的电脑充作索引服务器。[①]

第一个 Napster 系统采用了一个专有的中央索引软件结构,在其自我拥有和运行的服务器上保持一个总的可供使用文件的索引。某一用户,若要寻求获得某一录音的数字副本,可以向 Napster 服务器发送一个搜索请求,该软件会对匹配文件的中央索引进行一次文档搜索,搜索结果将被发回请求的用户。如果搜索结果显示,另一个 Napster 用户也进入了 Napster 服务器,并且愿意分享被搜求的录音,那么,提出请求的用户可以直接与提供录音的用户连接,下载音乐文件。[②]

在非中心的"点对点"文件共享索引模式下,每一用户都拥有一个索引,列明他想提供给其他网络用户的文件。在这一模式下,软件向网络上的所有电脑发送一个搜索请求,对个人文件索引进行搜索,并将搜索结果一并传回提出请求的电脑。这一模式是由 Gnutella 软件系

---

① 这是"点对点"文件共享网络的极端简略的说明,完整而详尽的说明请参见:Yochai Benkler, *Coase's Penguin, or, Linux and* The Nature of the Firm, 112 Yale L. J. 369, 396 – 400 (2002); Jesse M. Feder, *Is Betamax Obsolete?*: *Sony Corp. of America v. Universal City Studios, Inc. in the Age of Napster*, 37 Creighton L. Rev. 859, 862 – 68 (2004).

② 对 Napster 系统更完整的描述被包括在:A & M Records v. Napster, 239 F. 3d 1004, 1011 – 12(9th Cir. 2001) ("Napster I") and A& M Records v. Napster, 114 F. Supp. 2d 896, 905 – 08(N. D. Cal. 2000). 本意见和 Napster 诸案中所描述的 Napster 系统,已经不为购买 Napster 资产的公司所使用。

统完成的，也是被告 StreamCast 公司正在使用的典型结构。Gnutella 是一个开放源软件，即，根源码或者存在于公共领域，或者在一个开放源许可之下拥有版权并发行，这种许可允许对软件进行修改，但也受到某些限制。

"点对点"文件共享网络的第三种形式是"超级节点"模式，其中的一部分电脑在网络中被设计为索引服务器。启动文件搜索的用户与最易接近的"超级节点"连接，它完成索引搜索并为用户提供搜索结果。网络上的任何电脑，只要能够满足某些技术要求，比如编程速度，都可以充当"超级节点"。"超级节点"结构是由荷兰的 KaZaa BV 公司开发出来的，以 FastTrack 技术的名义授权使用。[①]

Grokster 和 StreamCast 两家公司最初都使用 FastTrack 技术，然而，StreamCast 公司与 KaZaa 公司之间有一个关于授权许可的争议。现在，StreamCast 公司使用的 Gnutella 开放源软件版本叫"睡神"（Morpheus）。StreamCast 用户是与 Gnutella "点对点"文件共享软件用户连接的。[②] Grokster 和 StreamCast 免费发行各自的软件。一旦下载到用户的电脑上，该软件就能够让用户在互联网上参与各自的"点对点"文件共享。[③]

该软件的用户共享数字式音频、视频、图片和文本文件。一些文件是有版权的，其共享没有得到授权；另一些作品是没有版权的，比如处在公共领域的作品；还有一些版权作品的权利人已经授权软件使用者通过"点对点"文件共享网络传播其作品。版权人主张，文件的绝大多数是以违反版权法的形式非法交换的。软件发行人没有认真反对这一主张。

（一）共同侵犯版权的行为

依照共同侵犯版权的理论，要证明被告承担共同责任，有 3 个要素

---

① 诉讼开始以来，FastTrack 软件的控制权从 KaZaa BV 公司转到 Sharman Networks 公司。KaZaa 公司在本案中充当被告，但它最终放弃了辩护，导致了对其不利的缺席判决。

② FastTrack 软件所有者成功地防止了 StreamCast 版 FastTrack 用户与 Grokster 和 KaZaa 版 FastTrack 用户的连接，因为它使用了一个没有发送给 StreamCast 用户的升级软件。"点对点"文件共享软件升级后可以防止那些不接受该升级的人与接受升级的人交流，不过，那些不接受升级的用户仍然可以相互交流。记录显示这种情况已经发生，一些未升级的用户仍然能够交流并共享文件。

③ 在地区法院关于本案的意见中，包括了对每一系统的更加详尽的描述。Grokster I, 259 F. Supp. 2d at 1031 − 33.

需要证明：（1）由主要侵权者进行的直接侵害；（2）对侵犯版权是明知的；（3）为侵犯版权提供物质帮助。本案中，存在直接侵犯版权的要素，这一点是无疑的。

1. 明知

对于共同侵犯版权的任何探究，都要受到具有开创意义的"索尼公司诉环球城市工作室案"结论的指导。该案又被称为"Sony – Betamax 案"。最高法院针对该案的意见认为，销售磁带式录音机的行为，不能产生共同侵犯版权的责任，即使被告明知这种机器正被用于版权侵犯。在分析共同侵犯版权行为的轮廓时，最高法院从专利法中抽出了"常用商品"（staple article of commerce）原则。依照这一原则，如果被告能够指出该产品"具有大量的或者有商业意义的用途"，就足以驳倒共同侵犯版权的主张。在适用这一原则过程中，最高法院认定，因为 Sony – Betamax 磁带录音机能够具有非侵权的、商业上有意义的用途，所以，对侵犯版权行为的推定明知不能来自这样的事实：索尼公司明知一般情况下录音机可以被用于侵权。

在"Napster I 案"中，我们解析"Sony – Betamax 案"，将它适用于共同侵犯版权行为的明知要素。"Napster I 案"认为，如果被告可以证明，产品具有大量的、商业上有意义的非侵权用途，则不能推定明知侵犯版权。相反，如果证明有大量的非侵权用途，则版权人就必须证明，被告人对特定的侵犯性文件有合理明知。Napster I, 239 F. 3d at 1027; A & M Records v. Napster, 284 F. 3d 1091, 1095 – 96（9th Cir. 2002）（"Napster II"）。

因此，为了分析侵犯版权行为的明知要素，我们必须首先确定，需要何种程度的明知。如果涉案产品没有大量的、有商业意义的非侵权用途，那么，版权人只需要证明被告人对侵犯版权的行为有推定明知。另一方面，如果涉案产品具有大量的、有商业意义的非侵权用途，那么，版权人就必须证明被告人对特定的侵权性文件有合理明知，并且在明知的情况下没有采取行动防止侵犯版权的行为。Napster I, 239 F. 3d at 1027.

本案中，地区法院认定，每一被告人所发行的软件毫无疑义都有大量的、非侵犯版权的用途。Grokster I, 259 F. Supp. 2d at 1035. 仔细研究庭审记录后发现，关于非侵犯版权的用途，并没有真正的物质帮助问题。的确，软件发行人提交了大量的声明，一些声明人是允许通过该软件传播他们的作品的，还有一些声明人使用该软件传播了公共领域的作品。软件发行人提供的一个显著例证是 Wilco 流行乐队，它的唱片公司拒绝发行其专集，理由是没有商业潜力。Wilco 随后从唱片公司购回了作品发行权，并且允许其作品集通过自己的网址或者通过软件用户网络免费下载。这种做法激发了广泛的兴趣，Wilco 很快收到另一份录制合同。另有一些艺术家通过用户网络首播自己的录音作品。记录显示，几千个音乐团体已经授权通过互联网免费发行其音乐作品。除音乐之外，该软件还被用于通过 Project Gutenberg 来分享几千部公共领域中的文学作品，同时分享 Prelinger Archive 发行的公共领域的电影。简言之，现有证据显示，地区法院非常正确地得出结论认为，该软件具有大量的非侵犯版权的用途。因而，应当适用"Sony – Betamax 案"所确立的原则。

版权人没有提交可以反驳这些声明的证据，而是主张：证据显示，绝大多数的软件使用是侵犯版权的。这一论点误解了"Napster I 案"对"Sony 案"所确立的标准的解释。该标准强调，为了适用"Sony 案"所加的限制，一个产品只需具有大量的非侵犯版权用途就足够了。Napster I239 F. 3d at 1021.① 本案中，软件发行人不仅证明他们的产品有大量的非侵犯版权用途，② 而且，这些用途都是有商业价值的。因此，将"Napster I 案"、"Napster II 案"和"Sony – Betamax 案"的原则适用到本案的记录中，地区法院正确地得出结论认为，软件发行人已经证明，他们的产品具有大量的或者商业上有意义的非侵犯版权的用途。地区法院因而正确地推理说，软件发行人不能承担侵犯版权行为的推定明知的责任，并且要求版权人证明，软件发行人对于特定的侵

---

① 我们所忧虑的是，第七巡回法院以不同的方式解读"Sony 案"确立的"大量非侵犯版权用途"的标准。In re Aimster Copyright Litig., 334 F. 3d 643, 651（7th Cir. 2003）. 该法院确定了一个重要的附加因素，即，一个产品的非侵犯版权用途的"可能性"。版权人极力说服我们采用"Aimster 案"的推理，然而，"Aimster 案"的推论与"Napster I 案"对"Sony – Betamax 案"的解读有着根本性的不同。我们不能自由地拒绝自己的巡回法院所确立的先例。Montana v. Johnson, 738 F. 2d 1074, 1077（9th Cir. 1984）（该案裁定认为，只有本院全体同意，才能推翻本院的先例）。即使我们有这样做的自由，我们也不会像第七巡回法院那样解读"Sony – Betamax 案"。不过，有一点并不十分清晰，即，适用"Aimster 案"的原则，对本案的版权人是否真的有所帮助。"Aimster 案"隐含的分析是，大量的非侵犯版权用途，包括可能的用途，对于共同侵犯版权的主张是一种致命的打击，而无论被告人明知的程度如何。在"Aimster 案"中，没有提出任何非侵犯版权产品用途的证据。

② 的确，正如版权人所主张的，即使只有 10% 的合法使用，使用总量也意味着至少有几十万的合法文件交换。

犯版权的行为有合理明知，以满足明知要素的要求。

由于已经确定在本案中适用"对特定侵犯版权行为的合理明知"的要求，我们因而必须决定，版权人是否提出了足够的、满足更高标准的、关于物质帮助的真正争议。正如地区法院的正确结论所指出的，获得这种明知的时间非常重要，因为共同侵犯版权的行为要求明知，也要求有物质方面的贡献，所以，要求版权人证明软件发行人"对于侵犯版权行为的特定明知，发生在他们共同侵犯版权的时候，以及未能采取行动防止侵犯版权行为的时候"。Grokster I, 259 F. Supp. 2d at 1036（援引 Napster I, 239 F. 3d at 1021）。正如地区法院所正确评价的，也正如我们在对物质帮助的讨论中所进一步指出的，"原告所告知的侵犯版权的行为是不相关的，"因为"告知到来时，被告没有任何推波助澜的行为，也不可能阻却所声称的侵犯特定版权内容的行为"。Grokster I, 259 F. Supp. 2d at 1037. 参见 Napster II, 284 F. 3d at 1096，该案指出："原告有责任证明曾告知过在 Napster 系统中存在版权作品和包括这类作品的文件，在被告知之前，Napster 没有义务阻止人们接近侵权内容。"

在本案的语境下，软件设计至关重要。如上所论，Napster I 与 Napster II 两案中的软件都利用一组中央服务器来维持可供分享文件的索引。相比之下，StreamCast 的没有中央服务器的 Gnutella 型网络，Grokster 的准中心的、超级节点的 KaZaa 型网络，都是没有中央索引的。的确，StreamCast 和 Grokster 目前都没有控制索引文件。像地区法院所说的，即使软件发行人"关门阻止它们控制下的所有电脑，它们产品的用户仍然可以继续共享文件，几乎不受影响，或者根本不受影响"。Grokster I, 259 F. Supp. 2d at 1041.

我们因而同意地区法院的意见：软件发行人有资格得到仅就明知要素问题的即时判决。

2. 物质帮助

我们也同意地区法院的另一个意见：就当前的软件发行和相关行为而言，被告人没有在物质上帮助侵犯版权的行为。

在"Napster I 案"中，在复述了地区法院"Napster 是一种综合服务软件"的事实认定之后，我们裁定认为存在物质帮助。239 F. 3d at 1022. 我们"同意，Napster 为直接侵害提供了场所和工具"。239 F. 3d at 1022. 我们进而引证"Netcom 案"，该案认定了"实质参与"，因为 Netcom"未能取消用户的侵犯版权的短信，从而未能阻止一个侵犯版权的副本被广泛传播"。239 F. 3d at 1022. 该案援引了 Religious Tech. Ctr. v. Netcom On-Line Communication Servs., 907 F. Supp. 1361, 1372（N. D. Cal. 1995）案中的意见。我们还认定，在被告开设的可以销售侵权产品的地点提供设施、停车和广告，就是提供物质帮助。Fonovisa, Inc. v. Cherry Auction, Inc., 76 F. 3d 259, 261, 264（9 th Cir. 1996）.

记录显示，软件发行人并没有为侵犯版权的行为提供"场所和工具"，也没有为直接的侵犯版权行为提供物质帮助。侵犯性短信或文件并未存储在被告的电脑上，被告也没有能力吊销用户的账户。Grokster I, 259 F. Supp. 2d at 1037, 1039 – 41.

为侵犯版权的行为提供场所和工具，或者在明知情况下未能阻止特定的侵犯版权的行为，都可以作为物质帮助。尽管如此，本案中的软件发行人并没有首先为侵犯版权的行为提供场所和工具。如果软件发行人是真正的进入手段提供者，那么，在明知用户的侵犯版权行为后，未能阻止进入，就可以算是物质帮助。Netcom, 907 F. Supp. At 1375. 或者，如果软件发行人储存了文件或索引，那么，未能删除侵犯性文件或者侵犯性索引，也可以算是物质帮助。Napster I, 239 F. 3d at 1022. 然而，这里的软件发行人不是进入手段的提供者，没有提供文件储存，也没有保持索引，而是由相互联接的软件用户通过互联网创造了自己的网络并提供了进入手段。"未能"改变他人电脑上的软件，与未能删除自己电脑上的文件名，与未能从用户名单中取消某一特定用户的注册名称和口令，或者与未能在自己的电脑上修改软件，都是根本不同的……

……我们生活在一个快速变革的科技环境中，法院不太适应互联网的革新潮流。AT&T Corp. v. City of Portland, 216 F. 3d 871, 876（9th Cir. 1999）. 新技术的引进总是要分裂旧的市场，尤其是分裂那些其作品通过传统发行机制销售的版权人。不过，历史已经证明，时间和市场的力量经常能够提供利益平衡，而无论新技术是自动演奏钢琴、复印机、磁带录音机、录像机、个人电脑、卡拉 OK 机，还是 MP3。因此，法院应当谨慎地重新构建责任理论，目的在于处置特定的市场不良行为，尽管它们表面上是正大的。

的确，最高法院已经告诫我们，要将这类事项留给议会。在"Sony – Betamax 案"中，最高法院非常清楚地说明了议会在将版权法适用于新技术过程中的作用。正如最高法院在该案中所说的："宪法第一条的指导是，国会有权促进科学和实用艺术的进步。在此，当宪法允许时，国会已经选择在版权之路上走多远，其迹象只能来自国会本身。"Deepsouth Packing Co. v. Laitram Corp.，406 U. S. 518，530（1972）．

在本案中，地区法院正确地使用了可适用的法律，正确地拒绝了改变它的企图。我们维持地区法院的针对部分事项的即时判决，其他事项发回解决。

维持原判。

提示与问题

1、与文件共享有关的案例法律和要点的概要：Mark A. Fischer，"Revolutions All the Time，" http：//www. fr. com/news/articledetail. cfm? articleid = 318.

2、律师弗雷德·冯·罗曼（Fred von Lohmann）在法庭上为 Grokster 的利益而战，他在其"'点对点'的开发者需要知道的版权法"一文中，对法律的要点作了总结。http：//www. eff. org/IP/P2Pp2p copyright wp. php.

3、本案在美国最高法院的信息、要点摘要和口头辩论可以在以下网址得到：http：//www. supremecourtus. gov/．口头辩论的录音可以在以下网址听到：http：//www. oyez. org/oyez/frontpage.

参考书目

Biegal, Stuart. *Beyond Our Control? Confronting the Limits of Our Legal System in the Age of Cyberspace.* Cambridge：MIT Press, 2001.

Katsh, Ethan. *Law in a Digital World.* New York：Oxford University Press, 1995.

Lessig, Lawtence. *Code and Other Laws of Cyberspace.* New York：Basic Books, 1999.

McLuhan, Marshall. *Understanding Media.* New York：McMraw - Hill, 1964.

Rule, Colin. *Online Dispute Resolution for Business.* San Francisco：Jossey - Bass, 2002.

Susskind, Richard E. *The Future of Law.* Oxford：Oxford University Press, 1996.

关于网络空间和法律的重要在线信息资源：

http：//jurist. law. pitt. edu/sg_cyb. htm

http：//www. law. cornell. edu

http：//www. findlaw. com

http：//www. gseis. ucla. edu/iclp/hp. htm

http：//www. umass. edu/dispute

中译本索引

前言

弗兰茨·卡夫卡(Franz Kafka)
卡尔·卢埃林(Karl Llewellyn)
杰罗姆·弗兰克(Jerome Frank)
马克·加兰特尔(Marc Galanter)
罗斯科·庞德(Roscoe Pound)
亚当森·霍贝尔(E. Adamson Hoebel)
劳拉·内德尔(Laura Nader)
克劳德·列维 – 斯特劳斯(Claude Levi – Strauss)
卡尔·马克思(Karl Marx)
列宁(V. I. Lenin)
彼得·克鲁泡特金(Peter Kropotkin)
苏珊·基汀·格莱丝贝尔(Susan Keating Glaspell)
罗伯特·阿克曼(Robert Ackerman)
霍华德·盖德林(Howard Gadlin)
伊丽莎白·科尔伯特(Elizabeth Kolbert)
机构(institution)
实践(practices)
内布拉斯加 – 卡尼大学(University of Nebraska – Kearney)
约翰·安德森(John L. Anderson)
芝加哥劳尤拉大学(Loyola University Chicago)
马克斯·卡普罗尼(Max A. Caproni)
阿尔伯克基(Albuquerque)
职业技术研究所(Technical Vocational Institute)
利·安妮·查维兹(Leigh Anne Chavez)
密歇根大学(University of Michigan)
劳伦斯·格林(Lawrence R. Greene)
巴弗洛纽约州立大学(SUNY – Buffalo)
斯蒂芬·哈本(Stephen C. Halpern)
佛罗里达大学(University of Florida)
约瑟夫·斯贝兰(Joseph F. Spillane)
阿默斯特(Amherst)
马萨诸塞大学法律系和社会行为学院(College of Social and Behavioral Sciences)
霍顿·梅福林出版社(Houghton Mifflin)

引 言

《法的门前》(Before the Law)
《审判》(The Trial)
理查德·迪尔戈多(Richard Delgado)
种族批判理论家(Critical Race Theorists)
理查德·赖特(Richard Wright)
阿尔弗雷德·诺思·怀特海德(Alfred North Whitehead)

第一篇 理论和实践中的法律

伊弗雷姆·图特(Ephraim Tutt)
《美国佬律师》(Yankee Lawyer)

赖特·密尔斯(C. Wright Mills)
《马克思主义者》(The Marxists)
约瑟夫·皮尔斯(Joseph Pearce)
《宇宙蛋壳的裂缝》(Crack in the Cosmic Egg)

第一章 法律制定与先例:法官和律师如何由先例开始推理

奥利弗·温德尔·霍姆斯(Oliver Wendell Holmes)

第一节 布满荆棘的丛林

遵循先例(stare decisis)
奥尔德斯·赫胥黎(Aldous Huxley)

第二节 北卡罗来纳州诉潘德格拉丝案(State v. Pendergrass)

袭击罪(assault)
殴击罪(battery)
加斯顿(Gaston)
管教的意图(qui animo)

第三节 乔伊纳诉乔伊纳案(Joyner v. Joyer)

诉讼期间(pendente lite)
非终局性中期命令(interlocutory order)
请求人、上诉人(petitioner)
皮尔森(Pearson)
主张(allegata)
证明(probata)
重罪(felony)
不法行为、犯罪(offense)
因挑衅刺激而暴怒(furor brevis)
《谢福德论离婚》(Shelford on Divorce)赫西俄德(Hesiod)

第四节 北卡罗来纳州诉布莱克案(State v. Black)

公众利益(pro bono publico)
温斯顿(Winston)

第五节 北卡罗来纳州诉罗兹案(State v. Rhodes)

里德(Reade)
北卡罗来纳州诉休西案(State v. Hussy)
布莱克斯通(Sir William Blackstone)
《英格兰法释义》(Commentaries on the Laws of England)
沃顿(Francis Wharton)
大法官、上院议长(Chancellor)
沃尔沃司(Walworth)
国家、美国的州(state)
家庭治理(family government)
国家统治(state government)

第六节 北卡罗来纳州诉梅布瑞案(State v. Mabrey)

沃斯(Walls)
哈利法克斯(Halifax)
尚未签署的法庭意见(Per Curiam)

第七节 布满荆棘的丛林(续前)

直接的判决理由(the express ratio decidendi)
双面的(Janus-faced)
严格解释(strict construction)

第八节 北卡罗来纳州诉奥利弗案(State v. Oliver)

米切尔(Mitchell)
阿姆菲尔德(Armfield)
哈格罗夫(Hargrove)
塞特尔(Settle)
《反针对妇女暴力法》(Violence Against Women Act)

布瑞佐卡拉诉莫里森等人案(Brzonkala v. Morrison et al.)
弗吉尼亚工艺学院(Virginia Polytechnic Institute)
兰奎斯特(Rehuquist)
宪法的贸易条款(Commerce Clause)
第十四修正案(XIV Amendment)
索特尔(Souter)
反对意见(dissent)
劳(Law)

第二章　法律与法官的自由裁量权

特里温(B. Traven)
唐纳德·金斯贝利(Donald Kingsbury)
《求爱的仪式》(Courtship Rite)
《法律和现代精神》(Law and the Modern Mind)

第一节　判决的过程和法官的个性

加斯特罗(Jastrow)
图林(Tulin)
格雷戈里(S. S. Gregory)
哈奇逊(Hutcheson)
詹姆斯·肯特(James Kent)
迪金森(Dickinson)
库克县(Cook County)
醉态(intoxication)
暂缓量刑(suspended sentences)
安纳托·弗朗斯(Anatole France)
事后溯及(ex post facto)。
皮埃盖特(Piaget)
民众法官(folk judges)
轮任法官(rotating judges)
加州量刑学会(California Sentencing Institute)

第二节　一起伪造案

夜盗罪(burglary)
法官舒内格(Schoenig)
迪维特(DeWitt)
强制休假(a work furlough program)
伪造惯犯(paper hanger)
考克利(Coakley)
罗斯·卡基特(Ross A. Carkeet)
斯德利·法根(D. Sterry Fagan)
伦纳德·金斯伯格(Leonard M. Ginsburg)
奥利维尔(Olivier)
海登(Hayden)
加德纳(Gardiner)
凯利·斯蒂尔(J. Kelly Steele)
舒尔(Schauer)
地方自治与正义法院法官学会(Municipal & Justice Court Judges Institute)
西恩(Shain)
迪尔(Dell)
爱德华·福格(Edward P. Fogg)

第四节　女王诉达德利和斯蒂芬斯案(The Queen v. Dudley and Stephens)

理查德·帕克(Richard Parker)
理财法院法官(B.)
赫德莱斯顿(Huddleston)
在押人(prisoners)
布鲁克斯(Brooks)
福尔茅思(Falmouth)
埃克塞特(Exeter)
紧急状态(necessity)
科尔里奇勋爵(Lord Coleridge 又译柯勒律治勋爵)
弗兰肯尼亚案(Franconia Case)
布拉克顿(Henry de Bracton)
罪孽(sin)
罪行(crime)

无可回避的紧急状态(inevitabilis necessitas)
黑尔勋爵(Matthew Hale)
正当(justification)
防卫(defence)
防护(safeguard)
正当防卫(se defendendo)
迈克尔·福斯特(Michael Foster)
论杀人(Discourse on Homicide)
爱德华·伊斯特(Edward East)
萨金特·霍金斯(Sarjeant Hawkins)
托马斯·多尔顿(Thomas Dalton)
培根(Francis Bacon)
尝试拖延(cuncta prius tentanda)
格老秀斯(Hugo Grotius)
普芬道夫(Samuel von Puffendorf)
圣基茨岛(St. Kitts)
詹姆斯·菲茨詹姆斯·斯蒂芬(James. Fitzjames. Stephen)
曼斯菲尔德勋爵(Lord Mansfield)又称威廉·默里爵士(Sir William Murray,1705-1793)
雷克斯诉斯特拉顿等人案(Rex. v. Stratton and Others)
马德拉斯(Madras)
斯坦福(Sir William Staundforde)
伯肯海德案(Birkenhead)
贺拉斯(Horace)
尤维纳利斯(Juvenal)
西塞罗(Cicero)
欧里庇得斯(Euripides)
三击出局(three strikes and you're out)

第四节 被监禁的美国

施瓦辛格(Schwarzenegger)
马柯辛·沃特斯(Maxine Waters)
人权监督委员会(Human Rights Watch)
《联邦量刑指南》(Federal Sentencing Guidelines)
布莱耶(Breyer)

第三章 法律与价值

阿瑟·凯斯特勒(Arthur Koestler)
《反思绞刑》(Reflections on Hanging)
价值无涉(value-free)
《塞拉俱乐部》(Sierra Club)
加奎·埃吕尔(Jacques Ellul)

第一节 巫师和他的巫术

奎斯莱德(Quesalid)
巫师(sorcerer)
巫医(shamans)
巫医绝技(ars magna)
库斯基莫印第安人(Koskimo)
差异有效性(differential validity)
福特·鲁博特(Fort Rupert)
《追猎游戏》(The Paper Chase)
司各特·图罗(Scott Turow)
《大写的L》(One L)
约翰·博西格诺(John Bonsignore)
帕特丽夏·威廉斯(Patricia Williams)

第二节 简朴的生活与艰难的选择

莫琳·弗兰妮丽(Maureen A. Flannery)
计算机X射线轴向分层造影扫描仪(CAT)
内翻检查(invasive)
二乙基固醇(DES)
《医疗手册》(Medical Letter)
患有骨质疏松症(osteogenesis imperfecta)
麦克惠妮(I. R. McWhinney)

劳工部(Department of Labor)
矿工联合会(United Mine Workers)
整体论的(holistic)
神经衰弱(bad nerves)
胸闷(smothering)
玛丽·豪厄尔(Mary Howell)
黑包行动(Black Bag Operation)

第三节　库克诉俄勒冈州案(Cook v. State)

弗利(Foley)
州社会保护委员会(State Board of Social Protection)
原告人(plaintiff)
《俄勒冈州修订制定法》(Oregon Revised Statutes, ORS)
大马什(Dammasch)
希尔奎斯特学校(Hillcrest)
巴克诉贝尔案(Buck v. Bell)
斯金纳诉俄克拉何马州案(Skinner v. Oklahoma)
史密斯诉遗嘱检验法官韦恩案(Smith v. Wayne Probate Judge)
高尔特案(In re Gault)
道格拉斯(Douglas)
《个人责任和工作机会法》(Personal Responsibility and Work Opportunity Act)
全国无家可归者研究中心(National Law Center on Homelessness)。
无家可归者联合会(National Coalition on Homelessness)
《国会住房法》(Housing Act Congress)
住房与城市发展(HUD)
美国之梦预付基金(American Dream Downpayment Fund)

第四节　弗曼诉佐治亚州案(Furman v. Georgia)

马歇尔(Marshall)
残酷而非常的刑罚(a cruel and unusual punishment)
杰克逊(Jackson)
布兰奇(Branch)
威姆斯案(Weems)
弗朗西斯诉拉斯韦伯案(Francis v. Resweber)
特罗普诉杜勒斯案(Trop v. Dulles)
鲁宾逊诉加利福尼亚州案(Robinson v. California)
鲍威尔诉德克萨斯州案(Powell v. Texas)
索斯坦·谢林(Thorstein Sellin)
死刑等待执行制度(death row)
罗森伯格案(Rosenberg)
布莱克默恩(Blackmun)
罗诉韦德案(Roe v. Wade)
布伦南(Brennan)
本质上(per se)

第五节　死刑判官

布赖恩·史蒂文森(Bryan Stevenson)
平等司法倡导(Equal Justice Initiative)
沃伦·伯格法院(Warren Burger's Court)
人身保护令(habeas corpus)
麦克莱斯基诉坎普案(McCleskey v. Kemp)
大卫·鲍德斯(David Baldus)
刘易斯·鲍威尔(Lewis Powell)
佩恩诉田纳西州案(Payne v. Tennessee)
赫瑞拉诉柯林斯案(Herrera v. Collins)

第六节　死刑执行的终结？反死刑运动正在积蓄力量

林达·莱顿（Linda Lutton）
比尔·瑞恩（Bill Ryan）
伊利诺斯州死刑缓期执行计划（Illinois Death Penalty Moratorium Project）
大赦国际（Amnesty International）
严打犯罪（get-tough-on-crime）
死刑焦点（Death Penalty Focus）
迈克·法瑞尔（Mike Farrell）
《暴力犯罪控制和法律执行法》（Violent Crime Control and Law Enforcement Act）
《反对恐怖主义和死刑实效法》（Anti-Terrorism and Effective Death Penalty Act）
《芝加哥论坛》（Chicago Tribune）
海伦·普雷吉恩（Helen Prejean）
《死囚上路》（Dead Man Walking）
乔安·帕特森（JoAnn Patterson）
阿荣·帕特森（Aaron Patterson）
穆迈·阿布-贾马尔（Mumia Abu-Jamal）
罗布·沃登（Rob Warden）
错误定罪研究中心（Center for Wrongful Convictions）
《芝加哥律师》（Chicago Lawyer）
死刑信息中心（Death Penalty Information Center）
理查得·戴特尔（Richard Dieter）
正义计划（Justice Project）
《旧金山新闻》（San Francisco Chronicle）
《休斯敦新闻》（Houston Chronicle）
蒂姆·罗宾斯（Tim Robbins）
福特·海茨四人冤案（Ford Heights Four）
美国律师协会（American Bar Association）
卡拉·法耶·塔克尔（Karla Faye Tucker）
帕特·罗伯逊（Pat Robertson）
安东尼·波特（Anthony Porter）
加里·格雷厄姆（Gary Graham）
阿卡·沙卡·圣库法（aka Shaka Sankofa）
蒂莫西·麦克维（Timothy McVeigh）
阿特金斯诉弗吉尼亚州案（Atkins v. Virginia）

第七节　一次绞刑

乔治·奥威尔（George Orwell）
德拉威人（Dravidian）
安纳司（annas）

第四章　法律与相互冲突的利益

特弥斯（Themis）

第一节　为什么富人优先：关于法律变化限制因素的思索

偶尔诉诸法院的"孤注一掷"者（one-shotters, OS）
长期从事相似诉讼的"职业赌徒"（repeat players, RP）
极大中的极小（minimax）
美国作曲家、作家和出版者协会（AS-CAP）
全国有色人种协进会（NAACP）
美国公民自由联合会（ACLU）
环境行动组（environmental action groups）

第二节　损坏的辣椒案

墨西哥奥科萨卡州（Oaxaca）

维拉奥塔特区(Villa Alta)
英格内西奥·安德烈斯·佐拉格(Ignacio Andres Zoalage)
马里奥·沃德克斯·赫里奥(Mario Valdex Herrero)

第三节　瑟斯奎汉纳化肥公司诉马隆案(Susquehanna Fertilizer Co. v. Malone)

污害(nuisance)
坎顿(Canton)
博恩顿诉吉尔案(Poynton v. Gill)
布利斯诉霍尔案(Bliss v. Hall)
蒂代尔(Tindal)

第四节　麦迪逊诉达克镇硫铜铁公司案(Madison v. Ducktown Sulphur, Copper & Iron Co.)

尼尔(Neil)
波尔克县(Polk County)
拉特(Rhat)
联合矿业公司(Union Consolidated Mining Company)
匹兹堡和田纳西铜业公司(The Pittsburgh & Tennessee Copper Company)
卡特(Carter)
弗纳(Verner)
鲍鲁(Ballew)
艾萨克·法纳(Isaac Farner)
艾弗里·麦克吉尔(Avery McGhee)
鲍威尔诉本特利和格威哥设备公司案(Powell v. Bentley & Gerwig Furniture Co.)
克利夫顿铁业公司诉戴尔案(Clifton Iron Co. v. Dye)
伍德诉苏彻利菲案(Wood v. Sutcliffe)
伊利湖(Lake Erie)

第五节　俄亥俄州诉怀安多特化学品公司案(Ohio v. Wyandotte Chemicals Corp.)

哈兰(Harlan)
道尔化学品公司(Dow Chemical Co.)
美国道尔公司(Dow America)
加拿大道尔化学品有限责任公司(Dow Chemical Company of Canada, Ltd.)
加拿大道尔公司(Dow Canada)
《联邦水污染控制法》(Federal Water Pollution Control Act)
密苏里州诉伊利诺斯州案(Missouri v. Illinois)
新泽西州诉纽约市案(New Jersey v. New York City)
《界河条约》(Boundary Waters Treaty)
波拉德(Pollard)
莱茜诉哈根案(Lessee v. Hagan)
《河流与港口法》(Rivers and Harbors Act)
《全国环境政策法》(The National Environmental Policy Act)
美国陆军工兵部队(The Corps of Engineers)
环境保护行政监管局执行官(The Administrator of the new Environment Protection Agency)
《环境质量改善法》(Environmental Quality Improvement Act)
普拉特(Platte)
沃尔特·罗森·鲍姆(Walter Rosen Baum)
美国环保署(EPA)
职业安全与健康管理局(OSHA)
钱普林湖(Lake Champlain)

《净化水法》(The Clean Water Act)
米德贝里(Middlebury)
彼得·兰洛克(Peter Langrock)
安德森诉格雷斯及公司案(Anderson v. W. R. Grace and Company)
沃本镇(Woburn)
简·舒里克曼(Jan Schlichmann)
国际纸业公司诉奥莱特案(International Paper Company v. Ouelette)
查尔斯·皮尔逊(Charles Pearson)
工业加工区计划(Maquiladora program)
北美自由贸易协定(NAFTA)
墨西哥诺格莱斯(Nogales)

第六节 生活是属于每个人的

米丽亚姆·戴维森(Miriam Davidson)
吉米·特耶彻(Jimmy Teyechea)
卡里罗(Carrillo)
马蒂内兹(Martinez)
乔治·康莫西(George Comerci)
圣克鲁兹(Santa Cruz)
索诺拉(Sonora)
努恩(Noon)
麦克耐布(McNab)
安娜·阿奎娜(Anna Acu?a)
《诺格莱斯国际》(Nogales International)
LIFE(Living Is For Everyone)
乔尔·梅斯特(Joel Meister)
拉里·克拉克(Larry Clark)
桑迪·图兰(Sandy Tolan)
《纽约时代杂志》(New York Times Magazine)
全国反毒战役(National Toxics Campaign)
美国乐器公司(UMI)

菲尔·伯内克(Phil Bernake)
埃尔帕索(El Paso)
帕翠西·兰德尔(Patreese Randall)
墨西哥马塔莫罗斯(Matamoros)
格兰德河(Rio Grande)
德克萨斯州布朗斯威利(Brownsville)
淤泥山(Potrero Hills)
莱芙运河(Love Cannal)
图森(Tucson)
提华纳(Tijuana)
雷诺萨(Reynosa)

第五章 法律 身份 财富 权力

伯纳德·利奥克斯(Bernard Rieux)
艾伯特·加缪(Albert Camus)
《鼠疫》(The Plague)
西蒙尼·韦奥尔(Simone Weil)
《压迫与自由》(Oppression and Liberty)
范纳·李·博西格诺(Fenna Lee Bonsignore)
马克斯·韦伯(Max Weber)
分散的范畴(discrete confines)
政治行动委员会(PACs)
晦涩难懂的条款(fine print)
分层效果(stratified effects)
不名誉(opprobrium)

第二节 美国纺织品加工者协会诉多诺万案(American Textile Mfrs. Inst. v. Donovan)

《职业安全与健康法》(The Occupational Safety and Health Act)
美国纺织品加工者协会(ATMI)
美国全国棉纺理事会(National Cotton Council of America)
美国劳工联合会(American Federation

of Labor)
产业工会联合会(Congress of Industrial Organizations)
劳联和产联(AFL-CIO)
服装和纺织工人工会联盟(Amalgamated Clothing & Textile Workers Union)
美国政府产业卫生学研讨会(American Conference of Governmental Industrial Hygienists, ACGIH)
沃尔什·希利法(Walsh-Healey Act)
全国职业安全与健康研究所(National Institute for Occupational Safety and Health)
允许吸入极限值(PEL)
建议标准的设立准则：职业性棉尘暴露(Criteria for a Recommended Standard: Occupational Exposure to Cotton Dust)
美国纺织工人联合会(Textile Worker's Union of America)
北卡罗来纳公共利益研究小组(North Carolina Public Interest Research Group)
密西西比州格林威利(Greenville)
德克萨斯州卢布科(Lubbock)

第三节 国家

氏族(clan)
帕舒卡内斯(E. B. Pashukanis)

第四节 从白天到黑夜

肯尼思·斯坦普(Kenneth M. Stampp)
资产(assets)
财产(property)
马萨诸塞州洛厄尔(Lowell)

第五节 桑顿夫妇诉萨福克加工公司案(Thornton and Wife v. The Suffolk Manufacturing Company)

凯瑟琳·卡辛迪(Catherine Cassidy)
亚历山大·赖特(Alexander P. Wright)
约翰·麦克阿尔文(John B. McAlvin)
约翰·克拉克(John C. Clark)
詹姆斯·蒙塔古(James Montague)
威廉·马克兰德(William Markland)
梅里麦克(Merrimack)
布丽奇特·盖特恩(Bridget Gaiten)
布特厂(Boott Mills)
肖(Shaw)

第六节 斯特雷克诉通用汽车公司案(Streich v. General Motors Corp.)

麦考密克(McCormick)
开口合同(open end contract)
斯特林-米德兰德煤矿公司诉大湖煤矿公司案(Sterling-Midland Coal Co. v. Great Lakes Coal [& Coke] Co.)
富勒(Fuller)
《马丁代尔-哈布尔手册》(Martindale-Hubbell)
罗伯特·戈曼(Robert J. Gorman)
波普和鲍拉德(Pope and Ballard)
歌利亚(Goliath)
印第安纳州埃文(Avon)
AES汽车供应公司(AES Interconnects)
约翰·哈吉贝(John Higbie)

第七节 约翰·哈吉贝的证词

印第安纳州科克莫(Kokomo)
印第安纳州科克林(Kirklin)
国际电工联合会(International Union of Electrical Workers, IUE)
汽车工人联合会(United Auto Work-

ers, UAW)
哈林根(Harlingen)
最低限度的小额优惠(fringe benefits)
塞缪尔·戈姆珀斯(Samuel Gompers)
《瓦格纳法》(The Wagner Act)

第八节 纤维板纸制品公司诉全国劳工关系局案(Fibreboard Paper Products Corp. v. NLRB)

艾默威尔(Emeryville)
弗洛尔(Fluor)
《塔夫特—哈特利法》(Taft-Hartly Act)
密歇根州的弗林特(Flint)
伊利诺斯州派欧利亚(Peoria)
履带式拖拉机公司(Caterpillar)
俄亥俄州扬斯唐(Youngstown)
美国钢铁公司(U. S. Steel)
莫霍宁谷(Mahoning Valley)
罗德里克(Roderick)
密歇根州伊普斯兰蒂(Ypsilanti)
随想曲汽车(Caprice)
锈蚀带(rust belt)
阳光地带(Sunbelt)

第九节 威廉·拜沃特的证词

威廉·拜沃特(William H. Bywater)
本迪克斯(Bendix)
克莱斯勒(Chrysler)
利顿工业(Litton Industries)
美国无线电公司(RCA)
西尔维尼娅(Sylvania)
联合技术(United Technologies)
威斯丁豪斯(Westinghouse)
天顶公司(Zenith)
麦格内沃克斯(Magnavox)
菲利科(Philco)

印第安纳州埃文斯维尔(Evansville)
肯塔基州路易斯维尔(Louisville)
鲁珀兰芝(Roper range)
罗德岛沃维克(Warwick)
俄亥俄州沃伦(Warren)
派克埃德(Packard)
纽约市布鲁克林(Brooklyn)
马萨诸塞州匹兹菲尔德(Pittsfield)
田纳西州孟斐斯(Memphis)
伊利诺斯州特洛伊(Troy)
拜斯勒电器公司(Basler Electric)
印第安纳州柯克兰德(Kirkland)
戴尔科生产厂(Delco Products)
无章可循(unregulation)
耐克(Nike)

第十节 新自由贸易的铁蹄

杰弗里·鲍林格(Jeffrey Ballinger)
迈克尔·乔丹(Michael Jordan)
缅因州萨可(Saco)
印度尼西亚的巴哈萨语(Bahasa)
阿列克西斯·赫尔曼(Alexis Herman)
奥尔布莱特(Albright)
劳伦斯·萨默斯(Lawrence Summers)

第六章 法律与公意

约瑟夫·蒲鲁东(Joseph Proudhon)
詹姆斯·斯科特(James Scott)

第一节 夏安人的方式

怀俄明州谢里丹(Sheridan)
卡斯特(Custer)
迈克尔·巴枯宁(Michael Bakunin)

第二节 法律与权威

自由之首岁(The Year I of Liberty)
约翰·加文塔(John Gaventa)
为美国服务志愿队(VISTA)

不在地主(absentee landowner)

第四节 波士顿第一国家银行诉贝洛蒂案(First National Bank of Boston v. Bellotti)

《联邦反腐败法》(Federal Corrupt Practices Act)

就业和政府经济委员会(The Committee for Jobs and Government Economy)

税制改革联合会(Coalition for Tax Reform)

达特茅思学院诉伍德沃德案(Dartmouth College v. Woodward)

海恩斯·约翰逊(Haynes Johnson)

大卫·布鲁德(David Broder)

美国医疗保险协会(Health Insurance Association of America)

扶持行动(affirmative action)

第五节 215号建议案:1996年《大麻怜悯使用法》(Proposition 215: The Compassionate Use Act of 1996)

珍妮特·雷诺(Janet Reno)

优先权法(the law of preemption)

萨克拉门托生命援助游说团(Life Aids Lobby of Sacramento)

乔治·索罗斯(George Soros)

彼得·刘易斯(Peter Lewis)

约翰·斯波灵(John Sperling)

丹尼斯贸易集团(The Dennis Trading Group of Illinois)

劳伦斯·洛克菲勒(Laurance Rockefeller)

第六节 罗默尔诉埃文斯案(Romer v. Evans)

艾斯本(Aspen)

鲍德(Boulder)

丹佛(Denver)

斯盖利亚(Scalia)

鲍尔斯诉哈德威克案(Bowers v. Hardwick)

戴维斯诉比森案(Davis v. Beason)

《爱达荷领域法(修订)》(The Revised Statutes of Idaho Territory)

多偶婚或天国婚(celestial marriage)

美国法学院协会(The Association of American Law Schools)

鹰童子军(eagle scout)

鲁特格斯(Rutgers)

第七节 古德里奇诉公共健康部(Goodridge v. Department of Public Health)

婚姻许可法的"General Laws c."

洛维诉弗吉尼亚州案(Loving v. Virginia)

斯比纳(Spina)

索斯曼(Sosman)

科蒂(Cordy)

第七章 关于法律和法律秩序的女权主义及种族观点

丽贝卡·韦斯特(Rebecca West)

《号角》(The Clarion)

朱迪思·巴尔(Judith Baer)

安德里亚·德沃金(Andrea Dworkin)

《真正的幸福》(True True Happiness)

苏珊·法卢蒂(Susan Faludi)

《反作用力》(Backlash)

特别(ad hoc)

凯瑟琳·麦金农(Catharine MacKinnon)

约翰逊控股公司案(Johnson Controls)

《民权法案》(Civil Rights Act)

第一节 均等就业机会委员会诉希尔斯雄獐公司案（EEOC v. Sears, Roebuck & Co.）

诺德伯格（Nordberg）
朱丽叶·布鲁德内（Juliet Brudney）
罗莎琳德·罗森伯格（Rosalind Rosenberg）
欧文·克莱斯贝（Irving Crespi）
鲁珀（Roper）
琼·霍沃斯（Joan Haworth）
收入动态代表性研究（Panel Study of Income Dynamics）
收入调查发展计划（Income Survey Development Program）
巴那德学院（Barnard College）
《超越分离的世界：现代女权主义的理性根基》（Beyond Separate Spheres: Intellectual Roots of Modern Feminism）
小查尔斯·摩根（Charles Morgan, Jr.）
维基·舒尔茨（Vicki Schultz）
沃尔玛（Wal-Mart）
贝蒂·迪尤克斯（Betty Dukes）
朱迪思·巴尔（Judith Baer）

第二节 国际工联和美国汽车、飞机、农业机械工人联合会诉约翰逊控股公司案（International Union, UAW v. Johnson Controls）

被告人（respondent）
企业避险（business necessity）
BFOQ（Bona fide occupational qualification）
即时判决（summary judgment）
菲利普斯（Phillips）
《反妊娠歧视法》（Pregnancy Discrimination Act）
多特哈德（Dothard）
安吉拉（Angela M. W.）
科妮莉亚·惠特妮尔（Cornelia Whitner）
派克伍德（Packwood）
克拉伦斯·托马斯（Clarence Thomas）
泰胡克联盟年会（Tailhook Association convention）
等价交换（quid pro quo）

第三节 哈丽丝诉福克利夫特系统公司案（Harris v. Forklift Systems, Inc.）

奥康纳（O'Connor）
特丽萨·哈丽丝（Teresa Harris）
查尔斯·哈迪（Charles Hardy）
拉贝迪尤（Rabidue）
埃利森诉布拉迪案（Ellison v. Brady）
梅瑞特储蓄银行诉文森案"（Meritor Savings Bank v. Vinson）
雷蒙娜·佩茨奥德（Ramona Paetzold）
安妮·奥莉瑞·凯利（Anne O'Leary-Kelly）
理性的（男）人（reasonable man）
理性的女性（reasonable woman）

第四节 让种族与性别的交会处不再成为法律的边缘

金贝尔·克兰肖（Kimberle Crenshaw）
德格莱芬里德诉通用汽车案（De-Graffenreid v. General Motors）
摩尔诉休斯直升飞机制造公司案（Moore v. Hughes Helicopters）
佩恩诉特拉维诺制药厂案（Payne v. Travenol）
索哲纳·特鲁思（Sojourner Truth）

第五节 "我们的宪法是色盲"批判

尼尔·戈坦达（Neil Gotanda）
不承认（nonrecognition）

查尔斯·劳伦斯(Charles Lawrence)

第二篇　法律实施

霍瓦特诉堪萨斯州案（Howat v. Kansas）

民兵(posse)

亚历山大·威廉斯（Alexander S. Williams）

煤气房区(Gas House District)

第八章　法律强制

米歇尔·福柯(Michel Foucault)

罗伯特·考沃(Robert Cover)

克拉伦斯·达罗(Clarence Darrow)

斯坦利·戴蒙德(Stanley Diamond)

第一节　法律行为的暴力

伊雷恩·斯盖瑞(Elaine Scarry)

米尔格拉姆(Milgram)

《服从权威》(Obedience to Authority)

门格勒(Mengele)

奥斯维辛(Auschwitz)

奥莉尔(Orli)

第二节　对库克县监狱囚犯的讲演

巴克尔(Buckle)

标准原油公司(Standard Oil Company)

大湖(Lake Shore)

埃玛·戈尔德曼(Emma Goldman)

亨利·卡特·亚当斯（Henry Carter Adams）

亚当·斯密(Adam Smith)

第三节　法律统治与习惯秩序

威廉·西格尔(William Seagle)

治安力量(civil power)

亨利·梅因(Henry Maine)

保罗·维诺格多夫（Paul Gavrilovitch Vinogradoff）

达荷美(Dahomey)

格瑞弗纳(grivna)

西哥特法(Visigoths)

西德尼·辛普森(Sydney P. Simpson)

朱利叶斯·斯通(Julius Stone)

民法(civil law)

鲁道夫·冯·耶林（Rudolf. von Jhering）

《为权利而战》（Der Kampf ums Recht）

拉特雷(R. S. Rattray)

西非阿散蒂(Ashanti)

纽泼人(Nupe)

理查德·伯顿(Richard Burton)

凤凰雀(Whydah)

耶伏根(Yevogan)

布斯曼(W. Bosman)

弗里德里克·威廉·梅特兰（Frederic William Maitland）

奎厄姆(M. Quenum)

协变量(covariants)

君主的财产(les choses du monarque)

复仇法(lex talionis)

保罗·拉丁(Paul Radin)

派里斯蒂埃尼(J. G. Peristiany)

伊波族(Igbo)

玛杰里·珀哈姆(Margery Perham)

维克多·厄切杜(Victor Uchendu)

地神阿拉(ala)

苏美尔(Sumer)

阿卡德(Akkad)

泰勒(E. B. Tylor)

马基雅维里(Machiavelli)

小怀恩·迪劳瑞亚(Vine Deloria, Jr.)

苏丹(sultan)

查诺克(Chanock)
约翰·奥斯汀(John Austin)
法利·莫沃特(Farley Mowat)
加拿大因纽特人(Inuit)
简·雅各布斯(Jane Jacobs)
本原认证(root certificate)
网络庞克(Cypherpunk)
信任圈(circle of trust)

第九章 法律权利

格兰特·吉尔莫(Grant Gilmore)
彼得·德恩里科(Peter d'Errico)
法律文本主义(legalism)
马丁·路德·金(Martin Luther King)
温迪·麦克埃若(Wendy McElroy)

第一节 法律是形诺文字的恐怖

阿迪森·缪勒(Addison Mueller)
朱迪思·什科拉(Judith Shklar)
大卫·库珀(David Cooper)
《家庭的消亡》(The Death of the Family)
布雷内德·柯里(Brainerd Currie)
本尼迪克特·安德森(Benedict Anderson)
《想象的共同体》(Imagined Communities)
民族国家(nation)
政权国家(state)
个性(character)
身份(identity)
锐舞(rave)
锐舞现场装扮最花哨的女孩(candy raver)
胖男孩音乐人(Fatboy Slim)
URB音乐杂志
试验活动(experimental activities)

第二节 "来自伯明翰监狱的信"节选

圣·奥古斯丁(St. Augustine)
圣·托马斯·阿奎那(St. Thomas Aquinas)
马丁·布伯(Martin Buber)
保罗·蒂里希(Paul Tillich)
沙得拉(Shadrach)
米煞(Meshach)
亚伯尼歌(Abednego)
尼布甲尼撒(Nebuchadnezzar)
白人公民议事会(White Citizen's Counciler)

第三节 女权主义与色情文艺:同道与伴侣

萧伯纳(George Bernard Shaw)
苏珊·布朗米勒(Susan Brownmiller)
《违背我们的意愿》(Against Our Will)
《达拉斯的黛比》(Debbie Does Dallas)
基督教青年会(Young Men's Christian Association)
安东尼·康斯托克(Anthony Comstock)
压制邪恶委员会(Committee for the Suppression of Vice)
沃纳梅克(Wanamaker)
自由联盟(Liberal League)
詹姆斯·舒尔(James H. Scheuer)
艾比·凯丽(Abbie Kelly)
格丽梅克(Grimke)
萨拉(Sarah)
安吉丽娜(Angelina)
琳达·戈登(Linda Gordon)
自由之爱(free love)
伊兹拉·海伍德(Ezra Heywood)

摩西·哈曼(Moses Harman)
《言词》(The Word)
安吉拉·菲达西娅·蒂尔顿(Angela Fiducia Tilton)
普林斯顿(Princeton)
合作出版公司(The Co-coperative Publishing Company)
新英格兰自由之爱联盟(New England Free Love League)
爱之年(Y. L.)
《失礼的解放》(Uncivil Liberty)
《丘比特的枷锁》(Cupid's Yokes)
波士顿法努尔厅(Faneuil Hall)
海斯(Hayes)
惠特曼(Walt Whitman)
《撒旦,光明使者》(Lucifer, the Light Bearer)
莉莲(Lillian)
朱利耶特(Joliet)
玛格丽特·桑格(Margaret Sanger)
《呼吁》(The Call)
《妇女的反抗》(Woman Rebel)
《家庭生育限制》(Family Limitation)
巴特勒诉女王案(Butler v. Regina)
玛丽·阿什(Marie Ashe)

第十章　法律技巧

杰弗里·沃克(Geoffrey de Q Walker)
CIS政策论坛(Centre for Independent Studies Policy Forum)
赫尔曼·古德斯坦(Herman Goldstein)
杰姬·坎贝尔(Jackie Campbell)
次种族隔离(petit apartheid)
托德·塔特尔曼(Todd B. Tatelman)
美国国会研究部(U. S. Congressional Research Service)

第一节　面对警察职能的复杂性

法律实施与司法管理委员会(Commission on Law Enforcement and Administration of Justice)
比特纳(Bittner)
卡明(Cumming)
斯库尔尼克(Skolnick)
威尔逊(Wilson)
利沃莫(Livermore)
鲁宾斯坦(Rubinstein)
米尔(Muir)
普奇(Punch)
国际警长协会(International Association of Chiefs of Police)
生活素质(quality of life)
打碎的窗户(Broken Windows)
诺顿·巴德(Morton Bard)
相当理由(probable cause)
罗纳德·阿伦(Ronald Allen)
肯尼思·戴维斯(Kenneth Davis)
克里斯·亨得利(Kris Hundley)
加里·伯蒂(Gary Berte)
斯普林菲尔德(Springfield)
全国司法研究会(National Institute of Justice)
希克斯托·莫利纳(Sixto Molina)
皮玛县(Pima County)
亚利桑那儿童之家(Arizona Children's Home)
迈克尔·胡德(Michael Hood)
阿曼杜·特耶奇(Armando Teyechea)
斯科茨戴尔(Scottsdale)
电击枪国际(Taser International)
钱德勒(Chandler)
史蒂夫·塔特尔(Steve Tuttle)

迈克尔·斯托里(Michael Storie)
诺曼·特蕾因(Norman Trahin)
柯特·高瑞(Curt Goering)
汤姆·伯恩斯(Tom Burns)
波特兰警察监督组织(Portland Copwatch)
丹·汉德尔曼(Dan Handelman)
切尔西(Chelsea)
疯狂幻想(Crazy Fantasy)
鲁道夫·格莱尼(Rudolph W. Giuliani)
迈克尔·布卢姆伯格(Michael R. Bloomberg)《奥齐与哈丽特》(Ozzie and Harriet)
伪装服从(sham compliance)
中城法律实施办公室(Office of Midtown Enforcement)
罗伯特·萨克洛(Robert Sacklow)
西班牙突眼(Spanish Popeye)
布朗克斯(Bronx)
约翰·费因布赖特(John Feinblatt)
街区联盟(Block Associations)
玛丽莲·多拉托(Marilyn Dorato)
娱乐宝地(Pleasure Chest)
丹·利什内尔(Dan Lishner)
幻想世界(Fantasy World)
第六辖区(Sixth Precinct)
克里斯汀·奎因(Christine Quinn)
阿伦·雅各布斯(Alan Jacobs)
《阿门宗派盖谷仓》(Amish Barn Raising)
赫瑞德·普赖斯·费林格(Herald Price Fahringer)

第二节 单独巡逻：一个非洲裔美国警官对"次种族隔离政策"的观点

丹尼尔·乔治-艾贝耶(Daniel Georges–Abeyie)
兰德尔·肯尼迪(Randall Kennedy)
凌志汽车(Lexus)
共同体、社区(community)

第三节 特里诉俄亥俄州案(Terry v. State of Ohio)

克利夫兰(Cleveland)
马丁·麦克菲登(Martin McFadden)
理查德·切尔顿(Richard Chilton)
休伦路(Huron Road)
欧几里得大街(Euclid Avenue)
祖克尔(Zucker)
凯茨(Katz)
合理理由(reasonable cause)
拦截(stop)
拍搜(frisk)
库亚胡佳县(Cuyahoga County)
合理怀疑(reasonable suspicion)
亨利诉美国案(Henry v. United States)
詹姆斯·奥蒂斯(James Otis)
很合理的怀疑(strong reason to suspect)
希伯伦诉纽约案(Sibron v. New York)

第四节 布朗诉德克萨斯州案(Brown v. Texas)

维纳戈斯(Venegas)
索泰罗(Sotelo)
《德克萨斯州刑法典》(Texas Penal Code)
被登记(booked)
市法院(Municipal Court)
县法院(County Court)
派顿(Patton)
米兰达警告(Miranda warning)
拘留性拦截(custodial stop)

希拜尔案（Hiibel v. Sixth Judicial Dist. Court of Nevada）
伯克默案（Berkemer v. McCarty）

第五节 佛罗里达州诉布斯迪克案（Florida v. Bostick）

布鲁沃德县（Broward County）
特伦斯·布斯迪克（Terrance Bostick）
劳德戴尔堡（Fort Lauderdale）
佛罗里达州诉罗耶案（Florida v. Royer）
佛罗里达州诉罗德里格兹案（Florida v. Rodriguez）
密歇根州诉切斯特纳特案（Michigan v. Chesternut）
一般令状（general warrant）
存在的理由（raison d'etre）
毒品战略与警察基金会（Drug Strategies and the Police Foundation）

第六节 州际旅行：对要求出示身份证和其他运输安全规则的宪法性质疑

运输安全局（TSA）
敏感安全信息（SSI）
运输安全部副部长（Under Secretary of Transportation for Security）
《航空和运输安全法》（Aviation and Transportation Security Act）
《空中运输安全法》（Air Transportation Security Act）
运输部（DOT）
联邦航空局（FAA）
《航空和运输安全法》（ATSA）
《国土安全法》（Homeland Security Act）
国土安全部（DHS）
计算机辅助预检系统（Computer Assisted PreScreening System, CAPPS II）
吉尔莫阿什克罗芙特案（Gilmore v. Ashcroft）
马修斯诉埃尔德里奇案（Matthews v. Eldridge）
托马斯诉柯林斯警长案（Thomas v. Collins, Sheriff）
表达要素（expressive element）
《美国爱国者法》（USA Patriot Act）
网络服务商（ISP）
国家安全信件（National Security Letters）
限制言论自由条款（gag provision）
维克托·马莱洛（Victor Marrero）
安东尼·罗梅洛（Anthony D. Romero）
安·比森（Ann Beeson）
杰弗（Jaffer）
埃森伯格（Eisenberg）
罗伯特·埃里斯·史密斯（Robert Ellis Smith）
三角洲公司（Delta）
先锋项目（pilot program）
全国新雇员名录（National Directory of New Hires）
黛安娜·费因斯坦（Dianne Feinstein）
阿尔齐默氏病（Alzheimer）
劳伦斯·戈尔德（Laurence N. Gold）
吉姆·福索（Jim Fussell）
防止种族灭绝国际（Prevent Genocide International）

结 论

本杰明·富兰克林（Benjamin Franklin）
卡尔·冯·洪堡（Karl Wilhelm Von Humboldt）《国家行为的有限性》（The

Limits of State Action)
卡尔·梅宁格(Karl A. Menninger)
《惩罚之罪》(The Crime of Punishment)
地方真相(local truth)

第三篇　律师

大卫·里斯曼(David Riesman)
《有关个人主义的重新思考》(Individualism Reconsidered)
阿列克西·德·托克维尔(Alexis de Tocqueville)

第十一章　法律职业

鲁弗斯·乔特(Rufus Choate)
瑟曼·阿诺德(Thurman Arnold)
《政府的象征》(The Symbols of Government)
约翰·洛克(John Locke)
清教徒(Puritan)
贵格教徒(Quakers)
英国四大律师学院(Inns of Court)
丹尼尔·谢斯(Daniel Shays)
杰斐逊派(Jeffersonian)
杰克逊派(Jacksonian)

第一节　美国法律职业者的品格

莫琳·盖伊(Maureen Cain)
路易斯·布兰蒂斯(Louis D. Brandeis)

第二节　友军炮火

大卫·古德曼(David Goodman)
唐纳德·拉姆斯菲尔德(Donald Rumsfeld)
特别军事法庭(military commission)
关塔纳摩湾(Guantánamo Bay)
查尔斯·斯威夫特(Charles Swift)
萨利姆·艾哈迈德·哈丹(Salim Ahmed Hamdan)
被侵害人无法出庭时的诉讼代理人(next friend)
宪法权力中心(Center for Constitutional Rights)
迈克尔·拉特内尔(Michael Ratner)
《大宪章》(Magna Carta)
《大赦》(Amnesty Now)
军法署长(Judge Advocate General)
军事法院(court martial)
指定权威(Appointing Authority)
回声集中营(Camp Echo)
三角洲集中营(Camp Delta)
马萨诸塞州塞勒姆(Salem)
纳森尼尔·霍桑的"七墙之房"(Nathaniel Hawthorne's House of the Seven Gables)
乔治·坦尼特(George J. Tenet)
罗安·古纳拉特纳(Rohan Gunaratna)
约翰·吉本斯(John Gibbons)
拉索尔诉布什案(Rasul v. Bush)
埃尔奥达诉美国案(Al Odah v. United States)
杰里·福尔韦(Jerry Falwell)
奥利弗·斯通(Oliver Stone)
《人民诉拉里·弗林特》(The People vs. Larry Flynt)

第三节　大赌场

罗伊·格鲁特曼(Roy Grutman)
比尔·托马斯(Bill Thomas)
疏忽过失案律师(negligence lawyer)
曼内·凯茨(Manny Katz)
莫·列万("MO" Levine)
梅尔文·贝雷(Melvin Belli)

西蒙·里福坎德(Simon Rifkind)
保罗威斯律师事务所(Paul, Weiss)
布帕(Bhopal)
贝德福德-斯图文森特(Bedford-Stuyvesant)
常春藤联盟(Ivy League)
大学优秀学生 ΦBK 联谊会(Phi Beta Kappa)
斯卡登律师事务所(Skadden, Arps)
乔·弗洛姆(Joseph Flom)
詹姆斯·戈登斯密(Sir James Goldsmith)
卡尔·伊克恩(Carl Icahn)
环球航空公司(Trans World Airlines)
南加利福尼亚石油公司(Unocal)
布恩·皮肯斯(T. Boone Pickens)
萨利文和克伦威尔律师事务所(Sullivan & Cromwell)
加利福尼亚联合石油公司(Union Oil of California)
弗雷德·哈特利(Fred Hartley)
奈贝斯库(RJR Nabisco)
乔纳森·哈尔(Jonathan Harr)
《一起民事诉讼案》(A Civil Action)
简·舒里克曼(Jan Schlichtmann)
林肯·卡普兰(Lincoln Caplan)
《斯卡登:权力、金钱与法律帝国的勃兴》(Skadden: Power, Money, and the Rise of a Legal Empire)
史蒂文·卡布(Steven J. Kumble)
凯文·拉哈特(Kevin J. Lahart)
《不当的行为:芬利卡布的兴衰》(Conduct Unbecoming: The Rise and Ruin of Finley, Kumble)

第四节 法律的代价

吉勒姆·哈德菲尔德(Gilliam K. Hadfield)
职业(profession)
美国律协职业委员会(ABA's Commission on the Profession)
海因兹(Heinz)
劳曼(Laumann)
舍温·罗森(Sherwin Rosen)
沉入成本(sunk cost)
劳伦斯·迪克尔(Lawrence Dieker, Jr.)
图兰计划(Tulane's project)
罗杰·克莱普顿(Roger C. Crampton)

第十二章 律师的教育

卡尔·克莱尔(Karl E. Klare)
杰伊·奥斯本(Jay Osborne)
《追踪游戏》(Paper Chase)
金斯菲尔德(Kingsfields)

第一节 范式挤压下的法学院

厄维因·高夫曼(Erving Goffman)
《疯人院》(Asylum)
包摄的倾向(encompassing tendencies)
总括的机构(total institutions)
本世界(home world)
现有文化(presenting culture)
法学院入学考试(LSAT)
行为条理感(sense of economy of action)
全体(en masse)
保罗·萨沃伊(Paul Savoy)
安德鲁·沃森(Andrew Watson)
罗伯特·内格尔(Robert F. Nagel)
艾伦·斯通(Alan Stone)
罗伯特·格兰菲尔德(Robert Granfield)
威尔伯特·摩尔(Wibert E. Moore)

《美国新闻和世界报道》(U. S. News and World Report)

第二节　法律教育和等级制的再生产

邓肯·肯尼迪(Duncan Kennedy)
机构常规(institutional practices)
拉尔夫·内德尔(Ralph Nader)
理查德·卡兰伯格(Richard D. Kahlenberg)
罗普斯与格雷(Ropes & Gray)
芬威(Fenway)
新英格兰爱国者(New England Patriots)
约翰·汉纳(John Hannah)
富兰克林·埃文斯(Franklin Evans)
唐纳德·洛克(Donald Rock)
查尔斯·凯贝尔(Charles L Cappell)
罗纳德·皮普金(Ronald M Pipkin)
弗朗西丝·凯恩·泽姆斯(Frances Kahn Zemans)
维克托·罗森布卢姆(Victor G. Rosenblum)
伊利特肯特(IIT – Kent)
德保罗(DePaul)
约翰·马歇尔(John Marshall)
观念作用领域(ideational realm)

第三节　法律教授的日记

挑衅刺激(provocation)
光头党(skinheads)
白色雅利安反抗者(White Aryan Resistance)
浪漫国(Ruritania)
都市国(Urbania)
帝国(Imperia)
无产阶级国(Proletania)
反乌托邦(dystopia)

哲基尔大夫(Dr Jekyll)

第十三章　律师与对抗制过程

查尔斯·雷克(Charles Reich)
《博利纳斯暗礁的巫师》(The Sorcerer of Bolinas Reef)
亚伯拉罕·奥都沃(Abraham P. Ordover)
托马斯·沙弗尔(Thomas L. Shaffer)
《论作为一个基督徒和律师》(On Being a Christian and a Lawyer)

第一节　辩护的伦理

查尔斯·柯蒂斯(Charles P. Curtis)
阿尔巴尼(Albany)
塞缪尔·威利斯顿(Samuel Williston)
《生活与法律》(Life and Law)
博斯韦尔(Boswell)
贝文(E. R. Bevan)
《斯多葛学者和怀疑论者》(Stoics and Sceptics)
《美国律师协会职业责任守则》(American Bar Association Code of Professional Responsibility)
准则(Canon)
国内税收服务首席顾问办公室(the Office of the Chief Counsel of the Internal Revenue Service)
快乐湖(Lake Pleasant)
门罗·弗里德曼(Monroe H. Freedman)
路易斯·奥金克罗斯(Louis Auchincloss)
罗伯特·塞维斯律师(Attorney Robert Service)
布莱克洛克(Blakelock)

第二节　"争斗"理论与"真相"理论

托马斯·巴宾顿·麦考利勋爵(Lord Thomas Babington Macaulay)
亨利·塔夫特(Henry Taft)
朗格奈克(Longenecker)
威格莫尔(John Henry Wigmore)
《法律案件庭审中的暗示》(Hints on The Trial of a Law Suit)
特蕾西(Tracy)
忒特修斯(Theaetetus)
美国诉韦德案(United States v. Wade)
拜伦·怀特(Byron White)

第三节 我与正义无关

詹姆斯·米尔斯(James Mills)
马丁·厄德曼(Martin Erdmann)
扬基体育场(Yankee Stadium)
红短袜队(Red Sox)
法律援助社(Legal Aid Society)
爱德华·本内特·威廉斯(Edward Bennett Williams)
李·贝利(F. Lee Bailey)
珀西·福尔曼(Percy Foreman)
格鲁奇奥·马克斯(Groucho Marx)
纽约城市中心(New York's City Center)
阿第朗达克斯(Adirondacks)
米歇尔·施威特泽尔(Mitchell Schweitzer)
哈莱姆(Harlem)
鸿运香烟(Lucky Strike)
运河街(Canal Street)
鲍威利街(Bowery)
纽华克(Newark)
福米卡(Formica)
星星监狱(Sing Sing)
地狱外缘(limbo)
康涅狄格州丹伯里(Danbury)
罗克斯伯里(Roxbury)

第四节 法律的终结

雷克斯·珀什贝克尔(Rex R. Perschbacker)
德布拉·里恩·巴塞特(Debra Lyn Bassett)
私人化(privatization);
速审指定(fast-track designation)
替代性纠纷解决(alternative dispute resolution)
私断(private judging)
判定赔偿(award)
《联邦证据规则》(Federal Rules of Evidence)
租借法官(Rent-A-Judge)
法庭取消程序令(vacatur)

第四篇 陪审团

诱供麻醉药(truth serum)
多亚群(multiple subgroups)
同阶陪审团(a jury of one's peers)
陪审团否决制(jury nullification)

第十四章 历史和文化背景中的陪审团

现代的小陪审团或称庭审陪审团(petit or trial jury)
大陪审团起诉书(an indictment)
《克拉伦登法》(Assize of Clarendon)
陪审团直接控诉书(presentment)
令状(writ)
具结担保者(recognizor)
拉特兰会议(Lateran Council)
陪审团审判(place themselves on the country)
《末日裁判书》(Domesday Book)

参议院司法委员会国内安全分会（the Internal Security Subcommittee of the Senate Judiciary Committee）
人民诉柯林斯案（People v. Collins）
萨利文（Sullivan）
未来的审判（The Trial of the Future）

第十五章　作为一种政治机构的陪审团

美国诉布克尔案（United States v. Booker）
莫顿·霍维茨（Morton Horwitz）

第一节　邓肯诉路易斯安那州案（Duncan v. Louisiana）

调卷令（a writ of certiorari）
1689年《权利宣言和权利法案》（Declaration and Bill of Rights of 1689）
印花税法案代表大会（the Stamp Act Congress）
第一次大陆会议（The First Continental Congress）

第二节　布莱克利诉华盛顿州案（Blakely v. Washington）

处心积虑的残忍（deliberate cruelty）
自由裁量性复审（discretionary review）
阿普兰蒂诉新泽西州案（Apprendi v. New Jersey）
怀恨犯罪（hate-crime）
断路器（circuit breaker）
亮线规则（bright-line rule）

第四节　陪审团否决——说不的权利

阿兰·谢福林（Alan Scheflin）
安德鲁·汉密尔顿（Andrew Hamilton）
约翰·彼德·曾格（John Peter Zenger）
《纽约周刊》（New York Weekly Journal）
海军中将法院（courts of vice-admiralty）
星座法院（Court of Star Chamber）
威廉·昆斯勒（William Kunstler）

第五节　仁慈的陪审员：陪审团否决的复活

乔恩·凡·迪克（Van Dyke）
圣克莱拉大学（Santa Clara University）
夏威夷大学威廉·理查森法学院（William S. Richardson School of Law, University of Hawaii）
杰拉尔德·伯克利（Gerald W. Berkley）
萨克斯（Sax）
梅耶·马里恩·巴里（Mayor Marion Barry）
奥利弗·诺思（Oliver L. North）
伯恩哈德·戈茨（Bernhard Goetz）
托马斯·潘菲尔德·杰克逊（Thomas Penfield Jackson）
布鲁斯·费因（Bruce Fein）
乔治顿大学（Georgetown University）
保罗·罗德斯坦（Paul F Rothstein）
拉里·道奇（Larry Dodge）
唐·道埃格（Don Doig）
陪审团充分知情协会（FIJA）
陪审团权利议案会议（Bill of Jury Rights Conference）
公共广播系统（PBS）
陪审团评议室（Inside the Jury Room）
《圣地亚哥读者》（San Diego Reader）
挽留生命（Operation Rescue）
加利福尼亚卡乔恩（El Cajon）
杰里·米歇尔（Jerry Mitchell）

中译本索引 867

基督行动组织（Christian Action Group）
沃尔特·斯科特（Walter Scott）
保罗·德帕瑞（Paul deParrie）
援助生命（Advocates for Life）
吊死的陪审团（hang the jury）

第七节 美国诉多尔蒂等人案（United States v. Dougherty et al.）

莱文戴尔（Leventhal）
非辩护性无罪申辩（nolo contendere）
约翰·普拉特（John H. Pratt）
美国诉拜提斯特案（United States v. Battiste）斯托里（Story）
斯帕夫诉美国案（Sparf v. United States）
索贝洛夫（Sobeloff）
美国诉莫兰案（United States v. Moylan）
贝泽伦（Bazelon）
俄亥俄州戴顿（Dayton）
高等民事法庭（Court of Common Pleas）
罗伯特·麦克布莱德（Robert McBride）
洛德尼·金（Rodney King）
辛米谷（Simi Valley）
辛普森（O. J. Simpson）
罗·戈德曼（Ron Goldman）

第十六章 多元社会的陪审团遴选：性别歧视和种族排除

肯尼思·卡斯特（Kenneth Karst）
强制剔除（peremptory challenges）

第一节 平等、法律和归属：一篇导言

拉尔夫·达伦多夫（Ralf Dahrendorf）

冈纳·默戴尔（Gunnar Myrdal）
海伦·梅瑞尔·林德（Helen Merrell Lynd）
沙拉·劳伦斯学院（Sarah Lawrence College）
他者（the Other）
普塔克特（Pawtucket）
《她的同阶陪审团》（A Jury of Her Peers）
普利策奖（Pulitzer Prize）
《琐事》（Trifles）

第三节 我们的陪审团，我们自己：民事陪审团的权力、观念和政治

劳拉·加斯顿·杜莉（Laura Gaston Dooley）
瓦尔帕莱索（Valparaiso）
大学法学院助理教授（Associate Professor）
卡罗尔·吉丽根（Carol Gilligan）
本质先于存在论者（essentialist）

第四节 强制剔除和扶持行动：对同阶陪审团的宪法保护

斯蒂芬·阿荣斯（Stephen Arons）

《联邦陪审团遴选和任职法》（Federal Jury Selection and Service Act）
斯万诉阿拉巴马州案（Swain v. Alabama）
杜林诉密苏里州案（Duren v. Missouri）
美利坚合众国诉古兹曼案（United States v. Guzman）

第五节 拜特森诉肯塔基州案（Batson v. Kentucky）

斯特劳德诉西弗吉尼亚州案（Strauder

v. West Virginia）
华盛顿州诉戴维斯案（Washington v. Davis）
公务委员会（Civil Service Commission）
有意图的动机（intentionally motive）

第六节 身份、自我和平等保护：认真对待无意识的种族主义

代顿中学（Dalton School）
《小黑孩儿萨宝》（Little Black Sambo）
《艾莫斯和安迪》（Amos 'n' Andy）
哈沃福特学院（Haverford College）
白人属性（whiteness）
米勒－埃尔诉德莱特克案（Miller-El v. Dretke）
死罪谋杀罪（Capital murder）

第七节 米勒－埃尔诉科克瑞尔案（Miller-El v. Cockrell）

德克萨斯州亨茨维尔（Huntsville）
陪审团洗牌（jury shuffling）
斯万案听审（Swain hearing）
联邦地方法官（Federal Magistrate Judge）

第十七章 陪审团的式微：民主处于危急中吗

玛莎·斯图尔特（Martha Stewart）
斯科特·彼得森（Scott Peterson）
肯尼思·莱（Kenneth Lay）
斯蒂芬·贝茨（Stephen Bates）
复兴公民权（Reinvigorating Citizenship）
瓦莱瑞·汉斯教授（Valerie Hans）
斯蒂芬尼·艾伯特森（Stephanie Albertson）
斯蒂芬诺斯·比巴斯（Stephanos Bibas）
认罪世界里司法的事实认定和量刑增加（Judicial Fact-Finding and Sentence Enhancements in a World of Guilty Pleas）
非争议性答辩（no contest pleas）
约翰·辛克利（John Hinckley）
杰弗里·阿伯拉姆森（Jeffrey Abramson）

第一节 美国法的转型

威廉·威彻（William Wyche）
康涅狄格州最高法院（Supreme Court of Errors）
反条文主义（antilegalism）

第二节 侵权法改革及其对陪审团审判之存活的影响导言

美国出庭律师协会（American Trail Lawyers Association）
美国侵权法改革协会（American Tort Reform Association）
罗伯特·里克（Robert Reich）
食品及药物管理局（Food and Drug Administration）
丹尼尔斯和马丁（Daniels and Martin）
《民事陪审团和政治改革》（Civil Juries and the Politics of Reform）
霍尔托姆和麦凯恩（Haltom and McCann）
《歪曲的法律：政治、媒体和诉讼危机》（Distorting the Law: Politics, Media and the Litigation Crisis）

第三节 不太平静的革命

菲利普·科博伊（Philip Corboy）
机构间特别工作组（Interagency Task

Force)
埃德温·米斯(Edwin Meese)
保险信息学会(Insurance Information Institute)
私奔的陪审团(runaway jury)
保险信息源(The Insurance Information Source)
拜斯特公司(A. M. Best)

第四节　实证研究与民事陪审团改革

斯克兰顿大学(University of Scranton)
卡尔文与泽塞尔的芝加哥陪审团研究项目(Kalven and Zeisel's Chicago Jury Project)
全国州法院中心(National Center for State Courts)
司法数据局(Bureau of Justice Statistics)
安然公司(Enron)
世通公司(WorldCom)
《全国法律杂志》(National Law Journal)
尼尔·费根森(Neal Feigenson)

第五节　约翰逊诉路易斯安那州案(Johnson v. Louisiana)

第六节　阿珀达卡等人诉俄勒冈州案(Apodaca et al. v. Oregon)

第七节　一致裁决

贝棱斯·勒尼德·汉德(Billings Learned Hand)
查尔斯·雷姆巴(Charles Rember)
《尘世之法》(The Law of the Land)
欧文·格里斯沃德(Erwin Griswold)

第五篇　冲突的解决

杰罗德·奥巴克(Jerold S. Auerbach)

威尔斯利学院(Wellesley College)
《没有法律的正义》(Justice Without Law)
戴德姆(Dedham)
奥奈达(Oneida)
约翰·汉弗莱·诺伊斯(John Humphrey Noyes)
替代性纠纷解决(ADR)
街区司法中心(Neighborhood Justice Centers)
恢复性(restorative)
惩罚性(punitive)

第十八章　纠纷解决的法律语境

第一节　通过律师的纠纷转型:纠纷范式告诉和没有告诉我们什么

卡丽·门克尔-麦杜(Carrie Menkel-Meadow)
不法(wrong)
恩格尔(Engel)
奈尔斯·克里斯蒂(Nils Christie)
维勒姆·奥伯特(Vilhelm Aubert)
朱迪思·莱丝尼克(Judith Resnick)

第二节　女权主义视野中的调解:希望与问题

珍妮特·莉芙金(Janet Rifkin)
莉萨·勒曼(Lisa Lerman)

第三节　殴妻文化和调解在家庭暴力案件中的作用

卡拉·费舍尔(Karla Fischer)
尼尔·维德玛(Neil Vidmar)
雷内·埃利斯(Neil Vidmar, René Ellis)
帮助人(support person)
宣誓书(affidavit)

贝特尔(Bethel)
辛格(Singer)
公民投诉中心(Citizens' Complaint Center)
考科兰(Corcoran)
梅利米德(Melamed)
德斯蒙德·埃利斯(Desmond Ellis)
埃里克森(Erickson)
麦克奈特(McKnight)
大卫·钱德勒(David Chandler)
琳达·格德娜(Linda Girdner)
冲突评价草案(Conflict Assessment Protocol)
冲突战术评估(Conflict Tactics Scale)
琼·凯莉(Joan Kelly)
玛丽·杜瑞(Mary Duryee)

第四节 废弃辩诉交易

詹妮弗·史密斯(Jennifer Smith)

第十九章 纠纷解决与共同体司法

萨莉·恩格·梅丽(Sally Engle Merry)
小型社会(small-scale societies)

第一节 非工业社会的调解组织：美国非正式的共同体司法的实质

美国调解和冲突解决研究所(Institute for Mediation and Conflict Resolution)
本土机构(local institutions)
维加利(Waigali)
努尔人(Nuer)
恩加人(Enga)
伊弗高人(Ifugao)
旧金山社会共同体委员会(San Francisco Community Boards)
戴德县公民纠纷和解方案(Dade County Citizen Dispute Settlement Programs)
丹尼尔·麦克吉利斯(Daniel McGillis)
佩里·梅森(Perry Mason)

第二节 美国的被害人与加害者调解的发展和影响

马克·尤姆布里特(Mark S. Umbreit)
印第安纳州厄克哈特(Elkhart)
被害人与加害者和解方案(victim-offender reconciliation program, VORP)
门诺教派中心委员会(Mennonite Central Committee)
囚犯与社会共同体(Prisoner and Community Together, PACT)
安大略省基彻内尔(Kitchener)
明尼苏达州赔偿中心(Minnesota Restitution Center)
明尼苏达州矫正局(Minnesota Department of Corrections)
报应性司法(retributive justice)
霍华德·泽尔(Howard Zehr)
恢复性司法(restorative justice)
刑事司法办公室(Office of Criminal Justice)
加利福尼亚州弗瑞斯诺县(Fresno)
正义之友(Justice Fellowship)
明尼苏达州犯罪与司法公民理事会(Minnesota Citizens Council on Crime and Justice)
宾夕法尼亚州太子县(Dauphin)
马萨诸塞州昆西(Quincy)
赢得方案(Earn It program)
纽约州吉纳西县(Genesee)

第三节 与敌人谈判

安妮·福勒(Anne Fowler)
约翰·萨尔维(John Salvi)
布鲁克林(Brookline)
计划生育(Planned Parenthood)
莎农·洛内(Shannon Lowney)
早产健康服务所(Preterm Health Services)
李·安·尼科尔斯(Lee Ann Nichols)
赞成选择者(prochoice)
赞成生命者(prolife)
威廉·威尔德(William F. Weld)
伯纳德·劳(Cardinal Bernard Law)
公开交谈项目(Public Conversations Project)
弗朗西丝·霍根(Frances X. Hogan)
妇女扶持生命协会(Women Affirming Life)
公民拥护生命协会(Massachusetts Citizens for Life)
马德琳·麦考梅什(Madeline McComish)
巴巴拉·索普(Barbara Thorp)
波士顿大主教管区赞成生命办公室(ProLife Office of the Archdiocese of Boston)
计划生育联盟(Planned Parenthood League)
尼基·尼科尔斯·嘉宝(Nicki Nichols Gamble)
梅丽萨·科伽特(Melissa Kogut)
全国堕胎权利行动联盟(National Abortion Rights Action League, NARAL)
安妮·福勒(Anne Fowler)
牙买加平原圣约翰教区(St. John's Episcopal Church in Jamaica Plain)
劳拉·查辛(Laura Chasin)

苏珊·波德兹巴(Susan Podziba)
水镇(Watertown)
欧哈贝·舍拉姆教堂(Temple Ohabei Shalom),
《环球》(Globe)
堂·奥克因(Don Aucoin)
全国公共广播电台(National Public Radio)
唐纳德·斯贝茨(Donald Spitz)

第二十章 公众纠纷与纠纷解决

第一节 大家的纠纷:解决冲突与寻觅共同体

赫尔曼·梅尔维尔(Herman Melville)

第二节 冲突解决、文化差异和种族主义文化

黑人教工组织(Black Staff and Faculty Organization)

第三节 计算器:肯尼思·费因伯格如何确定3千人的生命价值

肯尼思·费因伯格(Kenneth Feinberg),
被害人赔偿基金(Victim Compensation Fund, V. C. F.)
约翰·丹弗斯(John Danforth)
乔治·米歇尔(George Mitchell)
查克·黑格尔(Chuck Hagel)
布罗克顿(Brockton)
斯坦利·福尔德(Stanley Fuld)
贝蒂斯达(Bethesda)
杰克·维因斯坦(Jack Weinstein)
越战除草剂案(Agent Orange)
蒙萨托公司(Monsanto)
大众侵权(mass–tort)
道尔坤盾牌宫内节育器(Dalkon

Shield I. U. D)道尔·康宁(Dow Corning)
丰胸(breast implant)
朱迪思·弗拉德克(Judith Vladeck)
长岛照明设备公司(Long Island Lighting Company)
凯、斯科勒、菲尔曼、海斯和汉德尔合伙律师事务所(Kaye, Scholer, Fierman, Hays & Handler)
斯得特恩岛(Staten Island)
反闪语族的(anti–Semitic)
港务局(Port Authority)
《空中运输安全和系统稳定法》(Air Transportation Safety and System Stabilization Act)
高端(high–end)
坎特·菲茨杰拉德(Cantor Fitzgerald)
特迪·肯尼迪式(Teddy Kennedy–style)
东河(East River)
美国军舰科尔号(U. S. S. Cole)

结　论

以正义换和谐

格里芬·贝尔(Griffin Bell)
庞德研讨会(Pound Conference)
希根伯索姆(Higgenbothom)
总体解决(aggregate solutions)
弗兰克·桑德斯(Frank Sanders)
萨巴特克(Zapotec)
不在地主所有制(absentee landlordism)
太平绅士(justice of peace)
米多(Meador)
《无从接近的法律》(No Access to Law)

纽约卡内基公司(Carnegie Corporation of New York)

第六篇　网络空间与法律未来

大卫·博尔特(David Bolter)
迈克尔·本尼迪克特(Michael Benedikt)
网络空间(cyberspace)
哈罗德·伯曼(Harold Berman)

第二十一章　网络空间与法律未来

第一节　伪造:互联网革命与纳斯达克无关

纳斯达克(NASDAQ, National Association of Securities Dealers Automated Quotation System,全国证券交易商自动报价系统协会)
迈克尔·刘易斯(Michael Lewis)
乔纳森·莱拜德(Jonathan Lebed)
莫里斯·巴特(Morris Bart)
美国在线(AOL)
马库斯·阿诺德(Marcus Arnold)
棕榈泉(Palm Springs)
佩里斯(Perris)
伯利兹(Belize)
马克(Marc)
贾斯廷(Justin Anthony Wyrick Jr.)
网上律师业(e–lawyering)
理查德·格拉纳特(Richard S. Granat)
《美国律师》(The American Lawyer)
职业(occupation)

第二节　法律与边界

大卫·约翰逊(David R. Johnson)
大卫·波斯特(David Post)
全球性网络新闻组(Usenet)

比特(bit)
开曼(Cayman)
庞氏骗局(Ponzi scheme)
全球信息基础设施(Global Information Infrastructure, GII)
内茨凯普战略(Netscape strategy)
埃丝特·戴森(Esther Dyson)
将网页内容存到硬盘上(caching)

第二十二章 在网络空间里解决纠纷

网上纠纷解决(online dispute resolution, ODR)

第一节 网络空间对纠纷和纠纷解决的影响

艾森·卡特什(Ethan Katsh)
克利福德·斯托尔(Clifford Stoll)
《杜鹃鸟的蛋》(The Cuckoo's Egg)
劳伦斯利沃莫实验室(Lawrence Livermore Laboratory)
尼古拉斯·尼葛洛庞帝(Nicholas Negroponte)
马歇尔·麦克卢汉(Marshall McLuhan)
维兰诉加斯洛案(Whelan v. Jaslow)
ICANN(Internet Corporation for Assigned and Numbers)
统一纠纷解决政策"(Uniform Dispute Resolution Policy)

第二十三章 保护网络空间中的权利

冒犯公德的、不体面的(indecent)
纽伦堡档案(Nuremberg Files)
致命凶手(Deadly Dozen)
《诊所进出自由法》(Freedom of Access to Clinic Entrances Act, FACE)
暴力威胁(threat of force)

布兰登伯格诉俄亥俄州案(Brandenburg v. Ohio)

第一节 计划生育协会诉美国生命行动者联盟案(Planned Parenthood v. American Coalition of Life Activists)

赖默尔(Rymer)
犹太防卫联盟(Jewish Defense League, JDL)
库津斯基(Kozinski)
克里斯特(Crist)
通缉(WANTED)
冈恩(Gunn)
布里顿(Britton)
帕特森(Patterson)
美国生命行动者联盟(ACLA)
有罪(GUILTY)
赫恩(Hern)
纽霍尔(Newhall)
赖德卡车(Ryder trucks)
《公平住房法》(Fair Housing Act)
雷因哈特(Reinhardt)
库津斯基(Kozinski)
犹太防卫联盟(Jewish Defense League, JDL)
克里斯特(Crist)
通缉(WANTED)
冈恩(Gunn)
布里顿(Britton)
帕特森(Patterson)
有罪(GUILTY)
赫恩(Hern)
纽霍尔(Newhall)
赖德卡车(Ryder trucks)
布雷(Bray)
《杀戮时刻》(A Time to Kill)
保卫行动(Defense Action)

挑战言辞(fighting words)
查普林斯基诉新罕布什尔州案(Chaplinsky v. New Hampshire)
杰克·贝克(Jake Baker)
《得体交流法》(Communications Decency Act)
《远程通讯法》(Telecommunications Act)
过滤器(filter)
美利坚合众国诉美国图书馆协会案(United States v. American Library Association)

第二十四章 保护网络空间中的财产权

威廉·米歇尔(William J. Mitchell)
美国录音工业联合会(Recording Industry Association of America)
菲利克斯·弗兰克福德(Felix Frankfurter)

第一节 索尼公司诉环球城市工作室有限公司案(Sony Corp. v. Universal City Studios, Inc.)

史蒂文斯(Stevens)
Beta制大尺寸磁带录像机(Betamax)
收视时间转换(time-shifting)
沃特·迪斯尼制片公司(Walt Disney Productions)
有限许可(limited grant)
福克斯电影公司诉多亚尔案(Fox Film Corp. v. Doyal)
《1909年版权法》(Copyright Act of 1909)
公平使用(fair use)

第二节 米高梅诉格罗克斯特案(Metro-Goldwyn-Mayer v. Grokster)

点对点(peer-to-peer)
针对部分主张的即时判决(Partial summary judgment)
并案(Consolidated cases)
雷伯尔案(Leiber)
准予(grant)
睡神(Morpheus)
常用商品原则(staple article of commerce)
弗雷德·冯·罗曼(Fred von Lohmann)

第六版译后记

在导师陈兴良教授的鞭策和爱妻张兵女士的惠助下，呕心沥血两年之久的译著终于完稿了。除了与爱妻互道一声辛苦之外，我已疲累得不想再置一词了。

但在定稿的最后一刻，即公元二零零一年九月十一日夜，美国遭受了有史以来最骇人听闻的恐怖主义袭击。震撼和愤怒激荡着我的心灵，笔端不禁流出一份凭吊与沉思。

两座摩天大楼坍塌了，但它们令人联想到的、美国人的光荣与梦想并不会随硝烟而去，承载这种光荣与梦想的，正是本书所铺陈诠释的法治。法治不是包治社会百病的灵丹妙药，也无法阻止撒旦的疯狂，但它的确是支撑了美国二百年繁荣与稳定的柱石。

本书是关于美国法治的全面解说，它的风格也反映了法治的精神：没有说教，没有口号，更没有强加的标准答案，有的只是理智的对话与精微的制衡。

美国的法学不是没有深刻的理论，它的理论体现为一种面向民众的说理，虽没有德国哲学的繁琐和法国文学的浪漫，却有着古罗马演说家的激情和雄辩。相形之下，我们的法学有诸多的不足，要么奉某种理论为圭臬而棒杀异论，要么以他人成果为模本而沽名钓誉，绝少像本书一样视野宏大、博采众长而又不乏创意的著述。

本书与其说是一部宣讲法治的教科书，不如说是对法治瑕瑜互见的剖析。只是由于本人中英文功力浅薄，使一部力作在语言转换过程中折损了许多精彩，译著面世前，我只能诚惶诚恐地先行向读者表示歉意了。最后，不能忘记感谢编辑陈希米女士为本书所倾注的热忱。

邓子滨

2001 年 9 月 11 日于北京·白云路赁所

第八版译后记

2002年的《法律之门》中文第一版,已然是英文第六版了。后来得知,这部书在美国平均两年有一个新版,并且每次的更新率都在三分之一左右。这样算来,中文第二版,也就是英文第八版,与中文第一版相比,更新内容超过了一半,未更新的部分,也相应做了内容重组和层次调整。

读者对比一下中文两版的字里行间,自会相信这绝对是"新译加重译"的汗水之作。不是再版,而是新版。这一版更新的内容,许多都与"九·一一"有关。这些内容让我们看到,恐怖主义袭击真正考验的,不是美国的安全,而是美国的法治;这些内容也让我们相信,美国经受住了这一考验。

当然,看到自己呕心沥血翻译过的很多内容被新版删除,实在难割难舍,大有削足断臂之感。尤其是,一些堪称经典的文章,一些振聋发聩的思想,只能到中文第一版中去挖掘了。比如"这不是美国"、"曲针折线的女红与疏而不漏的法网",比如"未来的审判"、"美丽校园的丑恶事件"。从译者的角度看,我总体上更喜欢上一版的内容。

现在应当是我和《法律之门》说再见的时候了,因为翻译实在是吃力不讨好的苦差事。译著在评职称时是不作数的,因为不是"原创";稿费补偿不了几十个月的辛苦劳作,因为相同的时间和精力可以挣到更多的银子。好在还有一丝安慰,我又一次认真地完成了九十万字的翻译,对得起读者,对得起自己的学术良心,如果翻译也算学术的话。

特别感谢爱妻张兵女士,她全职在家,相夫教子;吾儿卓行,笃学敦厚;一家三口,其乐融融;男人四十,知足知足。五年来,编辑陈希米女士已经是老朋友了,她乐观诙谐,有时略带狡黠,比我读书多的女人,大抵给我这样的印象。谢谢一切帮助过我的人!谢谢读者,你们辛苦了,读完这本书是不容易的!

邓子滨
2006年4月11日于北京·朗琴园

译者简介：

邓子滨，中国社会科学院法学研究所研究员、图书馆馆长。专著《中国实质刑法观批判》《斑马线上的中国》《刑事法中的推定》，编著《法的门前》，译著《法律之门》《反思刑法》，在《法学研究》《中国法学》《读书》等刊物上发表论文十数篇。

图书在版编目（CIP）数据

法律之门：第8版/（美）博西格诺(John J. Bonsignore）等著；邓子滨译. -- 2版.--北京：华夏出版社，2017.6（2022.11 重印）
书名原文：Before the Law
ISBN 978-7-5080-9189-1

Ⅰ.①法… Ⅱ.①博… ②邓… Ⅲ.①法律－研究 Ⅳ.①D9

中国版本图书馆 CIP 数据核字(2017) 第 095550 号

Before the Law
Copyright © John J. Bonsignore, et al.
Simplified Chinese translation copyright © 2017 by Huaxia Publishing House
All rights reserved.

版权所有，翻印必究。
北京市版权局著作权合同登记号：图字 01-2017-3294 号

法 律 之 门（第 8 版）

作　　者	[美]博西格诺 等
译　　者	邓子滨
责任编辑	王霄翎
责任印制	刘　洋
出版发行	华夏出版社有限公司
经　　销	新华书店
印　　刷	三河市少明印务有限公司
装　　订	三河市少明印务有限公司
版　　次	2017 年 6 月北京第 2 版 2022 年 11 月北京第 4 次印刷
开　　本	710×1000　1/16 开
印　　张	56.5
字　　数	940 千字
定　　价	138.00 元

华夏出版社有限公司　地址：北京市东直门外香河园北里 4 号
邮编：100028　网址：www.hxph.com.cn　电话：(010）64663331（转）
若发现本版图书有印装质量问题，请与我社营销中心联系调换。